Dimitri Wolkogonow

STALIN · Triumph und Tragödie

Dimitri Wolkogonow

STALIN

Triumph und Tragödie
Ein politisches Porträt

Aus dem Russischen von
Vesna Jovanoska

Claassen

Fachredaktion: Gert Meyer
Dokumentation: Carola Salm

CIP-Titelaufnahme der Deutschen Bibliothek

Volkogonov, Dmitrij A.:
Stalin: Triumph und Tragödie. Ein politisches Porträt /
Dimitri Wolkogonow. Aus d. Russ. von Vesna Jovanovska. –
Düsseldorf: Claassen, 1989
ISBN 3-546-49847-X

Gesetzt aus der Aldus, Berthold
Satz: Dörlemann-Satz, Lemförde
Druck und Bindearbeiten: Bercker GmbH, Kevelaer
Printed in Germany
ISBN 3-546-49847-X

Inhalt

Einleitung

Wenn man es genau nimmt, begann das Jahr 1937 am 1. Dezember 1934. An diesem Tag wurde Sergej Mironowitsch Kirow ermordet. Aber schon die späten zwanziger Jahre hatten die Konturen der folgenden grausamen Jahrzehnte erkennen lassen. Für die Schuldigen dieser Zeit gibt es keine Rechtfertigung.

Wir erinnern uns jedoch, daß damals die Staudämme und die Hüttenwerke aus dem Boden schossen, daß Papanin, Angelina, Stachanow und Bussygin hart arbeiteten. In diesen Jahren erreichte der Patriotismus seinen Höhepunkt, und wir errangen den Sieg im Großen Vaterländischen Krieg. Es wäre falsch, bei der Verurteilung der Verbrechen Stalins die Errungenschaften des Sozialismus und seine prinzipielle Überlegenheit als Gesellschaftssystem zu bestreiten. Trotz der Verbrechen Stalins wurde viel erreicht. Aber unter demokratischen Verhältnissen wären die Erfolge größer gewesen.

Es wäre falsch, die Verurteilung Stalins oder der Personen in seiner Umgebung auszuweiten auf die Partei und auf Millionen von einfachen Menschen, deren Glaube an die Wahrhaftigkeit der revolutionären Ideale nicht erschüttert worden ist.

Es wäre falsch, die Erfolge und die Verbrechen unserer Vergangenheit miteinander zu verrechnen: Was überwog bei Stalin? Verdienste oder Verbrechen? Die Frage ist unmoralisch. Kein Verdienst rechtfertigt die Mißachtung der Menschenrechte. Kann von Verdiensten eines Menschen überhaupt die Rede sein, wenn durch seine Schuld viele Millionen starben?

Heute wissen wir, daß Stalin ein grausamer Despot war, der das Volk gewaltsam von seiner politischen Führung entfremdete. Er schuf eine Symbiose von Bürokratie und Dogmatismus. Es liegen Quellen vor, anhand deren wir die Ursachen der Deformation des politischen

Systems ergründen können. Unser Wissenshunger läßt sich am besten durch die Wahrheit stillen, wie bitter sie auch sein mag. Lenin schrieb: Besonders »schrecklich sind Illusionen und Selbstlüge, schlimm und zerstörerisch ist die Angst vor der Wahrheit«.
Um das Phänomen Stalin zu analysieren, muß man die Rolle von Persönlichkeiten in der Geschichte auf marxistisch-leninistischer Grundlage betrachten. Dabei werden wir auch Arbeiten Lenins heranziehen und auswerten. Vor allem die als sein »Testament« bekannten Dokumente sind von unschätzbarem Wert.
Stalin hat sein Leben lang nicht vergessen, daß Lenin in seinem »Testament«, dem »Brief an den Parteitag« vom Dezember 1922, ihn und Trotzki als »herausragende Führer« bezeichnet hat. Er vergaß aber ebensowenig die offene und schmerzhafte Charakterisierung seiner Person. Er konnte sich auch nicht damit abfinden, daß Lenin Bucharin »Liebling der Partei« genannt hatte. Immer wieder hat Stalin versucht, Lenins Worten eine andere Bedeutung zu geben. In einer seiner Reden sagte er zum Beispiel: »Wir alle lieben Bucharin, aber die Wahrheit, die Partei und die Komintern lieben wir noch mehr.« In diesem Satz findet sich fast schon der ganze Stalin: der Idee ergeben – so, wie er sie verstand –, aber schlau und listig. Lenins Bemerkung, daß »Stalin zu grob« sei, kommentierte der Generalsekretär mit der Entgegnung, er sei »nur grob zu seinen Feinden«.
In den letzten Jahren sind bei uns viele Biographien erschienen: über Cäsar, Napoleon, Charles de Gaulle, Mao Tse-tung und andere, die für immer in der Geschichte verewigt sind. Es wurde sogar ein Buch über Hitler herausgegeben. Aber es gibt keine politische Biographie Stalins in der Sowjetunion, wohingegen im Ausland einige Dutzend Bücher über ihn veröffentlicht worden sind. Die Lücke in unserer Geschichtsschreibung versuchen bislang zahlreiche belletristische und historische Publikationen zu schließen, die sich mit verschiedenen Aspekten der Stalin-Zeit befassen. Diese Publikationen sind wie ein Regen nach einer langen Dürre. Ohne Zweifel werden bald auch wissenschaftliche Untersuchungen erscheinen. Historiker werden über Stalin wie über Chruschtschow, Breschnew und andere wichtige Personen in der Geschichte unserer Partei und unseres Staats schreiben. Ich habe es mir zur Aufgabe gemacht, nur ein politisches Porträt Stalins zu entwerfen und keine Biographie.

Die hitzigen Diskussionen über Stalin verstummen nicht. Einer der Gründe für das große Interesse an seiner Person ist, daß seine Zeit, legt man historische Maßstäbe zugrunde, erst vor kurzem zu Ende gegangen ist: vor etwa vier Jahrzehnten. Das Schicksal Stalins ist noch verwoben mit den Schicksalen heute lebender Menschen und ihrer nächsten Verwandten. Viele von uns sind in der Stalin-Ära aufgewachsen, und jeder von uns ist mit seiner Zeit verbunden. Die Wunden unserer Geschichte sind nicht verheilt, und wir werden sie noch lange spüren.

Ein weiterer Grund für das anhaltende Interesse an Stalin ist die Erneuerung des Sozialismus, des Humanismus, der Gerechtigkeit, der historischen Wahrheit und der moralischen Ideale. Die Stalin-Ära hat gezeigt, daß der Dogmatismus in der Lage ist, einen Tempel der ehernen und ewigen Werte zu errichten. Außer der Veränderung gibt es jedoch nichts Ewiges. Dogmatische Blindheit ist gefährlich, sie kann eine Ideologie in eine Religion verwandeln. Der Dogmatismus überträgt alle irdischen Freuden auf morgen und morgen auf übermorgen. Die revolutionäre Erneuerung unserer Gesellschaft betrifft vor allem das gesellschaftliche Bewußtsein. Nicht zufällig sind Dogmatismus und Bürokratie zum zentralen Gegenstand unserer Kritik geworden. Beides verbinden wir in hohem Maß mit den Jahren der autokratischen Herrschaft Stalins.

Schließlich will ich noch auf einen Grund unter vielen hinweisen für das große Interesse am Leben dieses Menschen. Dieser Mann erschien seinem Volk nicht als Mensch, wie Lenin, sondern er stellte sich gottähnlich über die sowjetischen Bürger. Die sowjetischen Menschen wußten nichts über Stalin, abgesehen von den zahllosen Lobeshymnen auf ihn wie von den Statuen und Bildern. Die knappe Biographie von ihm, die kurz nach dem Krieg erschienen ist, hat keine Autoren, obwohl in der Titelei G. F. Alexandrow, M. B. Mitin, P. N. Pospelow und andere aufgeführt sind. Stalin selbst hat diese Biographie bearbeitet. Sie verherrlicht den Staatsmann und Parteiführer, aber der Mensch kommt nicht vor in ihr.

1936 wurde ein Buch von Henri Barbusse herausgegeben: »Stalin«. Es genügt, ein paar Sätze darin zu lesen, um die Qualität dieser Arbeit bewerten zu können. Zum Beispiel: »Die Geschichte seines Lebens ist eine Reihe ungezählter Siege über gewaltige Schwierigkeiten. Es verging kein Jahr seit 1917, in dem er nicht große Taten vollbrachte, von denen eine einzige genügt hätte, um ewigen Ruhm zu ernten. Stalin, das ist ein eiserner Mensch. Er macht seinem Namen alle Ehre: Stalin, der Stählerne.« Das Akademiemitglied Jemeljan Michajlowitsch Jaroslawski hat 1939 das Buch »Über den Genossen Stalin« veröffentlicht. Jaroslawski bemerkte zu Recht, über Stalin zu schreiben bedeute, über alle Aktionen der Partei im Kampf für den Aufbau des Sozialismus in unserem Land zu berichten. Aber dann finden wir darin Sätze nach dem Muster der folgenden:

»In den Volksliedern besingen und vergleichen die Sänger den Genossen Stalin mit einem gewissenhaften Gärtner, der seinen Garten liebt; und dieser Garten ist die Menschheit. Das Teuerste, das wir haben, sind die Menschen, sind die Kader. Die Fürsorge, die der Genosse Stalin den Kadern, dem Menschen, dem lebenden Menschen, zuteil werden läßt, das ist das, was das Volk am Genossen Stalin schätzt, das ist das, was wir vom Genossen Stalin lernen können.«

Der Kominternfunktionär Karl Radek widmete Stalin in seinem 1934 erschienenen Buch »Porträts und Pamphlete« ein langes Kapitel. Es liest sich wie die Lobpreisung eines Messias. Die Hymne auf den Führer, mit der Radek sich erniedrigte, bewahrte ihn nicht vor einem tragischen Schicksal.
Der wissenschaftliche Wert solcher und ähnlicher Werke sowie der Mengen von geschönter Erinnerungsliteratur, die die Stalin-Zeit behandelt, ist gering. In ihnen zeigt sich das Klima der Unterwürfigkeit und Speichelleckerei, das Stalin und seine Gesinnungsgenossen unter Einsatz von Gewalt erzeugt haben, besonders nach dem 17. Parteitag (1934).
Stalin hat hart daran gearbeitet, daß die Menschen nach seinem Tod so über ihn dachten, wie er es wollte. Er und seine Mitstreiter waren dabei nicht ohne Erfolg, wie sich in unserer Literatur zeigt. Viele Seiten der Chronik unseres Landes sind unbeschrieben, viele sind entstellt, und manche wurden herausgerissen. Dieser Umstand hat dem Autor die Arbeit schwergemacht.
Eine andere Schwierigkeit ist mehr allgemeiner Art. Jeder Mensch birgt in sich einen Mikrokosmos unerklärlicher Welten. Alle diese Geheimnisse nimmt er mit ins Grab. Wir werden niemals alles über einen Verstorbenen erfahren, aber es gibt verschiedene Möglichkei-

ten, vieles über das zu erfahren, was ein Mensch gedacht hat. Über die Gedankenwelt Stalins geben nicht nur seine Berichte, Briefe und Aufzeichnungen Aufschluß, sondern auch sein Handeln, wie es sich in der sozialen Wirklichkeit niedergeschlagen hat. Dazu gehören seine Verbrechen. Die Stalinsche Gedankenwelt ist nicht mehr gänzlich geheimnisvoll, wenn man betrachtet, wovon sie sich nährte und worin sie sich ausdrückte. Dennoch wird unser Versuch, Stalins Taten zu erklären, in einigen Fällen in einer Sackgasse enden.
Menschen, die außerhalb einer demokratischen Kontrolle stehen, die mit uneingeschränkter Macht ausgestattet sind, gewöhnen sich an das Gefühl der Unfehlbarkeit. Solche Menschen sind meist von vielen anderen Menschen umgeben, aber sie sind immer einsam. Bei Stalin hielten sich in der Regel Molotow, Kaganowitsch, Woroschilow, Malenkow und Berija auf. Stalin hatte niemanden, mit dem er sich vergleichen konnte, niemanden, mit dem er diskutieren konnte, niemanden, dem er etwas beweisen mußte, niemanden, vor dem er sich zu rechtfertigen brauchte. Die Einsamkeit auf dem Gipfel, die uneingeschränkte Macht stumpften seine Gefühle ab, verwandelten sein Denken in kalte Berechnung. Jeder Schritt, der immer gleich zu einem »historischen«, »schicksalhaften«, »entscheidenden« wurde, tötete fast unmerklich das Menschliche im Menschen.

Als Grundlagen für meine Analyse dienten Lenins Arbeiten, Parteidokumente, Materialien vieler Archive: des Zentralen Parteiarchivs, des Obersten Gerichtsarchivs der UdSSR, des Zentralen Staatsarchivs der Sowjetischen Armee, des Archivs des Verteidigungsministeriums der UdSSR, des Archivs des Generalstabs der Streitkräfte der UdSSR und andere Archive und Museen. Im Archiv des Verteidigungsministeriums der UdSSR hatte ich beispielsweise Gelegenheit, viele interessante, einzigartige, nie veröffentlichte Dokumente einzusehen. Sie beziehen sich im wesentlichen auf die militärischen Aspekte von Stalins Tätigkeit.
Schon die erste Bekanntschaft mit den Erklärungen Stalins zu militärischen Fragen zeigt, daß Stalin ganz und gar nicht immer das glaubte, was er proklamierte. Um dies zu belegen, ziehe ich auch Erinnerungen von Zeitgenossen Stalins heran. Hier ein Beispiel: Stalin liest den Urteilsentwurf des militärischen Kollegiums des Obersten Gerichts der UdSSR gegen die Generäle D. G. Apollos, W. J. Klimow-

skich, A. T. Grigorjew, A. A. Korotkow, denen unter anderem »antisowjetische Verschwörung und vorsätzliche Wehrkraftzersetzung an der Westfront« zur Last gelegt wurden. Ohne zu Ende zu lesen, stieß der »Führer« hervor: »Reden Sie keinen Blödsinn!«

Daraufhin strich man »antisowjetische Verschwörung«, »verschwörerische Ziele« und »feindliche Tätigkeit« und schrieb statt dessen: »(...) offenbarten ihre Feigheit, die Unfähigkeit, ihre Befehlsgewalt anzuwenden; sie zeigten organisatorisches Unvermögen und ließen einen Verfall der militärischen Führung zu (...).« Obwohl die Beschuldigungen nach wie vor ungerechtfertigt waren und das Urteil, welches am 22. Juli 1941 vollstreckt wurde, hart war, zeigt diese Episode, daß der »Führer« im Angesicht der Gefahr, die ihn und das Land bedrohte, nicht mehr das alte »Verschwörerspiel« spielen wollte.

Wo liegen die Ursachen für die Irrationalität, Grausamkeit und Hinterlistigkeit dieses Menschen? Etwa in der religiös-dogmatischen Nahrung, die er während seiner Jugendjahre in großen Mengen verschlang? Oder in der eigenartigen Eifersucht, die er gegenüber anderen Politikern wegen deren intellektuellen Formats empfand? Liegen die Ursachen in seiner Verbitterung, die schon vor der Oktoberrevolution entstanden war?

Stalins Biographie vor der Oktoberrevolution besteht im wesentlichen aus sieben Verhaftungen und fünf Fluchten. Seit seinem neunzehnten Lebensjahr erfüllte er illegal Aufträge von Parteikomitees. Er wurde immer wieder verhaftet, wechselte häufig seinen Namen, beschaffte gefälschte Pässe, befaßte sich mit der »Expropriation« von Geld zugunsten der Parteikasse und wechselte häufig den Wohnsitz. In den Verbannungsorten und Gefängnissen hielt er sich nicht lange auf, er floh und versteckte sich von neuem. Der Gedanke, ins Ausland zu gehen, ist ihm nicht in den Sinn gekommen.

Eine große Hilfe für dieses Buch stellten viele Zeitungen und Zeitschriften dar, zum Beispiel Ausgaben der »Prawda« aus über dreißig Jahren, des »Bolschewik«, des »Politrabotnik« und viele andere. Ich konnte auch auf Zeitungen und Zeitschriften zurückgreifen, die nur in den zwanziger Jahren erschienen sind.

Es ist bekannt, daß im Ausland eine umfangreiche Literatur über Stalin existiert. Es werden jährlich auch Dutzende und aber Dutzende von Büchern veröffentlicht, die das Ziel haben, mit »Hilfe Stalins« die

Idee des Sozialismus zu diskreditieren. Aber Stalins Praxis, den Sozialismus in Mißkredit zu bringen, war weitaus gefährlicher als die Werke bürgerlicher Sowjetologen.
Ferner sind Aufzeichnungen von ausländischen Politikern, die seinerzeit Stalin begegnet sind, als Zeugnisse nicht uninteressant; wie zum Beispiel von Franklin D. Roosevelt, Winston Churchill, Charles de Gaulle, Mao Tse-tung, Enver Hodscha. Das gilt auch für einige kleinere Arbeiten von Stalins Tochter Swetlana Allilujewa, die sie in der Emigration herausgegeben hat.
Ich machte mich ferner mit den Argumenten politischer und ideologischer Gegner Stalins innerhalb des Landes vertraut, mit Arbeiten Leo Trotzkis, Grigorij Sinowjews, Lew Kamenews, Nikolaj Bucharins, Alexej Rykows, Michail Tomskis und anderer. Sie alle waren sowohl Mitstreiter als auch Schüler Lenins. Niemand von ihnen hat sich für einen Schüler Stalins gehalten. Sosehr auch später Lasar Kaganowitsch, Wjatscheslaw Molotow, Kliment Woroschilow, Georgij Malenkow, Andrej Schdanow und andere, die ihre Plätze einnahmen, versuchten, den Eindruck zu vertuschen: Stalin handelte nach dem alten Gesetz der Diktatoren. Die Menschen, die er einsetzte, zeichneten sich durch Unterwürfigkeit aus und konnten ihm seinen Rang nicht streitig machen.
Trotzki, Sinowjew, Kamenew, Bucharin und andere waren Anfang der zwanziger Jahre wesentlich bekannter als Stalin. Trotzki und Stalin waren in den Jahren der Revolution und des Bürgerkriegs nicht einmal vergleichbar, was ihre Popularität in Partei und Volk betrifft. Trotzki ging in die Geschichte ein als ein anerkannter Führer der Oktoberrevolution, als einer der Gründer der Roten Armee und als bedeutender Theoretiker. Vor dem Jahr 1927 hatte er schon 21 Bände seiner Werke veröffentlicht! Dieser energische Politiker, dem es beim Verfassen seiner Arbeiten an literarischem Talent nicht mangelte, kokettierte nicht selten vor dem Spiegel der Geschichte und versuchte, seine Ansprüche auf einen Platz an der Parteispitze zu rechtfertigen. Wahrscheinlich liebte er sich in der Revolution mehr als die Revolution selbst.
Als ich mich mit den Bänden seiner Werke vertraut machte, war ich erstaunt darüber, daß Trotzki bereits in den Jahren des Bürgerkriegs sorgfältig darauf achtete, was später über ihn geschrieben werden sollte. Briefe und alle möglichen Schriftstücke, die er erhielt, bewahr-

te er sorgsam auf. So sammelte er auch Anfragen von Diplomaten, die ihn um Audienz baten, und er archivierte Zeitungsausschnitte, die über ihn und seine Arbeit berichteten. Trotzki war davon überzeugt, daß nach dem Tod Lenins die Führung der Partei auf ihn übergehen müßte. Und das nicht ohne Grund.

Häufiger als alle anderen war Stalin das Hauptziel von Trotzkis Attacken. Allerdings hat er den Großteil seiner antistalinschen Literatur erst nach seiner Verbannung aus der UdSSR verfaßt. Trotzki charakterisierte Stalin als den »Herausragendsten in der Partei an Mittelmäßigkeit«. Im übrigen hat Trotzki es kaum verborgen, daß er sich für ein intellektuelles Genie hielt. Trotzki versuchte häufig, seine Gegner als minderwertig darzustellen. So sagte er zum Beispiel 1924 über Sinowjew, er sei »von einer aufdringlichen Mittelmäßigkeit«, dem belgischen Sozialistenführer Émile Vandervelde bescheinigte er »glänzende Mittelmäßigkeit« und dem Menschewiken Irakli Zereteli »begnadete und ehrliche Mittelmäßigkeit« usw.

Nach der Verbannung aus der UdSSR blieb Trotzki eine nie nachlassende Leidenschaft: der Haß auf Stalin. Besonders deutlich tritt dies in seinem letzten, unvollendeten Buch »Stalin« hervor. Obwohl Trotzki darin versichert, persönliche Motive spielten keine Rolle: »Unsere Wege sind vor so langer Zeit und so weit auseinandergegangen, und er ist für mich in solch einem Maße Geschütz historischer und feindlicher Kräfte, so daß meine persönlichen Gefühle für ihn sich nicht von jenen unterscheiden, die ich für Hitler oder für den japanischen Mikado empfinde; das Persönliche zwischen uns ist schon lange verglüht.« Niemand auf der Welt hat soviel Vernichtendes, Böses, Polemisches über Stalin geschrieben wie Trotzki, und es hat niemand soviel zur Entlarvung Stalins beigetragen wie er.

Stalin erwiderte die Angriffe Trotzkis mit ebensolchem Haß. Besonders deutlich zeigte sich dies bei ihren Auseinandersetzungen in der Zeit der Schlacht um Zarizyn und während des Bürgerkriegs.

Am tragischen 21. Januar 1924 schickte Stalin folgendes Telegramm in den Süden:

»Man übermittle dem Genossen Trotzki, daß am 21. Januar 1924 um 6.50 Uhr der Genosse Lenin unerwartet verstarb. Der Tod erfolgte durch eine Atemlähmung. Beerdigung am Samstag, den 26. Januar. Stalin«

Als er das Telegramm schrieb, wußte Stalin sicher: Jetzt steht ihm ein erbitterter und schonungsloser Kampf gegen Trotzki um die Führung in der Partei bevor. Stalin dürfte allerdings kaum geahnt haben, daß er Trotzki zwar besiegen, aber niemals von ihm loskommen würde. Die bürokratischen Befehlsmethoden, die Gewalt, das »Anziehen der Schrauben«, deren Verfechter Trotzki gewesen war, wurden zu Stalins Rüstzeug. Liegt vielleicht hierin ein Ursprung der künftigen Tragödie? Bis zur Ermordung Trotzkis im August 1940 hinterließ der Kampf zwischen Stalin und Trotzki Spuren im Denken des Generalsekretärs. Um die tiefen Schichten von Stalins Innenwelt zu verstehen, habe ich den Kampf studiert zwischen dem Generalsekretär und dem Mann, den er für seinen größten Feind hielt.

Ich hatte die Gelegenheit, mit Menschen zu sprechen, die Stalin begegnet waren. Sie waren so oder so in den Strudel der Ereignisse geraten, die durch Stalin hervorgerufen wurden. Ergiebig waren auch die Gespräche mit einer Reihe von Menschen aus der engeren Umgebung Stalins: mit ehemaligen Mitarbeitern des Zentralkomitees der Kommunistischen Partei, des Rats der Volkskommissare und des NKWD; mit ehemaligen höchsten sowjetischen Militärführern, mit Menschen aus politischen und gesellschaftlichen Institutionen – mit den Menschen also, deren Leben auf diese oder auf jene Weise durch die Handlungen oder Entscheidungen des »Führers« bestimmt wurden.

Ich habe diesem Buch den Titel »Stalin. Triumph und Tragödie« gegeben, weil ich versuchen will zu zeigen, wie der Triumph eines Menschen sich in die Tragödie eines Volks verwandelte. Nikita S. Chruschtschow setzte auf dem 20. Parteitag in seinem Bericht die Akzente auf seine Art. Er sagte über Stalin unter anderem folgendes:

»Wir können nicht sagen, daß es sich hier um die Taten eines machttrunkenen Despoten handelte. Er war zu dem Schluß gelangt, daß dies im Interesse der Partei, der arbeitenden Massen, im Namen der Verteidigung der Ziele der Revolution getan werden müsse. Hierin liegt die ganze Tragödie!«

Ich glaube, daß diese Betrachtungsweise nicht richtig ist. Sie rechtfertigt Stalin. Der »Führer« liebte mehr als andere auf der Welt seine

persönliche Macht. Er benutzte seine uneingeschränkte Macht zu ungeheuerlichen Repressalien, und darin sah er keine Tragödie.
Stalin gewöhnte sich schnell an die Gewalt als Attribut der absoluten Macht. Die Verfolgungsmaschine, die Stalin in den dreißiger Jahren mit voller Kraft wüten ließ, machte nicht nur die Funktionäre der unteren Ränge besessen, sondern auch Stalin selbst. Es ist denkbar, daß das Abgleiten zur Idee der Gewalt eine Reihe von Etappen durchlief: Zunächst war es ein Kampf gegen wirkliche Feinde, dann folgte die Vernichtung von persönlichen Gegnern, und schließlich wurde die Gewalt angewendet als Demonstration der Ergebenheit vor dem »Führer«. Im Schatten der Bedrohung von außen wurde eine Atmosphäre der geistigen Belagerung geschaffen. Dies war der spezifische Zustand des gesellschaftlichen Bewußtseins, der im Jahr 1937 seinen Höhepunkt erreichte: Die Gewalt triumphierte über das Recht und der Personenkult über die Volksmacht.
Konnte man denn wirklich glauben, daß von den sieben Politbüromitgliedern, die im Mai 1924 auf dem ersten Parteitag nach Lenins Tod gewählt wurden, alle außer Stalin plötzlich zu »Feinden« wurden? Sogar in den Zeiten der mittelalterlichen Inquisition hatte niemand auf solch einer »Sauberkeit« bestanden. Stalin vernichtete die »Feinde«, und die Wellen gingen weiter und weiter. Das war der tragische Triumph einer bösen Macht.
Manchmal ist es schwer, zu erklären, warum Stalin, der doch schon alle seine Gegner vernichtet hatte, es für nötig befand, die Verfolgung der besten Leute der Partei und des Staats fortzusetzen. Und dies am Vorabend des drohenden Kriegs.
In den Organen des Innenministeriums (NKWD) hatten einige Bolschewiki früh die Gefahr des Systems der allgemeinen Verdächtigungen und Repressionen erkannt. Allein aus ihrer Mitte wurden mehr als 23 000 zu Opfern der barbarischen Gesetzlosigkeit.
Nicht einmal die schlimmsten Grimassen der Geschichte aber konnten letzten Endes das sowjetische Volk daran hindern, sich der Verwirklichung von hohen Idealen zu nähern. Sogar die tragischsten Jahre haben es nicht vermocht, in Millionen von sowjetischen Menschen den Glauben an humanistische Werte auszulöschen. In der Dialektik des Triumphes und der Tragödie verbirgt sich die unendliche Komplexität des Seins. Auch wenn die Volksmassen die entscheidende Rolle spielen, so hängt von den Persönlichkeiten in der Ge-

schichte doch viel ab. Das Tragische bestand hier darin, daß Stalin von Millionen nicht als Mensch aus Fleisch und Blut, sondern als ein Symbol des Sozialismus, ja als seine Inkarnation empfunden wurde. Die häufig wiederholte Lüge kann einem als Wahrheit erscheinen. Die Vergötterung des »Führers« rechtfertigte, unter Berufung auf die Umtriebe der »Feinde«, in den Augen der Menschen die Verletzung des Rechts und schrieb alle Erfolge einem einzigen Menschen zu. Um so mehr, als Stalin es verstand, grandiose Vorhaben zu propagieren.
Stalin liebte es, besonders vor großem Publikum, sich bei der Verkündung wichtiger Entschlüsse auf die Klassiker des Marxismus-Leninismus zu berufen. Hier offenbarte er eine allgemeine menschliche Schwäche. Die Menschen suchen die Sicherheit. Selbst solch ein mächtiger Mann wie Stalin zog es vor, sich hinter ideologischen Klischees, hinter der Autorität einer Theorie, hinter den unvergänglichen Ideen seines großen Vorgängers zu verstecken.

Viel gaben mir die Erinnerungsbücher berühmter sowjetischer Militärführer: Iwan Bagramjan, Alexander Wassilewski, Arsenij Golowko, Andrej Jeremenko, Georgij Schukow, Iwan Konew, Nikolaj Kusnetzow, K. A. Meretzkow, Kirill Moskalenko, Konstantin Rokossowski, S. M. Stemenko und anderer. Selbstverständlich habe ich berücksichtigt, daß die Zeugnisse dieser verdienten Personen in einer Zeit geschrieben wurden, da über Stalin noch nicht viel bekannt war. Und kurz nach dem 20. und 22. Parteitag war es nicht möglich, das Thema des Personenkults völlig offen zu analysieren. Soldaten, besonders auf höheren Kommandoebenen, haben die erbarmungslose und ungerechte Hand Stalins am eigenen Leib zu spüren bekommen.
Aber außer A. W. Gorbatow und wenigen anderen Militärführern ist es kaum jemandem gelungen, klar zu sagen, was sie wußten. Sich über die Repressionen, Fehler und Versäumnisse Stalins zu äußern war faktisch verboten.
Es gibt noch einen anderen Gesichtspunkt. Mit Beginn des Zweiten Weltkriegs war Stalin gegen seinen Willen gezwungen, die Gewalt innerhalb des Landes einzudämmen. Die Militärführer befaßten sich in ihren Memoiren vorwiegend mit Stalins verteidigungspolitischer Aktivität. Ihm war es gelungen, den politischen Willen im Kampf um den Sieg über den Faschismus zu stärken. Vor diesem Hintergrund

läßt sich die einseitig positive Darstellung Stalins durch viele Militärführer erklären. Viele tragische Schicksale scheinen weitgehend verborgen geblieben zu sein.
Einige Zehntausende von Soldaten gerieten vor dem Krieg in den Fleischwolf der Säuberungen und kamen um. Sie konnten ihren Nachkommen nichts mehr berichten. Heute wissen wir, daß Stalin auch zu Anfang des Kriegs nicht nur einmal auf grausame Methoden zurückgriff. Er ließ viele Offiziere ermorden, denen er die Verantwortung für die Niederlagen aufbürden wollte.
Wenn man heute auf die Vergangenheit schaut, kann man sich des Erstaunens, des Entsetzens und der Verständnislosigkeit nicht erwehren. Wie konnte das sowjetische Volk solches Leid so lange ertragen? Worin sind die Wurzeln dieser Leidensfähigkeit zu suchen? Etwa in der 250jährigen Unterdrückung durch die Reiter der Goldenen Horde? In dem endlosen Kampf für Unabhängigkeit und Freiheit? Oder im nie aufhörenden Kampf gegen die Kälte und die unübersehbaren Weiten des Landes? Möglicherweise. Als wichtigste der Ursachen für die Leidensfähigkeit des sowjetischen Volks erscheint mir die Überzeugung, daß der Weg, der 1917 eingeschlagen wurde, richtig ist.
Jedes Jahrhundert hat sein »Mittelalter«. Ich bin davon überzeugt, daß die sozialistische Entwicklung unserer Gesellschaft ohne die Entartungen der dreißiger, vierziger und fünfziger Jahre vonstatten gegangen wäre, wenn sich nach Lenins Tod nicht ein solches Defizit an Volksmacht herausgestellt hätte. Die Tragödie war nicht unvermeidlich.
Heute ist es einfach, über die Alternativen zu sprechen und ein Urteil zu fällen über die Vergangenheit. Es ist leichter, die Umstände zu analysieren, als sie zu bewältigen. »Der Historiker hat stets das Recht, dem Schicksal, das eingetroffen ist, Hypothesen gegenüberzustellen«, schrieb der französische Sozialist Jean Jaurès. Es hat in der Tat historische Alternativen gegeben.
Heute wissen wir, daß nach Lenins Tod auch Trotzki und Bucharin eine reale Chance hatten, sich an die Spitze der Partei zu stellen. Ich glaube, daß Sinowjew und Kamenew weitaus schlechtere Aussichten hatten. Es ist nicht unwahrscheinlich, daß uns vergleichbare Heimsuchungen erwartet hätten, wenn es Trotzki gelungen wäre, die Führung der Partei zu übernehmen. Er war ein Verfechter der sozialen

Gewalt, und er hatte kein klares, wissenschaftliches Konzept für den Aufbau des Sozialismus in der UdSSR. Bucharin hatte ein solches Konzept, und er verstand die politischen Grundsätze der Partei. Aber bei all seiner persönlichen Anziehungskraft, bei all seiner Intelligenz, bei all seiner Menschlichkeit – während langer Jahre glaubte er nicht an die historische Notwendigkeit, die ökonomische Kraft des Landes schnell zu steigern. Und dies, obwohl die Sowjetunion eingekreist war durch imperialistische Staaten, die mit den Bolschewiki abrechnen wollten.

Nach Lenins Tod bis zum Beginn der dreißiger Jahre erwarb sich Stalin den Ruf, einer der konsequentesten und willensstärksten Verfechter der Politik einer Festigung des ersten sozialistischen Staats der Welt zu sein. Eine andere Frage ist es, wie Stalin selbst sich diesen Kurs vorstellte.

Nein, Stalin besaß keine Eigenschaften, die es ihm ermöglicht hätten, Lenin zu ersetzen. Aber solche Eigenschaften besaß niemand. Stalin besaß nicht die Genialität Lenins, nicht die theoretische Tiefe Georgij Plechanows, nicht die Kultur Anatoli Lunatscharskis. In intellektueller und moralischer Hinsicht stand er weit unter vielen, möglicherweise unter den meisten Führern der Revolution. Als aber die Machtkämpfe um die Parteispitze begannen, zeigten sich Stalins Zielstrebigkeit, seine Härte, seine Schlauheit und seine Hinterlistigkeit. Trotz seiner Schwächen hatte Stalin etwas, was die anderen nicht hatten. Dazu gehörte seine Fähigkeit, sich geschickt des Parteiapparats zu bedienen, um seine Ziele zu erreichen. Er sah im Apparat das ideale Instrument der Macht.

Von Lenins Warnung vor Stalin wußten bei weitem nicht alle Bolschewiki. Nachdem die Delegierten des 13. Parteitags im Mai 1924 erfahren hatten, wie Lenin Stalin beurteilte, unterdrückte Stalin vorübergehend seine negativen Eigenschaften, was ihm in vielerlei Hinsicht die Unterstützung der Partei sicherte. Unter diesen Umständen waren die Chancen anderer, die Führung der Partei zu übernehmen, relativ gering. Viele in der Parteispitze hatten Stalin nicht vollständig durchschaut. Als sie es taten, war es zu spät.

Stalin war ein großer Schauspieler. Geschickt spielte er unzählige Rollen: zunächst die des bescheidenen Führers und des Kämpfers für die Reinheit der Parteiideale, später die des »Führers«, des »Vaters des Volkes«, des Militärführers, des Theoretikers, des Kunstexperten und des Propheten. Besonders gewissenhaft versuchte er die Rolle des treuen Schülers und Mitarbeiters des großen Lenin zu spielen. So gelang es Stalin, in der Partei und im Volk Schritt für Schritt an Popularität zu gewinnen. Letzten Endes geht es jedoch nicht um Persönlichkeiten, sondern darum, daß das demokratische Potential, das Lenin begonnen hatte aufzubauen, nicht erhalten wurde.

Jahrzehnte später versuchen wir einen Menschen zu finden, der in der historischen Rückschau eine Alternative zu Stalin hätte darstellen können. Die effektivste Alternative wäre wohl eine Gruppe von Leninisten gewesen, die die Partei geführt hätte und verpflichtet gewesen wäre, den Willen Lenins zu erfüllen. Aber die »Leninsche Garde« legte eine unerklärliche Kurzsichtigkeit an den Tag. Wenn die demokratischen »Sicherungen« gefestigt worden wären, wenn vor allem eine echte kollektive Führung geschaffen worden wäre, dann hätte es keine entscheidende Rolle gespielt, ob ein Führer die anderen überragt hätte oder nicht. Wenn zum Beispiel ein Parteibeschluß die Amtsdauer des Generalsekretärs und anderer befristet hätte, dann wären die kultischen Entartungen nicht aufgetreten. Fehlen solche Begrenzungen der Macht, dann hängt das Schicksal eines Landes stark ab von der Frage, welche Person das Steuer führt.

Oft wird vom »Stalinismus« gesprochen. Man kann über die Richtigkeit dieses Begriffs streiten, jedoch sollte man eine Tatsache nicht außer acht lassen: daß nämlich hinter diesem Wort ein bestimmtes gesellschaftliches Phänomen steht. Es keimte, weil die gerade entstandenen demokratischen Anfänge der Volksmacht deformiert wurden; ohne Demokratie verliert der Sozialismus nicht nur seine Kraft, sondern auch seine Attraktivität.

Der Stalinismus ist meines Erachtens ein Synonym für die Pervertierung der Theorie und Praxis des wissenschaftlichen Sozialismus. Diese Pervertierung zeigt sich vor allem in der Entfremdung der werktätigen Massen von der Macht, in der Ausuferung der Bürokratie und in der Festigung dogmatischer Klischees im gesellschaftlichen Bewußtsein. Das Austauschen der Volksmacht durch die Selbstherrschaft erzeugt eine spezifische Form der Entfremdung. Diese Entfremdung macht die Menschen sozial apathisch; sie höhlt die sozialistischen Werte aus und erstickt die Dynamik der Bewegung. Der riesige und schmerzende Schatten Stalins hat sich auf alle Sphären

unserer Existenz gelegt. Sich völlig aus der bürokratischen und dogmatischen Umnachtung zu befreien erweist sich als ganz und gar nicht einfach.
Vor dem Hintergrund der tief im Volk verwurzelten ethischen Werte erscheint die Persönlichkeit Stalins besonders armselig. Stalin war nicht nur zu seinen politischen Gegnern erbarmungslos. Er diskriminierte jeden Standpunkt, der sich von seinem unterschied. Wer nicht für ihn war, der war sein Feind. Für Stalin war die Pflicht gegenüber Partei und Staat, die bedingungslos erfüllt werden sollte, immer wichtiger als die Menschenrechte.
Das wichtigste Werk Stalins war die Formierung einer allumfassenden bürokratischen Zwischenschicht. Sie war die wichtigste Stütze seiner Methoden, Schritte und Absichten. Solange die bürokratische Methode im Denken und im Handeln lebt, wird es Anhänger Stalins und seiner »harten Hand« geben. Stalin ist nicht nur Geschichte. Er ist in gewisser Weise auch Weltanschauung. Er ist ein Faktor, der den Rang von Werten bestimmt und die Wege zu ihrer Erlangung beschreibt. Es wäre zu einfach, alle Sünden, Fehler und Unzulänglichkeiten auf Stalin und sein Erbe abzuwälzen. Allerdings sind die Hauptkrankheiten unserer Gesellschaft die Bürokratie, der Dogmatismus und die Autoritätsgläubigkeit, wie sie in den Jahren der Alleinherrschaft Stalins entstanden.
Die eigene Zeit zu überdauern ist nur wenigen vergönnt. Einer von ihnen ist Stalin. Noch lange werden die Auseinandersetzungen über ihn anhalten, immer wieder wird man über seine Rolle in unserer Geschichte diskutieren. Diese Diskussionen werden mit Haß, mit Hochachtung, mit Bitterkeit und Fassungslosigkeit geführt. Wie auch immer, am Schicksal Stalins können wir uns noch einmal überzeugen, daß am Ende die Macht der großen Idee stärker ist als die Macht eines Menschen. Gleichgültig, was für ein Titan er gewesen sein mochte. Die Macht der Zeit ist absolut. Die Zeit fließt mal lautlos, mal mit dem Donnerhall des Kriegs und der Revolution. Sie spült die größten Denkmäler, die Menschen gesetzt wurden, hinweg. Von unvergleichlich längerer Dauer sind die philosophischen Denkmäler, die Monumente der Kultur. Die Ilias, die Sonette Petrarcas, die Lehren Kants, das Igorlied. Die Ideen der sozialen Gerechtigkeit und des Humanismus sind am vollständigsten von den Begründern des wissenschaftlichen Sozialismus formuliert worden. Die Stalinsche Per-

vertierung vermochte es nicht, die Anziehungskraft des sozialistischen Ideals zu vernichten.

Der Versuch, ein Stalin-Porträt zu verfassen, ist nicht nur ein Exkurs in die nähere Vergangenheit. Man darf nicht vergessen, daß die Prozesse der Geschichte, die zeitlich weit von uns entfernt sind, weiterhin ihren Einfluß ausüben, und sie werden noch lange auf Gegenwart und Zukunft einwirken. Und die Zukunft ist uns oft näher, als manche glauben.

Bei meiner Arbeit an diesem Buch trieb mich ein Gedanke an: die Wahrheit über Stalin zu sagen. Das Gericht der Menschen kann trügerisch sein, das Gericht der Geschichte ist unfehlbar.

Der Feuerschein des Oktobers

Anfang 1917 war Josef Wissarionowitsch Stalin 37 Jahre alt. Das Dorf Kurejka im kalten Turuchansker Gebiet war nun schon seit vier Jahren sein Aufenthaltsort. Zeit und Gründe zum Nachdenken gab es ausreichend. Unter dem unaufhörlichen Geheul der Schneestürme, die das Bauernhäuschen bis zum Dach begruben, werden Stalins Gedanken oft zurückgeschweift sein zu denkwürdigen Ereignissen. Die erste Begegnung mit Lenin auf der Parteikonferenz in Tammerfors. Die heftigen Diskussionen während der Sitzungen und die freundschaftlichen Gespräche in den Pausen, das hatte Stalin in Verwunderung versetzt. Er erinnerte sich auch an die Parteitage in Stockholm (April/Mai 1906) und London (Mai/Juni 1907). Dort hatte er zum erstenmal die Kunst des politischen Kampfes kennengelernt, die Kunst der Suche nach Kompromissen, ohne dabei Grundsätze aufzugeben.

Auf seinen nicht sehr zahlreichen Reisen ins Ausland fühlte er sich unsicher. Oft kam er sich fremd und überflüssig vor zwischen den scharfsinnigen Gesprächspartnern. Stalin konnte nicht so schnell und geschickt mit Worten fechten, wie es Georgij Plechanow, Pawel Axelrod und L. Martow taten. In ihm wuchsen Aggressionen und das Gefühl, intellektuell minderwertig zu sein. Schon damals keimte in ihm eine unbeirrbare Feindschaft gegenüber den politischen Emigranten, gegenüber der Fremde, gegenüber der Intelligenz. Sie wurde noch verstärkt durch die endlosen Diskussionen in billigen Cafés, in verqualmten, heruntergekommenen Hotelzimmern, durch die Auseinandersetzungen über philosophische und ökonomische Lehren.

Die Biographie Stalins vor der Oktoberrevolution läßt sich zusammenfassen zu sieben Verhaftungen und fünf Fluchten aus den

Gefängnissen und Verbannungsorten des Zaren. Der zukünftige »Führer« liebte es nicht, sich öffentlich an diese Periode zu erinnern. Nie hat er später davon gesprochen, daß er an »bewaffneten Expropriationen« zugunsten der Parteikasse teilgenommen hat. Auch nicht davon, daß er, als er in Baku war, den Standpunkt vertreten hatte: »Vereinigung mit den Menschewiki, koste es, was es wolle«, und schon gar nicht von seinen ersten hilflosen literarischen Versuchen.

Während der Schneesturm das Bauernhaus schüttelte, kam Stalin eines seiner Gedichte in den Sinn. Er liebte es. Es war in der Zeitung »Iberija« sogar veröffentlicht worden. Als er es geschrieben hatte, war er ein sechzehn- oder siebzehnjähriger Teilnehmer am Priesterseminar gewesen. Die Zeilen verstärkten seine Sehnsucht nach Freiheit und riefen eine trübe Hoffnung in ihm hervor. Stalin hatte ein hervorragendes Gedächtnis, und mit halblauter Stimme, beinahe flüsternd, hob er an zu sprechen:

Wenn der Mond mit seinem Schein
Plötzlich die Erde erhellt
Und sein Licht über weitem Horizont
Spielt in blassem Blau,
Wenn über Hainen in lazur
Die Nachtigallen singen
Und die sanfte Stimme der Schalmei
Frei erklingt, ohne zu schmelzen,
Wenn für einen Augenblick verstummen,
Um von neuem einzusetzen die rauschenden Quellen der Berge,
Und wenn das sanfte Lied des Windes
Weckt in der Nacht den stummen Wald,
Wenn der Flüchtende vor seinem Feinde flieht
Und wieder in seine kummervolle Heimat findet,
Wenn erschöpft vor Finsternis,
Er plötzlich die Sonne erblickt
– Dann weicht von drückenden Wolken der Seele
Die finstere Decke.
Die Hoffnung mit mächtiger Stimme
Dir das Herz von neuem weckt.
In die Höhe strebt die Seele des Poeten,

Und das Herz schlägt nicht vergebens.
Ich weiß, daß diese Hoffnung
Gesegnet ist und rein!

Während er das Gedicht vor sich hin murmelte, schaute die Inhaberin des armseligen Häuschens einige Male zu ihm hinüber. Sie war verwundert über den mürrischen Mieter. Dieser saß über einem aufgeschlagenen Buch unter einer flackernden Kerze und schaute auf das blinde, vereiste Fenster. Auch Stalin war über sich erstaunt, denn schon längst hatte er mit der Jugend jegliche sentimentale Empfindung hinter sich gelassen. Seiner Mutter schrieb er selten. Eine schwere Kindheit und das Leben eines konspirativ arbeitenden Revolutionärs machten den immer Flüchtenden engherzig, mißtrauisch und kalt.

Stalin konnte Gedanken und Erinnerungen, die schmerzhaft waren, vertreiben. Es waren nun schon zehn Jahre seit dem Tod seiner Frau Kato vergangen, doch ihr vom Typhus gezeichnetes Bild stand immer wieder vor ihm. Er wird sich erinnert haben an die heimliche Trauung, die von Christophor Tchinwoleli in der Kirche des heiligen David im Juni 1904 vollzogen worden war.

Kato – Jekaterina Swanidse – war eine schöne junge Frau, die verliebt und ergeben ihre großen Augen auf ihren Mann gerichtet hatte, auf den Mann, der kurz auftauchte, um dann für lange Zeit zu verschwinden. Das Familienleben war kurz. Der erbarmungslose Typhus nahm Stalin das einzige Geschöpf, das er wahrscheinlich aufrichtig liebte. Auf einer Fotografie, die die Beerdigung seiner Frau festhält, steht Stalin am Kopfende des Grabes, mit wirrem Haar, mager und klein, tiefe Trauer im Gesicht.

Seit seinem neunzehnten Lebensjahr tat er nichts anderes, als sich zu verstecken, Aufträge von Parteikomitees zu erfüllen und sich verhaften zu lassen. Er änderte ständig Namen und Wohnsitz, beschaffte sich gefälschte Pässe. In den Gefängnissen und Verbannungsorten blieb er nicht lange, er floh und tauchte von neuem unter.

Das Leben lehrte Stalin viel: Gerissenheit, Berechnung und nicht zuletzt die Fähigkeit abzuwarten. Die Verschlossenheit, die ihm seit den Jugendjahren anhaftete, verwandelte sich mit der Zeit in Gefühllosigkeit und Erbarmungslosigkeit. Und später lernte Stalin, die

Maske des ruhigen, ja menschenfreundlichen Mannes mit den scharfen Augen zu tragen.
Warum ist Josef Dschugaschwili Revolutionär geworden? Vielleicht, weil er sich schon früh die Krumen der intellektuellen Nahrung der Pfarrschule in Gori (1888–1893) und des Tifliser Priesterseminars (1894–1899) einverleibt hatte? Wer weiß. Wenn ihm nicht zufällig die Bücher von Rousseau, Nietzsche und Locke in die Hände gefallen wären, hätte der Seminarist sich auch dann gefragt, warum sein Vater, der Schuhmacher, immer nur die Schuhe der Armen flickte? Oder hat ihn das unbefriedigende religiöse Einsiedlerdasein zum Rebellen gemacht? Vielleicht hat ihm die kleine verschlissene Broschüre »Grundlagen des Marxismus« die Augen geöffnet? Niemand wird diese Frage beantworten können.

En face und im Profil

Bald nach der Oktoberrevolution hat der unauffällige Stalin allmählich begonnen, einen sichtbaren Schatten zu werfen. Und der Schatten wurde größer. In den dreißiger Jahren wurde er riesig, und in den letzten Jahren seines Lebens wurde er gigantisch.
Wer konnte bis 1917 auch nur ahnen, daß der profillose Revolutionär sich nach 1922 auf der Leiter zum Gipfel der Macht zielstrebig nach oben bewegen würde? Bis zum Beginn der Revolution war dieser Mensch nur der Polizei hinlänglich bekannt. Bei jedem neuen Kontakt mit der Polizei hatte man Dschugaschwili sorgfältig fotografiert, en face und im Profil. So auch in Baku. Die Aufnahmen zeigen einen gutmütig dreinblickenden, unrasierten jungen Mann. In der Personenbeschreibung ist präzise festgehalten, daß Dschugaschwili »dünn« sei und sein Haar »schwarz und dicht«, daß er »keinen Bart, aber einen schmalen Schnurrbart« trage, daß das Gesicht »pockennarbig« sei, die Kopfform »oval«, die Stirn »gerade und niedrig«, die Augenbrauen »langgezogen«, die Augen »eingefallen, braungelb«, die Nase »gerade«, Körpergröße »mittel, 2 Arschin und 4,5 Werschok«, Körperbau »mittelmäßig«, Kinn »spitz«, Stimme »ruhig«, »Muttermal am linken Ohr«, am linken Fuß »zweiter und dritter Zeh zusammengewachsen« und noch zwei Dutzend andere Merkmale. Wenn Dschugaschwili die Macht ergriffen haben wird, werden sich

seine Wächter der Staatssicherheit nicht mit solchen Kleinigkeiten aufhalten. Und keinem politischen Gefangenen sollte es gelingen, fünfmal aus dem Gefängnis zu entfliehen.

Schicken wir voraus: Stalin war nicht von Kindesbeinen an ein Verbrecher, wie einige annehmen. Jedoch muß man sich seine Kindheit betrachten, wenn man den Charakter des späteren »Führers« verstehen will.

Über die Kindheit Dschugaschwilis ist kaum etwas bekannt. Stalin mochte sich nicht an diese Zeit erinnern. Sie war düster und trostlos. Jekaterina und Wissarion Dschugaschwili waren arme Leute und lebten in furchtbarer Not. Von drei Söhnen starben zwei, Michail und Georgij, nach weniger als einem Jahr; es blieb ihnen nur Soso, wie sie Josef nannten. Aber auch er erkrankte im Alter von fünf Jahren an Pocken, entging knapp dem Tod und trug die Narben davon, die später in der Personenbeschreibung der Bakuer Polizei eine Rolle spielen werden. Wie der georgische Menschewik I. Iremaschwili, der die Familie Dschugaschwili gut kannte, schrieb, war Stalins Vater ständig betrunken. Soso und seine Mutter wurden häufig Opfer seiner Brutalität. Der betrunkene Vater hatte es sich zur Gewohnheit gemacht, dem eigensinnigen Sohn vor dem Schlafengehen einen ordentlichen Hieb zu versetzen, dem Sohn, der seinen Vater offensichtlich nicht liebte. Soso lernte es, dem betrunkenen Vater geschickt aus dem Weg zu gehen. Die grundlosen Schläge verhärteten den kleinen Jungen. Die Mutter opferte sich für den Sohn auf. Unter größten Anstrengungen gelang es ihr, Soso in einer geistlichen Schule unterzubringen und später in einer Seminarschule. Die familiäre Zwietracht dauerte an. Bald kam es zum Bruch zwischen Stalins Eltern. Wissarion Dschugaschwili zog nach Tiflis, starb dort einsam in einem Nachtasyl und wurde auf Staatskosten beerdigt.

Nachdem Josef Dschugaschwili zum Berufsrevolutionär geworden war, verließ er sein Elternhaus für immer. Nach 1903 sah er seine Mutter vier- oder fünfmal. Jekaterina Georgijewna besuchte ihren Sohn in Moskau zum erstenmal in dem Jahr, als er Generalsekretär geworden war. Das letztemal sah Stalin seine Mutter 1935. Dachte der Sohn daran, daß es seine Mutter, die Analphabetin, war, die ihn durch ihren starken Willen aus der bittersten Not gerettet hatte, dachte er daran, daß sie ihm die Chance gegeben hatte, zu dem zu werden, der er nun war? Sie starb einsam im Juli des tragischen Jahres 1937.

Im Dezember 1931 sprach der deutsche Schriftsteller Emil Ludwig mit Stalin:

Ludwig. »Was trieb Sie in Opposition? Vielleicht schlechte Behandlung seitens Ihrer Eltern?«

Stalin. »Nein. Meine Eltern waren zwar keine gebildeten Leute, aber sie behandelten mich keineswegs schlecht.«

Aufgrund dessen, was wir über die Kindheit Dschugaschwilis wissen, können wir erraten, daß das, was Stalin dem Schriftsteller sagte, sich ausschließlich auf die Mutter bezog. Ludwig hatte seinerzeit Porträts über Mussolini, Kaiser Wilhelm II. und Masaryk geschrieben. In einer einstündigen Unterhaltung wollte er Einblick nehmen in die Innenwelt des »sagenhaften sowjetischen Diktators«. Dies ist ihm wohl kaum gelungen. Über die Einzelheiten der frühen Jahre seines Daseins wollte Stalin sich nicht auslassen.

Der junge Soso hat in den geistlichen Schulen einige Fähigkeiten erworben, darunter ein phänomenales Gedächtnis. Die religiösen Texte lernte er schneller auswendig als seine Mitschüler. Die Bücher des Alten und Neuen Testaments haben sein ungeteiltes Interesse genossen. Er wollte das Ideal des einzigen Gottes erreichen als Träger absoluter Macht und absoluten Wissens. Jedoch war dem jungen Dschugaschwili das Erlernen der Theologie als Synthese von Dogmen und moralischen Prinzipien dann doch bald über.

Mehr als zehn Jahre verbrachte er in geistlichen Schulen, und dies konnte nicht ohne Einfluß bleiben auf das Bewußtsein des jungen Schülers. Dazu kamen später noch zehn Jahre Gefängnis für »Koba« (»Der Unbeugsame«; türkisches Dialektwort), wie sich der junge Stalin damals nannte nach einem Helden aus dem georgischen Epos »Vatermörder«. Der Eindruck, von der Gesellschaft ausgestoßen und verraten worden zu sein, verstärkte die Gefühlskälte in dem jungen Revolutionär und machte ihn unzufrieden mit seinem Schicksal. Die sonderbare Synthese der zunächst angenommenen, dann verworfenen religiösen Dogmen und die soziale Diskriminierung hatten einen unbestimmten Drang nach »rebellischer« Aktivität ausgelöst und hinterließen ihre Spuren in Stalins Charakter.

Eine Folge davon ist das Bestreben, jedes beliebige Wissen zu systematisieren und zu klassifizieren, alles in intellektuellen Schubla-

den einzusortieren. Meist hinterläßt dieses katechismusartige Denken bei der Umgebung den Eindruck, dieser Mensch sei fähig, organisiert und konsequent zu denken. Eine andere Eigentümlichkeit Stalins war das Fehlen einer kritischen Einstellung zu den eigenen Ideen und der eigenen Vorgehensweise. Dschugaschwili hat sein Leben lang an Postulate geglaubt: zunächst an christliche und später an marxistische. Alles, was nicht in das eigene Konzept paßte, erklärte Soso für ketzerisch und später für opportunistisch. Nach seiner Meinung ist er niemals von den Prinzipien des Marxismus abgewichen. Wahrscheinlich gab er dem Glauben den Vorrang vor der Wahrheit, obwohl er dies nicht einmal sich selbst eingestanden haben dürfte. Es ist gut, wenn man an Ideale glaubt. Aber ist es auch gut, wenn der Glaube die Wahrheit in den Hintergrund drängt? Die religiöse Nahrung und die sozialen Umstände ließen einen verborgenen, tiefgehenden Egozentrismus in Dschugaschwili entstehen.
Stalin hat schon früh geglaubt, daß er sich im Leben auf niemanden verlassen könne – außer auf sich selbst. Die Genossen in Baku und Tiflis haben nicht nur einmal zu Koba gesagt: »Du hast einen starken Willen.« Dieses Lob beeindruckte Stalin. Er beschloß, diese Charaktereigenschaft mit einem revolutionären Pseudonym zu unterstreichen. Ab 1912 unterschrieb Dschugaschwili seine Artikel bereits mit »Stalin«: der Stählerne.
Übrigens verspürte nicht nur er den Drang, die Härte seines Charakters mit einem Namen zu betonen. Der Revolutionär Lew Borrisowitsch Rosenfeld, der bei weitem nicht den starken Willen Dschugaschwilis besaß, begnügte sich mit dem Namen »Kamenew«: der Steinerne. Aber der »Stein« wird den »Stahl« nicht überdauern, wie die Geschichte später zeigen wird.
Die religiöse Ausbildung befähigte Dschugaschwili-Stalin, eine stabile dogmatische Gedankenwelt zu formieren; obgleich der zukünftige »Führer« den Dogmatismus nicht selten kritisierte. Er neigte dazu, die eine oder andere These der marxistischen Theorie heiligzusprechen, wobei er häufig zu katastrophalen Schlußfolgerungen gelangte.

Stalin hatte niemanden, dem er sich nahe fühlte. Es gibt wohl keinen Menschen, für den er ein Leben lang Zuneigung empfunden hätte. Sein berechnender Charakter, seine Gefühllosigkeit und seine moralische Taubheit erlaubten ihm nicht, Freunde zu haben. Um so verwunderlicher ist es, daß er sich gegen Ende seines Lebens an seine ehemaligen Mitschüler erinnerte. Davon erzählt die folgende Geschichte.

Während des Kriegs sah Stalin zufällig, daß sich im Safe seines Helfers Alexander Nikolajewitsch Poskrebyschew eine Menge Geld befand.

»Was ist das für Geld?« fragte Stalin und sah dabei nicht auf die Geldscheine, sondern verständnislos in die Augen seines Helfers.

»Das ist Ihr Deputiertenlohn. Er hat sich in den vielen Jahren angehäuft. Von hier nehme ich nur Geld, um Ihre Mitgliedsbeiträge an die Partei zu bezahlen«, antwortete Poskrebyschew.

Stalin schwieg, aber einige Tage später gab er Anweisung, das Geld an Petr Kopanadse, Grigorij Glurdschidse, Michail Dseradse zu schikken. Eigenhändig schrieb er auf die Zahlungsanweisungen:

»1. Meinem Freund Petja, 40 000 Rubel
2. 30 000 Rubel für Grischa
3. 30 000 Rubel für Dseradse
9. Mai 1944. Soso«

Im persönlichen Archiv Stalins sind noch einige ähnliche Notizen erhalten. In seinem siebten Lebensjahrzehnt, inmitten des Kriegs, entwickelte Stalin unerwartete philanthropische Neigungen. Es ist zwar charakteristisch, daß er sich an Jugendfreunde, mit denen er die geistliche Schule besucht hatte, erinnerte, aber die Sache bleibt verwunderlich, denn Stalin hat sich nie durch eine Neigung zu Sentimentalität und Güte ausgezeichnet. Es ist mir noch ein Fall bekannt, in dem Stalin nach dem Krieg Menschlichkeit praktizierte. Der »Führer« schrieb einen Brief ins Dorf Ptscholka im Rayon von Tomsk:

»Genossen W. G. Solomin,
ich habe Ihren Brief, den Sie mir über das Akademiemitglied Zizyn zukommen ließen, erhalten. Ich habe und werde Sie und die Freunde in Turuchansk niemals vergessen. Ich sende Ihnen von meinem Deputiertenlohn 6000 Rubel. Es ist keine große Summe, aber möglicherweise könnte sie Ihnen von Nutzen sein. Ich wünsche Ihnen Gesundheit.
J. Stalin«

Der alte Bolschewist I. D. Perfilew mußte auch noch einige Zeit nach der Revolution in einem Verbannungsort verbringen, in dem auch Stalin zuvor gewohnt hatte. Er erzählte mir, daß Stalin eine Liebschaft mit einer Einheimischen gehabt und daß sie ein Kind von ihm geboren habe. Der »Führer« hat es natürlich tunlichst vermieden, darüber zu sprechen. Ich hatte leider nicht die Möglichkeit zu erkunden, ob Stalin Sorge getragen hat für diese Frau, die den Weg des verbannten Revolutionärs gekreuzt hatte. Oder beschränkte sich seine Fürsorge auf die Worte: »Ich werde euch niemals vergessen«?

Die Kälte, die Berechnung und das Mißtrauen in Stalins Charakter wurden verschärft durch die Schwierigkeiten des Lebens eines Berufsrevolutionärs, der sechzehn Jahre im Untergrund, in der Verbannung oder in Gefängnissen lebte. Alle, die Stalin damals kannten, bemerkten seine Fähigkeiten: seine Selbstbeherrschung, seine Ausdauer und seine Unerschütterlichkeit. Er konnte bei lautem Getöse schlafen, regungslos Urteile, die gegen ihn ausgesprochen wurden, entgegennehmen, standhaft hielt er die Polizeivorschriften beim Transport von einem Gefangenenlager ins andere ein. Nur ein einziges Mal sah man ihn tief bewegt: als seine Frau an Typhus starb. Sie hinterließ ihrem Herumtreiberehemann einen zwei Monate alten Sohn. Das Kind wurde von einer gutherzigen Frau namens Monaselidse großgezogen.

Das Dorf Kurejka war Stalins letzter Verbannungsort vor der Revolution. Dort befanden sich auch andere Revolutionäre, unter ihnen Jakob Swerdlow. Stalin zeigte sich dort als besonders menschenscheu und finster. Swerdlow schreibt in einem Brief über Stalin: »Er ist ein guter Junge, aber viel zu sehr Individualist im alltäglichen Leben, während ich für ein Mindestmaß von Ordnung bin.«

Stalin war in dieser Zeit bereits Mitglied des Zentralkomitees der Partei (am selben Verbannungsort befanden sich damals außer Stalin und Swerdlow noch zwei weitere Mitglieder des ZK: Suren Spandarian und F. I. Goloschtschokin). Es schien, als interessierten Stalin nur die Jagd und der Fischfang. Zeitweilig versuchte er Esperanto zu lernen (einer der Mitverbannten besaß ein Lehrbuch), aber diese Leidenschaft kühlte schnell ab. Sein Einsiedlerdasein unterbrach er nur durch vereinzelte Fahrten zu Spandarian, der im Dorf Monastyrskoje lebte.

Auf den Versammlungen, die von den Verbannten abgehalten wurden, schwieg sich Stalin meist aus, nur ab und zu machte er sich durch kurze Zwischenfragen bemerkbar. Es entstand der Eindruck, als ob Stalin auf irgend etwas wartete oder als ob er der Fluchten aus der Verbannung müde geworden sei. In jedem Fall ist seine politische und soziale Passivität in den letzten zwei bis drei Jahren vor der Revolution erstaunlich.

Stalin hatte 1913 in Wien die gelungene Schrift »Marxismus und nationale Frage« verfaßt. Er hatte auch manchen längeren Aufenthalt in der Verbannung genutzt, um literarisch zu arbeiten; er war mit keinerlei Parteipflichten belastet worden. Ihm war das positive Urteil Lenins über die Wiener Arbeit offensichtlich bekannt. Aber das motivierte Stalin nicht dazu, sich weiter mit diesem Thema zu beschäftigen. Die literarische und gesellschaftliche Passivität während dieser langen Jahre zeugen von einer Depression des Verbannten. Im Verlauf der letzten vier Jahre vor der Revolution hat Stalin nicht einmal den Versuch gemacht, irgend etwas Ernsthaftes zu schreiben, obwohl ihm eine umfangreiche Bibliothek und viel Zeit zur Verfügung standen. Im übrigen hatte Stalin auch zuvor schon ein ähnliches Verhalten an den Tag gelegt: in den Jahren 1908 und 1909, als er nach Solwytschegodsk in die Verbannung geschickt worden war. Wahrscheinlich versetzte ihm die weitgehende Isolation von den revolutionären Zentren in einen Zustand der Passivität, dem er nur durch Flucht entkommen konnte.

Meist haben die in Gefängnissen oder in der Verbannung lebenden Revolutionäre viel gelesen. Für sie stellten Gefängnis und Verbannung eine Art Universität dar. So erinnerte sich Grigorij Konstantinowitsch Ordschonikidse, daß er in der Schlüsselburger Festung Adam Smith, Ricardo, Plechanow, Bogdanow, Taylor, Kljutschewski, Kostomarow, Dostojewski, Ibsen, Bunin und andere Autoren gelesen habe. Auch Stalin las nicht wenig, und es erstaunte ihn, wie lasch sich das Zarenregime zu seinen »Totengräbern« verhielt; man konnte lesen, soviel es einem beliebte, man wurde nicht zum Arbeiten gezwungen, und man konnte sogar fliehen. Um aus der Verbannung zu fliehen, benötigte man nur eines: den Wunsch dazu. Möglicherweise führten diese Umstände zu der Schlußfolgerung, die er später nicht nur einmal verkündete: Eine starke Macht müsse starke Straforgane haben.

Nachdem er zum »Führer« geworden war und den Staat blutig

gesäubert hatte, akzeptierte Stalin den Vorschlag Jeschows, die Lage der politischen Gefangenen zu verschärfen. Auf dem Februar-März-Plenum des ZK 1937 wurde nach dem Bericht Jeschows und auf dessen Betreiben hin beschlossen, daß »das Gefängnisregime für die Feinde der Sowjetmacht (Trotzkisten, Sinowjewisten, Sozialrevolutionäre u. a.) untragbar« sei und daß es »eher einem erzwungenen Erholungsheimaufenthalt als einem Gefängnis gleiche; Kontakte, Schriftverkehr sind gestattet, und es ist möglich, Pakete zu empfangen«.

Nun konnte für die Unglücklichen von »Universität« keine Rede mehr sein. Die Menschen, die in die weitab gelegenen Lager gerieten, führten einen verzweifelten Kampf ums Überleben. Und diesen gewannen bei weitem nicht alle. Sogar vereinzelte Fluchtversuche waren bedeutende Ereignisse und wurden Stalin gemeldet. So geschah es am 30. Juli 1948, als der Innenminister Stalin und Berija mitteilte:

»Das MWD (Innenministerium der UdSSR; A. d. Ü.) berichtet, daß am 23. Juni dieses Jahres eine Gruppe von 33 Gefangenen aus dem Obsker Besserungs- und Arbeitslager an der nördlichen Eisenbahn-Baustrecke des MWD der UdSSR entflohen ist. Besagte entwaffneten zwei sie bewachende Soldaten und bemächtigten sich zweier Gewehre mit vierzig Patronen. Ihnen gelang die Flucht über das linke Flußufer des Ob, flußaufwärts (...).

Nach dem Stand vom 29. Juni wurden vier der Flüchtigen getötet, zwölf gefangengenommen, die übrigen werden verfolgt.

S. Kruglow«

Stalin befahl, einen Verantwortlichen vor Ort zu schicken. Dort sollten auch die übrigen Flüchtigen gefangen werden, und ihm sollte in jedem Fall berichtet werden, wie die Operation ausgegangen sei. Die Straforgane Stalins waren nicht zu vergleichen mit denen des zaristischen Regimes.

Aber nehmen wir den chronologischen Faden unseres Berichts wieder auf. Stalin las die Zeitungen, die mit einiger Verspätung ins Verbannungslager bei Turuchansk gelangten, und der zukünftige »Führer« ahnte früh, daß große Ereignisse bevorstanden. Als das

Gemetzel des Ersten Weltkriegs anhob, verflüchtigten sich auch die letzten Anzeichen von politischer oder sozialer Aktivität. Wohl oder übel entsteht der Eindruck, daß Stalin nun nicht mehr aus der Verbannung fliehen wollte, obwohl er es eigentlich vorgehabt hatte. In Kriegszeiten war die Lage der Illegalen zum einen besonders schwer. Und zum anderen wollte er es wohl verhindern, zur Armee eingezogen zu werden. Im Februar 1917 befand eine Musterungskommission in Krasnojarsk übrigens Stalin für vollkommen untauglich aufgrund seiner steifen Hand und einer Beinverletzung.

In diesen vier Jahren, als in der Gesellschaft die sozialen Widersprüche und die Unzufriedenheit des Volks mit dem imperialistischen Krieg wuchsen, hat Stalin abgewartet. Vielleicht hatte die Enttäuschung über fast zwanzig Jahre fruchtloser revolutionärer Arbeit sein Bewußtsein übermannt? Oder spürte Stalin, daß ihm ein anderer Abschnitt des Lebens und des Kampfes bevorstand? Möglicherweise befielen ihn Zweifel an der Möglichkeit, die Autokratie zu stürzen? Wir werden es nie erfahren. Über diese Periode seines Lebens hat Stalin nichts geschrieben und wenig gesprochen.

Ganze vier Jahre war Stalin passiv, er hat praktisch nichts geschrieben, und er hat sich keineswegs als Mitglied des Zentralkomitees der Partei hervorgetan. Die Führer in der Verbannung waren Spandarian und Swerdlow. Die Verbannten scharten sich um diese beiden Persönlichkeiten. Stalin hielt sich zurück, allerdings verbarg er nicht seine verhaltene Sympathie für Spandarjan. Dem zornigen Revolutionär Suren Spandarjan war es nicht vergönnt, den Feuerschein der Revolution zu sehen. Er erkrankte und starb 1916 in der Verbannung.

Man gewinnt den Eindruck, daß die Phase der Passivität, die man bei Stalin über lange Jahre in der Verbannung beobachten konnte, eine Zeit des Abwägens war: Welchen Weg sollte er in der Zukunft gehen? Irgendwo wuchs sein Sohn auf, dem er nie etwas gegeben hatte und dem er nie etwas geben konnte. Er wußte nichts über seine Mutter. Er war nun fast vierzig Jahre alt, und seine Perspektiven lagen im Nebel. Stalin hatte keinen Beruf, er konnte keiner Arbeit nachgehen, und tatsächlich hat er nie gearbeitet, sieht man von der Politik ab.

Mit einem Wort, ein Mensch ohne Beruf hat dreißig Jahre lang unsere Partei und unser Land beherrscht, es sei denn, man akzeptiert den »unvollendeten Priester« als Beruf. Molotow absolvierte die Realschule, Malenkow brach zwar sein Studium ab, aber er erwies sich schon in seiner Jugend als ein fleißiger Sekretär des Parteiapparats. Kaganowitsch war kein schlechter Schuhmacher, aber Stalin hätte nicht einmal Schuhmacher werden können wie sein Vater. Die zaristischen Polizeibeamten schrieben bei ihren Personenbeschreibungen »Kontorist« in die Rubrik »Beruf/Handwerk«, oder sie zogen einen Strich. Stalin kam in die Verlegenheit, wenn er Fragebögen ausfüllen sollte, in denen auf Parteitagen über Geschlecht, Beschäftigung und soziale Herkunft Auskunft gegeben werden sollte. Zum Beispiel hat er in dem Fragebogen für die Delegierten des 11. Parteitags (März/April 1922), an dem er mit beratender Stimme teilnahm, die Frage »Welcher sozialen Gruppe ordnen Sie sich zu (Arbeiter, Bauer, Angestellter)?« offengelassen, da er sich nicht entscheiden konnte, was er eintragen sollte.

Der zukünftige Generalsekretär kannte das Leben eines Arbeiters, eines Bauern oder eines Beamten weniger als das eines Verbannten oder Gefangenen. Vielleicht war dies unter den damaligen Umständen unvermeidlich. Aber Stalin glaubte, viel zu wissen über das Leben der Arbeiter. In der Tat, die Zeit sollte kommen, da er alles wissen und können würde.

Das lange Schweigen von Turuchansk war möglicherweise eine Art innere »Revision«. Alle Anzeichen sprachen dafür, daß es für Stalin zu spät war, den Pfad des Berufsrevolutionärs zu verlassen. Die Nachrichten über die zunehmende Antikriegsstimmung und über den neuen Aufschwung der revolutionären Bewegung in Petrograd gaben Stalin nach und nach den Glauben an sich selbst zurück.

Bei der Betrachtung von Stalins Biographie vor der Revolution dürfen wir nicht vergessen zu erwähnen, daß er damals schon einige Zeit einen Ruf als »Expropriator« hatte. Zur Jahrhundertwende war bei einigen Radikalen in der Arbeiterbewegung die Auffassung verbreitet, daß Enteignungen »im Interesse der revolutionären Bewegung« zulässig seien. In den schriftlichen Zeugnissen von Fjodor Dan, L. Martow, Boris Souvarine und einer Reihe anderer Zeitgenossen Stalins wird bestätigt, daß der »kaukasische Revolutionskämpfer Dschugaschwili« beteiligt war an Expropriationen, und wenn nicht persönlich, so war er einer ihrer Organisatoren.

Im einzelnen berichtet Martow, daß 1907 ein Überfall auf einen von Kosaken bewachten Geldtransport bei Tiflis »nicht ohne Stalin

vonstatten gegangen ist«. Es wurden dabei 300 000 Rubel »enteignet«. Sich darauf beziehend, schreibt Martow: »Daß die kaukasischen Bolschewiki bei allen möglichen dreisten Unternehmungen in der Art von Expropriationen ihre Hand im Spiel hatten, sollte doch gerade diesem Bürger Stalin sehr gut bekannt sein, der seinerzeit wegen einer Expropriationsaffäre aus der Partei ausgeschlossen wurde.«
Bei der Erklärung, die Stalin zu den Vorwürfen abgab, betonte er lediglich, daß er niemals aus der Partei ausgeschlossen worden sei, doch die Frage nach seiner Beteiligung an Enteignungen ließ er offen. Eine indirekte Antwort darauf gab Stalin in dem erwähnten Gespräch mit Emil Ludwig. Dieser fragte ihn:

»Ihre Biographie enthält Momente sozusagen ›räuberischer‹ Aktionen. Haben Sie sich für die Persönlichkeit Stepan Rasins interessiert? Wie stellen Sie sich zu ihm, diesem ›Räuber aus Idealismus‹?
Stalin. Wir Bolschewiki haben uns stets für solche historischen Persönlichkeiten wie Bolotnikow, Rasin, Pugatschow und andere interessiert.«

Stalin ließ sich zwar noch weiter über diese Bauernführer aus, jedoch ist ihm kein einziges Wort entwichen, aus dem man auf eine räuberische Tätigkeit bei ihm selbst hätte schließen können.
Die Jahre seiner Beteiligung an der revolutionären Arbeit, wenn auch nur auf regionaler Ebene, der romantische Heiligenschein des »Expropriateurs«, die Gefängnisjahre, die sibirische Verbannung verliehen Stalin nach und nach den Ruf des »Revolutionskämpfers«, des Praktikers, des Mannes der Tat. Diese Charakterisierung ist der Wirklichkeit zumindest nahe, sieht man von der Phase der Passivität während der letzten Verbannungsjahre ab.
Natürlich hatte Lenin einen wesentlichen Einfluß darauf gehabt, daß Stalin Marxist wurde. Den ersten Brief an Stalin schrieb Lenin 1903. Damals war Stalin gerade verbannt in das Dorf Nowaja Uda in der Nähe von Irkutsk. Lenin interessierte sich für die Revolutionäre aus abgelegenen Gebieten und wurde auf Stalin aufmerksam aufgrund einiger Publikationen in der Parteipresse und Erzählungen von Parteigenossen. In seinem Brief erklärte er Dschugaschwili einige aktuelle Probleme der Parteiarbeit. Das erstemal hat Stalin sich Ende Januar 1924 bei einer Feier mit Kremlkursanten zu Ehren Lenins

öffentlich über diesen Brief geäußert. Mit ausdrucksloser Stimme erzählte er von seinen Begegnungen mit Lenin:

»Zum erstenmal lernte ich Lenin im Jahre 1903 kennen. Allerdings war es keine persönliche und unmittelbare Bekanntschaft, sondern sie erfolgte auf schriftlichem Wege. (...) Lenins Brief war verhältnismäßig kurz, aber er gab eine kühne, furchtlose Kritik der Praxis unserer Partei und eine ausgezeichnet klare und gedrängte Darlegung des ganzen Plans der Parteiarbeit für die nächste Periode. (...) Dieser schlichte und kühne Brief festigte in mir noch mehr die Überzeugung, daß wir in Lenin den Bergadler unserer Partei besitzen. Ich kann mir nicht verzeihen, daß ich diesen Brief Lenins, wie auch viele andere Briefe, nach Art und Gewohnheit eines alten illegalen Parteiarbeiters verbrannt habe.«

Stalin konnte über mangelnde Aufmerksamkeit Lenins nicht klagen. Als Stalin sich vor der Revolution noch in der Verbannung befand, wurde auf einer Sitzung des ZK der SDAPR(B) – der Sozialdemokratischen Arbeiterpartei Rußlands (Bolschewiki) – unter Vorsitz Lenins die Frage erörtert, wie die Flucht von Swerdlow und Stalin organisiert werden sollte. Einige Zeit zuvor hatte Lenin 120 Franken an Stalin geschickt. Lenin hatte außerdem einen Brief Stalins erhalten, in dem dieser die Frage stellte, ob es möglich sei, seinen Artikel über »die kulturell-nationale Autonomie« und seine Schrift »Marxismus und nationale Frage« in einem Sammelband zu veröffentlichen, und Lenin hatte den Brief aufmerksam gelesen.
Bis 1917 haben sich Lenin und Stalin einige Male getroffen. Die längste Begegnung fand in Krakau statt. Zuvor hatten sie sich auf dem 4. Parteitag in Stockholm und auf dem 5. Parteitag in London gesehen. Allerdings interpretierte Stalin diese Begegnungen später anders. Schon 1931 erklärte er: »Immer, wenn ich ihn im Ausland besuchte – 1906, 1907, 1912, 1913 (...).« Dies vermittelt den Eindruck, daß Stalin nicht zu den Parteitagen, sondern zu Lenin fuhr. Diese Verschiebung biographischer Details hatte das Ziel, die Konzeption der »zwei Führer« zu untermalen, einen Mythos zu schaffen über eine besondere Beziehung zwischen Stalin und Lenin schon vor der Revolution. Stalin hat bei seinen Auslassungen über seine angeblich enge Beziehung zu Lenin äußerste Vorsicht walten lassen. Wie er überhaupt ein vorsichtiger Mann war.

Hier ein Beispiel dafür. Kurz vor Beginn des deutschen Überfalls 1941 erhielt Poskrebyschew einen Brief mit folgendem Inhalt:

»Genossen Poskrebyschew.
Ich bitte Sie um die Erlaubnis für die Veröffentlichung der Information in der Presse: ›Das Museum der Revolution. In Erinnerung an Lenin.‹
Verantwortlicher Leiter der TASS
5. Januar 1940 Ja. Chawinson«

Dem Brief beigelegt war das Dokument, das der Absender veröffentlicht sehen wollte:

»An W. I. Lenin, über Krupskaja, in Krakau, 7. März 1912.
Wir haben Literatur mit einem Gewicht von etwa zwei Pud (1 Pud = 16,381 Kilogramm, A. d. Ü.) gebracht. Wir haben keine finanziellen Mittel, nicht eine Kopeke. Schreiben Sie an die betreffende Stelle, daß man uns einige Leute oder Geld schicken soll (...).
Mit freundlichen Grüßen. Tschischikow«

Unten auf dem Dokument resümierte Stalin:

»Der Brief Tschischikows ist nicht von mir geschrieben worden, obwohl ich eine Zeitlang diesen Namen als Pseudonym benutzt habe.
J. Stalin«

Stalin hätte hinzufügen können, daß er noch weitere Pseudonyme benutzt hatte, nämlich: Iwanowitsch, Tschopur, Gilaschwili. Im genannten Fall war der Name »Tschischikow« entweder einer anderen Person »übertragen« worden, oder aber Stalin war zu dem Schluß gekommen, daß solch ein Brief ihn nicht »erhebe«. Eines ist in jedem Fall klar: Der »Führer« wollte nicht einmal gedanklich in die Vergangenheit zurückkehren – auch nicht in Verbindung mit Lenin.

Der Februarprolog

Wahrscheinlich spürte Stalin schon vor Beginn des Jahres 1917, daß er bald wieder nach Petrograd kommen würde; dorthin, wo ihn die Geheimpolizei vier Jahre zuvor bei einer Feier der örtlichen Parteiorganisation im Saal der Kalaschnikowbörse verhaftet hatte. Als die Februarrevolution ausbrach, drängte es die Verbannten in die Freiheit, dorthin, wo die stürmischen Ereignisse in vollem Gang waren. Der mürrische Georgier war auf der Prager Parteikonferenz im Januar 1912 als Mitglied des Zentralkomitees kooptiert worden. Trotzdem war er unter den Verbannten keine populäre Persönlichkeit. Allerdings hatte er zu Kamenew recht freundschaftliche Beziehungen unterhalten. Eine Fotografie, die in Monastyrskoje entstanden ist, zeigt Stalin neben seinem zukünftigen Verbündeten und späteren Gegner. Die »bunte Gemeinde« der Verbannten zog ihn nicht an, jene Gemeinschaft von Menschen, die sich beschäftigte mit Briefen und Nachrichten aus der »Freiheit«, mit Familienproblemen, mit endlosen Diskussionen über die klassenlose Gesellschaft, über Gerechtigkeit und Gleichheit. Ihm war jede Intellektualität fremd; nicht zufällig nannte er sich selbst nach 1917 »ungelernter Arbeiter der Revolution«. In den Augen derer, die ihn damals kannten, war Stalin ein »Revolutionskämpfer«, ein Untergrundpraktiker ohne Phantasie.

Während Kurejka die Verbannten hartnäckig buchstäblich an sich festfror, gingen in Rußland bis dahin nie gesehene Ereignisse vor sich. Der Moloch des Weltkriegs trieb seit nunmehr dreißig Monaten seine blutige Ernte ein. Die schmutzigen und blutigen Schützengräben, die Gasangriffe, die erstarrten grauen Soldatenkörper im Stacheldraht waren weit weg von Stalin.

Aber aus den manchmal durchsickernden Nachrichten wußte er, daß die Industrieproduktion gesunken war, daß der Hunger das Land beherrschte und daß die Unzufriedenheit im Volk wuchs. Der Krieg verschärfte die Krise des russischen Imperiums bis zum äußersten. Eine revolutionäre Explosion reifte heran.

Die Bourgeoisie hoffte, einen Ausweg zu finden, indem sie eine Demokratie westlicher Art forderte. Nikolaj II. hatte bei all seiner Mittelmäßigkeit ziemlich lange geschickt laviert. Er suchte nach Kompromissen und war bereit, teilweise auf die Forderungen des

Bürgertums einzugehen, um die Monarchie zu retten. Zu spät. Der Vorsitzende der letzten Duma, der Führer der Oktobristen, Michail Wladimirowitsch Rodsjanko, sagte drei Wochen vor dem Sturz der Autokratie zum Zaren: »Um sie herum, Herrscher, ist nicht ein einziger zuverlässiger und ehrenhafter Mensch geblieben: Alle guten sind weit entfernt oder sind fortgegangen. Es sind nur die geblieben, die sich eines häßlichen Ruhms erfreuen.« Der Vorsitzende der Duma flehte den Zaren an, »dem Volk eine Verfassung zu schenken«, um den Thron zu retten. Aber nun konnte ihn niemand und nichts mehr retten.

Wir nähern uns wieder der Revolution, schrieb Lenin. Aufmerksam registrierte er in seinem Schweizer Exil deren Vorboten. Der erste und zentrale Akt des Februarprologs war die Zertrümmerung der Autokratie. Die Verbannten, unter ihnen auch Stalin, glaubten zwar an die Unvermeidlichkeit dieses Akts, doch hätte keiner von ihnen gedacht, daß er so plötzlich eintreten würde.

Einer der Konterrevolutionäre dieser Zeit, Wassili Witaljewitsch Schulgin, der beinahe ein ganzes Jahrhundert überlebte, erinnerte sich in seinen Memoiren »Die Tage«, wie die Selbstherrschaft endete. Als er und Alexander Iwanowitsch Gutschkow am 2. März 1917 auf Befehl des Provisorischen Komitees der Staatsduma in Pskow waren, um die Abdankung des Zaren vom Thron entgegenzunehmen, hofften sie noch, die Monarchie retten zu können. »Der Imperator«, schreibt Schulgin, »war wie immer ruhig. Nach der verworrenen Rede Gutschkows sagte Nikolaj mit monotoner Stimme, ohne Gefühle preiszugeben: ›Ich habe die Entscheidung getroffen, vom Thron abzudanken. Bis drei Uhr des heutigen Tages glaubte ich, daß ich zugunsten meines Sohnes Alexej abdanken würde (...). Nun habe ich den Entschluß geändert und verzichte zugunsten meines Bruders Michail auf den Thron.‹«

Zu dieser Zeit befand sich eine Gruppe Verbannter aus Monastyrskoje und Kurejka bereits in Krasnojarsk, Kansk und Atschinsk. Stalin und Kamenew waren in Atschinsk. Die Nachricht von der Abdankung Nikolajs zugunsten Michails und von dessen Weigerung, die Krone anzunehmen, nahmen sie mit Freude auf. Unter ein Telegramm, in dem Michail zu seiner weitsichtigen Entscheidung beglückwünscht wurde, setzte zu Stalins Überraschung auch Kamenew seinen Namen.

Neun Jahre später sollte davon noch einmal die Rede sein, und zwar auf einer Sitzung des Exekutivkomitees der Kommunistischen Internationale (EKKI). Stalin versuchte, Kamenews »Schwäche für die Monarchie« auszuschlachten. Seine Rede führte zurück in die weit entfernte Zeit des Jahres 1917. »Es geschah in der Stadt Atschinsk im Jahre 1917«, begann Stalin ungewohnt aufgebracht, »nach der Februarrevolution, wo ich mich zusammen mit dem Genossen Kamenew in der Verbannung befand. Es fand dort ein Bankett oder ein Meeting statt; ich erinnere mich nicht genau. Nun, und auf dieser Versammlung haben einige Bürger zusammen mit dem Genossen Kamenew ein Telegramm an Michail Romanow geschickt.«
Kamenew ruft von seinem Platz: »Gib zu, daß du lügst, gib zu, daß du lügst!«
»Seien Sie still, Kamenew!«
Kamenew ruft wieder: »Gib zu, daß du lügst!«
»Kamenew, seien Sie still, sonst wird es noch schlimmer für Sie.«
(Der Leiter der Sitzung, der deutsche Kommunist Ernst Thälmann, ruft Kamenew zur Ordnung.)
Stalin fährt fort: »Das Telegramm an Romanow, als ersten Bürger Rußlands, wurde von einigen Kaufleuten und dem Genossen Kamenew entsandt. Ich habe es erst am nächsten Tag erfahren, und zwar von Kamenew selbst, der zu mir kam und mir gestand, daß er sich eine Dummheit erlaubt habe.«
Kamenew ruft erneut: »Du lügst, ich habe dir niemals dergleichen erzählt!«
Stalin: »Das Telegramm wurde in allen Zeitungen veröffentlicht, außer in den bolschewistischen. Hier wäre das erste Faktum.
Hier ist das zweite Faktum: Auf der Parteikonferenz im April erhoben die Delegierten die Frage, daß man einen Menschen wie Kamenew wegen dieses Telegramms auf gar keinen Fall ins ZK wählen sollte. Zweimal wurden geschlossene Versammlungen der Bolschewiki abgehalten, wobei Lenin den Genossen Kamenew verteidigte; und mit Anstrengung gelang es ihm, ihm als Kandidaten die Mitgliedschaft im ZK zu erhalten. Nur Lenin konnte Kamenew retten. Auch ich verteidigte Kamenew damals noch.
Hier das dritte Faktum: Es war tatsächlich richtig, daß die ›Prawda‹ damals zum Text eine Gegendarstellung Kamenews veröffentlichte, da dies das einzige Mittel war, Kamenew zu retten und die Partei vor

Angriffen durch die Feinde zu schützen. Hier sehen Sie, daß Kamenew durchaus in der Lage ist, zu lügen und die Komintern zu täuschen.
Noch zwei Worte: Wie Sie nun sehen, kann und will Genosse Kamenew den Tatsachen nichts mehr entgegensetzen. Deshalb bitte ich Sie, mir die Erlaubnis zu geben, die Unterschriften derer zu sammeln, die damals auf den Ausschluß Kamenews aus dem ZK wegen dieses Telegramms bestanden.«
Trotzki vom Platz: »Fehlt nur die Unterschrift Lenins.«
Stalin: »Genosse Trotzki, für Sie wäre es besser, Sie schwiegen!«
Trotzki: »Machen Sie mir keine Angst, machen Sie mir nur keine Angst!«
Stalin: »Sie gehen gegen die Wahrheit an, aber gerade diese sollten Sie fürchten.«
Trotzki: »Das ist die Stalinsche Wahrheit, das ist Grobheit und Illoyalität.«
Stalin: »So, wie Kamenew dieses Telegramm unterschrieben hat, so werde ich auch die Unterschriften sammeln.«

Wir haben der Zeit ein wenig vorgegriffen, aber hier wurde eine Diskussion geführt, die die Ereignisse des beginnenden Jahres 1917 betrifft. Sogar Kamenew, der sich als einen orthodoxen Marxisten begriff, sah damals in der »Großherzigkeit Michails« einen Beweis für den Erfolg der Revolution. Das ist uns heute klar. Aber damals waren die Manöver des Zaren und der Bourgeoisie in der Lage, sogar einige Mitglieder des ZK der Partei aufs Glatteis zu locken.
Aber alles Manövrieren half nichts. In der Nacht zum 28. Februar befanden sich die Minister der letzten Zarenregierung in der Peter-Pauls-Festung in Arrest. Die bürgerlich-demokratische Februarrevolution hatte gesiegt. Sie war der Prolog des großen Oktobers.
In den Verbannungsorten bereiteten sich Tausende auf die Abreise vor nach Petrograd, Moskau, Kiew, Odessa, Tiflis, Baku und in andere Revolutionszentren. Stalin hatte, wie andere Verbannte, eine Fahrkarte dritter Klasse erhalten. Er saß im Waggon und schaute auf die riesigen Schneeflächen Sibiriens, die er nun hinter sich lassen würde. Er konnte nicht wissen, daß er zehn Jahre später zurückkommen würde, aber dieses Mal nicht als »ungelernter Arbeiter der Revolution«, sondern als Führer der Partei, der immer und immer mächtiger

werden sollte. Während Stalin unterwegs an den Stationen aus dem Zug sprang, um heißes Wasser für den Tee zu holen, konnte er es sich nicht vorstellen, daß rund eineinhalb Jahre später auf dieser Erde Blut fließen würde. Stalin wußte nicht, was ihn in Petrograd erwartete, was er tun, welchen Parteiführern er begegnen würde.

Auf den Bahnhöfen, die sie durchfuhren, wurden die Verbannten stürmisch begrüßt. In fast jedem Zug befanden sich in jenen Tagen Verbannte. Auf den Versammlungen erklang die Marseillaise, ertönten Reden. Es sprachen der redegewandte Kamenew, der energische Swerdlow und andere zurückkehrende Verbannte. Stalin betrachtete schweigend die plötzliche Euphorie. Ihm kamen die vor kurzem gelesenen Worte Robespierres in Erinnerung: »Wenn nicht das ganze Volk sich erhebt, stirbt die ganze Wahrheit.« Wird es sich erheben? Stalin wußte es nicht.

Zu diesem Zeitpunkt hatte sich die bürgerliche Demokratie hoch erhoben. Das Kleinbürgertum liebäugelte mal mit den »linken Kapitalisten«, mal mit dem Proletariat. Der Wunsch nach Reformen wuchs. Aber das Wichtigste schien getan zu sein. Die Monarchie war gestürzt. »Eine riesige kleinbürgerliche Woge hat alles überflutet«, schrieb Lenin, »sie hat das klassenbewußte Proletariat nicht nur durch ihre zahlenmäßige Stärke, sondern auch ideologisch überwältigt.«

Es entstanden zwei Machtorgane. Dies war die Eigenart dieses Moments, die sich nicht in die klassischen Schemata bürgerlich-demokratischer Revolutionen fügen ließ. Der politische Terminus für diese eigenartige Erscheinung lautete »Doppelherrschaft«. Beide Machtorgane versammelten sich in ein und demselben Gebäude, dem Taurischen Palast. In einem Flügel des Schlosses das Provisorische Komitee der Staatsduma. Hier gab das »linke« Bürgertum, gaben die Kadetten den Ton an. Im anderen Flügel hatte sich der Petrograder Arbeiter- und Soldatenrat als Organ der Revolutionsmacht niedergelassen. Die Führung des Rats hatten die Menschewiki Nikolaj Semjonowitsch Tscheidse, Matwej Iwanowitsch Skobelew und Alexander Fjodorowitsch Kerenski von der Gruppe der Trudowiki. Im Exekutivkomitee des Rats waren die Bolschewiki in der Minderheit. Und das war kein Zufall, denn die Menschewiki konnten schon vor dem Februar legal arbeiten, und sie hatten ihre Möglichkeiten genutzt. In ihren Reihen gab es viele bekannte Intellektuelle, Propagandisten und Theoretiker des wissenschaftlichen Sozialismus.

Zu dieser Zeit war Lenin zwar anerkannter Führer der bolschewistischen Partei, aber er befand sich noch in der Emigration. Andrej Sergejewitsch Bubnow, Felix Edmundowitsch Dserschinski, Matwej Konstantinowitsch Muranow, Jan Ernestowitsch Rudsutak, »Sergo« Ordschonikidse, Jakob Michajlowitsch Swerdlow, Stalin, Jelena Dimitrijewna Stassowa und andere Parteiführer waren noch in der Verbannung, in Gefängnissen oder in Zwangsarbeitslagern. Sie wurden jedoch jeden Augenblick zurückerwartet.

Die menschewistische Rätemehrheit und die Duma befürworteten gemeinsam die Übergabe der vollziehenden Staatsgewalt an die Bourgeoisie in Form einer Provisorischen Regierung. Zereteli und Kerenski erklärten, daß »die neue Revolutionsregierung unter der Kontrolle des Räte« arbeiten werde, dies sei »der Wille der Geschichte«. Die Demagogie und das Pathos beherrschten das gesellschaftliche Bewußtsein, und die meisten Menschen unterstützten die Provisorische Regierung.

Kerenski, der alles für den Sieg des Bürgertums getan hatte, wollte die Repräsentanten der Dynastie schützen. Später, als er fliehen mußte, schrieb er einen Artikel unter der Überschrift: »Die Abreise Nikolajs II. nach Tobolsk«. Darin berichtet er: »Den Verleumdungen und dem Verrat zum Trotz hat die Provisorische Regierung beschlossen, schon Anfang März die Zarenfamilie ins Ausland zu schicken. Ich selbst habe am 7. (20.) März auf der Sitzung des Moskauer Rats auf die wilden Rufe ›Tod dem Zaren!‹, ›Henkt den Zaren!‹ erwidert: ›Das wird nicht geschehen, solange wir an der Macht sind. Die Provisorische Regierung hat für die persönliche Sicherheit des Zaren und seiner Familie die Verantwortung übernommen. Diese Verpflichtung werden wir bis zum Ende einhalten. Der Zar und seine Familie werden ins Ausland nach England gebracht, ich selbst werde sie nach Murmansk bringen.‹«

»Meine Erklärung rief«, so Kerenski weiter, »in den Sowjetkreisen beider Hauptstädte eine explosionsartige Empörung hervor (...). Jedoch schon im Sommer, als der Verbleib der Zarenfamilie in Zarskoje Selo unmöglich geworden war, haben wir, die Provisorische Regierung, eine kategorische offizielle Erklärung [aus England] erhalten, daß die Übersiedlung des Zaren und seiner Familie ins Territorium des Britischen Empire bis zum Ende des Kriegs unmöglich sei.«

Die Revolution hatte in diesem Moment ihre erste Etappe vollendet. Offiziell schien die Macht in den Händen der Provisorischen Regierung zu liegen, die den alten Staatsapparat kontrollierte. Dicht neben ihr lärmte der Petrograder Rat der Arbeiter- und Soldatendeputierten. Keines von beiden Organen hatte die ganze Macht, keines konnte sie bislang vollständig an sich reißen.
Aber die Doppelherrschaft vermochte die revolutionäre Kreativität der Massen nicht zu lähmen. So wurde am 2. März 1917 in der Zeitung »Iswestija« der berühmte Befehl Nr. 1 des Arbeiter- und Soldatenrats veröffentlicht. Er regelte die Einführung demokratischer Prinzipien in der Armee: Wahlen von Komitees innerhalb der Truppen, Abschaffung militärischer Ränge und Titel, Unterstützung von Anordnungen der Provisorischen Regierung nur nach Genehmigung durch die Räte, Wahrung der revolutionären Disziplin, gleiche Bürgerrechte für Soldaten und Offiziere.

Lenin bereitete sich auf die Heimreise ins rebellierende Rußland vor, Trotzki kam Ende Mai nach Petrograd, und er wußte noch nicht, wem er sich anschließen sollte, den Menschewiki oder den Bolschewiki. Die Menschewiki und die Sozialrevolutionäre beherrschten den Petrograder Sowjet. Sie unterstützten die Regierung von »zehn Kapitalisten und sechs Sozialisten«. Kerenski, Zereteli, Tschernow, Skobelew sorgten sich nur um eines: »auf keinen Fall zulassen, daß die revolutionäre Energie außer Kontrolle geriet«.
Die Revolution wird nicht mit Parteien gemacht. »Nicht die Reichsduma – die Duma der Gutsbesitzer und der Reichen –, sondern die aufständischen Arbeiter und Soldaten haben den Zaren gestürzt«, schrieb Lenin im März. *Aber an der Spitze dieser Aufständischen muß ihre Partei stehen.*

Wodurch hat sich Stalin in der Februarrevolution und später in der Oktoberrevolution hervorgetan? Was war seine wahre Rolle? Wer war er in der Revolution: Führer oder Statist? Die Analyse von Parteidokumenten und anderen Materialien, die Zeugnisse von Personen, die an den Ereignissen teilgenommen haben, ermöglichten es, diese Fragen zu beantworten.
Lange Zeit wurde Stalins Rolle in der Literatur falsch dargestellt. In der »Kurzen Biographie« etwa steht:

»In dieser verantwortungsvollen Periode hat Stalin die Partei um sich geschart, um die bürgerlich-demokratische Revolution in eine sozialistische übergehen zu lassen. Stalin und Molotow leiteten gemeinsam die Arbeit des Zentralkomitees und des Petrograder Komitees der Bolschewiki. In den Artikeln Stalins erhielten die Bolschewiki prinzipielle Richtlinien für ihre Arbeit.«

Das klingt so, als wäre er der Führer der Revolution gewesen, als hätte er zu dieser Zeit die Rolle Lenins innegehabt. Wie die wahre Chronik der Ereignisse zeigt, gibt es für diese Darstellung keinerlei Grundlage. Stalin hat überhaupt keine Richtlinien gegeben. Nachdem er nach Petrograd gekommen war, wurde er zu einem Parteifunktionär unter vielen. In den Dokumenten jener Periode, in denen die Personen aufgelistet sind, die Aufgaben im Zentralkomitee der Partei wahrgenommen haben, begegnet man dem Namen Stalins äußerst selten. Ja, Stalin saß in hohen politischen Organen, aber er machte sich in keinem von ihnen bemerkbar. Ihn kannte kaum jemand außerhalb eines engen Personenkreises. Er war ein unauffälliger Mensch, ein »Vertreter der entlegenen Nationen«. Er besaß absolut keine Popularität. Das ist die Wahrheit.
In seinem Buch »Geschichte der russischen Revolution« beschreibt Trotzki Stalin wie folgt: »Die Lage wurde noch verwickelter Mitte März, nach der Ankunft Kamenews und Stalins aus der Verbannung, die das Steuer der offiziellen Parteipolitik schroff nach rechts warfen. (...) Blieb Kamenew in der Eigenschaft eines Publizisten eine Reihe von Jahren mit Lenin in der Emigration, wo sich der Herd der theoretischen Arbeit der Partei befand, so war Stalin als sogenannter Praktiker ohne theoretischen Horizont, ohne breite politische Interessen und ohne Kenntnis fremder Sprachen vom russischen Boden nicht zu trennen. (...) Die Fraktion Stalin–Kamenew verwandelte sich immer mehr in die linke Flanke der sogenannten revolutionären Demokratie und schloß sich der Mechanik des parlamentarischen Hinter-den-Kulissen-›Drucks‹ auf die Bourgeoisie an, diesen durch einen Druck hinter den Kulissen auf die Demokratie ergänzend.« In seinem Buch beschuldigt Trotzki Stalin, die Politik der Vaterlandsverteidigung unterstützt zu haben, was nicht immer der Wahrheit entsprach. Aber man darf Trotzkis Hinweis auf das Fehlen von theoretischen Maßstäben bei Stalin vor der Oktoberrevolution nicht unbeachtet lassen.

»Diese Unzulänglichkeiten führten zu beschränktem Praktizismus, der nur vom Rahmen der allernächsten Perspektiven begrenzt wurde«, schreibt Trotzki.
Der Februar traf Stalin nicht völlig unvorbereitet an. Er glaubte schon einige Zeit daran, daß die Revolution unumgänglich sei. Er glaubte es buchstäblich, denn die Wahrheit war für ihn untrennbar vom Glauben an sie. Wenn die Wahrheit nicht das Gewand des Glaubens trug, war sie für ihn nicht vollkommen. Es ist durchaus möglich, daß hierin nichts Verwerfliches liegt, aber es schafft einen Nährboden für die Dogmatisierung des Denkens.

In Nebenrollen

Am 12. März traf Stalin in Petrograd ein. Weder ihn noch Kamenew, noch Muranow, die alle im selben Zug angekommen waren, erwartete irgend jemand am Bahnhof. Petrograd war mit seiner Revolutionsarbeit beschäftigt. Die unauffällige Ankunft des zukünftigen »Führers« entsprach seiner Bedeutung. Er nahm seine Sperrholzkiste unter den Arm und begab sich zu den Allilujews. Sie haben ihn herzlich wie einen vertrauten Freund empfangen. Während der vergangenen langen Jahre hatte er nur von einem regelmäßig Briefe erhalten, von Sergej Jakowlewitsch Allilujew, seinem zukünftigen Schwiegervater. Allilujew war ein Bolschewik, der in die Geschichte eingegangen ist, weil er während der dramatischen Tage im Juli 1917 Lenin vor den Häschern der Provisorischen Regierung bei sich versteckte.
An diesem Tag traf er auch einige ZK-Mitglieder. Am Abend nahm man ihn ins Russische Büro des Zentralkomitees und in die Redaktion der »Prawda« auf. Nach der Stille Kurejkas konnte sich Stalin schwer an den Lärm und an das Gedränge des Revolutionsalltags gewöhnen.
Faktisch lag die redaktionelle Führung der »Prawda« seit Mitte März in den Händen von Kamenew, Muranow und Stalin. Schon während der ersten Tage ihrer Arbeit unterliefen ihnen eine Reihe von bemerkenswerten theoretischen und politischen Fehlern. Und diese Fehler waren kein Zufall. Stalin dachte nicht selbständig, er hatte keinen festen Standpunkt und kein klares Verständnis für die Schwierigkeiten des Vorоktobergewitters. Er war es gewohnt, Anord-

nungen auszuführen und einer »Linie« zu folgen. Aber in der »Prawda« kam es darauf an, Entscheidungen zu treffen. Die Fehler begannen mit der Veröffentlichung eines Artikels von Kamenew unter dem Titel »Die Provisorische Regierung und die revolutionäre Sozialdemokratie«. Stalin unterstützte die Publikation dieses Beitrags, in dem Kamenew forderte, daß die Bolschewiki die Provisorische Regierung unterstützen sollten, denn diese »kämpft wirklich mit den Überresten des alten Regimes«. Diese Aufforderung widersprach den Auffassungen Lenins.

Am nächsten Tag veröffentlichte Kamenew bereits einen zweiten Artikel: »Ohne Geheimdiplomatie«. In diesem Artikel plädierte er für eine »revolutionäre Vaterlandsverteidigung«. Sobald die deutschen Armeen den Krieg fortsetzten, werde das revolutionäre Volk »fest auf seinem Posten stehen, Kugeln wird es mit Kugeln erwidern, Granaten wird es mit Granaten beantworten. Das ist unabänderlich.«

Solche halbmenschewistischen Ansichten Kamenews stießen nicht auf Stalins Widerstand, der damals noch wenig von den Feinheiten der großen Politik verstand. Dies zeigte sich auch, als Stalin sich am Tag nach der Veröffentlichung von Kamenews Artikel selbst in der »Prawda« zu Wort meldete. Er veröffentlichte den Artikel »Über den Krieg«. Dieser Artikel ging zwar von einer Antikriegsposition aus, aber er entsprach gleichwohl nicht Lenins Auffassungen. Einen Ausweg aus dem imperialistischen Krieg sah Stalin nur »in dem Weg des Drucks auf die Provisorische Regierung, indem man von ihr fordert, der unverzüglichen Einleitung von Friedensverhandlungen zuzustimmen«.

Der Gerechtigkeit halber muß man erwähnen, daß Stalin später seinen Fehler öffentlich eingestanden hat: 1924, auf dem Plenum der kommunistischen Fraktion im Zentralrat der Gewerkschaften. Er beschrieb seine damalige Position zur Provisorischen Regierung und deren Haltung zum Frieden und sagte: »Dies war jedoch eine zutiefst falsche Position, denn sie erzeugte pazifistische Illusionen, leitete Wasser auf die Mühle der ›Vaterlandsverteidiger‹ und erschwerte die revolutionäre Erziehung der Massen.« Er fügte hinzu, daß fast die ganze Partei damals diese Auffassung verfochten habe und daß es nur wenige Parteiorganisationen gegeben habe, die den richtigen Ton eingeschlagen hätten. In den zwanziger Jahren war Stalin noch in der Lage, Fehler einzugestehen.

Nicht ohne Stalins Einfluß verabschiedete das Büro des ZK eine Woche nach der Veröffentlichung des Artikels »Über den Krieg« die Arbeit »Über Krieg und Frieden«. Auch darin wird gefordert, Druck auf die Provisorische Regierung auszuüben mit dem Ziel, sie zur Eröffnung von Friedensverhandlungen zu veranlassen.
Während der Abwesenheit Lenins war Kamenews Gewicht in der »Prawda« groß. Er galt zu dieser Zeit als bedeutender Parteiführer. Die Politik der Vaterlandsverteidigung und die Annäherung an Positionen der Menschewiki wurden im März auf sein Betreiben hin vertreten. Stalin konnte Kamenew noch nichts entgegensetzen, da er wenig Autorität und Einfluß besaß. Auch in Abwesenheit Lenins und anderer angesehener Bolschewiki konnte Stalin, der gerade aus der Illegalität aufgetaucht war, als es notwendig gewesen wäre, der Partei einen Zusammenhalt zu geben, sich nicht als »Führer« bewähren. Swerdlow, Kamenew und Alexander Gawrilowitsch Schljapnikow machten eher von sich reden. In der schwierigen Lage formulierten sie die politischen Orientierungen und bestimmten die Marschrouten für die Politik der Partei.
Ich glaube, Stalin hat sich in dieser Zeit nicht vorstellen können, daß Lenin weniger als einen Monat später die Bolschewiki auf den Kurs der sozialistischen Revolution steuern würde. Die Manöver, mit denen Stalin sich befaßte, zeigten, daß dieser das Ziel schon für erreicht hielt. In diesen Märztagen spürte man die Abwesenheit Lenins besonders stark. Ein Mittelmaß an Intellekt und an revolutionärer Leidenschaft macht es unmöglich, wichtige Aufgaben zu lösen. Zu dieser Zeit schrieb einer der menschewistischen Führer und Theoretiker, Nikolaj Nikolajewitsch Suchanow (Gimmer): »Stalin war in der politischen Arena nicht mehr als ein grauer, matter Fleck.« Auch andere bolschewistische Führer wie Pjotr Salutzki, Watscheslaw Michajlowitsch Molotow, Schljapnikow, Michail Iwanowitsch Kalinin und Michail Stepanowitsch Olminski konnten die Weisungen, die Lenin in seinen »Briefen aus der Ferne« gab, nicht immer richtig umsetzen. Es war offenkundig, daß Stalin, Kamenew und andere sich noch nicht frei gemacht hatten von der Illusion der Vaterlandsverteidigung und ebensowenig vom Glauben an die Provisorische Regierung. Sie hielten die bürgerlich-demokratischen Errungenschaften für den Gipfel des Erreichbaren.
Die Schwankungen Stalins im Voroktober sind auf eindeutige Grün-

de zurückzuführen. Stalin hatte kein eigenes Konzept zur Verwirklichung der großen Idee. In der Februarrevolution und in den Tagen des Oktobersturms offenbarte er seine schwachen Seiten: geringe theoretische Kenntnisse, beschränkte Fähigkeiten zur revolutionären Kreativität, das (damals noch vorhandene) Unvermögen, politische Losungen in konkrete Aktionsprogramme zu verwandeln. Nie hat jemand Stalin einen Vorwurf daraus gemacht, daß er dem Kampf auswich, daß er nach unbeschwerlichen Wegen suchte und die Konfrontation mit dem politischen Gegner fürchtete.

Diesem Menschen mangelte es nicht am Willen. Jedoch wird ein aufmerksamer Betrachter des politischen Wegs Stalins erkennen, daß er, der Berufsrevolutionär, schon damals einen äußerst wunden Punkt hatte. Er selbst kannte ihn gut. Als es nötig war, in die Zechen, in die Fabriken zu gehen, zu den Truppen zu sprechen, auf Straßenkundgebungen aufzutreten, machte sich in Stalin das Gefühl von Unsicherheit und Unruhe breit. Im Gegensatz zu vielen anderen Revolutionären hat es ihn nie zu den Massen hingezogen. Er verstand es nicht, vor einem großen Publikum zu reden. In einem Bericht, der vom Beginn der zwanziger Jahre stammt, schildert der Arbeiter I. Kobsew einen Auftritt Stalins bei einem Meeting auf der Petrograder Wassili-Insel im April 1917: »Im Grunde hat er alles richtig, verständlich und einfach gesagt; jedoch hat sein Auftritt keinen besonderen Eindruck hinterlassen.« Nicht zufällig war Stalin seltener als irgendein anderer aus Lenins näherer Umgebung als Redner auf Versammlungen und Kundgebungen zu hören.

Es wurde besonders schwierig für Stalin, vor den Massen aufzutreten, als Lenin und Trotzki zurückgekehrt waren, als Lunatscharski, Wolodarski, Kamenew, Sinowjew und andere glänzende Redner auf den Versammlungen die Massen begeisterten. Trotzki wählte den Zirkus »Modern« zu seinem ständigen Auftrittsort, der immer voller Menschen war, die ihn hören wollten. Nicht selten wurde Trotzki auf Händen zur Rednertribüne getragen. Allerdings entstand der Eindruck, als stellte Trotzki den Inhalt seiner Reden hintenan. Er schien vor allem die Emotionen seiner Zuhörer ansprechen zu wollen. In den ersten Tagen seines Aufenthalts in Petrograd, berichtet Suchanow in seinem »Tagebuch der russischen Revolution«, eilte Trotzki, nachdem er im Zirkus »Modern« gesprochen hatte, sofort weiter zur Obuchowskifabrik, von dort zur Trubotschnifabrik, schließlich zu den

Putilow-Werken, zur Baltischen Fabrik und in die Kasernen. Es schien, als hätte er überall gleichzeitig gesprochen. Trotzki berauschte sich am Anwachsen seiner Popularität, in der Tat konnte kein zweiter so stark die Massen anheizen wie er. Stalin hörte Trotzki auf verschiedenen Sitzungen und Versammlungen sprechen, und in ihm wuchsen Feindschaft und Neid gegenüber dem glänzenden Rhetoriker. Trotzki stand im Zentrum der Aufmerksamkeit. Nicht so Stalin, den Trotzki bis zum Oktober buchstäblich übersah.
Anstatt öffentlich aufzutreten, zog Stalin es vor, Artikel und Notizen zu dem einen oder anderen Ereignis zu schreiben. Seit seiner Rückkehr aus der Verbannung verfaßte Stalin von Mitte März bis Oktober 1917 sechzig Beiträge für »Prawda«, »Proletarij«, »Soldatskaja Prawda«, »Proletarskoje Delo«, »Rabotschij i Soldat«, »Rabotschij«, »Rabotschij Put« und andere.
Stalin arbeitete am liebsten im »Stab«: in der Verwaltung, in leitenden Organen, in den Büros, in den Komitees, im Rat. Schon im März hatte das Büro des ZK ihm eine weitere Aufgabe übertragen. Es delegierte ihn in das Exekutivkomitee des Petrograder Rats der Arbeiter- und Soldatendeputierten. Das Büro versammelte sich täglich, erörterte Fragen des revolutionären Alltags und erteilte Parteimitgliedern Aufgaben. So erhielt Stalin den Auftrag, stabile Verbindungen zu den Parteiorganisationen in den Gebieten des Transkaukasus und in anderen Regionen des Landes herzustellen.
Zu dieser Zeit entstanden an vielen Orten des Landes gemeinsame Organisationen von Menschewiki und Bolschewiki. Das ZK war gegen solche Vereinigungen. Von unserem heutigen Kenntnisstand aus können wir sagen, daß diese Haltung des Zentralkomitees in vielerlei Hinsicht zweifelhaft war. Die Zusammenschlüsse von Bolschewiki und Menschewiki hatten die Revolution geführt, zunächst im Kampf gegen die Autokratie, später gegen die Bourgeoisie. Von den Beteiligten wurden sie wohl als politischer Kompromiß zur Erreichung bestimmter Ziele betrachtet. Stalin verwandte große Energie darauf, die Zusammenarbeit zu zerstören.
Zweifellos war es gerechtfertigt, das Zusammenwirken der beiden Parteien zu beenden, als es die bolschewistischen Zielsetzungen behinderte. Aber die konzentrierte Gewalt gegen die Menschewiki und Sozialrevolutionäre hat, wie mir scheint, mehr Schaden als Nutzen eingebracht. Mit der Zeit sollte dies eine traurige Tradition werden.

Der Faschismus der dreißiger Jahre hatte schon seine Zielfernrohre auf uns gerichtet. Wir jedoch sahen immer noch unseren »Hauptfeind« in den Sozialdemokraten.

Lenin wollte nach Rußland zurückkehren, aber dies war äußerst schwierig. Nachdem er alle Möglichkeiten abgewogen hatte, beschloß er, mit einer Gruppe russischer Emigranten, unter denen sich auch Grigorij Jewsejewitsch Sinowjew (Radomyslski) befand, aus der Schweiz über Deutschland und Schweden nach Rußland zu reisen. Am 3. April traf Lenin auf dem ersten Bahnhof auf russischem Territorium, Bjeloostrow, ein. Dort erwarteten ihn Vertreter des ZK, des Petrograder Komitees der SDAPR(B) und Arbeiterdelegationen. Unter den Wartenden waren Kamenew, Alexandra Kollontaj, Stalin, Uljanowa, Fjedor Raskolnikow und Schljapnikow. Raskolnikow war der erste, der Lenins Abteil betrat. Später erinnerte er sich: »Ich war von der ersten Frage Lenins wie vor den Kopf gestoßen: ›Was wird bei euch in der ›Prawda‹ geschrieben? Wir haben einige Nummern gesehen und tüchtig auf euch geschimpft.‹«

Auf dem Weg von Bjeloostrow bis Petrograd sprach Lenin mit seinen Genossen über die Lage der Partei. Dabei hat Lenin Kamenew für seine Artikel in der »Prawda« kritisiert, mit denen dieser faktisch die Provisorische Regierung unterstützt hatte.

Stalin hat später berichtet, daß ihm schon am Abend des 3. April »vieles bedeutend klarer« geworden sei. Lenin hatte, obwohl er weit vom Ort des Geschehens entfernt gewesen war, dennoch besser als andere die historischen Eigenheiten des Moments verstanden. Am nächsten Tag hörte Stalin Lenins Rede im Taurischen Palast, in der dieser seine bedeutenden zehn Thesen verkündete und erläuterte. Sie sind als »Aprilthesen« in die Geschichte eingegangen. Die Thesen standen im krassen Gegensatz zur Taktik Stalins und Kamenews und zeigten die Gefahren ihrer Passivität.

Lenin war der anerkannte Führer, aber er war nicht unantastbar. Die politische Lage war so kompliziert, und die Aprilthesen waren so neu und mutig, daß sogar viele leitende Funktionäre der Partei Lenins Programm nicht akzeptierten. Es wurden Stimmen laut, Lenin habe sich im Ausland von der russischen Wirklichkeit entfernt und sei einem extremen Radikalismus verfallen. Nach Stalins vorsichtigen Reden im März klangen Lenins Forderungen wie direkte Vorwürfe. Suchanow schrieb später über den Eindruck, den Lenins Rede auf viele machte: »Die Gebildeten aber, während sie kräftig und anhaltend klatschten, starrten mit einem merkwürdigen Augenausdruck einen unbestimmten Punkt an oder ließen ihren geistesabwesenden Blick über die Versammlung streifen und dokumentierten damit ihre völlige Verwirrung.«

Auf der Versammlung der Bolschewiki am 4. April, auf der Lenin seine Thesen vorstellte, trat nur Alexandra Kollontaj auf seine Seite. Viele waren nicht einverstanden mit Lenins Thesen, viele kritisierten ihn, viele zogen seine Schlußfolgerungen in Zweifel – und nicht nur Sinowjew, Kamenew und Trotzki, wie früher meist bei uns zu lesen war.

Auch nach der Revolution wurde Lenin kritisiert, und er selbst legte Wert darauf, daß dies möglich war. Im Mai 1919 schrieb zum Beispiel Wladimir Alexandrowitsch Antonow-Owsejenko einen scharfen Brief an das ZK, in dem er erklärte, daß er nicht einverstanden sei mit Lenins Beurteilung der militärischen Lage eines Abschnitts der Südfront. Das war nichts Ungewöhnliches. Geradeaus seine Meinung zu äußern war die Norm. Lenin beauftragte einen Verantwortlichen aus dem Revolutionären Kriegsrat, eine kompetente Schlußfolgerung aus Antonow-Owsejenkos Kritik zu ziehen.

Die genialen Aprilthesen fanden bis zur 7. Parteikonferenz keine Mehrheit im Petrograder Komitee. Lenin war nicht selten in der Minderheit, woraus er keine Tragödie machte, genauso, wie er nicht triumphierte, wenn, und das war natürlich häufiger der Fall, die Mehrheit auf seiner Seite war. Lenin hielt sich immer an das, was er für richtig erkannt hatte. Eine Mehrheit kann weniger wert sein als eine Situation, in der offen verschiedene Meinungen geäußert und neue, originelle Vorgehensweisen vorgeschlagen werden. Wenn ich glaube, daß ich mich im Recht befinde, so ist es nicht tragisch, wenn ich in der Minderheit bleibe. In diesem Fall sagte Lenin: »Lieber allein bleiben wie Liebknecht: einer gegen hundertzehn.«

Nach Lenins Ankunft veränderte sich auch die »Prawda«. Lenin übernahm die Leitung des zentralen Parteiorgans. Jetzt erschienen keine fehlerhaften Artikel mehr wie zu der Zeit, als Kamenew und Stalin die Zeitung redigierten. Stalin arbeitete weiterhin in der »Prawda«-Redaktion, jedoch machte er sich nur noch durch kurze Repliken, Mitteilungen und Bemerkungen zu Alltagsfragen bemerkbar.

Lenins Thesen wurden auf der 7. Gesamtrussischen Konferenz der SDAPR(B) vom 24. bis 29. April 1917 angenommen und zur Grundlage der Parteipolitik gemacht. 151 Konferenzdelegierte vertraten 80000 Parteimitglieder. Und diese Handvoll, verglichen mit den vielen Millionen Einwohnern Rußlands, wollte nun die Welt erschüttern.

Auf dieser Konferenz sprach Lenin umfassend über die Fragen der russischen Revolution: über den Übergang der bürgerlich-demokratischen zur sozialistischen Etappe, über das Verhältnis des Proletariats zu seiner Partei, über den Krieg und die Provisorische Regierung, über die Rolle der Räte, über den Weg zur Erlangung der Mehrheit in ihnen und über vieles andere. Es entstand eine heftige Debatte. Kamenew warf Lenin vor, daß dieser nicht die tatsächliche Lage erkenne, denn sie zwinge die Partei dazu, mit der Provisorischen Regierung zusammenzuarbeiten. Auch Smidowitsch, Rykow, Georgij Leonidowitsch Pjatakow, Wladimir Pawlowitsch Miljutin und Bagdatjew wandten sich gegen Lenin. Es sollte noch eine Zeit kommen, da Stalin diese Auftritte als »verräterisch«, »feindlich« und »konterrevolutionär« abqualifizieren sollte.

Stalin unterstützte Lenins Thesen. Jedoch war seine Rede blaß und wenig überzeugend, denn es mangelte ihm an starken Argumenten. Gewichtiger war sein Bericht über die nationale Frage, in dem er den Gedanken ausführte, daß »die Organisierung des Proletariats eines bestimmten Staates nach Nationalitäten lediglich zum Untergang der Idee der Klassensolidarität führt«. Für das Proletariat eines Vielvölkerstaats sei es notwendig, eine einheitliche Partei zu schaffen. Deshalb sei die Forderung nach »kultureller Autonomie« nicht internationalistisch. Er gab sich als Mann der Praxis, aber er beeindruckte niemanden. Generell versuchte Stalin in diesen hitzigen Tagen, »in der Mitte« zu bleiben, da er erkannt hatte, daß dies die günstigste Position war bei einem schnellen Wandel der Ereignisse.

Bei der Durchsicht der Dokumente jener Zeit – der Beschlüsse des ZK, der Stenogramme von Parteiversammlungen, der Telegramme der revolutionären Organe – bemerkt man, daß im Gegensatz zu den Namen Sinowjews, Kamenews, Trotzkis (der erst im Mai 1917 aus der Emigration zurückkehrte), Bucharins, Swerdlows, Dserschinskis und anderer Stalins Name äußerst selten zu lesen ist. Bei der Lektüre von Stalins Werken und seiner »Kurzen Biographie« dagegen gewinnt man den Eindruck, als wäre Stalin immer an Lenins Seite gewesen. Da heißt es etwa:

»10. Oktober – (...) Das ZK nimmt W. I. Lenins Resolution über den bewaffneten Aufstand an und setzt für die Leitung des Aufstands ein aus sieben Personen bestehendes Politisches Büro des ZK mit W. I. Lenin und J. W. Stalin an der Spitze ein. (...)
24.-25. Oktober – (...) W. I. Lenin und J. W. Stalin leiten den bewaffneten Oktoberaufstand.«

Solche »Tatsachen«, die weit von der Wahrheit entfernt sind, nahmen Millionen von Menschen während langer Jahre für bare Münze.
Gehen wir aus von den Protokollen, den stenographischen Berichten, Memoiren und Tagebüchern, in denen Stalins Name erwähnt wird, so kommen wir zu dem Schluß, daß er nicht als herausragende Persönlichkeit, nicht als Führer, nicht als glühender Redner und Organisator in der Revolution auftrat, sondern als kaum wahrzunehmender Funktionär des Parteiapparats. Zum Beispiel wird in einer Chronik, die eine historische Kommission über die Oktoberrevolution 1924 anfertigte, Stalin im Zeitraum von Juni bis September 1917 gerade neunmal erwähnt, Boris Viktorowitsch Sawinkow dagegen mehr als vierzigmal, Matwei Iwanowitsch Skobelew mehr als fünfzigmal und Trotzki mehr als achtzigmal. Es läßt sich darüber streiten, ob solch eine statistische Art der Beurteilung politischer Aktivität angemessen ist. Aber sie zeigt immerhin, welche Spuren Stalin in der öffentlichen Meinung hinterlassen hat. Ja, er war Mitglied des ZK, er arbeitete in der »Prawda«, er saß in einer Reihe von weiteren Gremien, Räten und Kommissionen. Aber außer einer einfachen Aufzählung seiner Mitgliedschaft in verschiedenen Organen gibt es wenig, was man über die konkreten Inhalte seiner Tätigkeit sagen könnte.
Die Hauptursache dafür liegt meiner Meinung nach in Stalins Mangel an revolutionärer Kreativität. Er eignete sich gut dafür, Aufträge auszuführen, aber er besaß nur wenig Phantasie. Es war kein Zufall, daß Stalin im März nicht mehr hervorgebracht hatte als die Warnung, »die Ereignisse nicht zu forcieren«. Wenn Lenin Aufgaben des heutigen Tages löste, sah er schon auf die Zukunft. Stalin jedoch war weiter vom Volk entfernt, nur durch den Apparat und seine

Funktionäre hielt er Kontakt zu ihm. Lenin nahm jede Gelegenheit zum Dialog mit Menschen wahr, Stalin beschränkte sich auf die Verbindung zu Vertretern der Organisationen und Komitees.
Stalin war während der stürmischen Monate des Jahres 1917 unfähig, über den Alltag hinauszudenken. Viele von denen, die damals in seiner Nähe waren, zeichneten sich durch weit mehr Individualität aus. Es ist wenig wahrscheinlich, daß Stalin in jener Zeit bereits Ambitionen verspürt hatte. Seine Fehler im März waren nicht zufällig und machten häufig von sich reden. Aber seine ständige Gegenwart in den »hinteren Rängen« stabilisierte Stalins Platz innerhalb der bolschewistischen Führung. Auf der Aprilkonferenz wurde Stalin erneut ins Zentralkomitee der Partei gewählt.

Der bewaffnete Aufstand

Nach Lenins Ankunft erhielt Stalins Rolle klarere Konturen. Er führte Aufträge der Parteiführung aus. Er stand zwar im Schatten und war selten in der Öffentlichkeit zu sehen, aber er erwies sich bei bestimmten konspirativen Unternehmungen als fähig, die Verbindung zwischen den Parteigliederungen zu halten und Aktionen zu organisieren. Er war auch an Maßnahmen zur Vorbereitung des bewaffneten Aufstands beteiligt.
Im Zentralexekutivkomitee der Räte der Arbeiter- und Soldatendeputierten, das auf dem ersten Gesamtrussischen Rätekongreß vom 3. bis 24. Juni gewählt worden war, hatten die Bolschewiki keine Mehrheit. Im ZEK saßen 123 Menschewiki (darunter 16 Kandidaten), 119 Sozialrevolutionäre (darunter 18 Kandidaten) und 57 Bolschewiki (darunter 22 Kandidaten). Zusammen mit Lenin, Dserschinski, Kamenew, Nikolaj Iljitsch Podwojski, Stepan Georgijewitsch Schaumjan und anderen bekannten Bolschewiki war auch Stalin in dieses Führungsorgan der Sowjets gewählt worden.
Die Beschlüsse des Kongresses wie auch des ZEK unterstützten die Provisorische Regierung. Und eine friedliche Demonstration, die im Juli durch Petrograd zog und »Alle Macht den Räten!« forderte, wurde gewaltsam aufgelöst. Es zeigte sich, daß die sozialistische Revolution nicht mehr auf friedlichem Weg durchzuführen war. Lenin schrieb später:

»Unsere Partei tat ihre unbedingte Pflicht, als sie am 4. Juli mit den zu Recht empörten Massen ging und sich bemühte, ihrer Bewegung, ihrer Demonstration einen möglichst friedlichen und organisierten Charakter zu verleihen. Denn am 4. Juli war ein friedlicher Übergang der Macht an die Sowjets *noch* möglich.« Aber die sozialrevolutionären und menschewistischen Führer waren »schon in den Abgrund einer widerwärtigen, konterrevolutionären Grube gestiegen«, indem sie sich mit der Provisorischen Regierung arrangierten. Die Doppelherrschaft war zu Ende.

Weil sie dazu aufgerufen hatten, die Regierung zu stürzen, wurden die Führer der Bolschewiki nach der Juli-Demonstration verfolgt. Stalin organisierte mit einigen anderen Genossen auf Anordnung des ZK Lenins Untertauchen. Für einige Zeit befand sich Lenin in der Wohnung der Allilujews. Dort fand Anfang Juli eine Sitzung von Mitgliedern des Zentralkomitees der Partei statt, an der neben Lenin Viktor Pawlowitsch Nogin, Ordschonikidse, Jelena Dimitrijewna Stassowa, Stalin und andere teilnahmen. Es ging um folgende Frage: Wie sollte Lenin auf die Forderung der Provisorischen Regierung reagieren, sich in die Hände der Justiz zu begeben? Es ist bekannt, daß Lenin vor dieser Sitzung offiziell erklärt hatte: »Im Fall, daß die Regierung meine Verhaftung fordert und dies vom Zentralexekutivkomitee befürwortet wird, werde ich mich augenblicklich dort einfinden, wohin mich das Exekutivkomitee zur Verhaftung befiehlt.« Die Meinungen gingen auseinander. Zu Beginn befürworteten viele das Erscheinen vor Gericht, unter der Voraussetzung, daß das ZEK bestimmte Garantien zugestand. Dann aber erklärten die menschewistischen ZEK-Mitglieder Liber und Anissimow, daß »sie keinerlei Garantie übernehmen könnten«. Aufgrund der entfesselten Hetze in der Presse gegen Lenin und andere Führer der Bolschewiki wurde deutlich: Die Reaktion wartete darauf, mit Lenin kurzen Prozeß machen zu können. Nach langen Erörterungen wurde Lenin davon überzeugt, sich nicht der Justiz auszuliefern, sondern für einige Zeit Petrograd zu verlassen.

Stalin hatte anfangs keine klare Position bezogen, später jedoch trat er entschieden gegen ein Erscheinen vor Gericht auf. Stalin sagte: »Man wird ihn nicht bis zum Gefängnis bringen. Man wird ihn unterwegs töten. Der Genosse Lenin muß in ein sicheres Versteck gebracht werden.«

In diesen Tagen voller Dramatik ereignete sich in Stalins Privatleben etwas sehr Bedeutendes: Er lernte Nadeschda, die Tochter Allilujews, seine zukünftige zweite Frau, näher kennen. Stalin war 22 Jahre älter als Nadeschda. Die Familie Allilujew kannte Stalin schon seit den neunziger Jahren, seit einem Aufenthalt in Baku. Übrigens schreibt die Tochter Stalins, Swetlana Allilujewa, in ihren Erinnerungen »20 Briefe an einen Freund«, daß Stalin 1903 seine zukünftige Frau, die damals zwei Jahre alt gewesen sei, vor dem Ertrinken gerettet habe. Sie sei ins Meer gefallen, und er habe sie herausgezogen.
Als Nadeschda an einem Julitag des Jahres 1917 nach Hause kam, fand sie in der elterlichen Wohnung viele unbekannte Leute vor. Sie fragten das Mädchen, was sich auf den Straßen tue. Nadeschda erzählte aufgeregt, daß man sich in der Stadt erzähle, die für den »Juli-Aufstand« Verantwortlichen »seien niemand anderes als Geheimagenten Kaiser Wilhelms«. Sie würden inzwischen in einem U-Boot zurück nach Deutschland flüchten, zusammen mit ihrem Anführer Lenin. Als sie erfuhr, daß besagter Anführer der Geheimagenten Kaiser Wilhelms unter den Unbekannten in der elterlichen Wohnung war, wurde die junge Allilujewa schrecklich verlegen.
Man beschloß, Lenin maskiert und verkleidet zunächst nach Sestrorezk und dann nach Finnland zu bringen. Allilujew erinnerte sich später: »Am Abend haben wir uns alle zum Primorski-Bahnhof begeben. Ganz vorne ging der Arbeiter Jemeljanow, Parteimitglied seit 1904, mit etwas Abstand hinter ihm W. I. Lenin und Sinowjew. Stalin und ich folgten ihnen. Der Zug stand schon am Gleis. (...) Die drei Reisenden setzten sich in den letzten Waggon. Ich und Stalin warteten die Abfahrt des Zuges ab und gingen zurück.«
Allilujews Erinnerungen waren nicht ganz genau. Sinowjew befand sich schon im Untergrund und war bei der Abreise Lenins nicht anwesend. Lenin wurde lediglich von Allilujew, von dem Arbeiter W. I. Sof und von Stalin begleitet.
Stalin wurde nun einer der Verbindungsmänner zwischen Lenin und dem ZK. Es besteht Grund zur Annahme, daß Lenin ihm vertraute, ihm wichtige Instruktionen und Ratschläge mitgab.
Allen wichtigen Dokumenten des 6. Parteitags, der im Juli/August 1917 tagte, war die Handschrift des im finnischen Versteck lebenden Lenins anzusehen. Die Delegierten repräsentierten nun schon rund

240 000 Parteimitglieder; innerhalb von vier Monaten waren die Reihen der Partei um das Dreifache gewachsen. Lenin sah darin eine wichtige Bestätigung des eingeschlagenen Kurses. Lenins Arbeiten »Die politische Lage«, »Zu den Losungen«, »Eine Antwort« wurden der Resolution des Parteitags zugrunde gelegt. In einer speziellen Erklärung befürwortete der Parteitag, daß Lenin nicht vor Gericht erschien. Auch der Kurs auf den bewaffneten Aufstand, den Lenin beschrieben hatte, wurde vom Parteitag unterstützt.
Stalin war trotz seiner großen Arbeitsbelastung häufig bei den Allilujews anzutreffen. Ihn, den harten, kalten Menschen, zog es zu dem naiven Wesen, halb Kind, halb Frau, seiner zukünftigen Ehefrau. Nadeschda hörte ihm mit Interesse zu, »dem alten Untergrundrevolutionär«, wie er sich ihr vorstellte.
In der politischen Arena war er, wie zuvor, kaum bemerkbar. Die Partei war zur Hälfte im Untergrund. Auf Anweisung Lenins führten Stalin und Swerdlow wichtige Aufträge aus. Die Massen kannten Stalin immer noch nicht, aber im ZK stieg sein Ansehen.
Rußland näherte sich dem Oktober. Die Ereignisse waren mal komisch, mal tragisch, mal alltäglich, aber oft auch von historischer Bedeutung. Wir wollen sie hier weder beurteilen noch kommentieren. Wir wollen uns nur einige von ihnen ins Gedächtnis rufen, um die Atmosphäre dieser Zeit einzufangen. Hier einige Beispiele, wie die Petrograder Zeitungen über diese Zeit berichteten und wie die Ereignisse in den Archiven festgehalten worden sind:

26. Juli. Der 6. Parteitag der SDAPR(B) wird eröffnet. 171 Delegierte füllen ihre Fragebögen aus. 110 von ihnen haben schon im Gefängnis gesessen, insgesamt 245 Jahre lang, 10 von ihnen waren zu Zwangsarbeit verurteilt worden, zusammen für 41 Jahre, vom Wohn- und Arbeitsort verwiesen worden waren 24 Personen, zusammen für 73 Jahre, insgesamt 55 Personen hatten in Verbannung gelebt, zusammen für 127 Jahre, verhaftet gewesen waren 150 Personen, insgesamt 549mal, 27 Personen hatten in der Emigration leben müssen für zusammen 89 Jahre. Der Parteitag wird im Auftrag des Organisationsbüros von Olminski eröffnet. Swerdlow, Olminski, Lomow, Jurenew und Stalin werden ins Präsidium gewählt. Lenin, Sinowjew, Kamenew, Trotzki, Kollontaj und Lunatscharski werden zu Ehrenvorsitzenden gewählt.

8. August. Großfürst Kirill hißt über seinem Haus die rote Flagge, und Exzar Nikolaj II. schreibt in sein Tagebuch, daß er »Tartarin aus Tarascon« lesen werde.

24. August. Kerenski besucht den ehemaligen Zaren, um ihn und seine Familie auf »die Reise zu einem sicheren Ort« vorzubereiten. Nikolaj: »Ich bin nicht beunruhigt, ich vertraue ihnen.«

28. August. General Kornilow schickt dem Kommandanten des Moskauer Militärbezirks ein Telegramm: »In dieser bedrohlichen Stunde, um Krieg innerhalb der eigenen Reihen, um Blutvergießen auf den Straßen der Residenzstadt [Moskau] zu vermeiden, ersuche ich Sie, sich mir unterzuordnen und meine Befehle auszuführen.«
Der Kommandant antwortet: »Mit Entsetzen habe ich Ihren Befehl vernommen, mich nicht der gesetzlichen Regierung unterzuordnen. Das Entfachen des Krieges innerhalb der eigenen Reihen liegt bei Ihnen, und wie ich Ihnen sagte, ist das der Tod Rußlands. Es war möglich und notwendig, die Politik zu verändern, aber nicht dem Volk in einer Zeit, da die Front derart schwach war, die letzten Kräfte zu rauben. Meinen Eid wechsele ich nicht wie meine Handschuhe.«

20. September. Die »Iswestija« teilt mit, daß Wyrubowa, Badmajew, Manesewitsch und andere in Finnland in der Sweaborgskaja-Festung festgehalten würden. Die Matrosen sprechen sich kategorisch gegen die Freilassung der Gefangenen aus, solange die Macht nicht in die Hände der Räte übergegangen sei.

4. Oktober. Die Insel Ösel in der Bucht von Riga ist vollständig von den Deutschen eingenommen worden. Ihre Kriegsschiffe bewegen sich auf die Insel Moon zu. Nach hartem Kampf gegen eine deutsche Übermacht verliert die russische Flotte das Schiff »Slawa«.

10. Oktober. Nach langer Abwesenheit ist Lenin wieder auf einer Sitzung des Zentralkomitees erschienen. Sie findet in der Wohnung des Menschewiken Suchanow statt, dessen Frau Mitglied der bolschewistischen Partei ist. Leiter der Sitzung ist Swerdlow. Lenin erklärt: »Heute steht die Mehrheit hinter uns. Politisch ist die Frage des Übergangs der Macht völlig herangereift. (...) Es ist notwendig, von der technischen Seite zu sprechen. Das ist der Kern der ganzen Sache.«

14. Oktober. Die »Nowaja Schisn« teilt mit, daß in Petrograd pro Tag 48 000 Pud (1 Pud = 16,381 Kilogramm) Getreide benötigt werden. Am 11. Oktober stehen 18 000, am 12. Oktober 12 000 Pud und am 13. Oktober knapp 4000 Pud Mehl zur Verfügung. Die Petrograder Duma fordert die Stadtverwaltung auf, sich an die Bevölkerung zu wenden, damit diese Ruhe bewahre. Es wird eine Sitzung einberufen, in der die Versorgungsfrage erörtert werden soll.

16. Oktober. In Petrograd findet eine Sitzung des ZK der SDAPR(B) mit Vertretern anderer Parteiorganisationen statt. Anwesend sind Lenin, Sinowjew, Kamenew, Stalin, Trotzki, Swerdlow, Dserschinski, Sokolnikow, Uritzki und Lomow. Boki vom Petrograder Komitee berichtet über die Stimmung in den verschiedenen Stadtteilen: »Kämpferische Gesinnung gibt es bislang nicht, aber die Kampfvorbereitungen laufen an. Wenn der Aufstand beginnt, werden die Massen ihn unterstützen.« Auf Lenins Vorschlag hin wird eine Resolution verabschiedet: Die Versammlung ruft alle Organisationen der Arbeiter und Soldaten zu einer geschlossenen, kraftvollen Vorbereitung des bewaffneten Aufstands auf. Für die Resolution stimmen 19, gegen sie 2. Es wird ein Zentrum zur organisatorischen Führung des bewaffneten Aufstands gebildet: Bubnow, Dserschinski, Uritzki, Swerdlow und Stalin.

20. Oktober. »Rabotschij Put« schreibt: »Die russische Revolution hat nicht wenige Autoritäten gestürzt. Ihre Kraft drückt sich darin aus, daß sie sich nicht vor ›großen Namen‹ verbeugte. Sie nahm sie in ihren Dienst oder warf sie ins Nichts, wenn sie nicht von ihr lernen wollten. Diese ›großen Namen‹, die von der Revolution gestürzt wurden, waren unter anderem Plechanow, Kropotkin, Breschkowskaja, Sassulitsch und all die alten Revolutionäre, die nur deshalb bemerkenswert waren, weil sie alt waren. (...) Wir fürchten, daß die Früchte dieser ›Säulen‹ Gorki nicht schlafen lassen werden. Wir fürchten, daß es Gorki ›tödlich‹ zu ihnen ins Archiv gezogen hat. Aber was soll's? Des Menschen Wille ist sein Himmelreich! (...) Die Revolution kann ihre Toten weder betrauern noch beerdigen.«

24. Oktober, abends. Lenin kommt aus dem Stadtteil Wyborg in den Smolny zum Militärrevolutionären Komitee. In dieser Nacht erscheint ein Trupp von Offiziersschülern im Haus Nr. 6 auf dem Finnlandski-Prospekt mit dem Ziel, die Redaktionsmitglieder der Zeitung »Rabotschij Put« und Lenin zu verhaften. Die Offiziersschüler werden jedoch von Rotgardisten entwaffnet und in die Peter-Pauls-Festung geschafft. Am selben Tag findet eine Sitzung des ZK statt. Kamenew schlägt vor, daß keines der ZK-Mitglieder den Smolny verlassen dürfe ohne besondere Genehmigung. Trotzki hält es für unumgänglich, einen Ersatzstab in der Peter-Pauls-Festung einzurichten und zu diesem Zweck ein ZK-Mitglied dorthin zu schicken. Kamenew erklärt, daß es im Fall einer Zerstörung des Smolny günstig sein könnte, einen Stützpunkt auf dem im Hafen liegenden Kreuzer »Aurora« zu haben. Stalin ist bei der Versammlung nicht anwesend. In der Nacht zum 25. Oktober wird unter Leitung des Militärrevolutionären Komitees der Winterpalast gestürmt, wo sich die Provisorische Regierung verschanzt hat.

25. Oktober. Die Chronik der Parteigeschichte verzeichnet für jede Stunde ein Ereignis – es sind wahrhaft historische Stunden. Der Nikolajewski-Bahnhof ist besetzt. Die »Aurora« ankert an der Nikolajewski-Brücke. Das Pawlowsker Regiment hat auf der Millionnoja-Straße in der Nähe des Winterpalasts Posten aufgestellt; Verdächtige werden verhaftet und zum Smolny gebracht. Die Staatsbank ist von einem Matrosenkommando genommen worden. Das Petrograder Kosakenregiment versagt der Provisorischen Regierung seine Unterstützung. Die Telefone des Stabs und des Winterpalasts sind unterbrochen. Der Warschauer Bahnhof ist besetzt. Aus dem Gefängnis »Kresty« werden die politischen Gefangenen befreit. Truppen des Ismajlowski-Regiments besetzen das Marienpalais und fordern die Mitglieder des Vorparlaments auf, das Schloß zu räumen. Das Pawlowski-Regiment nimmt den Newski-Prospekt ein.

Um 14 Uhr 35 findet unter Trotzkis Vorsitz eine außerordentliche Sitzung des Petrograder Rats der Arbeiter- und Soldatendeputierten statt. Unter tosendem Applaus teilt Trotzki mit, daß die Provisorische Regierung nicht mehr existiere, daß das Vorparlament aufgelöst worden sei, daß die politischen Gefangenen befreit worden seien und daß

der Armee die Nachricht über den Sturz der alten Regierung per Funk übermittelt worden sei. Lenin tritt vor die begeisterten Menschen und spricht: »Genossen! Die Arbeiter- und Bauernrevolution, über deren Unumgänglichkeit die Bolschewiki gesprochen haben, ist vollendet!«
Es ist bekannt, daß die Organisation des Aufstands in den Händen des Militärrevolutionären Zentrums des ZK (zusammengesetzt aus fünf Personen, unter ihnen Stalin) und des Militärrevolutionären Komitees des Petrograder Sowjets lag, das eine gewaltige Arbeit für die Mobilisierung der revolutionären Kräfte zum entscheidenden Sturm leistete. In seinem historischen Brief vom 24. Oktober an die ZK-Mitglieder hatte Lenin geschrieben:

»Man muß um jeden Preis heute abend, heute nacht die Regierung verhaften, nachdem man die Offiziersschüler entwaffnet hat (sie besiegt hat, wenn sie Widerstand leisten) usw. Man darf nicht warten!! Man kann alles verlieren!! (...) Die Regierung wankt. Man muß *ihr den Rest geben,* koste es, was es wolle! Eine Verzögerung der Aktion kostet den Tod.«

Die sozialistische Revolution siegte. Am Abend des 25. Oktober wurde der 2. Gesamtrussische Kongreß der Räte der Arbeiter-, Soldaten- und Bauerndeputierten einberufen. Auf der Sitzung wurden die Ergebnisse der Revolution bestätigt. Ins Präsidium des Kongresses wurden die Bolschewiki Lenin, Sinowjew, Trotzki, Kamenew, Skljanski, Nogin, Krylenko, Kollontaj, Rykow, Antonow-Owsejenko, Rjasanow, Muranow, Lunatscharski, Stutschka und die Linken Sozialrevolutionäre Kamkow, Spiridonowa, Kachowskaja, Mstislawski, Saks, Karelin und Gutman gewählt.
Stalin ging in den Ereignissen jener Tage unter. Er war damit befaßt, Lenins Aufträge durchzuführen. Er leitete Weisungen an die einzelnen Komitees weiter und war in der Pressearbeit tätig. In keinem Dokument jener Tage ist es mir gelungen, seinen Namen zu finden.
Martow schlug eine Resolution vor, in der erklärt wurde, daß es notwendig sei, die entstandene Krise friedlich zu lösen. Der Sozialrevolutionär Gendelman präsentierte im Namen des ZK seiner Partei eine Erklärung, in der die »gewaltsame Machtübernahme« verurteilt

wurde. (Aber sogar unter den Sozialrevolutionären erhielt sie nur 60 Ja- gegen 93 Neinstimmen.) Auch der Bund und die Rechten Sozialrevolutionäre traten gegen die Machtübernahme auf. Die Menschewiki-Internationalisten und die Paole-Zionisten verließen den Kongreß.

Der Kongreß verabschiedete die bedeutenden Dekrete Lenins über den Frieden und über das Land, und er wählte ein Zentralexekutivkomitee. Es bestand aus 101 Mitgliedern, wobei die Bolschewiki 62 Sitze auf sich vereinten. Jedoch herrschte innerhalb der bolschewistischen Führung keine Einheit. Kamenew, Sinowjew, Nogin und Miljutin hielten es für unumgänglich, die Macht mit anderen Parteien zu teilen. Die möglichen Koalitionspartner stellten allerdings die Bedingung, daß Lenin und Trotzki nicht Mitglieder einer sozialistischen Koalitionsregierung werden dürften. Ein harter politischer Kampf in der Partei entbrannte. Auf der Seite Lenins waren Bubnow, Dserschinski, Stalin, Swerdlow, Stassowa, Trotzki, Joffe, Sokolnikow und Muranow.

Wie hat Stalin sich in den Oktobertagen verhalten? Was war seine Rolle? Warum wird sein Name so selten in den Revolutionschroniken genannt, obwohl er doch Mitglied von Leitungsorganen war?

Einige Zeugnisse vorab: Die »Kurze Biographie J. W. Stalins« beurteilt seine Rolle in der Revolution so:

»Lenin und Stalin waren die Inspiratoren und Organisatoren des Sieges der Großen Sozialistischen Oktoberrevolution. Stalin war der nächste Mitkämpfer Lenins. Er leitete unmittelbar die Vorbereitung und Organisation des Aufstands. Seine Artikel wurden in allen regionalen bolschewistischen Zeitungen veröffentlicht. Stalin befahl die Vertreter der regionalen Organisationen zu sich, erteilte ihnen Anweisungen und setzte die Kampfaufgaben für bestimmte Gebiete fest. Am 16. Oktober wählte das ZK ein Parteizentrum für die Führung des Aufstands. Dieses Zentrum führte Genosse Stalin an.«

Die Apologetik ist offensichtlich: nur Lenin und er, Stalin. Er befiehlt zu sich und instruiert. Aber das stammt aus der Praxis und ist die Terminologie der dreißiger Jahre. Der Autorin dieser Biographie fiel es schwer, etwas Konkretes zu sagen, denn Stalin hat in den Tagen der Revolution weder »angeführt« noch »befohlen« und schon gar nicht

»instruiert«. Er hat lediglich die Weisungen Lenins und des Militärrevolutionären Komitees des Petrograder Rats ausgeführt.
Stalin schrieb Artikel, die Parteibeschlüsse kommentierten. Am 24. Oktober ordnete Kerenski an, das Zentralorgan der Partei, »Rabotschij Put«, zu schließen. Stalin hat zusammen mit einer Abteilung von Rotgardisten an der Verteidigung der Zeitung teilgenommen. Am selbigen Tag wurde in dieser Zeitung ein langweiliger Artikel Stalins veröffentlicht, der absolut nicht im Geist der Zeit war. In »Was brauchen wir?« fordert er zum wiederholten Mal, die Konstituierende Versammlung einzuberufen. In den Aussagen ähnelt Stalins Artikel in gewisser Weise dem berühmten Brief Sinowjews und Kamenews »Zum gegenwärtigen Moment« vom 11. Oktober. Darin hatten sich die beiden öffentlich gegen den Beschluß des ZK gewandt, den bewaffneten Aufstand vorzubereiten.
Sinowjew und Kamenew hatten geschrieben: »Wir halten den Revolver an die Schläfe der Bourgeoisie.« Und Stalin hielt es noch kurz vor Beginn des Aufstands für denkbar, zur Idee der Konstituierenden Versammlung zurückzugehen. Jedoch hat Stalin gleichzeitig geäußert, daß es notwendig sei, »die Regierung Kischkin-Konowalow durch die Räteregierung der Arbeiter-, Soldaten- und Bauerndeputierten zu ersetzen«.
Stalin trat in die Sowjetregierung als Volkskommissar für Nationalitätenfragen ein. Er befand sich nun inmitten von hervorragenden Führern, die schwierige Probleme der Revolution lösten. Stalin jedoch gelang es im Jahr 1917 nicht ein einziges Mal, eine größere Initiative zu zeigen oder etwa im ZK eine originelle Idee vorzubringen und durchzusetzen. Er war einer aus der zweiten, dritten Reihe der Parteiführung, und alle Lobpreisungen, die später über seine Rolle in der Revolution verbreitet wurden, entsprechen nicht der Wahrheit.
Stalin war zwar Mitglied in fast allen revolutionären Organen, aber er trug keinerlei konkrete Verantwortung. Sein aufmerksamer Blick sah vieles. Ihn erstaunte Trotzkis Energie, Kamenews Arbeitsfähigkeit, Sinowjews Impulsivität. Stalin hat auch einige Male Plechanow gesehen. Ihn verblüfften dessen scharfe Worte auf einer Versammlung: »Die russische Geschichte hat noch nicht das Mehl gemahlen, aus dem man die Pirogge des Sozialismus backen könnte.« Wie wir wissen, ist der glänzende Propagandist des Marxismus und

Mitbegründer der Sozialdemokratischen Arbeiterpartei Rußlands ein entschiedener Gegner Lenins und der Bolschewiki gewesen. Plechanow nannte die Aprilthesen Lenins »Fieberwahn«. Er verurteilte die Oktoberrevolution und später den Brester Frieden. Als Plechanow die Wirklichkeit vor Augen geführt wurde und diese ganz und gar nicht mit seinen Theorien übereinstimmte, zog er sich nach Finnland zurück. Er konnte den Oktober nicht akzeptieren, aber gegen ihn kämpfen wollte er auch nicht.

Als am 4. Juni 1918 auf einer gemeinsamen Sitzung des Zentralexekutivkomitees des Moskauer Sowjets, der Gewerkschafts- und Arbeiterorganisation Moskaus, an der auch Lenin teilnahm, in einer Schweigeminute des verstorbenen Plechanow gedacht wurde, war Stalin verblüfft. Für ihn wurde ein Mensch, der ihm offen widersprach, für immer zum Feind. Er hielt die Trauerrede Trotzkis auf Plechanow und den Nachruf Sinowjews in der »Prawda« für überflüssig. Für Stalin war die Revolution nur ein Kampf. Entweder – oder. Entweder Verbündeter oder Feind. Wenn Stalin nicht wußte, welche von zwei Positionen er unterstützen sollte, ließ seine Schwarzweißlogik nur eines zu: abwarten. Die Ehrbezeugung für den verstorbenen Plechanow betrachtete Stalin als »Liberalismus«, der Revolutionären unwürdig sei. Sie war ihm ein intellektueller Auswurf, »Speichelleckerei«.

Drei Jahre nach dem Oktoberaufstand, am 2. November 1920, versammelte sich eine Gruppe von Revolutionsteilnehmern, um Erinnerungen auszutauschen. Stalin hatte man auch eingeladen, doch er wollte nicht erscheinen. Es kamen viele, unter ihnen Trotzki, Sadowski, Mechonoschin, Podwojski, Kosmin. Viel sprach man über Lenin und auch über Trotzki, Kamenew, Kalinin, Sinowjew, Nogin, Swerdlow, Lomow, Rykow, Schaumjan, Markin, Lasimir, Tschitscherin, Walden und an andere. Ein Stenogramm dieses Teffens ist erhalten geblieben. Stalin wurde nicht einmal erwähnt.

Der zukünftige Alleinherrscher hat sehr gelitten unter seinem Schattendasein. In den dreißiger Jahren konnte Stalin Erzählungen über die Ereignisse des Oktobers nur dann gelassen anhören, wenn die Rede von zwei Führern war.

Trotzki machte Stalin später zum Hauptobjekt seiner kritischen Ermittlungen. Über die Tätigkeit Stalins während der Oktoberrevolution urteilte er hart. In seinem Buch »Stalins Schule der Fälschungen« bestätigt er, daß Stalin sich auf den Sitzungen meist ausgeschwiegen habe. »Für gewöhnlich bewegte er sich auf den offiziellen, von Lenin festgelegten Spuren«, schrieb Trotzki. »Er hat keinerlei Initiative gezeigt. Er hat keinen einzigen selbständigen Vorschlag gemacht. Daran können auch die ›marxistischen Historiker‹ der neuen Formation nichts ändern.«

Trotzki erinnerte sich an einige Episoden, in denen Stalin versuchte, Kamenew zu verteidigen, als diesem vorgeworfen wurde, einem Zickzackkurs zu folgen. Er tat dies auch in der Presse. Für einige Zeit nach der Rückkehr aus der Verbannung gab es eine Art freundschaftliches Verhältnis zwischen Stalin und Kamenew. Später haben sowohl Kamenew als auch Sinowjew in ihrer Not versucht, Stalin an die alte »Freundschaft« zu erinnern. Aber sie kannten Stalin schlecht.

Im Jahre 1924, nach Lenins Tod, veröffentlichte Trotzki einen Abriß, in dem er folgenden Dialog anführt:

»›Ja, und wenn man uns tötet‹, fragte mich Wladimir Iljitsch kurz nach dem 25. Oktober, ›werden Swerdlow und Bucharin der Aufgabe gewachsen sein, unser Werk fortzuführen?‹

›Möglicherweise haben wir Glück, und man tötet uns nicht‹, sagte ich lachend.

›Weiß der Teufel‹, sagte Lenin und fing auch an zu lachen.«

In seinem Buch »Mein Leben« schreibt Trotzki:

»Wie ich später erfuhr, fühlte sich das damalige ›Trio‹ Stalin, Sinowjew und Kamenew durch diese Mitteilung blutig gekränkt, wagte aber nicht, seine Richtigkeit zu bestreiten. Eine Tatsache bleibt eine Tatsache: Lenin erwähnte damals nur Swerdlow und Bucharin. Andere Namen kamen ihm nicht in den Sinn.«

Man sollte diese Worte nicht unkritisch annehmen, denn der Ehrgeiz und die Machtgier Trotzkis sind bekannt. Er war davon überzeugt, daß nur er der »Nachfolger« Lenins sein könne. Und man kann davon ausgehen, daß Trotzki bis zum Ende seines Lebens versuchte, seine Reputation zu verbessern.

Stalin reagierte verbittert, wenn in der Presse seine mehr als bescheidene Rolle im Oktober deutlich und Trotzkis Rolle sichtbar wurde. Die Rede Stalins im November 1924 auf dem Plenum der kommunistischen Fraktion des Zentralrats der Gewerkschaften war von dieser Verbitterung durchsetzt. Diese Rede wurde als Broschüre erst im Jahr 1928 herausgegeben. Stalin analysierte Trotzkis Rolle in der Oktoberrevolution folgendermaßen:

»Mag sein, sagt man uns, es kann aber nicht geleugnet werden, daß Trotzki in der Periode des Oktobers gut gekämpft hat. Ja, das stimmt, Trotzki hat im Oktober wirklich gut gekämpft. Aber nicht nur Trotzki hat in der Periode des Oktobers gut gekämpft, nicht übel gekämpft haben sogar solche Leute wie die Linken Sozialrevolutionäre, die damals Schulter an Schulter mit den Bolschewiki standen. (...)
Es wird ein *praktisches* Zentrum zur organisatorischen Leitung des Aufstands gewählt. (...) In dieses Zentrum werden fünf Personen gewählt: Swerdlow, Stalin, Dserschinski, Bubnow, Uritzki. (...) Somit ist, wie man sieht, in dieser Sitzung des ZK etwas ›Schreckliches‹ passiert, das heißt, der ›Inspirator‹, die ›Hauptfigur‹, der ›alleinige Führer‹ des Aufstands, Trotzki, ist ›seltsamerweise‹ nicht in das praktische Zentrum gewählt worden, das berufen war, den Aufstand zu leiten. Wie läßt sich das mit der häufig vertretenen Meinung über die besondere Rolle Trotzkis vereinbaren?«

Hier unterschlägt Stalin wieder etwas. Den Aufstand leitete das Militärrevolutionäre Komitee des Petrograder Sowjets und nicht das praktische Zentrum der Partei.
Und im Zentrum der Revolution stand Lenin. Weit hinter ihm Trotzki. Und noch weiter hinten Sinowjew, Kamenew, Swerdlow, Dserschinski, Bucharin. Und hinter ihnen ein weiterer Trupp Bolschewiki der Leninschen Schule. Irgendwo in deren Reihen finden wir auch Stalin. Zwei Führer gab es bei der Revolution nicht. Wenn man zum Beispiel im Jahr 1917 Krestinski, Radek, Rakowski, Rykow, Tomski, Serebrjakow und Dutzenden von anderen Bolschewiki erzählt hätte, daß in fünfzehn Jahren die offizielle Geschichtsschreibung behaupten würde, daß die Revolution von zwei Führern geleitet worden sei, von Lenin und von Stalin, so hätten sie dies nicht einmal für einen Scherz halten können.

Die Anwesenheit Stalins bei unzähligen Sitzungen, Kongressen und Konferenzen zeugt lediglich davon, daß er in hohe Parteiorgane gewählt worden war. Das ermöglichte es ihm, eine Reihe wichtiger Leute kennenzulernen, einen tiefen Einblick zu nehmen in die Arbeitsmechanismen des Apparats und politische Erfahrungen zu sammeln. Aber das wichtigste für ihn war, sich eine Note Lenins zu verdienen als ein zuverlässiger Politarbeiter, der nicht nur zu eindeutigen Entscheidungen und Handlungen fähig sei, sondern auch dazu, geschickt Kompromisse einzugehen, der lavieren und bei komplizierten Problemen den Hauptkern herauskristallisieren könne. Im Oktober war Stalin ein Zentrist in der bolschewistischen Partei. Er paßte sich an und wartete ab.

Die rettende Chance

Wenige Monate vor dem Jahr 1917 war die bolschewistische Partei noch klein, aber innerhalb kürzester Zeit entwickelte sie sich zu einer starken politischen Kraft. Doch die »Flitterwochen« mit der Macht währten nicht lang. Die Bolschewiki hatten dem Volk Land, Brot und Frieden versprochen. Land hatten sie begonnen zu geben. Das Land brachte Hoffnung auf Brot. Aber der Frieden hing nicht nur von den Bolschewiki ab.
Niemand hat so scharfsinnig die Dramatik dieser Frage erkannt wie Lenin. Bereits wenige Tage nachdem er den Vorsitz im Rat der Volkskommissare – so der Name der neuen Regierung – übernommen hatte, instruierte er Adolf Abramowitsch Joffe, sich mit einer Delegation zu Verhandlungen mit der deutschen Führung aufzumachen.
Anfangs schien es, daß der Erfolg bald erreicht werden würde, denn schon am 2. Dezember 1917 wurde ein Waffenstillstand bis zum 1. Januar 1918 unterschrieben. Bald darauf begannen die Friedensverhandlungen. Joffe wurde unterstützt durch Kamenew sowie weitere Bolschewiki und Linke Sozialrevolutionäre. Aber bald verschlechterte sich die Lage. In Berlin hatten die chauvinistischen Kräfte das Ruder in die Hand genommen, und sie verlangten maximale Annexionen. Sie wußten, daß die russischen Schützengräben schon zur Hälfte leer waren und daß sich hinter dem Rücken der sowjetischen

Delegation nur noch der Schatten einer militärischen Macht befand. Die Deutschen forderten riesige Territorien.
Lenin bewies auch hier seinen Realitätssinn: Wenn die Regierung den schwierigen und ungerechten Frieden nicht unterschriebe, so würde »die bäuerliche Armee, durch den Krieg aufs äußerste erschöpft, bereits nach den ersten Niederlagen, wahrscheinlich nicht in einigen Monaten, sondern schon in einigen Wochen, die sozialistische Arbeiterregierung stürzen«.
Es ging um das Schicksal der Revolution. Bei der Beratung im ZK trafen zwei gegensätzliche Standpunkte aufeinander, die Position Lenins und die der »linken Kommunisten«. Die linken Kommunisten – unter ihnen Bucharin, Bubnow, Preobraschenski, Pjatakow, Radek, Ossinski und Lomow – schlugen vor, daß man die revolutionäre Bewegung in Europa vorantreiben solle. »Ohne Revolution in Europa stirbt unsere Revolution«, sagte Pjatakow. Die linken Kommunisten glaubten, daß der revolutionäre Krieg gegen den deutschen Imperialismus das deutsche Proletariat zum revolutionären Kampf gegen die eigene Regierung veranlassen würde. Die linken Kommunisten sahen in den revolutionären Symptomen, die man in vielen Ländern Europas beobachten konnte, den Anfang eines Kontinentalfeuers, und sie meinten, daß dieses Feuer die Weltrevolution entfachen könne. Die Abstimmung im ZK ergab eine Mehrheit für ihre Argumente. Zunächst, denn kurz bevor Trotzki, der als Leiter der sowjetischen Delegation bei der zweiten Runde der Friedensverhandlungen in Brest-Litowsk eingesetzt worden war, abreiste, verschoben sich die Mehrheitsverhältnisse im ZK zugunsten Lenins.
Dennoch machte Trotzki einen unerwarteten Schritt. Am 10. Februar 1918, nach kurzer Debatte über unwesentliche Fragen, erklärte Trotzki plötzlich, daß er die Verhandlungen abbreche. »Unser Soldat ist Ackerbauer. Er muß zu seinem Acker zurückkehren, um schon im kommenden Frühling sein Land friedlich bearbeiten zu können, welches ihm die Revolution aus den Händen der Gutsbesitzer gab. Unser Arbeitersoldat muß zurückkehren in seine Werkstatt, um dort nicht Geräte der Zerstörung herzustellen, sondern Geräte des Aufbaus. (...) Wir verlassen den Krieg und ziehen uns zurück. (...) Wir befehlen die vollständige Demobilisierung unserer Armee. (...) In Zusammenhang mit dieser Mitteilung übergebe ich folgende schriftliche und unterzeichnete Erklärung:

›Im Namen des Rats der Volkskommissare ersucht die Regierung der Russischen Föderativen Republik die Regierungen und Völker, die Krieg mit uns führen, sowie die verbündeten und die neutralen Staaten, zur Kenntnis zu nehmen, daß wir keinen annexionistischen Vertrag unterzeichnen werden. Rußland erklärt seinerseits den Krieg gegen Deutschland, Österreich-Ungarn, die Türkei und Bulgarien für beendet. Gleichzeitig wird dem russischen Heer die vollständige Demobilisierung an der gesamten Front befohlen.
Brest-Litowsk, 10. Februar 1918
Volkskommissar für Äußeres, L. Trotzki
Mitglieder der Delegation: W. Karelin, A. Joffe, M. Pokrowski, A. Bizenko, der Vorsitzende des gesamtukrainischen Zentralexekutivkomitees Medwedew.‹«

Drei Tage darauf: Bei seinem Auftritt vor dem Gesamtrussischen Zentralexekutivkomitee der Sowjets versuchte Trotzki zu beweisen, daß sein Entschluß die Massen im Westen »revolutionieren« werde und daß die Losung »Weder Krieg noch Frieden« sogar von den deutschen Soldaten unterstützt werden würde. Aber diese Losung öffnete dem Aggressor den Weg in das Landesinnere Rußlands.
In der Geschichte wird bis zum heutigen Tag Trotzki als der Urheber dieser Losung betrachtet. Jedoch hatte der französische Botschafter in Petrograd in einem Bericht an seine Regierung die militärischen Möglichkeiten des russischen Verbündeten wie folgt bewertet: »Im gegenwärtigen Stadium der Revolution kann Rußland weder Frieden schließen, noch kann es Krieg führen.« Ob Trotzki diese Auffassung des Diplomaten kannte, wissen wir nicht.
Einige Tage nach Trotzkis Verhandlungsabbruch begannen die deutschen Truppen an der gesamten Front vorzurücken. Bald marschierten sie durch Dwinsk, Wenden, Minsk, Pskow und Dutzende von anderen Städten und Dörfern Rußlands. Unter dem Eindruck dieser Entwicklung beschloß das ZK nach hitzigen Diskussionen mit sieben Ja- bei vier Neinstimmen endlich, alle Bedingungen der Deutschen zu akzeptieren. Aber diese Entscheidung mußte noch gebilligt werden auf dem bevorstehenden 7. Außerordentlichen Parteitag und auf dem 4. Außerordentlichen Gesamtrussischen Kongreß der Räte, die im März tagten.
Stalin hatte in der Diskussion um den Brester Frieden praktisch

keine Rolle gespielt. Nicht, weil er mit dieser oder jener Position nicht einverstanden gewesen wäre, sondern vielmehr, weil er nicht in der Lage war, die verzwickten Probleme zu begreifen.
Um seine Genossen unter Druck zu setzen, hatte Lenin zum Beispiel auf einer ZK-Sitzung am 23. Februar damit gedroht, die Regierung und das ZK zu verlassen, falls sein Antrag, den Frieden abzuschließen, nicht angenommen würde. Nachdem Stalin sich vom ersten Schreck erholt hatte, fragte er: »Bedeutet das Aufgeben der Funktionen auch den Austritt aus der Partei?« Lenin verneinte dies.
Georgij Ippolitowitsch Lomow sagte geradeheraus: »Fürchtet euch nicht vor dem Rücktritt Lenins. Die Revolution ist wichtiger.« Und Moisei Solomonowitsch Uritzki erklärte: »Mit diesem schändlichen Frieden werden wir die Sowjetmacht nicht retten.« Unter dem Druck der Meinungsverschiedenheit argumentierte Stalin abwartend: »Es ist möglich, den Frieden nicht zu unterzeichnen.« Lenin erwiderte: »Stalin ist im Unrecht, wenn er sagt, daß es möglich sei, nicht zu unterzeichnen. Die Bedingungen [des Friedensvertrags] müssen unterschrieben werden. Wenn nicht, dann unterzeichnen Sie damit das Todesurteil für die Sowjetmacht innerhalb von drei Wochen. Diese Bedingungen tasten die Sowjetmacht nicht an. Ich zweifle nicht an der Notwendigkeit, diesen Frieden zu unterzeichnen. Ich habe das Ultimatum nicht deshalb gestellt, um es rückgängig zu machen. Ich will keine revolutionären Phrasen.« Nachdem Lenin alle Einwände gegen seinen Standpunkt zurückgewiesen hatte, ging Stalin auf seine Seite über.
Rußland war so ermattet vom Krieg, daß jede Art von Frieden von den meisten Menschen als Chance zur Rettung angesehen wurde. Lenin und seine vertrautesten Mitstreiter hatten diese Tatsache erkannt und zogen daraus die Konsequenz. In der Geschichte gibt es nur wenige Beispiele von solcher Weitsichtigkeit und Weisheit bei der Lösung schwieriger Probleme. Lenin fürchtete nicht die Vorwürfe, er habe »Kapitulationspolitik« betrieben, den »Rückzug« veranlaßt, »sich der Gnade des Imperialismus ergeben«.
In diesen dramatischen Tagen waren Sinowjew, Stassowa, Swerdlow, Sokolnikow, Smilga und Kamenew auf Lenins Seite. In entscheidenden Momenten stimmte auch Stalin für Lenin.

Die russische Vendée

Die Führer der Oktoberrevolution benutzen in ihren Reden häufig Analogien und Metaphern aus der französischen Revolution. Zu Anfang des Jahres 1918 hatten sie Grund, sich an die Vendée zu erinnern, an jene Region in Westfrankreich, die sich zwischen Nantes und La Rochelle erstreckt. Im Juni 1793 war die Vendée aufgestanden gegen die Revolution und für die Monarchie. Das Neue wird nie von allen sofort angenommen. Für die ungebildeten Bauern, die von reichen Großgrundbesitzern und vom fanatischen Klerus aufgehetzt waren, war die Revolution ein teuflisches Ungeheuer. Ein blutiger Bürgerkrieg ergriff den Westen Frankreichs. »Die Vendée wurde zur eitrigen Wunde der Republik«, schrieb Pjotr Alexejewitsch Kropotkin.

In Rußland währte die Atempause nicht lange. Im Frühjahr 1918 begann die ausländische militärische Intervention. Sie weckte in der Bourgeoisie und bei den Gutsbesitzern die Hoffnung auf Revanche. Rundherum herrschte Aufruhr. In dem vom Weltkrieg zerstörten Land entbrannte der Bürgerkrieg. Die Republik hatte keine Grenzen mehr. Es gab nur noch Fronten.

In Paris, London, Berlin, Tokio, Washington und in einer Reihe anderer Hauptstädte war man überzeugt: Rußland liegt in Agonie. Viele Russen gingen in die Emigration: Angehörige der Bourgeoisie, Großgrundbesitzer, Fabrikanten, Professoren, ein großer Teil der schöpferischen Intelligenz, hohe Staatsbeamte. In ihren Berichten, die im Ausland erschienen, beschrieben sie das Entsetzen, das in Rußland nach der Machtübernahme durch den »Mob« aufgekommen sei, und sie sagten das baldige Ende der Räte voraus. Einige Jahre später schrieb Kalinin in der »Iswestija«: »Jetzt sind sie die Opfer, die das Unglück des Bürgerkriegs davongetragen haben. Aber ihr Unglück, gleich, wie groß es ihnen erscheinen mag, ist, verglichen mit dem Leid des Volkes von 1914 bis 1917, ein Wassertropfen im Meer. Sie haben die Qualen des Volkes nicht gesehen und haben sie mit ihrem patriotischen Gejaule übertönt.«

Das Ende der Sowjetmacht schien nicht fern, um so mehr, da eine Jagd auf hohe Funktionäre begonnen hatte. In Petrograd erschoß der Sozialrevolutionär Leonid Kenegisser Uritzki. Im Juli töteten die Weißgardisten Semjon Nachimson, den berühmten Kommissar der lettischen Schützen. Der für die Versorgung zuständige Volkskommissar Turkestans, Alexander Perschin, wurde in Taschkent umgebracht. Im Mai 1918 starben zwei Bolschewiki aus dem Dongebiet, Fjodor Podtelkow und Michail Kriwoschlykow, am Galgen der Weißkosaken. Der ehemalige Generalleutnant der Zarenarmee, Alexander Taube, der auf die Seite der Revolution übergewechselt und zum Leiter des sibirischen Stabs geworden war, fiel in die Hände der Weißgardisten und wurde zu Tode gefoltert. Den härtesten Schlag führte die Konterrevolution im Jahr 1918 in Moskau. Nach einem Auftritt vor den Arbeitern der Michelson-Fabrik schoß die Sozialrevolutionärin Fanni Kaplan auf Lenin.

Der Bürgerkrieg in Rußland zeigte in seiner Härte und Unversöhnlichkeit den tiefen Klassenhaß, der das Volk in zwei feindliche Lager teilte. Gefangene wurden selten gemacht. Die Weißen brachten verwundete Rotarmisten um, die sie in Lazaretten auffanden. Die Kämpfe waren erbarmungslos. An der Front wütete der Typhus. In den Schluchten wurden die Geiseln erschossen. Das Leben verlor an Wert. Der Klassenhaß war stärker als die Leiden, die Trauer, die Weisheit und die Vernunft. Das Land war getränkt mit dem Blut der Brüder. Diesen Krieg führten nicht nur die militärischen Kräfte der verfeindeten Parteien. An ihm nahm auch ein großer Teil der Bevölkerung teil. Die wichtigste Triebkraft des Kriegs war die ausländische Militärintervention.

Das Gesamtrussische Zentralexekutivkomitee erklärte die Sowjetrepublik zum Kriegslager und bildete einen Revolutionären Kriegsrat unter Leitung Trotzkis. Zum Oberkommandierenden der Streitkräfte wurde Jukums Wazetis ernannt, ihn löste später Sergej Sergejewitsch Kamenew ab. Als Antwort auf den weißen Terror entbrannte der rote Terror.

Im Bürgerkrieg machte Stalin sich stärker bemerkbar als in früheren Jahren. Er führte die Aufträge des Zentralkomitees aus, sie waren schwierig und verantwortungsvoll. Stalin wurde nach Zarizyn geschickt als außerordentlicher Bevollmächtigter des ZK für Nahrungsmittelbeschaffung. Auf dem linken Flügel der Westfront spielte Zarizyn gegen Mitte des Jahres 1918 eine wichtige Rolle. Nicht nur aus militärischen Gründen, sondern auch weil dieses Gebiet von Bedeutung war für die Ernährung der Bevölkerung. Am 31. Mai 1918 unterzeichnete Lenin eine Verordnung des Rats der Volkskommissare vom 29./30. Mai 1918, die Stalin und Alexander Gawrilowitsch Schljapnikow zu Verantwortlichen für die Lebensmittelversorgung im Süden Rußlands machte und sie mit außerordentlichen Vollmachten und Rechten ausstattete.

Die Schlinge des Hungers wurde enger gezogen, und das Leben in den politischen und industriellen Zentren Rußlands drohte zu erstikken. Lenin hatte sich wohl schon eine Meinung über Stalin gebildet als einen zuverlässigen Volkskommissar. Er hatte nach seiner Rückkehr aus dem Exil genügend Gelegenheiten gehabt, dem wortkargen Kaukasier zu begegnen. Dieser stellte selten Fragen, hatte nie öffentlich die Entscheidungen des ZK in Zweifel gezogen und unterwarf sich jedem Befehl. Es schien, als sei er mit der ihm vorgegebenen Rolle des unauffälligen und zuverlässigen Funktionärs zufrieden. Auch den Befehl, nach Zarizyn zu reisen, nahm Stalin ruhig an. Vor seiner Abreise in den Süden wurde Stalin noch mitgeteilt, daß Lenin die Verordnung des Rats der Volkskommissare durch eine Verfügung ergänzt habe. Darin befahl er dem verantwortlichen Funktionär des Volkskommissariats für Militärangelegenheiten S. I. Aralow, Stalin einen Trupp von 400 Mann (eingeschlossen 100 lettische Schützen) als Begleitung nach Zarizyn mitzugeben.

Stalin mußte bald militärische Entscheidungen treffen: Zarizyn wurde, wie sich zeigte, von Kosaken belagert. Stalin wurde Mitglied des Bezirksmilitärrats. Innerhalb kurzer Zeit gelang es dem Bezirksmilitärrat, seine Truppen zusammenzuführen, Verstärkung zu mobilisieren, neue Divisionen zu rekrutieren, eine Kolonne von Panzerzügen und einige Arbeitereinheiten zu bilden. Auf Bitte Stalins befahl Lenin der Hauptverwaltung für den Wassertransport, die Befehle des Außerordentlichen Bevollmächtigten des Rats der Volkskommissare J. W. Stalin widerspruchslos auszuführen. Die Lage in Zarizyn stabilisierte sich, als dort Truppen der ehemaligen 5. Armee unter dem Kommando Kliment Jefremowitsch Woroschilows anrückten.

Es ist interessant, daß Stalin seine Berichte nicht an Trotzki adressierte, dem er operativ untergeordnet war, sondern daß er sich über den Kopf des Oberkommandierenden und des Vorsitzenden des Revolutionären Kriegsrats hinweg oft mit Kleinigkeiten an Lenin wandte. Für die Mehrzahl von Stalins Telegrammen nach Moskau – wo die Sowjetregierung seit März 1918 ihren Sitz hatte – ist das Fehlen allgemeiner politischer Bewertungen und Prognosen charakteristisch.

Als Resultat der geschilderten Maßnahmen war Zarizyn nach kurzer Zeit zur Verteidigung vorbereitet. Ungeachtet der Hilfe, die der Führer der konterrevolutionären Truppen, Anton Iwanowitsch Denikin, von Nossowitsch, einem ehemaligen Zarenregimentsführer und zeitweiligen »Militärspezialisten«, erhielt, brachte der Sturm auf Zarizyn den Weißgardisten keine nennenswerten Erfolge. (Militärspezialisten wurden ehemalige Offiziere der Zarenarmee genannt, die sich in den Dienst der neuen Regierung stellten.) Später erlangten Zarizyn und andere Städte, in denen Stalin sich während des Bürgerkriegs aufgehalten hatte, eine mehr als legendäre Bedeutung in unserer Geschichtsschreibung.

Stalin hatte keinerlei operativen oder taktischen Kenntnisse, aber er zeigte in kritischen Momenten im Kampf um Zarizyn eine harte Hand. In einer Meldung an Lenin schrieb Stalin:

»Die Linie südlich Zarizyn ist noch nicht wiederhergestellt. Ich treibe alle an und schimpfe mit allen, die es verdienen; ich hoffe, daß wir die Wiederherstellung bald erreicht haben. Sie können überzeugt sein, daß wir niemanden schonen werden, weder uns noch andere, aber Getreide werden wir trotz allem liefern. Wenn unsere militärischen ›Spezialisten‹ (Schuster!) nicht geschlafen und gefaulenzt hätten, wäre die Linie nicht unterbrochen worden, und wenn die Linie wiederhergestellt wird, dann nicht dank den Militärs, sondern trotz ihnen.«

Der Verrat Nossowitschs und einer Reihe anderer ehemaliger Offiziere der Zarenarmee, die sich zunächst der Regierung zur Verfügung gestellt hatten, dann aber zur Konterrevolution überliefen, verstärkte das Mißtrauen Stalins gegenüber den Militärspezialisten. Der Volkskommissar, der mit außerordentlichen Vollmachten ausgestattet war, verbarg diese Haltung nicht. Auf Stalins Initiative wurden einige Militärspezialisten festgenommen. Aus einem Lastschiff machte man ein Gefängnis. Viele wurden erschossen. Viele folgten Stalins Beispiel. Nicht zufällig verurteilte Lenin in seiner Rede über die Militärfrage auf dem 8. Parteitag im März 1919 das »Partisanenunwesen«. Er sagte auch: »Zuallererst muß eine reguläre Armee bestehen,

wir müssen zur regulären Armee mit den Militärspezialisten übergehen.«
Stalin widersprach Lenin nicht, aber noch Ende der dreißiger Jahren galt die ehemalige Zugehörigkeit eines roten Kommandanten zum zaristischen Offizierskorps als schwerwiegender Umstand. Der Revolutionäre Kriegsrat der Südfront, vertreten durch Stalin, Woroschilow, den Vorsitzenden des Zarizyner Rats Minin und den Frontkommandierenden Sytin, arbeitete nicht Hand in Hand. Stalin war der Meinung, daß die Beschlüsse, auch die unbedeutenden, nur kollegial gefaßt werden sollten. Sytin jedoch versuchte als Kommandierender, entsprechend seiner militärischen Denkweise, die endlosen »Abstimmungen« und »Präzisierungen« beim Fassen von Beschlüssen zu umgehen. Stalin gab Moskau zu verstehen, daß Sytin kein Vertrauen verdiene. Sytin antwortete mit einem Bericht an den Revolutionären Kriegsrat der Republik. Darin betonte Sytin, daß Minin, Stalin und Woroschilow ihn in seiner Funktion als Frontkommandierender einschränkten, indem sie die Absprache aller, auch unbedeutender Fragen mit dem Kriegsrat verlangten, was die operative Führung ungemein erschwere. Stalin behielt die Oberhand. Anfang November 1918 wurde Sytin seines Postens enthoben.
Stalin überwachte die Militärspezialisten scharf. Er wußte, daß Trotzki sie unterstützte. Damals gab es zwischen Stalin und Trotzki häufig Telegrammscharmützel.
Stalin machte sich nicht die Mühe, Schützengräben, Lazarette, Versammlungsorte oder Beobachtungspunkte aufzusuchen. Er befand sich ständig im Stab, schickte endlose Depeschen, rief Kommissare und Kommandierende zu sich, verlangte Berichterstattung, drohte mit dem Kriegsgericht, erteilte Leuten Scheinaufträge, um sie auf die Probe zu stellen. Schon in den Jahren des Bürgerkriegs bediente sich Stalin häufig härtester Maßnahmen. Er ordnete die Erschießung von angeblichen Saboteuren, verdächtigen Militärspezialisten und Menschen an, die nach seiner Meinung der Sache schadeten. So war es in Zarizyn, Perm und Petrograd.
Lenin sprach in seiner Rede auf dem 8. Parteitag offen über die von Stalin angeordneten Erschießungen in Zarizyn, und er erwähnte auch die Meinungsverschiedenheiten, die hier zwischen ihm und Stalin bestanden. Die Umstände des Kriegs sind häufig so geartet, daß es nicht immer möglich ist, rückwirkend zu beurteilen, ob dieser oder

jener Schritt unumgänglich war. Der Bürgerkrieg war hart. Stalin fühlte sich im Bürgerkrieg sicherer als im Oktober 1917. Damals festigte sich Stalins Glaube an die Allmacht der Gewalt. Sie war nach seiner Meinung immer gerechtfertigt, wenn sie gegen die Feinde angewendet wurde.

Vielen gefielen seine Methoden nicht. Den Frontkommandierenden entging es nicht, daß hier ein Mann mit eisernem Willen war und daß es schwer war, ihn zu einer Entscheidung zu drängen oder seine Meinung zu beeinflussen. In diesem Zusammenhang ist es interessant, den Brief Antonow-Owsejenkows anzuführen, den er am 19. Mai 1919 ans Zentralkomitee der Partei richtete. Er beklagt sich über »das unangemessene Verhalten zu ihm als Kommandeur der ukrainischen Armee«. Er bemängelt die schwache Unterstützung durch die Regierung. Ferner schrieb er, daß »Lew Dawidowitsch [Trotzki] dies verstehe«, und: »Genosse Stalin muß nur einmal brüllen, und schon gehen die ukrainischen Genossen von Intrigen zur Arbeit über.« Antonow-Owsejenko bestätigte so indirekt, wie schwer es Stalin fiel, die Lage an der Front zu meistern.

Stalin waren in der Tat die Feinheiten der Kriegskunst fremd. Deshalb berief er sich auf Disziplin, proletarische Pflichterfüllung und revolutionäres Bewußtsein, und er drohte oft mit der »revolutionären Strafe«. Nach Zarizyn fühlte Stalin sich unter seinen Mitgenossen im Zentralkomitee und im Rat der Volkskommissare bedeutend sicherer. Zu dieser Zeit war Stalin im Kreis der Parteiführer, ZK-Mitglieder und Militärführer schon ein recht bekannter Mann.

Stalin erfüllte jedoch auch an der Front lediglich die Aufgaben, die Lenin ihm aufgetragen hatte. Es existieren keine glaubwürdigen, objektiven Dokumente, die seine »großen Fähigkeiten« auf strategischem Gebiet belegen könnten. Druck ausüben – das war Stalins Stil. Die operativen Zielsetzungen Stalins waren ziemlich simpel – um nicht zu sagen: primitiv. Hier ein Beispiel seiner üblichen Frontbefehle: Während eines Gesprächs (per Telefon) zwischen dem Mitglied des Revolutionären Kriegsrats der Südfront Stalin und dem Mitglied des Revolutionären Kriegsrats der 14. Armee im Oktober 1919 berichtete letzterer, daß die Armee sich darauf vorbereite, die Stadt Kromy zurückzuerobern, und daß dafür Verstärkung benötigt würde. Stalin antwortete:

»Der Sinn unserer letzten Direktive bestand darin, Ihnen die Möglichkeit zu geben, die Regimenter in einer Gruppe zu versammeln und die besten Regimenter Denikins zu vernichten. Ich wiederhole: vernichten. Denn hier ist die Rede von Vernichtung. Daß Kromy vom Gegner eingenommen wurde, ist ein Mißgeschick, das jederzeit korrigiert werden kann. Ihre Aufgabe besteht darin, nicht einzeln angreifende Regimenter gegen den Feind zu schicken, sondern den Gegner mit einer starken Gruppe in eine bestimmte Richtung zu treiben.«

Die Betonung der Gewalt ist in den Befehlen des Mitglieds des Revolutionären Kriegsrats der Südfront immer zu bemerken, was man von seinen militärischen Fähigkeiten nicht behaupten kann.
Stalins Engagement im Bürgerkrieg machte sich auf zwei Gebieten bemerkbar: Einerseits erfüllte er seine Pflichten als Leiter zweier Volkskommissariate – als Volkskommissar für Nationalitätenfragen und als Volkskommissar für Arbeiter- und Bauern-Inspektion (ABI) –, andererseits erfüllte er propagandistische und militärische Aufgaben. Während des Bürgerkriegs setzte Lenin Stalin häufig als Bevollmächtigten des ZK ein und beauftragte ihn mit Inspektionen, Kontrollaufgaben, Korrekturen von bestimmten Vorgängen und der Ermittlung von Informationen.
So schickte Lenin im Juni 1918 Stalin ein Telegramm, in dem er befahl, die Regierungsverfügung, die Schiffe der Schwarzmeerflotte zu versenken, umgehend zu erfüllen. Andernfalls würden die Schuldigen zur Verantwortung gezogen. Im Telegramm wird Stalin vorgeschlagen, einen fähigen Funktionär nach Noworossijsk zu schicken, der diesen Befehl in die Tat umsetzen solle. In diesem Monat sprach Lenin auf der Konferenz der Gewerkschaften und Fabrikkomitees Moskaus über das Schicksal der Schwarzmeerflotte. Er erklärte die Lage und fügte hinzu: »Die Volkskommissare Stalin, Schljapnikow und Raskolnikow werden bald nach Moskau kommen und uns berichten, wie alles vor sich gegangen ist.«
Stalin erfüllte seine Rolle als politischer Führer in verschiedenen »Kapiteln« des Bürgerkriegs. So etwa während des ersten Versuchs, die Sowjetmacht zu liquidieren. Mit Hilfe von rebellierenden Soldaten hatte General Pjotr Nikolajewitsch Krasnow versucht, in Petrograd einzudringen. Auf Anweisung Lenins beteiligte sich Stalin zu-

sammen mit Dserschinski, Ordschonikidse, Podwojski, Swerdlow und Uritzki an der Erarbeitung von Verteidigungsplänen und an der Mobilisierung von Kräften. Stalin wurden konkrete Aufgaben übertragen bei der militärischen Vorbereitung der Petrograder Garnison, beim Ausbau von Verteidigungsanlagen und bei der Rekrutierung von Fabrikarbeitern für die Roten Garden.

Bereits bei dieser Gelegenheit hatten sich viele von der Zielstrebigkeit Stalins überzeugen können. Er gab Befehle und duldete keine Widerrede. Aber viele aufmerksame Parteifunktionäre bemerkten nicht nur seine Zielstrebigkeit, sondern auch seine Rachsucht und seinen nachtragenden Charakter. Im Dezember 1918 beschuldigten Stalin und Woroschilow das Mitglied des Revolutionären Kriegsrats der Südfront Alexej Okulow der Desorganisation. Auf Drängen Stalins beschloß Lenin: »Aufgrund des zugespitzten Verhältnisses zwischen Okulow und Woroschilow halte ich es für unumgänglich, Okulow ablösen zu lassen.« Lenin hatte zwar in diesem Fall zugunsten Stalins entschieden, aber einige Zeit später erklärte er: »Der Genosse Woroschilow hat so viele Worte über Okulows furchtbare Taten hinsichtlich der Wehrkraftzersetzung gemacht. Das war ungeheuerlich. Okulow befolgte die Linie des ZK, Okulow selbst hat uns davon berichtet, daß dort Partisanentum herrschte.«

Im Juni 1919 kam es in Petrograd wieder zu einem Streit zwischen Stalin und Okulow. Letzterer forderte die Unterordnung des Petrograder Militärbezirks unter das Kommando der Westfront. Aufgrund der wiederholten Forderung Stalins in seiner Funktion als Bevollmächtigter des ZK der KPR(B) und des Verteidigungsrats in Petrograd beauftragte Lenin den Stellvertretenden Vorsitzenden des Revolutionären Kriegsrats Ephraim Skljanski, Stalin telegraphisch mitzuteilen, Okulow solle nach Moskau zurückgerufen werden, »damit der Konflikt sich nicht zuspitze«. Ende der dreißiger Jahren wird sich Stalin wieder an Okulow erinnern.

Lenin und der Revolutionäre Kriegsrat der Republik beauftragten Stalin ferner, die Gründe für die Niederlagen an verschiedenen Frontabschnitten zu ermitteln. Dies war notwendig, denn nicht nur Desorganisation konnte die Truppen behindern, sondern auch der Verrat von getarnten Monarchisten und Weißgardisten. Als die 3. Armee im Dezember 1918 im Gebiet von Perm große Verluste erlitten hatte, entstand die Gefahr, daß sich Alexander Wassiljewitsch Koltschak, der Führer der konterrevolutionären Kräfte in Sibirien, mit Teilen der englischen, amerikanischen und französischen Interventionstruppen verbündete. Deshalb schickte das ZK eine Kommission nach Wjatka, angeführt von Stalin und Dserschinski. Die Kommission hatte die Aufgabe, die Gründe für die Niederlage zu ermitteln und sofort Maßnahmen anzuordnen, damit die drohende Gefahr abgewendet werden konnte.

Die Bevollmächtigten des ZK arbeiteten zügig. Eine Gruppe von Soldaten, die offenkundig verantwortlich war für die Niederlage, wurde dem Kriegsgericht übergeben. Schwache Kommissare und Kommandeure wurden abgelöst. Die politische Arbeit mit den Rotarmisten wurde verstärkt, die Disziplin gestrafft und die Versorgung verbessert. Stalin, der ja von Anfang an den Militärspezialisten mißtraute, löste die ehemaligen Zarenoffiziere, wenn er Verrat bei ihnen vermutete, sofort ab, und er ging gegen sie schroff und mitleidslos vor.

Aufgrund der geschilderten Maßnahmen gelang es der 3. Armee (zusammen mit der 2.) im Januar 1919, durch einen Gegenangriff die Lage zu stabilisieren. In seinem Bericht nach Moskau schreibt Stalin:

»Im rückwärtigen Frontgebiet der Armee wird eine durchgreifende Säuberung der Sowjet- und Parteiinstitutionen durchgeführt. In Wjatka und in den Kreisstädten sind revolutionäre Komitees organisiert worden. Die Bildung starker revolutionärer Organisationen im Dorf hat begonnen und wird fortgesetzt. (...) Die Außerordentliche Kommission des Gouvernements wurde gesäubert und mit neuen Parteifunktionären aufgefüllt.«

Die Urteile Stalins waren wie immer kategorisch. Hier ein Beispiel, wie er den Revolutionären Kriegsrat der 3. Armee beurteilte:

»Der Revolutionäre Kriegsrat der 3. Armee besteht aus zwei Mitgliedern, von denen der eine (Laschewitsch) das Kommando führt; was den anderen (Trifonow) anbetrifft, so ist es einfach nicht gelungen, seine Funktionen oder seine Rolle zu klären: Er überwacht nicht die Versorgung, überwacht nicht die Organe für die politische Erziehung der Armee und tut anscheinend überhaupt nichts. Faktisch gibt es gar keinen Revolutionären Kriegsrat.«

In seinem Bericht nennt Stalin nicht Trotzkis Namen. Er spricht lediglich über die Schwächen »einiger Führer« des Revolutionären Kriegsrats der Republik, die ihre Arbeit auf »allgemeine Anweisungen« beschränkten.

Einige übertriebene Maßnahmen Stalins mußten korrigiert werden. Auf seinen Befehl war zum Beispiel eine große Gruppe von Offizieren und Funktionären dem Kriegsgericht übergeben worden. Auf seiner Sitzung vom 5. Februar 1919 dagegen beschloß das ZK, nachdem seine Mitglieder den Bericht der Bevollmächtigten zur Kenntnis genommen hatten: »Alle durch die Kommission Stalins und Dserschinskis Festgenommenen werden der Verfügung entsprechender Institutionen übergeben.«

Bei seiner Mission in Wjatka lernte Stalin Dserschinski besser kennen und empfand Hochachtung für dessen Fähigkeit, schnelle Entschlüsse zu fassen. Stalin schätzte Entschlußfähigkeit und einen eisernen Willen mehr als alles andere. Ihm selbst mangelte es nie an diesen Qualitäten.

Manchmal offenbarte sich seine Entschlossenheit in kategorischen Forderungen an die Regierung. In einem Brief, den er am 3. Juni 1920 an der Front an Lenin schrieb, verlangte er die sofortige Auflösung der Krimfront. Es sei erforderlich, so Stalin, »entweder einen wirksamen Waffenstillstand mit Wrangel zu erwirken und damit die Möglichkeit zu erhalten, von der Krimfront ein bis zwei Divisionen abzuziehen, oder jegliche Verhandlungen mit Wrangel zu verwerfen, nicht den Moment der Verstärkung Wrangels abzuwarten, ihn jetzt anzugreifen und zu zertrümmern und Kräfte für die polnische Front frei zu machen. Die heutige Lage, die keine klare Antwort auf die Krimfrage gibt, ist unerträglich.«

Als er diesen Brief gelesen hatte, schrieb Lenin an Trotzki: »Das ist reine Utopie. Wird es nicht zu viele Opfer kosten? Wir verlieren eine Menge unserer Soldaten. Wir müßten es zehnmal bedenken und abwägen. Ich schlage vor, Stalin zu antworten: ›Ihr Vorschlag zum Angriff auf die Krim ist so ernst, daß wir uns erst einmal erkundigen und alles äußerst vorsichtig bedenken müssen. Warten Sie auf unsere Antwort. Lenin, Trotzki.‹«

In seinem Antwortschreiben machte Trotzki Lenin darauf aufmerksam, daß Stalin den Dienstweg nicht eingehalten hatte, als er sich direkt an Lenin wandte. Stalin hätte seinen Vorschlag an den Kom-

mandierenden der Südwestfront Alexander Iljitsch Jegorow richten müssen. Lenin erwiderte: »Was Stalin getan hat, war nicht richtig. Es war eine Laune. Aber man muß baldigst eine Entscheidung treffen. Und welche außerordentlichen Maßnahmen?«
Obwohl Lenin versuchte, das Verhältnis zwischen Stalin und Trotzki zu verbessern, blieb es bedenklich gespannt. Der zukünftige Generalsekretär verkraftete nur schwer die wachsende Beliebtheit Trotzkis, er war der Meinung, daß Trotzki diese Popularität nicht verdiene. Er kannte die Telegramme, die Trotzki erhielt. Hier eines davon:

»An den Vorsitzenden des Revolutionären Kriegsrats, Genossen Trotzki. Zum einjährigen Jubiläum der Oktoberrevolution haben die Bewohner des Dorfes Kotschetowsk im Amtsbezirk Sosimowsk, Gouvernement Tambow, beschlossen, ihr Dorf umzubenennen und ihm Ihren Namen zu geben: Dorf Trotzki. Wir bitten um die Erlaubnis, unser Dorf nach dem Namen des uns teuren Führers der Roten Armee nennen zu dürfen.
Der Vorsitzende des Sowjets
S. Netschajew«

Die ersten Ortsumbenennungen in Sowjetrußland hatte es schon vorher gegeben. Das heutige Gatschina und Tschapajewsk trugen bereits den Namen Trotzk.
Im Schriftverkehr zwischen Lenin und Stalin findet man häufig Stellen, die Stalins Verwunderung, seine Überempfindlichkeit und Streitsucht zeigen. So antwortete Stalin auf ein Telegramm Lenins, in dem dieser ihn um Hilfe an der Kaukasusfront ersucht:

»Mir ist unklar, weshalb die Sorge um die Kaukasusfront mir auferlegt wird. Für die Verstärkung der Kaukasusfront sollte ganz und gar der Revolutionäre Kriegsrat der Republik Sorge tragen, dessen Mitglieder nach meiner Kenntnis völlig gesund sind, und nicht Stalin, der ohnehin mit Arbeit überlastet ist.«

Stalin ist unzufrieden und macht Lenin darauf aufmerksam, daß er »ohnehin mit Arbeit überlastet« sei. Lenins Antwort war hart und lakonisch:

»Tragen Sie Sorge für die Beschleunigung des Heranrückens der Verstärkung von der Südwestfront zur Kaukasusfront. Sie müssen überhaupt mit aller Kraft helfen und sich nicht mit Verwaltungskompetenzen aufhalten.
20. Februar 1920
Lenin«

Am 4. August desselben Jahres schlug Lenin Stalin in einem Telegramm vor:

»Für morgen um zehn Uhr ist ein Plenum des ZK festgesetzt. Versuchen Sie, uns bis dahin Ihre Schlußfolgerungen über die Verzögerung Budjonnys und über die Lage an der Front Wrangels zuzusenden und gleichfalls über unsere militärischen Perspektiven an beiden Fronten. Von Ihren Schlußfolgerungen können wichtige politische Entscheidungen abhängen.
Lenin«

Stalin verlor die Courage. Einerseits wollte er keine Verantwortung für eventuelle »wichtige politische Entscheidungen« tragen, und andererseits hat er nie die Gabe der Prognose besessen. Er antwortete: »Der Krieg ist ein Spiel, und alles vorauszusehen ist unmöglich.« Und: »Ich weiß nicht, warum Sie gerade meine Meinung benötigen. (...) deshalb bin ich nicht in der Lage, die von Ihnen geforderten Schlußfolgerungen zu ziehen, und beschränke mich auf nackte Tatsachen, ohne sie zu beleuchten.« Dieser Mensch führte Befehle aus. Und sonst nichts.

Ich erlaube mir, ein wenig abzuschweifen. In den Archiven sind viele an Trotzki adressierte Briefe erhalten geblieben. Besonders häufig hatte ihm Joffe geschrieben, sein langjähriger Anhänger. In einem ausführlichen Brief (mehr als zwanzig Seiten!) bittet Joffe Trotzki um die Protektion für einen einflußreichen Posten, wenn möglich, für den des Volkskommissars für Arbeiter- und Bauern-Inspektion. Joffe schreibt: »Wenn man Stalin im Interesse der Sache seines Amtes als Volkskommissar für Arbeiter- und Bauern-Inspektion entheben könnte, dann würde er auf jedem anderen Posten nützlich sein, denn im Volkskommissariat für ABI arbeitet er nicht. Man sollte Tschitscherin

nicht seines Amtes als Volkskommissar für Äußeres entheben, denn er wäre nirgendwo nützlicher.« Es ist schwer zu verstehen, warum Stalin »auf jedem anderen Posten« nützlich sein könnte: weil er »nicht arbeitet«? Oder hatte Joffe bereits die erst später ausreifenden Fähigkeiten des Volkskommissars erkannt?
Joffe schrieb auch an Lenin, und er bekam folgende Antwort:

»Erstens, Sie irren sich, wenn Sie (nicht nur einmal) behaupten: ›Das ZK, das bin ich.‹ So etwas kann man nur unter schwerer nervlicher Anspannung und Übermüdung schreiben. (...)
Zweitens (...). Wie soll ich es Ihnen nur erklären? Vielleicht damit, daß das Schicksal Sie hin und her geworfen hat. Das habe ich bei vielen Funktionären gesehen. Beispiel – Stalin. Er jedoch würde für sich selbst eintreten. Das Schicksal hat ihn in den letzten dreieinhalb Jahren weder Volkskommissar für ABI noch Volkskommissar für Nationalitätenfragen sein lassen. Das ist ein Faktum. (...)
Ich drücke Ihnen fest die Hand.
Ihr Lenin«

Während des Bürgerkriegs wurde Stalin, wie viele andere, nicht nur einmal als Bevollmächtigter oder Außerordentlicher Bevollmächtigter des ZK an verschiedene Frontabschnitte entsandt. So auch im Frühjahr 1919. Die Lage um Petrograd hatte sich zugespitzt. Der Befehlshaber der weißen Streitkräfte in Nordwestrußland Nikolaj Nikolajewitsch Judenitsch und seine ausländischen Verbündeten wollten die Wiege der Revolution erobern. Mit der Verteidigung Petrograds waren die 7. Armee und die Baltische Flotte beauftragt. Die Truppen der Konterrevolution näherten sich schon den Orten Krasnoje Selo und Gatschina. Der Oberkommandierende der Roten Armee schickte starke Truppenteile von den anderen Fronten nach Petrograd.
Stalin befand sich als Außerordentlicher Bevollmächtigter entweder im Petrograder Rat oder im Armeestab. Wie immer war sein Arbeitsstil diktatorisch. Entfernung derer, mit denen er nicht fertig wurde, Übergabe jener ans Kriegsgericht, die er für schuldig für Versäumnisse und Fehler hielt, die Versorgung in Ordnung bringen, »auffrischen« der Verwaltungsorgane. Im Stab der Westfront wie auch in der 7. Armee wurde eine Verschwörung aufgedeckt; die

Verschwörer wurden erschossen, versteht sich. Entsprechend dem Aufruf »Auf zur Verteidigung Petrograds!« bereiteten sich die Militärführer Remesow, Tomaschewitsch, Posern, Schatow, Peters, der angereiste Stalin und andere Genossen auf die Abwehr der Konterrevolution vor. Für die erfolgreiche Verteidigung Petrograds wurden später sowohl Trotzki als auch Stalin mit dem Orden der Roten Armee geehrt.

Früher wurde es immer so dargestellt: Wo Stalin hinkam, verbesserte sich die Lage. Das war bei weitem nicht der Fall. Wir sollten hinzufügen, daß Stalin immer gemeinsam mit anderen Genossen entsandt wurde und die Anordnungen Lenins und des ZK umsetzte. Seine persönlichen militärischen Verdienste waren mehr als bescheiden. Doch bereits im Jahr 1918 wußte die Parteiführung: Das ist nicht nur ein Mann, der zuverlässig die Aufträge des ZK ausführt, sondern auch ein Spezialist für Strafaktionen und »außerordentliche Maßnahmen«.

Und schon damals neigte Stalin zum Eigenlob. In einem Telegramm aus Petrograd an Lenin schreibt er zum Beispiel:

»Unmittelbar nach Krasnaja Gorka wurde Seraja Loschadj liquidiert. Die Geschütze in ihnen sind in voller Ordnung. Eine eilige Überprüfung aller Forts und Festungen ist im Gange. Die Marinespezialisten versichern, daß die Einnahme von Krasnaja Gorka von der Seeseite her die Marinewissenschaft über den Haufen wirft. Mir bleibt nichts übrig, als die sogenannte Wissenschaft zu bedauern. (...) Ich halte es für meine Pflicht, zu erklären, daß ich auch weiterhin so handeln werde, trotz all meiner Hochachtung vor der Wissenschaft.«

Eine Reihe von Telegrammen von der Front zeugt von der schon damals in Ansätzen existierenden Macht Stalins. Am 15. November 1921 stellte Trotzki Stalin folgende Situation per Telegramm dar: »Es ist unumgänglich, die Frage der transkaukasischen nationalen Brigaden und der Munitionslager zu lösen, und zwar hart und endgültig.« Ferner bemerkte Trotzki, daß es notwendig sei, drei Entscheidungen über das Politbüro dieses Gebiets zu treffen.

Dies ist eines der seltenen Telegramme Trotzkis an Stalin. Sie bemühten sich, einander nicht zu bemerken. Ihre gegenseitige Feindseligkeit entstand schon kurz nach ihrer Bekanntschaft. Stalin empfand Trotzki als Menschewiken. Stalin mißfielen Trotzkis Selbstsicherheit, seine Beredsamkeit, seine Fähigkeit, sich darzustellen und seine Autorität. Stalin war es womöglich ein Dorn im Auge, daß der Vorsitzende des Revolutionären Kriegsrats der Republik in Sonderzügen zu den Fronten gefahren wurde, und das in Begleitung eines und manchmal zweier Panzerzüge und einer Spezialeinheit von in Leder gekleideten jungen Rotarmisten. Stalin provozierte der Komfort, mit dem Trotzki sich umgab. Und tief in seiner Seele beneidete und haßte er den Widerpart.

Als Trotzki verkündete: »Man kann die Armee nicht ohne Repressalien aufbauen; man kann nicht Menschenmassen in den Tod führen, ohne die Todesstrafe im Arsenal zu haben«, verurteilte Stalin diese Haltung nicht. Sie war ganz in seinem Sinn. In kritischen Situationen griff er selbst zu solchen Methoden, und nicht nur er. Am 12. Mai 1920 berichtete ein Mitglied des Revolutionären Kriegsrats der Südwestfront:

»An den Vorsitzenden des Revolutionären Kriegsrats der Republik, Genossen Trotzki.

An der Front der 14. Armee kam es zur schändlichen Flucht einiger Einheiten während der Angriffe der polnischen Armee. Es ist Befehl gegeben worden, jeden zehnten der Deserteure zu erschießen.

Bersin«

Der Bürgerkrieg war grausam. Stalin fackelte nicht lange, wenn er überzeugt war, daß Feinde vor ihm standen. Wie sich der bereits erwähnte Nossowitsch, der ehemalige Chef des Stabes des Nordkaukasischen Militärbezirks (der später zu den Weißen überlief), erinnerte, zögerte Stalin nicht, wenn er davon überzeugt war, daß Feinde vor ihm standen. So wurden in Zarizyn der Ingenieur Alexejew, zwei seiner Söhne und einige ehemalige Offiziere verhaftet und der Mitgliedschaft in konterrevolutionären Organisationen beschuldigt. Das Urteil Stalins war lakonisch: »Erschießen!« Die Gefangenen wurden ohne Gerichtsverfahren an Ort und Stelle hingerichtet. Das alles erzeugte in Stalin keine Skrupel, denn er glaubte fest an die Notwendigkeit und Wirksamkeit solcher Bestrafungsaktionen.

Auf der Sitzung des ZK vom 25. Oktober 1918 wurde auch ein Brief Stalins erörtert, in dem er über die Sabotage der Versorgung der

10. Armee berichtet. Entschlossen forderte Stalin, den Frontkommandierenden und die Kriegsratsmitglieder einem Kriegsgericht zu übergeben. Die Sitzung des ZK, in der Swerdlow den Vorsitz führte, beschloß dagegen, daß niemand vor Gericht zur Verantwortung gezogen werden sollte, sondern daß Awanesow der Auftrag erteilt werde, eine Untersuchung durchzuführen und über deren Ergebnisse dem ZK zu berichten. Stalins Ansinnen wurde zurückgewiesen.

Als Stalin seine Macht und Fähigkeit spürte, Vorgänge von lokaler, aber deswegen nicht geringer Bedeutung zu beeinflussen, begann er in einer Reihe von Fällen seinen Charakter zu offenbaren, der später zu einer der Quellen des Leids werden sollte. Stalin war hart, grob und ungeduldig. Für ihn war es nicht nur wichtig, seinen Standpunkt durchzusetzen, sondern auch, seinen Opponenten zu erniedrigen. Statt geduldig die Argumente abzuwägen, war Stalin unnachgiebig bis hin zur Wut.

Stalin rief sofort die Hilfe und Autorität Moskaus herbei, sobald ihm jemand widersprach. Er forderte Direktiven der Regierung in seinem Sinn und bezweifelte die Glaubwürdigkeit des jeweiligen Widerparts. Fast alle, mit denen Stalin während des Bürgerkriegs in Konflikt geriet – und ihrer waren viele –, mußten später teuer dafür büßen. Wie gesagt, Stalin war nachtragend.

Nachdem Stalin ziemlich lange Mitglied des Revolutionären Kriegsrats der Südwestfront war, knüpfte er einen recht engen Kontakt zu Alexander Iljitsch Jegorow und sprach mit ihm bald eine gemeinsame Sprache. Jegorow wurde später Marschall der Sowjetunion und ein bedeutender Militärführer. Mit Wissen und Billigung Stalins wurde er Opfer der blutigen Säuberung in den dreißiger Jahren. Auf einen Brief Jegorows, in dem dieser Stalin um Gnade bat, reagierte der »Führer« nicht, obwohl Jegorow ihn daran erinnert hatte, daß sie während des Bürgerkriegs »die Suppe aus einem Teller löffelten«.

Viele Jahre zuvor aber hatte es eine Situation gegeben, in der Stalin für Jegorow eingetreten war (ein außerordentlich seltener Fall!). Trotzki hatte in Moskau dessen Ablösung als Frontkommandierender vorgeschlagen, weil ihm Mißerfolge an der Krimfront angelastet wurden. Man fragte Stalin nach seiner Meinung. Seine Antwort überschritt weit den Rahmen des üblichen:

»Moskau, ZK der KPR(B), Genossen Trotzki.
Ich bin entschieden gegen die Ablösung Jegorows. Der Kandidat für den Posten, Uborewitsch, ist noch nicht reif genug für eine solche Position; und schon gar nicht Kork, der als Frontkommandeur wohl kaum in Frage käme. Die Krim haben Jegorow und der Oberkommandierende zusammen verschlafen, denn der Oberkommandierende war in Charkow, und zwei Wochen vor dem Abmarsch Wrangels fuhr er nach Moskau, ohne den Zerfall der Krimarmee zu bemerken. Wenn es nun so unumgänglich ist, jemanden zu bestrafen, dann sollte man beide bestrafen. Ich bin der Meinung, daß wir zur Zeit keinen Besseren als Jegorow finden können. Es wäre nötig, den Oberkommandierenden auszutauschen, der zwischen äußerstem Optimismus und äußerstem Pessimismus schwankt, sich ständig in Widersprüche verwickelt und den Frontkommandierenden mit hineinzieht, ohne irgend etwas Positives geben zu können.
14. Juni 1920, Stalin«

Wahrscheinlich verteidigte Stalin Jegorow nur deshalb, weil der Vorschlag, ihn abzulösen, von Trotzki stammte. Und was die anbelangt, die »die Krim verschlafen haben«, so war Stalin unter ihnen. Schon 1920 fühlte sich Stalin stark genug, dem Oberkommandierenden Sergej S. Kamenew nachzusagen: Er »verwickelt sich in Widersprüche«. Moralische Unzulänglichkeit war schon seit langem zu einem Lebensattribut Stalins geworden. Je mehr sich seine Position verbesserte, um so mehr wurde diese Unzulänglichkeit zu einer gefährlichen und unheilbringenden Eigenschaft. Wenn man die Biographie dieses Mannes betrachtet, fragt man sich: Besaß er so etwas wie eine Vorstellung von Gewissen?
Stalin lernte im Bürgerkrieg nicht nur Jegorow kennen, sondern auch viele andere sowjetische Heerführer, die die Revolution hervorgebracht hatte: Michail Wassiljewitsch Frunse, Michail Nikolajewitsch Tuchatschewski, Jeronin Petrowitsch Uborewitsch, August Iwanowitsch Kork und andere. Nach den ersten großen Erfolgen im Krieg gegen Polen erlitt die Rote Armee im Jahr 1920 eine ernsthafte Niederlage. Fast zwanzig Jahre später beschuldigte Stalin Jegorow, Tuchatschewski und andere Heerführer der »verbrecherischen Verzögerung, verbunden mit verräterischen Absichten«. Es kam ihm nicht einmal in den Sinn, daß auch er als Mitglied des Revolutionären

Kriegsrats die volle Verantwortung sowohl für die Erfolge als auch für die Niederlagen der Armeen trug.
Am 2. August 1920 beschloß das Politbüro des ZK der KPR(B), den Krimabschnitt der Südwestfront zur selbständigen Südfront zu machen. Der Kriegsrat der Front schlug vor, der Westfront die 12., 14. Armee und die 1. Reiterarmee zuzuordnen. Es gelang nicht, diese Operation schnell durchzuführen. Am 13. August berichteten Jegorow und Stalin dem Oberkommandierenden, daß die betreffenden Armeen sich im Kampf im Rayon von Lwow und Rawa Russkaja befänden und daß eine Veränderung der Aufgabenstellung der Armeen unter den gegebenen Umständen unmöglich sei.
Als der Oberkommandierende Kamenew dem Kommandierenden der Südwestfront befahl, die 12. Armee und die 1. Reiterarmee abzugeben, weigerte sich Stalin, die Abtretung dieser Armeen an die Westfront zu unterschreiben. Lediglich das Mitglied des Kriegsrats Jan A. Bersin unterschrieb die Direktive. Während die Diskussionen darüber andauerten, verging viel Zeit, und schließlich war es zu spät.
Der Abzug der 1. Reiterarmee aus Lwow begann erst am 10. August, und sie konnte der Westfront nicht mehr rechtzeitig zu Hilfe kommen. Selbstverständlich liegt die Schuld für diesen strategischen Fehler beim Revolutionären Kriegsrat der Republik, beim Oberkommandierenden und bei den Kommandierenden der Front. Stalin war zwar bereits am 5. August mit der Abtretung von drei Armeen an die Westfront einverstanden, aber er hat im entscheidenden Augenblick die Sache derart verzögert, daß schwerwiegende Folgen entstanden. Stalin selbst hatte den Vorschlag zur Abtretung gemacht, jedoch keinerlei Anstrengungen unternommen, ihn zu realisieren. Er war in gleichem Maße für den Mißerfolg verantwortlich wie Trotzki, Tuchatschewski, Jegorow und andere. Natürlich hat Stalin nicht einmal daran gedacht, dies einzugestehen. In ihm entwickelten sich damals schon Ansätze der »Unfehlbarkeit«.
Es ist charakteristisch, daß später die Militärbiographen, die Stalins »besondere Verdienste« hervorhoben, im Zusammenhang mit den strategischen Verschiebungen an der Süd-, Ost- und Nordwestfront niemals Stalins Rolle im polnisch-sowjetischen Krieg erwähnen. Von einer positiven Seite konnte er sich dort nicht zeigen.
Abstrahiert man von all den furchtbaren und unverzeihlichen Ta-

ten, die Stalin vollbracht hat, und nimmt man Abstand von der Annahme, er sei von Geburt an ein »Bösewicht« gewesen, so kann man bestätigen, daß Stalin während des Bürgerkriegs bestimmte Verdienste erlangt hatte. Aber dies waren wiederum nur die Verdienste eines Beauftragten.

Seit Beginn der Revolution saß Stalin nun in höchsten Parteiorganen, zunächst im Büro des ZK, darauf im Politbüro und im Organisationsbüro. Allmählich und fast unbemerkt festigte sich sein Status, besonders gegen Ende des Bürgerkriegs. Er war zu einem der wichtigsten Mitglieder des führenden Parteikerns geworden.

Eine aufmerksame Analyse von Stalins Tätigkeit zu jener Zeit zeigt, daß er anderen Parteiführern nach wie vor weit unterlegen war. In Fragen der Theorie war er nicht mehr als ein Popularisator. Niemand konnte von ihm sagen, er sei eine »Seele«, ein »guter Mensch«. Positive moralische Eigenschaften waren Stalin nicht gegeben. Aber er hatte etwas anderes, was Sinowjew, Kamenew, Trotzki, Rykow, Tomski, Bucharin und andere Führer der Revolution nicht hatten: Unerwartet für viele, entwickelte Stalin eine enorme Zielstrebigkeit und die Fähigkeit, konkrete Ideen zu verwirklichen. Bei der Durchsetzung der von der Führung gesetzten Ziele hinterließen sein Wille, sein Elan, seine Härte und seine Entschlossenheit einen starken Eindruck auf die, die mit ihm arbeiteten.

Man darf nicht übersehen, daß Stalin sich vor allem in den Jahren des Bürgerkriegs zu einer Führungspersönlichkeit entwickelt hat. Er hatte an der Macht gekostet, verstand ihren inneren Mechanismus und war überzeugt davon, daß Druck, im rechten Augenblick angewendet, die erwünschten Resultate bringe.

Unter den Parteiführern waren auch viele Intellektuelle – »Schriftsteller«, wie Stalin Ende der zwanziger Jahre sarkastisch bemerkte. Stalin hat über dieses Thema niemals öffentlich gesprochen. Vor allem deshalb, weil Lenin ebenfalls »Intellektueller«, »Schriftsteller« und »Emigrant« war. Doch das Genie dieses Menschen war derart groß, daß Stalin, auch nachdem er später die Konzeption des »zweiten Führers«, der immer »mit Lenin« gewesen sei, entworfen hatte, niemals persönliche Ausfälle gegen den wirklichen Führer der Partei und der Revolution zuließ. Wenn Lenin Stalin kritisierte (etwa wegen der Fragen der »Autonomie« und des Außenhandelsmonopols oder im Zusammenhang mit militärischen Dingen), so gab Stalin in der

Regel Lenin sofort recht. Lenin besaß eine unbegrenzte geistige »Macht« über Stalin.

Die »Intellektuellen« in der Parteiführung, die »Leninsche Garde«, haben im entscheidenden Moment nicht erkannt, wer Stalin wirklich war, und sie haben es zugelassen, daß ein Mensch mit diktatorischen Neigungen die Macht in der Partei und im Staat usurpierte. Sie alle hielten sich für Leninisten, doch als es darauf ankam, erwiesen sie sich als unfähig, den Letzten Willen des einzigen Führers unserer Revolution zu erfüllen. Wie und warum ist das geschehen?

Die Warnung des Führers

Konnte Stalin, als Lenin noch lebte, auch nur daran denken, daß gerade er an die Spitze der Partei und des Staats gelangen würde? Konnte damals jemand auch nur ahnen, daß das unentwirrbare Zusammenspiel objektiver und subjektiver Umstände Stalin an die Macht bringen würde? Wohl kaum. Vielmehr hat Stalin, als Lenin noch gesund war, sich nur darum gesorgt, seine hohe Stellung nicht zu verlieren.

Solange Lenin gesund war, stellte sich die Frage nach möglichen Nachfolgern nicht. Als jedoch 1921 die ersten Anzeichen einer Erschöpfung und bald darauf einer Krankheit auftauchten, fing man unweigerlich an, sich zu fragen: Wer ist in Lenins Nähe? »Die ersten Nachrichten über Lenins Krankheit«, so erinnerte sich Natalja Sedowa, Trotzkis Frau, »wurden im Flüsterton weitergegeben. Es war, als habe nie jemand daran gedacht, daß Lenin erkranken könnte; vielen war bekannt, daß er aufmerksam über die Gesundheit der anderen wachte, er selbst aber, schien es, war gegen Krankheiten gefeit. Fast bei allen Revolutionären der älteren Generation ließ das Herz unter der zu großen Belastung nach. ›Die Motoren gehen bei allen unregelmäßig‹, klagten die Ärzte. ›Es gibt nur zwei Herzen, die in Ordnung sind‹, sagte Professor Getje zu Lew Dawidowitsch, ›bei Wladimir Iljitsch und bei Ihnen.‹ «

Nach heutigen Maßstäben war Lenin noch jung. Jedoch hat er, seitdem er im April 1917 nach Rußland zurückgekehrt war, sich keine Ruhepause gegönnt. Sein Arbeitstag war vierzehn bis sechzehn Stunden lang. Als er bereits erkrankt war, habe er, berichten seine Sekretäre, einmal gesagt, daß er nur zweimal »ausgeruht« habe während der ganzen Jahre. Das erstemal, als er sich vor den Spürhunden der Provisorischen Regierung versteckte (wir jedoch wissen, daß er in

dieser Zeit ein großes Werk geschrieben hat: »Staat und Revolution«), das zweitemal »dank« Fanni Kaplans, die auf ihn geschossen hatte.
Als Lenin die nahende Krankheit spürte, wurde ihm klar, daß sich in seiner Abwesenheit die Parteiführung spalten könnte. Vielleicht hat Lenin schon gegen Ende des Jahres 1921 einige besorgte Blicke auf seine Mitarbeiter geworfen. Möglicherweise entstand schon damals die Idee zu einem »Testament«? Im November 1922 ahnte Lenin, daß die Krankheit sich verschlimmern würde. Als er dem Bibliothekar Manutscharjanz Bücher zurückgab, bat er beharrlich, man möge ihm Friedrich Engels' »Politisches Testament (Aus unveröffentlichten Briefen)« geben. Auf den Buchumschlag schrieb er:

»Bitte auf dem Regal liegenlassen,
30. 11. 1922 Lenin«

Weniger als einen Monat später, in der Nacht zum 26. Dezember, kaum vom schweren Anfall erholt, diktierte Lenin Lidija Alexandrowna Fotijewa den dritten Teil des »Briefs an den Parteitag«. Dieser Brief zeugt davon, daß das Genie, das von Sorgen genug heimgesucht wurde, die ganze Zeit an das Kommende dachte. An das, was nach ihm sein würde.

Lenins Kampfgenossen

Rußland stellte eine große revolutionäre Insel im Meer von feindlichen Staaten dar. Innerhalb des Landes wüteten Rebellion und hartnäckiger Widerstand gegen die neue Ordnung. Ganze Bezirke und Kreise weigerten sich, sich der Sowjetmacht unterzuordnen. Niemand hat so gut wie Lenin erkannt, daß die neue Macht auf ein großes Problem gestoßen war und daß von der Lösung dieses Problems das Schicksal des Landes abhing: Die Revolution hatte zwar gewonnen und die Macht der Sowjets errichtet, aber diese Macht konnte den Arbeitern und Bauern nichts geben. Der Kriegskommunismus konnte die Versprechungen wie Recht auf Arbeit, Urlaub, soziale Versorgung und Bildung nicht halten. Seine Perspektiven waren schlecht, und mutige Schritte waren vonnöten. Gehen konnte sie damals nur die Partei. Sie war der geistige und politische Grundstock, um den das Leben pulsierte. Zu Anfang des Jahres 1921 vereinigten mehr als 20000 Grundorganisationen mehr als 730000 Kommunisten. Beinahe ein Drittel von ihnen befand sich in den Reihen der Roten Armee.

Das Zentralkomitee der Partei, mit Lenin an seiner Spitze, wurde zum Hirn des Landes. Zu dieser Zeit zählte es nur wenige Mitglieder. Zum Beispiel wählte der 10. Parteitag im März 1921 ein ZK, das aus 25 Mitgliedern und 15 Kandidaten bestand. Es erweiterte sich nur geringfügig auf dem 11. Parteitag im März/April 1922, dem letzten, den Lenin leitete: 27 Mitglieder und 19 Kandidaten. Zu Lenins Lebzeiten gab es gewöhnlich alle zwei Monate eine Sitzung des ZK. Seinen Kern bildeten Moskauer Genossen, die die größte Verantwortung für die anstehenden Aufgaben trugen: die Behebung der Schwierigkeiten im Zivil- und Militärbauwesen, das Aufrechterhalten von engen Verbindungen zu den nationalen Gliederungen der Partei, die Bestimmung des Kurses gegenüber innerparteilichen Kritikern, die Umsetzung der Neuen Ökonomischen Politik (NÖP) usw. Im übrigen haben einige der Mitglieder dieses nicht institutionalisierten Kerns häufig Neigungen zu der einen oder anderen Gruppierung, »Plattform« oder Fraktion gezeigt. Alles war noch neu. Die Partei war nun an der Macht, und sie begann, das Land zu steuern. Es hing viel ab von den politischen Positionen, von der moralischen Qualität, von der Professionalität der Funktionäre, die den Parteikern bildeten.

Lenin war der einzige, der auf allen Nachkriegsparteitagen – dem 10., 11. und 12. (auf diesem in Abwesenheit) – einstimmig in das ZK gewählt worden war. Sein Einfluß, sein gutes Beispiel, seine Erfahrung, seine Entschlußkraft, seine theoretischen Arbeiten, sein ganzes Verhalten waren einzigartig. Dies zeigte sich besonders deutlich, als er erkrankte.

Stalin legte am 17. April 1923 vor dem 12. Parteitag seinen Organisationsrechenschaftsbericht ab. Darin stellt er fest:

»(...) innerhalb des ZK aber gibt es einen Kern von 10 bis 15 Personen, die sich in Sachen der Führung der politischen und wirtschaftlichen Arbeit unserer Organe dermaßen eingefuchst haben, daß sie Gefahr laufen, sich in eine Art Hohepriester der Führung zu verwandeln. Das ist vielleicht ganz gut, aber es hat auch eine sehr gefährliche Seite:

Diese Genossen, die große Erfahrungen in Fragen der Leitung gesammelt haben, können von Dünkel angesteckt werden, sich abkapseln und sich der Arbeit unter den Massen entfremden. (...) Wenn sie aber neben sich keine neue Generation künftiger Führer haben (...), so haben diese hochqualifizierten Leute alle Chancen, zu verknöchern und sich den Massen zu entfremden.«

So sprach Stalin zu Lenins Lebzeiten. Dieser Abschnitt seiner Rede ist durchzogen von Lenins Idee der ständigen Erneuerung der Parteiführung. Fünfzehn Jahre später sollte Stalin zu vollkommen anderen Schlußfolgerungen gelangen, obwohl er auch in den Jahren 1937 und 1938 nicht selten richtige Dinge äußern würde. Verhalten wird er sich jedoch anders. Aber damals, zu Beginn der zwanziger Jahre, war die Unaufrichtigkeit seiner Worte noch nicht erkennbar.
In seinem Bericht auf dem 12. Parteitag kam er zu dem Schluß:

»Der Kern innerhalb des ZK, der in der Führungsarbeit sehr gewachsen ist, wird alt und braucht Ablösung. Sie kennen den Gesundheitszustand Wladimir Iljitschs. Sie wissen, daß auch die übrigen Mitglieder des Grundkerns des ZK hinreichend verbraucht sind. Aber eine Ablösung haben wir noch nicht, das ist das Schlimme. Parteiführer heranzubilden ist sehr schwer, dazu braucht man Jahre, fünf bis zehn Jahre, mehr als zehn Jahre. Es ist viel leichter, mit Hilfe der Kavallerie des Genossen Budjonny dieses oder jenes Land zu erobern, als zwei, drei Führer von unten herauf heranzubilden, Menschen, die in Zukunft wahre Führer des Landes werden können.«

Man kann mit Stalin übereinstimmen, daß eine ständige Erneuerung der ZK-Besetzung unbedingt notwendig ist. Obwohl die Mitglieder des ZK damals nach unseren Maßstäben noch recht jung waren. Lenin war über fünfzig Jahre alt. Er war der Älteste! Nicht zufällig nannten seine Mitarbeiter ihn untereinander den »Alten«. Die Kerngruppe des ZK bestand aus vierzigjährigen Revolutionären. Und sie haben Lenin nicht geschont. Sie haben ihn geliebt, geachtet, verehrt, aber sie haben ihn nicht geschont.
Trotzki etwa ging regelmäßig auf die Jagd und zum Angeln, er fuhr zur Erholung in die Grünzonen Moskaus, er nahm Urlaub, um seine Arbeiten schreiben zu können. Die Nachricht von Lenins Tod über-

raschte ihn im Sanatorium. Auch Stalin, der sich vor Arbeit nicht scheute und für Organisationsfragen innerhalb des ZK zuständig war, gab sich keine Mühe, Lenin zu entlasten. Das Gegenteil war der Fall. Lenin hatte sich von Anfällen seiner Krankheit noch nicht erholt, als Stalin ihn am 28. Juli 1922 aufforderte, einen Korrespondenten zu empfangen. Lenin mußte absagen.

Anfang der zwanziger Jahre gehörten folgende Personen zum Führungskern der Partei: Bucharin, Dserschinski, Sinowjew, Kalinin, Kamenew, Kujbyschew, Ordschonikidse, Rudsutak, Rykow, Stalin, Swerdlow, Trotzki, Frunse und auch Molotow, Pjatakow, Petrowski, Tomski, Radek, Smilga. Dies waren Menschen von ganz unterschiedlicher Herkunft, Bildung und Persönlichkeit. Fast die Hälfte der Mitarbeiter Lenins hatte Jahre in der Emigration verbracht, hatte an vielzähligen Konferenzen und Kongressen teilgenommen. Stalin fiel aus diesem Rahmen heraus. Die Entwicklung Stalins verlief, wie wir wissen, in eigenen Bahnen. Die Schläue, die Berechnung und das Mißtrauen Stalins waren Ergebnisse einer fragwürdigen »Schule«. Er entdeckte früher als jeder andere aus Lenins Umgebung die Möglichkeiten des Apparats. Die Mehrheit derer, die an Lenins Seite standen, erkannte nicht die Funktion der anonymen Strukturen der Macht. Allmählich formte sich in Stalin ein spezielles Verhältnis zu jedem Mitglied der Parteiführung.

Wie schon geschildert, fühlte sich Stalin verunsichert durch die Rhetorik und das selbstbewußte Auftreten Trotzkis. Aber später verstand er, daß Trotzki auch ein Mensch der Posen, der Phrasen und der schönen Worte war. Als die Zeit des Alltags heranrückte, wurde »der Führer der Roten Armee« zunehmend blaß. Sogar richtige Ideen und Konzepte trug er in herausforderndem Ton vor, und er verlor mehr und mehr von seinen Anhängern. Das wichtigste für ihn war die Losung, die Tribüne, die Gestik und nicht die konzeptionelle Arbeit. Der zukünftige Generalsekretär hat früher als andere die starken und schwachen Seiten dieses Menschen erkannt. Da Stalin sich der Popularität Trotzkis bewußt war, versuchte er zunächst, zwar keine Freundschaft aufzubauen, doch wenigstens ein kameradschaftliches Verhältnis zu Trotzki zu finden.

So erschien Stalin eines Tages ohne Einladung bei Trotzki in Archangelskoje, in der Nähe von Moskau, um diesem zum Geburtstag zu gratulieren. Aber es gelang ihnen nicht, die gegenseitige Entfremdung abzubauen. Ferner ist noch eine Episode bekannt, in der Stalin versuchte, mit Hilfe Lenins sein Verhältnis zu Trotzki zu verbessern, gar in Freundschaft zu verwandeln. Davon zeugt ein Telegramm, welches Lenin am 23. Oktober 1918 an Trotzki schrieb. Darin berichtet er über ein Gespräch zwischen ihm und Stalin über dessen Beurteilung der Lage in Zarizyn und seinen Wunsch, enger und aktiver zusammenzuarbeiten mit dem Revolutionären Kriegsrat der Republik, in dem Trotzki den Vorsitz innehatte. Am Ende des Telegramms an Trotzki schreibt Lenin:

»Nachdem ich Ihnen, Lew Dawidowitsch, über all diese Anfragen Stalins berichtet habe, bitte ich Sie, diese zu überdenken und darauf zu antworten. Erstens: Sind Sie bereit sich mit Stalin persönlich zu beraten? In diesem Falle wäre Stalin bereit, hierherzureisen. Und zweitens: Halten Sie es für möglich, unter den genannten konkreten Umständen die vorigen Meinungsverschiedenheiten zu beseitigen und eine Zusammenarbeit mit Stalin anzustreben, was er, Stalin, wünscht?
Was mich anbelangt, so halte ich es für unbedingt notwendig, alles mögliche dafür zu tun, um eine Zusammenarbeit zwischen Ihnen und Stalin zu ermöglichen.«

Daraus ist nichts geworden, Trotzki versuchte nie, seine Überlegenheit zu verbergen, die er gegenüber Stalin empfand , dessen intellektuelles Niveau nach seiner Meinung weit unter dem seinen lag. Trotzki schrieb über Stalin:

»Bei all seinen großen, neiderfüllten Ambitionen mußte Stalin seine intellektuelle und moralische Minderwertigkeit auf Schritt und Tritt fühlen. Er versuchte offensichtlich, sich mir zu nähern. Erst spät habe ich seine Bemühungen, so etwas wie familiäre Beziehungen zu mir herzustellen, erkannt. Aber er wirkte auf mich durch jene Eigenschaften abstoßend, die später, in der Welle des Niederganges, seine Stärke ausmachten: die Enge der Interessen, den Empirismus, die psychologische Plumpheit und jenen besonderen Zynismus des Kleinstädters, den der Marxismus von vielen Vorurteilen befreit hat, jedoch ohne diese durch eine voll erfaßte und in Psychologie übergegangene Weltanschauung zu ersetzen.«

Stalin hat sich wiederholt in höchsten Tönen über die Rolle Trotzkis in der Revolution und im Bürgerkrieg geäußert, aber das konnte nichts ändern am kühlen Verhältnis Trotzkis zu Stalin.

Einen bemerkenswerten Platz in der Führung besaßen Sinowjew und Kamenew. Sie gingen als eigentümliches »Duo« in die Geschichte ein. Sie hatten ähnliche Auffassungen und haben fast nie gegeneinander polemisiert. Der Führer in diesem Tandem war Sinowjew. In seiner spektakulären politischen Karriere gab es schwindelerregende Höhenflüge und abgrundtiefe Stürze. Nachdem Sinowjew 1901 in die Partei eingetreten war, verbrachte er lange Jahre in der Emigration und schrieb Bücher und Artikel. In den Tagen des Oktoberaufstands beschädigten sowohl Sinowjew als auch Kamenew ihren revolutionären Ruf, als sie sich in der Presse gegen den bewaffneten Aufstand aussprachen. Lenin schrieb: »Die Oktoberepisode Sinowjews und Kamenews war natürlich kein Zufall.«
Der Höhepunkt von Sinowjews politischer Laufbahn war seine beinahe siebenjährige Arbeit als Vorsitzender des Exekutivkomitees der Kommunistischen Internationale (EKKI). Seiner Feder ist eine Vielzahl von Artikeln entsprungen, um deren Veröffentlichung er sich aktiv bemühte. Sie wurden als einzelne Bände, als Broschüren und sogar in Anthologien publiziert.
Viele der guten Eigenschaften Sinowjews sind in der langen Zeit herangereift, die er an Lenins Seite verbrachte – nicht nur in der Emigration, sondern auch während und nach der Revolution. Lunatscharksi geht in seinen »Revolutionären Silhouetten« besonders weit in der Beurteilung der Rolle Sinowjews. Er schreibt, daß Sinowjew eine der Stützen Lenins und einer der »vier bis fünf Menschen« gewesen sei, die das politische Gehirn der Partei darstellten. Alle hätten Sinowjew für »den nächsten Helfer und für die Vertrauensperson Lenins« gehalten.
Sinowjew spielte innerhalb der Partei eine bedeutende Rolle, er war bekannt und strotzte vor vulkanartiger Energie. Häufig jedoch unterlag er seinen Launen. Mal zeigte er sich zügellos optimistisch, mal zeigte er sich mutlos bis zum Zusammenbruch, mal brodelte er über vor Hysterie. Man mußte ihn ständig aufmuntern.
Lange Zeit verhielt er sich herablassend, ja sogar hochmütig Stalin gegenüber. Zu Beginn der zwanziger Jahre machte Sinowjew sich

einige Male lustig über den primitiven Stil in Stalins Artikeln, aber er tat dies nicht bösartig. Laut Sinowjew litten Stalins Artikel und Schriften an Tautologien und Trockenheit. Er selbst beherrschte eine gute Feder; er schrieb einen leichten, aphoristischen Stil.

Als er die Petrograder Parteiorganisation leitete, versuchte Sinowjew seinerzeit, Härte zu zeigen, ja, er griff manchmal sogar zu diktatorischen Gebärden. Als dann aber Judenitsch mit seinen konterrevolutionären Truppen auf die Stadt zumarschierte, geriet er in völlige Verwirrung. Diese Schwäche bemerkte Stalin, als er nach Petrograd gekommen war, ziemlich schnell. Er betrachtete Sinowjew insgeheim als Jammerlappen, der sich durch Prahlerei und Ehrgeiz hervortue. Bis zu Lenins Tod versuchte Stalin, zu Sinowjew und Kamenew eine beinahe freundschaftliche Beziehung zu pflegen. Als Lenin im November 1922 ein vertrauliches Gespräch mit Sinowjew, Kamenew und Stalin führte, hätte ein Beobachter den Eindruck gewinnen können, daß diese »Trojka« fest zusammengefügt, freundschaftlich verbunden und einig sei. Aber jeder aus der »Trojka« war von persönlichen Ambitionen getrieben. Wer konnte ahnen, daß Sinowjew später auf Stalins Initiative dreimal aus der Partei ausgeschlossen werden sollte? Zweimal wurde er wiederaufgenommen, aber beim letzten Ausschluß im Jahr 1934 kündigte sich sein baldiges Ende an. Im übrigen ereilte seinen Partner im »Duo« – Kamenew – das gleiche Schicksal.

Sinowjew war einer der besten Redner der Partei. Nicht zufällig beauftragte ihn das ZK, auf dem 12. und auf dem 13. Parteitag den politischen Rechenschaftsbericht vorzutragen. Sinowjew gehörte zu denen, die die Bildung eines Führungskerns innerhalb der Parteispitze befürworteten. In seiner Rede auf dem 14. Parteitag im Jahr 1925 sagte Sinowjew: »Wladimir Iljitsch erkrankte. (...) Wir waren genötigt, den ersten Parteitag (er meint den 12.; D. W.) ohne ihn durchzuführen. Wir wissen, daß bereits davon die Rede war, einen Kern innerhalb des Zentralkomitees unserer Partei zu bilden, und daß der 12. Parteitag sich stillschweigend darauf einigte, daß dieser Kern, natürlich unter voller Unterstützung des gesamten Zentralkomitees, unsere Partei anführt, bis Lenin wieder aufstehen wird.«

Sinowjew hielt sich lange Zeit (wie Kamenew) für einen der vertrautesten Freunde Stalins. Nachdem man ihn im Jahr 1926 aus dem Politbüro ausgeschlossen hatte, glaubte Sinowjew, es sei nicht für lange Zeit. Am Silvesterabend zum Jahr 1927 begaben sich Sinowjew

und Kamenew mit einer Flasche Cognac und einer Flasche Sekt zur Wohnung Stalins. Sie wohnten nah beieinander, doch für Stalin kamen sie völlig unerwartet. Dennoch – die Versöhnung schien zu gelingen. Man duzte sich, erinnerte sich an die Vergangenheit, an die Freunde, aber über das Problem verlor man kein einziges Wort. Koba empfing die »alten Freunde« mit herzlicher Wärme, bewirtete sie, sprach freundschaftlich mit ihnen, so, als wäre er es gar nicht gewesen, der im gerade zu Ende gehenden Jahr für Kamenews und Sinowjews Ausschluß aus dem Politbüro gesorgt hatte. Das »Duo« verließ beflügelt die Wohnung Stalins. Dieser aber hatte schon längst beschlossen, daß diese Menschen, die soviel über ihn wußten, ihm nicht mehr von Nutzen sein konnten.
Es sollte der Tag kommen, an dem sie noch einmal gemeinsam zu Stalin kommen würden. Genauer: Man sollte sie zu ihm bringen. 1936 waren beide bereits im Gefängnis. Sie hatten dem »Führer« einen Brief geschrieben, und plötzlich reagierte dieser. Als sie in Stalins Arbeitszimmer geführt wurden, trafen sie dort außer dem Generalsekretär Woroschilow und Jaschow an. Stalin erwiderte ihren Gruß nicht und bot ihnen auch keinen Sitzplatz an. Während er auf und ab ging, schlug er Sinowjew und Kamenew eine Abmachung vor: Ihre Schuld sei bereits bewiesen, eine neue Gerichtsverhandlung könnte das Urteil »härter ausfallen lassen«. Aber er erinnere sich ihrer Verdienste. Wenn sie während des bevorstehenden Prozesses alles gestehen würden, besonders die unmittelbare Führung Trotzkis bei ihrer konterrevolutionären Aktivität, so würde er ihr Leben retten beziehungsweise sich darum bemühen, es zu retten, und bald darauf würde er sich dafür einsetzen, daß man sie freiließe. »Entscheiden Sie! So ist es im Interesse der Sache notwendig.« Es entstand ein langes Schweigen. Sinowjew, der Nachgiebigere von beiden, sagte leise: »Gut, wir sind einverstanden.« Er war es gewohnt, auch für Kamenew zu sprechen. Zwei Monate später wurden sie erschossen.
In dem Ort, in dem ich mit meiner Mutter, meiner Schwester und meinem Bruder lebte, erbaute man 1937 eiligst ein Lager. Einige der Gefangenen waren »nicht eskortiert«, das heißt, sie hatten die Erlaubnis, ab und zu die Zone zu verlassen. Zu ihnen gehörte Boris Semjonowitsch, der als Schuhmacher arbeitete. Zwei- oder dreimal war er auch bei uns, um meine und meines Bruders alte Lederstiefel zu flicken. Bevor er 1938 selbst verhaftet wurde, hatte er in den Sicher-

heitsorganen Dienst getan, und zwar in dem Gefängnis, in dem Sinowjew und Kamenew einsaßen. Er begleitete sie zu dem beschriebenen letzten Treffen mit dem »Führer«. Als man schließlich des Nachts kam, um Kamenew und Sinowjew zu töten, verhielten sie sich völlig unterschiedlich. Obwohl beide ein Gnadengesuch (und nicht nur eines!) an Stalin geschickt hatten und ihre Hoffnung darauf setzten, fühlten sie nun, daß das Ende gekommen war. Sie wurden nacheinander erschossen. Kamenew ging schweigend den Korridor entlang und knetete nervös seine Hände. Sinowjew geriet in Panik und wurde hysterisch; man trug ihn fort. Zwischen dem Tod der beiden ehemaligen Mitglieder des Führungskerns lag weniger als eine Stunde. Seinerzeit hatten sie Koba unterstützt wie niemand sonst. Der Lohn für diese Dienste war der Verlust des Lebens.

Ich habe bereits geschildert, daß Stalin Kamenew ziemlich gut aus der Turuchansker Verbannung kannte. Dort hatten sie gemeinsam die Nachricht von der Februarrevolution erhalten. Kamenew wurde im Rat der Volkskommissare Stellvertreter Lenins, und oft leitete er Sitzungen des ZK, des Politbüros oder der Regierung und nicht nur einmal auch Parteitage. Dieser Umstand hatte einen wesentlichen Einfluß auf das Verhältnis Stalins zu Kamenew.

Kamenew und Sinowjew waren bemerkenswerte Redner und Publizisten, aber ihnen fehlte ein fester Standpunkt. In kritischen Momenten oder in Zeiten des Umbruchs konnten sie ohne weiteres ihre Positionen verändern. Sie dachten in solchen Momenten vor allem an ihre persönlichen Ambitionen und an ihr Prestige. In ihrem Kampf gegen Stalin hatten sie von Beginn an keine Chance. Sie scheiterten an dessen Zielstrebigkeit und an ihrer Inkonsequenz. Obwohl Stalin die Schwächen Sinowjews und Kamenews kannte, stützte er sich eine Zeitlang auf sie, besonders auf Kamenew. Dieser führte häufig Aufträge aus, die Lenin ihm gegeben hatte. Es war bekannt, daß Kamenew geschickt Verhandlungen führen konnte und daß er viele heikle Angelegenheiten innerhalb der Partei in Ordnung gebracht hatte. Er war weniger populär als Sinowjew, aber er war gründlicher und intelligenter als dieser. Er hatte eigene Ideen, er war fähig, tiefere theoretische Verallgemeinerungen zu formulieren, er war mutig und entschlußfreudig. Die Worte Lew Borissowitsch Kamenews, die er am 21. Dezember 1925, an Stalins Geburtstag, auf dem 14. Parteitag sprach, sind in die Geschichte eingegangen:

»Wir sind dagegen, eine Theorie der Herrschaft eines einzelnen zu schaffen, wir sind dagegen, einen ›Führer‹ zu schaffen. Wir sind dagegen, daß das Sekretariat, indem es faktisch Organisation und Politik vereint, über dem politischen Organ steht. Wir sind dafür, daß unsere Spitze folgendermaßen organisiert wird: Wir wollen, daß ein echtes, mächtiges Politbüro existiert, welches alle Politiker unserer Partei vereint und dem das Sekretariat untergeordnet ist, das die Beschlüsse des Politbüros technisch ausführt. (...)
Ich persönlich nehme an, daß unser Generalsekretär nicht die Figur ist, die in der Lage wäre, um sich herum einen alten bolschewistischen Stab zu vereinen. (...) Und eben weil ich nicht nur einmal mit dem Genossen Stalin persönlich gesprochen habe und eben weil ich mit einer Gruppe von Genossen Leninisten gesprochen habe, wiederhole ich auf diesem Parteitag: Ich bin zu der Überzeugung gekommen, daß Genosse Stalin nicht die Aufgabe desjenigen erfüllen kann, der den bolschewistischen Stab vereinen und zusammenhalten kann. Diesen Teil meiner Rede begann ich mit den Worten: Wir sind gegen eine Theorie der Herrschaft eines einzelnen, wir sind gegen die Schaffung eines Führers.«

Das waren mutige Worte. Und viel mehr. Kamenews Worte waren wie eine Prophetie. Allein dafür verdient er Hochachtung. Aber warum hat die, wie Kamenew sie damals nannte, »Gruppe von Genossen Leninisten« seine Position nicht unterstützt?
Auch Kamenew selbst hat sich schuldig gemacht. Er schwankte zu sehr in seinem Kampf gegen Stalin. Mal fand man ihn an der Seite Trotzkis, mal rückte er von ihm ab. Seine Aktionen hinterließen den Eindruck (der von der Wahrheit nicht weit entfernt war), daß die Motive seines Verhaltens in hohem Maß mit persönlichen Ambitionen verbunden waren. Kamenew war es nicht vergönnt, die Persönlichkeit zu werden, die es vermocht hätte, Stalin aufzuhalten. Statt zu einer Schwächung Stalins kam es zu einer Stärkung seiner Position: Hat doch Kamenew den Generalsekretär von der Position eines Oppositionellen aus angegriffen.
Das Verhältnis zwischen Trotzki, Sinowjew und Kamenew war schwierig. Ungeachtet der Tatsache, daß Kamenew Trotzkis Schwager war, gab es zwischen ihnen keine vertrauten Verbindungen. Und dies beruhte darauf, daß sowohl Trotzki als auch Sinowjew auf die

Parteiführung spekulierten. Vor allem, als bekannt wurde, daß der Gesundheitszustand Lenins kritisch geworden war. Trotzki hat in seinen »Lehren des Oktober« die Rolle Sinowjews und Kamenews während der Revolution in den häßlichsten Farben gezeichnet. Sinowjew und Kamenew forderten bekanntlich den Ausschluß Trotzkis aus dem Politbüro und aus der Partei. Aber Stalin war noch nicht der Stalin, der er gegen Ende der zwanziger Jahre und in den dreißiger Jahren werden sollte. Auf dem 14. Parteitag beschränkte sich das Zentralkomitee auf die Entlassung Trotzkis von seinem Amt als Volkskommissar für Militärangelegenheiten. Hierzu äußerte sich Stalin wie folgt:

»Wir waren mit Sinowjew und Kamenew nicht einverstanden, da wir wußten, daß die Politik des Absägens große Gefahren für die Partei in sich birgt, daß die Methode des Absägens, des Aderlassens – und sie forderten Blut – gefährlich und ansteckend ist: Heute hat man den einen abgesägt, morgen kommt der andere, übermorgen ein dritter dran, und was bleibt dann in der Partei?«

Diese Worte Stalins nahm der Parteitag mit tosendem Applaus entgegen. Drei bis vier Minuten später, gegen Ende seiner Rede, äußerte sich Stalin über das Verbot der Leningrader Zeitschrift »Bolschewik«:

»Wir sind keine Liberalen. Uns stehen die Interessen der Partei höher als ein formaler Demokratismus. Jawohl, wir haben das Erscheinen eines Fraktionsorgans verboten und werden ähnliche Dinge auch in Zukunft verbieten.«

Diese Worte wurden ebenfalls mit tosendem Applaus quittiert. Den Delegierten gefiel die Härte und Entschlossenheit Stalins.

Werfen wir einige Blicke voraus. Kamenew wurde aus der Parteiführung hinausgeworfen und zum Direktor des Instituts für Weltliteratur ernannt. Als Genrich Gregorijewitsch Jagoda, Spitzenfunktionär des staatlichen Sicherheitsapparats und später selbst Opfer der Prozesse, Anfang der dreißiger Jahre einen seiner regulären Berichte beim Generalsekretär abstattete, unterbrach ihn Stalin mit den Worten: »Achten Sie auf Kamenew. (...) Ich glaube, er hat irgendeine

Verbindung zu Rjutin. Lew Borissowitsch ist nicht einer von denen, die schnell aufgeben. Ich kenne ihn seit mehr als zwanzig Jahren. Er ist ein Feind.«
Und Jagoda achtete auf Kamenew. Im Jahr 1934 wurde er verhaftet. 1935 wurde er verurteilt. Zu fünf Jahren. Im selben Jahr machte man ihm noch einmal den Prozeß, und die Strafe wurde auf zehn Jahre verlängert. Gegen Ende des Jahres 1936 wurde er erschossen.
Kurz darauf fiel Stalin Kamenews schmales Buch »N. G. Tschernyschewski« in die Hände (eines der ersten in der Reihe »Das Leben bemerkenswerter Menschen«). Stalin blätterte lange darin herum. Aufmerksam las er die Überschriften und einzelne Seiten. Er wird sich vielleicht daran erinnert haben, wie Kamenew und er im Februar 1917 zitternd vor Kälte im Waggon von Atschinsk nach Petrograd gesessen und über Plechanow, Martow, Axelrod, über die menschewistische Emigration und über deren Feindschaft zu Lenin gesprochen hatten. Kamenew hatte sich über seine Zukunftspläne ausgelassen, und er war euphorisch gewesen angesichts der Revolution. Stalin legte das Buch auf den Tisch und sagte: »Nichts als Eitelkeit.« Alle Probleme waren für Kamenew nun gelöst. Stalin stand es noch bevor, die seinen zu lösen!

Aber kehren wir zum chronologischen Faden zurück. Stalin hatte sich schnell als guter Administrator hervorgetan. Während er seine Pflichten erfüllte, gelang es ihm, sich aufmerksam und genau vor allem die Mitglieder des Politbüros und andere wichtige Genossen im ZK anzusehen. Er zog den Schluß, daß diejenigen, die er insgeheim als »Literaten« bezeichnete, den größten Einfluß in der Parteiführung besaßen. Allerdings mußte er sich eingestehen, daß sie alle sich auszeichneten durch eine große Intellektualität und eine hohe Bildung. Das rief in Stalin Neid hervor: »Während wir hier die Revolution vorbereiten, haben sie dort gelesen und geschrieben.«
Einmal sprach er darüber beinahe offen. Während der Bestätigung eines Genossen in seinem Amt als ZK-Bevollmächtigter für ein Bezirkskomitee stellte sich heraus, daß der Betreffende kaum lesen und schreiben konnte. Aber Stalin setzte sich trotzdem für ihn ein: »Er ist nie im Ausland gewesen, wo hätte er sich auch bilden sollen?«
Stalin bemerkte schnell, daß Bucharin, Rykow und Tomski sich besonders für wirtschaftliche Fragen interessierten. Sie waren gute

Ökonomen. Doch leider fand sich später, in den dreißiger Jahren und noch Jahrzehnte nach dem Krieg, in den oberen Rängen der Macht kein Platz für Ökonomen. Wo sie hätten sitzen müssen, saßen in der Regel Bürokraten wie Kaganowitsch und Malenkow. Im übrigen wurden bei der bürokratischen Machtausübung auch keine großartigen Ökonomen benötigt. Solche Fachmänner wie etwa Nikolaj Alexejewitsch Wosnessenski waren überflüssig, denn vieles geschah nicht dank, sondern trotz ihrer Ratschläge und der Gesetze der Ökonomie.

Aus dieser »Trojka« (Bucharin, Rykow, Tomski) stach natürlich Nikolaj Iwanowitsch Bucharin hervor. Schon in seinem ersten Buch »Politische Ökonomie des Rentiers. Die Wert- und Profittheorie der österreichischen Schule«, das er kurz vor Ausbruch des Ersten Weltkriegs geschrieben hatte, konnte man ein tiefes Eindringen in die Ursachen wirtschaftlicher Verhältnisse und Wechselbeziehungen feststellen. 1920 erschien der erste Band von »Ökonomik der Transformationsperiode«. In diesem Werk hat Bucharin versucht, den Prozeß des Übergangs von einer kapitalistischen zu einer sozialistischen Produktionsweise zu schildern. In Anspruch genommen von stürmischen Kämpfen innerhalb der Partei und von wechselnden Umständen, gelang es Bucharin nicht, einen zweiten Band zu schreiben. Im ersten Band finden sich auch diese Sätze: »Der Kapitalismus wurde nicht aufgebaut, sondern er hat sich selbst aufgebaut. Wir jedoch bauen den Sozialismus als ein organisiertes System auf. Das wichtigste für uns ist, das Gleichgewicht zwischen allen Elementen des Systems zu finden.«

Stalin, der nur Anfängerkenntnisse in der Ökonomie besaß, beobachtete Bucharin genau. Besondere Schwierigkeiten im Verhältnis zwischen Stalin und Bucharin gab es zunächst jedoch nicht. Bucharin war nachgiebig, weichherzig, ein uneitler Intellektueller ohne persönliche Ambitionen. Man hätte fast glauben können, daß Stalin und Bucharin gute Freunde gewesen seien. Sie wohnten im Kreml dicht nebeneinander. Für Bucharin waren die Kämpfe um die Parteiführung unverständlich, ebenso sah er die Meinungsverschiedenheiten zwischen einzelnen Politbüromitgliedern mit Befremden. Nicht zufällig hat er recht lange versucht, keine feste Position im Kampf zwischen dem »Triumvirat« Stalin, Sinowjew, Kamenew und Trotzki einzunehmen. Trotzki nannte Bucharins Auftritte und Reden später

»seltsam friedensstiftend«. Aber er hatte unrecht: Bucharin schätzte höher als alles andere die Autorität Lenins und die kollektive Meinung des Politbüros.

Gegenüber Alexej Iwanowitsch Rykow verhielt sich Stalin vorsichtig. Nicht nur, weil Rykow nach Lenins Tod dessen Platz als Vorsitzender des Rats der Volkskommissare einnahm. Rykow war ein Mensch von außergewöhnlicher Offenheit und Direktheit. Deshalb gelang es ihm nicht immer, gute Beziehungen zu seinen Kollegen herzustellen. Rykow sagte das, was er dachte, meist freiheraus, und er schrieb auch so. Rykow war als Volkskommissar für Inneres in die erste sowjetische Regierung eingetreten. Aber schon wenige Tage nach seiner Ernennung gab er sein Amt zurück, weil die Regierung nur von Bolschewiki gestellt wurde und nicht auf einer Koalition beruhte, wie er es gefordert hatte. Stalin lachte und sagte: »So war er schon immer.« Rykow unterstützte die NÖP gegen Versuche, wirtschaftliche Probleme durch Kommandomethoden zu lösen. Mit seinem Namen sind der erste Fünfjahresplan und andere Anfänge des sozialistischen Staats verbunden. Und Rykow versuchte später, Stalin und seine Mitarbeiter von der Notwendigkeit zu überzeugen, daß der Sozialismus die Ware-Geld-Beziehung beachten müsse und daß die wirtschaftliche Selbständigkeit der Produzenten nicht beschränkt werden solle. Aber dieser »Dialog« fand in verschiedenen Sprachen statt.

Als Stalin gegen Ende der zwanziger Jahre bereits erheblich an politischem Gewicht gewonnen hatte, ließ er sich einmal über die Direktiven zur Kollektivierung der Landwirtschaft aus. Rykow entgegnete ihm: »Ihre Politik riecht nicht einmal nach Ökonomie!« Der Generalsekretär blieb unberührt, doch den Vorwurf hat er nicht vergessen.

Stalin vergaß ohnehin nie etwas. Sein kaltes, computerartiges Gedächtnis speicherte unauslöschlich Tausende von Namen, Fakten und Ereignissen. So vergaß er nie, daß Lenin Rykow geschätzt hatte. In seinen Werken wird der Name Rykows nicht viel seltener als der Stalins erwähnt. Als Vorsitzender des Rats der Volkskommissare der UdSSR führte Rykow seit 1926 den Rat für Arbeit und Verteidigung sowie das Wissenschaftskomitee. Stalin hat auch den Auftritt Rykows auf dem Plenum des Moskauer Sowjets im März 1922 nicht vergessen. Damals erklärte dieser, daß es untragbar sei, erneut zu den

Methoden des »Kriegskommunismus« überzugehen, kritisierte diejenigen scharf, die die NÖP angegriffen hatten, und nannte diese Attacken »außergewöhnlich schädlich und gefährlich«. Er verlangte, die Gewaltanwendung in den Dörfern zu beenden, es war nach seinen Worten notwendig, die »revolutionäre Gesetzlichkeit« zu wahren. Einige Jahre später nahm Rykow ein letztes Mal in seinem Leben an einer ZK-Sitzung teil, als er sich gegen ungeheuerliche Vorwürfe verteidigen mußte: Spionage, Diversion und Terror.

Bucharin und Rykow sorgten sich besonders um das Schicksal der russischen Bauern. Trotzki – und Stalin war hier innerlich mit ihm einverstanden – bemerkte damals zur Bauernschaft: »Das ist Material für revolutionäre Umgestaltungen.« Bucharin und Rykow waren außerordentlich beliebt beim Volk. Sie bewegten sich ohne Leibwächter, waren zugänglich und teilnahmsvoll. Einfache Leute schätzen solche Qualitäten bei Führungspersönlichkeiten besonders. Die Bescheidenheit und Zugänglichkeit Bucharins und Rykows nannte Stalin »mit dem Volk kokettieren«. Sogar natürliche Verhaltensweisen von Menschen waren ihm verdächtig.

Ebenfalls von Mißtrauen geprägt war Stalins Verhältnis zu Michail Pawlowitsch Tomski. Tomski, der schon an der Revolution von 1905 teilgenommen hatte, konnte für seine Standpunkte kämpfen. Er war ein bekannter Gewerkschaftsfunktionär. Stalin duldete lange diesen »Freund Rykows«. Doch schließlich brachte er Kaganowitsch und Schwernik ins Präsidium des Zentralrats der Gewerkschaften, dem Tomski vorsaß. Stalins Getreue verdrängten den Vorsitzenden schließlich aus dem Präsidium.

Tomski nahm sich am 22. August 1936 in seiner Datscha in Bolschewo das Leben. Stalin kommentierte das mit den Worten: »Sein Selbstmord ist die Bestätigung für seine Schuld vor der Partei.« Wir wissen heute, daß genau das Gegenteil der Fall war. Tomskis Selbsttötung war die äußerste Form des Protests gegen die Alleinherrschaft des »Führers«.

Einen beachtenswerten Platz im Parteikern nahm auch Felix Edmundowitsch Dserschinski ein. Bucharin nannte ihn einen »proletarischen Jakobiner«. Dserschinski war eines der ältesten Parteimitglieder, und er hatte die Sozialdemokratische Partei Polens und Litauens mitbegründet. Karl Radek beurteilte später die Rolle Dserschinskis folgendermaßen:

»Unsere Feinde haben eine ganze Legende über die alles sehenden Augen des ZK, über die alles hörenden Ohren des ZK, über den allgegenwärtigen Dserschinski geschaffen. Sie stellten das ZK dar als riesige Armee, die das ganze Land erfaßt hatte und ihre Fühler in jedes einzelne seiner Häuser ausgestreckt hatte. Sie haben nicht verstanden, worin die Kraft Dserschinskis bestand? Sie bestand darin, worin auch die Kraft der bolschewistischen Partei bestand: im völligen Vertrauen der Arbeitermassen und der Dorfarmut.«

Stalin hatte kein schlechtes Verhältnis zu Dserschinski, besonders nach einigen gemeinsamen Fahrten zur Front während des Bürgerkriegs. Aber Stalin war neidisch auf die Wertschätzung, die Dserschinski durch Radek erfahren hatte. Bald nach dem frühen Tod Dserschinskis im Jahr 1926 sagte Stalin: »Er verbrannte an der übermäßigen Arbeit zum Nutzen des Proletariats.«
Michail Wassiljewitsch Frunse war äußerlich nicht auffällig, aber er erfreute sich höchster Anerkennung. Stalin, der lange Jahre in Gefängnis und Verbannung verbringen mußte, empfand Hochachtung für »Arsenius« – so nannten Frunse auch nach der Revolution die alten Genossen. Alle wußten, daß Frunse im Jahr 1907 zweimal zum Tod verurteilt worden war, daß er lange Wochen in der Todeszelle verbracht hatte und später einige Jahre Zwangsarbeit leisten mußte. Kaum jemand aber hat damals gewußt, welche große Arbeit er an der Ost-, Süd- und Turkestanfront geleistet hatte. Sie hatte schließlich zum Sieg geführt. Stalin bewunderte Frunse wegen seiner ruhigen Führungsart. Dieser proletarische Heerführer hatte immer wieder politische und militärische Willenskraft bewiesen. Frunse wurde 1925 Vorsitzender des Revolutionären Kriegsrats und Volkskommissar für Heeres- und Marineangelegenheiten, und schon bald verblüffte er seine Umgebung durch sein tiefes Verständnis der Probleme und durch seine Kreativität bei ihrer Lösung.
Frunse litt an einem Magenleiden und zog konservative Heilmethoden vor. Zeitweilig verbesserte sich sein Zustand. Aber dann entschieden die Ärzte, daß eine Operation unumgänglich sei. Einer Reihe von Veröffentlichungen zufolge sind Stalin und der Kandidat des ZK Anastas Iwanowitsch Mikojan zu Frunse ins Krankenhaus gefahren. Sie hätten dort mit Professor Rosanow gesprochen und auf einer Operation bestanden. Kurze Zeit vor dem Eingriff schrieb Frun-

se an seine Frau: »Ich fühle mich jetzt absolut gesund, und es erscheint mir lächerlich, an eine Operation auch nur zu denken, geschweige denn, mich operieren zu lassen. Aber beide Konsilien bestehen darauf.«

Es ist schwierig, all die Mutmaßungen über Frunses Tod zu beurteilen. Hatte das Schicksal seine Hand im Spiel, oder war es etwa eine Hand aus Fleisch und Blut? Als Frunse die Operation nicht überlebt hatte, konstatierten viele Ärzte, daß der an ihm vorgenommene Eingriff recht einfach gewesen und daß er nicht unumgänglich gewesen sei. Auf Frunses Beisetzung sagte Stalin: »Vielleicht muß es so sein, daß die alten Genossen so leicht und so einfach ins Grab sinken. Leider aber rücken unsere jungen Genossen nicht so leicht und bei weitem nicht so einfach nach, um die alten abzulösen.«

Einige sahen in diesen Worten einen verborgenen, nur Stalin bekannten Sinn. Mutmaßungen sind zwecklos. Eines ist klar: Hätte dieser heimtückische Tod Frunse nicht heimgesucht, so hätte dieses Naturtalent auf der politischen Bühne eine herausragende Rolle spielen können. Stalin hatte dies schon früh erkannt. Und ihm war das gute Verhältnis Lenins zu Frunse nicht entgangen. Alles, was Frunse getan hatte, trug den Stempel seines außergewöhnlichen, originellen Verstandes.

Ein großartiger Organisator im ZK war Jakob Michajlowitsch Swerdlow. Lunatscharski schrieb, Swerdlow habe keinerlei persönlichen Ehrgeiz. Er gab ein Vorbild als selbstloser Politiker. Lunatscharski: »Er besaß für alles orthodoxe Ideen, er war nur ein Spiegelbild des allgemeinen Willens und der allgemeinen Linie. Persönlich erteilte er niemals Befehle, er gab nur die weiter, die er mal vom ZK, mal von Lenin erhielt.« Seine Reden, so erinnerte sich Lunatscharski, ähnelten den Leitartikeln der Parteizeitungen. Aber er beherrschte etwas, worin sich nicht viele mit ihm vergleichen konnten: Er kannte die kleinsten Nuancen der Lage innerhalb der Partei, und er besaß ausgezeichnete organisatorische Fähigkeiten. Man kann sagen, daß Swerdlow die Funktion eines Generalsekretärs der Partei ausgefüllt hatte, bevor dieses Amt geschaffen wurde. Stalin gefiel es, wie Swerdlow die Sitzungen des ZK leitete – effektiv und ohne viel Worte.

Stalin erinnerte sich gewiß an eine ZK-Sitzung, die im dramatischen März 1918 stattgefunden hatte: Auf der Tagesordnung stand eine Reihe von lebenswichtigen Fragen. Im Land herrschten Bürgerkrieg und Aufruhr. Swerdlow nahm sein schwarzes, in Wachstuch eingebundenes Heft, um darin das Sitzungsprotokoll zu führen. Er schaute die Anwesenden – Lenin, Sinowjew, Sergejew, Sokolnikow, Dserschinski, Wladimirski und Stalin – an und bat mit ruhiger Stimme, man solle doch zum Thema sprechen. Nach dem plötzlichen Tod Swerdlows gab Lenin ihm die höchste Note: Solche Menschen könne man nicht ersetzen, es sei denn durch eine Gruppe von Funktionären. Robinsons existierten nur in Romanen. Die einen oder anderen Merkmale formen sich beim Menschen durch den Einfluß seiner Umgebung, im Kreis von Gleichgesinnten und von Gegnern. Stalin hätte, als er in die Gruppe um Lenin vorgestoßen war, sich einiges Wertvolle aneignen müssen; der Umgang mit Lenin und seinen Mitarbeitern hätte ihm viel geben müssen. Jedoch können sich bei weitem nicht alle einmal erworbenen Eigenschaften eines reifen Menschen ändern. Vieles, was sich in Stalin in den frühesten Jahren festgesetzt hatte – die Verschlossenheit, die kalte Berechnung, die Grausamkeit, das Mißtrauen und die Gefühlsarmut –, wurde mit der Zeit nicht schwächer, sondern steigerte sich noch.

Als Stalin sich davon überzeugt hatte, daß Lenin ernsthaft krank war, begann er nach und nach sein großes »Spiel« aufzuziehen. Er hatte nun das Ziel, seine Position in der Parteiführung auszubauen. Ganz zu Anfang versuchte er sich selbst zu beweisen, daß das im Interesse der »Verteidigung des Leninismus« geschehe. Und später hielt er alles, was er tat, für moralisch gerechtfertigt, »im Namen des Aufbaus des Sozialismus in einem Lande«.

Ich glaube, daß viele derer, die Lenin umgaben, Stalin lange Zeit nicht durchschauten. Für einige war er einfach ein Funktionär, für andere kein schlechter Vertreter nationaler Gliederungen der Partei, für wiederum andere war er einfach mittelmäßig. Mittelmäßigkeit ist in vielen Führungskreisen, gleich, in welchem sozialen System, häufig anzutreffen.

Die Mitkämpfer Lenins haben Stalin nicht entlarvt. Dafür hat er sie alle »entlarvt«. Sogar die vertrautesten Mitarbeiter Lenins: Sinowjew, Kamenew, Bucharin, Rykow, Tomski, Rudsutak und viele andere, die sich nach seinem Willen als »Volksfeinde« erwiesen. Er war es, der bemerkte, daß die Rote Armee während des Bürgerkriegs beinahe ausschließlich von »Feinden« geführt worden war: Trotzki, Blücher, Jegorow, Tuchatschewski, Uborewitsch, Dybenko, Antonow-Owsejenko, Smilga, Muralow und Hunderte, sogar Tausende von weiteren »Verrätern«. Lenin wäre nie darauf gekommen, aber Stalin entdeckte scharfsinnig, daß auch die »Industriekommandeure« fast geschlossen »Schädlinge« waren: Pjatakow, Selenski, Serebrjakow, Lifschitz, Grinko, Lebed, Semjonow und Tausende anderer. Und ferner konnte nur Stalin erkennen, daß sich in der Führung der sowjetischen Diplomatie fast nur Spione tummelten: Krestinski, Rakowski, Sokolnikow, Karachan, Bogomolow, Raskolnikow ... Und wie viele aus praktisch allen Lebenssphären des Volkes hat Stalin »entlarvt«?! Vermochte schlichte »Mittelmäßigkeit« so etwas zu vollbringen? Hier hat Trotzki sich getäuscht.

Robespierre sagte am 5. Februar 1794 im Konvent: »Das erste Gesetz unserer Politik muß die Führung des Volkes mit Hilfe der Vernunft und die Beherrschung der Feinde mit Hilfe von Terror sein.« Wie dualistisch und antiquiert war doch diese Methode! Stalin regierte sowohl die einen als auch die anderen mit ein und derselben Methode – mit der Methode der Gewalt. Ich glaube, daß niemand aus Lenins Umgebung auch nur im schlimmsten Alptraum auf die Idee hätte kommen können, daß mitten unter ihnen ein solches Monster heranreifte. Nicht irgendwo, sondern im Zentrum der Parteiführung. Wie gesagt, Trotzki hat sich geirrt bei seiner Beurteilung, Stalin sei »von herausragender Mittelmäßigkeit«. Es genügt ein Argument, um dies zu widerlegen: Die Mittelmäßigkeit pflegt keine offenen Feinde zu haben. Stalin besaß mehr als genug davon. Stalin erwies sich als ein außerordentlich gerissener und hinterlistiger Politiker, dem es gelang, sich selbst zum einzigen Interpreten und Bewahrer des Leninismus zu erklären. Es ist ihm gelungen, Lenins Umgebung für die Konzentration aller Macht in seinen Händen zu benutzen.

Der Generalsekretär

Der 11. Parteitag im März/April 1922 war der letzte, an dem Lenin teilnahm. Auf diesem Parteitag berichtete Molotow über die organisatorische Arbeit des ZK. Nachdem er das Parteileben charakterisiert hatte, erläuterte er, wie überlastet einige Abteilungen des Zentralkomitees seien: Innerhalb »eines Jahres sind 22500 Parteifunktionäre beim ZK gewesen, das heißt, etwa 60 Genossen pro Tag«. Molotow

stellte den Antrag, die »Versetzung« der Kader zu vereinfachen. Er erklärte außerdem, daß die Zahl der ZK-Sitzungen sich vergrößert und die zu erörternden Fragen und Probleme beinahe um fünfzig Prozent zugenommen hätten. Auch die Zahl der Konferenzen und anderer Versammlungen der Partei sei gewachsen. Einige andere Redner äußerten ihre Unzufriedenheit mit der Arbeit des Zentralorgans. Ossinski zum Beispiel warf dem Politbüro vor, es habe sich allzu häufig mit Kleinigkeiten befaßt. Die Delegierten billigten die Gründung von drei Büros innerhalb des ZK: Politbüro, Orgbüro (Organisationsbüro) und Ökonombüro (Ökonomisches Büro), um die Führung der Partei und des Landes zu verbessern.
Bei der Durchsicht der Stenogramme der ersten Parteitage nach der Oktoberrevolution kann man in Begeisterung geraten. Man ist überwältigt von der Offenheit, der echten Glasnost. Kritik war so natürlich wie die Luft zum Atmen. Es gab keine Lobeshymnen, keine Unterwürfigkeit und keine Schmeicheleien. Niemand wollte Einheit um der Einheit willen. Es gab Führer, aber es gab keinen Kult um sie. Zum Beispiel wurde der Bericht Lenins auf dem 11. Parteitag von vielen Delegierten kritisiert.
David B. Rjasanow hat unter allgemeinem Gelächter der Delegierten die Tätigkeit des ZK so beschrieben:

»Unser ZK ist eine ganz besondere Einrichtung. Man sagt, daß das englische Parlament alles vermag: Nur eines vermag es nicht – einen Mann in eine Frau zu verwandeln. Unser ZK ist um einiges stärker: Es hat nicht nur einen sehr revolutionären Mann in ein Waschweib verwandelt, und die Anzahl solcher Waschweiber steigt unglaublich an. (...) Solange die Partei und ihre Mitglieder nicht gemeinsam die notwendigen Maßnahmen ergreifen, die doch in ihrem Namen durchgeführt werden, solange diese Maßnahmen wie Schnee auf die Köpfe der Parteimitglieder herabrieseln, so lange wird es bei uns so etwas geben, was der Genosse Lenin ›panische Stimmung‹ nannte.«

Die offene Beurteilung und Erörterung aller Fragen, die das Parteileben betrafen, waren Norm. Doch muß hier erwähnt werden, daß all diese Kritik in den dreißiger Jahren als »parteischädlich« verdammt werden wird. Bereits ein Jahrzehnt später wurde einmütig und begeistert ja gesagt.

Schon im Jahr 1920 hatte die Praxis der ZK-Arbeit gezeigt, daß jemand eingesetzt werden mußte, um die Sekretariatsarbeit zu organisieren. Das ZK traf nach der Erörterung dieser Frage am 5. April 1920 folgende Entscheidung:
Als Sekretäre seien die Genossen Krestinski, Preobraschenski und Serebrjakow zu wählen. Die Frage der Benennung eines verantwortlichen Sekretärs solle noch nicht entschieden werden. Die Sekretäre seien beauftragt, dazu dem ZK einen Vorschlag zu unterbreiten, sobald sie erste Erfahrungen gesammelt hätten. In das Organisationsbüro seien außer den drei Sekretären noch die Genossen Rykow und Stalin aufzunehmen.
Das aufmerksame Studium der ZK-Protokolle, die häufig auf einzelnen, linierten Schulheftseiten geführt wurden, zeigt, daß die Sekretariatsarbeit schon oft Gegenstand der Diskussion gewesen war. Aber nun war die Rede von einer Statuserhöhung, von einem Generalsekretär. Wer hat diesen Vorschlag unterbreitet? Woraus ist er hervorgegangen? Nach den vorliegenden Quellen stammt der Vorschlag von Kamenew und Stalin. Zweifellos wußte auch Lenin von dieser Neuerung.
Das Plenum des vom 11. Parteitag gewählten ZK, das am 3. April 1922 zusammentrat, wählte ein Politbüro, ein Orgbüro und ein Sekretariat. Auf diesem Plenum wurde außerdem beschlossen, das Amt des Generalsekretärs des ZK der KPR(B) einzuführen. An diesem Tag wurde als erster Generalsekretär J. W. Stalin gewählt. So hatte Stalin gleich drei hohe Parteiposten erlangt: Er war Mitglied des Politbüros und des Orgbüros, und er war Generalsekretär. Außerdem wurden die Kandidaten des Politbüros Molotow und Kujbyschew zu Sekretären gewählt.
Heute fragt man sich: Warum gerade Stalin? Wer hat Stalin vorgeschlagen? Welchen Anteil hatte Lenin daran? Bedeutete die Wahl Stalins zum Generalsekretär, daß ihm besondere Vollmachten übergeben wurden? Um diese und ähnliche Fragen beantworten zu können, ist es notwendig, die Geschichte der Partei nach Lenins Tod zu analysieren, und die Antworten werden die Genesis des späteren Elends erklären. Kehren wir zu den nüchternen Tatsachen zurück.
Auf dem Plenum waren folgende ZK-Mitglieder versammelt: Lenin, Trotzki, Kamenew, Stalin, Dserschinski, Petrowski, Kalinin, Woroschilow, Ordschonikidse, Jaroslawski, Tomski, Rykow, Andrejew,

Smirnow, Frunse, Tschubar, Kujbyschew, Sokolnikow, Molotow, Korotkow. Außerdem anwesend waren die Kandidaten des ZK Kirow, Kisseljow, Kriwow, Pjatakow, Manuilski, Lebed, Sulimow, Bubnow, Badajew sowie das Mitglied der ZKK Soltz. Es wurden Anträge erörtert und einige Beschlüsse gefaßt. Einer lautete: »Eine einstimmige Übereinkunft ist dahin gehend zu treffen, daß das ZK keinen Vorsitzenden hat. Einzig verantwortliche Personen für das ZK sind die Sekretäre; der Vorsitzende wird auf jeder Sitzung neu gewählt.«

Es wurde auch über die Frage gesprochen, warum auf der schriftlichen Liste der vom Parteitag gewählten ZK-Mitglieder die Namen Stalins, Molotows und Kujbyschews mit der Bemerkung versehen seien, sie sollten als Sekretäre gewählt werden. Kamenew erklärte, daß er während der Wahlen mit Zustimmung des Parteitags mitgeteilt habe, daß die Nennung verschiedener Namen im Zusammenhang mit der Besetzung von Sekretariatsfunktionen keineswegs das Plenum des ZK drängen, sondern lediglich als Wunsch eines größeren Teils der Delegierten verstanden werden sollte. Dieser »Wunsch« ging auf Kamenew, Sinowjew und, nicht offiziell, auf Stalin zurück. Obwohl der Parteitag eigentlich nur die ZK-Mitglieder zu nominieren hatte, hatte Kamenew doch einiges dafür getan, die Wahl der zukünftigen Sekretäre sicherzustellen. Kamenew wußte, daß die Frage nach einem Generalsekretär zur Debatte stand, und er hatte die Absicht, bestimmte Personen ins Sekretariat zu bringen. Einfacher gesagt: Kamenew wollte einen »eigenen Mann« als Leiter des ZK-Apparats sehen. Damals war das Verhältnis zwischen ihm und Stalin gut. Der zukünftige Generalsekretär hatte nicht nur einmal den besonderen Status Kamenews als früheren Stellvertreter Lenins im Rat der Volkskommissare unterstrichen. Damals genoß er innerhalb der Parteihierarchie ein höheres Ansehen als irgend jemand sonst außer Lenin. Viele Indizien sprechen dafür, daß Kamenew darauf erpicht war, auf den neu einzuführenden Posten Stalin zu setzen, und das mit Wissen und Zustimmung des letzteren. Stalin gefiel die Arbeit im Apparat, und er hatte früher als andere die Möglichkeiten erkannt, die diese Arbeit eröffnete.

Dem Protokoll des ZK-Plenums ist zu entnehmen: »Die Ämter des Generalsekretärs und zweier Sekretäre. Als Generalsekretär ist der Genosse Stalin zu benennen, als Sekretäre die Genossen Molotow und Kujbyschew.« Es gab keine Einwände.

Im Protokoll weiter unten hat Lenin eigenhändig vermerkt:

»Folgender Vorschlag Lenins ist anzunehmen: Das Zentralkomitee trägt dem Sekretariat auf, eine strenge Einteilung der offiziellen Sprechzeiten vorzunehmen, diese zu veröffentlichen und sich als Regel zu vergegenwärtigen, daß keinerlei andere Arbeit als tatsächliche Führungsarbeit den Sekretären persönlich auf sich zu nehmen gestattet ist. Andere Arbeiten sind vom Sekretär auf seine Helfer und seine technischen Sekretäre zu übertragen. Dem Genossen Stalin wird aufgetragen, bald Vertreter und Helfer zu benennen, welche ihm die Arbeit (mit Ausnahme der Führung) in den sowjetischen Einrichtungen abnehmen werden. Das ZK hat dem Orgbüro und dem Politbüro innerhalb von zwei Wochen eine Auflistung der Mitglieder und Kandidaten des Kollegiums und ihrer Stellvertreter für die Arbeiter- und Bauern-Inspektion [ABI] zu übergeben mit dem Ziel, den Genossen Stalin innerhalb eines Monats von der Arbeit in der ABI völlig zu befreien.«

Am folgenden Tag, dem 4. April, wurde in der »Prawda« mitgeteilt:

»Zur Kenntnisnahme der Organisation und der Mitglieder der KPR. Das Zentralkomitee des 11. Parteitags hat das Sekretariat des ZK der KPR bestätigt: die Genossen Stalin (Generalsekretär), Molotow und Kujbyschew. Vom Sekretariat des ZK werden folgende Empfangszeiten im ZK beschlossen: täglich von 12.00–15.00 Uhr montags – Molotow und Kujbyschew; dienstags – Stalin und Molotow; mittwochs – Kujbyschew und Molotow; donnerstags – Kujbyschew; freitags – Stalin und Molotow; samstags – Stalin und Kujbyschew. Adresse des Zentralkomitees: Wosdwischenka Nr. 5.
Sekretär des ZK der KPR Stalin«

Auf dem ZK-Plenum am 3. April wurde auch ein siebenköpfiges Politbüro gewählt: Lenin, Trotzki, Stalin, Kamenew, Sinowjew, Tomski, Rykow; dazu kamen drei Kandidaten: Molotow, Kalinin und Bucharin. Man bildete auch das Orgbüro.
Lenin sprach auf dem 11. Parteitag auch über die dringende Notwendigkeit, die Arbeit des ZK und des Politbüros zu verbessern, wobei er der Organisationsarbeit besondere Aufmerksamkeit schenk-

te. Zudem machte Lenin noch eine Reihe anderer wichtiger Bemerkungen, die leider weder damals noch später unter Stalin berücksichtigt wurden. Eine von ihnen betraf die Führungskultur. Lenin stellte fest, daß diese bei vielen verantwortlichen Funktionären miserabel sei. Einer der methodologischen Pfeiler der Führungsarbeit sei, das Hauptglied einer Problemkette zu erkennen und herauszustellen. Zur Zeit scheine die Frage nach der Auswahl der richtigen Persönlichkeiten dieses wesentliche Glied in der Kette zu sein.

Die Einführung des neuen Amts veränderte die Arbeit des Sekretariats des ZK. Jedoch muß man unterstreichen, daß das Amt des Generalsekretärs nicht als Schlüsselposition mit großer Macht angesehen wurde. Wenn es so gewesen wäre, dann hätte man Lenin in diese Position gewählt.

Zu der Zeit, als Stalin Generalsekretär wurde, kämpften die Ärzte um Lenins Gesundheit. Im April 1922 kamen sie zu dem Schluß, daß eine längere Ruhepause unbedingt notwendig sei und daß Lenin Bergluft atmen müsse. Dazu solle er in den Kaukasus reisen. Lenin erklärte sich einverstanden und schrieb einige Briefe an Joseph Unschlicht und Ordschonikidse, die zu jener Zeit im Kaukasus arbeiteten. Hier einer dieser Briefe, er stammt vom 9. April 1922:

»Genosse Sergo!

Die Bitte Kamos betreffend und damit verbunden muß ich noch hinzufügen, daß ich mich *allein* niederlassen muß. So ist das Leben eines Kranken. Eine Unterredung zu dritt scheint mir sogar unerträglich. (Einmal waren Kamenew und Stalin bei mir: Es kam zu einer *Verschlechterung!*) Entweder getrennte Häuschen oder solch ein großes Haus, in dem es möglich wäre, absolute Ruhe für die einzelnen zu gewährleisten. Das sollten Sie beachten. Besuche sollten möglichst ausbleiben. (...)

Ihr Lenin«

Aber leider mußte die Ruhepause verschoben werden. Lenin setzte seine Arbeit fort. Er wollte die Arbeit des ZK-Apparats in Ordnung bringen.

Das Politbüro tagte auf Lenins Vorschlag einmal pro Woche, aber die anfallende Arbeit mußte täglich erledigt werden. Das Sekretariat bereitete Materialien für die Politbürositzungen vor, leitete die Politbürobeschlüsse an seine Beauftragten weiter und führte Weisungen des Politbüros aus. Das Sekretariat hatte sich nicht mit Ökonomie, nicht mit der Verteidigungspolitik, nicht mit dem Staatsapparat und ebensowenig mit Bildungsfragen zu beschäftigen. Es spielte eine rein technische, eine exekutive Rolle.

Bot Stalin die Voraussetzungen, um das Amt des Generalsekretärs zu bekleiden? Formal wohl. Er war seit 1898 Parteimitglied, seit 1912 Mitglied des ZK, wurde später ins Büro des ZK berufen, wurde Mitglied des Orgbüros und des Politbüros. Er war das einzige Politbüromitglied, das zwei Staatsämter bekleidete: Volkskommissar für Nationalitätenfragen und Volkskommissar für Arbeiter- und Bauern-Inspektion. Er war Mitglied des Kollegiums der WTschK-OGPU vom ZK aus, Mitglied des Revolutionären Kriegsrats der Republik, Mitglied des Rats für Arbeit und Verteidigung. Und das waren keineswegs alle Positionen, die Stalin zu der Zeit einnahm, als er zum Generalsekretär des Zentralkomitees gewählt wurde.

Die vielen Ämter, die Stalin bekleidete, zeugen von der Anerkennung seiner Arbeit für die revolutionäre Neugestaltung der Gesellschaft. Sie zeugen auch von einer bestimmten Kenntnis der politischen Mechanismen und der Staatsführung und nicht zuletzt von einer gewissenhaften Arbeit im Apparat. Sosehr viele großartige Revolutionäre jener Zeit sich von der administrativen Arbeit bedrückt fühlten, so sehr wurde Stalins Vorliebe für solche Arbeiten von vielen bemerkt. Die Ernennung Stalins zum Generalsekretär kam nicht unerwartet. Die meisten Parteiführer verstanden solche Ämter nicht als etwas Besonderes, solange Lenin lebte. Damals kam die Frage nach einem Partei- oder einem Staatsführer nicht auf. Es gab einen. Und Lenin war es unumstritten. In einer neuen Rolle überragte Stalin die anderen Mitglieder der Parteiführung nicht. Sie brachte ihm in und außerhalb der Partei kein zusätzliches Ansehen ein. Er war nach wie vor einer von vielen. In der Parteiführung jedoch waren seine positiven und negativen Eigenschaften nun wesentlich klarer zu erkennen.

Bis Anfang des Jahres 1923 hatte die Krankheit Lenin noch nicht vollständig die Möglichkeit genommen, zu schreiben und zu diktieren. Er hatte einige Dutzend Briefe, Notizen und Dokumente an Stalin geschickt. Aus ihnen geht hervor, daß Lenin sich wegen verschiedener organisatorischer und politischer Fragen Sorgen machte.

Keineswegs zufällig kam er schon neun Monate nach der Wahl Stalins zum Generalsekretär zu dem Schluß, daß die Ernennung unglücklich war und daß man Stalin auf einen anderen Posten versetzen solle. Zu dieser Überzeugung gelangte Lenin aufgrund einer Reihe von Aktionen des Generalsekretärs.
So unterstützte Stalin beispielsweise den Vorschlag Sokolnikows und Bucharins, das staatliche Außenhandelsmonopol abzuschaffen. Lenin reagierte hart auf diesen Vorstoß. In einer Notiz an Stalin schrieb er:

»Genosse Stalin. Ich schlage vor (...), daß nach einer Anhörung der Politbüromitglieder eine Direktive ausgegeben werden sollte: ›Das Zentralkomitee bestätigt das Außenhandelsmonopol und ordnet an, die Vorbereitungen und Pläne über eine Fusion des Obersten Volkswirtschaftsrats mit dem Volkskommissariat für Außenhandel zu beenden. Alle Volkskommissariate sollen unterzeichnen, das Original soll an Stalin zurückgehen, eine Kopie soll nicht angefertigt werden.
15. 5., Lenin«

Als Lenin sich im September 1922 gerade von einem schweren Anfall erholt hatte, trat Stalin mit seiner Idee hervor, die nationalen Republiken im Rahmen der Russischen Sozialistischen Föderativen Sowjet-Republik (RSFSR) zu vereinigen. Diesen Plan zu realisieren hätte bedeutet, daß nicht die UdSSR gegründet worden wäre, sondern eine RSFSR, der sich auf der Grundlage nationaler Autonomie andere Nationalitäten hätten anschließen sollen. Stalin war es bereits gelungen, seinen Vorschlag einzubringen in einer ZK-Kommission, die an dieser Frage arbeitete. Als Lenin davon erfuhr, schickte er sofort einen Brief an Kamenew. Kopien des Briefs gingen an die Mitglieder des Politbüros:

»Genosse Kamenew!
Sie haben wahrscheinlich von Stalin die Resolution seiner Kommission über den Eintritt der unabhängigen Republiken in die RSFSR erhalten. (...)
Meiner Meinung nach ist dieses Problem von äußerster Wichtigkeit. Stalin hat es sehr eilig. Sie und auch Sinowjew müssen dies gut durchdenken. (Sie hatten bereits einmal die Absicht, sich damit zu

beschäftigen, und nach meinem Wissen haben Sie es auch ein wenig getan.)«

Niemand war so häufig bei Lenin in der nahe Moskau gelegenen Siedlung Gorki während dessen Krankheit wie Stalin. Manchmal lud Lenin ihn ein, um über laufende Angelegenheiten informiert zu werden. Häufig fuhr der Generalsekretär auf eigene Initiative zu Lenin. Während zahlreicher Unterredungen fragte Lenin nach Einzelheiten der Parteiarbeit, informierte sich über die Ausführung der ZK-Beschlüsse, oder er erkundigte sich nach dem Gesundheitszustand von Dserschinski und Zjurupa und anderer Genossen, die verschiedentlich über Unwohlsein geklagt hatten. Auch um Stalins Gesundheit machte Lenin sich Sorgen und sprach sogar mit dessen Arzt.

Nach Stalins Vorstoß für seine »Autonomisierung« lud Lenin den Generalsekretär zu sich nach Gorki ein. Am 26. September führten sie ein dreistündiges Gespräch. Wladimir Iljitsch unterstrich, daß die Vereinigung der Sowjetrepubliken von äußerster Wichtigkeit sei und daß übereilte Entscheidungen völlig deplaziert seien. Lenin schlug eine neue Form der Staatsbildung vor: freiwillige Vereinigung der unabhängigen Republiken, darunter auch der RSFSR, zur Union der Sozialistischen Sowjetrepubliken bei Erhaltung der absoluten Gleichberechtigung aller Unionsrepubliken. Stalin stritt nie mit Lenin, er nahm dessen Argumente immer schnell an. Allerdings: Nach einigen Quellen aus den zwanziger Jahren hat Stalin Lenins Einstellung zur nationalen Frage als »liberal« charakterisiert. Es hinderte ihn später nicht daran, Lenins Thesen vorzutragen, ohne deren Urheber zu nennen.

Die häufigen Unterredungen zwischen Lenin und dem Generalsekretär dienten nicht nur der Informationsübermittlung. Sie boten Lenin auch eine Möglichkeit, seine Vorschläge und Anregungen weiterzugeben. Und nicht zuletzt waren diese Gespräche Lehrstunden für Stalin. Es besteht Grund zu der Annahme, daß Lenin den Generalsekretär bei den häufigen Treffen gut kennenlernte. In einem Brief schreibt er:

»Ich glaube, daß hier die Voreiligkeit und die administrative Neigung Stalins eine schicksalhafte Rolle gespielt haben. Aber ebenso Stalins

Zorn gegen den berüchtigten ›Sozial-Nationalismus‹. Zorn ist im allgemeinen der schlechteste Ratgeber in der Politik.«

In diesem Brief bekam auch Ordschonikidse seinen Teil ab. Es ging um dessen rüdes Vorgehen bei einem Aufenthalt im Kaukasus. Ordschonikidse war im Auftrag des Politbüros an der Spitze einer Kommission in den Kaukasus gefahren, um einen Konflikt beizulegen, der in der Kommunistischen Partei Georgiens entstanden war. Er kam mit seiner Aufgabe nicht zurecht, vor allem aber ist er bei einer Diskussion handgreiflich geworden gegen ein Mitglied des Zentralkomitees der georgischen KP namens Mdiwani. Lenin schrieb:

»Diese russische Handgreiflichkeit kann man mit keinerlei Provokation, nicht einmal mit einer Beleidigung rechtfertigen. Und Genosse Ordschonikidse hat einen nicht wiedergutzumachenden Fehler begangen, indem er sich leichtsinnig dieser Handgreiflichkeit bedient hat.«

In diesem Konflikt nahm Stalin keine klare Haltung ein, was Lenin einige Einsichten ermöglichte. Er kam häufig auf diese Angelegenheit zurück. Davon zeugt das »Tagebuch der diensthabenden Sekretäre W. I. Lenins«. Dort befinden sich Aufzeichnungen Lidija Alexandrowna Fotijewas. Danach forderte Lenin zusätzliche Materialien zu Ordschonikidses Auftritt an. Stalin aber folgte dem nicht mit der Begründung, er sorge sich um Lenins Gesundheit: Der Kranke solle nicht unnötig in Aufregung versetzt werden. Aber Lenin war hartnäckig. Fünf Tage vor einem erneuten Anfall diktierte er telefonisch einen Brief an Trotzki:

»Verehrter Genosse Trotzki!
Ich möchte Sie sehr bitten, den georgischen Vorfall vor dem ZK der Partei zu vertreten. Die Angelegenheit befindet sich zur Zeit unter der ›Obhut‹ Stalins und Dserschinskis. Ich kann mich nicht auf ihre Unparteilichkeit verlassen. Sogar ganz im Gegenteil.«

Am selben Tag diktierte Lenin noch einen Brief. Diesmal an Stalin. Der Brief hat eine Vorgeschichte. Am 22. Dezember 1922 hatte Lenin seiner Frau einige Briefe diktiert, die von großer Wichtigkeit für das

Schicksal der Partei waren. Wahrscheinlich nach einem Schreiben an Trotzki zur Frage des Außenhandelsmonopols verschlechterte sich Lenins Gesundheitszustand plötzlich in der Nacht vom 22. zum 23. Dezember – es traten Lähmungen des rechten Arms und Beins auf. Dies wurde den Politbüromitgliedern mitgeteilt. Am nächsten Tag beschimpfte Stalin Nadeschda Konstantinowa Krupskaja während eines Telefonats und rügte sie für ihre »Mißachtung der Bettruhe des kranken Führers«. Dies geschah auf äußerst grobe Art. Krupskaja, erschüttert von der Unhöflichkeit des Generalsekretärs, schrieb noch am selben Tag einen Brief an Kamenew:

»Lew Borissowitsch!
Wegen eines kurzen Briefes, den ich nach den mir von Wladimir Iljitsch mit Erlaubnis der Ärzte diktierten Worten schrieb, erlaubte sich Stalin gestern einen ungemein unhöflichen, gegen mich gerichteten Ausbruch. Ich bin nicht erst seit einem Tag in der Partei. Während all dieser dreißig Jahre habe ich niemals von irgendeinem Genossen ein grobes Wort gehört. Das Anliegen der Partei und Iljitschs ist mir nicht weniger teuer, als es Stalin ist. Ich befinde mich zur Zeit an der Grenze meiner Selbstbeherrschung. Was man mit Iljitsch diskutieren kann und was nicht, weiß ich besser als irgendein Arzt, da ich nämlich weiß, was ihn nervös macht und was nicht – auf jeden Fall weiß ich es besser als Stalin. Ich wende mich an Dich und an Grigorij als an zwei viel näherstehende Genossen von W. I. mit der Bitte, mich gegen grobe Einmischungen in mein Privatleben und gegen niederträchtige Schmähungen und Drohungen zu schützen. Ich habe keinen Zweifel über die Entscheidung der Kontrollkommission, mit der Stalin mir glaubt drohen zu können, ich habe jedoch weder die Kraft noch die Zeit für so einen törichten Streit. Und ich bin ein lebendiges Wesen, und meine Nerven sind bis zum äußersten angespannt.
N. Krupskaja«

Gestützt auf einen Beschluß des Politbüros, schützte Stalin Lenin vor Aufregungen. Man kann sich gut vorstellen, daß er die weitgehende Isolation Lenins und dessen beschränkte Einflußmöglichkeiten auf die Angelegenheiten der Partei benutzte, um seine Position zu stärken.

Kamenew leitete Krupskajas Beschwerde an Stalin weiter. Dieser schrieb unverzüglich einen Brief an Krupskaja, in dem er sich entschuldigte und sein Verhalten mit der großen Sorge um Lenin rechtfertigte. Wie aufrichtig der Generalsekretär in dieser Sache war, ist schwer zu beurteilen. Moralische Normen bewertete er ausschließlich pragmatisch: Wenn es für ihn von Vorteil war, übertrat er sie.

Lenin erfuhr erst über zwei Monate nach dem Vorfall von Stalins unverschämtem Verhalten. Krupskaja berichtete ihm am 5. März 1923 davon. Im schlechten Benehmen des Generalsekretärs entdeckte Lenin nicht nur persönliche Eigenheiten, sondern mehr. Kurz nach dem Gespräch mit seiner Frau rief Lenin M. A. Woloditschewa zu sich und diktierte ihr zwei Briefe. Der erste war für Trotzki bestimmt. Darin ging es um die Einschätzung des »georgischen Vorfalls«, die dem ZK vorgelegt werden sollte. Der zweite Brief richtete sich an Stalin:

»Verehrter Genosse Stalin!
Sie haben die Grobheit besessen, meine Frau ans Telefon zu rufen und sie zu beschimpfen. Obwohl sie sich mit Ihnen einverstanden erklärt hatte, das Gesagte zu vergessen, ist dieses Faktum nichtsdestoweniger durch sie selbst, Kamenew und Sinowjew bekannt geworden. Ich bin nicht gewillt, das gegen mich Gerichtete so schnell zu vergessen, denn das, was gegen meine Frau gerichtet wird, ist ebenso gegen mich gerichtet. Deshalb bitte ich Sie abzuwägen, ob Sie bereit sind, das Gesagte zurückzunehmen und sich zu entschuldigen, oder ob Sie es vorziehen, unsere Beziehungen als beendet zu betrachten.
Mit Hochachtung
Lenin, 5. März 1923«

Noch wußte niemand in der Partei, daß Lenin im Dezember 1922 und Januar 1923 einen »Brief an den Parteitag« geschrieben hatte. In diesem Brief beurteilte er die persönlichen Qualitäten der führenden Politiker der Partei, und er schlug vor, Stalin vom Amt des Generalsekretärs zu entfernen. Lenin hatte Stalins moralische Anomalien erkannt und vorausgesehen, daß sie eine Gefahr für die Partei darstellten. Doch die moralischen Kriterien verloren im Lauf der folgenden Jahre alle Bedeutung.

Am 6. März diktierte Lenin sein letztes Dokument. Auch in diesem Brief ist die Rede von Stalin.

»An die Genossen Mdiwani, Macharadse und andere, eine Kopie an den Genossen Trotzki und den Genossen Kamenew.

Verehrte Genossen!
Ich verfolge Ihre Angelegenheiten mit ganzer Seele. Ich bin von der Grobheit Ordschonikidses entsetzt und ebenso von der Nachsicht Stalins und Dserschinskis. Ich bereite für Sie Notizen und eine Rede vor.
Mit Hochachtung, Lenin,
6. März 1923«

Doch bedauerlicherweise hat Lenin weder Notizen noch eine Rede vorbereitet. Vier Tage später nahm ihm ein erneuter Anfall nicht nur die Möglichkeit zu schreiben, sondern auch zu diktieren. Jedoch besteht Grund zu der Annahme, daß Stalins Haltung im »georgischen Vorfall« Lenin in seiner Meinung über den Generalsekretär bestätigt hat, so, wie er sie im »Brief an den Parteitag« formuliert hatte. Für Lenin war es ein schwerer Schlag, erkennen zu müssen, daß die Wahl, die das Zentralkomitee Anfang April 1922 getroffen hatte, sich als schwerwiegender Fehler erwiesen hatte. Damals hatten sich alle geirrt, auch Lenin. Es ist jedoch möglich, einen Fehler wiedergutzumachen. Man durfte nicht zulassen, daß an der Spitze des ZK-Apparats ein Mensch stand, der zutiefst unmoralisch war und eine Gefahr für die Partei darstellte. Wenn Stalin zu Grobheit, Falschheit und Boshaftigkeit gegenüber Lenins nächster Umgebung fähig war, wozu war er dann gegenüber anderen Menschen fähig?
Eventuell verschlechterte sich Lenins Gesundheitszustand nicht zufällig gerade in dieser ersten Märzhälfte wesentlich. Ich kann nicht beweisen, daß der »georgische Vorfall« oder der Konflikt mit Stalin den Krankheitsverlauf Lenins beschleunigt hat, aber es ist zumindest sehr wahrscheinlich.
Manche Autoren von im Westen erschienenen Büchern sind fest überzeugt von Stalins Schuld an Lenins Tod. So dachte auch Trotzki. In seinen Memoiren schreibt er, daß nur die Krankheit Lenin daran gehindert habe, Stalin politisch zu »zertrümmern«. Die Eigenwilligkeit des Generalsekretärs habe den Führer oft außer sich geraten

lassen, und dies habe den Krankheitsverlauf beschleunigt. Ich habe keine Beweise für Lenins Absicht, Stalin zu »zertrümmern«. Es besteht jedoch kein Zweifel daran, daß er sich durchgesetzt hätte, wenn ihm die Krankheit dies erlaubt hätte.

Der Brief an den Parteitag

Am Morgen des 23. Dezember 1922, nur wenige Stunden nach einem Anfall, bat Lenin die Ärzte um die Erlaubnis, einige Zeilen zu diktieren, denn »ihn beunruhigt eine Frage«. Die Ärzte lehnten ab. Er war beharrlich. Er bat. Er forderte. Schließlich wurde ihm erlaubt, kurze Zeit zu arbeiten. Und Lenin begann, seinen berühmten »Brief an den Parteitag« zu diktieren.

Lenin befand sich kurz vor der unsichtbaren Linie, die das Sein vom Nichtsein trennt. Er konnte sie jeden Moment in die Richtung überschreiten, aus der es kein Zurück mehr gibt. Die Lage im ZK und im Politbüro war beunruhigend. Veränderungen waren erforderlich. Einheit war notwendig. Lenins Meinung hatte Gewicht. Er mußte sie äußern. Und er hatte nicht nur die Absicht, Wege zur Stärkung der Parteiführung aufzuzeigen, sondern er wollte auch seine Vision vom Aufbau einer sozialistischen Gesellschaft festhalten.

Das Schicksal der letzten Leninschen Dokumente ist dramatisch. Ein bedeutender Teil von ihnen wurde vor der Partei verborgen. Viele wichtige Arbeiten Lenins kamen erst 1956 ans Tageslicht, nach dem 20. Parteitag. Den Beitrag »Wie wir die Arbeiter- und Bauern-Inspektion reorganisieren sollen (Vorschlag für den 12. Parteitag)« wollte man zunächst nur in einem Exemplar drucken lassen, um es Lenin zeigen zu können. Nachdem man den Artikel (mit Kürzungen) veröffentlicht hatte, schickten das Politbüro und das Orgbüro einen Brief an alle Gouvernementskomitees mit der Behauptung, daß es sich um einige Seiten aus dem Tagebuch des kranken Lenin handele, dem man erlaubt habe zu schreiben, weil Lenin geistige Untätigkeit nicht ertrage. Diese Unwahrheit unterschrieben Andrejew, Bucharin, Kujbyschew, Molotow, Rykow, Stalin, Tomski und Trotzki am 27. Januar 1923.

Lenins Befürchtungen und Visionen waren Stalin unverständlich. Aber nicht nur ihm. Lenin stand in intellektueller Hinsicht so hoch über seinen Mitkämpfern, daß seine Gedanken ihr Bewußtsein oft nicht erreichten. Der Grundton, der sich durch seine letzten Arbeiten zieht, ist optimistisch. Der Sozialismus in Rußland hat eine Zukunft. Alle zentralen Fragen – wie die Industrialisierung, die Umgestaltung der Landwirtschaft auf der Grundlage eines freiwilligen genossenschaftlichen Zusammenschlusses, die Umwandlung der Kultur in ein Gemeingut des Volks, die Schaffung eines staatlichen Führungsmechanismus – betrachtete Lenin unter dem Gesichtspunkt einer wirklichen Machtausübung durch das Volk, einer durchgängigen Demokratisierung aller Seiten des gesellschaftlichen Lebens. Schaffung einer neuen Gesellschaft verlangt auch neue Menschen, die in der Lage sind, für dieses Ziel zu kämpfen.

Das aufmerksame Studium von Lenins Briefen, Notizen und Artikeln läßt den Schluß zu, daß Lenin früher als andere die Gefahr einer autoritären Führung erkannt hatte.

Der italienische Kommunist Antonio Gramsci hat bei der Suche nach Ursachen für den Cäsarismus einen interessanten Gedanken geäußert: Wenn zwei gegeneinander wirkende Kräfte einander zermürbten, könne sich eine dritte Kraft einmischen und die konkurrierenden Seiten unterwerfen. Dieser Gedanke läßt sich auch auf die grundlegenden sozialen Kräfte innerhalb des Landes anwenden. In Rußland waren es die Arbeiterklasse, das Bauerntum und die Partei. Der Aufbau des Sozialismus war nur möglich auf der Basis eines Kompromisses, den Lenin vorgeschlagen hatte: auf der Grundlage der Neuen Ökonomischen Politik (NÖP) und der schrittweisen freiwilligen Kooperierung des Dorfes. Jeder andere Weg hätte zu Auseinandersetzungen mit der Bauernschaft, zur Erosion der Freiheit und zur Stärkung autoritärer Führungsmethoden geführt. Aber Stalin und einige andere Führer begriffen Lenins Worte nicht, daß die Partei »eine kleine Gruppe von Menschen im Vergleich zur Bevölkerung des Landes« und die Neue Ökonomische Politik die wichtigste Voraussetzung für den Aufbau des Sozialismus sei.

Die Bolschewiki waren ein Produkt des Stadtproletariats. Das Bündnis mit den Bauern, wenn es auch damals noch nicht gleichberechtigt sein konnte, sollte sich stützen auf die Freiheit des Bauern, das Land zu bestellen und Handel zu treiben. Die Bauernschaft ließ sich nur an den Sozialismus binden durch freiwillige Kooperation. Nur die NÖP vermochte es, diese beiden sozialen Kräfte zusammenzuschmieden.

Jeder andere Weg mußte in die Gewalt führen, zu einer autoritären Herrschaft, zum Cäsarismus, wie Gramsci es formulierte.
Im Winter 1922 ahnte Lenin das Ende. Er verlangte die Erlaubnis zu schreiben. Am Morgen des 24. Dezember beschlossen Stalin, Kamenew und Bucharin, daß sie kein Recht hätten, den Führer zum Schweigen zu zwingen. Aber es war Vorsicht geboten und größtmögliche Ruhe erforderlich. Ständig waren Sekretärinnen erreichbar. Lenin diktierte ihnen Notizen ans Politbüro, bat um die telefonische Weitergabe verschiedener Mitteilungen, und er fragte sie nach bestimmten Daten, Materialien und Dokumenten. In der Regel hielten sich N. S. Allilujewa (Stalins Frau), M. A. Woloditschewa, M. I. Gljasser, Sch. M. Manutscharjanz, L. A. Fotijewa und S. A. Flakserman als diensthabende Sekretärinnen abwechselnd bereit. Am 23. Dezember, als Lenin den »Brief an den Parteitag« zu diktieren begann, war M. A. Woloditschewa an der Reihe. Ihre Notiz ins Tagebuch war lakonisch:

»Er diktierte vier Minuten lang. Er fühlte sich schlecht. Es waren Ärzte anwesend. Bevor er begann zu diktieren, sagte er: ›Ich möchte einen Brief an den Parteitag diktieren. Schreiben Sie!‹ Er diktierte schnell. Sein schlechter Gesundheitszustand war spürbar.«

Lenin schaute aus dem Fenster auf verschneite Bäume. Er sprach: »Der Brief an den Parteitag ... « Im April des kommenden Jahres 1923 sollte der 12. Parteitag stattfinden. Wenn er bis zu diesem Datum nicht aufstehen konnte, so sollte man wenigstens seinen Brief vorlesen.

»Ich würde sehr empfehlen, auf diesem Parteitag eine Reihe von Änderungen in unserer politischen Struktur vorzunehmen.«

Lenin war kategorisch: ... eine Reihe von Änderungen in unserer politischen Struktur. Zunächst ist man irritiert. Was heißt das? Aber schon nach wenigen Zeilen begreift der Leser, daß es Lenin um das Wichtigste geht: um die Demokratie in der Partei und in der Gesellschaft. Der große Denker hatte erkannt, daß die Demokratie der wichtigste Hebel und die Grundlage ist für die Verwirklichung der neuen Gesellschaftsordnung.

»Ich möchte Ihnen die Erwägungen mitteilen, die ich für die wichtigsten halte.
In erster Linie rate ich, die Zahl der Mitglieder des ZK auf einige Dutzend oder sogar auf hundert zu erhöhen. Mir scheint, unserem Zentralkomitee würden, falls wir eine solche Reform nicht vornehmen, große Gefahren drohen, wenn sich der Gang der Ereignisse nicht ganz günstig für uns gestaltet (damit müssen wir aber rechnen). (...) Ich glaube, daß unsere Partei das Recht hat, von der Arbeiterklasse 50 bis 100 Mitglieder des ZK zu verlangen, und daß sie diese ohne übermäßige Anspannung der Kräfte erhalten kann.
Eine solche Reform würde unsere Partei erheblich festigen und ihren Kampf erleichtern, den sie inmitten feindlicher Staaten zu führen hat und der sich meiner Meinung nach in den nächsten Jahren stark zuspitzen kann und muß. Mir scheint, daß unsere Partei durch eine solche Maßnahme tausendfach an Stabilität gewinnen würde.
23. 12. 22
Lenin
Niederschrift M. W. (M. A. Woloditschewa; D. W.)«

Zwei- oder dreimal mehr Mitglieder im Zentralkomitee, das bedeutet: Erneuerung, näher an die Massen, weniger Einfluß kleiner Gruppen auf das Schicksal der Partei. Lenin warnte: Die internationale Lage wird sich in absehbarer Zukunft zuspitzen. Eile tut not! Sogar solche herausragenden Politiker wie Bucharin haben diese Warnung nicht verstanden und sind im folgenden gegen die Beschleunigung des sozialistischen Aufbaus aufgetreten.

24. Dezember 1922:
»Ich meine mit Stabilität die Garantie vor einer Spaltung in allernächster Zeit und beabsichtige, hier eine Reihe von Erwägungen rein persönlicher Natur anzustellen.
Ich denke, ausschlaggebend sind in der Frage der Stabilität unter diesem Gesichtspunkt solche Mitglieder des ZK wie Stalin und Trotzki. Die Beziehungen zwischen ihnen stellen meines Erachtens die größere Hälfte der Gefahr jener Spaltung dar, die vermieden werden könnte und zu deren Vermeidung meiner Meinung nach unter anderem die Erhöhung der Zahl der Mitglieder des ZK auf 50, auf 100 Personen dienen soll.«

Bis heute haben die Historiker das politische Gewicht Trotzkis in jener Zeit nicht vollständig erkannt. »Die größere Hälfte der Gefahr« – das war das Verhältnis zwischen Trotzki und Stalin. Lenin sah, daß Trotzki populärer war als der Generalsekretär, jedoch hatte er sich bereits von der Tatsache überzeugt, daß Stalin die Fähigkeit besaß, geschickt zu taktieren. Das gespannte Verhältnis zwischen diesen zentralen Figuren drohte sich in einen Konflikt zu verwandeln, der die Partei spalten konnte.

»Gen. Stalin hat, nachdem er Generalsekretär geworden ist, eine unermeßliche Macht in seinen Händen konzentriert, und ich bin nicht überzeugt, daß er es immer verstehen wird, von dieser Macht vorsichtig genug Gebrauch zu machen.«

Worin bestand die Macht des Generalsekretärs? Von ihm hingen die Entscheidungen über alle laufenden Fragen ab, und häufig war ihre Lösung von lebenswichtiger Bedeutung für die Partei. Aber das Wesentliche, worin sich diese Macht äußerte, war die Auswahl und Beförderung von Parteikadern, sowohl in Moskau als auch in anderen Regionen des Landes. Tausende von Funktionären! Anfangs bemerkten nicht alle die Möglichkeiten, welche die Kaderpolitik dem Generalsekretär verschaffte.

»Andererseits zeichnet sich Gen. Trotzki, wie schon sein Kampf gegen das ZK in der Frage des Volkskommissariats für Verkehrswesen bewiesen hat, nicht nur durch hervorragende Fähigkeiten aus. Persönlich ist er wohl der fähigste Mann im gegenwärtigen ZK, aber auch ein Mensch, der ein Übermaß von Selbstbewußtsein und eine übermäßige Vorliebe für rein administrative Maßnahmen hat.«

Vielleicht dachte Lenin, bevor er den nächsten Satz aussprach: »Hätte dieser Mann einen festeren revolutionären Standpunkt besessen, er wäre ein großer Führer gewesen!« Vielleicht erinnerte Lenin sich an den Bericht Trotzkis über die Rote Armee auf dem letzten Parteitag. Trotzki war bereits am Ende seiner Rede angelangt, als er überraschenderweise begann, über die »elementare militärisch-kulturelle Erziehung der Soldaten« zu sprechen. Unter allgemeiner Belebung des Saals verkündete er:

»Lassen Sie uns versuchen zu erreichen, daß die Soldaten keine Läuse haben. Dies ist eine große, wichtige Erziehungsaufgabe, denn hier sind Beharrlichkeit, Unermüdlichkeit, Härte und Vorbild nötig, um Massen von Menschen von Unsauberkeit zu befreien, in der sie aufgewachsen sind und die sich in sie hineingefressen hat. Ein Soldat mit Läusen ist doch nur ein halber Soldat. (...) Und Analphabetentum ist geistige Verlausung.«

Lenin hatte der Ausspruch gefallen: »Analphabetentum ist geistige Verlausung.« Trotzki war in der Lage, treffliche Bilder aus dem Stegreif zu formulieren.

»Diese zwei Eigenschaften zweier herausragender Führer des gegenwärtigen ZK können unbeabsichtigt zu einer Spaltung führen, und wenn unsere Partei nicht Maßnahmen ergreift, um das zu verhindern, so kann die Spaltung überraschend kommen. Ich will die persönlichen Eigenschaften der anderen Mitglieder des ZK nicht weiter charakterisieren. Ich erinnere nur daran, daß die Episode mit Sinowjew und Kamenew im Oktober natürlich kein Zufall war, daß man sie ihnen aber ebensowenig als persönliche Schuld anrechnen kann wie Trotzki den Nichtbolschewismus.
Was die jungen Mitglieder des ZK betrifft, so möchte ich einige Worte über Bucharin und Pjatakow sagen. Das sind meines Erachtens die hervorragendsten Kräfte (unter den jüngsten Kräften), und ihnen gegenüber sollte man folgendes im Auge behalten: Bucharin ist nicht nur ein überaus wertvoller und bedeutender Theoretiker der Partei, er gilt auch mit Recht als Liebling der ganzen Partei, aber seine theoretischen Anschauungen können nur mit sehr großen Bedenken zu den völlig marxistischen gerechnet werden, denn in ihm steckt etwas Scholastisches (er hat die Dialektik nie studiert und, glaube ich, nie vollständig begriffen).«

In das Tagebuch der diensthabenden Sekretäre trug M. A. Woloditschewa nach Lenins Diktat ein:

»Am nächsten Tag (24. Dezember), nach einer Unterbrechung von sechs bis acht [Uhr], rief Wladimir Iljitsch mich wieder zu sich. Er machte mich darauf aufmerksam, daß das gestern (23. Dezember) und heute (24. Dezember) Diktierte absolut geheim zu behandeln sei. Er hat dies nicht nur einmal betont. Er verlangte, daß alles, was er diktiere, an einem besonderen Ort unter besonderer Verantwortung aufzubewahren und kategorisch als geheim zu betrachten ist.«

Trotzdem hat Lidija Fotijewa, die leitende Sekretärin im Rat der Volkskommissare war und ebenfalls Diktate Lenins aufnahm, ungeachtet der Anordnung Lenins bald Stalin und andere Politbüromitglieder über die Aufzeichnungen informiert. Deshalb kam der »Brief an den Parteitag« für die Parteiführung nicht überraschend.
Am folgenden Tag setzte Lenin sein Diktat fort.

»25. 12. Nun zu Pjatakow. Er ist zweifellos ein Mensch mit großer Willenskraft und glänzenden Fähigkeiten, der jedoch einen allzu starken Hang für das Administrieren und für adminstrative Maßnahmen hat, als daß man sich in einer ernsten politischen Frage auf ihn verlassen könnte.
25. 12. 22
Lenin
Niederschrift: M. W.«

Am 26. Dezember äußerte Lenin sich über die Erweiterung der Demokratie:

»Im Grunde genommen wurde [unser Apparat] uns vom alten Regime hinterlassen, denn es war völlig unmöglich, ihn in so kurzer Zeit, besonders während des Krieges, der Hungersnot usw. umzugestalten.«

Außerdem solle eine Aufstockung des Zentralkomitees nicht nur zugunsten des Arbeiteranteils erfolgen, sondern auch zu einer größeren Repräsentation der Bauern führen. Lenin hielt es für notwendig, daß auch Vertreter des Dorfs an Sitzungen des Politbüros teilnahmen.
Wer könnte zum Parteiführer nach Lenin werden? Lenin war der anerkannte Führer nicht kraft eines Amtes, sondern kraft seiner intellektuellen und moralischen Fähigkeiten. Die Krankheit aber hatte ihn von der Führung des Zentralkomitees entfernt. Automa-

tisch rückte eines der Politbüromitglieder auf die vordere Position. Und Stalin war nicht nur Politbüromitglied, sondern auch Generalsekretär, Verwalter sämtlicher Arbeit des Sekretariats. Es war Lenin klar: Falls er nicht mehr genesen würde (Lenin rechnete mit dieser Möglichkeit, sonst hätte er kein »Testament« vorbereitet), würde Stalin versuchen, seine Position als möglicher Führer zu festigen. Und welche Absichten hatte Trotzki? Sollte es einen Kampf geben, war eine Spaltung möglich. Die Partei mußte vor dieser Gefahr gewarnt werden. Daher diktierte Lenin die »Ergänzung zum Brief vom 24. Dezember 1922«:

»Stalin ist zu grob, und dieser Mangel, der in unserer Mitte und unter uns Kommunisten durchaus erträglich ist, kann in der Funktion des Generalsekretärs nicht geduldet werden. Deshalb schlage ich den Genossen vor, sich zu überlegen, wie man Stalin ablösen könnte und jemand anderen an diese Stelle zu setzen, der sich in jeder Hinsicht vom Gen. Stalin nur durch *einen* Vorzug unterscheidet, nämlich dadurch, daß er toleranter, loyaler, höflicher und den Genossen gegenüber aufmerksamer, weniger launenhaft ist usw. Es könnte so scheinen, als sei dieser Umstand eine winzige Kleinigkeit. Ich glaube jedoch, unter dem Gesichtspunkt einer Spaltung und unter dem Gesichtspunkt der von mir oben geschilderten Beziehungen zwischen Stalin und Trotzki ist das keine Kleinigkeit oder eine solche Kleinigkeit, die entscheidende Bedeutung erlangen kann.
4. Januar 1923
Lenin
Niederschrift: L. F. (Lidija Fotijewa; D. W.)«

Ein bedeutsamer Nachtrag: Stalin muß vom Posten des Generalsekretärs abgelöst werden. Gegen ihn gibt es bislang keine größeren politischen Vorbehalte. Er ist, vielleicht, der Idee treu. Allerdings scheint er sie nicht so zu verstehen, wie es notwendig wäre. Noch ist das politische Renommee Stalins nicht befleckt, aber mit der Politik geht immer die Moral Hand in Hand. Der scharfe Verstand Lenins erkannte in der moralischen Unzulänglichkeit Stalins eine mögliche Quelle künftiger Leiden.
Auch wegen Trotzki machte Lenin sich Sorgen. Nicht nur, weil

dieser übermäßig selbstsicher war, er hatte auch politische Fehler. Der lange »Nichtbolschewismus« Trotzkis konnte nicht ohne Folgen bleiben. Sein Ehrgeiz war der Partei bekannt. Sein Linksextremismus hatte ihn nicht nur einmal zu Meinungen geführt, die denen des ZK widersprachen.

Die bonapartistischen Ambitionen Trotzkis waren so stark, daß er es für unter seiner Würde erachtete, den Posten des Stellvertretenden Vorsitzenden des Rats der Volkskommissare als Vertreter Lenins anzunehmen, wie es ihm im September 1922 vorgeschlagen worden war. Trotzki spekulierte auf eine andere Position. Er verbarg kaum, daß er sich für ein Genie hielt. Trotzki-Biograph Isaac Deutscher schreibt: »Die Verwirklichung des Leninschen Testaments, nämlich Stalin von seinem Posten abzulösen, hätte Trotzki unausweichlich auf den Posten des Parteiführers befördert. Er, Trotzki, war davon überzeugt.«

Die offenen und direkten Charakterisierungen Lenins sind ein Beispiel für die hohe politische Kultur in der bolschewistischen Partei. Freundschaftliche Direktheit war immer eine charakteristische Eigenschaft echter Kommunisten. Es ist nicht einmal in den Jahren des Personenkultes gelungen, sie vollständig zu zerstören. Schweifen wir kurz ab in das Jahr 1942, um dies zu dokumentieren.

Der Kommissar der Politischen Verwaltung der Roten Armee Werchorubow hatte verschiedene Fronten besucht. Nach damaliger Praxis schrieb er nach Beendigung seiner Reise kurze Charakteristika über die politischen Funktionäre, deren Arbeit er kontrollierte. Hier ein Auszug aus dem, was er über den Brigadekommissar Leonid Iljitsch Breschnew schrieb:

»Er scheut konzeptionelle Arbeit. Die militärischen Kenntnisse des Genossen Breschnew sind sehr schwach. An militärische Aufgaben geht er wie ein Wirtschaftsführer heran und nicht wie ein Politarbeiter. Zu Menschen verhält er sich nicht einheitlich; er neigt dazu, Lieblinge zu haben.«

Das sind nur wenige Sätze. Aber sie zeugen davon, daß die Leninsche Tradition, seine Meinung geradeheraus und offen zu äußern, noch lebendig war. Es sei dem Leser überlassen, die Einschätzungen des Regimentskommissars Werchorubow zu beurteilen.

Lenin hatte zwar vorgeschlagen, Stalin vom Amt des Generalsekretärs zu entfernen, aber er hatte nicht auf die Frage geantwortet: Wer soll statt Stalin ernannt werden? Die Nennung eines Namens, eines »Prinzen«, wäre der Bestimmung einer »Erbfolge« gleichgekommen. Das konnte Lenin nicht zulassen. Er glaubte an die Klugheit der Partei, an ihr Zentralkomitee. Es ist sinnlos, zu versuchen, die Figuren auf dem Schachbrett umzustellen, nachdem die Partie gespielt ist. Ich bin davon überzeugt, daß Lenin, als er die bekanntesten Persönlichkeiten der Revolution in seinem »Brief an den Parteitag« charakterisierte, zu verstehen geben wollte, daß keiner von ihnen als Führer der Partei geeignet war. Keiner! Vielmehr glaube ich, daß Lenin auf eine kollektive Führung der Partei setzte. Sie hätte garantieren können, daß die Macht nicht in die Hände eines einzelnen fiel. Einer kollektiven Führung hätte es auch nicht geschadet, wenn eine Person, gleichgültig, wer, eine hervorgehobene Rolle gespielt hätte. In diesem Fall hätte es keine entscheidende Bedeutung gehabt, ob dieser »Führer« talentiert oder weniger talentiert gewesen wäre. Es hätte ein demokratisches System gegeben, das, entsprechend den Normen der Verfassung und der Partei, die Interessen des Volks, des Staats und der Partei geschützt hätte.

Aber Stalin ist es gelungen, mit Hilfe gerade der alten bolschewistischen Garde ein bürokratisches System statt eines demokratischen zu schaffen. Bis zum heutigen Tag kann niemand eine vollständige Antwort darauf geben, warum es so kam. Bestimmt muß man sich in diesem Zusammenhang die Geschichte Rußlands vergegenwärtigen und ihre autokratische Tradition und auch das niedrige Niveau der politischen Kultur. Der Mangel an demokratischer Tradition in der neuen Gesellschaft spielte ebenso eine Rolle wie die Tatsache, daß das Einparteiensystem besonders hohe Ansprüche an die soziale und politische Reife der Massen stellt. Außerdem fehlten rechtliche Garantien vor dem Mißbrauch der Macht.

Zwei Monate vor dem 12. Parteitag fand ein ZK-Plenum statt. Auf der Tagesordnung stand: die Reorganisation und Verbesserung der Arbeit der Leitungsorgane der Partei auf der Grundlage von Lenins Arbeit »Wie wir die Arbeiter- und Bauern-Inspektion reorganisieren sollten«. (Lenin hatte seine Argumentation in einem weiteren Dokument fortgesetzt: »Lieber weniger, aber besser«.)

Lenin hatte ausgeführt, daß es zweckmäßig sei, das ZK um 27 bis

40 Mitglieder zu erweitern und eine Rechenschaftspflicht des Politbüros gegenüber den Plenarsitzungen des ZK einzuführen. Es sei notwendig, daß drei ständige Vertreter der Zentralen Kontrollkommission (ZKK) an den Politbürositzungen teilnähmen. Sie sollten, so schrieb Lenin, dafür sorgen, »daß keinerlei Autorität, auch nicht die des Generalsekretärs und nicht der anderen ZK-Mitglieder, sie daran hindern sollten, eine Anfrage zur Überprüfung der Dokumente zu machen und im allgemeinen eine bedingungslose Rechenschaft über die Richtigkeit aller Angelegenheiten zu erhalten«.

Lenin war der Meinung, daß nicht allein die Parteitage die gewählten Führungsorgane kontrollieren sollten. Zwischen den Parteitagen solle die Zentrale Kontrollkommission die Arbeit des ZK und des Politbüros überwachen. Das ZK-Plenum hat Lenins Ratschlägen im wesentlichen zugestimmt und anerkannt, daß es notwendig sei, die ZKK zu erweitern und ihre Tätigkeit mit der der Arbeiter- und Bauern-Inspektion zu koordinieren. Wer konnte wissen, daß die Rolle der ZKK in der Zukunft bedeutungslos werden sollte, bis Stalin sie schließlich vollends abschaffte?

Obwohl Stalin nun schon ein Jahr Generalsekretär war, hatte sich an seiner Position äußerlich nichts geändert. Sein Referat auf dem ZK-Plenum »Die nationalen Momente im Partei- und Staatsaufbau« wurde ernsthafter Kritik unterzogen. Das Plenum akzeptierte die Thesen nur im Prinzip und beschloß, daß sie überarbeitet werden müßten. Danach sollten sie Lenin vorgelegt werden. Der Generalsekretär offenbarte Schwächen auch auf einem Gebiet, auf dem er sich für einen Spezialisten hielt. Das ZK setzte eine Kommission ein, welche die Thesen in eine endgültige Fassung zu bringen hatte. Sie setzte sich zusammen aus Stalin, Rakowski und Rudsutak.

Trotzki spielte auf dem Plenum, wie so oft, eine besondere Rolle. Nach seinen Worten zerstöre die Erweiterung des ZK dessen »Straffheit und Stabilität«, und sie drohe der Genauigkeit und Richtigkeit der Arbeit des ZK außerordentlichen Schaden zuzufügen. Er schlug vor, einen »Parteirat« zu bilden, der aus zwanzig bis dreißig gewählten Personen bestehen solle. Dieses Organ solle dem ZK Weisungen erteilen und seine Arbeit kontrollieren. Faktisch schlug Trotzki vor, zwei Machtzentren innerhalb der Partei zu schaffen. Das ZK-Plenum lehnte seine Anregungen ohne große Diskussionen ab.

Der 12. Parteitag ist Lenin gefolgt und hat ein vereinigtes Kontroll-

organ geschaffen: die Zentrale Kontrollkommission/Arbeiter- und Bauern-Inspektion (ZKK/ABI). So hat sein »Testament« schon zu seinen Lebzeiten begonnen zu wirken.
Vom »Brief an den Parteitag« gab es fünf Kopien in verschlossenen Kuverts. Eine war für das Sekretariat Lenins bestimmt, drei für Krupskaja und das fünfte für Lenin. Lenin hatte Woloditschewa angewiesen, auf den Kuverts zu vermerken, daß nur Lenin berechtigt sei, sie zu öffnen, und nach seinem Tod nur Krupskaja. Woloditschewa aber hatte sich nicht entschließen können, die Worte »nach seinem Tod« zu schreiben. Lediglich der erste Teil des Briefs – über die Erweiterung des ZK – wurde an Stalin weitergeleitet. Lenins Vorschlag ging ein in Stalins Bericht über die organisatorische Arbeit des Zentralkomitees. Der Referent erwähnte allerdings nicht, daß Lenin der Urheber der Idee war. Lenin lebte, und die Kuverts seines »Testaments« blieben verschlossen. Die Delegierten des Parteitags wählten ihn als einzigen einstimmig in das neue ZK und entsandten ihrem Führer einen Gruß. Der Vorsitzende des Parteitags, Kamenew, verlas die Grußworte unter stürmischem Applaus.
Im März 1923 traf Lenin ein neuer schwerer Schlaganfall. Nun konnte er die Politik der Partei nicht mehr direkt beeinflussen. Er konnte sich nicht mehr einsetzen für die Verwirklichung seiner Vorschläge, wie er sie in seinem »Testament« niedergeschrieben hatte. Wer würde nun die Partei führen?

Stalin oder Trotzki

Für welchen Parteitag hat Lenin sein »Testament« diktiert? Wie zitiert, fängt es an mit den Worten: »Ich würde sehr empfehlen, auf *diesem* Parteitag eine Reihe von Änderungen ...« (Hervorhebung von mir; D. W.). Man kann davon ausgehen, daß sich diese Worte auf den 12. Parteitag beziehen. Im April 1923, als der Parteitag stattfand, war der Gesundheitszustand Lenins derart kritisch, daß er kaum seinen Willen hätte durchsetzen können, den Brief den Delegierten vorlesen zu lassen. Es entstand eine Situation, die Lenin nicht vorgesehen hatte. Wie ich bereits berichtet habe, hatte er angewiesen, die Kuverts erst nach seinem Tod zu öffnen. Es ist also nicht auszuschließen, daß der Brief an den 12. *oder* an den 13. Parteitag gerichtet war. Sowenig sich die Frage nach dem Generalsekretär auf dem 12. Parteitag erhoben hatte, so sehr stellte sie sich später dem Zentralkomitee.

Stalins Autorität festigte sich mit dem 12. Parteitag. Hier trat er auf mit dem organisatorischen Bericht des Zentralkomitees und mit einem Referat über die nationalen Momente im Partei- und Staatsaufbau. In der Tat war er mehr als alle anderen im Blickpunkt der Delegierten. In die Berichte des ZK flocht Stalin einige persönliche Überlegungen ein, vor allem zeigte sich deutlich sein Schematismus. Er hatte es schon immer geschätzt, alles in Schubladen zu sortieren, die Gedanken gewissermaßen in Reih und Glied aufzustellen. Das hinterläßt gewöhnlich den Eindruck von Klarheit, Bestimmtheit und Präzision. Davon zeugt beispielhaft sein Begriff »Transmissionsriemen«. Als wichtigsten »Transmissionsriemen« nannte er die Gewerkschaften, dort »haben wir keine starken Gegner«. Der zweite »Riemen« waren die Kooperativen: die Konsum- und Landwirtschaftsgenossenschaften. »Aber hier«, gestand Stalin, »sind wir noch nicht in der Lage, die Kooperativen auf unterer Ebene vom Einfluß uns feindlich gesinnter Kräfte zu befreien« – er dachte dabei an die Kulaken, die Großbauern. Als dritten »Riemen« nannte der Berichterstatter die Jugendverbände. Die Attacken des Gegners seien hier besonders hartnäckig. Und er zählte noch weitere »Riemen« auf: die Frauenbewegung, die Schulen, die Armee, die Presse usw. Zusätzlich versuchte Stalin, alle diese »Riemen« bildhaft zu beschreiben: Er bezeichnete die Presse als »die stärkste Waffe, durch sie spricht täglich die Partei«, die Armee erschien ihm als »Sammelbecken von Arbeitern und Bauern« und so weiter.

Es ist charakteristisch, daß der Generalsekretär in seinem Bericht außerordentlich wenig über den Inhalt der Arbeit dieser »Transmissionsriemen« sprach, aber dafür um so mehr darüber, welche feindlichen Kräfte »uns hier gegenüberstehen«. Der Klassenkampf ging gewiß weiter, nun aber versteckt und mit unklaren Fronten. Stalin lebte ausschließlich im Kampf mit offensichtlichen und mutmaßlichen Gegnern.

So raffiniert Stalin taktieren konnte – er hat seine Auffassungen damals nicht vollständig verborgen. Und bis zum Ende der zwanziger Jahre war es möglich, ihm gefahrlos zu widersprechen – die Leninsche Tradition der Glasnost starb nicht sofort. Davon kann man sich durch die Lektüre von Parteidokumenten und Zeitungen jener Jahre überzeugen.

Nach Lenins Anfall im März legte Stalin eine erhöhte Aktivität an den Tag. Immer weniger beriet er sich mit Sinowjew und Kamenew, selten mit Bucharin und fast nie mit Trotzki. Die Autorität Stalins in der Partei wuchs kontinuierlich, was sich vor allem in einem zunehmenden Einfluß des Generalsekretärs im Politbüro bemerkbar machte. Er erreichte dies, indem er Trotzki schrittweise isolierte. Es wäre ohne die Hilfe Sinowjews und Kamenews nicht möglich gewesen.

»Eines Tages entbrannte im Politbüro ein Streit zwischen Sinowjew und Trotzki«, erzählte mir Alexej Pawlowitsch Balaschow, ein alter Bolschewik und ehemaliger Mitarbeiter in Stalins Sekretariat. »Alle unterstützten den Standpunkt Sinowjews, der Trotzki geradeaus ins Gesicht gesagt hatte: ›Sehen Sie denn nicht, daß Sie mit einem Ring am Fuß angekettet sind? Ihre Taschenspielertricks werden nicht durchkommen. Sie sind in der Minderheit mit nur einer Stimme.‹ Trotzki tobte, und Bucharin versuchte, alles zu glätten. »Häufig war es so«, erzählte Balaschow weiter, »daß sich Sinowjew, Kamenew und Stalin bei ihm (Stalin; D. W.) trafen, wenn Politbürositzungen oder irgendwelche Beratungen bevorstanden. Offenbar haben sie diese Treffen zum Zweck des Absprechens ihrer Positionen veranstaltet. Wir haben im Sekretariat diese Treffen der ›Trojka‹ untereinander auch tatsächlich ›Ring‹ genannt. In den zwanziger Jahren hatte Stalin ständig zwei bis drei Helfer. In den verschiedenen Jahren waren es Nasaretjan, Kanner, Dwinski, Mechlis, Baschanow. (...) Sie alle wußten von der absolut negativen Beziehung Stalins zu Trotzki und verhielten sich im Apparat entsprechend.«

Stalin gelang es ohne Anstrengung, Sinowjew und Kamenew auf seine Seite zu ziehen. Beide verfolgten ehrgeizige Ziele. Das gilt vor allem für Sinowjew. Und beide fürchteten Trotzki mehr als Stalin. Als Trotzki am 8. Oktober 1923 einen Brief an das ZK schrieb, in dem er die Parteiführung scharf kritisierte, ließ Stalin sich die Gelegenheit nicht entgehen.

Trotzki wurde von einer Gruppe Bolschewiki unterstützt, die die sogenannte »Erklärung der 46« unterzeichnet hatten. Unter ihnen befanden sich auch solche namhaften Persönlichkeiten wie Preobraschenski, Pjatakow, Kossior, Ossinski, Sapronow, Rafail und andere.

Trotzkis wichtigster Vorwurf lautete, daß die Partei keinen Plan für die Wirtschaftspolitik besitze. Er wiederholte seine Ideen über die »harte Konzentration« der Industrie, die die Schließung von großen Fabriken einschloß, und über die »härtere Politik gegenüber der Bauernschaft«. Darüber hinaus bestand er auf der Politik »der Militarisierung der Arbeit«. Es lohnt sich, hier etwas ins Detail zu gehen.
Schon auf dem 9. Parteitag der KPR(B) hatte Trotzki erklärt:

»Die Arbeitermasse kann kein umherstreifendes Rußland sein. Sie muß versetzbar, ernennbar und kommandierbar sein, ebenso wie die Soldaten. Das ist die Grundlage der militarisierten Arbeit, und ohne diese kann von keinerlei Industrie auf neuen Grundlagen die Rede sein, und schon gar nicht unter den Bedingungen der Zerrüttung und des Hungers.«

Drei Jahre später glaubte Trotzki noch immer, daß militärische Methoden zur Steuerung der Industrie und der Landwirtschaft angebracht seien. Der Verkünder des »Kasernenkommunismus« hat sich häufig widersprochen: Einerseits liebte er es, über die mangelnde Demokratie in der Partei zu sprechen, und andererseits wollte er das Land per Befehl regiert sehen.
Wie auch immer, die von Trotzki im Herbst 1923 initiierte Diskussion über Fragen der Wirtschaftspolitik war ein Angriff auf die Haltung des ZK, und vor allem richtete sie sich gegen Stalin als Generalsekretär. Sie wurde geführt, als Lenin krank war. Und ihr Ergebnis war anders, als Trotzki es sich erhofft hatte: Er verlor an Boden, und der Einfluß Stalins nahm zu.
Das vereinigte Plenum von ZK und ZKK wies Trotzki zurück. Ihn unterstützten nur 2 von 114 Teilnehmern der Sitzung. Noch bevor der Kampf um die Führung in der Partei begann, stand Trotzki fast allein. Seine Niederlage war vollständig. Damals versuchte er, sich auf die Armee zu stützen, wo er noch einige Autorität besaß. Mit Hilfe des Leiters der Politischen Hauptverwaltung der Roten Armee Antonow-Owsejenko, eines langjährigen Anhängers, hatte Trotzki die Absicht, die Streitkräfte zu benutzen für eine Demonstration gegen die Linie des ZK. Jedoch haben die Kommunisten im Heer und in der Flotte ihn nicht unterstützt, sieht man von wenigen Ausnahmen ab. Als Resultat dieser Diskussion verurteilte die 13. Parteikonfe-

renz im Januar 1924 nicht nur die Position Trotzkis, sondern verabschiedete auch wichtige Beschlüsse zur Wirtschaftspolitik.
Später hat Trotzki eingestanden, daß seine Attacken gegen das Zentralkomitee und die Diskussionen, die er angefacht hatte, dem Ziel dienten, ihn zum Führer der Partei zu machen. Es ist jedoch augenfällig, daß Trotzki seine Aktionen in äußerst ungünstigen Momenten unternahm, eigentlich hätte er im voraus wissen müssen, daß ihm eine Niederlage sicher war. Trotzki hatte seinen intellektuellen Einfluß überschätzt und Stalin massiv unterschätzt, vor allem dessen Fähigkeit, einen politischen Kampf mit allen Mitteln zu führen.
Wer war der Mann, der nach Lenins Tod die Hauptrolle in der Partei spielen wollte? Es ist bekannt, daß Trotzki sich nach dem 2. Parteitag der SDAPR im Juli/August 1903 den Menschewiki angeschlossen hatte. Im Juli 1917 wurde er, damals Mitglied der sogenannten »Meschrayonzy« (diese »Zwischengebietsgruppe« hatte etwa 4000 Mitglieder), auf dem 6. Parteitag in die Partei aufgenommen und sogleich ins ZK gewählt. Während der Oktobertage leistete Trotzki als Vorsitzender des Petrograder Sowjets eine große Arbeit. In der Tat, Trotzki hatte sich in der Revolution und während des Bürgerkriegs eine große Popularität errungen. Als Lenin im Herbst 1917 über die Aufstellung von Kandidaten für die Konstituierende Versammlung sprach, sagte er, daß »niemand einer solchen Kandidatur wie zum Beispiel der Trotzkis widersprechen könnte; denn erstens hat Trotzki direkt nach seiner Ankunft die Position eines Internationalisten eingenommen; zweitens kämpfte er innerhalb der ›Meschrayonzy‹ für einen Zusammenschluß; und drittens hat er sich in den schweren Julitagen als Herr der Lage und als ergebener Anhänger der Partei und des revolutionären Proletariats erwiesen«.
Um der historischen Wahrheit gerecht zu werden, muß man erwähnen, daß Trotzki vor und nach dem Oktoberaufstand, im Verlauf des Bürgerkriegs und danach nur Lenin an Beliebtheit nachstand. Er war einer der berühmtesten Führer der Oktoberrevolution. Bei der Aufzählung von Namen ging man damals nicht nach alphabetischer Reihenfolge vor, und Trotzki wurde fast immer nach Lenin genannt. In den Protokollen der ZK-Sitzungen wurden die Anwesenden in den Jahren 1918 bis 1921 in der Regel wie folgt aufgelistet: Lenin, Trotzki, Sinowjew, Kamenew, Stalin, Rudsutak, Tomski, Rykow, Preobraschenski, Bucharin, Kalinin, Krestinski, Dserschinski, Radek, Andre-

jew. So sah zum Beispiel die offizielle Anwesenheitsliste der Plenarsitzung des Zentralkomitees vom 20. und 21. November 1920 aus.
Trotzkis Popularität schlug sich allerdings nicht nieder in einer großen Anzahl von Anhängern. Es entstand ein paradoxes Bild: Stalin verkörperte die »Linie«, ohne persönlich populär zu sein. Trotzki, der eine große Popularität genoß, erhielt früh den Stempel des »Fraktionsmachers«. Hinzu kommt ein Umstand, den Isaac Deutscher so beschreibt: »Trotzki war sich seiner Position in der Partei und im Land so sicher und derart von seiner Überlegenheit über seine Gegner überzeugt, daß er lange Zeit kein Verlangen verspürt hatte, um die Nachfolgeschaft zu kämpfen.«
Stalin und Trotzki waren gleichaltrig. Aber Trotzkis Intellekt war schärfer und reicher. Er besaß viele herausragende Fähigkeiten. Aber, wie gesagt, er überschätzte die Bedeutung seiner Person, und er verhielt sich arrogant und autoritär, unduldsam gegenüber anderen Auffassungen. Deshalb begannen viele an ihm zu zweifeln. Trotzki hat sich als ein schwacher Politiker erwiesen, und er war bei weitem nicht immer ein guter Theoretiker. Das Fehlen fester marxistischer Überzeugungen hat aus ihm einen Helden des Augenblicks gemacht, einen naiven Propheten und einen Möchtegerndiktator.
Stalin hatte allmählich alle schwachen Punkte in Trotzkis Persönlichkeit abgetastet, und er nutzte sein Wissen konsequent; Trotzki kümmerte sich nicht sonderlich um eine widerspruchsfreie Übereinstimmung seiner vielzähligen Reden, Artikel und Erklärungen. Er legte mehr Wert auf publizistische und rhetorische Aspekte. Er liebte Metaphern. Bei einem Gespräch mit Lenin etwa formulierte er ein »geflügeltes Wort«, das auch Stalin zu Ohren kam: »Der Kuckuck wird bald den Tod der Sowjetrepublik ausrufen.« Bei einer Unterredung mit Delegierten des Gründungskongresses der Kommunistischen Internationale sagte er: »Die Fackel in Rußland könnte erlöschen, wenn nicht bald eine Revolution in Europa oder in Asien ausbricht.«
Solche Äußerungen waren für Stalin »schlagende« Argumente. Er benutzte sie, um Trotzki des Verrats und des Kapitulantentums zu beschuldigen. Und je mehr sich Trotzki rechtfertigte, um so mehr setzte er sich in den Augen anderer ins Unrecht. Stalin hat sich damals als ein äußerst raffinierter Taktiker erwiesen.
Lenin wie andere Parteiführer sahen die literarischen und organi-

satorischen Fähigkeiten Trotzkis, aber auch seinen starken Ehrgeiz und seine politische Beschränktheit, wie sie sich in seinem linksradikalen Verständnis zahlreicher zentraler Ideen des Marxismus äußerte. In besonderem Maß zeigt sich dies in seinem berühmten Werk über die »permanente Revolution«.

Gorki erinnerte sich, daß er sich wunderte über Lenins hohe Einschätzung von Trotzkis organisatorischen Fähigkeiten. »Als Wladimir Iljitsch meine Verwunderung bemerkt hatte, fügte er hinzu: ›Ja, ich weiß, über mein Verhältnis zu ihm lügt man irgend etwas. Aber – was wahr ist, ist wahr. Und was nicht wahr ist – ist nicht wahr, das weiß ich auch. Ihm ist es doch gelungen, die Militärspezialisten zu organisieren.‹ Nachdem er kurz geschwiegen hatte, fügte er leise und nicht fröhlich hinzu: ›Er ist ehrgeizig. Und in ihm steckt etwas – von Lassalle!‹«

Und in der Tat, Trotzki setzte Lenins Idee, ehemalige zaristische Offiziere im Interesse der Revolution einzusetzen, mit seltener Beharrlichkeit in die Tat um. Auf seine Initiative beschloß das ZK am 25. Oktober 1918, alle Offiziere, die noch als Geiseln festgehalten wurden, in die Freiheit zu entlassen. Diejenigen unter ihnen, die keiner konterrevolutionären Organisation angehörten, konnten in die Rote Armee eintreten. Allerdings heißt es in dem Beschluß weiter, daß sie »verpflichtet sind, eine Liste ihrer Familienangehörigen zu hinterlegen«. Sollten sie zu den Weißgardisten überlaufen, so würden ihre Familien verhaftet.

Stalin vergaß diese ZK-Sitzung nicht. Auf ihr war nicht nur Trotzkis Vorschlag hinsichtlich der Militärspezialisten angenommen worden. Das ZK hatte überdies Stalins Antrag abgelehnt, den Kommandierenden und ein Mitglied des Kriegsrats der Südfront vor ein Militärgericht zu stellen. Stalin verurteilte diese beiden Beschlüsse als »intellektuellen Liberalismus«.

Trotzki, so schreibt Radek, sei ein schonungsloser Mensch gewesen. Als tödliche Gefahr für Sowjetrußland aufkam, schreckte Trotzki vor keinerlei materiellen und menschlichen Opfern zurück. Darin war er Stalin ähnlich. Trotzki, erinnert sich Radek, habe einen bemerkenswerten Satz geprägt: »Wir haben ganz Rußland beraubt, um die Weißen zu besiegen.« Lenin versuchte lange Zeit, Trotzki in die notwendige Richtung zu lenken. Und hätte Lenin länger gelebt, Trotzkis Schicksal wäre sicher ein anderes gewesen.

Fast in allen Grundsatzfragen hatte Trotzki mit Stalin und oft auch mit der Partei Differenzen. Trotzki hat in der Neuen Ökonomischen Politik das erste Anzeichen bolschewistischer Entartung und den Verlust des radikalen Charakters der russischen Revolution gesehen. Seine Ideen von »der Diktatur der Industrie« und der Entfaltung der »Arbeiterarmeen«, der Unvermeidlichkeit, »Blut und Nerven« zu opfern zur Erreichung des Ziels, klangen sehr links, waren aber äußerst gefährlich.
In der Emigration wird Trotzki seine Version betonen, daß Lenin ihn in einen »Block« gegen Stalin einbeziehen und gemeinsam mit ihm auf dem 12. Parteitag den Generalsekretär von seinem Posten absetzen wollte. In seinem Buch »Mein Leben« schreibt Trotzki:

»Lenin hatte eigentlich nur noch Zeit gehabt, Stalin und dessen Verbündeten den Kampf *anzusagen*, wobei auch dieses nur die unmittelbar daran interessierten Kreise erfuhren, nicht aber die Partei.«

Warum verbreitete Trotzki diese Thesen? Vor allem, um zu erklären: Lenin habe in ihm seinen Nachfolger gesehen. In diesem Sinn hat er auch Lenins »Brief an den Parteitag« kommentiert: »Das unbestreitbare Ziel des Testaments ist: mir die Arbeit der Leitung zu erleichtern. Lenin will es natürlich mit den geringsten persönlichen Reibungen erreichen.«
Daß Trotzkis Version dubios ist, zeigen Lenins Äußerungen. Lenin war ein »Block« mit Trotzki gegen Stalin von keinerlei Nutzen. Seine Autorität war unangefochten. Es besteht kein Zweifel daran: Wäre Lenin gesund gewesen, hätte er nur vorschlagen müssen, Stalin abzulösen. Seine Argumente hätten ihr Ziel nicht verfehlt. Lenin hielt Stalin für ungeeignet als Generalsekretär, aber für ebenso ungeeignet hielt er offensichtlich Trotzki als Parteiführer.
Stalin prägte sich all die oft abenteuerlichen Ideen und Taten Trotzkis ein. Er vergaß nie dessen Verhalten bei den Friedensverhandlungen von Brest-Litowsk, nie dessen Befehl, eine Gruppe von Politfunktionären wegen des Verrats einiger Militärspezialisten zu erschießen (Lenin hatte eine Tragödie verhindert), nie dessen Vorschlag, ein Kavalleriekorps nach Indien zu schicken, um dort eine revolutionäre Erhebung auszulösen; und er vergaß nie den Kuckuck, der bereit war, das Ende der Sowjetmacht auszurufen.

Dem Generalsekretär gefiel es nicht – ebensowenig wie vielen anderen –, daß Trotzki sich bald nach der Revolution mit zahlreichen Helfern und Sekretären umgab. Glasman, Butow, Sermuks, Posnanski und andere halfen Trotzki, ein großes Archiv anzulegen und den Schriftverkehr zu führen, die Thesen und Materialien für seine unzähligen Artikel und Reden vorzubereiten. Diese Helfer haben ihm nicht selten kreative Impulse gegeben. Trotzki schuf sich ein intellektuelles Umfeld und hat damit einer heute üblichen Politikerpraxis vorgegriffen. Viele heutige Politiker sind ohne einen solchen Apparat nicht selten hilflos.
Der Generalsekretär war davon überzeugt, daß Trotzki während der Revolution und des Bürgerkriegs und auch danach die vielzähligen Probleme Rußlands in bedeutendem Maß durch das Prisma seiner persönlichen Ambitionen betrachtet und daß er die ganze Schwere der sozialpolitischen Situation nicht erkannt hatte. Da Trotzki sein Überlegenheitsgefühl gegenüber anderen in der Regel nicht verbarg, hatte er in der Führungsspitze keine vertrauten Anhänger. Das später entstandene kurzzeitige Bündnis mit Sinowjew und Kamenew wurde nur durch seinen Zweck zusammengehalten, nämlich Stalin zu bekämpfen.
Trotzkis Niederlagen in den von ihm initiierten Auseinandersetzungen verringerten merklich seine Chancen – unabhängig davon, welchen Beschluß der Parteitag gefaßt hätte, wenn Lenins Brief vorgelesen worden wäre. Stalin redete im engeren Kreis häufig darüber (möglicherweise um sich selbst zu rechtfertigen), daß er die Revolution für tödlich bedroht hielt, wenn Trotzki an die Parteispitze gelangte. Trotzki unterschätzte nicht nur den Willen und die Verschlagenheit Stalins, sondern er hatte mit seinen endlosen Polemiken auch unbeabsichtigt die Autorität Stalins gefestigt. Dieser erschien in diesem Streit als Verteidiger des Leninschen Erbes und als Bewahrer der Einheit der Partei. Je schärfer Trotzki gegen Stalin auftrat, desto schneller sank sein Popularitätspegel. Es verbreitete sich die Ansicht, Trotzki attackiere nicht allein Stalin, sondern vor allem auch die Linie der Partei. So hat Trotzki Stalin geholfen, seine Position zu verstärken. In den Augen der Parteimitglieder hatte Stalin sich niemals nach links oder nach rechts geneigt, und der Generalsekretär konnte sich im Kampf gegen Trotzki außerdem auf seine zukünftigen Gegner Sinowjew und Kamenew stützen.

Am 21. Januar 1924 starb Lenin. Trotzki weilte in dieser Zeit im Süden des Landes. Aus ungeklärten Gründen wohnte er der Beerdigung nicht bei, obwohl ihm dies zeitlich möglich gewesen wäre. Auf dem Tifliser Bahnhof gab er im Telegraphenamt einen kurzen Artikel für die »Prawda« auf. In ihm sind folgende Zeilen zu lesen:

»Nun, Iljitsch ist nicht mehr. Die Partei ist verwaist. Die Arbeiterklasse ist verwaist. Ebendieses Gefühl kommt bei der Nachricht vom Tod des Lehrers, des Führers auf.
Wie werden wir weitergehen? Werden wir einen Weg finden, und werden wir nicht vom Weg abkommen? (...)
Unsere Herzen sind von solch maßloser Betrübnis erfaßt, weil wir alle dank des großmütigen Willens der Geschichte als Zeitgenossen Lenins geboren wurden, weil wir mit ihm arbeiteten und von ihm lernten.
Wie werden wir weitergehen? Mit dem Leuchtfeuer des Leninismus in der Hand.«

Es wäre zynisch, die Aufrichtigkeit von Trotzkis bitteren Worten anzuzweifeln. Vor Lenin mußte auch er sich verneigen.
In der Nacht des 22. Januar fand eine außerordentliche ZK-Sitzung statt. Am 26. wurde der 2. Sowjetkongreß der UdSSR im Bolschojtheater eröffnet. Er beschloß, Lenins Leichnam für immer in einem Mausoleum auf dem Roten Platz aufzubahren. In unserer Literatur wurde die Trauerzeremonie bis vor kurzem noch so dargestellt, als wäre auf ihr nur Stalin mit seinem »Schwur« aufgetreten. Es war alles ganz anders. Als erster sprach Kalinin. Dann Krupskaja, dann Sinowjew. Der Vorsitzende des EKKI wandte sich mit einer Frage an die Anwesenden: »Wird es uns gelingen, unser Land in jene verheißungsvollen Gefilde zu führen, die sich dem geistigen Auge Wladimir Iljitschs offenbart hatten? Wird es uns gelingen, zumindest mit knapper Not, indem wir alle Kräfte zusammennehmen, das zu erreichen, was Wladimir Iljitsch uns lehrte?« Es sprachen auch Bucharin, Clara Zetkin, Tomski, Sergejew, Narimanow, Kamenew. In der Rede Kamenews wurde ein interessanter Gedanke geäußert: »Er fürchtete niemals, allein zu bleiben, und wir kennen die großen Wendemomente in der Geschichte der Menschheit, als dieser Führer, berufen, die Massen der Menschheit zu führen, allein war, als um ihn herum

weder eine Armee noch eine Gruppe von Gleichgesinnten war. (...) Das einzige, was ihn niemals verlassen hat, war der Glaube an die schöpferische Kraft der Volksmassen.« Reden hielten noch Oldenburg, Woroschilow, Smorodin und Rykow. Stalin sprach als vierter nach Sinowjew.

Stalin trug seine Rede (in der Regel schrieb er deren Texte selbst, und anschließend konnten sich die Politbüromitglieder mit ihnen vertraut machen) in der pathetischen Manier eines Schwurs vor. Das katechismusartige Denken trat hier deutlich zutage. Alles war in Schubladen verteilt. Stalin rief dazu auf, ein »Königreich auf Erden und nicht im Himmel« zu schaffen. Aber in seiner Rede war noch etwas anderes, etwas, was ihm bis zum Ende seines Lebens eigen sein würde – der Glaube an die Kraft, an die Opferbereitschaft: »Wir werden keine Mühen scheuen«, »zahllose Schläge abwehren«, »die Kraft unseres Landes«, »darin ist unsere Kraft«, »wir werden unser Leben nicht schonen«. Stalin schwor im Namen der Partei, seiner Berufung als Parteimitglied treu zu bleiben, die Einheit der Partei zu erhalten, die Diktatur des Proletariats zu stärken, das Bündnis der Arbeiter und Bauern zu stützen, das Bündnis der Bruderrepubliken zu festigen und dem Internationalismus die Treue zu halten. Die Volksmacht, die sozialistische Demokratie und die Freiheit erwähnte er nicht.

Zum Nachfolger Lenins im Amt des Vorsitzenden des Rats der Volkskommissare wurde Rykow berufen, das Amt des Vorsitzenden des Rats für Arbeit und Verteidigung wurde mit Kamenew besetzt. Stalin verblieb auf dem Posten des Generalsekretärs und wartete auf die Beschlüsse des 13. Parteitags, auf welchem nach Lenins Willen der »Brief an den Parteitag« verlesen werden sollte.

Die frühen Quellen der Tragödie

Den Brief Lenins vom Dezember 1922 und den Nachtrag vom 4. Januar 1923 übergab Krupskaja dem Zentralkomitee am 18. Mai 1924, fünf Tage vor der Eröffnung des 13. Parteitags. In dem Protokoll, in dem die Übergabe dieser Dokumente festgehalten wurde, trug Krupskaja unter anderem folgendes ein: »Ich habe die Schriften, die Wladimir Iljitsch in der Zeit vom 23. Dezember bis 23. Januar

diktiert hatte – dreizehn einzelne Schriften –, übergeben. (...) Einige dieser Schriften sind veröffentlicht worden (Über die Arbeiter- und Bauern-Inspektion, Über Suchanow). Unter den nichtveröffentlichten Schriften befinden sich die vom 24./25. Dezember 1922 und die vom 4. Januar 1923, welche persönliche Charakteristika einiger Zentralkomiteemitglieder einschließen. Wladimir Iljitsch hatte seinen festen Willen geäußert, daß diese Schriften nach seinem Tode dem nächsten Parteitag zur Kenntnis vorgelegt werden sollten.
N. Krupskaja«

Das Plenum des ZK, das vor Beginn des Parteitags zusammentrat, faßte nach dem Bericht der Kommission, welche die Leninschen Papiere entgegengenommen hatte, folgenden Beschluß:

»Die gelesenen Dokumente sind gemäß dem Willen Wladimir Iljitschs dem Parteitag vorzulegen. Hierzu ist eine Bekanntmachung in den Delegationen zu veranlassen, und es muß gewährleistet sein, daß die Dokumente nicht zur Veröffentlichung freigegeben werden. Die Bekanntmachung an die Delegationen erfolgt durch Kommissionsmitglieder nach Erhalt der Papiere Iljitschs.«

Der 13. Parteitag war der erste ohne Lenin. Den politischen Bericht trug Sinowjew vor. Er begann, ungewohnt aufgeregt, vorzutragen: »(...) In der heutigen ›Prawda‹ hat einer unserer heimischen Arbeiterdichter die Stimmung der Partei in diesem Augenblick ausgezeichnet ausgedrückt:

›Dem Gedanken
erzittern die Knie,
in der Trübe der Augen
irrt der Gram umher.
Den Politbericht des ZK
liest ... liest ...
nicht Lenin ...‹

Ohne Lenin, ohne unser Licht, ohne den genialsten Kopf auf der Erde, müssen wir nun Aufgaben von gigantischer Wichtigkeit, von denen das Schicksal unseres Landes abhängt, lösen.«

Sinowjew äußerte sich zu zahlreichen Fragen. Aber weder er noch Stalin später in seinem organisatorischen Rechenschaftsbericht sprach die Themen an, die Lenin in seinem Brief angeschnitten hatte. Dies geschah jedoch kaum vorsätzlich. Vielmehr ist anzunehmen, daß Lenins Mitstreiter die Bedeutung von dessen Vision nicht erfaßten. Wie auch immer: Der Parteitag befaßte sich nicht mit der Erweiterung der demokratischen Elemente in der Diktatur des Proletariats, mit der Erneuerung der Führungsorgane, mit einer weitgehenden Einbeziehung der Massen bei staatlichen Entscheidungen.
Stalin erwähnte lediglich die Leninsche Forderung nach einer Erweiterung des ZK, allerdings ohne zu vermerken, daß sie zugunsten von Arbeitern und Bauern erfolgen sollte. Noch immer hatten die Berufsrevolutionäre ein erdrückendes Übergewicht. Und nur wenige Arbeiter und Bauern wurden auf dem Parteitag in das ZK gewählt. Im politischen Bericht Sinowjews wurde das Thema der sozialistischen Demokratie in eigentümlicher Weise beleuchtet. Sinowjew zitierte die Meinungsäußerung eines Fabrikingenieurs, der erklärt hatte, daß es nicht genüge, den Menschen das Nötigste zu geben, man solle ihnen auch Menschenrechte geben. Solange wir diese Rechte nicht besäßen, so lange seien wir träge und untätig. Solange nicht anerkannt werde, daß der Mensch der höchste Wert im Staat sei, würden die Menschen eine geringe Aktivität zeigen. Ohne Zweifel waren dies richtige Worte. Jedoch formulierte der Ingenieur in seiner Stellungnahme noch einige unzutreffende Auffassungen. Auf sie ging Sinowjew mit folgenden Worten ein:

»(...) Es ist verschwendete Zeit, zu dieser Frage überflüssige Worte zu verlieren. Es ist vollkommen klar, daß sie (die Spezialisten; D. W.) solche Rechte in unserer Republik nicht sehen, ebenso, wie sie ihre Ohren ohne Spiegel nicht sehen können. Das ist unbestritten.«

So dachte nicht nur Sinowjew, sondern auch viele andere im ZK, die nicht in der Lage waren, die humanistische Konzeption des Sozialismus zu erkennen. In diesem Unverständnis verbirgt sich ein Grund für das spätere Elend.
Lenins Brief nahm auf dem Parteitag nicht den Platz ein, den er hätte einnehmen müssen. Den einzelnen Delegationen wurde der Brief von eigens dafür bestimmten Personen vorgelegt. Als besonders

aktiv erwies sich Kamenew, der von einer Delegation zur anderen ging. Es gab keinerlei Diskussionen. Nach der »Lesung« wurde ein im voraus vorbereiteter mündlicher Vorschlag vorgetragen: Stalin ist zu empfehlen, in seiner praktischen Arbeit die kritischen Anmerkungen Lenins zu beachten. Das war alles. Als Lenins »Brief an den Parteitag« den Delegierten des 13. Parteitags bekannt gemacht wurde, war das Dokument bereits eineinhalb Jahre alt. In dieser Zeit hatte Stalin Trotzkis Attacken zurückgewiesen und dadurch die Unterstützung einer Mehrheit in der Partei gewonnen. Sollten die Delegierten des Parteitags dennoch Lenins Rat folgen und den Generalsekretär ablösen? Hatte nicht gerade Stalin sich als Verteidiger des Leninschen Erbes hervorgetan? Und bedeutete Stalin abzusetzen nicht, Trotzki anzuerkennen?

Viele Delegierte verstanden nicht sonderlich viel von den Haarspaltereien der Politik, oft haben sie die Form für den Inhalt gehalten. Ihre politische Kultur war meist niedrig. Allerdings besaßen nicht alle Bolschewiki eine niedrige politische Kultur. Hatten Sinowjew, Kamenew, Rykow, Tomski, Dserschinski, Kalinin, Rudsutak, Sokolnikow, Frunse, Andrejew und andere nicht die Notwendigkeit begriffen, Lenins »Testament« sorgfältig zu analysieren? Ich glaube, daß sie das zwar begriffen hatten, daß sie aber schließlich glaubten, einer formal verstandenen Einheit der Partei den Vorrang geben zu müssen.

Nachdem Stalin offiziell von Lenins Brief Kenntnis genommen hatte, bot er seinen Rücktritt an. Wäre damals diesem Rücktrittsgesuch stattgegeben worden, dann wäre womöglich vieles anders gekommen. Aber der Rücktritt wurde nicht akzeptiert. Stalin hat in den zwanziger Jahren insgesamt dreimal um seine Entlassung gebeten. Nach dem 15. Parteitag, als die Opposition um Trotzki und Sinowjew geschlagen war, wandte Stalin sich auf dem ersten Plenum an die Mitglieder des ZK mit folgenden Worten:

»Ich glaube, daß für die Partei bis vor kurzem die Notwendigkeit bestand, einen Menschen von mehr oder weniger schroffem Charakter auf diesem Posten als Gegengift für die Opposition zu haben. Nun ist die Opposition nicht nur zerschlagen, sondern auch aus der Partei ausgeschlossen. Und es existiert eine Anordnung Lenins, die meiner Meinung nach in die Praxis umgesetzt werden muß. Deshalb ersuche ich das Plenum, mich aus dem Amt des Generalsekretärs zu entlassen. Ich versichere ihnen, Genossen, daß die Partei dadurch nur gewinnen kann.«

Aber zu dieser Zeit war seine Autorität schon enorm. Er verkörperte in der Partei den Mann, der für die Einheit gekämpft hatte, indem er unermüdlich gegen verschiedene Fraktionen aufgetreten war. Das Rücktrittsgesuch wurde erneut abgelehnt. Es ist anzunehmen, daß Stalin im voraus davon überzeugt war und daß er mit diesem Vorschlag nur das Ziel verfolgte, seine Position noch zu verstärken. Kamenew und Sinowjew haben sich auf dem 13. Parteitag dafür eingesetzt, daß Lenins Rat, Stalin abzulösen, nicht in die Tat umgesetzt wurde. Bedenkt man ihre Nähe zu Lenin, so ist dies wohl die unwürdigste Seite in ihrer politischen Biographie. Man überredete Stalin, sein Rücktrittsgesuch zurückzunehmen, und arbeitete gemeinsam ein Dokument aus, in dem Stalin aufgefordert wurde, die kritischen Bemerkungen des verstorbenen Führers zu respektieren. Sinowjew und Kamenew waren federführend beteiligt an dieser Operation, die dem Zweck diente, Lenins »Testament« zu mißachten. Wenn sie nur gewußt hätten, daß sie ihren Totengräber verteidigten! Für Sinowjew und Kamenew war es am wichtigsten, nicht zuzulassen, daß Trotzki die Hauptrolle spielte. Weil sie selbst darauf spekulierten. Für sie war nicht das Schicksal der Revolution, nicht das Schicksal von Lenins »Testament« und auch nicht die Zukunft des Landes von vorrangigem Interesse. An erster Stelle standen ihr Egoismus, ihr Ehrgeiz, ihre Eitelkeit. Sie unterschätzten Stalin ebenso, wie Trotzki es tat. So hatte etwa Sinowjew Anfang der zwanziger Jahre im engeren Kreis gesagt: »Stalin ist ein guter ausführender Funktionär, aber man kann und muß ihn immer anleiten. Stalin selbst fehlt es an der Fähigkeit zur Selbstanleitung.« Offensichtlich waren Sinowjew und Kamenew darauf aus, daß Stalin wohl auf dem Posten des Generalsekretärs bliebe, daß aber die erste Geige im Politbüro ein anderer spielen würde – natürlich Sinowjew. Stalin hatte die Absichten des Duos durchschaut, aber er gab sich zunächst den Anschein, als sei er mit dieser Aufteilung einverstanden. Stalin hatte es nicht zufällig arrangiert, daß auf dem 13. Parteitag Sinowjew mit dem politischen Rechenschaftsbericht auftreten konnte. Trotzki verhielt sich auf dem Parteitag passiv und machte den Eindruck, als warte er darauf, daß man ihn bat.

Allein hätte Stalin nichts ausrichten können. Es waren Sinowjew und Kamenew, die verhinderten, daß der »Brief an den Parteitag« öffentlich zugänglich gemacht wurde. Und obwohl dieses Dokument dann auf dem 15. Parteitag auf Anregung von Ordschonikidse in einem Bulletin veröffentlicht wurde, erreichte es nicht die breiten Schichten der Partei und auch nicht das Volk.

Als Trotzki praktisch geschlagen war und Stalin Sinowjew und Kamenew nicht mehr brauchte, kam es zum Bruch zwischen dem Duo und dem Generalsekretär. Nun wurden Kamenew und Sinowjew plötzlich »prinzipiell«. Als es um ihre persönliche Position ging, vergaßen die politischen Zwillinge rasch ihre Freundschaft zu Stalin und traten gegen ihn auf. Aber die meisten Parteimitglieder und -funktionäre bewerteten dies als Fraktionsmacherei. Das, was viele, die nun als Oppositionelle auftraten, seinerzeit getan hatten, um Stalin gegen den Willen Lenins auf dem Posten des Generalsekretärs zu halten, konnten sie nicht mehr rückgängig machen.
Trotzki hatte eine harte Niederlage erlitten. Er versuchte nun, »sein Gesicht zu wahren«. Seinen Auftritt auf dem 13. Parteitag bezeichnete Sinowjew als »parlamentsmäßig«. Nach Sinowjews Eindruck wandte Trotzki sich nicht an die Delegierten, sondern an die gesamte Partei und versuchte, »ganz und gar nicht das zu sagen, was er denkt«. In der Tat war Trotzkis Auftritt überraschend. In seiner Rede richtete er sich vor allem gegen die Bürokratisierung des Parteiapparats. Um überzeugend zu wirken, berief er sich auf Lenin und Bucharin und attakkierte die ZK-Führung aus der Position eines Neuerers, eines Kämpfers für die Bewahrung der revolutionären Tradition der Partei. »Die Masse denkt langsamer als die Partei«, erklärte Trotzki. Um die Fähigkeit der Partei, »schnell und wahr zu denken«, zu erhalten, müsse man sie befreien von den »Beschwerlichkeiten«, die ihr durch die Bürokratisierung des Parteiapparats zugefügt würden. Die Bürokratie nähre die Fraktionsbildung, sagte Trotzki, sie rechtfertige die ideologische und politische Kritik. Mit anderen Worten, die von ihm initiierten Diskussionen in der Partei betrachtete er als Antwort auf die Bürokratie im ZK und auf allen Ebenen der Parteihierarchie.
In diesem Gedanken steckt ein bestimmtes Maß an Rationalität. Aber Trotzki sorgte sich weniger um die Partei als um sich selbst. Und er blieb allein: Seine Position war nicht glaubwürdig. In der Partei

hatte man nicht vergessen, daß gerade er einer der Initiatoren der Methoden des »Kriegskommunismus« war, der doch unweigerlich bürokratische Verzerrungen hervorbringen mußte.
Der 13. Parteitag mißachtete auch Lenins Rat, die Führungskräfte zu erneuern. Hätte man die Amtszeit der Funktionäre begrenzt, dann hätte es kaum zu solchen Entartungen kommen können. Stalins jahrzehntelanger Verbleib an der Spitze der Partei und des Staats mußte zu Deformationen führen.
Ganz zu Anfang gab es keine äußeren Anzeichen für die Errichtung einer Diktatur. Im Gegenteil. Stalin kämpfte gegen Trotzki unter der Losung des gemeinsamen Kampfes gegen dessen Führungsanspruch. Trotzki zehrte immer noch von dem politischen Kapital, das er in den Jahren des Bürgerkriegs erworben hatte, aber er bemerkte nicht, daß es schmolz. Stalin kritisierte den Führungsanspruch Trotzkis und schlug eine demokratisch klingende Alternative vor: »kollektive Führung«. Stalin hatte aber längst den Plan gefaßt, den Kern der Parteiführung allmählich zu verändern. Der erste, den er beseitigen wollte, war Trotzki. Aber die Ereignisse durften nicht forciert werden. So änderte sich die Politbürobesetzung nach dem 13. Parteitag nur geringfügig; sogar Trotzki hatte seinen Sitz behalten. Als neues Mitglied erschien lediglich Bucharin, der schnell an Autorität innerhalb der Partei gewonnen hatte, nicht zuletzt, weil Lenin ihn »Liebling der Partei« genannt hatte. Kandidaten des Politbüros wurden Dserschinski, Sokolnikow und Frunse. Das Sekretariat wurde neu organisiert: Generalsekretär – Stalin, zweiter Sekretär – Molotow, Sekretär – Kaganowitsch. Die Zusammensetzung des Zentralkomitees hatte sich zu Stalins Gunsten entwickelt.
Stalin hatte die schwierigste Phase seiner Parteikarriere hinter sich gebracht. Man hatte ihn nicht nur im Amt des Generalsekretärs belassen, sondern es war ihm auch gelungen, seine Position in der Parteiführung auszubauen.
Der »Brief an den Parteitag« verschwand für Jahrzehnte aus dem Blickfeld der Partei. Er wurde nicht in Lenins »Gesammelten Werken« veröffentlicht, obwohl Stalin versprochen hatte, er werde dafür sorgen. Allerdings ist der Brief in den zwanziger Jahren einige Male bei innerparteilichen Auseinandersetzungen aufgetaucht. Er wurde sogar im Bulletin Nr. 30 des 15. Parteitags veröffentlicht (in einer Auflage von mehr als 10000 Exemplaren). Mit der Aufschrift »Nur

für KPR(B)-Mitglieder« wurde der Brief an die Bezirkskomitees der Partei verschickt sowie an die kommunistischen Fraktionen im Zentralexekutivkomitee und im Zentralrat der sowjetischen Gewerkschaften. Ein Teil des Briefs wurde am 2. November 1927 in der »Prawda« veröffentlicht. Deshalb wäre es falsch, zu sagen, die Partei habe nichts gewußt von Lenins »Testament«. Nachdem Lenins Wille nicht sofort erfüllt worden war, wurde es später um so schwieriger. Vor allem weil Stalin sich den Anschein gab, als wäre er bereit, sein Verhalten zu ändern. Und das wichtigste war, daß er in den Augen der Partei der führende Vertreter der ZK-Mehrheit gegen die Oppositionellen zu sein schien. Unter »Opposition« wurde häufig schon die Äußerung von Meinungen begriffen, die von denen der Mehrheit abwichen. Stalin sollte es erreichen, daß Wörter wie »Opposition« und »Fraktion« zu Synonymen für »Feinde« wurden.

Wahl und Kampf

Zu Beginn der zwanziger Jahre standen in der Umgebung Moskaus Hunderte von Landhäusern – Datschen – leer, sie waren von ihren Besitzern verlassen worden. Die meisten von ihnen waren ins Ausland geflohen, viele waren im Bürgerkrieg gefallen, und andere hatte die Revolution von diesen Attributen des »bourgeoisen Luxus« enteignet. Viele dieser Häuser wurden in Krankenhäuser, Obdachlosenheime, Erholungsheime und andere staatliche Einrichtungen verwandelt.
Auch in der Nähe des Bahnhofs Usowo standen einige Dutzend Datschen leer. Eine davon, die früher dem Ölindustriellen Subalow gehört hatte, wurde Stalin zugeteilt. In der Umgebung ließen sich Woroschilow, Schaposchnikow, Mikojan, etwas später Gamarnik und andere Staats-, Partei- und Militärführer des Landes nieder.
Eines Tages, als er mit seiner Frau bei Tisch saß, sagte Stalin: »Ich habe Geld nie gemocht, weil ich es in der Regel nie hatte.« Beim Studium der Dokumente im Stalin-Archiv war es interessant, Quittungen zu lesen, die Stalin unterzeichnet hatte. Er hatte Jelena Dimitrijewna Stassowa bescheinigt, daß er Vorschüsse aus der Parteikasse erhalten hatte zu Lasten des nächsten Gehalts. Die Vorschüsse betrugen 25, 60 oder 75 Rubel. Dieser Mensch wußte vom Geldmangel nicht nur vom Hörensagen.
Mit der Zeit erschienen im Hause Stalins eine Kinderfrau und eine Haushälterin. Damals gab es weder vielköpfige Leibwachen noch Kommandanten, noch Kuriere und auch keine anderen Bediensteten, die erst später auftauchen sollten, um dann von den Führern »Betreuungsdienst« genannt zu werden. Der bürgerliche Begriff »Diener« war verpönt.
In den ersten Jahren nach der Revolution lebte Stalin, wie alle

Parteiführer, bescheiden und einfach, entsprechend dem familiären Budget und den Parteiregeln. Im Oktober 1923 hatten das ZK und die ZKK ein spezielles Rundschreiben an alle Parteikomitees geschickt. Darin waren Regeln aufgeführt, wie sie die 9. Parteikonferenz im September 1920 ausgearbeitet hatte. Danach war es unzulässig, staatliche Mittel für die Einrichtung privater Wohnräume und Datschen zu benutzen sowie Prämien und Belohnungen in Form von Naturalien an verantwortliche Funktionäre zu vergeben. Ferner sollte verhindert werden, daß eine große Diskrepanz entstand zwischen dem Gehalt der »Spezialisten« oder Funktionäre und dem Einkommen der Arbeiter. Zu Lenins Lebzeiten war es außerdem üblich, daß ZK-Mitglieder ihre Honorare aus schriftstellerischer Tätigkeit an die Parteikasse abtraten. Die Parteiführer besaßen damals keine Wertsachen, und sogar Gespräche darüber galten als Zeichen einer kleinbürgerlichen Gesinnung, ja, sogar als parteifeindlich.

Ab und zu versammelte man sich sonntags, wenn die Umstände es erlaubten, bei Stalin. Zu ihm fuhren Bucharin mit seiner Frau, Ordschonikidse, Jenukidse, Mikojan, Molotow, Woroschilow, Budjonny, oft mit Frauen und Kindern. Unter der Ziehharmonikabegleitung Budjonnys sang man russische und ukrainische Lieder, man tanzte sogar. Nur Trotzki ist niemals in der Datscha Stalins gewesen.

Bei der Tischrunde wurden lange Gespräche geführt über die Lage des Landes, der Partei, über aktuelle innere und internationale Angelegenheiten.

Auch der Altbolschewik Allilujew war häufig bei seinem Schwiegersohn, den er sehr schätzte. Und oft erzählte er dann von den »Alten«. (Er war Parteimitglied seit Gründung der Sozialdemokratie und war sehr stolz darauf.) Nur selten gab es Auseinandersetzungen. Alle duzten sich. Sie waren alle gleich. Es gab keine Ehrbezeugungen, keine Lobeshymnen und keine Schmeicheleien.

In dieser Datscha trafen sich Menschen, die noch vor weniger als zehn Jahren die Parias der Gesellschaft gewesen waren, und nun standen sie dank der historischen Umstände an der Spitze eines riesigen Staats, der sich nur schwer erholte von den zahllosen Wunden, die ihm Krieg und Bürgerkrieg beigebracht hatten. Viele Fragen, die in Stalins Datscha erörtert wurden, kamen dann im Politbüro zur Sprache. So warf Molotow einmal, als alle bei Tisch versammelt waren, eine Frage auf: Wieviel Korn geht wohl in Rußland für selbstgebrannten Schnaps drauf, und wieviel Geld fehlt dadurch im Staatshaushalt? Einige Tage später, am 27. November 1923, wurde auf einer Politbürositzung folgender Beschluß gefaßt:

»Das Sekretariat hat eine Kommission einzuberufen, die fortan den Kampf gegen die private Schnapsbrennerei, gegen Kokainhandel und gegen Glücksspiele (ebenso Lotteriespiele) führen soll. Als Besetzung sind vorgesehen: als Vorsitzender Genosse Smidowitsch, Stellvertreter Genosse Schwernik, als Mitglieder die Genossen Beloborodow, Danilow, Dogadow, Wladmirow.
Sekretär des ZK, Stalin«

Nach einem Datschagespräch über die Ursachen für Lenins Krankheit und Tod wurde beschlossen, die medizinische Versorgung der Parteiführung zu verbessern. Auf dem ZK-Plenum vom 31. Januar 1924 stellte Woroschilow folgenden Antrag:

»Das Präsidium der Zentralen Kontrollkommission wird gebeten, dringend notwendige Maßnahmen bezüglich der medizinischen Versorgung der Parteispitze zu treffen. Hierzu ist ein speziell dafür zu benennender Genosse auszuwählen, der für die Gesundheit der Parteispitze Sorge trägt und ebenso ihre Arbeitsbedingungen untersucht.«

Ich glaube, zu Lenins Lebzeiten wäre die Diskussion anders verlaufen: Sie hätte bei der Gesundheitsfürsorge für die Bevölkerung begonnen und hätte sich erst dann mit dem Gesundheitszustand der Parteiführung befaßt. Mit solchen »Kleinigkeiten« hat alles begonnen. Das Elitedenken der Parteispitze ließ nach und nach Privilegien aufkommen: in Form von verschiedenen Zusatzzahlungen – »Kuverts« –, Extrawaggons für Mitglieder der Parteiführung, Datschen im Süden, »Betreuungsdiensten«. Alles begann ganz allmählich.

Wie baut man den Sozialismus auf?

Trotzki schrieb 1924 in Kislowodsk die »Lehren des Oktober«. In dieser Schrift versuchte er von neuem, die Rolle der anderen Revolutionsführer herabzusetzen, um seine Ansprüche auf die Parteiführung »theoretisch« zu untermauern. Trotzki schlüpfte aber dann, wie in einem Artikel der Zeitschrift »Bolschewik« (Nr. 14, 1924) deutlich wurde, aus der Rolle des »Chronisten« in die eines leidenschaftlichen Staatsanwalts. Er versuchte zu beweisen, daß im Verlauf der Revolution »das ZK dann recht hatte, wenn es mit Trotzki einverstanden war, und Lenin dann im Unrecht war, wenn er mit Trotzki nicht einverstanden war«.

Die Oktoberrevolution »habe nur deshalb gesiegt«, weil Lenin und Trotzki, der Mehrheit des »alten Bolschewismus« zum Trotz, sie angeführt hätten. So sah die Version des ehemaligen Menschewiken aus.

Trotzki vertrat unverändert die Meinung, daß das Schicksal der Revolution in entscheidendem Maße davon abhänge, ob auch die Revolution in den Ländern Europas stattfinde. In seiner Arbeit »Die permanente Revolution« äußerte sich Trotzki noch konkreter: Die Vollendung der sozialistischen Revolution sei in nationalem Rahmen undenkbar, auch wenn das proletarische Regime eine Zeitlang aufrechterhalten werden könne. Auf die Frage, wie man den Sozialismus aufbauen solle, antwortete Trotzki: Indem man auf die Weltrevolution wartet und sie antreibt. Trotzki glaubte daran, daß eine »Oktoberrevolution« nach der anderen in den Staaten Europas entbrennen würde und daß die Rote Armee der Arbeiterklasse in diesen Ländern beim großen Umbruch hilfreich zur Seite stehen solle. Das war ohne jeden Zweifel eine linksradikale Haltung, aber es war natürlich kein »Verbrechen«, wie es später bewertet wurde. Trotzki war die Revolutionsromantik nicht fremd. Ganz im Gegensatz zu Stalin.

Trotzki schrieb in seinem Buch »Die permanente Revolution«:

»Es versteht sich, daß Rußland selbständig nicht zum Sozialismus gelangen kann. Aber indem es die Ära sozialistischer Umgestaltungen eingeläutet hat, kann es der sozialistischen Entwicklung Europas Schwung geben und auf diese Weise im Schlepptau fortschrittlicher Länder zum Sozialismus gelangen.«

So dachte Trotzki bis zum Jahr 1917. Nach der Revolution änderte er seine Position in einigen Punkten. In einem Dialog mit Stalin äußerte Trotzki seine Meinung folgendermaßen:

Stalin: »So, Sie bestreiten also, daß unsere Revolution zum Sozialismus führen kann?«
Trotzki: »Ich glaube nach wie vor, daß unsere Revolution zum Sozialismus führen kann, wenn sie einen internationalen Charakter angenommen hat.«

Trotzki erklärte die Meinungsverschiedenheiten folgendermaßen:

»Das Geheimnis unserer theoretischen Gegensätze liegt darin, daß Sie lange Zeit am historischen Prozeß nicht teilgenommen haben und daß Sie jetzt versuchen, ihn zu überholen. Darin liegt auch das Geheimnis der Fehler Ihrer Wirtschaftspolitik.«

Die Theorie des Aufbaus des Sozialismus in einem Land war nach Trotzki nicht mit der Theorie der »permanenten Revolution« zu vereinbaren. Nur die Superindustrialisierung auf Kosten des Agrarsektors könne dem Staat die industrielle Grundlage geben und eine Chance, zum Sozialismus zu gelangen, schrieb Jewgeni Alexejewitsch Preobraschenski und unterstützte damit Trotzki.
Stalin sah trotz seiner oberflächlichen ökonomischen Kenntnisse durchaus, in welch schwieriger Lage sich das Land befand. Die Diskussionen und Auseinandersetzungen innerhalb der Partei waren nicht nur ein Kampf um die politische Gestaltung der Gesellschaft, sondern sie waren auch eine Suche nach den Möglichkeiten, die Wirtschaft zu entwickeln. Wenn Stalin einen Sinn für die Ökonomie besessen hätte, so hätte er in Lenins letzten Artikeln die Konturen der *sozialistischen Konzeption* erkennen können: Industrialisierung verbunden mit der freiwilligen Bildung von Genossenschaften auf dem Land, Anhebung des kulturellen Niveaus der breiten Massen, Verbesserung der sozialen Verhältnisse und Entwicklung demokratischer Anfänge in der Gesellschaft. Lenins »Testament« sagt auch, daß die Neue Ökonomische Politik viele dieser Probleme in einem Knoten verbinde – den Zusammenschluß der Stadt mit dem Land, die »Freisetzung« ökonomischer Triebkräfte, den Handel, die uralte Unternehmungslust des schaffenden Menschen – und »daß aus dem Rußland der NÖP das sozialistische Rußland werden wird«. Diese Worte hat Stalin nie richtig verstanden.
In den ersten Jahren interessierte Stalin sich für die Anschauungen

Bucharins, Preobraschenskis, Strumilins, Leontjews, Brudnis'. Er hatte jedoch große Schwierigkeiten, die Begriffe, Gesetze und Tendenzen der Ökonomie zu begreifen. Ein Mensch, der nie in der Produktion gearbeitet und der das Alphabet der Ökonomie nicht bewältigt hatte, hat schließlich erklärt, der Warenmangel sei unvermeidlich im Sozialismus. Er begleitet uns immer noch.

Stalin bemühte sich, sich ökonomische Kenntnisse anzueignen. In seiner Bibliothek befand sich das Buch O. Jermanskis »Die wissenschaftliche Organisation der Arbeit und das System Taylors«. Es ist bekannt, daß Lenin den Autor für dessen Darlegung des Taylor-Systems gelobt hatte. Höchstwahrscheinlich hatte Stalin auch deshalb dieses Buch gelesen.

Betrachtet man seine Artikel, Schriften, Notizen, Äußerungen und – am wichtigsten – sein Handeln, dann kommt man unweigerlich zu dem Schluß, daß Stalins ökonomisches Credo mehr als bescheiden blieb: Das Land muß stark sein. Nein, nicht nur stark, sondern auch mächtig. Vorrangig ist die Industrialisierung. Und dann muß man die Bauern an den Sozialismus heranführen.

Auf einer ZK-Beratung prägte Stalin folgende Formel: »Je größer die Aufgaben sein werden, die vor uns stehen, desto mehr Schwierigkeiten werden wir haben.« Im »Bolschewik« (Nr. 9/10, 1926) schrieb er: »Wir stellen uns immer größere und ernsthaftere Aufgaben. Ihre Lösung sichert zunehmend erfolgreiche Schritte in Richtung Sozialismus, aber die *Erweiterung des Aufgabenfeldes* wird von einer *Erweiterung der Schwierigkeiten* begleitet.« Das klingt schon ähnlich wie das spätere unheilverkündende Motto: »Die Zuspitzung des Klassenkampfes wächst mit der Beschleunigung der Bewegung zum Sozialismus.« Mitte der zwanziger Jahre hatte Stalin zwar eine sehr nebelhafte Vorstellung von den Wegen des sozialistischen Aufbaus, über die Methode aber hatte er schon recht konkrete Ansichten: Stärke, Befehle, Weisungen. Widerspricht dies etwa einer Diktatur?

Als Stalin die zahlreichen Äußerungen angesehener Parteigenossen las, fühlte er, daß das breite Spektrum der Meinungen über das Schicksal des Sozialismus in der UdSSR nicht allein herrührte von den unterschiedlichen theoretischen Positionen der Autoren, sondern auch hervorgerufen wurde durch die Tatsache, daß die Umsetzung der Ideen sich als wesentlich schwieriger erwiesen, als die

Bolschewiki angenommen hatten. Bucharin hat es im »Bolschewik« treffend formuliert: »Früher haben wir uns die Sache so vorgestellt: Wir erkämpfen uns die Macht, wir nehmen alles in unsere Hände, führen sofort eine Planwirtschaft ein, irgendwelche Lappalien, die sich entgegenstellen, nehmen wir zum Teil auf unseren Beiwagen, und zum Teil überwinden wir sie, und damit ist es genug. Jetzt ist es vollkommen klar, daß die Sache so ganz und gar nicht funktionieren wird.«

Ja, die Sache funktionierte ganz und gar nicht so. Während Stalin die Artikel und Berichte durchblätterte, fühlte er, daß in dieser Phase der Ungewißheit Trotzki die größte Gefahr darstellte. Allein schon, wenn er an dessen Namen dachte, erfaßte Stalin eine tiefe Abneigung, die in Zorn übergehen konnte. Eines Tages erzählte man Stalin, daß Trotzki im Kreis seiner Anhänger geäußert habe, einige neue Fürsten der Partei könnten ihm, Trotzki, die historische Rolle, die er im Oktober gespielt habe, nicht verzeihen. Selbstverständlich bezog sich dieser Satz auch auf Stalin. Und dessen Ohren erreichten noch wesentlich weniger schmeichelhafte Bemerkungen Trotzkis und seiner Gesinnungsgenossen.

Obwohl das Verhältnis zwischen Stalin und dem Duo Sinowjew-Kamenew nach wie vor nicht schlecht zu sein schien, spürte der Generalsekretär, daß sein allmählich wachsender Einfluß nicht in deren Sinn war. Besonders deutlich wurde ihm das nach dem 13. Parteitag. In einem Bericht während der Lehrgänge der Sekretäre der Kreiskomitees kritisierte Stalin die Äußerung Kamenews über die Existenz einer »Parteidiktatur«. »Nun, Genossen«, schloß Stalin, »wir haben eine Diktatur des Proletariats und keine Diktatur der Partei.« Der Gerechtigkeit halber muß man erwähnen, daß auch Bucharin zu jener Zeit von einer »Diktatur der Partei« ausging. Auf dem Januarplenum des ZK im Jahr 1924 hatte er gesagt: »Es ist unsere Aufgabe, zwei Gefahren zu sehen: erstens die Gefahr, die von der Zentralisierung unseres Apparats ausgeht; zweitens die Gefahr der politischen Demokratie, die entstehen kann, wenn die Demokratie im Übermaß vorhanden ist. Die Opposition sieht jedoch nur eine Gefahr in der Bürokratie. Hinter der bürokratischen Gefahr sieht sie nicht die demokratische Gefahr. Aber das ist Menschewismus. Um die Diktatur des Proletariats zu unterstützen, muß man die Diktatur der Partei unterstützen.«

Und Radek hatte dem hinzugefügt: »Wir sind eine diktatorische Partei in einem kleinbürgerlichen Land.«
Aber Stalin kritisierte lediglich Kamenew. Es erschien ihm nicht von Nutzen, gegen viele zu »kämpfen«. Es kam ihm darauf an, allmählich und der Reihe nach vorzugehen. Alles zu seiner Zeit. Und sogleich reagierte das Duo. Während einer Politbürositzung wurde Stalins Kritik an Kamenew als »nicht kameradschaftlich« verurteilt, und man warf Stalin vor, er habe »den Kern der Position des Kritisierten« ungenau ausgedrückt. Der Generalsekretär bot sofort seinen Rücktritt an. Zum zweitenmal, aber nicht zum letztenmal. Das Rücktrittsgesuch wurde erneut abgelehnt, auch von Kamenew, auch von Sinowjew. Stalin erkannte die Unsicherheit seiner Gegner – sie fürchteten nach wie vor Trotzki. Der Generalsekretär konnte sich wieder einmal von der wetterfahnenabhängigen Denkweise Kamenews und Sinowjews überzeugen.
Stalin hatte schon damals den Entschluß gefaßt: Sobald Trotzki erledigt ist, wird er alsbald diese »prinzipienlosen Schwätzer« beseitigen. Ihn stieß das vorlaute Wesen Sinowjews ab. In einer Rede auf der Abendsitzung des ZK-Plenums vom 14. Januar 1924 charakterisierte Sinowjew unaufgefordert verschiedene ZK-Mitglieder und andere Bolschewiki. Ein Geschwaderkommandeur benotete seine Untergebenen.
»Pjatakow«, sprach Sinowjew selbstsicher, »ist ein Bolschewik. Aber sein Bolschewismus ist noch unreif. Grün und unreif.« Einige Stunden zuvor hatte Sinowjew sich mit Pjatakows Korrekturen zu einer Resolution über ökonomische Fragen beschäftigt: »Das sind keine Korrekturen, sondern es ist eine Plattform, die sich von guten Plattformen darin unterscheidet, daß sie schlecht ist. Sonst gar nichts.« Über Sapronow sagte er, er sei ein »bodenständiger Mensch. Er steht mit beiden Füßen fest auf dem Boden und stellt alles mögliche dar, nur keinen Leninismus.« Ossinski sei ein »Vertreter mehr intellektuellen Einschlags, der mit Bolschewismus nichts gemein hat.« Nicht einmal Trotzki verschonte er, was Stalin gewiß Freude bereitete: »Als wir seinerzeit zum Kongreß in Kopenhagen ankamen, legte man uns eine Ausgabe der Zeitung ›Vorwärts‹ mit einem anonymen Artikel vor. In diesem Artikel wurde mitgeteilt, daß Lenin und seine gesamte Gruppe Kriminelle und Expropriateure seien. Der Autor dieses Artikels war Trotzki.«

Stalin hörte zu und dachte wohl: Er hält sich bereits für den Führer. Emporkömmling, Schwätzer! Selbstverständlich hat Stalin auf diesem Plenum in keiner Weise auf Sinowjew reagiert. Aber zwei Jahre später wird er kein gutes Haar an ihm lassen. Im Mai 1926 schrieb er beispielsweise zu einer Stellungnahme Sinowjews eine Notiz an die Mitglieder des Delegationsbüros der KPR(B) bei der Kommunistischen Internationale: Manuilski, Pjatnitzki, Losowski, Bucharin, Lominadse und Sinowjew. Im einzelnen schreibt Stalin, daß er »auf ganze acht Klatschgerüchte und eine lächerliche Stellungnahme des Genossen Sinowjew gestoßen« sei. Zu jedem einzelnen Punkt von Sinowjews Erklärung gab der Generalsekretär seine kategorischen Urteile ab. Und über deren Autor zieht er folgendes Resümee:

»Der Genosse Sinowjew teilt prahlend mit, daß es den Genossen Stalin und Manuilski nicht obliege, ihn die Notwendigkeit, gegen die ultralinken Abweichungen zu kämpfen, zu lehren, und beruft sich dabei auf seine siebzehnjährige literarische Tätigkeit. Daß der Genosse sich für einen großartigen Menschen hält, dafür bedarf es keinerlei Beweise. Aber daß die Partei ihn ebenso für einen großartigen Menschen hält, daran ist, mit Verlaub, zu zweifeln.
In der Periode von 1898 bis kurz vor der Revolution im Jahre 1917 hatten wir alten Illegalen Gelegenheit, in allen Regionen Rußlands zu sein und zu arbeiten, aber dem Genossen Sinowjew sind wir weder im Untergrund noch in den Gefängnissen, noch in der Verbannung begegnet. (...)
Unsere alten Illegalen wissen sehr wohl, daß sich in der Partei eine ganze Plejade alter Funktionäre befindet, die weit vor dem Genossen in die Partei eingetreten sind und sie ohne Lärm und Prahlerei aufgebaut haben. Was ist schon die sogenannte literarische Tätigkeit des Genossen Sinowjew im Vergleich zu der Arbeit, die unsere alten Illegalen im Untergrund ganze zwanzig Jahre geleistet haben?«

Bereits Mitte der zwanziger Jahre begriffen die Gegner Stalins, daß sich hinter der »herausragenden Mittelmäßigkeit« ein außergewöhnlicher Politiker verbarg: hart, schlau, gerissen und willensstark. Bald sollten dies alle seine Gegner erfahren.
Der Leser könnte den Eindruck gewinnen, daß ich dem persönlichen Kampf zuviel Aufmerksamkeit widme. Aber damals spielte er

diese Rolle. Ab und an ertappt man sich bei dem Gedanken, daß die wichtigsten Fragen der Geschichte nicht selten verdrängt werden durch die persönlichen Ambitionen der Führer.
Die nach Lenins Tod entfachten Auseinandersetzungen um Wege und Methoden des sozialistischen Aufbaus wurden stark geprägt durch persönlichen Ehrgeiz und den Kampf um die Führung. Dieser Kampf wurde im wesentlichen zwischen Stalin, Trotzki und Sinowjew ausgetragen. Es ging um Fragen der Ökonomie, das Verhältnis zu den Bauern, den Weg der Industrialisierung, Theorie und Praxis der internationalen kommunistischen Bewegung. Häufig waren die Unterschiede der Auffassungen von zweitrangiger Bedeutung. Aber die persönlichen Ambitionen und die Rivalität, besonders zwischen Stalin und Trotzki, machten den Kampf zum Drama. Am Ende war jede von Stalins Position abweichende Meinung »klassenfeindlich«, »kapitulationistisch«, »revisionistisch«, »verräterisch« und so weiter.
Der Umstand, daß Stalin immer Lenin »verteidigte«, bedeutet nicht, daß Stalin immer recht hatte. Lenin »verteidigten« auch die Oppositionellen, die gegen Stalin auftraten. Es hing davon ab, *wie* Lenins Ideen interpretiert wurden. In unserer Geschichtsschreibung herrschte lange die Vorstellung vor, daß Stalin, zumindest in den zwanziger Jahren, nicht abgewichen sei von Lenins Anschauungen. Dem ist aber nicht so. Es genügt, sich die fehlerhafte Einstellung Stalins zur nationalen Frage, zur NÖP, zur sozialistischen Umgestaltung des Dorfs, zum Bürokratismus in Partei und Staat und so weiter zu vergegenwärtigen. Diejenigen, die glaubten, daß nur die Oppositionellen sich geirrt und daß die Partei und Stalin immer recht gehabt hätten, lagen falsch.
Viele falsche Entscheidungen Stalins wurden durch Parteibeschlüsse bestätigt. Hätte sich die Partei nie geirrt und hätte sie immer richtige Entscheidungen gefällt, so wäre es nicht zum Personenkult, zum blutigen Terror, zum Voluntarismus und Subjektivismus in der Führung gekommen, es hätte keine langjährige Stagnation gegeben, und wir müßten heute nicht nach lebensnotwendigen Erneuerungen rufen, nach mehr Sozialismus und mehr Demokratie. Entscheidungen und Maßnahmen eines Menschen oder einer Organisation können niemals absolut richtig sein. Das Leben schreitet durch Widersprüche, Konflikte und Hindernisse voran. Die Realität ist immer

reicher als die Schemata, die Stalin so geliebt hat. Die Entscheidungen über Wege und Methoden des Aufbaus der neuen Gesellschaft sowie deren Errungenschaften und Fehler sind nicht nur mit Stalin in Verbindung zu bringen. Es ist eine andere Sache, daß Stalin zur Verkörperung des bürokratischen Modells des Sozialismus und sein Hauptverfechter wurde.

Stalin hatte sich nicht sofort für eine bestimmte Konzeption zum Aufbau der neuen Gesellschaft festgelegt. Er hat die Anschauungen Lenins, besonders wie sie sich in seinen letzten Artikeln und Briefen darstellten, nicht immer verstanden und möglicherweise nicht geteilt. Stalin griff oft auf die Ideen des »Kriegskommunismus« zurück. Er war genötigt, die NÖP für eine bestimmte Zeit zu »ertragen«. Er hatte verstanden, daß er ohne ein enges Bündnis der Arbeiterklasse mit den Bauern viele Probleme der UdSSR nicht würde lösen können. Sein Konzept zeigte sich im allmählichen Abgleiten zur Alleinherrschaft. Stalin war kein Theoretiker. Seine Schlußfolgerungen stützten sich zwar häufig auf Zitate, aber sie waren vermengt mit Willensimpulsen.

Während Stalin die Argumente Sinowjews und Kamenews las und hörte, dachte er wohl innerlich lachend: »Und diese Leute schreiben über Leninismus!« Er würde noch über den Leninismus schreiben. Und er sollte es so schreiben, daß die Unterschiede seines Verständnisses vom Leninismus zu dem der anderen allen klar würden. Aber zunächst war es notwendig, Trotzki einen Schlag zu versetzen. Stalin hatte sich besonders sorgfältig auf seinen Auftritt vor dem Plenum der kommunistischen Fraktion im Zentralrat der sowjetischen Gewerkschaften am 19. November 1924 vorbereitet. Er sprach nach Kamenew, und er gab seiner Rede die Überschrift: »Trotzkismus oder Leninismus?«

Sein Auftritt diente ausschließlich einer gnadenlosen Kritik Trotzkis, wobei er Kamenew und Sinowjew noch verteidigte. Die »Oktoberepisode« Kamenews und Sinowjews charakterisierte Stalin als zufällig: »Die Meinungsverschiedenheiten hielten nur einige Tage an, und zwar deshalb und nur deshalb, weil wir es bei Kamenew und Sinowjew mit Leninisten, mit Bolschewiki zu tun hatten.« Hier verstellte er sich; denn er hielt sie weder für Leninisten noch für Bolschewiki. Aber er benötigte sie noch im Kampf gegen Trotzki und um seine Position zu festigen. Stalin warf Fragen in den Saal:

»Wozu die neuen literarischen Ergüsse Trotzkis gegen die Partei? Was ist der Sinn, die Aufgabe, der Zweck dieser Ergüsse heute, da die Partei nicht diskutieren will, da die Partei mit einer Unmenge unaufschiebbarer Aufgaben überhäuft ist, da die Partei einmütige Arbeit am Wiederaufbau der Wirtschaft, nicht aber einen neuen Kampf um alte Fragen braucht? Wozu mußte Trotzki die Partei zu neuen Diskussionen zurückzerren?«

Stalin ließ seinen Blick über die Zuhörer schweifen und antwortete hart mit gleichmäßiger Stimme:

»Und allem Anschein nach besteht diese ›Absicht‹ darin, daß Trotzki in seinen literarischen Ergüssen noch einen (noch einen!; D. W.) Versuch macht, Vorbedingungen zu schaffen, um den Leninismus durch den Trotzkismus ersetzen zu können. Trotzki muß ›auf Biegen und Brechen‹ die Partei und ihre Kader, die den Aufstand durchgeführt haben, diffamieren, um von der Diffamierung der Partei zur Diffamierung des Leninismus überzugehen.«

Hierin steckt ein wahrer Kern. Während Trotzki Lenin und den Leninismus überflüssigerweise mit schmeichelhaften Formulierungen bedachte, hat er unterschwellig nicht nur einmal verschiedene Leninsche Schlußfolgerungen über den Aufbau des Sozialismus in Zweifel gezogen. Nach Trotzki war der Sozialismus in Rußland ohne Unterstützung anderer Länder nicht möglich; die Industrialisierung sei nur denkbar auf Kosten der Bauern, die NÖP sei der Beginn der Kapitulation, der Genossenschaftsplan sei verfrüht, der Oktober sei lediglich die Weiterführung der Februarrevolution, ohne die Erziehung der Bevölkerung in »Arbeiterarmeen« werde sie die »Vorzüge des Sozialismus« nicht verstehen und so weiter.
Stalin hatte verstanden, daß Sinowjew und Kamenew begannen, sich Trotzki anzunähern, um mit ihm eine neue Opposition, die sogenannte »Vereinigte Opposition«, gegen den Generalsekretär zu bilden. Die Auftritte Stalins gegen Trotzki und später gegen dessen »neue« Verbündeten kann man in dieser Phase als »Verteidigung des Leninismus« bezeichnen. Stalin kämpfte noch mit zulässigen Mitteln. Jedoch »verteidigte« er die Zitate häufig ohne ein kreatives Verständnis. In seinen Worten war wenig Neues. Und Trotzki hatte

nicht in allem unrecht, besonders nicht, was seine Warnung vor der bürokratischen Gefahr betraf. Gegen Ende seiner Rede schloß Stalin mit den Worten:

»Man spricht von Repressalien gegen die Opposition und von der Möglichkeit einer Spaltung. Das ist Unsinn, Genossen. Unsere Partei ist stark und mächtig. Sie wird keine Spaltungen zulassen. Was die Repressalien anbelangt, so bin ich entschieden dagegen.«

Stalin hatte Sinowjew und Kamenew »verschont« und sie sogar vor den Angriffen Trotzkis verteidigt. Aber die Gründer der »Vereinigten Opposition« nahmen das Geschenk des Generalsekretärs nicht an. Auf einer Politbürositzung Anfang 1925 erklärte Kamenew, unterstützt von seinem Gesinnungsgenossen, daß die technische und wirtschaftliche Rückständigkeit und die kapitalistische Umgebung zu unüberwindlichen Hindernissen für den Aufbau des Sozialismus geworden seien. Mit dieser Auffassung stellten Sinowjew und Kamenew sich in der Grundfrage hinter Trotzki. Einige Monate zuvor hatten sie ihn wegen dieser Überzeugung hart attackiert.
Die »Vereinigte Opposition« gegen die ZK-Mehrheit erforderte Antworten, eine Erarbeitung neuer Beschlüsse zu weiteren Maßnahmen für den sozialistischen Aufbau. Diese Aufgabe stellte sich nun die 14. Parteikonferenz Ende April 1925.
Stalin trat auf dieser Konferenz weder mit einem Bericht hervor, noch beteiligte er sich an den Debatten. Die wesentlichen Fragen, die auf der Konferenz erörtert wurden, bezogen sich auf die Genossenschaften (Berichterstatter: Rykow), die Metallindustrie (Dserschinski), die Landwirtschaftssteuer (Zjurupa), den Parteiaufbau (Molotow), die revolutionäre Gesetzlichkeit (Soltz) und auf die Aufgaben der Kommunistischen Internationale (Sinowjew). Kamenew führte traditionsgemäß den Vorsitz der Konferenz. Zum letztenmal. Er oder Sinowjew sollte nie mehr den Vorsitz auf solchen Versammlungen innehaben. Der entscheidende Schluß, zu dem die Konferenz kam, lautete, daß der Aufbau des Sozialismus in der UdSSR möglich sei, sogar angesichts des schleppenden Entwicklungstempos der proletarischen Weltrevolution. Jedoch habe der Sozialismus erst dann endgültig gesiegt, wenn internationale Garantien geschaffen würden, daß es nicht zu einer Wiederherstellung des Kapitalismus kommen könne.

Wichtig war die Diskussion über Fragen der revolutionären Gesetzlichkeit. Der Berichterstatter Aron Alexandrowitsch Soltz, Mitglied des Präsidiums der ZKK/ABI, der einst zusammen mit Stalin in der Turuchansker Verbannung gesessen hatte, bemerkte, daß die Bolschewiki nach dem Sieg der Revolution »wesentlich schärfer die Notwendigkeit einer Verbesserung unserer Wirtschaft gespürt haben als die der Festigung einer revolutionären Gesetzlichkeit«. Scharfsinnig fuhr Soltz fort:

»Die Parteimitglieder und jene, die die Sowjetmacht verwirklichen, müssen verstehen, daß unsere Gesetze mit all ihren Erscheinungen diesen Aufbau, den wir verwirklichen wollen, ebenso unterstützen und verstärken, wie die Übertretung unserer Gesetze diesen Aufbau zerstört.«

Bedauerlich, daß diese richtigen Überlegungen zehn Jahre später vollständig vergessen sein werden.
Einige Tage nach der 14. Parteikonferenz trug Stalin in der Moskauer Organisation der KPR(B) einen Bericht vor. Einen Abschnitt seines Berichts nannte Stalin »Über das Schicksal des Sozialismus in der Sowjetunion«. Stalin kritisierte Trotzki heftig, erwähnte viele seiner Arbeiten und äußerte sich ironisch über Trotzkis Theorie der permanenten Revolution. Mit großem Pathos und tiefster Überzeugung erklärte Stalin den Zuhörern die Voraussetzungen des endgültigen Sieges des Sozialismus in der UdSSR. Bei dieser Gelegenheit schimmerten schon die ersten Anzeichen seiner besonderen Rolle und seines besonderen Platzes in der Partei durch. Wie sonst hätte er es sich erlauben können, sich selbst ausführlich zu zitieren? Er legte zwar Sachverhalte dar, doch bereitete Stalin die Partei allmählich darauf vor, daß er besondere Anrechte auf die Wahrheit habe.
Stalin versuchte, sein Verständnis der Wege des Übergangs zum Sozialismus nicht nur bei Auftritten vor dem ZK und in der Presse darzulegen, sondern ebenso vor Arbeitern, wenn auch sehr selten. Stalins Assistent, Towstucha, hat eine Rede aufgeschrieben, die der Generalsekretär in den Stalin-Werkstätten der Eisenbahnbaustrecke »Oktober« am 1. März 1927 hielt.
Stalin sah die Gesichter der Arbeiter an, die neugierig auf den wenig bekannten Mann schauten. Stalin bewegte seine Hand im »Rhythmus« der Rede:

»Wir sind im Begriff, den Übergang vom Bauernland in ein Industrieland zu vollenden, und kommen dabei ohne Hilfe von außen aus. Wie sind andere Länder diesen Weg gegangen?
England begründete seine Industrie, indem es ganze 200 Jahre die Kolonien plünderte. Es kann nicht davon die Rede sein, daß wir diesen Weg einschlagen wollen.
Deutschland nahm dem besiegten Frankreich fünf Milliarden. Aber auch dieser Weg, der Weg, durch siegreiche Kriege zu rauben, entspricht uns nicht. Unsere Sache ist eine Friedenspolitik.
Es gibt noch den dritten Weg, den die Zarenregierung Rußlands verfolgte. Das war der Weg der Auslandsanleihen und der Leibeigenschaft; auf Kosten der Arbeiter und Bauern. Wir wollen diesen Weg nicht gehen.
Wir haben unseren eigenen Weg – den Weg der eigenen Allkumulation. Ohne Fehler werden wir hier nicht auskommen, und wir werden Defizite haben. Aber das Gebäude, das wir bauen, ist derart grandios, daß diese Fehler und Mängel im Endeffekt keine große Bedeutung haben werden.«

Am nächsten Tag berichtet die »Rabotschaja Moskwa« über Stalins Auftritt:

»Applaus wie aus einem Maschinengewehr. Ein Mann in Soldatenkhaki und mit einer Pfeife in der Hand trat (nach Abschluß seiner Rede; D. W.) von der Bühne. Es lebe Stalin! Es lebe das ZK der KPR(B)! Stalin erhält Notizen. Aufmerksam studiert er diese Notizen und zwirbelt dabei seinen schwarzen Schnurrbart. Der Wellenschlag des Saales verstummt, und Stalin, der Generalsekretär der bolschewistischen Partei, nach dem die Werkstätten benannt worden sind, beginnt seine Gespräche mit den Arbeitern.«

Während die ersten Erfolge beim kulturellen und wirtschaftlichen Aufbau erreicht wurden, waren die Vorbereitungen für den 14. Parteitag in vollem Gange. Im Jahr 1925 wurde das Vorkriegsniveau der Landwirtschaft erreicht und auf manchen Gebieten sogar übertroffen. Die Bruttolandwirtschaftsproduktion betrug 112 Prozent des Vorkriegsstandes. Die NÖP als Verbindungsglied zwischen Stadt und Land hatte erste Früchte gebracht. Die Industrieproduktion, die über mehr als zehn Jahre dem Verfall nahe gewesen war, hatte das Vorkriegsniveau zu drei Vierteln erreicht. Neue Bauprojekte wurden in Angriff genommen, vor allem Kraftwerke. Ausländische Wirtschaftsexperten hatten dagegen vorausgesagt, daß das Vorkriegsniveau erst nach fünfzehn bis zwanzig Jahren erreicht werden könne! Bedeutende Erfolge wurden auch im Kampf gegen den Analphabetismus erzielt. Besonders in den nationalen Republiken wurde das Schulnetz erweitert. Es wurden große Anstrengungen zur Weiterentwicklung des Hochschulsystems unternommen, und es wurden wichtige Dekrete im Interesse der kulturellen Aufklärung und der Bildungsarbeit beschlossen. Die Russische Akademie der Wissenschaften wurde in eine Akademie der UdSSR umgewandelt. Bereits damals erschienen zahlreiche wissenschaftliche Arbeiten von höchstem Niveau. Die Rote Armee wurde erfolgreich auf Friedensstärke gebracht und reformiert. Diese Arbeit schritt – nach Trotzkis Ablösung – auf dem ZK-Plenum vom 17. bis zum 20. Januar 1925 voran. Statt Trotzki wurde Michail Wassiljewitsch Frunse zum Volkskommissar für Heer und Flotte und zum Vorsitzenden des Revolutionären Kriegsrats der UdSSR ernannt.

Während des Plenums machten Sinowjew und Kamenew einen unerwarteten Vorschlag. Kamenew schlug vor, man solle Trotzki vom Amt des Volkskommissars für Heer und Flotte und als Vorsitzenden des Revolutionären Kriegsrats ablösen und statt dessen Stalin benennen. Dieser Vorschlag läßt sich unterschiedlich beurteilen. Es ist nicht ausgeschlossen, daß Sinowjew und Kamenew den wachsenden Einfluß Stalins spürten und deshalb versuchten, ihn auf einen anderen verantwortungsvollen Posten umzusetzen. Dies hätte es ihnen ermöglicht, Stalin auf dem bevorstehenden Parteitag mit Hilfe des Leninschen Briefs vom Amt des Generalsekretärs abzulösen. Möglicherweise wollte das Duo mit diesem Schritt zwei Fliegen mit einer Klappe schlagen: Trotzki ausschalten und Stalin einen Schlag versetzen. Trotzki spielte die Rolle einer der beiden »Fliegen«, Stalin aber hat sie nicht akzeptiert. Der Generalsekretär hat seine Verwunderung und seinen Mißmut über Kamenews Vorstoß nicht verborgen, was viele ZK-Mitglieder auf der Sitzung bemerkten. Kamenews Vorschlag wurde von der Mehrheit abgelehnt.

Trotzki nahm an dem Plenum nicht teil. Er war krank. In den entscheidenden Momenten des Kampfes gab er sich Blößen und zeigte

sich ungeschickt. Er erleichterte es Stalin, die »Feinde nacheinander zu schlagen«.
Dieses Plenum war für Stalin von großer Bedeutung. Trotzkis Position wurde noch schwächer. Das Plenum versagte Kamenew und Sinowjew seine Unterstützung. Der Generalsekretär hatte erreicht, was seinen Gegnern nicht gelungen war: Er schlug zwei Fliegen mit einer Klappe.
Der 14. Parteitag nahte. Er setzte wichtige Zeichen für die Entwicklung der sowjetischen Wirtschaft. Aber im Dezember 1925, als der Parteitag stattfand, fiel es schwer zu glauben, daß das, was die Zeitungen schrieben, in Erfüllung gehen könnte. Doch die NÖP gab den Bolschewiki eine historische Chance. Im Grunde war sie das erste Modell eines Marktsozialismus, das in der Lage war, unter den neuen gesellschaftlichen Bedingungen den Motor der wirtschaftlichen Initiative am Laufen zu halten. Die Neue Ökonomische Politik half, die landwirtschaftliche Entwicklung schnell zu steigern. Auch die Industrieproduktion wuchs. Scharfsichtige Menschen sahen im GOELRO-Plan nicht nur einen Plan zur Elektrifizierung des Landes, sondern auch eine Möglichkeit, die sozialistische Ökonomie auf ein neues Niveau zu bringen. Gewiß, das war erst der Anfang, und es standen viele Hindernisse im Weg.
Die Industrietrusts bestimmten selbst die Preise auf kommerzieller Grundlage. Dabei entstanden Verzerrungen. Beispielsweise mußte der Bauer für ein Stück Seife oder für einen Eimer Petroleum drei- bis viermal mehr Korn verkaufen als im Jahr 1913. Die Unzufriedenheit wuchs. Das war ein besorgniserregendes Symptom. Die Hoffnungen auf die Ansiedlung ausländischer Betriebe im Rahmen von »Konzessionen« waren vergebens. Die kapitalistischen Staaten gaben keine Kredite, und der Umfang des Außenhandels erreichte das Vorkriegsniveau nicht einmal zur Hälfte. 1,5 Millionen Erwerbslose suchten Arbeit. Jeder zweite Erwachsene im Land konnte weder schreiben noch lesen. Es war kein Geld da, um Werkbänke und Maschinen zu kaufen. Es gab kaum neue größere Bauprojekte. Und dennoch fühlten die Menschen, die die Zeitungen regelmäßig lasen, daß das Land vor riesigen Veränderungen stand. Der junge Staat hatte keine andere Wahl. Um in jener schwierigen, gefährlichen Welt zu überleben, war eine Beschleunigung der Entwicklung notwendig. Wie und auf wessen Kosten?

Vor diesem Hintergrund fand der 14. Parteitag statt. Die auffallendste Figur auf dem Parteitag war Stalin; vor allem, weil der politische Bericht, den der Generalsekretär vortrug, einen wesentlichen Platz in der Arbeit der Delegierten einnahm. Der Parteitag bestätigte die Entscheidung der 14. Parteikonferenz: »Im allgemeinen ist der Sieg des Sozialismus (nicht im Sinne eines endgültigen Sieges) in einem einzelnen Land ohne weiteres möglich.« Der Parteitag verkündete den Übergang zur Industrialisierung als Schlüsselaufgabe der Gestaltung der sozialistischen Gesellschaft. Die Delegierten nahmen zur Kenntnis, daß dieser Kurs höchste Schwierigkeiten bringen und große Opfer verlangen werde. Es kam die Frage nach dem Entwicklungstempo auf. Völlige Klarheit zu dieser Frage herrschte weder im Kreis der Parteiführer noch bei anderen Parteitagsdelegierten.

Auf dem Parteitag machte sich auch die »Vereinigte Opposition« bemerkbar. Ihren Kern bildete die Leningrader Delegation mit Sinowjew an der Spitze. Er trug den Bericht der Opposition vor. Jedoch klang seine Rede armselig. Sinowjews Argumente und die seiner Gesinnungsgenossen waren schwach und wenig überzeugend. Sinowjew, Kamenew und Sokolnikow warnten nicht ohne Grund vor den Gefahren der Bürokratisierung. Ihrer Meinung nach hatte sie damals schon begonnen. Aber ihre Reden waren zu sehr von ihren persönlichen Motiven geprägt, als daß sie einen Eindruck auf die Delegierten hätten hinterlassen können.

Wie bereits erwähnt, erklärte Kamenew auf dem Parteitag, daß er zu der Überzeugung gekommen sei, daß Stalin seine Aufgabe, den bolschewistischen Stab zu vereinen, nicht erfüllen könne. Nachdem Kamenew dies ausgesprochen hatte, begann der Großteil der Parteitagsdelegierten zu skandieren: »Stalin! Stalin!«, und sie brachten dem Generalsekretär eine Ovation dar. Stalin fühlte, daß seine Linie der »Verteidigung des Leninismus«, die herauszustellen er nicht müde wurde, immer größere Unterstützung in der Partei erfuhr. Er war der »Verteidiger des Leninismus« gegen alle Opponenten und Fraktionsmacher, deren persönliche Ambitionen offenkundig waren. Das ist das Geheimnis der Popularität des Generalsekretärs. Die geringe politische Kultur vieler Parteifunktionäre tat ein übriges, um Stalins Autorität allmählich und kaum merklich zu erhöhen, bis sie die gesamte Partei erfaßte.

Es schien, als hätte Stalin nie zu irgendeiner Gruppierung in der

Partei gehört. Aber dieser Eindruck entstand allein, weil er jeden seiner Schritte, jede seiner Entscheidungen und seiner Kritiken mit Lenins Position identifizierte. Die Analyse von Stalins Verhalten zeigt, daß er viele Fehler gemacht, daß er mal diese, mal jene Gruppierung unterstützt hatte – aber er konnte schneller als andere seine Positionen »korrigieren«. Er verstand es, den Eindruck hervorzurufen, daß alles, was er sagte und schrieb, gleichzusetzen sei mit Lenins Auffassungen. Vor allen Dingen deshalb fand Stalin die Unterstützung der Partei. Natürlich verteidigte Stalin in vielen (jedoch nicht in allen) Fällen Lenins Ideen. Aber im Verlauf der Zeit nahm Stalins Sicht dieser Ideen einen autokratischen Charakter an. Viele Bolschewiki verbanden die Linie der Partei, die Arbeit des ZK, mit konkreten Personen. Und da es nach Lenin keinen offensichtlichen Führer mehr gab, wurde Stalin, der »Vereiniger des bolschewistischen Stabs«, zum Symbol der anfänglichen Erfolge beim Aufbau des Sozialismus. Er personifizierte die Einheit der Partei, und er stand für die Belebung der Landwirtschaft. Der Mehrheit der Delegierten war klar, daß Sinowjew, Kamenew und der auf diesem Parteitag im Schatten verbleibende Trotzki mit ihren Attacken auf das ZK vor allem das Ziel verfolgten, führende Posten in der Parteihierarchie zu erlangen. Die Niederlage der Opposition war vollständig.

Das ZK der Kommunistischen Partei der Sowjetunion (B) – so nannte sich nun die Partei – berief Sinowjew vom Posten des Vorsitzenden des EKKI ab, und bald darauf wurde der Posten auf Initiative der sowjetischen Delegation bei der Komintern ganz abgeschafft. Leiter der Leningrader Parteiorganisation wurde Sergej Mironowitsch Kirow. Kamenew wurde vom Amt des Stellvertretenden Vorsitzenden des Rats der Volkskommissare und des Vorsitzenden des Rats für Arbeit und Verteidigung abgelöst. Sinowjew und Kamenew behielten lediglich ihre Mitgliedschaft im Politbüro. In dieses Parteigremium gewählt wurden nun auch Woroschilow und Molotow, was Stalins Position deutlich stärkte.

In seinem mehr als einstündigen Schlußwort zum politischen Rechenschaftsbericht des ZK kritisierte Stalin noch einmal mit harten Worten Sinowjew, Kamenew, Sokolnikow, Laschewitsch und ihre Anhänger. Im Mittelpunkt dieser Rede stand die Bekräftigung der Linie der Partei beim sozialistischen Aufbau und die Aufforderung, die Einheit der Bolschewiki zu festigen.

Aufmerksamen Beobachtern entging nicht, daß Stalin sich ständig selbst zitierte, und dies ohne jede Skrupel. Ohnehin dürften Menschen mit hoher politischer Kultur Stalins Skrupellosigkeit bei seinen Parteitagsauftritten nicht entgangen sein. So äußerte sich Stalin in beleidigendem Ton über Krupskaja und nannte ihre Rede »reinen Unsinn«. Später kam er noch einmal auf Krupskaja zurück:

»Und wodurch unterscheidet sich eigentlich Genossin Krupskaja von jedem anderen verantwortlichen Genossen? Glauben Sie etwa, die Interessen einzelner Genossen müßten höhergestellt werden als die Interessen der Partei und ihrer Einheit?«

Den Bolschewiki, fuhr Stalin demagogisch und unter Applaus fort, sei der »formale Demokratismus keinen Pfifferling wert«, die Interessen der Partei aber bedeuteten ihnen alles. Laschewitsch nannte Stalin einen »Kombinator«, Sokolnikow bescheinigte er eine übermäßige Neigung, in seinen Reden »Streiche zu spielen«, Kamenew war für ihn ein »Wirrkopf«, Sinowjew ein »Hysteriker« und so weiter. Die Grobheit Krupskaja gegenüber ist nicht nur in Stalins politischer Taktlosigkeit begründet, sondern sie war auch eine Art Rache an ihr, die sie Zeugin war von Lenins letzten denkwürdigen Briefen, Telefongesprächen und Unterredungen. Stalin verzieh niemals und nichts.
Stalin war wohl selbst aufgefallen, daß er an einigen Stellen seiner Rede überzogen hatte, und er nahm Zuflucht zu einem Verhalten, das er später noch häufiger an den Tag legen sollte. Zu seinen Äußerungen über Sinowjews schwachen Artikel »Philosophie der Epoche« erklärte er, daß er grob sei gegenüber dem Feindlichen und Fremden, und das sei ein Ergebnis seines geradlinigen Charakters. Der Generalsekretär münzte seine abstoßenden Charaktereigenschaften allmählich um in vorbildliche Tugenden. Und bereits auf dem 14. Parteitag im Jahr 1925 hat sich außer Kamenew niemand gefunden, der gegen Stalin aufgetreten wäre.
Stalin fühlte die Stimmung der Delegierten und fegte in seinem Schlußwort Kamenews Vorschlag, das Sekretariat in einen rein technischen Apparat zu verwandeln, beiseite, aber gleichzeitig äußerte er, er sei gegen die »Aussonderung« einzelner Mitglieder aus dem ZK. Stalin war sich der Ergebenheit der meisten Delegierten sicher und hielt es hier für angebracht zu verkünden, daß, wenn die Genossen

darauf bestehen sollten, er »seinen Platz, ohne Lärm zu machen, zu räumen bereit« sei. Stalin hielt seine Rede wie ein erfahrener Politiker. Er erlangte die Unterstützung der Delegierten, indem er seine Uneigennützigkeit und Sorge um die Partei kundtat. Während der Generalsekretär die »Fraktionsmacher« kritisierte und verhöhnte, zeigte er seine »Großherzigkeit« und garnierte seine Reden mit Aussprüchen wie: »Nun ja, Gott mit ihm.« Obwohl Stalin bereits den Entschluß gefaßt hatte, mit Sinowjew und Kamenew abzurechnen, verkündete er seine Friedfertigkeit:

»Wir sind für die Einheit, wir sind gegen das Absägen. Die Absägungspolitik ist uns zuwider. Die Partei will die Einheit und wird sie durchsetzen – mit Kamenew und Sinowjew, wenn sie es wollen, ohne sie, wenn sie es nicht wollen.«

Ich möchte darauf aufmerksam machen, daß Stalin in seinem Schlußwort einige Bemerkungen machte, die, wenn sie in die Tat umgesetzt worden wären, die schlimmsten Perioden in der Geschichte unserer Partei hätten abwenden können. Unter Applaus und der offenkundigen Billigung der Delegierten verkündete er:

»Das Plenum entscheidet bei uns alles, und es ruft seine Führer zur Ordnung, wenn diese das Gleichgewicht zu verlieren beginnen. (...) Sollte jemand von uns über die Stränge schlagen, so wird er zur Ordnung gerufen werden – das ist notwendig, das ist unerläßlich. Es ist unmöglich, die Partei anders zu führen als durch ein Kollegium. Es ist unsinnig, nach Iljitsch davon auch nur zu träumen, es ist unsinnig, darüber zu reden.
Kollegiale Arbeit, kollegiale Leitung, Einheit in der Partei, Einheit in den Organen des ZK, bei Unterordnung der Minderheit unter die Mehrheit – das ist es, was wir jetzt brauchen.«

Der Parteitag bestätigte den Kurs des sozialistischen Aufbaus und der Industrialisierung. Aber die Demokratie in der Partei erfuhr keine Weiterentwicklung.

Der Popularisator des Leninismus

Die Worte »Theorie«, »Theoretiker« riefen bei dem jungen Dschugaschwili eine innere Angst hervor. »Eine wahre Theorie«, sprach Martow, »geht mit der Wahrheit immer Hand in Hand.« Als Stalin 1907 am 5. Parteitag der SDAPR in London teilnahm, hatte er nicht den Eindruck, daß ihn die Debatten sonderlich bereicherten. Die langwierigen Auseinandersetzungen über »das Verhältnis zu den bürgerlichen Parteien«, »die Klassensolidarität«, »die Rolle des Proletariats in der bürgerlichen Revolution« schienen ihm weit weg zu sein von der russischen Wirklichkeit.

Die Wirklichkeit machte noch während der Parteitagsarbeit gebieterisch von sich reden. Der Vorsitzende unterbrach die Debatte und teilte mit, daß in der Parteikasse nicht mehr genügend Geld sei für die Bezahlung des Versammlungslokals, die Hotelzimmer und die Heimfahrt der Delegierten. Ein Liberaler habe sich aber bereit erklärt, einen Wechsel über 3000 Pfund auszustellen, der mit einem hohen Zinssatz zurückzuerstatten sei. Der Vorsitzende fragte die Delegierten, ob sie einverstanden seien, daß dieser Wechsel unterschrieben würde. Nach einer Pause äußerten alle laut ihr Einverständnis. Der liberale Mäzen mußte mehr als zehn Jahre auf sein Geld warten. Er ging ein Risiko ein: Nicht alle Revolutionen in der Geschichte ereigneten sich wie auf Bestellung.

In einer Sitzungspause stand Dschugaschwili neben Lenin, Rosa Luxemburg und Trotzki. Diese diskutierten über die »permanente Revolution«. Die Glocke rief zur Sitzung. Lenin beendete das Streitgespräch mit einem Scherz:

»Wahrscheinlich kennt Rosa die russische Sprache ein wenig schlechter als die marxistische, deshalb gibt es zwischen uns ebendiese Unstimmigkeit. (...) Aber das läßt sich ändern!«

Dschugaschwili hatte den Kern der Theorie der »permanenten Revolution« nur schemenhaft begriffen und beteiligte sich nicht an dem Gespräch. Rund dreißig Jahre später wurde er einstimmig zum Ehrenmitglied der Akademie der Wissenschaften der UdSSR gewählt. Zu seinem siebzigsten Geburtstag schenkten ihm die Leuchten der Wissenschaft ein fettleibiges Panegyrikon von fast 800 Seiten, in dem

Formulierungen wie »genialer Wissenschaftler«, »genialer Theoretiker«, »großer Denker« an unzähligen Stellen auftauchten. Die Akademiemitglieder schrieben in diesem Buch auch, wie großartig der Beitrag J. W. Stalins zur Entwicklung der Theorie des wissenschaftlichen Kommunismus, der Philosophie, der politischen Ökonomie sei und wie gewichtig die methodologische Bedeutung seiner Ideen für die Wissenschaft im allgemeinen sei. »Der große Denker und die Koryphäe der Wissenschaft«, wie es im Protokoll Nr. 9 der Vollversammlung der Akademie der Wissenschaften der UdSSR vom 22. Dezember 1939 geschrieben steht, war vor allem ein dogmatischer Popularisator des Marxismus und ein primitiver Interpret der Leninschen Ideen.

Aber auch zu jener Zeit, als Stalin Akademiemitglied wurde, als er als »Fackel der Weltwissenschaft« verherrlicht wurde, war es nicht der Wille der Vernunft, der diese ehrwürdigen Wissenschaftler leitete. Die Krönung des Generalsekretärs mit einem intellektuellen Kranz war nur eine von den Absonderlichkeiten, die aus der Vergötterung des »Führers« resultierten.

Ironie des Schicksals! 1949 schrieb das Akademiemitglied Pjotr Nikolajewitsch Pospelow den Artikel »J. W. Stalin – die große Koryphäe der marxistisch-leninistischen Wissenschaft«, und einige Jahre später bereitete er auf Anordnung des ZK Informationen vor für den Bericht Chruschtschows auf dem 20. Parteitag. Aber wir sind der Chronolgie der Ereignisse vorausgeeilt.

Nachdem Stalin sich an die Spitze des Führungskerns der Partei gestellt hatte, glaubte er, daß er sich nicht allein hervortun dürfe durch seine organisatorischen Fähigkeiten und seine »harte Hand«, die bereits viele zu spüren bekommen hatten, sondern auch als Theoretiker. In der Tat erforderte der Übergang zu einer neuen Etappe beim Aufbau der neuen Gesellschaft das theoretische Verständnis für viele Fragen. Alles war neu in Wirtschaft, Gesellschaft und Kultur. Die Konturen des sozialistischen Aufbaus eröffneten die Möglichkeit, Themen zu erörtern, die den Rahmen der Gegenwart überschritten. Und Lenins Konzept verlangte nach einer Konkretisierung angesichts der gegebenen und der sich am Horizont abzeichnenden Bedingungen.

Außerdem begriff Stalin, daß ein Parteiführer eine Reputation als marxistischer Theoretiker haben mußte. Er wollte der Führer werden, nicht nur formal, sondern auch faktisch. Ihm war klar, daß die erdrückende Mehrheit seiner Artikel keinerlei Eindruck im gesellschaftlichen Bewußtsein hinterlassen hatte. In dem Mosaik von Lösungen, Ideen und Aufrufen, das die Revolution hervorgebracht hatte, waren Stalins langweilige Artikel einfach untergegangen. Allerdings hatte Stalin, nachdem sich seine Position in der Parteispitze gefestigt hatte, einige theoretische Arbeiten veröffentlicht. Zum Beispiel »Anarchismus oder Sozialismus?« Das Niveau dieser Arbeit läßt sich anhand nur eines Fragments erkennen:

»Wenn zum Beispiel die Bourgeoisie den Boden unter den Füßen verliert und von Tag zu Tag zurückgeht, so kann sie heute noch so stark und zahlreich sein, sie muß zu guter Letzt dennoch eine Niederlage erleiden und in die Grube fahren. Daher auch der bekannte dialektische Leitsatz: Alles, was wirklich ist, das heißt, alles, was von Tag zu Tag wächst, ist vernünftig.«

Die erdrückende Primitivität dieser Ausführungen ist offensichtlich. Sie hinderte das Akademiemitglied Mark Borissowitsch Mitin nicht daran, die hier zitierten Sätze als eine »klassische Charakteristik des Neuen« zu bezeichnen.

Kaum bemerkt wurden auch andere theoretische Arbeiten Stalins wie zum Beispiel »Marxismus und nationale Frage« (1913), »Der Oktoberumschwung und die nationale Frage« (1918), »Zur Frage der Strategie und Taktik der russischen Kommunisten« (1923) und einige andere. Stalin spürte bald, daß er nicht in der Lage war, etwas wesentlich Eigenes in die Theorie des Marxismus einzubringen. Er konnte sich davon überzeugen, daß der Genius Lenins vieles vorweggenommen hatte. Gleich, wo er sich theoretisch versuchte, den Schatten Lenins konnte er nicht verlassen.

Gerade angesichts der harten Konflikte in der Partei fühlte Stalin sich aufgefordert, das Leninsche Erbe – so, wie er es verstand – umfassend zu propagieren. So kam ihm die Idee, eine Vorlesungsreihe »Über die Grundlagen des Leninismus« an der Swerdlow-Universität zu halten. Diese Vorlesungen fanden kurz nach Lenins Tod statt. Im April und im Mai 1924 wurden sie in der »Prawda« veröffentlicht. Sie brachten Stalin eine gewisse Anerkennung als »Theoretiker« ein.

Das Bildungsniveau war niedrig, nicht nur das der breiten Massen, sondern auch das der Arbeiter und Bauern in der Partei. Sie brauchten das Alphabet des Leninismus. Nur durch ihre Popularisierung konnten Lenins Ideen verständlich gemacht werden. Stalin schien dieser Aufgabe gewachsen zu sein. Sein katechismusartiges Denken erwies sich hier als geeignet. Kurze Sätze im Telegrammstil. Keine komplizierten Begriffe. Keinen theoretischen Tiefgang. Aber Klarheit, Klarheit, Klarheit. Die Vorlesungen wurden nach ihrer Veröffentlichung gut aufgenommen. Sie wurden von Agitatoren und Propagandisten der Partei genutzt zur Verminderung der politischen Unwissenheit in der Bevölkerung.

Im folgenden wurde »Über die Grundlagen des Leninismus« und das Sammelwerk »Fragen des Leninismus« kanonisiert; die eifrigen Stalinschen Propagandisten verwandelten sie in Zitatsammlungen des Dogmatismus. Eine Ausgabe folgte der anderen.

In diesen Arbeiten Stalins finden sich nicht wenige Ideen, die die Weltanschauung von Millionen sowjetischer Menschen formten. Es ist jedoch eine Tatsache, daß der Generalsekretär viele der Ideen Lenins derart traktierte, daß sie kaum noch wiederzuerkennen waren. So hat er, wie erwähnt, bei der Interpretation der Diktatur des Proletariats die Akzente ausschließlich auf deren gewaltausübende Seite gesetzt und sie von ihren demokratischen Inhalten »befreit«. Und heute kann man die Seiten der Stalinschen Arbeit »Über die Liquidierung des Kulakentums als Klasse« nicht mehr lesen, ohne zu erschauern, denn wir wissen, was dahinterstand.

Ein Sammelwerk nach dem anderen erschien im Staatsverlag für Politische Literatur. Die Redakteure wagten es nicht, ohne Stalin etwas zu verändern, zu berichtigen oder zu präzisieren. So tritt einem beim Lesen einiger Stellen im Sammelwerk »Fragen des Leninismus« der kalte Schweiß auf die Stirn: Stalin polemisiert, er beschimpft, entehrt Sinowjew, Trotzki, Kamenew, Sorin, Slutzki, Bucharin, Rykow, Radek und viele, viele andere – und auch in der 11. Auflage von 1945 klingt es so, als seien sie noch am Leben: »Lassen Sie uns einmal Radek anhören« – »Trotzki spricht bereits zwei Jahre« – »Kamenew meint« – »Und was sagt Sinowjew?« – »Diese Fakten sind Sinowjew bekannt« – »Bucharin wiederholt«. Natürlich wissen wir, daß Stalin diese Arbeiten geschrieben hatte, als diese Menschen und Millionen andere noch am Leben waren. Aber Stalin polemisierte weiter gegen

seine Gegner, als er sie schon vernichtet hatte. Die Argumente, die Stalin gegen sie anführte, sind nicht nur aus wissenschaftlicher Sicht untragbar, sondern auch in höchstem Maße abscheulich. Auch wenn im Buch in kursiven Lettern betont wird: »*Stürmische Ovation, alle Anwesenden erheben sich von ihren Plätzen. Donnernde Hurrarufe. Allgemeine Rufe:* ›Es lebe Genosse Stalin!‹ Die Kongreßteilnehmer singen stehend die ›Internationale‹. Nach der ›Internationale‹ beginnt die Ovation von neuem. Rufe: ›Hurra!‹, ›Es lebe unser Führer, Genosse Stalin!‹« Und so war es auch. Man wird das Gefühl nicht los, daß das Buch einem furchtbaren Alptraum entsprungen ist. Nur ein Mensch, der sämtliche moralische Normen überschritten hatte, konnte seine ideologischen Gegner vernichten und sie nach ihrer Ermordung noch verspotten. Deshalb kann man auch treffende Urteile, die in den primitiven Popularisationswerken Stalins auftauchen, nicht anders als mit Abscheu betrachten.
Als Stalin sich darauf vorbereitete, seine Vorträge zu halten und sie danach zu publizieren, war er noch nicht in völliger Gefangenschaft der ideologischen Vorurteile, die er selbst später kultivierte. 1924 schrieb er, ohne zu zögern und im Widerspruch zur Wahrheit, daß Lenins Stil eine Mischung aus russisch-revolutionärer Wucht und amerikanischer Sachlichkeit sei.

»Die amerikanische Sachlichkeit ist jene unbändige Kraft, die keinerlei Schranken kennt noch anerkennt, die mit ihrer sachlichen Beharrlichkeit alle wie immer gearteten Hindernisse hinwegfegt, die jede einmal begonnene Sache unbedingt bis zu Ende durchführt.«

Ich glaube, wenn jemand Stalins Worte »Vereinigung der russischen revolutionären Wucht mit amerikanischer Sachlichkeit – darin liegt das Wesen des Leninismus in der Partei- und in der Staatsarbeit« in späteren Jahren geäußert hätte, so hätte er dies bitter bereuen müssen. In den zwanziger Jahren war das Denken Stalins, auch wenn es jeglicher Erleuchtung entbehrte, noch nicht vollständig vom kriegerischen Dogmatismus durchsetzt.
Daß Stalin das Verhältnis zwischen Theorie und Methode nie begriffen hat, wird besonders deutlich bei der Lektüre des »berühmten« vierten Kapitels in der »Geschichte der kommunistischen Partei der Sowjetunion (Bolschewiki). Kurzer Lehrgang«. Ferner hat er die

Wechselbeziehung zwischen dem Objektiven und dem Subjektiven und die grundlegenden Gesetze der gesellschaftlichen Entwicklung nicht verstanden. Seine Erklärung, daß alles in der Natur und in der Gesellschaft mit eiserner Unausweichlichkeit vorbestimmt sei, mutet stark fatalistisch an: »Die sozialistische Ordnung folgt auf die kapitalistische wie der Tag auf die Nacht.«

Stalin verlachte alle, die auf die »Forderungen der Vernunft« horchten, verspottete die, die einer »allgemeinen Moral« folgten, und vertrat einen vulgären Materialismus, der mit Gewalt angereichert war. Selbstverständlich bestätigte er: »(...) ein Beispiel völliger Übereinstimmung der Produktionsverhältnisse mit dem Charakter der Produktivkräfte ist die sozialistische Volkswirtschaft in der Sowjetunion (...).« Seine Argumente klangen immer wie Feststellungen oder wie Urteile.

Die ganze Geschichte, die im »Kurzen Lehrgang« dargestellt wird, ist eine Kette von Siegen der einen und Niederlagen der anderen – Spione, Doppelzüngler, Feinde, Schädlinge. Stalin zwang alles in ein Schema: Im Leben mußte es genauso sein wie in der Theorie – der Theorie, die er verbreitete. Alles, was nach Stalins Logik ablief, war gesetzmäßig: das Wachsen kommunistischer Parteien, die Zertrümmerung der »rechten Abweichung«, der »Verrat« der sozialdemokratischen Parteien und so weiter. Für Kreativität, Willen, Spiel der Vorstellungen, Kühnheit der Gedanken gab es keinen Platz.

Stalins Intellekt war ein Gefangener des Schemas: drei Grundlinien der Dialektik, vier Entwicklungsetappen des Oppositionsblocks, drei Grundlinien des Materialismus, drei Besonderheiten der Roten Armee, drei Grundwurzeln des Opportunismus und so weiter. Ja, in Lehrplänen ist so etwas vielleicht nicht schlecht. Aber die gesamte Theorie einer Inventur zu unterziehen und sie auf einige Linien, Besonderheiten und Etappen zu reduzieren – das macht die Gesellschaftswissenschaften arm und die Weltanschauung dogmatisch.

Nach einer bestimmten Zeit waren in Stalins Arbeiten rituelle Elemente zu erkennen. In seinen Gedanken sind Andeutungen, Vorbehalte oder originelle Ideen schwer zu entdecken. Das Denken des »Führers« ist gleichförmig: Alles, was aus seiner Feder fließt, ist eine Weiterentwicklung der marxistisch-leninistischen Theorie. Jeder seiner Aussprüche ist ein Programm. Und alles, was mit seiner Einstellung nicht konform geht, ist verdächtig – und vor allem feindlich. Die

Vulgarisierung, die Vereinfachung, die Schematisierung und der Kategorismus verleihen Stalins Anschauungen einen primitiv-orthodoxen Charakter. Es besteht Grund zur Annahme, daß Stalin an der Genialität dessen, was er sagte, nicht zweifelte. Stalin versuchte immerhin, theoretische Fragen mit konkreten Ansprüchen und Notwendigkeiten des sozialen Lebens in Übereinstimmung zu bringen, wenn auch oft völlig mechanisch. Aber nicht allen Arbeiten anderer Marxisten war diese praktische Tendenz eigen. Bei seinem Auftritt auf der ersten Unionsberatung der Stachanow-Leute am 17. November 1935 sagte Stalin:

»Es ist schwer, Genossen, von der Freiheit allein zu leben. *(Zustimmende Zwischenrufe, Beifall.)* Um gut und froh leben zu können, ist es erforderlich, daß die Errungenschaften der politischen Freiheit durch materielle Güter ergänzt werden. Eine charakteristische Besonderheit unserer Revolution besteht darin, daß sie dem Volke nicht nur die Freiheit, sondern auch materielle Güter und die Möglichkeit gegeben hat, ein wohlhabendes und kulturvolles Leben zu führen. Deshalb lebt es sich jetzt bei uns froh, und eben auf diesem Boden ist die Stachanow-Bewegung erwachsen.«

In den zwanziger Jahren publizierten viele Parteiführer verstärkt theoretische Arbeiten zu Fragen der sozialistischen Umgestaltung der Gesellschaft. In der »Prawda« und im »Bolschewik« erschienen regelmäßig Artikel von Trotzki, Sinowjew, Kamenew, Stalin, Kalinin, Jaroslawski und anderen Parteifunktionären. Einige von ihnen kamen gut voran bei der Veröffentlichung ihrer Werke. So zum Beispiel Trotzki, dem es gelang, innerhalb von zehn Jahren nach der Revolution 21 Bände seiner Werke herauszugeben. Und die »Prawda« teilte am 4. Dezember 1924 mit, daß begonnen worden sei, eine 22bändige Ausgabe von Sinowjews Werken zu publizieren. Eine Publikationskommission beurteilte sie als »Arbeiter-Enzyklopädie«. Ebenfalls in der »Prawda« wurde die Herausgabe des Sammelbandes »Oktober. Ausgewählte Artikel W. I. Lenins, N. I. Bucharins und J. W. Stalins« angekündigt. Zu jener Zeit wurden besonders viele Schriften Bucharins veröffentlicht – »Die Widersprüche des zeitgenössischen Kapitalismus«, »Über die Neue Ökonomische Politik und unsere Aufgaben« und andere.

Stalin bemühte sich »mitzuhalten«. Seine Arbeiten der zwanziger Jahre widmeten sich der Popularisierung des Leninismus und der Polemik gegen verschiedene Gruppierungen, Oppositionen, Fraktionen und Parteiführer. Hier fühlte Stalin sich wie ein Fisch im Wasser. Nur durch seinen Kampf gegen die Opposition und nur durch seine Kritik an den Mitstreitern von gestern wurde er zum »Theoretiker«. Stalins Denken wurde in der Polemik, in zahllosen Bissigkeiten und »Entlarvungen« ausgefeilt. Seine Auftritte auf Parteitagen, Konferenzen, ZK-Plenen und Politbürositzungen waren hart, entschieden und meist unversöhnlich.

Obwohl er sich aus taktischen Erwägungen heraus manchmal auch »Lockerungen« erlaubte. So trug Stalin am 11. Oktober 1926 auf einer Politbürositzung einen Bericht vor »Über die Maßnahmen zur Milderung des innerparteilichen Kampfes«. Diese Maßnahmen mündeten allerdings in der Formulierung von fünf ultimativen Punkten, die die Führer der Opposition anzuerkennen hatten, wenn sie im ZK bleiben wollten.

Die Polemik mit den geistigen Gegnern nahm verschiedene Gesichter an. Mal war sie von Beredsamkeit, mal von brutalen Ausdrükken begleitet und mitunter von beleidigendem Vokabular. Begriffe wie »Schwätzer«, »Verleumder«, »Verwirrer«, »Ungebildeter«, »Handlanger« benutzte Stalin nun ohne Zurückhaltung. Der Generalsekretär war sogar stolz darauf, als grober und unversöhnlicher Kämpfer aufzutreten für die Einheit der Partei, gegen die Fraktionsbildung, für die Reinheit des Leninismus.

Mit der Zeit bemerkte Stalin nicht mehr, daß er sich immer wieder selbst zitierte. So erhob er die Definition des Leninismus, die er in seinen Vorträgen an der Swerdlow-Universität gegeben hatte, in seinem Buch »Fragen des Leninismus« zur vollkommenen und unbeschränkt gültigen Definition.

Später sollte es zur Regel werden, daß Stalin fortlaufend auf seine Bücher und Artikel verwies. So im Antwortschreiben an Pokojew »Über die Möglichkeit der Errichtung des Sozialismus in unserem Lande«. Stalin verschwieg nicht nur, daß die Idee vom Aufbau des Sozialismus in zunächst nur einem Land ganz und gar Lenin gehörte, sondern er behauptete sogar, daß er der Urheber dieses Konzepts sei. Um sich nicht großartig um Argumente bemühen zu müssen, schrieb der Generalsekretär im Postskriptum: »Sie sollten den [Moskauer]

›Bolschewik‹ Nr. 3 zur Hand nehmen und dort meinen Artikel durchlesen. Das würde Ihnen die Sache erleichtern.« In seiner sonstigen Antwort auf Pokojews Fragen betont Stalin nur die Idee, »daß die Arbeiterklasse im Bündnis mit der werktätigen Bauernschaft die Kapitalisten unseres Landes vollends schlagen (...) kann. (...) Die Opposition hingegen sagte, daß wir die eigenen Kapitalisten nicht vollends schlagen und die sozialistische Gesellschaft nicht errichten könnten.«

Stalin liebte es, Definitionen zu formulieren. Man könnte einige der bekannten Definitionen anführen: zum Wesen des Leninismus, zum Wesen der Nation, zur politischen Strategie und Taktik, über das Wesen der Abweichungen und so weiter. Möglicherweise spielten sie eine Rolle bei der Popularisierung der Leninschen Ideen. Jedoch hat Stalin, der immer zu dogmatischem Denken neigte, Definitionen heiliggesprochen. Er konnte eine ganze Rede auf ihnen aufbauen, angeblich um das falsche Verständnis des einen oder anderen Oppositionellen hinsichtlich irgendeiner Frage nachzuweisen.

Aber das Negativste in Stalins theoretischem »Schaffen« liegt vielleicht darin, daß er faktisch die humanistischen Grundlagen des Sozialismus fortwarf und einen »Opfersozialismus« schuf. Eine Analyse von Stalins theoretischen Sichtweisen und der Methoden ihrer Umsetzung in der Praxis ergibt, daß der Generalsekretär allmählich vom Leninismus abging. Es klingt paradox, aber es ist eine Tatsache: Stalin blieb zwar Bolschewik, aber wird kein Leninist! Unter den vielfältigen Erscheinungsformen des Sozialismus – dem utopischen, dem kleinbürgerlichen, dem Kasernen- und dem wissenschaftlichen Sozialismus – schuf Stalin etwas Eigenes. Sein Sozialismus, das ist ein bürokratischer Sozialismus, der in sich Elemente des Kasernenkommunismus mit Bestandteilen des Dogmatismus vereint. Mit einem Wort: Er schuf den Stalinschen Sozialismus.

Nein, es ist ihm nicht geglückt, alles am Sozialismus zu deformieren. Wir wissen, daß eine Gesellschaft, die nur einen hohen Grad an Vergesellschaftung der Produktionsmittel aufweist, in der das Kollektiv höher steht als das Individuum, in der alles von oben geplant wird, nicht als sozialistisch bezeichnet werden darf. Im Sozialismus, wie Lenin ihn sah, steht der Mensch im Zentrum der Aufmerksamkeit. Lenins Konzeption des Sozialismus, das ist Demokratie, Humanismus, soziale Gerechtigkeit. Dieser Sozialismus kann sich niemals mit

der Gewalt und mit der Macht eines halbgöttlichen Führers paaren. Vor diesem Hintergrund wird offensichtlich, daß Stalin in einer bestimmten Etappe vom Leninschen Konzept des Sozialismus abging.
Der Gerechtigkeit halber muß man erwähnen, daß Stalin seine Reden, Artikel und Briefe selbst schrieb. Zeugnisse seiner Helfer und von Funktionären, die zu verschiedenen Zeiten mit ihm im Apparat des Generalsekretariats zusammengearbeitet haben, berechtigen uns zu der Annahme: Trotz einer riesigen Belastung arbeitete Stalin viel an sich. Er bestellte täglich Bücher und Zeitschriften, las Artikel und studierte Zusammenstellungen von Beiträgen der regionalen Parteipresse wie von ausländischen Zeitungen. Auch die interessantesten Briefe las er selbst.
Einmal saß er lange über einem Brief mit dem Absender »Berlin-Zehlendorf, Waldemarstr. 11, Villa Nina, W. P. Krymow«. Es war ein ungewöhnlicher Brief. Sein Autor war einer der »Ehemaligen«, ein Schriftsteller, der 1917 Rußland verlassen hatte und mit Schmerzen die Entwicklung in seiner Heimat verfolgte. Während Stalin las, markierte er die für ihn wichtigen Zeilen:

»Ich schreibe Ihnen als einem der größten Staatsmänner im jetzigen Rußland. Ich bin Pazifist und Internationalist, doch ich liebe Rußland mehr als jedes andere Land auf der Welt. Von hier aus kann ich das eine oder andere deutlicher sehen als Sie trotz all Ihrer Weitsicht von innen. (Hier fuhr der Rotstift zweimal entlang; D. W.)
Es ist notwendig, koste es, was es wolle, daß die Macht in Ihren Händen, in den Händen des proletarischen Führers bleibt, ohne Rücksicht auf Verluste. Erinnern Sie sich: ›Wer nicht zu Missetaten fähig ist, kann kein Staatsmann sein.‹ Vor allem die Armee. Sie muß nicht kämpfen. Sie muß sein. Alle müssen über sie im Übermaß Kenntnis haben. Je mehr irgendwelche militärischen Demonstrationen, desto besser. (...) Man darf keine Mittel scheuen, die der Vergrößerung der russischen Bevölkerung und ihrer Erziehung dienen könnten. Das ist die schrecklichste Waffe gegen die kapitalistische Welt. Heute ist es klar, daß das zeitgenössische Rußland ein neues Geschichtsgesetz geben kann: Das Pendel muß nicht in eine andere Richtung ausschlagen, sondern es kann für immer auf der linken Seite bleiben. (...) Lügen sind nicht notwendig, aber zwei Wahrheiten; wird die große verschwiegen, so muß man [das Volk] zwingen, an

die kleine zu glauben; und wenn es notwendig sein wird, wird die kleine der großen Platz machen. (...) Man muß die Religion nicht knebeln, das stärkt sie nur. Ziehen Sie das Privatkapital heran. Solange Sie an der Macht sind, stellt das keinerlei Gefahr dar. (...) Das Hervortreten des zeitgenössischen russischen Schöpfertums muß unterstützt werden, ungeachtet des Aufwandes. Sagen wir mal, die Literatur und noch mehr das Ballett. Man muß auf die übrige Welt einen kristallenen Schein des zeitgenössischen Rußlands werfen: Damit kann man manchmal mehr erreichen als mit der breitesten Propaganda. (...) Die Revolution hat schon kolossal viel erreicht. Aber das Experiment zieht sich in die Länge, es sind irgendwelche *realen* Resultate vonnöten. Es müssen einige Versprechungen, die dem Proletariat Wohlergehen verhießen, erfüllt werden. Aber augenblicklich haben Sie mehr Amtsschimmel als zur Zarenzeit. Es gibt Fälle, wo es günstig ist, zu verzögern, aber ständig, das ist ein tödliches System.«

Stalin saß lange über dem Brief. Er hatte beinahe jede Zeile unterstrichen, denn ihm schien jede von ihnen klug und gewichtig. Er schaute noch einmal auf die Unterschrift – »Wl. Krymow, eine Veröffentlichung meines Briefes ist unerwünscht«. Stalin legte den Brief in den Ordner, in dem die Papiere lagen, zu denen er noch zurückkehren wollte.

Viele seiner theoretischen Schlußfolgerungen wurden mit der Zeit zu Quellen großen Leidens. Manchmal denke ich, ein origineller Gedanke hat so etwas wie eine Farbenpracht, sie kann orange, violett, purpur sein. Stalins Gedankenwelt dagegen war grau, und mit der Zeit zeigte sie sich in den finstersten Tönen.

Ein Beispiel: Am 14./15. Januar 1924 fand ein ZK-Plenum statt, auf dem verschiedene Fragen erörtert wurden. Sinowjew trug einen Bericht über die internationale Lage vor. Er und andere analysierten die Mißerfolge der Kommunistischen Partei in Deutschland. Viele waren der Meinung, daß sie die revolutionäre Situation im Herbst 1923 nicht genutzt habe.

Auch Stalin meldete sich zu Wort. Er bezog sich auf Karl Radeks Ausführungen, der sich in der betreffenden Zeit in Deutschland aufgehalten hatte: »Ich bin gegen die Anwendung von Repressalien gegen Radek wegen seiner Fehler in der deutschen Frage. Ihm ist eine Reihe von Fehlern unterlaufen, deren ich hier sieben anführen werde.« Eine Lieblingsbeschäftigung Stalins war es, die vermeintlichen oder tatsächlichen Fehler anderer säuberlich aufzulisten. Ich beschränke mich hier auf Fehler Nr. 4:

»Radek hält den Faschismus für den Hauptfeind und glaubt, daß eine Koalition mit der Sozialdemokratie unbedingt notwendig sei. Und unsere Schlußfolgerung lautet: Es ist ein Kampf auf Leben und Tod gegen die Sozialdemokratie notwendig.«

Dies war nicht nur ein Fehler in der Analyse. Die politische Kurzsichtigkeit bei der Beurteilung von Faschismus und Sozialdemokratie sollte die Kommunisten und alle demokratischen Kräfte in der Zukunft noch teuer zu stehen kommen.
Ein weiteres Beispiel: Während des Oktoberplenums des ZK im Jahr 1924 wurde die Frage der Arbeit auf dem Land behandelt. Molotow trug einen Bericht vor, auch Sinowjew hielt eine lange Rede. Er verstand allerdings, ebenso wie Molotow und Stalin, wenig von Agrarfragen. Und dennoch hat er die allgemeine Situation relativ realistisch eingeschätzt:

»Wir erörtern zur Zeit nicht nur die Frage der Arbeit im Dorf, sondern auch die Frage des Verhältnisses zur Bauernschaft allgemein, das heißt, die Frage ist wesentlich allgemeiner, und sie wird noch einige Jahre auf der Tagesordnung bleiben, das heißt, sie umfaßt das Problem, wie die Diktatur des Proletariats unter den gegenwärtigen Umständen durchgeführt wird.«

Stalin versuchte, in seinem Diskussionsbeitrag politische und theoretische Ratschläge zu geben, die als Keim für spätere schwerwiegende Fehler angesehen werden können. Das erste, was die Partei tun müsse, sei, »die Bauernschaft von neuem zu erobern«. Zweitens müßte man sehen, daß sich das »Kampffeld verändert hat«. Drittens »müssen im Dorf Kader gebildet werden«. Das sagte Stalin im Jahr 1924, aber Stalins Rede klingt, als sei sie aus dem Jahr 1929.

Die intellektuelle Verwirrung

Die Hauptfragen, die die künstlerische Intelligenz bewegten, waren: Welchen Platz nimmt die Kultur in der neuen Gesellschaft ein? Wie steht es um die schöpferische Freiheit? Wie ist das Verhältnis zu den Werten der Vergangenheit? Einige Schriftsteller vertraten die Meinung, die russische Literatur habe nur eine Zukunft – ihre Vergangenheit. Viele schreckten vor dem revolutionären Sturm zurück. Er stellte für sie nicht nur eine persönliche Bedrohung dar, sondern auch eine Bedrohung für die Kultur.

Der Großteil der Intelligenz nahm die sozialistische Revolution nicht an. Aber nicht alle wurden zu ihren Feinden. Viele Intellektuelle wären mit den Ergebnissen der Februarrevolution zufrieden gewesen, mit einem bürgerlichem Parlament und verschiedenen Parteien. Nach einiger Zeit zeichneten sich allmählich entgegengesetzte Tendenzen ab: Übereinstimmung mit den Ideen der Oktoberrevolution und Ablehnung, lange Schwankungen und allmählicher Umschwung. Charakteristisch ist in diesem Zusammenhang der nicht sehr umfangreiche Sammelband »Wechsel der Wegzeichen«, der im Juli 1921 in Prag herausgegeben wurde. Die Autoren, meist Anhänger der Kadettenpartei und aktive Parteigänger des weißen Lagers, riefen zur Kapitulation auf. Sie verkündeten, die Bolschewiki seien aufgrund der »verhängnisvollen Ironie der Geschichte« zu »Hütern der russischen nationalen Sache« geworden. Stalin hat in den zwanziger Jahren wiederholt auf den »Wechsel der Wegzeichen« hingewiesen als Symbol für den Verfall des feindlichen Lagers. Die Autoren des Buches verheimlichten nicht ihre Meinung über den Bolschewismus. Sie hielten ihn für eine Utopie, aber sie wußten, daß »die Geschichte mit ihnen«, den Flüchtlingen aus Rußland, »abrechnen wird und bereits abrechnet«. Die nostalgischen Klänge, die sich mit slawophilen Tönen vermengten, bedeuteten mehr: den Umschwung eines Teils der Intelligenz zur Unterstützung des sozialistischen Rußlands. Die Sehnsucht nach dem Vaterland schob die Klasseninstinkte beiseite und versöhnte, wenn auch unter Schmerzen, mit der neuen Realität in Rußland. Der Großteil der Intelligenz jedoch akzeptierte den Sozialismus nicht.

Die künstlerische Intelligenz, die in Rußland geblieben war, verhielt sich unterschiedlich. Es wurden bald Verbände gegründet: die

Union bäuerlicher Schriftsteller, die Serapionsbrüder, der »Gebirgspaß«, die Russische Assoziation Proletarischer Schriftsteller (RAPP), die Künstler-Assoziation des Revolutionären Rußlands (AChRR), die »Schmiede«, die Linke Front der Künste (LEF) und andere. Hinter den Mauern der kalten Klubhäuser wurde heiß diskutiert über die proletarische Kultur, Literatur und Politik und darüber, wie die Werte der bürgerlichen Kultur einzuschätzen seien. Im Verlauf dieser literarischen Gärung entstanden umstrittene Konzepte und manchmal fehlerhafte Anschauungen. Es gab die einzigartige Chance, einen künstlerischen Pluralismus zu schaffen. Zu jener Zeit existierten noch keine Kommandomethoden, wie sie später Kunst und Literatur bedrückten.

Stalin hat sich anfangs nicht sonderlich für Kultur interessiert. Sein Verstand war rein empirisch und entbehrte jeglichen emotionalen Reichtums. Auf alle kulturellen Sphären schaute er von einer pragmatischen Position herab: »ist hilfreich«, »ist nicht hilfreich«, »stört«, »schadet«. Künstlerische Kriterien, auch wenn er sie gehabt haben sollte, hatten keine entscheidende Bedeutung. Im Mosaik literarischer Schulen und Richtungen sah er keine Gefahr, um so weniger, als die Mehrheit der Künstler über die Revolution, die neue Welt und den neuen Menschen sprach und schrieb. Auch die avantgardistische, oft sektenhafte Aktivität mancher Künstler erschien oft schlimmstenfalls als naiv. Noch war die politische Gängelung der Kunst nach Schdanowscher Manier nicht der Alltag. Aber bald sollte die These aufkommen, daß die kulturelle Entwicklung verwaltet werden müsse. In diesem Zusammenhang ist ein Leitartikel in der Zeitschrift »Bolschewik« charakteristisch; er trägt die Überschrift »Kommandokader und Kulturrevolution«. In ihm wird behauptet, daß das Problem der »Erziehung der kulturellen Kommandokader, der Erbauer des Sozialismus«, ein politisches Problem sei. Als die »Kulturkader« mit der Erziehung begannen, stürzten die ersten Kirchen ein, verschwanden erste Künstlervereinigungen und verstummten die ersten Künstler. Das war beispielsweise das Schicksal einer Gruppe von »Bauernschriftstellern«, deren bester Vertreter Sergej Alexandrowitsch Jessenin war. Es ist leider eine Tatsache, daß Bucharin an ihrem traurigen Schicksal mitschuldig ist. Er hatte sich hier offensichtlich nicht von früheren radikalen Anschauungen befreien können. Die schöpferische Freiheit wurde allmählich eingeengt.

Stalin beobachtete die Prozesse der literarischen Gärung aufmerksam. Er fühlte, daß die Kulturrevolution, die große Veränderungen im gesellschaftlichen Bewußtsein hervorgerufen hatte, das Interesse an kulturellen Dingen, vor allem an der Literatur, erhöhen mußte. Mitte der zwanziger Jahre schritt die Alphabetisierungskampagne gut voran. Bereits Mitte der zwanziger Jahre war hier die Zahl der Lese- und Schreibkundigen um ein Mehrfaches höher als vor der Revolution. Ein ähnliches Bild stellte sich in anderen Regionen dar. Als Zentren der Alphabetisierung erwiesen sich die Arbeiterklubs in den Städten und die Lesehütten in den Dörfern. Die Auflagen von Büchern, Zeitschriften und Zeitungen erhöhten sich im Eiltempo, überall wurden Bibliotheken gebaut. Es entstanden Filmstudios in Odessa, Jerewan, Taschkent und Baku.
Das Politbüro befaßte sich häufig mit der Frage, wie die besten Bedingungen geschaffen werden könnten, um die Massen an die Kultur heranzuführen und um den geistigen Einfluß der Bolschewiki auf sie zu verstärken. Im Juni 1925 beschloß das Politbüro die Resolution »Über die Politik der Partei auf dem Gebiet der künstlerischen Literatur«. Darin stand, daß es dringend notwendig sei, ein behutsames Verhältnis herzustellen zu den alten Meistern der Kultur, die die Revolution angenommen hatten. Auf Stalins Vorschlag wurde unterstrichen, daß der Kampf gegen die Tendenzen der »Wechsel der Wegzeichen« unbedingt weitergeführt werden müsse. Außerdem heißt es dort, die Partei müsse mit allen Mitteln versuchen, »eigenmächtige und inkompetente administrative Einmischungen in Literaturangelegenheiten auszumerzen«. Offenkundig hat das ZK in den ersten Jahren nach der Revolution Lenins Vermächtnis respektiert, daß für den Sozialismus Kultur benötigt werde.
Stalins Helfer berichteten dem Generalsekretär über die neuen Bücher und Artikel der proletarischen Schriftsteller. Alles konnte der Generalsekretär in der Tat nicht lesen. Aus seiner Bibliothek blieben jene Bücher erhalten, in denen er Stellen angestrichen oder Bemerkungen eingetragen hatte. Die Mehrzahl seiner Bemerkungen machte Stalin mit Rotstift. Viele seiner Mitkämpfer ahmten ihn bewußt oder unbewußt nach (vor allem Woroschilow). Den Randbemerkungen nach zu urteilen, hatte Stalin Furmanows »Tschapajew« und »Mjatesch« (»Rebellion«), Serafimowitschs »Eisernen Strom«, die Erzählungen Iwanows, Gladkows »Zement«, die Werke Gorkis, den

der Generalsekretär liebte, die Gedichte Besymenskis, Demjan Bednys, Jessenins und anderer bekannter Dichter gelesen.
Stalin stieß auch auf Platonows Erzählung »Wprok«. Aber allem Anschein nach hatte der Generalsekretär den talentierten Schriftsteller, der in tiefe Schichten des menschlichen Verstandes vordrang, nicht verstanden. Über Platonows Buch »Der schlaflose Satanoid« ärgerte sich der Generalsekretär, was er auch Alexander Alexandrowitsch Fadejew mitteilte. Stalin kannte die klassische westeuropäische Literatur schlecht. Er mißtraute dem Westen und seiner »zersetzenden« Demokratie. Stalin liebte Theater und Kino. Besonders in den dreißiger und vierziger Jahren besuchte er regelmäßig das Bolschojtheater. Häufig schaute er sich im Kreml oder in seiner Datscha neue Filme an. In seinem Einsiedlerdasein waren die Filme, vor allem die Wochenschauen, eine Art Fenster, durch das er auf die Welt schauen konnte. Die Malerei liebte er weniger, und er verheimlichte nicht seinen mangelnden Geschmack. Fragen der schöngeistigen Literatur erörterte er nicht nur im Kreis der Politbüromitglieder, von denen die meisten keine großen Liebhaber der Kunst waren, sondern auch mit den Schriftstellern selbst – mit Gorki, Bedny, Fadejew und ebenso mit Lunatscharski.
In seinen Reden sind Bilder und Figuren aus der Literatur wesentlich seltener anzutreffen als bei Lenin, Bucharin, Trotzki und einigen anderen Parteiführern. Er brauchte sie in der Regel nur, um kritische Bemerkungen zu Beginn seiner Auftritte zu untermalen. Eines der seltenen Beispiele dafür war Stalins Rede bei einer gemeinsamen Sitzung des Präsidiums der EKKI und der Internationalen Kontrollkommission (IKK) im September 1927. Stalin antwortete auf den Beitrag des Mitgliedes des Exekutivkomitees der jugoslawischen Kommunisten Wujowitsch:

»Ich bin der Meinung, daß Wujowitschs Kritik keine Antwort wert ist. Mir fällt da eine kleine Geschichte ein, die den deutschen Dichter Heine betrifft. (...) Der Schriftsteller Auffenberg schreibt eine Menge kritischer Artikel gegen Heine (...). Heine sah sich nunmehr genötigt zu antworten. (...) Heine antwortete in der Presse mit ein paar Worten: Einen *Schriftsteller* ›Auffenberg hab ich nicht gelesen – ich denke: er ist ungefähr wie Arlincourt, den ich auch nicht gelesen habe‹. Die russischen Bolschewiki könnten, Heines Worte abwandelnd, über Wujowitschs kritische Exerzitien sagen: ›Einen *Bolschewik* Wujowitsch kennen wir nicht – wir denken: er ist ungefähr wie Ali-Baba, den wir auch nicht kennen.‹«

In einer Reihe von öffentlichen Auftritten ließ Stalin es sich nicht nehmen, sein Verhältnis zu dem einen oder anderen Schriftsteller und seinen Werken kundzutun. Die Urteile des Generalsekretärs waren wie immer kategorisch. Beispielsweise verurteilte er in einem Brief an W. Bill-Belozerkowski den Dirigenten des Bolschojtheaters Golowanow dafür, daß dieser sich gegen die mechanische Erneuerung des Repertoires auf Kosten der Klassik ausgesprochen habe. Sogleich charakterisierte der Generalsekretär das »Golowanowtum« als eine »antisowjetische Erscheinung«. In den dreißiger Jahren konnte eine solche Beurteilung den Kopf kosten. Bulgakows Werk »Beg« (»Flucht«) beurteilte Stalin als antisowjetisch, aber er schwächte seine Kritik dann etwas ab: »Ich hätte übrigens nichts gegen die Aufführung der ›Flucht‹, wenn Bulgakow zu seinen acht Träumen noch ein oder zwei Träume hinzufügte, in denen er die inneren sozialen Triebfedern des Bürgerkriegs in der UdSSR darstellt, damit der Zuschauer begreifen kann, daß alle diese auf ihre Weise ›ehrenhaften‹ Serafim und verschiedene Privatdozenten nicht einer Laune der Bolschewiki wegen aus Rußland hinausgeworfen wurden, sondern weil sie auf Kosten des Volkes schmarotzten.«

Während Stalin die »Analyse« von Bulgakows Werk fortsetzte, fragte er: »Warum so häufig Stücke von Bulgakow aufgeführt werden? Weil es wahrscheinlich nicht genug *eigene,* für die Aufführung taugliche Stücke gibt. (. . .) Was das Stück ›Die Tage der Turbins‹ selbst betrifft, so ist es nicht einmal so schlecht, denn es bringt mehr Nutzen als Schaden. Vergessen Sie nicht, daß der Haupteindruck, der beim Zuschauer von diesem Stück bleibt, ein für die Bolschewiki günstiger Eindruck ist: ›Wenn selbst solche Menschen wie die Turbins gezwungen sind, die Waffen zu strecken und sich dem Willen des Volkes zu unterwerfen, und somit zugeben, daß ihre Sache endgültig verloren ist, so bedeutet das, die Bolschewiki sind unbesiegbar.‹«

Der Generalsekretär konnte sogar denen gegenüber hart auftreten, die er mit vermeintlicher Hochachtung betrachtete; so beispielsweise gegenüber Demjan Bedny, dem Bolschewiki seit 1912, der bald nach der Revolution zu einem anerkannten proletarischen Dichter wurde. Viele seiner Fabeln, Sprüche, Lieder, Gedichte, Erzählungen und Parabeln erfreuten sich einer unermeßlichen Popularität bei den breiten Massen. In einer Reihe seiner Schriften (»Pererwa«, »Steig vom Ofen herunter«, »Ohne Schonung«) kritisierte Bedny alte Traditionen, die weiter am Leben erhalten wurden. In der Propagandaabteilung des Zentralkomitees verurteilte man dies als Antipatriotismus. Man lud den Poeten zum »Gespräch« ins ZK vor. Bedny beklagte sich darüber in einem Brief an Stalin. Die Antwort des Generalsekretärs war schnell und mitleidslos.

»Aber jetzt, da das ZK sich genötigt sah, Ihre Fehler einer Kritik zu unterziehen, beginnen Sie plötzlich, zu maulen und von einer ›Schlinge‹ zu schreien. Mit welchem Recht? Vielleicht hat das ZK nicht das Recht, Ihre Fehler zu kritisieren? Vielleicht ist der Beschluß des ZK für Sie nicht verbindlich? Vielleicht sind Ihre Gedichte über jede Kritik erhaben? Finden Sie nicht, daß Sie von einer gewissen unangenehmen Krankheit angesteckt worden sind, die ›Überheblichkeit‹ heißt? (...) Nein, hochgeehrter Genosse Demjan, das ist nicht bolschewistische Kritik, sondern *Verleumdung* unseres Volkes, *Diffamierung* der UdSSR, *Diffamierung* des Proletariats der UdSSR und *Diffamierung* des russischen Proletariats. (...) Darin besteht der Kern der Sache und nicht in den leeren Lamentationen eines in Angst geratenen Intellektuellen, der vor lauter Schreck davon schwätzt, daß man angeblich Demjan ›isolieren‹ will, daß man Demjan ›nicht mehr drucken wird‹ und dergleichen mehr.«

Hatte doch Stalin vier Jahre zuvor gebeten, Bedny seine Dankbarkeit für ein Gedicht über Trotzki zu übermitteln. Es wurde am 7. Oktober 1926 in der »Prawda« veröffentlicht unter der Überschrift »Alles hat ein Ende«. Es lohnt sich, zumindest einen Auszug anzuführen, um die Atmosphäre jener schwierigen Zeit besser zu verstehen:

»Trotzki – geschwind, veröffentlicht ein Porträt im ›Ogonjok‹!
Erquicket alle mit seinem Angesicht!
Trotzki tummelt auf einem alten Pferdchen herum,
Er glänzt mit seinem zerknitterten Federkleid,

Er hüpft mit einem rotgefiederten Muraten
Mit all seinem ›Apparat‹,
Mit den Generälen der Opposition
Und seiner Thesen-Moral –
Solch ein Stab, der den ganzen Planet zu unterwerfen vermag!
Aber eine Armee gibt es nicht!
Keine einzige proletarische Kompanie!
Die Arbeiter sind nicht in der Stimmung,
Einem solchen Stab zur Schlachtbank zu folgen
Und sich und die Partei zu opfern.

Unsere Partei ist nun müde zu dienen
Als Schießscheibe der Politisiererei des Unverbesserlichen!
Es ist an der Zeit, ein Ende zu setzen
Dieser Unverfrorenheit.«

Der Generalsekretär hatte die Verse mit Vergnügen gelesen und daraufhin Molotow und einige andere angerufen. Sie waren angetan von Bednys Satire. Stalin bemerkte: »Unsere Reden gegen Trotzki werden weniger Menschen lesen als diese Verse.« Damit hatte er recht. Aber es genügte, daß der Poet sich ein wenig »im Ton vergriff« und er seine »Kränkung« nicht verbarg, und schon konnte Stalin ein anderer werden: kalt, böse, gebieterisch, abweisend.
Viele Schriftsteller wußten, wieviel von Stalins Urteil abhing, und schrieben ihm Briefe mit der Bitte um seine Meinung. Häufig waren seine Resümees herablassend mit dem unumgänglichen Verweis auf die »Schwächen« der Arbeit. Ab und an ließ er sich auch zu Lob hinreißen. So schrieb Stalin in einem Brief an Besymenski:

»Ich habe sowohl den ›Schuß‹ als auch ›Ein Tag aus unserem Leben‹ gelesen. In diesen Werken ist nichts ›Kleinbürgerliches‹, nichts ›Parteifeindliches‹ enthalten. Sowohl das eine als auch das andere, besonders der ›Schuß‹, können für die heutige Zeit als Vorbilder revolutionärer proletarischer Kunst gelten.«

Die Zeugnisse derer, die Stalin gut kannten, sagen: Der Generalsekretär beobachtete aufmerksam die politische Haltung der wichtigeren Schriftsteller, Lyriker, Wissenschaftler und anderen kulturell Tä-

tigen. Stalin fühlte, daß nicht alle aus der künstlerischen Intelligenz die Revolution angenommen hatten. Dafür war nicht nur die große Emigrationswelle ein Beispiel.
So machte ihn ein Brief des großen russischen Schriftstellers Wladimir Galaktinowitsch Korolenko an Lunatscharski stutzig. Dieser Brief wurde nach Korolenkos Tod in Paris veröffentlicht. Darin drückte der Schriftsteller seine Besorgnis darüber aus, daß die Gewalt im nachrevolutionären Rußland das Wachstum des sozialistischen Bewußtseins bremsen werde. Stalin hielt diesen Brief für eine Fälschung. Er war auch über den Artikel Jewgeni Iwanowitsch Samjatins »Ich fürchte mich« empört. Dieser Artikel wurde in der kleinen Petrograder Zeitschrift »Haus der Künste« veröffentlicht. Der Schriftsteller schrieb zornig, aber wahrheitsgemäß:

»Authentische Literatur kann nicht dort sein, wo sie von Vollzugsbeamten und zuverlässigen Staatsbeamten gemacht wird, sondern dort, wo sie von Unvernünftigen, Einsiedlern, Häretikern, Träumern, Empörern und Skeptikern gemacht wird. Ich fürchte, daß es bei uns keine authentische Literatur geben wird, solange man nicht aufhört, auf das russische Volk zu schauen wie auf ein Kind, dessen Unschuld man bewahren muß. Ich fürchte, daß wir keine echte Literatur haben werden, solange wir nicht von einer Art Katholizismus genesen, der, nicht minder als der alte, jedes häretische Wort fürchtet.«

Später sollte er Stalin schreiben, daß er nicht mehr könne und daß er eine Arbeit »hinter Gittern« ablehne. Von der Weltanschauung mancher Schriftsteller zeugt das Buch des bekannten marxistischen Theoretikers Alexander Alexandrowitsch Bogdanow, in dem er schreibt, daß eine echte Kreativität nur dann möglich sei, wenn der Zwang zwischen den Menschen beseitigt und wenn im gesellschaftlichen Leben kein Glaube zugelassen werde an Fetische, Mythen und Klischees. Bogdanow deutete so an, daß er eine Diktatur über das künstlerische Schaffen ablehnte. Das Maß war voll. Offenkundig hatten Bogdanow und andere verstanden, daß ein revolutionärer Mythos, wenn man ihn endlos wiederholt, sich wenig von biblischen Dogmen unterscheidet. Viele der Mythen, die Stalin in der Zukunft im »Kurzen Lehrgang« verbreiten würde, sollten kritiklos hingenommen werden. Es war an der Zeit, diese scharfsinnigen Intellektuellen zu bremsen.

Stalin fragte sich, wie man die Kunst kanalisieren könnte, wie man sie auf die Massen richten könnte mit dem Ziel, sie zu gewinnen für die Bewältigung der unzähligen Schwierigkeiten, vor denen das Land stand. Die Formen der Einwirkung auf die Künstler mußten nach Stalins Verständnis hauptsächlich administrativer Art sein: Verordnungen, Abschiebung der Mißliebigen, Zensur. Dabei stimmte er mit Trotzki überein, obwohl er nicht die Absicht hatte, dies öffentlich bekanntzumachen. Trotzki hat in seiner Arbeit (worüber hatte dieser fruchtbare Autor nicht geschrieben?) »Literatur und Revolution« kategorisch erklärt, daß unter der Herrschaft des Proletariats eine »harte Zensur« existieren müsse.

Diesem Rat Trotzkis sollte Stalin folgen. Er würde den Künstlern helfen, die richtige Wahl zu treffen! Wie? Das würde er sich noch durch den Kopf gehen lassen. Aber die politische Zensur würde nicht den letzten Rang einnehmen. Er war nicht in der Lage, zu verstehen, daß das intellektuelle Gewissen die Hauptrolle spielen müßte als Attribut jeder echten Demokratie.

Als Lenin krank war, wurde auf Initiative der Staatspolizei GPU und mit Stalins Unterstützung eine ungewöhnliche Aktion durchgeführt: 160 Menschen, die den Kern der russischen Kultur darstellten – Schriftsteller, Lyriker, Wissenschaftler, Philosophen, Historiker –, wurden ins Ausland abgeschoben. Die »Prawda« veröffentlichte am 31. August 1922 einen Artikel mit dem vielsagenden Titel: »Erste Warnung«. Darin heißt es, daß der Kampf mit den konterrevolutionären Elementen in der Kultur notwendig sei.

Das Aufkommen des sozialistischen Realismus war begleitet vom Unverständnis des Apparats für die Bedürfnisse der Künstler. Die Funktionäre der »ideologischen Front« verwandelten dieses Kunstverständnis in eine Direktive, anstatt dem Herzen und der Vernunft des Künstlers zu helfen, seinen Platz in der revolutionären Umgestaltung des Vaterlandes zu finden.

Die Abschiebung war ein Signal. Statt die Wissenschaftler und Künstler in den sozialistischen Aufbau demokratisch einzubeziehen, statt geduldig mit ihnen zu arbeiten, ließ Stalin erkennen, daß er beabsichtigte, diktatorische Methoden in der Kultur anzuwenden. Nur mit Maxim Gorki wagte er es nicht, in herablassendem oder grobem Ton zu sprechen. Beinahe zur selben Zeit, als er Bedny rügte, verfaßte der Generalsekretär einen Brief an Gorki. Dieser hatte Stalin aus dem Ausland geschrieben. Gorki hatte bezweifelt, daß das Prinzip von Kritik und Selbstkritik die Lage in Sowjetrußland bessern könne. Stalin antwortete dem Schriftsteller:

»Wir können ohne Selbstkritik nicht auskommen. Das können wir keinesfalls, Alexej Maximowitsch. Ohne sie sind Stagnation, Fäulnis im Apparat, Anwachsen des Bürokratismus, Drosselung der schöpferischen Initiative der Arbeiterklasse nicht zu vermeiden. Natürlich liefert die Selbstkritik den Feinden Material. Darin haben Sie völlig recht. Aber sie liefert auch Material (und gibt den Anstoß) für unsere Vorwärtsbewegung (...).«

Wie wir sehen können, war Stalin durchaus in der Lage, richtige Urteile über die Demokratie zu fällen. Aber er hat sie nie in die Praxis umgesetzt.

Seine Helfer berichteten dem Generalsekretär ab und an über die Literatur der russischen Emigranten. Als man ihm den vielbändigen Roman des ehemaligen Weißgardistengenerals Pjotr Nikolajewitsch Krasnow »Vom Doppeladler zur roten Fahne«, der 1922 in Berlin erschien, zeigte, nahm Stalin ihn nicht einmal in die Hand, sondern fragte bloß: »Wann hat er es geschaffen, der Schurke?«

Nicht ohne seine Mitwirkung wurde Kuprin und Alexej Tolstoj gestattet, in die UdSSR zurückzukehren. Das gilt auch für einige bekannte Dichter und Schauspieler. Als man Stalin 1933 erzählte, daß Iwan Alexejewitsch Bunin als erster Russe für würdig befunden worden war, den Nobelpreis entgegenzunehmen, bemerkte der Generalsekretär: »Na ja, nun wird er überhaupt nicht mehr das Verlangen verspüren zurückzukehren. (...) Worüber hat er denn dort in seiner Rede gesprochen?«

Man gab ihm einen Auszug aus Bunins Rede, in dem dieser sagte, daß »das wichtigste für einen Künstler die Freiheit der Gedanken und des Gewissens« sei. Stalin erwiderte nichts und wurde nachdenklich. Er konnte es nicht verstehen: Hatte man Bunin in der Sowjetunion nicht die Möglichkeiten geboten, zu denken und zu schreiben? Und so zu denken, wie es seinem intellektuellen Gewissen entsprach? Als wäre Stalin gegen die Freiheit der Gedanken, wenn sie der Diktatur des Proletariats diente? Stalin wußte zwar nicht genau, was Bunin geschrieben hatte, jedoch dachte er, ohne sich sehr zu täuschen:

»Irgend etwas über die Geheimnisse des Todes und Gottes Welt hat wohl dieser adlige Schriftsteller verkündet.« Weiter hat er sich mit Bunin nicht auseinandergesetzt. Zwar hatten seine Helfer ihm einst einen Stoß ausländischer Zeitschriften vorgelegt, und in einer von ihnen war Bunins Erzählung »Der rote General« abgedruckt, eine Geschichte, die der russischen Revolution gewidmet war. Aber Stalin hatte keine Zeit gefunden, sie zu lesen.

Für Poesie hat er sich wenig interessiert. Obgleich er in seiner Jugend etwa drei Dutzend naiver Gedichte geschrieben hatte. Er hatte nie Gedichte gelesen. Obgleich man einst in Zarizyn irgendein Gedicht Puschkins als geheimen Code benutzt hatte. Mit seiner Hilfe übermittelte man die Zahl der Züge, die Getreide nach Moskau brachten, ihre Waggonnummern und so weiter.

Man berichtete Stalin über einen weiteren Emigrantendichter: Chodassewitsch. Man teilte mit, daß er sehr talentiert sei, »möglicherweise talentierter als Bedny«. Man las sogar einige Zeilen über die »Austrocknung schöpferischer Quellen in der Fremde«. Jedoch interessierte sich Stalin wenig für die Sackgasse, in der sich Chodassewitsch, Iwanow, Schmeljow, Ramisow, Ossorgin, Muratow und andere Emigranten befanden. Er wußte auch über die sowjetischen Poeten nicht viel. Es war nicht die Zeit vorhanden, um sich mit ihnen zu beschäftigen.

Er erinnerte sich an den Nachruf auf Jessenin, den »Volkstümler der Revolution«, der am 30. Dezember 1925 in der »Prawda« veröffentlicht worden war:

»Kaum einen der Dichter unserer Zeit hat man so gelesen und so geliebt wie Jessenin. (...)

Mit Jessenin hat die russische Literatur wahrscheinlich ihren einzigen wahren Lyriker verloren. (...)

Jessenin konnte die Stadt bis zum Ende nicht annehmen, nicht verstehen. (...) Er blieb der Romantiker des Rußlands aus Stroh. Und es ist etwas Symbolisches in seinem Tode: Er erhängte sich am Rohr einer Zentralheizung. Und das ist doch eine Errungenschaft der Kultur.«

Selbstmörder konnte Stalin nicht verstehen. Selbstmord war für ihn so etwas wie freiwillige Kapitulation. Er interessierte sich dafür, was jene Schriftsteller, Dichter, Dramaturgen, Regisseure, die in Moskau, Leningrad und in anderen Städten arbeiteten, über das dachten, was im Land vor sich ging. Widersprüchliche Gefühle stellten sich bei ihm ein, wenn er das »Nackte Jahr« Pilnjaks, die »Reiterarmee« Babels, die Werke Platonows, Kins, Wesjolys, Tynjanows und Chlebnikows las. Ganz nach seinem Geschmack waren die klaren Arbeiten Furmanows, Fedins, Alexej Tolstojs und Leonows. Stalin schätzte die Filme von Wertow, Kuleschow, Eisenstein, Pudowkin und Ermler. Man sprach über den Erfolg der Stücke Lunatscharskis »Oliver Cromwell«, K. Trenews »Ljubow Jarowaja«, über Iwanows »Panzerzug 14-69« und über Sejfullinas »Wirineja«.

Was in der Malerei und Musik vor sich ging, wußte Stalin kaum. Er verschmähte die Avantgardisten, Konstruktivisten, Futuristen und Kubisten. Er verstand sie nicht und glaubte, daß auch andere sie nicht verstanden. In seinen Augen machten sie »Verrenkungen« und hatten mit den Zielen der Partei nichts zu tun.

Unter den Künstlern gingen die harten Auseinandersetzungen allmählich zu Ende. Man stritt meist nicht mehr darüber, ob man die Revolution unterstützen oder nicht unterstützen solle. Die Diskussionen drehten sich nun um die Formen der Kunst. Wie ein buntes Mosaik muteten die Namen immer neuer Künstlervereinigungen an. Nach Stalins Meinung gewährte Lunatscharski, der Volkskommissar für Volksbildung, den Künstlern zuviel Freiheit. Der Generalsekretär hielt es für angebracht, Ordnung in das Durcheinander zu bringen. Aber noch kam er nicht dazu, denn noch war der Kampf gegen die Opposition in der Partei nicht gewonnen.

Die Partei mußte eine Einheit sein, es mußte einen verbindlichen Kurs geben. Der letzte Parteitag hatte sehr viel in dieser Richtung geleistet. Stalin wurde klarer, daß die Partei dem Volk womöglich das, was sie versprochen hatte, nicht geben könnte ohne Kollektivierung der Landwirtschaft und Industrialisierung. Noch wurden der Zar, die Gutsbesitzer, die Kapitalisten gehaßt. Noch wurde ihnen die Schuld gegeben an allen Schwierigkeiten im Land. Aber es näherte sich der zehnte Jahrestag der Oktoberrevolution! Ja, wir haben die Ausbeutung beseitigt, wir haben den Bauern Land gegeben. Die Arbeiter erhielten Zutritt zu Leitungsfunktionen in der Industrie. Und dennoch gibt es viele, die unzufrieden sind. Warum geht die Sache so langsam voran? Hat die Opposition vielleicht in einigen Punkten recht? Alle sprechen von Bürokratie. Nun, da hat man heute in der »Prawda« einen Artikel von Lebed gedruckt: »Maßnahmen zur Verbesserung des Staatsapparats und zum Kampf gegen den Bürokratismus«. Wie treffend er doch schreibt: »Welche Unzulänglichkeiten existieren in unserem Staatsapparat? Die wesentlichen unter ihnen sind: die aufgeblasenen Etats und die niedrige Qualifikation der Funktionäre (...). Die sperrige Struktur, der Parallelismus in der Arbeit, Bürokratismus und Amtsschimmel, die nicht immer treffende Auswahl der Spezialisten, die auf der schwachen Berücksichtigung der Qualifikation dieser Spezialisten beruht, und schließlich die schlechte und manchmal völlig fehlende Kontrolle über die Beschlußausführung der obersten Organe und die fehlende Kontrolle über die Arbeit der Institutionen selbst.« Ja, und darüber schreibt auch Majakowski.

In Stalin reifte ein Gedanke, von dem er allerdings noch nicht wußte, wie er ihn verwirklichen sollte: Die verschiedenen Gruppen, die nun fast alle kräftig satt hatten, mußten zerschlagen werden. Dann würde es möglich sein, fester auf die Intelligenz zu »drücken« und sie in die Industrialisierung und Kollektivierung einzuspannen. So würde es bei den Künstlern weniger geistige Gärung geben. In einer Klassengesellschaft gibt es keine neutrale Kunst. Man muß, so wird Stalin gedacht haben, Arbeiter- und Bauernschriftsteller heranziehen. Die antiproletarischen Elemente haben in der Kultur nichts verloren.

Die »intellektuelle Verwirrung« der Künstler erschien Stalin immer häufiger als konterrevolutionäre Ketzerei. Aber sie erschien ihm nicht so gefährlich wie die »Irrlehre«, die Trotzki verkündete. Der Kampf mit ihm erreichte nun seinen Höhepunkt.

Trotzkis Niederlage

Trotzki reiste gern. Er schätzte die Erholung. Er pflegte seine Gesundheit. Sogar in den schwierigsten Jahren des Bürgerkriegs brachte er es fertig, in die Kur, auf die Jagd oder auf Fischfang zu gehen. Er schämte sich nicht seiner aristokratischen Gewohnheiten. Im Frühling des Jahres 1926 beschloß er, mit seiner Frau nach Berlin zu reisen, um dort Ärzte aufzusuchen. Im Politbüro versuchte man, ihm die Reise

auszureden. Aber er bestand darauf, und er reiste ab. Die Reisedokumente Trotzkis waren ausgestellt auf den Namen Kusmenkos, eines ukrainischen Bolschewiken. Auf dem Bahnhof in Moskau verabschiedete er sich von Sinowjew und Kamenew. Im Zug waren noch seine Frau und der ehemalige Leiter seines Frontzugs, Sermuks.
Ich habe bereits erwähnt, daß Trotzki ein mittelmäßiger Taktiker war, und das vor allem, weil er seinen Einfluß und seine Popularität überschätzte. Im Kampf gegen Stalin traf Trotzki die schlechtesten Entscheidungen. Er kam nicht zur Beerdigung Lenins, er erschien nicht auf einer Reihe von Sitzungen des ZK und des Politbüros. Oft zog er Urlaubsreisen, Jagdausflüge oder schriftstellerische Arbeiten vor. Stalin nutzte Trotzkis Abwesenheit optimal aus.
Später würde Trotzki noch viel Arbeit haben, sein Leben zu beschreiben. Dabei sollte er notieren, daß er während der Reise nach Berlin zu dem Schluß gekommen sei, daß es im Kampf mit Stalin keinen Kompromiß geben könne. Einer von beiden müsse den Weg frei machen. Aber er glaubte immer noch, daß er Stalin besiegen würde. Kamenew und Sinowjew hatten sich mit Trotzki zur »Vereinigten Opposition« zusammengetan, gemeinsam wollten sie nun den Generalsekretär bekämpfen.
Neben seinen öffentlichen Auftritten gegen Trotzki ergriff Stalin auch unbemerkt Maßnahmen, um dessen Einfluß zu schwächen. Alexej Pawlowitsch Balaschow, wie erwähnt einst Mitarbeiter in Stalins Sekretariat, erinnert sich, daß sich der Generalsekretär und seine Gefolgsleute nicht selten vor den Sitzungen des Politbüros bei Stalin trafen, um sich abzusprechen. Zu diesen Beratungen wurden Trotzki, Pjatakow und Sokolnikow nie eingeladen. »Wir wußten«, erzählte mir Balaschow, »daß Stalin die übliche antitrotzkistische Speise zubereitete.«
Im Dezember 1924 entdeckte Stalin, daß Trotzki in den Programmen der politischen Schulung für die Rotarmisten nach wie vor als Führer der Roten Armee geführt wurde. Er reagierte sofort. Am 10. Dezember schrieb Stalin eine Notiz, in der er vorschlug, so schnell wie möglich alle Programme durchzusehen und zu korrigieren. Einige Tage später war die Aktion abgeschlossen. Frunse übersandte Stalin eine Nachricht, der er auch den Bericht des Leiters der Agitations- und Propagandaabteilung der Politischen Verwaltung des Revolutionären Kriegsrats Alexinski über die Korrekturaktion bei-

fügte: »Trotzki figuriert in der politischen Schulung nicht mehr als Führer der Roten Armee.«
Es lag ebenfalls an Stalin, daß seit der zweiten Hälfte des Jahres 1924 Trotzkis Name nicht mehr zur Benennung von Orten und Fabriken benutzt und daß er in der Presse seltener positiv erwähnt wurde. Dies sind nur zwei von zahlreichen Aktionen Stalins gegen den Rivalen.
In der Zeit zwischen dem 14. und dem 15. Parteitag fanden auf Stalins Betreiben einige gemeinsame Plenen des ZK und der Zentralen Kontrollkommission (ZKK) sowie Sitzungen des Zentralkomitees und des Politbüros statt, auf denen die Aktionen der Opposition erörtert wurden. Der Generalsekretär konnte sich dabei auf eine Mehrheit stützen. Gegen Trotzki und seine Verbündeten wurden verschiedene Maßnahmen beschlossen: Verweise, Parteistrafen, Ausschluß aus den Parteigremien. Die Linie der Opposition blieb jedoch unverändert: Der Kampf um den »richtigen« Parteikurs ging einher mit dem Kampf um die Führung. Allerdings entstanden im Lager der Opposition alsbald Breschen.
Auf Initiative Stalins und mit Unterstützung anderer Parteiführer wurden Sinowjew im Juli und Trotzki im Oktober 1926 aus dem Politbüro ausgeschlossen. Kamenew verlor seinen Status als Kandidat des Politbüros. Das ZK sah es außerdem als unvertretbar an, Sinowjew weiter in der Kommunistischen Internationale arbeiten zu lassen. Auch andere Oppositionelle verloren ihre Staats- und Parteiämter.
Auf der 15. Parteikonferenz, die im Herbst 1926 stattfand, trug Stalin einen Bericht »Über die Opposition und die innerparteiliche Lage« vor. In diesem Bericht kritisierte der Generalsekretär Trotzki, Sinowjew und Kamenew hart. Das gleiche geschah auf dem 7. erweiterten EKKI-Plenum im Dezember desselben Jahres. Nach den Berichtsentwürfen ist zu erkennen, wie sorgfältig Stalin sich auf die Entlarvung seiner Widersacher vorbereitete. Auf gesonderten Blättern waren alle schwachen Punkte und »Sünden« der Opposition aufgelistet:

»1) Trotzki, Sinowjew und Kamenew: haben keine Fakten, lediglich Erdachtes und Klatsch.
2) Trotzki soll erklären, wem er sich bis zum Oktober angeschlossen hatte: den linken Menschewiki oder den rechten Menschewiki?

3) Warum hat Trotzki sich nicht den Reihen der Zimmerwalder Linken angeschlossen?
4) Stellt Stalin etwa dem Halbmenschewisten Mdiwani nach? Das ist ein Gerücht.
5) Kamenew sagte auf dem 4. Parteitag, daß es ein Fehler sei, ›das Feuer nach links zu eröffnen‹. Ist Kamenew ein Linker?
6) Trotzki behauptet, er habe den Aprilthesen Lenins ›vorgegriffen‹. (...) Er verglich die Fliege mit einem Wachturm!
7) Das Telegramm Kamenews an Michail Romanow.
8) Sinowjew bestand auf die Unterzeichnung der knechtenden Bedingungen der Konzession Urquharts.
9) Sinowjew: ›Diktatur der Partei‹ und so weiter.«

Stalin sammelte aufmerksam alle ihm bekannt werdenden größeren und kleineren »Sünden« der Opposition. (Und ihrer waren nicht wenige.) In seinen langen Reden breitete er sie dann unermüdlich aus. Seine Rede auf dem erweiterten Plenum des EKKI dauerte fünf Stunden, rechnet man das Schlußwort hinzu.

Nachdem Stalin alle früheren Fehler, Schwankungen, alle unterschiedlichen »Plattformen« entlarvt hatte, schlug er auf die Gegner ein: Stalin kritisierte nicht, er »schlug« mit Worten. Dabei bemerkte der Generalsekretär nicht, daß er sich selbst in Opposition gegen den Leninismus stellte, indem er seine Gegner vernichtete. In seinen Auftritten war vieles kleinlich und zweitrangig. Die Starrheit des Generalsekretärs erstickte die Idee des freien Kampfes der Meinungen. Stalin hielt schon damals jegliches Andersdenken für unzulässig.

Noch hatten die Führer der Opposition die Möglichkeit, sich zu verteidigen. Sinowjew, Kamenew und Trotzki sprachen auf der 15. Parteikonferenz lange, sie baten die Delegierten, ihnen noch eine Stunde, dann noch eine halbe Stunde, noch fünfzehn und schließlich noch zehn Minuten zu geben. Das Stenogramm der Konferenz zeigt, daß sie den Vorwürfen nichts entgegenzusetzen hatten, außer Zitaten von Marx, Engels und Lenin und von ihnen selbst. Sogar Trotzki, der für seine Beredsamkeit gerühmt wurde, konnte seine unzähligen Attakken gegen das ZK und die Partei nicht zufriedenstellend rechtfertigen. Am Ende seiner langen und verworrenen Rede erklärte er lediglich: »Wir nehmen keine uns aufgezwungenen Sichtweisen an.«

Nach Trotzki trat der Delegierte Larin auf. Treffend bemerkte er, daß sie alle dem Augenblick beiwohnten, »in dem die Revolution über einen Teil ihrer Führer hinauswächst«. Larin sagte richtig, daß in den langen Erklärungen der Oppositionsführer lediglich ein »literarischer Streit über Zitate und mannigfaltige Interpretationen verschiedener Stellen in verschiedenen Werken« zu erkennen sei. Trotzki, Sinowjew und Kamenew hätten sich »nicht wie politische Führer, sondern wie verantwortungslose Literaten verhalten«. Andere Diskussionsredner fügten hinzu, daß die Oppositionsführer die Industrialisierung auf Kosten der Bauern durchführen wollten, ohne dabei die sozialen Folgen zu bedenken.

Der Kampf zwischen Stalin und Trotzki wurde auch in der Kommunistischen Internationale ausgetragen. Trotzki war Mitglied des EKKI, und als im Mai 1927 die Frage der chinesischen Revolution erörtert wurde, beschloß Stalin, Trotzki einen weiteren Schlag zu versetzen. Hier ein Auszug aus der Rede Stalins auf dem 10. EKKI-Plenum vom 24. Mai 1927:

»Ich werde bemüht sein, in der Polemik das persönliche Element nach Möglichkeit auszuschalten. Die persönlichen Angriffe Trotzkis und Sinowjews auf einzelne Mitglieder des Politbüros des ZK der KPdSU(B) und des Präsidiums des EKKI sind es nicht wert, daß man sich bei ihnen aufhält. Trotzki möchte offenbar in den Sitzungen des Exekutivkomitees der Komintern die Rolle eines Helden spielen, um zu erreichen, daß sich das Exekutivkomitee nicht mit den Fragen der Kriegsgefahr, der chinesischen Revolution und so weiter befaßt, sondern einzig mit der Frage Trotzki.

Ich bin der Meinung, Trotzki ist soviel Beachtung nicht wert. *(Zwischenruf: ›Richtig!‹)* Um so mehr, als er eher an einen Komödianten erinnert als an einen Helden und man einen Komödianten keinesfalls mit einem Helden verwechseln darf. Ich spreche schon gar nicht davon, daß es für Bucharin oder Stalin gar keine Beleidigung sein kann, wenn Leute wie Trotzki und Sinowjew, die vom 7. erweiterten Plenum des Exekutivkomitees der sozialdemokratischen Abweichung überführt worden sind, die Bolschewiki beschimpfen. Im Gegenteil, es wäre für mich die größte Beleidigung, wenn Halbmenschewiki vom Schlage eines Trotzki und Sinowjew mich lobten und nicht auf mich schimpften.«

Der nicht sehr tiefgründige Auftritt Stalins war zielstrebig und bösartig. Er qualifizierte die Oppositionellen ab und erniedrigte sie als Politiker. Am 27. September schloß das EKKI Trotzki aus seinen Reihen aus. Er war isoliert, aber er setzte seinen aussichtslosen Kampf fort. Trotzki sollte nach seiner Abschiebung aus der UdSSR bis zum Jahr 1940 der einzige der ehemaligen Revolutionsführer sein, der Stalin entlarvte und kritisierte. Doch je lauter sich seine einsame Stimme erhob, desto offensichtlicher wurde: Trotzki kämpfte weniger für die Revolution und ihre Ideale als für sich selbst. Er konnte sich niemals, bis zum letzten Tag nicht, mit seinem Fiasko versöhnen, damit, daß er vom »hinterlistigen Osseten« vertrieben worden war. Bald sollte der Marxismus nur von Bedeutung sein, sofern er ihm zum Angriff gegen Stalin diente. Und für Stalin sollte Trotzki bis zu seinem Tod in Mexiko die Inkarnation des Bösen und ein Symbol für tiefen Haß bleiben. Stalin sollte nur noch einmal diesen glühenden Haß empfinden: auf Hitler, der Stalin in den Jahren 1939 bis 1941 »hereinlegte«.

Die Oppositionellen zogen keine Schlußfolgerungen. Im Frühjahr 1927 sandten sie eine neue Plattform an das Zentralkomitee, unterschrieben von 83 Anhängern Trotzkis. Nach einigen Sitzungen des ZK und der Zentralen Kontrollkommission (ZKK) wurden Trotzki und Sinowjew im Oktober 1927 aus dem ZK ausgeschlossen und einige Monate später auch aus der Partei. Der 15. Parteitag im Dezember 1927 bestätigte diese Maßnahmen. Gleichzeitig wurde Kamenew, zusammen mit 75 weiteren Oppositionellen, ausgeschlossen. Kamenew und Sinowjew sollten später Buße tun und wieder in die Partei aufgenommen werden, und sie sollten sogar mit Unterwerfungsreden auf dem 17. Parteitag auftreten.

Der Kampf mit der Opposition fand statt, als sich die internationale Lage verschärfte und die Sowjetunion mit den Schwierigkeiten der Industrialisierung zu tun hatte. Stalin hatte den Kampf oft provoziert. Endlose Debatten lenkten die Partei ab von lebensnotwendigen Fragen. Häufig wurde über die innerparteiliche Lage in der KPR(B) auch in Gremien der Kommunistischen Internationale diskutiert. Aber auch dort fanden Trotzki und seine Mitkämpfer keine große Unterstützung. Die Aureole Trotzkis als »Held der Revolution« verblaßte. In den Augen der Partei erschien er schließlich als Schönschwätzer und Möchtegernführer.

Wie an anderer Stelle schon erwähnt: Indem Trotzki die Partei in seinem Kampf gegen Stalin in immer neue Diskussionen verwickelte, verstärkte er die Autorität Stalins und seine Position als neuer Führer der Partei. Die Schlußfolgerung mutet paradox an, doch *keiner* trug soviel zur Stärkung der Position Stalins bei wie Trotzki. Es ist bemerkenswert, daß die Delegierten nur Stalin Ovationen darbrachten, als ihm das Wort zunächst für seinen Bericht und dann für sein Schlußwort auf der 15. Parteikonferenz erteilt wurde.

Diese Beifallskundgebungen waren keine organisierten Spektakel. In den Augen eines Großteils der Delegierten wurde Stalin allmählich zum Führer der Partei. Diesen Eindruck verstärkten die schwachen, wenig überzeugenden Auftritte der Opposition, der es obendrein noch an Mut fehlte. Kamenew beispielsweise verteidigte sich lediglich mit Zitaten und kokettierte mit Stalin, indem er dessen Rede als »ausführlich« mit »richtigen Zitaten« und »wahren Schlußfolgerungen« und so weiter bezeichnete. Trotzki schrieb: »Die einzige Sorge Sinowjews und seiner Freunde war jetzt: rechtzeitig zu kapitulieren. (...) Sie hofften, durch einen demonstrativen Bruch mit mir im Augenblick des 15. Parteitages, wenn nicht Wohlwollen, so doch Verzeihung zu erkaufen.«

Allen war klar, daß die Vereinigung Trotzkis mit seinen ehemaligen Gegnern Sinowjew und Kamenew sich ausschließlich gegen den Generalsekretär richtete. Stalin, der allmählich begann, an seine besondere Berufung zu glauben, ließ sich diese Chance nicht entgehen. Er hatte den Kampf aufgenommen und wollte ihn mit der politischen Vernichtung Trotzkis beenden. Davon zeugt unter anderem seine Rede auf dem Vereinigten Plenum ZK und ZKK am 23. Oktober 1927.

Auf dieser Sitzung wurde die Tagesordnung für den bevorstehenden 15. Parteitag besprochen. Es wurde beschlossen, daß auf dem Parteitag über die trotzkistische Opposition diskutiert werden sollte. Während der Sitzung wurden Stimmen hörbar und Notizen ans Präsidium gereicht, die sagten, daß das ZK das »Testament« Lenins versteckt und damit den Willen Lenins nicht erfüllt habe. Stalin konnte dazu nicht mehr schweigen.

Seine einstündige Rede auf dem Plenum war zornig und haßerfüllt. Stalin zählte Trotzkis »Sünden«, deren sich dieser seit dem Jahr 1904 »schuldig« gemacht hatte, wie auswendig gelernt auf. Der

Auftritt Stalins war in der Tat nicht improvisiert; er bereitete sich immer sorgfältig vor auf seine Reden. Nachdem Stalin erkannt hatte, daß Trotzki sich auf Lenins Warnung vor den schlechten Eigenschaften des Generalsekretärs stützte, versetzte er Trotzki genau in diesem Punkt einen Schlag:

»Die Opposition glaubt, ihre Niederlage durch persönliche Momente, durch die Grobheit Stalins, die Unnachgiebigkeit Bucharins und Rykows usw. ›erklären‹ zu können. Eine allzu billige Erklärung! Das ist ein Taschenspielertrick, aber keine Erklärung. Trotzki kämpft seit 1904 gegen den Leninismus. In der Periode von 1904 bis zur Februarrevolution 1917 trieb sich Trotzki die ganze Zeit bei den Menschewiki herum und führte einen erbitterten Kampf gegen die Partei Lenins. In dieser Periode brachte die Partei Lenins Trotzki eine ganze Reihe von Niederlagen bei. Warum? Vielleicht war die Grobheit Stalins daran schuld? Aber Stalin war damals noch nicht Sekretär des ZK, er befand sich damals fern vom Ausland, führte den Kampf in der Illegalität, gegen den Zarismus, während sich der Kampf zwischen Trotzki und Lenin im Ausland abspielte – was hat das also mit der Grobheit Stalins zu tun?«

Und dann traf der Generalsekretär den schon angeschlagenen Trotzki mit Wucht, indem er daran erinnerte, daß Trotzkis Broschüre »Unsere politischen Aufgaben« dem Menschewiken Axelrod gewidmet war. Unter Getöse im Saal las Stalin triumphierend die Widmung Trotzkis vor: »Dem teuren Lehrer Pawel Borissowitsch Axelrod«. »Nun denn«, resümierte Stalin, »glückliche Reise zu Ihrem ›teuren Lehrer Pawel Borissowitsch Axelrod‹! Glückliche Reise! Nur beeilen Sie sich, verehrtester Trotzki, denn ›Pawel Borissowitsch‹ ist recht hinfällig und könnte in Bälde sterben, und Sie könnten zu Ihrem ›Lehrer‹ zu spät kommen.«

Stalin erinnerte an das vereinigte Plenum des ZK und der ZKK im Juli/August 1927 und bemerkte mit Bedauern, daß er damals den Genossen ausgeredet habe, Trotzki und Sinowjew unverzüglich aus dem ZK auszuschließen. »Möglich, daß ich damals zu gut war und einen Fehler beging.« Ja, das war ein äußerst seltener Fall, daß Stalin einmal das Wort »gut« gebrauchte! Die Güte hat nur kurz gewährt.

»Jetzt heißt es in den ersten Reihen der Genossen stehen, die Trotzkis und Sinowjews Ausschluß aus dem ZK verlangen.«
Was Lenins »Brief an den Parteitag« anbelangte, so gab er ihm eine neue Interpretation, als er verkündete:

»Es wurde bewiesen und abermals bewiesen, daß niemand etwas verheimlicht, daß das ›Testament‹ Lenins an den 13. Parteitag gerichtet war, daß es, dieses ›Testament‹, auf dem Parteitag verlesen wurde (...) und daß der Parteitag *einstimmig* beschloß, es nicht zu veröffentlichen, unter anderem deshalb, weil Lenin dies selbst nicht gewünscht und nicht verlangt hatte.«

Wir wissen, daß es nicht klar ist, an welchen – an den 12. oder 13. – Parteitag Lenins Brief gerichtet war. Verlesen wurde er auf dem 13. Parteitag, aber dies lediglich vor den Delegationen und nicht auf dem Parteitag selbst. Der Parteitag hatte dazu keinerlei Beschluß gefaßt und schon gar keinen *einstimmigen*, den Brief nicht zu veröffentlichen. Und daß »Lenin selbst es nicht wollte«, wußte allein Stalin zu berichten.
Der Generalsekretär spürte seine wachsende Kraft und die Unterstützung praktisch aller Teilnehmer des Plenums. Er beschloß, seinen wundesten Punkt zu bekämpfen, und machte vor einer offensichtlichen Lüge nicht halt. Stalin benutzte die Tatsache, daß Trotzki im September 1925 auf Druck des Politbüros (aber vor allem Stalin hatte darauf bestanden) im »Bolschewik« eine Erklärung zu Lenins »Testament« abgegeben hatte. Trotzki hatte geschrieben:

»Wladimir Iljitsch wandte sich seit der Zeit seiner Krankheit wiederholt an die leitenden Institutionen der Partei und an ihren Parteitag mit Vorschlägen, Briefen u. a. Es versteht sich von selbst, daß alle diese Briefe und Vorschläge stets bestimmungsgemäß weitergeleitet, den Delegierten des 12. und des 13. Parteitags zur Kenntnis gebracht wurden und selbstverständlich immer entsprechenden Einfluß auf die Beschlüsse der Partei ausübten. (...) Wladimir Iljitsch hat überhaupt kein ›Testament‹ hinterlassen, und der Charakter seines Verhältnisses zur Partei sowie auch der Charakter der Partei selbst schlossen die Möglichkeit eines solchen ›Testaments‹ aus. (...) *Alle Redereien über ein verheimlichtes oder verletztes* ›Testament‹ sind bösartige Erfindungen und sind ganz und gar gegen den faktischen Willen Wladimir Iljitschs.«

Konnte Trotzki damals ahnen, daß er sich in seinem Kampf gegen Stalin selbst ein Bein stellen würde, als er sich distanzierte von Gerüchten, durch seine Hände seien Geheimdokumente in den Westen gelangt? Die Glocke hatte ihm geschlagen. In den Augen der Partei erschien Trotzki erneut als Intrigant. Nachdem Stalin das Zitat aus dem »Bolschewik« vorgelesen hatte, sagte er:

»Das schreibt Trotzki und niemand anders. Mit welchem Recht kommen jetzt Trotzki, Sinowjew und Kamenew mit ihrem Geschwätz und behaupten, daß die Partei und ihr ZK Lenins ›Testament‹ ›verheimlichen‹? (...) Man sagt, Genosse Lenin habe in diesem ›Testament‹ dem Parteitag vorgeschlagen, man solle sich im Hinblick auf Stalins ›Grobheit‹ überlegen, ob man nicht Stalin als Generalsekretär durch einen anderen Genossen ersetzen solle. Das stimmt durchaus. Ja, Genossen, ich bin grob gegen diejenigen, die grob und verräterisch die Partei zersetzen und spalten. Ich habe das nicht verheimlicht und verheimliche es nicht. Möglich, daß hier eine gewisse Milde gegenüber den Spaltern erforderlich ist. Aber das bringe ich nicht fertig. Gleich in der ersten Sitzung des ZK-Plenums nach dem 13. Parteitag ersuchte ich das Plenum des ZK, mich von der Funktion des Generalsekretärs zu entbinden. Der Parteitag selbst behandelte diese Frage.
Jede Delegation behandelte diese Frage, und alle Delegationen, unter ihnen auch Trotzki, Kamenew, Sinowjew, *verpflichteten* Stalin einstimmig, auf seinem Posten zu bleiben. Was konnte ich tun? Von meinem Posten davonlaufen? Das ist nicht meine Art, ich bin niemals von irgendeinem Posten davongelaufen, und ich habe kein Recht davonzulaufen, denn das wäre Desertion. (...) Ein Jahr danach richtete ich erneut einen Antrag an das Plenum, mich von meiner Funktion zu entbinden, aber man verpflichtete mich erneut, auf meinem Posten zu bleiben. Was konnte ich weiter tun? (...) Es ist bezeichnend, daß über Fehler Stalins in dem ›Testament‹ kein einziges Wort, keine einzige Andeutung enthalten ist. Dort ist nur von der Grobheit Stalins die Rede. Aber Grobheit ist kein Fehler in der *politischen* Linie beziehungsweise Position Stalins und kann es nicht sein.«
Trotzki, ein Meister der Intrige und Verstellung, wußte, während er

im Saal saß, daß diese Rede sein politisches Ende bedeutete. Wie Trotzki später in Mexiko schrieb, fühlte er nach dieser Rede das Messer der Guillotine über seinem Kopf.

Auf dem Oktoberplenum des ZK im Jahr 1927 fand der letzte Auftritt Trotzkis als Politiker der Partei statt. Seine Rede war wirr und leidenschaftlich. Später schrieb Trotzki, er habe die »Blinden« warnen und ihnen sagen wollen, daß der »Triumph Stalins nicht lange andauern und das Scheitern seines Regimes rasch kommen wird. Die Sieger der Stunde verlassen sich übermäßig auf die Gewalt. Sie können uns ausschließen, aber sie können unseren Sieg nicht abwenden.« Über das Rednerpult gebeugt, las Trotzki schnell vom Blatt ab. (Dabei hatte er Stalin und andere Parteiführer »Spickzettler« genannt.) Er versuchte den Lärm im Saal zu übertönen. Man hörte ihm kaum zu, man unterbrach ihn mit Zwischenrufen: »Verleumdung«, »Lüge«, »Schwätzer«. Jemand rief: »Nieder mit den Fraktionsmachern!« Trotzki beeilte sich, alles loszuwerden, was er sich aufgeschrieben hatte. Er sprach über das geschwächte revolutionäre Fundament der Partei, über die Übermacht des Apparats, über die »herrschende Fraktion«, die das Land und die Partei in eine thermidorianische Entartung führe. Trotzki meinte später, daß ihm diese Rede nicht vollständig gelungen sei. In der Tat enthielt sie keine überzeugenden Argumente, keine klaren Thesen über den Sozialismus, obgleich nicht alles in ihr fehlerhaft war. Erkennbar waren der Haß auf die ZK-Führung, die Wut auf Stalin, aber das fand keinen Widerhall, weder bei den Teilnehmern des Plenums noch bei den Kommunisten, die die Möglichkeit hatten, diese Rede Trotzkis im Diskussionspapier zum 15. Parteitag zu lesen.

Die Versuche der Anhänger Trotzkis, am 10. Jahrestag der Oktoberrevolution eine Kundgebung zu organisieren, waren eine Aufforderung, ihn aus der Partei zu befördern. Trotzkis Umgebung hatte beschlossen, daß seine Anhänger in der offiziellen Demonstration in besonderen Blöcken marschieren sollten. Die Losungen waren dergestalt, daß nur Eingeweihte ihren oppositionellen Sinn verstehen konnten: »Nieder mit dem Kulaken, dem Privatunternehmer, dem Bürokraten!« – »Nieder mit dem Opportunismus!« – »Erfüllt das Testament Lenins!« – »Erhaltet die bolschewistische Einheit!« Sie versuchten, Porträts von Trotzki und Sinowjew zu tragen, aber Stalin hatte schon seine Vorsichtsmaßnahmen getroffen. Die Polizei zerstreute die trotzkistischen Grüppchen.

Sinowjew war eigens nach Leningrad gefahren, um die dortige Demonstration zu beobachten; Trotzki blieb zu diesem Zweck in Moskau. Im Automobil fuhr er die Straßen und Plätze der Hauptstadt ab. Beide konnten sich davon überzeugen, daß hinter ihnen nur wenige standen. Das Spiel war verloren. Die Partei und die Arbeiterklasse hatten sich von den Oppositionellen abgewendet. Vor zehn Jahren, auf dem 2. Rätekongreß, hatte er dem den Saal verlassenden Martow hinterhergerufen: »Ihr Platz ist auf dem Müllhaufen der Geschichte!« Und nun wurde er selbst mit solchen Worten bedacht, als er versuchte, an die Demonstranten zu appellieren, die sich auf den Roten Platz zubewegten. Man warf mit Steinen nach Trotzki. Die Scheiben des Wagens wurden zerschlagen.

Am 14. November wurde Trotzki aus der Partei ausgeschlossen. Und dann ging alles sehr schnell. Trotzki versuchte noch einmal, sich an die Massen zu wenden. Der Anlaß dafür war der Tod seines langjährigen Mitarbeiters Joffe, der seinem Leben selbst ein Ende gesetzt hatte.

Joffe war zunächst Menschewik gewesen. Gemeinsam mit Trotzki war er 1917 in die bolschewistische Partei eingetreten. Er war Kandidat des ZK und Mitglied des ZEK der Sowjets gewesen. Seit 1918 arbeitete er im diplomatischen Dienst. Er war ein treuer Anhänger Trotzkis und Mitglied der Opposition gewesen. Joffe hatte vor seinem Tod einen Abschiedsbrief an Trotzki geschrieben. Unter anderem ging es in dem Brief um die Beleidigung, die Joffe empfunden hatte, als das ZK es dieses Mal abgelehnt hatte, ihn finanziell zu unterstützen, damit er sich im Ausland medizinisch behandeln lassen konnte. Vor allem aber schrieb Joffe, daß die »Zensur des Politbüros« es unmöglich mache, in der Literatur die Wahrheit über die Quasiführer zu sagen, die auf »hohe Ränge erhoben« worden seien. Sein Tod sei der »Protest eines Kämpfers«, der überzeugt sei von der Wahl des Weges, den Trotzki gewählt habe. »Sie haben von 1905 an politisch immer recht gehabt, und auch Lenin gab zu – ich erzählte Ihnen ja oft, daß ich es mit eigenen Ohren von ihm hörte –, im Jahr 1905 seien Sie und nicht er im Recht gewesen. Im Angesicht des Todes lügt man nicht.« Am Schluß seines Briefs bestärkte er Trotzki, unnachgiebig und kompromißlos zu sein. Der Brief ging durch verschiedene Hände und gab Anlaß für übles Gerede. Auf Beschluß des Zentralkomitees wurde der Brief im »Bolschewik« (Nr. 23-24, 1927) veröffentlicht.

Jemeljan Michajlowitsch Jaroslawski verfaßte einen Begleitartikel unter dem Titel »Philosophie der Niedergangsstimmung«.
An der Beisetzung Joffes nahmen viele Trotzkisten teil, junge Leute, vor denen Trotzki, Sinowjew, Kamenew und andere sprachen. Es war Trotzkis letzter öffentlicher Auftritt in der Sowjetunion und die letzte öffentliche Demonstration der Opposition.
Auf Apparatssitzungen gab Stalin Anweisungen: »die Trotzkisten im Auge behalten«, »ihren Einfluß weiter schwächen«, »sie politisch zerschlagen«. Eine Verhaftungs- und Verbannungswelle setzte ein. Noch drei Jahre zuvor war Trotzki fest überzeugt davon gewesen, daß er letzten Endes an der Spitze der Partei stehen würde. Seine Auftritte konnten, ungeachtet einiger richtiger Ideen, eines nicht verbergen: Trotzki hatte sein Leben auf den Kampf mit Stalin umgestellt. Allmählich war dies offensichtlich geworden. Eine Chance, die Führung der Partei zu übernehmen, hatte Trotzki seit langem nicht mehr.
Den bitteren Kelch leerten auch die Mitglieder beider Familien Trotzkis bis zur Neige. Die erste Frau Trotzkis, Alexandra Lwowna Sokolowskaja, ihre beiden Töchter Sina und Nina (und deren Ehemänner) waren glühende Anhänger des Trotzkismus. Trotzki hatte seine erste Familie bereits im Jahr 1902 verlassen, als die jüngste Tochter vier Monate alt war. Anfangs schrieb er Alexandra Lwowna Sokolowskaja aus dem Ausland, doch später haben die Zeit und die zweite Frau die Verbindung zu Sokolowskaja einschlafen lassen. Da Trotzki wußte, daß die Historiker sich auch an seine erste Frau erinnern könnten, schrieb er im Jahr 1929 im ersten Band seiner Erinnerungen: »Das Leben hat uns getrennt, jedoch bleibt eine untrennbare geistige Verbindung und Freundschaft zwischen uns erhalten.« Beiden Töchtern Trotzkis aus erster Ehe wurde nach der Revolution einige Aufmerksamkeit zuteil wegen ihres berühmten Vaters – und einige Jahre später waren sie schlimmen Verfolgungen ausgesetzt. Das Schicksal der ersten Familie Trotzkis ist traurig. Stalin forderte nicht nur für politisches Andersdenken, sondern auch für die Zugehörigkeit zur »Verwandtschaft des Feindes« (in den dreißiger Jahren sagte man: »sozial gefährliche Elemente durch Herkunft«) einen furchtbaren Preis.
Die zweite Frau Trotzkis, Natalja Sedowa, war ebenfalls eine Revolutionärin. Eine Zeitlang lebten sie und Trotzki in Petrograd unter dem Namen Wikentjew. Sedowa begleitete ihren Mann ständig, und

sie teilte mit ihm den Triumph seines Höhenflugs, die Jahre der Revolution, des Bürgerkriegs und die bitteren Jahre im Exil.

Aus zweiter Ehe hatte Trotzki zwei Söhne. Der ältere Sohn, Lew, war immer in der Nähe seines Vaters, wurde aktiver Trotzkist und starb jung unter mysteriösen Umständen in Paris nach Trotzkis Abschiebung. Der jüngste Sohn, Sergej, verließ das Elternhaus, als die Trotzkis noch im Kreml wohnten, mit der Begründung, daß ihm die »Politik zuwider« sei; er wurde nicht Mitglied des Kommunistischen Jugendverbandes, sondern vertiefte sich in die Wissenschaft. Als er sich weigerte, mit dem Vater ins Exil zu gehen, unterschrieb er sein Todesurteil. Im Januar 1937 erschien in der »Prawda« ein Artikel: »Trotzkis Sohn, Sergej Sedow, versuchte Arbeiter zu vergiften«. Sergej war zu jener Zeit bereits nach Krasnojarsk verbannt und zum »Volksfeind« erklärt worden. Auf einer Versammlung in der Schmiede der dortigen Maschinenbaufabrik sagte der Meister Lebedew: »Bei uns hat sich Sergej Sedow als Ingenieur betätigt. Dieser würdige Nachkomme, der sich dem Faschismus seines Vaters ergeben hat, versuchte, eine große Gruppe von Arbeitern mit Generatorengas zu vergiften.«

Trotzki verlor in seinem Kampf gegen Stalin schließlich alle seine Kinder (wie auch die Verwandtschaft anderer Oppositionspolitiker zu leiden hatte). Die Tragödie gab dem Ausgewiesenen in den Augen des Westens die Aureole des Märtyrers. Natalja Sedowa überlebte Trotzki um dreizehn Jahre und starb im selben Jahr wie Stalin, »der unzertrennliche Feind« ihres Mannes.

Der Generalsekretär hat anfangs »der Geschichte wegen« öffentlich gefordert, man solle »die Verwandten Trotzkis nicht anrühren«. Aber nur einige entfernte Verwandte Trotzkis sind unversehrt geblieben. Sie leben in Moskau. Ich hatte Gelegenheit, sie zu treffen. Sie führen andere Namen.

Das Politbüro erörterte einige Male die Frage, wie man mit Trotzki weiter verfahren sollte. Dieser hörte nicht auf, gegen die Partei zu arbeiten, jetzt konnte man sogar von einer antisowjetischen Aktivität sprechen. Schließlich wurde beschlossen, Trotzki aus Moskau zu verbannen. Zunächst wurde der Führer der Opposition aus dem Kreml gewiesen, wie auch Sinowjew, Kamenew, Radek und andere ehemalige führende Politiker. Sinowjew und Kamenew beschlossen, auf dem folgenden Parteitag Buße zu tun: »Lew Dawidowitsch«, sprachen sie auf Trotzki ein, »es ist die Zeit gekommen, wo wir den Mut haben müssen zu kapitulieren.« Aber Trotzki war dazu nicht bereit. Bald wurde der Beschluß verabschiedet, Trotzki nach Alma-Ata zu schicken. Einigen Angaben zufolge wurde Bucharin beauftragt, die Abschiebung zu leiten.

Als der geächtete Führer an seinem Haus abgeholt wurde, versuchten seine Anhänger eine Protestaktion durchzuführen. Trotzki weigerte sich, hinauszugehen und sich in das wartende Auto zu setzen. Man trug ihn hinaus ins Auto und später auch in das Zugabteil. Der älteste Sohn rief fortwährend: »Genossen, schaut, wie sie Trotzki tragen!« Seine Frau beschrieb das Ereignis später melodramatisch:

»Auf dem Bahnhof fand eine riesige Demonstration statt. Sie warteten. Sie riefen: ›Es lebe Trotzki!‹ Doch Trotzki ist nicht zu sehen. Wo ist er? Am Zugabteil, das für uns bestimmt war, hatte sich eine stürmische Menge versammelt. Junge Freunde hatten ein großes Porträt Lew Dawidowitschs auf dem Waggondach plaziert. Man begrüßte es mit lautem ›Hurra!‹ Der Zug machte eine Ruck. Ein, zwei Schübe ... Er fuhr an und stoppte sogleich. Die Demonstranten sprangen vor die Lokomotive, hielten sich an den Waggons fest, hielten den Zug an und riefen nach Trotzki. In der Menge wurden Stimmen laut, Agenten der GPU hätten L. D. unbemerkt ins Abteil geschleust und hinderten ihn daran, sich der Menge zu zeigen. Die Aufregung auf dem Bahnhof war unbeschreiblich. Es kam zu Ausschreitungen gegen die Polizei und die GPU-Agenten, es gab auf beiden Seiten Verletzte, einige wurden festgenommen.«

Stalin befand sich zu dieser Zeit im Kreml und verfolgte aufmerksam Trotzkis Abschiebung. Man berichtete ihm ständig per Telefon vom Stand der Dinge. Der Generalsekretär hörte sich schweigend alles an und sagte knapp: »Keine Nachsicht! Keine Zugeständnisse! Die Helfer Trotzkis absondern! Schnell und ohne zu zögern!« Nachdem er dies gesagt hatte, ging er nervös im Arbeitszimmer auf und ab, über irgend etwas nachdenkend.

Einige Jahre später, in seiner Datscha, saß er mit den Mitarbeitern am Tisch und erörterte Informationen über Trotzkis Auftritte im Ausland. Er sagte:

»Damals haben wir zwei Fehler gemacht. Wir hätten ihn bis auf weiteres in Alma-Ata lassen sollen. (...) Ins Ausland hätten wir ihn auf gar keinen Fall schicken sollen. (...) Und noch eins: Wie konnten wir ihm erlauben, so viele Papiere auszuführen?«

Während seines Zwangsaufenthalts in Alma-Ata setzte Trotzki seine politische Aktivität fort. Nach einigen Angaben verschickte er monatlich Hunderte von Briefen und Telegrammen, er tauschte Informationen aus und versuchte, das erlöschende Feuer des Fraktionskampfes am Brennen zu erhalten. In seinen Memoiren berichtet er, daß er einen ständigen geheimen Schriftverkehr mit seinen Anhängern geführt habe. Der älteste Sohn hat den Umfang dieser Korrespondenz so beschrieben: »Von April bis Oktober 1928 schickten wir aus Alma-Ata etwa 800 politische Briefe ab, darunter eine Reihe größerer Arbeiten, und etwa 550 Telegramme. Erhalten haben wir etwa 1000 politische Briefe, größere und kleinere, und etwa 700 Telegramme, in der Mehrzahl kollektive.« Außerdem wurde noch Post per Kurier verschickt. Trotzki versuchte, die Opposition noch einmal zu aktivieren.

Nach langen Diskussionen beschloß das Politbüro im Jahr darauf, Trotzki, seine Frau und seinen Sohn des Landes zu verweisen und über Odessa nach Konstantinopel abzuschieben. Als Trotzki am 12. Februar 1929 auf dem Dampfer »Iljitsch« nach Konstantinopel saß, beschloß er, die Weltöffentlichkeit auf sich aufmerksam zu machen. In einer Erklärung an den türkischen Präsidenten Kemal Atatürk schrieb er:

»Sehr geehrter Herr!
Vor den Toren Konstantinopels habe ich die Ehre, Ihnen mitzuteilen, daß ich mich an der türkischen Grenze durchaus nicht aus freiem Willen eingefunden habe; diese Grenze werde ich nur überschreiten, weil ich mich der Gewalt unterwerfe.
12. Februar 1929 L. Trotzki«

Es begann die Irrfahrt des gescheiterten »Feldmarschalls der Weltrevolution« durch viele Länder, die schließlich in Mexiko enden sollte. Kaum hatte Trotzki Konstantinopel erreicht, übergab er der Presse eine Sammlung von sechs Artikeln unter dem Titel »Was und wie geschah es?« Den zentralen Platz in einem dieser Artikel nahm eine Idee ein, die Trotzki noch eineinhalb Jahre zuvor zu verbergen versucht hatte: Die Theorie, daß es möglich sei, den Sozialismus in einem Land aufzubauen, nannte er eine reaktionäre Lüge und ein Verbrechen gegen den revolutionären Internationalismus. Als Stalin zwei Wochen später diese Zeilen, die ihm einer seiner Helfer überreicht hatte, in der Morgenpost gelesen hatte, sagte er: »Endlich hat der Schurke aufgehört, sich zu verstellen.«

Auch im Ausland war Trotzki unablässig um seinen Ruf als Revolutionär besorgt. Er gab Schriften heraus, die durchsetzt waren von Fälschungen und Beschimpfungen und die alle nur ein Ziel verfolgten: Stalin zu treffen und sich selbst vor dem Spiegel der Geschichte als den Menschen darzustellen, den Lenin zu seinem Nachfolger habe machen wollen, was jedoch Stalin treulos verhindert habe, indem er Lenins Willen überging.

Man muß anerkennen, daß Trotzki früher als andere Stalin durchschaut und sich nicht vor ihm gebeugt hatte. Aber beim Kampf gegen Stalin nahm Trotzki es sich heraus, ein ganzes Volk zu beleidigen. Im 20. Band seiner Werke erlaubte Trotzki sich spöttische Passagen, die gegen das russische Volk gerichtet waren. In seiner Vorstellung hat kein einziger Staatsmann Rußlands es weiter gebracht als bis zu einem »drittklassigen Imitator des Herzogs Alba, Metternichs und Bismarcks«, und was die Wissenschaft, Philosophie und Soziologie anbelange, so habe »Rußland der Welt eine runde Null gegeben«. Nach seiner Ausweisung sagte Trotzki, er sei der Mann, für den der ganze Planet ohne Visum zugänglich geworden sei. Nach wie vor versuchte er, die Rolle des »zweiten Genies« zu spielen. Aus seinem Mund stammten die Worte: »Lenin hat man in einem plombierten Abteil zur Revolution durch Deutschland gefahren. Mich hat man gezwungenermaßen auf dem Dampfer ›Iljitsch‹ nach Konstantinopel gebracht. Deshalb fasse ich die Verbannung nicht als das letzte Wort der Geschichte auf.« Er hoffte, zurückkehren zu können. Aber auch diese Hoffnung verwirklichte sich nicht.

Stalins »Privatleben«

Bis in die zwanziger Jahre hinein stand Stalin keineswegs im Blickpunkt der Öffentlichkeit. Und noch war es möglich, ihm öffentlich zu widersprechen. So erschien in der Zeitschrift »Bolschewik« (Nr. 11–12, 1925) der Artikel Semitschs, der Stalins Position zur nationalen Frage kritisierte. Damals war dies alltäglich. Anfang 1926 wurde eine Replik Sorins im »Bolschewik« (Nr. 4) veröffentlicht, mit der er auf kritische Äußerungen Stalins gegen seinen Artikel über das Verhältnis zwischen Staat und Partei antwortete. Die Antwort Stalins, die in derselben Ausgabe veröffentlicht wurde, kann als Entschuldigung des Generalsekretärs gegenüber Sorin bezeichnet werden. Das war nichts Ungewöhnliches. Die Keime der Demokratie, die Lenin gepflegt hatte, waren noch nicht erstickt.

Stalin erschien allen als ein *gewöhnlicher* Mensch. Ein gewöhnlicher Mensch mußte auch ein gewöhnliches Privatleben haben. Im Rahmen unseres politischen Porträts sind diese Aspekte nicht entscheidend, aber sie gestatten es, die Natur des »Führers« besser zu verstehen.

Ich habe mit vielen Menschen gesprochen, die Stalin in »häuslicher Umgebung« erlebt haben: Ärzte, Leibwächter, Mitarbeiter seines Sekretariats, Schriftsteller, Militärführer und andere, die diesen oder jenen Kontakt zu ihm pflegten. Ich schicke es voraus: Nur mit wenigen Ausnahmen war das »Privatleben« Stalins deckungsgleich mit seiner Arbeit. Für ihn gab es keinen freien Tag. Der Tagesablauf blieb weitgehend immer der gleiche, egal, ob es ein Montag oder ein Sonntag war. Es ist eine andere Sache, daß er gegen Ende seines Lebens nicht mehr täglich in den Kreml fuhr, sondern in seiner Datscha arbeitete. Dort fanden einige wenige Politbürositzungen statt, dort empfing er Minister, Militärführer und Gäste aus dem Ausland, und manchmal ging er hinaus in den Park, um die Frische der Nachtluft zu spüren.

Die Gewohnheit, ohne freie Tage zu arbeiten, war in den Nachrevolutionsjahren entstanden. Vor mir liegt eine Notiz der Genossen Rovio und Gjulling an Lenin mit der Bitte, sie wegen der »karelischen Frage« zu empfangen. Vom Rat der Volkskommissare wurde die Angelegenheit dem Volkskommissariat für Nationalitätenfragen übergeben. Stalins Vermerk auf der Notiz ist lakonisch:

»Ich kann [sie] am Sonntag um 3.30 Uhr im Volkskommissariat für Nationalitätenfragen empfangen.
Stalin 4. Februar 1922«

Manchmal jedoch, sonntags, konnte es geschehen, daß Stalin mit anderen Politbüromitgliedern bis nach Mitternacht an der Eßtafel sitzen blieb. Aber natürlich wurden auch dann politische Fragen besprochen.

Wie gesagt, in den zwanziger Jahren lebten die politischen Führer bescheiden. Auf Anordnung Lenins hatte Stalin eine kleine Wohnung erhalten und lebte eine Zeit dort. Es ist ein Brief Lunatscharskis vom 18. November 1921 erhalten geblieben, in dem er vorschlägt, Stalin eine gemütlichere Wohnung zur Verfügung zu stellen. Lenin schrieb, nachdem er diesen Brief gelesen hatte, eine Notiz an den Chef der Leibwache Belenki:

»Genosse Belenki. Das ist mir neu. Läßt sich nichts anderes finden? Lenin. Zurücksenden.«

Neben dieser Notiz gibt es noch einen kurzen Brief Lenins an den Sekretär des ZEK Abel S. Jenukidse mit der Bitte, die Suche nach einer Wohnung für den Volkskommissar für Nationalitätenfragen zu beschleunigen und ihm telefonisch mitzuteilen, wenn der Auftrag ausgeführt sei. Bald wurde für Stalin eine Wohnung ausgewählt, in der ehemals Diener gelebt hatten. Die Wohnung sah Stalin allerdings selten. Er kam spät in der Nacht heim und machte sich früh zur Arbeit auf. Eine einfache Bleibe: alte Möbel, ein abgetretener Fußboden, kleine Fenster. Später lebte Stalin in einer Datscha in Subalowo und in den dreißiger Jahren in Kunzewo. Die dortige Datscha ließ er ständig umbauen. In den letzten Jahren hat man an das Gebäude ein kleines Holzhaus angebaut, und Stalin zog dorthin um. Schelepin, damals ein bedeutender Partei- und Staatsfunktionär, erzählte mir:

»Nach Stalins Tod, als man ein Verzeichnis über die Habe des Generalsekretärs anfertigte, stellte sich heraus, daß die Arbeit ziemlich einfach war. Es existierten keinerlei Wertsachen außer einem staatlichen Klavier. Es gab nicht einmal ein ›echtes‹ Gemälde. Preiswerte Möbel. Die Sessel waren mit Futteralen bezogen. Nichts Antiquarisches. An den Wänden hingen Bildreproduktionen in schlichten Holzrahmen. Im Saal, an einer zentralen Stelle, hing eine vergrößerte Fotografie, auf der Lenin und Stalin verewigt waren. Das Foto war 1922 in Gorki von M. I. Uljanowa aufgenommen worden. Dieses Bild ist später zu Unrecht als Fälschung bezeichnet worden. Auf dem Boden zwei Teppiche. Stalin schlief unter einer Soldatendecke. Außer einer Marschallsuniform kamen zwei Anzüge zum Vorschein (einer aus Leinen), geflickte Filzstiefel und ein Bauerntulup (Mantel aus Schafsfell; A. d. Ü.).«

Im Arbeitszimmer der Datscha stand hinter einem großen Schreibtisch ein Drehsessel. Eine Bedienstete erzählte, daß Stalin, wenn er von der Arbeit erschöpft war, sich in dem Sessel zurücklehnte und zum Fenster drehte; schweigend schaute er in den Park. Stalin mochte keinen dichten Wald. Wie mir A. T. Rybin, ehemals einer von Stalins Leibwächtern, erzählte, ordnete der Generalsekretär im Frühjahr an, welche Bäume ausgerissen werden sollten.
Auf einem Foto sieht man Stalin gekrümmt stehend, sein Töchterchen an der Hand, und ein Mann aus dem Personal kennzeichnet mit dem Beil die Bäume, die gefällt werden sollen. Vor den Bäumen, die dem Tode geweiht sind, steht der »Führer«, den Rücken zum Objektiv gewandt.
Der Generalsekretär mochte nichts Importiertes. Seine Abneigung gegen alles Ausländische, gegen »Europa«, übertrug er auch auf sein Privatleben: Seine asketische Lebensweise war keine Tugend, sondern Ergebnis der vorrevolutionären Abneigung gegen den Luxus.
1938 wurde Stalin eine andere Wohnung zugeteilt, die in einem großen Gebäude lag. Es war einst für den Senat bestimmt gewesen. Die Wohnung nahm fast die gesamte erste Etage ein. Gästezimmer, Zimmer für das Wachpersonal, Empfangsräume. Auf der darüberliegenden Etage Dienstzimmer. Prächtige Fenster, hohe Decken, große Treppen. In dieser Wohnung lebte Stalin jedoch kaum, er zog seine Datscha in Kunzewo vor.
Zu Stalins siebzigstem Geburtstag schenkte Berija ihm eine Datscha. Sie lag am Ufer eines Stausees in der Umgebung von Moskau. Berija überredete den »Führer«, sich die Datscha anzusehen. Das schöne Haus war durch dicht stehende hohe Kiefern und Tannen kaum zu entdecken.

»Was ist das für eine Mausefalle?« fragte Stalin Berija mißtrauisch. Ohne abzulegen, ging er durch einige Zimmer, machte einen Rundgang im Haus, setzte sich wieder in den Wagen und verschwand. Er ist nie wieder an diesem Ort erschienen.
Der Generalsekretär führte ein ungesundes Leben. Bereits in den zwanziger Jahren arbeitete er fast pausenlos. Er rauchte viel. Etwa ein Jahr vor seinem Tod gab er das Rauchen auf und war stolz darauf. Stalin liebte es, ein wenig trockenen georgischen Wein vor dem Essen zu trinken. Er ging wenig spazieren. Er hatte, wie er sagte, keine »aristokratischen Gewohnheiten«. Menschen, die Stalin erlebt hatten, erinnern sich an die seltenen Minuten, wenn er vor dem Haus auftauchte. In gebeugter Haltung ging er über den schmalen asphaltierten Weg, um bald vor einem Blumenbeet oder einem Fliederstrauch wie erstarrt stehenzubleiben. Stalin machte den Eindruck, als betrachtete er die Wunder der Natur, aber in Wirklichkeit dachte er über andere Dinge nach.
Stalin liebte es bei seinen Aufenthalten in Sotschi, am Ufer zu stehen und dem Rauschen der Kieselsteine in der Brandung zu lauschen. Das Meer stellte für ihn eine phantastische Schöpfung dar, es kannte weder Leiden noch Freude, weder die Qualen der Vergangenheit noch Sorgen um die Zukunft.

Stalin schaute in die Mappe mit Papieren, die Woroschilow ihm gegeben hatte. Was war da nicht alles zu erledigen! Es wurde der Antrag gestellt, die Traktoristen und Mähdrescherfahrer von Militärübungen zu befreien. Es wurde vorgeschlagen, ein neues Gebäude für die Rote Armee zu bauen. Es wurde über einen Auftritt Pilsudskis, des polnischen Staatschefs, berichtet. Eine Meldung aus einer tschechoslowakischen bürgerlichen Zeitung wurde ihm zur Kenntnis gebracht. Man berichtete ihm über den Brief des Kommandeurs des 26. Kavallerieregiments, der über ein Mißverständnis mit dem Bevollmächtigten Gostinzew geschrieben hatte, und über den Brief des Genossen Iljin, der sich zu Fragen des Luftschiffbaus ausließ, und so weiter. Und wie viele Telegramme hatte er heute schon diktiert! An das letzte erinnerte er sich fast wörtlich:

»Rjasan, an den Sekretär des Sasowski-Gebietes, Dorf Prosjanye Poljany.

Von der Lehrerin Schirinskaja habe ich ein Telegramm erhalten. Die Lehrerin der tatarischen Schule ist vor unnötigen, groben Ungebührlichkeiten durch den Bevollmächtigten des Kadomsker Rayonexekutivkomitees Iwanow, der in ihre Wohnung eingedrungen ist, um das Hab und Gut des Vaters zu liquidieren, wobei er die Herausgabe eines Schrankes, der niemandem von Nutzen sein könnte, forderte, zu schützen. Er hinderte [Schirinskaja] an der ruhigen Fortsetzung ihrer Arbeit und drängte ihr den Gedanken auf, ihrem Leben selbst ein Ende zu setzen.
Ich bitte um umgehendes Eingreifen und um Schutz für Schirinskaja vor gleich welchen Gewaltaktionen und um Mitteilung ans ZEKA (so im Text, gemeint ist das ZK; D. W.) über die Resultate.
ZK-Sekretär J. Stalin«

Hinter jedem Papier, jedem Telegramm, hinter jeder Mitteilung stand ein Schicksal – und Schicksale. Und wie viele neue Papiere wird Towstucha ihm am nächsten Tag auf den Schreibtisch legen? Und so ging es jeden Tag.
Mit der Zeit sollten solche weniger wichtigen Aufgaben seine Helfer, Sekretäre und sein Apparat übernehmen. Aber Stalin liebte es bis zum Ende seines Lebens, selbst zu entscheiden, häufig auch unwesentliche Fragen oder über Einzelschicksale, besonders über solche, deren Fälle mit dienstlichen Angelegenheiten, mit Andersdenken und Widerspenstigkeit verbunden waren.
Je mehr Stalins Gewicht in Partei und Staat wuchs, um so mehr bemühten sich viele, sich bei einer Vielzahl von Fragen eifrig »auf seine persönliche Entscheidung« zu berufen. Kann der zuständige Volkskommissar etwa nicht selbst entscheiden, ob die Traktoristen von Militärübungen freigestellt werden? Ob ein neues Gebäude für die Rote Armee in der Hauptstadt gebaut werden sollte? Konnte sich mit dem Schicksal der Lehrerin denn keiner der Sekretäre beschäftigen? In Stalin wuchs die Vorstellung: Sie können nichts ohne mich . . . Und ich kann alles.
Stalin spürte zwar, daß die extreme Zentralisierung und Bürokratisierung ihn zum Gefangenen des Apparats machte, und diese aufgeblähte Verwaltung konnte möglicherweise die Entwicklung bremsen oder gar anhalten. Und wozu waren die Volkskommissariate da? Was taten die vielzähligen Organe des Staats und der Partei? Aber Stalin

wollte es nicht anders: Wenn man die Alleinherrschaft »teilt«, ist sie keine Alleinherrschaft mehr.

Nur für eines unterbrach Stalin seine Arbeit: für das Kino und für das Theater. Seit Ende der zwanziger Jahre machte er es sich zur Gewohnheit, sich ein, zwei Filme in der Woche anzusehen, gewöhnlich nach Mitternacht. Jeder Film, über den im Volk gesprochen wurde, wurde im kleinen Kinosaal im Kreml und später im Vorführraum in Stalins Datscha gezeigt. Bei einer Begegnung mit den Leitern der Agitations- und Propagandaabteilung sagte Stalin: »Das Kino ist nichts anderes als Illusion, aber das Leben diktiert seine Gesetze.« In der Filmarbeit – wie in anderen Sparten der Kunst – akzeptierte Stalin nur eines: den erzählenden Stil.

Anfang der zwanziger Jahre begann seine Frau, ihm das Theater näherzubringen. Ab und zu besuchte er mit ihr ein Moskauer Theater. Nach ihrem Tod wurde das Theater ein fester Bestandteil seines Lebens, vor allem das Bolschojtheater. Ich glaube, er hatte die meisten Inszenierungen an diesem Theater mehrmals gesehen. In den fünfziger Jahren sah Stalin sich zwanzig- oder dreißigmal »Schwanensee« an. In der Regel besuchte er das Theater allein. Er ging erst auf seinen Platz, nachdem im Saal die Beleuchtung ausgeschaltet worden war. Er setzte sich hinten in eine Ecke seiner Loge. Nach den Premieren ließ er den Schauspielern seinen Dank übermitteln. Er pflegte sogar die Generalproben zu besuchen. So erinnerte sich Rybin, zunächst Stalin-Leibwächter und später Bolschojintendant.

Nadeschda Sergejewna Allilujewa war 22 Jahre jünger als ihr Mann und praktisch als Gymnasiastin zur Frau eines der Parteiführer geworden. Die Dokumente wie die Berichte von Menschen, die sie kannten – darunter auch ihre Tochter Swetlana –, zeugen davon, daß Allilujewa trotz ihrer Jugend ein ernsthaftes Wesen hatte. Im Lauf der Zeit wurde sie Parteimitglied, sie arbeitete im Volkskommissariat für Nationalitätenfragen, sie studierte. Sie war auch als diensthabende Sekretärin in Gorki bei Lenin tätig gewesen. Übrigens nahm Stalin, nachdem Moskau Petrograd als Hauptstadt abgelöst hatte, auch die Eltern seiner Frau mit nach Moskau. Dort lebten sie einige Zeit zusammen in der nicht allzu großen Kremlwohnung.

Nadeschda Sergejewna gewöhnte sich schnell an jene Atmosphäre der endlosen Beratungen, Treffen, Kämpfe und Reisen, in der ihr Mann lebte. Eine Durchsicht der Dokumente im Stalin-Archiv zeigt, daß viele Briefe, Verordnungen, Weisungen und Telegramme nicht nur von den Helfern und Sekretariatsangehörigen – Nasaretjan, Towstucha, Kanner, Mechlis, Dwinski – geschrieben worden sind, sondern auch von Nadeschda Sergejewna. Die großen, halbkindlichen Augen der jungen Frau sahen begierig auf jene Welt, in der ihr Mann lebte. Allilujewa erkannte, daß ihr Mann der Sache gehörte und nur der Sache. Sie hatte anfangs noch nicht vollständig begriffen, wie wenig Platz ihr in seinem Leben eingeräumt war. Nicht selten unterbrach Stalin seine Frau, und manchmal mit Schimpfworten, wenn sie sich bei ihm beklagte: »Dich interessieren nicht die Familie, nicht die Kinder ...« In gewissem Maß kompensierte Allilujewa die fehlende Beziehung zu ihrem Mann mit Arbeit, Studium und häufigen Treffen mit den Frauen der Mitarbeiter ihres Mannes: mit Polina Semjonowna Schemtschuschinaja (Molotows Frau), Dara Moisejewna Chasan (Andrejews Frau), Maria Markowna Kaganowitsch und mit Esfirija Issajewna Gurwitsch (Bucharins zweite Frau).

Stalin und Allilujewa bekamen zwei Kinder: das erste im Jahr 1921, Wassili, und vier Jahre später Swetlana. Danach zog auch Jakob, Stalins Sohn aus erster Ehe, zu ihnen. Er war nur sieben Jahre jünger als seine Stiefmutter, die den mit väterlicher Zuneigung nicht gerade verwöhnten Jüngling wie eine Mutter liebte. Während Allilujewa arbeitete, versorgte eine Kinderfrau die Kinder.

In der Kremlwohnung und auch in der Datscha war immer viel Familienbesuch. Außer den Schwiegereltern fanden sich dort die Brüder Allilujewas, Fjodor und Pawel, sowie ihre Schwester Anna mit ihren Verwandten ein. Es kamen auch die Verwandten Stalins aus seiner Ehe mit Jekaterina Swanidse. In den dreißiger Jahren, nach dem Tod seiner Frau, lichtete sich dieser geräuschvolle Chor von Verwandten, den Stalin selten zu Gesicht bekam, merklich und zerfiel. Nur die Eltern Allilujewas starben einen natürlichen Tod. Viele Menschen, die Stalin nahestanden, sollten noch als »Volksfeinde« enden. Nadeschda Sergejewnas Bruder Pawel versuchte mehrmals, mit dem Generalsekretär zu sprechen über Verhaftungen und Repressalien, auch gegen Verwandte – doch das blieb ergebnislos. Der »Führer« glaubte blind an die strafende Hand seiner Sicherheitsmaschine.

Stalin konnte sich der Erziehung seiner Kinder nicht widmen, und offenbar wollte er es auch nicht. Er sah sie äußerst selten: manchmal sonntags, wenn man sie zur Datscha brachte, oder im Süden, wo der Generalsekretär vor dem Krieg häufig Urlaub machte. Die Kinder wußten wenig über ihren Vater. Wie Swetlana später berichtet hat, eröffnete sie Wassili dereinst ein »Geheimnis«: »Weißt du, unser Vater war in seiner Jugend Georgier.« Auf kindliche Weise drückte dies die starke »Verrussung« des Vaters aus.

Am tragischsten verlief wohl das Schicksal Jakobs. Das Verhältnis zu seinem Vater war schwierig. Stalin hielt ihn für schwach, was sich später als Irrtum herausstellen sollte. Stalin war unzufrieden mit Jakobs Wahl der ersten und auch der zweiten Frau, Julia Isaakowna Meltzer. Aus diesen Ehen gingen zwei Kinder hervor. Swetlana Allilujewa erinnerte sich, daß Jakob durch das kühle Verhalten seines Vaters zu ihm an den Rand der Verzweiflung getrieben wurde – und darüber hinaus: Einmal versuchte er, sich zu erschießen. Doch glücklicherweise überlebte er, er brauchte allerdings lange, um sich von der Verletzung zu erholen. Als Stalin seinen Sohn nach dem Selbstmordversuch aufsuchte, sagte er nur barsch: »Ha, hast nicht getroffen!« Alle, und besonders Nadeschda Sergejewna, waren betroffen von der eiskalten Unbarmherzigkeit Stalins. Aber wie sollte ein Despot sich zu Hause anders verhalten? Es ist eine andere Sache, daß Stalin es verstand, sich zu verstellen, wenn er mit führenden Persönlichkeiten des Landes verkehrte, Delegationen empfing, in Versammlungen auftrat oder mit Künstlern diskutierte. Nachdem ich Stalin in diesem Buch einen »großen Schauspieler« genannt habe, frage ich mich: Erniedrige ich nicht hiermit unwillentlich einen alten und schönen Beruf? Vielleicht sollte diese Fähigkeit, sich schnell und vorsätzlich zu verstellen, mich eher veranlassen, Stalin einen großen Heuchler zu nennen? In der Familie allerdings war er er selbst.

Jakob absolvierte nach Absprache mit seinem Vater das Transportinstitut in Moskau, arbeitete dann im Kraftwerk der Stalin-Fabrik und äußerte schließlich den Wunsch, eine militärische Laufbahn einzuschlagen. Auf Anordnung der Helfer Stalins konnte Jakob Dschugaschwili Abendkurse besuchen und wurde daraufhin sofort in den 4. Kurs der 1. Fakultät der Artillerie-Akademie der Roten Armee aufgenommen. Bei der Durchsicht der Personalakten des Oberleutnants Ja. I. Dschugaschwili fiel mir der Fragebogen ins Auge, den damals jeder Offizier ausfüllen mußte. Er umfaßt einige Dutzend Fragen, von denen ich nur drei anführen will:

»Haben Sie in der trotzkistischen Rechten, in nationalchauvinistischen und anderen konterrevolutionären Organisationen mitgewirkt? Wann und wo?«

»Gab es Abweichungen oder Schwankungen von der Generallinie der Partei? Wenn Sie geschwankt haben, bezüglich welcher Fragen, und wie lange dauerten diese Schwankungen an?«

»Haben Sie in der Weißen Armee oder in der Armee der Interventen, in antisowjetischen, nationalistischen Verbänden (der Konstituante-Anhänger, der Petljura-Leute, der Mussawatisten, der Daschnaken, der Menschewiki Georgiens, der Banden Machnos, Antonows und anderer) gedient, wann, wo, in welcher Funktion, wie kamen Sie dorthin, wann, in welcher Abteilung haben Sie gedient, wie lange?«

Jakob Dschugaschwili rührte man natürlich nicht an. Aber es gab damals nicht wenige Menschen, die ihr Gewissen nicht verkauften. Beispielsweise die Akademieoffiziere Iwanow, Kobrja, Timofejew, Scheremetow und Nowinkow. In ihren Dienstzeugnissen schrieben sie über den Sohn Stalins das, was er offenbar verdiente:

»Die politische Entwicklung ist befriedigend. Er ist diszipliniert, jedoch beherrscht er die militärischen Grundsätze der Dienstordnung bezüglich des Verhaltens gegenüber Vorgesetzten nicht. Praktischen Tätigkeiten ist er nicht nachgegangen. In gefechtstaktischer Ausbildung schwach. Hat große akademische Rückstände. Die staatlichen Examina wurden mit ›befriedigend‹ und ›gut‹ abgelegt.«

Als die direkten Vorgesetzten empfahlen, Dschugaschwili zum Divisionskommandeur zu ernennen und ihn zum Hauptmann zu befördern, widersprach Fakultätsleiter Scheremetow: »Mit dem Dienstzeugnis einverstanden, aber ich glaube, daß die Beförderung zum Hauptmann erst nach einem einjährigen Batteriekommando möglich ist.«
In einem Punkt herrschte Einmütigkeit: Jakob war ein ordentlicher, ehrlicher und schüchterner Mensch. Er war geprägt durch die Abneigung seines Vaters. Dschugaschwili litt darunter, daß er, nachdem er einige Semester übersprungen hatte, schlechte Leistungen erbrachte,

und er fühlte sich in der Rolle des Kommandeurs unsicher. Möglicherweise beeinflußte dies sein Schicksal an der Front.
Bereits in den ersten Kriegstagen kämpfte Jakob gegen die Deutschen. Nach den vorliegenden Berichten erfüllte er tapfer seine Pflicht. Aber dann wurde seine Einheit eingekesselt, und Jakob geriet mit seinen Kameraden in Kriegsgefangenschaft.
Es gibt eine seltene Fotografie in den deutschen Archiven. Sie zeigt eine Gruppe von Hitler-Offizieren, die den Hauptmann Jakob Dschugaschwili umkreist und mit großer Neugier betrachtet. Das interessanteste an dieser Aufnahme ist Jakobs Haltung: Mit geballten Fäusten sieht er seine Feinde haßerfüllt an. Die Faschisten bemühten sich, Jakobs Gefangennahme für Propagandazwecke zu benutzen: Sie warfen Flugblätter mit der Fotografie Dschugaschwilis ab, aber die sowjetischen Menschen hielten sie für eine Fälschung.
Stalin sorgte sich weniger um das Leben seines Sohnes als wegen der Möglichkeit, die Deutschen könnten den Willen Jakobs brechen und ihn zwingen, mit ihnen zusammenzuarbeiten.
Die Erinnerungen der ehemaligen Führerin der spanischen Kommunisten Dolores Ibarruri, die 1985 erschienen sind, berichten von einem weitgehend unbekannten Ereignis, das weder bestätigt noch widerlegt worden ist. Sie schreibt, daß 1942 hinter der Front eine Sondereinheit abgesprungen sei, die die Aufgabe gehabt habe, Jakob Dschugaschwili aus der Gefangenschaft zu befreien. Zu dieser Zeit war Jakob im KZ Sachsenhausen. In dieser Gruppe habe sich auch der Spanier José Parro Moiso befunden, der mit Dokumenten eines Franco-Offiziers der »Blauen Division« – einer auf deutscher Seite in Rußland kämpfenden spanischen Einheit – ausgestattet gewesen sei. Die Operation habe jedoch erfolglos geendet, und die Gruppe sei getötet worden.
Jakob erwies sich als stärkere Persönlichkeit, als sein Vater dachte. Er fürchtete, daß die Deutschen ihn durch Folter, psychologische Bearbeitung oder spezielle Präparate dazu bringen könnten, seinen Vater und sein Volk zu verraten. Allein der Gedanke daran war ihm unerträglich, schrecklicher als der Tod. Die Hölle, die er in den Konzentrationslagern kennengelernt hatte, machte Jakob nicht zum Verräter. Aber seine Kräfte ließen nach. Am 14. April 1943 warf Jakob Dschugaschwili sich gegen den Stacheldraht, der das Lager umzäunte, und wurde von einem Wachmann erschossen.

Stalin hatte sich in seinem Sohn, wie in vielen anderen Menschen, getäuscht. Swetlana Allilujewa berichtet, Stalin habe ihr nach dem Sieg von Stalingrad wie zufällig erzählt: »Die Deutschen haben den Vorschlag gemacht, Jascha gegen irgendeinen der Ihren auszutauschen. Soll ich mich auf einen solchen Handel mit ihnen einlassen? Nein – Krieg ist Krieg.«

Das Schicksal des zweiten Sohns des »Führers« war ebenfalls bitter. Dem Vater ist es nicht gelungen, aus ihm einen starken, harten, klugen Mann zu machen. Nach dem Tod der Mutter wurde Wlassik, der Chef der Stalinschen Leibwache, praktisch zum Erzieher des Jungen. Er wurde verwöhnt und umschmeichelt, und dies formte einen Menschen von willenlosem, launischem, schwachem Charakter. Er kämpfte zwar nicht schlecht, aber auch nicht gut genug, um seine atemberaubende Karriere zu rechtfertigen. Als Hauptmann ging er an die Front, und 1947 war er bereits Generalleutnant.
Die Personalakte des Generalleutnants Wassili Iosifowitsch Stalin ist bezeichnend für die Willkür im Umgang mit Militärkadern. Ich beschränke mich darauf, einige Stationen seiner Laufbahn zu nennen, wie sie sich aus der Personalakte ergeben: 1942, im Alter von 20 Jahren, wird W. I. Stalin zum Oberst befördert. Im Januar 1943 wird er Befehlshaber des 32. Jagdfliegerregiments, ein Jahr später Befehlshaber der 3. und im Februar 1945 Befehlshaber der 286. Jagdfliegerdivision der Luftwaffe. 1946 wird W. I. Stalin Befehlshaber des Korps, kurz darauf Stellvertretender Kommandierender und später Kommandierender der Luftstreitkräfte der Moskauer Luftabwehr. Mit 24 Jahren war W. I. Stalin aufgrund einer Weisung des Rats der Volkskommissare Generalmajor der Luftwaffe geworden und ein Jahr später schon Generalleutnant.
Ein kometenhafter Aufstieg, der aber nicht auf fachlicher und moralischer Qualifikation beruhte. Im Krieg hat W. I. Stalin, wie seine Vorgesetzten in der Personalakte mitteilen, 27 Feindeinsätze geflogen und ein deutsches Flugzeug abgeschossen. Er erhielt zweimal den Rotbannerorden sowie den Alexander-Newski- und den Suworow-Orden zweiten Grades sowie verschiedene Medaillen.
Der Generalleutnant der Luftwaffe Belezki und der Generalmajor der Luftwaffe Papiwin schrieben in einem Dienstzeugnis folgendes über Stalins Sohn:

»Er ist von hitzigem und jähzornigem Charakter und kann sich schwer zurückhalten: Es kam zu Vorfällen von Handgreiflichkeiten gegenüber Untergebenen. (...) Im Privatleben legt er Verhaltensweisen an den Tag, die sich nicht mit dem Rang eines Divisionskommandeurs vereinbaren lassen, es gab Vorfälle von taktlosem Verhalten auf den Abendveranstaltungen des Fliegerpersonals, persönliche Grobheiten gegen einzelne Offiziere, es gab einen Vorfall von leichtsinnigem Verhalten: Verlassen des Flughafens auf einem Traktor und eine Fahrt darauf in die Stadt Schauljaj mit Konflikten und Prügeleien mit den Kontrollposten des NKWD. Der Gesundheitszustand ist schlecht, besonders das Nervensystem. Er ist äußerst reizbar, was dazu führte, daß er in der letzten Zeit wenig am Flugtraining teilnahm. (...) All diese angeführten Unzulänglichkeiten mindern in bedeutendem Maße seine Autorität als Befehlshaber und sind nicht mit dem Rang eines Divisionskommandeurs vereinbar.«

Andere Dienstzeugnisse klangen ähnlich, und alle endeten mit der gleichen Schlußfolgerung: »Es wäre wünschenswert, ihn zum Studium an die Akademie zu schicken.« Die berühmten Generäle und späteren Marschälle Rudenko und Sawizki sahen damals keinen anderen Ausweg, um die Einheiten, die Stalins Sohn untergeordnet waren, vor dem »ausschweifenden Prinzen« zu schützen.

Offiziere und Funktionäre, die eigene Ziele im Auge hatten, überschütteten W. I. Stalin mit Gütern und Rängen. Unbemerkt wurde er zum Alkoholiker. Man kann sich vorstellen, wieviel Leid er seinen zahlreichen Ehefrauen (mindestens vier!) gebracht hat, dieser Mensch, der sich unablässig gehenließ. Der Mißbrauch der Macht macht alle in der näheren Umgebung zu Krüppeln, sogar die eigenen Kinder.

Auf Anordnung des Vaters wurde W. I. Stalin schließlich vom hohen Posten des Kommandierenden der Moskauer Luftabwehr beurlaubt, und damit begann sein Abstieg. Bereits 21 Tage nach dem Tod des Generalsekretärs wurde der Generalleutnant W. I. Stalin im Alter von 32 Jahren auf Befehl des Verteidigungsministers aus der Armee entlassen – ohne das Recht, Uniform zu tragen. Man ließ ihn fallen.

Über sein Leben nach der Entlassung weiß Schelepin einiges zu berichten: »Nach dem Tode seines Vaters steckte man W. Stalin ins

Gefängnis: Man erinnerte sich an irgendwelche Sünden und Vergehen und so weiter.« Wobei die Tochter W. I. Stalins, Nadeschda Wassiljewna, dazu sagt, daß es kein Gericht und keine Voruntersuchung gegeben habe. Man gab ihm acht Jahre, und das war's. Man wollte schnell den Mann aus dem Verkehr ziehen, der überall verbreitete, man habe seinen Vater vergiftet. Schelepin erklärt weiter:

»Chruschtschow bat mich, nach Lefortorwo zu fahren, wohin man Wassili aus dem Wladinirski-Gefängnis überführt hatte. Der Gefangene machte irgend etwas an einer Werkbank (›Arbeitserziehung‹). Man brachte ihn zu mir, er warf sich auf die Knie und begann zu weinen: ›Verzeihen Sie, verzeihen Sie, ich werde Sie nicht mehr in Verlegenheit bringen.‹ Ich erzählte Chruschtschow von der Begegnung. Dieser schwieg zunächst und sagte dann: ›Bringen Sie ihn zu mir.‹

Am Tag darauf führte man Wassili Stalin zu Chruschtschow. W. Stalin warf sich wieder, diesmal Chruschtschow, zu Füßen: Er betete, er weinte, er schwor. Chruschtschow nahm Wassili in die Arme und weinte ebenfalls, man sprach lange über den Vater. Nach dieser Begegnung beschloß man, Wassili vorzeitig aus dem Gefängnis zu entlassen. Man bereitete einen Beschluß vor, man ließ ihn frei. Bei der Entlassung bestand man darauf, er solle offiziell den Nachnamen Wassiljew annehmen. Wassili Stalin lehnte trotz seiner Schwäche entschieden ab. Er kehrte nach Hause zurück. Seiner Tochter Nadeschda sagte er, er träume davon, als ›Direktor eines Schwimmbads‹ zu arbeiten. (...) Jedoch haben die alten Freunde Wassili allmählich zum alten Leben ›zurückgeführt‹. Einen Monat nach der Entlassung aus dem Gefängnis fuhr er einen Wagen in nicht nüchternem Zustand und verursachte einen Unfall.

Chruschtschow fluchte lange und fragte: ›Was sollen wir tun? Sperren wir ihn ein, wird er sterben. Sperren wir ihn nicht ein, auch.‹

Man beschloß, ihn zu verbannen. Man suchte einen Ort aus – Kasan. Wassili fuhr mit seiner damaligen Frau in die ›Verbannung‹. Er lebte in einer Einzimmerwohnung und hatte dort Gelegenheit, auf sein nicht sehr langes Leben mit seinem Höhenflug und Fall zu schauen. Hier erreichte Wassili die Nachricht, daß der Leichnam seines Vaters am 31. Oktober 1961 aus dem Mausoleum hinausgetragen worden sei. Gefängnis, Krankheiten, Wodka, die Herzlosigkeit der ehemaligen ›Freunde‹ verwandelten ihn in einen kompletten Invaliden.«

Am 19. März 1962 starb er. Auf dem Grabmal wurde nicht »Stalin« eingemeißelt, auch nicht »Wassiljew«, sondern »Dem einzigen Dschugaschwili«. Der Verstorbene hinterließ sieben Kinder: vier eigene und drei Adoptivkinder.

Der Diktator, von dem ein Wort genügte, um innerhalb kürzester Zeit einen riesigen Kanal ausheben zu lassen oder Hunderttausende von Menschen aus der Freiheit hinter Stacheldraht zu befördern, erwies sich als ein schlechter Vater. Für das unglückliche Schicksal seines jüngsten Sohnes ist vor allem er verantwortlich. Den gleichen Vorwurf machen ihm Chronisten, die sich mit dem Schicksal seiner Tochter Swetlana auseinandergesetzt haben. Es war ihm nicht gelungen, seine Tochter zur Patriotin zu erziehen. Ihr Schicksal ist bekannt. Offenbar liebte Stalin sie, als sie noch zur Schule ging, mehr als seine Söhne. Nicht selten schrieb er ihr liebevolle Notizen (obwohl es schwer zu glauben ist) wie diese:

»Meiner Hausherrin – Setanka
Ich grüße Dich!
Ich habe alle Deine Briefe erhalten. Danke für die Briefe. Ich habe Dir auf die Briefe nicht geantwortet, da ich sehr beschäftigt war. Wie verbringst Du Deine Zeit? Wie ist Dein Englisch? Fühlst Du Dich gut? Ich bin gesund und fröhlich wie immer. Mir ist etwas langweilig ohne Dich, aber was kann ich tun, ich nehme mich zusammen. Ich küsse meine Hausherrin.
22. Juli 1939«

Der Krieg entfernte den Vater von seiner Tochter – für immer, wie sich herausstellte. Es gab keine Vertraulichkeit, keine familiäre Wärme mehr.

Als Swetlana älter wurde und sich, wie alle Mädchen in ihrem Alter, zum erstenmal verliebte, wurde ihr Freund, der Journalist und Kinoregisseur Alexej Jakowlewitsch Kapler, verhaftet und erst zu fünf Jahren und dann zu weiteren fünf Jahren Lager verurteilt. Aus dem Lager schrieb Kapler einen Brief an Stalin:

»Lieber Josef Wissarionowitsch!
Ich wurde durch eine Sonderberatung wegen antisowjetischer Äußerungen verurteilt. Ich habe sie nicht gestanden und werde sie auch nicht gestehen. Mir wurde der Leninorden verliehen, und ich wurde mit der Stalinprämie ersten Grades ausgezeichnet. Ich nahm an den Filmen ›Sie verteidigten ihre Heimat‹, ›Kotowski‹, ›Tag des Krieges‹ teil. Ich kann bei mir nur Unbescheidenheit gestehen. Gestatten Sie mir, an die Front zu gehen, ich flehe Sie darum an.
27. Januar A. Kapler«

Stalin verlangte von Berija Auskünfte über Kapler. Man meldete ihm:

»Kapler hat eine Schwester in Frankreich. Er hat sich mit den amerikanischen Korrespondenten Shapiro und Parker getroffen. Er selbst hat seine Schuld nicht gestanden, jedoch ist er durch Agentenangaben entlarvt. (...)
16. März 1944«

Stalin glaubte solcherart Denunziationen immer.
Swetlanas weiteres Leben ist in den westlichen Medien dargestellt worden, und sie selbst hat einiges über sich geschrieben. Im Westen geriet sie in die Hände von Menschen, die sie zynisch für ihre Ziele benutzten. Offenkundig hatte sie dagegen nichts einzuwenden. Sie war sich ihrer Handlungen bewußt. Und sie hatte wohl kaum darüber nachgedacht, daß ihr erbarmungsloser Vater mit dem Familiennamen, der dazu bestimmt war, die entscheidende Linie seines Charakters zu unterstreichen, in seinen schwersten Jahren niemals auf den Gedanken gekommen war, in die Emigration zu gehen. An der Tochter des »stählernen« Vaters zeigt es sich noch einmal: Der Charakter wird nicht geerbt, ebensowenig wie Überzeugungen. Beides muß erarbeitet werden.
Heute ist es einfach zu sagen, für Kinder sei keine Zeit gewesen. Das ist eine unzureichende Rechtfertigung. Möglicherweise wären die Kinder des »Führers« andere geworden, wäre Nadeschda Sergejewna Allilujewa am Leben geblieben.
Meine Quellen zeugen davon, daß Stalin der eigentliche Urheber des Todes von Nadeschda Allilujewa war. In der Nacht vom 8. auf den 9. November 1932 beendete Allilujewa-Stalina ihr Leben durch

Selbsttötung. Ausgelöst wurde dieser tragische Schritt durch einen Streit auf einer kleinen Feier, der für die Umgebung kaum bemerkbar war. Anwesend waren unter anderem Molotow, Woroschilow und ihre Ehefrauen. Die Frau mit ihrer zerbrechlichen Natur konnte die ständigen groben Ausfälle Stalins nicht mehr ertragen. Allilujewa ging in ihr Zimmer und erschoß sich. Carolina Wassiljewna Till, die Haushälterin der Familie, fand sie am nächsten Morgen. Die Pistole lag auf dem Boden. Man rief Stalin, Molotow und Woroschilow.
Es gibt Grund zur Annahme, daß die Verstorbene einen Abschiedsbrief hinterlassen hat. Darüber kann man jedoch lediglich spekulieren. In der Welt gibt es und wird es immer große und kleine Geheimnisse geben, die niemals enträtselt werden. (Zu diesen Geheimnissen zählt auch die Frage, ob es sich tatsächlich um einen Selbstmord gehandelt hat. Daran gibt es gewisse Zweifel, auf die ich an anderer Stelle eingehen werde.) Der Tod Nadeschda Sergejewnas war, so glaube ich, kein Zufall. Vermutlich ist das letzte, was im Menschen stirbt, die Hoffnung. Wenn es keine Hoffnung mehr gibt, gibt es auch keinen Menschen mehr. Der Glaube und die Hoffnung verdoppeln immer die Kraft. Stalins Frau hatte beides nicht mehr.
Stalin war erschüttert. Aber er blieb sich treu: Den Selbstmord seiner Frau schrieb er nicht sich zu, sondern er verurteilte ihn als Verrat an ihm. Ihm kam nicht einmal der Gedanke, daß seine Gefühllosigkeit, das Fehlen jeglicher Wärme und Aufmerksamkeit Nadeschda Allilujewa derart verletzt hatten, daß sie sich in einer Minute tiefster Depression entschlossen hatte, bis zum Äußersten zu gehen. Stalin fuhr nicht zum Friedhof, um sich von seiner Frau zu verabschieden.
Einige Leute aus Stalins Umgebung versuchten bald, Stalin zu einer weiteren Ehe mit einer Verwandten eines Vertrauten des »Führers« zu bewegen. Alles schien entschieden zu sein. Doch aus Gründen, die wohl nur dem Witwer bekannt waren, kam die Ehe nicht zustande. Bis zum Ende seines Lebens blieb Stalin allein. Den Haushalt versorgte eine Wirtschafterin. Valentina Wassiljewna Istomina übernahm die ständige Fürsorge für den Witwer und begleitete ihn auch auf seinen Reisen ans Schwarze Meer. Als Stalin gestorben war, warf sich Istomina dem toten »Führer« in Anwesenheit von Politbüromitgliedern auf die Brust und schrie. Ihr war er offenbar näher gewesen als seinen Mitarbeitern.

Gegen Ende seines Lebens waren bei Stalin Zeichen des Andenkens an seine Frau zu bemerken. Im Eßzimmer und im Arbeitszimmer seiner Datscha und auch in der Kremlwohnung erschienen plötzlich Fotografien Allilujewas. Möglicherweise hatte er am Lebensabend sein Gewissen an die Oberfläche dringen lassen? Vielleicht war wenigstens irgend jemand für Stalin für eine bestimmte Zeit heilig? Seine zweite Frau? Es fällt schwer, das zu glauben.
Es besteht kein Zweifel: Allilujewa hatte Stalin geliebt, und sie hatte sich jede erdenkliche Mühe gegeben, ihm auf seinem schwierigen Posten beizustehen. Während sie für ihren Mann sorgte, arbeitete sie, wie es damals üblich war, studierte sie und kümmerte sich um die Kinder. Ihre Verwandten bezeugen, daß Allilujewa in den letzten Jahren innerlich zerbrochen war und litt. Möglicherweise liebte Stalin sie auch auf seine Art. Jedoch ließen seine Pläne, seine Arbeit, sein Machtrausch keinen Platz in seinem Herzen für seine Frau und für seine Kinder. Stalin konnte wochenlang arbeiten, ohne irgend jemanden von seinen Familienangehörigen zu bemerken. Er interessierte sich nicht für das Wohlbefinden und die Gesundheit der ihm nahestehenden Menschen. Viele seiner Enkelkinder hat er nie gesehen. Und er bemühte sich auch nicht, sie zu sehen. Die Kinder Wassilis aus erster Ehe, Nadeschda und Alexander, die viele bittere Minuten aufgrund ihrer Abstammung durchlebten, waren nie für würdig befunden worden, Stalins Aufmerksamkeit zu genießen. Die Schriftsteller schrieben: »Stalin denkt an uns.« An alle zu »denken« ist immer einfacher als an konkrete Menschen.
Als Alexander Semjonowitsch Swanidse, der Bruder seiner ersten Frau, dem er sehr nahegestanden hatte, verhaftet wurde, kam es Stalin nicht in den Sinn, sich zu fragen: Wie konnte ein Mensch, den er von Kind an kannte, plötzlich zum »Feind« werden? In der moralischen Struktur des »Führers« gab es ganze Breschen und Abgründe. In Stalins Seele war es unmöglich, irgendwelche menschlichen Gefühle zu finden oder gar zu rühren. Die Tragödie seines Sohnes Jakob bereitete ihm nur insofern Sorge, als er fürchtete, sie könnte seinen Namen kompromittieren. Der zweite Sohn war eine Last. Außer Flüchen hatte er kein Mittel versucht, um seinen Sohn vom Fall abzuhalten. Nach ihren gescheiterten Ehen wurde seine Tochter ihm fremd. Die Enkel waren ihm gleichgültig. Sogar seine Mutter hatte er nie mit seiner Aufmerksamkeit verwöhnt.

Daß Stalin moralische Werte geringschätzte, war bei ihm schon früh zu beobachten. Er verachtete Mitleid und Gutherzigkeit. Für ihn war ein starker Willen von entscheidender Bedeutung. Seine Gefühlskälte verwandelte sich zunächst in Härte und dann in Erbarmungslosigkeit. Sie kostete seiner Frau das Leben und beherrschte das Schicksal seiner Kinder. Das schlimmste ist jedoch, daß Stalin auch in der Politik keine Moral kannte. Es erschien ihm als höchste Form des Wohlverhaltens, als Pawlik Morosow seinen Vater als »Volksfeind« anzeigte. Als Berija die Frau seines engsten Vertrauten Poskrebyschew, Bronislawa Solomonowna, verhaftete, gab Stalin nach Angaben der Tochter Poskrebyschews, Galina Alexandrowna, auf alle Bitten ihres Vaters, seine Frau zu retten, immer nur eine Antwort: »Das hängt nicht von mir ab. Ich kann da nichts tun. Im NKWD wird man schon richtig entscheiden.« Die arme Frau, Mutter zweier Kinder, wurde drei Jahre im Gefängnis festgehalten und dann erschossen. Der Vater dieser Kinder arbeitete weiterhin Tag für Tag vierzehn bis sechzehn Stunden an Stalins Seite.

»Sogar Berija, auf dessen Befehl hin die Verhaftung zustande gekommen war, pflegte weiterhin unsere Familie zu besuchen«, erzählt Galina Alexandrowna. »Im übrigen pflegten noch viele andere berühmte Menschen uns zu besuchen: Schaposchnikow, Rokossowski, Kusnetzow, Chruschtschow, Meretzkow. Stalin kannte meine Mutter persönlich, und er wußte selbstverständlich, daß die Beschuldigung der Spionage (der Bruder meiner Mutter war ins Ausland gefahren, um medizinisches Gerät zu kaufen, und dies war der Hauptvorwurf – er wurde selbstverständlich ebenfalls erschossen) keinerlei Grundlagen hatte.« Während ich solche und ähnliche Fälle untersuchte, kam mir ein auf den ersten Blick irrsinniger Gedanke: Stalin ließ die Nächsten, die Verwandten, die Frauen derer verhaften, die ihn umgaben, weil er sie prüfen wollte in ihrer Treue und Ergebenheit ihm gegenüber. Kalinin, Molotow, Kaganowitsch, Poskrebyschew und viele andere ließen nicht einmal erahnen, daß sich in ihren Familien Katastrophen ereignet hatten. Stalin beobachtete ihr Verhalten und empfand offenbar Genugtuung angesichts ihrer Ergebenheit. Ungeheuerliche, unmoralische und grausame Taten bestimmen Stalins Biographie. Nichts Heiliges, Großmütiges, Anständiges verbarg sich hinter der Maske des großen Heuchlers, der im Leben meisterhaft so viele Rollen spielte. Alles erinnert an einen Horrorfilm.

Poskrebyschew hat ihm geglaubt, als Stalin ihn beschwichtigte: »Das hängt nicht von mir ab. Ich kann da nichts tun. Im NKWD wird man schon richtig entscheiden.« Und was sagte Berija, der weiterhin im Hause Poskrebyschew zu Gast war? Er sagte genau das gleiche. Diese Menschen lebten mit der Lüge, mit dem Zynismus, mit der Grausamkeit. Das traurigste ist, daß niemand Stalin widersprach. Hat doch das Gewissen immer eine Chance! Sogar unter unglaublich schwierigen Bedingungen.

In einem Buch von Michail Bakunin unterstrich der Generalsekretär folgenden Satz: »Verlieren Sie keine Zeit des Zweifels an sich selbst, weil das die sinnloseste Beschäftigung ist von denen, die der Mensch erdacht hat.« Bakunin konnte es sich leisten, nicht an sich zu zweifeln. Schließlich war er nicht Generalsekretär einer großen Partei!

Diktatur oder Diktator?

Am 21. Dezember 1929 wurde Stalin fünfzig Jahre alt. Der Höhepunkt der exzessiven Lobhudelei war noch nicht erreicht. Aber immerhin war schon gut die Hälfte der »Prawda« an diesem Tag ihm gewidmet. Es erschienen darin Artikel von Kaganowitsch: »Stalin und die Partei«, Ordschonikidse: »Der steinerne Bolschewik«, Kujbyschew: »Stalin und die Industrialisierung des Landes«, Woroschilow: »Stalin und die Rote Armee«, Kalinin: »Steuermann des Bolschewismus«, Mikojan: »Der stählerne Soldat der bolschewistischen Partei« und so weiter. Der Grundstein für die Schönfärberei war gelegt. In der Gratulationsadresse des ZK und der ZKK heißt es, daß sie dem »besten Leninisten« gratulierten. Sonst wird Stalin unter anderem noch beschrieben als der »wahre Fortführer der Sache von Marx und Lenin«, als der »Organisator und Führer der sozialistischen Industrialisierung und Kollektivierung«, als der »Führer der Partei des Proletariats« usw.

Der Jubiläumstag kam zur rechten Zeit: Er zog die Aufmerksamkeit auf den Menschen, der sich entschieden gegen die Opposition gestellt hatte. Oder, wie man nun sagte, gegen die »Abweichung«. Die Popularität Stalins wuchs schnell. Scharfsinnige Menschen bemerkten damals schon, daß Stalin gegen Ende der zwanziger Jahre ein mächtiger und selbstsicherer Mann geworden war. Stalin spürte, daß er in den zwölf Jahren nach der Revolution gelernt hatte, die Zeit zu nutzen. Er wußte, wann er die Ereignisse zu forcieren hatte, wann er der Opposition einen Schlag versetzen konnte, wie schnell Industrialisierung und Kollektivierung voranzutreiben waren.

Molotow und Kaganowitsch hatten vorgeschlagen, das Jubiläum des bereits von beinahe allen anerkannten »Führers« feierlicher zu gestalten. Ihn hielt nicht Bescheidenheit davon ab. Vielmehr hatte er

Lenins fünfzigsten Geburtstag noch zu stark im Gedächtnis. Und Stalin konnte sich zurückhalten, besonders am Anfang seines Aufstiegs. Noch wirkte Lenins Vorbild, wenn auch schon mit verminderter Kraft.

Lenins fünfzigster Geburtstag war im Gebäude der Moskauer Parteiorganisation gefeiert worden. Als Gawril Mjasnikow die Feier eröffnete, war der Jubilar noch nicht anwesend. Mit einer ausführlichen, aber wenig beeindruckenden Rede trat Kamenew auf. Er unterstrich, daß Wladimir Iljitsch »Worte des Lobes nicht benötigt und daß das Proletariat nicht gewohnt ist, seine Führer mit Worten und feierlichen Oden zu ehren«. Dann sprach Gorki, der aus irgendeinem Grund Trotzkis Worte, die russische Geschichte sei arm an herausragenden Menschen, zitierte. Wie immer originell und mit Pathos trat Lunatscharski auf, der mit den Händen zeigte, wie um Lenin herum immer »der Wind weht, der Wind der Höhen«. Der proletarische Dichter Alexandrowski las Gedichte. Michal Stepanowitsch Olminski äußerte sich über die große Bedeutung der Demokratie. Stalin schienen Olminskis Worte unpassend: »Eine der charakteristischsten Grundsätze Iljitschs ist sein Demokratismus. Lenin ist von Natur aus ein Demokrat.« Stalin wird sich gedacht haben: Der Krieg ist noch nicht vorbei, und hier spricht man schon von Demokratie. Als wäre sie das wichtigste für einen Revolutionär! Dann erteilte Mjasnikow Stalin das Wort. Er hatte sich auf seine Rede vorbereitet, er hatte nach etwas Originellem gesucht, und er beschloß, auf Lenins Geburtstagsfeier über dessen Fähigkeit zu sprechen, Fehler einzugestehen. Stalin sprach darüber, daß Lenin im Dezember 1905 auf der bolschewistischen Konferenz in Tammerfors zunächst eine Teilnahme an den Wahlen zur Witteschen Duma befürwortet habe, daß er aber nach der Diskussion erklärt habe, daß er sich getäuscht habe. Außerdem habe Lenin eingestanden, daß er sich im September 1917 hinsichtlich des Vorparlaments geirrt habe. »Genosse Lenin fürchtete sich nicht, seine Fehler einzugestehen. Diese Bescheidenheit und dieser Mut haben uns besonders bestrickt.« Die Zuhörer applaudierten nur mäßig nach Stalins kurzem Auftritt. Sie waren etwas irritiert über die wenig feierlichen Worte des Volkskommissars für Nationalitätenfragen.

Plötzlich betrat Lenin den Saal. Seine Rede war kurz, dynamisch, einprägsam. »Ich muß Ihnen vor allem wirklich für zwei Dinge danken: erstens für die Glückwünsche, die heute an mich gerichtet

worden sind, und zweitens noch mehr dafür, daß man mich mit Jubiläumsreden verschont hat.« Und dann begann er über Parteiangelegenheiten zu sprechen.
Warum hatte Stalin damals beschlossen, über die Irrtümer Lenins zu sprechen? Wollte er zeigen, daß der Volkskommissar für Nationalitätenfragen nicht gefügig war? Wollte er zeigen, daß er eine Sonderstellung einnahm? Wie auch immer, die Erinnerung an diesen Auftritt rief bei Stalin ein ungutes Gefühl hervor. Als der Leiter des Zentralen Parteiarchivs, Wladimir Viktorowitsch Adoratski, sich mit der Bitte an Stalin wandte, ihm die Erlaubnis zu erteilen, diese Rede in dem Sammelband »Über Lenin« zu veröffentlichen, entschied sich dieser dagegen. Er schrieb auf Adoratskis Brief:

»Genosse Adoratski.
Die Rede ist im Grunde genommen richtig niedergeschrieben worden, sie muß jedoch noch redigiert werden. Ich möchte Sie jedoch nicht veröffentlichen: Es ist mir unangenehm, über die Fehler Iljitschs zu sprechen.
J. St.«

Später jedoch sollte die Rede in Stalins »Werke« geraten. Die Zurückhaltung verließ ihn schon bald. Anfang 1925 erklärte er sich zum erstenmal einverstanden, seinen Namen zu verewigen. Der Vorschlag stammte von Molotow. Der Vorsitzende des ZEK der UdSSR, Kalinin, und der Sekretär des ZEK, Jenukidse, unterschrieben eine Verordnung des Präsidiums des Zentralexekutivkomitees, in der es heißt:

»Die Stadt Zarizyn ist in Stadt Stalingrad umzubenennen, der Zarizyner Kreis in Stalingrader Kreis, der Zarizyner Amtsbezirk in Stalingrader Amtsbezirk, der Bahnhof Zarizyn in Bahnhof Stalingrad.«

Das Schicksal der Bauern

Die ersten grausamen Übergriffe auf dem Land ereigneten sich während der Enteignung der Gutsbesitzer-, Feudal- und Klosterländereien. Die Mitte 1918 gegründeten Komitees der Dorfarmut gingen auch gegen die Kulaken vor, wie die Großbauern genannt wurden.

Mehr als die Hälfte der Ländereien der Kulaken wurde enteignet. Die konfiszierten Maschinen und das Vieh wurden unter den Mittelbauern und den Dorfarmen aufgeteilt. Die Kulakenschicht wurde merklich kleiner. Das Dorf wurde mittelbäuerlich.
Die NÖP gab den Bauern die Möglichkeit, nach der Entrichtung einer Naturalsteuer Handel zu betreiben. Gegen Ende des Jahres 1923 verkaufte Sowjetrußland rund zwei Millionen Tonnen Weizen an andere Länder. Damals galt es als schändlich, auch nur daran zu denken, Getreide zu importieren.
Nach dem Krieg war es gelungen, die Getreideproduktion etwas zu steigern, obgleich sie noch weit unter dem Vorkriegsniveau lag. Aber auch wenn die Resultate von vor 1914 erreicht worden wären, so hätte der Staat noch immer nicht genug Getreide gehabt, es zu exportieren. Dazu waren die Einkaufspreise zu niedrig, und das Warenangebot für die Bauern war zu schlecht, als daß es sie hätte veranlassen können, mehr von ihren Erzeugnissen zu verkaufen. Die Produktionsgenossenschaften machten gerade ihre ersten Schritte. Die NÖP unterstützte vor allem die Mittelbauern und die Dorfarmen, aber auch großbäuerlichen Betrieben gab sie einen Wachstumsimpuls. Die Kulaken stellten keine Gefahr dar für den Staat, dessen Grundlage die Diktatur des Proletariats war. An dieser Stelle sei darauf verwiesen, daß es nicht angebracht wäre, die sozialistischen Ideale als Synonyme für Armut und die Ablehnung von Reichtum zu verstehen. Der Marxismus tritt lediglich gegen den Reichtum auf, der durch Ausbeutung fremder Arbeitskraft zustande kommt. Ein bedeutender Teil der Großbauern wirtschaftete mit eigener Hand.
Lenin hatte vorausgesehen, daß die sozialistische Umgestaltung am schwierigsten im Dorf durchzuführen sein würde. Doch er glaubte an die Propaganda der Elektrifizierung, der Traktoren, der Bücher! Lenin glaubte, daß es eine »ganze historische Epoche« brauche, bis die Bauernschaft für den Sozialismus gewonnen sei: »Wir können innerhalb von ein bis zwei Jahrzehnten zu einem guten Ende dieser Epoche gelangen.« In einer seiner letzten Arbeiten formulierte Lenin einen Satz von außerordentlicher Wichtigkeit: »Heute können wir mit Recht sagen, daß das einfache Wachstum der Kooperation für uns gleichbedeutend ist (...) mit dem Wachstum des Sozialismus. (...) Unter den Bedingungen völliger Kooperation stünden wir heute mit beiden Beinen auf sozialistischem Boden.« Natürlich waren in Lenins

Plan des genossenschaftlichen Zusammenschlusses der Landwirtschaft nicht alle Einzelheiten angesprochen worden. Aber das wäre 1923 auch nicht möglich gewesen.
Die Steuern für die Mittel- und Großbauern wurden gesenkt, was ihnen die Möglichkeit gab, Produktionsüberschüsse zu erzielen, vor allem beim Getreide. Die Kaufkraft der Bauernschaft wuchs. Jedoch verstärkte sich auf dem Land gleichzeitig der Warenhunger. Deshalb hatten die Bauern es nicht eilig, ihr Getreide zu verkaufen. Sie brauchten kein Papiergeld, sondern Maschinen und andere Industrieprodukte, doch die Preise für sie waren zu hoch. Es entstanden Schwierigkeiten bei der Nahrungsmittelversorgung der Städte. Im Jahr 1927 zeichnete sich ab, daß es zu einer Krise kommen könnte. Die Kulaken und die Mittelbauern hielten ihr Getreide zurück, sie warteten auf günstigere Preise und auf notwendige Ware.
Die Opposition versuchte, die wachsenden Schwierigkeiten im Verhältnis zwischen dem Staat und der Bauernschaft für ihre Ziele auszunutzen. So Kamenew, als er auf dem 15. Parteitag im Dezember 1927 die Führung beschuldigte, die kapitalistischen Elemente im Dorf falsch einzuschätzen. Im Grunde rief er zu einem härteren Kurs gegen die Kulaken auf. Die Vertreter der Opposition hatten schon früher gefordert, die bei der Versorgung fehlenden 2,5 bis 3 Millionen Tonnen Getreide bei den Kulaken und Mittelbauern gewaltsam zu beschlagnahmen. Das Politbüro hatte sich dagegen entschieden, diesen Weg nicht zu gehen. In seinem politischen Rechenschaftsbericht an den Parteitag sagte Stalin:

»Unrecht haben die Genossen, man könnte und müßte mit den Kulaken durch administrative Maßnahmen, durch die GPU Schluß machen: befohlen, gestempelt und basta. Das ist ein leichtes, aber bei weitem nicht wirksames Mittel. Der Kulak muß durch wirtschaftliche Maßnahmen und auf dem Boden der sowjetischen Gesetzlichkeit angepackt werden. Die sowjetische Gesetzlichkeit aber ist keine leere Phrase.«

Wer wollte solchen Worten nicht recht geben? Und sie wurden von Stalin ausgesprochen! Aber auch hier unterschieden sich die Worte von den Taten.
Stalin verstand wenig von der Bauernfrage. In seinem Leben hat er

nur einmal bäuerliche Regionen besucht. Und zwar im Jahr 1928, als er wegen der Schwierigkeiten bei der Getreidebeschaffung nach Sibirien reiste. Seine Wissenslücken sollten sich später bei einer Reihe von katastrophalen Fehlentscheidungen offenbaren.
Auf dem 15. Parteitag wurden weitere Vorschläge gemacht, um die Versorgungsschwierigkeiten zu beenden und die Kollektivierung voranzubringen. Mikojan erklärte in seiner Rede, daß die Waren in den Städten steckenblieben und nicht in die Dörfer gelangten, wo eine riesige Nachfrage herrsche.

»Um eine ernsthafte Wende in der Getreidebeschaffung zu erreichen, müssen wir einen entschiedenen Umschwung bewirken. Diese Wende muß sich auf die Umverteilung der Waren von den Städten in die Dörfer stützen; um – auch dann, wenn dies eine vorübergehende, einige Monate dauernde Ausdünnung der städtischen Märkte zur Folge haben sollte – Getreide von der Bauernschaft zu erhalten. Wenn wir diesen Umschwung nicht durchführen, werden wir außerordentliche Schwierigkeiten haben, die sich auf die gesamte Wirtschaft auswirken werden.«

Auch im Bericht des ZK-Sekretärs Molotow über die Arbeit der Partei im Dorf, den er vortrug, waren im wesentlichen richtige Ideen enthalten. Im einzelnen unterstrich er, daß die »Entwicklung der individuellen Wirtschaft auf dem Weg zum Sozialismus ein langsamer und langwieriger Weg [ist]. Es werden nicht wenige Jahre benötigt, um von der individuellen zur kollektiven Wirtschaft zu gelangen.« In diesem Prozeß sei Gewalt fehl am Platz. »Derjenige, der uns vorschlägt, jener Politik der zwangsweisen Beschlagnahme von 150 bis 200 Millionen Pud Getreide (1 Pud = 16,381 Kilogramm; A. d. Ü) wenigstens von zehn Prozent der bäuerlichen Wirtschaften zu folgen, das heißt, nicht nur von den Kulaken, sondern auch von Teilen der Mittelbauern des Dorfes zu nehmen (...), der ist ein Feind der Arbeiter, ein Feind des Bündnisses von Arbeiter und Bauern.« Nachdem Molotow diese Worte ausgesprochen hatte, rief Stalin laut dazwischen: »Richtig!« Während des Berichts ermutigte Stalin Molotow noch einige Male in ähnlicher Weise.
Der Parteitag erarbeitete eine Linie zur breiten Nutzung ökonomischer Methoden bei der Kooperierung auf freiwilliger Grundlage. In der Resolution zum Bericht Molotows heißt es, daß die Erfahrung die

völlige Richtigkeit des Genossenschaftsplans Lenins bestätigt habe. Ferner wurden auf dem Parteitag Befehlsmethoden bei der Lösung dieser Fragen verurteilt.

Angesichts dessen erscheint die Entscheidung Stalins und auch Molotows sonderbar, den Prozeß nicht nur der Kooperierung, sondern auch der Kollektivierung des Dorfes zu forcieren. Bald nach dem 15. Parteitag sagte Stalin immer häufiger, daß es geboten sei, das Tempo der Kollektivierung und Industrialisierung zu erhöhen. Ihm hatte ein Artikel des künftigen Akademiemitglieds Stanislaw Gustawowitsch Strumilin gefallen. Strumilin hat darin das Credo der »direktiven« Ökonomie formuliert: »Die Aufgabe besteht nicht darin, die Ökonomie zu erlernen, sondern sie zu verändern. Wir sind an keinerlei Gesetze gebunden. Es existieren keine Festungen, die die Bolschewiki nicht einnehmen könnten. Die Frage des Tempos entscheiden die Menschen.«

Stalin zitierte diese Sätze oft, er beschwor mit ihnen Zuhörer und Leser. Diese Phrasen drückten treffend aus, was er im Sinn hatte. Stalin vollzog eine schnelle Kehrtwendung und griff zu außerordentlichen Maßnahmen. Und das bedeutete einen Bruch mit der NÖP – mit dem Marktmodell des Sozialismus.

Ende Dezember 1927 (direkt nach dem 15. Parteitag) und im Januar 1928 trafen in den Gouvernements schreckliche Direktiven ein. Sie trugen die Unterschrift Stalins und forderten, den Druck auf die Großbauern zu verstärken und mit der Kollektivierung zu beginnen. Möglicherweise ließ sich solch ein Beschluß mit den Schwierigkeiten bei der Getreideversorgung erklären. Aber der Versuch, die Versorgungsnöte mit einer künstlichen Forcierung der Vergesellschaftung zu verknüpfen, war gleichbedeutend mit einer Abweichung vom Genossenschaftsplan Lenins.

Die Idee, die sozialistische Revolution auf dem Land voranzutreiben, wurde vermutlich von der Mehrheit in der Partei begrüßt. Radikale und linksradikale Stimmungen waren auch zehn Jahre nach der Revolution in der Mitgliedschaft der Partei noch lebendig. Viele wollten mit einem Schlag all die Jahrhundertprobleme lösen.

Stalin war von Natur aus vorsichtig. Erst nach langem Überlegen ging er das Risiko ein, Millionen von Bauernwirtschaften zu kollektivieren, obwohl er wußte, daß die Masse der halb analphabetischen Landbevölkerung dazu noch nicht bereit war. Die utopisch-dogma-

tische Sichtweise Stalins zeigte sich vor allem in der Absicht, den Bauer in ein »Schräubchen« zu verwandeln in der gesellschaftlichen Agrarmaschine. Das mußte die Bauern trennen von den Produktionsmitteln und von der Verteilung der Produkte. Im Grunde genommen hatte Stalin entschieden, den selbständig wirtschaftenden Bauern in eine rechtslose Arbeitskraft zu verwandeln. Zu diesem Zweck mußte er die außerordentlichen Maßnahmen in »gewöhnliche« Lebensnormen umwandeln. Das ZK-Plenum im Juli 1928 unterstützte Stalin. Die Partei erklärte sich damit einverstanden, die Gewalt zum festen Bestandteil des Systems zu machen.
An die Stelle ökonomischer Gesetze traten nun Befehle. Sie beendeten die NÖP Schritt für Schritt, widersprachen den materiellen Interessen der Bauern, erstickten ihre Unternehmungslust und ihren Arbeitseifer. Einige der geächteten Linken, die ehemals Trotzki nahegestanden hatten, hatten schon früher »entschiedene Maßnahmen« im Dorf gefordert. Und sie unterstützten Stalins neue Agrarpolitik. Pjatakow, Krestinski, Antonow-Owesejenko, Radek, Preobraschenski und andere taten Buße und wurden wieder in die Partei aufgenommen. Pjatakow wurde Vorsitzender der Staatsbank, später Stellvertreter des Volkskommissars für Schwerindustrie. Aber auch er und seine Gesinnungsgenossen mußten 1937 den bitteren Kelch bis zur Neige austrinken. Das ehemalige »Freidenkertum« verzieh Stalin keinem.
Im ersten Fünfjahresplan war die Erfassung von bis zu 85 Prozent der Bauernhaushalte in Genossenschaften vorgesehen, darunter bis zu 20 Prozent in Form von Kolchosen. Aber dann wurde in Moskau beschlossen, diese Frist in der Ukraine, im Nordkaukasus, an der Unteren und Mittleren Wolga bis auf ein Jahr zu verkürzen!
Im Januar 1928 traf Stalin in Sibirien ein. In seinen Reden vor den Partei- und Wirtschaftsfunktionären forderte er, den Druck auf die Kulaken zu verstärken. Diese Reise mutete an wie die Inspektionsreise eines Kommandierenden durch seine Garnisonen. Wenn er einen ausgewählten Ort erreicht hatte, ließ er die dortigen Funktionäre zu sich rufen, hörte sie kurz an und zog unbeirrbar seine Schlußfolgerungen:

»Wie denken Sie hierüber, welche Maßnahmen gedenken Sie zu ergreifen, um Ihre Pflicht dem Lande gegenüber zu erfüllen? Ich bin durch die Bezirke Ihrer Region gefahren und konnte mich davon überzeugen, daß man sich bei Ihnen nicht ernsthaft darum bemüht, unserem Lande zu helfen, aus der Getreidekrise herauszukommen. Sie haben eine Ernte, wie sie in vielen Jahren einmal vorkommt, man kann sagen, wie sie noch nicht dagewesen ist. Getreideüberschüsse haben Sie in diesem Jahr mehr denn je, der Plan der Getreidebeschaffung aber wird nicht erfüllt. Warum, aus welchem Grunde?«

Dann folgten konkrete Empfehlungen: »Sehen Sie sich die Kulakenwirtschaften an: Dort sind die Speicher und Scheunen voll von Getreide, das Getreide liegt, da keine Speicherräume mehr da sind, in offenen Schuppen, in den Kulakenwirtschaften gibt es Getreideüberschüsse von 50 000 bis 60 000 Pud je Wirtschaft.«
Stalin beendete all seine Auftritte gleich:

»Ich schlage vor:
a) von den Kulaken die sofortige Abgabe aller Getreideüberschüsse zu staatlichen Preisen zu verlangen;
b) im Falle einer Weigerung der Kulaken sich dem Gesetz zu fügen, sie gemäß Artikel 107 des Strafgesetzbuchs der RSFSR gerichtlich zur Verantwortung zu ziehen und ihre Getreideüberschüsse zugunsten des Staates zu konfiszieren mit der Maßgabe, 25 Prozent des konfiszierten Getreides unter die Dorfarmut und die wirtschaftlich schwächeren Mittelbauern zu den niedrigen staatlichen Preisen oder auf Kredit mit langjähriger Zahlungsfrist zu verteilen (...). Das bedeutet (...), daß man allmählich, aber unentwegt die individuellen Bauernwirtschaften, deren Produktion den geringsten Warenteil aufweist, zu Kollektivwirtschaften vereinen muß, deren Produktion den größten Warenteil aufweist.«

Dieser Stil verbreitete sich rasch. Die Grundlage für die Losung, die von einigen eifrigen Administratoren formuliert wurde: »Für ein extremes Entwicklungstempo der Kollektivierung!«, findet sich im Artikel Stalins »Das Jahr des großen Umschwungs«. Einige Entwicklungen im gesellschaftlichen Bewußtsein zugunsten der Genossenschaften (nicht unbedingt der Kolchosen – diese sind nur eine ihrer Formen) wurden vom Generalsekretär verstanden als Bereitschaft der Mittelbauern, in die Kolchosen zu gehen. Es folgten weitere Direktiven und Anordnungen.

Eine Woche nach seinem fünfzigsten Geburtstag sprach Stalin auf einer Konferenz von marxistischen Agrarwissenschaftlern. Seine Rede war auch insofern bemerkenswert, als er noch vor einem Beschluß des ZK verkündete:

»Das bedeutet, daß wir von der Politik der *Einschränkungen* der Ausbeutertendenzen des Kulakentums übergegangen sind zur Politik der *Liquidierung* des Kulakentums als Klasse.«

Unüberhörbar kündigte sich die Katastrophe an, die Millionen von Menschen großes Leid bringen sollte. Im Jahr 1937 erreichten die Gewalt und die Gesetzlosigkeit ihren Höhepunkt. Es traf in hohem Maße die Intelligenz, deshalb ist es nicht verwunderlich, daß darüber viel geschrieben wurde und jene Periode ins Zentrum der Aufmerksamkeit rückte.

Aber schon Ende der zwanziger, Anfang der dreißiger Jahre ergriff der stählerne Besen eine viel größere Zahl von Menschen. Unter ihnen befanden sich womöglich nicht wenige Feinde der Sowjetmacht, jedoch unermeßlich mehr Unschuldige: Mittelbauern, die den Kulaken hinzugerechnet wurden, Bauern und deren Familien, die nicht in die Genossenschaften gehen wollten. Die Historiker beginnen, diese Zeit zu entschlüsseln. Die Kooperierung der kleinen Bauernwirtschaften war möglicherweise eine historische Notwendigkeit. War aber die massenhafte Anwendung von Gewalt bei dieser wirtschaftlichen Umwälzung unumgänglich? Ohne jeden Zweifel kann man sagen: Nein, es war nicht notwendig, Gewalt anzuwenden. Der Prozeß der Kooperierung hätte auf freiwilliger Basis stattfinden müssen.

Auf Stalins Drängen wurde ein Dokument verfaßt zur Erleichterung der »Entkulakisierung«. In ihm befindet sich eine Charakteristik des Kulaken: Einnahmen von über 300 Rubel pro Esser im Jahr (mindestens 1500 Rubel pro Familie), Betreiben von Handel, Vermietung von Gerät, Maschinen, Gebäuden; Besitz einer Mühle, einer Ölpresse und so weiter. Wenn eines dieser Kriterien zutraf, wurde aus einem Bauern ein Kulak. Ohne Berücksichtigung der sozialen Realität wurden große Gruppen von Bauern willkürlich dem Projekt »Liquidierung des Kulakentums als Klasse« unterworfen.

Die Gewalt bereitete sich ein Festmahl. Es traf die Fleißigsten,

Fähigsten, Sparsamsten und Ideenreichsten. Selbstverständlich befanden sich unter ihnen auch einige, die der neuen Macht reserviert gegenüberstanden. Aber Stalin und seine Helfer machten sie alle zu Feinden des Sozialismus, die »unschädlich« gemacht werden mußten. Eine spezielle Kommission erstellte Anfang Januar 1930 einen Entwurf für einen Beschluß des ZK »Über das Tempo der Kollektivierung und über die Hilfsmaßnahmen des Staates für den kollektivwirtschaftlichen Aufbau«. Die Fristen, die darin vorgeschlagen wurden, verkürzte Stalin (eigenhändig!) gleich zweimal. Ohne jegliche wissenschaftliche Grundlage, ohne positive und negative Faktoren in Betracht zu ziehen, forderte der Generalsekretär hartnäckig: schneller, schneller, schneller! Berichte, Vorträge, Flugblätter an die Gouvernementskomitees und die Amtsbezirke. Eine Masse von Bevollmächtigten. Die einen machten Versprechungen: »Traktoren, Petroleum, Salz, Streichhölzer, Seife – alles werdet ihr erhalten, je schneller ihr euch den Kolchosen anschließt!« Die anderen gingen entschiedener vor: »Wer nicht in die Kolchose will, der ist ein Feind der Sowjetmacht!« Ausschreitungen, Streit, Gewehre mit abgesägtem Lauf, Morde an Parteifunktionären, Kolchosenaktivisten, Beschwerdebriefe nach Moskau, Hilfesuchende.

Übergriffe wurden alltäglich. Das Wort »Entkulakisierung« ging in die russische Sprache ein, zwischen ihre Mahlsteine gerieten mehr als eine Million Bauernhaushalte, keineswegs nur Kulaken. Nach einigen Berechnungen waren damals etwa drei Prozent der ländlichen Haushalte den Großbauern zuzurechnen, also rund 900000. Viele Hunderttausende von Familien wurden in entlegene Gebiete deportiert, nachdem ihnen alle Produktionsmittel, alle Wertgegenstände, alle unbewegliche Habe weggenommen worden waren. Viele landeten in Sibirien oder im hohen Norden.

Es wird kaum gelingen, eine genaue Zahl derer zu benennen, die dem Sturm der Gesetzlosigkeit zum Opfer gefallen sind. Nach einigen Angaben wurden im Jahr 1929 mehr als 150000 Kulakenfamilien nach Sibirien und in den Norden verbannt. 1930 waren es 240000 und 1931 über 285000. Die »Entkulakisierung« wurde auch 1928 und nach 1931 durchgeführt. Nach meinen Berechnungen betraf die »Entkulakisierung« 8,5 bis 9 Millionen Männer, Frauen, Alte und Kinder. Die meisten wurden ihrer Heimat und ihres Besitzes beraubt. Viele wurden wegen Widerstands erschossen, und nicht wenige kamen um auf dem Weg nach Sibirien und in den Norden. Ganze Orte fielen der Gewalt zum Opfer. Und manchmal war gewöhnlicher Raub das Motiv für die Verwandlung eines Mittelbauern in einen Kulaken. Nach meinen Berechnungen wurden sechs bis acht Prozent der Bauernhaushalte in dieser oder in jener Form in den Strudel der »Entkulakisierung« gerissen.

Selbstverständlich nahmen viele Bauern diese Politik nicht ergeben hin. Es wäre nötig gewesen, so glaube ich, durchdachte administrative Methoden gegen jene Kulaken anzuwenden, die die Sowjetmacht bekämpften. Aber ein Großteil der Kulakenhaushalte hätte dem Prozeß der Vergesellschaftung und Kooperierung angeschlossen werden können durch differenzierte Besteuerung, Produktionsaufgaben und -verpflichtungen. Indem den Kulaken diese Möglichkeit versagt wurde,wurden sie vor eine tragische Wahl gestellt: kämpfen oder sich dem Schicksal ergeben.

Zehntausende von Briefen richteten sich an Stalin mit Beschwerden, Unverständnis, Angst und Haß. Aber die entfesselte Maschine der Gesetzlosigkeit zermalmte ihre Opfer ohne Unterbrechung. Stalin, dem der Umfang der Erschütterung nicht entgangen sein konnte, meldete sich am 2. März 1930 zu Wort mit einem Artikel in der »Prawda«: »Vor Erfolgen von Schwindel befallen«. Der zweite Absatz dieses Artikels liest sich heute wie eine Ode an die Gewalt:

»Es ist Tatsache, daß am 20. Februar d. J. bereits 50 Prozent der Bauernwirtschaften in der UdSSR kollektiviert waren. Das bedeutet, daß wir bis zum 20. Februar 1930 den Fünfjahresplan zu mehr als *200 Prozent erfüllt* haben.«

In Stalins Artikel wird kategorisch die Schlußfolgerung gezogen (als habe diesbezüglich ein Referendum im Land stattgefunden!), daß weder Genossenschaften zur gemeinsamen Bodenbearbeitung noch Kommunen den Anforderungen der sozialistischen Umgestaltung des Dorfs entsprächen. Nur Kolchosen! Nur diese Form der Landwirtschaft sei annehmbar, so entschied der »Agrarexperte« Stalin, der kein zweites Mal ein Dorf betreten sollte. Nach seinem »Prawda«-Artikel waren die Schuldigen an »Übergriffen« auf unterster Ebene zu suchen, in den Bezirken und Kreisen. An seinen Befehlen und Direktiven konnte es demnach nicht gelegen haben.

Nach dem Artikel ergoß sich eine neue Welle von Briefen der Bauern über Stalin. Er sah sich gezwungen, die Haltung der Partei zur Kollektivierung noch einmal darzustellen. In seiner Antwort an die Bauern schrieb der Generalsekretär:

»Manche sind der Meinung, daß der Artikel ›Vor Erfolgen von Schwindel befallen‹ das Resultat einer persönlichen Initiative Stalins sei. Das ist natürlich Unsinn (...). Es war dies eine gründliche Erkundung des Zentralkomitees gewesen (...). Es ist schwer, Leute, die dem Abgrund entgegenrennen, in ihrem rasenden Laufe aufzuhalten und auf den richtigen Weg zu bringen.«

Wenn Stalin soziale, ökonomische und kulturelle Fragen erörterte, verwendete er häufig militärische Begriffe: »Erkundung«, »Front«, »Vormarsch«, »Rückzug«, »Umgruppierung der Kräfte«, »Vorziehen der Nachhut«, »die Reserven heranführen«, »vollständige Vernichtung des Feindes«. Und nun ging es eben um die »Liquidierung des Kulakentums als Klasse«. Auf der schon erwähnten Konferenz von marxistischen Agrarwissenschaftlern im Dezember 1929 erklärte Stalin, damit das Dorf der sozialistischen Stadt folge, müsse man »im Dorfe sozialistische Großbetriebe in Gestalt von Sowjet- und Kollektivwirtschaften als Stützpunkte des Sozialismus (...) *schaffen* und *fördern*«. Faktisch war dies der Befehl zur Beseitigung einer ganzen sozialen Gruppe von Bauern, ohne daß das ZK darüber diskutiert hatte.
Eine Sonderkommission des Politbüros unter dem Vorsitz Molotows erarbeitete auf Stalins Drängen im Jahr 1930 einen Beschluß des ZK »Über Maßnahmen zur Liquidierung der Kulakenwirtschaften in den Gebieten der durchgängigen Kollektivierung«. Diese Direktive verstärkte die Spannung im Dorf. Sie versperrte den Kulaken endgültig den Weg in die Kolchosen. Die Lage dieser Gruppe der Bauernschaft war ausweglos. Gegen sie wurden die brutalsten Maßnahmen ergriffen: vollständige Beschlagnahmung des Hab und Guts und Deportation der Familien in entlegene Gebiete. Entsprechend verstärkte sich der Widerstand der Kulaken gegen die Sowjetmacht, manchmal nahm er ein großes Ausmaß an. Die gesetzeswidrigen Aktionen gegen die Großbauern riefen eine Welle des Protestes, des Bandenunwesens und bewaffneter Aufstände gegen die Regierung hervor.

Die Oktoberrevolution hatte den Bauern Land gegeben. Sie waren zu Verbündeten der Arbeiterklasse geworden, ihrer Ausbeutung wurde ein Ende gesetzt. Der neue Staat war auch der Staat des Bauern! Aber nun wurde das Dorf einem Gewaltregime unterworfen. Bald stagnierte die Getreidewirtschaft und dann auch die Viehzucht. Die Arbeitsproduktivität in den Kolchosen war niedriger als bei den selbst wirtschaftenden Bauern. Die Folgen waren schwerwiegend. In vielen Gebieten wurden riesige Mengen von Vieh geschlachtet. 1933 gab es zwei- bis dreimal weniger Vieh als 1928. Um zu verhindern, daß das Fleisch eingepökelt und somit haltbar gemacht wurde, wurde der Verkauf von Salz drastisch eingeschränkt. Außerdem verringerte sich die genutzte Ackerfläche: Hunderttausende von Familien waren von ihren Höfen vertrieben worden.
Man berichtete Stalin darüber, was im Dorf vor sich ging. Der Generalsekretär verstand sehr wohl, was die Mitteilungen besagten. Aber ihm war jegliches Mitgefühl fremd. Er glaubte, daß es so nötig sei. Einst, in einer seltenen Minute, als er fast begonnen hätte, an der Richtigkeit seiner Entscheidung zu zweifeln, erinnerte er sich an den alten Rebellen Bakunin, den er irgendwo tief in seiner Seele verehrte: »Der Wille ist allmächtig: Für ihn gibt es nichts Unmögliches.« Stalin wußte, daß in Reden, Artikeln oder Gedichten sein Name vor allem einen stählernen Willen verkörperte, einen unbeugsamen Charakter und eine harte Hand. Willensstärke schätzte Stalin in der Tat höher als jede intellektuelle Fähigkeit. Das hohe Ziel rechtfertigte für ihn alle Mittel. Er glaubte, daß die Bauern einfach nicht verstanden, was man ihnen vorschlug. Der Generalsekretär dachte nicht daran, daß das Programm, das er vorantrieb, für viele Menschen wie ein Alptraum war. Die Menschen, die sich gegen diese Politik aussprachen, erschienen ihm nicht nur als Halbgebildete, sondern vor allem auch als Leute, die nicht in der Lage waren, zu verstehen, welche Vorteile die neue Agrarpolitik der Sowjetmacht brachte. Daß es dabei nötig war, gegen Menschen im handgewebten Hemd und mit Bastschuhen an den Füßen vorzugehen, gegen Analphabeten mit ihren Traditionen und Sorgen, die wie mit einer Nabelschnur mit ihrem Boden verbunden waren, das berührte den Generalsekretär nicht sonderlich. Der Bauer war das Mittel, um das große Ziel zu erreichen. Und das Ziel war wichtiger als alles andere.
Mit der Verschärfung der Kollektivierung, vor allem seit Stalins

denkwürdiger Sibirienreise vom 14. Januar bis zum 6. Februar 1928, entbrannte im Politbüro ein harter Kampf. Bucharin, unterstützt von Rykow und Tomski, versuchte Stalins Politik entgegenzuwirken, zunächst vorsichtig, später mit Nachdruck. Dies war kein Grüppchen von »Rechten«, wie es bald genannt werden sollte. Diese Männer traten vielmehr für eine maßvolle Agrarpolitik ein. In Stalins und Bucharins Reden wurden die Namen der Kontrahenten nicht genannt. Aber es war klar, wer gemeint war. Der Streit wurde publik durch eine Rede Stalins im Institut der Roten Professur am 28. Mai 1928. Dort war Bucharin vor kurzem zum einzigen Akademiemitglied aus den Reihen der politischen Führer gewählt worden, dort erfreute er sich einer großen Popularität. Gerade dort wollte der Generalsekretär den Ruf des Widersachers aushöhlen, er wollte ihn denunzieren als »Beschützer des Kulakentums« bei der Lösung der Bauern- und Getreidefrage. Bei seinem großen Auftritt, auf den Stalin sich sorgfältig vorbereitet hatte, ließ er einige versteckte Andeutungen gegen Bucharin fallen. Alle haben verstanden, auf wen sie gemünzt waren:

»Es gibt Leute, die den Ausweg aus dieser Lage in der Rückkehr zur Kulakenwirtschaft, in der Entwicklung und Entfaltung der Kulakenwirtschaft sehen. (...) Diese Leute sind der Meinung, daß sich die Sowjetmacht gleichzeitig auf zwei entgegengesetzte Klassen stützen könnte – auf die Klasse der Kulaken, deren Wirtschaftsprinzip die Ausbeutung der Arbeiterklasse ist, und auf die Klasse der Arbeiter, deren Wirtschaftsprinzip die Beseitigung jeder Ausbeutung ist. (...) Manchmal stellt man die Kollektivierungsbewegung der Genossenschaftsbewegung entgegen, offensichtlich in der Annahme, daß die Kollektivwirtschaften und die Genossenschaften zwei verschiedene Dinge seien. Das ist natürlich falsch. Manche gehen sogar so weit, daß sie die Kollektivwirtschaften dem Genossenschaftsplan Lenins entgegenstellen. Es erübrigt sich zu sagen, daß eine solche Entgegenstellung nichts mit der Wahrheit zu tun hat.«

Bucharin verstand besser als jeder andere, warum Stalin den Aufbau der Kolchosen derart vorantrieb. Aus der Kollektivwirtschaft war es wesentlich einfacher Korn herauszuholen! Und hier hatte Stalin sich nicht getäuscht: Es war in der Tat vergleichsweise leicht, die Agrarproduktion, die einem Kommandosystem unterworfen war, unter die Knute des »Kriegskommunismus« zu zwingen. Im Jahr 1928, als die Kollektivierungskampagne begann, verkauften die Bauern dem Staat bei einem Getreideertrag von 73 Millionen Tonnen 11 Millionen Tonnen. Im Jahr 1932 erhielt der Staat von 70 Millionen Tonnen Getreide bereits 22 Millionen Tonnen! Bei einer fast gleichen Bruttoernte gelang es dem Staat, seinen Anteil zu verdoppeln. Aber zu welchem Preis!

Im Nordkaukasus, in der Ukraine, im Wolgagebiet und in anderen Regionen des Landes entstand eine grausame Hungersnot. Es gibt keine verläßlichen Angaben über die Opfer. Aber eines ist klar: Ihre Zahl ist sehr hoch. Möglicherweise war sie ein wenig geringer als die der Opfer der »Entkulakisierung«.

Der Hunger wurde nicht nur hervorgerufen durch die Dürre, die große Gebiete austrocknete, sondern auch durch den desolaten Zustand der Landwirtschaft infolge der Kollektivierung, durch die gewalttätigen Eingriffe in die bäuerliche Produktion und schließlich durch die unausgewogene Entwicklung der Volkswirtschaft. Die Bevölkerung in den Städten wuchs jährlich um 2 bis 2,5 Millionen Menschen. Damit stieg die Zahl der Esser. Aufgrund der niedrigen Einkaufspreise konnten die Kolchosbauern die Bevölkerung aber nicht mit ausreichenden Mengen von Getreide versorgen. Von Beginn der Existenz der Kolchosproduktion an war vom Prinzip der materiellen Interessiertheit des Bauern nichts zu erkennen. Der Staat exportierte zudem weiterhin Getreide . Das brachte ihm Devisen, mit denen er Maschinen im Ausland kaufen konnte. Stalin drängte. Seine Anweisungen wurden schnell befolgt. In vielen Gebieten, besonders in der Ukraine, wurde das Getreide vollständig konfisziert, ungeachtet des Hungers. Der Preis für die Industrialisierung war bitter. Die Industrialisierung bedeutete nicht nur selbstlose Arbeit der Arbeiterklasse, sondern auch unsägliche Opfer der Bauern.

Der Hunger trieb die Menschen zum Brotraub. Auf Initiative Stalins wurde am 7. August 1932 ein Gesetz verabschiedet zum Schutz des sozialistischen Eigentums. Als er es redigierte, ergänzte der Generalsekretär den Text: »Menschen, die sich am Volkseigentum vergreifen, müssen als Feinde des Volkes angesehen werden.« Für den Diebstahl von Kolchoseigentum waren Erschießung oder zehn Jahre Lager vorgesehen. Das »Gesetz über die Ähren«, wie man es auf dem Land

nannte, bestrafte Tausende von Hungernden erbarmungslos. Stalin forderte seine bedingungslose Einhaltung, und bereits zu Anfang des Jahres 1933 waren mehr als 50000 Menschen verurteilt.
Auf Stalins Anordnung wurde im Land über den Hunger nicht geschrieben, obwohl er schon Gebiete mit einer Bevölkerung von 25 bis 30 Millionen Menschen erfaßt hatte. Besonders schlimm war die Lage in der Ukraine und im Wolgagebiet. Trotz der Mißernte waren die Mengen an Getreide und anderen Produkten, die an den Staat abzuliefern waren, unverändert hoch geblieben. Ferner wurden neuen Kollektivwirtschaften, die noch nicht reibungslos arbeiteten, höhere Abgabemengen abverlangt. Nichterfüllung wurde als Sabotage verurteilt, als »Untergrabung der Politik der Partei im Dorf«. Tausende von Dörfern wurden von Unruhe und Verwirrung erfaßt. Der passive Widerstand der Bauern drückte sich in den verschiedensten Formen aus.
Hunger und Gewalt führten dazu, daß die Kolchosen Gesetze übertraten, um Hungernde zu versorgen. In einer Zeitung wurde dazu erklärt, daß »aus den Gebieten des Nordkaukasus Nachrichten eingetroffen seien, daß raffgierige, kulakische Tendenzen in einzelnen Kolchosen und Sowchosen der Getreideproduktion aufgetreten seien. In der Kolchose Chutonsk ordnete die Leitung trotz der Nichterfüllung des Plans (...) an, einen Getreideausdrusch zugunsten der Kolchosbauern vorzunehmen.«
Als Stalin auf dem ersten Unionskongreß der Stoßarbeiter der Kollektivwirtschaften im Februar 1933 sprach, sagte er nichts über den Hunger. Er äußerte sich lediglich über »Schwierigkeiten und Strapazen« im Dorf. Die Hauptaufgabe, die der Generalsekretär den Kolchosbauern stellte, war klar:

»Von euch wird nur eins verlangt: ehrlich zu arbeiten, die Einkünfte der Kollektivwirtschaften nach der Arbeitsleistung zu verteilen, sorgfältig mit dem Hab und Gut der Kollektivwirtschaften umzugehen, sorgfältig mit den Traktoren und Maschinen umzugehen, für eine gute Pflege der Pferde zu sorgen, die Aufgaben zu erfüllen, die euch euer Arbeiter- und Bauernstaat stellt, die Kollektivwirtschaften zu festigen und die Kulaken und ihre Handlanger, die sich in die Kollektivwirtschaften eingeschlichen haben, aus diesen hinauszuwerfen.«

Über die Hilfe für Notleidende – kein Wort.
Der Sozialismus auf dem Land wurde durchgesetzt mit Gewalt. Das war Stalins Methode. Die Macht des Staats wurde bezahlt mit der Freiheit. Selbstverständlich war Getreide notwendig, um im Ausland Industrieausrüstungen zu kaufen, um die Versorgung der schnell wachsenden Städte zu gewährleisten, um Staatsreserven zu schaffen. Aber es war unzulässig, solche Maßnahmen anzuwenden! Die Kommandomethoden verdrängten nun endgültig die ökonomischen. Es wurde nicht nur der Kulak liquidiert, sondern auch der Einzelbauer beseitigt. Und alles mit Gewalt. Auf einer Beratung im ZK im Jahr 1934 erklärte Stalin gleichmütig:

»Es muß ein solcher Zustand geschaffen werden, der den Privatbauern das Leben erschwert, so daß er weniger Möglichkeiten hat als der Kolchosbauer: Man muß den Steuerdruck verstärken!«

Aber dem Druck waren auch die Kolchosen ausgesetzt. Sie waren nicht Herren ihres Landes, sondern rechtlos. Es entstand ein neuer Typ Bauer: Er war entfremdet vom Land und von den Ergebnissen seiner Arbeit. Die Menschen verloren das Recht auf Selbstbestimmung. Verständnislosigkeit und Verwirrung führten schließlich zu Gleichgültigkeit. Genau dies hatte Bucharin befürchtet.
Bucharin kritisierte bei seinen öffentlichen Auftritten die administrativen Maßnahmen in der Wirtschaft. Der wichtigste Theoretiker des Politbüros erklärte, daß ein erfolgreiches Industrialisierungsprogramm nicht möglich sei ohne eine blühende Landwirtschaft. Druck, Beschlagnahmung und Gewalt beim Kolchosaufbau seien unzulässig.
Anfang 1928 war der Ausgang des Kampfes noch offen. Zunächst fand Stalin bedingungslose Unterstützung lediglich bei Molotow und Woroschilow, während Bucharin Rykow und Tomski an seiner Seite wußte. Kujbyschew, Kalinin, Mikojan und Rudsutak schwankten und versuchten, die zwei einflußreichsten Mitglieder des Politbüros miteinander zu versöhnen. Alles hing ab von denen, die sich noch nicht entschieden hatten.
Geschickt zog Stalin die Fäden, und raffiniert bediente er sich des Apparats. Nach den Plenen des ZK und der ZKK im April, Juli und November 1928 wurde Bucharins Alternative kompromißlos zurückgewiesen.

Bucharin hatte angeregt, einen evolutionären Weg der Umgestaltung im Dorf zu gehen. Durch die Kraft des Beispiels sollte der vergesellschaftete Sektor die Einzelwirtschaft verdrängen. Bucharin entwickelte damit das Konzept der NÖP weiter. Er hatte nicht in allem recht, besonders nicht, was seine Vorstellung betraf über die Zeit, die für die Umgestaltung zur Verfügung stand. Die Geschichte hatte der Sowjetunion nicht viele Jahre zugeteilt. Und dennoch war der Kampf Bucharins gegen den Triumph der bösen Macht richtig, sowohl in moralischer als auch in politischer Hinsicht.

Stalins gewalttätige Agrarrevolution warf die Landwirtschaft für Jahrzehnte in einen Zustand der Stagnation. Das blutige Experiment, das Millionen von Menschen das Leben kostete, brachte dem Land keine Erleichterung. Der »Kriegskommunismus« war zurückgekehrt in die Dörfer, obwohl darüber niemals gesprochen wurde. Stalin pries auf vielen Sitzungen die Errungenschaften der Kolchosordnung. Die Pflichtablieferung, die unentgeltliche Abschöpfung von Getreide wurden zum Gesetz. Der freie Handel siechte schnell dahin: Die Kolchosen hatten kein Getreide, mit dem sie hätten Handel betreiben können. Und Stalin suchte nach noch härteren Methoden. So viele Plenen des ZK fanden statt, so viele Beschlüsse wurden gefaßt zur Verbesserung der Lage in der Landwirtschaft. Aber die Lage wurde schlechter.

Zehn Jahre nach der massenhaften Kollektivierung, im Mai 1939, befaßte sich ein Plenum des ZK mit der »Verschwendung von Kolchosländereien«. Die Sitzung wurde von Molotow geleitet, Berichterstatter war Andrejew. Stalin machte ständig Zwischenrufe. Die Teilnehmer suchten angestrengt: Was kann man noch verbieten, einschränken, belasten? Aus dem Bericht Andrejews geht hervor, daß die Arbeitsproduktivität der Kolchosbauern fortwährend schwächer wurde. Es gab keine Einnahmen. Die Ernteerträge sanken. Die Krise auf dem Land war offensichtlich. Welche Maßnahmen würde Stalin nun ergreifen – für die er mit Sicherheit die Zustimmung seiner Umgebung bekommen würde? Nun, hier sind sie: Festsetzung eines Mindestsolls von »Arbeitstagen« bei Androhung harter Strafen für den Fall der Nichteinhaltung; Beschneidung der privaten Bodenparzellen, um die Bauern zu zwingen, mehr in der Kolchose zu leisten; weitere Verstaatlichungen und Steuern (das ZK arbeitete sich bis zu den Gemüsegärten vor); erhöhte Konzentration der Dorfbewohner

(Beseitigung von Einzelgehöften); Verbot für Kolchosbauern, Heu für Privatvieh zu mähen.
Als all diese neuen Maßnahmen erörtert worden waren, schien Stalin zu zweifeln:

»Wenn man dieses Ding (diesen Beschluß; D. W.) publizieren würde, würde es da nicht Verwirrung bezüglich der Kolchosangelegenheiten schaffen?«

Aber die Genossen von den Plätzen riefen:

»Nein, im Gegenteil, das wird alles beschleunigen! Das Volk wartet schon lange!«

In die kritiklose Jasagerei, die dem »Führer« so gefiel, hatte sich bereits die Gewohnheit eingeschlichen, für das Volk zu sprechen, obwohl dieses von der Entscheidung über sein Schicksal völlig ausgeschlossen war. Und all das begann bereits gegen Ende der zwanziger Jahre. Das erste Opfer des Stalinschen Cäsarismus wurde die Bauernschaft.
Ende 1928 beginnt in der Biographie Stalins und der Sowjetunion eine neue Etappe. Zunächst begann der Gewaltrausch der Kollektivierung, dann wurden die letzten Widersacher beseitigt. Im Zentrum dieses Kampfes stand Nikolaj Iwanowitsch Bucharin.

Bucharins Drama

Lange Zeit hatten Stalin und Bucharin gute Beziehungen gepflegt. Zeitweilig schien es sogar, als würde sie eine echte Freundschaft verbinden. Von 1927 an lebte Bucharin auf Wunsch Stalins im Kreml und später, als die Frau des Generalsekretärs sich umgebracht hatte, tauschten sie die Wohnungen. Stalin erklärte dies mit dem Wunsch, sich von der ständigen Erinnerung an das schreckliche Ende Nadeschda Sergejewnas zu befreien. Bucharin, ein Mann von feiner Natur, war anständig und aufrichtig im Verhältnis zu Stalin. Stalin und Bucharin duzten sich. Stalin redete Bucharin meist mit »Nikolaj« an, und dieser nannte den Generalsekretär »Koba«. In den Jahren

1924 bis 1928 lauschte Stalin aufmerksam Bucharins Worten, häufig unterstrich er öffentlich, daß »sein theoretischer Verstand von Lenin hochgeschätzt wurde«. Für Bucharin war Freundschaft etwas Heiliges. Von ihr konnte er sich nicht einfach abwenden – so, wie es Stalin im April 1929 auf dem Plenum von ZK und ZKK unerwarteterweise tat:

»Genossen! Ich werde auf persönliche Momente nicht eingehen, obgleich in den Reden einiger Genossen aus der Bucharin-Gruppe persönliche Momente eine recht beträchtliche Rolle spielten. Ich werde darauf nicht eingehen, weil persönliche Momente Bagatellen sind und es nicht lohnt, sich mit Bagatellen zu befassen. Bucharin hat über den persönlichen Briefwechsel mit mir gesprochen. Er hat einige Briefe verlesen, aus denen hervorgeht, daß wir, die gestern noch persönliche Freunde waren, heute in der Politik auseinandergehen. (...) Ich glaube, daß all dies Jammern und Wehgeschrei keinen roten Heller wert ist. Wir sind kein Familienkreis, keine Innung persönlicher Freunde, sondern die politische Partei der Arbeiterklasse.«

Alles schien im Grunde richtig zu sein: Die Sache stand höher als persönliche Beziehungen. Aber wieviel Abstoßendes, Widerwärtiges war in den Worten Stalins: Die Erinnerung an eine Freundschaft sei »keinen roten Heller« wert, sie seien keine »Innung persönlicher Freunde«. Der naive Idealist Bucharin erhielt von Stalin eine Lektion in Machiavellismus.

Aber so hatte er nicht immer über Bucharin gesprochen. Wie mir Balaschow erzählte, fragte der Generalsekretär, wenn ihm die Listen mit den im Umlaufverfahren organisierten Abstimmungen übergeben wurden, häufig, ohne seinen Kopf zu erheben: »Wie steht es mit Bucharin? Ist er dafür?« Bucharins Meinung, berichtete Balaschow, war wichtig für Stalin, um sich ein Urteil zu bilden.

Was für ein Mensch war Bucharin? Er war einer der Mitkämpfer Lenins. Viele erinnern sich gern an ihn und empfinden große Bitterkeit wegen seines Schicksals. Warum hatte Lenin ihn »Liebling der Partei« genannt? Und warum hat Stalin diese herausragende Persönlichkeit ermorden lassen?

Bucharin wurde 1888 in Moskau geboren als Sohn eines Lehrers, der sich bis zum Beamten der siebten Klasse (Hofrat) hochgedient hatte. Bucharins Biographie zeigt einmal mehr, daß die Mehrheit der Führer der Oktoberrevolution keineswegs proletarischer Herkunft war. Dafür gibt es eine einfache Erklärung: Man kann nicht Führer sein, ohne die Weltkultur zu kennen. Sie sich anzueignen und sie in die soziale Praxis umzusetzen, das war damals nur Sprößlingen aus mehr oder weniger wohlhabenden Kreisen vergönnt. 1906 wurde Bucharin Parteimitglied. Über die Jugend des künftigen Theoretikers sind interessante Erinnerungen seines Freundes jener Jahre, Ilja Ehrenburg, erhalten geblieben. Bucharin war Student der ökonomischen Abteilung in der juristischen Fakultät. Er beschäftigte sich mit Propagandaarbeit unter den Arbeitern und Studenten. Seine nicht sehr große bewegliche und hagere Figur mit dem fast spärlich wachsenden Bart und den roten Haaren über der hohen Stirn konnte man in diesen Jahren häufig nicht nur bei studentischen Versammlungen an der Moskauer Universität sehen, sondern auch in Betrieben des Samoskworetzker Rayons Moskaus. Er wurde verhaftet, und 1910 gelang es ihm, aus seinem Verbannungsort Onega, einem kleinen Städtchen im Gouvernement Archangelsk, ins Ausland zu fliehen. Erst nach der Februarrevolution kehrte er zurück.

Der sechsjährige Aufenthalt im Ausland war für ihn fruchtbar. Dort lernte er Lenin kennen, der für Bucharin große Zuneigung empfand, was ihn jedoch nicht daran hinderte, mit ihm hitzige Diskussionen zu führen. Bucharin verließ kaum noch die Bibliotheken, schnell lernte er die deutsche, französische und englische Sprache. Er schrieb die Manuskripte für zwei große theoretische Arbeiten: »Die politische Ökonomie des Rentners« und »Imperialismus und Weltwirtschaft«. Bucharin beschreibt einen künftigen Staat, der in die Hände eines Tyrannen gefallen ist. Der Diktator werde mit seiner »eisernen Ferse« über die Gesichter der Menschen gehen. Dies war eine abstrakte, aber auch prophetische Warnung vor Alleinherrschaft und militärischer Gewalt.

In New York lernte Bucharin Trotzki kennen. Ungeachtet der häufigen theoretischen und politischen Unstimmigkeiten bestand zwischen ihnen über zehn Jahre lang ein freundschaftliches Verhältnis. In New York erhielt er auch die Nachricht, daß die Februarrevolution begonnen hatte. Der Weg nach Rußland war lang. In Japan wurde er verhaftet und kurz darauf auch in Wladiwostok (wegen Propaganda unter Soldaten). Erst im Mai 1917 erreichte er Moskau.

Bald wurde Bucharin Redakteur der »Prawda«, und er blieb dies beinahe zwölf Jahre, mit nur einer kurzen Unterbrechung. Als Redakteur und seit 1922 Chefredakteur der wichtigsten Parteizeitung nahm er aktiv teil an der Erarbeitung der Parteipolitik und der Propaganda. Er konnte sich nicht verstellen, er konnte nicht heucheln, und er war auch kein Diplomat. 1918 wandte er sich gegen den Abschluß des Friedensvertrags von Brest-Litowsk und wurde faktisch zum Führer der Opposition gegen Lenin. Während eines Zeitraums von zwei Monaten führte Bucharin verschiedene Gruppen von »Linken« an, die gegen den Brester Frieden waren und den revolutionären Krieg verkündeten.

Während der Jahre des Bürgerkriegs verkörperte Bucharin die radikalste »linke« Linie. Und er war auch einer der Ideologen und Politiker des »Kriegskommunismus«. In seiner Arbeit »Die Ökonomik der Transformationsperiode« pries er Theorie und Praxis des »Kriegskommunismus«. Elemente von Gewalt und Direktiven in der Wirtschaft nannte Bucharin »Unkosten der Revolution«. Diese »Unkosten« erschienen ihm unvermeidbar. Die proletarische Revolution zertrümmere zunächst die Ökonomie, um sie dann rasch wiederaufzubauen. Ob es Bucharin recht war oder nicht, er war ein begeisterter Anhänger des »Kriegskommunismus«.

Am vollständigsten hatte er seine Ansichten dargelegt in seiner bekannten Arbeit »Das ABC des Kommunismus«. Bei der Fertigstellung dieser Arbeit half ihm Jewgeni Preobraschenski, auch er ein fähiger junger Theoretiker. Zu Beginn der zwanziger Jahre schätzte Stalin übrigens diesen »Katechismus« der Kommunisten hoch ein. Im »ABC« waren, wie in einer Enzyklopädie, die Grundlagen der Revolution, des Klassenkampfes, der Diktatur des Proletariats, der Rolle der Arbeiterklasse, des Programms der Kommunisten und so weiter dargelegt. Der Erfolg des Buches war groß. Es wurde rund zwanzigmal aufgelegt und erschien auch im Ausland. Dank dieses populären Buches, in dem die grundlegenden Fragen der revolutionären Bewegung in einer radikalen Sicht dargelegt wurden, wurde Bucharin im Land und in der Partei nicht weniger bekannt als Trotzki, Sinowjew und Kamenew. Im Westen beurteilte man Bucharin aufgrund dieses Buches lange Zeit als den »Hohenpriester des orthodoxen Marxismus«.

Das war nicht völlig falsch. In seinem Sammelband mit theoretischen Beiträgen, der unter dem Titel »Ataka« 1924 erschien, schreibt Bucharin vom Weltumbruch, der bevorstehe und der sowohl defensive als auch offensive Kämpfe des siegreichen Proletariats einschließe: defensive – um die angreifenden Imperialisten zurückzuschlagen, offensive – um die zurückweichende Bourgeoisie endgültig zu schlagen. Die Weltrevolution werde ein Land nach dem anderen erfassen. Das würden auch »all die Völkerbünde und anderer Unsinn, den die sozialverräterischen Banden verkünden«, nicht verhindern. In der Revolution und im Bürgerkrieg trat Bucharin als Radikaler auf oder, wenn man so will, als Romantiker, der bereit war, bis zum Äußersten zu gehen. Soll man ihn dafür verurteilen? Wohl kaum. Die Zeit war so.

Wenige Jahre später änderten sich Bucharins Auffassungen. Er machte keinen Hehl daraus, daß dies unter dem Einfluß Lenins geschehen war, vor allem durch dessen letzte Arbeiten. Hinzu kam, daß es Bucharin mehr als anderen Parteiführern gelungen war, die Bedeutung der NÖP zu begreifen. Während Lenins Krankheit besuchte Bucharin ihn häufig, und nicht selten sprach er mit ihm unter vier Augen über Fragen der Theorie und Praxis des sozialistischen Aufbaus. Man mag über weitere Gründe von Bucharins Wandlung spekulieren. Wie auch immer, 1922/23 schließt sich Bucharin dem gemäßigten Flügel der Parteiführung an, und er konzentriert sich auf sozialökonomische Probleme.

Es lohnt sich, Bucharins neue Position zur Wirtschaftspolitik näher zu betrachten. Auch, weil in unserer Geschichte häufig Menschen hohe Partei- und Staatsfunktion bekleidet haben (Stalin ist ein herausragendes Beispiel dafür), die bestenfalls ein primitives Verständnis der Ökonomie und ihrer Gesetze besaßen. Sie erteilten Befehle, verbreiteten Losungen wie »Die Ökonomie muß ökonomisch sein«, machten riesige Pläne für morgen und verschoben morgen auf übermorgen. Für einen politischen Führer genügt es nicht, von einer Idee überzeugt zu sein, und es genügt ebensowenig der Wunsch, sie in die Praxis umzusetzen. Er muß kompetent sein. Aber nicht nur das: Er muß auch begabt sein. Wenn wir die zahlreichen Arbeiten Bucharins lesen, die fünfzig Jahre nicht erscheinen durften in der Sowjetunion, dann sehen wir noch heute, daß er ein Führer von Leninschem Format war: feste Überzeugungen, großes Wissen und hohe Begabung.

Während Trotzki etwa in der NÖP die ersten Anzeichen einer »Entartung des Bolschewismus« entdeckte, sah Bucharin in ihr »einen zusätzlichen Hebel im Prozeß des gesellschaftlichen Umbaus«. In seiner Rede vor dem Moskauer Parteiaktiv im April 1925 erklärte Bucharin, es gehe darum, die Stimuli für die Kleinproduzenten so fortzuentwickeln, daß sie in wachsendem Maße die Wirtschaft stärkten. Je größer die Auslastung unserer Fabriken sein werde, um so höher werde der Produktionsausstoß sein, um so mehr werde die Stadt das Dorf führen, und um so sanfter und gleichzeitig fester werde die Bauernschaft von der Arbeiterklasse zum Sozialismus geführt.
Einst, irgendwann zu Beginn des Jahres 1925, hatte zwischen Stalin und Bucharin ein ernsthaftes »ökonomisches Gespräch« stattgefunden. Es ging vor allem darum, daß Stalin seine Zweifel an der NÖP äußerte und auch an Bucharins Unterstützung dieser Politik. Bucharin hat dieses Gespräch später beschrieben. Stalin habe immer wieder betont, daß die NÖP »die sozialistischen Elemente erdrosseln und den Kapitalismus wiederentstehen lassen würde«. Der Generalsekretär verstand nichts von der Wirkung ökonomischer Gesetze und verließ sich auf den »proletarischen Druck«. Das Gespräch war lang, und bereits damals spürte Bucharin, daß Stalin kein Vertrauen in die NÖP setzte und daß er sie nicht verstand. Wie Trotzki sah er in ihr eine Bedrohung für die Errungenschaften der Revolution. Bucharin, enttäuscht von diesem Dialog, beschloß, sein Verständnis der NÖP in der Presse darzulegen. Bald erschien im »Bolschewik« ein tiefgründiger Artikel, der bis zum heutigen Tag an Aktualität nichts verloren hat: »Über die Neue Ökonomische Politik und unsere Aufgaben«. Darin schreibt Bucharin unter anderem:

»Der Sinn der Neuen Ökonomischen Politik, die Lenin noch in der Broschüre über die Naturalsteuer eine richtige ökonomische Politik nannte (...), besteht darin, daß eine ganze Reihe von wirtschaftlichen Faktoren, die früher einander nicht befruchten konnten, weil sie vom Schlüssel des Kriegskommunismus eingesperrt waren, sich nun jedoch in der Lage erweisen, einander zu befruchten und ebendadurch das wirtschaftliche Wachstum zu fördern. (...)
NÖP, daß heißt: weniger Druck, mehr Freiheit im Warenaustausch, da diese Freiheit uns weniger gefährlich ist. Weniger administrative

Einwirkung, mehr ökonomischen Kampf, mehr Entwicklung des wirtschaftlichen Umsatzes. Nicht mit dem Privathändler kämpfen, indem man auf ihm herumtrampelt und seinen Laden schließt, sondern sich bemühen, selbst billiger zu produzieren und zu verkaufen, besser und von besserer Qualität als er.«

Diese Zeilen hatte Stalin in dem Artikel nicht begriffen, obwohl er ihn mit Randbemerkungen übersäte. Für den Generalsekretär war es schwer, zu verstehen, warum man dem Privatsektor Freiheit geben sollte? Untergrub dies denn nicht die Diktatur? Stalin hörte Bucharin zu und las dessen Schriften. Noch entgegnete er nichts.
Bis zum Ende seiner Tage betonte Bucharin, daß seine Anschauungen auf den Arbeiten Lenins beruhten, besonders auf dem »Testament«. Nach Lenins Tod war Bucharin vom Kandidaten zum Mitglied des Politbüros aufgestiegen. Nach einem seiner erfolglosen Versuche, sich Bucharins Unterstützung im Kampf gegen Stalin zu versichern, nannte Sinowjew ihn verächtlich einen »Friedensstifter«. Bucharin, der sich allen gegenüber loyal verhalten wollte, versuchte bis zum Jahr 1928, sich aus den Kämpfen in der Partei herauszuhalten. Für ihn war es wichtiger, die Entwicklungslinien der Sowjetunion zu erarbeiten und Wege für die Neugestaltung zu suchen. Dabei mußte er entschieden auftreten gegen »Preobraschenskis Gesetz«, welches dieser der Parteiführung antrug. Dieses »Gesetz« besagte, daß eine Überindustrialisierung in einem Land wie Rußland nur möglich sei, wenn die dafür erforderlichen Mittel aus der Bauernschaft herausgepreßt würden. Der Gerechtigkeit wegen muß erwähnt werden, daß sich Preobraschenski dagegen ausgesprochen hatte, Gewalt gegen die Bauern anzuwenden. Er hielt es jedoch für unumgänglich, einen nichtäquivalenten Austausch in den Marktbeziehungen zwischen der Industrie und der Landwirtschaft durchzusetzen.
Bucharin widersprach: Die Stadt dürfe das Dorf nicht ausrauben. Nur ein politisches Bündnis in Verbindung mit einem wirtschaftlichen Bündnis könne die Entwicklung der Industrie und der Landwirtschaft vorantreiben. Mit anderen Worten: Der Theoretiker der NÖP setzte sich ein für ein harmonisches Verhältnis zwischen Stadt und Land, wobei er es allerdings für legitim hielt, in einer Anfangsphase die Ressourcen der Landwirtschaft überproportional zu beanspruchen. In einem seiner Artikel schreibt er:

»Die Genossen setzen sich für ein Hinüberpumpen von Mitteln unter Anwendung äußerster Maßnahmen ein, für einen forcierten Druck auf die Bauernschaft, der ökonomisch unvernünftig und politisch unzulässig ist. Unsere Position besteht nun keineswegs darin, daß wir uns von einem Hinüberpumpen gänzlich lossagen: Aber wir betrachten das, um was es hier geht, viel nüchterner und wollen erreichen, was wirtschaftlich und politisch zweckmäßig ist.«

Stalin hatte anfangs nichts einzuwenden gegen diese Äußerungen. Auch nichts gegen die Argumente, die Bucharin 1925 formuliert hatte:

»Es könnten Sonderlinge auftauchen, die vorschlagen, der ländlichen Bourgeoisie eine ›Bartholomäusnacht‹ anzukünden, und sie könnten versuchen zu beweisen, daß dies der Klassenlinie völlig entspräche und ganz und gar durchführbar sei. Und das ist eben das schlimmste: Es wäre dumm in allerhöchstem Maße. Damit würden wir überhaupt nichts gewinnen, aber sehr viel verlieren. Wir ziehen es vor, den Großbauern zu erlauben, ihre Wirtschaft zu entwickeln, aber wir werden von ihnen weitaus mehr nehmen, als wir vom Mittelbauern nehmen.«

In den bäuerlichen Genossenschaften sah Bucharin die Möglichkeit, den Einfluß der Großbauern einzuschränken, aber es sollte sich nicht um eine administrative, sondern um eine ökonomische Einschränkung handeln. Im Grunde war dies eine Konkretisierung des Leninschen Genossenschaftsplans, ohne Gewalt, ohne Beschlagnahmungen, ohne Druck und ohne Drohungen.
Aber bereits im Jahr 1928, und besonders seit dem Jahr 1929, wurden Bucharins Ideen von Stalin nicht mehr nur als Abweichung vom Leninismus angesehen, sondern auch als »feindliche und volksschädliche Pläne der rechten Abweichung«, als opportunistische Irrlehre »der dem Sozialismus feindlich gesinnten Elemente«.
Bucharin bemühte sich zu beweisen, daß in Sowjetrußland keine großen feindlichen politischen Organisationen geblieben seien, die eine ernsthafte Gefahr hätten bedeuten können. Die Geschichte hat bestätigt, daß er im Prinzip recht hatte. Allerdings hat er zwei Dinge außer acht gelassen: Erstens hätte ein verlangsamtes Wachstum der

Kooperierung, für deren Durchführung Bucharin Jahrzehnte veranschlagte, die Existenz des Sozialismus in Rußland bedroht. Und zweitens verlangte die Industrialisierung des Landes riesige Mittel, und ihre Quelle konnte in der Tat nur das Dorf sein. Die optimale Lösung, so denkt man, lag wohl irgendwo in der Mitte.

In den Jahren 1925 bis 1927 waren Stalin und Bucharin die einflußreichsten Politiker in der Partei. Und Bucharin half Stalin im Kampf gegen Trotzki, Sinowjew und Kamenew, obwohl er sich gleichzeitig bemühte, zu ihnen loyale Beziehungen aufrechtzuerhalten. Nachdem Trotzki, Sinowjew und Kamenew aus dem Politbüro ausgeschlossen worden waren, wuchs Stalins und Bucharins Einfluß merklich. Vor gar nicht allzu langer Zeit hatten die Oppositionellen Bucharin attackiert, und Stalin hatte zornig geantwortet: »Sie verlangen das Blut Bucharins?! Wir geben Ihnen nicht sein Blut. Das sollen Sie wissen.« Das »Blut Bucharins« sollte am Ende nur einer verlangen.

Es schien, als ergänzten sich die beiden führenden Mitglieder des Politbüros. Stalin entschied die organisatorischen und politischen Fragen, und Bucharin beschäftigte sich mit der Ausarbeitung der theoretischen Prinzipien der Parteipolitik. Ohne Übertreibung kann man sagen, daß Stalin sich bis zu Beginn des Jahres 1928 auf Bucharin verlassen hat, was die wirtschaftspolitischen Entscheidungen betraf. Er übernahm manche Formulierungen Bucharins sogar wortwörtlich, so, wie er früher manches bei Trotzki abgeschaut hatte.

Wie können wir es erklären, daß Stalin begann, sich von Bucharin abzuwenden? Warum hat der Generalsekretär, der bis Anfang 1928 Bucharins Ansichten geteilt hatte, plötzlich beschlossen, sie für »rechte Abweichungen« zu halten? Warum verwandelte sich ihre Freundschaft in Abneigung? Dafür gibt es einige Gründe. Vor allem beunruhigte Stalin Bucharins wachsende Popularität beim Volk und in der Partei. Sie war kaum geringer als Stalins. Und der Generalsekretär wurde auf einen Artikel Bucharins aufmerksam, den dieser Lenin gewidmet hatte:

»Da wir Lenin nicht mehr haben, haben wir auch keine maßgebliche Autorität mehr. Wir können jetzt nur eine *kollektive Autorität* haben. Wir haben keinen Menschen, der sagen könnte: Ich bin ohne Fehler, und ich kann die Leninsche Lehre hundertprozentig richtig interpretieren. Jeder bemüht sich, aber derjenige, der jene hundert Prozent für sich beansprucht, ordnet der eigenen Person eine ziemlich hohe Rolle zu.«

Diese Worte bezog Stalin auf sich. War er doch in seinen Vorlesungen über die Grundlagen des Leninismus an der Swerdlow-Universität als Interpret der gesamten Leninschen Lehre aufgetreten. Und dann, was soll das bedeuten: Es gebe »keine maßgebliche Autorität mehr«? Und die Autorität des Generalsekretärs?

Stalin beunruhigte ferner, daß sich um Bucharin fähige Kommunisten gesammelt hatten (Astrow, Slepkow, Maretzki, Zeitlin, Sajtzew, Goldenberg, Petrowski und andere), die schon in der Presse, in den Hochschulen und im Parteiapparat von sich reden machten. Beispielsweise wurden Slepkow und Astrow Redakteure beim »Bolschewik«, Maretzki und Zeitlin arbeiteten bei der »Prawda«, Goldenberg bei der Leningrader »Prawda«, Sajtzew war in der Zentralen Kontrollkommission tätig und so weiter. Stalin registrierte unmutig, daß Bucharins politischer und theoretischer Einfluß stärker wurde.

Eine andere Ursache verbirgt sich im willkürlichen Denken des Generalsekretärs. Die Kollektivierung Stalinscher Prägung als Revolution von oben begann insgesamt erfolgreich, besser, als man es erwartet, besser, als Bucharin geglaubt hatte. Die Berichte von den Orten des Geschehens bestärkten Stalin in seinem Glauben, daß bei entsprechendem Druck die Kollektivierung beschleunigt werden könne. Und das wichtigste war: So konnte nach Stalins Meinung die Getreidekrise rasch überwunden werden.

Als sich diese Überzeugung als Illusion erwies, sprach Stalin immer häufiger im Kreis seiner Vertrauten: »Ohne einen entschiedenen Umbruch im Dorf werden wir kein Brot haben.«

Molotow und Kaganowitsch bestärkten ihn. In Stalin wuchs die Idee, die ursprünglich festgelegten Fristen für die Umgestaltung der Landwirtschaft drastisch zu verkürzen. Als der Druck einen breiten Widerstand der verzweifelten Bauern, besonders der Kulaken, hervorrief, fiel eine »geniale« Entscheidung, die erwähnte »Liquidierung des Kulakentums als Klasse«. Die Diskussionen im Politbüro wurden heftig. Bucharin trat ebenfalls für die Kollektivierung ein und auch für ein Vorgehen gegen die Großbauern, aber ohne Enteignung und Gewalt. Bucharin und seine Mitstreiter glaubten an die Effektivität ökonomischer Methoden. Kalinin, Rudsutak, Mikojan, Kujbyschew schwankten noch. Trotzki, der den Kampf im Politbüro nun als Außenstehender beobachtete, sagte zu seinen Freunden: »Die Rechten können Stalin fortjagen.« Er meinte damit, daß Bucharin und seine Anhänger eine breite Unterstützung fanden in Regierung und Gewerkschaftsführung und daß sie auch theoretisch die besseren Argumente besaßen. Sie hatten Chancen. Rykow, Lenins Nachfolger als Vorsitzender des Rats der Volkskommissare, und Tomski, ein bedeutender Führer der sowjetischen Gewerkschaften, unterstützten Bucharin aus Überzeugung. Die Versuche Stalins, ihre Meinungen zu ändern, hatten keinen Erfolg.

Das Verhältnis zwischen Stalin und Bucharin wurde entschieden schlechter, nachdem Bucharin seinen Artikel »Notizen eines Ökonomen« am 30. September 1928 in der »Prawda« veröffentlicht hatte. Bucharin bekräftigte darin seine Auffassungen und bezeichnete eine andere Vorgehensweise als »abenteuerlich«. »Wir müssen ein Maximum an wirtschaftlichen Faktoren mobilisieren, in Gang setzen, die für den Sozialismus arbeiten«, schrieb Bucharin. »Dies setzt eine äußerst schwierige Kombination persönlicher, gesellschaftlicher und staatlicher Initiativen voraus. Wir sind alle zu überzentralisiert.«

Eine Woche später verurteilte das Politbüro diesen Artikel Bucharins, und Stalin verschärfte den Kampf. In langen, hitzigen Diskussionen im Politbüro konnte bereits kein Kompromiß mehr gefunden werden. Viele Sitzungen wurden nicht protokolliert, lediglich die Beschlüsse wurden niedergeschrieben. Sie zeugen davon, daß Stalin die Parteiführung hart im Griff hielt. Bucharin blieb in der Minderheit. In einer Reihe von Punkten machte Rykow Zugeständnisse. Tomski geriet ins Schwanken. Stalin forderte, Bucharin solle »aufhören, die Kollektivierung zu bremsen«. In einer heftigen Replik nannte Bucharin Stalin jähzornig einen »kleinen östlichen Despoten«. Stalin antwortete nicht auf diesen Angriff, aber er hatte sich entschieden, künftig auf Bucharin zu verzichten.

Als Bucharin erkannte, daß seine Lage schwierig wurde, unternahm er einen unüberlegten Schritt: Am 11. Juli 1928 erschien er unangekündigt in Kamenews Wohnung. Er nahm Kontakt auf zur ehemaligen Opposition, die zu zerschlagen er selbst beigetragen hatte. Später war Bucharin noch zweimal bei Kamenew. Die Treffen fanden unter vier Augen statt. Worüber die zwei ehemaligen Mitkämpfer Lenins gesprochen haben, werden wir wohl nie erfahren. Es gibt, wie Trotzki meinte, angeblich Aufzeichnungen von Kamenew, denen zu entnehmen sei, daß Bucharin wütend und niedergeschlagen gewesen sei. Er habe immer wieder erklärt, daß die »Revolution gestorben« und daß »Stalin ein Intrigant vom allerübelsten Schlage« sei, und er glaube nicht mehr daran, daß es möglich sei, irgend etwas zu ändern. So jedenfalls steht es in einer Untergrundzeitung vom 20. Januar 1929, die Anhänger Trotzkis verbreiteten. Für die Richtigkeit dieser Schilderung sollte man seine Hand nicht ins Feuer legen. Stalin wurde selbstverständlich mitgeteilt, daß Bucharin Kamenew besucht hatte. Und diese Tatsache wird auf dem Aprilplenum des ZK 1929 eines der wichtigsten »Argumente« gegen Bucharin sein. Die Kontakte mit Kamenew brachten Bucharin nichts, aber nun begann Stalins Etikett vom »Fraktionsmacher« zu wirken. Und wieder wendete Bucharin sich an die Öffentlichkeit. Am 24. Januar 1929 erschien in der »Prawda« ein Beitrag Bucharins: »Das politische Testament Lenins«. Es war der Text der Rede, die er auf der Trauersitzung zum fünften Todestag Lenins gehalten hatte.

Bucharin schrieb über Lenins Plan des sozialistischen Aufbaus, über die Wichtigkeit der NÖP, über die Demokratie. Er führte aus, daß in Lenins Schriften der Kurs des sozialistischen Aufbaus vorgezeichnet sei auf der Grundlage der Sparsamkeit, der Erhöhung der Arbeitsproduktivität und der Durchsetzung der Genossenschaftsidee auf dem Land. Ausdrücklich wandte Bucharin sich gegen jede Anwendung von Gewalt. Aber vor allem: Die Überschrift des Artikels erinnerte die Kommunisten daran, daß Lenins »Testament« auch vorschlug, Stalin vom Posten des Generalsekretärs abzulösen. Dieser Tropfen brachte das Faß zum Überlaufen. Um so mehr, als Bucharin in dem Artikel unklugerweise verbittert schreibt: »Das Gewissen ist in der Politik nicht austauschbar, wie manche glauben.« Nikolaj Bucharin erwies sich als Mensch, für den das Gewissen der höchste Maßstab war.

Aber, bei allem Scharfsinn und bei aller moralischen Integrität, Bucharin machte Fehler. Auch er hat Stalin erst spät durchschaut. Nicht immer war er konsequent in seinen Argumenten. Verfehlt war zum Beispiel sein Artikel »Böse Bemerkungen«, der am 12. Januar 1927 in der »Prawda« veröffentlicht wurde. Darin stürzte er sich völlig unbegründet auf Sergej Alexandrowitsch Jessenin und diskreditierte dessen Poesie als »Jesseninerei«, als »ungeschliffene bäuerliche Wirklichkeit«. Er gab so ein Signal für Angriffe auf diesen und andere »Bauernschriftsteller«.

Stalin bemerkte diese Fehler nicht. Der Generalsekretär hielt Bucharins Losung »Bereichert euch« für einen Ausdruck kulakischer Weltanschauung und seine Idee der Anbindung des Kulakentums an den Sozialismus für feindlich.

Nachdem Stalin in seinem Gedächtnis und in seinen Papieren gewühlt hatte, erinnerte er sich an noch eine andere »Sünde« seines Widersachers: Bucharin hatte auf dem Oktoberplenum des ZK 1924, als über die Landwirtschaft diskutiert wurde, unerwartet für alle vorgeschlagen, das Dorf zu »kolonisieren«! Allerdings hatte er darunter verstanden, 30000 Arbeiter in die Dörfer zu schicken. Obwohl die Partei diese Idee später noch aufgreifen sollte, beschloß Stalin, sie Bucharins Sündenkonto gutzuschreiben. Und dies, obwohl allen klar war, daß »Kolonisierung« einfach ein unglücklich gewählter Begriff war. Bucharin hatte doch nichts anderes vorgeschlagen, als daß die Stadt dem Dorf helfen solle. Aber Stalin verstand es, aus Mücken Elefanten zu machen.

Das April- und das Novemberplenum des ZK und der ZKK 1929, die sich mit der »rechten Abweichung« in der Partei beschäftigten, brachten das Ende für Bucharin und seine Mitstreiter. In einer dreistündigen Rede fiel Stalin über Bucharin her. Er verurteilte ihn, weil er nicht auf den vom Politbüro am 7. Februar 1929 vorgeschlagenen Kompromiß eingegangen war, der faktisch einer Niederlage gleichgekommen wäre. Und dies bedeute, erklärte Stalin, daß es nun in der Partei eine »ZK-Linie und eine andere Linie der Bucharin-Gruppe gibt«. Ungeachtet der Tatsache, daß Stalin bis Januar 1928 mit Bucharin zusammengearbeitet hatte, beschrieb er nun einige Etappen der »Uneinstimmigkeit« mit ihm. Und das Ganze war durchsetzt mit Worten wie »Blödsinn«, »Unsinn«, »die Büchelchen Bucharins«, »unmarxistische Herangehensweise«, »Kurpfuscherei«, »falscher Marxist«, »Schwätzerei«, »halbanarchistische Pfütze Bucharins« und so weiter.

Stalin ging es vor allem darum, Bucharins Ruf als führender Theoretiker zu erschüttern: »Ja, Bucharin ist ein Theoretiker, aber er ist kein völlig marxistischer Theoretiker, er ist ein Theoretiker, der noch zu lernen hat, um ein marxistischer Theoretiker zu werden.« Stalin ließ es sich selbstverständlich nicht nehmen, Lenins Urteil über Bucharin anzuführen, wobei er einen besonderen Akzent auf den zweiten Teil setzte: »In ihm ist etwas Scholastisches. Er hat sie niemals erlernt, und ich glaube, er wird die Dialektik niemals vollständig verstehen.« Ferner zählte Stalin lange alle Unstimmigkeiten auf, die zwischen Bucharin und Lenin existiert hatten, indem er sie als Versuche interpretierte, »unseren Lehrer Lenin« zu belehren. Ja, und das sei doch nicht verwunderlich, da der »scholastische Theoretiker noch vor kurzem ein Schüler Trotzkis war, der noch gestern einen Block mit den Trotzkisten gegen die Leninisten anstrebte und durch die Hintertür zu ihnen schlich!« So interpretierte Stalin die Begegnungen zwischen Bucharin und Kamenew.

Stalins Tirade richtete sich nicht nur gegen Bucharin, sondern auch gegen Rykow und Tomski. Die Rede wurde erst viele Jahre später in Stalins »Werken« veröffentlicht. Bucharin und Rykow wurden von ihren Posten abgesetzt, sie blieben jedoch im Politbüro. Nachdem der Beschluß des Plenums allen regionalen Parteiorganisationen mitgeteilt worden war, wurden die »Rechten« im ganzen Land verfolgt. »Prawda« und andere Presseorgane publizierten systematisch Materialien, die die Verurteilung des Führers der »Rechten Opposition« rechtfertigen sollten.

Die Kampagne war gleichzeitig ein Signal, die Kollektivierung weiter zu forcieren. Über die Freiwilligkeit des Beitritts zu den Kolchosen wurde nicht einmal mehr gesprochen. Bucharin war der Meinung, daß eine zwanzigprozentige Steigerung der Industrieproduktion die Höchstgrenze sei, nach der die Landwirtschaft sich nicht mehr erholen könne. Stalin dachte anders und erhöhte die Steigerungsrate mehrfach.

Die allgemeine Kollektivierung, das war seit November 1929 die Linie der Partei. Stalin schrieb: »Das Neue und Entscheidende in der jetzigen Kollektivierungsbewegung besteht darin, daß die Bauern nicht wie früher in einzelnen Gruppen, sondern daß ganze Dörfer, Amtsbezirke und Rayons, ja sogar Bezirke in die Kollektivwirtschaften eintreten.« Aber Bucharin wollte noch immer nicht Buße tun, wie man es von ihm verlangte, und am 17. November 1929 wurde er aus dem Politbüro ausgeschlossen. Bucharin, Rykow und Tomski schrieben schon eine Woche später eine kurze Notiz an das ZK, gequält von Gewissensbissen, in der sie die eigene Position verurteilten:

»Wir halten es für unsere Pflicht mitzuteilen, daß in diesem Streit die Partei und ihr Zentralkomitee recht hatten. Unsere Aussichten erwiesen sich als fehlerhaft. Indem wir unsere Fehler eingestehen, werden wir unsererseits einen entschiedenen Kampf gegen alle Abweichungen von der Generallinie der Partei und vor allen Dingen gegen die rechte Abweichung führen.«

Stalin gefiel es nicht, daß in dieser Erklärung sein Name nicht genannt und daß nicht festgestellt wurde, daß er recht gehabt hatte. Nun gut. Bucharin war erledigt.

Nikolaj Bucharin hat furchtbar gelitten unter seiner Inkonsequenz. Er wendete es hin und her: Warum konnte ich das Politbüro nicht überzeugen? Er wußte, daß er nicht in allem recht hatte. Opfer waren unumgänglich. Aber welche? Doch nicht Menschenleben! Bis zum Ende konnte er sich mit den Methoden der totalen Gewalt gegen die Bauern nicht anfreunden.

Ein halbes Jahr vor Bucharins Verhaftung erhielt Stalin, wie auch die anderen Mitglieder des Politbüros, einen Brief von ihm. Es wurde gerade über Sinowjew, Kamenew und ihre vierzehn »Mittäter« Gericht gehalten. Im Verlauf dieses Prozesses, bei dem die Angeklagten auch über Bucharin, Rykow und andere »aussagten«, teilte Staatsanwalt Wyschinski mit, daß eine Voruntersuchung in der »Angelegenheit Bucharin« eingeleitet worden sei. Soeben von einem Urlaub in Mittelasien zurückgekehrt, erfuhr Bucharin davon. Der ehemalige »Liebling der Partei« war verzweifelt. Er schrieb einen Brief an Stalin. (Es ist mir nicht gelungen, ihn zu finden.) Danach schrieb er an das Politbüro, an Wyschinski – und außerdem an Woroschilow:

»Lieber Kliment Jefremowitsch,

Du hast wahrscheinlich bereits meinen Brief, den ich ans Politbüro und an Wyschinski geschrieben habe, erhalten: Ich habe ihn heute nacht ans Sekretariat des Genossen STALIN mit der Bitte um Weitergabe geschickt: Dort habe ich alles Wesentliche in Verbindung mit den grauenhaften, niederträchtigen Beschuldigungen Kamenews gesagt. (Ich schreibe dies jetzt und durchlebe ein Gefühl der Halbrealität: Was ist das – ein Traum, eine Fata Morgana, ein Irrenhaus, eine Halluzination? Nein, das ist die Wirklichkeit.) Ich möchte noch eine Frage in den Raum stellen: Und Sie glauben das alles? An die Wahrheit?

Nun, ich habe Artikel über Kirow geschrieben. Kirow ist, im übrigen, als ich in Ungnade gefallen war (zu Recht) und gleichzeitig in Leningrad erkrankt war, zu mir gekommen. Er saß einen ganzen Tag bei mir, wickelte mich ein, gab mir seinen Waggon und schickte mich nach Moskau; mit solch einer liebevollen Fürsorge, daß ich mich seiner immer erinnern werde, auch noch kurz vor meinem Tode. Nun, was habe ich also Unaufrichtiges über Sergej [Kirow] geschrieben? Stellen Sie die Frage ehrlich. Wenn ich unaufrichtig war, so muß man mich unverzüglich verhaften und vernichten; denn solche Schufte darf man nicht dulden. Wenn Ihr ›unaufrichtig‹ denkt, aber mich in der Freiheit belaßt, so seid Ihr Feiglinge, die keine Hochachtung verdienen.
Richtig, sofern ich meine Sinne noch beisammenhabe, so würde ich annehmen, daß es, vom internationalen Standpunkt betrachtet, dumm wäre, die Basis des Schurkentums zu erweitern. (Das würde bedeuten, den Wünschen des Leisetreters Kamenew entgegenzukommen! Und genau das war auch ihr [Kamenews und Sinowjews; A. d. Ü.] Wille – zu zeigen, daß sie nicht allein sind.)
Jedoch werde ich darüber nicht mehr sprechen, denn sonst könnten Sie glauben, daß ich um Nachsicht unter dem Vorwand der großen Politik bitte. Aber ich will Gerechtigkeit: Sie ist auf meiner Seite. Ich habe in meiner Zeit vor der Partei viele Fehler begangen und habe darunter sehr gelitten. Und nochmals, und nochmals erkläre ich, daß ich mit größter innerer Überzeugung die Parteipolitik und die Führung KOBAS verteidigt habe, obgleich ich mich keiner Schmeichelei bedient habe.
Es war schön, am 3. im Flugzeug über den Wolken zu fliegen: minus 8° C, diamantene Klarheit, das Atmen der erhabenen Weite.
Mein Gott, ich habe Dir irgendwelche Ungereimtheiten geschrieben. Sei nicht ärgerlich. Vielleicht ist es Dir bei der gegenwärtigen Konjunktur unangenehm, einen Brief von mir zu erhalten – weiß Gott: Alles ist möglich. Jedoch, ›in jedem Falle‹ versichere ich Dir (der Du mir gegenüber sehr gut warst), Dein Gewissen muß innerlich vollkommen ruhig sein; wegen Deines Verhältnisses [zu mir] habe ich Dich nicht in Verlegenheit gebracht: Ich bin ganz und gar nicht schuldig, und früher oder später wird dies entdeckt werden, gleich, wie sehr man versucht, meinen Namen zu beschmutzen.
Armer Tomski! Vielleicht ist er ›verwirrt‹ – ich weiß es nicht. Ich

schließe es nicht aus. Er lebte allein. Möglicherweise wäre er nicht derart finster, und möglicherweise hätte er sich nicht verirrt, wäre ich zu ihm gegangen. Das Leben des Menschen ist schwer! Aber das ist – Lyrik. Aber hier geht es um Politik, eine Sache, die wenig lyrisch, aber in ausreichendem Maße rauh ist.

Daß man die Hunde erschossen hat, freut mich sehr. Trotzki ist durch den Prozeß politisch geschlagen, und das wird bald vollkommen klarwerden. Wenn ich im Augenblick des Krieges am Leben sein werde, werde ich darum bitten, daß man mich zum Kampf vorläßt (nicht um der schönen Worte willen), und Du erweise mir dann diesen letzten Dienst und schicke mich in die Armee, wenn auch als einfachen Soldaten (sogar, wenn die widerliche Kamenewsche Kugel mich treffen sollte). Ich empfehle, bei Gelegenheit die Dramen aus der Französischen Revolution von Romain Rolland zu lesen. Verzeih mir diesen unsinnigen Brief: In mir schwirren tausend Gedanken, sie springen wie wildgewordene Pferde ohne feste Zügel.

Ich umarme Dich, denn ich bin sauber.

1. 9. 1936 Nik. Bucharin«

Nachdem Woroschilow diesen Brief gelesen und alles abgewogen hatte, beschloß er, ihn an Stalin weiterzugeben und Bucharin zu antworten – und diese Antwort sowohl Stalin als auch anderen Parteiführern zur Kenntnis zu geben. Für alle Fälle verschaffte sich der Volkskommissar ein Alibi. Schnell stellte er mit Hilfe seines Sekretariats zwei Dokumente fertig:

»Absolut geheim. PERSÖNLICH
AN DIE GENOSSEN STALIN,
MOLOTOW,
KAGANOWITSCH,
ORDSCHONIKIDSE,
ANDREJEW,
TSCHUBAR,
JESCHOW.

Als Ergänzung zum Brief N. BUCHARINS, der am 1. 9. d. J. an Sie gerichtet war. Unter der Nummer 2839 sende ich Ihnen auf Befehl des Genossen K. J. WOROSCHILOW eine Kopie der Antwort des Genossen WOROSCHILOW an BUCHARIN und eine Kopie der Antwort N. BUCHARINS.

ANLAGE: auf drei Blättern.
ADJUTANT DES VOLKSKOMMISSARS
FÜR VERTEIDIGUNG DER UdSSR
DIVISIONSKOMMANDIERENDER
(Chmelnitzki)
4. 9. 1936«

»An den Genossen BUCHARIN.
Ich sende Dir Deinen Brief zurück, in dem Du Dir bezüglich der Parteiführung schamlose Ausfälle erlaubt hast. Wenn Du mich mit einem solchen Brief von Deiner völligen Unschuld überzeugen wolltest, so hast Du mich vorerst von einem überzeugt: mich in Zukunft weiter von Dir fernzuhalten, unabhängig von den Resultaten, die die Ermittlungen in Deiner Angelegenheit ergeben werden. Und wenn Du Dich nicht brieflich von Deinen abscheulichen Epitheta an die Adresse der Parteiführung lossagst, so werde ich Dich auch für einen Schurken halten.
3. 9. 1936 K. WOROSCHILOW«

Als Bucharin den Brief Woroschilows gelesen hatte, fand er die Kraft, dem Stalinschen Volkskommissar zu antworten:

»Genosse WOROSCHILOW.
Ich habe Deinen grauenhaften Brief erhalten.
Mein Brief endete mit: ›Ich umarme Dich.‹
Dein Brief endet mit ›Schurke‹.
Was kann ich hierauf noch schreiben? Jeder Mensch hat, genauer gesagt, sollte seinen eigenen Stolz haben.
Aber ich würde gern ein politisches Mißverständnis beseitigen.
Ich schrieb einen Brief von persönlichem Charakter (was ich nun sehr bedaure) in einem schwierigen seelischen Zustand; abgehetzt schrieb ich einfach an einen großen Menschen; ich wurde wahnsinnig bei dem Gedanken, daß es geschehen könnte, daß jemand an meine Schuld glauben könnte.
Und bitte, ich habe doch schreiend geschrieben:
›Wenn Ihr glaubt, unaufrichtig (daß ich beispielsweise die Kirow-Artikel ‚unaufrichtig' geschrieben hätte), und mich in der Freiheit belaßt, so seid Ihr selbst Feiglinge‹ und so weiter.

Und ferner ›aber wenn Ihr selbst nicht daran glaubt, daß Kam. (Kamenew; A. d. Ü.)‹ und so weiter. Was denn, was glaube ich nach Deiner Meinung, daß – Ihr Feiglinge seid, oder bezeichne ich die Parteiführung als Feiglinge?
Im Gegenteil, damit sage ich: So, wie es allen bekannt ist, daß Ihr nicht Feiglinge seid, das heißt, daß Ihr nicht daran glaubt, daß ich unaufrichtige Artikel geschrieben haben könnte. Es wird doch offensichtlich aus dem Brief selbst! Wenn ich jedoch derart unsinnig geschrieben habe, daß es möglich war, dies als Ausfall zu verstehen, so nehme ich – nicht wegen der Angst um Judas, sondern ernsthaft – dreimal, schriftlich oder wie auch immer, all jene Sätze zurück, obwohl ich ganz und gar nicht das sagen wollte, was Du verstanden hast.
Ich halte die Parteiführung für bemerkenswert. Und im Brief selbst, wo ich die Möglichkeit, daß von Eurer Seite auf mich bezogene Fehler unterlaufen sein könnten, nicht ausschloß, schrieb ich: ›Es gibt in der Geschichte Fälle, daß bemerkenswerte Menschen und ausgezeichnete Politiker ebenfalls Fehler von persönlicher Art machen ...‹ Stand das etwa nicht in dem Brief? Und das ist mein wirkliches Verhältnis zur Parteiführung. Ich habe dieses vor langer, langer Zeit eingestanden, und ich werde nicht müde, dies zu wiederholen. Ich erkühne mich zu glauben, daß ich das mit meiner Arbeit in all den letzten Jahren bewiesen habe.
In jedem Fall ist dies ein Mißverständnis. Ich bitte darum, es zu beseitigen. Ich entschuldige mich sehr für den vorangegangenen Brief, im weiteren werde ich Dich mit keinerlei Briefen belasten. Ich befinde mich nervlich in einer extremen Lage. Dadurch wurde auch der Brief hervorgerufen. Inzwischen ist es mir durchaus möglich, ruhiger das Ende der Untersuchungen abzuwarten, die, und davon bin ich überzeugt, meine völlige Unbeteiligtheit an den Banditen beweisen werden. Denn darin liegt die Wahrheit.

3. 9. 1936
Leb wohl. BUCHARIN«

Aber Stalin lockerte noch einmal den Griff um Bucharins Hals. Am 10. September 1936 teilte die »Prawda« mit, daß die Staatsanwaltschaft die Ermittlungen eingestellt habe aufgrund von fehlenden Beweisen für eine Gesetzesübertretung. Es war nur eine Atempause.

Stalin hatte beschlossen, daß Pjatakow im kommenden Akt der Tragödie die wichtigste Rolle spielen sollte. Und Stalin selbst würde die Regie übernehmen. Im Februar 1937 sollte Bucharin an der Reihe sein. Stalin säuberte die Partei. Er hatte noch einen Anhänger Lenins am Straßenrand gefunden.

Über Diktatur und Demokratie

Lenins Bücher in Stalins Bibliothek waren stark gezeichnet durch die Hand ihres Besitzers. Wenn Stalin Lenins Schriften las oder nach Zitaten suchte, interessierten ihn die Leninschen Ideen über die Demokratie wenig. Dagegen gibt es über die Diktatur des Proletariats viele Randbemerkungen.

Als Lenin sich zu Beginn des Jahres 1917 noch im Schweizer Exil befunden hatte, hatte er sich in die theoretische Arbeit vertieft. Die Niederschriften, die in die Geschichte als »Blaues Heft« eingegangen sind, waren überschrieben: »Der Marxismus über den Staat«. Und in den aufregenden Tagen, als die Provisorische Regierung versuchte, die bolschewistische Partei zu zerschlagen und den Führer der Revolution zu töten, führte Lenin seine Arbeit in seinem finnischen Versteck fort. Als Ergebnis seiner Studien entstand die geniale Schrift »Staat und Revolution«.

Lenin sah in der Diktatur ein Instrument zur Zerschlagung der Ausbeuter, der Unterdrücker. Ohne sie wäre es zwecklos gewesen, sich für die sozialen Umgestaltungen der Gesellschaft einzusetzen und für die Verwirklichung der Ideale des Sozialismus zu kämpfen.

In der Diktatur des Proletariats, die 1917 geboren wurde, nahm die Gewalt einen herausragenden Platz ein. Der Kampf ging um Leben oder Tod. Und es ist so gekommen, daß nicht nur in der bürgerlichen Literatur, sondern manchmal auch in der marxistischen, besonders in den zwanziger und dreißiger Jahren, die Gewalt im Mittelpunkt des Interesses stand. Dagegen hatte Lenin geglaubt, daß die aufbauende, die demokratische Funktion der Diktatur des Proletariats nicht nur die wichtigste sei, sondern im Lauf der Zeit auch die einzige würde. Stalin aber sah in der Diktatur des Proletariats vor allem anderen die Gewalt, und das für immer.

Bereits zu Beginn der dreißiger Jahre konnten scharfsinnige Menschen spüren, daß Lenins Worte »Der Apparat gehört nicht uns, sondern wir gehören ihm« die reale Lage beschrieb. Es wurde die Diktatur der Bürokratie geboren. Die Diktatur einer kollektiven Bürokratie. Und die Diktatur gebar ständig eine Elite, eine Hierarchie von Vorgesetzten. Die Direktiven wurden zum wichtigsten Mittel der Regelung sozialer Beziehungen. Alles wurde in Büros entschieden. Die Versammlungen, die Kongresse, die Plenen »befürworteten«, »unterstützten« lediglich. Die Macht des Volkes existierte nur auf dem Papier. Demokratie bedeutete für Stalin niemals mehr als die Freiheit, die Beschlüsse der Partei zu unterstützen. Sosehr Stalin glaubte, daß er, der Generalsekretär, die Partei verkörpere, so sehr begründete sich in seinen Augen der echte Demokratismus in der Bejahung seiner Entscheidungen und Absichten. Schließlich war der Generalsekretär der einzige wahre Interpret der Leninschen Lehre! Als er einst mit Bucharin, kurz vor dessen Ausschluß aus dem Politbüro, aneinandergeraten war, entspann sich folgender Disput:

Stalin: »Eure ganze Kompanie – das sind keine Marxisten, sondern Kurpfuscher. Niemand von euch hat Lenin verstanden!«
Bucharin: »Was denn, hast nur du ihn verstanden?!«
Stalin: »Ich wiederhole, ihr habt Lenin nicht verstanden! Hast du etwa vergessen, wie oft Lenin dich für deinen Linksradikalismus, deinen Opportunismus und deine Verworrenheit kritisiert hat?«

Der rote Faden in all seinem Reden: Er, Stalin, sei der »Beschützer« des Leninismus. Und so war auch sein Verständnis der Diktatur des Proletariats das einzig leninistische. In der Tatsache, daß es dem Generalsekretär gelang, das Monopol der Lenin-Interpretation an sich zu ziehen, liegt eine Ursache vieler späterer Leiden. Als Stalin auf dem Plenum von ZK und ZKK im Januar 1933 die Resultate des ersten Fünfjahresplans bekanntgab, schloß er dem Bericht einen speziellen Abschnitt an über die Aufgaben und Resultate des Kampfes »gegen die Überreste feindlicher Klassen«. Obwohl die Rede von »Überresten« war, gelobte Stalin, gegen sie »einen unerbittlichen Kampf« zu führen. Kein Wort von einer Umerziehung und Einbeziehung vieler Ehemaliger, die durch die Revolution ihre soziale Stellung verloren hatten. Er malte ein Bild der Gesellschaft nach dem ersten Fünfjahresplan und erklärte folgendes:

»Das hat dazu geführt, daß die letzten Überreste der sterbenden Klassen: die Privatindustriellen und ihr Anhang, die Privathändler und ihre Handlanger, die ehemaligen Adligen und Popen, die Kulaken und ihre Helfershelfer, die ehemaligen weißen Offiziere und Landpolizisten, die ehemaligen Polizisten und Gendarmen (...) verkrochen sich in unseren Werken und Betrieben, in unseren Institutionen und Handelsorganisationen, in den Eisenbahn- und Schiffahrtsbetrieben und hauptsächlich in den Kollektiv- und Sowjetwirtschaften. Sie verkrochen sich und versteckten sich dort unter der Maske von ›Arbeitern‹ und ›Bauern‹, wobei sich der eine oder andere von ihnen sogar in die Partei einschlich. Was brachten sie dorthin mit? Natürlich das Gefühl des Hasses gegen die Sowjetmacht, das Gefühl erbitterter Feindschaft gegen die neuen Wirtschafts-, Lebens- und Kulturformen. (...) Darum ist das einzige, was sie noch tun können, Schaden und Unheil für die Arbeiter, die Kollektivbauern, die Sowjetmacht und die Partei zu stiften. Und sie schaden auch, wo sie nur können, indem sie versteckte Wühlarbeit betreiben. Sie stecken Lagerhäuser in Brand und beschädigen Maschinen. Sie organisieren Sabotage. Sie organisieren Schädlingsarbeit in den Kollektivwirtschaften, in den Sowjetwirtschaften, wobei manche von ihnen, unter denen sich auch einige Professoren befinden, in ihrem Schädlingsdrang so weit gehen, daß sie dem Vieh in den Kollektiv- und Sowjetwirtschaften die Pest, die sibirische Seuche einimpfen, die Verbreitung der Meningitis unter den Pferden fördern und so weiter.«

Angesichts eines solch finsteren Bilds ergriff die ehrlichen Leute die Verwirrung. Rundherum nur Feinde, Schädlinge, Reste der Ausbeuterklassen!? Und aus irgendeinem Grunde waren sie ebenso gefährlich geblieben wie während der ersten Jahre der Sowjetmacht!? Selbstverständlich gab es nicht wenige Leute, die der Sowjetmacht feindlich gesinnt waren. Jedoch stellten sie keineswegs eine Gefahr dar, wie Stalin es beschworen hatte. Er tat dies lediglich, um zu resümieren: »Eine starke und mächtige Diktatur des Proletariats – das ist es, was wir jetzt brauchen, um die letzten Überreste der sterbenden Klassen zu vernichten und ihre Diebesmachenschaften zu vereiteln.« Und diese Diktatur des Proletariats, sie mußte künftig noch stärker werden.

Derartige Auftritte Stalins gab es viele gegen Ende der zwanziger und zu Beginn der dreißiger Jahre. Seine und seiner Mitstreiter Reden drangen ein in das gesellschaftliche Bewußtsein. Der revolutionäre Enthusiasmus paarte sich mit dem Mißtrauen gegenüber jedem und mit der Bereitschaft, die blödsinnigsten Märchen über angebliche Volksfeinde zu glauben. Der Wahn der Jahre 1937/38 wäre nicht möglich gewesen ohne diese Änderungen im gesellschaftlichen Bewußtsein. Millionen von Menschen, die in der sozialistischen Welt lebten, gewöhnten sich an den Gedanken, daß es unter ihren Freunden, Genossen und Kollegen in den Betrieben, in den Hochschulen, in der Roten Armee, in den Künstlerkollektiven Feinde gab, daß sie sich versteckten und auf ihre Stunde warteten. Ein Aufruf, eine Losung, eine Direktive konnte viele verleiten, »die letzten Überbleibsel des Kapitalismus zu zerschlagen«. Von hier bis zum Terror ist es nur noch ein Schritt.

»Die Repressalien«, so erklärte Stalin im Sommer 1930 auf dem 16. Parteitag, »sind unumgängliche Elemente des Vormarsches.« Und das Land marschierte in der Tat voran. Bereits 1930 hatte die Industrieproduktion 180 Prozent des Vorkriegsniveaus erreicht. Der Prozeß des Übergangs vom Agrar- zum Industriestaat war in vollem Gang. In schnellen Schritten wurde das Analphabetentum beseitigt. Millionen von Menschen erhielten die Möglichkeit, die größten Errungenschaften der Weltkultur kennenzulernen. Das Land und das Volk befanden sich im Aufstieg.

Stalin dachte sehr viel nach über Demokratie und Diktatur. Die Bände von Lenins Schriften im Arbeitszimmer des Generalsekretärs sind keine schlechten Zeugen für die Gedanken ihres Besitzers. Er hegte keinerlei Zweifel daran: Die Diktatur kommt vor der Demokratie. Im allgemeinen pflegte er selten zu zweifeln, und wenn ihn Zweifel überkamen, so merkte dies kaum einer. Dieses Gesicht, das keinerlei Emotionen ausdrückte, war wie geschaffen für die unzähligen Statuen und Büsten, die bald überall im Land aufgestellt werden sollten.

Stalin sprach viel über Gleichheit, über gesellschaftliche Interessen und manchmal auch über die sozialistische Demokratie. In einer Unterredung mit einer Gruppe von ZK-Mitarbeitern im Jahr 1936 ging es um Schulbücher. Stalin erklärte bei diesem Anlaß folgendes:

»Unsere Demokratie muß immer die allgemeinen Interessen an den ersten Platz stellen. Das Persönliche gegenüber dem Gesellschaftlichen – das ist beinahe gar nichts. Solange es Faulenzer, Feinde, Unterschlagungen von sozialistischem Eigentum gibt, das heißt, solange es Menschen gibt, denen der Sozialismus fremd ist, so lange muß es einen Kampf geben.«

»Das Persönliche gegenüber dem Gesellschaftlichen – das ist beinahe gar nichts.« Beständig haben wir die Menschen davon zu überzeugen versucht, daß wir alle die Herren des Volkseigentums seien. Und das, was allen gehört – gehört niemandem. Das Gefühl, ein Eigentümer zu sein, verschwand. Ständig wiesen wir triumphierend hin auf unsere Gleichheitsprinzipien. Für eine Erfindung konnten wir einem Arbeiter keine paar tausend Rubel geben, auch wenn seine Erfindung riesige Gewinne abwarf – weil es für einen zuviel sei. Allmählich bildete sich ein Arbeitertyp heraus, der fürchtete, »sich zu überarbeiten«, ein Mensch, der gelassen auf die Schönfärbereien schaute und dem auch offener Diebstahl gleichgültig war: »Was denn, wird der Staat dadurch ärmer?«
Stalin trat nicht gegen die Demokratie auf. Er verstand sie so, wie ein Despot sie verstehen konnte. Sind doch Diktatoren nicht abgeneigt, folgsame Parlamente zu bilden mit »Wahlen« und Vereidigungen. Für Stalin waren dies nützliche Attribute seiner persönlichen Diktatur.
Kein einziges Mal setzte Stalin die Macht in einen Zusammenhang mit der Demokratie. Stalin liebte nichts so wie die Macht: die volle, uneingeschränkte, die durch die Liebe von Millionen geheiligte Macht. Er machte Fortschritte. Wem ist das Unmögliche sonst gelungen: Millionen von Mitbürgern ermorden und verschleppen zu lassen und dafür die blinde Liebe von vielen Millionen von Mitbürgern zu empfangen? Und das war in Stalins Verständnis die wahre Wechselbeziehung zwischen Diktatur und Demokratie.
Mit der Zeit wurde für Stalin die »Opferbereitschaft« zu einem der wichtigsten Attribute des Sozialismus. Als neue Großbaustellen in Sibirien und im Norden geplant wurden, überprüfte das NKWD seine Reserven von Gefangenen für die »sozialistischen Großbaustellen«. Seit dem Ende der zwanziger Jahre gab es keinen Mangel an billiger und rechtloser Arbeitskraft. Alle Vorschläge, die der Ausbeutung von

Gefangenen dienten, wurden von Stalin unterstützt. Entweder warf er einem seiner Helfer ein kurzes »Einverstanden« zu, oder er unterschrieb rasch das betreffende Dokument.
Ich greife hier ein wenig vor. In seinen Notizen an Stalin erklärte Berija nicht nur einmal, daß die Anforderungen für die Organe des NKWD derart groß würden, daß es an »lebender Kraft« mangele. Stalin begriff. Am 25. August 1938 fand eine Sitzung des Präsidiums des Obersten Sowjets der UdSSR statt, die sich mit der Frage der vorzeitigen Entlassung von Gefangenen wegen guter Arbeit und Führung auseinandersetzte. Stalin erklärte bei dieser Gelegenheit:

»Kann man es denn nicht so einrichten, daß die Menschen länger im Lager bleiben? Wenn wir sie jetzt freilassen, kehren sie nach Hause zurück und beginnen wieder, den alten Weg zu gehen. Im Lager ist die Atmosphäre anders, dort ist es schwer zu verderben. Bei uns gibt es doch eine freiwillige Zwangsanleihe. Deshalb wollen wir auch einen freiwilligen Zwangsverbleib einrichten.«

Die Weisung des »Führers« war klar. Es wurde das Gesetz »Über die Lager des NKWD« formuliert. Diesem Gesetz entsprechend mußte der Verurteilte, der eine Strafe in den Lagern des NKWD der UdSSR abzuleisten hatte, seine durch das Gericht festgelegte Haftdauer vollständig ableisten.
Die Aushöhlung der demokratischen Grundlagen ging einher mit dem Ausbau einer Verfolgungsmaschinerie und eines gewaltigen Strafapparats. Der Dogmatismus verbreitete sich in den Gesellschaftswissenschaften, in der Ideologie und in der Propaganda. Das Defizit an Volksmacht mündete in der Überschätzung der Rolle einer Persönlichkeit und in der Lobpreisung von Stalins »Verdiensten«.
Dazu einige bemerkenswerte Stellen aus dem schon zitierten Gespräch des Generalsekretärs mit Emil Ludwig am 13. Dezember 1931:

»*Ludwig.* Um den Tisch, an dem wir sitzen, stehen 16 Stühle. Im Ausland weiß man einerseits, daß die UdSSR ein Land ist, in dem alles kollegial entschieden werden soll, andererseits aber weiß man, daß alles durch eine einzelne Person entschieden wird. Wer entscheidet denn nun?
Stalin. Nein, eine einzelne Person darf nicht entscheiden. Entschei-

dungen einer einzelnen Person sind immer oder fast immer einseitige Entscheidungen. In jedem Kollegium, in jedem Kollektiv gibt es Menschen, mit deren Meinung man rechnen muß. (...)
Ludwig. Aber erkennen Sie denn die positiven Eigenschaften der Jesuiten nicht an?
Stalin. Ja, sie besitzen Systematik und Beharrlichkeit beim Verfolgen ihrer schlechten Ziele. Ihre Hauptmethode aber ist Spitzelei, Spionage, Ausspürerei, Verhöhnung; was kann daran Positives sein? (...)
Ludwig. Meine Frage ist folgende: Sie haben sich wiederholt Risiko und Gefahren ausgesetzt, man hat Sie verfolgt. Sie haben an Kämpfen teilgenommen. Eine Reihe Ihrer besten Freunde ist ums Leben gekommen. Sie sind am Leben geblieben. Womit erklären Sie das? Und glauben Sie an ein Schicksal?
Stalin. Nein, ich glaube nicht daran. (...) Schon der Begriff ›Schicksal‹ ist ein Vorurteil, ist Unsinn, ist ein Überbleibsel der Mythologie. (...) Es gibt innere und äußere Ursachen, deren Gesamtheit dazu geführt hat, daß ich am Leben geblieben bin. Aber ganz unabhängig davon könnte an meiner Stelle ein anderer sein, denn es *muß* hier jemand sitzen. Das ›Schicksal‹ ist etwas Ungesetzmäßiges, etwas Mystisches. Ich glaube nicht an Mystik.«

Zu Beginn der dreißiger Jahre stellte Stalin seine ohnehin seltenen Besuche in Betrieben oder Militäreinrichtungen ein. Einerseits wußte er wenig über die Produktion, und er verspürte auch nicht das Verlangen, sich mit technischen Dingen zu beschäftigen. Zum anderen war er ständig von dem Gefühl beherrscht, daß auf ihn ein Attentat vorbereitet würde. Hatte er sich doch Feinde gemacht; Trotzki oder andere, die er aus der Partei hinausgesäubert hatte, konnten ihm nach dem Leben trachten. Und die »Organe« bestätigten diese Bedrohung laufend. Etwa so:

»An den Sekretär des ZK der KPdSU(B),
Genossen J. W. Stalin.
Am 16. Dezember dieses Jahres, nach einer zweiwöchigen Untersuchung, fällte das Militärkollegium des Obersten Gerichts der UdSSR in einer geschlossenen Sitzung ein Urteil im Verfahren gegen eine Gruppe von Spionen und Terroristen, die auf Anweisung eines

deutschen Staatsbürgers einen Terrorakt auf dem Roten Platz am 7. November 1935 vorbereitet hatte. Zum Tod durch Erschießen verurteilt wurden G. I. Schur, W. G. Freiman, S. M. Pewsner, W. O. Lewinski (...).«

Stalin las nicht weiter. Er dachte wohl: »Man macht Jagd auf mich!« Er würde schon noch die allerletzten Feinde stellen.
Stalin »erschien« dem Volk nicht oft. Er erkannte: Je seltener er in der breiten Öffentlichkeit auftreten würde, desto leichter würde es sein, beim Volk jenes Bild von sich zu formen, das er schaffen wollte. Die Rätselhaftigkeit, die Verschlossenheit gehen Hand in Hand mit dem Legendären, dem Übermenschlichen.
Stalin liebte es, vor der Landkarte zu stehen. Er betrachtete sich als Herren eines gigantischen Landes. Obwohl Stalin über keine große Einbildungskraft verfügte, konnte er sich doch ausmalen, wie Millionen von Menschen arbeiteten und seine Befehle in die Tat umsetzten. Ab und an führte er seinen Zeigefinger über die Karte: Turksib, Magnitka, Dneproges, der Weißmeerkanal, der Kusbass; lange verharrte sein Blick auf der Kolyma-Gegend. Um diese Regionen betrachten zu können, mußte man sogar einige Schritte nach rechts gehen. Nach solch einer Betrachtung der Landkarte rief er plötzlich Woroschilow an und fragte ihn: »Wird in der Roten Armee Geographie gelehrt? Kennen die Rotarmisten unsere Landkarte gut? Denn die Kenntnis der Karte unserer Heimat erzieht zum Stolz auf sie, zur Ergebenheit gegenüber unserer Sache, unserer Idee.« Woroschilow war nicht in der Lage, diese Frage zu beantworten. Er sagte irgend etwas Ausweichendes und versprach, sich ein klares Bild zu verschaffen. Am Tag darauf schickte er Stalin folgende Mitteilung:

»An den Genossen Stalin.
Auf Ihre Anfrage bezüglich der Geographie bei den Rotarmisten teile ich Ihnen mit, daß Geographie von allen Rotarmisten als Pflichtfach nach speziellen Programmen erlernt wird. Neben dem Studium der Geographie im Sinne eines allgemeinbildenden Fachs wird sie ebenso während des Politikunterrichts gelehrt. Besondere Aufmerksamkeit wird hierbei dem Studium der Landkarte gewidmet.
Als Ergänzung hierzu wurden in diesem Jahr durch die PUR (Politische Hauptverwaltung der Roten Armee; A. d. Ü.) 220000 geographi-

sche Karten, 10000 geographische Atlanten, 800 Karten in den nationalen Sprachen und 10000 Globen verschickt.
28. Juni 1935 K. Woroschilow«

Mit großem Vergnügen las Stalin die Notiz. Er erhob sich nicht von seinem Sessel, sondern schaute hinüber zur Landkarte. Obgleich es bis zur Wand nicht sehr nah war, sah er, wo Stalingrad, Stalino, Stalinsk, Stalinabad lagen.
Bald nach Lenins Tod war eine äußerst zweifelhafte Praxis aufgekommen: Städte, Regionen, Betriebe, Hochschulen, Theater wurden umbenannt. Sie erhielten die Namen von Größen aus Partei, Staat und Kultur. Die Zeitungen berichteten über die vorzeitige Planerfüllung der Chemiefabrik Stalin in Moskau, der Weberei Woroschilow in Twer, der ersten und dritten Papierfabrik Sinowjew in Leningrad, der Bucharin-Fabrik in Gus Chrustalni und so weiter. Gegen Ende der zwanziger Jahre gab es im Land praktisch keinen Ort mehr, in dem nicht Stalins Name irgendwo stand. Offenkundig, so mußte es scheinen, war er der alle überragende Führer des Landes. Die Lobpreisungen richteten sich nicht allein an die Adresse des »Führers«, häufig wurden auch andere Funktionäre damit bedacht. Hier ein charakteristisches Beispiel. Nikita Sergejewitsch Chruschtschow, Sekretär des Moskauer Stadtkomitees, erklärte in einer Rede auf dem Plenum der Parteiorganisation der Hauptstadt im Juni 1932: »Die richtige bolschewistische Führung des Moskauer Gebietskomitees und des Stadtkomitees der Partei, die Befehle, die wir für unsere tägliche Arbeit vom Genossen Kaganowitsch erhalten, die gewaltige Aktivität der Arbeiter gewährleisten die Erfüllung der Aufgaben, die vor der Moskauer Parteiorganisation stehen.«
Solche gebetsähnlichen Beschwörungen wurden zu wesentlichen Elementen des gesellschaftlichen Lebens. Sie erwiesen sich als derart lebendig, daß sie noch Jahrzehnte nach Stalins Tod bemüht wurden. Mit ihnen wurden nicht nur Führer vergöttert, sondern auch das Volk beleidigt. Das Volk, das alle Güter schafft, soll sich bei seinen Herren bedanken. Es drängt sich der Eindruck auf, daß die Menschen, die sich von Gott im Himmel abgewendet hatten, sich einen auf der Erde schufen.
Die Aktivisten bei der Schaffung des Führerkults waren Molotow, Woroschilow und Kaganowitsch. Ihre Stimmen ertönten am laute-

sten bei den Hymnen auf Stalin. Ist es nicht paradox, daß in diesem Chor ab und an auch die Stimmen Sinowjews, Kamenews, Bucharins und einiger anderer geächteter Parteiführer zu hören waren? Wie schmerzhaft ist es, ihre Reden und Artikel zu lesen. Das gilt besonders für Sinowjew, der Buße tat und sich für die begangenen »Sünden« geißelte, um gleichzeitig die »Weitsichtigkeit und Weisheit des Parteiführers, des Genossen Stalin« zu preisen. Sogar Bucharin konnte sich schmeichlerischer Worte nicht enthalten.
Im Jahr 1934 veröffentlichte Radek eine Broschüre über Stalin: »Baumeister der sozialistischen Gesellschaft«. Diese Broschüre hatte er in Form von Lektionen über die Geschichte des sozialistischen Sieges geschrieben, und der Autor träumte davon, daß seine Schrift im Jahr 1967 zum fünfzigsten Jahrestag der Oktoberrevolution in der »Schule des interplanetaren Verkehrs« verlesen werden würde. Um einen Eindruck von der Diktion dieses Werks zu erhalten, sei ein Auszug zitiert:

»Die politischen Führer nehmen in der Partei und in der Geschichte ihren Platz nicht aufgrund von Wahlen ein, nicht aufgrund von Ernennungen, obgleich in einer demokratischen Partei wie der KPdSU(B) diese Wahlen und Ernennungen unumgänglich dafür waren, daß der Führer seinen Platz einnehmen konnte. Der Führer des Proletariats wird durch den Kampf um die kämpferische Linie der Partei, um die Organisation ihrer künftigen Schlachten bestimmt. Und Stalin, der bereits zu Lenins Lebzeiten zu den ersten in der Parteiführung gehörte, wurde ihr anerkannter und geliebter Führer.«

Die Broschüre erschien zunächst in einer Auflage von 225 000 Exemplaren. Und es sollte nicht die letzte Auflage sein.
Man hat erzählt, daß Radek, dem früheren Trotzkisten, giftig vorgeworfen worden sei: »Es ist so lange nicht her, daß du über Stalin etwas ganz anderes gesagt hast! Wie ist dies zu verstehen?« Radek antwortete: »Wenn solche Menschen wie ich, Oppositionelle, in der Zeit Robespierres gelebt hätten, so wären wir bereits einen Kopf kürzer.«
Zusammen mit den Lobpreisungen in Reden, Artikeln und Büchern wurde auch die Geschichte neu betrachtet, und allmählich entstand eine neue Idee: Es hatte zwei Führer der Oktoberrevolution gegeben – Lenin und an seiner Seite der allgegenwärtige Stalin. Im

Vorwort zu einer Ausgabe von Lenins Werken schreibt der Parteihistoriker Wladimir Viktorowitsch Adoratski, daß Lenins Schriften zusammen mit Stalins Schriften studiert werden sollten, daß eine Zusammenfassung von Lenins Ideen in Stalins »Grundlagen des Leninismus« gegeben sei und so weiter.
Schon vor dem Höhepunkt des Führerkults gab es Versuche, Stalin auch in einer politischen Biographie zu verewigen. Im Stalin-Archiv gibt es einen Brief von Jaroslawski an den Generalsekretär. In ihm steht:

»Sergo (Ordschonikidse; A. d. Ü.) hat mich heute kurz vor der Abreise angerufen, daß er mit Ihnen gesprochen habe bezüglich des von mir in Betracht gezogenen Buches ›Stalin‹ (...).«

Auf dem Brief ist die Antwort des Generalsekretärs vermerkt:

»An den Genossen Jaroslawski. Ich bin dagegen. Ich glaube, daß die Zeit für eine Biographie noch nicht gekommen ist.
1. 8. 1931 J. Stalin«

Der Beschluß ist eindeutig: Die Zeit ist noch nicht gekommen. Stalins Triumph hatte gerade erst begonnen. Noch war die Bauernschaft nicht zerbrochen, und die Fabriken schossen noch nicht wie Pilze aus dem Boden, noch war ein großer Teil der Leninschen Garde am Leben – jene, die wußten, wer er zehn Jahre zuvor gewesen war. Noch begnügte er sich mit den hymnischen Artikeln in den Zeitungen und Resolutionen von Versammlungen im Land. So schickte die Kommune »Stalin« aus dem ostsibirischen Dorf Zasutschei zum Beispiel folgenden Rapport nach Moskau, der in der »Prawda« veröffentlicht wurde und hier auszugsweise zitiert sei:

»Indem wir den staatlichen Produktionsplan übertroffen haben, haben wir die Anbaufläche erweitert, und die Kommune hat statt der überreichten (so im Text; D. W.) Ziffer von 262,5 Hektar 320 Hektar angebaut. (...) Wir sind für die Generallinie der Partei unter der Führung des bolschewistischen ZK und des besten Leninisten – des Genossen Stalin! Wir sind für die volle Verwirklichung des Fünfjahresplans in vier Jahren und für die Liquidierung des Kulakentums auf der Grundlage der durchgängigen Kollektivierung! (...)

Im Auftrag der Kommunarden der Kommune ›Stalin‹
Klimow, Tokmakow«

Derartige Briefe an Stalin wurden bald auf jeder Versammlung aller Betriebe, Kolchosen, Sowchosen, Hochschulen und staatlichen Einrichtungen verabschiedet. Das öffentliche Bewußtsein begann sich zu deformieren. Es begann sich ausschließlich von Mythen zu nähren. Die Propaganda setzte immer mehr den Akzent auf den Glauben: Alles, was Stalin sagte, war unerschütterlich, wahr und bedurfte keines Beweises. Mit anderen Worten: Stalin war ein Halbgott. Schließlich wurden diese Mythen, die zur Grundlage des gesellschaftlichen Lebens geworden waren, zu zwei einfachen Postulaten zusammengefaßt:

1. Der Führer der Partei und des Volkes – das ist in höchstem Maße ein weiser Mensch. Die Kraft seines Geistes ist in der Lage, auf alle Fragen der Vergangenheit zu antworten, sich in der Gegenwart zurechtzufinden und in die Zukunft vorauszuschauen. Stalin – das ist der Lenin von heute.
2. Der Führer der Partei und des Volkes – das ist die vollständige Verkörperung des Guten, der Sorge um jeden Menschen. Er verneint das Böse, die Unwissenheit, die Treulosigkeit, die Grausamkeit, er ist ein lächelnder Mensch mit einem Schnurrbart, der ein kleines Mädchen mit einer roten Flagge auf den Armen hält.

Das System der Mythen, ohne das der Personenkult undenkbar gewesen wäre, wurde gestützt durch Rituale: dauernde Berufung auf die Worte des »besten Leninisten«, Aufstellung von betrieblichen Gegenplänen, die die staatlichen Vorgaben überboten, Versendung von Dankesbriefen und so weiter. Je höher sich Stalin erhob, desto mehr erniedrigte sich das Volk. Der deutsche Schriftsteller Georg Christoph Lichtenberg hatte recht, als er einst schrieb, daß der Ruhm berühmter Menschen oft nur die Kurzsichtigkeit jener erkläre, die sie verehrten.
Wußte Stalin, daß seine Erhebung die Partei und das Volk erniedrigte? Sah er die Amoralität dieser Entwicklung? Und unternahm der Generalsekretär Schritte, um das alles noch zu forcieren? Auf diese Fragen gibt es eine Antwort: Ja, er verstand es, er wußte es, er sah es.

Seltene Gesten der »Bescheidenheit«, die Stalin sich ab und an erlaubte, dienten nur einem Ziel – sich noch mehr zu erheben. Und er unterstützte die ermüdenden, endlosen Rituale der Lobpreisung. Der Generalsekretär sah auf den Kundgebungen die Tausenden von Demonstranten, die alle ein und dasselbe Porträt über ihren Köpfen trugen. Er las in jeder Ausgabe der »Prawda« Dutzende von Erwähnungen seines »stählernen« Namens und daß jeglicher Erfolg mit seiner Weisheit, seiner Sorge und seiner Voraussicht in Verbindung gebracht wurde. Stalin, der Seminarist, der seine Ausbildung nicht beendet hatte, beherrschte die Technologie des Kults.

Towstucha, Dwinski, Kanner, Mechlis und später auch Poskrebyschew überprüften alle mehr oder weniger wichtigen Texte und Fotografien, die zur Lobpreisung des »Führers« in der Presse bestimmt waren. Die wichtigsten Artikel zeigten sie dem Generalsekretär. Nicht selten fügte er mit Bleistift ein bis zwei Worte hinzu, welche das »Außergewöhnliche«, die »Scharfsinnigkeit«, »Entschlußkraft«, den »Mut« und die »Weisheit« des Genossen Stalin hervorhoben. Er wußte, wie wichtig es war, seinem Volk den Eindruck von ruhiger Unerschütterlichkeit zu bieten in einer brodelnden Welt.

Bei Diskussionen über die Stalin-Zeit taucht häufig die Frage auf: Von welchem Monat an begann der Personenkult? Wer hat die Menschen dazu gebracht, Stalin zu lobpreisen? Und dann fallen Namen wie Woroschilow, Molotow, Kaganowitsch. Aber wenn nicht Woroschilow begonnen hätte, Stalin zu rühmen, so hätte es ein anderer getan. Die Wurzeln des Kults sind nicht bei Personen zu suchen, sondern in dem Prozeß, der sich nach Lenins Tod schnell zu entwikkeln begann. Die Institute des Staats, der Partei und der Gesellschaft erwiesen sich als ungeeignet. Die Unvollkommenheit des politischen Machtmechanismus ermöglichte es, daß der Wille eines einzelnen Menschen als das Verlangen eines Volks ausgegeben wurde. Stalin gelang es, die Partei in ein persönliches Machtinstrument zu verwandeln. Die Räte besaßen seit dem Ende der zwanziger Jahre eine untergeordnete, später eine Hilfs- und dann nur noch eine Requisitenfunktion. Die Partei, die verpflichtet gewesen wäre, die politische und geistige Führung der Gesellschaft zu übernehmen, wurde statt dessen zu einer staatlichen Macht. Dies erstickte ihre schöpferische Dynamik, und sie wurde zum wichtigsten Bestandteil der Stalinschen Diktatur.

Hinzu kam, daß die imperialistische Umkreisung, die reale Bedrohung der Sowjetunion von außen, Stalin und seinem Anhang als Argument diente, um die Zentralisierung der Macht, die Einschränkung der Demokratie, die Verwandlung des Landes in ein halbmilitärisches Lager zu rechtfertigen. Die Kommunistische Internationale verlor ihre Unabhängigkeit, und die Autorität der kommunistischen Parteien in aller Welt ließ Stalins Führerschaft glänzen. Sogar die wenigen bürgerlichen Politiker, die sich entschieden hatten, mit der UdSSR zusammenzuarbeiten, zogen es vor, mit Stalin zu tun zu haben als mit der verstaatlichten Partei.

Der Parteitag des Siegers

Der im Januar/Februar 1934 abgehaltene 17. Parteitag wurde in der Stalinschen Propaganda als »Parteitag der Sieger« bezeichnet. Stalin selbst nannte die Erfolge der Partei und des Landes in seinem Rechenschaftsbericht »groß und außergewöhnlich«. Unbestreitbar hatte das Land bis zum Jahr 1934 einen gewaltigen Ruck nach vorn in seiner Entwicklung gemacht. Ich habe mir den von Stalin bearbeiteten Entwurf des Berichts betrachtet. An seinen Korrekturen wird sichtbar, daß der Generalsekretär sich bemühte, die Erfolge noch stärker zu betonen. Er glaubte, daß die gewaltigen Opfer, die das Volk gebracht hatte, ein Ergebnis haben mußten. Ganze Seiten dieses Berichts hatte Stalin neu geschrieben. Er wollte dem Volk und der Partei zeigen: Seine Führung ist fruchtbar, erfolgreich und siegbringend.
Stalin legte besonderes Gewicht auf die Tatsache, daß die Industrie innerhalb von dreieinhalb Jahren nach dem 16. Parteitag den Produktionsausstoß verdoppelt hatte. Während der letzten Jahre waren neue Industriezweige geschaffen worden: Werkzeugmaschinenbau, Automobil- und Traktorenwerke, Chemiefabriken, Motoren- und Flugzeugwerke. Es wurde begonnen, Mähdrescher zu bauen, synthetischer Kautschuk wurde hergestellt, auch Stickstoff und Kunstfasern. Mit Stolz verkündete der Generalsekretär, daß Tausende von neuen Industriebetrieben die Arbeit aufgenommen hatten. Dieser Bericht Stalins war mehr als jeder andere zuvor mit Zahlen gespickt. Er hatte genügend Material, über das er vor dem Parteitag sprechen konnte.

Aber die großen Erfolge hatten ihre Schattenseite. Ein Beispiel. Mitte Juli 1933 teilte die »Prawda« mit:

»Der Genosse Stalin und der Genosse Woroschilow reisten nach Leningrad und fuhren mit dem Genossen Kirow am selben Tag zum Weißmeerkanal. Nachdem sie sich über die Arbeiten am Kanal und den Zustand der hydrotechnischen Ausrüstungen informiert hatten, fuhren sie über den Weißmeerhafen Soroka nach Murmansk.«

Zwei Wochen nach Stalins Besuch wurde ein Beschluß des Rats der Volkskommissare über die Eröffnung des Weißmeerkanals, der den Namen des Genossen Stalin tragen sollte, veröffentlicht. Das ZEK der UdSSR meldete sich ebenfalls zu Wort: Es gab bekannt, daß Arbeiter, die sich beim Bau des Kanals hervorgetan hätten, ausgezeichnet würden. Acht Personen erhielten den Leninorden: der Stellvertretende Vorsitzende der OGPU Jagoda, der Leiter des Weißmeerkanalbaus Kogan, der Leiter der Hauptverwaltung der Arbeitslager der OGPU Berman, der Assistent des Leiters des Weißmeerkanalbaus Frenkel, der Stellvertreter des Leiters des Weißmeerkanalbaus Rapoport, der Leiter der Weißmeer-Besserungs- und Arbeitslager Firin, der Stellvertreter des Ersten Ingenieurs des Weißmeerkanalbaus Schuk und der Stellvertreter des Ersten Ingenieurs des Bauwesens Werschbitzki. Auf dem 17. Parteitag sagte Kirow in seiner Rede:

»Solch einen Kanal in solch einer kurzen Zeit an solch einem Ort zu bauen, das ist in der Tat eine heldenhafte Arbeit, und man muß unseren Tschekisten ein Lob aussprechen, jenen, die diese Sache geleitet haben, jenen, die buchstäblich Wunder vollbracht haben.«

Es wäre richtiger, zu sagen, daß diese Wunder von Hunderttausenden von Gefangenen vollbracht wurden. An ihnen gab es keinen Mangel. Nach der »Entkulakisierung« von mehr als einer Million Groß- und Mittelbauern, nach dem verstärkten Kampf gegen die »Überreste der Ausbeuterklassen«, war ein großes Reservoir von billigen Arbeitskräften entstanden. Die Idee, Strafgefangene für die Volkswirtschaft auszunutzen, war nicht neu. Schon Trotzki hatte gegen Mitte der zwanziger Jahre dafür plädiert. Der Rat des »herausragenden Führers« wurde nicht überhört.

Hinsichtlich der Landwirtschaft fiel es Stalin schon wesentlich schwerer, etwas zu sagen. Ja, es waren mehr als 200000 Kolchosen und 5000 Sowchosen gegründet worden. Die Entwicklung der Landwirtschaft, gestand der Generalsekretär, ging »um ein Vielfaches langsamer als in der Industrie voran«. Stalin erklärte auch:

»Dem Wesen der Sache nach war die Berichtsperiode für die Landwirtschaft nicht so sehr eine Periode des raschen Aufschwungs und mächtigen Anlaufs als vielmehr eine Periode, in der die Voraussetzungen für einen solchen Aufschwung und einen solchen Anlauf in der nächsten Zukunft geschaffen wurden.«

Der Generalsekretär vergaß auch nicht, auf die schwierige Lage in der Viehzucht hinzuweisen. Seitdem hat sich nichts Wesentliches mehr geändert in der Landwirtschaft.
Nachdem Stalin im Verlauf von zehn Jahren seit Lenins Tod vielzählige »Oppositionen« zerschlagen hatte, blieb auf diesem Gebiet nichts mehr zu tun für ihn. Und darüber sagte der Generalsekretär folgendes: »Müßte man (...) auf dem 16. Parteitag aber mit den letzten Anhängern dieser Gruppierungen aufräumen, so braucht man auf diesem Parteitag nichts zu beweisen, und es gibt wohl auch niemand, der geschlagen werden müßte.« Allerdings erklärte er, daß noch Reste der feindlichen Ideologie in den Köpfen einzelner Parteimitglieder lebten, und man müsse bereit sein, diese auszumerzen. Stalin merzte allerdings weniger die Ideologie als deren Träger aus. Er erklärte, daß das Land sich der Schaffung einer »klassenlosen sozialistischen Gesellschaft« nähere, und zog gleichzeitig den Schluß, daß die Klassenlosigkeit nur erreicht werden könne »durch Stärkung der Organe der Diktatur des Proletariats durch Entfaltung des Klassenkampfes«. Auf dem »Parteitag der Sieger«, als »praktisch alle Überreste der Ausbeuterklassen liquidiert« worden waren, rief Stalin dazu auf, den Mechanismus der Gewalt und des Zwangs und den Verfolgungsapparat zu verstärken.
Stalin wußte, daß sich unter den 1225 Delegierten nicht wenige befanden, die einst verschiedenen Gruppen – »Fraktionen«, »Oppositionen«, »Abweichungen« – angehört hatten. Sie alle hatten Buße getan, sich schuldig bekannt, und sie suchten nach Möglichkeiten, sich das Wohlwollen Stalins zu verdienen, das Wohlwollen dessen,

der nun unermeßlich stark geworden war. Nicht alle der »Besiegten« waren prinzipienlose, angepaßte Menschen. Viele dieser ehemaligen »Oppositionellen« bereuten aufrichtig. Sie wollten nicht außerhalb der Partei stehen und unterstützten den Kurs der Beschleunigung des sozialistischen Aufbaus.

Der Generalsekretär hatte Kaganowitsch geraten, vor allen Dingen dafür zu sorgen, daß die Repräsentanten jener nicht gerade kleinen Gruppe von Personen in ihren Reuereden die Stärke und die Fähigkeiten des »Führers« betonten. Liest man diese Reden nach einigen Jahrzehnten, kann man sich die Erniedrigung der Menschen vorstellen, die sich selbst wie in einer religiösen Ekstase gegeißelt haben, und das nur deshalb, damit die Eitelkeit eines Menschen befriedigt werden konnte. Kirow sagte, daß jene ehemaligen Oppositionellen nun »versuchen, (...) an diesem Triumph mit teilzunehmen, Schritt zu halten, unsere Erhebung zu unterstützen. (...) Bitte, nehmen wir beispielsweise Bucharin. Meiner Meinung nach sang er wie nach Noten, aber die Stimme paßte nicht dazu. Ich spreche schon gar nicht über den Genossen Rykow und auch nicht über den Genossen Tomski.«

Was sagten nun auf diesem »Parteitag der Sieger« jene Menschen, die noch gestern Politbüromitglieder, Mitkämpfer und Schüler Lenins waren?

Bucharin, ehemals »Liebling der Partei« und ihr Theoretiker, sagte: »Stalin war vollkommen im Recht, als er, in glänzender Anwendung der Marxschen und Leninschen Dialektik, eine ganze Reihe von theoretischen Voraussetzungen für die rechte Abweichung, die vor allem durch mich gebildet worden war, zerschlug. (...) Die Verpflichtung eines jeden Parteimitglieds ist der Zusammenschluß um den Genossen Stalin als personelle Verkörperung des Geistes und des Willens der Partei, als ihr Leiter, als ihr theoretischer und praktischer Führer.«

Rykow, Lenins Nachfolger als Vorsitzender des Rats der Volkskommissare, erklärte: »Ich würde gerne die Rolle des Genossen Stalin in der ersten Zeit nach dem Tode Wladimir Iljitschs [Lenins] charakterisieren. (...) Darüber, daß er als Führer und als Organisator unserer Siege sich bereits in der ersten Zeit durch größte Kraft hervorgetan hat. Ich möchte das charakterisieren, wodurch der Genosse Stalin

bereits in jener Periode sofort und unverzüglich vor der ganzen damaligen Parteiführung herausragte.«
Tomski, der führende Gewerkschaftspolitiker des Landes, äußerte: »Ich fühle mich verpflichtet zu sagen, daß die Angriffe auf den Genossen Stalin nur zu erklären sind, weil der Genosse Stalin der allerkonsequenteste, der allerglänzendste der Schüler Lenins war, der allerscharfsinnigste, derjenige, der am weitesten blicken konnte, derjenige, der unbeirrt die Partei auf den richtigen Weg führte, auf den Weg Lenins, derjenige, der uns mit harter Hand prügelte, derjenige, der theoretisch und praktisch auf den Kampf gegen die Opposition am besten vorbereitet war. Nur damit lassen sich die Angriffe auf den Genossen Stalin erklären.«
Sinowjew, längst geschlagen und für eine Zeit wieder in die Partei aufgenommen, nannte vier Namen nebeneinander: Marx, Engels, Lenin und Stalin. »Wir alle wissen nun, daß im Kampf, den der Genosse Stalin auf außerordentlich prinzipieller Höhe, auf außerordentlich hohem theoretischen Niveau führte, daß in diesem Kampf nicht der geringste Nachgeschmack eines irgendwie gearteten persönlichen Moments war.« Sinowjew nannte den Bericht Stalins ein »Meisterwerk«, und er sprach noch lange einschmeichlerisch »über den Triumph der Parteiführung, über den Triumph dessen, der diese Parteiführung anführte«. Weiter erklärte der ehemalige Prätendent auf die Führung der Partei: »Wir sehen nun, wie die besten Menschen der fortschrittlichen Kolchosbauernschaft nach Moskau streben, zum Kreml, wie sie versuchen, den Genossen Stalin zu erblicken, ihn mit den Augen zu berühren und möglicherweise auch mit den Händen, wie sie versuchen, direkte Anweisungen von ihm zu erhalten, um sie dann in die Massen zu tragen.«

So und ähnlich ergingen sich noch weitere ehemalige Widersacher Stalins: Kamenew, Radek, Preobraschenski, Lominadse und andere. Währenddessen saß der Generalsekretär in der zweiten Reihe des Parteitagspräsidiums. Mit gleichgültiger Miene betrachtete er den sich zum Rednerpult begebenden Kamenew. Stalin mochte sich in diesem Augenblick daran erinnert haben, wie Kamenew damals, als er die Parteitage, die Sitzungen des Politbüros und andere Versammlungen leitete, manchmal den Rednern ins Wort gefallen war. Einmal hatte Kamenew auch Stalin unterbrochen, als dieser gerade die »Feh-

ler der Opposition« säuberlich aufzählte: »Genosse Stalin! Was zählen Sie wie ein Schaf: eins, zwei, drei? Ihre Argumente sind nicht klüger als die jener Schafe.« – »Wenn man bedenkt«, parierte der Generalsekretär, »daß Sie eines dieser Schafe sind (...)«
Was würde Kamenew nun sagen? Kamenew bettelte: »Diese Epoche, in der wir leben, in der dieser Parteitag stattfindet, ist eine neue Epoche. (...) Sie wird in die Geschichte eingehen – daran gibt es keine Zweifel – als die Epoche Stalins, ebenso wie die vorangegangene Epoche in die Geschichte als die Epoche Lenins eingegangen ist, und besonders auf uns liegt die Verpflichtung, mit allen Mitteln, allen Kräften, aller Energie dem kleinsten Wanken dieser Autorität entgegenzuwirken. (...) Ich möchte sagen, daß ich jenen Kamenew, der von 1925 bis 1933 gegen die Partei und ihre Führung gekämpft hat, für einen politischen Leichnam halte, und ich möchte vorwärts gehen, ohne hinter mir, um es mit einem biblischen Ausdruck – verzeihen Sie mir – zu sagen, dieses alte Fell herzuziehen. (...) Es lebe unser, unser Führer und Kommandeur, der Genosse Stalin!«

Stalin hörte geduldig, mit halb verschlossenen Augen, der Rede Kamenews zu. Er wußte noch nicht, daß er ihn und viele andere schon in drei Jahren nicht nur zu politischen, sondern auch zu tatsächlichen Leichen machen würde. Aber er wußte schon, daß dies der letzte öffentliche Auftritt Kamenews gewesen war. Was mag Stalin gefühlt haben, als die Lobpreisungen nicht abrissen? Er wußte noch, daß Kamenew ihn in einer Unterhaltung mit Trotzki einen »grausamen Wilden« und Sinowjew ihn einen »blutigen Osseten« genannt hatte. Bucharin hatte ihn nicht nur einmal getroffen, als er auf Stalins Unkenntnis von Fremdsprachen hinwies. Radek hatte den Generalsekretär in der ersten Auflage seines Buches »Porträts und Pamphlete« keiner Erwähnung für würdig empfunden. Preobraschenski, der sich für einen großen Theoretiker hielt, hatte ihn 1922 in einer seiner Reden als einen »Flegel« tituliert.
Rache? Nein, das ist kleinlich, wird der Triumphator gedacht haben. Die Partei soll sich selbst davon überzeugen, daß in allen Streitfragen, in allen Diskussionen, in allen Umbruchphasen immer nur er recht gehabt hatte. Und das sagte nicht er, sondern das sagten sie, seine ehemaligen Opponenten. Alle sollen erfahren, daß er nicht nur einen starken Willen und organisatorische Fähigkeiten besaß, was in

der Partei schon lange anerkannt wurde, sondern daß er auch von besonderer Weisheit und Weitsicht war, daß er die Fähigkeit besaß, Ereignissen zuvorzukommen, und daß er eine harte Hand hatte. Parteitag der Sieger? Höchstens Parteitag des Siegers!
Und Stalin wartete auf immer neue Beinamen und Vergleiche, auf noch mehr Weihrauch. Doch bei aller Phantasie der Lobredner kam niemand auf die Idee zu sagen, es finde der »Parteitag des Siegers« statt. Aber immerhin, es gab Neues zu hören: Chruschtschow und Schdanow beispielsweise nannten Stalin zum erstenmal einen »genialen Führer«; Sinowjew zählte ihn zu den Klassikern des wissenschaftlichen Sozialismus; Kirow schätzte den Generalsekretär als »größten Strategen der Befreiung der Werktätigen unseres Landes und der ganzen Welt«; Woroschilow sagte, daß Stalin als »Schüler und Freund« Lenins zu seinem »Waffenträger« geworden sei.
Angesichts der grenzenlosen Lobeshymnen, die Stalin von jedem Redner erwartete, erstaunte ihn die damit geizende Rede des Kommandierenden des Leningrader Militärbezirks Tuchatschewski. Der Militärführer begann wieder mit seinen alten Geschichten: Er legte seine Projekte zur technischen Rekonstruktion der Armee dar. Man hatte ihm doch schon gesagt, daß er ziemlich viel phantasiere. Und trotzdem fing er wieder damit an.
Anfang der dreißiger Jahre hatte Tuchatschewski Stalin einen Brief geschrieben, in dem er sich beklagte über Stalins und Woroschilows Reaktion auf seine Vorschläge zur technischen Modernisierung der Armee:

»Auf der erweiterten Sitzung des RWS (Revolutionsrats der Armee; A. d. Ü.) der UdSSR verlas der Genosse Woroschilow Ihren Brief bezüglich meiner Notizen über die Rekonstruktion der RKKA (Roten Arbeiter- und Bauernarmee; A. d. Ü.). Der Bericht des Stabs der RKKA, durch den Ihnen meine Notiz zukam, war mir völlig unbekannt. (...) Zum gegenwärtigen Augenblick, nachdem ich den oben genannten Bericht gelesen habe, verstehe ich vollkommen Ihre Empörung über das Phantastische ›meiner‹ Berechnungen. Jedoch fühle ich mich verpflichtet zu erklären, daß in dem Bericht des Stabs der RKKA absolut nichts von mir stammt. Meine Vorstellungen sind nicht einmal als Karikatur dargestellt, sondern in direktem Sinne als ›Aufzeichnungen eines Irren‹.«

Stalin hatte bereits damals verstanden, daß Tuchatschewski, dessen Verhältnis zu Woroschilow gespannt war, eigentlich nicht gegen den Volkskommissar polemisierte, sondern gegen den Generalsekretär. Ihn störte die unabhängige Urteilskraft dieses Militärführers, der in der Tat wesentlich weiter dachte als Woroschilow, der auf dem Niveau des Bürgerkriegs stehengeblieben war.

Als Woroschilow zu seiner Parteitagsrede ansetzte, wußte Stalin bereits, worüber er sprechen würde, denn der Volkskommissar hatte ihm das Manuskript gezeigt. Woroschilow war so klug, ein neues Epitheton zu finden: »stählerner Stalin«. Er sagte: »Da wir einen derart bewährten, weisen und großen Führer haben, der unser Stalin ist, wird uns keine gräßliche Schweineschnauze erschrecken, ganz gleich, wo sie auch immer erscheinen könnte.« Diese Ausdrucksweise des Volkskommissars dürfte Stalin unangenehm berührt haben: »weise«, »großer Führer« – und dann irgendwelche Schnauzen!? Stalin überhörte ebensowenig die Reden von Dolores Ibarruri, Belewski, Bela Kun, Wilhelm Knorin und anderen Führern der internationalen kommunistischen Bewegung. Er war nun nicht mehr nur der Führer der Bolschewiki, sondern auch der »Führer des Weltproletariats«.

Der Parteitag war hervorragend verlaufen für Stalin. Er war nun schon fast zu Ende. Am letzten Tag standen Wahlen an, nur eine Formalität. Die Mitglieder des ZK und der neuen Organe der Kommissionen für Partei- und Staatskontrolle sollten gewählt werden. (Letztere sollten die ZKK ersetzen.) Die personelle Zusammensetzung der Führungsorgane war im Politbüro im voraus abgestimmt worden, und die triumphale Ehrbezeigung für den »Führer« schien ruhig ihrer Vollendung entgegenzugehen. Die Wahlkommission, die vom Parteitag bestimmt worden war, ging an die Arbeit. Aber plötzlich geschah etwas Unerwartetes. Aufgeregt betraten Kaganowitsch und der Vorsitzende der Wahlkommission Satonski Stalins Arbeitszimmer.

Ich möchte einige Worte über die Quellen dieser Information sagen: In seinen Erinnerungen berichtet Anastas Iwanowitsch Mikojan, Kandidat und Mitglied des Politbüros von 1926 bis 1966, detailliert über die Arbeit dieses Parteitags. Auch in anderen Erinnerungsbüchern läßt sich einiges darüber finden. In der »Geschichte der KPdSU«, die 1962 erschien, heißt es, daß sich »in der Partei eine anomale Lage gebildet hatte, die Aufregung bei einem Teil der Kommunisten, besonders bei den alten Leninschen Kadern, hervorrief. Viele Parteitagsdelegierte, vor allem jene, die das Testament W. I. Lenins kannten, waren der Meinung, daß die Zeit gekommen war, Stalin vom Posten des Generalsekretärs abzusetzen und ihm eine andere Aufgabe zuzuteilen.« Nach Mikojans Angaben (die von den alten Bolschewiki Snegow, Schatunowskaja und Andreasjan gestützt werden) teilte Kaganowitsch Stalin das unerwartete Ergebnis der Abstimmung mit: Von 1225 Delegierten stimmten 3 gegen Kirow und rund 300 gegen Stalin – beinahe ein Viertel der Stimmberechtigten!

Heute kann niemand mehr sagen, was der Generalsekretär auf Kaganowitschs Eröffnung geantwortet hat. Nach Mikojans Darstellung wurde schnell eine Entscheidung getroffen. Man beließ drei Stimmen gegen Stalin und zählte drei Stimmen gegen Kirow, und die übrigen Stimmzettel beschloß man zu vernichten. Stalin wäre, selbst wenn man die Gegenstimmen berücksichtigt hätte, natürlich auch in das ZK gekommen. Und er wäre auch wieder zum Generalsekretär gewählt worden – wenn ein solcher gewählt worden wäre. Bis zum Ende seines Lebens wurde Stalin in Partei- und Staatsdokumenten nun nicht mehr als Generalsekretär geführt. Dies war auch nicht notwendig: Der »Führer« besaß eine Machtfülle, wie sie ein gewählter Generalsekretär des ZK gar nicht haben konnte.

Allerdings hätte Stalins Glanz ein paar Kratzer abbekommen, wenn das Wahlergebnis bekannt geworden wäre. Die Folgen wären schwer abzusehen gewesen. Vielleicht wäre das Gefühl entstanden, daß die Größe des »Führers« vergänglich ist. Jedenfalls gibt es Quellen, die besagen, daß eine Gruppe alter Bolschewiki, die von dem Wahlergebnis erfahren hätten, Kirow vorgeschlagen haben sollen, für das Amt des Generalsekretärs zu kandidieren. Kirow habe dies abgelehnt und Stalin über die Sache informiert.

Es gibt einige Fakten, die dafür sprechen, daß diese Geschichte sich so oder ähnlich abgespielt hat. Zum Beispiel nahmen an jenem Parteitag nicht wenige Delegierte teil, die, wie schon erwähnt, einst verschiedenen »Oppositionen« angehört hatten und gegen Stalin aufgetreten waren. Auch hatten viele Parteifunktionäre bereits die Gelegenheit gehabt, Stalins Grobheit und seine diktatorischen Manieren am eigenen Leib zu spüren. Und die Lage in der Partei war bereits derart fortgeschritten, daß es niemand mehr wagte, Stalin

offen zu kritisieren und schon gar nicht vorzuschlagen, ihn von seinem Posten abzulösen. Aber diese Menschen hatten die Möglichkeit, ihr wahres Verhältnis zu Stalin in der geheimen Wahl auszudrücken. Wenn die Angaben Mikojans, die von weiteren Zeugenaussagen gestützt werden, eines Tages definitiv bewiesen werden sollten, so würde eines der unglaublichsten Verbrechen Stalins gegenüber der Partei bewiesen werden. Ich will an dieser Stelle nur andeuten, daß das Schicksal der erdrückenden Mehrheit der Delegierten des »Parteitags der Sieger« grauenhaft sein wird: Stalin sah nach der Abstimmung in jedem von ihnen einen potentiellen Gegner.
Die Wahlgeschichte hatte noch eine andere Folge: Nach dem 17. Parteitag veränderte sich das Verhältnis Stalins zu Kirow. Stalin sah in Kirow nun einen Konkurrenten.

Stalin und Kirow

In seiner Rede auf dem 17. Parteitag hatte Jenukidse erklärt: »Dem Genossen Stalin ist es gelungen, sich mit den besten Menschen in unserer Partei zu umgeben, es ist ihm gelungen, mit ihnen alle Fragen zu erörtern und zu lösen, es ist ihm gelungen, aus dieser Gruppe Menschen eine derart gewaltige Kraft zu machen, wie sie die Geschichte keiner anderen revolutionären Partei kennt.« In der Tat, in jenen Jahren befanden sich in der Umgebung Stalins einige interessante Menschen, unter ihnen Sergej Mironowitsch Kirow. Obwohl er genaugenommen nicht der »Umgebung« angehörte, denn er arbeitete im Kaukasus und später in Leningrad. Kirow war für Stalin ein vertrauter Mensch. Jenukidse, ebenfalls ein Freund Stalins, übertrieb allerdings, als er sagte, daß Stalin von den »besten Menschen in unserer Partei« umgeben sei. Da gab es begabte, selbständig und klar denkende Mitarbeiter, aber da waren auch Jasager, Leute, die ihm niemals und in nichts widersprachen, deren größte Sorge es war, die Wünsche des »Führers« zu erraten und zu erfüllen. Vor allem Ende der dreißiger und in den vierziger Jahren hängten sich einige Menschen an Stalin, die man als Verbrecher bezeichnen muß.
Stalin wollte um sich herum nur ergebene Anhänger, Mitarbeiter, und das wichtigste war, er wollte Erfüllungsgehilfen, die sofort jeden Wunsch, jede Absicht, jede Geste verstanden. Öffentlich aber stellte

er die Sache völlig anders dar. So finden sich in einem Antwortbrief Stalins an das Parteimitglied Schatunowski folgende Sätze:

»Sie sprechen von Ihrer ›Ergebenheit‹ mir gegenüber. Mag sein, daß Ihnen diese Worte nur zufällig entschlüpft sind. Mag sein ... Sollten Ihnen aber diese Worte nicht zufällig entschlüpft sein, so würde ich Ihnen raten, das ›Prinzip‹ der Ergebenheit gegenüber Personen über Bord zu werfen. Das ist nicht bolschewistische Art. Seien Sie der Arbeiterklasse, ihrer Partei, ihrem Staat ergeben. Das ist notwendig und gut. Aber verwechseln Sie diese Ergebenheit nicht mit der Ergebenheit gegenüber Personen, mit diesem hohlen und unnützen intelligenzlerischen Phrasengeklingel.«

Aber wir wissen bereits, daß Stalin ein großer Heuchler war. Zwei seiner ergebenen Gehilfen schätzte er besonders: Towstucha und Poskrebyschew. Towstucha verstand ihn fast blind. Er verfügte über eine gute theoretische Ausbildung. Er war in der Lage, eine Idee zu formulieren und politische Fehler in Texten zu entdecken. Stalin schätzte ihn auch wegen seines unermüdlichen Arbeitseifers. Im Stalin-Archiv befinden sich Notizen des Generalsekretärs, die er an Sinowjew, Kamenew und Bucharin geschrieben hatte:

»Towstucha möchte nicht in Urlaub fahren. In dieser Angelegenheit gibt es einen Vorschlag von mir, dem Genossen Towstucha unverzüglich Urlaub zu genehmigen, diesen Vorschlag ließ er jedoch nicht zur Abstimmung kommen.«

Und sogleich erteilte Stalin seinem Helfer einen Verweis, weil dieser über den nicht zustande gekommenen Urlaub angeblich Kamenew erzählt hatte. Daraufhin schrieb der verstörte Towstucha eine Notiz:

»An Stalin.
Kopie für Kamenew.
Hiermit erkläre ich, daß ich weder dem Genossen Kamenew gegenüber noch mit irgend jemand anderem darüber gesprochen habe, daß ich Urlaub haben wolle und daß der Genosse Stalin mich nicht lasse.
Towstucha«

Halb scherzhaft notierte Kamenew:

»Ich bestätige, daß Towstucha mir niemals, nirgendwo und in keiner Weise etwas über irgendeinen Urlaub gesagt hat, er sprach lediglich davon, daß er seine Arbeit über Lenin (so im Text; D. W.) verbessern könne, wenn er seine Arbeit im ZK früher beginnen würde. Im Todesfalle Towstuchas bitte ich, mich nicht zu beschuldigen.
L. Kamenew«

Viele Jahre hielt sich Lew Sacharowitsch Mechlis in Stalins Nähe auf, und für einige Zeit war er ein Gehilfe des »Führers«. Mechlis war in Odessa geboren, er war zunächst Menschewik gewesen und trat 1918 in die Partei ein. Er lernte Stalin während des Bürgerkriegs kennen. Er übernahm eine Reihe angesehener Posten im Apparat des ZK und in der »Prawda«, er war Volkskommissar für Staatskontrolle und Leiter der Politischen Hauptverwaltung der Roten Armee. Mechlis fehlte es nicht an Fähigkeiten, jedoch besaß er einen ausgesprochenen Polizistengeist. Er war einer derjenigen, die Stalin regelmäßig vertrauliche Informationen über andere Parteiführer zukommen ließen.
Eines Tages im Jahr 1924 bat Mechlis Stalin um eine Widmung in das soeben erschienene Buch des Generalsekretärs »Über Lenin und den Leninismus«. Stalin kritzelte schnell auf die Titelseite:

»Meinem jungen Arbeitsfreund,
dem Genossen Mechlis,
der Autor.
23. 5. 24«

Allerdings hat Mechlis, nachdem er das Autogramm ergattert hatte, das Buch niemals aufgeschlagen. Alle Seiten sind nun vertrocknet und vergilbt.
Mechlis war häufiger Gast bei Stalin. Oft unterhielten sie sich lange unter vier Augen. Ihm gab Stalin die kniffligsten Aufgaben. Vor mir liegt ein ganzer Band seiner persönlichen Berichte von verschiedenen Orten, wohin der »Führer« ihn geschickt hatte. Hunderte von chiffrierten Meldungen, Telegrammen, Briefen über ein und dasselbe: »die Feinde werden aktiv«, »überall Sorglosigkeit«, »Gutherzigkeit verdirbt die Sache«, »Verschärfung der Maßnahmen

notwendig«. Stalin glaubte Mechlis mehr als vielen anderen. Dieser »fand« die »Feinde« auch dort, wo niemand sonst sie gefunden hätte. Im Juli 1937, als das Rotbanner-Gesangs- und Tanzensemble im Osten auf Tournee war, erreichte Stalin ein verschlüsseltes Telegramm:

»Ich berichte: Im Ensemble des Rotbanners ist die Lage schwierig. Ich komme zu dem Schluß: Im Ensemble operiert eine Spionage-Terroristen-Gruppe. Ich habe an Ort und Stelle neunzehn Personen entlassen. Ich führe die Untersuchungen weiter. In der Besetzung befinden sich ehemalige Offiziere, Kinder von Kulaken, antisowjetische Elemente. Habe den Leiter der Sonderabteilung zur Arbeit herangezogen. Soll das Ensemble zu den Truppenteilen gelassen werden?

Mechlis«

Das größte Vertrauen Stalins genoß A. N. Poskrebyschew. Chruschtschow nannte ihn auf dem 20. Parteitag den »treuen Waffenträger« Stalins. Der ehemalige Feldscher aus Wjatka, Sohn eines Schuhmachers, arbeitete seit 1922 im ZK und seit 1928 als Gehilfe Stalins. Während des Kriegs machte Stalin das ZK-Mitglied und den Deputierten des Obersten Sowjets der UdSSR zum Generalleutnant. Poskrebyschew zeichnete sich durch ein erstaunliches Durchhaltevermögen und durch ergebene Zuverlässigkeit aus. Seine älteste Tochter, Galina Alexandrowna Jegorowa, erzählte mir, daß er nie weniger als sechzehn Stunden pro Tag gearbeitet habe. Berija gelang es kurz vor Stalins Tod, Poskrebyschew aus dem Kreml zu entfernen. Und der blieb bis zum Ende seiner Tage ein ergebener Anhänger seines Herren. Übrigens war Poskrebyschews erste Frau eine entfernte Verwandte Trotzkis, was nicht ohne Folgen bleiben sollte. Poskrebyschews Tochter hat mir erzählt, daß ihr Vater es sehr bedauert habe, kein Tagebuch geführt zu haben, denn er habe viel gewußt. Jedoch habe er dann immer wieder den Schluß gezogen, daß er schon lange nicht mehr am Leben wäre, wenn er solch ein Tagebuch besessen hätte.

Jede Information an Stalin ging über Poskrebyschews Schreibtisch. Er wußte über die Entwicklungen in der Partei und im Land nicht weniger als »der Führer«. Er war ein idealer Erfüllungsgehilfe: Er dachte nicht selbständig, er widersprach nicht, und er war zu jeder Zeit für Stalin da. Obgleich Poskrebyschew von Natur aus kein harter Mensch war, hütete man sich vor ihm. Es hing viel davon ab, wann und wie er ein Papier vorlegte, wann er Stalin Vorschläge anderer unterbreitete. Der ehemalige Volkskommissar Iwan Wladimirowitsch Kowalew, der während des Kriegs manchmal drei- bis viermal täglich Stalin über militärische Bewegungen berichtete, nannte Poskrebyschew ein Arbeitstier:

»Zu beliebiger Zeit, ganz gleich, wann Stalin [mich] zu sich befahl, war der halbkahle Kopf seines Helfers immer über einen großen Berg von Papieren gebeugt. Dies war ein Mensch mit einem computerhaften Gedächtnis. Von ihm konnte man beliebige Auskünfte zu beliebigen Fragen erhalten. Mit einem Wort, er war eine Enzyklopädie.«

Wie wir wissen, waren nicht nur Stalins Helfer ihrem »Führer« treu ergeben, sondern auch seine engsten Mitarbeiter: Malenkow, Kaganowitsch, Woroschilow zeichneten sich durch vollständige Unterwürfigkeit gegenüber Stalin aus. In jeder Hinsicht.
Darüber werde ich in den anderen Kapiteln dieses Buches noch einiges erzählen. Vorweg nur zwei Kostproben. Woroschilow bemühte sich, bei allen Entscheidungen über alle möglichen Angelegenheiten seinen »Führer« zu unterstützen. Auch im folgenden Fall. Im Jahr 1923 benötigte eine Mitarbeiterin des Sanatoriums in Jessentuki aus irgendeinem Grund eine Bescheinigung, die bemerkenswert ist. In diesem Sanatorium erholten sich damals der Generalsekretär und Woroschilow. Die Bescheinigung ist eigenhändig von Stalin geschrieben:

»Zur Kenntnisnahme sowjetischer und Parteieinrichtungen.
Ich bescheinige, daß die Besitzerin dieses Briefes, Maria Geperowa, die im Essentuksker Sanatorium tätig ist, die eine verdiente, unermüdliche Arbeiterin ist und die Vertrauen verdient, der Sowjetrepublik ergeben ist.

J. Stalin, 15. 11. 23«

Direkt unter diesen Zeilen steht:

»Ich schließe mich dem vollkommen an.

K. Woroschilow«

Als der angesehene Regimentsführer I. E. Jakir verhaftet und zum Tod durch Erschießen verurteilt worden war, wandte er sich in einem Brief an Stalin, in dem er beteuerte, daß er unschuldig sei und sich nicht zu den ihm zugeschriebenen Verbrechen bekennen könne. Stalin reagierte lakonisch: »Schurke und Hurensohn«, und Woroschilow schrieb wieder:

»Vollkommen richtige Schlußfolgerung.

K. Woroschilow«

Jakir war ein direkter Untergebener des Volkskommissars gewesen, einer der talentiertesten sowjetischen Kommandeure, den Woroschilow ausgezeichnet kannte!

Aber es gab nicht nur Molotow, Kaganowitsch, Woroschilow und die Gehilfen vom Schlage Mechlis' oder Poskrebyschews. Es gab auch andere, solche, die sich zwar als Stalins Anhänger verstanden, denen es jedoch gelungen war, ihren guten Namen zu erhalten. Einer von ihnen war Kirow, ein Bolschewik der Leninschen Formation: der Idee ergeben, ein einfacher, mitfühlender Mensch. Die Menschen, die mit ihm zu tun hatten, verehrten diesen umgänglichen und bescheidenen Politiker. Als man Kirow auf Empfehlung Lenins nach Aserbaidschan schickte, stand in seiner Kaderakte:

»Standhaftigkeit in jeder Beziehung. (...) Energischer Arbeiter. (...) Bei der Durchführung von Beschlüssen mehr als beharrlich. Er ist von ausgeglichenem Charakter und besitzt ein großes politisches Taktgefühl. (...) Er ist ein ausgezeichneter Journalist. (...) Ein erstklassiger und ausgezeichneter Redner. (...)«

Während der Jahre, in denen Kirow im Kaukasus gearbeitet hatte, hinterließ er dort ein gutes Andenken an sich. Nach dem 14. Parteitag, als die »neue Opposition« versuchte, die Leningrader Parteiorganisation zu ihrer Stütze zu machen, schickte das ZK Kirow dorthin, wo er zum Sekretär des Stadtkomitees und des Gouvernementkomitees gewählt wurde. Kirows Biograph Pompejew weiß von einer interessanten Notiz Ordschonikidses an Leningrader Genossen zu berichten:

»Liebe Freunde!
Euer Durcheinander kam uns teuer zu stehen: Man nahm uns den Genossen Kirow. Für uns ist es ein sehr großer Verlust, aber dafür hat man Euch die nötige Unterstützung zukommen lassen. Ich habe nicht den geringsten Zweifel, daß Ihr die Situation wieder in den Griff bekommen werdet und daß alles in ca. zwei Monaten geregelt sein wird. Kirow ist ein Mann von unvergleichlicher Güte, nur, außer Euch kennt er niemanden. Ich bin überzeugt, daß Ihr ihn mit freundschaftlichem Vertrauen umgeben werdet. Von ganzem Herzen wünsche ich Euch vollen Erfolg. (...)
Kinder, bringt unseren Kirytsch unter, wie es sich gehört, denn sonst wird er sich ohne Wohnung und ohne Essen herumtreiben. (...)«

Stalin kannte Kirow schon seit den Oktobertagen im Jahr 1917. Es ist schwer zu sagen, warum der Generalsekretär von diesem immer freundlichen und energischen Mann angezogen wurde. Sie machten nicht nur einmal gemeinsam Urlaub, ihre Familien pflegten den Kontakt miteinander, obwohl sie meist weit voneinander entfernt wohnten. In einer Notiz Stalins an Ordschonikidse, die er in Sotschi geschrieben hat, steht Erstaunliches:

»Lieber Sergo!
(...) Was macht Kirow dort? Behandelt er sein Magengeschwür mit Narsan (ein Heilwasser; A. d. Ü.)? So kann man sich auch den Rest geben. Welcher Kurpfuscher ›behandelt‹ ihn? (...)
Gruß an Sina.
Gruß von Nada an Euch alle. Dein Stalin.
Sotschi, 30. Juni 1925«

Stalin sorgte sich um die Gesundheit eines anderen! Keinem anderen Parteifunktionär schenkte er solche Aufmerksamkeit. Ihm gefiel dieser offene und einfache Mensch. Überall, wo Kirow erschien, versammelten sich sofort Menschen um ihn. Es gab früher einen Ausdruck, der heute fast vergessen ist: »eine gesellige Seele«. Nun, Kirow war im besten Sinne des Wortes eine gesellige Seele. Er war es unter Parteigenossen, unter den Arbeitern, unter den Studenten, unter den Rotarmisten. Während Molotow von undurchsichtigem Cha-

rakter, Kaganowitsch liebedienerisch und eilfertig und Woroschilow unterwürfig war, zeichnete sich Kirow durch menschliche Wärme und moralische Größe aus.
Eines Tages besuchte der Leningrader Parteisekretär Stalin in seiner Datscha. Man spielte Gorodki (ein Spiel, bei dem die gegeneinander spielenden Parteien versuchen, mit Wurfstöcken die von der jeweils anderen Partei aufgebauten Figuren aus Holzklötzen zu zerstören; A. d. Ü.). Während sie spielten, fragte Stalin seinen Gast: »Was liebst du mehr als alles andere, Sergej?«
Kirow schaute Stalin verwundert an und antwortete lächelnd: »Der Bolschewik muß seine Arbeit mehr lieben als seine Frau!«
»Und noch?«
»Wohl die Idee«, antwortete Kirow und baute eine neue Figur.
Stalin winkte unbestimmt mit der Hand ab und stellte keine Fragen mehr: Er konnte es nicht verstehen. Wie kann man eine »Idee« lieben? Ob es nur eine schöne Redensart war? Aber Stalin wußte, daß Kirow sich nicht zu verstellen vermochte. Und er wußte auch, daß Kirow ihn wie kein anderer beeinflussen konnte.
Er erinnerte sich an den Fall Rjutin. Stalin kannte diesen ehemaligen Fähnrich der zaristischen Armee bereits seit Beginn der zwanziger Jahre. Im Jahr 1918 war er Kommandeur der Truppen des Irkutsker Militärbezirks, im Jahr 1920 Sekretär des Irkutsker Gouvernementskomitees, in der zweiten Hälfte der zwanziger Jahre war er Parteisekretär des Krasnobreschensker Rayons in Moskau, er war Mitglied des Redaktionskollegiums des »Roten Sterns« und Kandidat des ZK. Irgendwann aber ist Rjutin aus dem Ruder gelaufen. Man berichtete Stalin, daß er ein Dokument verfaßt habe, das illegal durch verschiedene Hände gegangen war: »An alle Mitglieder der KPR(B)«. In diesem Dokument wurde vor allem der Generalsekretär angegriffen als »Diktator« mit einem antileninschen »Maulkorb« in den Händen. Stalin hatte im Politbüro nicht nur den Ausschluß Rjutins aus der Partei verlangt, sondern auch die Todesstrafe. Dies war offenbar der erste Fall, in dem Stalin versuchte, vor einer Gerichtsverhandlung über das Schicksal eines Menschen zu entscheiden. Die Politbüromitglieder schwiegen. Einerseits sah es so aus, als habe Rjutin versucht, eine »konterrevolutionäre Organisation« zu schaffen, andererseits – Verurteilung zum Tod?! Die Parteispitze war in Verlegenheit, und dann meldete sich Kirow zu Wort:

»Man darf das nicht tun. Rjutin ist kein verkommener Mensch, sondern einer, der sich verirrt hat. (...) Weiß der Teufel, wer nicht noch alles Hand an diesen Brief gelegt hat. (...) Die Menschen würden uns nicht verstehen.«

Stalin erklärte sich aus irgendeinem Grund schnell einverstanden. Rjutin wurde zu zehn Jahren Haft verurteilt und starb im Jahr 1938. Stalin erkannte einmal mehr, daß Kirow seine Meinung mutig äußerte, ohne an mögliche Nachteile zu denken – sogar gegenüber dem Generalsekretär.
Stalin schenkte nur sehr wenigen seine Bücher mit einer Widmung. Kirow war des herzlichsten Autogramms des »Führers« würdig – obwohl es doch schien, als wäre dieser gar nicht in der Lage, solche Wörter überhaupt zu formulieren. Auf dem Titelblatt des Buches »Über Lenin und den Leninismus« hatte der Generalsekretär in deutlicher Handschrift sorgfältig niedergeschrieben:

»Für S. M. Kirow
Meinem lieben Freund und Bruder, der Autor.
23. 5. 24
Stalin«

Als der Vorsitzende der Sitzung des 17. Parteitags am 31. Januar 1934, Pawel Petrowitsch Postyschew, mitteilte: »Das Wort hat der Genosse Kirow«, bereiteten die Delegierten dem Leningrader Parteisekretär eine Ovation. Alle erhoben sich. Auch Stalin stand auf. Lange applaudierte der Saal dem neuen »Liebling der Partei«. In der Tat, nur noch Stalin wurde eines solchen Empfangs durch die Delegierten des Parteitags für würdig befunden. Kirows Rede war glänzend und informativ. Aber sie war auch voll des Lobs für den Generalsekretär. Möglicherweise hat Kirow in dieser Hinsicht einige Redner sogar übertrumpft. Die Chance des Gewissens existiert zwar immer, aber oft kann man sie nur wahrnehmen, wenn man sein Verhalten und seine Gewohnheiten radikal ändert. Weder Kirow noch irgendein anderer haben dies auf dem Parteitag vollbracht, dort, wo vor den Augen der Delegierten und mit ihrer Hilfe der Personenkult zementiert wurde. In der Geschichtsschreibung darf man nichts hinzufügen und nichts weglassen. Denn ansonsten wäre es keine Geschichte, sondern ihre verfälschte Kopie.

Wie wir wissen, hatten die Wahlen höchstwahrscheinlich ein überraschendes Ergebnis, das Stalin stark getroffen haben dürfte. Sein Triumph war verdüstert. Aber er ließ sich nichts anmerken. Sonst war ja alles nach Plan gelaufen. Auf dem ZK-Plenum, das nach dem Parteitag stattgefunden hatte, war Kirow ins Politbüro, ins Orgbüro und zum ZK-Sekretär gewählt worden. Er blieb außerdem Sekretär der Leningrader Parteiorganisation. Ursprünglich hatte Stalin geplant, Kirow aus Leningrad nach Moskau zu holen. Aber dann hatte er es sich anders überlegt.

Kirow hatte nun mehr Arbeit. Als ZK-Sekretär war er zuständig für die Schwer- und die Holzindustrie. Nie zuvor hatte Stalin ihn häufiger angerufen. Und wenn Kirow nach Moskau fuhr, was nun oft geschah, traf er sich meist mit Stalin zu Unterredungen. Es schien, als hätte sich nichts verändert. Einige Historiker jedoch glauben, daß Stalins Verhältnis zu Kirow nach dem 17. Parteitag nicht mehr ganz so ungebrochen war wie zuvor. Der Leningrader Sekretär habe vom »Führer« für einige unbedeutende Fehltritte Rügen erhalten. Möglicherweise. Die Zeugen, die Stalin und Kirow zu jener Zeit kannten und mit denen ich gesprochen habe, konnten nichts dergleichen bestätigen. Aber wir wissen, wie gut Stalin seine wahren Gefühle und Absichten verbergen konnte.

Am 29. November 1934 fuhr Kirow mit anderen Leningrader ZK-Mitgliedern vom Plenum in Moskau nach Hause zurück. Auf der ZK-Sitzung war unter anderem der wichtige Beschluß gefaßt worden, die Karten auf Brot und andere Lebensmittel abzuschaffen. Diese Entscheidung bedeutete viel für das russische Volk, und sie sorgte für reichlich Gesprächsstoff im Zug. Die ZK-Mitglieder diskutierten auch über Bulgakows neuestes Stück und über die bevorstehende Versammlung des Leningrader Parteiaktivs, die am 1. Dezember stattfinden sollte. Kirow kehrte in bester Laune nach Leningrad zurück.

Als er am 1. Dezember die Arbeit an seinem Bericht für die Versammlung beendet hatte, kam er in den Smolny. Es war gegen 16.30 Uhr. Er ging den Korridor entlang, begrüßte einige, sprach kurz mit diesem und jenem. Er bog im engen Korridor nach links ab und ging in Richtung seines Büros. Ein unauffälliger Mann kam ihm entgegen. Vor der Tür zu Kirows Büro feuerte er zwei Schüsse auf den Parteisekretär ab. Als die Menschen herbeieilten, sahen sie Kirow mit dem Gesicht zur Erde auf dem Boden liegen, während der Mörder, der einen Revolver in der Hand hielt, seinen Kopf hysterisch gegen die Wand schlug.

In der ersten offiziellen Verlautbarung dazu hieß es: »Nach den Ergebnissen der Voruntersuchung steht fest, daß der Name des Übeltäters und Mörders des Genossen Kirow Nikolajew (Leonid Wassiljewitsch) ist, geboren 1904, ehemaliger Angestellter der Leningrader Arbeiter- und Bauern-Inspektion. Die Untersuchung wird weitergeführt.«

Zwei Stunden nach der Ermordung machten sich Stalin, Molotow, Woroschilow, Jeschow, Jagoda, Schdanow, Kossarew, Agranow, Sakowski und andere in einem speziellen Zug auf den Weg nach Leningrad. Auf dem Bahnhof belegte Stalin diejenigen, die gekommen waren, sie zu empfangen, mit entsetzlichen Flüchen, und Medwed, dem Leiter des Leningrader NKWD, schlug er mit der Hand ins Gesicht. Medwed und sein Vertreter Saporoschez wurden in den Fernen Osten versetzt, und im Jahr 1937, als die Terrormaschine in vollem Gang war, wurden sie ermordet. Nach einigen Angaben führte Stalin selbst das erste Verhör an Nikolajew durch, wobei die Moskauer Parteifunktionäre anwesend waren.

Chruschtschow berichtete auf dem 20. Parteitag:

»Es muß festgehalten werden, daß die besonderen Umstände der Ermordung Kirows bis heute noch in vielem unerklärlich und mysteriös sind und einer sorgfältigen Untersuchung bedürfen. Es gibt Gründe für die Annahme, daß Kirows Mörder, Nikolajew, unterstützt wurde von einem der Leute, deren Aufgabe es war, Kirow zu beschützen. Eineinhalb Monate vor der Ermordung wurde Nikolajew wegen verdächtigen Benehmens verhaftet, aber er wurde wieder freigelassen. Es ist ein ungewöhnlich verdächtiger Umstand, daß an dem Tag, an dem der zum Schutze Kirows abgestellte Tschekist zur Vernehmung gebracht wurde – es war der 2. Dezember 1934 –, er bei einem ›Verkehrsunfall‹ ums Leben kam, bei dem kein anderer Insasse desselben Wagens auch nur verletzt wurde. Nach der Ermordung Kirows erhielten hohe Funktionäre der Leningrader Staatspolizei sehr leichte Strafen, aber im Jahre 1937 wurden sie erschossen. Wir können annehmen, daß sie erschossen wurden, weil man die Spuren derjenigen verwischen wollte, die Kirows Ermordung organisiert hatten.«

Der Mann, der beim Unfall ums Leben kam – ein Mitarbeiter des NKWD namens Borissow –, war der Chef von Kirows Leibwache. Nach einigen Quellen soll er Kirow vor einem Attentat gewarnt haben. Wie auch immer, Nikolajew war vor dem 1. Dezember bereits zweimal verhaftet worden. Und obwohl er sich verdächtig gemacht hatte, wurde er beide Male wieder auf freien Fuß gesetzt.
In den Archiven, zu denen ich Zutritt hatte, existieren keine Materialien, die den »Fall Kirow« klären könnten. Klar ist auf jeden Fall, daß Trotzki, Sinowjew und Kamenew nichts damit zu tun hatten, wie später in der öffentlichen Version behauptet wurde. Ob Stalin dahintersteckte, können wir nicht beweisen. Aber wir kennen seine Härte, seine Hinterhältigkeit, seine Treulosigkeit und können deshalb durchaus annehmen, daß dies ein Werk seiner Hände war. Eines der indirekten Zeugnisse dafür ist die Beseitigung von zwei bis drei »Schichten« potentieller Zeugen. Das ist ohne Zweifel Stalins »Handschrift«.
Der Prozeß gegen Nikolajew wurde in Windeseile durchgeführt. Bereits nach 27 Tagen wurde die Anklageschrift veröffentlicht. Darin steht, daß Nikolajew ein aktives Mitglied der trotzkistisch-sinowjewistischen terroristischen Untergrundorganisation sei. Die Anklageschrift unterzeichnet hatten der Stellvertreter des Staatsanwalts der UdSSR Andrej Januarjewitsch Wyschinski, über den wir später noch viel werden schreiben müssen, und Untersuchungsrichter L. P. Schejnin. Wie erwartet, wurden Nikolajew und weitere Angeklagte in diesem Verfahren zum Tod verurteilt und erschossen. Warum eigentlich »wie erwartet«?
Deshalb, weil am Tag der Ermordung Kirows auf Initiative Stalins ein bemerkenswerter Beschluß des ZEK der UdSSR verabschiedet wurde. Er war im Politbüro nicht erörtert worden. Und er führte zu einer Änderung des Strafgesetzes. Stalin hatte es eilig, so daß das Staatsoberhaupt, Kalinin, »nicht mehr dazu gekommen war«, den Beschluß zu unterschreiben. Statt seiner tat dies rechtswidrigerweise ZEK-Sekretär Jenukidse. In diesem Beschluß heißt es:

»1. Die Untersuchungsbehörden sind angewiesen, die Fälle all derer zu beschleunigen, die wegen der Vorbereitung von Terrorakten angeklagt sind.
2. Die Richter sind angewiesen, die Vollstreckung von Todesurtei-

len wegen Verbrechen in dieser Kategorie nicht aufzuhalten, um etwa eine Begnadigung in Betracht zu ziehen, da das Präsidium des Zentralen Exekutivkomitees der UdSSR es nicht für möglich hält, Eingaben dieser Art entgegenzunehmen.
3. Die Organe des Kommissariats für Innere Angelegenheiten sind angewiesen, das Todesurteil gegen Verbrecher der oben genannten Kategorie sofort nach der Urteilsverkündung zu vollstrecken.«

Eine Reihe von Verfahren, die in Moskau und anderen Städten eingeleitet worden waren, wurden bereits auf der Grundlage dieser Anweisung beschleunigt. Praktisch wurde bereits im Dezember 1934 eine große Gruppe von »Verschwörern«, angeführt von Sinowjew und Kamenew, auf die Anklagebank gesetzt. Es wurden keine Beweisstükke gefunden für die behauptete Verwicklung jener Personen in den Mordfall Kirow. Sinowjew war auf dem 17. Parteitag zwar nicht in das ZK gewählt worden, dennoch lebte er auf und glaubte, daß »das Gewitter« vorbeigezogen sei und für ihn nun bessere Zeiten kämen. Er schrieb sogar einen Artikel und veröffentlichte ihn im »Bolschewik«. Dieser Artikel trug den Titel »Die internationale Bedeutung des verflossenen Jahrzehnts«. Es war sein letzter. Als Sinowjew in der Zeitung über Kirows Ermordung und den offiziellen Kommentar dazu gelesen hatte, brach er innerlich zusammen. Er wußte, daß ihn nun das Allerschlimmste erwartete.
Durch den Druck der Voruntersuchung und später des Staatsanwalts wurde Sinowjew gezwungen »zu gestehen«, daß die ehemalige Opposition »im allerweitesten Sinne« die »politische Verantwortung« für das Geschehene tragen könnte. Dies schien ausreichend zu sein: Indizien und Beweise hielt die Justiz nicht für erforderlich. Sinowjew erhielt zehn Jahre, Kamenew fünf Jahre, die übrigen Angeklagten wurden zu ähnlich langen Haftstrafen verurteilt. Die Urteile waren mit Stalin abgesprochen worden. Dies war der erste Fall, in dem politische Ansichten, die von der offiziellen Linie abwichen, einer Straftat gleichgesetzt wurden. So nahm das Drama zweier ehemaliger Mitkämpfer Lenins seinen Lauf. Sie mögen ehrgeizig, inkonsequent, möglicherweise unaufrichtig gewesen sein, aber sie waren auf gar keinen Fall Verbrecher.
Der Mord an Kirow läutete das Herannahen einer unheilvollen Zeit ein. Das Volk glaubte an die terroristische Aktivität der ehemali-

gen »Oppositionellen«. Zum einen verbreiteten Kriminelle aller Arten an vielen Orten tatsächlich Angst und Unsicherheit, und zum anderen gab es keine objektiven Informationen, die den Menschen die Möglichkeit gegeben hätten, sich ein zutreffendes Bild von der Lage zu machen. Auf Tausenden von Versammlungen erhoben sich die Forderungen nach einem entschiedenen Vorgehen gegen die »Terroristen«. Unablässig heizte die Presse die Stimmung an, sie entlarvte fortlaufend »feindliche Zentren«, »Verschwörungen« und »Terroristengruppen«.

Der 1. Dezember 1934 war ein Einschnitt in der Entwicklung des Sicherheitsapparats. Das NKWD begann schnell zu wachsen, und seine Befugnisse wurden erweitert. Allmählich gelang es den »Organen«, sich neben die Parteikomitees zu stellen, und später drängten sie diese sogar in den Hintergrund und entzogen sich ihrer Kontrolle. Das populärste Thema in der Presse wurde »die dringende Notwendigkeit einer Verstärkung der Wachsamkeit«. Die Propaganda begann umfassend, die Samen des Verdachts und des Mißtrauens zu jedem zu säen. Nun setzte die Bespitzelung vieler Parteiführer ein. In vielen einfachen Menschen bildete sich die Vorstellung, daß in den Produktionsstätten, in den Kolchosen, in den Hochschulen verborgene Feinde ihr Unwesen trieben. Jeder Mißerfolg, jede Katastrophe, jede Panne, jeder Unfall sollte als Werk von »Schädlingen« begriffen werden. So entstand das Klima, in dem Stalin darangehen konnte, seine blutigen Säuberungen zu inszenieren. Und das Volk war mit ihm. Die Männer, die das Säuberungswerk vorantreiben sollten, hatte Stalin schon auf ihre Posten gesetzt: Es waren vor allem Nikolaj Jeschow, Mitglied des Orgbüros und ZK-Sekretär seit Anfang 1935, und Wyschinski, ehemaliger Menschewik, zunächst Stellvertreter des Staatsanwalts und später Staatsanwalt der UdSSR.

Direktiven, Rundschreiben und die Presse riefen dazu auf, nach »Feinden« zu suchen. Und wie es sich »herausstellte«, waren ihrer nicht wenige. Die Atmosphäre der Verdächtigungen, der Angst, des Mißtrauens half, die Terrorwelle schnell zu entfachen. Sie erhob sich in furchtbare Höhen in den Jahren 1937 und 1938. Und mit ihr ergoß sich eine Flut von Denunziationen auf die staatlichen Organe.

Stalin ließ sich detailliert unterrichten. Hier einige Berichte, die sich im Archiv des Obersten Gerichts der UdSSR befinden:

»An das ZK der KPdSU(B), den Genossen Stalin J. W.
An den Rat der Volkskommissare der UdSSR, den Genossen Molotow W. N.
Die Verwaltung der Staatssicherheit (...) des Nordgebiets hat die Untersuchung im Verfahren gegen die konterrevolutionäre terroristische Gruppierung, die einen Terrorakt gegen das Mitglied des ZK und den Sekretär des Nordgebietskomitees der KPdSU(B), das Mitglied des ZEK, den Genossen Wl. Iwanow, vorbereitet hatte, beendet.
Als Beschuldigte zu diesem Tatbestand wurden sieben Personen zur Verantwortung gezogen und dem Gericht übergeben: Rakitin N. G., Saostrowski P. W., Popow P. N., Lewinow G. N., Iwlew N. I., Saostrowski A. W., Kopossow N. A. Von den Beschuldigten bekannte sich nur Popow P. N. vollständig für schuldig.
Im Verfahren Rakitins und anderer empfiehlt es sich, ein Verhör während eines Lokaltermins des Militärkollegiums des Obersten Gerichts der UdSSR in der Stadt Archangelsk unter Anwendung des Gesetzes vom 1. Dezember 1934 durchzuführen. Die Hauptbeschuldigten Rakitin, Saostrowski P. W., Lewinow sollten in jedem Fall zum Tod durch Erschießen verurteilt werden, die übrigen Beschuldigten zu Freiheitsstrafen verschiedener Dauer. Wir bitten um Ihre Anweisungen.
23. Januar 1935
A. Wyschinski
W. Ulrich«

»An den Sekretär des ZK der KPdSU(B), J. W. Stalin.
Nach der Untersuchung des Tatbestands wurde Belosir L. I. zum Tod verurteilt, da sie Mitglied einer konterrevolutionären terroristischen Untergrundorganisation der ukrainischen Nationalisten ist, für die sie von Schtscherbin und Tereschtschenko angeworben wurde, die während der Oktoberfeiertage im Jahre 1934 in Kiew einen Terrorakt gegen die Genossen Postyschew I. und Balitzki ausführen sollten.
Belosir weigerte sich bei allen Verhören hartnäckig, irgendwelche Tatbestände zuzugeben, und außerdem erklärte sie, daß sie eine Begnadigung ablehne. In Anbetracht dessen bitte ich um die Anweisung, das Urteil gegen die Angeklagte Belosir L. I. durchführen zu

können. Die Genossen A. Ja. Wyschinski und A. W. Balitzki halten es für möglich, dieses Urteil zu vollstrecken.
3. Februar 1935
W. Ulrich«

»An den Sekretär des ZK der KPdSU(B), den Genossen J. W. Stalin.
Am 9. März dieses Jahres untersuchte das Militärkollegium des Obersten Gerichts der UdSSR unter meinem Vorsitz in einer geschlossenen Gerichtssitzung in der Stadt Leningrad die Fälle der Mittäter Leonid Nikolajews: Milda Draule, Olga Draule, Roman Kuliner.
Milda Draule antwortete auf meine Frage, welches Ziel sie verfolgt habe, als sie versucht habe, einen Passierschein für die Versammlung des Parteiaktivs in Leningrad am 1. Dezember des vergangenen Jahres zu erhalten, sie wollte Leonid Nikolajew helfen. Wobei? Das habe von den Umständen abgehangen. Auf diese Weise stellten wir fest, daß die Angeklagten Nikolajew bei der Durchführung des Terroraktes helfen wollten.
Alle drei wurden zur Höchststrafe verurteilt – Tod durch Erschießen. In der Nacht zum 10. März wurde das Urteil vollstreckt. Ich bitte um Anweisungen: Soll dies in der Presse bekanntgegeben werden?
11. März 1935
W. Ulrich«

Am 9. März Gerichtsverhandlung, in der Nacht zum 10. März Tod durch Erschießen, am 11. März, morgens, Bericht an den obersten Opferpriester.
Beim letzten Verfahren möchte ich kurz verweilen. Etwa eineinhalb Jahre vor der Ermordung Kirows war das Gerücht verbreitet worden, Milda Draule, die ehemalige Frau Nikolajews, habe eine Affäre mit Kirow. Die Menschen, die Kirow kannten, verwarfen die Möglichkeit einer solchen Verbindung sofort. Was sollte dieser Klatsch bezwecken? Möglicherweise wollte jemand den Neurotiker Nikolajew gegen Kirow aufhetzen. Als die NKWD-Angehörigen Agranow und Schejnin mit der Voruntersuchung begannen, erklärte Nikolajew, daß er den Mord aus Rache begangen habe. Aber bald darauf »gestand« er, daß er das Verbrechen auf Anweisung der trotzkistisch-sinowjewistischen Untergrundorganisation begangen habe. Milda

Draules angebliche Affäre mit Kirow war offenbar eine Geschichte, die Nikolajew provozieren sollte. Nach dem erfolgreichen Abschluß des Unternehmens konnten Milda und Olga Draule gefährlich werden, und man beschloß, sie zu beseitigen.
Mitte 1935 wurde ein Interview veröffentlicht, das Stalin bereits ein Jahr zuvor dem englischen Schriftsteller Herbert George Wells gegeben hatte. Es paßte in die Stimmung. Stalin erinnerte von neuem an das in seinen Augen Wesentliche in der Diktatur des Proletariats:an die Gewalt. Auf die Frage Wells' »Ist Ihre Propaganda nicht überholt, weil sie Propaganda für den gewaltsamen Sturz des Gesellschaftssystems ist?« antwortete Stalin:

»Die Kommunisten verherrlichen keineswegs die Anwendung von Gewalt. Aber sie, die Kommunisten, sind nicht willens, sich überrumpeln zu lassen, sie können sich nicht darauf verlassen, daß die alte Welt freiwillig von der Bühne abtritt, sie sehen, daß das alte System sich gewaltsam verteidigt, und deshalb sagen die Kommunisten der Arbeiterklasse: Beantwortet Gewalt mit Gewalt. (...) Was ist ein Führer wert, der die Wachsamkeit seiner Armee einschläfert, ein Führer, der nicht begreift, daß der Feind nicht kapitulieren wird, daß er vernichtet werden muß?«

Wie Stalin das Wort »vernichten« liebte! In vielen seiner Reden ruft er dazu auf, die Opposition, die »Überbleibsel der Ausbeuterklassen«, die Kulaken, die »Entarteten«, die »Doppelzüngler«, die »Spione«, die »Terroristen« zu »vernichten«. Und er »vernichtete«. Solange die Bremsen der Beschlüsse des 13. Parteitags funktionierten, solange in Stalins Gedächtnis die Leninsche Warnung vor dem groben Generalsekretär gegenwärtig war, war das Verhältnis zu den Oppositionellen ein Verhältnis der geistigen Gegnerschaft. Wer Buße tat – »kapitulierte« –, wurde in der Regel schnell wieder in die Partei aufgenommen. Man gab ehemaligen Oppositionellen verantwortungsvolle Posten, man publizierte ihre Artikel. So geschah es beispielsweise mit Sinowjew und Kamenew. Man nahm sie wieder in die Partei auf, sie konnten ihre Hoffnung offen äußern, daß es »ihrer Erfahrung noch bedürfe«, und sie dachten dabei aller Wahrscheinlichkeit nach an führende Positionen. Bucharin, Rykow und Tomski wurden in der Presse als »Helfershelfer des Kulakentums« dargestellt, und nichtsdestotrotz

wurden sie auf dem 16. Parteitag in das ZK gewählt. Diese Duldsamkeit war nicht nur lobenswert; sie war auch Ausdruck eines Leninschen Verständnisses von Demokratie in der Partei und im Staat.
Die Ermordung Kirows erwies sich als ein guter Vorwand, den innenpolitischen Kurs im Land zu verhärten. Stalin konnte nicht vergessen, daß ein Viertel der Delegierten des 17. Parteitags gegen ihn gestimmt hatte. Und wie viele waren gegen ihn im ganzen Land? Damals konnte sich kaum jemand vorstellen, daß von 1225 Delegierten bald 1108 verhaftet würden und daß ein großer Teil von ihnen in Lagern und in den Kellern des NKWD umkommen würde. Von 139 Mitgliedern und Kandidaten des ZK der Partei, die auf diesem Parteitag gewählt worden waren, sollten 98 verhaftet und erschossen werden. Die meisten dieser Menschen waren die aktivsten Teilnehmer der Oktoberrevolution gewesen, sie waren diejenigen, die das Land nach der Erschütterung durch Krieg und Bürgerkrieg wiederaufgebaut hatten. Sie hatten den historischen Sprung vom Hakenpflug zum Industriestaat vollbracht. Die Leninsche Garde wurde bewußt ausgelöscht. Sie wußte zuviel. Stalin brauchte Jasager, Funktionäre der jüngeren Generation, die seine Vergangenheit nicht kannten.
Es war wohl kein Zufall, daß Stalin gegen Mitte des Jahres 1935 den Vorschlag unterstützte, die Gesellschaft der alten Bolschewiki und die Gesellschaft der ehemaligen politischen Katorgahäftlinge aufzulösen. Die Archive dieser Gesellschaften wurden von Kommissionen übernommen, in denen Jeschow, Schkirjatow und Malenkow saßen. Viele dieser Altbolschewiki wurden dann »Verbrechen« beschuldigt, die bereits ein Vierteljahrhundert zurücklagen. Dazu hatte man offenkundig die Archive gebraucht.
Zu dieser Zeit vollzog sich der Aufstieg Lawrenti Pawlowitsch Berijas. Bis 1936 war er 1. Sekretär des ZK der Kommunistischen Partei Georgiens. Mitte 1935 wurde im Parteiverlag des ZK der KPdSU(B) Berijas Buch »Zur Frage der Geschichte der bolschewistischen Organisationen im Kaukasus« veröffentlicht. Das Büchlein, auf gutem Papier gedruckt und mit einem festen Einband versehen (was damals eine Seltenheit war), bestand zur Hälfte aus Stalin-Zitaten und war voller Lobpreisungen des »Führers«. Aber das wesentliche ist, daß in Berijas »Werk« zwei angesehene Bolschewiki politisch denunziert werden: Abel S. Jenukidse und Mamija Orachelaschwili. Obwohl der erstere Mitglied des ZK und des ZEK und ein langjähri-

ger Freund Stalins war, war sein Schicksal entschieden wie das des anderen auch. Stalin glaubte immer an Denunziationen. Berija machte sich dies schnell zunutze.

Orachelaschwili protestierte gegen die Verleumdung. Er schrieb Stalin einen persönlichen Brief mit dem Entwurf einer Gegendarstellung für die »Prawda«. Im Antwortbrief Stalins heißt es:

»Genosse Orachelaschwili.

Ich habe den Brief erhalten.

1) Das ZK denkt nicht daran (und hat keine Veranlassung, daran zu denken!), die Frage über Ihre Arbeit im Marx-Engels-Lenin-Institut zu stellen. Sie haben sich ereifert und darum offenbar beschlossen, diese Frage zu stellen. Das führt zu gar nichts. Bleiben Sie im IML und arbeiten Sie.

2) Den ›Brief‹ sollte man in der ›Prawda‹ drucken lassen, jedoch ist der Text Ihres ›Briefes‹ meiner Meinung nach nicht zufriedenstellend. Ich würde an Ihrer Stelle aus diesem ›Brief‹ alle ›polemischen Schönheiten‹, alle ›Exkurse‹ in die Geschichte und den ›entschiedenen Protest‹ hinauswerfen und würde kurz und einfach sagen, daß die Fehler (die und die) in der Tat begangen worden seien, aber daß die Beurteilung der Fehler, wie sie der Genosse Berija vorgenommen habe, ziemlich, sagen wir mal, hart sei und daß sie sich nicht durch den Charakter der Fehler rechtfertigen lasse. Oder irgend etwas in dieser Art. Gruß!

8. 3. 1935 J. Stalin«

Das Land und die Partei standen vor furchtbaren Heimsuchungen. Ein Mensch, der in der Diktatur des Proletariats die Gewalt vergötterte, wurde zum Diktator. Ganz gleich, ob man ihn »geliebter Führer«, »genialer Heerführer«, »weiser Baumeister« nannte, nichts und niemand konnte schließlich den tiefen Kern des diktatorischen Menschen verbergen. Aber es sollten noch Jahrzehnte vergehen, bis die Erkenntnis durchschimmerte.

In der Toga des »Führers«

»Nein, eine einzelne Person darf nicht entscheiden. Entscheidungen einer einzelnen Person sind immer oder fast immer einseitige Entscheidungen. In jedem Kollegium, in jedem Kollektiv gibt es Menschen, mit deren Meinung man rechnen muß. In jedem Kollegium, in jedem Kollektiv gibt es Menschen, die auch falsche Meinungen zum Ausdruck bringen können. (...) Unser führendes Organ, das Zentralkomitee unserer Partei, das alle unsere Sowjet- und Parteiorganisationen leitet, besteht aus etwa siebzig Mitgliedern. Unter diesen siebzig Mitgliedern des ZK befinden sich unsere besten Industriefachleute, unsere besten Genossenschaftler, unsere besten Versorgungsfachleute, unsere besten Militärfachleute, unsere besten Propagandisten, unsere besten Agitatoren, die besten Kenner unserer Sowjetwirtschaften, die besten Kenner unserer Kollektivwirtschaften, die besten Kenner der individuellen Bauernwirtschaft, unsere besten Kenner der Nationen der Sowjetunion und der nationalen Politik. In diesem Areopag ist die Weisheit unserer Partei konzentriert. Jeder hat die Möglichkeit, seine Erfahrungen beizusteuern. Wäre dem nicht so, würden die Entscheidungen von einzelnen Personen getroffen, dann gäbe es in unserer Arbeit die ernstesten Fehler.«

Stalin hat mit dem letzten Satz unwillentlich den Gedanken unterstrichen, daß viele »ernsthafte Fehler« bei der Kollektivierung, beim Partei- und Staatsaufbau, in der Kultur nur deshalb möglich geworden sind, weil ein Mensch eigenmächtig entschieden hat.
Dies zeigte sich vor allem in der Beschneidung und schließlichen Beseitigung der Kollegialität in der Arbeit des Zentralkomitees. Lenin hatte diesem Prinzip eine große Bedeutung beigemessen. Während der ersten sechs Jahre nach der Oktoberrevolution wurden 6 Par-

teitage, 5 Parteikonferenzen und 43 Sitzungen des ZK einberufen. Auf all diesen Versammlungen hatten die Teilnehmer die Möglichkeit, ihre Meinung frei zu äußern. In der Regel waren die wichtigsten Dokumente, die die Partei beschloß, die Frucht kollektiver Anstrengung. Bei der Erarbeitung einer Entscheidung wurden die verschiedensten Möglichkeiten und Meinungen berücksichtigt. Davon zeugen die heißen Auseinandersetzungen, die Kompromisse, die zahllosen Diskussionen über alle denkbaren Fragen der Innen- und Außenpolitik.

Nach dem 17. Parteitag ergriff der »Führer« Maßnahmen, um die Kollegialität drastisch abzubauen. Er benötigte die Meinung der anderen nicht mehr. Zwischen 1934 (17. Parteitag) und 1953 (Stalins Todesjahr) fanden 2 Parteitage, 1 Parteikonferenz und 22 Plenen des ZK statt. Zwischen dem 18. und dem 19. Parteitag vergingen dreizehn Jahre! Es gab Jahre – 1941, 1942, 1943, 1945, 1946, 1948, 1950, 1951 –, in denen das Zentralkomitee sich kein einziges Mal versammelte! Stalin sah im ZK bald nur noch ein Organ, dessen er sich nach Bedarf bediente. Im Grunde wurde die Partei zur Maschine, die die Befehle des Diktators ausführte.

Bei der Vorbereitung auf den 14. Parteitag 1925 hatte Stalin im Entwurf eines Parteistatuts die Worte hervorgehoben:

»Die ordentlichen Parteitage werden alljährlich einberufen. Das Zentralkomitee hat wenigstens eine Plenarsitzung innerhalb zweier Monate durchzuführen.«

Die Verstärkung der bürokratischen Tendenzen in der KPR(B) verband sich mit dem Stalinschen Verständnis von der Einheit der Partei. Es ist hier schon beschrieben worden, daß die Parteimehrheit in den zwanziger Jahren harte Auseinandersetzungen zu bestehen hatte mit verschiedenen Oppositionsgruppen. Und dabei handelte es sich keineswegs immer um »Feinde«. Analysiert man heute den innerparteilichen Kampf, dann kommt man zu der Erkenntnis, daß einer der entscheidenden Punkte der Meinungsverschiedenheiten die Frage der Demokratie, der Wechselbeziehung zwischen Führer und Partei, der Rolle der Massen im revolutionären Prozeß war. In vielen Fällen waren die »Oppositionellen« nicht einverstanden mit dem Autoritarismus, waren sie nicht bereit, uniformiert zu denken, wie Stalin es anstrebte. Wir betrachteten Andersdenkende als Feinde, obwohl wir die Dialektik kannten und wußten, daß das Leben in Widersprüchen voranschreitet.

In den Jahren nach der Oktoberrevolution gab es selbstverständlich viele Menschen, deren Ziele sich mit denen der Partei nicht vereinbaren ließen. Unter den Bedingungen der Zerrüttung des Landes, der Bedrohung von außen und der Zunahme verschiedener oppositioneller Gruppen wurde auf Initiative Lenins auf dem 10. Parteitag im März 1921 eine bedeutende Resolution verabschiedet. Der Parteitag beschloß, die Bildung von Fraktionen in der Partei zu verbieten. Im Beschluß hieß es, daß die Einheit und die Geschlossenheit der Partei in dieser Zeit unbedingt notwendig seien. Dieser Beschluß spielte eine große Rolle bei der Stärkung der Partei. Er richtete sich nicht gegen den Streit der Meinungen, sondern gegen die Bildung von Gruppen mit politischen Positionen, die mit dem Programm und den Zielen der Partei nicht vereinbar waren.

Stalin berief sich häufig auf diesen Beschluß, um die »Oppositionen« und die »Abweichungen« zu »schlagen«. Das Wort »Opposition« war für ihn gleichbedeutend mit »Feind«. Später war die geringste Abweichung von seiner Position eine »feindliche Aktion«. Stalin kämpfte für die Einheit, er verstand sie jedoch nicht dialektisch, sondern dogmatisch, und so liquidierte er den freien Meinungsstreit unter Kommunisten und jede Kritik an den führenden Organen der Partei. Stalin setzte Einheit gleich mit widerspruchslosem Gehorsam gegenüber seinen Direktiven.

Malenkow berichtete auf dem ZK-Plenum im Januar 1938, warum ein Genosse namens Kuschtschew aus der Sarytschinsker Parteiorganisation ausgeschlossen wurde. Während eines Parteischulungsabends wurden Kuschtschew folgende Fragen gestellt:

»Können wir den Sozialismus in einem Land aufbauen?«
»Wir können den Sozialismus in einem Land aufbauen, und wir werden ihn aufbauen«, antwortete Kuschtschew.
»Und können wir den Kommunismus in einem Land aufbauen?«
»Den Kommunismus können wir in einem Land aufbauen.«
»Auch den vollständigen Kommunismus?«
»Werden wir aufbauen.«
»Und können wir den endgültigen Kommunismus aufbauen?«

»Den endgültigen? Kaum«, erklärte Kuschtschew, »ohne die Weltrevolution. Im übrigen werde ich in den ›Fragen des Leninismus‹ nachsehen, was zu dieser Frage der Genosse Stalin schreibt.«

Für sein vorsichtiges Zweifeln in der letzten Antwort wurde Kuschtschew aus der Partei ausgeschlossen, und er verlor auch seine Arbeit. Aber Malenkow verurteilte nicht den Dogmatismus, sondern er betrachtete die Zweifel des Genossen Kuschtschew am Aufbau des »endgültigen Kommunismus« ohne Weltrevolution als Beispiel für die »Intrigen der Feinde«, die sich »in jedem Betrieb, in jedem Kolchos, in jedem Sowchos« eingeschlichen hätten. Der 10. Parteitag hat mit seinem Beschluß gegen die Fraktionsbildung auch verlangt, daß die Partei sich ständig bemühen solle, neue Ansichten in Betracht zu ziehen, daß sie mit allen Mitteln gegen den Bürokratismus kämpfen werde und für die Erweiterung des Demokratismus und der schöpferischen Initiative. Aber davon war nach wenigen Jahren nicht mehr die Rede. Von den Kommunisten wurde mehr und mehr verlangt, daß sie »unterstützten« und »guthießen«, und immer weniger, daß sie teilnahmen an der Erörterung wichtiger Probleme des politischen Lebens. Und dies erhob den »Führer« über die Partei und verwandelte ihn in eine »herrschende Persönlichkeit«.
Allmählich wurden Stalins Entscheidungen als Beschlüsse der Partei angesehen. Bereits Mitte der dreißiger Jahre wurden seine Entscheidungen als Beschlüsse des ZK oder als im Umlaufverfahren zu bestätigende Anordnungen formuliert. Die Macht des Parteiführers war faktisch nicht mehr begrenzt.
Ich möchte ein charakteristisches Beispiel anführen. Kurz vor dem Krieg lud Stalin manchmal Mitglieder und Kandidaten des Politbüros zum »Essen« in seine Datscha in Kunzewo ein. Meist waren dies Molotow, Woroschilow, Kaganowitsch, Berija und Schdanow. Seltener eingeladen zu nächtlichen Abendessen wurden Andrejew, Lainin, Mikojan, Schwernik und Wosnessenski. Während des Essens wurden verschiedene Fragen der Politik entschieden. Stalin faßte in der Regel die Ergebnisse der »Unterhaltung« zusammen. Malenkow und manchmal Schdanow formulierten danach ein Protokoll einer Politbürositzung. Es gab keine Diskussionen. Die Mitarbeiter Stalins bemühten sich vielmehr, die Meinung des »Führers« zu erraten oder rechtzeitig ja zu sagen. Sogar dem Diktator war die vollendete Folg-

samkeit seiner Umgebung manchmal unangenehm. So etwa, als nach einem dieser nächtlichen Essen über den Bericht Stalins an den bevorstehenden 18. Parteitag gesprochen wurde. Wie im Chor begannen alle Stalin zu loben. Der hörte sich das an und warf dann hart ein:

»So, ich habe Euch eine Variante gegeben, die ich aussortiert hatte, und Ihr singt Halleluja. Die Variante, mit der ich auftreten werde, ist vollkommen anders!«

Allen stockte der Atem. Berija fand als erster die Fassung zurück:

»Wenn Sie sogar diese Variante verändert haben, so kann man sich vorstellen, wie stark Ihr Bericht sein wird!«

Das Politbüro, das nach dem 17. Parteitag gewählt wurde – Andrejew, Woroschilow, Kaganowitsch, Kalinin, Kirow, Kossior, Kujbyschew, Molotow, Ordschonikidse, Stalin –, versammelte sich noch einigermaßen regelmäßig, aber selten in voller Besetzung. Häufig wurden die Fragen im engen Kreis erörtert und gelöst: Stalin, Molotow, Kaganowitsch, Woroschilow, später noch Schdanow oder Berija. Mit der Zeit stellte Stalin innerhalb des Politbüros verschiedene Kommissionen zusammen, die sogenannten »Quintette«, »Sextette«, »Septette«. Wie Chruschtschow auf dem 20. Parteitag mitteilte, wurde dieses System, das durch seine Bezeichnung an ein Kartenspiel erinnert, in einem speziellen Beschluß des Politbüros gebilligt. Selbstverständlich, das Leben war schwer, und noch zu Lenins Lebzeiten waren im ZK verschiedene Kommissionen gebildet worden. Aber das ändert nichts daran, daß alle prinzipiellen Entscheidungen von allen Mitgliedern des Politbüros und des Zentralkomitees getragen werden müssen.
Auf einer Vielzahl von Dokumenten, die Stalin durchsah, hinterließ er Bemerkungen wie »einverstanden«, »dafür«, »möglich«, aber ab und zu reichte er Papiere an seine Mitarbeiter weiter, um ihre Meinungen zu erfahren. Meistens aber interessierte ihn der Standpunkt anderer herzlich wenig.
Im April 1936 schrieb Pjatakow einen Brief an Stalin mit der Bitte, den Flug des Stratosphärenballons »SO 351« bei günstiger meteorologischer Lage zu gestatten. Stalin schrieb auf dieses Dokument:

»An den Genossen Woroschilow.
Was ist zu tun?«
J. St.«

Woroschilow antwortete:

»An den Genossen Stalin.
Ich glaube, es ist möglich, eine Erlaubnis zu erteilen.
7. 4. 1936 K. Woroschilow«

Aber darunter setzte Stalin schließlich:

»Ich bin dagegen. J. St.«

Dieses kategorische Vorgehen ohne jede Diskussion führte schließlich dazu, daß viele Mitglieder und Kandidaten des Politbüros sich lediglich darum bemühten, die Entscheidungen Stalins zu erraten. Einigen ist dies gut gelungen, besonders Berija.
Obwohl Stalin öffentlich die Bedeutung der Kollegialität in der Arbeit des ZK unterstrich, konnte bereits Mitte der dreißiger Jahre niemand mehr öffentlich sein Nichteinverständnis mit der Stalinschen Politik äußern. Bei der Untersuchung des Zustandekommens vieler Beschlüsse des ZK und des Politbüros ist mir kein einziger Fall begegnet, daß irgend jemand auch nur indirekt die offensichtlich fehlerhaften und manchmal verbrecherischen Standpunkte Stalins in Zweifel gezogen hätte.
Das von ihm hervorgebrachte Verhältnis zwischen Partei und Führer mußte nach Stalins Meinung auch literarisch gestützt werden. Dazu dienten die »Geschichte der Kommunistischen Partei der Sowjetunion (Bolschewiki). Kurzer Lehrgang«, die im Jahr 1938 ihre erste Auflage erlebte, die »Kurze Biographie« des »Führers«, die zehn Jahre später herauskam. In der Zeitschrift »Bolschewik« (Nr. 9, 1937) veröffentlichte Stalin einige Briefe an die Autoren des Lehrbuchs der Geschichte der KPdSU(B). Der Hauptakzent in der »Geschichte«, schrieb Stalin, solle auf den Kampf der Partei gegen die Fraktionen, Oppositionen und antibolschewistischen Bewegungen gesetzt werden. Bei dieser Art der Darstellung der Parteigeschichte würde er mit Sicherheit im Mittelpunkt stehen. Denn er »schlug« Trotzki, Sino-

wjew, Kamenew, Bucharin, die Gruppen und die »Abweichungen«, die sie anführten. Mit Hilfe dieser simplen Herangehensweise stand der Sieger immer an der ersten Stelle. Gewiß, der innerparteiliche Streit hatte einen bedeutenden Platz im Leben der Partei eingenommen. Aber ihre Geschichte läßt sich nicht beschränken auf diese Kämpfe. Stalin schämte sich nicht. Er hatte den Autoren des Lehrbuchs die Anweisung gegeben, sich häufig auf seine Auslassungen zu beziehen. Er schlug beispielsweise vor, den »Brief von Engels an Bernstein aus dem Jahr 1882, den ich im ersten Kapitel meines Berichts zum 7. erweiterten Plenum des EKKI ›Über die sozialdemokratische Abweichung in der KPR(B)‹ angeführt habe, und meine Kommentare dazu zu benutzen«. Ohne diese Kommentare, schrieb Stalin weiter, »wird der Kampf der Fraktionen und Strömungen in der Geschichte der KPR(B) wie eine unverständliche Zankerei und die Bolschewiki wie unverbesserliche und rastlose Intriganten und Streithammel aussehen«.

Der »Kurze Lehrgang« wurde innerhalb kurzer Zeit von einem Autorenkollektiv geschrieben. Für Millionen von sowjetischen Menschen war er für Jahrzehnte die wichtigste Grundlage ihrer Weltanschauung. Das Buch wurde in der Sowjetunion in einer Gesamtauflage von 43 Millionen Exemplaren verkauft. Es ist durchsetzt vom Stalinschen »Genie«, von seiner »Weisheit« und »Weitsichtigkeit«. In der ersten Auflage heißt es:

»Eine Kommission des Zentralkomitees der Kommunistischen Partei der Sowjetunion hat unter Leitung des Genossen Stalin und unter seiner äußerst aktiven persönlichen Teilnahme einen ›Kurzlehrgang der Geschichte der Kommunistischen Partei der gesamten Sowjetunion (Bolschewiki)‹ zusammengestellt.«

Aber Stalin war mit dieser Formulierung nicht befriedigt. In der später herausgegebenen »Kurzen Biographie« des »Führers«, die von ihm sorgfältig redigiert wurde, findet sich eine andere Version:

»Im Jahre 1938 erschien das Buch ›Geschichte der Kommunistischen Partei der Sowjetunion (Bolschewiki). Kurzer Lehrgang‹, geschrieben vom Genossen Stalin und gebilligt von einer Kommission des Zentralkomitees der Kommunistischen Partei der Sowjetunion.«

Stalin war es nicht peinlich, daß das Buch, das vor allem ihn pries, nun auch von ihm geschrieben worden sein sollte. So wurde die ideologische Grundlage der absoluten Rolle des »Führers« geschaffen, seine Kontrolle über die Partei und über den Staat sichergestellt. Stalin hatte, nachdem praktisch alle wichtigen Mitarbeiter Lenins beseitigt waren, sie nun auch aus der Geschichte entfernt. Im »Kurzen Lehrgang« gibt es außer Lenin und Stalin kaum konkrete Personen. Es gibt nur »Feinde«.
Das Buch war Pflichtlektüre für jeden Kommunisten wie auch an allen Hochschulen und in allen Bereichen der politischen Bildung. Die Stalinschen Axiome waren eindeutig: In der Revolution gab es zwei Führer – Lenin und Stalin. Die grundlegenden Verdienste beim Aufbau des Sozialismus in der UdSSR gehören Stalin. Nach Lenin gab und gibt es in der Partei nur einen »Führer«, den »weisen«, »weitsichtigen«, »mutigen«, »entschiedenen« ... Die Primitivität der Darlegungen machten den »Kurzen Lehrgang« praktisch für jeden Menschen zu einem leichtverständlichen Buch. In der Erziehung der sowjetischen Menschen, wie sie in den dreißiger Jahren einsetzte, nahm es einen bedeutenden Platz ein. Nach seinem Erscheinen am 1. Oktober 1938 wurde eine Beratung der Propagandisten Moskaus und Leningrads einberufen. Stalin hielt eine Rede. Hier einige Auszüge:

»Eine der Aufgaben der Ausgabe ist es, den Gegensatz zwischen dem Marxismus und dem Leninismus zu beseitigen. (...)
Stalins Buch ›Über die Grundlagen des Leninismus‹ legt alles grundlegend Neue dar, das Lenin in den Marxismus eingebracht hat. Ich sage nicht, daß alles dargelegt ist, vielmehr gibt Stalins Buch alles Grundlegende wieder, das Lenin in den Marxismus eingebracht hat.«

Die Herrschaft des »Führers« über Partei und Volk wurde in kultischen Akten und Ritualen bekräftigt. So wurden beispielsweise »Stalinstipendien« und »Stalinprämien« eingeführt. Der Regierungsbeschluß über die Gründung einer Leninprämie, der in Anwesenheit Stalins im August 1925 gefaßt worden war, wurde »vergessen«. Die Staatshymne, mit deren Text sich Stalin persönlich beschäftigt hatte, drückte seine Rolle im Schicksal des Vaterlandes deutlich aus:

»Stalin erzog uns zur Volkstreue,
Begeisterte uns für Arbeit und Heldentaten.«

Sergej Michalkow und G. El-Registan, die auf Stalins Anweisung den Text der Hymne entworfen hatten, legten ihn Stalin vor. Der fügte Korrekturen ein, nachdem er eine Weile über den Zeilen gesessen hatte. Im Stalin-Archiv sind diese Korrekturen erhalten geblieben. Statt »Der freien Völker edle Union« schrieb Stalin: »Die unzerstörbare Union der freien Republiken«. Der zweite Vierzeiler mußte eine größere Überarbeitung erdulden. Der ursprüngliche Text lautet folgendermaßen:

»Durch die Bedrohung hindurch schimmerte für uns die Sonne der Freiheit,
Lenin erleutete uns den Weg in die Zukunft,
Uns zog Stalin, der Auserwählte des Volkes, groß,
Zur Arbeit und zum Heldentum begeisterte er uns.«

Nachdem Stalin über den Text gegangen war, sahen die zweite und dritte Zeile so aus:

»Und der große Lenin erleuchtete uns den Weg,
Uns erzog Stalin zur Volkstreue.«

Stalin gefielen die Worte »Auserwählter des Volkes« nicht. Und, wenn man es bedenkt, so hat ihn das Volk tatsächlich nicht auserwählt. Er wurde zum »Führer« eines riesigen Volkes, ohne von ihm gewählt worden zu sein! Mit Stalins Korrekturen waren nicht nur Michalkow und El-Registan sofort einverstanden, sondern auch die am Abend des 28. Oktober 1943 bei Stalin versammelten Molotow, Woroschilow, Berija, Malenkow und Schtscherbakow. So »bestätigte« nicht allein Stalin den nun vorliegenden Text der Hymne. Darin fehlte auch der ursprüngliche Refrain:

»Jahrhunderte sollst du leben, Land des Sozialismus,
Unsere Fahne soll der Welt Frieden bringen,
Wachse und werde stark, ruhmreiches Vaterland,
Dich schützt unser großes Volk.«

Ob Stalin nicht gefallen hatte, daß die Sowjetunion »der Welt Frieden bringen« sollte?
In der Hymne findet sich kein einziges Wort über die Partei. Allmählich festigte sich im Bewußtsein der sowjetischen Menschen der Gedanke, daß Stalin nicht nur der Führer der Partei war, sondern auch des ganzen Volks. In konzentrierter Form formulierte N. S. Chruschtschow diese Vorstellung im Dezember 1949:

> »Alle Völker der Sowjetunion sehen in Stalin ihren Freund, Vater und Führer.
> Stalin – ist ein Freund des Volkes in seiner Einfachheit.
> Stalin – ist der Vater des Volkes mit seiner Liebe zum Volke.
> Stalin – ist der Führer der Völker in seiner Weisheit eines Führers im Kampfe der Völker.«

Jemeljan Michajlowitsch Jaroslawski, einer der Hofkomentatoren des Stalinismus, überschrieb eines der Kapitel in seinem Buch »Über den Genossen Stalin« mit der Zeile »Der Führer der Völker«. Die wesentliche Aussage in diesem Kapitel war: »An der Seite Lenins von Ende der neunziger Jahre an und immer zusammen mit Lenin, immer auf einem Wege, niemals von diesem Wege abweichend, geht der Genosse Stalin (...).«
Während Stalin solche und ähnliche »Schöpfungen« las, war er überzeugt davon, daß er den Gipfel seines Lebenswegs noch nicht erreicht hatte. So, wie man ihn feierte, hatte man niemals zuvor einen russischen Imperator gefeiert. Schließlich glaubte er selbst an seine messianische Rolle des Unfehlbaren, Allwissenden und Allmächtigen.
Bei all diesen Entartungen darf eines nicht übersehen werden: Der Führerkult stabilisierte die sowjetische Gesellschaft, wenn auch auf dogmatischer Grundlage. Heute wissen wir, daß der Zusammenhalt eines Volks auch anders zu verwirklichen ist. Aber damals, als im Land nach Lenins Tod die Ansätze einer sozialistischen Demokratie verkümmerten, hat der Glauben an den »Führer«, an seine Weisheit und an seine Unfehlbarkeit schnell Früchte getragen. Ungeachtet der furchtbaren Repressalien gegen Ende der dreißiger Jahre, der totalitären Tendenzen in der Entwicklung des Staats und der diktatorischen Rolle des »Führers« blieben die Gesellschaft und ihre Grundlagen stabil.

Heute, Jahrzehnte nach Stalins Tod, nachdem schon viel über ihn, seine Zeit, seine Taten und Verbrechen veröffentlicht worden ist, gibt es immer noch Leute, die ihn für einen großen Umgestalter, für einen weisen Führer mit einer »harten Hand« halten. Es drängt sich der Gedanke auf, daß das »Geheimnis« der Zählebigkeit dieser Ergebenheit zu Stalin nicht nur mit zeitlichen Umständen verbunden ist (»das eigene Schicksal, die eigene Zeit, die eigenen Abgötter«), sondern auch eine Nachwirkung der damaligen Propaganda ist: »Der Sozialismus – das ist Stalin.« Deshalb ist die »Treue« zu Stalin in erheblichem Maße eine Treue zu dieser Idee. Ihr wurde soviel geopfert, und plötzlich soll das Symbol, das den Sozialismus verkörperte, eine Täuschung sein. Und »falsche Götter« zu verwerfen, das ist nicht einfach – denn sie sind ja auch Götter.
Offenbar unter dem Einfluß immer neuer Enthüllungen über Stalins Taten hat sich in den letzten Jahren der Eindruck festgesetzt, daß die geistigen Fähigkeiten dieses Menschen nicht höher als mittelmäßig einzustufen seien. Das erinnert an Trotzkis Urteil über Stalin, er sei von »herausragender Mittelmäßigkeit«. Aber dem darf man wohl kaum zustimmen. Wie wäre es sonst zu verstehen, daß Stalin vom Jahr 1912 an in die führenden Organe der Partei vordringen konnte, daß Lenin ihn einen der »herausragenden Führer« genannt hatte, daß es ihm gelang, aus einem komplizierten Kampf gegen intellektuell hochbegabte Persönlichkeiten als Sieger hervorzugehen?
Wenn wir heute Stalin charakterisieren, nennen wir zu Recht an erster Stelle seine Verbrechen. Aber diese Bewertung beleuchtet nur den moralischen Aspekt des Phänomens. Stalin hatte einen außergewöhnlichen Intellekt, und dieser verband sich organisch mit seiner Bösartigkeit. Sein Intellekt arbeitete wie eine Rechenmaschine, wie ein von jedem ethischen Ideal befreiter erbarmungsloser Apparat. In einem Satz: Stalin besaß einen außerordentlich bösen Verstand. Stalin hatte vor der Revolution bei intellektuellen Auseinandersetzungen nicht wenige Schwierigkeiten und häufig erniedrigende Minuten durchlebt. Er wollte sich nicht mit der Rolle des Statisten in diesen Diskussionen abfinden, sondern bemühte sich, den Kreis seines politischen und theoretischen Wissens zu erweitern. Trotz seiner umfangreichen Pflichten arbeitete Stalin viel, um sein intellektuelles Niveau zu erhöhen.
Im Stalin-Archiv ist ein interessantes Dokument erhalten geblie-

ben. Es hat folgende Vorgeschichte: Im Mai 1925 gab Stalin Towstucha Anweisung, für sich selbst eine gute Bibliothek zusammenzustellen. Towstucha fragte: »Welche Bücher müssen in der Bibliothek sein?« Stalin begann, Titel aufzuzählen, aber dann hörte er plötzlich auf damit. Er setzte sich an den Tisch, und in Gegenwart seines Helfers schrieb er – fast ohne nachzudenken – innerhalb von zehn bis fünfzehn Minuten mit einem Bleistift folgendes auf das Blatt des Schulhefts:

»Eine Notiz für den Bibliothekar. Mein Rat (und meine Bitte):
1) Die Bücher sind nicht nach Autoren, sondern nach Themen zu klassifizieren:
   a) Philosophie,
   b) Psychologie,
   c) Soziologie,
   d) politische Ökonomie,
   e) Finanzen,
   f) Industrie,
   g) Landwirtschaft,
   h) Genossenschaften,
   i) russische Geschichte,
   j) Geschichte anderer Länder,
   k) Diplomatie,
   l) Innen- und Außenhandel,
   m) Militärwesen,
   n) nationale Frage,
   o) Parteitage und Konferenzen (und ebenso Beschlüsse der Partei, der Komintern und andere (ohne Dekrete und Kodizes der Gesetze),
   p) Lage der Arbeiter,
   q) Lage der Bauern,
   r) der Komsomol (alles, was in den einzelnen Ausgaben über den Komsomol existiert),
   s) Geschichte der Revolution in anderen Ländern,
   t) über das Jahr 1905,
   u) über die Februarrevolution 1917,
   v) über die Oktoberrevolution 1917,
   w) über Lenin und Leninismus,

x) Geschichte der KPR und der Internationale,
y) über die Diskussionen in der KPdSU (Artikel, Broschüren),
z) Gewerkschaften,
A) Belletristik,
B) Kunstkritik,
C) politische Zeitschriften,
D) naturwissenschaftliche Zeitschriften,
E) Wörterbücher aller Art,
F) Memoiren.

Aus dieser Klassifikation sind folgende Bücher auszunehmen (und getrennt aufzustellen):

a) Lenin (getrennt)
b) Marx (–)
c) Engels (–)
d) Kautsky (–)
e) Plechanow (–)
f) Trotzki (–)
g) Bucharin (–)
h) Sinowjew (–)
i) Kamenew (–)
j) Lafargue (–)
k) Luxemburg (–)
l) Radek (–)

Alle übrigen nach Autoren klassifizieren. (Aus der Klassifikation sind auszuschließen und separat zu stellen: jegliche Lehrbücher, kleine Zeitschriften, antireligiöse Makulatur und so weiter.)

29. 5. 1925 J. Stalin«

Angesichts der Tatsache, daß dieser Entwurf spontan entstanden ist, und auch angesichts der Tatsache, daß die literarische Bildung in jener Zeit auf einem sehr niedrigen Niveau war, muß man Stalin einen gewissen theoretischen Überblick zubilligen. Den Hauptakzent setzte er, wie wir sehen, auf die Werke des wissenschaftlichen Sozialismus, der Geschichte und auf einige Gebiete des Wissens, die vor allem mit der politischen Arbeit und mit dem Kampf gegen die »Oppositionen« verbunden war. Sofern Autoren erwähnt sind, handelt es sich vor allem um solche, mit denen er noch streiten sollte. Im Entwurf fehlen viele sozialistische Theoretiker und solche wichtigen

Autoren wie etwa Hegel, Kant, Feuerbach, Rousseau, Descartes, Diderot und viele zeitgenössische sozialistische Theoretiker.
Stalins Bibliothek läßt einige Rückschlüsse zu, er hinterließ dort seine Spuren. Auf den Seiten vieler Bücher, ob in der Kreml-Bibliothek, in Kunzewo oder in der Wohnung, befinden sich zahlreiche Randbemerkungen und unterstrichene Stellen. Auf einigen Büchern befindet sich ein Exlibris: »Bibliothek Nr. ... J. W. Stalin«. Alle Bände der ersten Ausgabe der Gesammelten Werke Lenins sind mit Randbemerkungen, Unterstreichungen und Ausrufungszeichen bedeckt. Einigen Schriften hatte er sich offensichtlich nicht nur einmal zugewandt, denn diverse Stellen sind rot, blau und mit Bleistift unterstrichen. Mehr als alles interessierten Stalin die Gedanken Lenins über die Diktatur des Proletariats, sein Kampf gegen Menschewiki und Sozialrevolutionäre, seine Reden auf den Parteitagen. Sonst beschäftigte er sich von den Zeitgenossen am meisten mit den Arbeiten Bucharins und Trotzkis. Beispielsweise ist Bucharins Broschüre »Technik und Ökonomik des gegenwärtigen Kapitalismus«, die im Jahr 1932 erschienen ist, voll mit Randbemerkungen des »Führers«.
Stalin interessierte sich besonders für die Überlegungen Bucharins über die Wechselbeziehung zwischen Produktivkräften und Produktionsverhältnissen. In M. Smolenskis Biographie »Trotzki«, die 1921 in Berlin veröffentlicht worden ist, sind alle Stellen unterstrichen, die Stalins unversöhnlichen Gegner kritisch beurteilen: »Trotzki ist giftig und unerträglich«, »ein herrschsüchtiger Politiker«, »ein genialer politischer Abenteurer« und so weiter. Stalin suchte, wo er nur konnte, Argumente gegen seinen Antipoden. Offenbar entnahm er viele seiner Argumente auch Trotzkis Broschüre »Terrorismus und Kommunismus« aus dem Jahr 1920. Ebenso aufmerksam studierte er die Bücher Sinowjews »Der Krieg und die Krise des Sozialismus«, Kamenews »N. G. Tschernyschewski«, Bubnows »Die grundlegenden Momente in der Entwicklung der Kommunistischen Partei in Rußland«, Narwskis »Zur Geschichte des Kampfes des Bolschewismus mit dem Luxemburgismus«, Stens Arbeit »Zur Frage der Stabilisierung des Kapitalismus« und andere. Alles, was den »Kampf« betraf, entging Stalins Aufmerksamkeit nicht.
Sein ganzes Leben lang interessierte Stalin sich für historische Literatur und vor allem für die Lebensbeschreibungen von Kaisern

und Zaren. In den dreißiger und vierziger Jahren wurden in seiner Bibliothek historische Lehrbücher für die Mittelschule und für die Hochschulen gesammelt, und alle waren voll von seinen Randbemerkungen. Es ist nicht schwer, zu bemerken, daß Stalin in der russischen Geschichte ein wichtiges Instrument sah, um das gesellschaftliche Bewußtsein zu prägen und um seine Selbstherrschaft zu legitimieren. Die Helfer Stalins berichteten ihm ständig über die ihrer Meinung nach interessanten Artikel der Presse. Manchmal unterbrach der »Führer« die Arbeit an den Akten für dreißig oder vierzig Minuten und nahm die literarischen Neuerscheinungen in die Hand oder blätterte in Zeitschriften. Ab und zu betätigte er nach der Lektüre die Glocke, ein Helfer trat ein, und Stalin bat ihn, diesen oder jenen Schriftsteller oder Leiter einer Künstlervereinigung anzurufen und ihm Glückwünsche und Anmerkungen weiterzugeben. Es gab auch Fälle, in denen er die Feder selbst in die Hand nahm. Nachdem er »Die Steppen der Ukraine« Alexander Jewdokimowitsch Kornejtschuks durchgeblättert hatte, schrieb er sogleich einen kurzen Brief:

»Sehr verehrter Alexander Jewdokimowitsch!
Ich habe Ihr ›Die Steppen der Ukraine‹ gelesen. Es ist eine bemerkenswerte Geschichte geworden – künstlerisch einheitlich, lustig, sehr lustig. Ich befürchte nur, sie ist zu lustig; es besteht die Gefahr, daß die zügellose Fröhlichkeit in der Komödie die Aufmerksamkeit des Lesers von ihrem Inhalt ablenken könnte. Übrigens: Ich habe auf Seite 68 einige Worte hinzugefügt. Dies zur größeren Klarheit. Gruß!
J. Stalin«

Die Einfügungen Stalins waren folgende:

»Die Steuerabgaben richten sich nun nicht nur nach der Anzahl des Viehs, sondern auch nach der Anzahl der Hektar des Kolchoslandes.«
»Züchte soviel Kolchosvieh, wie du kannst, die Steuer bleibt dieselbe.«

Der pragmatische Verstand Stalins setzte auch hier ein: Er ließ sich die Chance nicht nehmen, um den letzten Beschluß des ZK klarzustellen.
Nachdem er das Stück Nikolaj Erdmans »Selbstmörder« gelesen hatte, schrieb er an Konstantin Sergejewitsch Stanislawski:

»Sehr verehrter Konstantin Sergejewitsch!
Ich halte nicht sehr viel von dem Stück ›Selbstmord‹ (so im Text; D. W.). Meine vertrautesten Genossen halten es für etwas leer und sogar für schädlich. (...) Ich schließe nicht aus, daß es dem Theater gelingen wird, sein Ziel zu erreichen. Der Kulturpropagandist (Genosse Stetzki) wird Ihnen in dieser Angelegenheit helfen. Es wird Genossen geben, die sich in der künstlerischen Sache auskennen. Ich bin in dieser Sache ein Dilettant.
Gruß!
9. 11. 1931 J. Stalin«

Wir sehen, der »allwissende Führer« konnte auch kokettieren. Zum Beispiel, wenn er es für nützlich hielt, sich »liberal« zu geben.
Stalin verfolgte aufmerksam die Literatur, die im Ausland erschien. Speziell für ihn wurden fast alle neuen Schriften Trotzkis übersetzt. Andere Werke von Emigranten betrachtete Stalin ebenfalls mit Interesse. Im Dezember 1935 fragte der Abteilungsleiter für Presse und Verlage des ZK B. Tal bei den Mitgliedern des Politbüros an: »Bitte, geben Sie an, welche der unten aufgeführten Weißemigranten-Ausgaben für Sie im Jahre 1936 bestellt werden sollen:
1. Die letzten Neuigkeiten
2. Wiedergeburt
3. Der Sozialistische Bote
4. Die Fahne Rußlands
5. Bulletin des ökonomischen Kabinetts Prokopowitschs
6. Harbiner Zeit
7. Neues Russisches Wort
8. Zeitgenössische Schriften
9. Illustriertes Rußland.«

Nachdem Stalin diese Liste gelesen hatte, sagte er zu seinem Helfer: »Alles, alles bestellen!«

Das Verhältnis Stalin zur antireligiösen Literatur ist interessant, er nannte sie »Makulatur«. Die religiöse Erziehung äußerte sich sein Leben lang. Häufig finden sich religiöse Wendungen in Stalins Schriften und Reden. Erinnern wir uns an seinen dramatischen Auftritt im Rundfunk am 3. Juli 1941, als er sich mit der überraschenden Anrede

»Brüder und Schwestern!« an die Bevölkerung wandte. Für die Glückwünsche zu seinem fünfzigsten Geburtstag bedankte Stalin sich in der »Prawda«: »Ihre Glückwünsche und Grüße gebe ich an die große Partei und an die Arbeiterklasse weiter, die mich geboren und erzogen hat *nach ihrem Vorbild*« (Hervorhebung von mir; D. W.). Während einer Unterhaltung mit Churchill in Moskau im August 1942 kam die Rede auf Lloyd George, einen der Urheber der ausländischen Intervention gegen die Sowjetmacht in den Jahren des Bürgerkriegs. Stalin schwieg, holte kurz Atem, als würde er die Summe seiner Erinnerungen ziehen, und sagte: »Das alles ist Vergangenheit, und die Vergangenheit gehört Gott.«

Stalin war ein Apologet der Formen und der starren Definitionen. Er konnte stundenlang nach einem Wort suchen, nach einem Begriff, den die Klassiker benutzt hatten, um, wie er annahm, die Gegner zu »schlagen«, sie »beim Wort zu nehmen«. So »überführte« Stalin Bucharin auf dem Plenum des ZK und der ZKK 1929 der »Verleumdung Lenins«. Das erschien ihm besonders wichtig, denn Bucharins Reputation als Theoretiker war bekannt.

Auf einer Sitzung, die am Vorabend des Plenums stattgefunden hatte, hatte Bucharin die richtige Vorstellung geäußert, daß ein übermäßiges Hinüberpumpen von Ressourcen aus der Landwirtschaft zugunsten der Industrie ein »übermäßig an den Kräften zehrender Tribut« sei. Am Abend wühlte er zusammen mit Towstucha lange in Lenins Werken herum. Und er wurde fündig. Sogleich formulierte er eine Kette von »schlagenden« Argumenten. In seiner Rede auf dem Plenum sagte er: »Bucharin ereiferte sich hier mächtig und behauptete, daß in der marxistischen Literatur das Wort ›Tribut‹ nicht geduldet werden dürfe. Er empörte sich und wunderte sich darüber, daß das ZK der Partei und Marxisten überhaupt sich erlauben, das Wort ›Tribut‹ zu gebrauchen. Aber was ist daran Verwunderliches, wenn erwiesen ist, daß dieses Wort schon lange in den Artikeln eines solchen Marxisten wie des Genossen Lenin Bürgerrecht erhalten hat? Oder vielleicht genügt Lenin nicht den Anforderungen, die Bucharin an einen Marxisten stellt?«

Und hier führte Stalin einige Leninsche Arbeiten an, in denen das Wort »Tribut« in einem völlig anderen Zusammenhang vorkommt. Aus dem Auditorium kam ein Zwischenruf:

»Trotzdem wurde gegenüber dem Mittelbauern nie der Begriff ›Tribut‹ angewandt.«

Stalin antwortete:

»Glauben Sie denn, daß der Mittelbauer der Partei näherstehe als die Arbeiterklasse? Sie sind mir der richtige Marxist. Wenn man hinsichtlich der Arbeiterklasse von ›Tribut‹ sprechen kann, hinsichtlich der Arbeiterklasse, deren Partei wir sind, warum kann man nicht dasselbe hinsichtlich des Mittelbauern sagen, der doch nur unser Verbündeter ist?«

Stalin kümmerte es nicht, daß er die Auseinandersetzung mit einer Plattheit geführt hatte: Hatte Lenin das Wort »Tribut« benutzt oder nicht? Der Kern der Frage stand für ihn an zweiter Stelle.
Stalin konnte seinen politischen Verstand bei verschiedenen Diskussionen schärfen. Immer wieder benutzte er den gleichen Kunstgriff, um die Widersacher in die Ecke zu drängen. Unentwegt stellte er sich als »Verteidiger« Lenins dar und als derjenige, der als einziger Lenin richtig interpretierte. Auf jedes Argument, das ihm entgegengehalten wurde, fand Stalin schnell ein Lenin-Zitat. Oft handelte es sich dabei um Äußerungen, die Lenin in ganz anderen Zusammenhängen getan hatte. Stalin hatte schon seit langem bemerkt, daß der Schutzpanzer aus Lenin-Zitaten ihn praktisch unverwundbar machte.
Einst hatten sich Sinowjew und Stalin über Fragen der Kommunistischen Internationale auseinandergesetzt, zu einem Zeitpunkt, als die Beziehung zwischen ihnen schon gründlich verdorben war. Sinowjew hielt Stalin vor:

»Für Sie ist ein Lenin-Zitat wie ein Diplom für Ihre Unfehlbarkeit. Aber man muß seinen Kern sehen!«
»Ist es denn schlecht für die Idee, wenn sie ›ein Diplom‹ für den Sozialismus ist?« entgegnete Stalin.

Ist es nicht seltsam, daß die genauen, häufig schönen und eleganten Argumente Trotzkis, Sinowjews, Kamenews und Bucharins im Auditorium oft keine Unterstützung fanden? Aber die grobschlächti-

gen, platten und häufig nur primitiven Sätze Stalins wurden beklatscht. Für ihn war das alles ganz einfach: Jene wollten den Leninismus revidieren, und er verteidigte ihn.
Der verwundbarste Punkt in Stalins Gedanken und Argumenten war die Unfähigkeit, die Dialektik zu beherrschen. Der »Führer« fühlte dies, und er hat sich lange und beharrlich bemüht, sein philosophisches Wissen zu vergrößern. Auf Empfehlung der Leitung des Instituts der Roten Professur lud Stalin den damals bekannten sowjetischen Philosophen und Altbolschewiken Jan Sten zu sich ein. Dieser unabhängige Denker sollte ihm »Unterricht in Dialektik« erteilen. Sten war stellvertretender Direktor des Marx-Engels-Instituts. Später arbeitete er an verantwortungsvoller Stelle im ZK-Apparat und war Delegierter auf einigen Parteitagen. Außerdem war er Mitglied der ZKK. Sten wurde zu Stalins »Philosophielehrer«. Er arbeitete ein spezielles Programm aus, das das Studium Hegels, Kants, Feuerbachs, Fichtes, Schellings und ebenso Plechanows und Kautskys umfaßte. Zweimal wöchentlich kam Sten zu Stalin, und geduldig versuchte er, dem hochgestellten Schüler Hegels philosophische Welt näherzubringen. Die Abstraktheit machte Stalin wütend, aber er behielt die Gewalt über sich und hörte weiter Stens monotoner Stimme zu, ab und an unterbrach er ihn mit unwirschen Fragen: »Welche Bedeutung hat das alles für den Klassenkampf?« – »Wer soll diesen ganzen Blödsinn in der Praxis anwenden?«
Sten erinnerte Stalin daran, daß Hegels Philosophie zusammen mit den Ideen anderer deutscher Philosophen eine der Quellen des Marxismus darstelle, und er fuhr ruhig fort: »Die Hegelsche Philosophie ist im Grunde ein ›auf den Kopf gestellter‹ Materialismus, und deshalb ist sie zutiefst doppelsinnig. Die Genialität des Philosophen besteht darin, daß er in sein System einzelne materialistische Elemente einbezieht. Es ist im Grunde eine Enzyklopädie des Idealismus. In seinem metaphysischen System ist die dialektische Methode genial ausgearbeitet worden. Marx sagte, daß Hegels Dialektik auf dem Kopf stehe, und man müsse sie auf die Füße stellen, um ihren rationalen Kern sehen zu können ...«
Stalin, bereits ungehalten, fragte: »Welche Bedeutung hat dies für die Theorie des Marxismus?«
Sten setzte geduldig noch einmal an, dem »Führer« die Grundlagen des Hegelschen Denkens in stark vereinfachter Form zu erklären.

Aber Stalin verstand die Dialektik bestenfalls fragmentarisch. Möglicherweise empfand der »Schüler« bald Abneigung gegenüber dem »Lehrer«. Sten war ein Schüler des Akademiemitglieds A. M. Deborin. Dieser wurde als »theoretischer Meßdiener des Trotzkismus« diskriminiert, 1937 wurde er verhaftet und ermordet. Sten hatte noch einmal Glück, wenn auch nur für kurze Zeit. Stalin beschränkte sich zunächst darauf, dem großen Wissenschaftler das Etikett eines »militanten Idealisten und Menschewiken« anzuhängen und ihn aus dem wissenschaftlichen und gesellschaftlichen Leben zu verbannen. Erst später sollte er das Schicksal seines Kollegen teilen.
Im Oktober 1930 fand eine Sitzung des Präsidiums der Kommunistischen Akademie statt. Erörtert wurden »die Meinungsverschiedenheiten an der philosophischen Front«. Die Sitzung beschränkte sich im wesentlichen darauf, Deborin wegen seiner angeblichen »Unterschätzung der Leninschen Etappe in der Entwicklung der marxistischen Philosophie« anzugreifen. Deborin verteidigte sich verzweifelt, aber Miljutin, Mitin, Melonow und Jaroslawski »überführten« ihn, mit ihm auch Sten, Karew und Luppol der »Unterschätzung« der materialistischen Dialektik. Nach der Sitzung gingen die heißen Debatten in der Akademie weiter. Die Gelehrten konnten sich nicht abfinden mit der Einführung von Polizeimethoden in der Wissenschaft.
Die Philosophie war das erste Opfer der Stalinschen »Wissenschaft«. Stalin ließ deutlich erkennen, daß es in den Gesellschaftswissenschaften nur einen Führer geben dürfe, und zwar den, der auch der politische Führer war.
Im Dezember desselben Jahres hielt der Generalsekretär eine Rede über die Lage an der »philosophischen Front«. Stalins Rede war hart und kategorisch. Sie zeugt vom Niveau seines philosophischen Denkens. Das Stenogramm der Rede liegt im Stalin-Archiv. Stalin sagte:

»Man muß den ganzen Mist, der sich in der Philosophie und der Naturwissenschaft angesammelt hat, durchstöbern und neu umgraben. Alles, was die Gruppe Deborins geschrieben hat, muß zerschlagen werden. Sten und Karew wird man herausbrechen können. Sten markiert den Mutigen, aber er ist ein Schüler Karews. Sten ist ein tollkühner Faulenzer. Er kann nur Unterhaltungen führen. Karew macht sich wichtig und geht wie ein aufgeblasener Sack. Deborin ist meiner Meinung nach ein unzuverlässiger Mensch, doch man sollte ihn in der Redaktion lassen (gemeint ist die Zeitschrift ›Unter dem Banner des Marxismus‹; D. W.), um jemanden zu haben, den man schlagen kann. Sie werden in der Redaktion zwei Fronten haben, aber Sie werden in der Mehrheit sein.«

Nach der Rede wurde Stalin mit Fragen überhäuft:

»Kann man den Kampf in der Theorie mit politischen Abweichungen in Zusammenhang bringen?«
Stalin: »Das ist nicht nur möglich, sondern auch unbedingt notwendig.«
»Und was ist mit den ›Linken‹? Mit den ›Rechten‹ haben wir uns schon beschäftigt.«
Stalin: »Der Formalismus tritt unter dem Deckmantel des Linksradikalismus auf. Er verkauft sein Material mit linker Soße. Und die Jugend ist erpicht auf die Linke. Und diese Herren sind gute Köche.«
»Auf was sollte man seine Aufmerksamkeit konzentrieren (...)?«
Stalin: »Schlagen – ist das Hauptproblem. In alle Richtungen schlagen und dorthin, wo noch nicht geschlagen worden ist. Hegel ist für die Deborin-Leute eine Ikone. Plechanow muß entlarvt werden. Er hatte schon immer ein herablassendes Verhältnis zu Lenin gehabt. Auch bei Engels ist nicht alles richtig. In seinen Bemerkungen zum Erfurter Programm gibt es eine kleine Passage über das Hineinwachsen in den Sozialismus. Das versuchte Bucharin auszunutzen. Es wird nicht schaden, wenn wir irgendwo in unserer Arbeit auch Engels anhaken würden.«

Während Stalin auf die Fragen antwortete, hatte er vermutlich bereits beschlossen: Er mußte seine Anweisungen in einem besonderen Beschluß bekräftigen. Der Beschluß des ZK über die Zeitschrift »Unter dem Banner des Marxismus« wurde im Folgemonat gefaßt. Deborins Anhänger, die sich um diese Zeitschrift versammelt hatten, wurden als »Gruppe des menschewisierenden Idealismus« verurteilt.
Alexander Pawlowitsch Balaschow hat mir erzählt, daß Stalin im Verlauf von 24 Stunden eine kolossale Menge von Informationen durcharbeiten konnte: Berichte, Bescheinigungen, Telegramme, chif-

frierte Meldungen, Briefe. Und auf fast jedem dieser Dokumente hinterließ er Anweisungen. In ihnen zeigt sich in komprimierter Form sein Verhältnis zu den unterschiedlichsten Fragen. Nachdem er einen der vielen Briefe, die an ihn persönlich gerichtet waren, gelesen hatte, schrieb er seine lakonischen Bemerkungen darauf: »Danken Sie für das gute Verhältnis« – »Helfen Sie dem Menschen« – »Irgendein Blödsinn«. Ab und an suchte er sich ein oder zwei Briefe heraus und antwortete ausführlich.
Da ist zum Beispiel der Brief des Altbolschewiken Schneer aus Leningrad. Er fragte Stalin nach der Gefahr einer Restauration des Kapitalismus und danach, ob es im Politbüro Abweichungen gebe. Stalin riß ein Blatt aus einem seiner großen Notizblöcke heraus und schrieb mit leserlicher Schrift:

»Genosse Schneer!«
(...) Daraus folgt nur das eine – daß die Gefahr einer Restauration des Kapitalismus bei uns existiert. (...) Ich sage in meiner Rede direkt, daß die rechte Abweichung ›die Kraft des Kapitalismus bei uns unterschätzt‹ (...). Was die ›linke‹, trotzkistische Abweichung betrifft, so sage ich in meiner Rede direkt, daß sie die Möglichkeit der Errichtung des Sozialismus in unserem Lande verneint, daß sie die Idee des Bündnisses der Arbeiterklasse und der Bauernschaft verneint und bereit ist, ihren phantastischen Plan der Industrialisierung um den Preis des Bruchs mit der Bauernschaft durchzuführen. (...) Sie sind nicht mit meiner Erklärung zufrieden, daß es im Politbüro bei uns weder eine rechte noch eine ›linke‹ Abweichung oder Versöhnlertum ihnen gegenüber gibt. War ich zu einer solchen Erklärung berechtigt? Ja, das war ich. Warum? Weil, *als der Wortlaut des Aufrufs des ZK an die Mitglieder der Moskauer Organisation im Politbüro angenommen wurde, von den anwesenden Mitgliedern des Politbüros nicht eins dagegen stimmte.* Ist das gut oder schlecht? Ich glaube, das ist gut. (...)
Mit kommunistischem Gruß
27. 10. 1928 J. Stalin«

Ein weiteres Dokument aus den dreißiger Jahren. Aus den Tagen von Stachanows Triumph. Er und ein Kollege namens Grant fragen die Regierung, ob es möglich sei, Stachanow-Leute zu Technikern oder Ingenieuren auszubilden. Zu diesem Zweck sollten sie ein oder zwei

Tage pro Sechstagewoche von der Produktion freigestellt werden. Viele unterstützten diesen Vorschlag. Es erschien revolutionär. Darüber schrieb man in den Zeitungen.
Stalin las die Anfrage und schrieb knapp darauf:

»Genosse Ordschonikidse.
Die Angelegenheit ist nicht ernst.
J. St.«

Marschall Schukow bemerkte an Stalin die »Fähigkeit, seine Gedanken verständlich zu formulieren, einen natürlichen, analytischen Verstand, eine große Gelehrsamkeit und ein selten gutes Gedächtnis«. Weiter schreibt der herausragendste der sowjetischen Heerführer:

Stalin »las viel und war ein umfassend informierter Mensch in den verschiedensten Bereichen des Wissens. Die erstaunliche Arbeitsfähigkeit, die Kunst, schnell den Kern einer Angelegenheit herauszukristallisieren, erlaubten ihm, während eines Tages eine derartige Quantität unterschiedlichen Materials durchzusehen und zu erfassen, wie sie nur einem außergewöhnlichen Menschen möglich ist. (...) Er hatte einen starken Willen, war von verschlossenem und heftigem Charakter. In der Regel ruhig und vernünftig, verfiel er von Zeit zu Zeit in scharfe Reizbarkeit. In solchen Momenten verlor er die Objektivität, er veränderte sich äußerlich stark, er wurde noch blasser, und sein Blick wurde schwer und grausam.«

Marschall Wassilewski hob das »erstaunlich starke Gedächtnis« Stalins hervor: »Ich habe niemals Menschen getroffen, die sich an derart vieles erinnerten wie er. Stalin kannte nicht nur alle Front- und Armeekommandierenden, und ihrer waren mehr als hundert, sondern auch einige Kommandeure der Korps und Divisionen. (...) Im Verlauf des ganzen Krieges erinnerte sich Stalin ständig an die Zusammensetzung der strategischen Reserven und konnte jederzeit diese oder jene Formation benennen.«

Bei allen Fähigkeiten, die er besaß, war er nicht in der Lage, langfristige Prognosen zu erarbeiten. Die Zukunft war seinem Denken verschlossen. Die Parteigenossen hatten dies früh bemerkt. Der Sekretär des Tulaer Gebietskomitees der KPR(B) Iwan Kabanow sagte Mitte der zwanziger Jahre:

»Stalin, das ist natürlich ein großer Mensch, ein großer Verstand, ein guter Organisator, jedoch ist sein Verstand nicht analytisch, sondern schematisch. Die Fragen der Vergangenheit klärt er ausgezeichnet, so daß allen alles klar wird. Aber die Perspektiven kann er schlechter erfassen. Das ist er nicht gewöhnt.«

Stalins Intellekt war in vielerlei Hinsicht außergewöhnlich, doch war er keineswegs »genial« oder gar »herausragend«. Und er hatte keine rationalen »Bremsen« bei der Beurteilung der eigenen Möglichkeiten. Stalin konnte beinahe über alle Sphären des Wissens kategorisch »urteilen« – von der politischen Ökonomie bis zur Sprachwissenschaft. Er »unterwies« die Spezialisten der Kinematographie und der Landwirtschaft. Er zog Schlußfolgerungen in militärischen wie in historischen Fragen. Natürlich waren die meisten seiner Urteile dilettantisch.

Und Stalin kannte keine Menschenliebe. Sein böser Verstand mißachtete jede Moral. Ein Beispiel: Im Juli 1946 berichtete Berija Stalin, daß sich in den Arbeitslagern des Innenministeriums während der Kriegsjahre mehr als 100000 Gefangene »angehäuft« hätten, die vollständig arbeitsunfähig seien und deren Unterhalt außerordentlich teuer sei. Das Innenministerium schlug vor, die unheilbar Kranken, auch die seelisch Erkrankten, freizulassen. Stalin schränkte ein: mit Ausnahme besonders gefährlicher Verbrecher, von Feinden, die zu Zwangsarbeit verurteilt worden waren. Dem Führer war es nicht gleichgültig, wie die Unglücklichen sterben würden.

In Stalins Schatten

Zu Beginn des Jahres 1937 besuchte der deutsche Schriftsteller Lion Feuchtwanger Moskau. Als Resultat seiner Reise entstand das apologetische Buch »Moskau 1937«. Feuchtwanger verbarg nicht, daß er sich als Sympathisant auf den Weg gemacht hatte. Während seines Aufenthalts in der Sowjetunion wuchs seine Sympathie für unser

Land noch. Feuchtwanger bemerkte und notierte in seinem Buch auch, daß Stalin im Leben der Menschen in der Sowjetunion eine ungeheure Rolle spielte:

»Die Verehrung Stalins, der maßlose Kult, den die Bevölkerung mit ihm treibt, ist mit das erste, was dem Fremden in die Augen springt, der die Sowjetunion bereist. An allen Ecken und Enden, an passenden Stellen und an unpassenden, sieht man gigantische Büsten und Bilder Stalins. Die Reden, die man zu hören bekommt, nicht etwa nur die politischen, sondern auch Vorträge über beliebige künstlerische und wissenschaftliche Themen, sind gespickt mit Verherrlichungen Stalins, und oft nimmt die Vergötzung des Mannes geschmacklose Formen an.«

Als Feuchtwanger diese Kritik bei einer Begegnung mit Stalin äußerte, zuckte dieser nur die Achseln.

»Er entschuldigt seine Bauern und Arbeiter, die zuviel zu tun gehabt hätten, um sich auch noch Geschmack beizulegen, und mokiert sich ein bißchen über die hunderttausend ungeheuerlich vergrößerten Bilder eines Mannes mit Schnurrbart, die ihm bei Demonstrationen vor Augen flirren.«

Beim Versuch, die Gründe für diese massenhafte Anbetung zu finden, kam Feuchtwanger nicht weiter als bis zu Stalins Person. Die Verbeugung vor dem Führer sei organisch gewachsen mit den Erfolgen des wirtschaftlichen Aufbaus. Das Volk sei Stalin dankbar für das Brot, für das Fleisch, für die Ordnung, für die Bildung und für die Schaffung der Armee, die diesen neuen Wohlstand schütze. Das Volk müsse jemanden haben, dem es seine Dankbarkeit für die verbesserten Lebensumstände zeigen könne, und dafür wähle es nicht abstrakte Begriffe, nicht den abstrakten »Kommunismus«, sondern einen konkreten Menschen – Stalin. So beziehe sich die Hochachtung nicht auf den Menschen Stalin, sondern vielmehr auf den Repräsentanten des erfolgreichen wirtschaftlichen Aufbaus.

»Dazu kommt, daß Stalin wirklich Fleisch vom Fleische des Volkes ist. Er ist der Sohn eines bäuerlichen Schusters, und er hat sich die

Verbundenheit mit Arbeitern und Bauern bewahrt. Mehr als irgendein mir bekannter Staatsmann spricht er die Sprache des Volkes. Er ist bestimmt nicht das, was man einen großen Redner nennt. Er spricht zögernd, keineswegs blendend, mit einer etwas dumpfigen Stimme, beschwerlich. Seine Argumente kommen langsam, sie appellieren an den gesunden Menschenverstand von Leuten, die gründlich, aber nicht schnell begreifen.«

Diese einfache Erklärung gefiel Stalin. Bereits Ende 1937 wurde das Buch, das in Amsterdam erschienen war, blitzartig übersetzt und in großer Auflage in Moskau veröffentlicht. Es ist das einzige Buch in der Sowjetunion, in dem zu Lebzeiten Stalins die Existenz des Personenkults eingestanden wird. Offenkundig konnte das Volk nicht selbst zu Brot und Fleisch kommen, nicht selbst seine Armee aufbauen und nicht selbst Ordnung halten. Alles das war das Ergebnis der Arbeit eines einzigen Menschen: Stalins.

Nach dem 17. Parteitag war keiner übriggeblieben von denen, die zehn Jahre zuvor den Kern der Parteiführung gebildet hatten, außer Stalin. Nun standen während der Demonstrationen zum 1. Mai und an den Jahrestagen der Oktoberrevolution auf der Tribüne des Lenin-Mausoleums Andrejew, Woroschilow, Kaganowitsch, Kalinin, Kirow, Kossior, Kujbyschew, Molotow, Ordschonikidse und auch Mikojan, Petrowski, Postyschew, Rudsutak, Tschubar, später noch Schdanow und Eiche. Aber bald entstanden neue Lücken im Politbüro. Kirow wurde ermordet, Kujbyschew starb, Ordschonikidse beging Selbstmord. Aus dem Politbüro ausgeschlossen und Opfer der Säuberung wurden Kossior, Postyschew, Rudsutak, Tschubar und Eiche. Vor den Augen von sechs Mitgliedern und einem Kandidaten des Politbüros bot sich in den Jahren 1937 bis 1939 ein grauenhaftes Schauspiel. Diese Menschen waren nicht nur Augenzeugen. Sie alle, besonders Stalin, umgeben von seiner »Trojka«, waren als Urheber direkt an der Tragödie beteiligt. Keiner von ihnen hat den Mut besessen, dem »Führer« zu widersprechen. Was für Menschen waren das?
Noch im Frühjahr 1986 konnte man in Schukowka, einer Datschensiedlung vor Moskau, einem alten Mann begegnen mit hoher Stirn und einem Zwicker auf der Nase. Langsam ging er den schmalen Weg entlang, der durch die Siedlung führte. Vorsichtig bewegte er

sich mit seinem Spazierstock und betrachtete die wenigen Menschen, die ihm entgegenkamen, aufmerksam mit seinen verblichenen braunen Augen. Der verschlissene Wollmantel, die abgetragenen Schuhe, der müde Gesichtsausdruck, sein Anblick ließen erahnen, daß dies ein Mensch war, der viel erlebt hatte. Der 97jährige war niemand anderes als der ehemalige Vorsitzende des Rats der Volkskommissare, das ehemalige Politbüromitglied, der ehemalige Volkskommissar für Äußeres, einer der einst engsten Mitarbeiter Stalins – Wjatscheslaw Michajlowitsch Molotow. Schon zu Lenins Lebzeiten war dieser Mann ZK-Sekretär und Kandidat des Politbüros gewesen. Lenin hat über ihn gesagt, daß er einen schädlichen und dummen Bürokratismus verbreite. Der Dichter Tschujew traf sich häufig mit Molotow, und in seinen Schriften gibt es einige dokumentarische Zeugnisse über diesen engen Mitarbeiter Stalins. »Er war bescheiden, genau und akkurat. Er achtete darauf (...), daß das Licht in den anderen Räumen nicht unnütz brannte. Als er am 8. November 1986 starb, öffnete man sein Testament, in einem Briefumschlag befand sich ein Sparbuch: 500 Rubel für die Beerdigung.«
Dieser Mann hatte mit Trotzki, mit Bucharin, mit Rykow und mit Sinowjew zusammengearbeitet. Er war anwesend bei den Verhandlungen mit Hitler und Ribbentrop; er kannte Churchill, Roosevelt und Truman. Er war einer der wichtigsten Architekten des Nichtangriffsvertrags und des Grenz- und Freundschaftsvertrags mit Deutschland. Viele sowjetische Menschen erinnern sich an die dramatischen Worte Molotows, die er (und nicht Stalin!) am 22. Juni 1941 mittags ausgesprochen hatte: »Unsere Sache ist gerechtfertigt. Der Feind wird geschlagen werden. Der Sieg wird unser sein.«
Stalins Erschütterung über den deutschen Überfall war so groß, daß er nicht zum Volk sprechen konnte und sich ihm nicht zeigte. Er übertrug dies seiner »rechten Hand« – Molotow. Sosehr ihn auch die Politbüromitglieder versucht hatten zu überreden, sich an die Öffentlichkeit zu wenden, er konnte es nicht. Er war wie vor den Kopf geschlagen. Er hatte beschlossen, erst dann aufzutreten, wenn, wie er hoffte, der Angriff bald zurückgeschlagen sein würde. Er konnte sich nicht vorstellen, welche Katastrophe heranrückte!
Während langer Jahrzehnte war Molotow der Schatten des »Führers«. Immer in der Nähe: in den Politbürositzungen, auf der Mausoleumstribüne, in den Zeitungsartikeln, bei internationalen Konferen-

zen. Wenn die »Prawda« Molotows Reden veröffentlichte oder von seinen Auftritten berichtete, druckte sie meist eine Fotografie Stalins mit ab.

Was dachte der alte Mann im Jahr 1986? Möglicherweise erinnerte er sich an die ZK-Sitzung im Dezember 1930, als man Rykow vom Posten des Vorsitzenden des Rats der Volkskommissare ablöste und Stalin Molotow die Kandidatur für diesen Posten antrug. Damals sagte Molotow, daß er im Verlauf einiger Jahre »eine Schule der bolschewistischen Arbeit unter der unmittelbaren Führung des besten Schülers Lenins, unter der Führung des Genossen Stalin, durchlaufen habe. Ich bin stolz darauf.«

Kurz vor seinem Tod sagte er über Stalin: »Wenn er nicht gewesen wäre, dann weiß ich nicht, was aus uns geworden wäre.« Bis in seine letzten Tage hielt er Stalin für genial, er war überzeugt davon, daß Tuchatschewski die militärische Kraft der »Rechten« gewesen sei – ein Anhänger Rykows und Bucharins, die eine Verschwörung vorbereitet hätten. Er war nach wie vor der Überzeugung, daß »das Jahr 1937 es erlaubte, bei uns die ›fünfte Kolonne‹ für den Fall eines Krieges zu beseitigen«. Selbstverständlich, stimmte Molotow zu, »wurden Fehler gemacht, es starben viele ehrliche Kommunisten, aber das Erkämpfte ließ sich nicht durch lockere Zügel halten«. Dieser eifrige, strebsame, beharrliche, raffinierte Handlanger Stalins trägt einen gewaltigen Teil der Verantwortung für die Verbrechen der Stalin-Zeit.

Auf dem berüchtigten Februar-März-Plenum des ZK 1937 trug Molotow einen Bericht über »Die Lehren aus der Schädlingsarbeit, Diversion und Spionage der japanisch-deutsch-trotzkistischen Agenten« vor. Der Inhalt des Berichtes war ein Aufruf zum Pogrom:

»Die gestrigen Schwankungen der wankelmütigen Kommunisten sind bereits in Schädlingsakte, in Diversion und Spionage, nach Absprache mit den Faschisten und zu ihren Gunsten, übergegangen. Wir sind verpflichtet, mit Schlag auf Schlag zu antworten, wir müssen auf unserem Weg überall die Abteilungen dieser Auskundschafter und Saboteure aus dem Lager des Faschismus zerschlagen. (...) Wir müssen uns beeilen, diese Sache zu Ende zu bringen, wir dürfen sie nicht aufschieben, und wir dürfen keine Unsicherheit an den Tag legen.«

Er schwankte nicht. Im Juni desselben Jahres schrieb ein Denunziant, der Molotows Aufruf, »diese Sache zu Ende zu bringen«, genau verstanden hatte, an Stalin: Ein hoher Regierungsbeamter, der alte Bolschewik Lomow, sei mit Rykow und Bucharin befreundet gewesen. Stalin notierte auf dem Brief des Denunzianten:

»An den Genossen Molotow. Was tun?«

Die Antwort ließ nicht lange auf sich warten:

»Ich bin für die umgehende Verhaftung dieses Halunken Lomow.
W. Molotow«

Das Schicksal eines Menschen war besiegelt. Verhaftung, Verhör, Urteil, Vollstreckung. Lomow war Parteimitglied seit 1903, er gehörte dem Zentralexekutivkomitee der UdSSR an, und er wurde, wie viele Tausende anderer Bolschewiki, durch einen Federstrich zum »Volksfeind«.
Molotow sorgte in vergleichbarer Weise für die Verhaftung des 1. Sekretärs des Swerdlowsker Gebietskomitees Kabakow, des Volkskommissars für Leichtindustrie Uchanow, des Vorsitzenden des Exekutivkomitees der Region des Fernen Ostens Krutow und vieler, vieler anderer Genossen. Unter direkter Mittäterschaft Molotows wurden von 28 Volkskommissaren, deren Vorgesetzter er war, mehr als die Hälfte Opfer von Repressalien.
Molotow war grausam. Im März 1948 wandte sich der Vorsitzende des Ministerrates der RSFSR Rodionow an ihn: Er bat um Hilfe bei der Unterbringung von 2400 Invaliden und alten Verbannten. Molotows Antwort war knapp:

»Das Ministerium für Inneres ist zu verpflichten, 2400 Invaliden und überalterte Sonderumgesiedelte in Arbeitslagern unterzubringen.
Stellvertretender Vorsitzender
des Ministerrates der UdSSR
W. Molotow«

Stalin erwähnte nicht nur einmal vor den Mitgliedern des Politbüros Molotows Feuereifer und kolossale Arbeitsfähigkeit. Als dieser im

März 1940 fünfzig Jahre alt wurde, ordnete Stalin an, daß die Stadt Perm nun »Molotow« heißen solle, obwohl auf der Landkarte schon mehr als ein Dutzend Städte, Siedlungen, Kolchosen und Sowchosen unter diesem Namen verzeichnet waren.
In den dreißiger Jahren gab es in Stalins Umgebung keine Theoretiker mehr. Der große Theoretiker war er. Ab und zu ließ er sich herab und erlaubte auch einigen seiner Kampfgenossen, vor allem Molotow, sich als Theoretiker zu versuchen. In einem Brief bat der Parteihistoriker Wladimir Viktorowitsch Adoratski Stalin, einen Artikel für die von der Kommunistischen Akademie vorbereitete »Philosophische Enzyklopädie« zu schreiben, und zwar über die Strategie und Taktik des Leninismus. Stalin notierte auf den Brief folgende Bemerkung:

»Genosse Adoratski.
Ich bin furchtbar beschäftigt, und ich kann Ihrer Bitte nicht nachkommen. Versuchen Sie, sich an Molotow zu wenden: Er hat Urlaub, möglicherweise findet er Zeit dafür.
Mit komm. Gruß
J. Stalin«

Selbstverständlich war Molotow kein Theoretiker. Aber verglichen mit Woroschilow, Kaganowitsch, Andrejew und einigen anderen, war er vorzuziehen. Als Bucharin nicht mehr war, war der einzige »Interpret« des Marxismus-Leninismus der »Führer« selbst.
Hinter Molotows Unerschütterlichkeit, Ausdauer, Undurchdringlichkeit und Korrektheit versteckte sich ein starker böser Wille, welcher sich nicht sehr von dem Stalins unterschied.

Was den Feuereifer anbelangt, so unterschied sich Lasar Moissejewitsch Kaganowitsch nicht wesentlich von Molotow. Auch er erfreute sich eines langen Lebens. Im November 1988 feierte er seinen 95. Geburtstag in seiner Moskauer Wohnung.
Semin, der nach dem Krieg bei Wosnessenski gearbeitet hatte, erzählte mir:

»Ich erinnere mich, ich kam zu Kaganowitsch mit irgendwelchen Papieren (er leitete damals die Kriegsindustriekommission), ich trug neue Stiefel. Kaganowitsch nahm die Papiere, schaute mich an, und sein Blick blieb an meinen Stiefeln haften.

›Zieh aus!‹, kommandierte der Stalinsche Volkskommissar.
›Warum?‹ stotterte ich verständnislos.
›Zieh aus, aber schnell!‹
Kaganowitsch wollte es nicht erklären.
Er nahm die Stiefel, die kaum getragen waren. Der Volkskommissar drehte sie lange in seinen Händen hin und her, er schob seine Hände in den Stiefelschacht, und schließlich warf er sie vor mir auf den Boden und erklärte zufrieden: ›Gute Stiefel.‹ – Dann fügte er hinzu: ›Ich war doch Schuhmacher.‹«

Wer weiß? Wäre er Schuhmacher geblieben, hätte er seinen guten Namen erhalten können.
Im Jahr 1911 trat Kaganowitsch in die Partei der Bolschewiki ein, seinem älteren Bruder folgend. 1918 lernte er, der damals Mitarbeiter des Gesamtrussischen Kollegiums zur Organisierung der Roten Armee in Moskau war, Stalin kennen. 1920 wurde Kaganowitsch nach Turkestan abkommandiert.
Als Stalin Generalsekretär geworden war, forderte er Kaganowitsch aus Mittelasien an und setzte ihn an die Spitze der Organisations- und Instruktionsabteilung des ZK. Nun begann der wenig gebildete, aber außerordentlich zielstrebige und höchstgradig unterwürfige Funktionär, rasch die Stufen der Parteihierarchie nach oben zu klettern.
Stalin schätzte Kaganowitsch aus drei Gründen: wegen seiner fast übermenschlichen Arbeitsfähigkeit, wegen seines absoluten Mangels an einer eigenen Meinung zu politischen Fragen und wegen seiner Ergebenheit. Oft erklärte Kaganowitsch, bevor er wußte, um was es ging, und bevor Stalin sein Votum ausgesprochen hatte: »Ich bin absolut der Meinung des Genossen Stalin.«
Eines Tages stellte Stalin seinen Mitstreiter während einer Politbürositzung auf die Probe:

»Lasar, weißt du, daß dein [Bruder] Michail (Volkskommissar für Flugzeugindustrie, Bolschewik seit 1905; D. W.) sich mit den ›Rechten‹ abgegeben hat? Es gibt genaue Angaben.«

»Man muß mit ihm nach dem Gesetz verfahren«, preßte Kaganowitsch mit zitternder Stimme heraus.

Stalin schätzte solche Menschen. Die Ergebenheit zu ihm mußte man ständig beweisen. Und das ging nicht mit Kleinigkeiten, nicht einfach mit Lobpreisungen. Hatte Kaganowitsch diese Ergebenheit auf dem ZK-Plenum im Februar/März 1937 etwa nicht bewiesen? Die Säuberungsmaschine lief noch nicht auf Hochtouren, aber sie hatte die Reihen der Partei schon geschwächt, und auch die Intelligenz, die Arbeiterklasse, die Bauern, die Militärs hatten schon Opfer bringen müssen. In seinem zweistündigen Bericht auf der Sitzung des ZK präsentierte der »Stalinsche Volkskommissar« die ersten Resultate:

»Wir haben im Politapparat des Volkskommissariats für Verkehrswesen 220 Personen entlarvt. Es wurden 485 ehemalige Gendarmen entlassen, 220 Sozialrevolutionäre und Menschewiki, 572 Trotzkisten, 1415 weiße Offiziere, 282 Schädlinge, 449 Spione. Sie alle waren mit der konterrevolutionären Bewegung verbunden.«

Es ist nicht schwer, sich vorzustellen, was Kaganowitsch mit den Worten »entlassen«, »Spione« und »Schädlinge« meinte. Stalin konnte zufrieden sein mit Kaganowitschs »Analyse«, die dieser auf dem Plenum erhitzt vortrug:

»Wir haben es mit einer Bande närrischer Spione zu tun. Bezüglich der Eisenbahnstrecken sind ihre Vorgehensweisen besonders raffiniert. Serebrjakow, Arnoldow und Lifschitz setzten niedrige Fahrkapazitätsnormen an, sie organisierten Entgleisungen und wirkten der Stachanow-Bewegung entgegen. Ganz besonders schädlich verhielten sich Kudrewatych, Wassiljew, Bratin, Neischtedt, Morschtschichin, Bekker, Kronz, Breus – sie behinderten die Einführung der Dampflokomotive ›FD‹. Die Linie Moskau–Donbass wurde von Schädlingen gebaut; Pjatow baute die Turksib schädlingshaft; die Strecke Karaganda–Petropawlowsk wurde von Mratschkowski sabotagehaft gebaut; die Linie Eiche–Sokur wurde von Barski und Eidelman sabotagehaft gebaut.«

Obwohl die Zeitungen über die Planübererfüllungen, über die Neuererbewegung der Eisenbahner des Lobes voll waren, malte Kaganowitsch weiter an seinem düsteren Gemälde:

»Schermergon, der Leiter der Eisenbahnbauverwaltung, war ein Saboteur. Der Genosse Stalin hatte es uns nicht nur einmal gesagt: ›Er ist ein schlechter Mensch, ein Feind.‹ Der Genosse Stalin hatte uns direkt gewarnt und vorgeschlagen, ihn zu beobachten und zu überprüfen ... «

»Ein verdächtiger Mensch«, warf Mikojan ein.

»Serebrjakow, diese abscheuliche Person, benannte die Verteidigungspunkte sehr genau und bestimmte die Sabotageziele.«

Und so weiter, und so fort. Ganze Scharen von Saboteuren hatten offenkundig nur eines im Sinn: sprengen, Verkehrsstockungen verursachen, den Transport behindern. Und schließlich bot Kaganowitsch eine Kostprobe des ihm eigenen Humors:

»Jemschanow, das Ekel, war seit 1934 Leiter der Moskau-Donetzk-Eisenbahnstrecke. Nachdem man ihn entlassen hatte, bekam er keine andere Arbeit mehr und ging auf direktem Wege zum Genossen Jeschow in den NKWD zur Untermiete. Er machte Vorwürfe, er machte Arnoldow Vorwürfe. (...) Alle sagten – man hat diesen Menschen nicht geschützt. Nun, jetzt beschützt und bewacht ihn der Genosse Jeschow.«

Kaganowitsch, der wie alle Mitarbeiter Stalins ungebildet war, versuchte, sich ein Renommee als Theoretiker zu schaffen. Nach einem ZK-Beschluß waren die Leiter von Institutionen, Betrieben und Behörden verpflichtet, mit den Kadern persönlich marxistisch-leninistische Schulungsveranstaltungen durchzuführen. Der ehemalige hohe Angestellte im Volkskommissariat für Verkehrswesen und spätere Volkskommissar Kowalew erzählte mir:

»Kaganowitsch versammelte eine Gruppe von Leitern und eröffnete das Seminar. Bald erteilte er mir das Wort. In meinem Vortrag sprach ich darüber, daß das Proletariat, da es spontan handele, aufgrund seiner Lage lediglich ein trade-unionistisches Bewußtsein entwickeln könne. Wie von Sinnen starrte Kaganowitsch mich an, er schaute sich um und sagte: ›Was schwatzt du da, was ist denn ein ›junionistisches‹

Bewußtsein? Das Proletariat kann alles entwickeln! Ein proletarisches Bewußtsein!‹ Alle schauten sich um. Sosehr ich auch Lenin bemühte, um Kaganowitsch die unbedingte Notwendigkeit darzustellen, dem Proletariat die wissenschaftliche Theorie ins Bewußtsein zu bringen, er verstand dies nicht. Kaganowitsch schaute mich mißtrauisch an, er löste das Seminar auf, und in Zukunft nahm er von der Durchführung solcher an seinen Kräften zehrenden Dinge Abstand.«

Seine »Autorität« erwarb Kaganowitsch sich durch kurze Besuche zur »Wiederherstellung der Ordnung« in dieser oder in jener Gegend im Auftrag des »Führers«. Seine Besuche in den Gebietsparteiorganisationen von Tscheljabinsk, Iwanowo, Jaroslawl und anderen Städten waren von tatsächlichen Pogromen begleitet: Viele örtliche Funktionäre wurden abgesetzt, es wurden Verfahren gegen sie eingeleitet, die oft tödlich endeten. Stalin war zufrieden mit seinem »eisernen Lasar«, wie er ihn oft nannte. Ebensolche Mitarbeiter brauchte er. Wenn Kaganowitsch über das Schicksal von Menschen entschied, so beriet er sich mit niemandem, er folgte den Instruktionen Stalins. »Schau mal dort vor Ort genau nach und entscheide selbst ... Übe keine Nachsicht ...« Viele Dokumente zeugen davon: Nicht selten redigierte Kaganowitsch die Urteilsentwürfe bereits vor Beendigung der Untersuchung, er veränderte die Akten von Verfahren willkürlich etwa in diesem Sinn: Man habe gegen ihn, den Volkskommissar, »terroristische Akte« geplant. Wie solche Verfahren endeten, ist klar. Bald wurde er Abteilungsleiter des ZK, und durch seine Hände gingen die wichtigsten Ernennungen für hohe Posten. Bereits im Jahr 1926 wurde Kaganowitsch Kandidat des Politbüros. Damals war er 33 Jahre alt. Angesichts der schwierigen Lage in der Ukraine und auf Empfehlung des Generalsekretärs hin wurde Kaganowitsch zum Führer der ukrainischen Kommunisten gemacht. Schon damals war das Verhältnis zwischen Kaganowitsch und dem Vorsitzenden des ukrainischen Rats der Volkskommissare Tschubar schlecht, was schließlich furchtbare Folgen für diesen haben sollte. Der Streit zwischen Kaganowitsch und leitenden Funktionären des ZK der ukrainischen KP nahm kein Ende. Im Jahr 1928 kehrte der »eiserne Lasar« nach Moskau zurück und wurde 1. Sekretär des Moskauer Stadtkomitees und des Moskauer Gebietskomitees der Partei. Auf dem 16. Parteitag schickte das ZK ihn in das Politbüro.

In der ersten Hälfte der dreißiger Jahre war Kaganowitschs Einfluß besonders stark. Oft fuhr der Volkskommissar für Verkehrswesen in Gegenden, in denen die Kollektivierung schwer vorankam, und sofort nach seinem »Blitzbesuch« lief die Sache schneller. Stalin interessierten die Methoden, die der »eiserne Lasar« anwendete, wenig. Kaganowitsch war von Natur aus grausam, grob und ein typischer Vertreter des administrativ-bürokratischen Apparats.
Aufgrund seines Eingreifens vergrößerte sich im Nordkaukasus der Strom der »Entkulakisierten«, die in den Norden deportiert wurden. Im Moskauer Gebiet setzte er jeden ab, der seinen Direktiven nicht unverzüglich folgte. Weil er sie nicht begriff, wurden einige Stücke an den Moskauer Bühnen verboten. Er war Vorsitzender der Zentralkommission zur Durchführung der Parteisäuberung, und er war erbarmungslos. Sein Name steht im Zentrum des rätselhaften Vorfalls während der Wahlen zum ZK auf dem 17. Parteitag. Er war einer der Hauptinitiatoren der Vernichtung vieler historischer Denkmäler – darunter der berühmten Christus-Erlöser-Kirche – in Moskau unter dem Vorwand der Rekonstruktion der Hauptstadt. Stalin wußte den grenzenlosen Arbeitseifer seines Mitarbeiters zu schätzen und belohnte ihn mit dem soeben eingeführten Leninorden.

Zu den nächsten Mitkämpfern des »Führers« gehörte in den dreißiger Jahren auch Kliment Jefremowitsch Woroschilow. Noch zu seinen Lebzeiten wurde sein Namen zur Legende. Damals sangen die jungen Pioniere:

»Wenn uns in den Kampf
Schickt der Genosse Stalin,
Wird uns der erste Marschall
In der Schlacht begleiten.«

Woroschilow war früh zur revolutionären Bewegung gestoßen. Im Jahr 1906 lernte er auf dem 4. Parteitag als Delegierter Lenin, Stalin und andere bekannte Revolutionäre kennen. Nach längeren Verbannungsaufenthalten und Verhaftungen erlebte Woroschilow die Februarrevolution in Petrograd. In den Jahren des Bürgerkriegs kämpfte er an verschiedenen Fronten. Er spielte, wie es bisher immer hieß, eine herausragende Rolle bei den Kämpfen um Zarizyn, während deren seine Freundschaft zu Stalin sich festigte. Der Ruhm Woroschilows als »Held des Bürgerkriegs« ist allerdings in hohem Maß eine bewußt ins Leben gerufene Legende. Gewiß, der zukünftige Volkskommissar für Verteidigung kämpfte tapfer, aber er tat dies ohne Plan und Organisation. Lenin sagte auf dem 8. Parteitag:

»Woroschilow führte solche Fakten an, die bezeugen, daß es furchtbare Spuren von Partisanentum gegeben hat. Das ist ein unbestrittenes Faktum. Der Genosse Woroschilow sagt: ›Wir hatten keinerlei militärische Spezialisten und 60 000 Mann Verlust.‹ Das ist furchtbar. (...) Das Heldentum der Zarizyner Armee geht in die Massen ein, aber es sagt: Wir sind ohne Militärspezialisten ausgekommen. Ist das etwa die Unterstützung der Parteilinie? (...) Der Genosse Woroschilow ist dafür verantwortlich, daß er dieses alte Partisanentum nicht abwerfen will.«

Woroschilow begann seinen kämpferischen Weg in der 1. Reiterarmee, deren Revolutionären Kriegsrat er angehörte; er kämpfte im Nordkaukasus und auf der Krim, er nahm an der Zerschlagung des Kronstadter Aufstands teil. Für seine Leistungen im Bürgerkrieg erhielt er zweimal den Rotbannerorden. Seit dem 10. Parteitag war Woroschilow Mitglied des ZK und seit dem 14. Parteitag auch Mitglied des Politbüros. Nach Frunses mysteriösem Tod wurde Woroschilow Volkskommissar für Heer und Flotte, und er engagierte sich beim weiteren Aufbau der Roten Armee. Die Erfolge, die dabei erzielt wurden, sind im wesentlichen darauf zurückzuführen, daß im Volkskommissariat, in den Militärakademien und in einer Reihe von Militärbezirken viele kreative Militärführer und Militärwissenschaftler arbeiteten, die die Revolution hervorgebracht hatte; teilweise waren es Offiziere der alten Armee. Bereits Ende der zwanziger Jahre erschienen Biographien und viele Artikel über Woroschilow, unter anderem unter den Titeln: »Der Führer der Armee der Weltrevolution«, »Wir erwarten deinen Befehl, Genosse Woroschilow«, »Bolschewistischer Armeeführer«, »Von der Werkbank zum Oberkommandierenden« und so weiter. Es wurde das Abzeichen »Woroschilow-Scharfschütze« eingeführt, und zu Ehren Kliment Woroschilows wurde ein schwerer Panzer »KW« genannt. (Ein modernerer und stärkerer Panzer trug die Typenbezeichnung »JS« – »Josef Stalin«.)

Woroschilow war berühmt. Wie stand Stalin dazu? Gelassen. Er beachtete diese Tatsache wenig, denn die Erhebung Woroschilows in den dreißiger Jahren ging einher mit den Worten: »Er erfüllt den Willen des Führers«, »der rote Marschall unter der Führung des Genossen Stalin«, »der Stalinsche Volkskommissar« und so weiter. Stalin kannte Woroschilow besser als jeder andere, er kannte auch seinen Preis. Alle glaubten, daß sie Freunde seien, doch bei einer wirklichen Freundschaft gibt es und darf es keine Schuldner geben. Aber Woroschilow stand tief in Stalins Schuld: für den Ruhm, für die Posten, für die Auszeichnungen.

Er hatte keine eigene Meinung. Er besaß nicht die beinahe unmenschliche Arbeitsfähigkeit Kaganowitschs, nicht den Verstand und die Verschlagenheit Molotows, nicht die Vorsicht und Umsicht Mikojans, und er stand in vielen weiteren Dingen weit hinter den anderen Politbüromitgliedern. Aber Stalin brauchte Woroschilow wegen der Aureole, die sich um den »Führer der Roten Armee« gebildet hatte. Stalin war überzeugt, daß der Volkskommissar ihn jederzeit unterstützen würde. Und darin hat er sich nicht getäuscht. Als die Stunde der blutigen Säuberung gekommen war, schwankte Woroschilow nicht und entfachte zusammen mit seinem »Führer« das Feuer der Verfolgung, in dem drei Marschälle der Sowjetunion verbrannten und Tausende von Kommandeuren der Roten Armee. In seiner Rede auf dem Februar-März-Plenum des ZK 1937 zählte er namentlich viele »Volksfeinde« auf, die in die Rote Armee eingedrungen seien. Woroschilow meinte, durch ein Beispiel illustrieren zu müssen, daß nicht nur an der Spitze »trotzkistische Saboteure« ihr Unwesen trieben. Der Volkskommissar verlas einen Brief des verhafteten Majors Kusmitschew:

»An den Volkskommissar für Verteidigung, den Genossen K. J. Woroschilow.

Man beschuldigt mich der Mitgliedschaft in einer konterrevolutionären terroristischen Gruppe, die ein Attentat auf Sie geplant habe. Ja, ich war in den Jahren 1926 bis 1928 Mitglied der trotzkistischen Opposition. Vor Beginn des Jahres 1929 versuchte ich, meine Schuld zu begleichen. In Ihnen habe ich immer nicht nur den Führer der Roten Armee gesehen, sondern auch einen außerordentlich teilnahmsvollen Menschen. Ich wurde mit zwei Rotbannerorden ausgezeichnet.

Wie konnte es geschehen, daß man mich zur Bande faschistischer Mörder zählt?
Man wird mich wohl erschießen. Möglicherweise werden die Trotzkisten innerhalb einiger Jahre sagen, warum sie einen ehrlichen Menschen verleumdet haben, und wenn die Wahrheit ans Tageslicht kommen wird, bitte ich Sie, den ehrenhaften Namen meiner Familie wiederherzustellen. Entschuldigen Sie die Schmiererei, mehr Papier geben Sie einem nicht.
21. 8. 1936
Kusmitschew«

Nachdem Woroschilow den Brief verlesen hatte, ließ er seine Augen über die Zuhörerschaft schweifen und sprach:

»Und zehn Tage später gestand er: Sie wollten einen Terrorakt im Gebiet von Belaja Zerkwa während der Manöver durchführen.«

Woroschilow wußte, wie man solche Geständnisse erhielt. In seinem Bericht sagte er ferner, er spreche häufig »mit Jeschow bezüglich derer, die der Vertreibung aus den Reihen der Armee unterliegen«.
Ein anderes Mal sagte er: »Ich verteidige vereinzelte Personen. In der Tat kann man in eine unangenehme Situation geraten: Du verteidigst ihn, und auf einmal erweist er sich als echter Feind, Faschist.« Offenbar fühlte sich Woroschilow eben in solch einer unangenehmen Situation, als er folgenden Brief erhielt:

»K. J. Woroschilow. Im Andenken an meine vieljährige ehrenhafte Arbeit in der Roten Armee bitte ich Sie anzuordnen, nach meiner Familie zu schauen und ihr Hilfe zu gewähren, da sie völlig hilflos und absolut unschuldig ist. Mit ebensolcher Bitte habe ich mich an N. I. Jeschow gewandt.
9. Juni 1937
Jakir«

Mit großen Buchstaben vermerkte Woroschilow auf Jakirs Brief:

»Ich zweifle an der Ehrenhaftigkeit eines ehrlosen Menschen überhaupt.
10. Juni 1937
K. Woroschilow«

Vor mir liegen einige Bände von Dokumenten, die Woroschilow unterzeichnet oder auf die er Bemerkungen geschrieben hat. Ein Band mit Briefen von Kommandeuren, die sich angesichts ihres nahenden Prozesses, ihrer bevorstehenden Erschießung an den Volkskommissar wandten. Die Briefe Gorjatschews, Kriwoschejews, Sidorows, Chachanjans, Bukschtynowitschs, Prokofjews, Krasowskis ... Hier ist der Brief Michail Jeferemows, des ehemaligen Kommandeurs des transbaikalischen Militärbezirks:

»Genossen! (...) Alle meine Brüder sind Kommunisten. Vier von ihnen sind Kommandeure der Roten Armee. Mein Sohn, siebzehn Jahre, ist Komsomolze. Mutter und Schwestern sind mit zwölf Kindern im Kolchos ›Der Weg des Sozialismus‹ im Gebiet Orel. Mein Onkel wurde im Jahre 1905 wegen Rebellion in der Flotte erhängt, mein Vater von Kulaken getötet. Ich selbst bin Moskauer Arbeiter. Ich habe am Chinakrieg teilgenommen. Ich habe Verwundungen. Ich erhielt: den Leninorden, drei Rotbannerorden, den Orden des Roten Arbeitsbanners. (...) Ich bitte Sie, meine Leiden und Qualen rascher zu beenden.

Immer Ihr Jefremow Michail«

Dieser Brief blieb ohne Antwort, wie Tausende von anderen. Woroschilow wollte die Säuberungsmaschine nicht bremsen. Mitleidlos befahl er Verhaftungen, Verurteilungen und Erschießungen. Hier der Text einiger Telegramme aus einer Vielzahl ähnlicher in den Jahren 1937 und 1938:

»Chabarowsk. An Blücher. Nr. 88. Verurteilen. K. Woroschilow«
»Swerdlowsk. An Gorbatschow. Nr. 39. Erlaube Arrest. K. Woroschilow«
»Poljarnoje. An den Kommandeur der Nördlichen Polarflottille. Nr. 212. Verurteilen und bestrafen, wie es sich gehört. Woroschilow«
»Swerdlowsk. An Gajlit. Finden, verhaften und strengstens verurteilen. Woroschilow«
»Smolensk. An Below. An Mesis. Nr. 475. Verhaftet sie. K. Woroschilow«
»Leningrad. An Dybenko. An Meger. Nr. 16758. Ich gestatte Verhaftung und Verurteilung. Woroschilow«

»Tbilissi. An Kujbyschew. An Apse. Nr. 344. Verurteilen und erschießen. Woroschilow«

Im April/Mai 1937 schickte er Stalin eine Notiz folgenden Inhalts:

»An das Politbüro des ZK der KPdSU(B). Genossen Stalin.
Ich bitte, aus dem Militärrat beim Volkskommissar für Verteidigung der UdSSR auszuschließen:
Tuchatschweski M. N.
Eideman R. P.
Longwa R. W.
Jefimow N. A.
Appog E. F.
Sie sind aus den Reihen der RKKA (Roten Armee; A. d. Ü.) ausgeschlossen.
25. Mai 1937 K. Woroschilow«

Beim Unterzeichnen hatte Woroschilow das Wort »ausgeschlossen« weggestrichen und durch das Wort »entlassen« ersetzt. Obwohl er genau wußte, wohin man sie »entlassen« würde. In den folgenden Tagen erhielt Stalin mehr solcher Notizen, aber mit anderen Namen: Gorbatschow, Kasanski, Kork, Kutjakow, Feldman, Lapin, Jakir, Uborewitsch, Germanowitsch, Sangurski, Ogilej und andere. Den Volkskommissar kümmerte es wenig, daß sich faktisch der gesamte Militärrat beim Volkskommissar für Verteidigung der UdSSR als »faschistisch« und »trotzkistisch-bucharinistisch« erwies. Das wichtigste war, »die Linie des Genossen Stalin zu unterstützen«. Solche Mitkämpfer kamen dem »Führer« wie gerufen. Selbstverständlich tragen auch sie die Verantwortung für die Pervertierung und für die Verbrechen, die Stalin vollbrachte. Verantwortung tragen aber auch jene, die nur ja gesagt haben, die zugestimmt haben, die sich begeisterten, die den »weisen Beschlüssen« Stalins zustimmten. Der Grad ihrer Schuld ist unterschiedlich. Unter ihnen erkennen wir Andrejew, Schdanow, Kalinin, Mikojan, Malenkow, Chruschtschow und andere aus der höchsten Partei- und Staatsführung. Sie haben nicht versucht, den Wahnsinn zu verhindern.

Das Phantom Trotzki

Stalin haßte Trotzki nun mehr als vor dessen Ausweisung. Stalin fürchtete ihn nach wie vor, und ihn beunruhigte das Gefühl, daß er niemals würde loskommen können von diesem Phantom. Einmal konnte er sich kaum beherrschen. Es war in dem schon zitierten Gespräch mit Emil Ludwig. Als die Rede auf Autoritäten kam, sagte Stalin auf einmal: »Trotzki genoß ebenfalls große Autorität. (...) Und was geschah? Sobald er sich von den Arbeitern abwandte, vergaßen sie ihn.«

»Vergaßen ihn völlig?« fragte Ludwig nach.

»Zuweilen erinnern sie sich seiner – voll Ingrimm.«

»Alle voller Ingrimm?«

»Was unsere Arbeiter betrifft, so erinnern sie sich Trotzkis mit Ingrimm, Zorn und Haß.«

Stalin war unaufrichtig. Möglicherweise hatten tatsächlich einige Arbeiter schlechte Erinnerungen an Trotzki. Aber vor allem sprach er über sich selbst. Stalin erinnerte sich an Trotzki mit Ingrimm, Zorn und Haß. Während er den Reden Molotows, Kaganowitschs, Chruschtschows oder Schdanows zuhörte, wird er gedacht haben: Wieviel klüger war doch Trotzki als diese Funktionäre! Keiner seiner Mitarbeiter war mit Trotzki zu vergleichen. Weder als Organisator noch als Redner, noch als Publizist. Und Trotzki war klüger und talentierter als er selbst. Im Kreis seiner Vertrauten hat er einmal gesagt, es sei der größte Fehler seines Lebens gewesen, Trotzki aus der Sowjetunion herausgelassen zu haben.

Stalin denunzierte Trotzki als Verräter und als Helfershelfer der Faschisten. Und Trotzki scheute keine Mühen, Stalin und Hitler auf eine Stufe zu stellen. Trotzki konnte sich in der Verbannung auf verschiedene Gruppen von Gleichgesinnten in einer Reihe von Ländern stützen und die öffentliche Meinung beeinflussen. Seine Reden und Artikel waren nach wie vor effektvoll. Seine Hauptzielscheibe war Stalin, den er den »Totengräber der Revolution« nannte.

Trotzki wußte viel. Während der Revolutionsjahre und im Bürgerkrieg war er Lenin näher gewesen als Stalin. Lenin hatte sich oft vor Trotzki gestellt, er hatte dessen organisatorisches und agitatorisches Talent geschätzt. Stalin erinnerte sich an jene Zeit, als ihr Verhältnis

noch erträglich war, daß er einige radikale Ideen, die Trotzki vertrat, gutgeheißen hatte – etwa den Vormarsch auf Warschau, um das revolutionäre Feuer in Europa zu schüren. Trotzki glaubte, daß Asien revolutionärer sei als Europa. Wenn man im Südural eine revolutionäre Basis bilden würde, dann wäre ein Feldzug nach Asien mit dem Ziel, die Revolution zu beschleunigen, doch realistisch? Die Revolutionen in China und Indien müßten dann siegen. Stalin hatte diesen Thesen nicht widersprochen.
Besonders schmerzhaft traf Stalin, daß Trotzki beanspruchte, auch im Namen jener zu sprechen, die in der Sowjetunion zum Schweigen gebracht worden waren. Wenn Stalin die Übersetzungen von Trotzkis Büchern las, muß der Zorn ihn ergriffen haben. Es stellte sich heraus, daß er Trotzki falsch charakterisiert hatte in seiner Rede vor der kommunistischen Fraktion im Zentralrat der sowjetischen Gewerkschaften im November 1924. Denn nun wich Trotzki ganz und gar nicht zurück, obwohl er doch eine kapitale Niederlage hatte einstekken müssen! Trotzki war nicht feige. Er kämpfte!
Auf dem Februar-März-Plenum des ZK im Jahr 1937 sprach Stalin in seinem Bericht »Über die Mängel der Parteiarbeit und die Maßnahmen zur Liquidierung der trotzkistischen und sonstigen Doppelzüngler« auch über den »zeitgenössischen Trotzkismus«. Wie immer stellte er seinen Hörern zunächst eine Frage, als seien sie Schulkinder: Was ist Trotzkismus? Und er antwortete, er sei noch vor sieben bis acht Jahren eine antileninistische und daher grundfalsche politische Strömung gewesen, habe sich nun aber »in eine hemmungslose und prinzipienlose Bande von Schädlingen, Diversanten, Spionen und Mördern verwandelt«. Und weiter sagte er: »Im Prozeß von 1936 haben Sinowjew und Kamenew (...) entschieden geleugnet, irgendeine politische Plattform zu besitzen. (...) Beide logen. In dem Prozeß von 1937 schlugen Pjatakow, Radek und Sokolnikow einen anderen Weg ein. Sie leugneten nicht, daß die Trotzkisten und Sinowjew-Leute eine politische Plattform besitzen. (...) Restauration des Kapitalismus, Liquidierung der Kollektiv- und Sowjetwirtschaften, Wiederaufrichtung des Systems der Ausbeutung, Bündnis mit den faschistischen Kräften Deutschlands und Japans zur beschleunigten Entfesselung eines Kriegs gegen die Sowjetunion, Kampf für den Krieg und gegen die Politik des Friedens, territoriale Zerstückelung der Sowjetunion unter Auslieferung der Ukraine an die Deutschen

und des fernöstlichen Kriegsgebiets an die Japaner, Vorbereitung der militärischen Niederlage der Sowjetunion im Fall eines Überfalls feindlicher Staaten und, als Mittel der Erringung dieser Ziele, Schädlingsarbeit, Diversionsakte, individueller Terror gegen die Führer der Sowjetmacht, Spionage zugunsten der japanisch-deutschen faschistischen Kräfte – das ist die von Pjatakow, Radek und Sokolnikow entwickelte politische Plattform des heutigen Trotzkismus.«

So verband Stalin all seine geschlagenen und potentiellen Feinde mit dem Trotzkismus.
Trotzki war kein Feind der Revolution und des Sozialismus. Er war ein Feind Stalins. Ich möchte meine Augen nicht verschließen vor jenen antisowjetischen Auslassungen, zu denen Trotzki zuweilen gegen Ende seines Lebens manchmal neigte. In diese Sackgasse führte ihn die Logik des Kampfes gegen Stalin. Möglicherweise waren Trotzkis antisowjetische Reden und Artikel nach seiner Ausweisung manchmal schädlich für unsere Idee. Aber eines muß über ihn gesagt werden: Er zerbrach nicht. Er war einer der ersten, die merkten, was Stalin beabsichtigte. Leider hatte Trotzki in vielem recht.
Welche Gefahr ging von Trotzki aus für Stalin in den dreißiger Jahren? Konnte Trotzki die politische und gesellschaftliche Entwicklung in der Sowjetunion beeinflussen?
Als Stalin seine Alleinherrschaft festigte, irrte Trotzki in der Welt umher. Die Prinzeninseln, Frankreich, Norwegen und schließlich Mexiko. Zunächst glaubte Trotzki, daß er bald in die Sowjetunion zurückkehren könne und daß Stalin sich nicht lange halten würde. Er glaubte, daß die intellektuelle Unzulänglichkeit, die Kulturlosigkeit und die Grobheit Stalins derart offensichtlich seien, daß sie den Widerstand geradezu herausfordern müßten. Mit Hilfe seiner Anhänger, die regelrechte Wallfahrten zu den Prinzeninseln veranstalteten, gelang es Trotzki, Kontakte mit vielen kleinen Gruppen aufzunehmen, mit Gruppen, die der Komintern negativ gegenüberstanden und die Stalins Regime ablehnten. Mit ihrer Hilfe schaffte es Trotzki bald, die Herausgabe der Zeitschrift »Bulletin der Opposition« zu organisieren. Ab und zu gelang es Trotzki, bis zum Jahr 1935, einige Exemplare des »Bulletins« in die Sowjetunion zu schleusen. Es war klar, Trotzki versuchte mit seinen ehemaligen Mitkämp-

fern und Gleichgesinnten in der Sowjetunion Verbindung aufzunehmen.

Darüber spricht auch Trotzki-Biograph Isaac Deutscher. Im dritten Band der Biographie schreibt er beispielsweise, daß Trotzki über einen gewissen Sobolevicius wichtige Informationen aus Rußland erhalten habe, unter anderem Nachschlagewerke, statistische Angaben für seine Bücher und Artikel. Außerdem hatte Trotzki rund dreißig Kisten mit seinem Archiv und seinen Büchern mit ins Ausland genommen. Durch die Hände Sobolevicius' und seines Bruders ging ein bedeutender Teil des Schriftverkehrs Trotzkis mit seinen Anhängern in der Sowjetunion, chiffrierte Nachrichten, Briefe, die mit Geheimtinte geschrieben waren, Adressen und so weiter. Die Verbindungen Trotzkis waren zwar schwach, aber er hatte bis 1935 die Möglichkeit, einige Informationen aus der UdSSR zu erhalten und dorthin auf illegalen Kanälen seine Briefe zu schicken.

Die vier langen Jahre, in denen sich Trotzki auf den Prinzeninseln aufhielt, waren eine Zeit des Wartens und der Bestimmung des weiteren Wegs. Allmählich schmolz Trotzkis Überzeugung, daß man ihn nach Moskau rufen werde. Er mußte seinen Kampf gegen Stalin fortsetzen. Aber wie?

In den Augen der Kommunisten vieler Länder waren die wirtschaftlichen und kulturellen Errungenschaften der Sowjetunion verbunden mit dem Namen Stalins. Im Westen wußte man über seinen Charakter nichts, noch hatten die aufsehenerregenden Prozesse nicht begonnen. Trotzkis Versuch, von außen politischen Druck auf Stalin und seine Politik auszuüben, war zum Scheitern verurteilt. Und es sprach nichts dafür, daß sich Trotzkis ehemalige Mitkämpfer in der Sowjetunion gegen Stalin erhoben. Aber in seinen Artikeln, Reden und Interviews erweckte Trotzki den Eindruck, daß die Opposition wachse, daß die Zahl seiner Anhänger steige und daß die »Konsolidierung der antistalinschen Kräfte« fortschreite. Leider entsprach dies nicht der Wirklichkeit. Aber der mißtrauische Stalin nahm viele dieser Erklärungen für bare Münze.

Stalin war außer sich vor Wut, aber er konnte nichts tun: Zahlreiche Arbeiten Trotzkis polemisierten bereits in ihrer Überschrift gegen ihn: »Die Stalinsche Schule der Fälschungen«, »Stalins Verbrechen«, »Zur politischen Biographie Stalins«. Die letzte Arbeit, die Trotzki nicht mehr beenden konnte, hieß »Stalin«. Trotzkis Werke erschienen in vielen Ländern. Sie vermittelten ihren Lesern ein klares Bild: Da war ein finsterer asiatischer Despot, hinterlistig, grausam, fanatisch und rachsüchtig.

Im Jahr 1936 lebte Trotzki in Norwegen und schrieb das Buch »Die verratene Revolution«. In diesem Buch wandte er sich an seine Anhänger, an die Mitglieder zerschlagener Oppositionen, an ehemalige Menschewiki, Sozialrevolutionäre und Anhänger anderer Parteien. Er rief sie auf zur »politischen Revolution«. Der Haß auf Stalin, die Ausweglosigkeit und die Perspektivlosigkeit der eigenen Lage nahmen Trotzki die Möglichkeit, die politische Lage in der Sowjetunion nüchtern zu beurteilen.

Das Buch enthielt auch lange Prognosen für die gesellschaftliche Entwicklung in der Sowjetunion. Aber Trotzki erwies sich nicht als ein scharfsinniger Futurologe. Viele seiner Voraussagen gründeten in seinem leidenschaftlichen Wunsch, die Niederlage des »Führers« zu erleben. Er schrieb auch, daß Stalin kaum dem Untergang entgehen könnte, wenn Deutschland einen Krieg gegen die Sowjetunion beginne. Es ist schwer, eindeutig zu sagen, ob Trotzki dies nüchtern erwog oder ob er es herbeiwünschte.

Stalin las die Übersetzung des Buches in einer Nacht. In ihm kochte die Wut. Und in ihm reiften zwei Entscheidungen heran. Erstens: Trotzki mußte aus der politischen Arena verschwinden – koste es, was es wolle. Er wußte, daß jegliche Tarnung eines Mordanschlags sinnlos sein würde. Alle würden wissen, daß er diesen Mord organisiert hatte. Zweitens: Alle, wirklich alle potentiellen Feinde seiner Diktatur innerhalb des Landes mußten liquidiert werden. Möglicherweise ahnte Stalin nicht, wie weit diese Entscheidung reichte. Die »Verratene Revolution« Trotzkis, die Stalin Anfang 1937 in die Hände bekommen hatte, spielte eine tragische Rolle.

Einige Tage später brachte Jeschow, der Volkskommissar für Inneres, stark nach Alkohol riechend, eine lange Liste des »Schemas der Verbindungen« Trotzkis mit seinen Gesinnungsgenossen in der Sowjetunion. Der »Führer« gab, nachdem er die Liste studiert hatte, Jeschow nicht einmal die Hand, um sich von ihm zu verabschieden.

Stalin dachte an den Fall Bljumkin. Der Sozialrevolutionär Bljumkin hatte den deutschen Botschafter Mirbach ermordet, um den Brester Frieden zu sabotieren. Er wurde zum Tod verurteilt, doch dank Trotz-

kis Intervention wurde die Todesstrafe ersetzt durch eine »Sühne im Kampf zur Verteidigung der Revolution«. Bljumkin diente lange in Trotzkis Stab, und die beiden kamen sich näher. Später arbeitete Bljumkin in den Organen der GPU. Als er im Sommer 1929 aus Indien über Konstantinopel in die Sowjetunion zurückkehrte, traf er sich mit Trotzki auf den Prinzeninseln. Deutscher schreibt, daß der »Vertriebene« nach langen Gesprächen ein Schreiben an seine Mitkämpfer in Moskau verfaßt und Bljumkin beraten habe, wie gegen Stalin zu kämpfen sei. Als Bljumkin in die Sowjetunion zurückkehrte, wurde er bald verhaftet. Möglicherweise hatte man ihn in der Türkei bespitzelt, als er sich auf das Schiff zur Überfahrt zu den Prinzeninseln begab, oder er hatte unvorsichtigerweise irgend jemandem in Moskau etwas über das Treffen mit Trotzki erzählt. Wahrscheinlich aber war es so, wie es Lunatscharskis Sekretär I. A. Satz berichtet hat: Bljumkin habe ein Paket von Trotzki für Radek mitgebracht, und er habe diesem auch eine mündliche Botschaft übermittelt. Als Bljumkin gegangen sei, habe Radek das Paket nicht aufgemacht, sondern Jagoda angerufen und ihm über den Besuch Bljumkins erzählt, und Jagoda habe Stalin die Sache gemeldet. Bljumkin wurde sofort verhaftet und nach einer kurzen Gerichtsverhandlung erschossen. Radek hatte einen kurzen Aufschub gewonnen.
Wie viele Bljumkins mochte es geben? wird Stalin sich gefragt haben. Und wie viele in seiner Nähe? Und hatte Bljumkin nicht Mirbach ermordet? Wo sind sie? Wie weit hatte Trotzki seine Fühler ausgestreckt? Die Zweifel, die Vorsicht, die Wut, die Angst, die Aufregung und der Haß auf Trotzki erfüllten Stalin. Nun, Bljumkins Tod hatte einige Trotzkisten erschreckt, aber wer konnte garantieren, daß die Angst den Kampfeswillen seiner Gegner schwächte?
Nun erklärte Stalin, daß der Trotzkismus die wesentliche feindliche Plattform sei. Auf ihrer Grundlage hätten sich alle Feinde des Sowjetstaats vereinigt. Trotzki wurde zur Staatsgefahr aufgebauscht. In allen Mißerfolgen und Katastrophen entdeckte Stalin Trotzkis Hand. In den Prozessen der Jahre 1937/38 spielten angebliche »Verbindungen«, »Direktiven« und »Weisungen« Trotzkis, sogar Begegnungen mit ihm in Berlin oder in Oslo, eine wesentliche Rolle in den Anklageschriften. In den Berichten auf den vier ZK-Sitzungen im Jahr 1937 waren »Trotzki«, »Trotzkismus«, »trotzkistische Spione und Mörder« das wichtigste Thema.

Aber das war eine groteske Verzerrung der Wirklichkeit. Der Trotzkismus hatte sogar zur Zeit seines größten Einflusses, Mitte der zwanziger Jahre, in der Partei nur wenige Mitkämpfer. Nach Trotzkis Ausweisung hielten ihm nur wenige Anhänger die Treue. Es waren vereinzelte Personen. Vielleicht ein paar Dutzend, lassen wir es ein paar hundert sein. Einige fühlten, daß Trotzki nicht mehr für die Ideale des Sozialismus kämpfte, sondern vor allem für sich. Andere wandten sich vom Trotzkismus ab und zogen sich von der Politik zurück. Und jene, denen Stalin »verzieh«, denen er erlaubte, nach Moskau zurückzukehren (Rakowski, Preobraschenski, Muralow, Sosnowski, Smirnow, Boguslawski, Radek und andere), befanden sich auf drittklassigen Posten. Stalin erlaubte den ehemaligen Oppositionellen, sich mit der Ökonomie und mit der Philosophie zu beschäftigen, aber kein einziger von ihnen kam in eine bedeutende politische Funktion. Die erdrückende Mehrheit von ihnen hatte öffentlich abgeschworen. Keiner von ihnen stellte eine Bedrohung für die Stabilität der Gesellschaft dar.
Selbstverständlich wußte Stalin, daß er sie gezwungen hatte, sich vom »linken Kurs« loszusagen, die »permanente Revolution« zu verurteilen und den Leninismus in seiner Interpretation anzunehmen. Der »Führer« wußte, daß diese Menschen in ihrem tiefsten Inneren nach wie vor nicht seiner Meinung waren. Und das war in seinen Augen eine große Gefahr. Zu Stalins Charaktermängeln gehörte schon seit seiner Kindheit eine ausgeprägte Unaufrichtigkeit, und diese unterstellte er auch anderen.
Summa summarum: Der Trotzkismus stellte zu keinem Zeitpunkt eine Gefahr für Stalin dar. Nach 1935 verlor Trotzki faktisch jede Verbindung in die Sowjetunion. Die Zeitungen und das Radio waren nun seine wichtigsten Informationsquellen. Aber immer noch stellte Trotzki sich als einen Politiker dar, der in der Lage sei, die sozialen, politischen und ideologischen Entwicklungen in der Sowjetunion zu beeinflussen. Stalin zwang sich, daran zu glauben. Er brauchte einen Vorwand, um ein für allemal all denen ein Ende zu bereiten, die irgendwann seine Ansichten nicht geteilt hatten. Er wollte auch jene vernichten, die in der Lage sein könnten, irgendwann einmal gegen ihn aufzutreten. Konnte er doch nicht zulassen, daß die Prophezeiungen Trotzkis sich bewahrheiteten. Stalin wurde regelrecht übel, wenn er an Trotzkis Voraussagen dachte. Besonders an die in dem Buch, das

der Emigrant innerhalb von zwei, drei Monaten verfaßt hatte nach dem Prozeß gegen Pjatakow, Radek, Sokolnikow, Serebrjakow und andere im Januar 1937. Der Titel allein genügte fast schon: »Stalins Verbrechen«.

Die Popularität des Triumphators

Im Juni 1937 teilte die »Prawda« mit, daß den Fliegern Tschkalow, Bajdukow und Beljakow in dem sowjetischen Flugzeug ANT-25 der erste Flug ohne Zwischenlandung von Moskau über den Nordpol nach Nordamerika gelungen sei. Das war ein Triumph der sowjetischen Technik, der sowjetischen Menschen. Im März 1937 hatte die »Prawda« berichtet, daß Alexej Stachanow einen neuen Arbeitsrekord aufgestellt habe. Während sechs Stunden habe er im – nach Stalin benannten – Schacht »Zentralnaja« 321 Tonnen Kohle gefördert. Das war das 23fache der Norm eines Hauers an diesem Abschnitt! In einer Schicht hatte Stachanow die Tagesnorm des gesamten Abschnitts um 83 Tonnen übertroffen. Auch dieser Rekord wurde mit Stalins Namen in Verbindung gebracht. In seinem Buch »Erzählung über mein Leben«, welches bald nach dem Rekord erschien, schreibt Stachanow:

»Wenn ich mich an alles erinnere, wenn ich all meine Gedanken sammele, so möchte ich immer wieder ein und dasselbe sagen: Danke, Genosse Stalin! Der Genosse Stalin hat mich derart erhoben, einen einfachen Arbeiter (...). Ich habe mich bereits an die Worte ›Stachanow-Bewegung‹ gewöhnt, mir begegnet mein eigener Name häufig in den Zeitungen, ich höre ihn auf Versammlungen. In der ersten Zeit war mir dies, offen gestanden, unverständlich. Ja, und auch jetzt denke ich, daß unsere Bewegung zu Recht die Stalinsche Bewegung genannt wird, denn die Arbeiterklasse, die den Stalinschen Weg eingeschlagen hat, um die Technik zu beherrschen, hat meinen Rekord und die Rekorde meiner Genossen hervorgebracht. Eben Genosse Stalin machte unsere Bewegung breit.«

Papanin, Tschkalow, Bussygin, Winogradowy, Kriwonos, Djukanow und viele andere Pioniere, Patrioten, Neuerer, Enthusiasten dienten als lebende Zeugen für Stalins »Führung«, »Fürsorge« und »Teilnahme«. Kein Erfolg, keine Errungenschaft, kein Rekord ohne Stalin. Die Popularität des Führers drückte sich in den ungewöhnlichsten Formen aus. Ich habe nach der Veröffentlichung von einigen Artikeln über Stalin Tausende von Briefen erhalten. Einer stammt vom Parteimitglied S. J. Plost. Er schreibt, daß sein Vater, der damals ein hoher Politfunktionär in der Roten Armee gewesen sei, ihm auf Bitte der Freunde und Hörer der Militärpolitischen Akademie »W. I. Lenin« den Namen Stalij gegeben habe. Stalij Jefimowitsch berichtet, daß das Schicksal seines Vaters furchtbar war: Am 15. Mai 1937 wurde er als »Volksfeind« verhaftet. Am 4. November, vor dem zwanzigsten Geburtstag des Großen Oktober, wurde er erschossen. Der Junge blieb am Leben, aber er, nun ein erwachsener Mensch, trägt sein ganzes Leben lang diesen furchtbaren Namen.

Sogar die Kampagnen zur Entlarvung und Vernichtung der »Feinde« machten Stalin populär. Ununterbrochen wurde in der Presse die Behauptung breitgetreten, daß die »trotzkistisch-sinowjewistischen Saboteure« das Ziel hätten, einen terroristischen Anschlag auf die Führer von Partei und Staat auszuführen, und vor allem »wollen sie den Genossen Stalin töten«. Und ferner habe »der Genosse Stalin sich ständiger Gefahr ausgesetzt, und er schenkt jedem Menschen Aufmerksamkeit, der Fehler hat, wenn er sich auf den Weg der Besserung begeben will«. Auf dem Februar-März-Plenum des ZK im Jahr 1937 führte Molotow ein Beispiel für das »fürsorgliche Verhalten des Genossen Stalin zu den Kadern« an und las einen der Briefe des »Führers« vor:

»Perm, an den Sekretär des Stadtkomitees, Genossen Golyschew. Das ZK hat Auskünfte erhalten über die Verfolgung und Hetze gegen den Direktor der Motorenfabrik Pobereschski und seine Mitarbeiter wegen ehemaliger kleiner Sünden auf dem Gebiet des Trotzkismus. In Anbetracht der Tatsache, daß Pobereschski und ebenso seine Mitarbeiter zum gegenwärtigen Zeitpunkt gewissenhaft arbeiten und das volle Vertrauen des ZK genießen, bitten wir Sie, den Genossen Pobereschski und seine Mitarbeiter vor der Hetze zu bewahren und um sie eine Atmosphäre vollen Vertrauens zu schaffen.

Über die getroffenen Maßnahmen berichten Sie umgehend dem ZK der KPdSU(B).

26. Dezember 1936 Sekretär des ZK, Stalin«

»Sehen Sie, so muß man sich zu den Genossen, zu den ehemaligen Trotzkisten, die nun ehrlich arbeiten, verhalten«, schloß Molotow. Sogar als die Repressalien ihren Höhepunkt erreicht hatten, versuchte Stalin sich mit Hilfe seiner Umgebung das Ansehen eines Menschen zu geben, der in höchstem Maß gerecht und aufmerksam war.

Stalin sorgte sich sogar um Kleinigkeiten, wenn sie mit seinem »Erscheinen vor dem Volk« verbunden waren. Seine Angewohnheit, sich einfach zu kleiden und einfach zu sprechen, imponierte den Menschen. Feuchtwanger schrieb, daß Stalin kein guter Redner sei. Er spreche langsam, ohne jeden Glanz, ein wenig stimmlos, schwerfällig. Er entwickele seine Argumente allmählich, und sie appellierten an den gesunden Menschenverstand. Wenn Stalin mit seinem listigen und angenehmen Lächeln spreche, mit seiner charakteristischen Zeigefingergeste, dann schaffe er keine Kluft zwischen sich und den Zuhörern.

Er bereitete sich sorgfältig vor auf seine seltenen Auftritte. Towstucha und später Poskrebyschew erhielten Anweisung, vor jedem Auftritt Dutzende von interessanten Zitaten aus den Werken der Begründer des wissenschaftlichen Sozialismus, aus der Literatur und der Volksdichtung herauszusuchen. Wie Antonow, ein Mitarbeiter in Woroschilows Sekretariat, berichtete, »helfen die Referenten Stalins ihm bei der Auswahl von Zitatmaterial zu entsprechenden Fragen. Häufig werden diese Fakten in den entsprechenden Volkskommissariaten angefordert. Aus diesen Zitaten wählt Stalin die für ihn notwendigen aus. Die Referenten schreiben keinerlei Text.« Während seiner Auftritte griff Stalin dann ab und zu auf solche Stellen zurück. Er sprach in einem liturgischen Tonfall, so, wie er es im Priesterseminar gelernt hatte. Seine Reden hatten eine katechismusartige Struktur: Frage–Antwort, Frage–Erklärung. Häufig kehrte er zum Refrain zurück, dem er hypnotische Wirkungen zuschrieb. Diese Auftritte haben einen großen Eindruck hinterlassen auf die Teilnehmer verschiedener Sitzungen und Treffen. Waren sie nicht Beweis seiner Weisheit?

Keine Fotografie durfte publiziert werden ohne die vorherige Genehmigung des Führers und später Poskrebyschews. Stalin schätzte die Abbildungen seiner Person: im Soldatenmantel – Verkörperung »proletarischer Strenge«; mit einem Kind an der Hand – »Vater

des ganzen Volkes«; in der Uniform des Generalissimus – »großer Militärführer und Sieger«.
Während Stalin für die Stärkung seiner Alleinherrschaft sorgte, förderte er im Land den Aufbau einer Hierarchie von Parteiführern. An der Spitze natürlich »Lenins bester Schüler«. In den Berichten schreibt man, daß der Saal den »Führer« im Stehen begrüßte. Applaus ging in Ovation über. Unentwegt wird hurra gerufen. Das Entzükken ist unverfälscht. Die Lobpreisungen kennen keine Grenzen.
Und über seine Mitstreiter Molotow, Kaganowitsch, Woroschilow kann man lesen: »Im Präsidium erschien ein ruhmvoller Mitkämpfer Stalins. Wilder, lang anhaltender Applaus.« Man kennt sogar seinen Namen und Vatersnamen. Ein »standhafter Bolschewik-Leninist«, »Stalinscher Volkskommissar«, »Führer der Stalinschen Schule«.
Auch anderen führenden Funktionären, etwa den Volkskommissaren, den Sekretären der Militärbezirke und Leitern wichtiger Einrichtungen, werden Lobpreisungen zuteil, wenn auch schon zurückhaltendere: »treue Bolschewiki«, »hervorragende Tschekisten«, »selbstlose Parteifunktionäre«.
Jene, die sich noch näher am Fuß der Machtpyramide befinden, arbeiten an der Umsetzung der »Generalpläne« für die Industrialisierung und Kollektivierung, sie machen Entwürfe für die Luftflotte, sie führen Versammlungen durch, sie nehmen an der »Entkulakisierung« teil. Viele von ihnen haben großes Glück, wenn sie am Ende eines Jahrzehnts noch am Leben sind. Dann werden sie höchstwahrscheinlich auf der Leiter einige Stufen nach oben klettern. Offene Stellen wird es viele geben. Je weniger Volksmacht, desto mehr Vorgesetzte.
Stalin wußte, daß im Volk und besonders unter den Bauern die zaristischen Traditionen noch nicht an Wert verloren hatten. Die Jahrhunderte der Einschüchterung und der Finsternis mußten ihre tiefen Spuren hinterlassen, etwa einen irrationalen Glauben an einen allmächtigen Regenten in der Hauptstadt. Stalin bekam häufig Briefe von einfachen Menschen. Die Antworten wurden in seinem großen Sekretariat vorbereitet, und dort wurden den örtlichen Organen im Bedarfsfall Anordnungen erteilt, den Bittstellern zu helfen. Ab und zu antwortete Stalin auf einige Briefe selbst. Im Stalin-Archiv ist es mir gelungen, einige Dutzend Durchschläge von solchen Antwortschreiben zu entdecken. Hier ein Beispiel:

»Leningrad, Familie Klimkin.
Liebe Genossen.
Aufgrund meiner Überlastung habe ich mich mit der Antwort verspätet und bitte dafür um Entschuldigung. Die von Ihnen geäußerte Bitte habe ich bereits erfüllt. Es wurden Obligationen abgeschickt: 100 Rubel zur Verfügung des ZK der Internationalen Roten Hilfe und 300 Rubel zur Verfügung des Kolchos ›Flamme der Revolution‹ im Bezirk Chopersk, einer der Vorreiter der Massenkollektivierung des Dorfes.
Ich lege ein Kärtchen für die Kinderchen bei, wie Sie es gewünscht haben.
7. 4. 1930 Gruß! J. Stalin«

Später wurde jeder dieser Briefe zum Gegenstand breiter Propagandakampagnen in den Rayons und Gebieten als Beispiele für die »Einfachheit und die Fürsorge des Führers für das Volk«.
Ich konnte herausfinden, daß Stalin sich nicht nur besonders für Verwaltungsprobleme interessiert hat, sondern auch für die »Technik der Alleinherrschaft«. Aufmerksam studierte er die Arbeiten Worowskis »Über die Natur des Absolutismus«, Alexandrows »Staat, Bürokratie und Absolutismus in der Geschichte Rußlands«, Kasmins »Schicksal eines Herrschers« und ähnliche Werke. Man kann sagen, daß die Anziehungskraft, die die historische Literatur auf Stalin ausübte, keineswegs reines »Leserinteresse« war. Er suchte Anleitungen, »Rezepte«, er studierte die »Technik« der Macht, ihre psychologischen Nuancen. Zum Beispiel bemerkte Stalin, daß seine Reden auf verschiedenen Veranstaltungen und großen Sitzungen im Kreml einen großen Eindruck bei den Zuhörern hinterließen. Daher trat Stalin im Verlauf des Jahres 1935 häufig im Kreml auf.
Jede dieser Veranstaltungen wurde in der Presse besprochen und in den Kino-Wochenschauen gezeigt. Mit dem Anwachsen seiner Popularität beschloß Stalin allerdings, daß sein »Erscheinen vor dem Volke« seltener werden solle; dies, so glaubte er, steigere die Bedeutung seiner Auftritte. Stalin wußte, daß das »Einsiedlertum« und die »Verschlossenheit« ihm mehr Möglichkeiten gaben, Legenden über sich zu verbreiten.
Stalin zog sich zurück, wenn er die Stöße von Zeitschriften und Büchern durchblätterte, die sich mit ihm befaßten. Seine Eitelkeit war

unbegrenzt. Aber er konnte sie gut verbergen vor den Menschen und statt dessen die Legende von seiner »außerordentlichen Bescheidenheit« pflegen. Die Mitstreiter Stalins kannten die Eigenheiten des »Führers«, und sie begaben sich in einen regelrechten Wettstreit beim Suchen und Formulieren von Attributen, die in ihren Augen den »großen Führer« erheben konnten. Im Jahr 1939, als das Blutbad noch keineswegs beendet war, schrieben Poskrebyschew und Dwinski über Stalins »großartige Menschlichkeit und Humanität«. In ihrem Artikel »Lehrer und Freund der Menschheit« findet man solche Worte:

»Stalin ging in die Revolution mit dem Bild Lenins im Geist und im Herzen. An jenen denkt er immer, sogar dann, wenn die Gedanken von Problemen beladen sind, die eine Lösung erfordern. Seine Hand schreibt automatisch auf die Blätter: ›Lenin ... Lehrer ... Freund ...‹ Häufig haben wir von seinem Schreibtisch nach einem schweren Arbeitstag die kreuz und quer mit diesen Worten beschriebenen Blätter fortgetragen.«

Daß dies nicht nur eine schamlose Schönfärberei, sondern auch komplett falsch ist, zeigen Dokumente aus dem Stalin-Archiv. Dort finden sich Notizen wie diese:

»Genossen Andrejew, Molotow, Woroschilow: Es ist Zeit, Schluß zu machen. Runden Sie Ihre Auftritte ab, um vier Uhr soll das Plenum beendet sein. J. Stalin«

Und im Archiv finden sich auch Zettelchen, auf denen Stalin herumgekritzelt hat. Er schrieb aber nicht das, was Poskrebyschew und Dwinski gesehen zu haben behaupteten. Auf einer der Politbürositzungen fiel Stalin die Broschüre »Über die rechte Gefahr in unserer Partei« in die Hand. Er hörte zerstreut den Reden der anderen zu, und während der ganzen Zeit kritzelte er mit dem Bleistift auf dem Einband herum. Ich habe folgende Worte gefunden:

»Stalin. Anerkennen. Lehrer. Über die rechte Gefahr. Über die rechte Gefahr in unserer Partei. Muchalatka (kleine Stadt; A. d. Ü.). Sonderberatung. Tokio. Lehrer. Sokolnikow. Arbeiterverlag ›Priboi‹. Feuer. Diskussion. Molotow.«

Ein Mensch, der keinen Verdacht auf sich ziehen wollte, konnte sich bei öffentlichen Auftritten oder Unterhaltungen keine »Fehltritte« leisten. Jede auch nur indirekte »Verleumdung« des Führers endete tragisch. Wie mir der Soziologe Fjodorow erzählte, ereignete sich gegen Ende der vierziger Jahre in einer Maschinen- und Traktorenstation in der Umgebung von Witebsk folgender Vorfall. Nachdem die Wände gestrichen worden waren, versammelte man sich, um die Porträts wieder an den Wänden aufzuhängen. Ein junger Traktorist, der von der Straße hereingekommen war, warf zufällig ein Bild Stalins um, das an der Wand lehnte, und beim Versuch, nicht zu fallen, trat er auf das Gesicht des »Führers«. In der Halle waren einige Menschen, die das Mißgeschick des Traktoristen beobachteten. Es herrschte eisiges Schweigen. Dann machte der Meister eine scharfe Bemerkung. Drei Tage später holte man den Jungen ab, und er kehrte erst nach dem 20. Parteitag zurück. Ein anderer Fall: Eine der Sekretärinnen in der Redaktion einer Regionalzeitung vertippte sich. »Aus Stalinscher Blick« wurde versehentlich »Stalinscher Unsinn« (statt »wsor« = »Blick« schrieb sie »wsdor« = »Unsinn«; A. d. Ü.). Es war ihr letzter Tippfehler.

So wurde der »Führer« nicht allein gepriesen aufgrund der Verehrung, sondern auch aus Angst. Die Menschen wußten, und viele hatten es in ihrer nächsten Umgebung erlebt, was sie erwartete, wenn sie sich einen »Fehltritt« erlaubten. Nicht umsonst erreichte Stalins Popularität ihre Blütezeit während der Blütezeit des Denunziantentums.

In der Tat, es wäre falsch, zu glauben, daß alle Bürger den »Führer« fanatisch liebten. Man darf nicht vergessen, daß es in der Partei eine große Gruppe von Kommunisten mit vorrevolutionärer Erfahrung gab: die »Leninsche Garde«. Diese Menschen kannten die Geschichte der Partei, sie wußten, was die gegenwärtigen Parteiführer in der Oktoberrevolution geleistet hatten, nicht aus dem »Kurzen Lehrgang«. Das Resultat ist bekannt: Die »Garde« trug die größten Verluste davon.

Stalin sah, daß vieles nicht gelang. Die Landwirtschaft stagnierte. Obwohl die Ernte des Jahres 1936 ergiebig ausfiel. Es waren schon viele Jahre seit der Revolution vergangen, und er appellierte immer noch an die Menschen, er rief zu Einschränkungen im Namen der Zukunft auf, obwohl es sich doch bereits »leichter und fröh-

licher« leben ließ. Die Lage der meisten Menschen verbesserte sich nicht.
Und wenn Stalin nun sagen würde, daß an diesen Schwierigkeiten die Schädlinge, die Saboteure schuld seien – würde das Volk es etwa nicht glauben? Um so mehr, als diese Leute ehemalige Oppositionelle waren, Leute mit verkorkstem Ruf. Die Sabotage in der Landwirtschaft, in der Industrie, im Apparat war doch offensichtlich, jeder konnte es sehen! Und fabulierten nicht ausländische Zeitungen etwas über eine antistalinistische Opposition, sogar in der Roten Armee?!
Am 25. September 1936 schickten Stalin und Schdanow aus Sotschi an Molotow, Kaganowitsch und andere Politbüromitglieder ein Telegramm:

»Wir halten es für absolut notwendig und eilig, daß der Genosse Jeschow zum Volkskommissar für Inneres ernannt wird. Jagoda hat sich als gänzlich unfähig erwiesen, den trotzkistisch-sinowjewistischen Block zu entlarven. Die OGPU liegt in dieser Angelegenheit vier Jahre zurück. Dies wurde von allen Parteifunktionären und der Mehrheit der Vertreter des NKWD festgestellt.«

Das Signal war gegeben. Kaum jemand hätte sich vorstellen können, wie viele »Spione«, »Schädlinge«, »Diversanten«, »Terroristen« oder einfach »Doppelzüngler« in unserem Vaterland entdeckt werden sollten. Man hätte sogar denken können, daß nicht sie unter uns lebten, sondern wir unter ihnen!
Der kürzlich beendete Prozeß gegen Sinowjew und Kamenew ermutigte Stalin. Das Volk unterstützte lebhaft die Anschuldigungen. Noch bevor die Gerichtsverhandlung stattgefunden hatte, noch bevor die Umstände des Verfahrens bekannt waren, skandierten Presse und Radio: »Vernichtet die Widerlinge!«, »Tod den Feinden!«, »Keine Nachsicht mit den Doppelzünglern!« Stalin erkannte, daß er viel erreicht hatte: Er hatte dem Volk die Wahrheit genommen, er hatte es in einen Mob verwandelt, für den nur er allein denken würde. Vielleicht war dieses Verbrechen Stalins von seinen vielen das schwerste.

Das Epizentrum der Tragödie

Anfang Dezember 1936 wurde auf dem 8. Außerordentlichen Rätekongreß die neue Verfassung der UdSSR verabschiedet. In ihren Artikeln war von grundlegenden demokratischen Rechten und Freiheiten für die sowjetischen Menschen die Rede, von der Freiheit des Gewissens, des Wortes, der Presse, von der Versammlungsfreiheit, der Unantastbarkeit der Person, des Wohnorts, des Briefgeheimnisses. Es war ein Triumph Stalins. In dem Buch »Über die Verfassung der UdSSR«, das vom ZK der KPdSU(B) im Jahr 1937 herausgegeben wurde, steht:

»Bei seinem Erscheinen auf der Tribüne wird Genosse STALIN von den Kongreßteilnehmern mit einer anhaltenden stürmischen Ovation begrüßt. Alle Anwesenden erheben sich von ihren Plätzen. Von allen Seiten hört man Rufe: ›Ein Hurra Genossen STALIN!‹, ›Es lebe Genosse STALIN!‹, ›Es lebe der große STALIN!‹, ›Dem großen Genius, Genossen STALIN, ein Hurra!‹, ›Vivat!‹, ›Rote Front!‹, ›Ruhm und Ehre dem Genossen STALIN!‹«

In seinem Bericht »Über den Entwurf der Verfassung der UdSSR« zählte Stalin, wie üblich, die Besonderheiten auf. Unter Nummer fünf nannte er den »konsequenten und restlos durchgeführten Demokratismus«. An dieser Stelle seines Berichts hätte er sich daran erinnern können, daß er nur einige Monate zuvor seine ehemaligen Genossen Sinowjew und Kamenew in den Tod befördert hatte. Während der letzten Treffen mit ihnen soll Stalin gesagt haben:

»Unsere Überzeugungen erlauben uns nicht, das Blut der alten Genossen zu vergießen, gleich, wie groß ihre Sünden sein mögen. Die

Führer unserer Partei vergessen weder ihre Rechte noch ihre Pflichten. Der Prozeß, in dem ihr verpflichtet seid, dem Staat und der Partei zu helfen, ist nicht gegen euch gerichtet, sondern gegen Trotzki. Das alles benötigt die Sowjetmacht.«

Stalin konnte sich von einem Augenblick zum anderen verwandeln. Derjenige, der in der Stille des Arbeitszimmers Erschießungs- und Haftbefehle unterschrieb, war der eine Stalin, der andere erklärte, daß im Entwurf der neuen Verfassung der Schwerpunkt auf der Garantie der demokratischen Rechte liege.

An der neuen Verfassung der Sowjetunion arbeiteten Akulow, Bubnow, Bucharin, Gamarnik, Krylenko, Jegorow, Tuchatschewski, Eideman, Uborewitsch, Jakir und andere angesehene Persönlichkeiten aus Partei, Militär und Gesellschaft. Während sie die Artikel formulierten, ahnten sie nicht, daß sie bald ein gewaltsames Ende finden würden. Unter den Bedingungen der Alleinherrschaft eines Menschen kann keine Verfassung helfen. Zu dieser Zeit begann der Staatsanwalt der UdSSR Wyschinski eine mehrere Stunden lange Anklagerede zu überarbeiten. Er bereitete sich vor auf den zweiten öffentlichen Gerichtsprozeß gegen die »trotzkistische Verschwörung«. Diese Rede trug er mit großem Pathos am 28. Januar 1937 vor.

Die »Volksfeinde«

Der sowjetische Diktator hatte eine entsetzliche Angst vor einem Attentat. In den Anklageschriften der meisten Verfahren wurde auch der berüchtigte Artikel 58 angeführt – »Durchführung terroristischer Akte gegen Vertreter der Sowjetmacht«. Blättert man die Prozeßakten jener Zeit durch, gewinnt man den Eindruck, als hätten Tausende und aber Tausende sowjetischer Bürger nur eines im Kopf gehabt: den »Führer« und seine ganze Umgebung zu beseitigen! Stalin wollte die Nachlässigkeiten der Französischen Revolution nicht wiederholen. Sein Terror sollte erbarmungslos sein!

Obwohl der Terminus »Volksfeind« schon früher existierte, füllte Stalin ihn nach dem Jahr 1934 »mit konkretem Inhalt«. Im »verschlossenen Brief«, den das ZK der Partei am 29. Juli 1936 an die Parteiorganisationen der Republiken und Gebiete schickte und an

dessen Formulierung Stalin persönlich mitgewirkt hatte, wurde unterstrichen, daß der »Volksfeind« in der Regel »zahm und harmlos« aussehe. Er tue alles, um »allmählich in den Sozialismus zu schleichen«, er akzeptiere den Sozialismus nicht, und je hoffnungsloser seine Lage sei, desto eher »greife er zum äußersten Mittel«.
Alexej Alexejewitsch Jepischew, der von 1951 bis 1953 Stellvertreter des Ministers für Staatssicherheit war, erzählte mir, daß Berija es liebte, auf Versammlungen folgende Worte zu zitieren, die er Stalin zuschrieb: »Ein Volksfeind ist nicht nur der, der sabotiert, sondern auch der, der an der Richtigkeit der Parteilinie zweifelt. Und ihrer gibt es unter uns noch sehr viele. Wir müssen sie liquidieren.«

Jepischew war wortkarg, soweit es seine Vergangenheit betraf. Nur selten war er bereit, sich zu öffnen:

»Es ist mir unter Anstrengung gelungen, aus der Höhle Berijas zu entkommen. Nach ständigen Bitten, man solle mich wieder zur Parteiarbeit zulassen, warf Berija mir zornig entgegen: ›Du willst nicht mit mir arbeiten? Nun ja, was soll es, wie du willst.‹
Einige Tage später schickte man mich nach Odessa – von neuem wurde ich zum 1. Sekretär des Gebietskomitees gewählt, und bald darauf kam der Leiter der Gebietsverwaltung des NKWD zu mir und schlug mir vor, ab morgen zu Hause zu bleiben. Ich wußte, was dies bedeutete: Jeden Tag konnte die Verhaftung erfolgen. (...) Und jene, die mit Berija zusammenarbeiteten und womöglich an etwas zweifelten, hielt er nicht nur für ›einfache‹ Volksfeinde. Ich wurde wie durch ein Wunder wegen eines glücklichen Zufalls gerettet: Berija selbst wurde in diesen Tagen verhaftet. (...) ›Volksfeind‹, das war eine universelle Formel. Es war eine Art ›Auslese‹ jener, die nicht in Stalins Muster paßten.«

Die überwiegende Mehrheit der sowjetischen Menschen glaubte daran, daß ein Kampf auf Leben und Tod bevorstehe. Die Leitartikel der Zeitungen verkündeten: »Spione und Mörder«, »Verräter«, »Trotzkisten – Saboteure – Diversanten – Spione«, »die Niederträchtigsten der Niederträchtigen«, »die trotzkistische Bande der Restauratoren des Kapitalismus«. Die Lügen fielen auf einen fruchtbaren Boden. Die Menschen verdammten jene, von denen sie nun erfuhren, daß sie sich derart lang »maskiert« hatten.

Im Februar und März 1937 tagte das ZK rund zwei Wochen lang. Es wurden viele Berichte vorgetragen. Als erster sprach ZK-Sekretär Schdanow. Er, der bereits das Wohlwollen des »Führers« genoß, äußerte in seinem Bericht einige richtige Gedanken. Aber er fügte hinzu, daß die unterdrückenden Organe heute ebenso notwendig seien wie während des Bürgerkriegs. Man müsse damit rechnen, fuhr der Berichterstatter fort, daß »solange unsere Menschen noch schlafen, die Feinde bereits arbeiten«.
In der Partei sei die Lage nicht einfach. Ihre Reihen lichteten sich, nicht wenige Feinde seien gefunden worden. Der ZK-Sekretär führte interessante Fakten an. In die Büros der Rayon- und Stadtkomitees waren bis zu 59 Prozent der Mitglieder und Kandidaten kooptiert, also ohne Wahl aufgenommen worden. In Kiew beispielsweise seien am 19. Oktober 1934 ins Stadtkomitee vierzehn Menschen kooptiert worden, darunter Aschrafjan, Dsenis, Sentschenko, Toder und andere, die sich später als Volksfeinde erwiesen hätten. Im Charkower Stadtkomitee gebe es 59 gewählte und 61 kooptierte Mitglieder. Das Büro des Stadtkomitees bestehe mit Ausnahme von einem vollständig aus Kooptierten. Schdanow brachte noch viele solcher Beispiele. Dies war nicht nur ein Symptom für einen Mangel an Demokratie in der Partei. Es war auch ein Zeichen dafür, daß sich allmählich eine Atmosphäre der Gesetzlosigkeit und Gewalttätigkeit ausbreitete. Die Berichte Molotows, Kaganowitschs, Jeschows widmeten sich im Grunde nur einer Frage: den »Lehren aus der Sabotagetätigkeit, Diversion und Spionage der japanisch-deutsch-trotzkistischen Agenten«. Ihre Reden entbehrten jeder realen Grundlage. Molotow erklärte zunächst, daß er seinen Bericht anstelle Ordschonikidses halte. Am 18. Februar, eine Woche vor Eröffnung des Plenums, hatte sich »Sergo« erschossen. In der offiziellen Erklärung hieß es, er sei an einer Herzlähmung gestorben. Die Zeugnisse von Menschen, die die Familie Ordschonikidse kannten, sagen etwas anderes aus: Ordschonikidse habe die Gewalttätigkeit gegen die angeblichen Spione und die Denunziationskampagne kritisiert. Zwischen ihm und Stalin habe es deswegen harte Auseinandersetzungen gegeben. Stalin habe ihm Meldungen geschickt, die über ihn an den NKWD gegangen seien, und damit angedeutet, wo Rauch aufsteige, sei auch Feuer. Ordschonikidse wird den Wink verstanden haben. Um dies alles abzurunden, beauftragte Stalin Ordschonikidse, einen Bericht

»über Schädlingsarbeit in der Schwerindustrie« vorzubereiten. Ordschonikidse sollte mit eigenen Händen viele Kommandeure der Produktion dem Henker ausliefern, direkt teilnehmen an der Willkür, mit der sich der alte Bolschewik nicht anfreunden konnte.
Er nutzte die Chance des Gewissens, und unter den damaligen Umständen wählt er den wohl einzig würdigen Weg. Am Tag der Selbsttötung hatten Jeschows Beauftragte Ordschonikidse das Verhörprotokoll seines Bruders Populi gegeben. Es waren auch andere Verwandte »Sergos« verhaftet worden. Man trieb ihn zum letzten Schritt. Und er tat ihn.
Molotow wußte viel zu berichten über »Volksfeinde«, die in die Schwerindustrie eingedrungen seien. Er nannte viele Namen: Aristow, Gajderow, Berman, Norkin, Karzew, Arkus, Jasowskich, Jakowlew und Dutzende anderer Leiter. Pjatakow habe diesen »Haufen von Terroristen und trotzkistischen Agenten« angeführt. Molotow sprach auch über die zunehmende »Schädlingsarbeit« in der Landwirtschaft und über den Kampf der Sicherheitsorgane gegen sie. Er hatte außerdem eine Statistik anzubieten über die Zahl der Verurteilten in den Bereichen einiger Volkskommissariate bis zum 1. März 1937:

Volkskommissariat für Schwerindustrie –	585 Menschen,
Volkskommissariat für Aufklärung –	228 Menschen,
Volkskommissariat für Leichtindustrie –	141 Menschen,
Volkskommissariat für Verkehrswesen –	137 Menschen und
Volkskommissariat für Landwirtschaft –	102 Menschen.

Molotow legte Wert auf die Behauptung, daß alle diese »Saboteure« auf Weisung des »trotzkistischen Zentrums« agierten. Er erklärte die »Strategie der Sabotage« mit einer angeblichen Losung Trotzkis: »Mit empfindlichen Schlägen empfindliche Stellen treffen.«
Kaganowitsch zählte eine fast endlose Reihe von »Saboteuren« im Eisenbahnwesen auf. In Jeschows Bericht entstand der Eindruck, als schössen die »Feinde« buchstäblich ringsherum aus dem Boden. Er war zu Beginn des Plenums für würdig befunden worden, sich Generalkommissar für Staatssicherheit nennen zu dürfen. Vor ihm hatte niemand diese Ehre erlangt. Und nach ihm nur Berija. Jeschow rief zu verstärkter Denunziation auf:

»Während der letzten Monate erinnere ich mich an keinen Fall, daß irgendeiner von den Wirtschaftern und Volkskommissariatsleitern mich auf eigene Initiative angerufen und gesagt hätte: ›Genosse Jeschow, dieser oder jener Mensch scheint mir irgendwie verdächtig, irgend etwas ist da nicht in Ordnung, beschäftigen Sie sich mit diesem Menschen.‹ (...) Und häufiger, wenn die Frage der Verhaftung eines Saboteurs, eines Trotzkisten aufkommt, versuchen einige Genossen, diesen Menschen zu verteidigen.«

Nach Jeschows Vortrag wurde ein Beschluß gefaßt. In ihm wird vermerkt, daß das NKWD im Kampf gegen die Feinde um mindestens vier Jahre zurückliege. Das NKWD verpflichtete sich, »die Entlarvung und die Zerschlagung trotzkistischer und anderer Agenten zu Ende zu führen, mit dem Ziel, die geringsten Erscheinungen ihrer antisowjetischen Tätigkeiten zu unterdrücken«. Das war das Vorspiel. Nun war ein konkretes Programm vonnöten. Der »Führer« formulierte es. Es wurde eine theoretische Grundlage für den Terror gegen die »Feinde« gebraucht. Stalin erarbeitete eine. Es war notwendig, die Menschen für die Liquidierung der »trotzkistischen und anderen Doppelzüngler« zu gewinnen. Stalin löste auch diese Aufgabe. Er tat dies alles in seinem Bericht an das ZK-Plenum unter der Überschrift »Über die Mängel der Parteiarbeit und die Maßnahmen zur Liquidierung der trotzkistischen und sonstigen Doppelzüngler«. An den unzähligen Randbemerkungen und Ergänzungen des Redemanuskripts kann man erkennen, wie sorgfältig sich Stalin vorbereitet hatte.

Zu Beginn charakterisierte er das Phänomen der »politischen Unbekümmertheit«. Daraufhin ging er zu den Folgen der kapitalistischen Einkreisung über. Er erwähnte zu Recht, daß die Bedrohung durch den Imperialismus real und daß es notwendig sei, diesen Umstand beim sozialistischen Aufbau zu berücksichtigen. Aber Stalin brachte diese Bedrohung dann in einen Zusammenhang mit der »trotzkistischen Gefahr«. Die Trotzkisten charakterisierte er als närrische und prinzipienlose Bande von Saboteuren, Spionen und Mördern, die Aufträge für die Geheimdienste ausländischer Staaten ausführten. Faktisch erklärte Stalin den Trotzkismus zur Hauptgefahr für den Sozialismus. Er zog eine unheilverkündende Schlußfolgerung:

»Je weiter wir vorwärtsschreiten, je mehr Erfolge wir erzielen werden, um so größer wird die Wut der Überreste der zerschlagenen Ausbeuterklassen werden, um so eher werden sie zu schärferen Kampfformen übergehen, um so mehr Niederträchtigkeiten werden sie gegen den Sowjetstaat begehen, um so mehr werden sie zu den verzweifelten Kampfmitteln greifen, als den letzten Mitteln zum Untergang Geweihter.«

Der »Führer« pflegte schon einige Zeit theoretische Auslegungen als Rechtfertigung für seine Politik zu benutzen. 1934 hatte er erklärt, daß die Ausbeuterklassen in der UdSSR liquidiert seien, und nun, mehr als drei Jahre später, sprach er davon, daß der Klassenkampf sich »zuspitze«. Die ehemaligen Oppositionellen hätten sich maskiert, und sie führten einen Untergrundkampf.

Stalin warf, wie immer, alles in ein grausames Schema. In seinem Schlußwort am 5. März erklärte er, daß es »zehn Punkte gebe, die den Teilnehmern des Plenums unklar« seien. Im Rahmen dieser Aufzählung sagte er auch, daß einige ehemalige Trotzkisten richtige Positionen eingenommen hätten und daß man »sie nicht entehren« solle. Er formulierte den einfachen Aphorismus: »Um zu gewinnen, braucht man möglicherweise einige Korps. Und um zu verlieren, nur einige Spione. Um eine große Eisenbahnbrücke zu bauen, dazu benötigt man Tausende von Menschen, um sie zu sprengen, nur einige Menschen.«

Auf dem Februar-März-Plenum des Jahres 1937 wurde auch eine Resolution »in der Sache Bucharin und Rykow« verabschiedet. Es wurde eine Kommission zur Untersuchung dieses Falls gebildet, der unter der Leitung Mikojans sechzig ZK-Mitglieder angehörten, unter ihnen Andrejew, Stalin, Molotow, Kaganowitsch, Woroschilow, Kalinin, Jeschow, Schkirjatow, Krupskaja, Kossior, Jaroslawski, Schdanow, Chruschtschow, Jakir, Berija, Eiche, Bagirow, Budjonny, Tschubar, Kossarew, Postyschew und Gamarnik.

Vor der Zusammenkunft dieser Kommission hatte Bucharin eine leidenschaftliche Erklärung vorbereitet, in der er alle Beschuldigungen zurückwies. Der geächtete Theoretiker hatte auch Briefe an Stalin geschrieben, in denen er versuchte, den »Führer« zu überzeugen, daß die gegen ihn vorgebrachten »Anschuldigungen« einer Gruppe von verhafteten »Volksfeinden« keinerlei Grundlagen hätten. Bucharin ist es sogar gelungen, zwei- oder dreimal mit Stalin zu telefonieren. Stalin beruhigte ihn:

»Nikolaj, mach keine Panik, wir werden schon zurechtkommen. (...) Wir glauben dir, daß du kein Feind bist. Da aber Sokolnikow, Astrow, Kulikow und andere Doppelzüngler auf dich weisen und ihre Sabotageakte gestanden haben, müssen wir ganz in Ruhe Klarheit schaffen. Beruhige dich!«
»Wie kann man denn auch nur denken, daß ich ein ›Helfershelfer terroristischer Gruppen‹ sei?!« fragte Bucharin.
»Ruhig, Nikolaj, ruhig. Wir werden schon zurechtkommen.« Und Stalin hängte den Hörer ein.

Bucharins und Rykows Erklärungen wurden von der Kommission nicht angehört. Deren wichtigstes »Argument« war: Teilnehmer des »parallelen trotzkistischen Zentrums« hätten bestätigt, daß Bucharin und Rykow von Sabotage- und Terrorakten gewußt und dabei geholfen hätten. Bucharin war verzweifelt. Rykow gab sich beherrscht; er begriff, daß sie das gleiche Schicksal erwartete wie Sinowjew und Kamenew. Bucharin trat in den Hungerstreik als Zeichen des Protests gegen die ungeheuerlichen Beschuldigungen.
Am Morgen des 27. Februar teilte Poskrebyschew Bucharin und Rykow mit, daß sie vor dem Plenum zu erscheinen hätten. (Obwohl Bucharin und Rykow noch Kandidaten des ZK waren, wurden sie zu den Sitzungen nicht mehr eingeladen.) Außer Uborewitsch und Akulow gab ihnen niemand die Hand zum Gruß. Es begann die Kommissionssitzung des Plenums zum »Verfahren« gegen Bucharin und Rykow. Noch vor Jeschows Bericht warf Stalin in den Saal:

»Bucharin ist in den Hungerstreik getreten. Nikolaj, wem stellst du ein Ultimatum, dem Zentralkomitee? Bitte es um Entschuldigung!«
»Ihr habt doch vor, mich aus der Partei auszuschließen.«
»Bitte das ZK um Vergebung!«

Bucharin glaubte, in den Worten Stalins einen Hoffnungsschimmer zu erkennen, und gab nach. Er verstand rasch, daß die »Ermittlungen« der ZK-Kommission auf Untersuchungen des NKWD beruhten und daß seine Erklärungen und Briefe beurteilt würden als Versuche, »die

Partei in die Irre zu führen«. Die Kommissionsmitglieder hatten Belastungsmaterial, das sich auf »Aussagen« stützte, die auf gesetzeswidrige Weise aus bereits Verurteilten herausgepreßt worden waren. Der Vorsitzende der Kommission, Mikojan, forderte Bucharin auf, offen seine Teilnahme an antistaatlichen Aktionen zu gestehen. Bucharin antwortete:

»Ich bin nicht Sinowjew und Kamenew, und ich werde nicht über mich lügen.«
Molotow: »Sie werden nicht gestehen? Damit beweisen Sie, daß Sie ein faschistischer Söldling sind. Sie schreiben in ihrer Presse, daß unsere Prozesse provokativ seien. Wir werden Sie verhaften, und Sie werden gestehen!«
Bucharin: »Im NKWD gibt es Menschen, die sich hinter der Autorität der Partei verstecken und eine nie dagewesene Willkür zeigen.«
Stalin: »Nun ja, dorthin werden wir dich auch schicken. Du wirst schon sehen.«

Von dem betrügerischen Spiel gegen Bucharin und Rykow wußten lediglich Stalin, Jeschow und dessen nächste Mitarbeiter. Bucharin und Rykow, deren ganzes Leben offen zutage lag, konnten keine »Feinde« sein. Nachdem Stalin die Zweifel der Kommissionsmitglieder bemerkt hatte, die die Briefe und Erklärungen Bucharins gelesen hatten, machte er sich alsbald daran, den Beschluß, den er vorab mit seinen Gehilfen abgesprochen hatte, durchzusetzen. Man kam zur Abstimmung über einen Antrag, den Jeschow vorbereitet hatte:

»Bucharin und Rykow sind als Kandidaten aus dem ZK und aus der Partei auszuschließen. Sie sind dem Militärgericht zu übergeben, und die höchste Strafe ist über sie zu verhängen – Tod durch Erschießen.«

Postyschew erklärte, daß er »für den Ausschluß und für die Übergabe an das Gericht, jedoch ohne Erschießung« sei. Budjonny, Manuilski, Schwernik, Kossarew: »für Ausschluß, Gericht und Erschießung«. Antipow, Chruschtschow, Nikolajew, Schkirjatow: »für Ausschluß, für Gericht, ohne Erschießung« ...
Stalin stellte fest, daß kein einstimmiger Beschluß gefaßt werden konnte, und machte einen Vorschlag:

»Ich schlage vor, Bucharin und Rykow aus der Partei auszuschließen, sie nicht dem Gericht zu übergeben, sondern die Angelegenheit zur Untersuchung dem NKWD zu übergeben.«

Stalin wußte, daß das gleichbedeutend war mit Erschießen – aber oberflächlich betrachtet erschien er geradezu als Menschenfreund. Krupskaja, Warejkis, Molotow, Woroschilow erklärten, daß sie Stalins Antrag unterstützten. Postyschews Vorschlag, der unter anderem von Kossior, Petrowski und Litwinow unterstützt wurde, lautete »Gericht ohne Erschießung«.
Mikojan, der Kommissionsvorsitzende, äußerte seine Meinung nicht öffentlich. Nach der Abstimmung beschloß man, noch einmal abzustimmen. Nun wurde einstimmig Stalins Vorschlag angenommen.

»1. Bucharin und Rykow sind als Kandidaten aus dem ZK der KPdSU(B) und aus der Partei auszuschließen; sie werden dem Gericht nicht übergeben, sondern ihre Angelegenheit wird an das NKWD weitergegeben;
2. eine Kommission, zusammengesetzt aus den Genossen Stalin, Molotow, Woroschilow, Kaganowitsch, Mikojan und Jeschow, wird angehalten, auf der Grundlage des angenommenen Beschlusses einen Entwurf für die modifizierte Resolution zu erstellen.
Vorsitzender der Kommission
27. 2. 1937 Mikojan«

Stalin verstand, daß noch ein Prozeß vorbereitet werden mußte. Der Ausgang war dem »Führer« bereits bekannt.
Bucharin und Rykow wurden nach Beendigung der Sitzung, kaum daß sie den Saal verlassen hatten, verhaftet. Es begannen dreizehn lange Monate, die das Plenum vom Schlußakt der Tragödie Bucharins und Rykows trennten.
Es bleibt noch hinzuzufügen, daß in der »Sache Bucharin und Rykow« noch eine Resolution verabschiedet wurde, die übersät war mit Korrekturen und Ergänzungen, die Stalin eigenhändig angebracht hat. Ihr Text lautete folgendermaßen:

»1. Auf der Grundlage der Untersuchungsmaterialien stellt das ZK fest, daß die Genossen Bucharin und Rykow zumindest über die ver-

brecherische, terroristische Spionage- und Diversionstätigkeit des trotzkistischen Zentrums gewußt haben. Sie verbargen es jedoch, wodurch sie verbrecherische Angelegenheiten förderten.
2. Auf der Grundlage der Untersuchungsmaterialien des NKWD und der Gegenüberstellungen stellt das Plenum des ZK fest, daß die Genossen Bucharin und Rykow zumindest über die Organisation verbrecherischer, terroristischer Gruppen seitens ihrer Schüler und Anhänger Slepkow, Zejtlin, Astrow, Maretzki, Nesterow, Rodin, Kulikow, Kotow, Uglanow, Sajtzew, Kusmin, Saposchnikow und anderer gewußt haben und daß sie nicht nur keinen Kampf dagegen geführt, sondern sie auch ermuntert haben.
3. Das Plenum des ZK der KPdSU(B) stellt fest, daß die Notiz des Genossen Bucharin an das ZK, in der er versucht, die Aussagen der oben genannten Trotzkisten und rechten Terroristen zu widerlegen, ihrem Inhalt nach ein verleumderisches Dokument ist.
In Anbetracht dessen, daß der Genosse Bucharin noch zu Lebzeiten Lenins einen Kampf gegen die Partei und gegen Lenin selbst (ebenso wie Rykow) geführt hat, ist alles Geschehene kein Zufall oder etwas Unerwartetes, deshalb (jetzt in Stalins Handschrift; D. W.): ›Bucharin und Rykow sind als Kandidaten aus dem ZK der KPdSU(B) und aus den Reihen der KPdSU(B) auszuschließen. Die Angelegenheit Bucharin und Rykow ist dem NKWD zu übergeben.‹«

Stalin konnte Bucharin und Rykow nicht einfach verschwinden lassen. Dafür kannten das Volk und die Partei sie zu gut. Es mußte ein Prozeß stattfinden, und damit die Beschuldigten zu diesem Prozeß »heranreiften«, war Zeit vonnöten.
Die Beschlüsse des ZK-Plenums gaben starke Impulse. Bereits im März 1937 wurden in den Republiken und Gebieten Plenen der Parteikomitees abgehalten. Auf diesen Plenen wurden nicht nur die Richtlinien des »Führers« bekräftigt, sondern es wurde auch über die ersten Resultate ihrer Ausführung berichtet. Hier einige Auszüge aus Schdanows Bericht, den er am 15. März 1937 in Leningrad vorgetragen hat:

»Bucharin und Rykow unterschieden sich, wie sich zeigte, ganz und gar nicht von den Sinowjew-Leuten und Trotzkisten. Eine Bande von Räubern. Ich kann mich an kein Verhalten erinnern, das so schändlich und so abscheulich war wie das, das Bucharin und Rykow an den Tag legten. Vier Tage haben wir versucht, aus ihnen die Wahrheit herauszubekommen. Und nicht einmal ein Funken, sogar nicht einmal die leiseste Andeutung von menschlicher Beziehung zur Partei haben wir erfahren. Wie von ihrer Seite mitgeteilt wurde, seien wir nicht ihre Richter.«

Schdanow wollte Bucharin außerdem erniedrigen. Über dessen Hungerstreik erklärte er: »Um Mitternacht hat er ordentlich gegessen, wie es sich gehört, und bis zehn Uhr morgens erklärte er den Hungerstreik.«
Und er hatte noch einiges zu berichten über die »Arbeit«, die sich nun in Leningrad entfaltete: »Auf den Kirow- und Oktober-Eisenbahnstrecken wurden acht Schädlingsgruppen aufgedeckt; zehn Gruppen in den Fabriken der Stadt und ebenso im NKWD, in der PWO (Luftabwehr; A. d. Ü.), im Parteiapparat.« Innerhalb kurzer Zeit wurden in allen Rayonkomitees die »Nester der Feinde bloßgelegt: im Wyborg-Rayon 13 Menschen, im Wassileostrow-Rayon 12, im Kirow-Rayon 12. (...) Insgesamt 223 Parteifunktionäre. Sie können sich vorstellen, wie der Parteiapparat von ihnen durchsetzt war!«
Mit energischem Pinselstrich fuhr Schdanow fort, das Gemälde des übermächtigen Einflusses der »Feinde« zu zeichnen in der Stadt, die einst die Wiege der Revolution war. »Vom Jahr 1933 bis zum Jahr 1936 absolvierten 183 Personen das Institut der Roten Professur. 32 von ihnen wurden bereits verhaftet. Von 130 der übrigen wurden nun in Leningrad 53 zu Volksfeinden erklärt.«
Mehr als ein halbes Jahrzehnt ist seitdem vergangen, aber der Schmerz, die Verbitterung und der Verlust sind geblieben. Wie mir K. A. Kuschela, ein achtzigjähriger Veteran aus Perm, schreibt: »Fast jede Nacht sehe ich mich selbst als jungen Mann im fernen Lager von Kolyma, und jedesmal erwache ich vor Entsetzen.«

Die Schauprozesse

Nach dem Prozeß gegen Sinowjew und Kamenew begann in Moskau am 23. Januar 1937 der sogenannte »Prozeß der 17«. 17 Menschen waren angeklagt, unter ihnen Pjatakow. Das Hauptziel des Prozesses war, zu beweisen, daß Trotzki mit Hilfe der Angeklagten Sabotageaktionen organisiert und die Restauration des Kapitalismus in der Sowjetunion vorbereitet habe. Der Prozeß war derart sorgfältig »vorbereitet« worden, daß Pjatakow in schillernden Farben eine Begegnung mit Trotzki in Oslo (wo der Angeklagte nie gewesen war) beschrieb. Er wußte zu berichten, daß Trotzki in seiner »Direktive« zwei Varianten einer Machtübernahme genannt habe. Die erste Variante, das sei die Machtübernahme vor dem Krieg, und die zweite Variante, das sei die Machtübernahme während eines Kriegs. Die erste Variante sei nach Trotzki das Ergebnis konzentrierter terroristischer Anschläge, auch gegen Parteiführer und selbstverständlich gegen Stalin und seine nächsten Helfer. Die zweite Variante sei von Trotzkis Standpunkt aus allerdings wahrscheinlicher – die militärische Niederlage. Sinowjew und Kamenew hatte Stalin noch durch Aushungern und Täuschung dazu gebracht, das auszusagen, was er wollte. Pjatakow und seine »Mittäter« waren gefoltert worden.

Im sogenannten »Prozeß der 21« wurde über Bucharin, Rykow, Krestinski, Rakowski, Rosengolz und andere Märtyrer der Stalinschen Willkür Gericht gehalten.

Mit Hilfe dieser Prozesse wollte Stalin vor allem einen letzten vernichtenden Schlag gegen die tatsächlichen oder vermeintlichen Anhänger Trotzkis führen. Das »Duell« mit Trotzki ging weiter. In der Anklageschrift gegen Pjatakow, Radek, Sokolnikow und andere wurde Trotzkis Name auf einigen Seiten fünfzigmal erwähnt! Das gleiche gilt für die Anklageschrift gegen Bucharin, Rykow, Krestinski, Rakowski, Rosengolz und andere Leidensgenossen. Als die Prozesse begannen, ließ Trotzki aus Mexiko verlauten: »Ja, man verurteilt Gleichgesinnte, jedoch verurteilt man sie für die Idee.« Öffentlich bekundete der Vertriebene seine Solidarität mit den Angeklagten. Das gab Stalin weitere »Argumente« in die Hand.

Verhaftungen, Verurteilungen und Erschießungen wurden zu einer Alltagserscheinung. Es wurden nicht nur »potentielle Gegner« Stalins Opfer, sondern, und das in der Mehrzahl der Fälle, zufällig auch Menschen, die Betriebe oder öffentliche Einrichtungen leiteten, in denen sich irgendwelche Vorkommnisse ereignet hatten: Brände, Explosionen, Einstürze, Unfälle und so weiter. Gegen Ende des Jahres 1937 geriet die Flut der Repressalien außer Kontrolle. In vielen Volkskommissariaten und anderen Einrichtungen wurde die Denunziation zur Überlebensgrundlage. Dies war die Folge der ersten großen politischen Prozesse. Im Stalin-Archiv ist mir nur einmal ein Dokument begegnet, das ein wenig Menschlichkeit des »Führers« erkennen läßt:

»Genossen Stalin J. W.
Die Frau Kuklins A. S. hat sich an die Staatsanwaltschaft gewandt. Kuklin wurde am 18. Januar 1936 zu zehn Jahren Freiheitsstrafe verurteilt. Kuklin befindet sich in dem Butyrskaja-Gefängnis. Nach den medizinischen Untersuchungen vom 7. Januar dieses Jahres wurde festgestellt, daß Kuklin an bösartigem Speiseröhrenkrebs leidet. Seine Lage ist anerkanntermaßen hoffnungslos.
Ich bitte um Ihre Anweisungen.
22. März 1936 A. Wyschinski«

Unten auf dem Dokument steht die Entscheidung:

»Der Genosse Stalin hat dem Genossen Ulrich zur vorfristigen Entlassung Anweisung gegeben. A. Wyschinski«

Aber sonst kannte er keine Gnade. Er sanktionierte die Erschießung seines ehemaligen Stellvertreters im Volkskommissariat für Nationalitätenfragen Brojdos; seines ehemaligen Gehilfen Nasaretjan; des ehemaligen Sekretärs Lenins Gorbunow; des ehemaligen Freunds und Sekretärs des ZEK Jenukidse; Kossarews, über den Stalin gesagt hatte, er sei ein »echter Führer der Jugend«; seines »Philosophielehrers« Stens; seines Genossen in der illegalen Arbeit Soltz; des bekannten Kundschafters Uritzki, den der »Führer« doch so geschätzt hatte; des ehemaligen Vertreters des Volkskommissariats für Äußeres Karachan; des mit ihm dereinst befreundeten Tschekisten Agranow; Bubnows, mit dem er in den Jahren des Bürgerkriegs gemeinsam die Anordnungen Lenins ausgeführt hatte; des »starken Bolschewiken« Warejkis, wie der »Führer« ihn charakterisiert hatte ...
Stalin besaß ein phänomenales Gedächtnis. Während er die unzähligen Listen der Verurteilten oder Verhafteten las, stieß er häufig auf Namen, die er kannte. Er hätte über jeden von diesen etwas erzählen können, sich an etwas erinnern können, sie beschreiben können. Viele von ihnen hatten ihn immer wieder in seinem Arbeitszimmer aufgesucht. Und die endlosen Kolonnen von Militärs – all die be-

kannten Namen und Vornamen! Tausende von Namen! Menschen, die ihn priesen und bereit waren, jeden seiner Wünsche zu erfüllen. Vielen von ihnen sollte es gelingen, ihm ihren letzten Brief zu schreiben. Und er wird viele dieser Briefe lesen. Aber der Mensch mit dem stählernen Namen kennt keine Trauer, kein Mitleid, keine Freundschaft, keine Ehre. Es genügte, einige Buchstaben in die Ecke eines Dokuments zu setzen oder Poskrebyschew »Einverstanden« zuzurufen. Bald sollte es Wyschinski, Ulrich und Jeschow gelingen, die Bestrafungsmaschine so herzurichten, daß Stalin sich nur noch mit den trockenen Zahlen der grausamen Statistik zu befassen hatte.

Es existieren Angaben, daß Stalin sich vor den Prozessen einige Male mit Wyschinski und Ulrich getroffen habe. Im Stalin-Archiv gibt es davon keine Spuren. Der Militärjurist Ulrich gefiel Stalin. Möglicherweise wegen seiner lakonischen Sprache, wegen der Strenge und Knappheit seiner Berichte von der blutigen Ernte, die er Stalin in den Jahren 1937/38 zuhauf zukommen ließ. Über die Reaktion des »Führers« auf diese Berichte kann man nur mutmaßen. Auf einigen steht die Signatur »J. St.«, auf anderen der Schnörkel Poskrebyschews. Die Lawine solcher Berichte hätte jeden Menschen moralisch zerbrochen. Aber als der Wahn seinen Höhepunkt erreichte, ging Stalin weiter ins Theater, schaute sich nachts die Kino-Wochenschauen an, empfing Volkskommissare, redigierte Anordnungen und andere Dokumente, veranstaltete mitternächtliche Tischgelage, diktierte Antworten auf Briefe, machte Bemerkungen zu diesem oder jenem Artikel in der »Prawda« oder im »Bolschewik«.

Ulrich entsprach den Vorstellungen Stalins von einem Richter, dem Sentimentalität fremd war. Stalin sah, daß der Vorsitzende des Militärkollegiums des Obersten Gerichts der UdSSR vollkommen ruhig blieb, während er Dutzende und Hunderte von Todesurteilen unterschrieb. Er war ein lebender Bestandteil der Hinrichtungsmaschine.

Wyschinski, ein korpulenter Mann mit Brille, war eine andere Erscheinung. Stalin gefiel die Beredsamkeit des Staatsanwalts der UdSSR, der mit seinen Tiraden die auf der Anklagebank Sitzenden buchstäblich lähmte. Für die Arbeit, die Wyschinski während des Bucharin-Prozesses geleistet hatte, wurde ihm der Leninorden verliehen. Das Plädoyer des Staatsanwalts während dieses Verfahrens am 11. März 1938 hatte den »Führer« offenbar beeindruckt.

»Unser ganzes Land, jung und alt, erwartet und fordert das eine: die Verräter und Spione, die unsere Heimat dem Feinde verschachern wollten, müssen wie räudige Hunde erschossen werden!
Unser Volk fordert das eine: Zertretet das verfluchte Otterngezücht!
Die Zeit wird vergehen. Unkraut und Disteln werden die Gräber der verhaßten Verräter überwuchern, die auf ewig von den ehrlichen Sowjetmenschen, dem ganzen Sowjetvolk geächtet sein werden.
Und über uns, über unserem glücklichen Lande wird nach wie vor unsere Sonne mit ihren hellen Strahlen klar und freudig leuchten. Wir, unser Volk, werden nach wie vor, geführt von unserem geliebten Führer und Lehrer – dem großen Stalin –, den vom letzten Schmutz und Unrat der Vergangenheit gesäuberten Weg gehen, vorwärts und immer weiter vorwärts, dem Kommunismus entgegen!«

Der »Führer und Lehrer« liebte diensteifrige Menschen. Im folgenden wurde Wyschinski Stellvertretender Vorsitzender des Rats der Volkskommissare, später Außenminister, und ihm wurde die Stalin-Prämie verliehen neben anderen Zeichen der besonderen Aufmerksamkeit Stalins.
Damit die politischen Spektakel auch gelangen, hat man sie lange geprobt. Der Bucharin-Prozeß beispielsweise wurde mehr als ein Jahr vorbereitet. Einige Monate brauchte man allein, um den Willen der Angeklagten zu brechen. Diejenigen, die die Voruntersuchungen führten, verfügten über ein breites Spektrum von Mitteln der Gewalt, um die notwendigen Aussagen zu erhalten. Einige hielten einen, zwei oder drei Monate durch. Andere zerbrachen schnell. Und dann begannen die erniedrigenden »Repetitionen«. Die zerbrochenen Menschen mußten die ihnen aufgezwungenen Versionen auswendig lernen. Wenn die Proben zufriedenstellend verlaufen waren, wenn die Angeklagten wußten, wie sie sich und andere zu bezichtigen hatten, dann wurde den Regisseuren mitgeteilt, daß dieser oder jener Akteur zur »Premiere« bereit sei. Trotz aller Vorbereitungen aber gab es manchmal Pannen.
So hieß es in der Anklageschrift, die vom Sekretär des Gerichts am 2. März 1938 verlesen wurde: Der Angeklagte Krestinski »trat in verräterische Verbindung mit dem deutschen Geheimdienst im Jahre 1921«, er habe sich gegenüber den Generälen Seeckt und Hasse zur

Zusammenarbeit mit der Reichswehr für 250 000 Mark jährlich verpflichtet und auch dazu, für die Trotzkisten zu arbeiten. Als der Vorsitzende des Gerichts den Angeklagten Krestinski fragte, ob er sich schuldig bekenne, sagte jener überraschenderweise, daß er alles bestreite. Es kam Unruhe auf. Man unterbrach die Verhandlung. Man berichtete Stalin. Er fluchte: »Ihr habt den Abschaum schlecht bearbeitet.« Er gab zu verstehen: Ähnliches wolle er in Zukunft nicht mehr erleben. Man traf die notwendigen Maßnahmen. Und bereits am Abend des nächsten Tags entsprach Krestinski wieder der »Norm«.

Krestinski: »Meine Aussagen in der Voruntersuchung bestätige ich vollständig.«
Wyschinski: »Was bedeutet in diesem Falle Ihre gestrige Erklärung, die man nicht anders einschätzen kann als eine trotzkistische Provokation vor dem Gericht?«
Krestinski: »Ich war gestern, unter dem Eindruck eines momentanen scharfen Gefühls falscher Scham, das durch die Anklagebank und durch den schweren Eindruck von der Verlesung der Anklageschrift hervorgerufen und durch meinen krankhaften Zustand noch verschärft wurde, nicht imstande, die Wahrheit zu sagen, nicht imstande zu sagen, daß ich schuldig bin. (...) Ich bitte das Gericht, meine Erklärung festzuhalten, daß ich voll und ganz mich all der äußerst schwerwiegenden Anklagen, die gegen mich persönlich erhoben wurden, schuldig bekenne und daß ich mich voll für den von mir begangenen Treubruch und Verrat verantwortlich bekenne.«

Mit Ausnahme einiger kleiner Pannen verliefen die Prozesse glatt. Alle Beschuldigten stimmten dem Staatsanwalt zu, einmütig akzeptierten sie die grausigen Beschuldigungen und waren sie bereit, beliebige Details ihrer »Untaten« zu berichten: eine einzigartige Zusammenarbeit zwischen Gericht und Angeklagten! Niemand bestritt oder widerlegte etwas, alle beschuldigten sich selbst!
Bucharin fiel aus dem Rahmen. In seinem Schlußwort sagte er unter anderem:

»Ich halte mich (...) sowohl politisch als auch juristisch für Sabotagetätigkeit für verantwortlich, obwohl ich mich persönlich nicht erinnern kann, Direktiven zur Sabotagetätigkeit gegeben zu haben. (...)

Der Herr Staatsanwalt erklärt, daß ich (...) einer der großen Organisatoren der Spionage gewesen sei. Welche Beweise? Die Aussagen Scharangowitschs, über dessen Existenz ich bis zur Anklageschrift nie gehört habe. (...)
Ich bestreite kategorisch die Beteiligung an der Ermordung Kiows, Menschinskis, Kujbyschews, Gorkis und Maxim Peschkows. Kirow wurde nach den Aussagen Jagodas aufgrund eines Beschlusses des ›Blocks der Rechten und Trotzkisten‹ ermordet. Ich habe das nicht gewußt.
Aber hier kommt dem Bürger Staatsanwalt das zu Hilfe, was den faktischen Inhalt bildet und was er Logik nennt.«

Das ist kein Geständnis, sondern eher eine Anklage gegen die Organisatoren des Prozesses, gegen jene, die der »nackten Logik« des Kampfes gefolgt waren, gegen jene, die die Entartung des Menschen zu verantworten hatten. Die Andeutung auf Stalin ist offenkundig. Stalin wurde über den Verlauf des Prozesses täglich auf dem laufenden gehalten, mal durch Jeschow, mal durch Wyschinski, mal durch jemand anderen. Er korrigierte Details, machte Vorschläge. Ihm wurde als erstem die Kino-Wochenschau über den Prozeß und die Fotos aus dem Gerichtssaal gezeigt. Auf seine Anweisung wurde das Spektakel in der Presse und im Rundfunk breit beleuchtet. Man lud ausländische Korrespondenten, ja sogar Diplomaten ein. Alle staunten: Die »Verbrecher« waren vollkommen »geständig«. Keine Gutachten waren notwendig, es gab keinen Streit zwischen Staatsanwalt und Verteidiger. Der Anklagevertreter war der Solist, alle übrigen begleiteten ihn. Außer der Erpressung, der Bedrohung und der Folter gab es noch einen anderen Grund für die Ergebenheit der Angeklagten. Wochen- und monatelang war ihnen eingetrichtert worden: Volk und Partei brauchen dein Geständnis. Nur ein Geständnis kann die Verbrecher endgültig entlarven. Und das hieß: Es war notwendig, zu »gestehen« und andere zu denunzieren. Und dieses Motiv schlug sich in den Schlußworten vieler Angeklagter nieder: Der Angeklagte Grinko: »Das schwerste Urteil – das höchste Strafmaß – nehme ich als mir gebührend an.« Der Angeklagte Krestinski: »Meine Verbrechen an der Heimat und an der Revolution sind unermeßlich, und ich nehme jedes, auch das strengste Urteil von Ihnen als absolut verdient an.« Der Angeklagte Rykow: »Ich möchte, daß diejenigen, die noch nicht entlarvt sind und noch nicht abgerüstet haben, dies unverzüglich und offen tun. Ich möchte, daß sie sich an meinem Beispiel von der Unvermeidbarkeit abzurüsten überzeugen.« Der Angeklagte Bucharin: »Ich beuge meine Knie vor dem Lande, vor der Partei, vor dem ganzen Volk.«

Bis Bucharin soweit war, hatte es einiger Arbeit bedurft. Als er während der Voruntersuchung lange geschwiegen hatte, erlaubte Stalin Jeschow, »alle Mittel« anzuwenden. Schon zuvor war eine klare Weisung an die Organe der Staatssicherheit ergangen:

»Die Anwendung von Methoden physischer Einwirkung in der Praxis des NKWD ist, seit 1937, vom ZK der KPdSU(B) gebilligt. Es ist bekannt, daß alle bürgerlichen Geheimdienste Methoden der physischen Einwirkung gegen Vertreter des sozialistischen Proletariats zur Anwendung bringen und dabei diese Methoden in allerwiderlichster Form anwenden. Es stellt sich die Frage, warum die sozialistischen Organe der Staatssicherheit humaner sein sollten gegenüber den wütenden Agenten der Bourgeoisie und gegenüber den Erzfeinden der Arbeiterklasse und der Kollektivbauern? Das ZK der KPdSU(B) ist der Meinung, daß die Methoden der physischen Einwirkung als *Ausnahme* auch künftig gegen bekannte und erklärte Volksfeinde angewandt und in diesem Zusammenhang als zulässige und richtige Methode angesehen werden.«

Die »Ausnahmen« wurden zur Regel. Die Folter wurde angewendet, sobald der Beschuldigte Unnachgiebigkeit im »Dialog« zeigte.

Bucharin gab auf, als nach Folterungen auch seine junge Frau und sein kleiner Sohn bedroht wurden. Nun unterschrieb er die schlimmsten Hirngespinste der Untersuchung.

Wyschinski: »Angeklagter Bucharin – ist es eine Tatsache, oder ist es keine Tatsache, daß eine Gruppe Ihrer Mittäter im Nordkaukasus mit weißemigrantischen Kosakenkreisen im Ausland verbunden war? Rykow sagt dies, Slepkow sagt dies.«

Bucharin: »Wenn Rykow das sagt, habe ich keinen Grund, ihm nicht zu glauben.«

Wyschinski: »War Ihnen als Verschwörer und Anführer diese Tatsache bekannt?«

Bucharin: »Nach der mathematischen Wahrscheinlichkeit kann man mit großer Wahrscheinlichkeit sagen, daß dies eine Tatsache ist.«
Wyschinski: »Erlauben Sie, daß ich Rykow noch einmal frage: Kannte Bucharin diese Tatsache?«
Rykow: »Ich persönlich nehme an, daß er der mathematischen Wahrscheinlichkeit nach davon hätte wissen müssen.«

Erbost zerriß Stalin die Blätter des Stenogramms, er fühlte den Sarkasmus der in die Enge getriebenen Menschen deutlich: Man fragt nach Verbindungen mit den Weißemigranten, und sie reden von »mathematischer Wahrscheinlichkeit«! Nach jeder Sitzung wurden die Angeklagten ermahnt: Von der Vollständigkeit und Genauigkeit der Wiedergabe jener Version, die während der Voruntersuchung abgesprochen worden war, hänge nicht nur ihr Schicksal, sondern auch das Leben ihrer nächsten Verwandten ab. Die Idee der »Gerichtsgeiseln« stammte von Stalin. Seltsame Geiseln, war ihr Schicksal dem »Führer« doch schon vor Beginn des Prozesses bekannt. Das Volk und die Partei sollten die Lehre ziehen: Opposition hat keinen Sinn. Nur er, der anerkannte und einzige »Führer«, befand sich außerhalb des Systems der Bespitzelung und Denunziation. Sogar Menschen aus seiner nächsten Umgebung konnten sich nicht unbeobachtet fühlen. Das Schicksal Kossiors, Postyschews, Rudsutaks, Tschubars und anderer aus den oberen Rängen der Macht zeugt davon.
Die Prozesse waren so organisiert, daß Stalin, ihr Hauptregisseur, im Schatten blieb. Es existieren sehr wenige öffentliche Äußerungen des »Führers« über diese Sache. Seine tatsächliche Rolle war dem Volk nicht erkennbar. Es entstand der Eindruck, als verurteile das Volk selbst die »Spione«, »Landesverräter« und »Mörder«. Und wenn wir uns vorstellen, das gesamte Volk hätte über die Angeklagten zu richten gehabt, so wäre das Ergebnis wahrscheinlich das gleiche gewesen. Das Land war noch nicht »abgekühlt« von den Klassenkämpfen der Revolution, des Bürgerkriegs, der Kollektivierung. Jede Nachricht über einen »Terrorakt«, über »Schädlingsarbeit« und »Spionage« rief im Volk eine zornige Reaktion hervor. Der Faschismus zeigte seine Kraft in Spanien, die Militarisierung Deutschlands schritt voran, der Antikominternpakt wurde organisiert, die kapitalistische Welt sah auf das »bolschewistische Rußland« lediglich durch das Zielfernrohr eines Gewehrs.

Warum haben die Angeklagten alle gestanden? Bereits zur Zeit der Prozesse wurde dies zu einem Rätsel für die westliche Presse. Stalin, der das Barometer der öffentlichen Meinung immer aufmerksam beobachtete, und dies nicht nur bei sich im Land, reagierte schnell. Auf seine Veranlassung hin schrieb Wyschinski einen Artikel für die »Prawda« unter der Überschrift »Warum sie gestehen«. Darin heißt es unter anderem: Die Angeklagten stritten kategorisch ab, daß sie unter Druck gesetzt worden seien. Sie hätten bestätigt, daß die Untersuchungen in absolut korrekter Form durchgeführt worden seien, daß von Gewalt, gleich, in welcher Form, keine Rede sein könne. Der Angeklagte Muralow habe beispielsweise erklärt, daß sich während der Untersuchungshaft alle »kultiviert und wohlerzogen« ihm gegenüber verhalten hätten. »Muralow leugnete acht Monate, Boguslawski acht Tage, Radek drei Monate. Sie haben zu sprechen begonnen. Aufgrund von Beweisstücken. Die Anschuldigungen stützten sich ausschließlich auf Tatsachen. Die Angeklagten wurden durch die Schwere der unbestreitbaren Beweise erdrückt.« Daran, daß die Angeklagten »erdrückt« wurden, zweifelt heute niemand. Jedoch wurden sie nicht von »Beweisen« erdrückt. Wie eine Kommission des Politbüros auf ihrer Sitzung am 5. Februar 1988 festgestellt hat, wurde bei den Voruntersuchungen die sozialistische Gesetzlichkeit grob verletzt, »es wurde gefälscht, von den Angeklagten wurden mit unerlaubten Methoden Geständnisse erlangt«.

Stalin hatte eine heftigere Reaktion der Weltöffentlichkeit erwartet. Selbstverständlich stieß es auf allgemeines Unverständnis, daß die Angeklagten sich nicht verteidigten, sondern ausnahmslos der Anklage zustimmten. Die bürgerlichen Journalisten wußten wenig über die Hintergründe der Prozesse, und so blieben ihre Artikel und Kommentare meist an der Oberfläche. Trotzki aber machte Stalin rasend. Beinahe täglich konnte man auf den Seiten der westlichen Presse seine Interpretationen lesen, und nun wurde auch noch bekannt, daß er die Durchführung eines propagandistischen »Gegenprozesses« plane.

Stalin geriet außer sich, als er Trotzkis bissigen Artikel in der 65. Ausgabe des »Bulletins der Opposition« im Jahr 1938 las. Mit Sarkasmus und Scharfsinn enthüllte Trotzki die Verlogenheit der Prozesse:

»In dieser verbrecherischen Tätigkeit erhalten die Volkskommissare, Marschälle, Botschafter, Sekretäre unentwegt Befehle von einer Instanz, nicht von ihrem offiziellen Führer, sondern vom Vertriebenen. Es genügt, wenn Trotzki ihnen zublinzelt, und die Veteranen der Revolution werden zu Agenten Hitlers oder des Mikado. Nach Trotzkis ›Instruktionen‹, die vom besten Korrespondenten der TASS überbracht werden, zerstören die Leiter der Industrie, der Landwirtschaft und des Transportwesens die Produktionsressourcen des Landes. Auf Befehl des ›Volksfeindes Nummer 1‹, der aus Norwegen oder aus Mexiko erteilt wurde, stören die Eisenbahner die Militärtransporte im Fernen Osten, und hochgeschätzte Ärzte vergiften ihre Patienten im Kreml. Dieses erstaunliche Bild malt Wyschinski, aber dabei entsteht eine Schwierigkeit. Im totalitären Regime schafft der Apparat eine Diktatur. Nun, wenn meine Söldlinge alle Schlüsselposten im Apparat eingenommen haben, warum sitzt dann Stalin im Kreml und ich in der Verbannung?«

Die politischen Prozesse verfolgten auch das Ziel zu beweisen, daß alle ehemaligen Oppositionellen – Trotzkisten, Bucharinisten, Sinowjewisten, Menschewiki, Daschnaki, Sozialrevolutionäre, Anarchisten, Anhänger des »Bundes« – schon immer dem Sozialismus feindlich gesinnt gewesen seien. Zu ihnen wurde faktisch auch die Mehrzahl derer gezählt, die im Ausland gewesen waren: Diplomaten, Kulturschaffende, Produktionsleiter, Wissenschaftler, sogar jene, die, ihrer internationalistischen Pflicht folgend, im Spanischen Bürgerkrieg die Republik gegen Franco und seine deutschen und italienischen Bündnispartner verteidigt hatten. Zu den »Feinden« wurden auch viele heimkehrende Emigranten gezählt und nicht wenige ausländische Kommunisten, die in der Kommunistischen Internationale oder in ihren Organisationen arbeiteten. In der Legion der »Feinde« landeten häufig auch diejenigen, die irgendwann einmal politische Zweifel angemeldet hatten. Die nahen Verwandten der Verfolgten wurden automatisch als »Feinde« angesehen. Viele Opfer stammten aus den Reihen der Tschekisten. Einige von ihnen wurden ermordet, weil sie zumindest indirekt versucht hatten, staatliche Verbrechen zu sabotieren, und andere, weil sie zuviel wußten. »Übergriffe« und Pervertierungen wurden auf sie abgewälzt, und sie wurden wegen »Schädlingsarbeit in den Organen des NKWD« verurteilt.

Besonders aber wurden jene verfolgt, die sich an Lenin erinnerten und an den wahren Leninismus, die seinerzeit gegen den Zarismus gekämpft hatten und die wußten, was Freiheit und Demokratie bedeuteten. Und möglicherweise wußten sie manches über Josef Dschugaschwili, was nicht in die offizielle Biographie des »Führers« paßte. Das Mißtrauen, das im Land gesät wurde, verstärkte die Gewalt. Die Eisenbahner W. Sacharow und M. Motziew hatten wohl kaum eine Vorstellung davon, worin ihre vermeintlichen trotzkistischen Ansichten bestanden, aber das änderte nichts daran, daß sie am 31. Oktober 1937 zum Tod verurteilt wurden. Wie Ulrich Stalin berichtete, hatten sich »alle Beschuldigten vollständig für schuldig befunden«. Das allgemeine Mißtrauen, als »Stalinsche Wachsamkeit« bezeichnet, lieferte den Mühlsteinen der »Rechtsprechung« die Opfer.

Woroschilow stellte am 29. November 1938 auf einer Sitzung des Militärrats fest: »Während des Verlaufs der Säuberung in der Roten Armee wurden in den Jahren 1937/38 mehr als 40000 Menschen entlassen. (...) Innerhalb von zehn Monaten des Jahres 1938 wurden mehr als 100000 neue Kommandeure ernannt.« Von den mehr als 50 Mitgliedern des Militärrats waren rund 10 übriggeblieben. Welche Gefühle mag der »Führer« gehabt haben, als er die Lücken im Kommandeurskorps sah? Bekannt ist nur dies: Nachdem Stalin die »Lükken« in den Kadern entdeckt hatte, schlug er vor, die Akademien zu erweitern und neue Schulen zu bauen.
Der ehemalige Kommissar für Transport, I. W. Kowalew, hat mir folgendes erzählt:

»Im Jahre 1937 ernannte man mich zum Leiter der Westlichen Eisenbahnstrecke. Ich fuhr nach Minsk. Ich ging zur Verwaltung. Leer. Es war niemand da, dem ich meine Papiere übergeben konnte. Russako, meinen Vorgänger, hatte man verhaftet und erschossen. Ich ließ die Stellvertreter ausrufen – keiner da. Verhaftet. Ich suche den einen, den anderen, irgendwie eine furchtbare Stille. (...) Es war verwunderlich, wie überhaupt noch Züge fahren konnten. Wer leitete dies alles? Ich ging zur Wohnung eines Bekannten aus der Verwaltung. Zu meiner Verwunderung traf ich ihn zu Hause mit seiner weinenden Frau an. ›Warum bist du nicht bei der Arbeit?‹ begann ich das Gespräch, ohne grüßen zu können.

›Ich warte. Heute hat man mir gesagt, man werde kommen und mich abholen. Hier, ich habe meine Sachen gepackt. Nasedkin vom NKWD radiert jeden zweiten weg. Das kann die Eisenbahn zum Stillstand bringen.‹

Nachdem ich das Bild des Elends erkannt habe, habe ich mich erdreistet und Stalin in Moskau angerufen. (Denn wenn die Strecke nicht arbeitete, wie es sich gehörte, würde man mich ebenfalls bald verhaften.) Poskrebyschew hat geantwortet. Ich habe ihm die Lage geschildert. Irgendwie hörte die Barbarei auf. Ja, und es gab niemanden mehr, den man hätte verhaften können.«

Das war keine Ausnahme. Die tödliche Maschine lief auf Hochtouren. Wie sie arbeitete, darüber geben Auszüge aus Redebeiträgen auf dem Oktoberplenum des ZK von 1937 Aufschluß.

»Jetzt entlarven und zerstören wir die Feinde: die Bucharinisten, die Rykowisten, die Trotzkisten, die Koltschak-Anhänger, die Diversanten, all das Gesindel, das wir in unserer Gegend zertrümmern. Sie starten außerordentlich offen Auftritte gegen uns. (...) Ich denke dabei an eine der beliebtesten Formen der Diversion in unserer Umgebung – das ist die Brandstiftung.«

»Weil in der Führung unserer Gebietsstaatsanwaltschaft und in unserem Gebietsgericht Schädlinge, Saboteure und Volksfeinde am Werk waren, geschah es, daß sie den Schwerpunkt der Bestrafungspolitik auf Leute übertrugen, die ganz und gar unschuldig waren: Innerhalb von drei Jahren wurden im Gebiet 18 000 Menschen aus dem Kolchos- und Dorfaktiv verurteilt (häufig, weil das Pferd lahm wurde oder weil sie sich zur Arbeit verspäteten).«

Im Mai 1939 sprach Stalin im Kreml. In der absoluten Stille war nur seine leise Stimme zu vernehmen. Die sparsamen Gesten ergänzten seine langsame Rede. Er hielt seinen Text vor sich, schaute jedoch selten hinein. Hunderte von Augenpaaren junger Kommandeure und Politfunktionäre lauschten ihm aufmerksam:

»Ich erinnere mich an einen Fall in Sibirien, wo ich einst in Verbannung war. Es war im Frühjahr, als das Wasser hoch stand. Dreißig

Menschen sind zum Fluß gegangen, um Holz zu beschaffen, Holz, das von den tosenden Wellen des gewaltigen Flusses fortgetragen wurde. Gegen Abend kehrten sie in das Dorf zurück, jedoch ein Genosse fehlte. Auf die Frage, wo denn der dreißigste sei, antworteten sie gleichgültig: ›Er ist dort geblieben.‹ Auf meine Frage ›Wie das, er ist dort geblieben?‹ antworteten sie ebenso gleichgültig: ›Was gibt es da zu fragen, er ist ertrunken, hat so sein sollen.‹ Und sogleich machte sich einer von ihnen auf den Weg und erklärte: ›Das Pferd muß getränkt werden.‹ Auf meinen Vorwurf, daß sie das Vieh mehr bedauerten als die Menschen, sagte einer von ihnen unter allgemeiner Gutheißung der anderen: ›Warum sollten wir sie bedauern, die Menschen? Menschen können wir immer wieder machen. Aber das Lastpferd ... Probier mal, ein Pferd zu machen. *(Allgemeines Gelächter im Saal.)*«

Der Zeigefinger verharrte für einen kurzen Moment oben, so, als wollte er das Paradoxe der Antwort des Sibiriers unterstreichen.

»Nun, so ist die gleichgültige Beziehung einiger unserer Führer zu den Menschen, zu Kadern und ihre Unfähigkeit, Menschen zu schätzen, ein Überbleibsel jenes schrecklichen Verhältnisses von Mensch zu Mensch, über das ich soeben gesprochen habe. (...)
Nun, Genossen, wenn wir den Hunger erfolgreich aus der Welt schaffen wollen (...), so müssen wir vor allem lernen, die Menschen zu schätzen, die Kader zu schätzen und jeden Funktionär zu schätzen, der fähig ist, unserer Idee zu nutzen. Es ist an der Zeit, endlich zu verstehen, daß von allem wertvollen Kapital, das auf der Welt existiert, das allerwertvollste und entscheidende Kapital die Menschen, die Kader sind. Es ist an der Zeit, zu verstehen, daß unter unseren jetzigen Bedingungen ›die Kader alles entscheiden‹.«

Während er ein Strafgericht organisierte über Tausende von Kommunisten, die dem Volk und der Partei ergeben waren, sinnierte er öffentlich über die Menschen und die Kader als das »allerwertvollste Kapital«. Ich verfüge über keine offiziellen Angaben über die Opferzahl in den Jahren 1937 und 1938. Möglicherweise gibt es keine. Auf der Grundlage der vorhandenen Unterlagen (Dokumente von Parteitagen, statistische Berichte aus der Partei, Berichte aus einzelnen

Regionen, Angaben aus den Archiven der Gerichtsorgane, verschiedene Berichte an Stalin, Molotow, Berija und so weiter) kann man eine vorsichtige Schätzung anstellen: In den Jahren 1937 und 1938 sind 3,5 bis 4,5 Millionen Menschen verfolgt worden. Von ihnen starben durch die Todesstrafe 600000 bis 800000. Sehr viele verschwanden für immer in Lagern und in Gefängnissen. Ich verfüge über eine Reihe von Dokumenten, die indirekt davon zeugen, daß die genannten Zahlen der Wirklichkeit nahekommen. Nach dem Krieg hat sich die Zahl der Insassen in den Lagern nicht vermindert, nein, sie ist sogar gewachsen, und die Zahl der in Gefängnissen Inhaftierten blieb im Verlauf einiger Jahre konstant. Hier einige Auszüge aus den Dokumenten:

»An den Genossen Stalin.
Entsprechend Ihrer Anweisung legen wir Ihnen hiermit den Beschlußentwurf über die Organisation der Lager und Gefängnisse mit strengem Regime für die Unterbringung besonders gefährlicher Staatsverbrecher vor. (...)
18. Februar 1948 W. Abakumow
S. Kruglow«

»An den Genossen Stalin.
Das Innenministerium der UdSSR berichtet Ihnen über die Lage und Arbeit der Arbeits- und Besserungslager und -kolonien für das Jahr 1947. Am 1. Januar 1948 wurden 2199553 Gefangene in den Lagern und Kolonien festgehalten. Es wurden 27 neue Lager gebaut. (...)
7. März 1948 Minister für Inneres
S. Kruglow«

»An den Genossen Stalin.
Das Innenministerium der UdSSR berichtet Ihnen über die Lage und Arbeit der Arbeits- und Besserungslager und -kolonien für das Jahr 1949. Am 1. Januar 1949 wurden 2 550 275 Gefangene festgehalten; wegen konterrevolutionärer Tätigkeit: 22,7 Prozent. Eine Haftdauer von über zehn Jahren sitzen 366 489 Menschen ab. Es wurden zwei neue spezielle Lager mit strengem Regime für Spione, Diversanten, Terroristen, Trotzkisten, Rechte, Menschewiki, Sozialrevolutio-

näre, Anarchisten, Nationalisten, Weißemigranten erbaut. (...) Die Einsitzenden haben im Durchschnitt 1,8 Quadratmeter Wohnfläche pro Person zur Verfügung. (...)
23. Januar 1950 S. Kruglow«

Die Zahl der Gefängnisinsassen ist hier nicht berücksichtigt. Sie dürfte höchstens dreißig Prozent der »Bevölkerung« der Lager und Kolonien betragen haben. Es muß ebenfalls berücksichtigt werden, daß in den Lagern auch faschistische Kollaborateure saßen und Menschen, die während des Kriegs gegen die Sowjetmacht gearbeitet hatten. Außerdem wurden die Lager mit Deportierten aus befreiten Regionen gefüllt und mit unschuldig Verhafteten.
Die Zahl der in Lagern gefangengehaltenen Menschen kann aus den genannten Gründen in den Jahren 1937 und 1938 nicht viel höher gewesen sein als nach dem Krieg. Die »Wohnfläche«, wie sich Innenminister Kruglow ausdrückte, wird sich später kaum erhöht haben. Man lebte auf Dreietagenpritschen. Die Belegschaft des GULAG (Hauptverwaltung für Besserungs- und Arbeitslager) erneuerte sich ständig. Täglich kamen neue Gefangene hinzu. Viele ertrugen die äußerst schweren Bedingungen nicht und starben. Irgendein Prozentsatz der Verurteilten wurde freigelassen. Das Stalinsche Bestrafungssystem konnte kaum mehr als vier bis fünf Millionen Menschen jährlich »unterhalten«.
Der Hauptschuldige an all diesen nie zuvor dagewesenen Unterdrückungsmaßnahmen ist Stalin. Der »Führer« selbst gab Jeschow oder Berija Anweisungen, nicht selten verwies er auf Personen, die nach seiner Meinung »überprüft« werden sollten. Um während der Telefongespräche und in den schriftlichen Mitteilungen die Worte »Todesstrafe« und »höchstes Strafmaß« zu umgehen, schlug Stalin vor, sie »Strafe erster Kategorie« zu nennen. Aus den Dokumenten geht hervor, daß die Unterdrückungsmaßnahmen gegen viele bekannte Personen aufgrund einer speziellen Order Stalins durchgeführt worden sind. Eiche, Rudsutak, Tschubar, Kossior, Postyschew wurden auf Geheiß Stalins verhaftet und erschossen. Im Apparat des ZK beispielsweise schlug Stalin vor, man solle den Abteilungsleiter für Propaganda A. Stetzki »überprüfen«, ebenfalls die Abteilungsleiter für Presse B. Tali, für Landwirtschaft Jakowlew und für Wissenschaft K. Bauman sowie den verantwortlichen Funktionär der

Kommission für Parteikontrolle F. Sajtzew und Dutzende anderer Funktionäre. Für alle endete die »Überprüfung« mit Erschießung.

Als die Kampagne sich steigerte, genehmigte Stalin Todesurteile anhand von langen Namenslisten, und im Jahr 1938, als er dieser Beschäftigung »müde« geworden war, gab er den Gerichten und Tribunalen das Recht zu entscheiden, ohne ihm Bericht zu erstatten. Chruschtschow sagte auf dem 20. Parteitag, daß Jeschow in den Jahren 1937 und 1938 Stalin 383 Listen mit den Namen von vielen Tausenden von Partei- und Staatsfunktionären, von Komsomolzen, von Armee- und Wirtschaftsfunktionären geschickt habe. Sie alle seien von Stalin »bestätigt« worden. Ich glaube nicht, daß Stalin sich auf diese Listen beschränkt hat. Es gab mehr. Da auf ihnen häufig auch die Unterschriften anderer Parteiführer standen, verschwanden viele Dokumente nach dem 20. Parteitag. Wie mir A. N. Schelepin Anfang April 1988 erzählte, wurde eine Reihe von Listen, auf denen Chruschtschows Unterschrift stand, auf dessen Anweisung hin aus den Archiven entfernt. Damit beauftragt war Iwan A. Serow, damals Stellvertreter des Ministers für Staatssicherheit. Die Dokumente wurden Chruschtschow ausgehändigt, der sich, nachdem er seinen mutigen Auftritt gegen Stalin vollzogen hatte, selbst von den Verbrechen reinwaschen wollte.

Der »Führer« sorgte sich sehr darum, daß sein Name nicht mit dem in Verbindung gebracht wurde, was »WMN« (»Höchstes Strafmaß«) genannt wurde. Ich habe sehr viele Briefe vorliegen, die an Stalin, Woroschilow, Molotow und andere gerichtet sind. Es sind meist Bitten um Gnade. Manche Briefe haben die Adressaten gelesen, ohne ihre Signaturen zu hinterlassen. Sämtliche Briefschreiber kamen um.

Im Jahr 1937 fanden einige ZK-Plenen statt. Auf ihnen wurde über mancherlei Fragen diskutiert: über die Vorbereitung zu den Wahlen zum Obersten Sowjet der UdSSR, über Fehler beim Ausschluß von Kommunisten aus der Partei, über Maßnahmen zur Verbesserung der Arbeit der MTS (Maschinen- und Traktorenstationen; A. d. Ü.) usw. Ein Tagesordnungspunkt jedes Plenums hieß: »Über die Zusammensetzung des ZK der KPdSU(B)«. Das bedeutete, daß die Säuberung im höchsten Parteiorgan zwischen den Parteitagen fortgesetzt wurde. So auf der Oktobertagung des ZK, als aus seinen Reihen 24 Mitglieder und Kandidaten ausgeschlossen wurden! Unter ihnen: Selenski, Lebed, Nossow, Pjatnitzki, Chatajewitsch, Ikramow, Krinitzki, Warejkis,

Grinko, Ljubtschenko, Jeremin, Deribas, Demtschenko, Serebrowski, Rosengolz, Ptucha, Schubrikow und andere. Sie alle waren alte Bolschewiki und gehörten zum »Skelett« der Partei. Auf dem Dezemberplenum des ZK im selben Jahr wurde folgender Beschluß gefaßt:

»Auf der Grundlage unwiderlegbarer Fakten erkennt das Plenum des ZK die Notwendigkeit an, folgende Mitglieder aus dem ZK auszuschließen und als Volksfeinde einem Arrest zu unterziehen: Bauman, Bubnow, Bulin, Meschlauk, Ruchimowitsch und Tschernow, die sich als deutsche Spione und Agenten der zaristischen Geheimpolizei erwiesen haben; Michajlow, der in konterrevolutionärer Arbeit mit Jakowlew verbunden war; und Ryndin, der in konterrevolutionärer Arbeit mit Rykow und Sulimow verbunden war.«

Stalin ergänzte handschriftlich:

»Alle diese Personen bekannten sich schuldig.«

Mehr als die Hälfte der ZK-Mitglieder waren »Spione«, »Agenten der zaristischen Geheimpolizei«! Zwanzig Jahre nach dem Untergang des Hauses Romanow! Beim Studium der vergilbten Stimmzettel habe ich keinen einzigen Einspruch gefunden. Lediglich »dafür«, »einverstanden«, »bedingungslos einverstanden«, »richtige Entscheidung«, »unumgängliche Maßnahme« und so weiter. Das Gewissen schwieg in der Gefangenschaft von Lüge und Angst.
Gegen Ende des Jahres 1938 waren keine Kandidaten mehr übrig, mit denen man die schreckliche Bresche hätte auffüllen können. Von 139 Mitgliedern und Kandidaten des ZK der Partei, die auf dem 17. Parteitag gewählt worden waren, wurden 98 Personen – siebzig Prozent – verhaftet und in den Jahren 1937 und 1938 getötet. Das war, wie gesagt, das Schicksal nicht nur der Mehrzahl der Mitglieder des Zentralkomitees, sondern auch des größeren Teils der Delegierten des »Parteitags der Sieger«. Achtzig Prozent der Delegierten des 17. Parteitags waren Bolschewiki bereits vor 1921 gewesen! Da waren Menschen, die die Leninsche Schule durchlaufen hatten: den Untergrund, die Revolution, den Bürgerkrieg. Stalin konnte nicht vergessen, daß damals fast 300 Delegierte gegen ihn gestimmt hatten. Wer waren sie? Der Diktator sah in jedem Delegierten einen potentiellen

Feind. Die Partei- und Staatsorgane der Republiken, Regionen und Gebiete wurden ebenfalls blutleer gemacht. Viele Gebietskomitees wurden »enthauptet«. Unzählige Sekretäre der Parteikomitees wurden verhört, festgehalten, gefoltert und ermordet. Als er einst mit Jeschow und in Gegenwart Molotows eine Namensliste durchging, sagte Stalin:

»Wer wird sich in zehn Jahren – oder in zwanzig Jahren – an all diese Schufte erinnern? Niemand. Wer erinnert sich heute an die Bojaren, die ›Grosny‹ beseitigt hat? (Grosny: Iwan der Schreckliche; A. d. Ü.) Das Volk muß wissen: Er ›beseitigt‹ seine Feinde. Schließlich und endlich bekam jeder das, was er verdiente.«
»Das Volk versteht, Josef Wissarionowitsch, es versteht und unterstützt«, bestätigte Molotow automatisch.

Jeschow, seit Oktober 1937 Kandidat des Politbüros, kannte keine Grenzen in seinem Zynismus und in seiner Grausamkeit. Auf seinen Vorschlag hin begannen die Organe des NKWD Namenslisten derer zuammenzustellen, die unter die Rechtsprechung der Kollegien der Militärtribunale fielen. Beispielsweise genügte es, einen Menschen der Spionage zu verdächtigen, und sogleich fand er sich vor dem Militärtribunal wieder. Davon, wie man mit den »Spionen« abgerechnet hat und wie viele von ihnen »entlarvt« wurden, zeugt beispielhaft ein solcher Bericht:

»An den Kommissar für Staatssicherheit ersten Ranges, Genossen Berija L. P.
In der Zeit vom 1. Oktober 1936 bis zum 30. September 1938 wurden durch das Militärkollegium des Obersten Gerichts der UdSSR und durch Lokaltermine des Kollegiums in sechzig Städten verurteilt:

Zum Tod durch Erschießen –	30 514 Menschen,
zu Gefängnisstrafen –	5 643 Menschen,
insgesamt	36 157.

15. Oktober 1938 W. Ulrich«

In den Jahren 1937 und 1938 schickten Jeschow und später Berija Stalin eine große Zahl von Namenslisten mit »Spionen«, für die im voraus, vor der Gerichtsverhandlung, konkrete Strafmaßnahmen festgelegt waren (in der Mehrzahl der Fälle: Tod durch Erschießen). Jeschow und Berija erhielten ihrerseits Berichte von Ulrich. So einen zum Beispiel:

»An den Kommissar für Staatssicherheit ersten Ranges, an den Stellvertreter des Volkskommissars für Inneres der UdSSR, Genossen Berija.
Im September 1938 wurden durch das Militärkollegium des Obersten Gerichts der UdSSR in Moskau, Leningrad, Kiew, Charkow, Chabarowsk und anderen Städten verurteilt:

Zum Tod durch Erschießen –	1809 Menschen,
zu Gefängnisstrafen –	389 Menschen,
insgesamt	2198 Menschen.

W. Ulrich«

Im Oktober waren nach einem anderen Bericht 3588 Menschen betroffen. Aber das bezieht sich nur auf die »Arbeit« der Militärtribunale. Und wie viele zivile Gerichte lieferten den Henkern die Opfer?
Bei aller Brutalität war Stalin manchmal irritiert, wenn das volle Ausmaß der Repressalien zu ihm »durchdrang«. Nur so läßt es sich erklären, warum auf dem ZK-Plenum im Januar 1938 über die Fehler der Parteiorganisationen beim Ausschluß von Kommunisten gesprochen wurde. Stalin hatte diese Frage aufgeworfen. Als er die Berichte Malenkows, Bagirows, Postyschews, Kossiors, Ignatjews, Simins, Kaganowitschs, Ugarows, Kossarews gehört hatte, muß er erstaunt gewesen sein über das buchstäbliche Pogrom gegen die Kader in Staat und Partei. Beispielsweise hatte Postyschew berichtet, daß er, als er die Stadt Kujbyschew besuchte, mit der Situation konfrontiert wurde, daß aufgrund der Säuberung die regionalen Führungsorgane der Partei paralysiert waren. Weil in vielen Rayonkomitees nur noch zwei oder drei Mitglieder übriggeblieben waren, mußten sie faktisch die Arbeit einstellen. Über dreißig Rayonkomitees in diesem Gebiet waren in vergleichbarer Weise dezimiert worden! Und Stalin, Berija, Jeschow, Malenkow, Molotow wälzten alle Schuld auf Postyschew ab, obwohl dieser doch erst vor kurzem nach Kujbyschew übergesiedelt war und damit nichts zu tun haben konnte.
Nach genauer Betrachtung der Unterlagen entsteht der Eindruck, daß der Beschluß, Postyschew auszuschalten, bereits vor dem Plenum

gefaßt worden war. Praktisch alle Redner, angefangen bei Malenkows Bericht, betonten »die Fehler Postyschews«. Mit Unterstützung Stalins übernahm Kaganowitsch die Rolle des Hauptkritikers:

»Ich kenne Postyschew gut. Ich bin auf Anweisung des ZK im letzten Jahr nach Kiew gefahren, als wir gröbste Fehler Postyschews in der Führung der Kiewer und der ukrainischen Parteiorganisation aufdeckten. Postyschew hat sich in Kiew als Funktionär erwiesen, der die Direktiven der Partei in der Praxis niederreißt, wofür das ZK ihn damals aus Kiew fortnahm (so im Text; D. W.). Die Blindheit des Genossen Postyschew gegenüber den Volksfeinden grenzt an Verbrechen. Er sah die Feinde nicht, nicht einmal, als die Spatzen es von den Dächern pfiffen. (...) Während ich dich im Wandelgang beobachte und deine Rede auf diesem Plenum höre, bekräftige ich, daß du das ZK der Partei an der Nase herumführst.«
»Ich habe das nie im Leben getan«, erwiderte Postyschew.
»Was Postyschew auf diesem Plenum sagte – das ist die Wiederholung von parteifeindlichen Sprüchen. Er sieht nicht, daß wir im letzten Jahr mehr als 100000 neue Menschen auf leitende Positionen gebracht haben. Das ist unser großer Stalinscher Sieg«, fuhr Kaganowitsch fort.

Auch Jaroslawski, Kossarew und Ugarow wandten sich gegen Postyschew. Er wurde nicht mehr nur kritisiert, sondern auch beschuldigt und verurteilt. Es war klar, daß dieses Mal er als Opfer auserwählt worden war. Kaganowitsch war es gelungen, seinen Haß auf Postyschew auf die Parteiführung zu übertragen. Alles verlief so, wie Stalin und seine Helfer es beabsichtigt hatten. Postyschews Niederlage vollendete der 2. Sekretär des Kujbyschewer Gebietskomitees Ignatow, der zu diesem Plenum eingeladen worden war. Er nannte Postyschews Handlungen »parteifeindlich«. Daraufhin wandte sich Kaganowitsch an Postyschew:

»Du führst auch jetzt noch das ZK an der Nase herum. Das ist eine feindliche Linie. Postyschew als politischer Führer ist bankrott.«
Postyschew: »Ich finde meine Rede, die ich hier vor dem Plenum gehalten habe, voll und ganz unrichtig und unparteilich. Wie ich diese Rede hervorbringen konnte, kann ich selbst nicht verstehen. Ich

bitte das Plenum, mir zu verzeihen. Ich war nicht nur niemals mit den Feinden, sondern ich habe auch immer gegen sie gekämpft.«

Nur noch Stalin konnte jetzt Postyschew retten. Als er die vollständige Erniedrigung des alten Bolschewiken erlebte, der immer versucht hatte, sich ein eigenes Urteil zu bilden, besiegelte er dessen Schicksal:

»Wir, das Präsidium des ZK oder das Politbüro, wie Sie wollen, sind zu der Meinung gelangt, daß nach all dem, was geschehen ist, irgendwelche Maßnahmen bezüglich des Genossen Postyschew ergriffen werden müssen. Nach unserer Meinung wäre es angebracht, ihn als Kandidaten aus dem Politbüro auszuschließen und ihm die Mitgliedschaft im ZK zu belassen.«

Der Beschluß war natürlich einstimmig. Postyschew blieb es nur noch einen Monat vergönnt, in »Freiheit« zu leben. Auf Stalins Vorschlag verfaßte die Parteikontrollkommission im Februar desselben Jahres einen Entwurf für einen Beschluß gegen Postyschew, der dann vom Politbüro bestätigt worden ist. Der grundlegende Inhalt dieses Dokuments war von Stalin festgelegt worden. Postyschew wurden folgende »Sünden« angelastet:

1) Auflösung von 35 Rayonkomitees der Partei (sie mußten ihre Arbeit niederlegen, nachdem innerhalb von fünf Monaten im Jahr 1937 im Kujbyschewer Gebiet 3500 Kommunisten aus der Partei ausgeschlossen worden waren; D. W.);
2) Provokation sowjetischer Organe; auf einer Stadtratsitzung waren 34 Deputierte ausgeschlossen worden;
3) Heranziehung von Kadern zu Feldarbeiten, Zerstörung von Gemeinschaftsgebäuden, Sabotage, während die Ernte in vollem Gange war;
4) während seiner Tätigkeit in Kujbyschew behinderte Postyschew das NKWD bei der Entlarvung von Feinden, indem er Schläge gegen ehrliche Kommunisten richtete;
5) Postyschews Helfer erwiesen sich sowohl in der Ukraine als auch in Kujbyschew als Volksfeinde (Spione);
6) Postyschew wußte von der Existenz einer konterrevolutionären rechtstrotzkistischen Organisation im Gebiet. (...)

Alle angezeigten Taten Postyschews sind parteifeindlich und nutzen den Volksfeinden. Postyschew ist aus den Reihen der KPdSU(B) auszuschließen.«

Alle 49 übriggebliebenen Mitglieder und Kandidaten des ZK stimmten für diesen Beschluß. Stalins Stimmzettel läßt sich auch hier nicht finden. Er versuchte immer, sowenig »Spuren« wie möglich zu hinterlassen. Postyschews Schicksal war besiegelt. Es folgten Verhaftung und Erschießung.
Die Stalinsche »Sorge um die Kader« zeigte sich beispielhaft im Fall Postyschew. Aus irgendwelchen Gründen mißfiel er dem »Führer«. Er war ein Kommunist Leninscher Schule. Und Stalin genügte es häufig, nur einen Satz zu hören, nur ein Gespräch zu führen, nur eine Information zu erhalten, um sein unumstößliches Urteil über eine Person zu fällen. In diesen Jahren war dies gleichbedeutend mit einer Verurteilung.
Malenkow hatte Stalin nach Postyschews Inspektionsreise in Kujbyschew gesagt: »Postyschew ist ein politisch schädlicher Mensch.« »Warum soll man ihn halten?« hatte Stalin gefragt. Dies reichte, um ein Menschenleben auszulöschen.
Kaum jemand dürfte dem Umstand besondere Bedeutung beigemessen haben, daß während Kossarews Rede auf dem Januar-Plenum des ZK 1938 ein Streit zwischen ihm und Mechlis entstand. Kossarew kritisierte faktisch die Politische Hauptverwaltung der Roten Armee, die von Mechlis geleitet wurde, als er Schwächen der politisch-ideologischen Arbeit mit den Komsomolzen ansprach: »In der Armee gibt es 500000 Mitglieder der Jugendorganisation, und in die Partei werden jährlich lediglich einige tausend aufgenommen.« Gehässig erwiderte Mechlis: »Das ZK des Komsomol beschäftigt sich nicht mit dem Armeekomsomol. Ich habe Beloborodow (Sekretär des ZK des Komsomol; D. W.) vorgeschlagen, den Komsomol der Armee zu leiten. Er lehnte ab. Man will nur aus dem ZK führen.« Ob dieser Zwist zwischen Mechlis und Kossarew, die sich ohnehin nicht gut verstanden, der ausschlaggebende Punkt war, der das Schicksal des Komsomolsekretärs besiegelte?
Nachdem das Plenum sich mit den Massenausschlüssen aus der Partei befaßt und in Postyschew einen Schuldigen gefunden hatte,

stellte sich heraus, daß diese Ausschlüsse nichts anderes gewesen sein konnten als Intrigen noch nicht entdeckter »Feinde«. »Es ist an der Zeit, daß alle Parteiorganisationen und ihre Führer die maskierten Feinde, die in unsere Reihen eingedrungen sind, endgültig entlarven und ausrotten.«

Statt die Ursachen der Übergriffe zu analysieren, wurde zur verstärkten Jagd auf die »noch nicht entlarvten Feinde« geblasen. Der Sekretär des Kiewer Gebietskomitees, Kudrjawzew, fragte während seiner Reden auf den Parteiversammlungen: »Habt Ihr wenigstens irgend jemanden angezeigt?« Als Resultat auf solche Aufrufe zur Wachsamkeit wurde in der Kiewer Parteiorganisation beinahe die Hälfte der Parteimitglieder denunziert. Kudrjawzew war eines der ersten Opfer.

Das Kaderpogrom führte dazu, daß viele ehrlose Menschen versuchten, die schwierige Lage zur Förderung ihrer Karriere auszunutzen oder aber auch einfach nur ein Hühnchen mit jemandem zu rupfen. Im Beschluß des Januarplenums 1938 heißt es:

»Vereinzelte Karrierekommunisten versuchen aufzusteigen und sich auszuzeichnen auf Kosten der aus der Partei Ausgeschlossenen, auf Kosten der Repressalien gegen Parteimitglieder, sie versuchen, sich selbst vor möglichen Beschuldigungen abzusichern, indem sie wahllose Repressalien gegen Parteimitglieder anwenden.«

Diese richtige Feststellung ließ sich schlecht mit dem Kurs der obersten politischen Führung vereinbaren. Denn dort sind die Ursachen zu suchen für die Welle der Denunziationen. Ein charakteristisches Beispiel aus dem Berija-Fond, in dem eine gewaltige Zahl von Denunziationen aufbewahrt ist. Ich werde eine anführen, ohne den Autor zu nennen. Möglicherweise hat er Kinder und Enkel.

»Genosse Malenkow.

Ich bin Stellvertretender Kommandeur einer Abteilung der Inneren Truppen des NKWD. Heute wurde ein Meeting anläßlich der Verleihung des Siegerordens an den Genossen Stalin veranstaltet. Zum Meeting wurden jedoch nur Offiziere eingeladen. Soldaten waren nicht eingeladen. Sonderbar. Das Meeting wurde von General Borowkin geleitet. Es traten insgesamt nur drei bis vier Menschen

auf, und das Meeting wurde beendet. Nachdem das Meeting beendet worden war, sagte man, daß die Abteilung zur Erntearbeit fahren würde und daß der Leiter der Politabteilung Kusnetzow auf einen anderen Dienstplatz versetzt werden würde.
Eine derart wichtige politische Maßnahme wie das Meeting, das der Verleihung des Siegerordens an den Genossen Stalin gewidmet war, wurde verwischt, verflacht.«

Malenkow hat auf dem Brief nur zwei Worte notiert: »Genossen Berija«.

Die von Stalin gekrönte Lüge verfügte über die Schicksale von Millionen. Stalin darf nicht verziehen werden, vor allen Dingen nicht dafür, daß er im Land eine Situation schuf, in der die Lüge herrschte, in der die Lüge die Menschen zwang, sich zu unterwerfen, zu schweigen oder Beschlüsse zu unterstützen, deren Kern vielen vollkommen unklar war. Stalin glaubte, er sei im Recht, wenn er die Wahrheit »dosierte«, wenn er Verallgemeinerungen machte, die für das ganze Volk verbindlich waren, wenn er bestimmte, was für das Volk gut und was überflüssig war. Die Verfolgungen, die Gesetzlosigkeit jener Zeit konnten nur auf Lügen gebaut werden.

Tuchatschewskis »Verschwörung«

Stalin liebte die Armee, er liebte das Militär. Er liebte es, sich im großen Spiegel in der Marschallsuniform zu betrachten. Die Streitkräfte waren Gegenstand seiner besonderen Fürsorge. Der »Führer« erinnerte sich immer mit einem gewissen Stolz an seine militärische Tätigkeit an den Fronten des Bürgerkriegs. Er war in der Tat häufiger als irgendein anderes Mitglied der bolschewistischen Führung (mit Ausnahme Trotzkis) an den Fronten gewesen.
Die Marschälle und Kommandeure waren ihm in der Mehrzahl aus der Zeit des Bürgerkriegs gut bekannt. Und gegen Ende der dreißiger Jahre entschied er über alle Beförderungen auf hohe Posten in der Roten Armee. Der »Führer« hörte in der Regel einen kurzen Bericht des Kandidaten an, schaute ihm aufmerksam in die Augen, schwieg und unterhielt sich dann sieben bis zehn Minuten mit ihm.

Ihn interessierten militärische Erfahrungen, Kenntnis von Kriegsschauplätzen, die Ansichten des künftigen Kommandeurs über die technische Ausrüstung der Armee. Ab und an stellte er überraschende Fragen: »Wie beurteilen Sie die deutschen Panzer?« – »Sind unter den heutigen Bedingungen Grenzverstärkungen notwendig?« – »Wie ist Ihre Meinung über die neue Felddienstordnung der Roten Armee?« Am Ende der Unterhaltung drückte Stalin dem aufgeregten Kommandeur schwach die Hand, wünschte ihm Erfolg auf dem neuen Posten und hoffte auf die ständige Bereitschaft des Kandidaten, die »Linie der Partei« umzusetzen. Dann machte er sich sogleich an die »Prüfung« des nächsten. Vor allem wollte er in den Augen dieser Menschen lesen: Ist dieser Kommandeur dem »Genossen Stalin« ergeben?

Stalin verbrachte viele Stunden mit den Volkskommissaren, Konstrukteuren und Wissenschaftlern, die an der Kampftechnik und an Waffen arbeiteten. In der Regel sah er sich persönlich neue Waffenmuster an, und er war häufig beim Exerzieren anwesend. Auf seine Initiative hin wurden Beratungen zu verschiedenen Themen der militärischen Rüstung einberufen, an denen er auch häufig teilnahm. Er hielt bei diesen Gelegenheiten selten Reden, aber seine Einwürfe und Bemerkungen beeinflußten den Gang der Diskussion.

Selbstverständlich beschäftigte sich Stalin mit diesen Fragen nicht allein wegen seiner Neigung zu allem Militärischen. Er verstand, daß die politische Macht und die internationale Autorität seines Landes nicht nur durch wirtschaftliche, sondern auch durch militärische Faktoren bestimmt wurde. Seit der zweiten Hälfte der dreißiger Jahre machte er sich außerdem Sorgen wegen des Anwachsens der faschistischen Gefahr und der imperialistischen Bedrohung im Westen und im Osten. In diesen Jahren widmete er sich vor allem der Roten Armee und dem NKWD. Und über den NKWD begannen Ende des Jahres 1936 besorgniserregende Informationen nach Moskau zu kommen.

Bemerkenswerterweise wurden die ersten Symptome eines Zwists zwischen Stalin und hohen Offizieren der Roten Armee zuerst in Deutschland wahrgenommen. Der Leiter der Hauptverwaltung für Aufklärung der Roten Armee, Korpskommandeur S. Uritzki, berichtete am 9. April 1937 Stalin und Woroschilow, daß in Berlin Gerüchte über die Existenz einer Opposition gegen die sowjetische Führung innerhalb der Generalität im Umlauf seien. Aber sie seien wenig glaubwürdig. Dann schickte Jeschow Stalin eine Notiz mit Veröffentlichungen einer Weißemigrantenorganisation namens ROWS aus Paris. Darin heißt es: »In der UdSSR plant eine Gruppe hoher Kommandeure einen Staatsstreich.« In diesen Materialien, die höchstwahrscheinlich eine Fälschung oder Hirngespinste eines Weißemigranten darstellten, wurde behauptet, daß der Kopf der »Verschwörung« Marschall Michail Nikolajewitsch Tuchatschewski sei. Stalin schickte eine Notiz an Ordschonikidse und Woroschilow mit der Bemerkung: »Ich bitte um Kenntnisnahme.« Spuren von Reaktionen seiner Mitarbeiter konnte ich auf dem Dokument nicht finden, vor allen Dingen wohl deshalb nicht, weil die offenkundige Fälschung nicht einmal Stalin beeindruckte, der doch außerordentlich mißtrauisch war.

Den Berichten der NKWD pflegte Stalin in fast allen Fällen zu glauben. Erlauben Sie mir einen Exkurs zu diesem Thema.

Wie mir A. T. Rybin, der damals in einer der NKWD-Abteilungen und später in der Leibwache des »Führers« arbeitete, erzählt hat, habe Stalin, als man ihm mündlich über die »Verbindungen« M. J. Koltzows mit »ausländischen Geheimdienstlern« berichtet habe, dieser »Information« zunächst keine Bedeutung beigemessen. Er habe noch eine Unterredung mit dem Schriftsteller in Erinnerung gehabt, und sie hatte einen guten Eindruck beim »Führer« hinterlassen. Als man Stalin aber einen Monat später (irgend jemandem war es wohl wichtig?!) eine Mappe mit einem Bericht und mit zwei Zeugenaussagen vorlegte von Menschen, die Koltzow persönlich kannten, befahl der »Führer«, sich mit dem Fall zu befassen. Stalin hielt es für unmöglich, daß man ihn in schriftlichen Berichten betrügen könnte. Er nahm an, daß nur er dazu ein Recht habe. Diese Besonderheit Stalins, dem Papier »zu glauben«, haben Jeschow und später Berija ausgenutzt. Berichte, Meldungen, Denunziationen, auch wenn sie noch so aberwitzig waren, fanden bei Stalin Gehör.

Stalin war so mißtrauisch, daß er nicht einmal seiner nächsten Umgebung vertraute, weder seinen Helfern noch seinen Verwandten. Wie mir A. N. Schelepin erzählte, habe Stalin von Berija eine besondere Überprüfung derer verlangt, die zu seiner Leibwache gehörten. Berija spielte mit Stalins Mißtrauen: Immer wieder »fand« er in Stalins Umgebung »Spione« oder »Terroristen«; und ab und zu teilte er mit, es gebe »verdächtige« Zeichen, Hinweise und so weiter. Beispielsweise befahl Berija eines Tages, einen Mann aus dem Bedienstetenpersonal namens Fedossejew mitsamt seiner Frau zu verhaften wegen Vorbereitung eines »Terrorakts«. Die Gardinen an den Fenstern wurden einen halben Meter gekürzt, damit sich niemand hinter ihnen verstecken konnte. Niemand wußte, wo Stalin in der kommenden Nacht schlafen würde – im Arbeitszimmer oder im kleinen Saal. Betten standen in beiden Räumen bereit. Stalins Zimmer durfte niemand außer Berija ohne besondere Aufforderung betreten.

Wenn Stalin zu seiner Datscha fuhr, saß er in seinem gepanzerten Auto und wußte, daß jede solche Fahrt mit einer umfangreichen Operation zur Gewährleistung seiner Sicherheit verbunden war. Neben dem Fahrer Mitrochin saßen die Leibwächter – Tukow oder (in den vierziger Jahren) Starostin – bereit, ihn im Automobil vor »Terroristen« zu schützen. Stalin hatte die Angewohnheit, aufmerksam in die Gesichter der Menschen zu sehen. Wenn ihm irgendein Blick auf einmal nicht gefiel, dann arbeitete der betreffende Mensch künftig nicht mehr für ihn.

Es existieren Gerüchte, die in Berijas Umfeld entstanden sind und die besagen, daß einige Attentate auf Stalin verübt worden seien. Aber es ist mir nicht gelungen, dafür irgendeinen Beleg zu finden. Chruschtschow unterstrich in seinem Bericht auf dem 20. Parteitag das äußerst krankhafte Mißtrauen Stalins sogar gegenüber Politbüromitgliedern. Möglicherweie vertraute er nur Wlassik und Poskrebyschew. Ja, und vielleicht Walja Istomina, seiner »Wirtschafterin«, einer jungen Frau, die bald nach dem Tod Nadeschda Allilujewas zu ihm ins Haus kam. Bis zum Ende seiner Tage sorgte sie für ihn und bemühte sich, ihm, soweit es möglich war, ein gemütliches Zuhause zu bieten. Obwohl Stalin ein harter Mensch war, hat er die aufrichtige Fürsorge dieser Frau bemerkt.

Stalins Mißtrauen gegenüber Tuchatschewski wuchs, als ihn eine Information des tschechoslowakischen Präsidenten Eduard Beneš erreichte. Wie der ehemalige Mitarbeiter des SS-Geheimdienstlers Ernst Kaltenbrunner Walter Hagen (im Buch »Die geheime Front«), H. Hegener (in den Memoiren »Die Reichskanzlei von 1933 bis 1945«) und ebenso Winston Churchill geschrieben haben, sei Stalin auf ein in Berlin gefälschtes Dokument über die »Zusammenarbeit«

Tuchatschewskis und einer Reihe anderer Kommandeure der Roten Armee mit der deutschen Generalität hereingefallen. Mit Wissen von Abwehrchef Wilhelm Canaris habe man kunstfertig Tuchatschewskis Unterschrift gefälscht. Die Geheimdienstler aus dem Reichssicherheitshauptamt hätten dabei ein Papier über die technische Zusammenarbeit auf dem Gebiet der Luftfahrt zwischen sowjetischen Stellen und einer deutschen Firma aus dem Jahr 1926 genutzt, auf dem Tuchatschewski seine Unterschrift hinterlassen hatte.
In Berlin wurde ein Spektakel inszeniert mit Brand und anschließendem Diebstahl der Dokumente, woraufhin sie nach Prag gerieten. Über den Brand berichteten Jeschow und Woroschilow Stalin einige Male:

»In Ergänzung zu unserer Mitteilung über den Brand im Deutschen Kriegsministerium schicke ich Ihnen ausführliches Material über den Brand (in der Nacht vom 1. auf den 2. März 1937; D. W.) und eine Kopie des Rapports des Leiters der Kommission für Diversion der Gestapo. (...)
Generalkommissar für Staatssicherheit Jeschow«

Beneš führte wohl nichts Böses im Schild, als er anordnete, das Material nach Moskau weiterzuleiten. Diese Sache beunruhigte Stalin sehr, aber er beschränkte sich zunächst darauf, das Papier Jeschow zu übergeben. Tuchatschewski wurde überwacht, und man ging daran, »Beweise« zu sammeln. Die Ereignisse entwickelten sich so weiter, wie es B. A. Wiktorow, ehemals Vertreter des Obersten Militärstaatsanwalts, geschildert hat. Nach dem 20. Parteitag leitete er eine spezielle Kommission von Militärstaatsanwälten und Untersuchungsrichtern zur Rehabilitierung unschuldig Verurteilter in den Jahren der Stalinschen Gesetzlosigkeit. In seinen Schriften hat er viele interessante Tatsachen dargelegt. Während Wiktorow in den Akten des im Jahr 1957 wegen Übertretung der Gesetzlichkeit verurteilten Untersuchungsrichters Radsiwilowski las, fielen ihm folgenden Zeilen in dessen Aussage auf:

»Ich habe in der Verwaltung des NKWD des Moskauer Gebiets gearbeitet. Ich wurde zu Frinowski (einer der Stellvertreter Jeschows; D. W.) gerufen, und er interessierte sich dafür, ob ich irgendwelche

Untersuchungen gegen hohe Militärangehörige leiten würde. Ich antwortete ihm, daß ich ein Verfahren gegen den ehemaligen Brigadekommandeur Medwedew eingeleitet hätte. Frinowski gab mir eine Aufgabe: ›Es muß das Bild einer großen Verschwörung in der Roten Armee entworfen werden, deren Entlarvung eine große Rolle für die Verdienste Jeschows vor dem ZK bedeuten würde.‹ Ich habe die Aufgabe erfüllt. Nicht sofort selbstverständlich, aber ich erhielt von Medwedew die geforderten Aussagen über die Existenz einer Verschwörung in der Roten Armee. Über die erhaltenen Aussagen wurde Jeschow berichtet. Er selbst rief Medwedew persönlich zu einem Verhör zu sich. Medwedew erklärte Jeschow und Frinowski, daß seine Aussagen erfunden seien. Daraufhin befahl Jeschow, man solle Medwedew mit beliebigen Mitteln zu den vorherigen Aussagen bewegen, was auch getan wurde. Das Protokoll mit den Aussagen Medwedews, die unter physischer Einwirkung erzielt wurden, wurde obenauf gelegt.«

Kurz darauf wurden Tuchatschewski und andere »Verschwörer« verhaftet. Am Abend davor hatte man Stalin berichtet, daß Trotzki in seinem »Bulletin der Opposition« erklärt habe, die Unzufriedenheit der Militärs mit Stalins Diktat bringe einen möglichen Auftritt der Führung der Roten Armee gegen ihn auf die Tagesordnung. Das war der Tropfen, der das Faß überlaufen ließ. Bevor Stalin die Verhaftung des populären Militärführers anordnete, hörte er sich die Stellungnahmen Molotows, Woroschilows und Jeschows an.
Molotow glaubte an die Meldungen aus dem Ausland (bis zum Ende seines Lebens sollte er an Verschwörungen glauben), Woroschilow verbarg seine langgehegte Abneigung gegen Tuchatschewski nicht, und Jeschow wollte sich mit diesem Verfahren noch höher erheben. Es leuchtet ein, daß sie für die Verhaftung des »Verschwörers« waren. Am 24. Mai tat Stalin nach einigem Zögern noch einen Schritt hin zum blutigen Drama. Den Mitgliedern und Kandidaten des ZK wurde ein Dokument zur Abstimmung zugeschickt. Hier der Inhalt:

»Auf der Grundlage von Fakten, die das Mitglied des ZK der KPdSU(B) Rudsutak und den Kandidaten des ZK der KPdSU(B) Tuchaschewski der Teilnahme am antisowjetischen, trotzkistisch-rech-

ten (so im Text; D. W.) Verschwörungsblock und an Spionagetätigkeit gegen die UdSSR zugunsten des faschistischen Deutschlands überführen, macht das Politbüro des ZK der KPdSU(B) den Vorschlag, Rudsutak und Tuchatschewski aus der Partei auszuschließen und ihre Angelegenheit dem NKWD zu übergeben.
Der Sekretär des ZK der KPdSU(B) J. Stalin«

Alle stimmten mit »Ja«. Niemand hegte Zweifel, niemand versuchte, Rudsutak und Tuchatschewski zu verteidigen. Militärführer, die Tuchatschewski aus dem Bürgerkrieg kannten, glaubten blind an die Behauptungen der Provokateure, und sie hielten es nicht einmal für nötig, den Marschall anzuhören. Keiner wollte wissen, was hinter der Phrase »Auf der Grundlage von Fakten, die (...) überführen« stand. Einige gingen sogar weiter als Stalin in seinem Vorschlag. Budjonny beispielsweise schrieb auf seinen Stimmzettel: »Bedingunglos ›ja‹. Diese Schurken müssen bestraft werden. 25. 5.« Mechlis hatte sein »Ja«, wie meist in solchen Fällen, mehrfach unterstrichen. Weder Woroschilow noch Jegorow, die zusammen mit Tuchatschewski gedient hatten, weder Chruschtschow noch Mikojan, die später diesen gesetzlosen Akt verurteilen sollten, fanden in sich den Mut, dieses Ja zu verweigern. Und auch dieses Mal läßt sich ein ausgefüllter Stimmzettel Stalins nicht finden.
Stalin kannte Tuchatschewski schon seit dem Bürgerkrieg. Er wußte, wie gut dieser die 5. Armee geführt hatte. Er kannte auch den Befehl des Revolutionären Kriegsrats der Republik vom 28. Dezember 1919, in dem es heißt:

»Dem Kommandeur der 5. Armee, dem Genossen Michail Nikolajewitsch Tuchatschewski, wird für seine persönliche Tapferkeit, seine umfassende Initiative und Energie, für sein Organisationstalent, für seine Sachkenntnis, durch die er sich beim siegreichen Feldzug der heldenmütigen Roten Armee nach Osten, der mit der Einnahme der Stadt Omsk endete, hervorgetan hat, mit der Goldenen Ehrenwaffe ausgezeichnet.«

Eines Mitternachts war Stalin danach, Jeschow zu sich zu rufen, damit dieser über den Verlauf der Untersuchungen im Verfahren gegen Tuchatschewski berichtete. Während Stalin Jeschows Bericht über die

Verhöre von Tuchatschewski, Jakir, Uborewitsch, Kork, Eideman, Feldman, Primakow und Putna hörte, wird er über den jüngsten der fünf Marschälle der Sowjetunion nachgedacht haben. Einerseits schätzte der »Führer« die großen beruflichen Fähigkeiten Tuchatschewskis, sein originelles strategisches Denken, seine Talente als Theoretiker. Aber andererseits war in Stalin aus dem Bürgerkrieg ein Gefühl des Mißtrauens gegen die »bürgerlichen Militärspezialisten« geblieben. Er mochte den Marschall nicht wegen seiner Unabhängigkeit und seines Muts, die eigene Meinung zu vertreten. Und er wußte von den ziemlich gespannten Beziehungen zwischen Tuchatschewski und Woroschilow.
Ihm dürfte auch eine Notiz Gamarniks nicht entfallen sein, in der der Leiter der Politischen Hauptverwaltung der Roten Armee Stalin geschrieben hatte:

»Gerade eben, kurz vor meiner Abreise, erhielt ich die Kopie eines Briefes des Genossen Tuchatschewski an Sie über die Militärratsbezirke, und deshalb habe ich nicht die Möglichkeit, meine Auffassung ausführlich darzulegen bezüglich dieser von ihm gestellten Frage. Der Genosse Tuchatschewski erklärt sich in seinem Schreiben mit der Belassung der Militärratsbezirke einverstanden und schlägt vor, die Leiter der Politischen Verwaltung der Bezirke aus ihrer Besetzung auszuschließen. (...)
Ich halte den Vorschlag des Genossen Tuchatschewski für absolut unrichtig und schädlich, sowohl für Friedens- als auch im besonderen für Kriegszeiten.

Ja. Gamarnik«

Stalin hatte damals Gamarnik unterstützt. Und da gab es auch einen Bericht Tuchatschewskis, den Woroschilow Stalin gezeigt hatte. Darin befaßte sich der Marschall wieder einmal mit der Frage der Ausarbeitung einer Theorie des »beweglichen Kriegs« in der Epoche der umfassenden Motorisierung, der Beschleunigung, der technischen Umrüstung der Armee. Stalin hörte sich schweigend Woroschilows Einsprüche gegen die »Theoretisiererei« Tuchatschewskis an, dem der Volkskommissar in einem speziellen Brief antworten wollte. Dieser Brief ist im Archiv erhalten geblieben. Er endet mit den Worten:

»Ich rate Ihnen, so bald als möglich mit Ihren exzessiven literarischen Neigungen Schluß zu machen und all Ihr Wissen und Ihre Energie auf die praktische Arbeit zu richten. Das wird einen sofortigen fühlbaren Nutzen für die Sache bringen, für die wir von der Partei bestimmt worden sind.

Mit kommunistischem Gruß K. Woroschilow«

Der Volkskommissar für Verteidigung war unangenehm berührt von den theoretischen Fragestellungen Tuchatschewskis, die Woroschilows geringe Bildung unterstrichen. Der Volkskommissar hing darüber hinaus veralteten militärischen Vorstellungen an. Deshalb konnte das Verhältnis zwischen ihm und seinem Stellvertreter nicht problemfrei sein. Es war nicht anzunehmen, daß Woroschilow Tuchatschewski nach seinen Fähigkeiten und Verdiensten beurteilen würde. Tuchatschewski wurde zum Kommandeur des Wolga-Militärbezirks ernannt, aber dort sollte er nicht lange bleiben.

Stalin wußte, daß Tuchatschewski seinem Vorgesetzten an intellektuellem Niveau und an theoretischen Fertigkeiten um einiges voraus war. Das kam allerdings häufig vor. Ein Vorgesetzter, so glaubte der »Führer«, müsse nicht unbedingt klüger sein als seine Untergebenen. Wichtig war, daß er die »Linie« vertrat. Woroschilow tat es. Aber Tuchatschewski? Es war schwer, das zu glauben, was Jeschow berichtete. Aber hatte nicht auch Trotzki in seiner »Verratenen Revolution« Andeutungen gemacht? Und hatte nicht dieser »Bürger ohne Visum« in einem Interview noch in Oslo erklärt: »In der Roten Armee sind nicht alle Stalin ergeben; dort erinnert man sich noch an mich«? Und Trotzki hatte Tuchatschewski doch gut gekannt. Während Stalin seine Erinnerungsfetzen mit Jeschows Bericht zusammenbrachte, zwang er sich allmählich zu glauben, daß es eine »faschistische Verschwörung« in der Roten Armee gebe. Um so mehr, als Jeschow in seinem Bericht schließlich mitteilte: »Die Verschwörer haben gestanden.«

Stalin befahl, einen schnellen Prozeß ohne Öffentlichkeit und ohne Zwischenfälle durchzuführen. Alle erschießen! Auf dem Tisch lag eine aufgeschlagene Ausgabe des »Bolschewik« mit einem Artikel Tuchatschewskis »Über die neue Feldordnung der Roten Armee«. Es war nicht mehr gelungen, den Artikel aus der Ausgabe zu »werfen«. So schnell entwickeln sich die Ereignisse.

Anfang Juni 1937 wurden vor dem Militärrat die Berichte Jeschows und Woroschilows über die Entlarvung der »niederträchtigen konterrevolutionären militärfaschistischen Organisation« vorgetragen. Darin hieß es, daß die »Verschwörer« schon seit langem tätig gewesen seien und daß sie mit deutschen Militärkreisen zusammenarbeiteten. Die »Verschwörer« hätten geplant, die Führer der Partei und des Staats mit Hilfe des faschistischen Deutschlands zu ermorden und die Macht zu ergreifen.

An den Militärratssitzungen nahmen Regierungsmitglieder teil, und Stalin wurde über den Verlauf der Sitzungen unverzüglich unterrichtet. Das Schicksal Tuchatschewskis und seiner »Mittäter« war vorherbestimmt. In weniger als zwei Wochen nach seiner Verhaftung, am 11. Juni 1937, wurde eine nichtöffentliche Gerichtsverhandlung durchgeführt. In der Presse wurde darüber erst am Tag des Prozesses geschrieben. Und am darauffolgenden Tag erschien bereits die Information über das Urteil. Das Gericht hatte es eilig und fällte ein grauenhaft ungerechtes Urteil. Die Verhandlung wurde um neun Uhr morgens eröffnet, und schon kurz nach Mittag war das Urteil gesprochen.

Hinter dem Richtertisch saßen der in solcherlei Prozessen erfahrene Richter Ulrich, die Marschälle Budjonny und Blücher, die Armeekommandeure 1. Ranges Schaposchnikow und Below, die Armeekommandeure 2. Ranges Alksnis, Dybenko, Kaschirin und der Divisionskommandeur Gorjatschew. Verteidiger gab es ebensowenig wie ein Recht auf Berufung – so war es im Gesetz vom 1. Dezember 1934 geregelt.

Tuchatschewski, Jakir, Uborewitsch, Putna, Primakow, Kork, Eideman, Feldman saßen ihren Kampfgenossen gegenüber. Alle kannten sich gut. Kaum einer von den Gerichtsmitgliedern wird daran geglaubt haben, daß hier über »Verschwörer und Spione« verhandelt wurde. Ich glaube, daß Tuchatschewski und seine Genossen einen Hoffnungsschimmer gesehen haben. Denn bestand das Gericht nicht aus Menschen, mit denen sie zwanzig Jahre unter ein und derselben Fahne gedient hatten?

An der Gerichtsverhandlung sollte auch der Leiter der Politischen Verwaltung der Roten Armee Jan Borissowitsch Gamarnik anwesend sein. Entweder als Angeklagter – oder als Mitglied des Gerichts. Hier der Bericht seiner Tochter:

»Ende Mai wurde mein Vater krank. Entweder fühlte er das Herannahende, oder ihn quälte ein Diabetesanfall. Er wußte, wie mir später meine Mutter (ich war damals zwölf) erzählte, daß am 27. Mai Tuchatschewski, am 29. Uborewitsch, Jakir (direkt im Zug) und andere Militärführer verhaftet worden waren. Am 30. kam Blücher zum Vater. Sie kannten sich gut vom Fernen Osten. Sie sprachen lange über irgend etwas. Daraufhin erzählte mein Vater meiner Mutter, daß man ihm vorschlage, Mitglied des Gerichts über Tuchatschewski zu werden. Aber: ›Wie könnte ich das!‹ rief mein Vater aus. ›Ich weiß doch, daß sie keine Feinde sind. Blücher sagte, wenn ich ablehnte, könnte man mich verhaften.‹
Am 31. kam Blücher noch einmal für kurze Zeit. Später kamen einige Leute und versiegelten den Safe meines Vaters. Man sagte ihm, daß er von seinem Amt abgelöst sei und daß seine Stellvertreter Owsepjan und Bulin verhaftet worden seien. Meinem Vater befahl man, zu Hause zu bleiben. Sobald die Leute vom NKWD gegangen waren, hörten wir im Zimmer meines Vaters einen Schuß. Als ich und meine Mutter hineilten, war alles vorbei. Ich glaube, die Erschießung war eine Antwort auf Stalins Vorschlag, Mitglied des Tribunals gegen seine Kameraden zu werden. Eine Antwort auf die Gesetzlosigkeit. Anders hätte mein Vater damals nicht antworten können.
Meine Mutter wurde verhaftet, man gab ihr acht Jahre als Frau eines ›Volksfeindes‹ und dann im Lager noch zehn Jahre wegen ›Mittäterschaft mit einem Volksfeind‹. Ich habe meine Mutter niemals wiedergesehen, die entsprechend einer Benachrichtigung im Jahr 1943 im Lager gestorben sein soll. Ich wurde in einem Kinderheim untergebracht. Als ich die Volljährigkeit erreicht hatte, gab man mir sechs Jahre als ›sozial gefährliches Element‹. Im Anschluß daran begannen die Verbannungen.«

Ein typisches Schicksal, wie es Tausende von unglücklichen Verwandten von unschuldig Verurteilten traf.
Der Prozeß war gut organisiert worden. Ulrich stützte den Vorwurf der »militärfaschistischen Verschwörung« hauptsächlich auf die früheren Kontakte der Angeklagten mit deutschen Stellen. Wie bereits erwähnt, hatte Tuchatschewski im Jahr 1926 die sowjetische Militärdelegation in Berlin geleitet. Jakir hatte 1929 Kurse des Generalstabs in Deutschland besucht. Kork war dort Militärattaché gewesen.

Viele hatten sich mit deutschen Repräsentanten auf diplomatischen Empfängen, bei Manövern oder bei Verhandlungen getroffen. Alle außer Primakow wiesen jegliche »Spionageverbindung« mit Deutschland entschieden von sich. Beispielsweise erklärte Tuchatschewski: »Die Begegnungen, Unterredungen mit den Vertretern des deutschen Kommandos trugen lediglich einen offiziellen Charakter. Das alles fand nur bis zur Machtergreifung Hitlers statt.«
Die Anschuldigung der »Schädlingsarbeit« gestanden die Angeklagten insofern teilweise, als sie zugaben, daß Unzulänglichkeiten in der militärischen Arbeit, beim Bau militärischer Objekte und bei Mobilisierungen aufgetreten seien – aber dies waren keine vorsätzlichen Handlungen. Eines der Hauptargumente für den Vorwurf der »Schädlingsarbeit« war Tuchatschewskis Konzept der raschen Bildung von Panzer- und mechanisierten Verbänden auf Kosten der Kavallerie. In diesem Anklagepunkt fand Ulrich in Budjonny einen aktiven Unterstützer. Da die Angeklagten die Aussagen, die sie in der Voruntersuchung gemacht hatten, nicht aufrechterhielten, fragte der Vorsitzende dauernd: »Die Aussagen, die Sie im NKWD gemacht haben, bekräftigen Sie diese?« So wollte Ulrich die Angeklagten nötigen, die vorfabrizierten Versionen vorzutragen. Jeder dieser angesehenen sowjetischen Militärführer war physisch auf grausamste Weise gefoltert worden.
Ein weiterer Anklagepunkt lautete: »Die Absicht, Woroschilow zu entfernen (so im Text; D. W.), um den Erfolg der Verschwörung sicherzustellen«. Tuchatschewski, Kork, Putna, Uborewitsch erklärten dazu, daß sie zusammen mit Gamarnik bei der Regierung darum ersucht hätten, den Volkskommissar abzulösen, weil er nicht in der Lage sei, seinen Pflichten nachzukommen. Ein offen geäußerter Wunsch wurde vom Gericht als »verschwörerische Tätigkeit« verurteilt!
Die Angeklagten widerlegten die schmutzigen Hirngespinste und Beschuldigungen. In ihren letzten Worten sprachen Tuchatschewski, Jakir, Kork, Uborewitsch überzeugend über ihre Ergebenheit zur Heimat, zum Volk, zur Armee, und jeder von ihnen unterstrich seine Loyalität gegenüber dem »Genossen Stalin«. Sie baten um Nachsicht für mögliche Fehler in ihrer Arbeit.
Anders klangen Primakows letzte Worte. Er bestätigte die offizielle Anschuldigung und erklärte: »Alle Verschwörer verband die Flagge Trotzkis und ihre Neigung zum Faschismus.« Primakow sagte, er habe

in der Voruntersuchung mehr als siebzig Menschen genannt, von denen er persönlich wisse, daß sie an einer »militärfaschistischen Verschwörung« teilnähmen. Die viele Monate andauernde Folter hatte Primakow gebrochen. Er sagte gehorsam auf, was man ihm in der Lubjanka vorgebetet hatte. Während die anderen Angeklagten gerade zwei Wochen vor dem Prozeß verhaftet worden waren und ihre geistige Widerstandsfähigkeit noch nicht eingebüßt hatten, war Primakow, der berühmte Held des Bürgerkriegs, schon mehr als ein Jahr hinter Mauern gequält worden. Zu jener Zeit arbeiteten im NKWD Menschen eines ganz bestimmten Schlags: herzlose Zyniker und Sadisten, denen ein Gewissen fremd war. Armeegeneral Gorbatow, der die Stalinschen Kreise der Hölle durchleiden mußte, erinnerte sich:

»Ich erfuhr zufällig, daß der Name meines Untersuchungsrichters Stolbunski war. Ich weiß nicht, wo er heute ist. Wenn er noch am Leben ist, so wünschte ich, er könnte diese Zeilen lesen und meine Verachtung spüren. Ich glaube übrigens, daß er dies auch damals genau wußte. Bis zum heutigen Tage klingt in meinen Ohren die unheilverkündende schrille Stimme Stolbunskis, der mir, als man mich kraftlos und blutbespritzt forttrug, erklärte: ›Du wirst schon unterschreiben, du wirst schon unterschreiben!‹ Ich ertrug auch die Qualen des zweiten Kreises der Verhöre. Als aber die dritte Serie begann, wollte ich so bald wie möglich sterben!«

Im Verfahren gegen Tuchatschewski hatte sich besonders der Untersuchungsrichter Uschakow ausgezeichnet. In seiner Erklärung, die er nach dem 20. Parteitag gegenüber der Kommission zur Rehabilitierung abgab, schrieb er:

»Als erster wurde Feldman verhaftet. Er stritt kategorisch jegliche Teilnahme an der Verschwörung ab, vor allem gegen Woroschilow. (...) Ich übernahm die Angelegenheit Feldman, und nach der Durchsicht seiner Akten kam ich zu dem Schluß, daß Feldman mit Tuchatschewski, Jakir und anderen hohen Kommandeuren durch persönliche Freundschaft verbunden war. (...) Ich ließ Feldman zu mir ins Arbeitszimmer rufen, schloß mich mit ihm am 19. Mai gegen Abend ein. Er schrieb eine Aussage über eine Verschwörung unter Teilnahme Tuchatschewskis, Jakirs, Eidemans und anderer. (...) Daraufhin beauftragte man mich, Tuchatschewski zu verhören, der bereits am nächsten Tag geständig war. Ich habe kaum geschlafen und habe ihm mehr Fakten, mehr Verschwörer entlockt. (...) Sogar am Tag des Prozesses, früh am Morgen, erhielt ich von Tuchatschewski ergänzende Aussagen über die Teilnahme Apanasenkos und anderer an der Verschwörung.«

Bei einem der Verhöre Tuchatschewskis war Wyschinski anwesend. Er zwang Tuchatschewski, die Zeilen »Ich bekenne mich schuldig, ich habe keine Beschwerden« zu unterschreiben. Beschwerden und Gnadengesuche hatten beinahe alle an Stalin, Molotow und Woroschilow geschrieben.

Tuchatschewski und seine Kameraden hatten eine »energische« Bearbeitung durchlaufen müssen: Einschüchterung, Bedrohung der Familien, grenzenlose Gewalt. Dann wurde ihnen in der Voruntersuchung eingetrichtert, nur ein Geständnis könne ihnen das Leben retten.

Vor der Urteilsverkündung waren Ulrich und Jeschow kurz bei Stalin. Sie berichteten ihm über den Verlauf des Prozesses und über das Verhalten der Angeklagten. Liebedienerisch legte Ulrich den Urteilsentwurf auf Stalins Schreibtisch. Der sagte, ohne ihn zu lesen: »Einverstanden.« Er schwieg eine Weile und fragte dann: »Was sagte Tuchatschewski in seinem Schlußwort?«

»Der Schuft sagte, er sei der Heimat und dem Genossen Stalin ergeben. Er bat um Nachsicht«, antwortete Jeschow schnell. »Aber es wurde schnell klar, daß er sich verstellt und daß er die Waffen nicht abgelegt hat.«

»Und das Gericht? Wie haben sich die Beisitzer verhalten?«

»Aktiv verhielt sich lediglich Budjonny. Die Gerichtsmitglieder schwiegen im großen und ganzen. Ein oder zwei Fragen stellten Alksnis, Blücher, ja und, ich glaube, Below.«

Stalin war die Gerichtsbesetzung von Anfang an verdächtig gewesen. Er gab sogleich Anordnung, man solle diese Leute »beobachten«. Außer Budjonny und Schaposchnikow wurden alle bald verhaftet. Der Armeekommandeur 2. Ranges Kaschirin wurde wie zwei seiner Brüder bereits einige Tage nach dem Prozeß festgenommen.

In der Nacht des 12. Juni wurden Tuchatschewski und seine Kameraden erschossen. Auch Primakow, obwohl man ihm versprochen hatte, ihn wegen seines Geständnisses am Leben zu lassen. »Für die Spione und die Verräter unserer Heimat gibt es keine Gnade!« So war der Leitartikel im »Bolschewik« überschrieben, der sich mit dem Tuchatschewski-Prozeß befaßte.

Das Strafgericht gegen die Militärkader hatte seinen Auftakt erlebt. Menschen wie Mechlis arbeiteten nun auf vollen Touren. Jedem Telefonanruf, jedem Telegramm, jedem Bericht, jeder Verleumdung wurde nachgegangen. Hier beispielsweise zwei Telegramme, die von Mechlis stammen:

»Moskau, an das NKO (Volkskommissariat für Verteidigung; A. d. Ü.) Schtschadenko.

PURKKA (Politische Verwaltung der Roten Armee; A. d. Ü.) Kusnetzow.

Stabsführer Lukin ist ein äußerst verdächtiger Mensch, er treibt sich mit den Feinden herum und hat Verbindungen zu Jakir. Der Brigadekommandeur Fjodorow müßte ausreichendes Material über ihn haben. In meiner Notiz über Antonjuk wurde Lukin nicht wenig Aufmerksamkeit gewidmet. Sie werden nichts falsch machen, wenn Sie Lukin, ohne zu zögern, entlassen.

27. Juli Mechlis«

»An den Genossen Stalin.

Ich habe 215 Politarbeiter entlassen, ein bedeutender Teil von ihnen ist inhaftiert. Aber die Säuberung des Politapparats, besonders in den unteren Rängen, habe ich noch lange nicht abgeschlossen. Ich glaube, ich darf nicht aus Chabarowsk abreisen, bevor es mir nicht gelungen ist, auch nur ansatzweise im Kommandeurskorps Klarheit zu schaffen. (...)

28. Juli Mechlis«

Mechlis und andere »schmiedeten« mit Billigung Stalins die Niederlagen des Jahres 1941, die das Land weitere Millionen von Menschenleben kosten sollten. Die Listen der in den Säuberungen umgekommenen Kommandeure und Politarbeiter sind grauenhaft lang. Und die Tragödie ging weiter. Erst wurde der Brigadekommandeur Medwedew erschossen, der unter Folter die verlangten Aussagen gegen Tuchatschewski gemacht hatte. Jeschow begann die Spuren zu verwischen. Dann kam die Mehrzahl der Teilnehmer am Gerichtsverfahren gegen Tuchatschewski und seine Kameraden an die Reihe: Marschall Blücher, Armeekommandeur Kaschirin, Alksnis, Below, Dybenko. Ich habe einen Brief Dybenkos gefunden, den er kurz vor seiner Verhaftung aus Leningrad an Stalin schickte. Hier einige Zeilen aus diesem Brief:

»Lieber Genosse Stalin!
Nach Beschluß des Politbüros und der Regierung soll ich ein Feind unserer Heimat und unserer Partei sein. Ich bin zwar am Leben, aber isoliert und in politischer Hinsicht eine Leiche. Aber weshalb, warum? Konnte ich etwa wissen, daß jene Amerikaner, die in Mittelasien, mit einem offiziellen Regierungsauftrag, zusammen mit offiziellen Vertretern des Volkskommissariats für Äußeres und der OGPU eintrafen, spezielle Geheimdienstagenten waren? Auf dem Weg nach Samarkand war ich nicht eine einzige Sekunde mit den Amerikanern unter vier Augen. Ich spreche doch kein Amerikanisch (so im Text; D. W.). (...)
Zur provokatorischen Aussage Kerenskis und zur in der weißgardistischen Presse erschienenen Erklärung, ich sei ein deutscher Agent: Ist es nach zwanzig Jahren ehrenhafter, ergebener Arbeit für die Heimat und die Partei dem Weißgardisten Kerenski mit seinen Provokationen gelungen, sich an mir zu rächen? Das ist doch einfach ungeheuerlich.
Zwei Notizen, die der Genosse Jeschow besitzt, wurden von Bediensteten des Hotels ›National‹ geschrieben, und sie beinhalten ein Körnchen Wahrheit, welches darin besteht, daß ich manchmal, wenn Bekannte zu mir ins Hotel kamen, mir erlaubte, mit ihnen ein Gläschen zu trinken. Aber es gab keine Besäufnisse.
Ich hätte mir angeblich ein Zimmer direkt neben denen der Vertreter der Botschaft genommen? Das ist ein und dieselbe Gattung von ungeheuerlichen Provokationen. (...)
Ich hätte kulakische Neigungen bezüglich des Kolchosaufbaus? Diesen Unsinn können nur die Genossen Gorkin, Jussupow und Jewdokimow, mit denen ich in den letzten neun Jahren zusammengearbeitet habe, verbreiten. (...)
Genosse Stalin, ich flehe Sie an, die ganze Reihe von Fakten noch einmal zu überprüfen und den Schandfleck von mir zu nehmen, den ich nicht verdiene.
P. Dybenko«

Einige Tage später wurde der Armeekommandeur 2. Ranges Pawel Jefimowitsch Dybenko, Parteimitglied seit 1912 und in den Oktobertagen Vorsitzender des Zentralkomitees der Baltischen Flotte, verhaftet, verurteilt und erschossen. Seine Untersuchungsrichter werden kaum gewußt haben, daß sie es mit einer historischen Persönlichkeit zu tun hatten. Als die Kosaken des Generals Krasnow sich auf den Angriff gegen Petrograd vorbereiteten, war es dem revolutionären Matrosen Dybenko gelungen, sie zu agitieren und gegen die Provisorische Regierung zu wenden.

Stalin vermerkte auf Dybenkos Brief lediglich: »Für Woroschilow«. Weder Stalin noch der Volkskommissar für Verteidigung verspürten den Wunsch, sich mit dem Schicksal des alten Bolschewiken auseinanderzusetzen, den man zuvor noch gezwungen hatte, einen Marschall der Sowjetunion und dessen Kameraden zu »verurteilen«.

Stalin erhielt einige Zeit später einen Bericht des NKWD aus Deutschland. Er informierte darüber, wie hohe deutsche Militärs die Führer der Roten Armee beurteilten. Die Meinung der deutschen Generäle über Tuchatschewski interessierte Stalin nicht mehr. Über Blücher schrieben sie aus irgendeinem Grund, er sei einer der »verrußten Deutschen«. Sie unterstrichen, daß er der einflußreichste und autoritativste der sowjetischen Militärführer sei. Jegorow hielten die deutschen Generäle für einen äußerst »starken Heerführer, der einen analytischen Verstand« besitze. Aber Stalin brauchte solche Menschen kaum. Ihm gefielen unterwürfige und ergebene Menschen, solche wie Woroschilow und Budjonny.

Während Stalin einen Spaziergang auf dem schmalen Weg vor seiner Datscha in Kunzewo machte, dürfte er sich an verschiedene Dinge erinnert haben. Vermutlich auch daran, daß Trotzki sich, als ihm und seinen Angehörigen die sowjetische Staatsbürgerschaft aberkannt worden war, in einem offenen Brief an das Präsidium des ZEK gewandt hatte: »Die Opposition wird über den Ukas vom 20. Februar 1932 hinwegschreiten, wie der Arbeiter über die Pfütze hinwegschreitet auf seinem Weg zur Fabrik.« Der Brief endete mit dem Aufruf: »Entfernt Stalin!« Und kurz darauf erklärte Trotzki: »Sogar in der höchsten Spitze und ebenso in der militärischen Führung gibt es Menschen, die mit Stalin unzufrieden sind und meinen Aufruf ›Entfernt Stalin!‹ unterstützen. Solche Menschen gibt es dort nicht wenige.«

Vier einflußreiche Heerführer, vier Marschälle waren geblieben.

An Woroschilow zweifelte Stalin nicht. Das war ein Mensch, dessen ganze Karriere auf Legenden, auf der Vergangenheit und auf Stalin aufgebaut war. Budjonny war ein eifriger Diener. Allerdings, hatte nicht Jeschow berichtet, daß Budjonnys Frau Verbindungen zu irgendwelchen Ausländern unterhalte? Man sollte Klarheit schaffen. Nein, Budjonny war nicht in der Lage, gegen ihn aufzutreten. Aber Blücher und Jegorow, die er aus dem Bürgerkrieg gut kannte, haben sich deutlich verändert. Sie sind anders geworden. Die Deutschen in Berlin schreiben irgendwie auf besondere Weise über sie. Auch Woroschilow war mit Jegorow unzufrieden, als dieser Leiter des Generalstabs war. Jeschow sollte diesen Brief über Marschall Jegorow überprüfen. Als Stalin von seinem Spaziergang zurückkehrte, las er den Brief noch einmal aufmerksam durch:

»An das ZK der KPdSU(B), Genossen Stalin.
Eine ganze Reihe wichtigster Fragen der Organisation der RKKA (Roten Armee; A. d. Ü.) und des operativ-strategischen Einsatzes unserer Streitkräfte ist nach meiner Überzeugung fehlerhaft und möglicherweise auch sabotagehaft gelöst worden. Das könnte in der ersten Periode eines Krieges große Mißerfolge und zahlreiche überflüssige Opfer nach sich ziehen.
Ich bitte Sie, Genosse Stalin, überprüfen Sie die Tätigkeit des Marschalls Jegorow, die er als Leiter des Generalstabs der RKKA ausgeübt hat, da er faktisch die Verantwortung für die Fehler trägt, die bei der Vorbereitung des operativ-strategischen Einsatzes unserer Streitkräfte und ihrer organisatorischen Struktur zugelassen wurden. Ich kenne die politische Vergangenheit und Gegenwart des Genossen Jegorow nicht, aber seine praktische Arbeit als Leiter des Generalstabs ruft Zweifel hervor.
9. November 1937 Ja. Schigur,
Mitglied der KPdSU(B) seit 1912«

Das war der Brief Jan Matissowitsch Schigurs, eines Brigadekommandeurs, der einen Lehrstuhl in der Akademie des Generalstabs der Roten Armee hatte. Die endlosen Aufrufe zur Wachsamkeit, die grenzenlose Gesetzlosigkeit, die zur Lebensnorm in diesen alptraumhaften Jahren geworden waren, brachten viele ehrenhafte Menschen vom richtigen Weg ab. Schigur war Oberleutnant in der zaristischen Armee gewesen und hatte die Revolution sofort unterstützt; er nahm aktiv teil am Bürgerkrieg. Er wurde zweimal verletzt. Ihm wurde der Rotbannerorden verliehen. Seine Denunziation konnte ihn nicht mehr retten. Wenige Wochen nachdem er seinen furchtbaren Brief abgeschickt hatte, sollte er verhaftet und bald darauf erschossen werden. Stalin befahl Poskrebyschew, Jeschow mitzuteilen, daß dieser auf Jegorow »achten« solle. Einige Monate später hatte Jeschow den Marschall »überprüft« und »analysiert«. Um so mehr, als noch weiteres Belastungsmaterial hinzukam. Man hatte eine Jegorow belastende Aussage erzwungen von einem alten Regimentskameraden des Marschalls, der später einmal selbst ein hoher sowjetischer Militärführer werden sollte. Der frühere Regimentskamerad Jegorows wußte sich an folgendes zu erinnern:

»1917, im November, auf dem Kongreß der 1. Armee in Schtokmosgof, wo ich Delegierter war, erlebte ich einen Auftritt des damaligen Rechten Sozialrevolutionärs Jegorow A. I., der in seiner Rede den Genossen Lenin einen Abenteurer, einen Abgesandten der Deutschen nannte. Schließlich und endlich bezweckte seine Rede, daß die Soldaten Lenin nicht glaubten.«

Obwohl zu dieser Zeit das Schicksal des Marschalls bereits besiegelt war, unterstrich dieser Brief noch Jegorows »Sabotagenatur«. Im engen Kreis hat Stalin mit Molotow und Woroschilow die Resultate der »Untersuchung« durchgesprochen und beschlossen, Jegorow aus dem ZK auszuschließen und ihn dem NKWD zu übergeben. Sie hielten es außerdem für nötig, noch ein weiteres kompromittierendes »Faktum« anzuführen, und zwar im Zusammenhang mit seiner Frau. Vom 28. Februar bis zum 2. März 1938 wurde durch Umfrage unter den Mitgliedern und Kandidaten des ZK folgender Beschluß angenommen:

»Über den Genossen Jegorow.
In Anbetracht dessen, daß die Gegenüberstellung des Genossen Jegorow mit den inhaftierten Verschwörern Below, Grjasnow, Grinko, Sedjakin ergeben hat, daß sich der Genosse Jegorow politisch als noch beschmutzter erwiesen hat, als man sich vor der Gegenüberstellung hätte vorstellen können, und unter Berücksichtigung der Tatsache, daß seine Frau, geborene Zeschkowskaja, mit der er einträchtig zu-

sammenlebte, sich als langjährige polnische Spionin herausstellte, was aus ihrer eigenen Aussage hervorgeht – sieht das ZK der KPdSU(B) es als unumgänglich an, den Genossen Jegorow als Kandidat aus dem ZK der KPdSU(B) auszuschließen. J. Stalin«

Alle stimmten erneut mit »Ja«. Stalins Stimmzettel, versteht sich, blieb wieder »sauber«. Jetzt gab es nur noch einen »verdächtigen« Marschall: Wassili Konstantinowitsch Blücher, möglicherweise einer der ruhmreichsten Heerführer der Vorkriegszeit. An seiner Brust hingen vor seiner Verhaftung vier Rotbannerorden. Er war der erste, der mit diesem Orden ausgezeichnet wurde, und er war der erste, der den Orden des Roten Sterns erhielt. Auch zählte er zu den ersten Trägern des Leninordens.
Stalin hatte im Juli/August 1938 einen Streit mit Blücher gehabt, als die japanischen Militaristen zwei sowjetische Höhen am Chassansee – Besymjannaja und Saosernaja – eingenommen hatten. Blücher hatte den Befehl erhalten, die Eindringlinge unverzüglich zu vernichten. Aber die Verwirklichung dieses Befehls verzögerte sich. Blücher wollte das Unternehmen sorgfältig vorbereiten. Er wurde über direktem Draht mit Stalin zu einem Gespräch verbunden. Der Dialog dauerte nicht lang.

Stalin: »Sagen Sie, Blücher, warum wird der Befehl des Volkskommissars für Verteidigung zur Bombardierung unseres Territoriums, das die Japaner eingenommen haben, einschließlich der Anhöhe Sajosernaja, nicht ausgeführt?«
Blücher: »Ich berichte. Die Luftstreitkräfte sind zum Abflug bereit. Der Start wird durch ungünstige meteorologische Verhältnisse verzögert. In dieser Minute habe ich Rytschagow (Kommandeur der Luftstreitkräfte; D. W.) befohlen, ohne jede Rücksicht die Luftstreitkräfte aufsteigen zu lassen und zum Angriff überzugehen. Die Luftstreitkräfte sind soeben aufgestiegen, jedoch befürchte ich, daß wir bei dieser Bombardierung sowohl eigene als auch koreanische Siedlungen treffen könnten.«
Stalin: »Sagen Sie, Genosse Blücher, ganz ehrlich: Haben Sie den Wunsch, tatsächlich gegen die Japaner zu kämpfen? Wenn Sie diesen Wunsch nicht verspüren, sagen Sie es direkt, wie es sich für einen Kommunisten gehört; aber wenn Sie den Wunsch verspüren sollten, würde ich meinen, sollten Sie sich gleich vor Ort begeben.

Ich verstehe Ihre Befürchtungen nicht, wir könnten mit der Bombardierung die koreanische Bevölkerung treffen, und ebensowenig Ihre Befürchtung, daß die Luftstreitkräfte aufgrund von Nebel ihre Pflicht nicht erfüllen könnten. Wer hat Ihnen untersagt, unter den Bedingungen der militärischen Auseinandersetzung mit den Japanern die koreanische Bevölkerung zu treffen? Was interessieren Sie die Koreaner, wenn unsere Menschen von den Japanern zuhauf vernichtet werden! Was bedeutet eine Wolkenbildung für die bolschewistische Luftwaffe, wenn Sie wirklich die Ehre ihres Vaterlandes verteidigen will? Ich erwarte Ihre Antwort.«
Blücher: »Den Luftstreitkräften ist befohlen worden aufzusteigen, die erste Gruppe startet um 11 Uhr 20 – Jagdflugzeuge. Rytschagow verspricht, um 13 Uhr die Angriffsflugzeuge bereitstehen zu haben. Ich und Masepow werden in eineinhalb Stunden nach Woroschilow fliegen; wenn Brendinski (Masepow und Brendinski waren Mitarbeiter des Stabes; D. W.) früher abfliegen sollte, fliegen wir zusammen. Ihre Befehle werden wir ausführen, und wir werden sie mit bolschewistischer Genauigkeit ausführen.«

Mechlis, den Stalin in den Fernen Osten geschickt hatte, versorgte die Führung in Moskau mit seinen Meldungen über die angebliche Unentschlossenheit der Kommandeure der Fernöstlichen Armee und kompromittierte so Blücher.
Bald zitierte Stalin Blücher zu sich nach Moskau, da er mit ihm unzufrieden war. Aber dann verspürte er doch nicht das Verlangen, mit ihm zu sprechen. Eine bestimmte Zeit blieb der Marschall ohne Aufgabe, und schließlich wurde er am 22. Oktober 1938 festgenommen. Den Befehl zur Festnahme hatte Jeschow unterschrieben. Zunächst schien es so, als bliebe Blücher unversehrt. Ein Beschluß des Rats der Volkskommissare der UdSSR und des ZK der KPdSU(B) vom November 1938 hatte grobe Übertretungen der Gesetzlichkeit und der Vorschriften für Untersuchungen festgestellt. Stalin und seine Umgebung, die Wellen von Repressionen hervorgerufen hatten, müssen gespürt haben, wie zerstörerisch ihr Werk war. Aber Berija, der mit der Untersuchung gegen Blücher bereits begonnen hatte, ignorierte diesen Beschluß.
Der berühmte Marschall wurde einige Tage verhört. Man verlangte von ihm das Geständnis, daß er »zu einer militärfaschistischen

Verschwörung« gehört habe. Blücher blieb tapfer und stritt alles ab. Vielleicht hat sich der Marschall, als man ihn folterte, an die Gerichtsverhandlung gegen Tuchatschewski erinnert. An diesem Verfahren hatte er als Beisitzer mitgewirkt. Damals hatte er die Chance des Gewissens nicht genutzt, um das Schicksal des ersten sowjetischen Marschalls, der dem Tod geweiht war, zu erleichtern. Und nun befand er sich selbst in den Händen Berijas.

Nach der Aussage B. A. Wiktorows, der auch in diesem Verfahren die Untersuchung geleitet hatte, hat man Blücher am 5. und 6. November, grausam bis zur Unkenntlichkeit mißhandelt, zum letztenmal gesehen. Sein Gesicht sei eine einzige blutige Masse, ein Auge sei herausgeschlagen gewesen. Am 9. November 1938 starb der Marschall der Sowjetunion an den Folgen der Folter. Er starb, aber er zerbrach nicht, und er unterschrieb nicht die ungeheuerlichen Lügen, die man ihm zumuten wollte.

Die Listen mit den Namen von Tausenden von Soldaten gingen durch Stalins, Woroschilows und anderer Führer Hände. Wie groß muß das Mißtrauen gewesen sein, um diesen wahnwitzigen Denunziationen Glauben zu schenken!

Die Streitkräfte erlitten einen furchtbaren Schlag. Hitlers Geheimdienstler, die Weißgardisten und in gewisser Hinsicht auch Trotzki dürften kaum geahnt haben, daß ihre Provokationen auf einen derart fruchtbaren Boden fallen würden. In einem Kampf zur Festigung der Alleinherrschaft war der »Führer« zu Taten »herangereift«, die man nur noch als monströs bewerten kann. Es wurden praktisch alle Stellvertreter des Volkskommissars für Verteidigung ermordet, die Mehrheit der Mitglieder des Militärrats, beinahe alle Kommandeure der Bezirke und fast alle Armeekommandeure. Nach den vorliegenden Angaben kann man den Schluß ziehen, daß in den Jahren 1937 und 1938 bis zu 45 Prozent der Kommandeure und der Politkommissare in Armee und der Flotte umgekommen sind.

In einem Bericht, den sie Anfang März 1938 nach Moskau geschickt haben, teilten der Kommandeur des Kiewer Militärbezirks Timoschenko und das Mitglied des Militärrats Chruschtschow folgendes mit: »Aus den Bezirkstruppen wurden innerhalb von einem Jahr etwa 3000 Personen als ›Volksfeinde‹ hinausgesäubert. Von ihnen wurden mehr als 1000 verhaftet. Praktisch alle Korpskommandeure und Divisionskommandeure sind ausgetauscht worden. Als

Resultat der Liquidierung von trotzkistisch-bucharinistischen Elementen ist die Kampfkraft des Bezirks gewachsen.«
Nicht alle haben geschwiegen angesichts des offenkundigen Wahnsinns. Vor mir liegt ein Brief des Brigadekommandeurs S. P. Kolossow, den er an den Volkskommissar für Verteidigung Woroschilow geschrieben hat. In ihm steht unter anderem:

»Es treffen sich zwei Kommandeure in der Straßenbahn: Nun, wie geht's? Bei uns findet die ›Schlacht von Mamajewo‹ statt. Man verhaftete den und den, den und den usw. Ich habe nun Angst, ein Wort zu sagen, sagte der andere. Du sagst was, du machst einen Fehler, und sogleich erweist du dich als Volksfeind. Die Feigheit ist zu einer normalen Erscheinung geworden. (...)
Finden Sie die Zahl derer heraus, die Sie aus der Roten Armee während des Jahres 1937 entlassen haben, und Sie werden die bittere Wahrheit erkennen.
Mich können Sie Panikmacher, Trotzkist, Volksfeind usw. nennen. Ich bin kein Feind, sondern ich glaube, daß wir es auf diese Weise noch bis zum Wahnsinn treiben werden. (...)
5. Dezember 1937 Kolossow«

Ich habe über das Schicksal Kolossows nichts in Erfahrung bringen können. Dieser Brief zeugt von dem Mut eines Kommandeurs. Nicht alle haben geschwiegen. Vielen außer Stalin war klar, daß die Armee am Vorabend der furchtbaren Prüfungen ausgeblutet wurde. Der Hunger nach Macht, das Streben, sie um jeden Preis zu behalten (obwohl sie von eingebildeten Verschwörern bedroht wurde), waren stärker als die Sorge um die Sicherheit des Vaterlands. Für den Herrscher war die Wahl zwischen »ich« und »Heimat«, wie die Tatsachen beweisen, zugunsten seiner Person ausgefallen.

Das Stalinsche Monster

Die Gewalt erreichte ihren Höhepunkt zu Beginn des Jahres 1938. Stalin erhielt immer häufiger Berichte über die katastrophalen Zustände in dieser oder jener Fabrik, auf den Eisenbahnstrecken, in den Volkskommissariaten. Die Massenverfolgung vollzog sich bereits

nach eigenen Gesetzen. Die Verhaftungen brachten immer neue »Mittäter« an den Tag. Die Chancen, die sich den Karrieristen boten, provozierten immer neue Denunziationen. Manchmal wurden auf diese Weise auch Verwandte und Freunde gerächt. Die Entwicklung geriet außer Kontrolle.
Im Sommer 1938 beschloß Stalin, die Darsteller in seinem Drehbuch auszuwechseln. Er brauchte jetzt Verantwortliche für die »Fehlschläge«, »Übergriffe«, »Machtüberschreitungen« usw. Er war fest entschlossen, den Untergebenen, die bislang seinen Willen ausführten, alle denkbaren und undenkbaren Vergehen anzulasten. Auch Jeschow, Kandidat des Politbüros und lange Stalins Vertrauter, verlor die Gunst seines »Führers«. Aber die Presse hatte ihm bereits die Aureole des »hervorragenden Tschekisten«, des »treuesten Schülers Stalins«, »des Menschen, der die Menschen durchschauen kann«, verliehen. Sogar Michail Koltzow pries in der »Prawda« diesen moralischen Zwerg als »wunderbar unbeugsamen Bolschewiken (...), der, ohne zu ruhen, Tag und Nacht zielstrebig die Fäden der faschistischen Verschwörung entwirrt und zerschneidet«.
Stalin fand bald heraus, daß Jeschow ein handfester Trinker war, ein Mensch, dem jegliche politische Flexibilität und jeglicher Scharfsinn fehlten. Den »Führer« stieß nicht der grenzenlose Zynismus Jeschows ab oder etwa seine Bösartigkeit und Grausamkeit (häufig führte der Volkskommissar die Verhöre selbst durch), aber er konnte keinen willensschwachen Menschen um sich herum ertragen. Und nach seiner Überzeugung war Alkoholismus die Visitenkarte eines Willensschwachen. Die Menschen, die ihn umgaben und die er schätzte – Molotow, Kaganowitsch, Schdanow, Woroschilow, Andrejew, Chruschtschow, Poskrebyschew, Mechlis –, hatten außer ihrer absoluten Ergebenheit ihm gegenüber auch noch einen großen Willen, ihm diese zu demonstrieren. Wie erwähnt, ließ Stalin einen näheren Verwandten von fast jedem aus seiner näheren Umgebung verhaften. Hätten etwa Kalinin, Molotow, Kaganowitsch, Poskrebyschew oder andere, die sich im Schatten des Führers befanden, versucht, ihre Verwandten zu verteidigen, so hätte dies bedeutet, daß es ihnen an der politischen Willensstärke fehlte. Nach seinem Verständnis bedeutete Willensstärke die Bereitschaft, dem »Führer« alles zu opfern. Stalin, ein willensstarker und grausamer Mensch, konnte es nicht zulassen, daß sich um ihn herum »Tolpatsche« betätigten.

Stalin brauchte einen Sündenbock. Und diese Rolle hatte er Jeschow zugedacht. Als Stalin Berija zu Jeschows Stellvertreter gemacht hatte, hatte er weiterreichende Ziele im Auge. Bereits von September/Oktober 1938 an verwaltete Berija faktisch den Apparat des NKWD, obwohl Jeschow formal noch auf seinem Posten saß. Vor mir liegen einige Berichte Ulrichs, die vom Militärkollegium des Obersten Gerichts der UdSSR durchgesehen und an den »Kommissar für Staatssicherheit ersten Ranges Berija« adressiert sind. Die Berichte stammen aus dem Oktober 1938. Jeschow wurde als Volkskommissar für Inneres am 7. Dezember 1938 entlassen. Er tauchte noch einmal auf der politischen Bühne auf als Volkskommissar für Wassertransport. Am 21. Januar 1939 nahm er zusammen mit Stalin und anderen an einer Gedenkversammlung teil, die dem 15. Todestag Lenins gewidmet war. Danach löste sich Jeschow buchstäblich auf. Bereits auf dem 18. Parteitag im März 1939 wurde Jeschow nicht mehr in die führenden Organe der Partei geschickt.
Man »holte« ihn, als er eine Sitzung im Volkskommissariat für Wassertransport leitete. Zwei Männer traten ein und blieben an der Tür stehen. Er verstand sofort: Das war das Ende. Stalin wollte sein Leben! Jeschow fiel auf die Knie und bat um Gnade. Dem »Stalinschen Volkskommissar« war es vergönnt, noch einige Wochen zu leben. Es ist bekannt, daß er erschossen wurde. Es geschah am 2. April 1940. Wie das Todesurteil begründet wurde, konnte ich nicht herausbekommen.
Gegen Ende des Jahres 1938 hatte Berija Stalins Segen erhalten und war voll in die »Arbeit« eingestiegen. Berijas erste Tat war die Säuberung des Jeschowschen Kaders. Solche unheilvolle Gestalten wie Frinowski, Sakowski, Berman, die ihre Verbrecherkarriere schon zu Jagodas Zeiten begonnen hatten, wurden erschossen. Sie wurden ersetzt durch Berijas Leute, durch Typen wie Merkulow, Kobulow, Goglidse, Zanawy, Ruchadse und Kruglow, die sich durch eine besondere Ergebenheit gegenüber dem neuen Patron auszeichneten.
Warum war Stalins Wahl auf Lawrenti Pawlowitsch Berija gefallen? Wie konnte es geschehen, daß dieser Abenteurer innerhalb kürzester Zeit die allerhöchsten Stufen der Macht erklomm? Er wurde Politbüromitglied, 1. Stellvertreter des Vorsitzenden des Ministerrats, Marschall der Sowjetunion, und er durfte sich bald »Held der sozialistischen Arbeit« nennen.

Stalin war Berija zum erstenmal 1929/30 anläßlich einer Erholungskur in Zchaltubo begegnet. Berija war damals Leiter der kaukasischen GPU im Transkaukasus und für die Leibwache des »Führers« während dessen Kuraufenthalts verantwortlich. Stalin hatte einige Gespräche mit diesem Menschen geführt, der auch äußerlich einen unangenehmen Eindruck hinterließ. Aber er war in der Lage, augenblicklich jeden Wunsch Stalins zu erraten.

Zu Beginn seiner Karriere nutzte Berija die Bekanntschaft seiner Frau Nina Gegetschkori mit »Sergo« Ordschonikidse. Möglicherweise half ihm das am Beginn seiner Karriere. Aber bald hatte Ordschonikidse diesen Abenteurer durchschaut, und er lehnte ihn ab. Berija stand einer ernsthaften Opposition von vielen ehrenhaften Bolschewiken gegenüber, die diesen Karrieristen gut kannten. So versuchte beispielsweise ein führender NKWD-Mitarbeiter namens Tite Illarionowitsch Lordkipanidse, der Moskauer Führung die Augen über diesen Blutsauger zu öffnen. Die Angelegenheit endete damit, daß Lordkipanidse auf Vorschlag Stalins von seinem Posten entlassen wurde, und Berija ist es im Jahr 1937 schließlich gelungen, diesen Menschen zu ermorden, der zuviel über ihn wußte. Man kann ohne Übertreibung sagen, daß Berijas Weg nach oben mit unzähligen Leichen gepflastert ist.

Stalin war beeindruckt von Berijas willensstarkem Charakter, von seiner Entschlossenheit und von seiner ausgezeichneten Kenntnis der Lage in den transkaukasischen Republiken. Irgend jemand hatte Stalin erzählt (er erinnerte sich nicht mehr, wer, es kam ihm so vor, als sei es der Sekretär des transkaukasischen Regionskomitees der Partei Kartwelischwili gewesen), daß Berija eine finstere Vergangenheit hatte: Verbindungen zu den konterrevolutionären Banden der »Mussawatisten« und zu den Daschnaken im Bürgerkrieg. Man erzählte ihm auch von den karrieristischen Neigungen des Vorsitzenden der GPU im Transkaukasus. In bestimmten Fällen hielt Stalin diese Qualitäten für positiv; solche Menschen waren immer für alles zu haben. Da war beispielsweise Wyschinski, ein ehemaliger Menschewik, der sogar einmal befohlen hatte, Lenin zu verhaften, und wie mühte er sich jetzt! Oder Mechlis, auch er ein ehemaliger Menschewik, und jetzt gab es keinen, der dem »Führer« der Bolschewiki ergebener war als er.

Im Oktober 1931 war es Stalin gelungen, Berija die erste Stufe seiner Parteikarriere hinaufklettern zu lassen. Er wurde 2. Sekretär des transkaukasischen Regionskomitees. Nach zwei oder drei Monaten hatte Stalin ihn bereits zum 1. Sekretär gemacht. Dafür war es notwendig, Kartwelischwili, Orachelaschwili, Jakowlew, Dawdariani aus dem Transkaukasus zu versetzen, weil sie gegen Berijas Beförderungen Einspruch erhoben hatten. Nach einigen Jahren, so empfand Stalin es, hatte Berija im Transkaukasus die »Ordnung« wiederhergestellt. Auch Berijas Auftritte auf den ZK-Sitzungen der Jahre 1937 und 1938 hatten Stalin gefallen.

»Wie konnten Sie Wardanjan aufnehmen, wo wir ihn doch aus dem Transkaukasus hinausgeprügelt haben?!« unterbrach er den gerade sprechenden Jewdokimow, den Sekretär der Parteiorganisation des Asowschen und Schwarzen Meers.
»Warum habt ihr Asilow befördert? Wir haben ihn doch aus der Partei ausgeschlossen?«
»Bei der Erfüllung der Anordnungen des Genossen Stalin über die Arbeit mit den Kadern haben wir sieben Mitglieder des ZK der KP Georgiens, zwei Mitglieder des Tifliser Stadtkomitees entlarvt. Bereits im Jahre 1936 haben wir 1050 Trotzkisten-Sinowjewisten verhaftet.«

Die Welle der Repressalien war gerade erst im Aufschwung begriffen, und Berija überholte die Ereignisse. Stalin hörte zu, und möglicherweise dachte er: Obwohl Berija schon einige Jahre als Parteifunktionär arbeitete, ist er doch ein »Tschekist« geblieben. Dieser Gedanke dürfte Stalin kaum unangenehm berührt haben. Dserschinski war ebenfalls Tschekist gewesen, doch welcher Abgrund unterschied den »Ritter der Revolution« von dieser Mißgeburt, die von Stalin mit solch einer Macht betraut wurde?! Der Gerechtigkeit halber muß erwähnt werden, daß damals noch wenige von den wahren »Fähigkeiten« Berijas wußten. Seine Ernennung zum Volkskommissar für Inneres verband sich direkt mit dem schon erwähnten Beschluß des ZK der KPdSU(B) und des Rats der Volkskommissare vom 17. November 1938 »Über die Verhaftungen, über die staatsanwaltschaftliche Aufsicht und über die Durchführung der Untersuchungen«.
Nach dem 18. Parteitag wurden einige unschuldig Verurteilte rehabilitiert. Verglichen mit der Anzahl derer, die in die Gefängnisse geworfen und erschossen worden waren, war das lediglich eine kos-

metische Operation. Wie sehr man auch die Verantwortung auf Jeschow abwälzte, das Eingeständnis, es habe massenhaft Akte der Gesetzlosigkeit gegeben, hätte auch einen Schatten auf Stalin werfen können. Und das konnte der »Führer« nicht zulassen. Die Rehabilitierungen betrafen vor allem Militärangehörige. Stalin muß gewußt haben, daß die Armee in einem Augenblick, da der Krieg vor der Schwelle stand, sehr geschwächt war. Auf seinen Befehl hin wurde aus den Gefängnissen und Verbannungsorten ein Teil jener Kommandeure entlassen, die der NKWD nicht hatte brechen können. Man entließ auch eine Reihe von Wissenschaftlern und Konstrukteuren. Unter den Entlassenen waren: K. K. Rokossowski, K. A. Meretzkow, A. W. Gorbatow, I. W. Tjulenew, S. I. Bogdanow, G. Ch. Cholostjakow, A. I. Berg, A. N. Tupolew, L. D. Landau, und andere.
Wie mir der inzwischen verstorbene Marschall K. S. Moskalenko, der an der Verhaftung und Gerichtsverhandlung Berijas teilgenommen hatte, erzählte, habe sich diese Mißgestalt, als man sie am 23. Dezember 1953 zum Tod verurteilte, auf die Knie geworfen und begonnen, die Mitglieder des Obersten Gerichts um Verzeihung anzuflehen. Sein Flehen und seine Tränen unterstrichen nur den Grad der Verkommenheit dieses Menschen, dem Stalin auf verbrecherische Weise gestattet hatte, über das Leben von Tausenden von Menschen zu verfügen.
Es gibt Zeugenaussagen, die sich schwer auf ihre Richtigkeit überprüfen lassen, daß Berija, als Stalin älter wurde, die Absicht gehabt habe, die Macht an sich zu reißen. Möglicherweise hat Stalin dies gefühlt, denn in den letzten eineinhalb Jahren hat sich ihr Verhältnis spürbar abgekühlt. Davon haben mir viele erzählt. Viel Interessantes berichtete mir M. S. Wlassik, die Frau des Generalleutnants Nikolaj Sidorowitsch Wlassik, des ehemaligen Leiters der Hauptverwaltung des Ministeriums für Staatssicherheit. Wlassik war mehr als ein Vierteljahrhundert lang Hauptleibwächter Stalins, er wußte viel und genoß das Vertrauen des »Führers«. Berija haßte ihn, aber Stalin ließ es nicht zu, daß man ihn anrührte. Einige Monate vor Stalins Tod ist es Berija dann doch gelungen, Wlassik und Poskrebyschew zu kompromittieren und sie aus Stalins Umgebung zu entfernen. Wlassik wurde verhaftet und zu zehn Jahren Gefängnis und Verbannung verurteilt. Nachdem er aus dem Gefängnis zurückgekehrt war, hat er seiner

Frau mit voller Überzeugung erzählt, daß Berija Stalin »geholfen« habe zu sterben. Diese Überzeugung äußerte er auch in seinen Erinnerungen, die er seiner Frau kurz vor seinem Tod diktierte.

Berija hat im letzten Lebensjahr Stalins die Ärzte, die ihn behandelten, aus dem Umfeld des »Führers« entfernt und dann auch Wlassik, Poskrebyschew sowie einige andere aus dem Bedienstetenpersonal. Wie auch immer, ob der Diktator nun eines natürlichen Todes oder mit Berijas »Hilfe« gestorben ist, was wäre mit unserem Vaterland geschehen, wenn die Pläne des Monsters sich verwirklicht hätten?! Denn damals war das Machtsystem dergestalt, daß ein Wechsel von einem Diktator zum andern durchaus realistisch war. Das, was unter den Bedingungen der Demokratie unmöglich ist, wird in einem totalitären Staat wahrscheinlich.

Die Partei- und Staatsführung hat schließlich doch Mut und Scharfsinn genug besessen, um dieses Monster unschädlich zu machen. Die meisten aus der Partei- und Staatsführung haben wohl gewußt, daß Berija es sich nicht nehmen lassen würde, mit ihnen »abzurechnen«. (Das Monster hatte lediglich zu Malenkow ein vertrautes Verhältnis.) Alle fürchteten den Henker. Wie mir Marschall Moskalenko erzählte, habe der Prozeß gegen Berija im Dienstraum eines Mitglieds des Militärrats des Moskauer Militärbezirks stattgefunden. Die hohe Parteiführung im Kreml hatte die Möglichkeit, über eine Leitung mitzuhören. Malenkow, Chruschtschow, Molotow, Woroschilow, Bulganin, Kaganowitsch, Mikojan, Schwernik und andere konnten in den tiefsten Abgrund der Übeltaten schauen, die Stalin mit Hilfe dieser Mißgeburt vollbracht hatte. Vieles allerdings wußten sie schon. Denn ihre Mitverantwortung für das Geschehen in den Jahren der Gesetzlosigkeit ist offensichtlich.

Es existieren einige Zeugnisse dafür, daß jene, die versuchten, an Stalins Gewissen zu appellieren und ihn dazu zu bewegen, Berijas Übeltaten zu verhindern, schnell verschwanden. Stalin blieb für diese Appelle nicht zugänglich: Dieser Henker gefiel ihm. Um so mehr, als Berija mittlerweile zu einer unabdingbaren Linie des Stalinschen Porträts geworden war.

Auf einem ZK-Plenum im Jahr 1937 versuchte der Volkskommissar für Gesundheitsschutz Kaminski, Berijas wahres Gesicht zu zeigen. Kaum war das Plenum beendet, wurde Kaminski verhaftet und bald getötet. Über Berijas verbrecherische Taten wollte auch der alte

Kommunist Kedrow Stalin aufklären. Auch er wurde verhaftet und erschossen. Das Urteil über den alten Bolschewiken wurde erst nach seiner Erschießung fabriziert. Berija hatte es eilig, jeden zu beseitigen, der sein wahres Gesicht kannte.

Ein Mensch, der aufgrund seines Amtes dem Gesetz hätte ergeben sein müssen, erwies sich als die Inkarnation der absoluten Gesetzlosigkeit und Willkür. Für Berija gab es nichts Heiliges. Er vergötterte nur die Gewalt. Er war ein Sadist und führte Verhöre häufig selbst durch. Dieses Monster – und Stalin wußte, daß sein Volkskommissar für Inneres eines war – verband seine verbrecherischen Neigungen mit Melomanie. Man erzählte mir, daß er eine einzigartige Schallplattensammlung klassischer Musik besessen habe. Wenn Berija Rachmaninows Prelude hörte, habe er geweint. Die Geschichte kennt solche paradoxen Charaktere, sie zeichnen sich aus durch die absolute moralische Leere ihrer Seele.

Stalin muß gewußt haben, daß Berija pervers war. Berija waren nicht einmal einzelne Buchstaben aus dem Alphabet der Moral bekannt. Der Leiter seiner Leibwache Nadoraja und sein Adjutant Sarkissow besorgten dem Verbrecher die jungen Frauen, die ihm gefielen. Die geringste Weigerung hatte grauenhafte Folgen, sowohl für die Frauen als auch für ihre Verwandten. Stalin trägt die volle Verantwortung für die Beförderung eines solchen Abschaums.

J. P. Pitowranow, der vor dem Krieg im NKWD gearbeitet hatte und nach dem Krieg Leiter der Verwaltung und Stellvertreter des Volkskommissars war, hat mir über Berija viel Interessantes erzählt. Pitowranow blieb nur deshalb am Leben, weil er sich bereits wegen »Nachsicht gegenüber Volksfeinden« im Gefängnis befand. Pitowranow berichtete, daß Berija höchstwahrscheinlich vom Marxismus gar nichts verstand und Lenins Schriften nicht kannte. Die Politik habe für ihn nur einen Sinn gehabt, wenn sie mit seinen persönlichen Zielen verbunden gewesen sei. Berija sei nur die Macht über Menschen wichtig gewesen. Es sei schwer zu verstehen, warum er, über den Stalin sehr viel wußte, sich so lange habe halten können. In der Regel habe der »Führer«, so erinnerte sich Pitowranow, solchen Leuten die Verantwortung für irgendwelche Mißerfolge aufgebürdet und sie dann erbarmungslos beseitigen lassen. Aber Berija hielt sich. Und er hielt sich nicht nur, sondern er fuhr auch fort, den Sozialismus zu diskreditieren. Offenbar läßt sich das damit erklären, daß Menschen vom Typ Berijas Stalin gefielen, weil sie bereit waren, jeden beliebigen Auftrag von ihm auszuführen. Berija war in einer Hinsicht eine Kopie des »Führers«: in seinen Methoden, die Macht auszunutzen. Stalin gab Berija die kniffligsten Aufgaben. Auch Trotzki wurde nicht ohne Berijas Mitwirkung ermordet. Das Fehlen jeglicher Prinzipien bei diesem Monster war bald Stalins ganzer Umgebung bekannt. Und viele verspürten eine gewisse Angst vor dem Volkskommissar für Inneres. Manchmal demonstrierte Berija in Anwesenheit anderer Mitglieder des Politbüros seine besondere Beziehung zu Stalin, indem er einzelne Sätze auf georgisch mit ihm wechselte. In solchen Minuten verstummten alle niedergedrückt. Man konnte sich alles mögliche denken: Vielleicht wurde ja über Anwesende gesprochen? Während des Kriegs vertraute Stalin Berijas Behörde Aufgaben wie die Wiederherstellung von Brücken, die Verlegung von Eisenbahngleisen, die Schaffung neuer Bergwerke und so weiter an. Sie wurden mit der Kraft von Gefangenen und in unglaublich kurzer Zeit erledigt. Berijas »Kampfeinsatz« in den Jahren des Großen Vaterländischen Kriegs beschränkte sich auf zwei Fahrten als Mitglied des Staatlichen Komitees für Verteidigung in den Kaukasus. Das erstemal im August 1942, das zweitemal im März 1943. Die Archive bezeugen: Auch dabei hat Berija in Stalins Namen Menschen entlassen, erschossen und den Soldaten Angst eingejagt. Ihn begleiteten Kobulow, Mamulow, Milschtein, Pijaschew, Zanawa, Ruchadse, Wlodsimirski, Karanadse. Beschimpft und erniedrigt wurden Tjulenew, Sergatzkow, Petrow und andere Militärführer. Jeder von ihnen hatte nicht nur den Gegner vor sich an der Front, sondern auch einen hinterlistigen Henker im Nacken. Berijas Telegramme an Stalin spielten in der Regel eine entscheidende Rolle. Am 1. September 1942 beispielsweise meldete Berija seinem »Führer«:

»Ich halte es für zweckmäßig, Tjulenew zum Kommandeur der Transkaukasischen Front zu ernennen, trotz all seiner Unzulänglichkeiten entspricht er mehr dieser Ernennung als Budjonny. Es muß erwähnt werden, daß die Autorität Budjonnys im Kaukasus aufgrund seiner Rückzüge bedeutend gefallen ist, ganz zu schweigen davon, daß er infolge seines Halbanalphabetentums die Sache unbedingt zum Einbruch bringen wird. (...)

Berija«

In einer schwierigen Minute hat sich Tjulenew, wie er nach Moskau berichtete, an Berija gewandt und ihn um die Erlaubnis gebeten, ein großes Kontingent der Inneren Truppen des NKWD einzusetzen, die im Kaukasus stationiert waren. »Berija gestattete lediglich, eine kleine Abteilung loszuschicken«, berichtete Tjulenew, »und das nur auf Anweisung Stalins.« Mit seinen Taten schuf der Volkskommissar für Inneres im Stab Spannungen, Nervosität, ein Klima des Mißtrauens und der gegenseitigen Denunziationen. General Koslow sah sich genötigt, sich an Stalin zu wenden, und zwar mit einer Beschwerde über den Leiter der Spezialabteilung Ruchadse, der mit Berijas Wissen versuchte, operative Entscheidungen zu beeinflussen. Aber solche Proteste wurden in Moskau ignoriert. Die Anwesenheit des Monsters genügte, um jeden kreativen Gedanken der Heerführer zu ersticken: Niemand wollte sein nächstes Opfer werden. Wenn Berija mit seinem langen Gefolge abreiste, atmeten alle erleichtert auf.

Er verfügte über eine unglaubliche Macht, und dies nicht nur deshalb, weil er am Schalthebel der Bestrafungsmaschine saß, sondern auch deshalb, weil ihm das gesamte GULAG-System zur Verfügung stand.

Als die Amerikaner die Atombomben über Hiroshima und Nagasaki explodieren ließen, gab Stalin den Befehl, die Arbeit auf diesem Gebiet zu forcieren. Die Leitung des Projekts wurde Berija anvertraut. Seine Handlanger Merkulow, Dekanossow, Kobulow, Goglidse, Meschik, Wlodsimirski waren gehorsame Exekutoren seines bösen Willens. Auf ihre Initiative hin und mit Zustimmung Stalins wurden die Laboratorien in den Lagern aufgebaut. Daß die sowjetische Atombombe innerhalb von kürzester Zeit fertiggestellt wurde, ist selbstverständlich nicht Berijas Verdienst. Unter den Bedingungen freier wissenschaftlicher Arbeit wäre diese Aufgabe wahrscheinlich schneller bewältigt worden, aber Berija glaubte nur an die allmächtige Gewalt.

Damals schien es, als hätte Berija gewonnen, aber es schien nur so. Der Glaube an die Gerechtigkeit und an den Humanismus ist unausrottbar. Die Hoffnung und der Triumph dieser Werte sterben nicht mit den Menschen. Würden sie sterben, so hätte es keinen Wert zu leben. Hier ein Auszug aus einem Brief des Gefangenen Kedrow an das Zentralkomitee der Partei:

»Ich wende mich an Sie um Hilfe aus einer düsteren Zelle des Lefortowo-Gefängnisses. Möge mein Entsetzensschrei Ihre Ohren erreichen. Bleibt nicht taub. Schützt mich. Bitte, macht ein Ende mit den entsetzlichen Befragungen, und zeigt, daß alles ein Irrtum ist. Ich leide unschuldig. Glaubt mir. Die Zeit wird die Wahrheit ans Licht bringen. Ich bin kein Spitzel der zaristischen Ochrana (zaristische Geheimpolizei; A. d. Ü.). Ich bin kein Spion. Ich bin kein Mitglied einer antisowjetischen Organisation. Hierauf gründet sich die gegen mich gerichtete Anklage. Ich habe mich auch sonst keinerlei Verbrechen gegen Partei und Regierung schuldig gemacht. Ich bin ein alter Bolschewik, fleckenlos. Fast 40 Jahre habe ich in den Reihen der Partei für das Wohl und Gedeihen der Nation ehrlich gekämpft. (...) Aber alles hat seine Grenzen. Meine Qual hat ihren Höhepunkt erreicht. Meine Gesundheit ist gebrochen. Stärke und Energie sind im Schwinden, und das Ende kommt näher. Was kann für einen anständigen Mann schlimmer sein, als in einem Sowjetgefängnis, gezeichnet als gemeiner Verräter am Vaterland, zu sterben? Und wie wahnsinnig ist das. Unübertroffene Bitterkeit und Schmerz wüten in meinem Herzen. Nein. Nein. Das darf nicht sein, das kann nicht sein, so schreie ich. Weder die Partei noch die Sowjetregierung, noch der Volkskommissar L. P. Berija wird diese grausame, nicht wiedergutzumachende Ungerechtigkeit zulassen. Ich bin der festen Überzeugung, daß bei ruhiger, objektiver Untersuchung, ohne üble Übertreibung, ohne jeden Zorn und ohne die fürchterlichen Martern, die Grundlosigkeit der Anklagen leicht bewiesen werden könnte. Ich glaube ganz fest, daß Wahrheit und Gerechtigkeit siegen werden. Ich glaube. Ich glaube.«

Berijas Erbarmungslosigkeit kannte keine Grenzen. Hunderte, Tausende von Bittschriften blieben ohne Antwort. Ich werde noch einen Brief anführen, der gegen Ende des Kriegs an den Volkskommissar für Inneres gerichtet wurde:

»L. P. Berija. Häftling Gerassimowa
Alexandra Iwanowna;
Temnikowsker Besserungs-
und Arbeitslager
Februar 1944

Ich wurde 1937 zu acht Jahren verurteilt. Ich werde für meinen Mann W. I. Gerassimow zur Verantwortung gezogen (ehemaliger Stellvertreter des Volkskommissars für Inneres Aserbaidschans [erschossen; D. W.]). Die Schuld meines Mannes kenne ich bis heute noch nicht. Ich verlebte mit ihm zwölf Jahre und kannte ihn als außerordentlich ehrenhaften und arbeitsliebenden Menschen, der der Partei und dem Land ergeben war. Ich selbst fühle mich absolut unschuldig. Nicht einmal in Gedanken habe ich ein Verbrechen begangen. Ich habe seit meinem sechzehnten Lebensjahr bis zu meiner Verhaftung gearbeitet. Am Tage meiner Verhaftung habe ich zwei kleine Kinder meiner Mutter ohne jegliche Mittel zur Existenz überlassen. Die Kleinen wachsen. Sie brauchen ihre Mutter und meine Hilfe.
Ich flehe Sie an, untersuchen Sie meine Angelegenheit, geben Sie mir das Recht, mit meinen Kindern zu leben, zu arbeiten und sie zu erziehen. Während ich all diese Jahre in den Lagern gelebt habe, war ich überzeugt davon, daß das Recht und die Gerechtigkeit in unserem Lande über Lüge und Ungerechtigkeit siegen werden. Diese Überzeugung gab mir die Kraft, die Trennung von meinen Kindern zu überleben.

Gerassimowa«

Dem Brief ist ein Zettel des Untersuchungsrichters Ljubimow des Aserbaidschanischen NKWD beigefügt, der das Verfahren »überprüfte«: »Sie hat nichts gestanden. Eine Sonderberatung im Jahr 1939 beließ das Urteil in Kraft.«

Schuld ohne Vergebung

In den Jahren 1937 und 1938 trat Stalin öffentlich weder mündlich noch schriftlich für eine Verstärkung der Verfolgungen ein. Sogar seine Rede während des Februar-März-Plenums des ZK im Jahr 1937, die später verkürzt in der »Prawda« abgedruckt wurde, erschien eher als ein Appell zur Wachsamkeit. Es schien, als stünde Stalin abseits, hinter den Kulissen. Aber in Wirklichkeit dirigierte er und befahl er. Er lud häufig die »drei Zwerge« Jeschow, Wyschinski und Ulrich zu sich ein – sie waren nicht nur physische, sondern auch moralische Zwerge. Der Verlauf der Untersuchungen, die Prozesse, die Urteile wurden, wenn es sich um bekannte und bemerkenswerte Personen handelte, in Stalins Arbeitszimmer erörtert. Manchmal übermittelte auch Poskrebyschew Stalins Weisungen. Auf vielen Dokumenten sind eigenhändige Korrekturen des »Führers« zu sehen. So wurde beispielsweise nach Jeschows Bericht auf dem Februar-März-Plenum des ZK ein Beschluß verabschiedet, von dem einige Punkte in Stalins Handschrift abgefaßt sind, und zwar folgende:

»b) Es wird eine schlechte Organisation der Untersuchungsarbeit festgestellt. Die Untersuchungen befinden sich häufig in der Abhängigkeit des Verbrechers (!; D. W.) und seines guten Willens, erschöpfende Aussagen zu machen oder nicht. (...)
g) Es sind [in den Gefängnissen] untragbare Bedingungen für die Feinde der Sowjetmacht geschaffen worden. Ihre Unterbringung gleicht häufig eher einem erzwungenen Erholungsheim als einem Gefängnis (sie schreiben Briefe, sie erhalten Pakete und so weiter).«

Die Organe des NKWD wurden angewiesen, diese »Unzulänglichkeiten« abzustellen. Es ist nicht schwer, sich vorzustellen, wie dies geschah! Sogar nach dem Novemberbeschluß von 1938, als die blutige Barbarei langsam abnahm, verlangte Stalin, man solle die »nicht abgeschlossenen Fälle beenden«. Statt einer ruhigen Untersuchung, statt die unschuldig Inhaftierten zu entlassen und sich bei ihnen zu entschuldigen, beförderten die letzten Zuckungen dieser Kampagne weitere Menschen in den Tod. Hier einer der letzten großen Berichte aus jener Periode:

»An das ZK der KPdSU(B).
An den Genossen Stalin J. W.
Vom 21. Februar bis zum 14. März 1939 wurden vor dem Militärkollegium des Obersten Gerichts der UdSSR in geschlossenen Gerichtsverhandlungen in Moskau die Verfahren gegen 436 Personen durchgeführt. Zum Tode verurteilt – 413. Die Urteile, die auf der Grundlage des Gesetzes vom 1. Dezember 1934 gefällt worden sind, wurden vollstreckt.
In der Gerichtsverhandlung des Militärkollegiums haben sich für völlig schuldig befunden: Kossior, S. W., Tschubar, W. Ja., Postyschew, P. P., Kossarew, A. W., Werschkow, P. A., Jegorow, A. I., Fedko, I. F., Chachanjan, L. M., Bakulin, A. W., Berman, B. D., Berman, N. D., Gilinski, A. L., Gej, K. W., Smirnow, P. A. (ehemaliger Volkskommissar für Marine; D. W.), Smirnow, M. P. (ehemaliger Volkskommissar für Handel; D. W.), und andere. Einige Angeklagte stritten vor Gericht die während der Voruntersuchung gemachten Aussagen ab, aber sie wurden aufgrund anderer Materialien vollkommen überführt. (...)
Vorsitzender des Militärkollegiums
des Obersten Gerichts der UdSSR
16. März 1939 Militärjurist
W. Ulrich«

Im übrigen: In der Liste wird Jegorow als »geständig« und als »verurteilt« aufgeführt. Das ist eine Fälschung: Er hatte sich keineswegs schuldig bekannt und kam während der Voruntersuchung um.
Wie immer bewegte sich bei Stalin nichts. Die meisten der Ermordeten hatte er gekannt. Stalin erinnerte sich gewiß daran, wie das Mitglied des Politbüros Wlas Jakowlewitsch Tschubar ausgeschlossen wurde. Tschubar hatte Stalin eine lange vernünftige Notiz über Maßnahmen zur Verbesserung der Rüstungsindustrie geschrieben. Stalin hatte sie aufmerksam durchgelesen, und er merkte sich die gescheiten Vorschläge Tschubars, aber das Ende des Briefes hatte ihm nicht gefallen:

»Über all diese Erwägungen wollte ich Ihnen bereits berichten, aber die Sache fand nicht statt und wieder nicht durch meine Schuld. Es ist sehr schwer und beleidigend, sich bewußtzumachen, daß ich aufgrund von Verleumdungen von Volksfeinden aus dem Gespann treten muß, aber wo auch immer ich aufgrund Ihrer Entscheidung arbeiten müßte, immer und überall werde ich ehrlich und nach bestem Gewissen für unsere gemeinsame Sache, für das Erblühen der UdSSR und für den Kommunismus kämpfen.

16. Juni 1938 W. Tschubar«

»Er verstellt sich«, glaubte Stalin und ordnete an, den Brief an Jeschow weiterzuleiten. Es war unmöglich, Stalin zu »erweichen«. Nachdem Stalin Ulrichs Bericht über die Hinrichtung Tschubars und der anderen Verurteilten gelesen hatte, befaßte er sich mit dem Vorschlag M. Mitins und P. Pospelows, eine »Kurze Biographie J. W. Stalins« vorzubereiten. E. P. Pitowranow bestätigte meinen Gedanken, daß es absolut unmöglich war, Stalin zu erweichen.

»Als man mich wegen ›Weichheit gegenüber den Volksfeinden‹ inhaftiert hatte, dachte ich bei mir: Das war es, Ende. Kein einziger Mensch aus dem Führungskern des NKWD, der verhaftet worden war, kam lebend aus Lefortowo heraus. Ich saß zusammen mit L. Schejnin, ehemals Untersuchungsrichter und später Schriftsteller. Während ich von Tag zu Tag den tragischen Ausgang erwartete, suchte ich zur selben Zeit angestrengt nach einem Ausweg. Und wie es sich später herausstellte, hatte ich einen gefunden. Nachdem ich ein Blatt Papier erhalten hatte, schrieb ich Stalin einen Brief, bei dem ich nicht nur einmal empfangen worden war, als ich Leiter der Hauptverwaltung des NKWD war. Ich bat um nichts: weder um Nachsicht noch um Begnadigung. Ich schrieb lediglich, daß ich prinzipielle Überlegungen zur Verkollkomnung unserer Spionageabwehr hätte. Ich erreichte, daß der Leiter des Gefängnisses in meine Zelle kam. Ich sagte ihm: Über diesen Brief weiß man ›oben‹. Wenn Sie diesen Brief nicht, wie ich Ihnen auftrage, weiterleiten, dann wird es Ihnen schlecht ergehen.

Wie man mir später erzählte, wurde Stalin über diesen Brief Mitteilung gemacht. Er rief in unserer Behörde an und fragte: ›Wofür sitzt Pitowranow?‹ Man antwortete ihm. Nachdem Stalin kurz geschwiegen hatte, rief er in den Hörer: ›Nehmt ihn wieder zu euch zur Arbeit. Mir scheint, er ist kein dummer Mensch.‹ Nach einigen Tagen hat man mich unerwarteterweise entlassen. Stalin benötigte dafür nur einige Worte. Wie ich später verstand, ist es mir gelungen, mit der

Psychologie des Diktators zu spielen: Ich bat nicht um Gnade, wie es alle getan haben, sondern ich schlug neue Ideen und Lösungen vor.«

Ohne Opfer ließ sich der Sozialismus nicht aufbauen, davon war Stalin überzeugt, und da ihrer sehr viele waren, gewöhnte sich Stalin an sie. Auf seine Anordnung gab es keine Angaben oder Zahlen über die Opfer der Unterdrückung in der Presse. Die Menschen waren umgeben von Gerüchten und Ängsten. In ihr Bewußtsein schlich sich die Angst ein. Besonders von dieser Angst befallen wurden jene, die Anzeichen von Mißtrauen gegen ihre Person entdeckten. Ein Mensch, gegen den ein »Verfahren« eingeleitet wurde, existierte eigentlich schon nicht mehr. Die Menschen fürchteten sich nicht, weil sie sich wegen irgend etwas schuldig fühlten, sondern weil sie jederzeit damit rechnen mußten, Opfer einer Verleumdung, der Willkür zu werden. Irgend jemand kam nicht zur Arbeit. Nachts wurde der Nachbar abgeholt. Jemandem wurde leise gesagt: Teilen Sie der Familie soundso mit, daß der Vater heute von der Fabrik nicht nach Hause kommen wird. Dann wurden in der Schulbibliothek Seiten aus den Lehrbüchern gerissen.

Stalin kannte die genauen Ausmaße der Repressalien, aber das schreckte ihn nicht. Er wurde erst stutzig, als die riesigen Menschenverluste in Wirtschaft und Militär zu Stockungen führten. Es war klar, das lag nicht an irgendwelchen »Saboteuren«. Es war ein großes Kaderdefizit entstanden. Die Volkswirtschaft und die Armee waren um Jahre zurückgeworfen.

Wie erwähnt, fand Stalin mit Jeschow auch hier einen »Schuldigen«. Alexander Jakowlew, ein bekannter sowjetischer Konstrukteur, erinnerte sich an die Worte des »Führers«: »Jeschow – der Schurke hat im Jahr 1938 viele unschuldige Menschen umkommen lassen. Dafür haben wir ihn erschossen!« Den inhaftierten Mitgliedern und Kandidaten des Politbüros Postyschew, Rudsutak, Tschubar und Eiche wurde neben anderen »Verbrechen« auch »Ausrottung bolschewistischer Kader« vorgeworfen.

Stalin wurden die Briefe Postyschews, Kossiors, Rudsutaks, Tschubars, Eiches vorgelegt, in denen sie alle Beschuldigungen zurückwiesen. Bevor sie für die Wahl ins Politbüro vorgeschlagen wurden, waren sie von Poskrebyschew, Mechlis, Jagoda oder Jeschow bis in die »fünfte Generation« ihres Stammbaums überprüft worden. Darüber schrieben sie auch in ihren Briefen an Stalin, die sie kurz vor dem Tod verfaßt haben. Darüber sprachen sie auch in der Gerichtsverhandlung. Hier auszugsweise, was Eiche in seinem Brief an Stalin geschrieben hat:

»Ich komme nun auf den schimpflichsten Teil meines Lebens und meine wirklich schwere Schuld gegen die Partei und gegen Sie. Dies ist mein Geständnis konterrevolutionärer Tätigkeit. (...) Der Fall liegt wie folgt: Da ich nicht imstande war, die Foltern zu ertragen, die ich durch Uschakow und Nikolajew (NKWD-Mitarbeiter; A. d. Ü.) erleiden mußte – besonders durch den ersteren, der es ausnutzte, daß meine gebrochenen Rippen noch nicht ordentlich verheilt waren und mir große Schmerzen verursachten –, wurde ich gezwungen, mich selbst und andere anzuklagen. (...) Ich bitte Sie, daß Sie meinen Fall abermals prüfen, und zwar nicht zu dem Zweck, um mich zu verschonen, sondern um die gemeine Provokation zu entlarven, die sich wie eine Schlange um viele Leute gewunden hat, zum großen Teil durch meine Gemeinheit und verbrecherische Verleumdung. Ich habe niemals Sie oder die Partei verraten. Ich weiß, daß ich leide wegen der schändlichen und gemeinen Machenschaften von Feinden der Partei und von Leuten, welche die Anklage gegen mich fabriziert haben.«

Aus den Zeilen dieses Briefes klingt nicht nur die Todessehnsucht, sondern auch Protest und schwache Hoffnung. Als Stalin Eiches Brief las, wußte er, daß er verantwortlich war für »diese ganze abscheuliche Provokation«.
Stalin wurde auch Rudsutaks Erklärung vorgelegt, die dieser vor Gericht abgegeben hatte. Die Gerichtsverhandlung hatte insgesamt zwanzig Minuten gedauert:

»Die einzige Bitte, mit der ich mich an das Gericht wende, ist, dem ZK der KPdSU(B) mitzuteilen, daß es im NKWD noch ein nicht liquidiertes Zentrum gibt von geschickt Verfahren fabrizierenden und unschuldige Menschen nötigenden Personen, sich irgendwelcher Verbrechen zu bekennen, die sie niemals begangen haben. Die Beschuldigten haben keine Möglichkeit zu beweisen, daß sie an diesen Verbrechen nicht teilgenommen haben, von denen in solchen Geständnissen die

Rede ist. Sie werden von verschiedenen Personen gefoltert. Die Untersuchungsmethoden sind dergestalt, daß sie die Menschen zwingen, zu lügen und andere Unschuldige zu verleumden.«

Rudsutak bat um ein Treffen mit Stalin, aber dieser antwortete darauf mit einem groben Fluch. Rudsutak war ein aufrechter alter Bolschewik, der zehn Jahre in den Gefängnissen des Zaren gesessen hatte, um schließlich in Stalins Gefängnis erschossen zu werden. Rudsutak war kurz vor seiner Verhaftung im Mai 1937 bei Stalin gewesen. Ruhig und gelassen hatte er dem »Führer« Bericht erstattet. Dieser hörte ihm nicht zu, sondern er dürfte sich gefragt haben, ob Jeschows Hinweis zutraf, daß Rudsutak Verbindungen zu ausländischen Geheimdiensten unterhalte. Und als er Vorsitzender der ZKK, Volkskommissar für ABI und zuletzt Stellvertreter des Vorsitzenden des Rats der Volkskommissare gewesen sei, habe er Kontakte zu Trotzkisten gepflegt. Stalin wird eingefallen sein, daß Trotzki einst, als Lenin noch lebte, ein hohes Urteil über Rudsutak abgegeben hatte: daß er ein gebildeter Intellektueller sei, der verschiedene Sprachen beherrsche. Sofort verlor Stalin jeden Zweifel.

Am Abend desselben Tags, als Stalin das Grußwort der sowjetischen Regierung an die Teilnehmer einer Expedition zum Nordpol unterschrieb, sah er zwischen anderen Unterschriften den Namen Rudsutaks. Nach kurzem Zögern strich er ihn weg. Am 24. Mai 1937 diktierte Stalin den Text, in dem die ZK-Mitglieder benachrichtigt wurden, daß eine Abstimmung per Brief notwendig sei. Die Organe des NKWD hätten unwiderlegbar festgestellt, daß Tuchatschewski und Rudsutak deutsch-faschistische Spione seien, heißt es darin.

Es gibt eine Unzahl von Dokumenten, die die ungeheuerliche Erbarmungslosigkeit Stalins beweisen. Einige Beispiele:

»An den Genossen Stalin.
Ich übersende Ihnen die Liste der Inhaftierten für das Gericht des Militärkollegiums erster Kategorie.

Jeschow«

Der Vermerk ist kurz: »Für die Erschießung aller 138 Personen.
J. St., W. Molotow«

»An den Genossen Stalin.
Ich schicke Ihnen die Bestätigung von vier Namenslisten für das Gericht. Eine Liste mit 313, eine mit 208, eine mit 15 Frauen von Volksfeinden, eine mit 200 Militärangehörigen. Ich bitte um Genehmigung, alle zum Tod zu verurteilen.
20. 8. 1938 Jeschow«

Der Vermerk auf dem Schreiben:

»Dafür
20. 8. 1938 J. St., W. Molotow«

Es gab auch grauenhafte »Rekorde«. Am 12. Dezember 1938 genehmigten Stalin und Molotow die Erschießung von 3167 Menschen! Die Listen enthielten nicht die Anklagepunkte und auch nicht die Ergebnisse der Untersuchung. Nachdem die Listen abgesegnet worden waren, mußte nur noch die »formale« Urteilsverkündung erfolgen.

Vor mir liegt der Brief Vera Iwanowna Derjutschinas aus Belaja Zerkow. Sie ist neunzig Jahre alt. Ihr Brief ist eine furchtbare Anklage gegen die Stalinsche Bestrafungsmaschine:

»Als man in der furchtbaren Nacht im Jahre 1937 kam, um meinen Mann, einen Grubenarbeiter, der die vierfache Norm erfüllte (er war Stachanow-Arbeiter), zu holen, glaubte ich, das sei ein Fehler. Man sagte mir: ›Heul nicht, Närrin. In einer Stunde kommt dein Mann zurück.‹ Und er kam zwölf Jahre später zurück. Als Invalide. Und was ich alles mit den kleinen Kindern und der alten Mutter durchgemacht habe, ist unbeschreiblich. Aus unserer Wohnung hat man uns hinausgeworfen. Überall waren wir gebrandmarkt: die Familie eines Volksfeindes. Hätte es nicht gute Menschen gegeben, so wären wir alle umgekommen. Schreiben Sie über mein Schicksal in Ihrem Buch irgendwo in einem Eckchen. Dejutschina Vera Iwanowna.«

Hier der Brief des Moskauers Stepan Iwanowitsch Semjonow, der zu fünfzehn Jahren Lager verurteilt worden war. Zwei seiner Brüder wurden erschossen, und auch seine Frau starb im Gefängnis.

»Das schlimmste ist, wenn niemand auf dich wartet, wenn du niemandem von Nutzen bist. Meine Brüder und ich, wir hätten Kinder, Enkel und Familien haben können. Der verfluchte Tamerlan hat alles zertreten und zerbrochen. Er zerstörte die Zukunft von noch nicht geborenen Bürgern. Sie konnten nicht geboren werden, da er ihre Väter und Mütter tötete. Ich lebe mein Leben in der Einsamkeit zu Ende, und bis heute kann ich nicht verstehen, wie wir in dem ›Führer‹ nicht das Ungeheuer sehen konnten. Wie konnte unser Volk das zulassen?«

Die Terrormaschine Stalins vernichtete Tausende und aber Tausende von unschuldigen Opfern, und sie alle gehen auf das persönliche Konto des unbestrittenen Urhebers der blutigen Verbrechen. Er machte nicht einmal halt vor der eigenen Familie. Einer der gewissenhaftesten Erforscher des Lebens Dschugaschwilis/Stalins, W. W. Nefedow, hat vieles herausgefunden über Schicksale von Stalins Verwandten. In der Familie Jekaterina Semjonowna Swanidses, Stalins erster Frau, trafen die Repressalien folgende Menschen:

1. Alexander Semjonowitsch Swanidse, Bruder von Stalins Frau. Parteimitglied seit 1904. Volkskommissar für Finanzen in Georgien. Bis zum Jahr 1937 arbeitete er im Volkskommissariat für Finanzen der UdSSR. Einer der nächsten Freunde Stalins. Der Spionage angeklagt und erschossen.
2. Marija Anisimowna Swanidse, Frau von A. S. Swanidse. Opernsängerin. 1937 verhaftet, zu zehn Jahren Gefängnis verurteilt. Sie starb in der Verbannung.
3. Iwan Alexandrowitsch Swanidse. Sohn von A. S. Swanidse. Verhaftet als Sohn eines »Volksfeindes«. Er kehrte 1956 aus der Verbannung zurück.
4. Marija Semjonowna Swanidse. Schwester von Stalins Frau. 1927 bis 1934 persönliche Sekretärin von ZEK-Sekretär Jenukidse. 1937 verhaftet. Sie starb im Gefängnis.
5. Julija Isaakowna (Meltzer) Dschugaschwili. Die Frau von Stalins Sohn Jakob. Verhaftet, im Jahr 1943 erschossen.

In der Familie Nadeschda Sergejewna Allilujewas, Stalins zweiter Frau, traf es diese Menschen:

1. Anna Sergejewna (Allilujewa) Redens. Die Schwester von Stalins Frau. 1948 verhaftet und wegen Spionage zu zehn Jahren verurteilt. Entlassen im Jahr 1954.
2. Stanislaw Franzewitsch Redens. Ehemann von A. S. Allilujewa, Volkskommissar für Inneres im Transkaukasus und in Kasachstan. Delegierter des 15., 16. und 17. Parteitags, Mitglied der Zentralkontrollkommission und der Zentralen Revisionskommission der Partei. 1938 als »Volksfeind« verhaftet und 1941 erschossen.
3. Xenija Alexandrowna Allilujewa, die Frau von P. S. Allilujew, des Bruders von Stalins Frau. 1947 verhaftet, 1954 entlassen.
4. Jewgenija Alexandrowna Allulijewa, Frau von P. Ja. Allilujew, des Onkels von Stalins Frau. 1948 verhaftet und wegen »Spionage« zu zehn Jahren verurteilt. 1954 entlassen.
5. Iwan Pawlowitsch Allilujew, Sohn P. Ja. Allilujews. Parteimitglied seit 1920, Redakteur der Zeitschrift »Sozialistische Landwirtschaft«. 1938 verhaftet und zu fünf Jahren verurteilt. Mit Hilfe S. Ja. Allilujews, Stalins Schwiegervater, im Jahr 1940 entlassen.

Es gibt Aufzeichnungen von Iwan Pawlowitsch Allilujew, der wegen »Mitgliedschaft in einer konterrevolutionären Organisation« verurteilt wurde und seine Zeit im »Soroklager« (»Vierzigerlager«; A. d. Ü.) absaß. Iwan Pawlowitsch beschreibt seine Leidensgenossen: den Brigadekommandeur Cholodkow, den Leiter einer der Verwaltungen des Moskauer Militärbezirks Lapidus, einen jungen naiven Mann namens Pjotr Schilu, der zum »Volksfeind« wurde, weil er einst neben Kossarew im Präsidium des ukrainischen Komsomol gesessen hatte.
Wie später bekannt wurde, setzte sich Sergej Jakowlewitsch, Stalins Schwiegervater, für die Entlassung seines Neffen ein. Er hatte nicht den Mut, Stalin zu bitten, so wandte er sich an Berija und an Kobulow. Dies war das einzige Mal, daß das Monster sich des Schwiegervaters des »Führers« erbarmte.
Stalin bevorzugte und benachteiligte in seiner Grausamkeit niemanden: für alle das gleiche. Sobald einem Menschen der Stempel »Volksfeind« aufgedrückt worden war, war er für Stalin ein Nichtmensch. Sobald er von Jeschow oder Berija einen Hinweis auf die »Sabotagearbeit« oder die »konterrevolutionäre Tätigkeit« eines Menschen erhalten hatte, gab er sofort die Genehmigung zur Verhaf-

tung. Und in der Regel interressierte sich Stalin dann nicht mehr für diesen Menschen. Es gab jedoch eine Ausnahme: Als man ihm erzählte, daß der Bruder seiner ersten Frau, Alexander Swanidse, als »deutscher Spion« zum Tod verurteilt worden sei, sagte Stalin: »Laßt ihn um Begnadigung bitten.« Der Verurteilte aber fragte: »Wofür soll ich um Gnade bitten? Ich habe keinerlei Verbrechen begangen.« Swanidse wurde erschossen. Als Stalin von den letzten Worten seines Freundes aus Kindertagen und Schwagers gehört hatte, sagte er: »Schau an, was für ein Stolzer. Er starb, aber er bat nicht um Gnade.«

An der Schwelle des Kriegs

Es war eine Nacht im Januar 1939. Moskau schlief. Nur irgendwo in den Gebäuden der Volkskommissariate, des Generalstabs, im großen Kasten auf der Lubjanka konnte man ab und zu kleine Lichtflecken durch die verhangenen Fenster sehen. Die Politbüromitglieder, die Volkskommissare, die militärische Führung waren wie immer noch auf. Dieser Arbeitsrhythmus hatte sich mit der Zeit eingespielt. Stalin war auch früher erst gegen Mitternacht heimgekehrt, aber nun, da sich die internationale Lage verschlechterte, wurde es zur Regel, daß er bis zwei, drei Uhr nachts im Arbeitszimmer blieb und manchmal auch noch länger. Nun ja, und für das NKWD war die Nacht ohnehin die reguläre »Arbeitszeit«.

Stalin rief nach Mitternacht kaum noch jemanden zu sich. Ausgenommen war nur seine nächste Umgebung: Molotow, Woroschilow, Berija. Ihre Erörterungen unterbrachen sie häufig, indem sie auf Stalins Vorschlag nach Kunzewo zu seiner Datscha fuhren, wo sie dann beim späten Nachtmahl weiterarbeiteten. In der Regel gab Stalin allen die Möglichkeit, sich zu äußern, hier und da machte er kurze Zwischenbemerkungen, und am Ende zog er ruhig die Schlußfolgerungen. Manchmal unterschied sich seine Meinung von der seiner »Gäste«. Aber das verwirrte sie nicht. Sie machten eine Wende und stimmten ihm sogleich zu. Nur Molotow widersprach ab und zu, aber ohne Nachdruck. Berija gelang es häufer als den anderen, die Gedanken des »Führers« zu erraten, und in solchen Momenten saß er stolz am Tisch, ohne seine Befriedigung verbergen zu können.

Manchmal benötigte Stalin Informationen. Dann rief er den zuständigen Volkskommissar oder eine andere hohe Amtsperson an, die mit der betreffenden Angelegenheit vertraut war. Es ist beinahe

nie vorgekommen, daß am anderen Ende des Drahtes nicht die gewünschte Person war. Oft entstand der Eindruck, als wollte Stalin den Arbeitseifer der führenden Funktionäre überprüfen. Diese versammelten auch nachts einige Mitarbeiter um sich, um plötzlich gestellte Aufgaben im Nu lösen zu können. Das nächtliche Wachen vor dem Krieg wurde zur Regel.
In dieser Nacht im Januar 1939 saß Stalin über dem Rechenschaftsbericht, mit dem er vor dem nächsten, dem 18. Parteitag auftreten wollte. Anfang Januar hatte das ZK-Plenum beschlossen, den Parteitag für den 10. März 1939 einzuberufen. Die erste Variante des Berichts, die im ZK angefertigt worden war, läßt sich heute nicht mehr rekonstruieren. Dutzende von Seiten hat Stalin neu geschrieben. Er wollte zwei Grundideen äußern. Die erste Idee: Die Welt steht vor neuen Erschütterungen. Das System der Nachkriegsfriedensverträge stürzt ein. Die ökonomische Krise verstärkt die Kriegsgefahr. Am Horizont stehen die Wolken eines neuen Weltkriegs. Die zweite Idee: Der Sozialismus hat weitere Erfolge erzielt. Stalin glaubte, daß das Land nun mächtiger geworden sei, nachdem man sich der »Saboteure« entledigt hatte. Als Stalin die Seiten der statistischen Angaben, die für ihn vorbereitet worden waren, durchgesehen hatte, dachte er nach und setzte dann an zu schreiben:

»Wir haben die wichtigsten kapitalistischen Länder in der Produktionstechnik und im Entwicklungstempo der Industrie überholt. Das ist sehr gut. Das genügt aber nicht. Man muß sie auch in ökonomischer Hinsicht überholen. Wir können das tun, und wir müssen das tun. (...) Es müssen neue Fabriken gebaut werden. Es müssen neue Kader für die Industrie geschaffen werden. Das erfordert jedoch Zeit, und zwar nicht wenig Zeit. Es ist unmöglich, die wichtigsten kapitalistischen Länder in zwei bis drei Jahren ökonomisch zu überholen. Dazu ist etwas mehr Zeit erforderlich.«

Ermüdet schob Stalin den Bericht zur Seite und rief Poskrebyschew in sein Arbeitszimmer. Er trug ihm auf, eine Liste der Delegierten des vorangegangenen Parteitags zu besorgen. Der Führer wollte wissen, wer auf diesem Parteitag ins ZK gewählt worden war. Am Tag zuvor hatte sein Helfer diese Liste nicht zur Hand gehabt. Stalin öffnete den kleinen Ordner und begann, in ihm zu lesen. Mehr als die Hälfte aller

Namen war ihm gut bekannt. Er kannte viele noch aus dem Volkskommissariat für nationale Fragen, andere aus der Zeit der Kollektivierung oder aus den Sekretariaten der Gebietskomitees. Die Delegierten der Roten Armee kannte er fast alle. Stalin führte seinen Zeigefinger die Liste hinunter, und ab und zu verharrte er bei einem Namen.

Da war W. M. Michajlow, Leiter des Bauprojektes des »Palastes der Räte«. Er war bereits ein- oder zweimal zusammen mit Akademiemitglied Iofan bei ihm gewesen, um seine Vorstellungen über das Bauprojekt kennenzulernen. I. J. Ljubimow ist ihm in Erinnerung geblieben, weil er einer der ersten war, die ihm von der Übererfüllung des Plans in einigen Betrieben der Leichtindustrie berichtet hatten. A. S. Jenukidse, Sekretär des Präsidiums des ZEK der UdSSR, er war einst ein Freund, ja, und auf einmal hatte er sich derart verschlossen gezeigt. Hier eine ganze Reihe von Abteilungsleitern des ZK der Partei: K. Ja. Bauman, I. A. Pjatnitzki, Ja. A. Jakowlew, A. I. Stetzki. Wie die Menschen sich ändern! Jakob Arkadewitsch Epstein, den man aus irgendeinem Grund Jakowlew nannte, hatte so gut gearbeitet in den Jahren der Kollektivierung, und dann fing er plötzlich an »abzuweichen«. Stalin hatte Jakowlew nicht nur einmal zum Essen zu sich eingeladen. Stetzki konnte mit Schriftstellern und Künstlern gut umgehen, aber zu Stalin vermochte er niemals ein Vertrauensverhältnis herzustellen. Auch in diesem Fall hatte den »Führer« die Vorahnung nicht getäuscht – Stetzki war ein Feind. M. L. Ruchimowitsch, ehemals Volkskommissar für Verteidigungsindustrie. Mit ihm hatte er sich häufig getroffen, er war ein zuverlässiger, gehorsamer Mann gewesen, bis sich herausstellte, daß er Verbindungen zu den Trotzkisten hatte. L. I. Mirsojan, 1. Sekretär des ZK der KP(B) Kasachstans. Er kannte ihn schlecht, aber er wußte noch, daß er Mirsojans Kandidatur bei den »Wahlen« zum ZK zugestimmt hatte.

Stalin nahm einen Bleistift zur Hand und unterstrich die Namen der ehemaligen Mitglieder und Kandidaten des Politbüros: Rudsutak, Kossior, Tschubar, Postyschew. Gut, daß er diese Leute rechtzeitig erkannt hatte; sie hätten nicht nur für die Partei gefährlich werden können, sondern auch für ihn. Er erinnerte sich an ihre Briefe mit den Bitten um Überprüfung, um Gnade, um Eingreifen in das NKWD, da nach ihrer Meinung dort »das Nest der Bande von Provokateuren« zu finden sei.

Stalin fiel auf, daß Poskrebyschew hinter die meisten Namen der Liste mit Bleistift etwas vermerkt hatte: »w. n.« Ab und zu fand er auch ein Datum hinter dem Namen. Das verstand er sofort. Das Datum bezog sich auf den Tag, an dem das Urteil vollstreckt worden war. Aber was das Kürzel zu bedeuten hatte, das erriet er nicht so schnell. Als er auf den Namen Ja. S. Agranows gestoßen war, fiel es ihm endlich ein: »w. n.« (»wrag naroda«) – »Volksfeind«. Auch Agranow, sein alter Genosse, hatte sich als Volksfeind erwiesen und war voriges Jahr erschossen worden. Es gab viele weitere Namen in der Liste, deren Träger nicht mehr am Leben waren: Uchanow, Semjonow, Lobow, Scheboldajew, Rumjanzew, Chatajewitsch, Demtschenko, Sulimow, Eliawa, Golodew, Lepa, Kaminski, Popow, Selenski, Bulin, Gikalo und so weiter, und so fort. Fast 300 Delegierte des 17. Parteitags hatten gegen Stalin gestimmt. In der Tat, unter den Parteitagsdelegierten hatte es viele Feinde gegeben.
Am nächsten Morgen sagte Stalin zu Malenkow, den er in letzter Zeit immer häufiger zu sich rief und mit verantwortungsvollen Aufgaben betraute: »Ich glaube, daß wir uns vom feindlichen Ballast gut gereinigt haben. Nun brauchen wir frische Kräfte, wir brauchen neue Leute in der Partei.«
Ja, die Partei braucht neue Leute. Seit dem 17. Parteitag hatte sich die Zahl ihrer Mitglieder um 330000 verringert. Die Säuberung war gründlich gewesen. Die Partei benötigte viele neue, dem »Führer« ergebene Mitglieder, um die große Aufgabe in Angriff zu nehmen, die wichtigsten kapitalistischen Länder wirtschaftlich zu überholen. Noch im Jahr 1939 wurden mehr als eine Million Menschen Kandidaten der KPdSU(B). Die Partei wurde, wie man auch offen schrieb und sagte, »stalinsch«.
Stalin kehrte zu seinem Bericht zurück und schrieb noch einen Absatz weiter. »Einige Journalisten der ausländischen Presse schwätzen«, formulierte er in großen Druckbuchstaben, »daß die Säuberung der sowjetischen Organisationen von Spionen, Mördern und Saboteuren wie Trotzki, Sinowjew, Kamenew, Jakir, Tuchatschewski, Rosengolz, Bucharin und anderen Ausgeburten die sowjetische Regierungsform ›erschüttert‹ und daß diese Säuberung eine ›Zersetzung‹ hervorgerufen habe. Über dieses abgeschmackte Gewäsch kann man lediglich lachen.« Die Feder konnte kaum so schnell schreiben, wie der Gedanke es wollte:

»Im Jahre 1937 wurden Tuchatschewski, Jakir, Uborewitsch und andere Scheusale zum Tode verurteilt. Danach fanden die Wahlen zum Obersten Sowjet der UdSSR statt. Die Wahlen brachten der Sowjetmacht 98,6 Prozent aller stimmberechtigten Bürger. Zu Beginn des Jahres 1938 wurden Rosengolz, Rykow, Bucharin und andere Scheusale zum Tode verurteilt. Hierauf fanden die Wahlen zu den Obersten Sowjets der Unionsrepubliken statt. Die Wahlen brachten der Sowjetmacht 99,4 Prozent aller stimmberechtigten Bürger. Es stellt sich die Frage: Wo sind denn hier die Beweise für die ›Zersetzung‹, und warum hat sich diese Zersetzung in den Resultaten der Wahlen nicht niedergeschlagen?«

Politische Manöver

Zu Beginn des Jahres 1939 widmete Stalin seine besondere Aufmerksamkeit der Außenpolitik. Üblicherweise wird angenommen, daß der Zweite Weltkrieg am 1. September 1939 mit dem Angriff des faschistischen Deutschlands auf Polen begann. Stalin sah es anders. Und in gewisser Hinsicht hatte er recht. Japan führte bereits seinen Eroberungskrieg in China, Italien hatte Abessinien und Albanien überfallen, Deutschland und Italien intervenierten zugunsten der Franco-Putschisten gegen das republikanische Spanien. Deutschland hatte Österreich »angeschlossen«, und während der 18. Parteitag debattierte, zerschlug es die »Rest-Tschechei« – das, was das Münchener Abkommen von der einstigen Tschechoslowakei übriggelassen hatte. Der Frieden war von verschiedenen Seiten her in Brand gesetzt worden.

Nicht nur Stalin fragte sich: Womit lassen sich die ständigen Konzessionen vieler Staaten gegenüber den Aggressoren erklären? Er beantwortete sich diese Frage so: »Der Hauptgrund besteht in der Ablehnung der Politik kollektiver Sicherheit durch die meisten nichtaggressiven Länder, vor allem durch England und Frankreich, in der Ablehnung der Politik kollektiven Widerstands gegenüber den Aggressoren, im Übergang zur Position des Nichteinmischens, zur Position der ›Neutralität‹.«

Als Stalin während des 18. Parteitags erfuhr, daß Deutschland das Memelgebiet in Litauen besetzt und daß der tschechoslowakische

Präsident in Berlin den Vertrag unterschrieben hatte, der die Liquidierung der tschechoslowakischen Staatlichkeit bedeutete, befahl Stalin, einen scharfen Protest nach Berlin zu schicken. In der Note, die der Volkskommissar für Äußeres Litwinow dem deutschen Botschafter in Moskau Friedrich Werner Graf von der Schulenburg übergeben ließ, wurde die deutsche Aktion scharf verurteilt und den Führern des Reiches zur Kenntnis gebracht, daß die sowjetische Regierung den Anschluß der Tschechei an das Deutsche Reich ebensowenig akzeptieren könne wie die Gründung des »Schutzstaates Slowakei«.

Unter den Bedingungen des drohenden Weltkriegs war es notwendig, eine Strategie zu bestimmen, um zum einen die sozialökonomische Entwicklung des Landes weiter voranzutreiben und zum anderen einen wirksamen Schutz aufzubauen. Die Anhänger der Nichteinmischungspolitik spielten nach Stalins Worten »ein großes und gefährliches politisches Spiel«. Die Sowjetunion war gezwungen, an diesen politischen Manövern teilzunehmen; das Finale dieser Manöver war unklar. Im engen Kreis, zu dem einige Male auch Litwinow hinzugezogen wurde, stand die Frage zur Debatte: Was sollte man in dieser komplizierten Situation tun? Die »Flitterwochen« der Volksfronten in Europa waren zu Ende. Der europäische Kontinent war verstummt, so, als würde er fühlen, daß ihn bald Hitlers Panzerarmeen verschlingen werden.

Das Drama des Bürgerkriegs in Spanien neigte sich seinem bitteren Ende zu. Die marxistischen Parteien, von denen einige schwere Niederlagen erlitten hatten und in die Illegalität gedrängt worden waren, schauten hoffnungsvoll auf die Sowjetunion. Der Einfluß der Kommunistischen Internationale hatte deutlich abgenommen. Einen großen Teil der Schuld daran trug Stalin.

Stalin hatte die Politik der KPdSU(B) und die der Kommunistischen Internationale faktisch gleich gemacht. Er hatte die Komintern seinem Diktat unterworfen und sie dadurch diskreditiert. Die Wellen der Verfolgung hatten auch die Internationale und ihre Funktionäre ergriffen. Die furchbaren Harken des Terrors dünnten ihre Reihen aus und auch die ihrer Tochterorganisationen, der Kommunistischen Jugendinternationale, der Roten Gewerkschaftsinternationale und der Internationalen Arbeiterhilfe.

Besonders schwere Schläge erlitten die Führungen der Kommunistischen Parteien Österreichs, Ungarns, Deutschlands, Litauens, Lett-

lands, Polens, Rumäniens, Finnlands, Estlands, Jugoslawiens, die in ihren Heimatländern verfolgt wurden. Internationalisten, Menschen, die glaubten, einen Zufluchtsort in der Sowjetunion gefunden zu haben, gerieten zwischen die Mühlsteine der Bestrafungsmaschine. Die Liste der Ermordeten ist lang. Ich möchte wenigstens einige der Genossen aufführen, die in den Jahren der Stalinschen Gesetzlosigkeit umgekommen sind: Das sind die Mitglieder der Führung der Kommunistischen Partei Deutschlands Hermann Remmele, Hugo Eberlein und Heinz Neumann; die Funktionäre der Kommunistischen Partei Polens Pruchnjak, Lenski, Koszucka; der Generalsekretär der Kommunistischen Partei Griechenlands Kontas; der Funktionär der Kommunistischen Partei des Irans Sultan-Sade; die Funktionäre der Kommunistischen Partei Jugoslawiens Gorkić, Copić, Filipović; die finnischen Kommunisten Schotman und Rovio. Es kamen angesehene Persönlichkeiten der internationalen kommunistischen Bewegung um wie die Ungarn Bela Kun und Gábor, dem wegen seines Muts in den Jahren des Bürgerkriegs zweimal der Rotbannerorden verliehen worden war, oder der Schweizer Fritz Platten, einst ein Freund Lenins. Ferner gerieten in den Fleischwolf der Gesetzlosigkeit der Bulgare Avramov, Träger des Leninordens, der Finne Gylling und viele, viele andere. Besonders schwer traf es die Kommunistische Partei Polens. Sie verlor faktisch ihre gesamte Führung. Das letzte Politbüromitglied der KPP, Belewski, wurde im September 1937 verhaftet. Als man Stalin den Entwurf für einen EKKI-Beschluß über die Auflösung der KPP wegen »Umtrieben von Agenten des polnischen Faschismus« vorlegte, reagierte der »Führer« charakteristisch: »Mit der Auflösung haben wir uns zwei Jahre verspätet. Die Auflösung ist notwendig, aber die Veröffentlichung in der Presse muß meiner Meinung nach nicht sein.« Der Beschluß des Präsidiums des EKKI über die Auflösung der KPP wurde nicht auf einer Sitzung erörtert, sondern von insgesamt 6 seiner Mitglieder im Umlaufverfahren gefaßt. Das Präsidium hatte aber 19 Mitglieder.
Stalin hat außerdem die sektiererischen Tendenzen in der Politik der Komintern verstärkt. Er machte sie zu einem Anhängsel seines Apparats. Die Deformierung der internationalistischen Grundsätze und die Politik, die Stalin der Kommunistischen Internationale aufzwang, schwächten den Einfluß der Kommunisten auf die Massen und förderten objektiv den Faschismus. Stalin stellte die Sozialdemo-

kratie auf eine Ebene mit dem Faschismus. Schuld am Abklingen der revolutionären Welle in der Welt war für ihn vor allem der »Reformismus« und der »Verrat« der Sozialdemokratie. Der »Führer« hielt meist an seinen Fehlern fest, denn er sah sie nicht als solche. Und die These vom »Sozialfaschismus« war einer der Fehler, der besonders schwerwiegende Folgen hatte. Seine Wurzeln reichen weit zurück. Sie liegen in den zwanziger Jahren.
Im Januar 1924, eine Woche vor Lenins Tod, fand ein ZK-Plenum statt. Unter anderem wurde dabei Sinowjews Bericht »Über die internationale Lage« erörtert. In dieser Debatte sprach auch Stalin. Während er Radek wegen seiner Fehler in der »deutschen Frage« kritisierte, formulierte er eine These, die er später allmählich der Kommunistischen Internationale aufdrückte: Die Hauptstütze des Faschismus, das sei die Sozialdemokratie, der man einen »tödlichen Schlag« versetzen müsse. In seiner Rede stellte Stalin die Sozialdemokratie faktisch als den größten Feind der kommunistischen und Arbeiterbewegung dar. Im selben Jahr bezeichnete Stalin in seinem Artikel »Zur internationalen Lage« Sozialdemokratie und Faschismus als »Zwillinge«. Von dieser Haltung sollte er jahrelang nicht abgehen. Im Jahr 1933 notierte Stalin, als er den Artikel des bekannten deutschen Kommunisten Fritz Heckert »Was in Deutschland geschieht« las, an den Rand folgende Bemerkung: »Sozialfaschisten? Ja.« An der Stelle, wo Heckert schreibt, daß die Sozialdemokratie auf die Seite des Faschismus übergegangen sei, fügt Stalin hinzu, daß eben aus diesem Grunde die »Kommunisten die Sozialdemokraten bereits drei Jahre Sozialfaschisten« nannten.
Stalins Kurzsichtigkeit wird hier besonders offensichtlich. Statt die Kräfte der Arbeiterklasse für den Kampf gegen den Faschismus zu vereinen, kämpften die kommunistischen Parteien gegen die Sozialdemokratie. Das alles schwächte die Abwehr gegen den Faschismus, der die Hauptgefahr für die Arbeiterklasse und die kommunistische Bewegung bedeutete.

Der Faschismus war auch die Hauptgefahr für die Sowjetunion. Stalin und Molotow formulierten gemeinsam die »Aufgaben der Partei auf dem Gebiet der Außenpolitik«, die Stalin dann auf dem 18. Parteitag vortrug. Vier Punkte dieses Programms schrieb Stalin erst einige Stunden vor Beginn des Parteitags nieder.

Zur Außenpolitik äußerte er zwei eng miteinander verbundene Ideen: zum einen Fortsetzung der Suche nach Mitteln, um einen Krieg zu verhindern oder wenigstens so lang wie möglich aufzuschieben. Dazu gehörten nach Stalin neue Versuche, das sowjetische Konzept der kollektiven Sicherheit in Europa durchzusetzen. Die Schaffung einer breiten antisowjetischen Front sei zu verhindern. Maximale Vorsicht habe zu walten, und man dürfe nicht auf Provokationen des Feindes eingehen. Zum anderen seien alle denkbaren Maßnahmen zu ergreifen, um die Verteidigungskraft des Landes zu steigern, vor allem die Kampfkraft der Roten Armee und der Marine müßte verstärkt werden.

Stalin zerbrach sich ständig den Kopf darüber, wie er die Außenpolitik des Landes verbessern könnte, um die diplomatischen Möglichkeiten maximal auszunutzen. Litwinow stellte ihn nicht mehr zufrieden, er hatte häufig eine andere Meinung. Direkt nach den Maifeiertagen 1939 setzte er Berija auf den Volkskommissar an. Bald kündigte sich eine Verhaftung an. Es entstand eine Art »Vakuum« um Litwinow. Er wurde nicht mehr zu wichtigen Beratungen eingeladen, NKWD-Mitarbeiter führten nächtliche »Unterhaltungen« mit Helfern und Vertrauten des Volkskommissars. Im Volkskommissariat wurden seine Papiere durchwühlt. Dann wurde er aus dem ZK ausgeschlossen. Es sah so aus, als müßte Litwonow jederzeit mit dem Schlimmsten rechnen. In einem seiner letzten Berichte an Stalin hatte er geschrieben:

»Ich schicke Ihnen die Aufzeichnungen meiner heutigen Unterhaltung mit dem englischen Botschafter und die Übersetzung des englischen Deklarationsentwurfes. (...) Er verpflichtet lediglich zu einer Konsultation; das heißt zu dem, was wir selbst vorschlagen. Eine gewisse politische Bedeutung wird der Eindruck haben, es wäre ein neuer Viererpakt unter Ausschluß Italiens und Deutschlands zustande gekommen. Ich bin nicht überzeugt, daß Beck (der polnische Außenminister; A. d. Ü.) sich einverstanden erklären wird, sogar eine solche Deklaration zu unterschreiben.«

Litwinow hoffte, daß eine antifaschistische Allianz mit den westlichen Demokratien geschaffen werden konnte. In einem Brief an den französischen Botschafter in Moskau schrieb Litwinow Ende März

1939: »Auf den direkten Vorschlag über die Viererdeklaration haben wir eine direkte zustimmende Antwort gegeben.« Und die Sowjetregierung habe beschlossen, »nicht ohne Polen zu unterschreiben«. Klar sei, daß die Antwort Polens »bestimmt genug ist, um ihre (der Sowjetregierung; A. d. Ü.) negative Einstellung zu verstehen«. Litwinow glaubte, daß ein Bündnis der Sowjetunion mit den westlichen Demokratien die zuverlässigste Garantie gegen die Bedrohung durch einen neuen Weltkrieg sei. Eine solche Allianz hätte es auch ermöglicht, die kleinen Staaten zu beschützen, die Hitlerdeutschland zu verschlingen drohte. Nach einer Unterredung mit dem litauischen Botschafter am 29. März 1939 schrieb der Volkskommissar in sein Tagebuch: Der Gesandte »brachte mir einen Durchschlag der deutsch-litauischen Einverständniserklärung über Memel und teilte mir währenddessen Einzelheiten des ›Abkommens‹ mit. Ribbentrop habe sich gegenüber dem Minister für Auswärtige Angelegenheiten Litauens Urbšys äußerst grob verhalten und ihm den Entwurf für die Einverständniserklärung ausgehändigt und eine umgehende Unterzeichnung gefordert. Als Urbšys widersprach, habe Ribbentrop erklärt, daß Kowno (Kaunas; D. W.) der Erde gleichgemacht werde, wenn die Einverständniserklärung nicht umgehend unterschrieben werde; die Deutschen hätten hierfür bereits alle Vorbereitungen getroffen. Ribbentrop habe sich schließlich bereit erklärt, Urbšys nach Kowno zu lassen, unter der Bedingung, daß er umgehend mit der unterschriebenen Einverständniserklärung zurückkehren würde.«
Bei seinen Unterredungen mit Litwinow stellte Stalin fest, daß dieser Hitler nicht im geringsten traute und sich beharrlich für ein Abkommen mit den westlichen Demokratien einsetzte. Diese Disposition des Volkskommissars schien Stalin verdächtig.
Litwinows Ablösung wurde in Berlin als gutes Signal gewertet. Der sowjetische Botschaftsrat Georgij Astachow berichtete nach Moskau: Die Deutschen glauben, daß es nun Chancen zur Verbesserung der deutsch-sowjetischen Beziehungen gebe. »Die Voraussetzungen dafür haben sich in Verbindung mit Litwinows Ablösung verstärkt.«
Stalin ernannte als neuen Volkskommissar für Äußeres Molotow. Indem er den faktisch zweiten Mann im Staat auf diesen Posten setzte, wollte er zu verstehen geben, welch große Bedeutung die Sowjetunion der Außenpolitik und der Erhaltung des Friedens beimesse. Stalin erklärte außerdem, daß die Mitte der dreißiger Jahre mit

Frankreich und der Tschechoslowakei abgeschlossenen Verträge über die gegenseitige Hilfe »nicht funktioniert haben«.

Als Hitler sich im Jahr 1938 darauf vorbereitete, die Tschechoslowakei zu zerschlagen, veranlaßte Stalin das Volkskommissariat für Äußeres, öffentlich zu erklären, daß die UdSSR bereit sei, die Tschechoslowakei zu beschützen. Es schien, als neigte Präsident Beneš dazu, diese Hilfe anzunehmen. Der Volkskommissar für Verteidigung erteilte die Weisung, im Militärsonderbezirk Kiew eine spezielle Heeresgruppierung für diesen Zweck zu schaffen. Auch im belorussischen Militärsonderbezirk wurden Vorbereitungen getroffen. Es gab auch spezielle Übungen. Die Festungsbezirke und die Luftabwehr wurden in Kampfbereitschaft versetzt. Ende September schickte Generalstabschef Boris Michajlowitsch Schaposchnikow ein Telegramm an die westlichen Militärbezirke:

»Die Rotarmisten und die Jungkommandeure, die ihren Wehrdienst in den Reihen der RKKA (Roten Armee; A. d. Ü.) leisten, sind bis zu einem speziellen Befehl nicht aus den Reihen der Armee zu entlassen.«

In einigen Regionen wurde die Teilmobilisierung eingeleitet. Mehr als siebzig Divisionen wurden in Kampfbereitschaft versetzt.
Aber zu dieser Zeit wurde das Münchener Abkommen ausgehandelt. Stalin ahnte, daß die Angst vor der »kommunistischen Seuche« stärker sein würde als die Stimme des gesunden Menschenverstands. Und er hatte sich nicht getäuscht. Der tschechoslowakischen Regierung ist es letztlich nicht gelungen, die nationalen Interessen über die Klasseninteressen zu stellen. Unter dem Druck Englands und Frankreichs kapitulierte sie vor Hitler. Frankreich annullierte faktisch den sowjetisch-französisch-tschechoslowakischen Beistandsvertrag, der damit auch für die Sowjetunion seine Bedeutung verloren hatte.
Unter diesen Umständen war es für Stalin das wichtigste, nicht zuzulassen, daß die imperialistischen Staaten sich gegen die Sowjetunion verbündeten. Auf seine Anweisung versuchten zunächst Litwinow und später Molotow, alle erdenklichen Möglichkeiten zu finden, um eine imperialistische Einigung gegen die Sowjetunion zu vermeiden. Stalin war besorgt wegen der Nichtangriffserklärung, die Deutschland mit England (im September 1938) und mit Frankreich

(im Dezember 1938) vereinbart hatte. Faktisch gaben diese Abkommen Hitler »freie Hand« im Osten. Und nicht nur das: Unter bestimmten Umständen konnten diese Abkommen zur Grundlage eines antisowjetischen Bündnisses werden. Stalin wußte, daß dies das Schlimmste war, was seinem Land passieren konnte.
Bis zum 18. Parteitag machte Molotow auf Stalins Anweisung der britischen und französischen Regierung Vorschläge für dreiseitige Verhandlungen. Dabei sollten Maßnahmen gegen weitere faschistische Aggressionen ausgearbeitet werden. England und Frankreich hatten die Absicht, auf Hitler Druck auszuüben, und erklärten sich zu diesen Verhandlungen bereit, obgleich ihre Absichten sehr schnell ans Tageslicht traten. Viele Quellen beweisen, daß London und Paris vor allem Hitlers Aggressivität gegen Osten lenken wollten und nur ungerne etwas vom »Absperrungswall« hörten, den die Sowjetunion vorschlug. Litwinow schrieb an den sowjetischen Botschafter in London Maiski: »Hitler gibt sich noch den Anschein, als verstünde er die englisch-französischen Andeutungen bezüglich der Handlungsfreiheit im Osten nicht, er wird sie womöglich verstehen, wenn ihm als Zugabe zu den Andeutungen etwas anderes von England und Frankreich vorgeschlagen würde.«
Wenn man die Tagebücher Molotows und seines Stellvertreters Potemkin liest, dann wird deutlich, daß die französischen und englischen Diplomaten, mit denen sie sprachen, zwar nicht die Möglichkeit eines dreiseitigen Abkommens gegen die faschistische Gefahr verneinten, daß sie aber der Erörterung konkreter Fragen auswichen. Eine große Chance wurde vertan. Die Vertreter Englands und Frankreichs interessierten sich auch für die Frage, was Litwinows Ablösung für die sowjetische Außenpolitik bedeutete. In einer Unterredung am 11. Mai 1939 fragte der französische Botschafter Molotow:

»Wird die sowjetische Politik die gleiche sein wie zu Litwinows Zeiten?«
»Ja. In den französischen und englischen Regierungen kommt es häufiger zu Ablösungen von Ministern, ohne daß dies besondere Schwierigkeiten auslöst.«
»Kann man davon ausgehen, daß der Artikel ›Zur internationalen Lage‹, der in der ›Iswestija‹ veröffentlicht worden ist, die Meinung der Regierung wiedergibt?«

»Das ist die Meinung der Zeitung. Die ›Iswestija‹ ist ein Organ der Räte, die örtliche Organe sind. Die ›Iswestija‹ darf nicht als offiziös angesehen werden.«

So sah Molotows Verhältnis zu den Räten und zur »Iswestija« aus. Offiziell verließ der neue Volkskommissar für Äußeres Litwinows Linie nicht. Obwohl scharfsinnige Politiker begriffen, daß es für Deutschland nun leichter würde, das Bündnis der westlichen Demokratien mit der UdSSR zu verhindern. Unter den Bedingungen des gegenseitigen Mißtrauens war dies einfacher zu bewerkstelligen. Heute ist uns klar, welch verhängnisvolle Rolle die Vertrauenskrise zwischen den Verhandlungspartnern spielte.

Deutschland tat alles Erdenkliche, um eine Annäherung zwischen der UdSSR, Frankreich und England zu verhindern. Kurz vor Beginn der dreiseitigen Verhandlungen erwirkte der deutsche Botschafter in Moskau Graf Schulenburg ein Treffen mit Molotow. Während dieses Treffens legte er scharf die Sicht seiner Regierung dar: »Zwischen der UdSSR und Deutschland gibt es keine politischen Widersprüche. Es bestehen alle Möglichkeiten, die beiderseitigen Interessen zu vereinen.« Molotow, der noch nicht wußte, wie die sowjetisch-englisch-französischen Verhandlungen ausgehen würden, antwortete vorsichtig und ausweichend: »Die sowjetische Regierung steht den Bestrebungen der deutschen Regierung zur Verbesserung der Beziehungen positiv gegenüber.«

Anfang August 1939 fertigten Berijas Agenten Dossiers über die Mitglieder der englischen und französischen Militärmissionen an. Aber Stalin interessierten diese Angaben nicht. Ihm fiel zunächst auf, daß außer einigen Generälen in den Delegationen nicht wenig junge Offiziere waren. Stalin sagte zu Molotow und Berija, die sich bei ihm im Arbeitszimmer befanden: »Das ist unseriös. Diese Leute können nicht die notwendigen Vollmachten haben. London und Paris wollen nach wie vor Poker spielen, aber wir würden gerne wissen, können sie auf europäischen Manövern auftreten?«

»Nun, offensichtlich müssen die Verhandlungen geführt werden. Lassen wir sie ihre Karten auf den Tisch legen«, sagte Molotow und schaute Stalin an.

»Nun, was soll es, was sein muß, muß sein«, antwortete Stalin trocken.

Die militärischen Verhandlungen, die im August 1939 geführt wurden (die sowjetische Delegation: Woroschilow, Kusnetzow, Loktionow, Smorodionow, Schaposchnikow), brachten schnell Klarheit. Die westlichen Staaten wollten ihre Garantien nicht auf die baltischen Staaten ausdehnen. Mehr noch, sie ermöglichten ihre Annäherung an Deutschland. Während die englisch-französisch-sowjetischen Verhandlungen im Gange waren, schloß Hitler Verträge mit Lettland und Estland.

Eine feindselige Haltung gegenüber der UdSSR verfolgte auch Ungarn. Die Position der polnischen Regierung hatte Warschaus Außenminister Beck während eines Gesprächs mit Hitler im Januar 1939 dargelegt. Er hatte erklärt, Polen »mißt den sogenannten Systemen der Sicherheit keinerlei Bedeutung bei«. Der deutsche Außenminister Ribbentrop sagte bei einer Begegnung mit Beck: »Polen wird eine noch deutlichere antirussische Position einnehmen, denn sonst wird es zwischen uns kaum gemeinsame Interessen geben können.« Es wurde auch bekannt, daß der rumänische König Carol II. während seines Geheimbesuchs in Deutschland Hitler gesagt hatte: »Rumänien ist gegen Rußland eingestellt, kann es aber wegen der Nachbarschaft mit Rußland nicht offen zeigen. Jedoch wird Rumänien niemals einen Durchmarsch des russischen Heeres durch Rumänien zulassen, obwohl häufig behauptet wurde, daß Rumänien Rußland versprochen habe, sein Heer durchmarschieren zu lassen. Das entspricht nicht der Wahrheit.«

So war die Lage in Europa bei Beginn der Verhandlungen in Moskau. Die sowjetische Delegation unter Woroschilows Leitung folgte den Instruktionen, die Stalin am 4. August genehmigt hatte. Das Dokument nannte sich »Vorstellungen zu den Verhandlungen mit England und Frankreich«. In den »Vorstellungen« werden fünf Varianten in Betracht gezogen, »unter denen der Aufmarsch unserer Kräfte möglich« sei. Deutschland wird als »Hauptaggressor« bezeichnet. Die Mitarbeiter der Volkskommissariate für Verteidigung und für Äußeres hatten genau aufgeführt, wie viele Panzer, Artillerie, Flugzeuge, Divisionen die Sowjetunion, England und Frankreich stellen müßten. »In Abhängigkeit von der Variante« war »eine Blokkade der Küsten des Hauptaggressors« vorgesehen. Auch die Richtung der »Hauptschläge«, eine »Ordnung zur Koordinierung militärischer Aktionen« und so weiter waren beschrieben. Die Sowjetunion war bereit, 120 Infanteriedivisionen gegen den »Hauptaggressor« zu stellen. »Im Falle eines Angriffs des Hauptaggressors gegen uns müssen wir von England und Frankreich die Stellung von 86 Infanteriedivisionen fordern, einen entschiedenen Vormarsch ihrerseits vom 16. Tag der Mobilisierung an, eine aktive Teilnahme Polens am Krieg und ebenfalls einen ungehinderten Durchmarsch unseres Heeres durch das Territorium Galiziens und des Korridor von Wilna bei gleichzeitiger Zurverfügungstellung von rollendem Material.«

Aber bereits während der ersten Sitzungen wurde klar, daß die westlichen Delegationen nur nach Moskau gekommen waren, um allgemeine Vorstellungen darzulegen und um ihre Regierungen über Moskaus Pläne zu informieren. An die Ausarbeitung einer konkreten und wirksamen Übereinkunft dachten sie nicht.

Und dennoch hielt Stalin es für notwendig, sich noch einmal an England und Frankreich zu wenden. Er schlug ihnen vor, ein auf fünf oder zehn Jahre befristetes Abkommen mit der UdSSR abzuschließen. Der Kern dieses Abkommens sollten folgende Regelungen sein: Im Fall einer Aggression gegen einen der Vertragsunterzeichner oder gegen einen osteuropäischen Staat verpflichteten sich die Vertragsstaaten, diesem zu Hilfe zu kommen. Die Sowjetunion legte konkret dar, für welche Länder zwischen Ostsee und Schwarzem Meer die Sicherheitsgarantie gelten sollte. Aber London und Paris gaben keine Antwort. Stalin drängte, er forderte die Botschafter auf, in Paris und London eine Antwort anzumahnen.

Währenddessen saßen in Moskau zweitrangige Delegationen aus England und Frankreich, die keine Vollmachten hatten, wichtige Entscheidungen zu treffen. Außerdem wurde Stalin bekannt, daß Briten und Franzosen versuchten, sich insgeheim mit Hitler zu arrangieren. England und Frankreich wollten offenkundig auf der Suche nach einer passenden Variante Zeit gewinnen, ohne die sowjetischen Interessen zu berücksichtigen. Hinzu kam, daß die westlichen Delegationen kein klares Konzept für gemeinsame Aktionen gegen Deutschland hatten. Sie beabsichtigten vielmehr, in einem eventuellen Abkommen der Sowjetunion die wesentliche Rolle zuzuteilen, ohne dabei zu garantieren, daß sie sich mit angemessenen Kräften am Kampf beteiligen würden.

Der »Führer« wurde ungeduldig. In der Regel versuchte er, sich seinem Ziel durch kleine, aber sichere Schritte zu nähern; doch hier verhielt er sich wie ein Schachspieler in Zeitnot. Stalin zog einen Schlußstrich. Am Morgen des 20. August legte ihm Woroschilow eine Note des Leiters der britischen Delegation Admiral Drax vor. Stalin hatte sowohl Drax als auch seinen französischen Kollegen gebeten, bald auf die sowjetischen Vorschläge zu antworten. In der Note steht:

»Lieber Marschall Woroschilow!
Bedauerlicherweise muß ich Sie davon in Kenntnis setzen, daß die englische und französische Delegation bis zum heutigen Tage noch keine Antwort erhalten hat auf die politische Frage, die Sie gebeten hatten an unsere Regierungen zu schicken.
In Anbetracht dessen – ich werde auf der nächsten Sitzung den Vorsitz führen müssen – schlage ich vor, das Treffen für 10.00 Uhr morgens, am 23. August, oder früher, wenn zu dieser Zeit die Antwort eingetroffen ist, einzuberufen.
Aufrichtig, Ihr Drax.
Admiral, Leiter der britischen Delegation«

»Genug gespielt«, sagte Stalin wütend. Noch in diesem Augenblick hätte er sich wohl kaum vorstellen können, daß sich am 23. August in der Tat Delegationen treffen würden. Allerdings in einer völlig anderen Zusammensetzung.
In diesen Tagen hielten sich in Stalins geräumigem Arbeitszimmer ständig einige Politbüromitglieder auf, und es fanden Beratungen mit Diplomaten und Militärs statt. Stalin und seinen Mitarbeitern war klargeworden, daß es keine Regierung gab, auf die sie sich hätten verlassen können. Im Westen drohte Hitlers Deutschland, im Osten das militaristische Japan. Es schien sich zu bestätigen, was Stalin auf dem 18. Parteitag gesagt hatte: Der Antikommunismus und der Unwille Englands und Frankreichs, eine Politik der kollektiven Sicherheit zu akzeptieren, öffneten die Schleusen für die Aggression der Mitglieder des Antikominternpakts. Der Klassenegoismus, der Haß auf den Sozialismus und kleinliche Berechnungen erlaubten es London und Paris nicht, nüchtern die Konturen der Gefahr zu sehen. Besonders kurzsichtige Politiker sagten es direkt: Hitler solle ruhig einen antikommunistischen Kreuzzug gen Osten führen. Für sie schien Hitler die kleinere Gefahr zu sein gegenüber der Sowjetunion.

Bei all seiner Vorsicht fürchtete Stalin sich nicht vor der Verantwortung, da er von seiner Unfehlbarkeit überzeugt war. Wobei er im Fall eines Fehlschlags immer noch die Möglichkeit hatte, auf eine bewährte Methode zurückzugreifen und die Schuld für Mißerfolge auf andere abzuwälzen. Wenn Stalin einmal eine Entscheidung getroffen hatte, so sorgte er sich nicht um ihre propagandistische Abdeckung, er verließ sich in solchen Fällen auf seinen Apparat, vor allem auf den energischen Schdanow.

Als Stalin glaubte, daß die Verhandlungen mit den Engländern und Franzosen endgültig in der Sackgasse waren, entschied er sich für die »deutsche Variante«, wie sie ihm aus Berlin beharrlich angetragen wurde. Nach seiner Meinung hatte er nun keine andere Wahl. Und als Pragmatiker warf er die ideologischen Prinzipien beiseite. Stalin fürchtete eine antisowjetische Koalition. Er fühlte sich in Zeitnot, und er nahm sich nicht die Muße, darüber nachzudenken, was später die Nachfahren, die Historiker, die Politiker über seinen Schritt sagen würden. Der Krieg stand vor der Schwelle. Um jeden Preis mußte sein Beginn hinausgeschoben werden.

Das Politbüro erörterte die Schritte zur Aktivierung der Kontakte mit Berlin. Stalin forderte seine Gehilfen Dwinski und Poskrebyschew auf, alle vorhandene Literatur über Hitler, über den Faschismus und seine sozialen Wurzeln zusammenzustellen. Er wollte das Phänomen des Nationalsozialismus besser verstehen, über das er auf dem 17. Parteitag gesagt hatte: »Bei der alleraufmerksamsten Betrachtung ist es unmöglich, in ihm auch nur ein Atom von Sozialismus zu entdecken.«

Am Abend setzte sich Stalin an seinen Schreibtisch und begann die von Dwinski vorbereiteten Materialien zu studieren. Lang blätterte er in der Übersetzung von Hitlers Buch »Mein Kampf« herum. Zwei Passagen, die sich mit dem »Lebensraum im Osten« befaßten, den Deutschland angeblich brauche, unterstrich Stalin mit Bleistift. Während er las, überzeugte er sich noch einmal davon, daß dieser Abenteurer vor nichts und niemandem haltmachen würde. Es gab nur eine Frage: Wann? Stalin war auch erstaunt über den wirren Antisemitismus des deutschen »Führers«. Mit diesem Wahnsinnigen mußte er also kämpfen. Daran zweifelte er nicht. Und dieser Mensch, der sich an Verträge nicht hielt, schlug Stalin einen Nichtangriffsvertrag vor. Hitler, der seine Taten mit der »Vorsehung« rechtfertigte, nahm wohl

an, daß der Vertrag mit Stalin ein Vertrag mit dem Teufel wäre, dem gegenüber alles erlaubt sei.
Stalin ging in seinem Arbeitszimmer auf und ab und beschäftigte sich weiter mit dem Stapel von Büchern, Artikeln und Berichten, die Dwinski ihm gebracht hatte. Die Nachrichtendienste teilten mit, daß die deutschen Landstreitkräfte im Sommer 1939 3,7 Millionen Mann zählten, 3195 Panzer, mehr als 26000 Geschütze und Granatwerfer. Das Heer war fast zur Hälfte motorisiert. Die Luftwaffe war rund 400000 Mann stark, und sie hatte mehr als 4000 Flugzeuge; in der Marine gab es 160000 Soldaten und 107 Kriegsschiffe. Das war zweifellos die stärkste Armee der kapitalistischen Welt. Tausende von Antifaschisten waren in Deutschland hingerichtet worden, etwa eine Million Deutsche saßen in den Gefängnissen und Konzentrationslagern. (Nach Stalinschen Maßstäben waren das nicht viele.)
Stalin hätte Grund gehabt, über sich zu lachen. Denn 1934 hatte er unter tosendem Applaus gesagt:

»Man kann wohl kaum daran zweifeln, daß dieser Krieg der für die Bourgeoisie gefährlichste Krieg sein würde. Er würde nicht nur deshalb der gefährlichste sein, weil die Völker der Sowjetunion sich auf Tod und Leben für die Errungenschaften der Revolution schlagen würden. Er würde für die Bourgeoisie auch deshalb der gefährlichste sein, weil der Krieg sich nicht nur an den Fronten, sondern auch im feindlichen Hinterlande abspielen würde. Die Bourgeoisie braucht nicht daran zu zweifeln, daß die zahlreichen Freunde der Arbeiterklasse der Sowjetunion in Europa und Asien bemüht sein werden, ihren Unterdrückern, die einen verbrecherischen Krieg gegen das Vaterland der Arbeiterklasse aller Länder angezettelt haben, in den Rücken zu fallen. Und mögen die Herren Bourgeois nicht uns Vorwürfe machen, wenn sie am Tage nach einem solchen Kriege einige ihnen nahestehende Regierungen vermissen werden, die jetzt ›von Gottes Gnaden‹ wohlbehalten regieren.«

Nachdem er die Informationen der Nachrichtendienste durchgesehen hatte, wandte er sich dem Buch der englischen Schriftstellerin Dorothy Woodman »Deutschland bewaffnet sich« zu. Besonders interessierte ihn das Kapitel »Die ideologische Vorbereitung auf den Krieg«. Das Ausmaß der ideologischen Bearbeitung der Bevölkerung

und der Armee war für Stalin eine regelrechte Entdeckung. Die Appelle, die Losungen des Faschismus wandten sich nicht nur an die Vernunft, an den Intellekt, sondern auch an die Instinkte und an die nationalistischen Gefühle. Kultische Rituale und blinder Fanatismus verdunkelten das politische Bewußtsein der Menschen, schufen grausame und zu allem bereite Befehlsempfänger. Die faschistischen Ideologen erzeugten eine chauvinistische Hysterie und eine politische Massenpsychose und benutzten sie für ihre Ziele.
Ja, ein Kompromiß mit solchen Leuten war gefährlich, aber er wußte, daß er sich mit Deutschland ohne die Unterstützung Englands und Frankreichs nicht anlegen konnte. Die Entscheidung reifte allmählich in Stalin heran. Die Unterredungen mit seinen Mitarbeitern gaben ihm wie immer nicht viel. Stalins Fehlkalkulation gründete sich vor allem darauf, daß er die Gefahr überschätzte, England und Frankreich könnten mit Deutschland einen Block bilden.
Die Lage im August 1939 stellte sich folgendermaßen dar: Die Gespräche der sowjetischen, englischen und französischen Militärdelegationen kamen nicht voran. Gleichzeitig entwickelten sich fieberhaft politische Kontakte zwischen Moskau und Berlin. Kaum jemand wußte, daß Anfang August in London auch geheime englisch-deutsche Verhandlungen geführt wurden. Im Bericht von Botschafter Astachow aus Berlin vom 12. August steht: »Der Konflikt mit Polen reift in verstärktem Maß heran, entscheidende Ereignisse können sich in allerkürzester Zeit einstellen. (...) Die Presse verhält sich uns gegenüber äußerst korrekt. (...) Im Gegenteil, was England anbelangt, überschreitet der Spott jede Grenze elementarer Anständigkeit.« Am nächsten Tag teilt Astachow mit: »Die deutsche Regierung würde gerne, ausgehend von unserem Einverständnis, Verhandlungen zur Verbesserung der Beziehungen führen, selbige baldigst in Angriff nehmen.« Am 15. August las Schulenburg Molotow eine Erinnerungsnote vor, in der es heißt: »Die Reichsregierung ist der Auffassung, daß es zwischen Ostsee und Schwarzem Meer keine Frage gibt, die nicht zur vollen Zufriedenheit beider Länder geregelt werden könnte. Hierzu gehören Fragen wie: Ostsee, Baltikum, Polen, Südost-Fragen und so weiter.«
Am 17. August empfing Molotow Schulenburg. In der Unterhaltung erklärte der deutsche Botschafter: Die Verhandlungen mit Ribbentrop sollten in dieser Woche aufgenommen werden. Molotow

erklärte im Namen Stalins (das unterstrich er besonders): »Bevor die Verhandlungen über die Verbesserung der politischen Beziehungen begonnen werden, müssen die Verhandlungen über ein Handels- und Kreditabkommen abgeschlossen werden.«
Am 19. August wird Schulenburg erneut von Molotow empfangen. Der deutsche Botschafter sagt: »In Berlin befürchtet man einen Konflikt zwischen Deutschland und Polen. Die weiteren Ereignisse hängen nicht von Deutschland ab.« Schulenburg besteht auf einer unverzüglichen Anreise Ribbentrops, um den Nichtangriffsvertrag abschließen zu können. Molotow ist bereit, Ribbentrop am 26. und 27. August zu empfangen. Das Kreditabkommen wird blitzschnell abgeschlossen. Hitler drängt. Ihm gefällt das Datum 26./27. August nicht. In diesen Tagen wollte er schon seine Soldaten auf Polen loslassen. Stalin macht Konzessionen, was außergewöhnlich für ihn ist. Dann verliert Hitler die Geduld und schreibt am 20. August ein Telegramm an Stalin. Hier einige Auszüge:

»20. August 1939
Herrn Stalin, Moskau
1. Ich begrüße die Unterzeichnung des neuen deutsch-sowjetischen Handelsabkommens als einen ersten Schritt zur Neugestaltung des deutsch-sowjetischen Verhältnisses aufrichtig.
2. Der Abschluß des Nichtangriffspaktes mit der Sowjetunion bedeutet für mich eine Festlegung der deutschen Politik auf lange Sicht. (...)
3. Ich akzeptiere den von Ihrem Außenminister, Herrn Molotow, übergebenen Entwurf des Nichtangriffspakts, halte es aber für dringend notwendig, die mit ihm noch zusammenhängenden Fragen auf schnellstem Wege zu klären. (...)
5. Die Spannung zwischen Deutschland und Polen ist unerträglich geworden. Das polnische Verhalten einer Großmacht gegenüber ist so, daß jeden Tag eine Krise ausbrechen kann. (...)
6. Es ist meine Auffassung, daß es bei der Absicht der beiden Reiche, in ein neues Verhältnis zueinander zu treten, zweckmäßig ist, keine Zeit zu verlieren. Ich schlage Ihnen daher noch einmal vor, meinen Außenminister am Dienstag, dem 22. August, spätestens aber am Mittwoch, dem 23. August, zu empfangen.
Adolf Hitler«

Der ultimative Ton des Telegramms ist offensichtlich. Stalin las es einige Male und unterstrich mit seinem Bleistift, daß »jeden Tag eine Krise ausbrechen kann«. Und er unterstrich auch den letzten Satz: »Ich würde mich freuen, Ihre baldige Antwort zu erhalten.«

Die dramatische Wende

Stalin und Molotow saßen lange über Hitlers Telegramm. Noch einmal hörten sie sich Woroschilows Vorstellungen über den weiteren Verlauf der Verhandlungen mit den Engländern und Franzosen an. Sie versuchten zu klären, wie glaubwürdig die Meldungen waren, Berlin führe Gespräche mit Paris und London – drohte nun doch die antisowjetische Koalition? Es wurde Zeit, eine Entscheidung zu fällen. Stalin stand auf, ging einige Male in seinem Arbeitszimmer auf und ab, schaute Molotow an, blieb stehen und diktierte:

»21. August 1939
An den Reichskanzler Deutschlands, Herrn A. Hitler.
Ich danke für den Brief.
Ich hoffe, daß ein deutsch-sowjetischer Nichtangriffspakt eine Wendung zur ernsthaften Besserung der politischen Beziehungen zwischen unseren Ländern schaffen wird.
Die Völker unserer Länder bedürfen friedlicher Beziehungen zueinander. Das Einverständnis der deutschen Regierung mit dem Abschluß eines Nichtangriffspaktes schafft die Grundlage für die Liquidierung der politischen Spannung und für die Aufrichtung des Friedens und der Zusammenarbeit zwischen unseren Ländern.
Die Sowjetregierung hat mich beauftragt, Ihnen mitzuteilen, daß sie einverstanden ist mit dem Eintreffen des Herrn von Ribbentrop in Moskau am 23. August.

Gezeichnet J. Stalin«

Am 23. August 1939 traf Ribbentrop in Moskau ein, und am selben Tag wurde der Nichtangriffsvertrag zwischen der Sowjetunion und Deutschland unterzeichnet. Er wurde auf zehn Jahre abgeschlossen, obwohl Schulenburg noch am 19. August eine 25jährige Vertragsdauer vorgeschlagen hatte. Während der Gespräche bestand Ribbentrop darauf, eine Formulierung »über den freundschaftlichen Charakter der sowjetisch-deutschen Beziehungen« aufzunehmen. Als Molotow Stalin darüber berichtete, lehnte dieser den Vorschlag des deutschen Außenministers ab:

»Die sowjetische Regierung könnte das sowjetische Volk nicht ehrlich darin versichern, daß mit Deutschland freundschaftliche Beziehungen bestehen, da die nazistische Regierung sechs Jahre lang kübelweise Schmutz über die sowjetische Regierung gegossen hat.«

Aber leider blieb Stalin inkonsequent. Einen Monat später akzeptierte er, was Ribbentrop vorgeschlagen hatte.
Mit dem Abschluß des Nichtangriffsvertrags beendete die sowjetische Regierung die Verhandlungen mit den Briten und Franzosen. Der Leiter der sowjetischen Delegation Woroschilow sagte in einem Presseinterview dazu:

»Die Verhandlungen mit England und Frankreich sind nicht deshalb abgebrochen worden, weil die UdSSR einen Nichtangriffsvertrag mit Deutschland abgeschlossen hat, sondern im Gegenteil: Die UdSSR hat einen Nichtangriffsvertrag mit Deutschland abgeschlossen, weil die militärischen Verhandlungen mit Frankreich und England in eine Sackgasse geraten waren.«

Am 21. August, in jenen Stunden, als Stalin Hitlers Telegramm studierte, hatte die letzte Sitzung der sowjetisch-englisch-französischen Verhandlungen stattgefunden. Der Leiter der französischen Delegation teilte seinem Premierminister Daladier danach mit:

»Die für heute einberufene Sitzung fand morgens statt. In der zweiten Tageshälfte fand die zweite Sitzung statt. Im Verlauf dieser beiden Sitzungen tauschten wir höfliche Bemerkungen bezüglich der Verzögerung aufgrund der politischen Probleme des Durchmarsches (durch Polen; D. W.) aus. Eine neue Sitzung, deren Datum nicht festgelegt worden ist, wird nur dann stattfinden, wenn wir in der Lage sein werden, positiv zu antworten.«

Aber die Warschauer Regierung gab keine Zustimmung zu einem Durchmarsch der sowjetischen Streitkräfte durch Polen im Fall eines Kriegs. So oder so, es hätte nichts mehr geändert.
Stalin, der sich überraschend zu einem Abkommen mit Deutschland entschlossen hatte, ging noch weiter. Er erklärte sich nun auch zu einem »Geheimen Zusatzprotokoll« bereit. Dieses Protokoll verlieh dem erzwungenen und möglicherweise unumgänglichen Nichtangriffsvertrag einen extrem negativen Charakter. Besonders zynisch ist die Vereinbarung über das Schicksal Polens. Sie ist gleichbedeutend mit einer Zustimmung zu Hitlers Absicht, Polen zu vernichten. Die Originale dieses Protokolls, so scheint es, hat niemand gesehen. Wahrscheinlich gehen die Kopien dieses Dokuments bereits seit vielen Jahren von Hand zu Hand. Ribbentrop hatte sie wohl mit nach Moskau gebracht, doch möglicherweise wurden sie nicht unterschrieben. Aber sollte es kein Geheimes Zusatzprotokoll gegeben haben, so hat es mit Sicherheit neben dem Vertrag ergänzende Übereinkünfte (eventuell auch mündlicher Art) gegeben, um die Interessensphären beider Staaten abzustecken.
Selbstverständlich erscheint der Nichtangriffsvertrag, von unserem heutigen Standpunkt aus betrachtet, in einem schlechten Licht. Ein Bündnis mit den westlichen Demokratien wäre attraktiver gewesen. Aber weder waren England und Frankreich dazu bereit, noch verfügte Stalin über die notwendige Geduld. Ausgehend von ihren Interessen und dem internationalen Kräfteverhältnis, hatte die UdSSR damals wohl keine Alternative. Auch wenn sich die sowjetische Regierung gegenüber Berlin zurückgehalten hätte, Deutschland hätte sich kaum aufhalten lassen. Der Überfall auf Polen stand fest. Die Hilfe für Polen wurde nicht nur durch Warschaus Position erschwert, sondern auch durch die mangelnde Vorbereitung der Sowjetunion zum Krieg. Eine Ablehnung des Pakts hätte zu einer breiten antisowjetischen Allianz geführt, und das Schicksal des Sozialismus hätte auf dem Spiel gestanden. Michail Gorbatschow beurteilte die Situation jener Zeit im November 1987 folgendermaßen: »Die Frage stellte sich beinahe genauso wie zur Zeit des Brester Friedens: Sein oder Nichtsein der Unabhängigkeit unseres Landes, Sein oder Nichtsein des Sozialismus auf der Erde.« Ähnliche Verträge hatten im Jahr 1938 England und Frankreich mit Deutschland abgeschlossen. Und im Sommer 1939 führten sie geheime Verhandlungen mit Hitler.

Heute versuchen viele zu beweisen, daß der sowjetisch-deutsche Nichtangriffsvertrag vom 23. August 1939 der Startschuß zum Zweiten Weltkrieg gewesen sei. Dabei vergessen sie, daß bis zu jenem Zeitpunkt die westlichen Staaten bereits Österreich, die Tschechoslowakei und das Memelgebiet an Hitler ausgeliefert hatten und daß England und Frankreich wenig getan hatten, um die spanische Republik zu retten. In der Regel erinnern sie sich auch nicht daran, daß Polen, das nächste Opfer des faschistischen Deutschlands, ebenfalls einen Nichtangriffsvertrag mit Berlin abgeschlossen hatte.

Den Angriff auf Polen hatte Hitler schon im April 1939 konkret geplant (»Fall Weiß«), also lange bevor Molotow und Ribbentrop den sowjetisch-deutschen Vertrag unterzeichneten. Die Frage eines Kriegs gegen Polen hatte Hitler bereits am 22. Januar 1939 angesprochen. Hitlers Pläne gegenüber Polen waren niemandem ein Geheimnis. Der Führung der UdSSR und Stalin war es bekannt, daß Hitler sich Anfang 1939 endgültig für den Angriff auf Polen entschieden hatte. Davon wußten auch Washington, London und Paris, aber sie hofften, daß die Eroberung Polens durch Deutschland lediglich Hitlers Überfall auf die UdSSR beschleunigen würde. Stalin konnte nicht vergessen, daß niemand an die Sowjetunion gedacht hatte, als sich im September 1938 in München die Vertreter Englands, Frankreichs, Deutschlands und Italiens versammelten. Das Münchener Abkommen mit Hitler bedeutete nicht allein einen Verrat an der Tschechoslowakei. Einige Tage nach dieser schändlichen Abmachung beurteilte der französische Botschafter in Moskau offen die Situation: »Nach der Neutralisierung der Tschechoslowakei ist für Deutschland der Weg nach Osten offen.« Am 30. September 1938, als das Münchener Abkommen unterzeichnet wurde, unterschrieben Hitler und der britische Premierminister Chamberlain auch eine Nichtangriffs- und Konsultationserklärung.

Stalin verstand offenbar, wie hoch der moralische und ideologische Preis für den Pakt mit Hitler sein würde. Trotzki im mexikanischen Exil beispielsweise übte sich in Häme: »Stalin und Hitler haben einander die Hand entgegengestreckt. Die Masken sind gefallen. Stalinismus und Faschismus in einer Allianz.« In vielen kommunistischen Parteien rief der Pakt Verwirrung hervor; ihnen fiel schwer, sich vorzustellen, daß irgendeine Übereinkunft mit den Faschisten möglich sei. Die Strategie der politischen Führung war auch nicht allen sowjetischen Menschen verständlich. Viele konnten nicht begreifen, daß es um Zeitgewinn ging und um die Verhinderung eines antisowjetischen Bündnisses. Weder Stalin noch die westlichen Regierungen bewiesen staatsmännische Weisheit.

Die Wehrmacht stand bereit. Hitler mußte sie nur noch losschikken. Darüber schrieben sogar die europäischen und amerikanischen Zeitungen. Am 24. August wandte sich der Präsident der USA Roosevelt mit einem Aufruf an Hitler und an Polens Präsident Mościcki und forderte sie auf, sich an den Verhandlungstisch zu setzen. Einen Tag zuvor hatte sich schon der belgische König Leopold III. mit einem ähnlichen Aufruf über den Rundfunk an Deutschland und Polen gewandt. Am 26. August drängte der französische Premier Daladier Berlin öffentlich zu Verhandlungen mit Warschau. Zweimal appellierte der Papst an die Regierungen und Völker, den Frieden zu bewahren. Stalin konnte nichts mehr bewegen im großen Spiel. Mangels Auswahl setzte er auf Hitler. Ihm blieb nur eines: sich vorbereiten und auf den Überfall warten.

Stalin hatte sich in der Nacht des 1. September noch nicht auf den Weg zu seiner Datscha gemacht, als im Kreml um zwei Uhr morgens ein chiffriertes Telegramm aus Berlin einging. Darin stand, der deutsche Rundfunk habe gemeldet, daß in der Nacht des 31. August polnische Soldaten die Radiostation der deutschen Stadt Gleiwitz überfallen und in polnischer Sprache einen antideutschen Aufruf verlesen hätten. Stalin verstand sofort: Hitler hatte einen Vorwand zusammengeschustert, um seinen Überfall auf Polen beginnen zu können. Stalin ließ bei der sowjetischen Botschaft in Berlin anfragen, wie die Dinge sich weiterentwickelten. Der Berliner Rundfunk sende Märsche, teilte man ihm mit. Bislang gebe es keine offiziellen Erklärungen. Stalin verstand. Mit dem Angriff der Deutschen mußte jederzeit gerechnet werden. Frühmorgens wurde Stalin durch einen Anruf Poskrebyschews geweckt: »Die Armeen der Wehrmacht sind in Polen eingedrungen.«

Stalin dürfte sich an das erinnert haben, was ihm Molotow vor einiger Zeit über eine Unterredung mit dem polnischen Botschafter in der UdSSR Grzybowski berichtet hatte. Der Botschafter hatte gesagt: »Polen hält den Abschluß eines Paktes über die gegenseitige Hilfe mit der UdSSR für unmöglich in Anbetracht dessen, daß Polen nicht die Möglichkeit hat, der Sowjetunion seine Hilfe zu erweisen.«

Stalin und Molotow hatten daraus geschlossen, daß die Regierung in Warschau sich auf keinerlei Abkommen mit der Sowjetunion einlassen wollte, auch nicht auf eine sowjetische Sicherheitsgarantie.
Stalin studierte spätnachts die Berichte über den Überfall Deutschlands auf Polen, die ihm Poskrebyschew vorgelegt hatte. In der übernächsten Woche konnten die Soldaten mit dem Hakenkreuz an der sowjetischen Grenze stehen. Das war eine neue strategische Situation. Den Truppen der Grenzbezirke war bereits der Befehl gegeben worden, die Kampfbereitschaft zu erhöhen. Entsprechend den Vereinbarungen mit Deutschland mußte die Rote Armee nun zum Marsch nach Ostpolen bereit sein.
Bei allem Mut der polnischen Soldaten, der Kampf war ungleich. 62 Divisionen, darunter 11 Panzerdivisionen mit 3000 Panzern, und 2000 Flugzeuge warf Hitler gegen Polen. Eine mechanisierte Lawine überrollte das Land. Es war klar, dieser Feldzug würde nicht länger als zwei oder drei Wochen dauern. England und Frankreich waren nicht in der Lage zu helfen.
Am 17. September 1939 sprach Molotow im Radio:

»Niemand weiß etwas über den Aufenthaltsort der polnischen Regierung. Die Bevölkerung Polens ist von ihrer unglücklichen Führung ihrem Schicksal überlassen worden. (...) Die sowjetische Regierung hält es für ihre heilige Pflicht, ihren Brüdern Ukrainern und Brüdern Belorussen, die Polen besiedeln, die Hand zur Hilfe entgegenzustrekken. (...) Die sowjetische Regierung hat dem Oberkommando der Roten Armee den Befehl erteilt, dem Heer zu befehlen, die Grenze zu überschreiten und das Leben und das Hab und Gut der Bevölkerung der Westukraine und Westbelorußlands unter seinen Schutz zu nehmen.« (In der Tat hatte die polnische Regierung am 17. September ihr Land verlassen. Am Tag darauf folgte die militärische Führung.)
Stalin ordnete an, daß eine Notiz gleichen Inhalts dem polnischen Botschafter in Moskau übergeben werden sollte. Wenn wir nun einige Jahrzehnte später in den Spiegel der Geschichte schauen, können wir sehen, daß der Schritt, den die Sowjetunion unternahm, in hohem Maße gerechtfertigt war: In den Gebieten, die das sowjetische Militär besetzte, lebten überwiegend Ukrainer und Belorussen.
Die Einheiten des belorussischen und des Kiewer Militärsonderbezirks trafen nicht auf Widerstand, als sie die Grenze passierten. Bei

der Lektüre der Berichte von Timoschenko, Watutin, Purkajew, Gordow, Chruschtschow und anderen richtete Stalin sein Augenmerk vor allem auf Mechlis' Meldungen. Dieser schrieb:

»Die ukrainische Bevölkerung empfängt unsere Armee als wahre Befreier. (...) Die Bevölkerung begrüßt unsere Soldaten und Kommandeure, bemüht sich ständig, unseren Rotarmisten Äpfel, Kuchen und Trinkwasser usw. zuzustecken. In der Regel werden sogar die vorderen Abteilungen von der Bevölkerung empfangen und begrüßt. Viele weinen vor Freude. (...)
Timoschenko und Borissow teilten mit, daß die Kontakte mit der deutschen Armee nicht immer glatt verliefen. Vor Lwow »trafen unsere Panzer auf deutsche Geschütze in unmittelbarer Nähe. In Folge wurden zwei Panzerspähwagen in Brand gesetzt, der dritte zerstört, es fielen drei, und fünf Menschen wurden verletzt. Durch unsere Panzerspähwagen wurden zwei deutsche Geschütze vernichtet, ein Offizier getötet und drei Soldaten verletzt. (...)«

Der sowjetische Botschafter in Berlin berichtete nach Moskau, Hitler habe erklärt, daß nun die durch den Versailler Vertrag festgelegten Grenzen revidiert und die alten Grenzen wiederhergestellt würden. Stalin unterstrich diese Passage in dem Bericht fett. Um dem Krieg zu entgehen, wurde er »Revisionist«.

An dieser Stelle möchte ich eine brennende Frage berühren, die mit der Deportation einer großen Zahl von Polen in die Sowjetunion nach der polnischen Niederlage gegen Hitlerdeutschland verbunden ist. Unsere Freunde in Polen müssen wissen, daß wir, die sowjetischen Menschen, die Stalins Tyrannei überlebt haben, diesen rechtswidrigen und unmenschlichen Akt entschieden verurteilen. Über folgendes würde ich gerne berichten:

»In der Zeit von 1939 bis Juni 1941 erreichten das Territorium der Sowjetunion ehemalige (?!; D.W.) polnische Bürger – 494310 Personen.
Von dieser Anzahl in derselben Periode verringert:
ehemalige Kriegsgefangene (!?; D. W.) den Deutschen übergeben – 42492 Personen,

entlassen und in die Ukrainische SSR und Belorussische SSR geschickt – 42400 Personen.«

Der aufmerksame Leser wird in diesem Text einige Unstimmigkeiten entdecken: »ehemalige polnische Bürger«, »ehemalige Kriegsgefangene den Deutschen übergeben«. Was war ihr Schicksal? Wir hatten doch keinen Krieg geführt, woher kamen die »Kriegsgefangenen«?

Ich möchte noch über andere Angaben sprechen, die Licht auf viele strittige Fragen werfen. Im selben Dokument heißt es, daß

»zum Zeitpunkt des Abschlusses des Freundschaftsvertrags zwischen der Regierung der UdSSR und der Regierung W. Sikorskis (30. Juli 1941; D. W.) sich in Gefängnissen, Lagern und Verbannungsorten 389382 Personen (Polen; A. d. Ü.) aufgehalten haben. Von ihnen wurden entsprechend dem Beschluß des Präsidiums des Obersten Sowjets der UdSSR vom 12. August 1941 389041 Personen amnestiert. Im Jahr 1942 wurden 119865 Personen in den Iran evakuiert (mit der Armee Anders 76110 Militärangehörige und 43755 Bürger). Zur Zeit sind in der UdSSR 218000 Personen verblieben.«

Dieses Dokument, für Stalin bestimmt, wurde am 2. November 1945 unterschrieben. Es gibt noch eine Reihe anderer Dokumente über die Rückkehr praktisch aller Polen in ihre Heimat. Eines möchte ich hier anführen:

»An den Genossen Molotow W. M.
Am 20. Oktober hielten sich in den Lagern des NKWD 27010 polnische Bürger auf, die in den Jahren 1944 bis 1945 auf dem Territorium Polens aufgrund der Säuberung der Etappen der Roten Armee verhaftet und interniert worden waren.
Entsprechend den Anweisungen des Genossen Stalin unterliegen von dieser Anzahl der Entlassung und Rückbeförderung nach Polen 12289 Personen. Die übrigen bis zum Ende dieses Jahres. Es verbleibt eine gewisse Anzahl Inhaftierter wegen Spionage, Teilnahme an Diversion und so weiter.
24. November 1945 L. Berija«

In Dutzenden von mir durchgesehenen Dokumenten über polnische Bürger, die gezwungen worden waren, in der Sowjetunion zu leben, gibt es keine genaue Angaben über die Zahl der Getöteten und Verstorbenen. Das ist das alte Leid bei der groben Übertretung des internationalen Rechts und elementarer Normen der Menschlichkeit durch Stalin. Aber ich habe vorausgegriffen.

In den Monaten nach dem deutschen Angriff auf Polen stand Stalin vor der Gefahr einer weiteren Expansion Deutschlands nach Osten. In diesen Momenten der Unsicherheit – noch einmal für Verträge mit den westlichen Demokratien kämpfen oder sich dem faschistischen Teufel weiter annähern – spielten nationale und territoriale Überlegungen nicht die letzte Rolle.

Es ist daran zu erinnern, daß Stalin Teilnehmer des Bürgerkriegs gewesen war. Der Krieg mit Polen, der niemals offiziell erklärt worden war und im April 1920 mit dem Vormarsch Pilsudskis auf Kiew begonnen hatte, schien bald schon gewonnen für die Rote Armee, die am 12. August bis zu den Vororten Warschaus vorstieß. Aber dann war die Offensivkraft erschöpft. Dies und das verspätete Eintreffen von Reserven hatten in die Niederlage geführt. Im Friedensvertrag von Riga vom Jahr 1921 mußte die Sowjetregierung die westlichen Gebiete der Ukraine und Belorußlands an Polen abtreten. Die Westgrenze der Sowjetunion lag seitdem deutlich östlich der sogenannten Curzon-Linie, die im Zusammenhang mit den Versailler Friedensverträgen fixiert worden war.

Stalin war bekanntlich am Polenfeldzug beteiligt gewesen und hatte dabei keine rühmliche Rolle gespielt. Er hatte dies nicht vergessen, und später verwischte er die Spuren. Im Januar 1925 verlangte der Generalsekretär, man solle ihm einige Archivakten des Revolutionären Kriegsrats der Südfront, die im Kiewer Staatsarchiv aufbewahrt wurden, zur Verfügung stellen. Der ZK-Apparat machte sich gleich daran, Stalins Wunsch zu erfüllen. Die Dokumente wurden im Februar für einen Zeitraum von sechs Monaten an den stellvertretenden Leiter der Aktenverwaltung des ZK Bresanowski übergeben. In dem Aktenpaket befanden sich mehr als vierzig Dokumente: Schriftverkehr, Anordnungen, geheime Rundschreiben, Mitschriften von Telefongesprächen, Befehle zu Verhaftungen, Berichte und so weiter. Sechs Monate später forderten das Zentralarchiv und das Kiewer

Staatsarchiv von der Aktenverwaltung des ZK die Dokumente dringend zurück: Wo ist das Archivpaket? Bresanowski, der im Februar nach Kiew gefahren war und persönlich das Archivpaket erhalten hatte, antwortete folgendermaßen:

»An das Zentralarchiv
Die Aktenverwaltung des Sekretariats des ZK teilt hiermit mit, daß das Archiv des ZK keinerlei Materialien erhalten hat.
24. 10. 1925 Aktenverwaltung des ZK Bresanowski«

In einem hatte Bresanowski recht: Das ZK-Archiv hatte wirklich keine Akten erhalten, sie waren direkt dem Generalsekretär übergeben worden. Mir ist es nicht gelungen, diese Dokumente zu finden. Stalin wird auch noch weitere Archive »gesäubert« haben.
Diese Ereignisse, die beinahe zwanzig Jahre zurücklagen und in denen er keine heldenhafte Rolle gespielt hatte, waren eine offene Wunde für Stalin. Ribbentrop erinnerte während der Verhandlungen im August 1939 einige Male an diese Episode. Es ist klar, daß der Mißerfolg bei den Gesprächen mit England und Frankreich noch einen Grund hatte: Als Stalin sich an Hitler annäherte, hatte er die Absicht, die Gebiete, die im Bürgerkrieg verloren worden waren, zurückzubekommen.

Den Truppen der Roten Armee, die in die ehemals verlorenen Territorien einrückten, war es verboten, Waffengewalt anzuwenden, außer im Fall eines Angriffs auf sie. Es kam nur zu vereinzelten Auseinandersetzungen. Die ethnische Mehrheit, die Ukrainer und Belorussen, begrüßte das Eintreffen der sowjetischen Truppen.
Am 25. September hatten die sowjetischen Einheiten 250 bis 350 Kilometer zurückgelegt und die Flüsse Westlicher Bug und San erreicht, jene Linie also, die im sowjetisch-deutschen Geheimen Zusatzprotokoll festgelegt worden war. Im November 1939 wurden diese Territorien an die Ukrainische und Belorussische SSR angegliedert. Im Juni 1940 ist es der sowjetischen Regierung gelungen, auf friedlichem Weg auch die Rückgabe Bessarabiens und der Nordbukowina durchzusetzen. In Absprache mit der rumänischen Regierung wurde die Grenze entlang der Flüsse Prut und Donau festgesetzt und die Moldauische SSR gegründet.

Während Stalin sich mit territorialen Fragen befaßte, übersah er nicht, daß Hitler, ungeachtet der sowjetisch-deutschen Abkommen, von seinen Plänen gegenüber dem Baltikum nicht abwich. Dort hatte in den Jahren 1917 bis 1919 die Sowjetmacht geherrscht, und Stalin glaubte, daß nun von ihrer Wiederherstellung die Rede sein müsse. Die bürgerlichen baltischen Regierungen wußten, daß die Bevölkerung ihrer Länder die Deutschen nicht liebte, die sie lange unterdrückt hatten. Ende September, Anfang Oktober 1939 wies Stalin Molotow an, Litauen, Lettland und Estland vorzuschlagen, Beistandsverträge mit der Sowjetunion abzuschließen. Die Verträge, die dann unterzeichnet wurden, sahen unter anderem vor, daß Einheiten der Roten Armee in diese Länder einrücken durften. Die sowjetischen Kontingente mußten auf Wunsch der Regierungen der baltischen Länder schwächer sein als die Armeen Litauens, Lettlands und Estlands. Die sowjetischen Einheiten befanden sich in ihren Garnisonen und mischten sich nicht ein in das Leben dieser Länder. Aber natürlich wußte Stalin, daß die Anwesenheit seiner Truppen im Baltikum sich auf die politische Atmosphäre dort auswirkte. Ich glaube, daß alle diese Schritte im Rahmen des internationalen Rechts blieben.

Im Zentralarchiv der sowjetischen Armee gibt es Hunderte von Dokumenten über die Ereignisse jener Jahre. Entsprechend den Protokollen und Zusatzabkommen wurden die Zahl und die Orte für die Stationierung der sowjetischen Truppen, die Flughäfen, Häfen, Transportwege, die Miete für Unterkünfte, Boden, Verbindungslinien usw. festgelegt. Stalin beauftragte den Vorsitzenden des Rats der Volkskommissare Molotow und andere Regierungsstellen, zusammen mit den Regierungen der baltischen Republiken alle finanziellen, diplomatischen, militärischen und organisatorischen Fragen zu lösen.

Abgesehen von einigen geringfügigen Zwischenfällen hielten sich beide Seiten Wort für Wort an die Abkommen. Manchmal gingen die baltischen Partner sogar darüber hinaus. So beispielsweise, als der sowjetisch-finnische Krieg ausbrach. Der sowjetische Militärattaché in Riga, Oberst Wassiljew, berichtete nach Moskau: »Am 1. Dezember erklärte General Gartmanis: Wenn wegen der Umstände der Kriegszeiten es für Sie notwendig sein sollte, Flugplätze für die Luftwaffe in Anspruch zu nehmen, so können Sie alle unsere existierenden Flughäfen, auch die in Riga benutzen.« Die litauische Regierung teilte Moskau mit: »Ein Komitee zur Versorgung der Streitkräfte (der Roten Armee; D. W.) mit Furage und Lebensmitteln in Litauen ist einberufen worden.« Und während des Besuches des Oberkommandierenden der estnischen Armee General Johan Lajdoner Anfang Dezember 1939 entstand der Eindruck, als bahnten sich freundschaftliche Beziehungen zwischen den beiden Staaten und Armeen an.

Als die Faschisten im Juni 1940 Paris eingenommen hatten, wußte Stalin: Wenn Hitler keine Invasion nach England einleiten würde, dann würde er seinen Blick nach Osten wenden. Krampfhaft versuchte Stalin, die Verluste aus dem Winterkrieg gegen Finnland zu ersetzen, aber er mußte feststellen, daß es ihm nicht in ausreichendem Maß gelang, die Kampfkraft der Roten Armee zu steigern. Er entschloß sich zu einem neuen Schritt: Mitte Juni wandte sich Moskau zunächst an die litauische Regierung und dann an die Regierungen Lettlands und Estlands und forderte sie auf, sie sollten sich mit der Stationierung weiterer sowjetischer Militärkontingente auf den Territorien ihrer Staaten einverstanden erklären. Der Ton und die Forderungen der diplomatischen Noten waren hart und ultimativ. Stalin, ermutigt durch seine Landgewinne und den Sieg gegen Finnland, ging rücksichtslos nach vorn. Er schickte Schdanow, Wyschinski, Dekanossow und andere ins Baltikum. Posdnjakow, der sich zusammen mit Dekanossow nach Litauen begeben hatte, berichtete Stalin, Molotow, Woroschilow, Kaganowitsch, Mikojan, Timoschenko und Wyschinski im Oktober 1940:

»Die politische Lage des Litauischen Korps bleibt weiterhin ungünstig, da (...) im Korps keine Klassendifferenzierung durchgeführt worden ist, das heißt, das feindliche Element ist noch nicht vom Sattel gestoßen worden, das die antisowjetische Arbeit mittels der Festigung der Soldaten auf dem nationalen Boden durchführt (so im Text; D. W.).«

Es ist nicht schwer, sich vorzustellen, wie Dekanossow, Schdanow, Wyschinski und Posdnjakow »das feindliche Element vom Sattel zu stoßen« beabsichtigten. Bittere Seiten aus der verbrecherischen Geschichte des Stalinismus. Die Lage im Baltikum änderte sich. Neben den aufrichtigen Bestrebungen des Volks und der Kommunistischen

Parteien der baltischen Republiken widmeten sich auch die Hüter der »Klassenreinheit« ihrer finsteren Sache.
Es ist wichtig, einzugestehen, daß die revolutionären Umgestaltungen im Baltikum von den Völkern dieser Region durchgeführt worden sind unter dem Einfluß der Tatsache, daß die Rote Armee vor Ort war. Eine Analyse muß dialektisch sein: Die Einheit des Äußeren und Inneren bestimmte die Veränderung der Situation. Wäre die sowjetische Armee nicht dort gewesen, so wären die Faschisten noch vor Juni 1941 ins Baltikum eingedrungen. Und das, was war, darf nicht bestritten werden: Die erdrückende Mehrheit der litauischen, lettischen und estnischen Bevölkerung stand der neuen politischen Entwicklung in ihren Ländern positiv gegenüber. Im August 1940 baten die litauische, lettische und estnische Regierung darum, ihre Staaten an die Union der Sozialistischen Sowjetrepubliken anzuschließen. Stalin nahm persönlich an den Verhandlungen mit den Vertretern dieser Staaten teil. Aber die Verwirklichung des Willens der baltischen Völker wurde durch typisch stalinistische Aktionen verfinstert. Nun wurde auch bei ihnen nach »Volksfeinden« gesucht.
Im Angesicht der faschistischen Bedrohung war die Angliederung im großen und ganzen positiv für die UdSSR und die baltischen Völker. Die moralische Seite dieser Frage ist allerdings nicht ganz so tadellos. Der »Führer« war es nicht gewohnt, die Völker als Subjekte ihres Schicksals zu betrachten. Er verließ sich mehr auf den Druck. Das wichtigste war: Nicht Stalin »brachte« die Revolution ins Baltikum. Diese Revolution wurde auf friedlichem Wege durch die Werktätigen in langen Kämpfen gegen die bürgerlichen Regierungen dieser Länder vollzogen. Dekanossow berichtete Stalin und Molotow im Juli 1940:

»Am 7. Juli fanden in Wilna ein großes Meeting und eine Demonstration statt. Es nahmen 80000 Menschen teil. Die Losungen lauteten: ›Es lebe die 13. Sowjetrepublik!‹ – ›Proletarier aller Länder, vereinigt Euch!‹ – ›Es lebe der Genosse Stalin!‹ usw. Auf dem Meeting wurde eine Resolution mit einem Grußwort an die Sowjetunion und an die Rote Armee verabschiedet. (...) Es fand ein Armeekonzert statt, bei dem der Präsident, eine Reihe von Regierungsmitgliedern, Vertreter der Generalität anwesend waren. (...) Eine Reise sowjetischer Künstler nach Litauen wäre sehr passend. Ich bitte um folgende Anweisung

– umgehend sind nach Litauen zu schicken: Michajlow, Lemeschew, Norzow, Schpiller, Dawydow, Ruslanowa, Kosolupowu und eine Ballettgruppe unter Mitwirkung Lepeschinskajas. (...)«

Sogar den Künstlern sollten »Anordnungen« erteilt werden. Dekanossow und seinesgleichen – alle Produkte des Stalinismus – waren in der Lage, jede ehrliche Absicht zu entweihen.
Nachdem der »Führer« im Herbst 1939 die ersten erfolgreichen Schritte zur Sicherung der westlichen Grenzen getan hatte, schaute er nach Nordwesten. Ihn beunruhigte, daß die sowjetisch-finnische Grenze so nahe bei Leningrad verlief, und er kannte Finnlands Sympathien für Deutschland. Es begannen lange Verhandlungen mit dem Ziel, die Finnen zu bewegen, ihre Grenze zurückzunehmen, wofür ihnen eine territoriale Kompensation angeboten wurde. Die Verhandlungen ergaben nichts. Der finnische Feldmarschall Mannerheim, ein ehemaliger zaristischer General, forderte, nicht nachzugeben.
In diesem Fall verlor Stalin, der doch meist vorsichtig war, das Gefühl für die Realität. Mit Unterstützung seiner Umgebung war er fest entschlossen, sein Ziel zu erreichen – durch politischen und, wenn erforderlich, auch durch militärischen Druck. Ende November begannen die gegenseitigen Beschuldigungen, die jeweils andere Seite habe die Grenze verletzt und Schießereien angezettelt. Molotow überreichte dem finnischen Botschafter in Moskau eine Note, die sich von einem Ultimatum kaum unterschied: »Die [finnische] Armee ist umgehend von der Grenze an der karelischen Landenge um 20 bis 25 Kilometer zurückzuziehen.« Im Auftrag seiner Regierung antwortete der Botschafter zwei Tage später, daß Finnland bereit sei, »in Verhandlungen zu treten über einen beiderseitigen Rückzug des Militärs in eine bestimmte Entfernung von der Grenze«. Es war klar: Finnland hatte die Herausforderung angenommen. Aber auch Helsinki verhielt sich nicht geschickt. Dort wurde die Mobilisierung ausgerufen. Am 28. November 1939 annullierte die UdSSR den Nichtangriffsvertrag mit Finnland von 1932. So hatten weder Moskau noch Helsinki alle Möglichkeiten zur Vermeidung eines Kriegs ausgeschöpft.
Stalin war überzeugt davon, daß es genüge, den Finnen Ultimaten zu stellen oder schlimmstenfalls Kriegshandlungen einzuleiten, und die Regierung in Helsinki würde sogleich seine Bedingungen anneh-

men. Um so mehr, als die Berechnungen der Führung des Leningrader Militärbezirks optimistisch waren. Zuversicht verbreiteten auch Berijas Berichte. So leitete der NKWD-Volkskommissar am 5. Oktober 1939 an Stalin und Woroschilow nachrichtendienstliche Informationen weiter, die er aus London erhalten hatte:

»Der englische Gesandte in Finnland teilte zweimal mit, daß Feldmarschall Mannerheim ihn gebeten habe, der englischen Regierung mitzuteilen, daß Finnland in allernächster Zeit die sowjetischen Forderungen erwarte, analoge Forderungen, die auch Estland gestellt worden sind, das heißt Zurverfügungstellung von Marinebasen und Flughäfen auf finnischen Inseln. Laut seiner Erklärung wird Finnland gezwungen sein, die Forderungen der Sowjetunion zu erfüllen.«

Am 30. November 1939 begannen die Kriegshandlungen, die beinahe vier Monate andauern sollten. Die Warnung von Generalstabschef Schaposchnikow vor einer Unterschätzung der Finnen erwies sich als richtig. Stalin war in der Zwischenzeit noch ein großer politischer Fehler unterlaufen: Er hatte die Bildung einer sogenannten »Regierung der Finnischen Demokratischen Republik« in Moskau herbeigeführt. An ihrer Spitze stand der finnische Kommunist Otto Wilhelm Kuusinen. Am 2. Dezember unterzeichneten Molotow und Kuusinen einen »Vertrag über gegenseitige Hilfe und Freundschaft zwischen der Sowjetunion und der Finnischen Demokratischen Republik«. Diese Aktionen waren ganz im Stalinschen Geist. Der ehrlose Krieg isolierte die Sowjetunion international. Am 14. Dezember wurde sie aus dem Völkerbund ausgeschlossen. In einer TASS-Erklärung fiel zu diesem Thema ein Satz besonders ins Auge – Stalin hatte ihn diktiert –: »Nach Auffassung sowjetischer Kreise ruft diese unsinnige Entscheidung des Völkerbundes ein ironisches Lächeln hervor; und sie wird ihre unglücklichen Urheber beschämen.«
Aber es gab nichts zu lächeln. Die Truppen des Leningrader Militärbezirks waren in schwere Kämpfe verwickelt. Die Finnen hatten ihre Verteidigung meisterhaft organisiert und hielten dem Angriff erfolgreich stand. Als Stalin diese unerwartete Lage registrieren mußte, forderte er auf einer Sitzung des Hauptkriegsrats »entscheidende Schritte«.

Zwei zusätzliche Armeen, unter dem Kommando Meretzkows und Grendals, wurden zur karelischen Landenge verlegt. Timoschenko wurde zum Frontkommandeur ernannt, Schdanow zum Mitglied des Kriegsrats, SmoRodionow zum Stabschef. Stalin nahm an diesem »Winterkrieg«, wie die Finnen ihn nennen, als Mitglied des Hauptkriegsrats teil. Bei der Durchsicht zahlreicher Archivdokumente, die diese ruhmlose Kampagne beschreiben und die die Unterschriften Woroschilows, Stalins oder Schaposchnikows tragen, konnte ich mich des Eindrucks nicht erwehren, daß die politische und militärische Führung angesichts des finnischen Widerstands in Verwirrung geriet. Sie ging so weit, daß über die Köpfe der Kommandeure an der Front hinweg taktische Befehle aus Moskau an die kämpfenden Truppen gerichtet wurden.
Nach einer vierwöchigen Vorbereitung begann am 11. Februar 1940 der Versuch, nun endlich die »Mannerheim-Linie« zu durchbrechen. Die Überlegenheit der Roten Armee zeigte schließlich Wirkung. In dem Befehl an die Truppen der Nordwestfront, der am 9. Februar 1940 von Timoschenko, Schdanow und Smorodionow unterschrieben worden war, heißt es: »Der Durchbruch und die Eroberung der ›Mannerheim-Linie‹ wird die Rote Armee mit unverwelklichem Ruhm bedecken, die heldenmütige Beschützerin des großen Sowjetischen Staates. (...) Es lebe der Große Stalin!«
Anfang März 1940 wurde der sowjetisch-finnische Friedensvertrag unterzeichnet. Ruhm gab es in diesem Fall für den »Großen Stalin« allerdings nicht zu ernten. Der Sieg hatte hohe Verluste gefordert. Stalin war verärgert. Die ganze Welt hatte die schwache Kampfkraft der Roten Armee sehen können. Kurz nach der Beendigung des Kriegs, noch im März 1940, beschloß er, Woroschilow bald vom Posten des Volkskommissars für Verteidigung abzulösen. Seitdem blickte er immer ein wenig spöttisch auf den »Helden des Bürgerkriegs« herab. Außerdem mußte sich Woroschilow auf einem ZK-Plenum und vor dem Hauptkriegsrat rechtfertigen. Im Archiv ist Woroschilows Bericht erhalten geblieben. Er trägt den Titel »Die Lehren aus dem Krieg mit Finnland«. Auch Stalin hat darin Spuren hinterlassen. Er hat diverse Randbemerkungen gemacht und Korrekturen vorgenommen, bevor der Bericht verlesen werden konnte. Ich werde einige Passagen aus dem ausführlichen Papier zitieren:

»Ich muß sagen, daß weder ich – der Volkskommissar für Verteidigung – noch der Generalstab, noch die Kommandatur des Leningrader Militärbezirks zu Beginn eine vollständige Vorstellung hatten von den Besonderheiten und Schwierigkeiten, die mit diesem Krieg verbunden waren. (...) Die finnische Armee, die nicht schlecht organisiert war, war entsprechend den örtlichen Gegebenheiten und Aufgaben gerüstet und vorbereitet, und sie erwies sich als äußerst manövrierfähig, standhaft in der Verteidigung und gut diszipliniert.
Mit dem Beginn der Kampfhandlungen wurde im Zentrum eine Stawka des Hauptkriegsrats gebildet in der Besetzung Genosse Stalin, Woroschilow, Generalstabschef Schaposchnikow und Volkskommissar für Marine Genosse Kusnetzow (letzterer nahm an den Sitzungen lediglich teil, wenn Fragen der Marine erörtert wurden). Ein ständiges aktives Mitglied der Stawka war der Stellvertretende Vorsitzende des Rats der Volkskommissare Molotow, obwohl er offiziell kein Mitglied der Stawka war. Die Stawka, genauer gesagt, das aktive Mitglied Genosse Stalin, leitete faktisch alle Operationen und sämtliche organisatorische Arbeit, die mit der Front verbunden war.«

Ferner gesteht der Volkskommissar auf vielen Seiten die Unzulänglichkeiten der nachrichtendienstlichen Arbeit der Roten Armee ein, die mangelhafte technische Ausrüstung der Truppen, die starre Gliederung der Einheiten, die schlechte Winterausrüstung und Lebensmittelversorgung usw. Woroschilow berichtet weiter:

»Viele hohe Befehlshaber haben sich nicht als Herren der Lage erwiesen. Die Stawka des Hauptkriegsrats war gezwungen, viele hohe Kommandeure und Stabschefs abzulösen, da ihre Heeresführung nicht nur keinen Nutzen brachte, sondern auch anerkanntermaßen schädlich war. (...) Diesen ihren Sieg konnte die Rote Armee vor allem deshalb vergleichsweise schnell erreichen, weil vom Moment der Kriegsentstehung bis zum siegreichen Ende die faktische Führung des Kriegs der Genosse Stalin auf sich genommen hatte.«

Ob Woroschilow es wußte oder nicht, er machte für die stümperhafte Kriegführung und die schlechte Vorbereitung auf den Krieg den Diktator verantwortlich, indem er erklärte, daß der »Genosse Stalin«

faktisch alle Operationen geführt habe. Obwohl der Bericht des Volkskommissars übersät war mit den mittlerweile zum Alltag gehörenden Tiraden an die Adresse des »Führers«, verschlechterte sich Stalins Laune.

In seinem Schlußwort auf der Sitzung des Hauptkriegsrats, auf der Woroschilow seinen Bericht vorgetragen hatte, sagte Stalin richtige Worte: Wir müssen »den Kult der Verehrung der Erfahrung aus dem Bürgerkrieg zerschmettern, er verstärkt unsere Rückständigkeit. Wir haben neue Leute: Aljabuschew, Tschurjulow, Mladenzew, Rytschagow und andere – das sind Meister, Ingenieure des Krieges. Der Einfluß der Teilnehmer des Bürgerkriegs unter unseren Kommandeuren ist übermächtig und hindert die jungen Kader an ihrem Vorwärtsschreiten.«

Ja, den »Kult« des Bürgerkriegs mußte man »zerschmettern«. Aber es gab schon keinen »übermächtigen Einfluß der Teilnehmer des Bürgerkriegs« mehr. Viele Tausende von ihnen waren 1937/38 umgekommen. Auch einige »Ingenieure des Krieges«, wie etwa Rytschagow, werden am kommenden Krieg auf Stalins Veranlassung nicht teilnehmen.

Stalin litt mehr als alle anderen unter der Schmach des »Winterkriegs«, aber wie immer sah er bei sich keine Schuld. Schuld war in seinen Augen vor allem der Volkskommissar für Verteidigung. Stalin kritisierte Woroschilow im Politbüro erbarmungslos. Auf seinen Vorschlag bildete kurz darauf der Hauptkriegsrat einige Kommissionen, die die Lehren aus dem »Winterkrieg« ziehen sollten. Im Mai 1940 wurde Woroschilow als Volkskommissar für Verteidigung abgelöst, aber gleichzeitig zum Stellvertreter des Vorsitzenden des Rats der Volkskommissare und zum Vorsitzenden des Verteidigungskomitees des Rats der Volkskommissare ernannt. Volkskommissar für Verteidigung wurde nun der Kommandeur des Kiewer Militärsonderbezirks Timoschenko, der zugleich zum Marschall der Sowjetunion befördert wurde.

Stalin hatte begriffen, was für ein Heerführer Woroschilow war. Und Hitler war verwundert und erfreut. Seine strategischen Pläne, so schien es, beruhten auf richtigen Berechnungen. Der Sieg gegen Finnland hatte der Sowjetunion eine moralische Niederlage eingebracht. Das wußten sowohl Stalin als auch Hitler. Jeder zog daraus seine Schlußfolgerungen.

Stalin überkam eine Unsicherheit, wie er sie in den letzten Jahren nicht gekannt hatte. Seit dem Ende des sowjetisch-finnischen Kriegs beherrschte ihn eine Idee: »Wenn Hitler nicht provoziert wird, wird er nicht angreifen.« Das kriegerische Deutschland hatte einen »unkriegerischen« Bündnispartner erhalten. Das hatte man in Berlin schnell begriffen. Hitler war dabei, seine letzten Vorbereitungen für den Feldzug nach Osten zu treffen. Und Stalin konnte nur warten und versuchen, Zeit zu gewinnen.

In einer Rede am 24. Juni 1945 sagte Stalin bei einem Empfang im Kreml: »Unsere Regierung hat nicht wenig Fehler gemacht.« Davon, daß er Fehler gemacht hatte, war nicht die Rede. Diese Fehler wurden nicht nur während des Kriegs gemacht, sondern auch vor dem Krieg. Und wahrscheinlich war der größte Fehler die Unterzeichnung des deutsch-sowjetischen Grenz- und Freundschaftsvertrags am 28. September 1939. In diesem Vertrag wurden die Interessensphären abgesteckt und eine entsprechende Karte beigefügt. Die Grenze unterschied sich von der, die im »Geheimen Zusatzprotokoll« zum Nichtangriffsvertrag vom 23. August 1939 bestimmt worden war. Sie verlief im wesentlichen entlang der Flüsse Narew, Bug und San.

Bei den Verhandlungen am 27. und 28. September zwischen Molotow und Ribbentrop in Moskau, an denen, wie schon im August, auch Stalin teilnahm, wurde offiziell »Freundschaft« geschlossen zwischen der sozialistischen Sowjetunion und Hitlerdeutschland. Diese Tatsache entmutigte und desorientierte die antifaschistischen Kräfte in der ganzen Welt. Während der Nichtangriffsvertrag ein Produkt der Umstände war, war der Vertrag über die »Freundschaft« ein Ergebnis der Selbstüberschätzung Stalins. Stalin überschritt bei seinem Streben, einen Krieg zu vermeiden oder zumindest hinauszuschieben, bei weitem die ideologisch gerechtfertigten Grenzen.

Stalin und die Armee

In den Vorkriegsjahren gehörte der Armee die Liebe des Volks. Die Soldaten, die sich im Fernen Osten gegen Japan, im Spanischen Bürgerkrieg oder im sowjetisch-finnischen Krieg ausgezeichnet hatten, wurden zu Nationalhelden. Die Militärschulen konnten über

Nachschub nicht klagen. Dem Volk war für die Armee nichts zu schade. Das Dienen in der Armee war eine ehrenvolle Aufgabe. Die Männer in den Soldatenmänteln glaubten an Stalin und die Partei, obwohl der Schock, den die blutige Säuberung hervorgerufen hatte, noch nicht völlig abgeklungen war. Das Volk war stolz auf seine Armee, die in kürzester Zeit modernisiert worden war. Und, davon waren alle überzeugt, die Rote Armee war in der Lage, die Grenzen des ersten sozialistischen Staates der Welt zu beschützen.

Aber obwohl der sowjetisch-finnische Krieg in der Presse glorifiziert worden war, rief sein Verlauf Unverständnis bei den sowjetischen Menschen hervor. Solch eine große und mächtige Armee, wie sie in der Presse gepriesen wurde, hatte nur unter größten Mühen die Streitkräfte eines kleinen Landes besiegen können.

Die desolate Situation in der Roten Armee war auch eine Folge der Säuberung. Sie hatte vor allem die hohen Kommandokader getroffen, die Politarbeiter und den Zentralapparat des Volkskommissariats für Verteidigung. Nach den vorhandenen Angaben wurden von Mai 1937 bis September 1938, das heißt im Verlauf von eineinhalb Jahren, in der Armee 36 761 Personen Repressalien unterworfen und in der Flotte mehr als 3000. Ein Teil von ihnen hatte das »Glück«, lediglich aus der Armee entlassen zu werden. Als Resultat des Kampfes gegen die »Volksfeinde« in den Jahren 1938 bis 1940 wurden alle Bezirkskommandeure abgelöst, die Stabschefs, Bezirksleiter und Stellvertreter der Kommandeure wurden zu neunzig Prozent ausgewechselt, die Korps- und Divisionskommandeure zu achtzig Prozent, die Kommandeure und Stabschefs zu neunzig Prozent. Eine weitere Folge der blutigen Säuberung war die starke Verminderung des intellektuellen Potentials in der Armee und in der Flotte. Zu Beginn des Jahres 1941 hatten lediglich 7,1 Prozent der kommandoführenden Soldaten eine höhere Militärausbildung, 55,9 Prozent eine mittlere, 24,6 Prozent eine beschleunigte Ausbildung (Kurse) und 12,4 Prozent keine militärische Ausbildung genossen.

Nachdem Wyschinski und Ulrich auf den Geschmack gekommen waren, schlugen sie vor, die Strafgerichtsprozeduren zu vereinfachen. Wyschinski wandte sich an Woroschilow und Jeschow und bat, eine »Sonderberatung« beim NKWD zu bevollmächtigen, militärische Ränge zu widerrufen, was bis dahin eines Gerichtsurteils bedurft

hatte. Und Ulrich hatte im April 1938 »bewiesen«, daß es unumgänglich sei, »aus dem Obersten Gericht der UdSSR ein Militärkollegium auszusondern und es zu einem Militärtribunal der UdSSR zu reorganisieren«. Diese Leute wollten, daß über jedem Soldaten eine spezielle Axt der »Rechtsprechung« hing.
Stalin lebte in einer Welt, in der immer neue »Feinde« auftauchten. Sein pathologisches Mißtrauen steckte seine Umgebung an und erzeugte furchtbare Wellen der Gewalt. Auf seine Anweisung hin »säuberte« Mechlis die Kader. In den Militärbezirken und Akademien trafen chiffriert seine Direktiven ein:

»Moskau PURKKA (Politische Verwaltung der Roten Armee; A.d.Ü.). An Kusnetzow. Stellen Sie eine Kommission zur Überprüfung der unterrichtenden Kader der Lenin-Akademie zusammen. Wenn noch Teilnehmer der Tolmatschewski-Gruppierung übriggeblieben sind, so sind sie bis zum letzten zu beseitigen.
5. Juli 1938 Mechlis«

Und es wurde beseitigt. Überall. Hunderte. Tausende. Obgleich ein furchtbarer Krieg näher rückte. Zu Beginn des Jahres 1939 ging die Kampagne zur Entlarvung von »Volksfeinden« und »Anhängern« Tuchatschewskis, Jakirs, Uborewitschs und anderer unschuldig getöteter Militärführer langsam zurück. Aber noch am 14. Juni 1939 berichtete Ulrich:

»Genossen J. W. Stalin
Genossen W. M. Molotow
Zum gegenwärtigen Zeitpunkt gibt es eine große Anzahl von Verfahren gegen Teilnehmer an rechtstrotzkistischen, bürgerlich-nationalistischen und Spionageorganisationen.

Im Moskauer Militärbezirk	800 Verfahren
im Nordkaukasischen Militärbezirk	700 Verfahren
im Charkower Militärbezirk	500 Verfahren
im Sibirischen Militärbezirk	400 Verfahren

Im Interesse der Geheimhaltung schlagen wir vor, zu den Gerichtsverhandlungen keine Verteidiger zuzulassen. Ich bitte um Anweisung.

Militärjurist W. Ulrich«

Die Lage in einigen Militärbezirken war katastrophal. Zur Illustration hier ein Dokument vom März 1938:

»Beschluß des Militärrats des Kiewer Militärbezirks zur Lage der Kader in der Kommando-, befehlshabenden und politischen Besetzung des Militärbezirks.
1. Als Resultat der durchgeführten großen Arbeit zur Säuberung der RKKA-Reihen von feindlichen Elementen und der Beförderung aus den unteren Reihen uneingeschränkt der Partei Lenins-Stalins ergebener Kommandeure, Politarbeiter, Befehlshaber sind die Kommandokader der Befehlshabenden und der Politarbeiter fest um unsere Partei, um den Führer der Völker, den Genossen Stalin zusammengeschlossen, um die politische Festigung und den Erfolg bei der Erhöhung der Kampfkraft der Abteilungen der RKKA zu sichern. (...)
3. Den Volksfeinden ist es gelungen, auf dem Gebiet der Kaderaufstellung viel zu verderben. Der Militärrat stellt als wichtigste Aufgabe, die Reste der feindlichen Elemente endgültig auszumerzen, wobei jeder Kommandeur, Befehlshaber, Politkommissar bei seiner Beförderung intensiv überprüft werden soll und wobei nur gründlich kontrollierte, ergebene und wachsende Kader zur Beförderung gelangen dürfen. (...)
Kommandeur der Truppen des Kiewer Militärbezirks
Armeekommandeur 2. Ranges Timoschenko
Mitglied des Militärrats
Korpskommandeur Smirnow
Mitglied des Militärrats
Sekretär des ZK der KPU(B) Chruschtschow«

Am 5. Mai 1941 hielt Stalin im Kreml eine Rede vor Absolventen der Militärakademie. Er war aufrichtig wie sonst selten und sprach über vieles, was eigentlich ein Staatsgeheimnis darstellte. So versuchte Stalin die Selbstsicherheit der jungen Kommandeure und ihr Vertrauen in die Kraft der Roten Armee zu stärken. Er berichtete über die Modernisierung der Armee und ihre rasche Erweiterung. Zu Beginn des Jahres 1941, erklärte Stalin, zähle die Armee 300 Divisionen (er sagte nicht, daß nur die Hälfte davon einsatzbereit war), von denen ein Drittel mechanisiert sei. »Die Rote Armee ist eine moderne Armee, und eine moderne Armee ist eine offensive Armee.« Hier

zeigte sich wieder ein ernsthafter Mangel von prinzipiellem Charakter: die Unterschätzung der strategischen Verteidigung und von Verteidigungsoperationen. Obwohl die militärpolitische Führung des Landes immer den defensiven Charakter der Militärdoktrin der UdSSR unterstrich, wurde eine offensive Verteidigungsstrategie ausgearbeitet: »Der Krieg wird auf dem Territorium des Gegners geführt werden, und der Sieg muß mit wenig Blutvergießen erreicht werden.« Im Geiste dieser Konzeption war auch das Buch N. Schpanows »Der erste Schlag«, das die Einstellungen eines bedeutenden Teils der Bevölkerung und der Militärangehörigen vor dem Krieg wiedergab. Das Buch prophezeite, daß nach dem vernichtenden Schlag der Roten Armee gegen das angreifende faschistische Deutschland dort ein Aufstand gegen das Naziregime ausbrechen werde.
Warum besiegte Deutschland seine Gegner? War es unbesiegbar? Auch darauf antwortete Stalin in seiner Rede relativ offen:

»Den Deutschen ist es gelungen, Frankreich und England die Verbündeten zu nehmen.« Diese Verbündeten konnten unter den herrschenden damaligen Bedingungen nur wir sein. Die deutsche Armee war nicht unbesiegbar. »Jetzt brüstet sie sich mit räuberischen Losungen, in ihr wachsen die Selbstsicherheit und die Prahlerei. Und das ist eindeutig das allerschlimmste.«

Diese falsche Vorstellung von der »Prahlerei« der Deutschen wurde sofort aufgegriffen. In einem Dokument des Generalstabs stand dazu folgendes: Deutschland habe im Jahr 1940 gesiegt »aufgrund der allzu günstigen Umstände, die sich für Deutschland eingestellt hatten«, und diese Siege seien nicht ohne »Zutun günstiger Zufälle« bewerkstelligt worden. In einem Entwurf für die Direktive »Über die Aufgaben der politischen Propaganda in der Roten Armee« wurde behauptet: »Die deutsche Armee hat den Geschmack an einer weiteren Verbesserung der Kriegstechnik verloren. Ein bedeutender Teil der deutschen Armee ist des Krieges müde geworden.«
Stalin war allerdings erstaunt gewesen, als er gesehen hatte, mit welcher Leichtigkeit die Wehrmacht ihre Gegner im Westen niederwarf. Stalin war nicht davon überzeugt, daß die Rote Armee aus dieser überraschenden Entwicklung rechtzeitig ihre Lehren ziehen konnte. Nachdem Stalin einen Überblick über die Strategie des deutschen Heeres

studiert hatte, befahl er dem neuen Volkskommissar für Verteidigung Timoschenko, die Kampfbereitschaft der Roten Armee zu stärken.
Es gab vieles, was Stalin nicht wußte. Beispielsweise wußte er nicht, wie Hitlers Generäle die Lage in der Roten Armee beurteilten. Hitler wußte von den Repressalien, die in den Jahren 1937 und 1938 über die Rote Armee gekommen waren, und wie erst nach dem Krieg bekannt wurde, verlangte er von seinen Nachrichtendiensten einen Bericht über die Qualität des Offizierskorps der sowjetischen Streitkräfte. Eineinhalb Monate vor Beginn des Kriegs wurde Hitler auf der Grundlage eines Berichts des deutschen Militärattachés in Moskau Oberst Krebs folgendermaßen unterrichtet: »Das Offizierskorps der Roten Armee ist nicht nur quantitativ, sondern auch qualitativ geschwächt. Es erweckt einen schlechteren Eindruck als im Jahr 1933. Rußland wird Jahre benötigen, um das frühere Niveau zu erreichen.«
In der Geschichte läßt sich kaum ein zweites Beispiel finden, daß ein Staat sich vor Beginn eines tödlichen Kampfes selbst geschwächt hat.
Georgij Konstantinowitsch Schukow erinnerte sich, daß man ihm während eines großen Kriegsspiels im Dezember 1940 vorgeschlagen hatte, die »Blauen« zu kommandieren, das heißt die Wehrmacht. Armeegeneral Dimitri Grigorewitsch Pawlow, der Kommandeur des westlichen Militärsonderbezirks, führte die »Roten«. Schukow schrieb:

»So kam es, daß ich, während ich die ›Blauen‹ kommandierte, in der Tat Operationen entwickelte, die ein halbes Jahr später als reale Kampfhandlungen stattfanden. Die Konfiguration unserer Grenzen, die Örtlichkeiten, die Lage – all das führte mich eben zu den Entscheidungen, welche später die Faschisten getroffen haben. Die Schiedsrichter verkürzten künstlich das Tempo des Vormarsches der ›Blauen‹. Und nichtsdestoweniger rückten die ›Blauen‹ am 8. Tag bis zum Gebiet von Baranowitsch vor. Als man mir im Januar 1941 auftrug, dem Obersten Militärrat die Resultate dieses strategischen Spiels mitzuteilen, lenkte ich die Aufmerksamkeit der Führung auf die ungünstige Lage der Festungsanlagen entlang der neuen Grenze. Es wäre günstiger gewesen, sie hundert Kilometer ins Landesinnere zu versetzen. Das heißt, ich habe eine kritische Bemerkung über einen Beschluß gemacht, den Stalin gefaßt hatte.
Stalin hörte sich meinen Bericht aufmerksam an. Einer Frage schenkte er besondere Aufmerksamkeit: Warum waren die ›Blauen‹ derart

stark, warum waren in der Ausgangslage unseres Spiels derart starke deutsche Kräfte vorausgesetzt worden? Ich antwortete, daß diese Kräfte den Möglichkeiten der Deutschen entsprächen und ebenso den realen Berechnungen all der Kräfte, die die Deutschen in der Anfangsphase gegen uns aufstellen könnten und die damit durch ihren ersten Hauptschlag einen größeren Vorteil erreichen könnten.«

Stalin gefiel Schukows Bericht, seine Argumentation, sein Mut bei der Verteidigung seiner Auffassungen. Und bald, im Februar 1941, wurde er auf Empfehlung des »Führers« zum Generalstabschef ernannt. Stalins Intuition hatte sich in diesem Fall nicht getäuscht. Die Beförderung Schukows war eine seiner richtigen Kaderentscheidungen, wie sich später zeigen sollte.

Aber meist hatten die Militärführer es schwer mit Stalin, vor allem, weil der »Führer« häufig ihre Initiativen abblockte. Mit vielen Problemen, die die Militärbezirkskommandeure, die Volkskommissare oder ihre Vertreter hätten lösen können, wandte man sich nach wie vor an Stalin. Beispielsweise berichtete Woroschilow Stalin, daß am 15. Juni 1939 ein Rotarmist namens Tschirikow ein Attentat auf den Kommandeur der Reserve Pjatkin verübt habe. In Wirklichkeit war es während eines Appells zu einer Rauferei zwischen zwei angetrunkenen Männern gekommen. In Woroschilows Darstellung aber war die Rede von einem »Attentat«. Anstatt die Angelegenheit einem Gericht zu übergeben oder ein Disziplinarverfahren gegen die beiden Männer einzuleiten, berichtet der Volkskommissar Stalin. Der Beschluß des letzteren ist erbarmungslos: »Innerhalb von zwei Tagen verurteilen, zum Tod durch Erschießen verurteilen, Urteil vollstrekken, dem Regiment davon Meldung machen. J. Stalin«

In anderen Fällen hat sich Stalin eines Besseren besonnen. Manchmal stimmte er auch einer Neubewertung von Verfahren zu. So wandte sich Woroschilow einmal an Stalin und bat um die Entlassung des ehemaligen Stabsführers der Luftstreitkräfte der 1. Armee Wolodin. Auch der aberkannte Leninorden solle ihm zurückgegeben werden. Der »Führer« entschied:

»An den Genossen Woroschilow.
Einverstanden.
11. 2. 1939 J. Stalin«

Stalin empfand es als sein Recht, selbstherrlich über das Schicksal von Menschen zu entscheiden. Bis zu Beginn des Kriegs glaubten er und viele sowjetische Bürger, daß er unfehlbar sei. Es bedurfte nur eines Junitags im Jahr 1941, um diese Illusion verfliegen zu lassen.

Im Verlauf des Jahres 1940 besuchte Timoschenko alle westlichen Militärbezirke, er befahl für einige Einheiten Alarmbereitschaft und nahm an einer Reihe von Lehrgängen und Manövern teil. Die Besuche des Volkskommissars für Verteidigung und seine Teilnahme an Schulung und taktischer Ausbildung, seine Auftritte auf Versammlungen wurden in der Presse breit dargestellt.

Im Verlauf von Timoschenkos Inspektionsreisen kamen schwerwiegende Mängel zutage. Die Kommandeure und die Politkommissare verfügten nicht über die notwendige Erfahrung und begriffen die neuen Elemente der militärischen Ausbildung nur langsam. Die Kampfkraft der Einheiten erreichte nicht das Soll.

Die Analyse zahlreicher Archivdokumente und die Erinnerung von Zeitgenossen lassen den Schluß zu, daß sich Stalin in den letzten zwei Jahren vor dem Krieg nicht nur um eine quantitative Vergrößerung der Roten Armee und der Flotte bemühte, sondern auch um eine qualitative Verbesserung des gesamten militärischen Apparats. Aber die Fristen für die Reorganisierung und Verbesserung gingen von der falschen Voraussetzung aus, daß es gelingen würde, den Krieg abzuwenden oder ihn zumindest für einige Zeit hinauszuschieben. Konstantin Michajlowitsch Simonow schreibt in seinen Aufzeichnungen von Gesprächen mit Schukow: »Stalin war überzeugt, er würde aufgrund des Pakts Hitler um den kleinen Finger wickeln. Obgleich später alles ganz anders kam.« Zu jener Zeit, so erinnerte sich Schukow, »unterstützten die Menschen, die Stalin umgaben, seine politischen Urteile, die er bereits vor dem Krieg gefällt hatte. Und vor allem unterstützten sie ihn in der Überzeugung, daß, wenn wir es zu keiner Provokation unsererseits kommen ließen, wenn wir keinen falschen Schritt machten, Hitler sich nicht entschließen würde, den Pakt zu zerreißen und uns zu überfallen.« Bei der Bekräftigung dieses Standpunkts spielte Molotow eine wichtige Rolle. Dieser bestand nach einer Reise nach Berlin im November 1940 weiterhin darauf, daß Hitler die Sowjetunion nicht angreifen werde. Stalin hielt Molotow in internationalen Dingen für außerordentlich kompetent.

Das Verteidigungsarsenal

Mitte November 1940 veröffentlichte die »Iswestija« zwei Kommuniqués über die Reise des Vorsitzenden des Rats der Volkskommissare und des Volkskommissars für Äußeres Molotow nach Berlin und über die Verhandlungen mit der deutschen Führung. »Im Rahmen der freundschaftlichen Beziehungen, die zwischen den beiden Ländern existieren, in einer Atmosphäre gegenseitigen Vertrauens« habe ein Meinungsaustausch stattgefunden zwischen Molotow, dem deutschen Reichskanzler Adolf Hitler, dem Minister für Auswärtige Angelegenheiten Joachim von Ribbentrop, dem Reichsmarschall Hermann Göring und dem Stellvertreter Hitlers in der NSDAP Rudolf Heß. In Wirklichkeit aber existierte keinerlei »gegenseitiges Vertrauen«. Mit jeder Stunde wuchsen Vorsicht und Mißtrauen gegenüber den »Freunden«. Ich werde auf diese Episode zurückkommen.

Die Partei, die Staatsorgane, die Volkskommissariate taten viel zur Erhöhung der Kampfkraft der Armee. Dafür gab es ein Potential. Die industrielle Basis des Landes war in den dreißiger Jahren zu einer der stärksten in der Welt geworden, obwohl qualitative Mängel unübersehbar waren. An der Spitze derjenigen Volkskommissariate, die von erstrangiger Bedeutung für die Verbesserung der Verteidigungsfähigkeit des Landes waren, standen talentierte Organisatoren: I. F. Tewossjan, W. A. Malyschew, A. I. Schachurin, I. A. Lichatschow, D. F. Ustinow, B. L. Wannikow und andere.

Nun war Stalin genötigt, sich noch intensiver mit Verteidigungsfragen zu befassen. Er kannte alle Volkskommissare und viele Fabrikdirektoren persönlich, und er lud sie zu sich ein, um ihre Berichte zu hören. Wie Wannikow und Ustinow erzählten, habe Stalin ziemlich schnell den Kern der Produktionsprozesse, der Entwicklungsrichtungen, der technologischen Grundlagen und Schwierigkeiten erfaßt. Die Überwindung dieser Schwierigkeiten, so nahm Stalin wie üblich an, sei nur möglich, wenn alle Mittel zu einer äußersten Kraftanstrengung mobilisiert würden.

In den Vorkriegsjahren, so erinnerte sich Wannikow, nahm sich Stalin in vielerlei Hinsicht selbst Fragen der Verteidigungsindustrie an, obwohl Nikolaj Alexejewitsch Wosnessenski deren »Chef« war. Die Rolle, die Wosnessenski im Krieg gespielt hat, ist bislang leider unzureichend beschrieben worden. Sie war bedeutend. Da Stalin keine Fachkenntnisse besaß, verließ er sich nicht auf wissenschaftlich-technische Möglichkeiten, sondern mehr auf die Methoden des Drucks und der Drohung. Wannikow schreibt, daß Stalin nach einer Sitzung gesagt habe: »Die Konstrukteure lassen immer Reserven für sich übrig, sie zeigen nicht vollständig die vorhandenen Möglichkeiten; man muß sie kräftiger aus ihnen herausdrücken.«

Und Stalin »drückte heraus«. In den Memoiren des späteren Volkskommissars für Rüstung und Verteidigungsministers Dimitri Fjodorowitsch Ustinow wird berichtet, daß es gelungen sei, ein Artilleriesystem in der Rekordzeit von achtzehn Tagen zu entwickeln. So arbeiteten die Menschen in den Kriegsjahren.

Stalins Alleinherrschaft hatte oft üble Folgen in der Rüstungsindustrie. So hatte zum Beispiel Marschall Kulik vor dem Krieg vorgeschlagen, das Kaliber der Panzerkanonen zu vergrößern. Kulik war damals Leiter der Hauptartillerieverwaltung. Zusammen mit Schdanow bestand er darauf, die 45- und die 75-Millimeter-Kanonen gegen 107-Millimeter-Geschütze auszutauschen. Stalin war sofort einverstanden, da er sich an eine Kanone dieses Kalibers aus dem Bürgerkrieg erinnerte. Jedoch hatte er nicht berücksichtigt, daß dies ein Feldgeschütz war und daß an eine Panzerkanone andere Anforderungen gestellt werden mußten. Der Volkskommissar für Rüstung Wannikow, die Fabrikdirektoren Eljan und Fradkin widersprachen Stalin, Schdanow und Kulik vorsichtig. Ohne Erfolg. Die Argumente, die auf wissenschaftlichen Berechnungen beruhten, überzeugten Stalin nicht. Man versammelte sich erneut. Wie sich Wannikow erinnerte, nahm die Diskussion einen bösartigen Charakter an. Stalin wandte sich an die anderen und sagte hart: »Wannikow will keine 107-Millimeter-Kanonen für die Panzer machen.« Schdanow unterstützte Stalin sogleich: »Wannikow hat sich schon immer widersetzt, das ist der Stil seiner Arbeit.« Weiterzustreiten war sinnlos und gefährlich.

Nach diesen Auseinandersetzungen unterzeichnete Stalin die von Schdanow vorbereitete Anordnung. Am Vorabend des Kriegs wurde die Produktion von Panzerkanonen kleineren Kalibers eingestellt. Der Krieg sollte bald zeigen, daß dies eine grobe Fehlentscheidung war. Man mußte zur Produktion der kleineren Geschütze zurückkehren. Wieviel Zeit war verschenkt worden! Wieviel Kraft mußte aufgewendet werden, um die Produktion wieder umzustellen! Einen Monat nach Kriegsbeginn fand Stalin die Schuldigen – Kulik und

Schdanow. Er schimpfte, er empörte sich und konnte sich während seiner langen Tirade in der Sitzung des Politbüros nicht daran erinnern, daß er diesen katastrophalen Fehler gemacht hatte. Er konnte anderen Fehler, die er selbst gemacht hatte, nicht verzeihen.

Die 18. Parteikonferenz, die im Februar 1941 stattfand, befaßte sich vor allem mit Verteidigungsfragen. Der Bericht Georgij Malenkows, der rasch zum ZK-Sekretär aufgestiegen war, »Über die Aufgaben der Parteiorganisationen auf dem Gebiet der Industrie und des Transports« befaßte sich mit den Möglichkeiten der Umstellung der Industrie auf Rüstungsproduktion. Nach Stalins Willen war vorgesehen, die Industrieproduktion im Jahr 1941 um 17 bis 18 Prozent zu steigern. Das Volk war bereit, vieles zu opfern, um die Sicherheit des Landes zu gewährleisten. Während die Verteidigungsausgaben im Zeitraum des ersten Fünfjahresplans 5,4 Prozent aller Staatsausgaben ausgemacht hatten, erhöhte sich ihr Anteil am Staatshaushalt im Jahr 1941 auf 43,4 Prozent!

Stalin drängte und forderte: »Machen, koste es, was es wolle!« Die Nichterfüllung seiner Anweisungen konnte tödliche Folgen haben. Das wußten alle. Und sie wußten auch, daß das Land im kommenden Krieg standhalten und daß dafür das Unmögliche geleistet werden mußte. Und sie haben es getan: Als die Hitler-Wehrmacht uns überfiel, hatte die Industrie 2700 moderne Flugzeuge und 4300 Panzer produziert.

Viel Wert wurde nun auch auf die Erhöhung der Disziplin gelegt. Unpünktlichkeit zog harte Strafen nach sich. Die Fahrlässigkeit in den Betrieben nahm merklich ab. Auch die führenden Funktionäre der Partei wurden einem größeren Druck ausgesetzt. Auf Stalins Drängen wurden auf der 18. Parteikonferenz außerordentliche Maßnahmen getroffen. Sechs Mitglieder des Zentralkomitees, darunter Litwinow und Schtschadenko, wurden zu Kandidaten herabgestuft, weil sie ihre Pflichten als ZK-Mitglieder nicht erfüllt hätten. Fünfzehn Kandidaten, unter ihnen Molotows Frau, wurden aus dem ZK ausgeschlossen. Abgelöst wurden auch neun Mitglieder der Zentralen Revisionskommission »wegen Nichterfüllung ihrer Pflichten«. Die Volkskommissare Michail Kaganowitsch, Denissow, Sergejew, Schaschkow, Ischkow, Bogatyrew wurden in einem speziellen Beschluß der Parteikonferenz verwarnt: »Wenn sie sich nicht bessern, wenn sie die Anweisungen der Partei und der Regierung nicht befolgen, so werden

sie aus den Führungsorganen der Partei entfernt und entlassen.« Für einige von ihnen war dies die Ankündigung ihres Endes.
Die freigewordenen Plätze im ZK nahmen auf Stalins Vorschlag vor allem Militärangehörige ein, darunter Schukow, Saporoschez, Tjulenew, Kirponos, Jumaschew, Apanasenko und einige andere. Der Einfluß des Militärs wuchs.
Stalin wußte, daß alles von der Mobilisierung aller Ressourcen des Landes abhing und von seiner Fähigkeit, die künftigen Gefahren zu bestehen, obgleich er nicht glauben wollte, daß sie so nahe waren. Um die Zusammenarbeit zwischen den staatlichen Stellen und den Parteiorganisationen zu verbessern und zur »unbedingten Gewährleistung der Einheit in ihrer Führungsarbeit«, beschloß das ZK, Stalin auch zum Vorsitzenden des Rats der Volkskommissare zu ernennen.
Im September 1939 war auf Anordnung Stalins im Politbüro der Beschluß gefaßt worden, bis 1941 neun neue Flugzeugfabriken zu bauen! Ebenso viele Fabriken sollten rekonstruiert werden. Es galt, große Rückstände aufzuholen. Die Flugzeugindustrie begann nach einem harten Arbeitsplan ihre Produktion zu steigern. Der zuständige Volkskommissar berichtete dem ZK täglich über die Anzahl der fertiggestellten Flugzeuge und Motoren. Die Menschen verließen die Produktionshallen, die Laboratorien und Konstruktionsbüros oft mehrere Tage hintereinander nicht. Es gelang den Flugzeugbauern auf diese Weise, ihren Produktionsausstoß zu erhöhen. Allerdings begannen sie erst in der zweiten Hälfte des Jahres 1940, moderne Flugzeuge herzustellen.
Die Qualität der eilig fertiggestellten Flugzeuge war häufig nicht sehr hoch. Die Unfälle bei den Luftstreitkräften nahmen zu. Die täglichen Nachrichten über die Verluste waren entmutigend. Stalin sah nicht technische Mängel durch die forcierte Produktion als Ursache an, sondern suchte die Fehler beim Flugpersonal und unterstellte Sabotage. Er ordnete eine Untersuchung an.
Am 12. April legten Timoschenko und Schukow Stalin ihren Befehlsentwurf vor. Darin heißt es:

»Der Oberste Militärrat der Roten Armee ist nach einer Untersuchung der Unfälle und Katastrophen in den Luftstreitkräften der Roten Armee zu dem Schluß gekommen, daß die Unfälle nicht nur nicht geringer werden, sondern immer häufiger – wegen der Pflichtverletzung des Flug- und Kommandopersonals der Luftstreitkräfte, die zu Verletzungen elementarer Regeln im Flugdienst geführt haben. Wegen der Pflichtverletzungen werden bei Unfällen und Katastrophen im Durchschnitt täglich zwei bis drei Flugzeuge zerstört, was, auf das ganze Jahr umgerechnet, 600 bis 900 Flugzeuge bedeutet. Schon innerhalb des ersten knappen Quartals des Jahres 1941 kam es zu 71 Katastrophen und 156 Unfällen, dabei wurden 141 Menschen getötet und 138 Flugzeuge zerstört.«

Der Leiter der Hauptverwaltung der Luftstreitkräfte Rytschagow wurde abgesetzt, und eine Reihe von Kommandeuren wurde dem Gericht übergeben. Der Entwurf, auf dem Korrekturen Schdanows und Malenkows zu finden sind, wurde von Stalin genehmigt und mit einem bemerkenswerten Begleitschreiben versehen:

»Genosse Timoschenko.
Ich bin einverstanden, jedoch mit einem Vorbehalt, daß in der Verordnung ein Absatz über den Genossen Proskurow aufgenommen wird und daß der Genosse Proskurow ebenso wie der Genosse Mironow dem Gericht übergeben wird. Das wird nur ehrenhaft und gerecht sein.
J. Stalin«

Die Lage in der Panzer-, Artillerie- und Munitionsproduktion war ebenfalls nicht leicht. Die Konstrukteure Koschkin, Morosow und Kutscherenko schufen zwar innerhalb kürzester Zeit den berühmten Panzer T-34. Aber davon und von dem schweren Panzer vom Typ KW hatte die Armee zu Beginn des Kriegs lediglich rund 2000 Stück erhalten. Ähnlich sah die Lage in anderen Bereichen aus.
In dem Buch »Die Kriegswirtschaft der Sowjetunion während des Großen Vaterländischen Krieges«, das Wosnessenski im Jahr 1947 geschrieben hat, heißt es: »Der Krieg fand die sowjetische Militärindustrie im Prozeß der Aneignung neuer Technik vor; eine massenhafte Fertigstellung von moderner Militärtechnik war noch nicht organisiert.«
Stalin, das Politbüro und die Volkskommissariate suchten einen Ausweg. Sie verlangten einen gigantischen Kraftakt der Sowjetbürger. Die Rüstungsfabriken wurden auf kriegswirtschaftliche Bedin-

gungen umgestellt. Das Dreischichtensystem wurde eingeführt. Die Disziplin wurde weiter verstärkt. Allabendlich berichtete man Stalin über den Stand der Planerfüllung. In den letzten Jahren vor dem Krieg war auf Vorschlag Wosnessenskis der Umfang der Investitionen in Objekte der Verteidigungsindustrie im Osten des Landes stark gewachsen.

Stalin beunruhigte auch die Landwirtschaft. Deren Erträge waren nach wie vor gering. Auf Politbürositzungen, in persönlichen Unterredungen mit seinen Gehilfen über die Lage auf dem Land wurde Stalin berichtet, daß die Kolchosbauern sich ihrer Privatlandwirtschaft mehr zuwendeten als der gemeinschaftlichen. Darin mußte der Grund für die Mißstände liegen. Stalin beauftragte Andrejew, sich mit dieser Frage in Vorbereitung eines ZK-Plenums zu befassen. Das Plenum fand Ende Mai 1939 statt. Der Grundtenor von Andrejews Bericht war, daß erneut harte Maßnahmen getroffen werden müßten, um den Umfang des Privatlandes der Kolchosbauern wesentlich einzuschränken. Außerdem seien Arbeitstagsmindestleistungen für jedes Kolchosmitglied festzulegen.

Das Plenum leitete Molotow. Das Stenogramm ist nicht veröffentlicht worden. Aber es gibt in den Archiven einige Auszüge und andere Materialien, die davon Zeugnis ablegen, daß Stalin und seine Umgebung nach wie vor auf das Kommandosystem in der Landwirtschaft setzten. In Andrejews Bericht wurde beispielsweise folgendes angeführt:

»Im Kiewer Gebiet arbeiteten 5,8 Prozent der Artelmitglieder nicht in den Kolchosen, und 18 Prozent der Kolchosbauern arbeiteten lediglich an weniger als fünfzig Arbeitstagen.«

Stalin unterbricht den Referenten: »Was sind das für welche, die nicht in den Kolchosen arbeiten, ist das nicht herausgefunden worden?«
Andrejew: »Es ist nicht herausgefunden worden, Genosse Stalin. Es ist uns nicht gelungen. Ein Teil von ihnen sind Wanderarbeiter, die übrigen sind Raffgierige und Schmarotzer in den Kolchosen.«
Stalin: »Gibt es solche, die nicht einen einzigen Arbeitstag nachweisen können?«
Andrejew: »Es gibt sie. Ohne einen einzigen Arbeitstag. Sie leben ausschließlich von ihrer privaten Landwirtschaft.«

Stalin: »Sind das Arbeitsfähige oder Invaliden?«
Andrejew: »Es gibt sehr alte Wanderarbeiter. Jedoch sie desorganisieren, zersetzen die ehrlich arbeitenden Kolchosbauern mit ihrem Verhalten.«

Daraufhin gingen die Plenumsteilnehmer zur Erörterung ergänzender Maßnahmen über. Diese Maßnahmen sollten bei den Kolchosbauern das Interesse an einer Intensivierung ihrer Arbeit erhöhen. Jedoch wurde weniger diskutiert, wie man die Kolchosbauern zu Herren ihrer Kollektive machen könnte oder wie man deren Leitung demokratisieren könnte. Es fielen in diesem Zusammenhang lediglich Worte wie »zwingen«, »verpflichten«, »einschränken«, »Druck ausüben«.
Bagirow aus Baku schlug vor, alle Gärten zu vergesellschaften, worauf Stalin einwarf: »Darüber muß nachgedacht werden. Sie müssen irgendwelche praktischen Pläne vorlegen.«
»Vorschläge vorlegen?«
»Ja.«
Die Replik des »Führers« formulierte Schdanow gleich zu einem Punkt des zu fassenden ZK-Beschlusses: »Der Genosse Bagirow ist beauftragt, dem ZK der KPdSU(B) seine Vorschläge zur Frage der faktischen Vergesellschaftung der Gärten vorzulegen.«
Schdanow erklärte weiter: »Ich mache den Vorschlag, die Korrektur des Genossen Stalin als 6. Punkt des Beschlusses zu übernehmen: ›Die Vorsitzenden der Kolchosen, die in den Wäldern individuelle Heuernte zulassen, und zwar für Kolchosbauern und Personen, die nicht dazugehören, werden aus den Kolchosen ausgeschlossen und dem Gericht als Gesetzesübertreter übergeben.‹« Daraufhin ergab sich folgendes Bild. Ein großer Teil der grasbewachsenen Grundstükke blieb ungemäht, aber dem Kolchosbauern wurde das Mähen kategorisch untersagt.
Es gab so gut wie keine Einwände. Lediglich ein Teilnehmer des Plenums, Kulakow, äußerte Zweifel zu einem Punkt des Beschlußentwurfs:

»Ich sehe mich gezwungen, folgende Bemerkung zu machen: Hier, auf der Seite 3, sind die Getreideabgabefristen für die Einzelbauern festgelegt. Die Krasnojarsker Region muß im Monat Juli 15 Prozent des Getreides abliefern. Wir jedoch beginnen mit der Ernte erst am 1. August. Woher sollten wir im Juli das Getreide nehmen? Aus welchen Reserven könnten wir es entnehmen?«

In den letzten Vorkriegsmonaten schlug der Arbeitspuls des Landes mächtig. Die Zeitungen berichteten viel vom Krieg in Westeuropa, von der Luftschlacht über England, vom vorübergehenden »Tanzverbot in Deutschland«, von der Verwandlung Polens in ein »Generalgouvernement« und von »neuen Errungenschaften der Volkswirtschaft in der UdSSR«.
Rundfunk und Presse meldeten Stalins Beschlüsse. Er beauftragte die Staatliche Plankommission (Gosplan), einen Generalplan für die Wirtschaft der UdSSR für die kommenden fünfzehn Jahre zu erstellen, um eine grundlegende Aufgabe zu lösen: »die wichtigsten kapitalistischen Länder in der Pro-Kopf-Produktion von Gußeisen, Stahl, Brennmaterial, Elektroenergie, Maschinen und anderen Produktionsmitteln und Gebrauchsgütern zu überholen«.
Die »Prawda« teilte mit, daß die dritte Etappe beim Bau der Moskauer Metro begonnen habe, sie berichtete über die Kongresse der Jugendorganisationen der Republiken, über den sozialistischen Wettbewerb der Metallarbeiter. Unter der beredten Überschrift »Der falsche Film« wurde der Streifen »Das Gesetz des Lebens« von den Regisseuren Stolper und Iwanow als Predigt einer »faulen Philosophie der Zügellosigkeit« abgeurteilt. Es wurden lange Listen Stalinscher Laureaten veröffentlicht: Kotin, Axelrod, Wolfkowitsch, Schostakowitsch, Gerassimow, Eisenstein, Iofan, Koslowski. Es war die Rede von einem Bericht Chruschtschows, den er auf einer Konferenz von Kolchosaktivisten in Kiew vorgetragen hatte. Das Politbüromitglied feierte Stalin und sprach mit Pathos: »Genossen, unsere Erfolge sind kolossal. Aber wir haben unsere Aufgabe, die wir uns gestellt haben – 100 Pud Getreide pro Hektar zu ernten –, nicht erfüllt.«

Die Ermordung des Vertriebenen

Als die Vorbereitung auf den Krieg in vollem Gange war, kam über den Ozean eine lang erwartete und dennoch überraschende Mitteilung: Trotzki ist ermordet. Die Jagd auf den Vertriebenen hatte einige

Jahre gedauert. Trotzki war von einigen Dutzend Polizisten und einigen Anhängern bewacht worden und hatte in den letzten Jahren seines Lebens immer größere Vorsichtsmaßnahmen getroffen. Auf Anweisung Stalins wurde eine spezielle Unterabteilung gebildet, die das »Problem Trotzki« lösen sollte. Der »Führer« hatte bereits einige Male Berija gegenüber seine große Unzufriedenheit kundgetan. Seiner Meinung nach handelten dessen Leute ungeschickt und unentschlossen. Aber schließlich wurde die Tat doch vollbracht. Das Duell zwischen den beiden »herausragenden Führern« der russischen Revolution, das mehr als eineinhalb Jahrzehnte gedauert hatte, war zu Ende. Aus der nächsten Umgebung Lenins blieb nun nur noch Stalin. Aber Stalin empfand weder Freude noch Befriedigung. Soviel Kraft hatte er bereits in den Kampf mit Trotzki investiert. Wenn der Mord in den Jahren 1937/38 geschehen wäre – so wäre es eine andere Sache gewesen. In jenen Jahren hatte er hinter jedem »Feind« Trotzkis Schatten gesehen. Nach dem Wahnsinn der Prozesse aber entstand der Eindruck, als habe Stalin seinen Haß auf Trotzki gedämpft, als habe er sich ausreichend an Trotzkis potentiellen Anhängern gerächt, und Trotzki erschien nun nicht mehr so gefährlich. Und jetzt drohte eine größere Gefahr – der Krieg mit Hitler.

Am 22. August 1940 erschien in der »Prawda« eine kurze Mitteilung:

»Attentat auf Trotzki
New York. 21. August (TASS). Nach Meldungen amerikanischer Zeitungen wurde am 20. August ein Attentat auf Trotzki verübt, der in Mexiko lebte. Der Attentäter nannte sich selbst Jacques Mornard und gehört zu den Anhängern und nächsten Vertrauten Trotzkis.«

Bereits am 24. August kehrte die »Prawda« noch einmal zu Trotzki zurück, um endgültig einen Punkt hinter seinen Namen setzen zu können. Im Redaktionsartikel »Der Tod des internationalen Spions« heißt es:

»Der Mensch ist ins Grab gestiegen, dessen Namen die Werktätigen der ganzen Welt mit Verachtung und Verfluchung aussprechen, der Mensch, der über viele Jahre hinweg gegen die Sache der Arbeiterklasse und ihre Avantgarde – die bolschewistische Partei – gekämpft

hatte.(...) Die nächsten Kampfgenossen Trotzkis gestanden (in den Prozessen in Moskau; D. W.), daß auch sie, zusammen mit ihrem Chef Trotzki, bereits seit 1921 Agenten ausländischer Geheimdienste, daß sie internationale Spione waren. Mit Trotzki an der Spitze dienten sie mit Ergebenheit den Geheimdiensten und Generalstäben Englands, Frankreichs, Deutschlands und Japans.(...)
Er wurde von seinen eigenen Anhängern ermordet. Ihm setzten ebenjene Terroristen ein Ende, die er das heimtückische Morden gelehrt hatte, den Verrat und die Übeltaten gegen die Arbeiterklasse, gegen das Land der Sowjets.
Trotzki, der die bösartige Ermordung Kirows, Kujbyschews, M. Gorkis organisiert hatte, wurde Opfer seiner eigenen Intrigen, Betrügereien und Übeltaten.«

Stalin las diesen Artikel noch einmal aufmerksam durch. Nun hatte man doch alles auf die Spionage reduziert. Was denn? Hatte er etwa all die Jahre nur gegen einen Spion gekämpft? Stalin ließ die Zeitung aus den Händen fallen. Aus irgendeinem Grund erinnerte er sich an die ersten Begegnungen mit Trotzki.
Damals, auf dem Parteitag in London im Jahr 1905, hatte Trotzki ihn einfach nicht bemerkt. Die ersten zufälligen Begegnungen wurden die Grundlage für den Kampf zweier Menschen, die der Haß aufeinander während ihres ganzen Lebens begleiten sollte. Stalin war buchstäblich erschüttert von der Leichtigkeit, mit der Trotzki zwischen den Sitzungen einer Gruppe junger Leute und einer schönen Frau den Unterschied zwischen Poesie und Philosophie erklärte. »Die Poesie«, sagte der Mensch mit dem schwarzen Haar in schönen Gesten, »sieht, wenn sie einen Tautropfen betrachtet, seine Herrlichkeit, und durch diese Herrlichkeit kann man die ganze Welt sehen. Aber die Philosophie verteilt den Tautropfen auf einer Leinwand und sucht Bestimmungen, Definitionen für die Feuchtigkeit in dieser Welt.« Begeistert schauten die jungen Menschen auf Trotzki, und sie wußten wohl kaum (Stalin hat es mit Sicherheit nicht gewußt), daß der kluge Mann Gedanken Ludwig Feuerbachs wiedergab.
Ihre zweite Begegnung fand im Winter 1913 zwischen zwei Haftaufenthalten Stalins statt. Sie begegneten sich in Wien. Stalin war in Lenins Auftrag dorthin gereist, um die Veröffentlichung von Mate-

rialien einer Konferenz der Bolschewiki in Krakau zu organisieren. Stalin machte in einem billigen Hotel Rast. Abends nahm er sein Teeglas und machte sich auf den Weg zum Buffet, um neuen Tee zu holen. Dort saßen zwei Männer vor dem Samowar und unterhielten sich lebhaft. Den einen von ihnen, den schlanken, nicht sehr hoch gewachsenen Mann mit schwarzen wehenden Haaren und blauen Augen hinter den Brillengläsern erkannte Stalin sofort. Es war Trotzki, der Menschewik, der häufig in der Presse mit kritischen Artikeln auf sich aufmerksam machte. Stalin grüßte kalt und goß sich Tee ein. Für ein, zwei Minuten breitete sich im Zimmer Stille aus. Trotzki betrachtete Stalin aufmerksam. Wie hätte er wissen können, daß dieser schweigsame Mensch in seinem Leben eine derart entscheidende Rolle spielen würde. Stalin betrachtete Trotzki ebenso aufmerksam von Kopf bis Fuß und ging schweigend aus dem Zimmer.

So hat Trotzki diese Begegnung geschildert: Er habe zusammen mit dem Menschewiken Skobelew Tee getrunken, als »plötzlich ein Mann mittleren Wuchses, mager, mit einem braungrauen Gesicht und Pockennarben eintrat.(...) Skobelew erklärte, daß das der Kaukasier Dschugaschwili sei, der soeben Mitglied des bolschewistischen ZK geworden sei und, wie es scheine, dort an Gewicht gewonnen habe. (...) Die außergewöhnliche äußere Erscheinung des Kaukasiers fiel mir in die Augen, die furchtbare Verbissenheit im Gesicht und der Ausdruck tiefer Feindseligkeit in den gelben Augen.«

Zwei Jahrzehnte später wird Trotzki schreiben:

»Die Erhöhung Stalins fand irgendwie hinter einem undurchsichtigen politischen Vorhang statt. Zu einem bestimmten Moment stieg seine Figur in voller Bewaffnung mit Macht plötzlich von der Kremlmauer hinunter.«

Bis zum Ende seines Lebens quälte Trotzki ein Gedanke: Mit seiner Passivität hatte er Stalin geholfen, mit Leichtigkeit »von der Kremlmauer hinunterzusteigen«. Stalin wird erst nach langer Zeit erfahren, welchen Eindruck die ersten Begegnungen mit ihm bei Trotzki hinterlassen hatten. Nach dem Jahr 1917 sollten die beiden Männer noch häufig zusammentreffen.

Nach der Oktoberrevolution glänzte Trotzkis Name. Er wurde direkt mit dem Erfolg des bewaffneten Oktoberaufstands in Verbindung gebracht. Stalin kränkten die Lobessprüche an die Adresse des »Lieblings der Revolution«. Zu jener Zeit wurde Trotzki in der Tat gefeiert:

»An den Volkskommissar für militärische Angelegenheiten
Genossen Lew Dawidowitsch Trotzki
Zur Auszeichnung des Namens der Großen Proletarischen Oktoberrevolution grüßt die kommunistische Parteizelle des Moskauer Militärapothekenmagazins des Ihnen anvertrauten Kommissariats in Ihrer Person die heldenhafte sozialistische Rote Armee; die Parteizelle hat beschlossen, einen Club mit dem Namen unseres geliebten Führers der Roten Armee, des Genossen L. Trotzki, zu eröffnen. Die feierliche Eröffnung des Clubs findet am 9. dieses Monats um 6 Uhr 30 abends statt.
Der Vorsitzende der Parteizelle (Unterschrift unleserlich; D. W.)«

Stalin erinnerte sich daran, daß Trotzki, wenn er vor Beginn der Sitzungen erschien, die ganze Aufmerksamkeit auf sich gezogen hatte: Er sprach in kurzen, energischen Sätzen, die die Beliebtheit dieses Menschen nur noch steigerten, aus ihm schienen buchstäblich revolutionäre Säfte zu fließen. Wenn sie sich begegneten, so nickte Trotzki Stalin kühl zu und setzte seine Unterhaltung (mit Schljapnikow, Krestinski, Bucharin, Muralow) lebhaft fort.

Nein, in den ersten Stunden, nachdem er die Nachricht, auf die er so lange warten mußte, erhalten hatte, empfand Stalin keine Befriedigung. Aber später, als ihm vollends bewußt werden sollte, daß der gefährlichste, der klügste, der beharrlichste Gegner nicht mehr unter den Lebenden weilte, da sollte Stalin innerlich triumphieren. Stalin hatte schon lange verstanden, worüber er niemals sprach: Das volle Gefühl der Unteilbarkeit seiner Macht und der Außergewöhnlichkeit seines Ichs hatte er nur, wenn er über die Leichen seiner wirklichen oder vermeintlichen Feinde schritt.
Stalin erinnerte sich noch an einige der letzten Artikel, die Trotzki in seinem »Bulletin der Opposition« publiziert hatte. In seinem Grußschreiben an den Konstituierenden Kongreß der 4. Internationale schrieb Trotzki im Jahr 1938:

»Die Disproportion zwischen unseren heutigen Kräften und unseren morgigen Aufgaben ist uns klarer als unseren Kritikern. Die harte tragische Dialektik unserer Epoche arbeitet für uns. Der Krieg wird die Massen zu äußerster Verzweiflung und Empörung führen, und sie werden keine andere Führung als die 4. Internationale finden.«

In einem anderen Dokument verkündet Trotzki mystisch:

»In den nächsten zehn Jahren wird das Programm der 4. Internationale die Unterstützung von Millionen finden, und diese revolutionären Millionen können Himmel und Erde stürmen.«

Derart erhitzt prophezeite Trotzki den Triumph der 4. Internationale, den diese im Falle eines Kriegs ernten würde. Beim nüchternen Leser entstand der Eindruck: Trotzki wartete auf den Krieg, denn mit ihm verband er die Hoffnung auf seine Rückkehr auf die politische Szene der Geschichte, auf die Vernichtung Stalins, auf die Einnahme einer Position, die seiner Selbsteinschätzung entsprach. »Die ersten Opfer des kommenden Kriegs werden die Parteien der 3. Internationale sein. Und dann wird die 4. Internationale zur größten Macht der Welt werden.«
Stalin machte einige Schritte durch sein Arbeitszimmer und nahm sich das Paket des »Bulletins der Opposition« vor. Er fand die 65. Ausgabe des Jahres 1938. Im Stehen las er den Leitartikel, den Trotzki geschrieben hatte. Nicht viele Menschen können zu Zeilen zurückkehren, in denen sie beschimpft und geschmäht werden. Stalin konnte es. Er las und gewann dadurch neue Energien des Hasses.

»Was denn, Stalin lacht noch immer heimlich hinter den Kulissen? Der Faschismus schreitet von Sieg zu Sieg und findet wesentliche Hilfe im Stalinismus. Furchtbare militärische Bedrohungen klopfen an die Tore der Sowjetunion, und Stalin wählte diesen Moment, um die Armee zu erschüttern und die Nation niederzutreten (die Rede ist vom Prozeß gegen Militärangehörige; D. W.).«

Der Vertriebene prophezeite (und damit war er von der Wahrheit nicht weit entfernt), es werde »einen anderen Prozeß, einen wahren Prozeß geben. Dann werden sich in der menschlichen Sprache nicht

die Worte finden, um den allerwiderwärtigsten aller Kains, die es in der Geschichte gegeben hat, zu verteidigen.(...) Die Denkmäler, die er sich selbst errichtet hat, werden vernichtet oder in die Museen für totalitäre Schrecken aufgenommen werden.
Und die siegende Arbeiterklasse wird die öffentlichen und geheimen Prozesse untersuchen, sie wird den unglücklichen Opfern der Stalinschen Bosheit und Niederträchtigkeit auf den Plätzen der befreiten Sowjetunion Denkmäler errichten.«
Stalin schlug das »Bulletin« zu, warf die Zeitschrift auf das Regal und ging einige Schritte im Zimmer. Es wird doch niemand solch einem Fieberwahn Glauben schenken? Haben doch die Trotzkisten und deren Anhänger öffentlich gestanden und sich ihrer Verbrechen für schuldig erklärt? Möglicherweise dachte Stalin, daß die Zukunft nicht viel vom Trotzkismus »zu sehen bekommen werde«, wenn es ihm gelänge, die Sache zu Ende zu bringen.
Nicht zufällig ordnete Berija kurz nach der Mitteilung über Trotzkis Ermordung an, man solle die »Liquidierung aktiver Trotzkisten in den Lagern« vorantreiben. Am Vorabend des Kriegs ging noch einmal eine Welle der Gewalt durch die Lager, von der kaum Notiz genommen wurde. In ihr kamen die letzten verurteilten »aktiven Trotzkisten« um. Eine letzte blutige Rache am ermordeten Führer der 4. Internationale.
Allein die Überschriften der Artikel Trotzkis konnten Stalin in Wut versetzen. Beispielsweise am 2. September 1939, als Trotzki das Pamphlet »Stalin – Hitlers Quartiermeister« veröffentlichte und einige Wochen später: »Das Zwillingsgestirn: Hitler–Stalin«. Während Stalin diesen Artikel las, hörte er buchstäblich Trotzkis Stimme: »Die UdSSR steht am Rande des Abgrunds. Alle Stalinschen Trümpfe bedeuten wenig, verglichen mit den Ressourcen und der Macht, die sich Hitler angeeignet hat und die er gegen die Sowjetunion anwenden wird.« Während Trotzki gegen Stalin auftrat und ihm eine Katastrophe voraussagte, hoffte er, daß der »Arbeiterstaat in der UdSSR eine Chance hat zu überleben«.
Trotzki wollte nicht die Niederlage der Sowjetunion, sondern den Untergang Stalins. In seinen Prophezeiungen über den kommenden Krieg spürt man die Unsicherheit: Wußte doch der Vertriebene, daß nur eine Niederlage seiner Heimat Stalins Macht beenden konnte.

Trotzki glaubte, er sei vor allen Dingen ein Mensch, der reich gesegnet sei mit dem, was wir heute Intellekt nennen. Er sah sich immer im Zentrum der Ereignisse, an denen er teilnahm. Revolutionäre Ideale waren ihm wichtig, und zwar vor allem deshalb, weil sie seine intellektuelle Bedeutung unterstreichen konnten. Er wünschte unbewußt den Krieg, weil er in diesem Krieg die einzige Möglichkeit sah, Stalin zu stürzen. Das jedoch wollte Trotzki sich nicht einmal selbst eingestehen. Seine neuen revolutionären Projekte, die im Grunde utopisch waren, führten wieder zu seiner alten »Theorie der permanenten Revolution« zurück – allerdings nur mit ihm an der Spitze. So prophezeite er in der Einleitung der Broschüre »Die Idee Karl Marx' ist lebendig«, daß als Resultat eines neuen Weltkriegs sowohl der Faschismus als auch der Stalinismus untergehen würde; eine neue proletarische Revolution »wird den Grundstein zur Existenz der Vereinigten Staaten von Europa legen«. Trotzki schreibt es zwar nicht direkt, jedoch gibt er zu verstehen, daß der Autor dieser Idee der Führer dieser »Vereinigten Staaten« werden sollte.

Wahrscheinlich erinnerte sich Stalin an den Beschluß, der zur Ausweisung Trotzkis geführt hatte. Das Politbüro erörterte diese Frage einige Male. Während der inoffiziellen Unterredungen äußerten Kirow, Rykow, Tomski, Kujbyschew, Mikojan, Petrowski vorsichtige Zweifel: Möglicherweise hat Trotzki sich anders besonnen? Und wenn er sich für schuldig bekennen würde? Sollte man ihm nicht irgendeinen zweitrangigen Posten geben? War doch der Beliebtheitsgrad dieses Menschen immer noch ziemlich hoch. Stalin aber wollte keinerlei Versöhnung. Seine Bosheit und seine Rache hatten keinen »Rückwärtsgang«. Er wußte, solange Trotzki lebte, solange er sich in der UdSSR befand, war es für Stalin unmöglich, Ruhe zu finden. Nach einem Meinungsaustausch (damals war so etwas noch möglich) beschloß man vorzufühlen, was Trotzki selbst von einer Versöhnung halte. Man schickte einen Mann von Moskau nach Alma-Ata. Eine Woche später schickte dieser ein Telegramm: Trotzki sehe keine Schuld bei sich und keine Grundlage für eine Versöhnung mit Stalin. Nachdem Stalin diese Mitteilung verlesen hatte, schaute er triumphierend auf seine Mitstreiter: Was hatte er immer gesagt? Den Beschluß über die Ausweisung Trotzkis zweifelte niemand mehr an. Trotzki erinnerte sich am 18. Februar 1935 folgendermaßen an diese Episode:

»Während unseres Aufenthalts in Alma-Ata erschien bei mir irgendein sowjetischer Ingenieur, der angeblich aus eigener Initiative gekommen war und angeblich mit mir sympathisierte. Er stellte Fragen zu unseren Lebensbedingungen, gab sich betrübt, und ganz nebenbei fragte er vorsichtig: ›Glauben Sie nicht, daß irgendwelche Schritte zur Versöhnung möglich wären?‹
Es ist klar, daß der Ingenieur abgesandt worden war, um meinen Puls zu fühlen. Ich antwortete ihm in diesem Sinne, daß von einer Versöhnung jetzt nicht die Rede sein könne: nicht deshalb, weil ich sie *nicht wollte*, sondern deshalb, weil Stalin sich nicht versöhnen *könne* und er genötigt sei, den Weg zu Ende zu gehen, den ihm seine Bürokratie vorgeschrieben habe.
›Womit kann das enden?‹
Mit einer blutigen Angelegenheit, antwortete ich. Stalin kann kein anderes Ende finden.
Mein Besucher verkrampfte sich, aber offenbar hatte er eine solche Antwort erwartet und ging bald.
Ich glaube, daß diese Unterhaltung eine große Rolle gespielt hat bei dem Beschluß, mich außer Landes zu weisen. Möglicherweise hatte Stalin schon früher solch einen Weg angestrebt, jedoch traf er im Politbüro auf Opposition. Nun hatte er starke Argumente: Trotzki selbst hatte erklärt, daß der Konflikt bis zur blutigen Auseinandersetzung führen würde. Die Ausweisung aus dem Land war der einzige Ausweg!«

Stalin sollte diese Zeilen aus Trotzkis Tagebuch niemals lesen. Auch er hatte damals die Ausweisung nicht für die beste Lösung gehalten. Aber zu jener Zeit konnte er seinen Hauptgegner weder aburteilen noch erschießen lassen.
Stalin war bekannt, daß der Vertriebene seine Arbeit an einem Buch mit einem äußerst kurzen Titel begonnen hatte: »Stalin«. Der »Führer« kannte Trotzkis Fähigkeiten, und er wußte, daß aus seiner Feder eine außerordentlich giftige Arbeit fließen konnte. Stalin wußte außerdem, daß Trotzki ein flinker Schreiber war, und erwartete das Erscheinen des Buches in den Jahren 1938, 1939 und in diesem Jahr 1940. Möglicherweise existierte das Buch gar nicht? Aber trotz aller Ungewißheit drängte er Berija.
Stalin konnte nicht wissen, daß Trotzki, als er sich entschlossen

hatte, zum Biographen seines Todfeindes zu werden, sich selbst dem künstlerischen Mißerfolg ausgesetzt hatte. »Stalin« ist wahrscheinlich Trotzkis schwächstes Buch. Außer Bosheit, Rache, Galle konnte nichts aus seiner Feder entspringen. Ja, mit großer Kraftanstrengung ist es Trotzki gelungen, sieben Kapitel des Buches zu schreiben. Im Zentrum sehen wir Kain, der die Maske Sosos, Kobas, des Revolutionärs, des allmächtigen »Führers« der Partei und des großen Volks trug. Vieles, was er über Stalin sagt, ist wahr. Jedoch gibt es in dem Buch viele Spekulationen und Mutmaßungen, die nur ein Ziel verfolgen: zu zeigen, wie Kain zum Oberkain wurde. Nach Trotzki wurde Stalin als Bösewicht geboren und war als Kind bereits ein Monster. Es ist wohl nicht notwendig, zu betonen, daß solch eine Herangehensweise, der wir heute nicht selten begegnen, unwissenschaftlich ist. A priori kann niemand als Verbrecher abgestempelt werden. Und niemand wird als Bösewicht geboren. Man darf Stalin in den Jahren 1918, 1924 oder 1937 nicht mit einerlei Maß betrachten.
Stalin war es nicht vergönnt, diese Arbeit Trotzkis kennenzulernen. Andernfalls hätte er Zeilen lesen können, die ihn zur Weißglut getrieben hätten:

»Um eine historische Parallele zu Stalin zu ziehen, scheiden nicht nur Cromwell, Robespierre, Napoleon und Lenin, sondern sogar Mussolini und Hitler aus. Wir gelangen zu einem näheren Verständnis Stalins, wenn wir in Kategorien von Mustafa Kemal Pascha oder vielleicht Porfirio Díaz denken.«

Gewiß, was sollte Trotzki über den Menschen denken, der aus ihm einen Herumtreiber, einen »Bürger ohne Visum« gemacht hatte. Über den Menschen, der seine nächsten Verwandten umgebracht hatte? Trotzki hatte Zeit, um Stalin und sein System zu beurteilen. Trotzki kam zu Recht zu der Schlußfolgerung, daß der Stalinismus keine Gesetzmäßigkeit war, sondern eine »historische Anomalie«.
Im Jahr 1940 schrieb er, daß die historische Perspektive, die von den Marxisten aufgezeigt worden sei, einer Umbewertung bedürfe, wenn die Entfachung eines Zweiten Weltkriegs nicht zum Zusammenbruch des Kapitalismus führen würde. »Wenn das internationale Proletariat sich als unfähig erweisen sollte, seine Mission zu erfüllen, so verwandelt sich das sozialistische Programm, das auf den inneren

Widersprüchen der kapitalistischen Gesellschaft beruht, in eine Utopie.« Die Jahre der Niederlagen und der Vertreibung mußten sich in pessimistischen Prognosen niederschlagen. Einen Standpunkt veränderte er jedoch niemals: Alle Schwierigkeiten der Arbeiterbewegung waren mit der »bürokratischen Entartung« Stalins und seiner Umgebung verbunden.

Stalin hatte viele Möglichkeiten, den Führer der neuen Internationale zu denunzieren. Damit beschäftigte sich auch die gehorsame Kommunistische Internationale. Die sowjetische Propaganda im Ausland, die über verschiedene Kanäle geleitet wurde, hatte in ihrem Arsenal auch dieses »Argument«: »Trotzki ist ein Handlanger des Imperialismus, sein Spion, einer der Organisatoren gemeinschädlicher Aktionen gegen die UdSSR.«

Wo sich Trotzki auch befand – in Frankreich, in Norwegen, in Mexiko –, überall hatte er Feinde. Das waren nicht nur Mitglieder der kommunistischen Parteien, von Gewerkschaften, von progressiven Organisationen, sondern nicht selten auch Menschen, die einst zu seinen Anhängern gezählt hatten. Sie waren enttäuscht von der Perspektivlosigkeit seines Programms.

Die Konferenz der mexikanischen Arbeiter und die Kommunistische Partei Mexikos protestierten scharf gegen die Einreise Trotzkis in ihr Land. Der Aufenthalt des Revolutionärs in Mexiko war begleitet vom ständigen Kampf vieler gesellschaftlicher und politischer Organisationen, die sich für seine Ausweisung einsetzten.

Trotzki fürchtete ein Attentat, deshalb schränkte er den Kreis der Bekannten und Besucher stark ein, und er fuhr kaum noch in die Berge oder in die Hauptstadt. Allmählich verschwanden viele Freunde. Vertraute Freunde bis zum Ende blieben Alfred und Marguerite Rosmer, die Trotzki noch aus der Zeit des Ersten Weltkriegs kannte. Abends gab er sich manchmal seinen Erinnerungen hin. Eines Tages offenbarte Trotzki bei einem Gespräch mit den Rosmers seine Idee, Stalin habe Lenin vergiftet.

Ohne über irgendwelche Fakten zu verfügen, malte der Vertriebene neue und immer mehr neue finstere Pinselstriche in das Porträt. Trotzki nahm an, daß Stalin, nachdem er von Lenins »Brief an den Parteitag« erfahren habe, kein Risiko eingehen wollte. Aber sogar die Rosmers äußerten ihre Zweifel an dieser Version. Trotzki hatte nur einen »Beweis«, den er auch in seinem Buch »Stalin« darlegt: Wenn

Stalin alle Mitkämpfer Lenins getötet hatte, warum sollte er dann nicht auch den »Führer« ermordet haben?
Stalin wollte nicht, daß man ihm eine Übersetzung des Buches anfertigte. Es war wahrscheinlich das einzige Buch des Vertriebenen, das der Diktator weder sehen noch lesen wollte. Und außerdem erschien Trotzkis unvollendete Stalin-Biographie erst nach seiner Ermordung. Da interessierte es Stalin nicht mehr.
Trotzkistische Organisationen hatten mit Hilfe der mexikanischen Regierung im kleinen Ort Coyoacan für Trotzki ein großes Haus gefunden, das sie in eine wahre Festung verwandelten. Es war umgeben von einer hohen Betonmauer mit einem Wachturm. Im Haus selbst gab es beschlagene Eisentüren und eine moderne Alarmanlage. Trotzki wurde ständig von zehn Polizei- und Sonderagenten bewacht. Er besaß sogar eine Panzerweste, die er anlegte, sobald er seine Wohnanlage verließ. In seinem Zufluchtsort verfaßte Trotzki Erklärungen und gab Interviews, in denen er das baldige Ende Stalins und einen wahrscheinlichen Sieg des Faschismus über die Sowjetunion prophezeite.
In den letzten zwei Jahren seines Lebens hatte Trotzki sich vollständig auf den ideologischen Kampf gegen seine ehemalige Heimat umgestellt. Die bürgerliche Presse und der Rundfunk vieler kapitalistischer Länder verbreiteten mit Vergnügen die vor Haß strotzenden Eröffnungen Trotzkis über Stalin. Im April 1940 arbeitete Trotzki an einem Aufruf: »Brief an die Arbeiter der UdSSR: Man belügt euch«. Darin rief er am Vorabend des Kriegs faktisch dazu auf, Stalin abzusetzen.
Vier Monate vor seinem Tod schrieb Trotzki:

»Die Oktoberrevolution wurde um der Werktätigen und nicht um der neuen Parasiten willen durchgeführt. Aber infolge der Verzögerung der Weltrevolution, infolge der Erschöpfung und in starkem Maße der Rückständigkeit der russischen Arbeiter und besonders der russischen Bauern erhob sich über der Räterepublik und gegen ihre Völker eine neue unterdrückende und parasitäre Kaste, deren Führer Stalin ist.«

Trotzki hatte nun jegliches Gefühl für die Realität verloren und rief zu einem Aufstand gegen die »neue Kaste« auf. »Um diese Erhebung vorzubereiten, ist eine neue Partei nötig – eine kühne und ehrliche revolutionäre Organisation der fortgeschrittenen Arbeiter. Die 4. Internationale stellt sich den Aufbau einer solchen Partei in der Sowjetunion zur Aufgabe.« Der Appell endete mit den Worten:

»Nieder mit Kain-Stalin und seiner Kamarilla!
Nieder mit der räuberischen Bürokratie!
Es lebe die UdSSR, die Festung der Arbeiter!
Es lebe die sozialistische Weltrevolution!
25. April 1940 Mit brüderlichen Grüßen
Leo Trotzki«

Als Stalin den »Brief an die Arbeiter der UdSSR« gelesen hatte, rief er wieder einmal Berija zu sich und fluchte, daß er dies alles leid sei und allmählich daran zweifle, ob das NKWD dem ein Ende setzen wolle oder nicht. Der Volkskommissar berief einige Sitzungen ein; die Anstrengungen zur Liquidierung des Vertriebenen wurden verdoppelt. Offenbar wurde beschlossen, den Zorn einiger politischer Organisationen auf Trotzki auszunutzen, der vor allem wegen der volksfrontfeindlichen Aktionen seiner Anhänger im Spanischen Bürgerkrieg aufgekommen war. Die Komintern hatte in einer Reihe von Dokumenten die Politik der 4. Internationale und ihres Führers Trotzki verurteilt.
Am 24. Mai 1940, frühmorgens, entwaffnete eine »Gruppe Unbekannter«, in Polizeiuniformen gekleidet, die Wachen und griff das Haus an, in dem Trotzki lebte. Die Angreifer zerschossen buchstäblich das Zimmer, in dem sich Trotzki mit seiner Frau versteckt hatte. Es gelang ihnen, sich in einer Ecke hinter dem Bett zu verstecken und dem Mordanschlag zu entgehen.
Weder Trotzki noch seine Frau, noch ihr Enkel trugen Verletzungen davon. Aber jeden weiteren Tag betrachteten sie nun als Geschenk des Schicksals. Sie wußten: Auf sie war eine regelrechte Jagd angesetzt. Trotzki lebte wie ein Verurteilter in der Todeszelle, ohne zu wissen, wann der Moment der Vollstreckung kommen würde. Er hatte nicht mehr die Kraft, wieder irgendwohin zu fliehen. Sich verstecken und schweigen konnte er nicht. Und der Krieg mit Stalin ließ ihm so oder so wenig Chancen zum Überleben. Sein Gegner liebte es nicht, auf halbem Wege stehenzubleiben.

Die Untersuchung, die die mexikanische Regierung durchführte, brachte zunächst keinerlei Resultate; die Angreifer wurden nicht gefunden. In amerikanischen und mexikanischen Zeitungen wurde sogar der Verdacht geäußert, Trotzki selbst habe diesen Überfall inszeniert, um die Kommunistische Partei Mexikos, Stalin und alle seine Verbündeten zu kompromittieren.
Ein Polizist fragte Trotzki: »Verdächtigt der Herr konkret jemanden des Attentats?«
»Aber gewiß«, antwortete der verwundert. Er beugte sich zum Ohr des Polizisten und sagte nicht ohne Ironie im Tonfall eines Verschwörers: »Der Urheber des Überfalls ist Josef Stalin, der sich dabei der GPU bediente.«
Der Mörder war schon in Trotzkis unmittelbarer Nähe. Im Jahr 1939 war er mit dem Haus Trotzki vertraut geworden. Es war der angebliche Belgier »Jacques Mornard«, ein Freund der amerikanischen Trotzkistin Sylvia Agelot, die bei Trotzki als Sekretärin gearbeitet hatte. »Mornard« war im Filmgeschäft tätig. In Geschäftskreisen stellte er sich auch als kanadischer Bürger »Frank Jacson« vor. Zunächst hatte »Jacson-Mornard« die Nähe der Rosmers gesucht, um einen Zugang zu dem scharf bewachten Vertriebenen zu bekommen. Im Mai 1940 lernte »Jacson« Trotzki kennen. In der Folge besuchte er Coyoacan regelmäßig, und in Unterhaltungen gab er zu verstehen, daß ihm Trotzkis Position »sympathisch« sei. Er schlug verschiedene Pläne vor, um die finanzielle Lage der 4. Internationale zu verbessern. Er gewann Trotzkis Vertrauen. »Jacson« fing nicht nur einmal Gespräche über »starke Persönlichkeiten« und über »die harte Hand« an. Bei Trotzki kam, wie seine Frau sich später erinnerte, sogar der Verdacht auf, daß dieser Geschäftsmann ein Faschist sein könnte. Er war es nicht. Er war auch kein Belgier oder Kanadier. In Wirklichkeit hieß er Ramon del Rio Mercader, er war Spanier und einer der blinden Ausführungsgehilfen des Willens des »Führers der Völker«.
Irgendwann Mitte August bat »Jacson« Trotzki, einen Artikel zu korrigieren, den er zu einer wenig bedeutenden Frage geschrieben hatte. Trotzki machte einige Anmerkungen. Am 20. August, an einem Dienstagabend, kam »Jacson« mit dem korrigierten Artikel und bat Trotzki, den Text noch einmal durchzuschauen. Trotzki saß über seinem »Stalin«-Manuskript.
»Jacson« sagte später aus:

»Ich hatte meinen Regenmantel (...) auf ein Möbelstück gelegt, nahm den Eispickel zur Hand und ließ ihn mit geschlossenen Augen und meiner ganzen Kraft auf seinen Kopf niedergehen. Er brach in einen fürchterlichen, durchbohrenden Schrei aus – ich werde den Schrei mein ganzes Leben lang hören.«

Trotzki lag noch einen Tag im Koma.
In der Hosentasche des verhafteten Mörders fand man einen Brief, in dem dieser sich als einen »enttäuschten Anhänger Trotzkis« bezeichnete, der mit anderen Zielen nach Mexiko gekommen sei, aber hier den »Entschluß gefaßt hatte, den Verbrecher zu töten«. Er könne es Trotzki nicht verzeihen, daß dieser sich »mit den Führern der kapitalistischen Länder arrangiert« habe.
Die Öffentlichkeit stellte sofort Fragen: Wer war der Mörder wirklich? Wer führte seine Hand? Die bürgerliche Presse skandierte im Chor: Stalin, Moskau, das NKWD, die Kommunisten. »Jacques Mornard« oder »Jacson« oder Ramon Mercader, der zu zwanzig Jahren Einzelhaft verurteilt wurde und diese Tag für Tag abgesessen hat, ist von seinen ersten Aussagen allerdings nicht abgewichen.
Er war tatsächlich das Instrument einer sorgfältig geplanten Operation des NKWD. An ihr hatten zahlreiche speziell vorbereitete Personen unter Führung des NKWD-Funktionärs Eitington teilgenommen. Als die Frage aufkam, wer die Tat schließlich begehen sollte, fiel die Wahl auf den 27jährigen ehemaligen Leutnant der spanischen republikanischen Armee Ramon Mercader. Er hatte nicht nur Kampferfahrung, sondern er war auch überzeugt davon, daß der Aufstand der Anarchisten und Trotzkisten gegen die republikanische Regierung in Spanien im Mai 1937 von Trotzki persönlich gutgeheißen worden war. Mercader sah in Trotzkis Ermordung eine edle revolutionäre Tat. Der Terrorist trug am Tag der Tat außer dem Eispickel eine Pistole und einen Dolch bei sich. Er hatte den Eispickel benutzt, um nach der »Vollstreckung« von Stalins »Urteil« ungehört das Haus verlassen zu können. Als die Wachen den flüchtenden Mörder aber doch gefangen hatten, sagte Trotzki zu ihnen: »Nein, nein, er darf nicht getötet werden – er muß zum Sprechen gebracht werden.«
Stalin hatte beinahe eineinhalb Jahrzehnte gegen Trotzki gekämpft. Er hatte fast alle seiner Anhänger ermordet. Aber nie konnte er sich

des Gefühls der Minderwertigkeit gegenüber Trotzki erwehren. Solange der Vertriebene im fernen Coyoacan lebte, konnte er seinen Cäsarismus nicht vollständig ausleben. Stalin war es nicht gelungen, Trotzki den Glauben an den Marxismus, an Lenin und an die Weltrevolution zu nehmen. In den Erinnerungen derer, die den Vertriebenen vorurteilsfrei betrachten, bleibt Trotzki der Verkünder des »revolutionären Weltfeuers« und des kommenden Triumphs der kommunistischen Ideale.

Berija wurde nach Trotzkis Tod befördert: Fünf Monate danach wurde er zum Generalkommissar für Staatssicherheit ernannt. Er übertrug die Aufgaben der Staatssicherheit Wsewolod Merkulow, behielt den Posten des Volkskommissars für Inneres und wurde außerdem noch Stellvertretender Vorsitzender des Rats der Volkskommissare. Im Westen schrieb man, daß Berija der Drahtzieher des Mordanschlags auf Trotzki sei. Ich glaube nicht, daß es in absehbarer Zeit gelingen wird, dokumentarische Zeugnisse zu finden, die diese oder andere Versionen bestätigen. Die Version, die mit Berijas Namen verbunden ist, bedarf allerdings kaum eines schriftlichen Beweises.

Nach Trotzkis Tod wurde sein Testament veröffentlicht, dessen bedeutendster Teil am 27. Februar 1940 geschrieben worden ist. Stalin konnte nicht widerstehen, er mußte den Letzten Willen seines Gegners kennenlernen. Trotzki hatte ihn auch hier nicht übergangen. Auf den vier Seiten des Testaments finden sich auch einige Zeilen über Stalin:

»Ich muß wohl hier kaum die einfältige und niederträchtige Verleumdung Stalins und seiner Agentur widerlegen: Meine revolutionäre Ehre ist makellos. Weder direkt noch indirekt bin ich jemals in irgendwelche knifflige Vereinbarungen oder gar Verhandlungen mit den Feinden der Arbeiterklasse getreten. Tausende von Gegnern Stalins starben als Opfer solcher lügenhaften Beschuldigungen.«

Die letzten zwei Sätze des Testaments las Stalin einige Male:

»Aber wie immer auch die Umstände meines Todes sein werden, ich werde sterben im unerschütterlichen Glauben an die Zukunft des Kommunismus. Dieser Glaube an den Menschen und an seine Zukunft gibt mir eben jetzt eine Widerstandskraft, die mir keine Religion geben könnte.«

Geheimdiplomatie

Stalin wollte, daß sein Land die kapitalistischen Länder in ökonomischer Hinsicht einholte und sogar überholte! Dafür war Zeit vonnöten, Frieden. Der Frieden mußte gesichert werden. Um jeden Preis! Deshalb beförderte Stalin Molotow auf den Posten des Volkskommissars für Äußeres. Amtsvorgänger Litwinow war nach Stalins Auffassung zu sehr Antifaschist. Die klassischen Formen der Diplomatie schätzte Stalin nicht. Anstelle von Staatsbesuchen, Kongressen, internationalen Konferenzen, Spitzenbegegnungen verlegte er sich auf Korrespondenzen, Sondermissionen bevollmächtigter Vertreter und Verhandlungen im kleinen Kreis. Um solchen Verhandlungen ein besonderes Gewicht zu verleihen, pflegte er daran teilzunehmen. Stalin war davon überzeugt, daß die Diplomatie nur einem kleinen Personenkreis anvertraut werden durfte. Die Apparate des Volkskommissariats für Äußeres und des NKWD mußten Stalin mit Daten, Berichten und Einschätzungen zur außenpolitischen Lage versorgen. Er erinnerte sich nicht mehr daran, daß im ersten Dekret des Sowjetstaats die Geheimdiplomatie verurteilt worden war. Die sowjetische Regierung hatte von Dezember 1917 bis Februar 1918 in der »Prawda« und der »Iswestija« mehr als hundert Geheimdokumente aus dem Archiv des früheren Außenministeriums veröffentlicht. Stalin dagegen schätzte Geheimnisse.

Er hatte den Kern der außenpolitischen Lage seines Landes begriffen: Er konnte sich auf niemanden verlassen. Die Sowjetunion war zwar groß, aber sie war eine einsame Insel im Meer der kapitalistischen Staaten. Es war lebensnotwendig, Koalitionen zwischen den größeren imperialistischen Räubern gegen die Sowjetunion zu verhindern. Und es mußte alles getan werden, um einen gleichzeitigen Krieg im Westen und im Osten zu vermeiden. Stalins These, daß der endgültige Sieg des Sozialismus noch nicht errungen sei, war gleichbedeutend mit dem Eingeständnis, daß der Sozialismus untergehen könne. Die Zaren hatten es einfacher gehabt, wird Stalin sich gedacht haben. Für die Monarchen war es leichter, sich zu einigen. Heiratsbündnisse, diplomatische Kongresse, gemeinsames Vorgehen gegen Revolutionen. Aber nun war dieser Hitler da, der erklärt hatte, daß der Kommunismus vernichtet werden müsse mitsamt den Trägern dieser Weltanschauung.

Stalin hatte nicht nur einmal den Gedanken gefaßt, die USA für das Löschen des drohenden Weltbrandes zu gewinnen. Aber dann hatte er doch nichts getan, um in dieser Sache Kontakt mit dem amerikanischen Präsidenten aufzunehmen. Einerseits empfand er großes Mißtrauen gegenüber dem transozeanischen Giganten, und andererseits bezweifelte Stalin, daß die Vereinigten Staaten irgend etwas Effektives in Europa würden ausrichten können.
Am 14. April 1939 hatte der amerikanische Präsident Roosevelt eine Note an Hitler und Mussolini gesandt. Darin forderte er sie auf, sich an den Verhandlungstisch zu setzen und dort alle strittigen Fragen zu lösen. Roosevelt bot seine Dienste als »Vermittler« an. Hitler und Mussolini wurden außerdem aufgerufen, sich zu verpflichten, innerhalb der nächsten zehn (oder fünfundzwanzig) Jahre die in der Note einzeln aufgeführten dreißig Staaten in Europa und im Nahen Osten nicht anzugreifen. Stalin nahm diese Initiative mit großem Interesse zur Kenntnis. Als er und Molotow diesen unerwarteten Schritt des amerikanischen Präsidenten erörterten, sagte Stalin: »Nur ein Idealist kann auch nur auf die Erörterung dieser Vorschläge hoffen. Hitler hat Blut geleckt. Ihn aufzuhalten ist nun schwer.«
»Aber dies wäre ein würdiger Schritt«, antwortete Molotow. »In der Tat, die Welt ist noch nicht reif, ihn richtig einzuschätzen.«
Stalin und Molotow beschlossen, öffentlich auf Roosevelts Note zu reagieren. Sogleich setzten sie ein Telegramm an den amerikanischen Präsidenten auf. Es trug Kalinins Unterschrift, wobei das Staatsoberhaupt natürlich nicht nach seiner Meinung gefragt worden war.

»Herr Präsident!
Ich halte es für eine angenehme Pflicht, Ihnen mein tiefes Mitempfinden und gleichzeitig meine herzlichsten Glückwünsche bezüglich Ihres ehrenhaften Aufrufs, mit dem Sie sich an die Regierungen Deutschlands und Italiens gewandt haben, auszudrücken. Sie können versichert sein, daß Ihre Initiative den leidenschaftlichsten Widerhall in den Herzen der Völker der Sowjetischen Sozialistischen Union findet, die aufrichtig an der Erhaltung des allgemeinen Friedens interessiert sind.
16. 4. 1939 Kalinin«

Als dann aber der Bevollmächtigte Vertreter der UdSSR in den USA Umanski von Roosevelt am 30. Juni 1939 empfangen wurde, erklärte der Präsident lediglich, er hoffe, daß die englisch-französisch-sowjetischen Verhandlungen erfolgreich beendet würden.
Stalin las Umanskis Telegramm, in dem es hieß:

»Roosevelt hat sich nicht entschieden, die ihm zur Verfügung stehenden moralischen und materiellen Mittel auszunutzen, um auf die Engländer und Franzosen einzuwirken mit dem Ziel, auf ihre außenpolitische Linie Einfluß zu nehmen.«

Stalin legte die Nachricht auf den Tisch und dachte vermutlich: »Jeder denkt zunächst einmal an sich selbst.« Wie er selbst.
Obwohl einige außenpolitische Fragen im Politbüro erörtert und entschieden wurden, so wurden sie doch immer vorab in den Unterredungen zwischen Stalin und Molotow »durchgearbeitet«. Zur Klärung konkreter Fragen zogen sie ab und zu Spezialisten hinzu aus den Volkskommissariaten für Äußeres und für Inneres sowie aus dem militärischen Nachrichtendienst. Stalin behielt es sich vor, grundlegende Entscheidungen allein zu fällen, auch gegen Molotows Rat.
Schukow hat Simonow erzählt, daß er häufig an Diskussionen über wichtige Fragen in Stalins Arbeitszimmer teilgenommen habe. »Ich hatte die Möglichkeit, Streit und Auseinandersetzungen zu sehen, Sturheit zu sehen, die im wesentlichen von Molotow bei einigen Fragen an den Tag gelegt wurde. Manchmal kam es dazu, daß Stalin seine Stimme erhob und sogar seine Beherrschung verlor, und Molotow lächelte, stand vom Tisch auf und blieb bei seinem Standpunkt.«
Molotows Berichte von seinen Begegnungen mit der Naziführung hinterließen bei Stalin einen tiefen Eindruck. Der »Führer« kannte persönlich lediglich Ribbentrop. Nicht selten nannte er in engem Kreis Hitler und seine Umgebung »Gauner«. Sogar während der Verhandlungen über den Nichtangriffsvertrag habe Stalin es sich nicht nehmen lassen, die deutsche Delegation mit einem deftigen Schimpfwort zu belegen, wie der Justitiar des deutschen Außenministeriums Gaus bezeugt hat. Bei der Unterzeichnung des Pakts sagte Stalin: »Wir vergessen nicht, daß Ihr endgültiges Ziel der Überfall auf uns ist.« Immer wieder sprach Stalin mit Molotow über Hitler. Er wußte am besten, wieviel in einem totalitären Staat vom Diktator abhängen konnte.

In den Beziehungen zu den Nazis versuchte Stalin kaum, seinen Machiavellismus zu verbergen. Als die Zeremonie der Paktunterzeichnung beendet war, soll Stalin sein Sektglas erhoben und nicht ohne Ironie gesagt haben:

»Trinken wir auf den neuen Antikominternisten Stalin! Trinken wir auf die Gesundheit des Führers des deutschen Volkes, Hitler!«

Ribbentrop stürzte sogleich zum Telefon (die Verhandlungen wurden in Molotows Arbeitszimmer geführt) und informierte Hitler über die Unterzeichnung des Pakts und über Stalins Worte. Hitlers Antwort gab Ribbentrop sogleich freudig weiter:

»Oh, mein großer Minister für Auswärtige Angelegenheiten! Sie wissen nicht, wieviel Sie geleistet haben! Übergeben Sie dem Herrn Stalin meine Glückwünsche, dem Führer des sowjetischen Volkes!«

Nachdem man Stalin diese Worte übersetzt hatte, blickte er auf Molotow und zwinkerte ihm kaum merklich zu.
In Stalins Bibliothek befanden sich auch Bücher Machiavellis. Der Zweck heiligt die Mittel, diese Devise hatte Stalin sich angeeignet. Er und Molotow hielten es für zulässig, am falschen Spiel Hitlers teilzunehmen. Es galt, den Beginn eines unvermeidlichen Kriegs mit Deutschland aufzuschieben. Allerdings: Der schwächste Punkt in Stalins Diplomatie war seine Unfähigkeit, über den Horizont des heutigen Tages hinauszuschauen. Und ihr fundamentaler Fehler war der Mangel an Demokratie, wie er auch nach dem 20. Parteitag fortbestehen sollte. Auch vor dem Einmarsch in Afghanistan wurde kein Volksvertreter gefragt, und 14000 junge Menschen mußten diese überflüssige Aktion mit ihrem Leben bezahlen.
Drei politische Aktionen müssen wohl als die großen Schritte der Stalinschen Vorkriegsdiplomatie angesehen werden. Der erste Schritt ist die Unterzeichnung des sowjetisch-deutschen Nichtangriffsvertrags vom 23. August 1939. Ich möchte dazu noch einige Details anmerken. Stalin beobachtete die gleichgültige Einstellung der Engländer und Franzosen bei den Verhandlungen mit der Sowjetunion in Moskau, und er glaubte nicht an einen erfolgreichen Abschluß. Er hat weder Geduld noch Weisheit bewiesen. In Stalins Auftrag gab Molo-

tow dem deutschen Botschafter in Moskau Friedrich Werner Graf von der Schulenburg zu verstehen, daß es sich wohl lohne, auf die Vorschläge Berlins zu einem Nichtangriffsvertrag zurückzukommen. Einige Monate zuvor hatte Stalin auf einen ähnlichen Vorschlag der Deutschen noch mit Schweigen geantwortet. Hitler war sofort einverstanden. Es begann ein lebhafter Telegrammaustausch. Moskau war noch vorsichtig, man mußte alles abwägen. Stalin hatte beschlossen, diesen Schritt nur dann zu gehen, wenn endgültig klargeworden war, daß die Verhandlungen mit England und Frankreich aussichtslos waren. Hitler, der sich zu dieser Zeit mit Ribbentrop auf dem Obersalzberg aufhielt, war nervös. Er brauchte den Pakt, denn dieser würde ihm freie Hand geben. Aber die Russen versuchten immer noch, sich mit den Engländern und Franzosen zu einigen. Hitler schrieb ein Telegramm an Stalin, in dem er ihn aufforderte, Ribbentrop am 22. August, spätestens am 23. August zu empfangen.
Am 23. August brachten zwei große Flugzeuge vom Typ »Condor« Ribbentrops Delegation nach Moskau. Aufgrund verschiedener Ungereimtheiten bei der Luftabwehr wurden die deutschen Flugzeuge über dem Gebiet von Welikije Luki beschossen, aber sie wurden nicht getroffen. Diese Tatsache hat M. A. Liokumowitsch mir gegenüber bestätigt, der damals in der Abteilung diente, die das Feuer gegen die deutschen Flugzeuge eröffnete. Noch am selben Tag reiste aus Moskau eine große Gruppe von NKWD-Mitarbeitern an, um zu klären, wer die »Provokation« organisiert habe. Es hätte durchaus passieren können, daß der Pakt am 23. August nicht unterzeichnet worden wäre. Am Vorabend dieses Tags versammelte Hitler seine Generäle und setzte sie über den bevorstehenden Angriff gegen Polen in Kenntnis.
Fast scheint es, als hätten die Franzosen und Engländer Stalin zum Pakt mit Hitler genötigt. Aber Stalin selbst hat damals einen Mangel an Geduld und Weitsichtigkeit bewiesen. Ihm leuchtete nicht ein, daß Hitler zu diesem Zeitpunkt mehr Interesse am Pakt hatte als er. Der Vertrag gab der Sowjetunion einen Zeitgewinn von fast zwei Jahren. Stalin hatte mit wenigstens drei oder vier Jahren gerechnet.
Stalin erinnerte sich gut an das lange Gespräch, das er mit Ribbentrop am 23. August nach dem Mittagessen geführt hatte. Der hochgewachsene Deutsche ließ verstehen, daß Deutschland sich die Hände für einen wahrscheinlichen Krieg im Westen freihalten wolle. Wäh-

rend Stalin dem Außenminister zuhörte, hatte er wohl nur eines im Kopf: um jeden Preis Zeit gewinnen. Das Land und die Armee sind noch nicht bereit für den Krieg. Kommt der Pakt zustande, so wird es wenigstens keine Allianz kapitalistischer Staaten gegen die Sowjetunion geben. Das ist die Hauptsache.

Stalin sah voraus, daß viele Freunde der Sowjetunion diesen Schritt nicht verstehen würden. Aber er sah keinen anderen Ausweg. Er brauchte den Frieden, um später standhalten zu können. Und zu dieser Politik gehörten auch geheime Absprachen mit Hitler. Ich meine das erwähnte Geheime Zusatzprotokoll, das den sowjetisch-deutschen Pakt ergänzte.

Die zweite große Aktion der Stalinschen Diplomatie ist mit der Verschiebung der Grenzen der UdSSR nach Westen verbunden. Der Beschluß, die Bevölkerung des westlichen Belorußlands und der westlichen Ukraine vor der drohenden Invasion der deutschen Truppen zu beschützen, war meines Erachtens gerechtfertigt. Er entsprach den Interessen der Werktätigen dieser Gebiete. Es ist traurig, daß Stalin diese Aktion, die den polnisch-sowjetischen Friedensvertrag von 1921 verletzte, mit einer geheimen Vereinbarung mit Hitler verband über die künftigen Grenzen und die territorialen Interessensphären.

Ich möchte einige Dokumente zitieren, die die erwähnten geheimen Absprachen zwischen Stalin und Hitler bestätigen (ganz gleich, ob sie mündlicher oder schriftlicher Art waren). Am 10. September 1939 schrieb Berija an Molotow:

»In Verbindung mit der bevorstehenden Veränderung der Stationierung der Grenztruppen des NKWD des Kiewer und des Belorussischen Militärbezirks erweitert sich die von diesen Truppen zu verteidigende Linie der Staatsgrenze der UdSSR von 1412 auf 2012 Kilometer oder um 600 Kilometer.«

Berija schlug vor, einen neuen Westlichen Grenzmilitärbezirk zu bilden. Als die sowjetischen Truppen in die westliche Ukraine und in das westliche Belorußland einmarschiert waren, wurden die Kontaktgrenzen zwischen den sowjetischen und deutschen Truppen festgelegt, entsprechend der geheimen Karte, die offenbar im August während der Verhandlungen abgestimmt worden war. Davon zeugt das folgende Dokument. Der deutsche Militärattaché in Moskau, General Köstring, übermittelte am 24. September dem Generalstab der Roten Armee folgende Botschaft:

»1. Ich bitte, dem Chef des Generalstabs der RKKA Schaposchnikow mitzuteilen, daß ich um 22 Uhr 30 von meiner Regierung eine Antwort erhalten habe, daß heute, am 24. 9. 1939, um 18 Uhr, Stadt Drogobytsch nach den Verhandlungen den Abteilungen der RKKA ohne jegliche Vorkommnisse übergeben worden ist.
2. Gleichzeitig ist man übereingekommen, daß Stadt Sambor am 26. 9. morgens übergeben wird. Ich wiederhole noch einmal, während der Verhandlungen hat es keinerlei Schwierigkeiten gegeben. Ich bin sehr froh, daß alles gutgegangen ist.
3. Ich halte es für meine Pflicht mitzuteilen, daß in Drogobytsch bereits zehn Tage lang große Zisternen brennen, was wir aus den Berichten unserer Flieger entnehmen konnten. Vor Ort gehen Gerüchte herum, daß sie von den Deutschen angezündet worden seien, ich bitte, dem keinen Glauben zu schenken, denn dieses Material war uns nicht von Nutzen.
4. Bezüglich der Waggons, diese Frage kennt der Chef des Generalstabs der RKKA, haben wir uns entsprechend dem Protokoll verhalten. Das ist alles, was ich Ihnen schnell mitteilen wollte. Köstring.
Entgegengenommen: Regimentskommissar Moskwin«

Ich könnte noch andere Dokumente anführen. Jedoch auch so ist alles klar: Stalin hielt es für notwendig, all diese »Details« abzustimmen. Offenbar gab es auch andere »Details«: So wurden deutsche und österreichische Antifaschisten, die in den dreißiger Jahren Verfolgungen in der Sowjetunion ausgesetzt waren oder sich in Untersuchungshaft oder Haft befanden, an Hitler ausgeliefert. Während der Augustbegegnungen zwischen Schulenburg und Molotow hatte der deutsche Botschafter einige Male die Sprache auf »die in der UdSSR inhaftierten deutschen Bürger« und ihre Übergabe an das Reich gebracht. Nach der Unterzeichnung des Pakts und nach dem Grenz- und Freundschaftsvertrag war es für Hitler nicht besonders schwierig, das Gewünschte zu erreichen. In den meisten Fällen geschah dies gegen den Willen der Betroffenen.

Die Völker des Baltikums stellten die Sowjetmacht in Estland, Lettland und Litauen wieder her. Diese Staaten befanden sich zwi-

schen Deutschland und der Sowjetunion. Die Regierungen lavierten lange und suchten nach dem geringsten Übel. Entscheidend war in diesem Kampf der Wille der Völker, einfacher Menschen, die nicht vergessen hatten, wer dort die Sowjetmacht zwei Jahrzehnte zuvor zerschlagen hatte. Die Gefahr war offenkundig, daß die Baltischen Länder eine leichte Beute für Hitler werden konnten.
Während der sowjetisch-englisch-französischen Verhandlungen in Moskau hatte England sich geweigert, erweiterte Garantien für die Sicherheit der Baltischen Staaten zuzusagen. Im Anschluß an die Verhandlungen vom 28. September 1939 wurden Verträge über gegenseitige Hilfe mit Estland, am 5. Oktober mit Lettland und am 10. Oktober mit Litauen abgeschlossen. Litauen wurden Wilna und das Wilnagebiet angegliedert.
In den Jahren des Bürgerkriegs und der Intervention hatten die Kräfte der internationalen Reaktion und der inneren Konterrevolution der jungen Räterepublik das Baltikum gewaltsam und rechtswidrig entrissen. In Anbetracht der deutschen Bedrohung lagen die Hilfe der UdSSR und die Aufnahme der Baltischen Staaten in den Staatsverband der UdSSR im Jahr 1940 nicht nur nach Stalins Meinung im Interesse sowohl Litauens, Lettlands und Estlands als auch der Sowjetunion. Stalin nahm, wie gesagt, persönlich an allen Verhandlungen und Zeremonien der Vertragsunterzeichnung mit jedem der Baltischen Staaten teil. Dies unterstrich das besondere Gewicht dieser Schritte.
In der Reihe wichtiger außenpolitischer Aktionen der Stalinschen Diplomatie muß auch die Note vom 26. Juni 1940 an Rumänien erwähnt werden. Darin forderte die sowjetische Regierung die Rückgabe Bessarabiens, dessen gewaltsame Annexion durch Rumänien die Sowjetunion niemals anerkannt hatte.
Aber Stalin wäre nicht Stalin gewesen, hätte er bei diesen außenpolitischen Aktionen nicht auch Leid und Elend gebracht. In den neugewonnenen Gebieten der westlichen Ukraine und des westlichen Belorußlands, in den Baltischen Republiken und in Moldawien begann er bald »feindliche Elemente« zu »liquidieren«: Kulaken, Angehörige der Bourgeoisie, Händler, ehemalige Weißgardisten und einfach »verdächtige Menschen«. Viele von ihnen gingen den traurigen Weg hinter den Ural nach Sibirien. Und ihrer waren nicht wenige.

Stalin bemühte sich, die Verträge mit Leben zu erfüllen. So mißtrauisch, wie er gemeinhin war, so erstaunlich ist es, daß er bei einigen Aktionen Berlins nicht hellhörig wurde. Beispielsweise weigerten sich die Deutschen im Januar 1941, das sogenannte »Wirtschaftsabkommen« über einen längeren Zeitraum als bis Ende 1941 abzuschließen. Man berichtete Stalin, daß die Deutschen bei den Verhandlungen über die sowjetisch-deutsche Grenze vom Fluß Igorka bis zum Baltischen Meer gerne auf Kompromisse eingegangen seien und nicht um jeden »Hügel« gestritten hätten, wie es bei Grenzangelegenheiten sonst üblich war.
Stalin und andere Führer hätten bemerken müssen, daß die Deutschen den Grenzen keine besondere Bedeutung beimaßen, weil diese Grenzen für sie nur vorübergehend galten. Die Vorstellungen des Führers vom »Lebensraum im Osten« waren keineswegs abstrakt. Aber Stalin fehlte es an staatsmännischer Weisheit, um diese und andere Tatsachen richtig einzuschätzen. Er war bereits zum Gefangenen seiner Fehleinschätzungen hinsichtlich der Absichten der Deutschen und der ihm noch zur Verfügung stehenden Zeit geworden.
Schließlich wurde in diesen Jahren noch eine dritte wichtige diplomatische Aktion abgeschlossen: die Unterzeichnung des Neutralitätspakts zwischen der Sowjetunion und Japan. Ende März 1941 reiste der japanische Außenminister Yosuke Matsuoka nach Moskau. Die erste Verhandlungsrunde brachte keinen Erfolg; die Japaner bestanden auf ihrer Forderung, daß die Sowjetunion ihnen den nördlichen Teil der Sachalininsel verkaufen solle. Stalin, der an den Verhandlungen teilnahm, schwieg lange, während er dem japanischen Minister zuhörte. Dann unterbrach er den Japaner mit einer kurzen Frage: »Ist das etwa ein Scherz?« Die Verhandlungen schienen beendet. Matsuoka verabschiedete sich kühl und reiste nach Berlin weiter. Nachdem er am 8. April aus Deutschland nach Moskau zurückgekehrt war, traf er sich erneut mit den sowjetischen Führern. Aber die Verhandlungen schienen zunächst wieder nicht zum Erfolg zu führen: Die Japaner stellten nach wie vor unannehmbare Bedingungen. Aber Stalins Härte half auch hier. Am Abend seiner Abreise aus Moskau, am 13. April, nachdem Matsuoka neue Instruktionen aus Tokio erhalten hatte, wurden die unerfüllbaren Forderungen der japanischen Delegation fallengelassen und der Neutralitätspakt zwischen der UdSSR und Japan unterzeichnet.

Durch dieses Abkommen verbesserte sich die strategische Lage der Sowjetunion im Fernen Osten. Japan hatte die Grenzen der Mongolischen Volksrepublik anerkannt. Aber die Unterzeichnung dieses Vertrags brachte für die sowjetische Regierung auch eine Reihe von Schwierigkeiten mit sich. Die chinesische Regierung hatte sich schon einige Zeit zuvor gegen ein sowjetisch-japanisches Abkommen ausgesprochen. Am 27. August 1939, nach der Unterzeichnung des Nichtangriffsvertrags zwischen der UdSSR und Deutschland, empfing der Stellvertreter des Volkskommissars für Äußeres Losowski den chinesischen Botschafter Sun Fo. Der chinesische Botschafter erklärte offen:

»Uns berühren zwei Fragen:
1. Gerüchte über einen Nichtangriffsvertrag zwischen der UdSSR und Japan und 2. Gerüchte über eine mögliche Übereinkunft zwischen Japan und England.
Vom Standpunkt der nationalen Interessen Chinas ist für uns sowohl das eine als auch das andere ungünstig. Wenn die UdSSR einen Nichtangriffsvertrag mit Japan abschließen würde, so würde dies unvermeidlich zur Schwächung ihrer Hilfe für China führen.«

Auf diese Befürchtungen erwiderte Losowski:

»Was den Nichtangriffsvertrag zwischen Japan und der UdSSR betrifft, so ist uns über diese Frage nichts bekannt. Es gab eine Zeit, als die UdSSR Japan vorgeschlagen hatte, einen Nichtangriffsvertrag abzuschließen. Japan hat abgelehnt. Somit steht diese Frage nicht auf der Tagesordnung.«

Damals stand diese Frage tatsächlich nicht auf der Tagesordnung. Aber eineinhalb Jahre später versuchte Stalin, der den herannahenden Krieg ahnte, die Spannungen im Osten abzuschwächen.
In den fünf Jahren zuvor hat es zwischen Japan und der Sowjetunion ernste Konflikte, harte Meinungsverschiedenheiten und schwere militärische Zusammenstöße gegeben. Die schwersten Kämpfe wurden am Chassansee und im Gebiet des Chalchin-Gol in der Mongolei ausgetragen. Während Stalin an der Zeremonie der Vertragsunterzeichnung mit Japan teilnahm, mag er wohl gedacht haben: Wie unvorhersehbar ist die Politik! Wie häufig hatte die UdSSR Japan

vorgeschlagen, einen solchen Vertrag abzuschließen? Es bedurfte einer Demonstration der sowjetischen Militärmacht, und es bedurfte militärischer Konflikte in den Jahren 1938 bis 1939, um Japan erkennen zu lassen, daß Verhandlungen mit uns unumgänglich sind.

Nach der Paktunterzeichnung ließen sich beide Delegationen fotografieren. Anschließend Stalin zusammen mit Matsuoka, halb umarmt. Stalin war zufrieden. Der Krieg an zwei Fronten war weniger wahrscheinlich geworden. Auch Matsuoka freute sich: Jetzt hatte Japan freie Hand in Ostasien. Stalin wußte von diesem Plan der japanischen Militaristen. Aber er hatte keine Wahl.

Am Abend sollte Matsuoka mit dem Nachtzug aus Moskau abreisen. Es blieben nur noch wenige Minuten bis zur Abfahrt des Zugs, und plötzlich erschien Stalin mit einer vielköpfigen Leibwache am Bahnhof, um sich zu verabschieden. Japans Außenminister fühlte sich geehrt. Während der sowjetische »Führer« den Japanern die Hände drückte, bekräftigte er, daß er dem Vertragsabschluß eine große Bedeutung beimesse und auch den gleichzeitig vereinbarten Erklärungen zur Garantie der territorialen Integrität der Mongolischen Volksrepublik. Stalin fand auch Zeit, um mit den Deutschen, die Matsuoka zum Bahnhof begleitet hatten, Freundlichkeiten auszutauschen. Er wußte, wie schlecht die Sowjetunion auf einen Krieg vorbereitet war. Deshalb war er bereit, wen auch immer vom Bahnhof abzuholen oder dort zu verabschieden.

Stalin wußte zwar, daß der Krieg unausweichlich war, aber er wollte nicht glauben, daß der deutsche Angriff dicht bevorstand. Stalin war ein Gefangener dieser beiden Postulate, immer wieder sagte er: »Sich nicht von Provokationen verleiten lassen!« – »Nur nicht auf Provokationen eingehen!« – »Über den Provokationen stehen!« Bald verstand man in Berlin, daß Zeitgewinn für Stalin alles war. Und die Deutschen nutzten diese Lage zu einem unverschämten Verhalten. Seit Beginn des Jahres 1941 verletzten Dutzende von deutschen Flugzeugen systematisch die Grenze der Sowjetunion und drangen immer tiefer in ihren Luftraum ein. Wenn die Flugzeuge zu einer Landung gezwungen worden waren, wurden die Piloten und Maschinen sogleich der deutschen Seite zurückgegeben. Als kurz vor Beginn des Kriegs unsere Grenzschützer ein deutsches Aufklärungsflugzeug über sowjetischem Territorium abgeschossen hatten und die beiden Piloten dabei ums Leben gekommen waren, befahl Stalin, die Verantwortlichen dafür zu bestrafen. Außerdem ging ein Telegramm an die sowjetische Botschaft in Berlin: »An Skornjakow. Suchen Sie umgehend Göring auf, und drücken Sie Ihr Mitgefühl über dieses Ereignis aus.«

Als Mussolini feststellen mußte, daß seine Truppen bei ihrem Eroberungszug auf dem Balkan nicht vorankamen, wandte er sich an Hitler um Hilfe. Dieser erklärte sich dazu bereit unter der Bedingung, daß sich die italienischen Truppen dem deutschen Oberbefehl unterstellten. Als Hitlers Soldaten zusammengezogen wurden für den Überfall auf Griechenland und Jugoslawien, schlug die Regierung in Belgrad der Sowjetunion vor, einen Freundschafts- und Nichtangriffsvertrag abzuschließen. Am 5. April 1941 wurde der Vertrag unterzeichnet. Stalin wies Hitler darauf hin, daß eine Stationierung deutscher Truppen auf der Balkanhalbinsel unerwünscht sei. Aber Hitler ließ es sich nicht nehmen, Stalin erneut zu brüskieren. Er ignorierte »Moskaus Signal«: 24 Stunden nach der Unterzeichnung des sowjetisch-jugoslawischen Vertrags griffen die deutschen Truppen Jugoslawien an. Und dies, obwohl Botschafter Schulenburg in Moskau schon am 17. Januar 1941 erklärt worden war, daß »die Sowjetunion den Ostteil der Balkanhalbinsel für eine Zone ihrer Sicherheit halte und an Ereignissen in dieser Region nicht unbeteiligt bleiben könne«.
Schon Mitte 1940 hatte Stalin ein deutliche Verschlechterung der Beziehungen zwischen seiner und der deutschen Regierung festgestellt. Und Hitler hatte gemerkt, daß das Mißtrauen der Sowjetunion wuchs. Das paßte nicht in seine Pläne. Er lud Stalin ein, Berlin zu besuchen. Aber dieser liebte das Ausland nicht. In Moskau entschied man, daß Molotow fahren solle. Am Abend vor der Abreise des Volkskommissars mutmaßten Stalin und Molotow in Anwesenheit Berijas lange: Was will Hitler? Was kann getan werden, damit der Pakt wenigstens noch einige Jahre hielt?
Bereits auf dem Berliner Bahnhof, wo Molotow am 13. November 1940 von Ribbentrop, Keitel, Ley, Himmler und anderen Hitlerschen Bonzen abgeholt wurde, erklärte man ihm, daß der Führer dieser Begegnung eine große Bedeutung beimesse. Vor dem unausweichlichen Zusammenbruch Englands müsse man sich doch mit dem »Deutschland freundlich gesinnten Staat« beraten.
Als man Molotow in Hitlers Arbeitszimmer führte, erstaunte ihn

dic Größe des Raums. Hitler streckte dem Volkskommissar seine weiche, schweißnasse Hand entgegen und schaute ihn aufmerksam an. Ohne Umschweife kam der Führer zur Sache: Die Länder der »Achse« stünden am Vorabend ihres Triumphs. Bald werde das Britische Empire öffentlich versteigert werden. Es sei nun notwendig, zu entscheiden, wie die Welt künftig aussehen solle. Daran seien Deutschland und, wie er hoffe, auch Rußland interessiert.
Aber Molotow zeigte kein Interesse an den globalen Plänen Deutschlands und forderte beharrlich Antworten auf einige konkrete Fragen: Warum befinden sich deutsche Truppen in Finnland? Wann werden die deutschen Truppen aus Bulgarien und Rumänien zurückgezogen? Wie kam es zum Beitritt Ungarns zum Dreimächtepakt? Und Molotow ließ verstehen: Was Moskau am meisten beunruhigte, waren die sowjetisch-deutschen Beziehungen. Die Verhandlungspartner sprachen verschiedene Sprachen.
Augenblicklich verlor Hitler das Interesse an den Verhandlungen, und er schlug vor, sie am nächsten Tag fortzusetzen. Die »Partner« sprachen offenbar verschiedene Sprachen. Hitler, der Molotow bis zum Ausgang des großen Saals der neuen Reichskanzlei begleitete, berührte den Ellenbogen des Volkskommissars: »Ich weiß, die Geschichte wird Stalin für immer in Erinnerung behalten. Aber sie wird auch mich in Erinnerung behalten.«
»Ja, selbstverständlich wird sie das«, antwortete Molotow kühl.
Beide Seiten wußten, daß die Abkommen, die vor einem Jahr unterzeichnet worden waren, Totgeburten waren. Deutschland brauchte sie, um die Sowjetunion zu täuschen und freie Hand zu bekommen. Die Sowjetunion brauchte sie, um Zeit zu gewinnen. Es wurde ein großes Spiel gespielt. Beide Seiten glaubten, sie würden gewinnen.
Als Molotow nachts in das Berliner Hotel »Bellevue« zurückkehrte, versuchte er sich mit einem Gedanken zu trösten: Die Deutschen können es sich nicht erlauben, die Fehler des Ersten Weltkriegs zu wiederholen – einen Kampf an zwei Fronten zu führen. In der Tat, auch nach seinem Besuch in Berlin ging Molotow davon aus, daß die Deutschen sich an den Pakt halten würden. In Stalin dagegen wuchs allmählich das Mißtrauen.
Stalin achtete peinlich genau auf die Einhaltung des deutsch-sowjetischen Nichtangriffsvertrags. Zum Jahrestag der Vertragsunterzeichnung erschienen in der sowjetischen Presse viele Artikel. Die Deut-

schen haben sich kaum an dieses Datum erinnert. Einen Monat später, am 28. September 1940, jährte sich der sowjetisch-deutsche Grenz- und Freundschaftsvertrag: Am Tag zuvor hatten in Berlin Deutschland, Italien und Japan den Dreimächtepakt abgeschlossen. Das war Hitlers Art, das Einjahresjubiläum zu begehen.

Aber auch diese Tatsache änderte Stalins Haltung nicht: »Der Krieg ist unausweichlich, aber die Deutschen greifen erst in zwei oder drei Jahren an.« Er hielt sich bereits für unfehlbar. Und warum sollte er auch diskutieren: Alle würden doch nur versuchen, seine Meinung zu erraten. Nun erntete er die Früchte seiner Alleinherrschaft. Das bürokratische System, das er mit aller Gewalt geschaffen hatte, war nur noch in der Lage, seine Entscheidungen gutzuheißen. Wie sich Schukow erinnerte, hat Stalin einmal zwei Gehilfen aus seinem Apparat vorgeworfen: »Was soll ich mit euch überhaupt reden? Was man euch auch sagt, ihr sagt alle: ›Ja, Genosse Stalin‹, ›Selbstverständlich, Genosse Stalin‹, ›Absolut richtig, Genosse Stalin‹, ›Sie haben eine weise Entscheidung getroffen, Genosse Stalin‹.«

Eine Analyse der Archivdokumente jener Zeit zeigt, daß sich in den Sitzungen des Politbüros folgende Personen fast immer der Meinung des »Führers« angeschlossen und äußerst selten auch nur die geringsten Vorschläge gemacht haben: Andrejew, Berija (er konnte die Gedanken des Herrn am besten lesen), Woroschilow, Kaganowitsch, Kalinin, Mikojan, Malenkow, Chruschtschow, Schwernik, Schtscherbakow. Mehr Initiative dagegen legten Molotow, Wosnessenski und Schdanow an den Tag. Das Politbüro, das auf dem Plenum des ZK am 22. März 1939 gewählt worden war (Wosnessenski, Malenkow, Schtscherbakow waren im Februar 1941 als Kandidaten dorthin aufgerückt), verkörperte die Alleinherrschaft Stalins in Partei und Staat.

Niemand bezweifelte Stalins Weitsicht. Auch als seine Einschätzungen vor Beginn des Kriegs merklich von der Wirklichkeit abwichen, ließ niemand den Gedanken zu, daß Stalin einen Fehler machen könnte. Man nahm lediglich an, daß nicht alle verstanden, was Stalin längst klar sei. »Ich trug einen gewaltigen Glauben an Stalin in mir«, sagte Schukow, »an seinen politischen Verstand, seine Weitsicht und seine Fähigkeit, einen Ausweg aus den allerschwierigsten Lagen zu finden. Im gegebenen Fall: an seine Fähigkeit, sich einem Krieg zu entziehen, ihn hinauszuschieben. Die Unruhe zehrte die Seele auf.

Aber der Glaube an Stalin und daran, daß schließlich und endlich alles so kommen würde, wie er es annahm, waren stärker.«
In den letzten zwei Monaten vor dem Krieg erhielt Stalin nicht wenige Hinweise auf den bevorstehenden deutschen Überfall. Die Warnungen kamen von den Geheimdiensten, von Diplomaten und von Freunden der Sowjetunion. Warnungen erhielt er auch von den Regierungen der USA und Großbritanniens. Churchill informierte ihn im April 1941 per Brief über Truppenbewegungen der Wehrmacht in Richtung Osten. Stalin las den Brief des britischen Premierministers aufmerksam, aber er glaubte ihm nicht. Er nahm an, die Regierung in London wolle ihn in einen Krieg mit Hitler treiben.
Aber dann, unter dem Eindruck immer neuer Indizien, beschloß die sowjetische Regierung doch, etwas zu tun. Die Nachrichtenagentur TASS veröffentlichte am 14. Juni 1941, eine Woche vor dem Überfall, die bekannte Erklärung, in der unter anderem neue deutsch-sowjetische Gespräche angeregt wurden:

»Vor Cripps' Ankunft in London und besonders danach haben die Gerüchte über einen ›baldigen Krieg‹ zwischen der Sowjetunion und Deutschland immer mehr zugenommen. Es heißt ferner, Deutschland habe territoriale und wirtschaftliche Forderungen an die Sowjetunion gestellt. (...) All das ist nichts anderes als plumpe Propaganda der Deutschland und der UdSSR feindlich gesinnten, an einer Ausdehnung des Kriegs interessierten Kräfte.
TASS ist ermächtigt festzustellen:
Deutschland hat keinerlei Forderungen an die Sowjetunion gestellt, weshalb auch keine Verhandlungen notwendig sind.
Deutschland erfüllt die Abmachungen des sowjetisch-deutschen Paktes ebenso gewissenhaft wie die Sowjetunion. Den Bewegungen deutscher Truppen an der deutschen Ostgrenze müssen andere Ursachen zugrunde liegen, die nichts mit den sowjetisch-deutschen Beziehungen zu tun haben.
Die Sowjetunion hält die Bestimmungen des sowjetisch-deutschen Paktes ein und hat auch weiterhin die Absicht, dies zu tun. Alle Gerüchte über Vorbereitungen zu einem Krieg mit Deutschland entbehren jeder Grundlage.
Die kürzlich erfolgte Einberufung von Reservisten sowie die abgehaltenen Manöver bezweckten die Ausbildung von Reserveeinheiten

sowie die Prüfung der Leistungsfähigkeit des Eisenbahnnetzes, und es ist zumindest absurd, diese Operationen als deutschfeindlich hinzustellen.«

Stalin und Molotow verbanden mit dieser Initiative die Hoffnung, sie könnten die Deutschen ein oder zwei Monate hinhalten, und dann wäre der Winter schon nah und die Gefahr einer Aggression für 1941 gebannt.

Nach dem Krieg versuchten einige sowjetische Politiker, diese TASS-Erklärung als eine gewöhnliche »diplomatische Sondierungsmaßnahme« hinzustellen. Aber selbst wenn man dies als richtig unterstellt, so haben sie doch Millionen von sowjetischen Menschen und alle Soldaten gelesen! Wie sich der berühmte Militärführer Sandalow erinnerte, wurde die Erklärung bei den Streitkräften eindeutig aufgefaßt: »Ein solches Auftreten einer autoritativen staatlichen Institution stumpfte die Wachsamkeit der Truppen ab. Bei den Kommandeuren führte sie zur Überzeugung, daß es irgendwelche unbekannten Umstände gebe, die unserer Regierung erlaubten, gelassen und sicher in der Sicherheit der sowjetischen Grenzen zu bleiben. Die Kommandeure übernachteten nicht mehr in den Kasernen. Die Soldaten zogen sich zur Nacht aus.«

Das Ergebnis von Stalins Sondierung war: Berlin ignorierte die TASS-Erklärung, und die sowjetischen Menschen, die damals alles für bare Münze nahmen, was von ihrer Führung kam, glaubten noch fester, daß ein Krieg unwahrscheinlich war.

Stalin hat in den letzten Monaten vor Kriegsbeginn die Möglichkeiten der Diplomatie überschätzt. Als bereits klar war, daß Hitler bald einen Krieg gegen die Sowjetunion beginnen wollte, klammerte sich Stalin an die TASS-Erklärung und an diplomatische Noten, statt die Rote Armee in volle Kampfbereitschaft zu versetzen. Gespannt wartete man in Moskau auf Berlins Reaktion. Aber die chiffrierten Telegramme aus der sowjetischen Botschaft in Berlin sagten: Die deutsche Regierung und alle anderen Offiziellen des Nazistaats entzogen sich einer Antwort auf die TASS-Erklärung vom 14. Juni 1941. Und Berlin reagierte ebensowenig auf eine diplomatische Note, in der sich die sowjetische Regierung über eine Grenzverletzung durch die Wehrmacht beschwerte. Daraufhin lud Molotow den deutschen Botschafter in Moskau zu sich und bat ihn, die Haltung seiner Regierung zu den in der TASS-Erklärung angesprochenen Problemen darzulegen. Gleichzeitig bemühte sich der sowjetische Botschafter in Berlin um einen Gesprächstermin bei Ribbentrop. Vergeblich.

Verhängnisvolle Rechenfehler

Schließlich wurden einige zögerliche Maßnahmen eingeleitet. Militärschüler wurden vorzeitig in ihre Einheiten zurückgeschickt, die Flughäfen wurden getarnt und 800 000 Reservisten eingezogen. Zu diesen wenigen richtigen Schritten konnte Stalin sich nur schwer entscheiden, denn ihn beherrschte die Vorstellung, auf keinen Fall die Deutschen zu provozieren. Timoschenko und Schukow mußten Stalin zu verschiedenen Fragen zwei- oder dreimal Bericht erstatten, bis dieser einverstanden war. Stalin war nach wie vor ein Gefangener der Idee, daß Hitler keinen Zweifrontenkrieg führen werde. Er übersah dabei allerdings, daß es gar keine richtige Front im Westen gab! Aber niemandem wäre es eingefallen, den »Führer« zu korrigieren. Hatten sich doch bereits alle an seine »Unfehlbarkeit« gewöhnt.
Stalin zuliebe sprachen alle einmütig über die »Unbesiegbarkeit der Roten Armee«, darüber, daß die inneren Widersprüche die kapitalistischen Länder »zerreißen werden«. Darüber schrieb die Presse, das sendete das Radio, das bestätigten die Theoretiker. Beispielsweise das Akademiemitglied Eugen Varga, den Stalin schätzte und mit dem er sogar häufiger sprach. In einer Rede vor der Militärpolitischen Akademie »Lenin« sagte Varga am 17. April 1941:

»Es kommt die Frage auf – wird es in diesem Krieg überhaupt Sieger und Verlierer geben, oder wird sich der Krieg derart in die Länge ziehen, daß keine der beiden kämpfenden Gruppen die andere besiegen kann? (...) Die Interessen der UdSSR fordern die Erhaltung des Friedens, bis die revolutionäre Krise in den kapitalistischen Ländern reif geworden ist.«

Und dann machte das Akademiemitglied eine Bemerkung ganz im trotzkistischen Geist. Aber da es nicht Trotzki sagte, hatte Stalin nichts dagegen.

»Wenn eine solche Situation entstehen sollte, daß in einigen Ländern aufgrund des Krieges eine revolutionäre Krise entsteht, die bürgerliche Macht geschwächt ist und das Proletariat die Macht in seine Hände nimmt, dann ist die Sowjetunion verpflichtet, und sie wird es tun, der proletarischen Revolution in anderen Ländern zu Hilfe zu kommen.«

Die Überschätzung der militärischen Kraft des eigenen Landes war in der Sowjetunion weit verbreitet. Aber es gab doch einige wenige, die sich in dieser kultischen Zeit die Fähigkeit, nüchtern zu denken, erhalten hatten. So wiesen Experten in einer Studie zur »Militärideologie« auf offenkundige Schwächen der Roten Armee hin, vor allem angesichts der Mißerfolge im sowjetisch-finnischen Krieg: die niedrige Kultur der Militärkader, falsche ideologische Einstellungen (wie sie sich etwa in der Losung von der »Unbesiegbarkeit der Roten Armee« niederschlugen), ein falsches Verständnis der internationalen Aufgaben der Roten Armee. Dazu gehöre auch der Glaube, daß in Ländern, die einen Krieg gegen die Sowjetunion führten, sofort Aufstände der Arbeiterklasse stattfänden. Das Gerede »von der Unbesiegbarkeit macht die Menschen hochmütig, oberflächlich und läßt sie verächtlich auf die Militärwissenschaft herabschauen; auf dem Gebiet der Technik führt es zu Rückständigkeit, auf dem Gebiet der Militärtheorie zur einseitigen Ausarbeitung der einen Kampfarten zum Nachteil anderer«. Die Niederschrift der Experten umfaßt dreißig Seiten, und sie enthält nicht nur eine kritische Analyse der Lage der Roten Armee und der Entwicklung des sowjetischen militärischen Denkens, sondern auch einige konstruktive Ideen, die bis heute ihre Aktualität nicht verloren haben. Aber wieder einmal war der Kommentar des »Führers« kurz: »Zu den Akten.«
Das Schicksal der Autoren dieser Studie kenne ich nicht, wobei mir klar ist, daß sie Stalin und Woroschilow kaum gefallen haben kann.
Stalins größter Fehler in der Vorkriegsphase war meiner Meinung nach die Unterzeichnung des Grenz- und Freundschaftsvertrags mit Deutschland am 28. September 1939. Nach der Unterzeichnung des Nichtangriffsvertrags, der offensichtlich notwendig und historisch gerechtfertigt war (ohne das Geheimprotokoll), hätte man einen Punkt machen müssen. In den Erklärungen der Kommunistischen Internationale und in den Beschlüssen des 18. Parteitags der

KPdSU(B) wurde der Faschismus zu Recht als gefährlichste Erscheinung des Weltimperialismus, als ein Regime des Terrors, der Diktatur und des Militarismus charakterisiert. Im Denken der sowjetischen Menschen verkörperte der Faschismus den Klassenfeind in seiner schlimmsten Form. Und plötzlich »Freundschaft« mit dem Faschismus?! Das prinzipienlose Hinabrutschen Stalins und Molotows zur Reinwaschung des Faschismus läßt sich schwer erklären.
Am selben Tag wurde eine »Erklärung der Deutschen Reichsregierung und der Regierung der UdSSR« unterzeichnet, in der es heißt:

»Nachdem die Deutsche Reichsregierung und die Regierung der UdSSR durch den heute unterzeichneten Vertrag die sich aus dem Zerfall des polnischen Staates ergebenden Fragen endgültig geregelt und damit ein sicheres Fundament für einen dauerhaften Frieden in Osteuropa geschaffen haben, geben sie übereinstimmend der Auffassung Ausdruck, daß es dem wahren Interesse aller Völker entsprechen würde, dem gegenwärtig zwischen Deutschland einerseits und England und Frankreich andererseits bestehenden Kriegszustand ein Ende zu machen. Die beiden Regierungen werden deshalb ihre gemeinsamen Bemühungen, gegebenenfalls im Einvernehmen mit anderen befreundeten Mächten, darauf richten, dieses Ziel so bald als möglich zu erreichen.
Sollten jedoch die Bemühungen der beiden Regierungen erfolglos bleiben, so würde damit die Tatsache festgestellt sein, daß England und Frankreich für die Fortsetzung des Krieges verantwortlich sind, wobei im Falle einer Fortdauer des Krieges die Regierungen Deutschlands und der UdSSR sich gegenseitig über die erforderlichen Maßnahmen konsultieren werden.

Für die Deutsche Reichsregierung: v. Ribbentrop	In Vollmacht der Regierung der UdSSR: W. Molotow«

Sollten die Völker sich damit abfinden, daß Deutschland beinahe ganz Europa eingenommen hatte? Konnte etwa Polen, das in Ruinen lag, das »gegenseitige Einvernehmen« begrüßen? Diese prinzipiellen Konzessionen vergrößerten die Sicherheit der Sowjetunion nicht. Aber die Faschisten machten sie unverschämter, und die sowjetischen Menschen verwirrten sie.

Stalin befand sich in der »deutschen Frage« unter einem starken Einfluß Molotows, der auf seiner einseitigen Sichtweise bestand. Einige Erklärungen des Volkskommissars für Äußeres irritierten die Sowjetbürger und auch die Freunde der Sowjetunion im Ausland. So erklärte Molotow am 31. Oktober 1939 vor dem Obersten Sowjet:

»So weiß man zum Beispiel jetzt, daß in den letzten Monaten Begriffe wie ›Angriff‹ und ›Angreifer‹ einen neuen Sinn erhalten haben. Wir können uns dieser Begriffe heute nicht mehr im gleichen Sinn wie vor etwa drei oder vier Monaten bedienen. Jetzt erstrebt Deutschland den Frieden, während England und Frankreich dafür sind, den Krieg fortzusetzen. Wie Sie sehen, haben sie also die Rollen gewechselt. (...) Es kann, wie jedermann einsehen wird, von der Wiederherstellung des alten Polens nicht die Rede sein. Die britische und die französische Regierung wissen das, wollen aber trotzdem nicht den Krieg beenden, und sie suchen deshalb nach einer neuen Rechtfertigung für die Weiterführung des Krieges gegen Deutschland. So hat die britische Regierung proklamiert, daß der Krieg gegen Deutschland nichts mehr oder weniger als die Vernichtung des Hitlerismus zum Ziele habe. Daraus ergibt sich, daß sowohl in England wie in Frankreich die Befürworter des Krieges gegen Deutschland eine Art weltanschaulichen Krieg nach der Art der alten Religionskriege erklärt haben. (...) Die nationalsozialistische Weltanschauung kann, wie jedes andere Weltanschauungssystem, unterstützt oder abgelehnt werden. Jedermann wird aber begreifen, daß man eine Weltanschauung nicht durch Gewalt vernichtet. Deshalb ist es unsinnig und sogar verbrecherisch, einen solchen Krieg zur Vernichtung des Hitlerismus zu führen, indem man ihm das Mäntelchen des Kampfes für die Demokratie umhängt. Als Kampf für die Demokratie können unmöglich Maßnahmen bezeichnet werden wie das Verbot der Kommunistischen Partei in Frankreich und die Verhaftung französischer Kammerabgeordneter.«

Diese Thesen charakterisieren Stalins und Molotows außenpolitische Kurzsichtigkeit und ebenso ihre ideologische Prinzipienlosigkeit. Der Diktator, der viele tausend Menschen, ohne zu zögern, in den Tod geschickt hatte, zeigte eine sonderbare Vertrauensseligkeit bei seiner »Verbrüderung« mit dem Faschismus. Obwohl viele in der Kommunistischen Internationale die Gründe für die schnelle ideologische Wendung Stalins nicht verstanden, konnten sie auf die offizielle Position der Komintern keinen Einfluß nehmen. Die von den europäischen kommunistischen Parteien formulierte Charakterisierung des Kampfes ihrer Länder als antifaschistisch fand bis zum Juni 1941 keine Unterstützung bei der Internationale. Wieder wurden die kritischen Pfeile nicht auf die Faschisten gerichtet, sondern auf die Sozialdemokratie als »Handlanger des Militarismus«. Die Losung war so abstrakt wie sinnlos: »Dem Krieg ein Ende machen!« Indem man sich mit der Eroberung der Hälfte Europas durch Hitler einverstanden erklärte? Diese Frage wurde nicht beantwortet. Das Wort »Faschismus« verschwand für einige Zeit aus Molotows und Stalins Sprachgebrauch. Man kann davon ausgehen, daß die Herren in Berlin zufrieden waren.

Die Agitatoren im Land und in der Armee wurden in eine außerordentlich schwierige Lage gebracht. Beispielsweise stellte der Leiter der Hauptverwaltung für Politische Propaganda (GUPP) in der Roten Armee Armeekommissar 1. Ranges L. Mechlis in seiner Direktive Nr. 0246 den Polit- und Parteiorganisationen folgende Aufgabe:

»Als Grundlage für die politische Ausbildung der jungen Kämpfer dienen das Gesetz über die allgemeine Wehrpflicht, der Bericht des Genossen Woroschilow auf der 4. Session des Obersten Sowjets der UdSSR, der Fahneneid, das Gesetz über die Strafe für den Verrat an der Heimat, die Militärgrundsätze und -vorschriften (...), die Mitteilung des Genossen Molotow ›Über die Ratifizierung des sowjetisch-deutschen Nichtangriffsvertrags‹.«

Den letzten Satz hatte Mechlis eigenhändig eingefügt. Als er Stalin seinen Bericht vorgetragen hatte, warf dieser ein: »Reizt die Deutschen nicht! Der ›Rote Stern‹ (Zeitung der Roten Armee; A. d. Ü.) schreibt häufig über die Faschisten, über den Faschismus. Hört damit auf. Die Lage ändert sich. Man muß nicht lauthals solche Dinge verkünden. Alles zu seiner Zeit. Hitler soll nicht den Eindruck bekommen, daß wir nichts anderes tun, als uns auf den Krieg mit ihm vorzubereiten.«

In den Berichten, die nach dem deutsch-sowjetischen Vertrag bei der GUPP eingingen, gab es nicht wenige Beispiele für die Verunsicherung der Soldaten. Einige Beispiele:

Militäringenieur 2. Ranges Netschajew:
»In Verbindung mit der Ratifikation des Nichtangriffsvertrages dürfen nun Termini wie ›Beschuß des Faschismus‹ bei Schießübungen nicht mehr angewendet werden. Eine Agitation und Propaganda gegen den Faschismus darf nicht durchgeführt werden, denn unsere Regierung sieht keinerlei Meinungsverschiedenheiten mit dem Faschismus.«

Dozent der Militärischen Ingenieurakademie Karatun:
»Heutzutage weiß man überhaupt nicht, was man schreiben und wie man es schreiben soll, früher hat man uns im antifaschistischen Geiste erzogen und heute entgegengesetzt.«

Oberleutnant Gromow, Militärabteilung 5365 des Charkower Militärbezirks:
»Wenn man es genau betrachtet, so hat Deutschland alle zum Narren gehalten. Deutschland wird nun kleine Länder an sich reißen, und der Nichtangriffsvertrag wird daliegen, und man wird nichts unternehmen können.«

Heute ist es schwer festzustellen, wer vorgeschlagen hat, das Wort »Freundschaft« einzufügen in den sowjetisch-deutschen Vertrag vom 28. September 1939, der dem Nichtangriffsvertrag folgte. Wenn dieser Vorschlag von der sowjetischen Seite gekommen sein sollte, so zeugt dies im besten Fall von politischer Unbedachtheit. Kam die Initiative dazu jedoch von deutscher Seite, so war es eine fein berechnete Diversion gegen das gesellschaftliche Bewußtsein eines ganzen Volkes. Im ersten wie im zweiten Fall erwies sich Stalin als unfähig, die Lage richtig einzuschätzen. Was Molotow später nicht daran hinderte zu sagen, daß Stalin »die hinterlistigen Pläne des Hitlerismus rechtzeitig erkannt« habe!
Der andere große Fehler wurde in der Verteidigungsplanung begangen. Auf persönliche Anweisung Stalins wurde im Herbst 1939, bald nach der Unterzeichnung des Vertrags über die »Freundschaft« mit Deutschland, die Ausarbeitung eines entsprechenden Dokuments durch den Generalstab in Angriff genommen.

Unter Boris Michailowitsch Schaposchnikows Leitung war mit dieser Aufgabe vor allem der künftige berühmte Marschall der Sowjetunion und damalige Oberst Alexander Michailowitsch Wassilewski betraut. Seine Grundidee war folgende: Die Sowjetunion mußte bereit sein, einen Krieg an zwei Fronten zu führen – in Europa gegen Deutschland und seine Verbündeten und im Fernen Osten gegen Japan. Dabei würden die wesentlichen Kriegshandlungen sich im Westen abspielen. Wassilewski und die Generalstäbler rechneten damit, daß der Gegner seine Streitkräfte im Westen und im Nordwesten angreifen lassen würde. Daher sei es notwendig, die Streitkräfte der Roten Armee hier zu konzentrieren. Aber Woroschilow bestätigte diesen Plan nicht, da er glaubte, daß die Maßnahmen zur Zerschlagung des Gegners nicht ausreichend erarbeitet worden seien.
Im August 1940 wurde der Verteidigungsplan überarbeitet. Nun unter Federführung des neuen Generalstabschefs Meretzkow. Wassilewski war wiederum maßgeblich daran beteiligt. Er war nach wie vor der Meinung, daß die Hauptkräfte der Armee an der Westfront stationiert werden sollten. Denn die Truppen des Gegners würden im Kriegsfall voraussichtlich in der Umgebung von Brest zusammengezogen.
Am 5. Oktober wurde der Verteidigungsplan Stalin vorgelegt. Aufmerksam hörte er dem Volkskommissar und dem Chef des Generalstabs zu. Er betrachtete einige Male aufmerksam die Landkarte, schwieg lange und ging im Zimmer auf und ab. Schließlich sagte Stalin:

»Der Standpunkt des Generalstabs, die Streitkräfte an der Westfront zu konzentrieren, ist mir nicht vollständig klar. Hitler wird angeblich versuchen, auf kürzestem Wege einen Schlag gegen Moskau zu führen. (...) Ich glaube aber, daß das Getreide der Ukraine und die Kohle des Donezbeckens für die Deutschen von besonderer Wichtigkeit ist. Jetzt, da Hitler sich auf dem Balkan bestätigt fühlt, ist es um so wahrscheinlicher, daß er seinen Hauptschlag nach Südwesten richten wird. Ich bitte den Generalstab, alles noch einmal zu überdenken und den Plan innerhalb von zehn Tagen neu vorzulegen.«

Neben dem überarbeiteten Verteidigungsplan verfaßte der Generalstab ein Konzept unter dem Titel »Überlegungen über die Grundlagen der strategischen Entwicklung der Streitkräfte im Westen und Osten für die Jahre 1940 bis 1941«. Darin wurde angenommen, daß Deutschland die Hauptgefahr darstelle. Im Kriegsfall solle ein standhafter Widerstand im Grenzgebiet geleistet werden, gestützt auf befestigte Verteidigungsanlagen; ein Eindringen des Gegners auf sowjetisches Territorium sei nicht zuzulassen, um ausreichend Zeit für die Mobilisierung zu gewinnen. Schließlich sei der Gegner hinter die Grenzen zurückzudrängen und der Krieg auf seinem Territorium auszutragen. Man ging davon aus, daß die Hauptkräfte der Roten Armee zwei Wochen Zeit hätten, bevor sie in Aktion treten müßten. Weder die »Überlegungen« noch der Verteidigungsplan haben defensiven Operationen genügend Aufmerksamkeit geschenkt. Die Möglichkeit, daß starke feindliche Kräfte tief in die Sowjetunion eindrangen, wurde ausgeschlossen. Als einmal in einem strategischen Spiel eine solche Variante »simuliert« wurde, sagte Stalin böse: »Warum sollte man eine Rückzugsgesinnung kultivieren? Was denn, plant ihr etwa einen Rückzug?«

Kurz vor Beginn des Kriegs forderte Stalin für seine persönliche Bibliothek die Felddienstordnung der Roten Armee an. Die Seiten sind übersät von Bemerkungen, die davon zeugen, daß Stalin seinen Wissensstand auf dem Gebiet der Militärkunst erhöhen wollte. Wobei seine Äußerungen bei den verschiedensten Gelegenheiten davon zeugen, daß er eher einen gesunden Menschenverstand besaß, in dem die Vorsicht eine nicht zu geringe Rolle spielte als eine hohe operative und strategische Kompetenz.

Am 14. Oktober 1940 wurde Stalin der überarbeitete Verteidigungsplan vorgelegt. Alle seine Wünsche waren natürlich berücksichtigt, und das bedeutete eine grundlegende Umorientierung der Streitkräfte. Der Hauptschlag des Gegners wurde nun im Südwesten erwartet. Und dies, obwohl die Hauptverwaltung Aufklärung der Roten Armee wußte, daß die wesentlichen Angriffskräfte der Wehrmacht (drei von vier Panzerarmeen) Smolensk als Zwischenetappe ins Auge gefaßt hatten und als Fernziel Moskau. Die Militärführer hatten aber nicht den notwendigen Mut und die Argumente, um Stalin zu überzeugen. Es wäre möglich gewesen, die Streitkräfte richtig zu gruppieren.

Stalin war in den Jahren des Bürgerkriegs Mitglied des Revolutionären Kriegsrats der Süd- und der Südwestfront gewesen. Damals

waren Getreide und Kohle ebenso wichtig für die Sowjetrepublik wie der Sieg über die Konterrevolution. Stalin glaubte, daß das Getreide der Ukraine und das Öl des Kaukasus Hitler dazu bringen würden, den Hauptschlag im Südwesten zu führen.
Hinzu kommt, daß auf den wichtigen Posten im Generalstab vor Beginn des Kriegs »Aufsteiger« aus dem Kiewer Militärsonderbezirk saßen: der Volkskommissar der Verteidigung Timoschenko, Schukow, seit Februar 1941 Chef des Generalstabs, Watutin, sein 1. Stellvertreter, und der Leiter der Politabteilung des Generalstabs Koschewnikow. Der Kriegsrat des Kiewer Bezirks, der natürlich Stalins Standpunkt kannte, erwartete den »Hauptschlag der vereinten Kräfte des Gegners in seinem Verantwortungsbereich«, also ebenfalls im Südwesten.
Schukow wußte, daß die deutschen Truppen, wenn sie erst einmal zum Angriff antraten, einen großen Vorteil gewinnen würden. Nach Diskussionen mit Timoschenko schrieb er am 15. Mai 1941 an Stalin:

»An den Vorsitzenden des Rats der Volkskommissare.
Überlegungen zum Plan der strategischen Entwicklung der Streitkräfte der UdSSR.
Wenn in Betracht gezogen wird, daß Deutschland zur jetzigen Zeit seine Armee mobilisiert und mit breiter Nachhut hält, so hat es die Möglichkeit, uns zuvorzukommen und einen plötzlichen Schlag zu versetzen. Um dies zu vermeiden, halte ich es für unumgänglich, dem deutschen Kommando keinerlei Möglichkeiten der Initiative zu geben, dem Gegner zuvorzukommen und die deutsche Armee in dem Moment anzugreifen, wenn sie sich im Stadium der Entfaltung befindet und noch nicht in der Lage ist, die Fronten und die Verbindungen zwischen den verschiedenen Truppenteilen zu organisieren.«

Das war ein mutiger, politisch außerordentlich kluger Vorschlag. Stalin hat keine schriftlichen Spuren auf diesem Dokument hinterlassen; zu jener Zeit war der »Führer« außerordentlich vorsichtig. Er ging nach wie vor davon aus, daß das Land ausreichend Zeit habe, um sich auf einen Kampf mit dem Faschismus vorzubereiten.
Stalin gab verschiedene wichtige Informationen nicht einmal an den Generalstab weiter. Das gilt nicht nur für Churchills Warnung. Es gab noch eine Reihe anderer Berichte, denen Stalin nicht die not-

wendige Aufmerksamkeit schenkte. Bei einer Unterhaltung mit dem Akademiemitglied Boris Ponomarjow, einem ehemaligen ZK-Sekretär und Mitarbeiter der Kommunistischen Internationale, erfuhr ich von folgendem Vorfall:

»Irgendwann im Frühjahr 1941, es war wohl Ende Mai, traf ich zwei österreichische Kommunisten, die ›von drüben‹ gekommen waren. Erregt erzählten sie von den gewaltigen Kriegsvorbereitungen Deutschlands in Richtung der westlichen Grenzen der UdSSR. Ferner erzählten sie von endlosen Panzer- und Artilleriekolonnen, von Automobilen, die Tag und Nacht gen Osten zogen.
Ich gab diese Information an Georgij Dimitroff weiter, der darüber dann mit Stalin sprach. Einen Tag später sagte Dimitroff zu mir: ›Stalin hörte die Mitteilung der österreichischen Kommunisten und sagte, daß dies bei weitem nicht das erste Signal dieser Art sei und daß er keinen Grund für eine außerordentliche Beunruhigung sehe. Gestern beispielsweise sei im Politbüro der Urlaubsplan erörtert worden, und einem Großteil der Mitglieder und Kandidaten sei die Möglichkeit anheimgestellt worden, im Sommer Urlaub zu machen. Als erster wird Schdanow in den Süden fahren, und dieser ist doch Mitglied des Kriegsrats des Grenzmilitärbezirks.‹ Damit hielt Stalin die Unterredung für beendet.«

Der Leiter der Hauptverwaltung Aufklärung der Roten Armee Golikow, berichtete Stalin, daß Anfang März 1941 die Stärke der Wehrmacht 8 Millionen Menschen, 12000 Panzer, 52000 Geschütze und rund 20000 Flugzeuge erreicht hatte. Was wollte Deutschland mit einer derart gigantischen Kriegsmaschine, die es nicht lange würde unterhalten können? Und dem »Führer« war bekannt, daß die Hauptkräfte dieser Armada bereits in Richtung Osten aufgestellt wurden.
Gewiß, Stalin hatte auch Berichte anderer Art erhalten: über »den Unwillen des deutschen Volkes, Krieg zu führen«, über »das Deserteurtum in der deutschen Armee«, über »die defätistischen Gesinnungen in der Wehrmacht« usw. Aus Berlin kamen auf verschiedenen Wegen Informationen nach Moskau, daß in den deutschen Truppen pazifistische Gespräche geführt würden. Möglicherweise hat es das tatsächlich gegeben, aber am wichtigsten ist, daß solche

Berichte Stalins Wunschdenken entsprachen. Es ist nicht ausgeschlossen, daß diese Meldungen aus Berlin eine fein berechnete Desinformation war.
Wie Schukow und Simonow erzählten, habe Stalin, als die Informationen über eine Konzentration deutscher Truppen in Richtung Osten sich häuften, einen Brief an Hitler geschrieben, in dem er seine Besorgnis äußerte. In seinem Antwortbrief habe Hitler eingestanden, daß sich in Polen in der Tat zahlreiche Einheiten versammelt hätten. Aber diese Konzentration seiner Truppen in Polen richte sich nicht gegen die Sowjetunion. Er habe die Absicht, den Pakt zu respektieren, wobei er sich mit seiner Ehre als Staatsoberhaupt verbürge. Ein Argument in Hitlers Brief beeindruckte Stalin besonders: Das deutsche Territorium werde stark bombardiert, und es sei von den Engländern aus der Luft her gut zu überblicken. Deshalb seien größere Truppenkontigente nach Osten verlegt worden. Und der deutsche Militärattaché in Moskau sagte häufig: »Zur Zeit werden unsere Truppen aufgelöst – sie sollen sich erholen.«
Der Krieg stand vor der Tür, aber das Volkskommissariat für Verteidigung und der Generalstab taten so, als würde Hitler nicht einmal daran denken anzugreifen, solange Stalin dies nicht wünschte. Sie mißachteten wesentliche Erfordernisse zur Erhöhung der Kampfbereitschaft der Roten Armee. Nichts konnte sie in ihrem Glauben an Stalins Unfehlbarkeit erschüttern.

Der Leiter des Stabs des Westlichen Militärsonderbezirks, Generalmajor Wladimir Jefimowitsch Klimowskich, schrieb auf Anweisung des Militärbezirkskommandeurs Pawlow am 21. Juni um 2 Uhr 40 in der Nacht ein chriffriertes Telegramm:

»Umgehend aushändigen.
An den Chef des Generalstabs K. A.
1. Am 20. Juni wurde die Staatsgrenze in Richtung Awgusty um 17 Uhr 41 von sechs deutschen Flugzeugen übertreten. (...) Um 17 Uhr 43 von neun Flugzeugen. (...) Um 17 Uhr 45 von zehn Flugzeugen. Nach Angaben des Grenzschutzes hatten die Flugzeuge untergehängte Bomben.
2. Nach dem Bericht des Armeekommandeurs wurden drei Stacheldrahtumzäunungen entlang der Grenze bei Awgusty, Sejna, die

am Tage noch standen, abends entfernt. In diesem Rayon waren in den Wäldern vermeintlich Geräusche von Landmotoren zu vernehmen. Der Grenzschutz hat seine Wachsamkeit verstärkt. (...)

W. Klimowskich«

Solche Berichte erreichten Moskau auch aus anderen Militärbezirken. Klimowskich, der im Juli 1940 zum Chef des Stabs des Westlichen Militärsonderbezirks ernannt worden war, konnte damals nicht wissen, daß er ein Jahr später, im Juli 1941 mit einer Gruppe anderer Generäle auf persönlichen Befehl Stalins erschossen werden würde.

Um das Drama jener letzten Vorkriegsstunden zu verstehen, muß man Stalins Charakter betrachten. Wie bereits erwähnt, war er in wichtigen Dingen außerordentlich vorsichtig. Das zeigte sich beispielsweise während der Oktobertage 1917, als seine Initiative aufgrund der Komplexität und Undurchsichtigkeit der Situation minimal blieb. Dies läßt sich auch am Fall der blutigen Säuberung während der Jahre 1937 bis 1938 verfolgen. Heute ist es klar, daß Stalin schon zu Beginn der dreißiger Jahre vorhatte, seine potentiellen Gegner auszuschalten. Aber er brauchte einige Zeit, um sich dazu zu entschließen. Sogar Kirows Ermordung nutzte er nicht sofort aus. Später sagte er öffentlich, daß er »mit der Ausmerzung der Volksfeinde vier Jahre zu spät« begonnen habe. Stalin konnte geduldig abwarten, bis die gewünschte Konstellation herangereift war. Nicht zufällig nannte Bucharin Stalin seinerzeit einen »großen Dosierer«.

Aber gegenüber Hitler hat Stalins Vorsicht katastrophale Ergebnisse gebracht. Stalins Vorsicht war nicht nur durch die Furcht vor einem »vorzeitigen« Kriegsausbruch beherrscht, sondern auch von einer großen inneren Unsicherheit. Die Sowjetunion stand allein gegen die kapitalistische Welt. Jeder unvorsichtige Schritt konnte zu irreparablen Folgen führen. Stalin verhinderte derart energisch jede Möglichkeit einer »Provokation«, daß dies sogar in Berlin bemerkt wurde. Und dort zog man sogleich entsprechende Schlüsse. Stalins Vorsicht, das Fehlen jeder angemessenen Reaktion auf die Vertrags- und Grenzverletzungen Deutschlands, die betonte »Loyalität«: das alles gab Hitler Hinweise auf die Schwächen der Sowjetunion.

Auf Stalins Anweisung erhielten die sowjetischen Truppen in den westlichen Militärbezirken im Juni den Befehl, die deutschen Flugzeuge, die die Grenzen der Sowjetunion übertraten, nicht zu be-

schießen. Die Deutschen bemerkten dies sofort. Die Vorsicht – eine Qualität, die jeder Politiker besitzen muß – verwandelte sich in Unentschlossenheit.
Am 21. Juni berichtete der Kommandeur des Kiewer Militärsonderbezirks Generaloberst Kirponos von deutschen Überläufern. Sie hätten mitgeteilt, daß die deutschen Truppen die Sowjetunion in dieser Nacht angreifen wollten. Volkskommissar Timoschenko gab diese Meldung sogleich telefonisch an Stalin weiter. Der »Führer« schwieg eine Weile, und dann befahl er Timoschenko, Schukow und Watutin, sich unverzüglich bei ihm einzufinden. Wie Schukow sich erinnert, waren dort bereits alle Politbüromitglieder versammelt. Stalin sei wie immer im Raum auf und ab gegangen. Als die herbeizitierten Militärführer eintraten, wandte Stalin sich an sie und sagte: »Was werden wir tun?«
Alle schwiegen.
»Es muß umgehend eine Direktive zur Herstellung der vollen Kampfbereitschaft aller Truppen der Grenzbezirke ergehen«, unterbrach Timoschenko die Stille.
»Lesen Sie«, warf Stalin ein.
Schukow las den Entwurf einer Direktive vor, der im Generalstab angefertigt worden war. Darin wurde die dringende Notwendigkeit unterstrichen, entscheidende Maßnahmen im Rahmen des Operativplans zur Abwehr eines Überfalls zu ergreifen.
Stalin ließ den Generalstabschef nicht zu Ende lesen: »Eine solche Direktive wäre voreilig. Vielleicht läßt sich die Sache noch auf friedlichem Weg in Ordnung bringen. Es muß eine kurze Direktive erlassen werden, in der mitgeteilt wird, daß der Überfall mit provozierenden Handlungen deutscher Einheiten beginnen könne. Die Truppen der Grenzbezirke dürfen sich von keinerlei Provokationen verleiten lassen.«
Die Politbüromitglieder gingen gegen drei Uhr morgens. Dies war die kürzeste Nacht in der Hauptstadt. Übermüdet schaute Stalin aus dem Fenster seines gepanzerten Wagens auf die menschenleeren Straßen. Er wußte noch nicht, daß die deutschen Flugzeuge bereits in der Luft waren, um die sowjetischen Städte und Flughäfen zu bombardieren.
Stalin war gerade im Begriff, auf dem Diwan im Arbeitszimmer seiner Datscha einzuschlafen, als er ein vorsichtiges Klopfen an der

Tür hörte. Dieses vorsichtige Klopfen erschreckte Stalin: Er wurde niemals geweckt. Es mußte das Schlimmste geschehen sein.
Stalin zog sich seinen Morgenmantel an und ging hinaus. Der Chef der Wache meldete ihm: »Armeegeneral Schukow bittet Sie, Genosse Stalin, in einer unaufschiebbaren Angelegenheit ans Telefon!«
Stalin ging zum Telefon. »Ich höre.«
Schukow berichtete kurz über feindliche Luftangriffe auf Kiew, Minsk, Sewastopol, Wilna und andere Städte. Nach seinem Bericht fragte der Chef des Generalstabs bei Stalin nach: »Haben Sie mich verstanden, Genosse Stalin?«
Der Diktator atmete schwer und sagte nichts.
Vom anderen Ende der Leitung war von neuem zu hören: »Genosse Stalin, haben Sie mich verstanden?«
Dann hatte er verstanden. Die irdischen Götter sind fehlbar. Und der Preis für ihre Fehler ist groß.
Stalin sagte mit niedergeschlagener Stimme: »Kommen Sie mit Timoschenko in den Kreml.«

Der katastrophale Anfang

Stalin ging durch den eigens für ihn eingerichteten Eingang in sein Arbeitszimmer und warf dem blassen Poskrebyschew zu: »Fordern Sie alle auf, sich hierherzubegeben, sofort!«
Leise und vorsichtig traten die Mitglieder und Kandidaten des Politbüros ein, ihnen folgten Timoschenko und Schukow. Stalin begrüßte niemanden, sondern sagte, ohne sich dabei an irgend jemanden zu wenden: »Nehmen Sie mit dem deutschen Botschafter Verbindung auf.«
Molotow ging hinaus. Es herrschte eine furchtbare Stille. Um den Tisch versammelt hatten sich Andrejew, Woroschilow, Kaganowitsch, Mikojan, Kalinin, Schwernik, Berija, Malenkow, Wosnessenki, Schtscherbakow. Als Molotow zurückkehrte, merkte er, daß alle in gespannter Erwartung auf ihn schauten. Der Volkskommissar begab sich an seinen Platz und preßte aus sich heraus: »Der Botschafter hat mitgeteilt: Die deutsche Regierung habe uns den Krieg erklärt.« Molotow warf einen kurzen Blick auf das Papier, das er in den Händen hielt, und fügte noch hinzu: »Der formale Anlaß ist Standard: Das nationalsozialistische Deutschland hat beschlossen, den Russen, die sich auf einen Überfall vorbereiteten, zuvorzukommen.«
Stalin setzte sich und sah Molotow an. Er erinnerte sich, wie dieser erst ein halbes Jahr zuvor nach seiner Ankunft aus Berlin am selben Tisch selbstsicher berichtet hatte:

»Hitler sucht unsere Unterstützung im Kampf mit England und seinen Verbündeten. Wir müssen auf die Zuspitzung ihrer Auseinandersetzungen warten. Hitler schwankt hin und her. Eines ist klar: Er wird sich nicht entschließen, einen Krieg an zwei Fronten zu führen. Ich glaube, wir haben Zeit, die Westgrenzen zu verstärken. Jedoch müssen wir beide Möglichkeiten im Auge behalten. Schließlich haben wir es mit einem Abenteurer zu tun.«

Jetzt war es klar. Sie hatten sich verkalkuliert. Stalin blickte zornig zu Molotow: »›Wir haben Zeit!‹ Sie sind mir ein Prophet!«
Stalin fühlte sich betrogen. Möglicherweise verspürte er zum erstenmal seit Jahren Verwirrung und Unsicherheit. Der »Führer« war es gewohnt, daß die Ereignisse sich so entwickelten, wie er es beabsichtigte. Er wollte nicht, daß seine Mitstreiter die Gelegenheit bekamen, seine Schwäche zu bemerken. Gespannt warteten sie auf seine Anordnungen.
Timoschenko unterbrach die unerträgliche Stille mit den Worten: »Genosse Stalin! Erlauben Sie mir, einen Lagebericht abzugeben?«
»Berichten Sie.«
Der Stellvertreter des Generalstabschefs Generalleutnant Watutin wurde in das Arbeitszimmer gerufen. Sein kurzer Bericht brachte wenig neue Informationen: Nach einem Trommelfeuer der Artillerie und Angriffen der Luftwaffe sind starke deutsche Truppen über die Nordwest- und die Westgrenze in das sowjetische Territorium eingedrungen. Viele Grenzbefestigungsanlagen sind gefallen, obwohl deren Besatzungen sich tapfer bis zuletzt verteidigt hätten. Die Luftwaffe des Gegners bombardiert pausenlos die Flughäfen. Der Generalstab verfügt über keine weiteren konkreten Angaben.

Ein paralysierender Schock

Stalin war verwirrt, er haßte alles und jeden – man hatte ihm derart übel mitgespielt. Und er war unsicher. An jenem 22. Juni 1941 verbrachten die Politbüromitglieder beinahe 24 Stunden in seinem Arbeitszimmer. Sie warteten auf Nachrichten von den Grenzen. Ab und zu verließen sie das Arbeitszimmer, um zu telefonieren, einen Tee zu trinken, um sich ein wenig zu bewegen. Man sprach wenig. Sie hofften, daß die Mißerfolge von kurzer Dauer seien. Niemand zweifelte daran, daß Hitler auf eine starke Abwehr treffen würde. Vielleicht ließ sich der Feind ja auch aufhalten, bis die Rote Armee zum entscheidenden Gegenschlag ansetzen würde.
Malenkow hatte in seiner Mappe den Entwurf für eine Weisung

der Hauptverwaltung für Politische Propaganda (GUPP) »Über die Aufgaben der politischen Propaganda in der Roten Armee in der nächsten Zeit«, den ihm Mitte Juni der Leiter der GUPP Saporoschez übergeben hatte. (Saporoschez sollte am zweiten Tag des Kriegs auf Stalins Anordnung hin durch den Armeekommissar Mechlis abgelöst werden.) Malenkow war am 20. Juni bei Stalin gewesen, um ihm den Entwurf der GUPP zu übergeben. Die Arbeiten daran hatten nach einer Sitzung des Obersten Kriegsrats und nach Stalins Rede vor den Absolventen der Militärakademie am 5. Mai 1941 begonnen. Der »Führer« hatte erklärt: In Zukunft werde ein Krieg unumgänglich sein. Man müsse zur »bedingungslosen Zerschlagung des deutschen Faschismus« bereit sein. Auf Stalins Anordnung hin waren in dem Entwurf der Weisung folgende Punkte ausgearbeitet worden:

»Die neuen Bedingungen, unter denen unser Land lebt, die jetzige internationale Lage, die voller unvorhersehbarer Möglichkeiten ist, fordern eine revolutionäre Entschlußkraft und eine ständige Bereitschaft, zu einem zerschmetternden Vormarsch gegen den Feind übergehen zu können. (...) Alle Formen der Propaganda, der Agitation und Erziehung sind auf ein Ziel zu richten – auf die politische, moralische und kämpferische Vorbereitung der Mannschaften und Offiziere, auf die richtige Führung eines offensiven und alles zerschmetternden Krieges. (...) Die Soldaten sind im Geiste eines aktiven Hasses auf den Feind zu erziehen und zum Streben, den Kampf mit ihm aufzunehmen, zur Bereitschaft, unser Vaterland auf dem Territorium des Feindes zu verteidigen und ihm einen tödlichen Schlag zu versetzen.«

Diese Direktive war auf der Grundlage von Schukows Plan einer strategischen Entfaltung der sowjetischen Streitkräfte vorbereitet worden, die im Mai Stalin übergeben worden war. Dort war ebenfalls die Rede von der dringenden Notwendigkeit, »dem Gegner zuvorzukommen und seine Hauptstreitkräfte auf dem Territorium des ehemaligen Polens und Ostpreußens zu zerschlagen«. Der Generalstab und die GUPP hielten eine kurze Verteidigungsphase für denkbar, damit die Truppen sich auf den Gegenangriff vorbereiten konnten. Den Vormarsch abwehren und dann angreifen. In den ersten ein, zwei Tagen nach Kriegsbeginn glaubte die Partei- und Militärfüh-

rung deshalb nicht an eine Katastrophe. Sie erschien ihr unvorstellbar.
Erst um 0 Uhr 20 Minuten am 22. Juni begann der Generalstab die Direktive Nr. 1 weiterzuleiten. Um 1 Uhr 20 war sie in allen Militärbezirken eingetroffen. Daraufhin studierten die Kommandeure mit ihren Stäben das Dokument und trafen die entsprechenden Maßnahmen. Dabei vergingen nochmals eineinhalb Stunden. Im großen und ganzen blieben den Truppen zur Ausführung der Direktive weniger als sechzig Minuten. Das war entschieden zuwenig Zeit.
Die meisten Divisionen waren nach den Bombenangriffen und dem Artilleriebeschuß der Faschisten in Alarmbereitschaft versetzt worden. Aber die Einheiten erreichten die ihnen für diesen Fall zugewiesenen Stellungen nicht. Auf ihrem Weg dorthin stießen sie auf die Panzerkolonnen der Deutschen und mußten den Kampf aufnehmen.
Da es einen organisierten Widerstand nicht gab, standen die Truppen der Wehrmacht am Ende des ersten Tags schon fünfzig bis sechzig Kilometer tief auf sowjetischem Territorium. Die Divisionen der Roten Armee, die aus dem Hinterland nach vorne rückten, waren den ständigen Angriffen der deutschen Flugzeuge ausgesetzt, die den Luftraum beherrschten. Und ihnen kam ein nicht enden wollender Strom von Flüchtlingen entgegen. Es fehlte jegliche Verbindung. Die Kommandeure kannten die Lage nicht.
Als am Morgen des 22. Juni die Frage aufkam, wer sich an das Volk wenden sollte, um es über den deutschen Überfall zu informieren, hatten sich alle an Stalin gewandt. Er dachte nicht lange darüber nach. Er lehnte entschieden ab. In der Geschichtsschreibung gibt es bis zum heutigen Tag die Auffassung, daß Stalin nicht zum Volk gesprochen habe, weil die Ereignisse ihn zu stark erschüttert hätten. So glaubte Mikojan später, daß Stalin »nicht wußte, was er dem Volk sagen sollte, denn man erzog doch das Volk im Geiste dessen, daß es keinen Krieg geben würde, und wenn der Krieg beginnen würde, daß der Feind auf seinem Territorium zerschlagen werden würde usw.; aber nun mußte man eingestehen, daß wir in den ersten Stunden des Kriegs eine Niederlage erlitten hatten«.
Ich glaube, es war anders. Die Frage, wer sich an das Volk wenden solle, wurde frühmorgens erörtert, als noch niemand wußte, daß wir in den ersten Stunden des Kriegs eine Niederlage erleiden würden.

Stalin war noch unklar, wie sich die Ereignisse an der Grenze entwikkelten. Er wollte nicht zum Volk sprechen, ohne genau zu wissen, wie die Lage war. Noch immer hatte Stalin sich bemüht, jedes Risiko auszuschließen, das seine Autorität erschüttern könnte. Er war zwar irritiert, aber er war auch davon überzeugt, daß er innerhalb der nächsten zwei bis drei Wochen Hitler für den Vertragsbruch bestrafen würde. Und dann würde er vor dem Volk »erscheinen«. Der lähmende Schock sollte Stalin erst vier oder fünf Tage später treffen, als er begriff, welch tödliche Gefahr nicht nur für das Vaterland aufzog, sondern auch für ihn, den »weisen und unbesiegbaren Führer«.
Es wurde beschlossen, daß Molotow sich an das Volk wenden solle. Und Stalin forderte vom Militär, »mit zerschmetternden Schlägen den eindringenden Feind zu zerschlagen«. Timoschenko gab sogleich Befehl zur Vorbereitung des Dokuments, das in der Geschichte als Direktive Nr. 2 des Obersten Kriegsrats bekannt geworden ist. Darin wird unter anderem befohlen, die deutschen Truppen, die die Grenze überschritten hatten, zu vernichten. Die Rote Armee solle allerdings zunächst die deutsche Grenze nicht überschreiten. Die sowjetischen Luftstreitkräfte sollten die gegnerischen Armeen und Flughäfen sowie Königsberg und Memel bombardieren. Die Direktive sieht nicht gerade aus wie ein militärisches Dokument. Sie war geprägt von Stalins politischen Willen. Mit was hätten die sowjetischen Flieger dem Befehl nachkommen sollen, wo sie doch am ersten Tag 1200 Flugzeuge verloren, die die Deutschen meist am Boden zerstörten?
Stalin wartete umsonst auf Siegesnachrichten. Es gab sie nicht. Der »Führer« geriet außer sich. Während des ersten Kriegstags trank Stalin lediglich eine Tasse Tee. Er glaubte, daß die Militärführer zu behäbig, daß sie unentschlossen seien, daß sie die Befehle nicht richtig ausführten. Während des Bürgerkriegs war Stalin häufig als Bevollmächtigter der Partei an verschiedene Fronten geschickt worden. Mit dem Mittel des Drucks glaubte er viel erreicht zu haben. Die unklare Lage wirkte auf ihn erdrückend. Stalin konnte nicht mehr warten. Noch bevor die Erörterungen mit Molotow, Schdanow und Malenkow über eine Weisung zur Gründung der Stawka (Hauptquartier des Obersten Befehlshabers) begonnen hatten, stand Stalin plötzlich auf, ging in seinem Arbeitszimmer auf und ab und befahl: »Unverzüglich sind bevollmächtigte Vertreter der Stawka zur Südwest- und zur Westfront zu schicken. Zu Pawlow werden Scha-

poschnikow und Kulik, zu Kirponos Schukow fahren. Sie fliegen heute. Sofort.«
Er ging zu seinem Schreibtisch, schaute die Anwesenden an und sagte noch einmal hart, als ob er eine Drohung ausspräche: »Sofort!« Alle nickten. Stalin glaubte, daß nun energische Impulse aus dem Zentrum dringend notwendig seien, um die Entschlußkraft in den Stäben und bei den Truppen zu stärken.
Aber in den nächsten Tagen erkannte Stalin schließlich das wahre Ausmaß der Bedrohung, und für einige Zeit verlor er die Selbstbeherrschung. Ihn lähmte eine tiefe Erschütterung. Zeitzeugen haben berichtet, daß Stalin zwischen dem 28. und 30. Juni als »Führer« phasenweise ausfiel. Die psychische Krise war schwer, aber sie dauerte nicht lange an. Vor ihrem Beginn hatte er noch versucht, seine Energie an die Militärführung weiterzugeben. Als am Morgen des 23. Juni über die Gründung der Stawka gesprochen wurde, unterbrach er plötzlich die Erörterungen und schlug vor, dem neuen Hauptquartier ständige Berater an die Seite zu stellen. Malenkow und Timoschenko, die das Gründungsdokument vorbereitet hatten, wechselten Blicke, aber sie wagten es nicht zu widersprechen. Stalin diktierte schnell einen entsprechenden Text:

»Bei der Stawka ist ein Institut ständiger Berater für die Stawka zu organisieren in der Besetzung durch die Genossen Marschall Kulik, Marschall Schaposchnikow, Meretzkow, der Leiter der Kriegsluftstreitkräfte Schigarew, Watutin, der Leiter der Luftabwehr Woronow, Mikojan, Kaganowitsch, Wosnessenski, Schdanow, Malenkow, Mechlis.«

Diese »Anordnung der Regierung« schickte Poskrebyschew per Telegramm an die Militärbezirke und an die Fronten. In der Tat existierte dieses »Institut« ganze zwei Wochen, und das nur auf dem Papier. Es schlief ein, ohne einen einzigen Tag gearbeitet zu haben.
Ich glaube, zu den Vorkriegsfehlern Stalins und des Generalstabs sollte man auch zählen, daß wichtige Führungsorgane erst nach Kriegsbeginn gebildet worden sind. Außerdem wurde der Generalstab dadurch geschwächt, daß drei Generalstabschefs kurzfristig nacheinander ausgetauscht wurden. Diese und andere Unzulänglichkeiten machten sich schnell bemerkbar.

An der Front bahnte sich eine Katastrophe an, und das konnte man vor dem Volk nicht mehr verbergen. Stalin wußte, daß das ganze Land auf ihn, den »Führer«, schaute, der so oft mit Woroschilow dem russischen Volk versichert hatte, daß die Rote Armee in der Lage sei, jeden Feind zu schlagen. In jenen Tagen waren seine »stählerne Kraft« und sein »eiserner Wille« stark beeinträchtigt. Zeitweise schien es ihm, als sei die Lage aussichtslos. Als Watutin während eines Berichts auf der Karte den Rückzug der 8. und 11. Armee zeigte, konnte Stalin deutlich die kolossale Bresche zwischen der West- und der Nordwestfront sehen, die ein Ausmaß von 130 Kilometern erreichte!

Die Hauptstreitkräfte der Westfront waren eingekesselt oder vernichtet. Die Südwestfront hatte sich bislang besser gehalten. Warum nur hatte Stalin nicht auf die Spezialisten gehört, die ihm gesagt hatten, daß der Hauptschlag des Gegners höchstwahrscheinlich an der Westfront zu erwarten sei? Warum war es ihnen nicht gelungen, ihn zu überzeugen? Bei allen seinen Feldzügen in Europa hatte Hitler versucht, sich so schnell wie möglich zu den Hauptstädten durchzuschlagen, um den Gegner rasch zur Kapitulation zu zwingen. Warum konnten die Militärführer Stalins Aufmerksamkeit nicht auf diese Besonderheit der deutschen Strategie lenken? Jetzt war eine gigantische Umgruppierung der sowjetischen Truppen notwendig. Und die Zeit wartete nicht! Stalin geriet außer sich, er drängte, er forderte, er ließ verschiedene Leute zu sich kommen, und zeitweise sperrte er sich in seiner Datscha oder in seinem Arbeitszimmer für Stunden ein und gab kein Lebenszeichen von sich.

Volkskommissar Timoschenko, der zum Chef der Stawka ernannt worden war, fühlte sich in diesem Amt unwohl. Die übrigen wußten, daß die Führung und alle Kompetenzen nach wie vor bei Stalin lagen. Und dieser gab sich seinen Gefühlen hin. Alle sahen seine Niedergeschlagenheit, seine Fassungslosigkeit, die sich in gewisser Hinsicht auch auf den Generalstab übertrug. Manche Befehle der Stawka kann man lediglich als Akte der Verzweiflung deuten.

Stalin fuhr nachts zu seiner Datscha, ging in sein Arbeitszimmer und legte sich angezogen auf seinen Diwan. Aber er konnte nicht einschlafen. Er stand auf und ging in das Eßzimmer. Über Lenins Porträt brannte das elektrische Lämpchen. Die mit Eichenholz beschlagenen dunklen Wände entsprachen der finsteren Laune des

»Führers«. Er ging ziellos in den Zimmern hin und her, starrte auf das Telefon (in der Datscha waren drei direkte Verbindungen zum Kreml installiert worden), während er neue furchtbare Nachrichten erwartete und befürchtete. Er öffnete die Tür zum Zimmer des diensthabenden Helfers: Dort saß General Rumjanzew. Der sprang sofort auf und starrte Stalin fragend an. Der Hausherr sah den General nur flüchtig an, schloß leise die Tür und ging zurück in sein Zimmer.
In seinen Erinnerungen berichtet Mikojan, daß Molotow, Malenkow, Woroschilow, Berija, Wosnessenski und er sich verständigt hätten, Stalin die Gründung eines Staatlichen Verteidigungskomitees (GKO) vorzuschlagen, in dessen Händen die gesamte Macht im Land konzentriert sein sollte. Das Haupt des Komitees sollte Stalin sein. Mikojan schreibt:

»Wir haben beschlossen, zu ihm zu fahren. Er war in seiner nahegelegenen Datscha. Molotow erzählte, daß Stalin derart niedergeschlagen sei, daß ihn nichts mehr interessiere, daß er die Initiative verloren habe, daß er sich in einer schwierigen Lage befinde. Damals sagte Wosnessenski besorgt: ›Wjatscheslaw, geh du voran, wir gehen hinter dir.‹ Damit war gemeint, daß, wenn Stalin sich immer noch so verhalten sollte, Molotow uns führen sollte; wir würden nach ihm eintreten. Wir waren überzeugt davon, daß wir eine Verteidigung organisieren und kämpfen konnten, wie es sich gehörte. Unter uns gab es keine Niedergangsstimmung.
Wir kamen in Stalins Datscha an. Wir fanden ihn im kleinen Eßsaal, im Sessel sitzend. Er schaute uns an und fragte: ›Warum seid ihr gekommen?‹ Sein Blick war irgendwie sonderbar. Nicht weniger sonderbar war die von ihm gestellte Frage. Denn im Grunde hätte er uns zu sich rufen müssen.
In unserem Namen sagte Molotow, daß es notwendig sei, die Macht zu konzentrieren, um alle Fragen schnell lösen zu können, um das Land so rasch wie möglich wieder auf die Beine zu stellen. An der Spitze eines solchen Organs solle Stalin sein. Stalin schaute verwundert zu uns und äußerte keinerlei Widerspruch.
›Gut‹, sagte er.«

Möglicherweise hatte Stalin anfänglich gedacht, daß der Besuch fast aller Politbüromitglieder bei ihm bedeutete, daß er nun abgesetzt würde? Vielleicht befürchtete er sogar, verhaftet zu werden? Glaubte nicht auch er, daß bei jedem Mißerfolg ein »Sündenbock« gefunden werden mußte? Aber nichts dergleichen geschah. Stalins Autorität war viel zu groß bei seinen Mitstreitern, als daß ihnen auch nur der Gedanke in den Kopf gekommen wäre, den »Führer« zu stürzen.

Die Stawka und der Generalstab versuchten, eine neue Verteidigungslinie zu bilden. Stalin verlor zeitweilig seine Apathie und erschien am 29. Juni zweimal unerwartet im Volkskommissariat für Verteidigung. Ohne mit derben Flüchen zu geizen, beschuldigte er die Militärführer und machte sie für alles verantwortlich. Sein Gesicht war abgemagert, grau, Ringe unter den Augen, die von Schlaflosigkeit gerötet waren. Als er zusammen mit Molotow, Woroschilow, Schdanow und Berija aus dem Gebäude des Volkskommissariats für Verteidigung hinaustrat, sagte er laut im Zorn: »Lenin hat unseren Staat geschaffen, und wir haben ihn verschissen!«

Verwundert starrte Molotow Stalin an und sagte nichts. Die anderen schwiegen auch. Stalin hatte einen Fehler gemacht. Seine Worte konnten so interpretiert werden, daß er in Panik geraten sei. Alles, was große Persönlichkeiten auch nur zufällig von sich geben, wird nicht so schnell vergessen. Besonders ihre Schwächen nicht.

Stalin hatte begriffen, daß nun ein ungeheurer Kraftakt notwendig war, sonst würden die Deutschen in wenigen Wochen in Moskau einmarschieren. Und die ersten Schritte, die davon zeugten, daß Stalin versuchte, die Kontrolle nicht nur über sich, sondern auch über die militärische Entwicklung in seine Hände zu nehmen, waren die üblichen: Er begann zunächst, Militärführer von ihren Posten zu entlassen. Als am 30. Juni auf Beschluß des Präsidiums des Obersten Sowjets, des Rats der Volkskommissare und des Zentralkomitees das Staatliche Verteidigungskomitee gegründet wurde, wurde Stalin zu seinem Vorsitzenden. Stalins erste Maßnahme auf diesem Posten war die Ablösung des Armeegenerals Dimitri Pawlow als Kommandeur der Westfront. Statt seiner wurde der Volkskommissar für Verteidigung Timoschenko ernannt. Am selben Tag gab Generaloberst Fjodor Kusnetzow, der die Nordwestfront befehligte, den Befehl zum Rückzug seiner Truppen von der Westlichen Dwina. Als man Stalin davon berichtete, setzte er Kusnetzow ab. Dem neuen Frontkommandierenden, Generalmajor Sobennikow, erteilte Stalin den Befehl: »Die vorherige Lage wiederherstellen. An das Ufer der Westlichen Dwina zurückkehren.«

In den Verbänden, die sich zunächst zurückziehen sollten und die aber nun plötzlich ein Angriffsbefehl erreichte, entstand ein großes Durcheinander. Nachdem der Gegner diese Lage erkannt hatte, führte er einen Angriff gegen die Verbindung zwischen der 8. und der 27. Armee und durchbrach die Front. Diese Ereignisse stärkten nicht gerade die Selbstsicherheit des Vorsitzenden des Staatlichen Verteidigungskomitees.

Stalins psychischer Zustand erreichte seinen Tiefpunkt, als er die Nachricht vom Verlust Minsks erhielt. Als er den morgendlichen Kriegsbericht des Generalstabs gelesen hatte, fuhr Stalin auf seine Datscha und ließ sich praktisch den ganzen Tag im Kreml nicht mehr sehen. Molotow und Berija fuhren zu ihm. Es gibt keinerlei Angaben, worüber die »heilige Trojka« gesprochen hat.

An dieser Stelle sei mir ein Exkurs erlaubt. In der zweiten Hälfte der siebziger Jahre, 1976 oder 1977, war ich Mitglied einer Inspektionsgruppe, die von Marschall Moskalenko geleitet wurde. Einige Tage hielten wir uns in Gorki auf. An den Abenden berichtete ich dem Marschall über meine Überprüfungen der parteipolitischen Arbeit in den zu inspizierenden Einheiten. Im Anschluß daran sprach ich einige Male mit ihm über sein Erinnerungsbuch und seine Auffassungen hinsichtlich einiger Fragen unserer Geschichte. Dabei stellte ich dem Marschall eine Frage, die mich schon lange beschäftigte: »Kirill Semjonowitsch, warum haben Sie in Ihrem Buch nicht die Tatsache erwähnt, über die Sie vor dem Parteiaktiv vor zirka zwanzig Jahren gesprochen haben? Sind Sie selbst davon überzeugt, daß alles so war?«

»Was für eine Tatsache, was meinen Sie?« Der Marschall sah mich vorsichtig und mißtrauisch an.

»Über das Treffen Stalins, Molotows und Berijas mit dem bulgarischen Botschafter Iwan Stamenow Ende Juni 1941.«

Moskalenko schwieg lange, schaute aus dem Fenster und sagte dann: »Es ist noch nicht die Zeit gekommen, über all diese Dinge zu sprechen. Ja, und nicht alle lassen sich überprüfen.«

»Und was halten Sie persönlich von der Glaubwürdigkeit dessen, was Berija sagte?«

»Alles, was er diesbezüglich sagte, hat ihn kaum irgendwie gerechtfertigt. Ja, und es war in seiner Lage schwer, sich etwas auszudenken, was dem Verbrecher hätte helfen können.«

Damit der Leser versteht, wovon die Rede ist, werde ich Auszüge aus einem Dokument anführen. Am 2. Juli 1957 fand eine Versammlung des Parteiaktivs des Verteidigungsministeriums der UdSSR statt, auf dem der Brief des ZK der KPdSU »Über die parteifeindliche Gruppe Malenkows, Kaganowitschs, Molotows und anderer« diskutiert wurde. Der Bericht wurde von Schukow gehalten. Es meldeten sich hohe Militärführer zu Wort: Konew, Malinowski, N. G. Kusnetzow, Nedelin, Bagramjan, Werschinin, Golikow, Meretzkow, Scheltow und weitere. Als Moskalenko das Wort erteilt wurde, berichtete er folgendes:

»Seinerzeit entdeckte ich mit dem Generalstaatsanwalt Genossen Rudenko bei der Untersuchung des Falls Berija, wie er aussagte, (...) daß bereits im Jahre 1941 Stalin, Berija und Molotow im Arbeitszimmer die Frage einer Kapitulation der Sowjetunion gegenüber dem faschistischen Deutschland besprachen – sie trafen eine Übereinkunft, Hitler das sowjetische Baltikum, Moldawien und einen Teil des Territoriums anderer Republiken abzugeben. Dabei versuchten sie, durch den bulgarischen Botschafter Verbindungen zu Hitler aufzunehmen. So etwas hatte nicht einmal ein russischer Zar gemacht. Es ist charakteristisch, daß der bulgarische Botschafter sich als würdiger als diese Führer erwies. Er teilte ihnen mit, daß Hitler die Russen niemals besiegen werde, Stalin solle sich darüber nicht beunruhigen.«

Schließlich hat mir Moskalenko doch einiges erzählt. Bei diesem Treffen mit dem bulgarischen Botschafter, so erinnerte sich der Marschall an Berijas Aussagen, habe Stalin geschwiegen. Gesprochen habe nur Molotow. Er habe den Botschafter gebeten, mit Berlin Kontakt aufzunehmen. Seinen Vorschlag an Hitler, die Kriegshandlungen zu beenden und große Gebiete an Deutschland abzutreten, habe Molotow »einen möglichen zweiten Brester Vertrag« genannt. Lenin habe damals den Mut besessen, solch einen Schritt zu machen, und die jetzige sowjetische Regierung habe die Absicht, dies ebenfalls zu tun. Der Botschafter habe es aber abgelehnt, in dieser zweifelhaften Sache den Vermittler zu spielen, und erklärt, daß Rußland den Krieg gewinnen werde, selbst wenn es seine Truppen zunächst bis zum Ural zurückziehen müsse.

»Es ist schwer, zu sagen und kategorisch zu bestätigen, daß das alles so war«, sagte Moskalenko nachdenklich. »Eines ist jedoch klar, Stalin befand sich in jenen Tagen, Ende Juni bis Anfang Juli, in einem Zustand der Verzweiflung, und er wußte nicht, welche Maßnahmen er treffen sollte. Es hätte wohl kaum einen Sinn gehabt, wenn Berija sich das alles ausgedacht hätte, um so mehr, als der damalige bulgarische Botschafter in einer Unterredung mit uns diese Tatsache bestätigt hat.« Soweit mein Exkurs.

Das Volk erwartete, daß Stalin zu ihm sprach. An ihn glaubte es nach wie vor. Mit ihm verband es alle Hoffnungen. Möglicherweise half gerade das Stalin, sich von seinem Schock zu erholen. Er beschloß, sich am 3. Juli über den Rundfunk an seine Landsleute zu wenden. Stalin tat sich schwer mit der Arbeit am Text seiner Ansprache. Wie sollte er dem Volk die katastrophale Lage erklären? Auf dem Entwurf befinden sich Randbemerkungen wie »Warum?« – »Die Zerschlagung des Feindes ist unvermeidlich« – »Was muß getan werden?« Er mußte sich rechtfertigen. In seiner Rede versuchte Stalin zu erklären, warum die deutschen Truppen Litauen, Lettland, einen Teil der Ukraine, Belorußland, Estland besetzen konnten.

»Es verhält sich so, daß die Truppen Deutschlands, also eines kriegführenden Landes, bereits alle mobilisiert waren und daß 170 Divisionen, die Deutschland gegen die UdSSR warf, sich bereits an den Grenzen der UdSSR befanden. Sie befanden sich schon in völliger Bereitschaft und erwarteten lediglich das Signal zum Angriff, während die sowjetischen Truppen noch nicht mobilisiert waren, um sich auf die Grenzen zuzubewegen.«

Stalin behauptete wahrheitswidrig, die besten Divisionen des Feindes seien zerschlagen. Er sprach über den sowjetisch-deutschen Nichtangriffsvertrag, aber er verlor kein einziges Wort über den schändlichen Grenz- und Freundschaftsvertrag und auch kein Wort über die vielen verhängnisvollen Rechenfehler, die er gemacht hatte.
Seine Stimme wurde sicherer, als er davon zu sprechen begann, daß nun alle Arbeit den militärischen Zielen dienen müsse. Zum erstenmal wurde der Krieg »vaterländisch« genannt. Stalin rief zur Bildung von Partisanenabteilungen auf und dazu, »einen erbarmungs-

losen Kampf gegen alle Desorganisatoren der Truppen, gegen alle Deserteure und Panikmacher zu organisieren«. Nie zuvor hatte er öffentlich die Hoffnung geäußert, daß die Völker Europas und Amerikas gemeinsam den Kampf gegen Hitlerdeutschland führen sollten. Am Ende seiner Rede sagte er: »Das Staatliche Verteidigungskomitee hat seine Arbeit aufgenommen und ruft das ganze Volk auf, sich um die Partei Lenins-Stalins zu sammeln.«

Stalin hatte sich bereits daran gewöhnt, von der »Partei Lenins-Stalins« zu sprechen, und auch das Volk empfand es als normal. Wegen des immensen Glaubens an Stalin im Volk spielte seine Rede eine große mobilisierende Rolle. Damals waren nur wenige in der Lage zu sehen: Der katastrophale Anfang ist das Resultat von Stalins Alleinherrschaft. Zahllose Opfer waren die Folge der Fehlkalkulationen des »Unfehlbaren«. Paradox: Stalin machte viele Fehler und beging schwere Verbrechen. Aber dank des Systems, das er sich selbst geschaffen hatte, erschien er den meisten Menschen nach wie vor als ein zu Höherem berufener »Führer«. Der Hauptschuldige an den verheerenden Niederlagen und Opfern zu Beginn des Kriegs verkörperte die Hoffnungen des Volks. Der Glaube funktionierte.

Harte Zeiten

Seit dem 30. Juni stand Stalin an der Spitze des Staatlichen Verteidigungskomitees, und seit dem 19. Juli war er zusätzlich Volkskommissar für Verteidigung. Er arbeitete 16 bis 18 Stunden am Tag, er wurde noch härter, noch böser. Täglich legte man ihm Dutzende von Papieren vor, die nach seiner Unterschrift zu Befehlen, Direktiven, Anordnungen und Beschlüssen wurden. Die Konzentration der gesamten politischen und militärischen Macht in einer Hand hatte sowohl positive als auch negative Aspekte. Einerseits konnten so Entscheidungen schnell getroffen und durchgesetzt werden. Andererseits schwächte die Alleinherrschaft die Selbständigkeit und Initiative der militärischen und politischen Führer.

In der Stawka arbeiteten außer Stalin lediglich zwei oder drei Menschen. Sie erfüllten die Anweisungen des Obersten Befehlshabers und nicht mehr. Von den Politbüromitgliedern spielten außer

Stalin während der Kriegsjahre wohl nur Wosnessenski, Schdanow und Chruschtschow eine bedeutende Rolle. Wosnessenski beschäftigte sich mit wirtschaftlichen Problemen des Landes. Schdanow und Chruschtschow waren als Mitglieder der Kriegsräte wichtige Befehlsempfänger Stalins. Woroschilow hatte nach einigen mißlungenen Verteidigungsaktionen Stalins »operatives Vertrauen« verloren. Kalinin formulierte auf Anweisung Stalins Beschlüsse und nahm an der Propagandaarbeit teil. Mikojan und Kaganowitsch beschäftigten sich mit der Nahrungsmittelbeschaffung, aber als Mitglieder der Kriegsräte der Fronten hatten sie faktisch keine Aufgaben. Malenkow war der Mann, der Stalins Anweisungen im Apparat des ZK ausführte. Einige Male fuhr er nach Stalingrad, aber aufgrund seiner völligen militärischen Inkompetenz hinterließ er dort keine Spuren. Molotow war seit dem 30. Juni 1941 und bis zum Ende des Kriegs Stellvertreter des Vorsitzenden des Staatlichen Verteidigungskomitees und beschäftigte sich vor allem mit internationalen Fragen. Berija leitete die »Säuberung« des Hinterlands, die Lager für die deutschen Kriegsgefangenen sowie die sowjetischen Soldaten, die aus deutscher Gefangenschaft entkommen waren, und die »Gefängnisindustrie«, die für den Krieg arbeitete. Auf Anweisung Stalins fuhr er zweimal an die nordkaukasische Front. Andrejew befaßte sich mit der Landwirtschaft und der Versorgung der Front. Plenarsitzungen des ZK hat es in den Kriegsjahren nicht gegeben. Im Oktober 1941 waren die Mitglieder des ZK zwar nach Moskau gerufen worden, aber nachdem man sie zwei Tage warten ließ, erfuhren sie, daß Stalin und Malenkow keine Zeit hatten.

Bis zur Schlacht von Stalingrad waren viele Beschlüsse Stalins impulsiv, voreilig, widersprüchlich, inkompetent. Wobei er auch später seiner Umgebung und den Stäben noch Rätsel aufgab. Hier eines der Dokumente, die Stalin im Jahr 1942 geschrieben hat. Es trägt keine Überschrift und hat möglicherweise auch keinen Sinn. Es ist sogar für einen Eingeweihten schwer zu verstehen:

»1) 40. Armee – sieben Schützendivisionen plus zwei Panzerbrigaden.
2) Katukow – aus dem Hinterland zur 48. Armee.
3) Mischulin – bleibt vor Ort.
4) Mostowenko – in das Gebiet der 61. Armee.

5) Lisjukow – in das Gebiet westlich von Jelz.
6) Die Hauptaufgabe – im Norden.
7) Die 40. greift ebenfalls an.
Das Dokument ist persönlich vom Genossen Stalin geschrieben worden.

Generalmajor Schtemenko«

Manchmal gab Stalin, wenn er Berichte über Mißerfolge oder über den Rückzug von Einheiten gehört hatte, nicht operative, sondern »Strafanweisungen«. Auch wenn sie von Schukow, Wassilewski, Schaposchnikow oder Watutin unterschrieben sind, kann man leicht den Autor erraten. Ein Beispiel: Am 10. Juli wurde klar, daß die Truppen der Nordwestfront ihre Stellungen erneut nicht halten konnten. In den Frontstabsberichten wurde in diesem Zusammenhang auf Diversionsgruppen im Hinterland verwiesen. Stalin diktierte sogleich:

»(...) Der Befehlshaber und das Mitglied des Kriegsrates, der Staatsanwalt und der Leiter der 3. Abteilung haben sich unverzüglich bei den vorderen Abteilungen einzufinden und vor Ort mit den Feiglingen und Verrätern abzurechnen.«

Während Stalin auf die Karte schaute, die im Generalstab vorbereitet worden war, konnte er deutlich drei Hauptrichtungen sehen, in denen der Gegner zielstrebig vorwärts marschierte: im Nordwesten in Richtung Leningrad, im Westen in Richtung Moskau und im Südwesten in Richtung Kiew. Möglicherweise traf Stalin in diesem Moment seine erste große strategische Entscheidung in diesem Krieg. Er schlug vor, entsprechend den Angriffsrichtungen des Feindes drei Hauptkommandos zu schaffen. Der Generalstab unterstützte diesen Vorschlag. Bereits am 10. Juli wurden auf Befehl der Stawka geschaffen: das Nordwestkommando mit dem Oberkommandierenden Woroschilow und dem Mitglied des Kriegsrats Schdanow; das Westkommando mit dem Oberkommandierenden Timoschenko und dem Mitglied des Kriegsrats Bulganin; das Südwestkommando mit dem Oberkommandierenden Budjonny und dem Mitglied des Kriegsrats Chruschtschow. Dieser Beschluß war im Prinzip richtig, aber es ist den Oberkommandos nicht gelungen, eine bemerkenswerte Rolle zu spielen.

Der Hauptgrund dafür liegt einmal mehr bei Stalin: Die Oberkommandos wurden wohl geschaffen, aber sie wurden nicht mit genügend Vollmachten ausgestattet. Über ihren Kopf hinweg und ohne Abstimmung gingen Stalins Befehle an die Truppen. Außerdem fehlten den Oberkommandos qualifiziertes Personal und technische Mittel. Bald wurden sie zu Objekten von Stalins Vorwürfen wegen ihrer »Passivität und Unentschlossenheit«.

Durch die harte Praxis des militärischen Alltags erlernte Stalin allmählich die Grundsätze der Strategie. Später würde er niemals und niemandem erzählen, daß die Geheimnisse der Kriegführung ihm allein durch die Hilfe Schukows, Schaposchnikows, Wassilewskis, Antonows, Watutins und anderer herausragender Heerführer zugänglich geworden sind. Es sollte aber die Zeit kommen, in der behauptet werden wird, Stalin habe etwas grundsätzlich Neues in die Militärwissenschaft eingebracht.

Die Verluste waren riesig: Zirka 30 Divisionen existierten faktisch nicht mehr, und rund 70 hatten mehr als die Hälfte ihres Bestands verloren. 3500 Flugzeuge waren zerstört und mehr als die Hälfte der Munitions- und Brennstofflager. Und dies alles innerhalb von drei Wochen Krieg! Selbstverständlich hatten die Deutschen diesen Erfolg nicht umsonst bekommen. In diesen ersten drei Wochen ist es den sowjetischen Soldaten, Kommandeuren und Politkommissaren gelungen, zirka 150000 Soldaten und Offiziere der Wehrmacht, mehr als 950 Flugzeuge und einige hundert Panzer zu vernichten. Das wissen wir heute. Damals wurden in den Meldungen die Verluste des Gegners übertrieben und die eigenen Verluste untertrieben. Folgendes wurde Stalin nach zwei Wochen Krieg berichtet:

»Verluste an Flugzeugen:	der Gegner	– mindestens 1664
	unsere	– 889
Panzer:	der Gegner	– 2625
	unsere	– 901
menschliche Verluste auf der Seite des Gegners:		getötet 1312000

Außerdem trug der Gegner bei harten Kämpfen an verschiedenen Abschnitten riesige Verluste davon, die sich jedoch nicht errechnen lassen, da unsere Abteilungen sich zurückzogen. Viele Diversanten und Fallschirmjäger sind vernichtet und noch nicht berechnet worden.

Kriegsgefangene – 30 004 Menschen; außerdem sind viele Fallschirmjäger in Gefangenschaft genommen worden, jedoch nicht berechnet. Unsere Verluste an Vermißten und Gefangengenommenen bis zum 29. 6.: zirka 15 000 Personen.
In der Ostsee wurden 5 PL (U-Boote; D. W.) und 1 im Schwarzen Meer vernichtet. 2 Torpedoboote sind vernichtet worden.«

Das waren natürlich vollkommen falsche Zahlen. Mit der wirklichen Lage an der Front hatten sie nichts zu tun. Aber eine solche Statistik ist kein Zufall. Auch sie ist ein Ergebnis der Alleinherrschaft, die selbst bestimmt, was Wahrheit ist und was nicht. Stalin ließ nicht einmal den Gedanken zu, daß man ihn belügen könnte. Wie auch immer, die Schlagkraft der Faschisten wurde merklich geschwächt. Und das wichtigste war, daß es dem deutschen Oberkommando nicht gelang, das von Hitler gesteckte Ziel zu erreichen: die Hauptstreitkräfte der Roten Armee zu zerstören. Die Armee kämpfte. Sie zog sich zwar zurück, aber sie kämpfte. Wenn Stalin auf die Karte schaute, kam er zu der Schlußfolgerung: Der Krieg wird lang. Wenn wir jetzt durchhalten, haben wir eine Chance.
Außer mit rein militärischen Angelegenheiten hatte Stalin täglich auch einige Stunden mit wirtschaftlichen und organisatorischen Fragen zu tun. Am 4. Juli legten Wosnessenski und Mikojan ihm das Projekt »Über die Ausarbeitung eines Kriegswirtschaftsplans zur Sicherstellung der Landesverteidigung« vor. Er unterschrieb den Entwurf, fast ohne ihn zu lesen. Im Empfangssaal drängten sich viele Offiziere, die Stalin immer neue schlechte Nachrichten von den Fronten brachten.
Auch Wosnessenski hatte es eilig. Aber es gelang ihm noch, Stalin zu berichten, daß am 30. Juni der Rat der Volkskommissare den allgemeinen Mobilisierungs- und Volkswirtschaftsplan bestätigt habe, der die Umstellung der Wirtschaft auf Kriegsproduktion innerhalb kürzester Zeit vorsah. Vor Wosnessenski war Schwernik, Vorsitzender des Rats für Evakuierung, bei Stalin gewesen. Er hatte unter anderem berichtet, wie die Verlegung kriegswichtiger Betriebe verlief. Nach dem Plan sollten zunächst Betriebe in den Osten evakuiert werden, die in Grenznähe ansässig waren. Diese Vorstellung wurde schon in den ersten Tagen des Kriegs über den Haufen geworfen. Aber bis zum Januar 1942 gelang es dann, 1523 Industriebetriebe zu verlegen,

darunter waren 1360 Rüstungsbetriebe. Es ist kaum möglich, die Bedeutung dieser Leistung zu überschätzen. Jeder Tag war gefüllt mit wichtigen und weniger wichtigen Aufgaben für den Mann, der alle leitenden Funktionen des Staates bekleidete. Der Krieg bestätigte Stalin noch mehr in seiner Rolle des absoluten Diktators.
Der ehemalige Volkskommissar für Verkehrswesen Iwan Wladimirowitsch Kowalew hat mir erzählt:

»Ich erinnere mich, man lud mich damals zu einer Beratung in den Kreml ein. Was sehe ich: Eisenbahner, Militärangehörige, ZK-Funktionäre. Unter ihnen auch Kaganowitsch, Berija, der einst den Verkehr geleitet hatte. Stalin trat ein. Alle standen auf. Er, ohne langes Drumherumgerede: ›Das Staatliche Verteidigungskomitee hat den Beschluß gefaßt, ein Transportkomitee zu gründen. Ich schlage vor, den Genossen Stalin zum Vorsitzenden des Komitees zu wählen.‹ So hat er es selbst gesagt. Ich erinnere mich an einen Satz aus dieser schon so weit zurückliegenden Beratung: ›Der Verkehr, das ist eine lebenswichtige Frage. Die Frontangelegenheiten liegen in den Händen des Verkehrs. Merken Sie sich eines: Bei Nichterfüllung der Direktiven des Staatlichen Verteidigungskomitees droht das Militärtribunal.‹ Dies sagte er leise und ohne Betonung, aber es liefen einem dennoch Schauer über den Rücken. (...)
Während des Krieges mußte ich Dutzende und auch Hunderte von Malen dem Obersten Befehlshaber über die Übergabe von Transportzügen an verschiedene Abschnitte der Front berichten. Es kam sogar vor, daß ich Stalin auf seinen Wunsch über einzelne Züge (mit besonders wichtiger Fracht) hin alle zwei Stunden Bericht erstatten mußte. Es gab einmal einen Fall, als ich einen Zug ›verlor‹. Ich sagte, der Zug sei an der Station sowieso. Aber dort war er nicht. Stalin konnte seinen Zorn kaum zurückhalten: ›Wenn du ihn nicht findest, General, dann gehst du als gewöhnlicher Soldat an die Front.‹«

Und Stalin hat solche Drohungen auch wahr gemacht. Während ich in den Archiven arbeitete, habe ich zum Beispiel entdeckt, daß ein Generalmajor N. I. Moskwin von Stalin zum einfachen Soldaten degradiert und an die Front geschickt worden ist. Aber ich bin abgeschweift. Kowalew berichtete weiter:

»Poskrebyschew sagte zu mir, der ich mittlerweile kreidebleich war: ›Nimm dich in acht. Der Hausherr ist außer sich vor Wut.‹
Als ich kam, um Stalin zu berichten, waren bei ihm in der Regel Molotow, Berija, Malenkow. Ich habe zu mir selbst gesagt: Sie stören nur. Sie stellen niemals Fragen. Sie sitzen da und hören zu. Sie schreiben irgend etwas auf. Und Stalin gibt Anweisungen, telefoniert, unterschreibt die Dokumente, ruft Poskrebyschew, erteilt ihm Aufgaben. Und sie, sie sitzen da. Sie sitzen da und schauen mal Stalin an, mal den Hereintretenden. Und dieses Bild fand ich Dutzende von Malen vor. Offenbar brauchte Stalin ihre Anwesenheit. Entweder für die Ausführung von Aufträgen oder als Zeugen für die Geschichte. Kaganowitsch pflegte in der Regel nicht dort zu sein. Er arbeitete 18 Stunden am Tag. Flüche, Krach, Drohungen. Kaganowitsch hatte weder für sich selbst noch für andere Mitleid. Ich habe ihn jedenfalls nie so wie die drei anderen bei Stalin sitzen sehen. Wenn Stalin am Telefon sprach, bemerkte ich, daß er immer nur einige Sätze sagte und dann den Telefonhörer einhängte. Er sprach kurz und verlangte kurze Berichte. Man durfte ihm niemals etwas Ungefähres berichten; sofort sagte er mit unheilverkündender Stimme: ›Du weißt es nicht? Was tust du die ganze Zeit?‹
Häufig, sehr häufig war ich bei Stalin, jedoch bin ich kein einziges Mal gelassen und ruhig zu ihm gegangen, immer erwartete man eine Frage, auf die man nicht wußte, wie man antworten sollte. Er war furchtbar grob. Statt ›guten Tag‹ nickte er kaum merklich mit seinem Kopf. Nachdem man Bericht erstattet hatte und es keine Fragen gab, schaute man, daß man schnell und erleichtert den Raum verließ. ›Schneller! Schneller!‹ drängte Poskrebyschew. Ich bemerkte, daß Stalin mit all seiner Macht, seinem Gedächtnis, seinem Verstand alle irgendwie niederdrückte und erniedrigte. Der Mensch, der bei ihm eintrat, fühlte sich noch bedeutungsloser, als er in Wirklichkeit war.«

In den ersten Monaten des Kriegs beschäftigte Stalin sich oft mit Kleinigkeiten – mit der Verteilung von Munition und Gewehren, er befahl, die Zivilbevölkerung zum Ausheben von Panzersperren heranzuziehen, er schaute die Entwürfe der Mitteilungen des Informationsbüros durch. Eines Tages lag ein Dokument der Stawka, das an die Luftstreitkräfte adressiert war, 8 Stunden und 15 Minuten unbearbeitet in der Chiffrierabteilung. Stalin erfuhr dies und befahl als Volkskommissar für Verteidigung, die beiden verantwortlichen Offiziere zu bestrafen und sie aus dem Generalstab zu entlassen. Dann diktierte er noch eine Notiz:

»An die Genossen Wassilewski und Schigarew
Ich bitte den Leiter der Operativverwaltung des Generalstabs und den Kommandeur der Luftstreitkräfte – jeder an seinem Ort –, in der Chiffrierabteilung für Ordnung zu sorgen.
25. 8. 1941 J. St.«

Damit beschäftigte er sich, während an den Fronten furchtbare Schlachten geschlagen wurden! Aber er konnte nicht mehr ablegen, was er sich in den Jahren angewöhnt hatte: alles selbst entscheiden und für alle alles entscheiden. Bald sollte die Wirklichkeit an der Front den Arbeitsstil des Obersten Befehlshabers korrigieren.
Viele von Stalins Weisungen in den ersten Kriegsmonaten waren in hohem Maß von seinen Bürgerkriegserfahrungen geprägt. So stieg im September 1941 nach einem Telefongespräch mit Budjonny sein Interesse an der Kavallerie. Zu jener Zeit wurde unter Schukows Leitung im Generalstab gerade ein Dokument der Stawka über die Lehren aus den ersten zwei Monaten des Kriegs erarbeitet. Es sollte an die Front- und Armeekommandeure geschickt werden. Das Dokument war fast fertig. Stalin las es, er war im großen und ganzen einverstanden, jedoch befahl er, noch einen Punkt einzubauen:

»Viertens. Unsere Armee unterschätzt etwas die Bedeutung der Kavallerie. Bei der heutigen Lage an den Fronten, wo die rückwärtigen Etappen des Gegners sich auf einige 100 Kilometer in den Waldgegenden verstreut haben und absolut nicht sicher sind vor den Diversionshandlungen unserer Seite, könnten die Streifzüge der Roten Kavalleristen entlang der zerstreuten Etappen des Gegners die entscheidende Rolle bei der Desorganisierung der Leitung und Versorgung der deutschen Truppen spielen. Wenn unsere Kavallerieabteilungen, die sich nun irgendwo an der Front und vor der Front tummeln, hinter den Rücken des Feindes geworfen worden wären, wäre er in eine kritische Lage gebracht worden, und unsere Truppen hätten eine immense Erleichterung erfahren. Die Stawka ist der Meinung, daß für solche Streifzüge entlang der rückwärtigen Etappen des Gegners einige Dutzend leichter Kavalleriedivisionen für offensive Vernichtungsaktionen mit je 3000 Mann vollkommen genügen würden, wobei jede Division einen leichten Wagenzug mit sich führt (...).«

Diese Idee erscheint nicht sinnlos, aber vor allem war es ein Versuch, nicht nur zu den Erfahrungen aus dem Bürgerkrieg zurückzukehren, sondern auch zu denen des weit zurückliegenden Kriegs gegen Napoleon im Jahr 1812.

Die Lage war derart verzweifelt, daß Stalin zu jedem denkbaren Mittel griff. Wenn Stalin an Pawlow dachte, wurde er wütend: Wie konnte ein Frontkommandeur in einer einzigen Woche alles verlieren? Er hatte doch damals, als Stalin ihn in seinem Arbeitszimmer vor der Ernennung zum Kommandeur des Westlichen Militärsonderbezirks empfangen hatte, keinen schlechten Eindruck auf ihn gemacht. Gute Berichterstattung, reife Urteilskraft, Sicherheit im Auftreten. In der Tat, er hatte etwas wenig Erfahrung: solch eine Karriere nach Spanien! Wie hatte er sich nur die Führung der Truppen aus der Hand nehmen lassen können? Was hatte sein Stab gemacht? Warum waren die Truppen nicht kampfbereit, als die Deutschen angriffen? Stalin wollte sich bereits nicht mehr daran erinnern, daß er und Timoschenko Mitte Juni zwei oder drei chiffrierte Telegramme von Pawlow erhalten hatten mit der dringenden Bitte, die Truppen des Militärbezirks in ihre Kampfstellungen verlegen zu dürfen. Der Kommandeur des Westlichen Militärsonderbezirks hatte versucht, die Genehmigung zur Teilmobilmachung zu erhalten, er hatte versucht klarzumachen, daß es dringend notwendig sei, seine Truppen mit Funkgeräten und neuen Panzern zu verstärken. Aber davon wollte Stalin nichts mehr wissen. Pawlow war in seinen Augen einer der Hauptschuldigen der Katastrophe. Stalin ging auf seinen Schreibtisch zu und drückte den Klingelknopf. Sogleich erschien Poskrebyschew mit einem Notizblock in der Hand.

»Wer außer Pawlow steht vor dem Militärtribunal? Wann findet die Verhandlung statt? Wo ist die Anklageschrift?« Ohne eine Antwort abzuwarten, fügte er noch hinzu: »Lassen Sie Ulrich zu mir kommen.«

Poskrebyschew verließ den Raum ebenso leise, wie er ihn betreten hatte. Bald kam er wieder und legte ein dünnes Mäppchen auf den

Schreibtisch. Der Oberste sah schnell die Papiere durch. Obenauf lag dieses:

»*Urteil* (Entwurf)
Im Namen der Union der Sozialistischen Sowjetrepubliken
hat das
Militärkollegium des Obersten Gerichts der UdSSR mit dem Vorsitzenden Militärjuristen W. W. Ulrich
mit den Mitgliedern Divisionsmilitärjurist A. M. Orlow und D. Ja. Kandybin
und dem Sekretär Militärjurist A. S. Masur in einer geschlossenen Gerichtssitzung in der Stadt Moskau am .... Juli 1941 das Verfahren zu folgenden Anklagepunkten durchgeführt:
1. Pawlow Dmitri Grigorewitsch, 1897 geboren, ehemaliger Kommandeur der Westfront, Armeegeneral;
2. Klimowskich Wladimir Jefimowitsch, 1895 geboren, ehemaliger Stabschef der Westfront, Generalmajor
– beide werden der Verbrechen nach Artikel 63/2 und 76 des Strafgesetzbuches der BSSR (Belorussischen Sozialistischen Sowjetrepublik; A. d. Ü.) angeklagt;
3. Grigorjew Andrej Terentjewitsch, 1889 geboren, ehemaliger Leiter der Verbindungen zur Westfront, Generalmajor;
4. Korobkow Alexander Andrejewitsch, 1897 geboren, ehemaliger Kommandeur der 4. Armee, Generalmajor
– beide werden der Verbrechen nach Artikel 180 Paragraph ›b‹ des Strafgesetzbuches der BSSR angeklagt. (...)«

Ferner steht dort, in der Voruntersuchung sei festgestellt worden, daß die Angeklagten Pawlow und Klimowskich sich als Teilnehmer an einer antisowjetischen militärischen Verschwörung erwiesen hätten, daß sie die Mobilmachung und die Kampfbereitschaft der Truppen geschwächt, daß sie die Wehrkraft zersetzt, daß sie dem Feind kampflos die Waffen überlassen hätten usw.

»Auf diese Weise ist die Schuld Pawlows und Klimowskichs in den ihnen zur Last gelegten Verbrechen nach Artikel 63/2 und 76 des Strafgesetzbuches der BSSR und die Schuld Grigorjews und Korobkows in den ihnen zur Last gelegten Verbrechen nach Artikel 180

Paragraph ›b‹ des Strafgesetzbuches der BSSR bewiesen. Ausgehend vom Dargelegten und nach Artikel 319 und 320 des Strafgesetzbuches der RSFSR, hat das Militärkollegium des Obersten Gerichts der UdSSR *verurteilt*:
1. Pawlow Dmitri Grigorewitsch
2. Klimowskich Wladimir Jefimowitsch
3. Grigorjew Andrej Terentjewitsch
4. Korobkow Alexander Andrejewitsch –
im Falle Pawlows zur Degradierung zum Armeegeneral und im Falle der anderen zur Degradierung zum Generalmajor, und alle unterliegen dem höchsten Strafmaß – Tod durch Erschießen, mit Konfiszierung allen persönlichen Hab und Guts. (...) Das Urteil ist endgültig, eine Revision wird nicht zugelassen.«

Nachdem Stalin den Urteilsentwurf gelesen hatte, sagte er zu Poskrebyschew:

»Das Urteil bestätige ich, jedoch sämtlichen Blödsinn von wegen ›verschwörerischer Tätigkeit‹ soll Ulrich rausschmeißen. Sie sollen das alles nicht in die Länge ziehen. Keinerlei Revision. Daraufhin ist an den Fronten Mitteilung zu machen. Sie sollen wissen, daß wir Defätisten erbarmungslos bestrafen werden.«

Alles war entschieden. Vor der Gerichtsverhandlung am 22. Juli. Der Prozeß war nur ein formaler Akt. Die Angeklagten baten, man solle sie an die Front schicken, gleich, in welcher Funktion: Sie wollten beweisen, daß sie der Heimat ergeben waren. Sie baten, man möge ihnen glauben. Alles, was geschehen sei, sei ein Resultat unglücklicher Umstände. Sie haben eine Schuld nicht abgestritten. Sie wollten sie im Kampf wiedergutmachen. Ulrich gähnte und drängte: »Kürzer!«
In derselben Nacht wurden sie erschossen. Stalin sollte sich niemals mehr für diese Menschen interessieren.
Am 5. November 1956 wird der Generalstab der Sowjetarmee nach einer genauen Untersuchung des Falls folgenden Schluß ziehen:

»Vorhandene Dokumente und Berichte einer Reihe von Generälen, die im Westlichen Militärsonderbezirk gedient haben, widerlegen, ohne eine Reihe großer militärischer Mängel zu bestreiten, die Behauptung in der Anklageschrift, daß die Generäle Pawlow D. G., Klimowskich W. J., Grigorjew A. T., Korobkow A. A. und Klytsch N. A. sich der Untätigkeit, der Desorganisierung, der bewußten Wehrkraftzersetzung und der kampflosen Übergabe von Waffen an den Gegner schuldig gemacht haben.«

Es ist wahrscheinlich, daß sie vor dem Krieg und zu Beginn des Kriegs Fehler gemacht hatten. Sie waren auf hohe Posten gesetzt worden und hatten aufgrund mangelhafter Ausbildung die Kampfhandlungen gegen den Feind, der auch den Vorteil der Überraschung auf seiner Seite wußte, nicht ausreichend organisieren können. Als ob es wenige solche Fälle gegeben hätte! Die Frontkommandeure Kusnetzow, Pawlow, Kirponos hatten nach der blutigen Säuberung der Roten Armee eine steile Karriere gemacht. Ihr Patriotismus und ihr Mut waren so unbestreitbar wie ihr Mangel an militärischer Erfahrung.

Dafür braucht es Jahre. Stalin, der ganze Schichten von Kommandeuren hatte umbringen lassen, stellte jene, die die frei werdenden Posten übernehmen mußten, vor eine schwierige Aufgabe. Er, der die Hauptschuld an der Katastrophe trug, zeigte eine außerordentliche Härte gegenüber denen, die Opfer seiner Fehlkalkulationen wurden.

Jeder Krieg ist hart. Aber Stalin machte ihn oft noch härter. Und das ist abscheulich. Ein weiteres Beispiel: Schdanow und Schukow berichteten aus Leningrad, daß die deutschen Truppen, als sie unsere Stellungen angriffen, vor sich Frauen, Kinder und alte Menschen herjagten und damit die Verteidiger in eine furchtbare Lage brachten.

Die Kinder und Frauen schrien: »Schießt nicht, wir sind die Euren! Wir sind die Euren!« Die sowjetischen Soldaten und Offiziere waren verwirrt: Was sollten sie tun? Stalin wußte es:

»Man sagt, daß die deutschen Schurken, während sie sich auf Leningrad zubewegten, vor ihre Truppen alte Männer, alte Frauen, Frauen und Kinder stellten. (...) Man sagt, daß unter den Leningrader Bolschewiki sich Menschen gefunden haben, die es nicht für möglich halten, gegen eine solche Art von Abgesandten Waffengewalt zu

gebrauchen. Ich glaube, wenn es solche Menschen unter den Bolschewiki gibt, so sollte man sie als erste vernichten, denn sie sind gefährlicher als die deutschen Faschisten. Mein Rat: Keine Gefühlsduseleien, sondern dem Feind und seinen Handlangern, freiwilligen oder unfreiwilligen, die Zähne einschlagen. (...) Schlagt mit aller Kraft auf die Deutschen und auf ihre Abgesandten, ganz gleich, wer sie sind, fegt die Feinde hinweg, ganz gleich, ob sie freiwillige oder unfreiwillige Feinde sind. (...)
Diktiert um 4 Uhr am 21. 9. 1941 vom Genossen Stalin. B. Schaposchnikow«

Viele Generäle starben auf dem Schlachtfeld. Und viele töteten sich selbst, weil sie weder in Kriegsgefangenschaft kommen noch unter das Stalinsche Strafgericht fallen wollten. Einige Generäle ereilte ein noch bittereres Schicksal. Im August 1941 berichteten die Organe der Staatssicherheit Stalin, daß zwei Generäle sich freiwillig in Kriegsgefangenschaft begeben hätten und nun für die Deutschen arbeiteten. Der eine sei der Kommandeur der 28. Armee Generalleutnant Katschalow, der andere der Kommandeur der 12. Armee Generalmajor Ponedelin. Stalins Beschluß: »Verurteilen.« Die zwei Generäle wurden im Oktober 1941 in Abwesenheit nach Artikel 265 des Strafgesetzbuches der RSFSR verurteilt zum Tod durch Erschießen. Außerdem wurden ihnen ihre Orden aberkannt, sie wurden degradiert, und ihre persönliche Habe wurde eingezogen.
Die Informanten wußten nicht, daß Wladimir Jakowlewitsch Katschalow am 4. August 1941 von einem Artilleriegeschoß getötet worden war. Aber bis zum Jahr 1956 trugen die Familienangehörigen den Stempel der »Verräter der Heimat«.
Noch dramatischer war das Schicksal Pawel Grigorewitsch Ponedelins. Im August 1941 wurden er und seine Soldaten eingekesselt, und er erlitt eine schwere Verletzung. Er war bewußtlos, als er in Gefangenschaft geriet. Vier lange Jahre in Hitlerschen Lagern konnten den General nicht zerbrechen, würdig trug er sein Schicksal. Er machte denen, die verzagten, Mut und lehnte kategorisch jede Zusammenarbeit mit den Faschisten ab. Nach seiner Befreiung und Rückkehr im Jahr 1945 wurde Ponedelin verhaftet und mußte nun fünf Jahre in sowjetischen Lagern verbringen.
Diejenigen, die aus den Kesseln herauskamen oder die aus der

Kriegsgefangenschaft fliehen konnten, mußten sich in Speziallagern zur »Überprüfung« einfinden. Es gibt eine ganze Reihe von Berichten Berijas über die Arbeit dieser Lager. Ein Teil der Soldaten wurde nach der »Überprüfung« in neu gebildete Einheiten geschickt, andere wurden an Ort und Stelle erschossen und viele für lange Jahre ins Lager geschickt.
Im Sommer 1941 genehmigte Stalin die Verhaftung einer großen Gruppe von Kommandeuren. Ihr Schicksal war unterschiedlich. Einigen ist es gelungen, an die Front zurückzukehren, andere verschwanden für lange Jahre in den Lagern, andere wurden getötet. In der Mehrzahl der Fälle billigte Stalin die Verhaftung, aber manchmal ordnete er sie auch selbst an. Stalin konnte nicht mehr von seinen grausamen Gewohnheiten ablassen. Damals schien es allerdings so, als würden die harten Zeiten die grausamen Taten des »Führers« rechtfertigen.

Furchtbare Verluste

»Man kann sagen«, erklärte Schukow, »daß die erste Phase des Krieges von uns endgültig verloren wurde. Kampfhandlungen finden bereits um Leningrad statt, und im Gebiet von Smolensk und im Gebiet von Kiew sind Schwerpunkte der Verteidigung. Die Stabilität der Verteidigung ist nach wie vor nicht besonders hoch. Wir sind gezwungen, mehr oder weniger gleichmäßig unsere Kräfte an der Front zu verteilen, ohne zu wissen, wo der Gegner uns mit konzentrierten Kräften den nächsten Schlag versetzt. Die strategische Initiative ist vollkommen in seiner Hand. Die Sache verschlechtert sich durch das Fehlen von zweiten Staffeln und großen Reserven in einer Reihe von Frontabschnitten. In der Luft herrscht die deutsche Luftwaffe, obgleich ihre Verluste auch bedeutend sind (weder Schukow noch Stalin ahnten, daß die sowjetischen Streitkräfte am 30. September 1941 8166 Flugzeuge verloren haben werden – 96,4 Prozent des Vorkriegsbestands; D. W.) Von 212 Divisionen (...) wurden lediglich 90 Divisionen auf 80 Prozent wieder aufgefüllt. An den Stadtgrenzen Leningrads gewinnt die Verteidigung zunehmend an ›Elastizität‹. Die Dynamik der deutschen Bewegung geht allmählich zu Ende. Offenbar muß die ganze Flotte nach Kronstadt überführt werden. Große Verluste werden unumgänglich sein. Die Kämpfe bei Smolensk gestatteten uns, die deutschen Armeen in der gefährlichsten Stoßrichtung, im Westen, aufzuhalten. Nach unseren Berechnungen nehmen an diesem Westvormarsch mehr als 60 deutsche Divisionen, also eine halbe Million Mann, teil. Zur Festigung der Front, wie Sie wissen, Genosse Stalin, wurden noch Anfang Juli die 19., 20., 21. und 22. Armee an die Westfront übergeben. Jedoch ist der Mangel an Truppen immer noch spürbar, und die Divisionen bauen ihre Kampfordnung immer noch auf einer Linie auf. Unser Versuch, einen Gegenangriff in dieser Stoßrichtung unter Teilnahme der 29., 30., 24. und 28. Armee zu starten, brachte nur teilweise ein positives Ergebnis, indem er der 20. und 16. Armee die Möglichkeit gab, den Belagerungsring zu durchbrechen und sich hinter die Frontlinie zu begeben. Unser Gegenangriff vereitelte den Schlag der Deutschen.«

Aus Schukows Lagebericht vom 12. August 1941 ging hervor, daß nun Kiew und Smolensk bedroht waren. Die Lage war unverändert bedrohlich.

Die Kiewer Verteidigungsoperation entwickelte sich erfolglos. Die eingekesselten Einheiten der 6. und 12. Armee kämpften bis zum 7. August. Sie wurden aufgerieben beim Versuch, die Einkreisung zu sprengen. Viele Soldaten gerieten in Gefangenschaft. Marschall Budjonny, dem die Legenden in diesem Krieg nicht helfen konnten, sah die Gefahr, daß auch die Truppen der Südfront in einen Kessel zu geraten drohten, und bat die Stawka um Erlaubnis, die Truppen hinter den Fluß Ingul zurückführen zu dürfen. Stalin geriet außer sich, er verbot den Rückzug und wies Budjonny eine neue Verteidigungslinie zu. Außerdem verstärkte er die Südfront mit 19 Schützen- und 5 Kavalleriedivisionen. Die Einheiten waren allerdings gerade erst formiert worden, sie waren ungeübt und unerfahren. Es fehlten Waffen. Als sie die Front erreichten, zeigte sich, daß ihr Kampfwert nicht sonderlich hoch war.

Wenn man Stalin berichtete, daß diese oder jene Verteidigungslinie verlassen worden war, geriet er entweder in Wut, oder er verfiel in einen Zustand der Apathie. Entgegen der Grundregel, sich bei Entscheidungen und bei der Beurteilung von Menschen Zeit zu lassen, erteilte er seine Befehle direkt nach dem Lagebericht. Dieses Mal war der Kommandeur der Südfront Tjulenew, den er seit langem kannte, an der Reihe. In einem Telegramm Stalins an Budjonny heißt es:

»Der Frontkommandeur Tjulenew hat sich als unfähig erwiesen. Er kann nicht angreifen, und er kann ebensowenig den Rückzug der Truppen führen. Er verlor auf eine Weise zwei Armeen, wie man nicht einmal Regimenter verliert. Ich schlage vor, Sie sollten sich umgehend zu Tjulenew begeben, sich persönlich Klarheit über die Lage verschaffen und unverzüglich über den Verteidigungsplan Bericht erstatten. (...) Mir scheint, daß Tjulenew demoralisiert ist und nicht in der Lage ist, die Front zu führen.

Stalin

Telefonisch diktiert um 5 Uhr 50 am 12. 8. 1941, Schaposchnikow«

Im August und September wurde es im Südwesten besonders kritisch. Stalin versuchte, mal mit dem einen, mal mit dem anderen Kommandeur Kontakt aufzunehmen, jedoch gelang dies nicht immer. Eines Tages, als Stalin in einem Lagebericht des Generalstabs über einen neuen, nicht von ihm genehmigten Rückzug einiger Einheiten in Kenntnis gesetzt worden war, diktierte er:

»Befehl der Stawka des Obersten Befehlshabers der Roten Armee Nr. 270 vom 16. August 1941.«

Der »Befehl der Verzweiflung« beginnt damit, daß von Beispielen gesprochen wird, wie Kommandeure, Politkommissare und Rotarmisten aus schlimmsten Lagen herausgekommen seien.

»Jedoch gleichzeitig hat der Kommandierende der 28. Armee, Generalleutnant Katschalow, Feigheit gezeigt und sich in Gefangenschaft begeben, während der Stab und die Abteilungen aus der Einkreisung entkommen sind; Generalmajor Ponedelin, Kommandeur der 12. Armee, begab sich in Gefangenschaft wie auch der Kommandeur des 13. Schützenkorps, Generalmajor Kirillow. Das sind schmachvolle Tatsachen. Feiglinge und Deserteure müssen vernichtet werden.
Ich befehle:
1) Diejenigen, die während des Kampfes ihre Dienstgradabzeichen abreißen und sich in Gefangenschaft begeben, sind als bösartige

Deserteure anzusehen, deren Familien als Familien von Fahneneidbrechern und Verrätern der Heimat zu verhaften sind. Derartige Deserteure sind vor Ort zu erschießen.
2) Eingekesselte haben bis zur letzten Möglichkeit zu kämpfen, sich zu den Ihren durchzuschlagen. Und jene, die es vorziehen, sich in Gefangenschaft zu begeben, sind mit allen Mitteln zu vernichten; und die Familien von Rotarmisten, die sich in Gefangenschaft begeben, erhalten keinerlei staatliche Unterstützung und Hilfsmittel mehr.
3) Mutige Männer sind aktiver zu befördern.
Der Befehl ist in allen Kompanien, Staffeln und Batterien zu verlesen.«

Nachdem Stalin sein Diktat beendet hatte, las er den impulsiv diktierten Text nicht noch einmal durch. Obwohl er ihn ohne jede Rücksprache diktiert hatte, ordnete er an, auch die Unterschriften Molotows, Budjonnys, Woroschilows, Timoschenkos, Schaposchnikows und Schukows darunterzusetzen, ungeachtet der Tatsache, daß diese sich zum Teil zu diesem Zeitpunkt gar nicht in der Stawka befanden.
Ende August 1941 berichtete man Stalin von einem Brief des Schriftstellers Wladimir Stawski, der zehn Tage an der Front im Rayon von Jelnja gewesen war. Hier einige Auszüge aus diesem Brief.

»Lieber Genosse Stalin!
Eine Reihe unserer Einheiten kämpft bemerkenswert, sie versetzen den Faschisten zerschmetternde Schläge. Nachdem der mutige und energische Major Genosse Utwenko an die Spitze der 19. Division gelangte, haben die Divisionsregimenter auf einem Abschnitt von 11 Kilometern (...) das 88. Regiment (der Wehrmacht; A. d. Ü.) zerschlagen und die meisten deutschen Gegenstöße zurückgeworfen. (...) Die Abteilungen, die in der Gegend von Jelnja kämpfen, durchlaufen eine militärische Schulung, sie sammeln Kampferfahrung, studieren die Taktik des Gegners und schlagen die Deutschen. (...)
Jedoch hier in der 24. Armee ist es in der letzten Zeit zu einem Umbruch gekommen. (...) Nach Angaben der Befehlshaber und der Politabteilung der Armee sind 480 bis 600 Personen wegen Desertierens, Panikmacherei und anderen Verbrechen erschossen worden. In derselben Zeit wurden 80 Personen für Auszeichnungen vorgeschlagen. Vorgestern und heute haben der Armeekommandeur Genos-

se Rakutin und der Leiter der Politabteilung der Armee Genosse Abramow angesichts dieser Überspitzung schnell für Ordnung gesorgt. (...)«

Auf dem Brief, in dem eine schreckliche »Überspitzung« geschildert wurde, hat Stalin lediglich eine kurze Notiz hinterlassen: »Genosse Mechlis. J. St.«
Zu dieser Zeit kündigte sich eine der größten Niederlagen des Kriegs an. Eineinhalb Wochen vor Beginn dieser Katastrophe, am 8. August 1941, sprach Stalin mit Kirponos, dem Kommandeur der Südwestfront:

»Browary (Ort; A. d. Ü.). Am Apparat Generaloberst Kirponos.«
»Moskau. Am Apparat Stalin.«
Stalin: »Wir sind davon in Kenntnis gesetzt worden, daß die Front leichten Herzens beschlossen hat, Kiew dem Feind zu übergeben wegen eines vermeintlichen Mangels an Einheiten, die in der Lage wären, Kiew zu verteidigen. Ist das wahr?«
Kirponos: »Ich grüße Sie, Genosse Stalin. Man hat Ihnen unwahr berichtet. Der Kriegsrat der Front und ich veranlassen alle Maßnahmen dafür, daß Kiew sich auf gar keinen Fall ergibt. Alle unsere Gedanken und Bemühungen, sowohl meine als auch die des Kriegsrates, sind dahin gerichtet, daß Kiew nicht dem Gegner übergeben wird.«
Stalin: »Sehr gut. Ich drücke Ihnen kräftig die Hand. Ich wünsche Ihnen Erfolg. Ende.«

Die Südwestfront kämpfte verbissen. Über den Heroismus der Verteidiger Kiews wurde viel geschrieben. Sie taten alles, was sie konnten. Am 15. September gerieten die Hauptkräfte der Südwestfront in einen Kessel. Vier Tage zuvor hatte das letzte Gespräch zwischen Stalin und Kirponos stattgefunden:

»Priluki (Ort; A. d. Ü.). Ich grüße Sie. Am Apparat Kirponos, Burmistenko, Tupikow.«
»Moskau. Ich grüße Sie, hier Stalin, Schaposchnikow, Timoschenko. Ihr Vorschlag über den Rückzug der Truppen an die Grenze des Ihnen bekannten Flusses (Psjol; D. W.) scheint mir gefährlich. (...) Es gibt folgenden Ausweg:

1) Die Streitkräfte sind umgehend umzugruppieren, und zwar auf Kosten des Kiewer Festungsrayons und anderer Truppen, und es sind verzweifelte Angriffe auf die Gruppe des Gegners um Konotopsk abwechselnd mit Jeremenko durchzuführen.
2) Eine Verteidigungslinie ist sofort entlang des Flusses Psjol oder irgendwo an dieser Linie zu organisieren, indem eine große Artilleriegruppe gegen Norden und Westen aufgestellt wird und die 5. und 6. Division hinter diese Kampflinie gezogen werden.
3) (...) Erst nach der Ausführung dieser beiden Punkte, das heißt nach der Führung eines Gegenstoßes gegen die Gruppe um Konotopsk und nach der Schaffung einer Verteidigungslinie entlang des Flusses Psjol, in einem Wort: erst nach alldem, ist mit der Evakuierung Kiews zu beginnen. (...)
Kiew nicht aufgeben und die Brücken nicht sprengen ohne Genehmigung der Stawka. Ende. Auf Wiedersehen.«
Kirponos: »Ihre Anweisungen sind klar. Ende. Auf Wiedersehen!«

Der Held der Sowjetunion Generaloberst Kirponos hätte auch »Leben Sie wohl« sagen können. Es verblieb ihm nur noch kurze Zeit zu leben. Mehr Anweisungen durch den »Führer«, der die reale Situation vollständig ignorierte, sollte er nicht erhalten. Bislang war die Einkesselung noch nicht vollzogen. Es gab noch Möglichkeiten, der tödlichen Klammer zu entkommen. Der Kriegsrat der Front wandte sich am 17. September um 5 Uhr morgens noch einmal an Stalin und bat ihn um die Genehmigung zum Durchbruch. Und wieder verweigerte Stalin sie. Er gestattete lediglich, daß die von Generalleutnant Andrej Andrejewitsch Wlassow geführte 37. Armee sich ans Westufer des Dnjepr zurückzog. Die Lage wurde unhaltbar. Der Kriegsrat beschloß am Abend des 17. September entgegen Stalins Befehl, die Truppen der Front aus der Umklammerung zu führen. Aber dazu war nun schon zuviel Zeit verloren. Außerdem hatte der Frontstab inzwischen die Verbindung zu den Armeen verloren. Auf eigene Faust versuchten die verstreuten Einheiten in zehntägigen blutigen Kämpfen, sich nach Osten durchzuschlagen. Es gelang nur wenigen.
Die Stawka, die der Lage nicht Herr war, schickte noch am 22. und 23. September Kirponos beruhigende Telegramme folgenden Inhalts:

»An Kirponos (Südwestfront)
Mehr Entschlossenheit und Gelassenheit. Der Erfolg ist sicher. Gegen Euch stehen kleine Kräfte des Gegners. Konzentrieren Sie die Artillerie in Teilgebieten, wo der Durchbruch möglich ist. (...) Unsere ganze Luftwaffe arbeitet für Euch. (...) Ich wiederhole, mehr Entschlossenheit und Gelassenheit und Energie in den Aktionen. Berichten Sie häufiger.

B. Schaposchnikow«

Die Katastrophe war furchtbar. 452 720 Menschen waren eingekreist. Der Gegner hatte mehr Waffen und mehr Kampftechnik. Frontkommandeur Kirponos, sein Stabschef Tupikow und das Mitglied des Kriegsrats Burmistenko fielen in den letzten Kämpfen und teilten das Schicksal von Tausenden und aber Tausenden von Soldaten.
An der Tragödie der Südwestfront ist in entscheidendem Maß die Stawka und ihr Oberster Befehlshaber verantwortlich. Er war stur und dachte nicht strategisch. Es versteht sich, daß die Kommandeure und der Frontstab aus bekannten Gründen ebensowenig in der Lage waren, die ihnen anvertrauten Streitkräfte zu führen. Sehr häufig wurde der Mut nicht durch Können, Organisation und Kompetenz unterstützt. Äußerlich zeigte Stalin keine Betroffenheit. Er sagte lediglich zu Schaposchnikow, der seit Juli 1941 von neuem zum Generalstabschef ernannt worden war: »Das Loch muß schnell gestopft werden. Schnell!«
»Maßnahmen sind bereits ergriffen!« antwortete Schaposchnikow. »Möglicherweise wird es uns gelingen, die 21. und die 38. Armee wiederherzustellen. Ich habe angeordnet, aus der Reserve der Stawka fünf Schützendivisionen und drei Panzerbrigaden heranzuziehen. Wir stellen ein neues Kommando für die Südwestfront auf. Wir benötigen Ihren Beschluß über die Führung.«
»Und wen schlagen Sie vor?«
»Ich glaube, in dieser schwierigen Lage brauchen wir eine harte Hand und einen erfahrenen Kopf. Offenbar werden wir keine bessere Kandidatur als die Timoschenkos finden.«
»Einverstanden.«
»Und als Mitglied des Militärrats wird Chruschtschow bestimmt, als Stabschef Generalmajor Pokrowski.«
»Nun, dann soll es so sein.«

Mitte August schickte Schdanow Stalin einen speziell versiegelten Brief. Im Kuvert befand sich ein Flugblatt mit einem Foto, das seinen Sohn Jakob mit zwei deutschen Offizieren zeigt. Dazu folgender Text:

»Das ist Jakob Dschugaschwili, der älteste Sohn Stalins, Kommandeur der Batterie des 14. Haubitzenartillerieregiments der 14. Panzerdivision, der sich am 16. Juli in der Umgebung von Witebsk mit Tausenden von anderen Kommandeuren und Soldaten ergeben hat. Auf Befehl Stalins lehren Euch Timoschenko und Eure Politkommissare, daß Bolschewiki sich nicht in Gefangenschaft begeben. Trotzdem gehen fortwährend Rotarmisten zu den Deutschen über. Um Euch abzuschrecken, belügen Euch die Kommissare, daß die Deutschen die Kriegsgefangenen schlecht behandelten. Stalins eigener Sohn zeigt mit seinem Beispiel, daß das eine Lüge ist. Er hat sich ergeben, weil jeglicher Widerstand gegen die deutsche Armee von nun an sinnlos ist. (...)«

Das Schicksal des Sohnes beunruhigte Stalin bekanntlich nur aus einem Grund. Es wäre besser gewesen, wenn Jakob im Kampf gefallen wäre, wird Stalin gedacht haben. Was würde geschehen, wenn er nicht standhielt? Er ist schwach, man wird ihn zerbrechen, und er wird anfangen, im Rundfunk zu sprechen. Er wird sagen, was man ihm befiehlt. Der Sohn des Obersten Befehlshabers würde gegen sein Land und seinen Vater arbeiten! Dieser Gedanke war unerträglich. Gestern hatte Molotow ihm unter vier Augen mitgeteilt, daß der Präsident des schwedischen Roten Kreuzes, Graf Folke Bernadotte, über die schwedische Botschaft hatte anfragen lassen, ob Stalin ihn oder irgendeine andere Person bevollmächtige zu Verhandlungen über die Befreiung seines Sohns aus deutscher Kriegsgefangenschaft? Stalin dachte ein oder zwei Minuten nach, schaute Molotow an und begann über etwas anderes zu sprechen.

Katastrophen und Hoffnungen

Im März 1942 berief Stalin eine Beratung ein, bei der die Vorschläge des Oberkommandos der Südwestrichtung diskutiert wurden. Ob dies eine Sitzung der Stawka oder des Staatlichen Verteidigungskomitees war, ist schwer zu sagen. Anwesend waren Stalin, Woroschilow, Timoschenko, Schaposchnikow, Schukow, Wassilewski. Das Oberkommando wurde durch Timoschenko vertreten und schlug vor, im Süden eine breite Offensivoperation mit der Kraft dreier Fronten in Richtung Nikolajew–Tscherkassy–Kiew–Gomel zu unternehmen.

Schaposchnikow war dagegen: »Wir haben keine großen strategischen Reserven. Es ist zweckmäßiger, sich auf eine aktive Verteidigung entlang der ganzen Front zu beschränken, wobei eine besondere Aufmerksamkeit der Zentralrichtung gewidmet werden sollte.«

»Wir können doch nicht in der Verteidigung sitzen, die Hände falten und warten, bis die Deutschen uns den ersten Schlag versetzen!« bemerkte Stalin.

Schukow schlug vor, man solle einen Angriff gegen die Westrichtung der Deutschen führen und an den anderen Fronten eine aktive Verteidigung praktizieren. Timoschenko bestand auf seinem Vorschlag. Wassilewski unterstützte Schukows Plan. Alle warteten, was Stalin sagen würde. Bis dahin hatte er sich auf ähnlichen Sitzungen darauf beschränkt, ausgearbeitete Vorschläge abzulehnen oder zu genehmigen. Nun mußte er eine Entscheidung selbst erarbeiten. Er mußte eine strategische Wahl treffen. Im tiefsten Innern seiner Seele war Stalin stets ein »Zentrist«. Früher, als er noch nicht der »Führer« war, hatte er bei wichtigen Entscheidungen immer eine mittlere Position bezogen, die es ihm erlaubte, ohne größere Schwierigkeiten auf die Seite des schließlich Stärkeren zu wechseln.

Stalin blieb sich treu und traf eine halbherzige Entscheidung: Er gestattete den Truppen der Südwestrichtung eine begrenzte Offensivoperation. Sie sollte die Kräfte des Gegners um Charkow vernichten mit dem Ziel, anschließend das Donezsteinkohlebecken zu befreien. Niemand widersprach. In der Stawka widersprach man dem Obersten Befehlshaber ohnehin nur selten. Stalin wußte nicht, daß auch die Deutschen in diesem Gebiet einen Angriff planten. Die Stawka schickte die sowjetischen Truppen in ein extremes Risiko.

Der Vormarsch auf Charkow begann am 12. Mai 1942. Und er begann erfolgreich. Während der ersten drei Tage bewegten sich die Truppen fünfzig Kilometer in die Tiefe. Vollkommen unerwartet für alle kam der kräftige Schlag der Hitlerwehrmacht aus dem Süden gegen die Flanken der sowjetischen Offensivgruppierung. Es folgte eine Reihe widersprüchlicher Anweisungen. Bereits am 18. Mai soll sich Timoschenko nach einigen Angaben (im Archiv gibt es davon keine Spuren) an Stalin gewandt haben mit der Bitte, den Vormarsch auf Charkow abzubrechen. Stalin habe dies abgelehnt und gesagt: »Wir werden aus der Reserve zwei Schützendivisionen und zwei Panzerbrigaden herausgeben. Die Südfront soll sich halten. Die Deutschen werden bald ihre Kraft verlieren.«

Den Ereignissen bei Charkow widmete Chruschtschow, damals Mitglied des Kriegsrats der Südwestfront, in seinem Bericht an den 20. Parteitag einige Passagen. Nach seinen Worten war es ihm gelungen, von der Front aus Stalin telefonisch zu erreichen. Stalin habe sich in seiner Datscha befunden. Malenkow sei am Telefon gewesen. Chruschtschow habe darauf bestanden, mit Stalin persönlich zu sprechen. Aber der Oberste Befehlshaber, der nur »einige Schritte vom Telefon« entfernt gewesen sei, habe den Telefonhörer nicht in die Hand genommen. Chruschtschow solle vielmehr über Malenkow mit ihm sprechen. Daraufhin habe Chruschtschow die Bitte der Front weitergegeben, den Vormarsch zu beenden. Stalin habe gesagt: »Alles so lassen, wie es ist!«

Nach dieser Version war Stalin für die Charkower Katastrophe verantwortlich. Eine andere Version vertrat Schukow, der glaubte, daß die Leiter der Kriegsräte der Süd- und der Südwestfront die Schuldigen an der Niederlage gewesen seien. In seinem Buch »Erinnerungen und Reflexionen« schreibt Schukow, daß man im Generalstab früher als an der Front die Gefahr gespürt habe. Am 18. Mai habe sich der Generalstab noch einmal dafür ausgesprochen, daß man die »offensive Operation bei Charkow beenden soll. (...) Am Abend des 18. Mai fand ein Gespräch über diese Frage mit dem Mitglied des Kriegsrats der Front N. S. Chruschtschow statt, der, wie auch das Kommando der Südwestfront, erklärte, die Gefahr durch die feindliche Gruppe bei Kramatorsk sei stark übertrieben und es bestehe kein Anlaß, die Operation zu beenden.« Stalin habe sich auf die Berichte des Kriegsrats der Südwestfront gestützt und den Vor-

schlag des Generalstabs, die Offensive abzubrechen, zurückgewiesen.
Ich glaube, in diesem Fall ist Schukow der Wahrheit näher. Marschall Schukow unterstrich häufig, daß Stalins Beschluß auf den Berichten Timoschenkos und Chruschtschows beruht habe. Sollte es Chruschtschow vergessen haben, wie es war, so ist das eine Sache. Aber wenn er versucht haben sollte, sich im nachhinein ein historisches Alibi zu verschaffen, so ist das eine ganz andere Sache. Und was Stalin betrifft, er war nicht in der Lage, die nüchterne Analyse des Generalstabs zu beurteilen.
Innerhalb von ein, zwei Tagen war die Schlacht verloren. Hat Stalin die Ursachen dieses Mißerfolgs verstanden? Hat er endlich erkannt, welch verheerende Rolle seine Fehleinschätzungen spielten? Das ist schwer zu sagen, aber eines ist unbestritten: Er und die Stawka erhielten ständig blutige Lektionen in Kriegführung.
Nachdem Stalin die Verbitterung über die Niederlagen am eigenen Leib gespürt hatte, beschloß er, die Partisanenbewegung zu aktivieren. Ende Mai 1942 unterschrieb er den Beschluß des Staatlichen Verteidigungskomitees Nr. 1837: »Fragen der Partisanenbewegung«. Darin heißt es: »Mit dem Ziel der Vereinigung der Führung der Partisanenbewegung im Hinterland des Gegners und für eine weitere Entwicklung dieser Bewegung ist in der Stawka des Oberbefehlshabers ein Zentralstab der Partisanenbewegung zu gründen.« Der Partisanenbewegung wurden wichtige militärpolitische Aufgaben gestellt. In den Zentralstab gingen P. K. Ponomarenko (ZK), W. T. Sergienko (NKWD), G. F. Kornejew (Geheimdienstleitung des NKO). Dies war ein richtiger Schritt der Stawka, der wohl früher hätte gemacht werden sollen.
Stalin bedrückten die Mißerfolge. Letztlich hat er aus ihnen viel gelernt. Aber noch war es nicht gelungen, die Front im Süden zu stabilisieren. Stalin beschloß, einen Brief an den Kriegsrat der Südwestfront zu schreiben.
26. Juni 1942, zwei Uhr nachts. Wassilewski hatte soeben den Lagebericht vorgetragen und wollte den Raum verlassen, als Stalin sagte: »Warten Sie. Ich möchte noch einmal auf den Charkower Mißerfolg zurückkommen. Heute, als ich eine Anfrage an die Südwestfront gerichtet habe, ob der Gegner bei Kupjansk aufgehalten worden sei und wie die Verteidigungslinie am Fluß Oskol verliefe,

konnte man mir nichts Vernünftiges berichten. Wann werden die Leute lernen zu kämpfen? Hätte doch die Charkower Niederlage dem Stab eine Lehre sein müssen. Wann werden sie die Direktiven der Stawka ordnungsgemäß ausführen? Sie müssen daran erinnert werden. Die Verantwortlichen sollen jene, die dies verdienen, bestrafen, und ich möchte an die Führung der Front einen persönlichen Brief richten. Was halten Sie davon?«
»Ich glaube, das wäre nützlich«, antwortete Wassilewski.
Die Archive haben auch dieses Dokument für uns aufbewahrt:

»An den Kriegsrat der Südwestfront.
Wir hier in Moskau – Mitglieder des Staatlichen Verteidigungskomitees und Personen aus dem Generalstab – haben beschlossen, den Stabschef der Südwestfront, Genossen Bagramjan, von seinem Posten zu entlassen. Genosse Bagramjan stellt die Stawka nicht nur als Stabschef nicht zufrieden, der aufgefordert worden war, die Verbindung und die Führung der Armeen zu stärken, sondern auch als einfacher Berichterstatter, der verpflichtet ist, ehrlich und wahrheitsgemäß der Stawka Meldung über die Lage an der Front zu machen. Außerdem stellte sich heraus, daß Genosse Bagramjan nicht in der Lage ist, aus der Katastrophe, die sich an der Südwestfront ereignet hat, eine Lehre zu ziehen. Im Verlauf von drei Wochen ist es der Südwestfront gelungen, dank ihrer Leichtfertigkeit, nicht nur die zur Hälfte gewonnene Charkower Operation zu verlieren, sondern auch dem Gegner 18 bis 20 Divisionen zu geben.«

Stalin machte eine Pause, schwieg und schaute Wassilewski an, dann begann er von neuem, im Zimmer auf und ab zu gehen. Schließlich fragte er den Generalstabschef: »Zusammen mit Samsonow, damals im Jahr 1914, erlitt ein russischer General mit deutschem Nachnamen eine Niederlage, ich habe vergessen ...«
»Rennenkampff«, sagte Wassilewski (er war soeben erst zum Generalstabschef ernannt worden und noch nicht an die oft ungewöhnlichen Gedankengänge des Obersten Befehlshabers gewöhnt).
»Ja, selbstverständlich. Schreiben Sie weiter.«

»Das ist eine Katastrophe, die in ihren unheilvollen Resultaten der Katastrophe mit Rennenkampff und Samsonow in Ostpreußen entspricht. Nach all dem, was geschehen ist, hätte der Genosse Bagramjan, wenn er den Wunsch verspürt hätte, irgend etwas lernen können. Leider ist davon noch nichts zu sehen. Jetzt, wie auch vor der Katastrophe, ist die Verbindung des Stabs mit den Armeen nicht zufriedenstellend, die Information ist unzureichend. (...)

Wir schicken Ihnen vorübergehend für die Funktion des Stabschefs den Stellvertreter des Generalstabschefs, Genossen Bodin, der Ihre Front kennt und Ihnen einen großen Dienst erweisen kann. Genosse Bagramjan wird zum Stabschef der 28. Armee ernannt. Wenn Genosse Bagramjan sich in der Funktion als Armeestabschef von einer guten Seite zeigen sollte, so werde ich die Frage prüfen, ob man ihm die Möglichkeit geben sollte, sich weiterzubewegen.

Es ist klar, daß es sich hier nicht nur um den Genossen Bagramjan handelt. Die Rede ist hier ebenso von den Fehlern aller Kriegsratsmitglieder und vor allem des Genossen Timoschenko und des Genossen Chruschtschow. Würden wir dem Land über das ganze Ausmaß dieser Katastrophe berichten (...), so fürchte ich, daß man ziemlich schroff gegen Sie vorgehen würde. (...)

Ich wünsche Ihnen Erfolg.

26. Juni 1942, 2 Uhr J. Stalin«

Stalin entließ Wassilewski und lehnte sich erschöpft in seinen Sessel zurück. Das Jahr hatte so gut begonnen. Der Gegenstoß bei Moskau vom 5. Dezember 1941 bis zum 7. Januar 1942 war die erste große Offensivoperation gewesen, die im engen Zusammenwirken dreier Fronten erfolgreich durchgeführt worden war. Das Land jubelte: Es war gelungen, den Gegner 100 bis 250 Kilometer vom Rand der Hauptstadt nach Westen zurückzudrängen! Es sah so aus, als wäre der Wendepunkt gekommen. Erfolge auch auf der Krim, bei Tichwin, Einkesselung einer großen deutschen Gruppierung bei Demjansk. Und jetzt?

Diese neuen Niederlagen erschütterten Stalin. Jedoch nahm er sie gelassener hin als die Bedrohung, die im Oktober 1941 über der Hauptstadt geschwebt hatte. Als man ihm am 2. Oktober 1941 eine Aufzeichnung mit Hitlers Rede über den bevorstehenden Fall von Moskau brachte, mag er gedacht haben: Wenn wir jetzt nicht standhalten, so ist dies wohl das Ende für mich. Stalin lebte unter der Furcht, daß man ihn bei einer erneuten großen Niederlage absetzen und liquidieren könnte. Er erinnerte sich, daß er während dieser Tage einige Nächte lang sein Arbeitszimmer nicht verlassen hatte, lediglich zwei bis drei Stunden in der Nacht im Schlaf zu vergessen suchte und die übrige Zeit mit dem Generalstab und mit dem Politbüro fieberhaft Entscheidungen traf und Leute zu sich rufen ließ. Quasi persönlich verteilte er beinahe jeden Panzer, jede Waffe, jede Maschine. Am 1. Oktober 1941 verteilte er sogar Stacheldraht und andere Verteidigungsmittel.

Moskau war bedroht. Am 20. Oktober wurde auf Beschluß des Staatlichen Verteidigungskomitees in der Hauptstadt der Ausnahmezustand ausgerufen. Der Oktober und der November waren für Stalin, wie für das sowjetische Volk, außerordentlich schwer. Der Gegner setzte einen Schlag nach dem anderen an und ließ uns keine Möglichkeit, Luft zu schnappen. Stalin mutete wie ein Boxer an, den der Gegner in die Ecke gedrängt hatte, der sich kaum noch auf den Beinen halten konnte und der immer neue Schläge einstecken mußte. Zuweilen dachte Stalin, daß nur noch ein Wunder helfen könne. Jedoch rettete ihn nicht ein Wunder, sondern das Volk, das die Kraft gefunden hatte auszuharren. Darin besteht das »Geheimnis« des Siegs vor Moskau.

In diesen Oktobertagen des Jahres 1941 hatte sich auch die Lage Leningrads verschlechtert. Die Bürger zeigten eine außerordentliche Widerstandskraft. Am 9. November erklärte Hitler, daß die deutschen Truppen Leningrad nicht stürmen, sondern aushungern wollten. Stalin war nicht überzeugt davon, daß es gelingen würde, Leningrad zu halten. Auf seine Anweisung hin gab Wassilewski am 23. Oktober 1941 ein Telegramm auf, das Stalin eigenhändig geschrieben hatte:

»An Fedjuninski, Schdanow, Kusnetzow
Aufgrund Ihrer verzögerten Aktionen kann man zu dem Schluß gelangen, daß Sie die kritische Lage noch nicht erfaßt haben, in der sich die Truppen der Leningrader Front befinden. Wenn es Ihnen nicht innerhalb der nächsten, allernächsten Tage gelingen sollte, die Front zu überprüfen und eine feste Verbindung zur 54. Armee zu schaffen, die Sie mit dem Hinterland verbindet, werden Ihre gesamten Truppen gefangengenommen werden. Diese Verbindung muß nicht nur deshalb geschaffen werden, um die Truppen der Leningrader Front zu

versorgen, sondern auch besonders deshalb, um für die Truppen der Leningrader Front einen Ausweg zum Rückzug nach Osten zu gewährleisten (so im Text; D. W.) und um einer Gefangennahme zu entgehen, falls es unbedingt notwendig sein sollte, Leningrad aufzugeben. Bedenken Sie, daß Moskau sich in einer kritischen Lage befindet, und Moskau kann Ihnen nicht mit neuen Kräften helfen. Entweder es wird Ihnen gelingen, innerhalb der nächsten zwei, drei Tage die Front zu durchbrechen und Ihren Truppen die Möglichkeit zu geben, im Falle, daß es unmöglich sein sollte, Leningrad zu halten, nach Osten auszuweichen, oder Sie werden gefangengenommen. Wir verlangen von Ihnen entschlossene und schnelle Handlungen. Konzentrieren Sie 8 oder 10 Divisionen, und brechen Sie nach Osten durch. Das ist dringend notwendig für den Fall, daß Leningrad sich behaupten sollte, und auch für den Fall einer Aufgabe Leningrads. Uns ist die Armee wichtig. Wir fordern von Ihnen entschiedene Handlungen.
23. 10., 3 Uhr 35 Stalin«

Mitte Oktober 1941 fand morgens in Stalins Arbeitszimmer eine Sitzung statt, an der Mitglieder des Staatlichen Verteidigungskomitees, des Politbüros und der Armee teilnahmen: Molotow, Malenkow, Mikojan, Berija, Wosnessenski, Schtscherbakow, Kaganowitsch, Wassilewski, Artjomow. Man grüßte sich kurz, Stalin bot allen an, Platz zu nehmen, und begann seine Anweisungen zu erteilen: Wichtige gesellschaftliche Persönlichkeiten sollten evakuiert, die größten Unternehmen und Betriebe unterminiert und, wenn Moskau fallen sollte, gesprengt werden. An allen Wegen in die Hauptstadt sollten Panzersperren angelegt werden. Hier wurde auch beschlossen, wie es im Mobilisierungsplan vorgesehen war, die Regierung nach Kujbyschew zu evakuieren und den Generalstab nach Arsamas. Stalin schwieg eine Weile und sagte dann, daß er auf einen guten Ausgang hoffe: Bald sollten aus Sibirien und aus dem Fernen Osten neue Divisionen eintreffen.

»Wir werden Moskau nicht aufgeben!« – »Wir werden nicht weiter zurückweichen!« Dies waren die patriotischen Losungen der sowjetischen Menschen. Nach einer kurzzeitigen Panik Mitte Oktober auf den Straßen Moskaus kehrte ruhige Entschlossenheit ein. Die Hauptstadt war bereit zu kämpfen.

Um Stalins Datscha wurden einige Flugabwehrbatterien aufgestellt und die Wachen verstärkt. Eines Tages, als er morgens in Kunzewo ankam und aus dem Wagen stieg, wurde Stalin Augenzeuge eines Luftangriffs auf Moskau. Der ohrenbetäubende Donnerhall der Flugabwehrkanonen, die Lichtstrahlen der riesigen Scheinwerfer, das Getöse der vielen Flugzeuge an Moskaus Himmel demonstrierten realistisch die Lage der Hauptstadt. Stalin stand starr bei seinem Wagen. Irgend etwas fiel in der Nähe auf die Straße. Wlassik beugte sich hinunter: Es war ein Granatsplitter. Der Chef der Leibwache bemühte sich, Stalin zu überreden, ins Haus zu gehen (ein Schutzraum wurde erst später eingerichtet). Aber der Oberste Befehlshaber blieb noch einige Minuten stehen und atmete die kalte Luft des Oktobermorgens ein. Damals hat er wohl zum erstenmal das Verlangen gespürt, an der Front zu sein.
Eines Tages, Mitte Oktober, als Stalin gerade zu seiner Datscha fahren wollte, sagte Berija unentschlossen zu ihm: »Das geht nicht, Genosse Stalin!« Stalin schaute ihn fragend an, und Berija erklärte ihm auf georgisch: »Die Datscha ist zur Sprengung vorbereitet worden.« Stalin geriet kurzzeitig in Aufregung, aber er beruhigte sich schnell wieder. Berija berichtete ihm noch, daß in einem der Moskauer Bahnhöfe ein Sonderzug für den Obersten Befehlshaber bereitstehe und ebenso vier Flugzeuge für die Stawka, darunter ein spezielles Flugzeug für Stalin. Stalin schwieg eine Weile. Er schwankte. Aber irgendwie fühlte er, daß es die Moral von Armee und Volk stärken würde, wenn er in der Hauptstadt bliebe. So entschloß er sich, in Moskau zu bleiben. Er wußte, daß die Evakuierung der Hauptstadt in vollem Gange war, daß die Rüstungsbetriebe und andere Fabriken unterminiert wurden und daß Berija im Falle eines Rückzugs vorgeschlagen hatte, auch die Metro zu sprengen. Er mußte mit Schtscherbakow noch darüber sprechen.
Moskau fiel nicht. Auch der zweite Generalangriff der Deutschen blieb stecken! Bald genehmigte Stalin den Vorschlag des Kommandeurs der Westfront Schukow, einen Gegenstoß einzuleiten. Als Hitlers Soldaten umfielen vor Erschöpfung, ging die sowjetische Armee zum Gegenangriff über. Die Deutschen erlitten ihre erste große Niederlage im Zweiten Weltkrieg. Das wesentliche an diesem Sieg war, daß die Menschen den Glauben zurückgewannen an die Möglichkeit, den Aggressor zu schlagen. Auch für Stalin war der Sieg bei

Moskau von ungeheurer Bedeutung. Seit Dezember 1941 zweifelte er nicht mehr am schließlichen Erfolg, auch nicht in den Tagen der schlimmen Niederlagen, die noch kommen sollten.

In dieser Zeit verhungerten Hunderttausende von Leningradern. Armeegeneral Fedjuninski hat mir einst von einem Gespräch erzählt, das Stalin mit einer Gruppe von Leningrader Politikern nach der Blockade führte. Sie berichteten Stalin, daß Leningrad im Winter 1941/42 zur Phantomstadt geworden sei. Es war niemand da, der die auf den Straßen liegenden Leichen hätte wegtragen können. Die Schatten der Menschen bewegten sich langsam entlang der Häuserwände. Die Menschen fielen um und erhoben sich nicht mehr. Das schlimmste ist, erzählte Fedjuninski, daß die sterbenden Menschen bis zum letzten Moment ein klares Bewußtsein gehabt hätten. Diese Stadt erlebte eine der schrecklichsten Tragödien der menschlichen Geschichte. Nach diesem Bericht habe Stalin erwidert:

»Der Tod raffte damals nicht nur die Leningrader hin. Es starben die Menschen an den Fronten, in den besetzten Gebieten. Ich gebe zu, der Tod ist schrecklich unter den Bedingungen der Ausweglosigkeit. Und Hunger ist eine Ausweglosigkeit. Wir konnten damals nichts für Leningrad tun. Moskau selbst hing damals an einem Haar. Der Tod und der Krieg gehen Hand in Hand. Dieser Schurke mit der schwarzen Strähne brachte nicht nur den Leningradern Leid.«

Wenn man Stalin von Niederlagen berichtete und von großen menschlichen und materiellen Verlusten, zeigte er keinerlei Gefühl. Statt dessen bedachte er seine Heerführer mit bösen Beschimpfungen: »Wann werden Sie es endlich lernen, Krieg zu führen?« – »Nun wiederholt sich die alte Geschichte wieder.«
Stalin hatte sonst kein schlechtes Verständnis der menschlichen Psyche. Er wußte, daß er Moskau nicht verlassen durfte. Er wußte, daß in den Meldungen des Informationsbüros keinerlei panische Anklänge sein durften. Er forderte, daß man in den Zeitungen mehr über die Erfolge, den Mut und die Kampfkraft der sowjetischen Soldaten schreiben solle. Und: Einige Tage vor dem 7. November 1941, dem Jahrestag des Oktoberaufstands, fragte Stalin Molotow und Berija: »Wie werden wir unsere Militärparade durchführen?

Vielleicht ein bis zwei Stunden früher als sonst?« Molotow und Berija glaubten, sie hätten sich verhört. Was für eine Parade? Die Deutschen standen an der Stadtgrenze! Fast hätten ihre 51 Divisionen schon die Hauptstadt eingenommen.

Stalin tat so, als hätte er das Entsetzen seiner Gesprächspartner nicht erkannt, und fuhr fort: »Die Truppen der Moskauer Luftabwehr müssen verstärkt werden. Die wichtigeren Militärführer an die Front. Die Parade eröffnen wird Budjonny, und kommandieren wird General Artjomow. Wenn es während der Parade zu Bombenangriffen kommen sollte, wenn die deutschen Flugzeuge durchbrechen sollten, müssen die Getöteten und Verletzten zur Seite geschafft werden, und die Parade muß zu Ende gebracht werden. Es müssen Wochenschauberichte und Dokumentarberichte gemacht werden, die schnell vervielfältigt und im ganzen Lande verbreitet werden. Die Zeitungen müssen großflächig über die Parade berichten. Ich werde eine Rede auf einer Festversammlung halten und eine Ansprache an das Volk richten. Was sagen Sie?«

»Aber das ist doch ein Risiko ... ein Risiko! Selbstverständlich wird die politische Resonanz bei uns und in anderen Ländern gewaltig sein«, stellte Molotow fest.

»Also beschlossen.« Stalin wollte nicht weiter ins Detail gehen.

»Leiten Sie die Maßnahmen ein«, er wandte sich an Berija, »aber bis zum letzten Moment darf außer Artjomow, Budjonny und einigen anderen besonders vertrauenswürdigen Personen niemand etwas von der Parade wissen.«

Diese Entscheidung war mutig und weitsichtig. Sie zeugt von der gewachsenen Sicherheit, die Stalin mittlerweile erworben hatte, von seiner Fähigkeit, auf die öffentliche Meinung des Landes Einfluß zu nehmen und die Stimmung der Menschen zu verbessern. Das war wichtig, weil der Krieg bei vielen Menschen Resignation hatte aufkommen lassen. In den besetzten Gebieten gab es schon viele Handlanger Hitlers. Stalin wußte, daß die Mißerfolge den Glauben untergruben. Und nun galt es, diesen Glauben mit allen Mitteln zu stärken. Die Tatsache, daß Menschen sich massenhaft ergaben, hielt Stalin für Verrat. Ohne jede Ausnahme. Stalin wollte niemals öffentlich eingestehen, daß viele sowjetische Soldaten in deutsche Gefangenschaft gerieten. Der Vorsitzende des Staatlichen Verteidigungskomitees erklärte auf einer feierlichen Sitzung des Moskauer Sowjets, die in der Metrostation »Majakowskaja« durchgeführt wurde, daß »wir innerhalb von vier Monaten des Krieges 350 000 Gefallene und 378 000 Vermißte haben«. Stalin wußte, daß es erheblich mehr Vermißte waren. Die Rubrik »Kriegsgefangene« existierte nicht.

Kriegsgefangenschaft und Wlassow

Die faschistische Invasion brachte unermeßliches Leid. Eines war die Kriegsgefangenschaft. Der Mensch, der vor die Wahl Leben oder Tod gestellt wird, entscheidet sich meist für das Leben. Im vergangenen Krieg war die Kriegsgefangenschaft für die sowjetischen Soldaten allerdings fast gleichbedeutend mit dem Tod, die Mehrzahl kam in deutschen Konzentrationslagern um.

Im Mai 1918 hatte sich die sowjetische Regierung an das Internationale Rote Kreuz und an die Regierungen der Welt gewandt und erklärt, daß die Konvention über Kriegsopfer, wie auch »alle anderen internationalen Konventionen und Abkommen, die das Rote Kreuz betreffen, die durch Rußland bis Oktober 1917 anerkannt worden sind, von der Russischen Sowjetregierung anerkannt und in Zukunft eingehalten werden«. Die Genfer Konvention von 1929 aber, die sich auch mit der Kriegsgefangenenfrage befaßte, wurde von der Sowjetunion nicht ratifiziert. Die Zeiten und die Menschen im Land der Räte hatten sich geändert. Und was Hitler betraf, so war das internationale Recht für ihn ein »Hirngespinst«.

In den ersten eineinhalb Jahren des Kriegs gerieten Millionen von sowjetischen Soldaten in deutsche Kriegsgefangenschaft. Bis heute gibt es in der Sowjetunion keine genauen Angaben über Gefallene und Kriegsgefangene. Man kann nur hoffen, daß nun, da der Zugang zu den Archiven zunehmend erleichtert wird, diese Daten vervollständigt und veröffentlicht werden. An anderer Stelle in diesem Buch werde ich meine Berechnungen der Verluste der Sowjetunion im Krieg vorstellen.

Stalins Ruhm, der auch nach der Entlarvung des Personenkults lange fortlebte, rührt unter anderem daher, daß die sowjetische Gesellschaft bis heute nicht den genauen Preis des Sieges kennt. Er war unvorstellbar hoch.

Es gibt Angaben darüber, wie viele gefallen sind, wie viele verletzt, wie viele krank und wie viele vermißt sind. Ferner gibt es Angaben darüber, wie viele Pferde der Kavallerie umkamen, wie viele Geschütze, Granatwerfer, Panzer und Flugzeuge verloren wurden ... Aber es gibt keine Angaben darüber, wie viele in Kriegsgefangenschaft geraten sind. In einem der Dokumente wird erwähnt, daß während des Zeitraums von Juni bis Juli 1941 an allen Fronten 72776 Menschen als vermißt galten. Wenn man die Angaben vom September hinzuzieht, so verdoppelt sich die Summe. Wir jedoch wissen, daß allein im Gebiet von Kiew 452 720 Mann eingekesselt worden waren. Ein großer Teil von ihnen geriet in Kriegsgefangenschaft. In manchen Berichten gibt es genauere Zahlen. Beispielsweise berichtete der Hauptmilitärstaatsanwalt der Roten Armee, Militärjurist Nossow, am 24. September 1941 dem Stellvertreter des Volkskommissars für Verteidigung Mechlis:

»Während der acht Tage dauernden Kämpfe in der Umgebung der Station Schukow auf der Chaussee Brjansk–Roslawl erlitt die 299. Schützendivision der 50. Armee der Brjansk-Front gewaltige Verluste. Am 12. September dieses Jahres zählte die Division weniger als 500 Bajonette (Soldaten; A. d. Ü.), wobei von 7000 Personen zirka 500 getötet worden sind, verletzt 1500, vermißt 4000 Personen ...«

Stalin selbst gestand indirekt die Existenz einer großen Zahl von Vermißten ein. In einem Telegramm an Timoschenko, Chruschtschow und Bodin fragte er:

»Die Stawka hält es für unerträglich und unzulässig, daß der Kriegsrat der Front nun bereits einige Tage keine Auskünfte über das Schicksal der 28., 38. und 57. Armee und des 22. Panzerkorps gibt. Der Stawka ist aus anderen Quellen bekannt, daß die Stäbe der genannten Armeen sich hinter den Don begeben haben, aber weder diese Stäbe noch der Kriegsrat der Front teilen der Stawka mit, wo die Truppen dieser Armeen hingeraten sind und welches ihr Schicksal ist. Führen sie ihren Kampf fort, oder sind sie in Gefangenschaft geraten? Unter diesen Armeen befand sich, scheint mir, die 14. Division – die Stawka möchte wissen: Wo sind diese Divisionen hingeraten?

J. Stalin«

Der Oberste Befehlshaber interessierte sich sehr für das Schicksal der hohen Militärführer, die vermißt wurden. Er befahl herauszufinden, was mit den Kommandeuren Katschalow, Ponedelin, Wlassow, Jefremow, Potapow, Rakutin, Samochin und Lukin geschehen sei. Über Katschalow und Ponedelin habe ich bereits geschrieben. Nachdem Wlassow und Jefremow vermißt wurden, trug Stalin Berija auf, ihr Schicksal und ihren Aufenthaltsort aufzuklären. Im Schdanow-Archiv ist folgendes Telegramm an General Sasonow erhalten geblieben:

»Auf Anweisung der Stawka des Obersten Befehlshabers haben Sie uns umgehend mitzuteilen, was Ihnen über Wlassow bekannt ist. Lebt er, haben Sie ihn gesehen, und welche Maßnahmen haben Sie für seine Auffindung getroffen? Ich warte auf eine umgehende Antwort.

Schdanow«

Wlassow hat man nicht gefunden, aber er machte bald von sich reden. Und über Generalleutnant Jefremows Ende erfuhr man nur zufällig. Eine Bewohnerin des Dorfes Slobodka im Smolensker Gebiet meldete Ende April 1943, sie habe gesehen, wie Soldaten am Dorfrand »einen General begraben« hätten. Das berichtete man nach oben, wo man glaubte, daß der Armeekommandeur in Kriegsgefangenschaft geraten sei. Nach einer Untersuchung erhielt Stalin einen Bericht, der den gefallenen General rehabilitierte:

»An den Genossen Stalin
Generalleutnant Jefremow M. G. organisierte eine Gruppe von Soldaten und Kommandeuren zum Rückzug aus der Umkreisung. Während eines Kampfes mit dem Gegner in der Gegend des Dorfes Maloje Ustje wurde Generalleutnant Jefremow schwer verletzt; ohne die Möglichkeit, sich selbständig bewegen zu können, erschoß er sich und wurde im Dorf Slobodka im Temkinsker Rayon des Gebiets Smolensk beigesetzt. Nach Öffnen des Grabes konnte die Leiche identifiziert werden. (...) Ebenfalls konnte festgestellt werden, daß Jefremow eine schwere Verletzung am Gesäßknochen hatte und daß er sich erschoß, da er keine Sicherheit einer Rettung vor einer Gefangennahme hatte.

Sokolowski
30. April 1943 Bulganin«

Wie man Stalin berichtete, wurden in den Jahren 1941 und 1942 nicht wenige Generäle vermißt: Die Mehrzahl von ihnen fiel offenbar bei Ausbruchsversuchen aus Kesseln. Jene, denen es gelungen war, am Leben zu bleiben, siechten in KZs dahin. Sie waren in Gefangenschaft, aber sie waren keine Verräter. Nur wenige, wie Richter, Malyschkin und Schilenkow, ließen sich auf eine Zusammenarbeit mit den Deutschen ein. Viele Generäle starben einen qualvollen Tod in den faschistischen Lagern.

Manche konnten fliehen. Generalmajor Sysojew zum Beispiel geriet im Juli 1941 in Kriegsgefangenschaft und entkam 1943 aus dem Lager. Daraufhin wurde er drei Jahre lang »überprüft«. Einige Soldaten wurden bei der »Überprüfung« nach gelungener Flucht zum Tod durch Erschießen verurteilt wegen Nichtausführung von Befehlen oder wegen Verrats.

Nachdem er in den Jahren 1937 bis 1939 die Gesellschaft blutig gesäubert hatte, ging Stalin davon aus, daß nun niemand mehr übriggeblieben war, der mit Hitler kollaborieren würde. Aber auch hier irrte er. Vereinzelt kam es in den besetzten Gebieten zur Zusammenarbeit mit den Deutschen. Die Gründe dafür sind vielschichtig. Seit der Revolution waren gerade etwas mehr als zwei Jahrzehnte vergangen, und es gab immer noch Menschen, die sich mit der Sowjetmacht nicht abfinden wollten. Viele wurden zur Zusammenarbeit gezwungen. Besonders im Jahr 1941 dachten einige, daß die Deutschen für lange Zeit, wenn nicht für immer, gekommen seien. Und schließlich hat es schon immer schwache und willenlose Menschen gegeben, und es wird sie auch in Zukunft geben. Ja, es existierten tatsächlich Menschen, für die die Heimat nicht heilig war.

Im vergangenen Krieg kam es auch zu Fällen einer organisierten Zusammenarbeit mit den Faschisten. Einer der bekanntesten war der Verrat des Generalleutnants Andrej Andrejewitsch Wlassow, vor seiner Gefangennahme Kommandeur der 2. Stoßarmee der Wolchow-Front.

Als man Stalin gegen Ende Mai 1942 mitteilte, daß die 2. Stoßarmee im Rayon von Mjasnojbor eingekesselt worden war, nahm er dies äußerlich ruhig hin. Im Jahr 1941 hatte er solche Nachrichten dramatischer empfunden. Nun, nach der erfolgreichen Schlacht vor Moskau, war er sicher, daß dieser oder jener Mißerfolg an der Front nicht in der Lage war, die Situation wesentlich zu verändern. Stalin

wußte, daß Wlassow, den er drei Monate zuvor zum Generalleutnant befördert hatte, die 2. Stoßarmee kommandierte. Man schätzte ihn als starken und erfahrenen Kommandeur und hielt ihn für einen geeigneten Kandidaten für den Posten eines Frontkommandeurs.
Am 29. Juni 1942 teilte das sowjetische Informationsbüro folgendes mit:

»Die Hitlerschen Schreiberlinge führen eine astronomische Ziffer von 30000 angeblich in Gefangenschaft Genommenen an und auch, daß die Zahl der Getöteten die Zahl der Gefangengenommenen um ein Vielfaches übersteige. Es versteht sich, daß diese Hitlersche Fälschung nicht den Tatsachen entspricht. (...) Nach unvollständigen Angaben haben die Deutschen bei diesen Kämpfen allein an Gefallenen nicht weniger als 30000 Menschen verloren. (...) Die Abteilungen der 2. Stoßarmee zogen sich auf zuvor vorbereitete Rückzugslinien zurück. Unsere Verluste in diesen Kämpfen belaufen sich auf 10000 Gefallene und zirka 10000 Vermißte. (...)«

Sehr schwer zu glauben, daß sowohl bei den Deutschen als auch bei uns die Verluste immer derart »rund« waren! Erst heute erfahren wir allmählich, daß die schlecht vorbereitete Operation der Wolchow-Front im Frühjahr 1942 Tausenden und aber Tausenden von sowjetischen Menschen das Leben kostete, die bis zum heutigen Tag als Vermißte angesehen werden! Wie auch immer, bei diesen Kämpfen geriet General Wlassow in Gefangenschaft.
Einige Wochen später, spätnachts, als bei Stalin nur noch Molotow und Berija waren, holte letzterer aus seiner Ledermappe einige Blätter heraus und legte sie vor Stalin auf den Tisch.
»Was ist das?«
»Schauen Sie. Sehen Sie, wie sich der ›vermißte‹ Kommandeur der 2. Stoßarmee gemeldet hat«, antwortete Berija.
Stalin zog die Blätter näher zu sich heran und überflog sie mit den Augen:

»Ansprache des Russischen Komitees
An die Soldaten und Kommandeure der Roten Armee, an das ganze russische Volk und die anderen Völker der Sowjetunion.
Das Russische Komitee setzt sich folgende Ziele: Sturz Stalins und seiner Clique, Abschluß eines ehrenhaften Friedens mit Deutschland,

Schaffung eines Neuen Rußlands. (...) Wir rufen auf zum Überlaufen auf die Seite der im Bündnis mit Deutschland wirkenden Russischen Befreiungsarmee. (...)
Vorsitzender des Russischen Komitees Generalleutnant Wlassow
Sekretär des Russischen Komitees Generalmajor Malyschkin«

Außerdem präsentierte Berija Passierscheine, die für den Frontwechsel vorgesehen waren, sowie den »Offenen Brief A. A. Wlassows: Warum ich mich in den Kampf gegen den Bolschewismus begeben habe« und eine weitere ähnliche Schrift.
Angeekelt schob Stalin die Papiere von sich und fragte Berija: »Und es ist nicht möglich, daß das Fälschungen sind? Was ist über Wlassow bekannt? Gibt es Bestätigungen?«
»Ja, gibt es. Wlassow arbeitet aktiv für die Deutschen.«
»Warum haben wir ihn nur nicht vor dem Krieg erkannt?« mischte sich Molotow ein.
Statt einer Antwort zog Berija aus seiner Mappe Wlassows Personalakte hervor. Darin befand sich auch eine Fotografie. Sie zeigte einen Mann mit hohen Wangenknochen und Brillengläsern, mit abstehenden Ohren und aufmerksamen Augen. Er war im Gebiet von Nischnij Nowgorod geboren worden; die Eltern waren Mittelbauern gewesen. Außer dem alten Vater und seiner Frau hatte er keine Verwandten mehr. Berija offenbar hatte mit Rotstift unterstrichen: Wlassow absolvierte die geistliche Schule in Nischnij Nowgorod, vor dem Jahr 1917 hatte er zwei Jahre in einem geistlichen Seminar studiert. Er hatte am Bürgerkrieg teilgenommen. Seitdem war er immer ein zuverlässiger Mann gewesen: Er hatte die 99. Schützendivision kommandiert, eine der besten Divisionen im Kiewer Militärbezirk. Zuvor war er auf einer Dienstreise in China gewesen. Er kommandierte dann das 4. mechanisierte Korps, das bei Peremyschl und Lwow nicht schlecht gekämpft hatte, und später ernannte Stalin Wlassow zum Kommandeur der 37. Armee. Sie hatte gute Erfolge erzielt. Daraufhin wurde er Kommandeur der 20. und schließlich der 2. Stoßarmee. Stalin erinnerte sich gewiß daran, daß Schaposchnikow am 20. April 1942 auf seine Anweisung Wlassow auch zum Stellvertreter des Kommandeurs der Wolchow-Front gemacht hatte. Dies war der seltene Fall einer Doppelfunktion. Die Charakteristika waren alle glänzend. Im Jahr 1938 wurde in seiner Parteicharakteristik geschrieben:

»Arbeitet hart an den Fragen der Liquidierung der Überreste von Sabotage in den Abteilungen.« Die Atteste sind unterzeichnet von solchen berühmten Heerführern wie Kirponos, Musytschenko, Parusinow, Golikow. Da steht auch: »Der Sache der Partei Lenins-Stalins und der sozialistischen Heimat ergeben.« Am 24. November 1942 schrieb Armeegeneral Schukow über Wlassow: »Er leitete die Operationen der 20. Armee: den Gegenstoß auf die Stadt Solnetschnogorsk, den Vormarsch der Armeetruppen in Richtung Wolokolamsk und den Durchbruch der Verteidigungslinie am Fluß Lama. Generalleutnant Wlassow persönlich ist in operativer Hinsicht gut ausgebildet, er besitzt organisatorisches Geschick. Mit der Leitung der Armeetruppen ist er außerordentlich gut vertraut.«

Zu jener harten Zeit eine derart gute Beurteilung Schukows zu bekommen war nicht einfach. Wie kam es, daß Schukow, Kirponos, Golikow und andere den Verräter nicht rechtzeitig durchschauten?

Bereits im Jahr 1942 begann die Hitlersche Führung in den Lagern nach Kriegsgefangenen zu suchen, die bereit waren, nicht nur in der »Russischen Befreiungsarmee« Wlassows zu dienen, sondern auch in anderen nationalen Legionen: in georgischen, armenischen, turkestanischen, kaukasischen, baltischen und weiteren. Es wurden viele Anstrengungen unternommen, aber das Resultat war unbedeutend. Viele Kriegsgefangene wurden zu Legionären, weil sie darin eine Chance, zu überleben und zu fliehen, sahen. Es gab selbstverständlich auch solche, die der nationalistischen Propaganda erlegen waren. Sogar in deutscher Uniform versuchten Legionäre die Frontlinie zu überschreiten, obwohl sie mit Sicherheit wußten, was sie dort erwartete. So gingen die Soldaten der Turkestan-Legion Bergenow, Chassanow und Tulebajew, nachdem sie vier Tage lang nach Partisanen gesucht hatten, am 3. Oktober 1942 zu den sowjetischen Stellungen und teilten mit, daß ein großer Teil ihres Bataillons bereit sei überzulaufen. Am 8. Oktober 1942 übertraten die ehemaligen Rotarmisten Zulaja und Kabakadse die Frontlinie im Verteidigungsabschnitt der 2. Garde-Schützendivision mit der Bitte, einer Unterabteilung der georgischen Legion zu helfen, auf die andere Seite zu wechseln. Die Deutschen setzten besonders auf die baltischen Legionen. Die Bevölkerung dieser Republiken lebte erst ein Jahr im Staatsverband der Sowjetunion, als der Krieg ausbrach. Aber der Wert auch dieser Legionen war gering.

Nach dem Krieg wurden die Menschen, die in den Legionen gedient hatten, verurteilt und verbannt. Die Führung der Baltischen Republiken wandte sich an die sowjetische Regierung mit der Bitte, die Betroffenen zu amnestieren. Am 16. März 1946 etwa schrieben der Vorsitzende des Rats der Volkskommissare der Lettischen SSR Lazis und der 1. Sekretär des ZK der KP(B) Lettlands Kalnbersin nach Moskau:

»Während der Periode der vorübergehenden Okkupation der Lettischen SSR haben die deutschen Eroberer die gesamte arbeitende Bevölkerung unter Gewaltanwendung mobilisiert, wovon sie einen Teil zur Zwangsarbeit nach Deutschland schickten und einen anderen in sogenannte Legionen der deutschen Armee abkommandierten. (...) Später, nach der Befreiung, wurden diese Menschen für sechs Jahre in die nördlichen Gebiete verbannt.
Wir bitten darum, jene, die in nichts anderem beschuldigt werden als des Dienstes in den Legionen, in die Lettische SSR zurückkehren zu lassen. (...)«

Solche Briefe reichte Stalin in der Regel an Molotow und Berija weiter. Seine Entscheidung stand von vornherein fest, wenn von Menschen die Rede war, die zu den Deutschen oder mit den Deutschen gegangen waren.
Nach der Befreiung des Nordkaukasus berichtete Berija Stalin:

»Das NKWD sieht es als zweckmäßig an, aus Stawropol, Kislowodsk, Pjatigorsk, Mineralnye Wody, Jessentuki die Familienmitglieder der Banditen, der aktiven deutschen Handlanger, Verräter, Heimatverräter und freiwillig zu den Deutschen Übergelaufenen zum ständigen Aufenthalt in die Tadschikische SSR als Spezialumsiedler umzusiedeln. Umzusiedeln wären 735 Familien – 2238 Personen. Ich bitte um Ihre Anweisungen.

L. Berija«

Stalin war, wie immer, »einverstanden«. Er wußte zwar genau, daß für die Verbrechen des Vaters, des Bruders nicht die Mutter, die Schwester und die Kinder verantwortlich sein konnten. Aber Stalin war stets er selbst.

Über die Aktionen der Legionen berichteten Stalin die Politorgane und das NKWD. Er sah, daß die Legionen keine Kraft darstellten, aber daß sie durchaus eine politische Resonanz haben könnten. Dokumente und mündliche Berichte, die ich hören konnte, zeugen davon, daß Stalin eine äußerst grausame, unversöhnliche Einstellung zu den Vaterlandsverrätern hatte. In den Archiven befinden sich zahlreiche Berichte über verräterische Aktionen vereinzelter Gruppen, von Abtrünnigen, die zu den Deutschen übergelaufen waren. Hier beispielsweise ein Bericht an Berija:

»Über den Verlauf des Kampfes mit dem Banditismus in den Gebieten des Nordkaukasus.
Während der vergangenen Woche (2. bis 3. Mai) gab es sechs Bandenübergriffe. Getötet wurden acht Banditen, darunter zwei deutsche Fallschirmjäger. Verhaftet 46 Banditen. 37 Schußwaffen sind sichergestellt worden. Unsere Verluste 8 Mann. Der Anführer der Kajakentska-Bande Iljasow Naschmuddin ist getötet worden, die Bande Temirkanows ist liquidiert worden.«

Auf einem anderen Bericht steht am oberen Rand des Blatts die Bemerkung des Volkskommissars für Inneres:

»Die Mitteilung ist an die Genossen Stalin, Molotow, Antonow geschickt worden.
20. Juli 1944

L. Berija«

Im Bericht heißt es:

»Nach dem Durchkämmen des Waldmassivs im Rayon Kasburun der Kabardinischen ASSR wurde am 12. Juli der deutsche Fallschirmjäger Fadsajew Ch. Ch. (ehemaliges Mitglied des Kommunistischen Jugendverbands, Ossete, kollaborierte mit den Okkupationstruppen im Dorf Uruch, trat 1943 in die deutsche Armee ein; trägt den Rang des Oberfeldwebels der deutschen Armee) gefangengenommen. Es wurden ebenfalls einige andere Fallschirmjäger verhaftet. Von acht Fallschirmjägern werden noch zwei gesucht. Die übrigen sind entweder verhaftet oder getötet.

Kobulow«

Anstatt den Kampf gegen die Banditen, Handlanger der Besatzer, gegen konkrete Verbrecher weiterzuführen, beschlossen Stalin und Berija, ganze Völker umzusiedeln aus dem Nordkaukasus, aus dem Kalmückengebiet, aus der Krim nach Osten. Es ist dokumentarisch bewiesen, daß zu jener Zeit dort nicht wenig Überläufer waren. Aber wie viele Helden, wie viele ruhmreiche Söhne dieser Völker und unseres ganzen Vaterlands gab es! Allein die Tschetschenzen und Inguschen stellten gegen Ende des Kriegs 36 Helden der Sowjetunion.
Im Verlauf des Jahres 1944, als der Krieg sich seinem siegreichen Ende näherte, wurde das Unternehmen durchgeführt. Hunderttausende von Tschetschenen, Inguschen, Balkaren, Karatschajer, Krimtataren, Kalmücken und Menschen anderer Nationalitäten wurden zwangsumgesiedelt. Zu jener Zeit erreichten Stalin Berichte folgender Art:

»Staatliches Verteidigungskomitee.
Entsprechend dem Ukas des Präsidiums des Obersten Sowjets und dem Beschluß des SNK (Rats der Volkskommissare; A. d. Ü.) der UdSSR vom 28. Dezember 1943 führte das NKWD der UdSSR die Operation zur Umsiedlung von Personen kalmückischer Nationalität in östliche Regionen durch. (...) Insgesamt wurden in Züge verladen 26359 Familien oder 93139 Personen, Umsiedler, die zu den Siedlungsorten in den Regionen Altai und Krasnojarsk, in den Gebieten Omsk und Nowosibirsk verschickt worden sind. (...)

L. Berija«

Solche »Operationen« verfolgte Stalin ebenso aufmerksam wie Operationen an den Fronten. Allerdings gab es hier keinen Widerstand, denn hauptsächlich wurden alte Menschen, Frauen und Kinder deportiert. Eine tragische Unterdrückung, eine furchtbare Erschütterung von Hunderttausenden von Menschen. Aber Gefühle waren dem »Vater der Völker« nicht bekannt.

In anderen Fällen zeigte er sich großzügig:

»Zeichnen Sie die Personen aus, die beispielhaft die Befehle bezüglich der Aussiedlung ausführen!«

Und seine Anweisungen wurden schnell ausgeführt:

»Staatliches Verteidigungskomitee.
An den Genossen Stalin J. W.
Entsprechend Ihrer Anweisung lege ich den Entwurf eines Ukas des Präsidiums des Obersten Sowjets der UdSSR über die Auszeichnung mit Orden und Medaillen der Teilnehmer an der Operation zur Übersiedlung der Tschetschenen und Inguschen vor, die sich am meisten ausgezeichnet haben (wobei?; D. W.). (...)
Teilgenommen haben 19000 Mitarbeiter des NKWD, des NKGB (Volkskommissariat für Staatssicherheit; A. d. Ü.) und der ›Smersch‹ (Hauptverwaltung für Gegenspionage und Spionageabwehr; A. d. Ü.) und bis zu hunderttausend Offiziere und Soldaten der Truppen des NKWD. Ein bedeutender Teil von ihnen beteiligte sich an der Übersiedlung von Karatschajern und Kalmücken, und außerdem wird dieser Teil an der bevorstehenden Operation zur Übersiedlung der Balkaren teilnehmen. Infolge dieser drei Operationen wurden in die östlichen Gebiete der UdSSR 650000 Tschetschenen, Inguschen, Kalmücken und Karatschajer umgesiedelt.«

Stalin brachte es so weit, daß er ganze Völker des »Staatsverrats« beschuldigte! Mehr als 100000 Soldaten befaßten sich mit der Umsiedlung von alten Menschen, Frauen und Kindern. Aber wie oft haben in kritischen Momenten Regimenter und Bataillone an der Front gefehlt! Der Alleinherrscher hatte schon lange keine moralischen Bremsen mehr.
Stalin, der sich einbildete, der »Bewahrer« und »Interpret« Lenins zu sein, wollte sich partout nicht an Lenins Warnung erinnern: Nichts stört die Verbundenheit der Völker so »wie nationale Ungerechtigkeit, und gekränkte Nationalitäten sind gegenüber keiner Sache so sensibel wie gegenüber dem Gefühl der Gleichheit und gegenüber einer Verletzung dieser Gleichheit«.
Zu Stalins Opfern wurden alle Völker unserer großen Union: Russen, Ukrainer, Belorussen, Litauer, Kasachen, Juden, Kabardiner und Dutzende von anderen Nationen und Völkerschaften. Stalin hat nicht wenige nationale Knoten in unsere Geschichte gebunden, die wir heute verpflichtet sind mutig und ruhig zu entwirren. Dabei darf auf keinen Fall unsere internationale Solidarität leiden, denn sie ist

die Quelle unserer Kraft und die Garantie für unser zukünftiges Erblühen.
Die Wlassow-Organisation als politische Erscheinung war das Resultat verschiedener Ursachen: der großen Mißerfolge an den Fronten, des Nationalismus, der sozialen Unzufriedenheit einiger Vertreter der ehemals privilegierten Klassen (und ihrer Kinder), der Angst vor dem Strafgericht. Als der Widerstand gegen die Eroberer stärker und erfolgreicher wurde, sank die Zahl der Überläufer, und seit Ende 1942 gab es faktisch keine mehr.
Über Wlassow wurden im Westen einige Bücher geschrieben. So steht beispielsweise in Joachim Hoffmanns Buch »Die Geschichte der Wlassow-Armee«, 1984 erschienen, daß es im Mai 1943 neunzig russische Bataillone zur Verfügung der deutschen Wehrmacht gegeben habe und beinahe ebenso viele nationale Legionen. Diese Ziffern sind stark übertrieben. Alle Bemühungen, diese »Bewegung« als »Alternative zum Bolschewismus« darzustellen, sind wenig überzeugend. Wlassows Formationen versammelten weniger Kämpfer für irgendwelche Ideale, sondern vielmehr Verbrecher, Nationalisten, Schwächlinge, willenlose Menschen, die von einer einzigen Idee beherrscht waren: überleben. Wlassows Versuch, sich auf die Weißgardistenemigration zu stützen, zeugt von der Niederträchtigkeit dieser Bewegung.
Stalin sah den Grund für die Wlassow-Organisation vor allem darin, daß nicht alle »Volksfeinde« vor dem Krieg vernichtet worden waren. Was »versäumt« worden war, wurde nun unerbittlich nachgeholt. Auf Anweisung Stalins wurde die »Überprüfung« der befreiten Gebiete dem Volkskommissariat für Inneres übertragen. Berija berichtete regelmäßig darüber. Hier ein solcher Bericht:

»Während des Jahres 1943 wurden von den Truppen des NKWD (...) 931 549 Personen zur Überprüfung festgehalten. Darunter Militärangehörige 582 515 Personen, Zivilbevölkerung 349 034 Personen.
Von der Gesamtzahl der Festgehaltenen entlarvt und verhaftet 80 296 Personen (Agenten, Betrug, Verrat, Straftruppenzugehörigkeit, Deserteure, Marodeure und verbrecherische Elemente).«

Der Oberste Befehlshaber

Stalin war nicht der »geniale Militärführer«, wie er in vielen dickleibigen Büchern dargestellt wird. Stalin verfügte nie über herausragende prognostische Fähigkeiten. Sie hätten zu seinem dogmatischen Verstand auch nicht gepaßt. Aber das wesentliche war, daß Stalin keine professionellen militärischen Kenntnisse besaß. Die Militärwissenschaft war ihm unbekannt, die Theorien der Kriegführungskunst ebenso. Die Erfahrung, die er aus dem Bürgerkrieg mitgebracht hatte, erwies sich als hoffnungslos unzureichend. Stalin profitierte von den außergewöhnlichen Fähigkeiten einiger hoher Militärführer, die während des Kriegs an seiner Seite standen. Das waren vor allem Schaposchnikow, Schukow, Wassilewski und Antonow. Stalin, der sich nie wirklich auf Kriegsschauplätze begeben hatte, konnte sich nur schwer in die Praxis der Kriegführung hineinversetzen.

Ein Beispiel: Am 28. August 1941 befahl Stalin, aus irgendeinem Grund als Volkskommissar für Verteidigung und nicht als Oberster Befehlshaber, den Luftstreitkräften zweier Fronten, deutsche Panzergruppierungen zu zerschlagen. Nicht weniger als 450 Flugzeuge sollten daran teilnehmen. Die Operation sollte mit Sonnenaufgang des nächsten Tages beginnen. Und was war mit der Luftaufklärung, mit der Zuweisung der Aufgaben an die einzelnen Einheiten, mit der Reihenfolge, in der die Einzelaufträge ausgeführt werden sollten? Solche Befehle des Obersten Befehlshabers gibt es viele. Sobald Stalin eine Direktive unterschrieben hatte, glaubte er, daß sofort begonnen würde, sie in die Praxis umzusetzen. Stalin begriff nicht die Komplexität militärischer Operationen. Es gab keinen genialen Strategen. Aber es gab einen kollektiven Strategen – das war der Generalstab. Seine Rolle läßt sich nicht hoch genug einschätzen.

Stalin und die Stawka

Kurz vor Beginn des Kriegs warfen Timoschenko und Schukow die Frage auf, ein bis zwei speziell geschützte Orte für die Leitung der Streitkräfte des Landes einzurichten. Aber Stalin winkte ab. So befand sich das Hauptquartier des Obersten Befehlshabers in Stalins Arbeitszimmer im Kreml oder in seiner Datscha in Kunzewo oder im Gebäude an der Kirow-Straße oder im Generalstab.

Faktisch war jedes Wort Stalins endgültig entscheidend, unabhängig davon, wie diese Entscheidung formuliert wurde. Stalin maß der formellen Zugehörigkeit dieser oder jener Person zu diesem oder jenem Führungsorgan keine besondere Bedeutung bei. In der Regel wurden keine Protokolle geführt. So umfassen die Archive der Stawka Tausende von Dokumenten, Berichten, Bescheinigungen, Direktiven, Befehlen, Verordnungen, aber keinerlei Material gibt Auskunft darüber, wie strategische Fragen innerhalb der Stawka besprochen wurden. Stalin hatte es sich zur Gewohnheit gemacht, ein oder zwei Mitglieder der Stawka zu sich zu zitieren und mit ihnen operative Fragen zu erörtern. Von Anfang an wurde von den führenden Mitarbeitern des Generalstabs – dem Hauptorgan der Stawka – verlangt, daß sie mit ausgearbeitenen Vorschlägen und Beurteilungen zu Stalin gingen. Das erleichterte es dem Obersten Befehlshaber, seine Rolle des höchsten Richters und Priesters zu spielen.

Die Stawka-Mitglieder wußten, daß im Staatlichen Verteidigungskomitee jeder für irgendein Gebiet verantwortlich war: Munition, Versorgung, Flugzeuge, Verkehr und anderes. In der Stawka dagegen gab es keine speziellen Verantwortlichkeiten. Die alltägliche Führung der Fronten bewerkstelligte sie mit der Hilfe des Generalstabs, des Hauptstabs der Kriegsmarine und der Verwaltung des Volkskommissariats für Verteidigung. So ungern Stalin reiste (außer vor dem Krieg nach Süden), so wenig konnte er es ertragen, wenn Mitglieder der Stawka sich in Moskau aufhielten. Deshalb fuhren Schukow, Timoschenko, Woroschilow, Wassilewski, Woronow, Antonow und in der ersten Zeit auch Mechlis häufig zu den Truppen, obwohl sie in Moskau wesentliche Aufgaben zu erfüllen hatten. Stalin forderte tägliche Berichterstattung, telefonisch oder schriftlich. Wenn sich aus irgendwelchen Gründen der Bericht verspätete, mußte man mit einer groben »Schimpfkanonade« rechnen. Hier ein Beispiel:

»An Marschall Wassilewski.
Jetzt ist es 3 Uhr 30 Minuten, 17. August. Und Sie haben sich noch immer nicht erlaubt, der Stawka einen Bericht über die Ergebnisse der Operationen nach dem 16. August und über Ihre Beurteilung der Lage zu schicken.
Ich habe Ihnen, als Bevollmächtigten der Stawka, seit langem aufgetragen, am Ende eines jeden Operationstages spezielle Berichte an die Stawka zu schicken. Sie haben beinahe immer diese Ihre Verpflichtung vergessen und haben keine Berichte an die Stawka geschickt.
Der 16. August ist ein Tag einer wichtigen Operation an der Südwestfront, wo Sie Bevollmächtigter der Stawka sind. Und nun haben Sie sich mal wieder erlaubt, Ihre Pflicht gegenüber der Stawka zu vergessen und der Stawka keine Berichte zu schicken.
Sie können sich nicht auf Zeitmangel berufen, denn auch Marschall Schukow arbeitet an der Front nicht weniger als Sie, und dennoch schickt er der Stawka jeden Tag Berichte. Der Unterschied zwischen Ihnen und Schukow besteht darin, daß er diszipliniert ist und nicht das Pflichtgefühl gegenüber der Stawka entbehrt.
Und Sie sind wenig diszipliniert und vergessen häufig Ihre Pflicht gegenüber der Stawka.
Ich verwarne Sie das letztemal, wenn Sie sich auch nur noch ein einziges Mal erlauben sollten, Ihre Pflicht gegenüber der Stawka zu vergessen, werden Sie von Ihrem Dienst als Chef des Generalstabs entlassen und von der Front zurückgerufen.
17. 8. 1943, 3 Uhr 30 J. Stalin«

In diesem Fall hatte man Stalin Wassilewskis Bericht nicht rechtzeitig übergeben.
Wenn ein Vertreter der Stawka an irgendeinen Frontabschnitt geschickt wurde und die Lage sich nicht unverzüglich zum Besseren wandte, wurden sogleich Konsequenzen gezogen. So im Februar 1942, als Stalin Woroschilow zur Wolchow-Front schickte. Zu diesem Zeitpunkt hatte der ehemalige Favorit des »Führers« seinen legendären Ruf längst verloren. Auch dieses Mal brachte Woroschilow nichts zustande. Als Stalin dem Marschall daraufhin am Telefon vorschlug, Frontkommandeur zu werden, geriet Woroschilow in Verwirrung und lehnte den Vorschlag ab. Das ließ das Faß überlaufen. Einen

Monat nach Woroschilows Rückkehr von der Front diktierte Stalin einen Beschluß des Politbüros, den ich hier in etwas gekürzter Fassung wiedergebe:

»An die Mitglieder und die Kandidaten des ZK der KPdSU(B) und an die Mitglieder der Kommission für Parteikontrolle.
Hiermit wird der Beschluß des Politbüros des ZK der KPdSU(B) (der am 1. April 1942 gefaßt wurde) über die Arbeit des Genossen Woroschilow bekanntgegeben.
1. Der Krieg mit Finnland von 1939 bis 1940 legte eine große Unzulänglichkeit und Rückständigkeit in der Führung des NKO (Volkskommissariats für Verteidigung; A. d. Ü.) offen. In der Roten Armee fehlte es an Granatwerfern und Maschinenpistolen, es gab keine richtige Berechnung der Flugzeuge und Panzer, es stellte sich heraus, daß nicht ausreichend Winterkleidung für die Truppen vorhanden war, die Truppen hatten keine Ernährungskonzentrate.
Es wurden solche wichtigen Einrichtungen des NKO vernachlässigt wie die Hauptartillerieverwaltung, die Verwaltung für Kampfausbildung, die Verwaltung der Luftstreitkräfte, es herrschte ein niedriges Niveau in den militärischen Lehreinrichtungen und anderes. Das alles wirkte sich auf die lange Dauer des Krieges aus und führte zu überflüssigen Opfern. Genosse Woroschilow, der zu jener Zeit Volkskommissar für Verteidigung war, war gezwungen, die Ende März 1940 auf dem Plenum des ZK entdeckte Unzulänglichkeit seiner Führung des NKO einzugestehen. (...) Das ZK hielt es für unumgänglich, den Genossen Woroschilow vom Posten des Volkskommissariats für Verteidigung zu entlassen.
2. Zu Anfang des Krieges mit Deutschland wurde der Genosse Woroschilow zum Oberkommandierenden der Nordwestrichtung ernannt und hatte als Hauptaufgabe die Verteidigung Leningrads. Wie sich später herausstellte, war der Genosse Woroschilow nicht in der Lage, die ihm anvertraute Aufgabe zu bewältigen, und er konnte die Verteidigung Leningrads nicht organisieren. In seiner Arbeit in Leningrad ließ der Genosse Woroschilow ernsthafte Fehler zu: Er gab einen Befehl zur Wahl der Bataillonskommandeure in den Abteilungen der Volksregimenter – dieser Befehl wurde auf Anweisung der Stawka geändert, da er zur Desorganisation und zur Schwächung der Disziplin in der Roten Armee führte; er organisierte einen Kriegsrat

zur Verteidigung Leningrads, war jedoch selbst nicht Mitglied dieses Rats – dieser Befehl wurde ebenfalls von der Stawka als schädlich und unrichtig zurückgenommen, denn die Arbeiter Leningrads hätten meinen können, daß der Genosse Woroschilow deshalb nicht in den Rat zur Verteidigung gegangen sei, weil er nicht an die Verteidigung Leningrads glaubte; er beschäftigte sich mit dem Aufbau von Arbeiterbataillonen mit schwacher Bewaffnung, dabei vernachlässigte er die Organisation der Artillerieverteidigung Leningrads. (...) In Anbetracht all dessen hat das Staatliche Verteidigungskomitee den Genossen Woroschilow aus Leningrad abberufen. (...)

3. Aufgrund der Bitte des Genossen Woroschilow wurde er im Februar als Vertreter der Stawka an die Wolchow-Front kommandiert, um dem Kommando der Front Hilfe zu leisten. Er verweilte dort etwa einen Monat. Jedoch brachte der Aufenthalt des Genossen Woroschilow an der Wolchow-Front nicht die gewünschten Resultate. Mit dem Wunsch, dem Genossen Woroschilow noch einmal die Möglichkeit zu geben, seine Erfahrung in der Frontarbeit auszunutzen, schlug das ZK dem Genossen Woroschilow vor, das direkte Kommando der Wolchow-Front zu übernehmen. Aber der Genosse Woroschilow reagierte auf diesen Vorschlag ablehnend und verspürte nicht den Wunsch, die Verantwortung für die Wolchow-Front auf sich zu nehmen, ungeachtet dessen, daß diese Front zur Zeit eine entscheidende Bedeutung für die Verteidigung Leningrads hat, indem er sich darauf berief, daß die Wolchow-Front eine schwierige Front sei und er hier nicht scheitern wolle.

Aufgrund des Dargelegten beschließt das ZK der KPdSU(B):

1. Es ist festzustellen, daß der Genosse Woroschilow sich bei der ihm anvertrauten Arbeit an der Front nicht bewährt hat.

2. Der Genosse Woroschilow ist mit Etappenarbeit zu betrauen.

Sekretär des ZK der KPdSU(B)

J. Stalin«

Woroschilow hatte Glück: Er wurde nicht degradiert wie viele andere. Und er überlebte. Nach Stalins Tod wird er sogar sowjetisches Staatsoberhaupt. Ein Mißerfolg an der Front, ein unzulänglich ausgeführter Befehl konnten in anderen Fällen ganz andere Folgen haben. Hier zwei Beispiele.

Am 22. Februar 1943 ging die 16. Armee der Westfront auf Befehl der Stawka zum Angriff über. Aber der Gegner verteidigte sich massiv, und der Vormarsch blieb stecken. Nach dem Bericht des Generalstabs vom 27. Februar überzeugte sich Stalin, daß die Armee faktisch auf der Stelle trat. Ohne sich mit irgend jemandem zu beraten, ohne weitere Informationen einzuholen, diktierte er den Stawka-Befehl Nr. 0045, in dem es heißt:

»Der Truppenkommandeur der Westfront, Generaloberst Konew I. S., ist von seinem Dienst zu befreien, da es ihm nicht gelungen ist, mit den Aufgaben zur Führung der Front zurechtzukommen, er ist der Stawka zur Verfügung zu stellen. (...)«

Konew hat, wie wir wissen, später die Möglichkeit erhalten, sich von seiner besten Seite zu zeigen. Viele erhielten eine solche Chance nicht mehr:

»An den Kommandeur der Kaukasusfront, Genossen Koslow.
(...) Der Kommandeur der 44. Armee, Generalmajor Daschitschew, ist unverzüglich zu verhaften und nach Moskau zu schicken. Es sind unverzüglich Maßnahmen dahingehend zu treffen, daß die Truppen der 44. Armee ihre volle Ordnung wiedererlangen. Der weitere Vormarsch des Gegners ist aufzuhalten und die Stadt Feodossija zu halten. (...)«

Stalin, der es gewohnt war, nachts zu arbeiten, führte diesen Arbeitsrhythmus auch in der Stawka ein. Er begann nicht vor zwölf Uhr mittags, sich mit seinen zahlreichen Aufgaben zu beschäftigen. Dann arbeitete er (unterbrochen durch eine Ruhepause – Stalin schlief tagsüber ein wenig) bis um vier oder fünf Uhr morgens durch. An diesen Arbeitsrhythmus mußten sich der Generalstab, der Rat der Volkskommissare, das ZK und alle anderen staatlichen und militärischen Organe anpassen.

Zweimal am Tag, wenn es keine außerordentlichen Ereignisse gab, berichtete der Generalstabschef oder einer seiner Vertreter Stalin über die Lage an den Fronten. Die Berichte waren in der Regel kurz. Während Stalin zuhörte, ging er im Raum auf und ab, manchmal stellte er Fragen unterschiedlichster Art. Er ging davon aus, daß jeder

Berichterstatter auf beliebige Fragen antworten können mußte. Konnte er dies nicht, so rief Stalin: »Sie wissen es nicht?! Also, und was wissen Sie?«

Die Mitarbeiter des Generalstabs hatten rasch erkannt, daß Stalin viele Mängel als Oberster Befehlshaber aufwies, und sie versuchten schlechte Befehle stillschweigend zu korrigieren. Viele Militärführer hielten es für normal, daß ein Politiker kein Militärexperte war. Aber es war ihnen nicht möglich, ihren Sachverstand immer voll einzubringen. Der sowjetische Militärhistoriker Pawlenko erhielt von Schukow folgendes Statement über Stalin: »Er war und blieb ein Zivilschnauber.«

Wenn in der Stawka Entscheidungen zu treffen waren, erklärte sich Stalin in der Regel mit Schaposchnikows, Schukows und Wassilewskis Vorschlägen einverstanden. Später hörte er auf Vorschlag Schaposchnikows einige Frontkommandeure an, die an den geplanten Operationen teilnehmen sollten, und erst dann wurden die Befehle ausgefertigt. Zunächst war der Oberste Befehlshaber von dieser umfangreichen, zähen und routineartigen Arbeit entmutigt. Schaposchnikow, dessen Rolle als Lehrer Schukows, Wassilewskis, Antonows und Stalins selbst noch immer nicht ausreichend gewürdigt wird, erklärte dem Obersten geduldig, daß diese Arbeit unbedingt notwendig sei. Er erläuterte ihm auch, daß einige Operationen innerhalb von Tagen durchgeführt werden müßten, andere aber innerhalb von Monaten. Die Analyse der Archivdokumente zeigt, daß Stalin seine Ideen allgemein formulierte: »Man darf dem Feind keine Atempause geben« – »Man muß ihn nach Westen zurücktreiben« usw. Solcherlei Äußerungen besaßen natürlich keinerlei strategische Qualität.

Die menschlichen Schicksale berührten Stalin nicht, wie ich schon an verschiedenen Beispielen gezeigt habe. Wenn es darum ging, dem Feind eine Niederlage beizubringen, war kein Preis zu hoch. Lesen Sie zwei furchtbare Befehle der Stawka, die Stalin persönlich diktiert hat. Der eine ist der Befehl Nr. 0428 vom 17. November 1941:

»Die Stawka des Obersten Befehlshabers befiehlt:

1. Alle Siedlungspunkte, an denen sich deutsche Truppen befinden, sind auf 40 bis 60 Kilometer ab der Hauptkampflinie in die Tiefe zu zerstören und in Brand zu setzen und auf 20 bis 30 Kilometer nach rechts und nach links von den Wegen. Zur Vernichtung der Sied-

lungspunkte im angegebenen Radius ist die Luftwaffe hinzuzuziehen, sind Artillerie- und Granatwerferfeuer großflächig zu nutzen, ebenso die Kommandos der Aufklärung, Skiläufer und Partisanen-Diversionsgruppen, die mit Flaschen mit Brennstoff ausgerüstet sind (...).
2. In jedem Regiment sind Jagdkommandos zu bilden, die aus 20 bis 30 Personen bestehen – zur Inbrandsetzung und Sprengung der Siedlungspunkte. Herausragende, mutige Männer sind für kühne Aktionen bei der Vernichtung von Siedlungspunkten für staatliche Auszeichnungen vorzuschlagen. (...)«

Und die Fackelmänner nahmen ihre Arbeit auf. Der Feuerschein der Brände warf sein Licht in den dunklen Winterhimmel. Bauernhäuschen brannten lichterloh. Voller Entsetzen drückten Mütter ihre weinenden Kinder an sich. Das Stöhnen unzähliger Dörfer des Vaterlandes lag buchstäblich in der Luft. Die Deutschen setzten Dörfer in Brand, um die Partisanen zu bestrafen. Und nun taten dies auch die eigenen Soldaten. Die Dörfer und Häuser brannten vor allem dort, wo die Deutschen nicht waren. Wo die Okkupatoren waren, war die Brandstiftung nicht leicht.
Aber für wie viele sowjetische Menschen war das Haus der letzte Zufluchtsort, der Ort, wo sie hofften, überleben zu können, der Ort, wo sie ihre Kinder in Sicherheit bringen konnten? Wer vermag zu sagen, ob in diesem Befehl militärische Zweckmäßigkeit vorherrschte oder wahnsinnige Grausamkeit? Dieser Beschluß war jedenfalls ganz nach Stalins Geschmack. Er empfand niemals Mitleid mit Menschen. Niemals! Er hatte sich schon längst an Hunderte, Tausende, Millionen von Toten gewöhnt.
Armeegeneral Ljaschtschenko hat mir von einer Episode berichtet, die mit der Umsetzung dieses furchtbaren Befehls verbunden war:

»Ende 1941 kommandierte ich ein Regiment. Wir standen in der Verteidigung. Vor uns befanden sich zwei kleine Dörfer, ich erinnere mich wie heute: Bannowskoje und Prischib. Aus der Division kam ein Befehl: die Dörfer bis zu Artilleriereichweite in Brand setzen.
Während ich im Bunker die Details, wie der Befehl durchzuführen sei, durcharbeitete, mischte sich plötzlich ein älterer Nachrichtensoldat ein, womit er jede militärische Subordination verletzte: ›Genosse

Major! Das ist mein Dorf! Da sind meine Frau, meine Kinder, meine Schwester mit ihren Kindern. Wie denn, in Brand setzen?! Es werden alle sterben!‹

›Was fällt dir ein, dich in Angelegenheiten zu mischen, die dich nichts angehen? Wir werden alles klären.‹

Nachdem wir den Unteroffizier fortgeschickt hatten, begannen wir mit den Bataillonsführern zu überlegen, was zu tun sei. Ich erinnere mich, ich habe diesen Befehl ›idiotisch‹ genannt, wofür ich bezahlen mußte. Denn dies war ein Stalinscher Befehl. Aber mich retteten vor den Spezialdiensten Armeekommandeur Malinowski und das Mitglied des Kriegsrates Larin. Und die Dörfer haben wir am nächsten Morgen mit Erlaubnis des Divisionskommandeurs Samorzew eingenommen. Wir kamen ohne die Inbrandsetzung aus.«

Und hier noch ein Dokument, das Stalin diktiert hat:

»An den Kommandeur der Kalininfront
11. Januar 1942, 1 Uhr 50, Nr. 170007
(...) Im Verlauf des 11. und auf gar keinen Fall später als am 12. Januar ist die Stadt Rschew einzunehmen. (...) Die Stawka empfiehlt zu diesem Zweck, die in diesem Rayon vorhandene Artillerie, Granatwerfer, Luftstreitkräfte auszunutzen und mit aller Kraft die Stadt Rschew anzugreifen, ohne vor ernsthaften Zerstörungen der Stadt haltzumachen.
Empfang bestätigen, über Ausführung berichten.
J. Stalin«

Die Stalingrader Erleuchtung

Über die Stalingrader Schlacht wurden Dutzende von Büchern geschrieben. Ich habe nicht die Absicht, von neuem ein Bild von dieser herausragenden Operation des Zweiten Weltkriegs zu zeichnen. Ich will mich vielmehr darauf beschränken, die Rolle des Obersten Befehlshabers in dieser Schlacht zu skizzieren.

Anfang Juli wurde die Verteidigung unserer Truppen an der Naht zwischen der Brjansk- und der Südwestfront durchbrochen, und der Feind konnte in die Tiefe vordringen. In der Folge wurden die 21. und die 40. sowjetische Armee eingekesselt. Stalin schickte sogleich Wassilewski nach Süden. Aber dessen Berichte waren nicht gerade erfreulich. Die deutschen Truppen erweiterten ihren Durchbruch auf bis zu 300 Kilometern. Einer Stoßgruppe war es gelungen, innerhalb von wenigen Tagen um 150 bis 170 Kilometer vorzudringen. Zur gleichen Zeit erlitten unsere Truppen bei Kantemirowka starke Verluste. Während Stalin sich die Karte anschaute, sah er die schreckliche Gefahr, daß die Südwestfront zum zweitenmal (wie 1941) eingekesselt wurde. Aber mittlerweile hatte er einiges dazugelernt, und er akzeptierte den Vorschlag, die 28., 38. und 9. Armee der Südwestfront und die 37. Armee der Südfront zurückzuziehen. Die Stawka erteilte den Befehl, umgehend eine Verteidigungslinie bei Stalingrad aufzubauen. Stalin hatte nun die Möglichkeit, sich von seiner Unfähigkeit zur Prognose zu überzeugen. Schon im Mai, nach der Charkower Katastrophe, hatte Wassilewski vorgeschlagen, die Reserven der Südwest- und der Südfront zu verstärken. Stalin war dagegen gewesen. Er hatte Angst um Moskau. Und nun mußten aufgrund der strategischen Krise gewaltige Truppenmassen nach Stalingrad gebracht werden. Die Lage spitzte sich auch deshalb zu, weil der Rückzug vieler Einheiten nicht ordnungsgemäß verlief. Einige Divisionen und Abteilungen hatten einige Tage lang keinerlei Verbindung mit den höheren Stäben. Tausende von Soldaten marschierten orientierungslos durch den Staub. In der Luft herrschten die Messerschmitt-Jäger. Zuweilen entstand der Eindruck von völligem Chaos, und es schien, als würden sich die Katastrophen von 1941 wiederholen. Im Archiv existiert eine ganze Reihe drohender Telegramme Stalins an die Frontkommandeure. Zum Beispiel:

»Stalingrad
An Wassilewski, Jeremenko, Malenkow
Der Gegner hat Ihre Front mit wenig Kräften durchstoßen. Sie haben ausreichend Möglichkeiten, den eindringenden Gegner zu vernichten. Konzentrieren Sie die Luftstreitkräfte beider Fronten, und zerschmettern Sie den vorgedrungenen Gegner.
Mobilisieren Sie Panzerzüge, und lassen Sie sie auf dem Eisenbahnring Stalingrads laufen. Gebrauchen Sie künstlichen Nebel, um den Feind zu verwirren. Kämpfen Sie gegen den vorgedrungenen Gegner nicht nur tags, sondern auch nachts. Nutzen Sie vollständig die Artillerie- und RS (Raketenwerfer; A. d. Ü.)-Kräfte aus.

Lopatin wird mit seiner Unfähigkeit und seinem mangelnden Organisationstalent die Stalingrader Front zum zweitenmal zum Mißerfolg führen. Sorgen Sie für eine zuverlässige Kontrolle über ihn, und organisieren Sie hinter dem Rücken der Armee Lopatins einen zweiten Zug.
Das wichtigste ist – nicht in Panik geraten, den unverschämten Feind nicht fürchten und das Vertrauen in unseren Erfolg bewahren.
J. Stalin
23. August 1942, 16 Uhr 35
Diktiert vom Genossen Stalin per Telefon. Bokow«

Wenn Generalstabschef Wassilewski sich in diesen Juli- und Augusttagen des Jahres 1942 zu Stalin begab, so hatte er den Eindruck, als würde er zur eigenen Hinrichtung gehen. Der Oberste Befehlshaber verbarg weder Wut noch Erregung. Nicht selten traf er impulsive Entscheidungen. Von neuem begann das Bockspringen mit den Kommandeuren. Ständig wollte er mal mit dem einen, mal mit dem anderen Stab verbunden werden. Seine Befehle und Forderungen waren immer dieselben: Auf Leben und Tod kämpfen! In der Regel war Stalin nicht in der Lage, operative Ratschläge zu geben oder strategische Entscheidungen zu treffen. Und die Truppen zogen sich zurück.
Eines Tages, als er Wassilewskis Bericht hörte, ging er nervös im Zimmer auf und ab und schaute auf die Karte, die auf dem Tisch ausgebreitet war. Auf einmal begann er über operative Fragen zu sprechen:

»Der Stawka-Befehl Nr. 270 vom 16. August 1941 ist in den Truppen vergessen worden. Vergessen! Ganz besonders in den Stäben! Bereiten Sie einen neuen Befehl für die Truppen vor mit der Grundidee: ›Rückzug ohne Befehl ist ein Verbrechen, das mit der ganzen Strenge der Kriegszeit bestraft wird.‹«
»Wann soll Ihnen der Befehl vorliegen?«
»Heute. Sobald das Dokument fertig ist, kommen Sie zu mir.«

Am 28. Juli 1942 abends unterschrieb Stalin den bekannten Befehl des Volkskommissars für Verteidigung Nr. 227, nachdem er den Entwurf radikal redigiert hatte. Lange Zeit wurde dieser Befehl sorgsam in den Militärarchiven verborgen. Heute ist er zugänglich und in verschiedenen Publikationen veröffentlicht worden:

»Der Feind wirft immer neue Kräfte an die Front ohne Rücksicht auf seine Verluste. Er schleicht voran, er bohrt sich in die Tiefe der Sowjetunion, erobert neue Gebiete, verwüstet und zerstört unsere Städte und Dörfer, vergewaltigt, beraubt und tötet die sowjetische Bevölkerung. (...)

Ein Teil der Truppen der Südfront, der den Panikmachern folgte, verließ Rostow und Nowotscherkask ohne ernsthaften Widerstand und ohne Befehl Moskaus und befleckte damit seine Fahnen mit Schande. (...)

Einige unkluge Menschen an der Front trösten sich im Gespräch damit, daß wir noch weiter nach Osten zurückweichen könnten, da wir viel Territorium hätten, viel Land, viel Bevölkerung, und damit, daß wir immer Brot haben werden im Überfluß. Damit wollen sie ihr schmachvolles Verhalten an den Fronten rechtfertigen. Aber solche Gespräche sind durch und durch falsch und verlogen und nur vorteilhaft für unsere Feinde.

Nach dem Verlust der Ukraine, Weißrußlands, des Baltikums, des Donezbeckens und anderer Gebiete haben wir bei weitem weniger Territorium und auch bei weitem weniger Menschen, Brot, Metall, Fabriken. Wir haben mehr als 70 Millionen der Bevölkerung verloren, mehr als 800 Millionen Pud Getreide im Jahr und mehr als 10 Millionen Tonnen Metall im Jahr.

Wir haben nun keine Überlegenheit gegenüber den Deutschen, weder an menschlichen Reserven noch an Getreidereserven. Weiter zurückweichen, das bedeutet, sich selbst zu zerstören und damit auch unsere Heimat. (...)

Keinen Schritt zurück! So muß nun unser Hauptappell lauten. (Stalin unterstrich diese Worte einige Male; D. W.)

Die Kommandeure, Kommissare, Politarbeiter, Abteilungen und Einheiten, die eigenmächtig ihre Kampfstellungen verlassen, dürfen nicht mehr geduldet werden. Es darf ferner nicht geduldet werden, daß Kommandeure, Kommissare, Politarbeiter es zugelassen haben, daß einige Panikmacher die Lage auf dem Schlachtfeld bestimmten, daß sie andere Soldaten zum Rückzug hinrissen und damit dem Feind die Front öffneten.

Panikmacher und Feiglinge müssen vor Ort ausgerottet werden.
a) Rückzugsbestrebungen sind bedingungslos zu liquidieren. (...)
b) Armeekommandeure, die einen eigenmächtigen Rückzug der Truppen von den eingenommenen Positionen zugelassen haben, sind bedingungslos von ihren Posten zu entlassen und zur Stawka zur Übergabe ans Kriegsgericht zu schicken. (...)
c) Innerhalb der Grenzen der Front sind ein bis drei Strafbataillone (jeweils 800 Personen) zu bilden, wohin Kommandeure und entsprechende Politarbeiter abzukommandieren sind. (...)«

Dann wiederholte Stalin eine Idee, die er bereits am 12. September 1941 formuliert hatte:

»In jeder Schützendivision muß einen Sperrposten aus zuverlässigen Soldaten, zahlenmäßig nicht mehr als ein Bataillon, existieren, mit der Aufgabe, die Flucht der von Panik ergriffenen Soldaten aufzuhalten, ohne vor Schußwaffengebrauch haltzumachen. (...)
Der Befehl ist vor allen Kompanien, vor allen Kavallerieabteilungen, vor allen Batterien, Fliegerstaffeln, Kommandos und Stäben zu verlesen.
Volkskommissar für Verteidigung J. Stalin«

Aber alle Härte änderte nichts an der Tatsache, daß in manchen Einheiten Panik herrschte. Die psychologische Ausbildung der Soldaten war vor dem Krieg vernachlässigt worden, und es fehlten die erfahrenen Kommandeure, die der Säuberung zum Opfer gefallen waren. Stalin versuchte, das Problem der Panik mit Sperrposten zu lösen.
Auch im Jahr 1942 gerieten viele Soldaten in Kessel. Vor allem die Kommandeure, die aus der Umkreisung entkamen, wurden direkt in Speziallager des NKWD geschickt. Darüber habe ich bereits berichtet. Angesichts der militärischen Krise, vor allem bei Stalingrad, ging der Oberste Befehlshaber noch weiter: Die Kommandeure, die in den NKWD-Speziallagern zur »Überprüfung« waren, wurden zu Sturm- und Schützenbataillonen zusammengefaßt. »Die Bataillone sind zum Einsatz an den aktivsten Abschnitten der Front bestimmt.« Die Mehrzahl dieser Männer verlor dort ihr Leben.
Die Lage wurde immer schlechter. Im November 1942 hing Stalin-

grads Schicksal nur noch an einem Haar. In diesem Monat befahl Wassilewski einer Gruppe von Generalstabsmitarbeitern, einen Plan für einen Angriff aus südlicher Richtung auszuarbeiten. Es ist eine Karte erhalten geblieben, auf der die ersten Konturen der künftigen Operation eingezeichnet sind. Aber damals wußte Stalin noch nichts davon.

Der Oberste Befehlshaber verließ sein Zimmer tagelang nicht. Er versuchte im Schlaf zu vergessen und befahl Poskrebyschew: »Weck mich in zwei Stunden!«

Als Poskrebyschew eines Tages Mitleid mit dem in tiefen Schlaf gefallenen Menschen empfand, weckte er ihn eine halbe Stunde später als angeordnet. Stalin schaute auf seine Uhr und sagte mit leiser Stimme: »Du bist also auch so ein Philanthrop! Wassilewski soll mich anrufen, schnell! Du glatzköpfiger Philanthrop.«

Poskrebyschews rundliches Gesicht zeigte wie immer keine Reaktion. Wassilewski, der vor zwei Tagen aus Stalingrad zurückgekehrt war, rief an. Nachdem Stalin kühl einige kurze Grußworte gesprochen hatte, fragte er, ob die 1. Gardearmee, die 24. und 66. Armee in den Kampf gegangen seien und ob Munition gebracht worden sei.

Wassilewski berichtete über die Lage, wie sie sich am Abend des 3. September darstellte: Eine der Hitlerschen Panzereinheiten sei in die Vorstädte Stalingrads eingedrungen. Stalin konnte nicht mehr an sich halten und unterbrach Wassilewski:

»Verstehen die denn dort nicht, daß, wenn wir Stalingrad aufgeben, der Süden des Landes vom Zentrum abgeschnitten sein wird und wir ihn kaum verteidigen können? Verstehen die denn dort nicht, daß das nicht nur eine Katastrophe von Stalingrad ist?! Verstehen die nicht, was es bedeutet, den wichtigsten Wasserweg und bald auch das Erdöl zu verlieren?!«

Wassilewski wartete das Ende der Schimpfkanonade ab und setzte ruhig seinen Bericht fort:

»Alles Kampffähige, was vor Stalingrad ist, verlegen wir an die bedrohten Abschnitte. Ich glaube, daß die Chancen, die Stadt zu halten, noch nicht verloren sind.«

Einige Minuten später rief Stalin Wassilewski erneut an. Aber der war nicht erreichbar. Am Apparat war Generalmajor Bokow. Stalin befahl, man solle unverzüglich Schukow, seit 26. August Stellvertreter des Obersten Befehlshabers, in Stalingrad finden und ihm folgende Weisung übergeben. Stalin schwieg eine Minute und fing dann an zu diktieren:

»Außerordentlich wichtig
Armeegeneral Genossen Schukow
Die Lage bei Stalingrad hat sich verschlechtert. Der Feind befindet sich drei Werst (etwa drei Kilometer; A. d. Ü.) von Stalingrad entfernt. Stalingrad könnte heute oder morgen eingenommen werden, wenn die Nordgruppe nicht unverzüglich Hilfe leistet. Fordern Sie von den Truppenkommandeuren, die im Norden und Nordwesten von Stalingrad stehen, daß sie unverzüglich auf den Gegner einschlagen und Stalingrad zu Hilfe kommen. Aufschub wird nicht geduldet. Eine Verzögerung würde nun gleichbedeutend mit Verbrechen sein. Die gesamten Luftstreitkräfte müssen Stalingrad zu Hilfe kommen. In Stalingrad selbst sind sehr wenig Luftstreitkräfte geblieben.
Den Erhalt und die getroffenen Maßnahmen unverzüglich mitteilen.

J. Stalin

3. 9. 1942, 22 Uhr 30
Vom Genossen Stalin telefonisch übergeben.
Bokow«

Bald antwortete Schukow, daß die 24., die 1. Gardearmee und die 66. Armee am Morgen mit dem Angriff beginnen würden. Die Vorbereitungen seien im Gang. Stalin reagierte kurz:

»An Schukow, Malenkow, Wassilewski
Antwort erhalten. Ich erwarte von Ihnen eine weitere Forcierung des Gegenschlages, um den Fall Stalingrads nicht zuzulassen.

J. Stalin

4. 9. 1942, 2 Uhr 25 Minuten
Telefonisch vom Genossen Stalin übergeben. Bokow«

Stalin verlangte alle zwei bis drei Stunden Informationen aus Stalingrad, einige Male sprach er mit Schukow und mit Wassilewski, den er erneut dorthin befohlen hatte. Die Unterredungen mit Malenkow befriedigten ihn wenig. Der Mann, der in militärischen Fragen absolut hilflos war, war von Stalin als »Auskundschafter« entsandt worden. Zu den Truppen fuhr Malenkow ein- oder zweimal; die übrige Zeit verbrachte er im Stab in seinem Arbeitszimmer, ab und zu ließ er Politkommissare zu sich kommen.
Am 5., 6. und 7. September organisierte Schukow einige Angriffe von Norden her. Aber sie wurden schlecht mit der Artillerie und aus der Luft unterstützt und brachten keine größeren Erfolge. Stalin bestand auf der Fortsetzung der Angriffe und verlangte den vollen Einsatz der Luftstreitkräfte:

»An Armeegeneral Schukow
Am 6. September erhalten Sie zwei Jagdflieger-Regimenter. Eines aus Kamyschin und eines von der Woronesch-Front. (...) Sie sollten in Betracht ziehen, daß Ihre Rechte nicht eingeschränkt sind bezüglich der Verlegung von Kräften, seien es Luftstreit- oder andere Kräfte, von der Stalingrader und der Südostfront nach Norden, und umgekehrt. Sie haben alle Rechte, in den Abteilungen bei der Kräftekonzentration zu manövrieren. 3000 Geschütze N-20 sind bereits auf dem Wege zu Ihnen.

J. Stalin

2 Uhr 35 Minuten, 6. 9. 1942. Telefonisch übergeben vom Genossen Stalin. Bokow«

Schukow war gezwungen, bald per Telefon zu melden, daß es ihm nicht gelingen würde, mit den Einheiten und Truppen, die der Stalingrader Front zur Verfügung ständen, den Korridor zu durchbrechen. Die Verteidigungsstellungen der deutschen Truppen waren verstärkt worden. Weitere Angriffe mit denselben Kräften wären zwecklos gewesen, und die Truppen hätten nur große Verluste erlitten.
Stalin ließ Schukow und Wassilewski nach Moskau kommen. In Moskau standen Schukow und Wassilewski vor der Landkarte, berieten sich und kamen zu dem Schluß, daß man den Gegner mit einer festen Verteidigung ermüden und gleichzeitig einen großen Gegenstoß vorbereiten müsse. Bereits damals beschlossen die beiden Heer-

führer, daß die Hauptschläge gegen die Flanken der deutschen Gruppierungen gerichtet werden müßten, die von weniger kampfstarken rumänischen Truppen gedeckt wurden. Auf diese Weise entstand das Konzept, das sie dem Obersten Befehlshaber am Abend des 13. September vortrugen. Es war wie eine Erleuchtung. Aber sie kam nicht von Stalin, sondern von Schukow und Wassilewski. Zu Beginn schien Stalin sich nicht besonders für diese Idee zu interessieren. Er sagte, daß nun das wichtigste sei, Stalingrad zu halten und die Deutschen nicht weiter vordringen zu lassen. Entweder konnte Stalin das kühne Konzept der beiden Heerführer nicht beurteilen, oder er hielt es angesichts der schwierigen Lage für wenig realistisch. Die ganze Aufmerksamkeit des Obersten Befehlshabers galt der Verteidigung von Stalingrad.

Zu dem Zeitpunkt, in dem Schukow und Wassilewski dem Obersten Befehlshaber ihren Plan vortrugen, entbrannten in Stalingrad harte Straßenkämpfe. Die Deutschen waren in die Stadt eingedrungen. Länger als zwei Monate wurde pausenlos gekämpft in den Straßen von Stalingrad. Wenn es den Deutschen am Anfang noch gelang, Dutzende von Kilometern vorzustoßen, so waren es etwas später einige Kilometer, im September einige hundert Meter am Tag, Anfang Oktober vierzig bis fünfzig Meter, und Mitte Oktober gab es kein Vorankommen mehr. Obgleich die Okkupanten 22 Divisionen in den Kampf geführt hatten und ebenso viele Einheiten ihrer Verbündeten, trat die Kriegsmaschine der Wehrmacht auf der Stelle. Und im November verlor der Gegner die Luftherrschaft.

Stalin beschäftigte sich auch mit anderen militärischen Aufgaben, aber im November kam er beinahe täglich auf die geplante Operation der Stalingrader, der Südwest- und der Donfront zurück. Im Generalstab nannte man diese Operation »Uran«. Stalin forderte, daß nur wenige Menschen in den Plan eingeweiht werden sollten. Als am 19. November der Gegenangriff begann, war Stalin zunächst vom Erfolg einigermaßen überzeugt. Diese Zuversicht schöpfte er weniger aus der Konzentrierung von dem Feind überlegenen Kräften, sondern vor allem aus der Tatsache, daß bisher keine Operation so sorgfältig geplant worden war. Das heißt aber nicht, daß ihn nicht auch Zweifel überfielen, vor allem, weil in der Luft nur ein Kräftegleichgewicht hergestellt werden konnte. Den Luftstreitkräften schenkte Stalin stets seine besondere Aufmerksamkeit, und er hielt sich auf diesem Gebiet für außerordentlich kompetent. Die Zweifel waren immerhin so stark, daß er erwog, die Operation »Uran« zu verschieben:

»Außerordentlich wichtig.
An den Genossen Konstantinow (Schukow; D. W.)
Wenn die Luftvorbereitung für die Operation bei Iwanow (Jeremenko; D. W.) und Fjodorow (Watutin; D. W.) nicht zufriedenstellend ist, dann wird die Operation mißlingen. Die Kriegserfahrung mit den Deutschen zeigt, daß eine Operation gegen die Deutschen nur dann gelingen kann, wenn wir einen Vorteil in der Luft haben. (...) Wenn Nowikow glaubt, daß unsere Luftwaffe jetzt nicht in der Lage ist, diese Aufgaben zu erfüllen, so ist es besser, die Operation auf einige Zeit hinauszuschieben und mehr Luftstreitkräfte anzusammeln. Sprechen Sie mit Nowikow und Woroschejkin. Erläutern Sie ihnen die Sachlage, und teilen Sie mir Ihren Gesamteindruck mit.
12. 11. 1942, 4 Uhr. Wassiljew (Stalin; D. W.)
Vom Genossen Stalin über Telefon übergeben. Bokow«

Bei der Durchführung der Operation verließ sich Stalin auf Schukow. Er erteilte ihm die Vollmacht, die Zusammensetzung der Angriffsformationen und die Ablauffristen festzulegen. Wahrscheinlich spürte der Oberste Befehlshaber, daß Schukow vom Kriegführen mehr verstand als er. Vier Tage vor Beginn der Operation schickte Stalin ihm ein chiffriertes Telegramm:

»Außerordentlich wichtig
Nur persönlich
An den Genossen Konstantinow (Schukow; D. W.)
Den Umzugstag Fjodorows (Watutins; D. W.) und Iwanows (Jeremenkos; D. W.) können Sie nach Ihrem Dafürhalten bestimmen, und daraufhin sollten Sie mich davon in Kenntnis setzen, nachdem Sie in Moskau angekommen sind. Wenn bei Ihnen der Eindruck entstehen sollte, daß einer von beiden den Umzug ein oder zwei Tage früher oder später beginnen sollte, so bevollmächtige ich Sie, auch diese Frage nach Ihrem Dafürhalten zu lösen.
Wassiljew (Stalin; D. W.)
15. 11. 1942, 13 Uhr 10 Minuten
Durch den Genossen Stalin telefonisch übergeben. Bokow«

Schukow nutzte seine Vollmachten: Am 19. November be Truppen der Südwest- und der Donfront mit ihrem »Umzu Stalingrader Front folgte ihnen einen Tag später. Am 23. saß der Feind im Kessel.

In der Regel legte Stalin sich um 4 bis 5 Uhr morgens zu Während der Stalingrader Ereignisse durchbrach er diese O Er erhielt häufiger als sonst Berichte, auch um 6 Uhr morge vor Müdigkeit geröteten Augen ging der Oberste Befehlshabe Fenster, atmete etwas frische Morgenluft ein, schaute auf den len Hof des Kreml.

Mit der Zeit hatte Stalin gelernt, die Karte zu lesen. Er hatte schon früher für Geographie interessiert, und er konnte lange Z vor der politischen Karte seines Landes, Europas oder Asiens verbrin gen. Nun hatte der Oberste Befehlshaber es mit speziellen Militärkar ten zu tun, in die die Generalstabsmitarbeiter schnell die jeweils neue Lage eintrugen. Rote und blaue Pfeile, zackige Farblinien, Kreise, Aufmarschpunkte, eine Menge von Aufschriften. Als Stalin am Abend des 23. November die rote Linie sah, die den inneren Umkreisungsring markierte, überkamen ihn Freude und Besorgnis zugleich. Endlich war es vollbracht! Und wo? Vor *Stalin*grad! Wenn das nicht symbolisch war! Er kannte noch nicht die genaue Zahl der eingekesselten Deutschen (es waren mehr als 330 000), aber er wußte, wenn es gelänge, die Sache zu Ende zu bringen, so wäre dies der Beginn der Wende.

Aber gleichzeitig wußte Stalin, daß das deutsche Oberkommando alles tun würde, um die 22 eingekreisten Divisionen der 6. und 4. Armee der Wehrmacht zu retten. Und General Paulus war ein harter Gegner.

Der Oberste Befehlshaber und die Militärführer

Während des Kriegs wurden Stalins Bücher, die sich in seiner Datscha und seiner Kremlwohnung befanden, buchstäblich mit Staub bedeckt. Er hatte nur noch wenig Zeit zu lesen. Das Thema der Bücher, in die er sich in diesen seltenen Stunden vertiefte, läßt sich leicht erraten. Es ging um Krieg und Strategie. Besonders interessierten ihn Bücher über die früheren russischen Heerführer Suworow und Kutusow. Als Stalin sich am 7. November 1941, am Jahrestag des Oktoberaufstands, auf dem Roten Platz an die Truppen wandte, sagte er:

»Laßt euch in diesem Krieg von dem mutigen Beispiel unserer großen Vorfahren begeistern: Alexander Newski, Dimitri Donski, Kusma Minin, Dimitri Poscharski, Alexander Suworow, Michail Kutusow! Die siegreiche Fahne des großen Lenin soll euch beschützen!«

Stalin kam wiederholt auf die Heerführer der Vergangenheit zurück. Auf seine Initiative hin wurden der Suworow-, Kutusow-, Bogdan-Chelmitzki-, Newski-, Nachimow- und Uschakow-Orden geschaffen.

Auf Stalins Entwicklung als Oberster Befehlshaber den größten Einfluß hatten Schaposchnikow, Wassilewski, Antonow und Schukow. Ihnen war es zuzuschreiben, daß Stalin allmählich das Abc der Kriegführung erlernte. Dank dieser vier Offiziere konnte Stalin sich als militärischer Führer hervortun.

Ich wage zu behaupten, daß Boris Michajlowitsch Schaposchnikow den größten Einfluß auf Stalin (wie im übrigen auch auf Schukow, Wassilewski, Antonow und viele, viele andere) hatte. Leider war es ihm nicht vergönnt, direkt an den großen Siegen teilzunehmen (mit Ausnahme der Schlacht vor Moskau). Schaposchnikow war Marschall und Professor zugleich: Er verfügte über eine hohe militärische Kultur, eine ausgezeichnete Bildung, große Kommandoerfahrung, theoretische Tiefe und einen großen persönlichen Charme. Schaposchnikow war in der Lage, Stalin geduldig zu überzeugen. Stalins Kompromißlosigkeit mußte gegenüber dem Intellekt und der Kultur der alten russischen Militärschule passen. Vom besonderen Verhältnis Stalins zu Schaposchnikow wußten alle. Schukow, der sich einige Male ungerechtfertigte Vorwürfe und Beschimpfungen des Obersten Befehlshabers anhören mußte, schreibt über Stalin:

»Eine große Hochachtung empfand er beispielsweise für den Marschall der Sowjetunion Boris Michajlowitsch Schaposchnikow. Er nannte ihn lediglich beim Vor- und Vatersnamen, und er sprach mit ihm, ohne jemals die Stimme zu erheben, sogar dann, wenn er mit seinem Bericht nicht einverstanden war. B. M. Schaposchnikow war der einzige Mensch, dem J. W. Stalin erlaubte, in seinem Arbeitszimmer zu rauchen.«

Dies war ein äußerst seltener Fall, daß Stalin einem ehemaligen Militärspezialisten Vertrauen schenkte. Beinahe alle anderen hatte Stalin vor dem Krieg vernichtet. Schaposchnikow war einer der wenigen Menschen, an die sich Stalin um Ratschläge, Erklärungen und Hilfe wandte, ohne Scham zu empfinden. Nachdem Schaposchnikow Stalins schlechte militärische Kenntnisse erkannt hatte, gelang es ihm, dessen Entscheidungen diplomatisch und beharrlich zu beeinflussen, ohne die Würde des Obersten Befehlshabers zu berühren.
Der Hauptmarschall der Artillerie, General Nikolaj N. Woronow, war einmal anwesend, als Schaposchnikow Stalin Bericht erstattete. Er erinnerte sich: Der Marschall habe erklärt, daß von zwei Fronten keine Nachrichten eingegangen seien. Stalin habe Schaposchnikow daraufhin gefragt: »Haben Sie die Menschen bestraft, die nicht den Wunsch verspüren, uns davon zu unterrichten, was bei ihnen an den Fronten vor sich geht?«
Schaposchnikow habe geantwortet, daß er genötigt gewesen sei, den beiden Stabschefs einen Verweis zu erteilen. Da habe Stalin nur finster gelächelt und gesagt: »Bei uns werden Verweise in jeder Parteizelle erteilt. Für einen Militärangehörigen ist das keine Strafe.«
Schaposchnikow habe an eine alte russische Militärtradition erinnert. Wenn ein Generalstabschef einem Stabschef an der Front einen Verweis erteile, so sei der Betroffene verpflichtet, sogleich um seine Ablösung von seinem Posten zu ersuchen. Stalin habe Schaposchnikow als einen unverbesserlichen Idealisten bezeichnet und nichts weiter gesagt.
Wenn es Schaposchnikow gelungen war, Stalin zu helfen, die Logik

der Kriegführung zu begreifen, so war Georgij Konstantinowitsch Schukows Einfluß ein anderer. Stalin sah in dem berühmtesten Militärführer des Kriegs nicht nur einen willigen Befehlsempfänger der Stawka-Beschlüsse, sondern auch einen Menschen, der ihm an Entschlußkraft und Kompromißlosigkeit ähnlich war.

Wir alle wissen heute, welche gewaltige Rolle Schukow bei der Schlacht vor Moskau, bei der Rettung Leningrads, bei der Stalingrader Operation und in Dutzenden anderen Kapiteln des Kriegs gespielt hat. Es ist charakteristisch, daß Stalin ein distanzierteres Verhältnis zu Schukow entwickelte, als dieser an Popularität und Berühmtheit gewann, besonders gegen Ende des Kriegs. Als 1945 die Aktionen dreier Fronten in der Schlacht um Berlin koordiniert werden mußten, trug Stalin dies nicht etwa Schukow auf, sondern behielt es sich selbst vor.

Stalin wußte, daß Schukow ihm an Härte in nichts nachstand. Von dessen unbeugsamem Charakter konnte er sich vor allem zu Beginn des Kriegs überzeugen. Ein Beispiel: Anfang September 1941 wandten sich der Kommandeur der Leningrader Front Woroschilow und das Mitglied des Kriegsrats der Front Schdanow an Stalin. Sie baten darum, die Schiffe der Baltischen Flotte zur Selbstversenkung vorbereiten zu dürfen für den Fall, daß es den Deutschen gelang, Leningrad zu nehmen. Stalin erlaubte es. Am 8. September unterzeichneten Woroschilow und Schdanow eine entsprechende Weisung.

Als der Beschluß des Kriegsrats bereits gefällt war, kam Schukow aus Moskau nach Leningrad und präsentierte die Vollmachten, die Stalin ihm gegeben hatte. »Hier mein Mandat«, sagte Schukow, der neue Frontkommandeur, und reichte eine Notiz des Obersten Befehlshabers weiter: »Ich verbiete, die Schiffe zu sprengen. Auf ihnen befinden sich vierzig Kampfkomplexe!«

1950 sagte Schukow über diese Episode:

»Wie kann man überhaupt Schiffe zur Selbstversenkung vorbereiten? Ja, es ist möglich, daß sie untergehen. Aber wenn es so ist, so dürfen sie nur im Kampf untergehen. Und als dann die Deutschen den am Meer gelegenen Frontabschnitt angriffen, versetzten die Matrosen mit ihren Schlachtschiffen ihnen solche Schläge, daß sie das Weite suchten. Und was für Schläge! Geschosse von 16 Zoll! Stellen Sie sich vor, was das für eine Kraft ist!«

Stalin wußte, daß Schukow in kritischen Minuten erbarmungslos sein konnte. Das imponierte dem Obersten Befehlshaber, das war ganz in seinem Geist. Schukow kämpfte kompromißlos gegen Feiglinge und Panikmacher, und wenn es die Situation erforderte, war er in der Lage, die härtesten Maßnahmen zu treffen. Beispielsweise diktierte er im September 1941, als die Lage um Leningrad kritisch war, den Befehl Nr. 0064, in dem es heißt, daß jeder Soldat erschossen werde, der die Verteidigungsstellungen ohne Erlaubnis verlasse.

Stalin war nicht nur einmal schroff gegenüber Schukow, besonders als der Krieg anfing. Im Juli 1941 verschlechterte sich die Lage der sowjetischen Truppen im Wjasma-Rayon katastrophal, und Schukow schlug vor, einen Gegenstoß im Rayon von Jelnja zu führen, um zu verhindern, daß die deutschen Truppen in den Rücken der Westfront vordringen konnten. Stalin war nicht geneigt, den Bericht zu Ende anzuhören, und unterbrach Schukow grob: »Was für Gegenstöße? Was für ein dummes Zeug! Unsere Truppen können nicht einmal eine Verteidigung organisieren, wie es sich gehört, und Sie schlagen einen Gegenstoß vor!«

»Wenn Sie der Meinung sind, daß ich als Chef des Generalstabs lediglich dafür geeignet bin, dummes Zeug zu reden, bitte ich Sie, mich von meinem Amt als Generalstabschef abzulösen und mich an die Front zu schicken, wo ich nützlicher sein werde als hier«, antwortete Schukow.

Mechlis, der bei diesem Gespräch anwesend war, mischte sich ein: »Wer gibt Ihnen das Recht, so mit dem Genossen Stalin zu sprechen?«

Das Gespräch endete damit, daß Schukow zum Kommandeur der Reservefront wurde. Aber Stalin kam ohne diesen herausragenden Militärführer nicht aus, obwohl Berija und Mechlis immer wieder versuchten, ihn in den Augen des Obersten Befehlshabers zu kompromittieren.

In der ersten Periode des Kriegs wurde Schukow zu Stalins Retter. Als es der deutschen Heeresgruppe Mitte Anfang Oktober 1941 gelungen war, die sowjetische Verteidigungslinie zu durchbrechen und einen bedeutenden Teil der Truppen der West- und der Reservefront einzukreisen, schickte Stalin Schukow vor Ort, um die Katastrophe abzuwenden. Wie Schukow sich später erinnerte, habe Stalin auf die Karte gedeutet und bitter vermerkt: »Schauen Sie, was

Konew uns eingebrockt hat. Die Deutschen können innerhalb von drei, vier Tagen vor Moskau sein. Noch schlimmer ist, daß weder Konew noch Budjonny wissen, wo ihre Truppen sich befinden und was der Gegner macht. Konew muß vor Gericht. Morgen werde ich eine spezielle Kommission mit Molotow an der Spitze dorthin schicken.«

Mit Hilfe außerordentlicher Maßnahmen ist es Schukow gelungen, die Lage zu stabilisieren. Ihm ist es auch zu verdanken, daß Konew nicht vor dem Kriegsgericht erscheinen mußte.

Stalin hatte keine »Lieblinge«. Er glaubte lediglich, daß er sich auf die einen Menschen mehr, auf die anderen weniger verlassen konnte. Für ihn war es selten wichtig, was seine Umgebung ihm zuflüstern wollte.

Berija und Abakumow versuchten beispielsweise nach dem Krieg, Schukow ein Verfahren anzuhängen. Sie benutzten sogar seine Fotoalben mit Bildern, die Schukow mit amerikanischen, englischen, französischen Militärführern und Politikern zeigten. Sie hörten seine Telefongespräche ab, sie wühlten in den Archiven herum. In einem Befehl, den Stalin am 9. Juni 1946 unterschrieben hat, gibt es eine Andeutung auf einen höheren Militärführer, der der Führung des Landes einen Brief geschrieben habe, in dem »über die Tatsachen des unwürdigen und schädlichen Verhaltens seitens des Marschalls Schukow gegenüber der Regierung und dem Obersten Befehlshaber« berichtet werde. Schukow habe seine Bescheidenheit verloren, »er hat sich Verdienste bei der Erringung großer Siege zugeschrieben«, habe Unzufriedene um sich herum geschart. Der »Führer« aber konnte sich schließlich doch nicht dazu durchringen, mit dem berühmten Militärführer ins Gericht zu gehen.

Manchmal kann man hören, daß Stalin schroff gewesen sei, aber gerecht. Ein Vertreter dieser Auffassung, mit dem ich Gelegenheit hatte zu sprechen, bezog sich dabei auf das Schicksal von Stalins Sohn Wassili; Stalin habe ihn nach einem Fehlverhalten mitleidlos von seinem Posten absetzen lassen. Ja, er setzte ihn ab, aber er tat dies nur, weil Wassili ihn als seinen Vater diskreditiert hatte. Stalin hatte seinen Sohn während des Kriegs schon einmal ablösen lassen. Im Mai 1943 hatte Berija Stalin über neue Trunkenheitsausfälle des Luftwaffenregimentskommandeurs Wassili Dschugaschwili berichtet. Sogleich diktierte Stalin wütend einen Befehl:

»An den Kommandeur der Luftstreitkräfte der Roten Armee
Luftwaffenmarschall Genossen Nowikow.
Ich befehle:
1. Der Luftwaffenregimentskommandeur Oberst Stalin W. J. ist unverzüglich von seinem Posten abzulösen, ihm sind keinerlei Kommandoposten anzuvertrauen bis zu neuen Anweisungen meinerseits.
2. Dem Regiment und dem ehemaligen Kommandeur des Regiments Oberst Stalin ist mitzuteilen, daß der Oberst Stalin von seinem Amt als Regimentskommandeur wegen Trunkenheit und dafür, daß er das Regiment verdirbt, abgesetzt wird.
3. Über die Ausführung Mitteilung machen.
Volkskommissar für Verteidigung J. Stalin
26. Mai 1943«

Stalins Sohn wurde schon Ende 1943 zum Kommandeur einer Luftwaffendivision ernannt. Von einem Gerechtigkeitssinn des Obersten Befehlshabers kann nicht die Rede sein: Er machte sich ausschließlich Gedanken um das eigene Renommee.
In der Regel ließ Stalin sich nicht dazu herab, die Gründe für seine Entscheidungen zu nennen. Man gewinnt den Eindruck, daß Stalin so versuchte, seiner Umgebung zu verstehen zu geben, daß er bei seinen Entschlüssen ausschließlich von den Interessen der Sache geleitet würde und daß er bei der Besetzung von Posten allein die Fähigkeiten der Kandidaten berücksichtige. So beispielsweise, als erörtert wurde, wie die in Stalingrad eingeschlossenen Truppen des Feindes endgültig ausgeschaltet werden konnten.

Berija schlug vor, den Kommandeur der Stalingrader Front Jeremenko auf seinem Posten zu belassen. Schukow zog Rokossowski vor. Nachdem Stalin die Meinungen angehört hatte, sagte er: »Jeremenko schätze ich niedriger ein als Rokossowski. Die Truppen lieben Jeremenko nicht. Rokossowski genießt eine größere Autorität. Jeremenko zeigte sich als Kommandeur der Brjansker Front von einer sehr schlechten Seite. Er ist unbescheiden und prahlerisch.«
»Aber Jeremenko wird durch diese Entscheidung bis aufs Blut verletzt sein«, sagte Schukow.
»Wir sind keine Studentinnen. Wir sind Bolschewiken und dazu verpflichtet, an die Spitze der Sache würdige Führer zu stellen.«

Als der Triumph bevorstand, beschloß Stalin, Schukow zu bevollmächtigen, das wichtigste Dokument des Kriegs zu unterzeichnen. Viele Telegramme hatte er einfach ins Telefon diktiert, aber für dieses Telegramm ließ er Antonow zu sich rufen, um ihn den Text aufnehmen zu lassen:

»An den Stellvertreter des Obersten Befehlshabers
Marschall der Sowjetunion Schukow G. K.
Das Hauptquartier des Obersten Befehlshabers bevollmächtigt Sie, das Protokoll über die bedingungslose Kapitulation der deutschen Streitkräfte zu ratifizieren.
Oberster Befehlshaber
Marschall der Sowjetunion J. Stalin
Chef des Generalstabs der Roten Armee
Armeegeneral Antonow
7. Mai 1945
Nr. 11083«

Als Stalin das Telegramm diktiert hatte, stand er auf und drückte Antonow fest die Hand. So, als habe er dieses lang ersehnte Protokoll soeben selbst unterzeichnet.

Einer der Militärführer, der zu einem Verbindungsglied zwischen Stalin und den Fronten wurde, war Alexander Michajlowitsch Wassilewski, ein großartiger sowjetischer Militärführer. Von Juni 1942 bis Februar 1945 war Wassilewski Generalstabschef und Stellvertreter des Volkskommissars für Verteidigung. Vorübergehend kommandierte er die 3. Belorussische Front, und später wurde er zum Oberkommandierenden der sowjetischen Truppen im Fernen Osten ernannt.
Die meiste Zeit war Wassilewski als Vertreter der Stawka an der Front, um Aufträge Stalins auszuführen. Seltener war er in Moskau, wo er sich dann mit Generalstabsaufgaben beschäftigte. Bei der Vorbereitung besonders wichtiger Operationen und beim Aufkommen kritischer Situationen an der Front schickte Stalin Schukow oder Wassilewski an Ort und Stelle. Und manchmal, wie im Fall Stalingrad, beide.
Wassilewski war ein universeller Militärführer. Er konnte sich so-

wohl als Kommandeur als auch als Stabsmitarbeiter hervortun. Stalin wußte, daß Wassilewski sowohl schwierigste Verteidigungskämpfe als auch große Offensivoperationen gleichermaßen sicher führen konnte. Er war außerdem ein exzellenter Planungsstratege, ein guter Vertreter der Stawka und ein vorzüglicher Frontkommandeur.

Einst fragte Stalin Wassilewski: »Hat Ihnen die geistliche Ausbildung irgend etwas gegeben? Haben Sie niemals darüber nachgedacht?«

Wassilewski, von der Frage überrascht, sammelte sich schnell und antwortete klug: »Nutzloses Wissen gibt es nicht. Einiges hat sich auch im militärischen Leben als nützlich erwiesen.«

Neugierig schaute Stalin Wassilewski an und fügte dann zustimmend hinzu: »Das Wichtigste, was einen die Popen lehren können, das ist, die Menschen zu verstehen.«

Stalin verließ sich immer auf Wassilewski. Dieser besaß die außergewöhnliche Fähigkeit, ohne besondere Maßnahmen das gewünschte oder wenigstens ein annehmbares Resultat zu erreichen. Der Marschall widersprach selten, aber er war in der Lage, seine Meinung bei den Erörterungen operativer Fragen mit dem Obersten Befehlshaber deutlich darzulegen. Es ist schwer zu sagen, wie viele Tausende von Kilometern er während der Kriegsjahre von einer Front zur anderen geflogen ist mit einigen Tagen Zwischenaufenthalt in Moskau, um Stalin zu berichten und neue Anweisungen von ihm zu erhalten. Stalin telefonierte während des Kriegs fast täglich mit Wassilewski. Stalin hielt ihn nicht nur in operativer Hinsicht für unentbehrlich, sondern er hatte auch das Bedürfnis, sich mit Wassilewski zu beraten, seine geduldigen, knappen und durchdachten Berichte zu hören.

Obwohl Wassilewski bis zum Februar 1945 Generalstabschef blieb, ist die zweite Hälfte des Kriegs vor allem mit dem Namen Alexej Innokentjewitsch Antonow verbunden. Bei der Durchsicht der Archivmaterialien der Stawka fällt einem ins Auge, daß seit Ende 1943 ein Großteil der Dokumente des Hauptquartiers von Stalin und Antonow oder nur von Antonow unterzeichnet ist.

Antonow wußte, daß er sich zunächst als Stellvertreter des Generalstabschefs und später als Generalstabschef in einer günstigeren Lage befand als seine Vorgänger. Die schlimmsten Akte des Kriegs waren bereits gespielt. Als Antonow zum Generalstab kam, hatte sich ein Rund-um-die-Uhr-Arbeitstag eingestellt, und er konnte wichtige Erfahrungen in der Arbeit der Stawka sammeln. Antonow, dem Pedanten im positiven Sinne, ist es gelungen, viel Neues in die Koordinierung der Generalstabsarbeit einzubringen. Er setzte genaue Fristen für die Ausarbeitung von Informationen fest, ebenso die Termine für die Berichterstattung des Geheimdienstes, der Luftaufklärung, der Fronten, der Reserveformationen. Um diese Organisation des Arbeitsablaufs im Generalstab und in der Stawka unwiderruflich zu machen, schrieb Antonow seine Vorstellungen auf drei Seiten nieder und beschloß, dem Obersten Befehlshaber in dieser Sache zu berichten. Als Antonow eines Abends nach einem Lagebericht Stalin bat, das Reglement für die Arbeit der Stawka und des Generalstabs durchzusehen und zu bestätigen, schaute dieser ihn verwundert an, las das Dokument aufmerksam durch und schrieb kommentarlos: »Einverstanden. J. Stalin.«

Antonow zwang so praktisch auch den Obersten Befehlshaber selbst, nicht nur die Arbeit der anderen zu reglementieren, sondern auch die eigene. Wenn Stalin bis dahin zu jeder beliebigen Zeit zur Berichterstattung auffordern konnte, so versuchte er nun, sich an die neue Ordnung zu halten. Antonow ist es gelungen, die grundlegenden Funktionen des Generalstabs und dessen Zusammenarbeit mit den Hauptverwaltungen des Volkskommissariats für Verteidigung eng zu koordinieren.

Möglicherweise war Antonows Einfluß auf Stalin nicht geringer als der Schaposchnikows, Schukows und Wassilewskis. Antonow erklomm die militärische Leiter relativ schnell. 1942 kam er als Generalleutnant in den Generalstab, im April 1943 wurde er zum Generaloberst und noch im selben Jahr zum Armeegeneral befördert.

Aber Marschall der Sowjetunion wurde Antonow nie. Hier mischte sich Berija ein. Berija versuchte immer wieder, hohe Militärs auf seine Seite zu ziehen. Aber wir wissen, daß die sowjetische Generalität Berija nicht traute, und seine Bemühungen waren fruchtlos. Daß Berija am Ende von Offizieren der sowjetischen Armee verhaftet, verurteilt und hingerichtet wurde, sagt einiges aus über das Verhältnis der Marschälle und Generäle zu diesem Blutsauger.

Berija wurde gefürchtet. Aber Sympathie empfand niemand für ihn. Niemand! Berija suchte Unterstützung in der Armee. Er sah das schnelle Altern des »Führers«, und bereits gegen Ende des Kriegs verfolgte er ehrgeizige Pläne. Sie waren in einem System, in dem die Demokratie nur eine Fiktion war, ohne die Rückendeckung der Armee unmöglich zu realisieren. Aber Berijas Versuche, ein besonderes Verhältnis zu Antonow anzubahnen, führten zu nichts. Der General blieb kühl und distanziert. Daraufhin begann Berija, wie es seine Art war, Antonow zu kompromittieren. Ungeachtet dessen, daß Stalin den Einflüsterungen des Monsters nicht unbedingt glaubte, entschloß er sich, Antonow nicht zum Marschall zu befördern, obwohl er dies beabsichtigt hatte. Im Jahr 1946 stufte der »Führer« Antonow wieder zum Stellvertreter des Generalstabschefs zurück, und 1948 ließ er ihn noch tiefer fallen, als er ihn zum Stellvertretenden Kommandeur des Transkaukasischen Militärbezirks machte. Stalin hatte bereits vergessen, daß er, als er sich zum Obersten Befehlshaber machte, außerordentlich vage Vorstellungen von der Theorie und Praxis der Kriegführung hatte. Schaposchnikow, Schukow, Wassilewski, Antonow waren es, die ihm halfen, in dieser Hinsicht zu wachsen.

Der Krieg war zu Ende. Für Stalin war das wichtigste das Resultat. Über den Preis des Siegs pflegte er nur dann zu sprechen, wenn er sich über die Verbrechen des Faschismus ausließ. Über eigene Fehler hat er nichts gesagt.

Das Denken des Strategen

Zu jener Zeit, als die Memoiren wichtiger sowjetischer Militärführer geschrieben wurden, konnten diese nur das sagen, was erlaubt war. Ich habe zirka zwei Jahrzehnte in der Politischen Hauptverwaltung der Sowjetischen Armee und Kriegsflotte gearbeitet. Es gab eine Zeit, als in der Presseabteilung der Politischen Hauptverwaltung auf Anweisung Suslows und seines Apparats alle Memoiren durchgesehen wurden. Ich hatte Gelegenheit, mit den Menschen zu sprechen, die in den fünfziger und sechziger Jahren und auch später die Erinnerungen von Militärführern lesen konnten. Die Manuskripte gingen von Hand zu Hand in den hohen Instanzen, und die Autoren wußten gut, was sie schreiben konnten und was sie nicht schreiben durften. Sogar Schukows Manuskript wurde Kürzungen »von oben« unterworfen. Wie die Witwe des Luftwaffenmarschalls Nowikow erzählte, habe

Schukow, als er sich kurz vor seinem Tod zur Erholung im Sanatorium »Archangelskoje« aufgehalten habe, verbittert über diese Sache gesprochen. Es ist sehr bedauerlich, ja sogar ein Unglück, daß viele unserer berühmten Veteranen, die uns Erinnerungen von unschätzbarem Wert hinterlassen haben, häufig und gegen ihren Willen gezwungen wurden, mit halber Stimme zu sprechen und manchmal auch gänzlich zu schweigen. Aufgrund dieses Filters fielen aus diesen Büchern jene Fakten, Rückschlüsse, Ereignisse, Zahlen, Beobachtungen, Reflexionen und Urteile heraus, die unsere Geschichte hätten »schwärzen« können. Damals war die Zeit der Wahrheit noch nicht gekommen.

Und die Geschichte zeigte ihr schönstes Gesicht. Ich glaube, es sollte hier nicht darum gehen, die konkreten Schuldigen zu finden, sondern darum zu verstehen: In der Literatur hatte sich ein spezielles System etabliert, das auf Bestimmungen und Einschränkungen beruhte. Weder die Hauptverwaltung für Literatur und Verlagswesen noch die zahlreichen Rezensenten konnten die Vorschriften des ideologischen Systems ignorieren.

Ich weiß, daß nicht alles, was viele Militärführer geschrieben haben, in ihren Büchern gedruckt ist. Während sie ihre Erinnerungen schrieben, bemühten sie sich, häufig unter dem Einfluß äußerer Umstände, Menschen, die man während des Kriegs mit einer Lupe hätte suchen müssen, in ihren Büchern positiv zu erwähnen. Ich weiß, wie eifrige Konjunkturritter die Abteilung herausbekamen, in der Breschnew vor dem Krieg gedient hatte; oder jenen Bahnhof, wohin einst Tschernenko aus Krasnojarsk einen Zug mit Geschenken für die Armee begleitete. Viele gute Arbeiten wurden »zugeschüttet« mit Hinweisen auf Breschnew, durch die Suche nach Anlässen, seine Verdienste hervorzuheben.

Wir waren Gefangene eines falschen Bewußtseins. Häufig wurden Menschen vor die Wahl gestellt: Entweder alles im Buch wird so sein, »wie es sein soll«, oder es wird nicht erscheinen. Und noch mehr. Ich möchte niemanden beleidigen, aber ich sage es. Die meisten Memoiren, die angeblich von Militärführern geschrieben worden sind, wurden in Wahrheit von »literarischen Bearbeitern« verfaßt, von Menschen, die weit von dem entfernt waren, was die Autoren erlebt hatten. Ja, sie benutzten die Materialien und Erzählungen der Militärführer, aber letztlich schrieben *sie* die Bücher und nicht jene, die als

Autoren genannt wurden. Über einen »Mittelsmann« zu schreiben, was häufig unumgänglich ist, das bedeutet, etwas nicht Wiederholbares, etwas wirklich Eigenes zu verlieren.

Ich möchte in diesem Kapitel die Besonderheiten des strategischen Denkens des Menschen betrachten, der an der Spitze unseres Volks und unserer Armee im Großen Vaterländischen Krieg stand. Ich sage es direkt: Was Stalins Denken anbelangt, so war es auf einzelnen Gebieten höher entwickelt als das vieler sowjetischer Militärführer, aber es gab auch Bereiche, in denen er lediglich Dilettantismus, Einseitigkeit, Inkompetenz und Schablonenhaftigkeit zeigte. Ich glaube, daß Stalin im eigentlichen Sinne des Wortes kein Militärführer war. Ein Militärführer, das ist eine militärische Persönlichkeit.

Stalin war ein politischer Führer: hart, willensstark, machthungrig, der aufgrund historischer Umstände genötigt war, militärische Aufgaben zu übernehmen. Stalins starke Seite als Oberster Befehlshaber gründete sich auf seine absolute Macht. Aber nicht nur das erhob ihn über andere Militärführer. Aufgrund seiner Lage konnte er besser als die Mitglieder der Stawka und die Mitarbeiter des Generalstabs, als die Frontkommandeure die realen Möglichkeiten des Landes sehen, seiner Industrie und seiner Landwirtschaft. Wenn man so sagen kann, legte Stalin ein mehr *universelles* Denken an den Tag.

Der Politiker in Stalin gewann immer die Oberhand über die militärische Persönlichkeit. Für einen Strategen sind allgemeine Vorstellungen wichtig, aber bei Stalin verdeckten sie nicht selten konkrete Probleme. Und im entgegengesetzten Fall, wenn Stalin versuchte, sich auf etwas Konkretes zu konzentrieren, dann vernachlässigte er die Fragen von allgemeinem Charakter.

In den Jahren 1943 bis 1945 eignete sich Stalin als Stratege und Militärführer eine Reihe wichtiger Wahrheiten der Operativkunst an. Der Oberste Befehlshaber hatte beispielsweise verstanden, daß man zur Verteidigung nicht nur dann übergehen kann oder soll, wenn der Gegner einen dazu zwingt, sondern manchmal auch frühzeitig, um Offensivhandlungen vorbereiten zu können, wie es in einigen Operationen des Jahres 1942 geschah. Stalin mochte die Verteidigung nicht. Mit ihr verband er die finstersten Erinnerungen und Leiden.

So dürfte er sich noch lange erinnert haben an jenen 16. September 1942, als kurz nach dem Mittagessen Poskrebyschew in sein Zimmer gekommen war und ihm den Sonderbericht der Hauptverwaltung

Aufklärung des Generalstabs vorgelegt hatte, der die Unterschrift General Panfilows trug. Der Bericht befaßte sich mit einer abgehörten Meldung aus Berlin:

»Stalingrad ist von den heldenmütigen deutschen Truppen eingenommen worden. Rußland ist in einen nördlichen und südlichen Teil durchtrennt worden, die bald in den Zustand der Agonie verfallen werden.«

Stalin schaute aus dem Fenster, fürchtete eine Bestätigung der deutschen Meldung, aber dachte gleichzeitig darüber nach, wie der Kampf auch unter solchen Bedingungen fortgesetzt werden könne. Leise sagte er zu Poskrebyschew: »Verbinden Sie mich mit dem Generalstab, schnell.«
Eine Minute später diktierte er General Bokow ein Telegramm an Jeremenko und Chruschtschow:

»Teilen Sie mir deutlich mit, was dort bei Ihnen in Stalingrad vor sich geht. Ist es wahr, daß Stalingrad von den Deutschen eingenommen worden ist? Antworten Sie direkt und ehrlich. Ich erwarte eine unverzügliche Antwort.
J. Stalin 16. 9. 1942, 16 Uhr 45 Minuten
Telefonisch übergeben durch den Genossen Stalin. Bokow«

Stalin interessierte immer nur eines – das Ziel. Ihn quälten niemals Gewissensbisse, das Gefühl der Verbitterung und des Schmerzes angesichts der gewaltigen Verluste. Das einzige, was ihn schreckte, war, daß soundso viele Divisionen vernichtet worden waren, soundso viele Korps und Armeen. In keinem einzigen Dokument der Stawka findet man einen Hinweis auf Schmerz und Trauer über die allzu großen menschlichen Verluste. Die Seite der Kunst der Kriegführung, die fordert, daß man das gesteckte Ziel mit minimalen Verlusten erreichen soll, interessierte Stalin wenig. Mehr als 20 Millionen Menschenleben mußte das sowjetische Volk auf den Altar des Siegs legen. Nach den Berechnungen von Professor A. Kwascha verlor unser Volk ungefähr 26 bis 27 Millionen Menschen. Auch nach meinen Berechnungen hat in der Geschichte noch kein Volk einen derart hohen Preis für seine Freiheit und Unabhängigkeit bezahlt.

Aber Opfer, massenhafte Opfer waren für Stalin ein unvermeidbares Attribut des modernen Kriegs. Möglicherweise dachte Stalin so, weil er der Oberste Befehlshaber einer riesigen Armee war? Gegen Ende des Kriegs waren die bewaffneten Streitkräfte der UdSSR zahlenmäßig doppelt so stark wie bei Kriegsbeginn. Was wogen da Verluste, wenn es um die Durchsetzung strategischer Ziele ging? In Stalins Befehlen finden sich unzählige Formulierungen wie diese:

»Die Stawka verpflichtet sowohl Generaloberst Jeremenko als auch Generalleutnant Gordow, keine Kräfte zu schonen und vor keinerlei Opfern haltzumachen.«

Hier muß auch erwähnt werden, daß Stalin an der Ausarbeitung prinzipiell neuer Formen von strategischen Operationen teilgenommen hat – an Operationen von Frontgruppen. An einigen von ihnen nahmen 100, 150 und mehr Divisionen teil, Zehntausende von Geschützen, 3000 bis 5000 Panzer, 5000 bis 7000 Flugzeuge. Angesichts solcher Operationen fühlte sich Stalin wirklich als Militärführer. In großen Maßstäben sah er große Möglichkeiten der strategischen Selbstverwirklichung und Selbstbestätigung. Nach den Schlachten von Moskau und Stalingrad versuchte Stalin ständig, die Kräfte verschiedener Fronten in neue strategische Kombinationen zu bringen. Die Schlacht von Kursk, die belorussische, die ostpreußische, die Weichsel-Oder-, die Berliner oder die mandschurische Operation entsprachen nicht nur der objektiven strategischen Lage, sondern auch Stalins Vorliebe für alles Große. Oft wurden solche Operationen auf einer Breite von 500 bis 700 Kilometern vorgetragen, ihre Tiefe erreichte 300 bis 500 Kilometer, und sie dauerten bis zu einem Monat. Die Operationen wurden in der Regel vom Generalstab vorgeschlagen und vorbereitet. Stalin begriff die Pläne schnell, ab und zu korrigierte er Details. Aber prinzipielle Ideen, Alternativen zu den Vorschlägen des Generalstabs hat der Oberste Befehlshaber selten entwickelt. Meist forderte Stalin, die Luftstreitkräfte zu verstärken, und als man im Sommer 1942 begonnen hatte, Panzerarmeen zu bilden, achtete er aufmerksam darauf, daß die neuen Verbände auch umfassend eingesetzt wurden.

In den Jahren 1943 bis 1945 war er in der Lage, die Operationen richtig einzuschätzen. Nachdem er die Mitglieder der Stawka und die

Frontkommandeure angehört hatte, genehmigte er in der Regel die Vorschläge, die von der Mehrheit unterstützt wurden. Seine »Genialität« äußerte sich in der zweiten Hälfte des Kriegs häufig darin, daß er vernünftige Vorschläge akzeptierte, die Schukow, Wassilewski, Antonow und andere ausgearbeitet hatten.

Manchmal allerdings hatte Stalin ganz ungewöhnliche Ideen. So eine Idee war beispielsweise der erwähnte Beschluß, am 7. November 1941 eine Parade auf dem Roten Platz abzuhalten. Oder sein Vorschlag im Sommer 1944, eine große Masse deutscher Kriegsgefangener durch die Straßen Moskaus zu führen. »Das wird die Moral des Volkes und der Armee steigern und die Zerschlagung der Faschisten beschleunigen. Was meinen Sie?«

Molotow, Berija, Woroschilow, Kalinin schauten sich kurz verwirrt an und begannen sogleich um die Wette zuzustimmen. »Ein weiser Schritt, Josef Wissarionowitsch!« – »So etwas konnten nur Sie vorschlagen!« – »Eine geniale Entscheidung!«

Bereits eine Woche später, am 13. Juli, legte Berija dem Obersten Befehlshaber den entsprechenden Plan vor.

»Entsprechend Ihren Anweisungen, Josef Wissarionowitsch, werden am 17. Juli dieses Jahres 55 000 Kriegsgefangene durch Moskau geführt, darunter: 18 Generäle, 1200 Offiziere. Sie werden von der 1., 2. und 3. Belorussischen Front in 26 Zügen nach Moskau transportiert. Die Generäle Dmitriew, Milowski, Gornostajew und der Kommissar für Staatssicherheit Arkadjew beschäftigen sich mit diesen Fragen bereits eingehend. Verantwortlich für die Bewachung und Begleitung durch Moskau sind die Mitarbeiter des NKWD Wassiljew und Romanenko. Am Abend des 16. Juli werden wir sie auf der Rennbahn und auf dem Platz der motorisierten Infanteriedivision des NKWD konzentrieren. Wir berechneten: 26 Züge – 26 Kolonnen. Die Marschroute: Moskauer Rennbahn, Leningrader Chaussee, Gorkistraße, Majakowskiplatz, weiter über den Gartenring: über die Sadowo-Triumfalnaja, Sadowo-Karetnaja, Sadowo-Samotetschnaja, Sadowo-Sucharewskaja, Sadowo-Spasskaja, Sadowo-Tschernogrjasskaja, Tschkalowskaja, über den Krimwall, über den Smolensker Boulevard, über die Barrikadnaja- und Krasnopresnenskajastraße – Rückkehr auf die Moskauer Rennbahn. (...) Beginn der Bewegung 9 Uhr morgens; Beendigung gegen 16 Uhr.«

(Die Marschroute und die Zeit sollten sich übrigens noch ändern.)
Stalin unterbrach: »Werden die Kolonnen den Marsch durchhalten?«
»Sie werden es, Genosse Stalin.«
»Und was dann?«
»Frühmorgens am nächsten Tag werden sie von elf Punkten (Bahnhöfen und Stationen) in Lager nach Osten befördert.«
Berija wollte den Bericht fortsetzen, aber Stalin wollte nichts mehr hören. »Hast du eine Idee – führen Sie sie aus. Und selbst konnte Ihnen nichts einfallen?« sagte Stalin und sah seine Mitkämpfer an.
Große Bedeutung maß Stalin der moralischen Stimulierung der Soldaten bei. So wurde auf seinen Vorschlag hin Anfang September 1943 eine spezielle Auszeichnung geschaffen für Kommandeure, denen es gelungen war, einen Fluß erfolgreich zu überqueren. Wobei hinzugefügt werden muß, daß Stalin, was die Verleihung von Auszeichnungen anbelangte, recht kleinlich war.
Als man ihm auf Vorschlag Malenkows zu seinem 70. Geburtstag im Jahr 1949 den zweiten Goldenen Stern des »Helden der Sowjetunion« überreichen wollte, lehnte er ab. Scharfsinnig hatte Stalin erkannt, daß die Auszeichnung mit dem Orden »Pobeda« (»Sieg«) die letzte sein mußte. Stalin unterbrach die Flut der Auszeichnungen. Das war nicht Weisheit, vielmehr hatte er begriffen, daß ein Übermaß an Orden die Autorität untergraben konnte.
Breschnew und Tschernenko konnten sich nicht zurückhalten. Sie konnten es nicht, weil sie manchmal nicht einmal das Einfache verstanden. Ein Mensch, der den Posten des ersten Mannes eines Staats einnimmt, kann sich selbst nach Belieben auszeichnen, und das ohne Begründung. Aber das bringt ihm keine Autorität ein, sondern im Gegenteil. Stalin hatte etwa ebenso viele Orden wie Mechlis, aber vier- bis fünfmal weniger als Breschnew.

In seinen Memoiren »Das Ende des Dritten Reichs« und auch in einer Reihe anderer Publikationen hat der Marschall der Sowjetunion Wassili Tschujkow die Meinung vertreten, daß man Berlin nicht im Mai, sondern im Februar 1945 hätte einnehmen können.
Ihm widersprachen Schukow, Babadschanjan und andere Militärführer, auch in der Presse wurde Kritik laut. Man wies Tschujkows Auffassung zurück. Daraufhin schrieb er an das ZK der Partei. Dort beschloß man, den »widerspenstigen« Marschall angemessen zu »be-

arbeiten«. Auf Anordnung des ZK versammelten sich am 17. Januar 1966 beim Leiter der Politischen Hauptverwaltung Armeegeneral Jepischew herausragende sowjetische Marschälle, Generäle und Spezialisten, um Tschujkow »zur Vernunft zu bringen«. In seiner Erklärung wiederholte Tschujkow:

»(...) die sowjetischen Truppen, nachdem sie 500 Kilometer vorgedrungen waren, sind im Februar 60 Kilometer vor Berlin stehengeblieben. (...) Wer hat uns denn aufgehalten? Der Gegner oder das Oberkommando? Für den Vormarsch auf Berlin hatten wir durchaus ausreichende Truppen. Zweieinhalb Monate Atempause, die wir dem Gegner in der Westrichtung gegeben haben, halfen ihm, sich auf die Verteidigung Berlins vorzubereiten.«

Tschujkows Opponenten versuchten ihrem Kollegen zu erklären, daß die Offensivenergie der Truppen zu dieser Zeit versiegt gewesen sei, daß Nachschub gefehlt habe usw. Möglicherweise hatten sie ja recht. Aber ich sehe in dieser Beratung etwas anderes: Es hatte bereits die Periode begonnen, in der die Kritik an Stalin weitgehend verstummte. Als die Marschälle und Generäle sich über die Berlinoperation stritten, verbanden sie ihr Thema in keiner Weise mit den Beschlüssen der Stawka und Stalins. Als hätten sie sich abgesprochen. Schon die Erwähnung eines Zusammenhangs wurde entschieden verurteilt. Als Jepischew die Resultate der Erörterung zusammenfaßte, erklärte er, daß Tschujkows Sichtweise »unwissenschaftlich« sei und daß es unzulässig sei, »unsere Geschichte zu schwärzen. Sonst wird es nichts geben, womit wir unsere Jugend erziehen können.« Es ist das alte dogmatische Denken, das diese ehrenhaften Menschen nicht nur damals beherrschte, sondern das uns auch heute noch in nicht geringem Maß prägt. Stalin war schon lange tot, als der Streit über Tschujkows Thesen ausgetragen wurde, aber seine Denkweise lebte nach wie vor. Kehren wir zurück zu den Jahren des Kriegs.

Nach Stalingrad zweifelte Stalin nicht mehr am Sieg. Seitdem sah er sich regelmäßig, meist nachts, Kinowochenschauen mit Kriegsberichten an. Manchmal brachten sie ihn auf wichtige Gedanken und Entscheidungen. In einer der Wochenschauen wurde beispielsweise berichtet, wie zwei Kollaborateure irgendwo in einem halb abge-

brannten Kolchosschuppen gefangengenommen worden waren. Sogleich befahl Stalin, einen Befehl an die Frontkommandeure zu schicken mit der Forderung, die Stawka-Direktive vom 14. Oktober 1942 strikt einzuhalten. Entsprechend diesem Dokument sollten entlang der Front alle Bewohner vertrieben werden, um »nicht zuzulassen, daß sich feindliche Agenten und Spione in den Abteilungen breitmachten«. Stalin schrieb eigenhändig: »Außerordentlich wichtig. Die Frontzone muß unzugänglich für Spione und Agenten des Feindes sein. Es ist an der Zeit zu verstehen, daß die Siedlungspunkte (...) ein bequemer Zufluchtsort für Spione und für Spionagearbeit sind.« Nein, in der Weisung wird nicht davon gesprochen, daß die Bewohner, friedliche sowjetische Bürger, ausgesiedelt würden, um sie in Sicherheit zu bringen.
Im August 1942 und im März 1943 reiste Berija in Stalins Auftrag in den Kaukasus. Von dort schickte der Volkskommissar für Inneres Stalin eine Depesche, in der er berichtete, daß er Tschetschenen und Inguschen aus den Einheiten der Armee herausnehmen würde, da sie kein Vertrauen verdienten. Er bewertete Budjonnys, Tjulenews und Sergatzkis Aktionen, und er berichtete über seine Entscheidungen bei der Vergabe von militärischen Posten – beispielsweise ernannte er den NKWD-Mitarbeiter Rudowski, der von operativen Fragen keine Ahnung hatte, zum Stellvertreter des Kommandeurs der 47. Armee. Auf Berijas Bitte hin gab Stalin entsprechende Anweisungen. Beispielsweise am 20. August 1942:

»An den Kommandeur der Transkaukasusfront
An den Vertreter des NKO (Volkskommissar für Verteidigung; A. d. Ü.), Genossen Schtschadenko
1. Aus der 61. Schützendivision sind 3767 Armenier zu entfernen, 2721 Aserbaidschaner und 740 Personen daghestanischer Nationalitäten. (...)
2. Die aus der 61. Schützendivision entfernten Armenier, Aserbaidschaner und Angehörigen der daghestanischen Nationalitäten sind in die Reserveabteilungen der Transkaukasusfront zu schicken, und die Lücke im Bestand, die in der Division aufgrund der Entfernung entstanden ist, ist aus den Ressourcen der Front mit Russen, Ukrainern und Belorussen zu füllen. (...)
Über die Ausführung Bericht erstatten. (...)«

Berija war ein wahrer Provokateur. Während des Kriegs haben er und Stalin in der nationalen Frage einige antileninistische Entscheidungen getroffen, deren Echo wir noch heute hören können.
Während seiner Aufenthalte an der Nordkaukasusfront versuchte Berija die Generäle Tjulenew, Maslennikow, Sergatzki, Petrow, Stemenko und andere Militärführer zu »bearbeiten«. Aber als Antwort darauf erreichten Stalin Telegramme und Berichte mit der Bitte, sie vor Berijas »Kommandos« zu bewahren. Berija gelang es möglicherweise, Maslennikow, der lange unter seiner direkten Leitung gearbeitet hatte, in einem gewissen Maß zu beeinflussen. Davon zeugt die Schlußfolgerung der Generäle im Generalstab Pokrowski und Platonow, die diese Frage im Jahr 1953 eingehend untersucht haben. In ihrem Bericht »Über die Frage der verbrecherischen Tätigkeit Berijas während der Verteidigung des Kaukasus in den Jahren 1942 bis 1943« schreiben sie folgendes:

»Zur Ausführung von Verteidigungsaufgaben im östlichen Teil der Kaukasusgebirgskette wurde am 8. August eine nördliche Gruppe von Truppen der Transkaukasusfront zusammengestellt, deren Kommandeur, offenbar auf Betreiben Berijas, General Maslennikow wurde, bis dahin erfolgloser Armeekommandeur an der Kalininfront. (...)
General Maslennikow ignorierte nicht selten die Anweisungen des Frontkommandeurs und hielt die Umgruppierung der Truppen auf.«

Ich möchte nicht sagen, daß Maslennikow zu Berijas Vertrautem wurde, aber aufgrund einiger Briefe Maslennikows an Berija im Jahr 1942 kann man die Schlußfolgerung ziehen, daß zwischen ihnen besondere Beziehungen bestanden haben. Maslennikow wandte sich als Kommandeur der 39. Armee über den Kopf seiner militärischen Vorgesetzten hinweg direkt an Berija, »aufgrund der schwierigen Lage und ebenso in Erinnerung an Ihr Versprechen, eine mögliche Unterstützung zu erweisen. (...) Mit besonderer Hochachtung für Sie. Maslennikow. 7. Juni 1942.«
Nachdem Maslennikow den Artikel der Offiziere Sawjalow und Kaljadin »Die Schlacht um den Kaukasus« in der August-Ausgabe der Zeitschrift »Militärischer Gedanke« im Jahr 1952 gelesen hatte, schrieb er am 24. November an den Leiter der militärwissenschaftli-

chen Verwaltung des Generalstabs einen Brief, in dem er seine Einwände gegen die Darstellung von Berijas Rolle in dem Artikel äußerte. Im Brief heißt es:

»Auf Seite 56 erinnern die Autoren, während sie die Maßnahmen des Hauptquartiers des Obersten Befehlshabers der UdSSR charakterisieren, nur flüchtig und außerordentlich wenig an die gewaltige schöpferische Arbeit und an die prinzipiellen politischen und organisatorischen Maßnahmen, die der Genosse Lawrenti Pawlowitsch Berija getroffen hat, der einen grundlegenden Umschwung geschaffen hat, der die ganze Situation veränderte, ungeachtet der außerordentlich schwierigen Lage, die sich an den Kaukasusfronten im August 1942 eingestellt hatte.
Eine solche Charakteristik der Arbeit des Genossen L. P. Berija gibt kein erschöpfendes Bild aller Maßnahmen, die unter der persönlichen und unmittelbaren Führung des Genossen Lawrenti Pawlowitsch Berija ergriffen wurden.
L. P. Berija, der einen Stalinschen Führungsstil beherrschte, zeigte an seinem persönlichen Beispiel eine vorbildliche bolschewistische, staatliche, militärische, parteipolitische und wirtschaftliche Führung der Transkaukasusfront (August 1942 bis Januar 1943) und setzte die Anweisungen des Genossen Stalin glänzend um. (...)«

Stalin kam ohne Berija nicht aus. Im tiefsten Innern seiner Seele hatte er wohl die wahren Seiten des Menschen mit dem launischen Gesichtsausdruck erkannt. Aber er brauchte ihn. Er war für ihn Inquisitor, Exekutor und Informant. Berija berichtete dem »Führer« beispielsweise einige Male, daß Berlin seit langem eine terroristische Aktion gegen ihn vorbereite. Nach den vorliegenden Informationen, so der Volkskommissar, solle ein Flugzeug eine erfahrene Gruppe von Terroristen der Wlassow-Armee hinter den sowjetischen Linien absetzen, und nach anderen Angaben hätten die Deutschen bei ihrem Rückzug Diversanten zurückgelassen. Der Volkskommissar berichtete Stalin fast jeden Monat über die umfassenden Maßnahmen, die zu seiner persönlichen Sicherheit ergriffen würden.
Was Stalin an Berija nicht gefiel, war, daß dieser viel wußte. Stalin wollte der einzige Bewahrer seiner Geheimnisse sein. Und außerdem mischte sich Berija ziemlich häufig ohne Grund in Angelegenheiten

des Generalstabs ein, die ihn nichts angingen. Stalin hätte wohl nicht gewollt, daß Berija ihn überlebte. Aber noch brauchte der Oberste Befehlshaber diesen Mann.
Nach Berijas und auch Malenkows Erzählungen über ihre »Feuertaufe« an der Front hatte Stalin beschlossen, sich auch einmal kurz dort zu zeigen – für die Geschichte. Diese Reise wurde außerordentlich sorgfältig vorbereitet. Am 1. August 1943 fuhr Stalin in einem speziellen Zug vom Bahnhof Kunzewo ab. Es war eine ziemlich alte Dampflok ausgewählt worden mit halb demolierten Waggons. Zur Tarnung hängte man noch einen Wagen mit Baumstämmen an den Zug. Stalin wurde von Berija und seinem Helfer Rumjanzew begleitet sowie von einer starken zivil gekleideten Wachtruppe. Als Stalin in Gschatsk angekommen war, traf er sich mit dem Kommandeur der Westfront Sokolowski und dem Mitglied des Kriegsrats Bulganin. Nachdem Stalin die Berichte der Stabschefs angehört hatte, übernachtete er und fuhr am nächsten Tag in Richtung Rschew zur Kalininfront, die Jeremenko befehligte. Hier machte er halt im Dorf Choroschewo. Im Häuschen einer einfachen Bäuerin, das etwas abgelegen stand, wurde er untergebracht. Die Bäuerin war zuvor mit all ihren Habseligkeiten ausquartiert worden. Dieses kleine Häuschen steht noch heute – mit einer Erinnerungstafel, die an Stalins »Heldentaten« an den Fronten erinnert. Während Stalin sich in Choroschewo aufhielt, verspürte er allerdings nicht den Wunsch, zu den Truppen zu fahren, die Kommandeure und Soldaten zu treffen. Stalin übernachtete in dem kleinen Haus und fuhr dann nach Moskau zurück. Er war nun an der Front gewesen und glaubte wohl, so den letzten wunden Punkt in seiner Militärführerbiographie beseitigt zu haben.
Möglicherweise war es wirklich nicht notwendig, daß der Oberste Befehlshaber sich an der Front aufhielt? Er fuhr doch auch nicht zu den Fabriken, und doch hatte er die Industrialisierung des Landes vollbracht! Er war nur einmal in den Dörfern, und doch hatte er eine großartige »Revolution« auf dem Land durchgeführt! Da konnte das Schlachtfeld doch keine Ausnahme sein! Stalin vermochte aus seinem Arbeitszimmer im Kreml alles zu wissen und alles zu sehen. Er war ein unübertroffener Meister in der Führung vom Schreibtisch aus. Deshalb diente sein Besuch an der Front nicht der Erweiterung seines militärisch-strategischen Horizonts, sondern ausschließlich ei-

ner angemessenen Darstellung seiner Person in der Geschichte. Stalin dachte viel über sein historisches Renommee nach. In den Biographien sollte sich auch eine Seite finden, die die Ankunft des Obersten Befehlshabers an der Front schilderte.
Stalin hielt es auch für wichtig, daß die Verbündeten von seinem Frontbesuch erfuhren. Hier einige Auszüge aus Briefen an Roosevelt und Churchill vom August 1943.

»Erst jetzt, nach meiner Rückkehr von der Front, kann ich auf Ihre letzte Botschaft vom 16. Juli antworten. Ich zweifle nicht daran, daß Sie unsere militärische Lage berücksichtigen und Verständnis für diese Verzögerung haben werden. (...) Es ist leicht zu verstehen, daß bei der gegenwärtigen angespannten Situation an der sowjetisch-deutschen Front vom Oberkommando der sowjetischen Truppen der Einsatz aller Kräfte und außerordentliche Wachsamkeit gegenüber den Aktionen des Feindes verlangt werden. Aus diesem Grunde bin auch ich gezwungen, meine wichtigste Pflicht, die Leitung der Front, zu erfüllen und die übrigen Fragen und meine anderen Pflichten gegenwärtig etwas zurückzustellen. Ich muß öfter persönlich an verschiedenen Frontabschnitten sein und alles übrige den Interessen der Front unterordnen.«

»Soeben bin ich von der Front zurückgekehrt und habe mich mit der Botschaft der britischen Regierung vom 7. August vertraut gemacht. (...) Gleichzeitig muß ich sagen, daß es mir angesichts der gegenwärtigen Lage an der sowjetisch-deutschen Front leider unmöglich ist, die Front zu verlassen und ihr, sei es auch nur für eine Woche, fernzubleiben. Obwohl wir in der letzten Zeit an der Front gewisse Erfolge erzielt haben, werden von den sowjetischen Truppen und vom sowjetischen Oberkommando gerade jetzt außerordentliche Anstrengungen und besondere Wachsamkeit gegenüber möglichen neuen Aktionen des Feindes verlangt. Im Zusammenhang damit muß ich häufiger als gewöhnlich die Truppen an diesem oder jenem Abschnitt unserer Front besuchen.«

Nein, Stalin hatte dies nicht nur geschrieben, um zu begründen, warum er die Einladung zu Verhandlungen mit seinen Verbündeten in Scapa Flow nicht annehmen konnte. Der Oberste Befehlshaber wollte nicht als Schreibtischmilitärführer gelten. Und zu seiner Genugtuung wußten Roosevelt und Churchill in ihrem gemeinsamen Schreiben an Stalin vom 19. August 1943 seine Rolle zu würdigen:

»Wir möchten Ihnen gegenüber wiederum die Notwendigkeit eines Dreiertreffens unterstreichen. Wir haben gleichzeitig volles Verständnis für die triftigen Gründe, die Sie veranlassen, in der Nähe der Kampffronten zu bleiben, an den Fronten, wo Ihre persönliche Anwesenheit sich so günstig für den Sieg ausgewirkt hat.«

Gegen Ende des Kriegs wandte sich Stalin wieder mehr dem politisch-gesellschaftlichen Lebens zu. Man teilte ihm mit, daß in Moskau seit langem der Stellvertreter des geistlichen Oberhaupts aller Armenier, Georg Tscheorektschjan, darauf warte, von ihm empfangen zu werden. Interessant, was kann er wollen? Was schreibt er?

»In den Tagen des Vaterländischen Kriegs hat sich die armenische Kirche mit ihrer Geistlichkeit und ihren Gläubigen in der UdSSR und im Ausland von den anderen Kirchen der Sowjetunion nicht losgelöst. Sie hat in der Tat ihre historische Treue dem großen russischen Volk und dem sowjetischen Staat erwiesen.«

Das ist klar. Aber was will er? Er bittet um Erlaubnis zur Eröffnung einer geistlichen Akademie, für eine Druckerei und für die Zeitschrift »Etschmiadsin«, Zustimmung für den Wiederaufbau der zerstörten Kirche »Swartnoz«, die Genehmigung für die Reise ausländischer Geistlicher nach Armenien, für die Eröffnung eines Bankkontos bei der Jerewaner Bank usw. Nun gut, irgend etwas wird man erlauben müssen. Die orthodoxe Kirche, und nicht nur sie, hat nicht wenig für die Unterstützung des »Führers« in den schwersten Monaten des Kriegs getan.

Stalin und die Verbündeten

In den letzten Tagen des Kriegs berichtete Antonow Stalin täglich über die Begegnungen sowjetischer Einheiten mit den Verbündeten. Damals, im Frühjahr 1945, schien es, als würde das Bündnis der ehemaligen Feinde lange halten. Bei all seinem Dogmatismus, Stalin hatte der Antihitlerkoalition die Kommunistische Internationale geopfert, ideologische Postulate beiseite geschoben und seine Augen verschlossen vor der massiven antisowjetischen Haltung Churchills und anderer westlicher Politiker vor dem Krieg. In kritischen Momenten war Stalin vor allem Pragmatiker.
In den Tagen des nahen Triumphs konnte Stalin ganz andere Berichte als in den Jahren zuvor lesen. Hier einer davon:

»Um 15 Uhr 30 am 25. April 1945 fand ein Treffen in der Umgebung einer Brücke statt, die sich östlich von Torgau befindet, zwischen Offizieren des 173. Gardeschützenregiments und Patrouilletruppen der Verbündeten, die der 1. amerikanischen Armee, dem 5. Armeekorps, der 69. Landdivision angehören. Am Ostufer des Flusses Elbe fanden sich fünf Personen, an der Spitze der Offizier der amerikanischen Armee Robertson, zu Verhandlungen ein.

Rudnik«

(Rudnik war Stabschef der 58. Gardeschützendivision.) Stalin dürfte sich gefragt haben, wie sich seine Soldaten bei ihren Kontakten mit Truppen der Verbündeten verhielten. Würde es Verbrüderung oder Konflikte geben? Stalin hatte drei Wochen vor der Begegnung bei Torgau ein »außerordentlich wichtiges« Telegramm von Abakumow erhalten. Die Smersch meldete darin, ein Generalmajor Kowalew habe berichtet: »Mit den Amerikanern klappt es bei uns nicht. Es ist nicht ausgeschlossen, daß hier in Poltawa die Möglichkeit eines bewaffneten Zusammenstoßes mit den Amerikanern besteht.« (Im Sommer 1944 wurde der Flughafen von Poltawa von der amerikanischen Luftwaffe für kleinere Operationen benutzt.)
Hier ein anderer Bericht:

»Die Begegnungen mit den amerikanischen und englischen Truppen gehen in feierlicher Atmosphäre vonstatten. Folgendes geschah während einer Begegnung der Generäle: Der Kommandeur der 58. Schützendivision Rusakow und der Kommandeur der 69. amerikanischen Heeresdivision Reinhardt (...) Toasts, Reden, Geschenke, ›Hurra‹. Der Leiter der Politabteilung der 5. Gardearmee Katkow teilt mit, daß die Amerikaner bei dieser Begegnung versuchten, Sterne und Knöpfe als Erinnerungsstücke zu bekommen. (...) Der General schrieb, daß die sowjetischen Soldaten darüber verwundert seien, daß man bei den Amerikanern einen General vom einfachen Soldaten schwer unterscheiden könne, alle haben die gleiche Uniform. Ganz anders bei uns: Ein General ist von weitem erkennbar.«

Eine lange Zeit des Mißtrauens zwischen der UdSSR und den westlichen Demokratien mußte überbrückt werden. Das, was nicht vor dem Krieg getan werden konnte, wurde mit Hitlers »Hilfe« verwirklicht. Hitler, der einen Krieg an zwei Fronten begann, machte aus der UdSSR und den westlichen Ländern Verbündete.
Stalin konnte sich gewiß daran erinnern, wie am 12. Juli 1941 der britische Botschafter in Moskau Cripps mit einigen Mitarbeitern in den Kreml gekommen war. Bei diesem Treffen waren anwesend: Stalin, Molotow, Schaposchnikow, N. G. Kusnetzow und Wyschinski. Stalin hatte sich noch nicht vom Kriegsschock erholt. Es kostete ihn große Anstrengung, dies zu verbergen. Eine halbe Stunde vor dem Treffen hatte Schaposchnikow ihm berichtet, daß zwei starke deutsche Panzergruppen bis an die Westliche Dwina und den Dnjepr vorgedrungen seien. Stalin drückte den Engländern mechanisch die Hand und schaute beinahe geistesabwesend auf die Rücken von Molotow und Cripps, die das Abkommen über die Zusammenarbeit beider Länder unterschrieben. Eine Woche später unterzeichneten der sowjetische Botschafter in London Maiski und der tschechoslowakische Außenminister Masaryk ein solches Abkommen, und dann folgte der Vertrag zwischen der UdSSR und der polnischen Regierung über die gegenseitige Hilfe im Krieg gegen Deutschland. Auf polnischen Wunsch wurde als erster Punkt folgendes festgehalten: »Die Regierung der UdSSR erkennt die sowjetisch-deutschen Verträge von 1939, die die territorialen Änderungen in Polen betreffen, als außer Kraft an.«
Im Juli traf Stalin sich in Moskau auch mit Harry Hopkins, dem Beauftragten des amerikanischen Präsidenten Roosevelt. Im Auftrag

seines Präsidenten erklärte Hopkins: »Derjenige, der gegen Hitler kämpft, befindet sich auf der richtigen Seite in diesem Konflikt, und wir haben die Absicht, dieser Seite zu helfen.« Stalin legte kurz seine Bitte um Waffenhilfe dar und äußerte seine Hoffnung, daß der Präsident die Lage der Sowjetunion verstehen werde. Ein entsprechendes Abkommen sollte zwar erst später geschlossen werden, aber Hopkins' Reise war der erste Schritt auf dem Weg zur Zusammenarbeit.

Im selben Monat noch schickte Stalin eine Kommission nach England. Sie hatte die Aufgabe, eine Landung englischer Truppen in Europa oder in der Arktis anzuregen und Rüstungslieferungen zu erbitten. Nachdem der Leiter der Kommission Golikow aus England zurückgekehrt war, schickte Stalin ihn sofort weiter in die Vereinigten Staaten. Stalin, der Pragmatiker, warf schnell allen ideologischen Ballast ab und kam den westlichen Staaten weit entgegen. Er hatte keine andere Wahl.

Stalin spielte bei der Schaffung der Antihitlerkoalition eine bemerkenswerte Rolle. Von Kriegsbeginn an versuchte der sowjetische »Führer« soviel Unterstützung wie möglich von so vielen Ländern wie möglich zu erhalten, und er tat alles dafür, daß Japan und die Türkei gegenüber der Sowjetunion neutral blieben. Die größten Hoffnungen setzte er auf Großbritannien und die USA.

Am 18. Juli 1941 schickte er ein Schreiben an Churchill:

»Ich glaube ferner, daß die militärische Lage der Sowjetunion wie auch die Großbritanniens wesentlich verbessert werden könnte, wenn im Westen (Nordfrankreich) und im Norden (Arktis) eine Front gegen Hitler geschaffen würde.«

Aber Churchill erklärte am 26. Juli, daß es unmöglich sei, eine zweite Front in Frankreich zu eröffnen. Stalin, dessen Land von den Schlägen der Wehrmacht erschüttert wurde, schrieb im September an Churchill:

»Hier ist die Frage angebracht: Wie können wir aus dieser mehr als ungünstigen Lage herauskommen? Ich glaube, es gibt aus einer solchen Situation nur einen einzigen Ausweg: die Errichtung einer zweiten Front auf dem Balkan oder in Frankreich noch in diesem Jahr, die die Deutschen zwingt, dreißig bis vierzig Divisionen von der

Ostfront abzuziehen. Gleichzeitig müßten der Sowjetunion Anfang Oktober 30000 Tonnen Aluminium geliefert und eine *monatliche* Mindesthilfe von 400 Flugzeugen und 500 (kleinen oder mittleren) Panzern gewährleistet werden.
Ohne diese beiden Hilfeleistungen wird die Sowjetunion entweder eine Niederlage erleiden oder so geschwächt werden, daß sie für lange Zeit außerstande sein wird, ihren Verbündeten durch aktive Operationen an der Kampffront gegen den Hitlerfaschismus Hilfe zu leisten.
Ich weiß, daß diese Botschaft Eurer Exzellenz Kummer bereiten wird. Aber was soll man tun? Die Erfahrung hat mich gelehrt, der Wirklichkeit ins Auge zu sehen, und sei sie noch so unangenehm, und mich nicht zu fürchten, die Wahrheit auszusprechen, so unerwünscht sie auch sein mag.«

Aber es sollte trotz wiederholter Bitten noch einige Zeit dauern, bis eine zweite Front eröffnet wurde. Es geschah, als niemand mehr daran zweifelte, daß die Sowjetunion Hitlerdeutschland allein schlagen könnte. Aber immerhin erhielt die Sowjetunion dank des guten Willens ihrer Verbündeten eine große militärtechnische Hilfe, die in unserer Geschichtsschreibung leider lange Zeit unterschätzt oder deutlich untertrieben worden ist.
Stalin war als Vorsitzender des Staatlichen Verteidigungskomitees und der Stawka genötigt, sich immer intensiver mit diplomatischen Fragen zu beschäftigen. Je näher der Sieg rückte, um so häufiger saß Stalin mit Molotow bis tief in die Nacht über Dokumenten. Häufig traf er sich mit Vertretern der Verbündeten. Der Oberste Befehlshaber wußte, daß England und die USA in dem antifaschistischen Bündnis in den meisten Fragen übereinstimmende Positionen vertraten. Aber schon zu Beginn des Kriegs hatte Stalin einige Unterschiede zwischen den Partnern erkannt. Er war bekanntlich gerissen, und er versuchte zu entdecken, was sich hinter diesen oder jenen Schritten seiner Verbündeten verbergen mochte.
Nachdem Stalin über diplomatische und Geheimdienstkanäle Informationen über die 1., 2. und 3. Washingtoner Konferenz, über die angloamerikanischen Treffen in Casablanca und in Quebec sowie über andere Kontakte erhalten hatte, kam er zu dem Schluß, daß seine Verbündeten erst dann etwas tun würden in Europa, wenn

Deutschland auf der Verliererstraße war. Im Mai und Juni 1942 schickte Stalin Molotow nach London und Washington. Der Volkskommissar sollte von den Verbündeten die Zusage einholen, daß sie noch in diesem Jahr die zweite Front eröffneten. Aber Roosevelt und Churchill äußerten Vorbehalte. Dennoch wurde am 12. Juni in einem englisch-sowjetischen Kommuniqué die Eröffnung der zweiten Front für das laufende Jahr zugesagt. Aber bald wurde klar, daß die Verbündeten nicht die Absicht hatten, diese Verpflichtung einzulösen. Am 23. Juli 1942 schrieb Stalin an Churchill:

»Was (...) die Frage der Errichtung einer zweiten Front in Europa [betrifft], so befürchte ich, daß diese Angelegenheit nicht mit dem notwendigen Ernst behandelt wird. Ausgehend von der Situation an der sowjetisch-deutschen Front, muß ich ganz kategorisch erklären, daß sich die Sowjetregierung nicht damit abfinden kann, die Errichtung der zweiten Front in Europa auf das Jahr 1943 hinauszuschieben.«

Nach diesem Schreiben erklärte Churchill sich bereit zu einem Treffen mit Stalin auf dem Territorium der UdSSR. Am 12. August kam der britische Premier nach Moskau. Später sollte Churchill, als er sich an seinen Flug nach Moskau erinnerte, schreiben:

»Ich begann über meine Mission in diesem trotzigen, finsteren Bolschewikenstaat nachzugrübeln. Einstens hatte ich mich so sehr bemüht, ihn schon bei der Geburt abzuwürgen, und bis zum Auftreten Hitlers hatte ich ihn als den Todfeind jeder freiheitlichen Zivilisation betrachtet. Zu welchen Worten war ich nun heute verpflichtet? General Wawell, der sich literarischen Neigungen hingab, hatte seine Gedanken in einem Gedicht zusammengefaßt. Jede Strophe endete mit dem Refrain: ›Neunzehnhundertzweiundvierzig keine Zweite Front‹. Mir war, als trüge ich einen großen Eisklumpen zum Nordpol.«

Trotz der extrem schwierigen Situation an der Stalingrader und der Südostfront verbrachte Stalin lange Zeit bei Gesprächen mit Churchill. An diesen Gesprächen nahmen außerdem teil Molotow, Woroschilow, der englische Botschafter Carr und der persönliche Vertreter

des amerikanischen Präsidenten Harriman. Churchill war genötigt, zu erklären, daß im Jahr 1942 keine zweite Front zustande kommen werde. Jeder Versuch in dieser Richtung müßte mit einer Niederlage der Alliierten enden, sagte der britische Premier. Stalin äußerte viele Einwände, aber sie hatten vor allem den Charakter moralischer Appelle: »Wer nichts riskieren will, kann den Krieg nicht gewinnen. Man darf die Deutschen nicht fürchten.«
»Aber eine zweite Front in Europa – das ist nicht die einzige zweite Front«, erwiderte Churchill.
Stalin insistierte. Und nachdem er sich mit Molotow beraten hatte, entschloß er sich zu einem ungewöhnlichen Schritt. Am 13. August überreichte er seinem Gesprächspartner ein Memorandum zur Frage der zweiten Front. Im Memorandum heißt es, daß die Verbündeten vom anglosowjetischen Kommuniqué vom 12. Juni 1942 Abstand genommen hätten. Weiter heißt es:

»Die Ablehnung der Regierung Großbritanniens, eine zweite Front im Jahre 1942 in Europa zu schaffen, versetzt der gesamten sowjetischen Öffentlichkeit, die mit der Schaffung einer zweiten Front gerechnet hatte, einen moralischen Schlag, erschwert die Lage der Roten Armee an der Front und fügt den Plänen des sowjetischen Oberkommandos Schaden zu. (...) Wir sind der Meinung, daß es eben im Jahr 1942 möglich und notwendig ist, eine zweite Front in Europa zu bilden.
Aber es ist mir leider nicht gelungen, den Herrn Premierminister Großbritanniens davon zu überzeugen, und Herr Harriman, Vertreter des Präsidenten der USA, unterstützte bei den Verhandlungen in Moskau vollkommen den Herrn Premierminister.
13. August 1942 J. Stalin«

Am nächsten Tag antwortete Churchill in Form einer »Erinnerungsnotiz«, daß »die Verhandlungen mit Herrn Molotow über die zweite Front, da sie sich auf mündliche und schriftliche Vorbehalte beschränkten«, nicht als Grundlage »für die Veränderung der strategischen Pläne des russischen Oberkommandos« dienen könnten.
Bis Mitte 1944 stand die Frage der zweiten Front im Zentrum der diplomatischen Bemühungen Stalins. Aber als der Sieg in greifbare Nähe rückte, traten andere Fragen in den Vordergrund.

Im Oktober 1942 stellte ein Korrespondent der amerikanischen Nachrichtenagentur Associated Press, den Stalin persönlich nicht empfangen wollte, auf schriftlichem Weg Fragen an den »Führer«:

»1. Welchen Platz nimmt in der sowjetischen Beurteilung die Möglichkeit einer zweiten Front ein?«
»Einen sehr wichtigen, man kann sagen, einen erstrangigen.«
»2. Inwiefern ist die Hilfe der Verbündeten für die Sowjetunion effektiv?«
»Verglichen mit der Hilfe, die die Sowjetunion den Verbündeten erweist, indem es die Hauptkräfte der deutsch-faschistischen Truppen auf sich zieht, ist die Hilfe der Verbündeten für die Sowjetunion bislang wenig effektiv.«

Bereits im Jahr 1942 hatte Stalin seine prinzipielle Position gegenüber den Verbündeten bestimmt. Er ging davon aus, daß die Sowjetunion, die die größte Last im Krieg gegen den Faschismus zu tragen hatte, einen besonderen Platz im Bündnis beanspruchen konnte. Bei der Verteidigung der Interessen seines Landes zeigte sich Stalin hart und beharrlich. Womit er sich bei seinen Partnern Respekt verschaffte. In Roosevelts, Churchills und de Gaulles Augen war Stalin ein kluger und harter Diktator.
Stalin bemühte sich um eine maximale Hilfe der Verbündeten, vor allem bei Rüstungsgütern, und diese Unterstützung war, wie erwähnt, enorm. Er tat dafür einiges, um ideologische Meinungsverschiedenheiten zu überwinden. Als Stalin im August 1942 mit Churchill Gespräche führte, wußten beide, daß einige Straßenzüge weiter das Exekutivkomitee der Kommunistischen Internationale saß. Das Sprachrohr des unversöhnlichen Klassengegensatzes zu den Kräften, die nicht nur Hitler, sondern auch der britische Premierminister verkörperte.
Stalin machte vor ideologischen »Spesen« nicht halt. Auf einer feierlichen Sitzung zum 25. Jahrestag der Oktoberrevolution am 6. November 1942 sagte er, daß die ideologischen Unterschiede zwischen den Verbündeten keine Hindernisse für eine militärisch-politische Zusammenarbeit seien. »Die bestehende Bedrohung diktiert den Mitgliedern der Koalition die dringende Notwendigkeit gemeinsamer Handlungen, um die Menschheit vor der Wiederkehr

mittelalterlicher Greueltaten zu bewahren.« Im Grunde wird in Stalins Bericht folgender Gedanke ausgeführt: Die Klassenlogik hat in einer Periode des Überlebenskampfs keine entscheidende Bedeutung. (Ich hoffe, daß die Menschheit auch in unseren Tagen zu dieser Schlußfolgerung gelangen wird.)

Stalins Beschluß vom Frühjahr 1943 (formuliert als Beschluß der Kommunistischen Internationale), die Komintern aufzulösen, kam für scharfsichtige Analytiker nicht unerwartet. Stalin antwortete am 28. Mai 1943 dem Korrespondenten der Nachrichtenagentur Reuter:

»Die Auflösung der Kommunistischen Internationale ist ein richtiger und zeitgemäßer Schritt, da er die Organisation eines allgemeinen Zusammenhalts aller freiheitsliebenden Nationen gegen den gemeinsamen Feind, den Hitlerismus, erleichtert. (...) Er entlarvt die Lüge der Hitleristen, ›Moskau‹ wolle sich angeblich in das Leben anderer Staaten einmischen und sie ›bolschewisieren‹.«

Stalins politischer Pragmatismus, der ihn nicht einmal von der Auflösung der Kommunistischen Internationale abhielt, brachte den »Führer« auch dazu, das Verhältnis zur orthodoxen Kirche zu regeln. Bis dahin hatte der ehemalige Seminarist die Kirchen nicht gerade mit Aufmerksamkeit verwöhnt. Und mehr noch, auf Initiative Stalins war es der russisch-orthodoxen Kirche seit 1925 verboten, ein Oberhaupt zu wählen. Vorübergehendes Oberhaupt der Kirche wurde der Patriarch Metropolit Sergej. Stalin weigerte sich lange, die Einberufung eines Konzils zu genehmigen. Aber mit einemmal, am 4. September 1943, lud er den Vorsitzenden des Rats für Angelegenheiten der russisch-orthodoxen Kirche G. G. Karpow in seine Datscha ein. Während dieses Gesprächs, an dem auch Malenkow und Berija teilnahmen, wurde die Rolle der Kirche in Kriegszeiten erörtert. An dieser Stelle muß man erwähnen, daß die russisch-orthodoxe Kirche wiederholt viel Geld für den militärischen Bedarf des Landes zur Verfügung gestellt hatte. Die Kirchendiener benutzten ihren Einfluß, um den Glauben des Volkes an den Sieg über den Aggressor zu stärken.

Nach dem Gespräch mit Karpow erklärte sich Stalin sogleich bereit, hohe Kirchendiener zu empfangen. Bereits einige Stunden später trafen bei ihm die Metropoliten Sergej, Alexej und Nikolaj ein, die verblüfft waren über das Entgegenkommen, das der »Führer« ihnen erwies. In dem folgenden langen Gespräch wurden das Konzil, die Wahl eines Patriarchen und die Eröffnung religiöser Einrichtungen genehmigt. Der Oberste Befehlshaber, selbst beglückt von seiner »Großherzigkeit«, versprach materielle Hilfe und verschiedene Lokkerungen, wobei er Berija vielsagend ansah. Der Gerechtigkeit halber muß gesagt werden, daß ein bedeutender Teil der Versprechen, die Stalin gab, erfüllt wurde. Am nächsten Tag, am 5. September 1943, berichtete die »Prawda« über das Treffen zwischen der politischen Führung des Landes und dem Oberhaupt der russisch-orthodoxen Kirche.

Warum hatte Stalin sich plötzlich an die Kirche erinnert? Ich glaube, aus zwei Gründen. Zum einen wollte der Oberste Befehlshaber die Kirche belohnen wegen der patriotischen Rolle, die sie im Krieg spielte. Der zweite Grund ist außenpolitischer Natur. Stalin bereitete sich auf die erste Begegnung der drei Führer der Antihitlerkoalition Ende des Jahres in Teheran vor. Dort wollte er nicht nur einmal mehr auf die Errichtung der zweiten Front drängen, sondern auch die Zusage zu weiteren Hilfslieferungen einholen. Eine nicht geringe Rolle bei der Unterstützung der Sowjetunion spielte in England das Hilfskomitee, dem ein wichtiger Vertreter der anglikanischen Kirche vorsaß. Nachdem Stalin einige Schreiben von führenden Mitgliedern dieser Kirche erhalten hatte, entschloß er sich zu der beschriebenen freundlichen Geste gegenüber der russisch-orthodoxen Kirche. Stalin war sicher, daß dieses Signal im Westen aufmerksam registriert und zu einer positiven Reaktion führen würde.

Die Beziehungen der Verbündeten erreichten ihren Höhepunkt auf den Treffen der »Großen Drei«. Die Konferenzen von Teheran, Jalta und Potsdam waren Höhepunkte der militärisch-politischen Zusammenarbeit der doch so verschiedenen Alliierten. Möglicherweise zeigten diese Konferenzen bereits damals den Vorrang allgemeiner menschlicher Werte gegenüber Klasseninteressen und ideologischen Werten. Die Beschlüsse der Konferenzen und ihre Bedeutung sind bekannt. Ich habe lediglich die Absicht, Stalins Verhältnis zu einigen Fragen, die auf diesen Konferenzen erörtert wurden, zu beleuchten.

Stalin war ein »Stubenhocker«. Er war zwar bereit, sich mit den Verbündeten zu treffen, aber er wollte sich nicht allzuweit vom

heimatlichen Boden entfernen. Churchill und Roosevelt hatten für ein Treffen Kairo, Bagdad und andere Orte südlich der UdSSR vorgeschlagen. Churchill glaubte sogar, daß Stalin sich mit einem Treffen in der Wüste einverstanden erklären würde, wenn dort ein sicheres Zeltlager aufgebaut werden könnte. Stalin bestand auf Teheran, denn nach seinen Worten konnte er von dort aus die Stawka weiter führen. Nach einigem Hin und Her sahen Churchill und Roosevelt sich gezwungen zuzustimmen. Stalin hatte selbstverständlich niemandem erzählt, daß er Angst vorm Fliegen hatte. Der Flug nach Teheran war der erste in seinem Leben. Er liebte das Risiko nicht, er wollte keine Momente des Zufalls in sein Leben bringen.
Zwei Tage vor dem Flug schickte Stalin ein Telegramm an Roosevelt und Churchill:

»Ihr Schreiben aus Kairo habe ich erhalten. Ich werde am 28. November abends in Teheran zu Ihrer Verfügung stehen.«

Stalin tat alles, um die Frage der zweiten Front in den Mittelpunkt der Teheraner Konferenz zu stellen. Er befand sich zum erstenmal auf einer internationalen Konferenz außerhalb der Grenzen seines Staats und betrachtete aufmerksam seine Partner. Alles war neu für ihn. Churchill interessierte ihn zur Zeit weniger; ihn hatte er schon einige Male getroffen und sich von seinem außergewöhnlichen Verstand und seiner Schläue überzeugt. Roosevelt, dessen Gesicht von Erschöpfung und Krankheit gezeichnet war, gefiel ihm irgendwie. Möglicherweise wegen seiner Offenheit.
Roosevelt war der Jüngste unter den dreien. Bei der Eröffnung der Konferenz sprach er als erster und nannte die Teilnehmer »Mitglieder einer neuen Familie«. Churchill fügte hinzu, daß die Führer, die sich hier versammelt hätten, die größte Konzentration der Weltmächte repräsentierten, die es jemals in der Geschichte der Menschheit gegeben habe. Roosevelt und Churchill schauten Stalin an: Was würde er in diesen ersten Minuten der Konferenz sagen? »Ich glaube, daß die Geschichte uns verwöhnt«, sagte Stalin unerwartet. »Sie hat uns sehr große Kräfte und sehr große Möglichkeiten in die Hände gegeben. Ich hoffe, daß wir alle Maßnahmen dahin gehend treffen werden, daß wir auf dieser Beratung in ausreichendem Maße im Rahmen der Zusammenarbeit jene Kraft und Macht ausnutzen, die

uns unsere Völker gegeben haben. Und nun lassen Sie uns zur Arbeit übergehen.«

Am 30. November sagte Roosevelt während des Frühstücks: »Heute haben ich und Herr Churchill aufgrund der Vorschläge der Vereinigten Stäbe folgende Entscheidung getroffen: Die Operation ›Overlord‹ wird im Mai 1944 zusammen mit einer gleichzeitigen Landungsoperation in Südfrankreich beginnen.«

»Ich bin mit dieser Entscheidung zufrieden«, antwortete Stalin und bemühte sich, dabei ruhig zu bleiben. »Aber ich möchte Herrn Churchill und Herrn Roosevelt noch sagen, daß unsere Truppen einen kräftigen Schlag gegen die Deutschen für den Beginn der Landungsoperationen vorbereiten.«

In der Deklaration der drei Staaten, die von Roosevelt, Stalin und Churchill am 1. Dezember 1943 unterzeichnet wurde, heißt es: »Wir haben uns mit Hoffnung und Entschlossenheit hier eingefunden. Wir fahren von hier fort als wirkliche Freunde des Geistes und des Ziels.«

Bei den Gesprächen über Jugoslawien, die Türkei, Finnland und Japan sowie über das Nachkriegsdeutschland äußerte Stalin eine besondere Meinung. Und auf allen Konferenzen der »Großen Drei« nahm die »polnische Frage« einen bedeutenden Platz ein. Auf der letzten Plenarsitzung in Teheran machte Churchill einen Vorschlag, der offenbar mit Roosevelt abgestimmt worden war. »Der Kern des polnischen Staats und des polnischen Volks muß zwischen der sogenannten Curzon-Linie und der Linie des Flusses Oder liegen, mit Einschluß von Ostpreußen und der Provinz Oppeln in das polnische Gebiet.«

Stalin antwortete: »Wenn die Engländer einverstanden sind, uns sowjetische Länder zu geben (die eisfreien Häfen Königsberg und Memel), so werden wir einverstanden sein mit der Formel, die Herr Churchill vorschlägt.«

Während eines Meinungsaustausches über die Zukunft Polens erklärte Stalin später auf der Konferenz von Jalta, was er seit langem gut durchdacht hatte: Die polnische Frage

»ist nicht nur eine Frage der Ehre, sondern ebenfalls eine Frage der Sicherheit. Eine Frage der Ehre deshalb, weil die Russen in der Vergangenheit viele Sünden gegen Polen begangen haben. Die sowjetische Regierung ist bestrebt, diese Sünden wiedergutzumachen. Eine

Frage der Sicherheit deshalb, weil mit Polen wichtige strategische Probleme des sowjetischen Staates verbunden sind. (...) In der Geschichte war Polen immer ein Korridor, durch den der Feind ging, der Rußland überfiel. (...) Warum sind die Feinde bis jetzt so leicht durch Polen gekommen? Vor allen Dingen deshalb, weil Polen schwach war. Der polnische Korridor kann nicht nur von außen mechanisch durch russische Kräfte verschlossen werden. Er kann zuverlässig nur von innen mit den eigenen Kräften Polens verschlossen werden. Dafür ist es notwendig, daß Polen stark ist. Nun, deshalb ist die Sowjetunion an einer Schaffung eines mächtigen, freien und unabhängigen Polens interessiert. Die Polenfrage – das ist eine Frage von Leben und Tod für den sowjetischen Staat.«

Von dieser Position ging Stalin nicht mehr ab. Auf sein Insistieren hin erklärten sich Roosevelt und Churchill schließlich mit einem territorialen Zuwachs Polens im Norden und im Westen einverstanden.
Gegen Ende des Kriegs und direkt nach der deutschen Kapitulation wurde Stalin mit militärpolitischen und diplomatischen Aufgaben förmlich überschüttet. Geholfen hat ihm Molotow. Auch bei dieser Gelegenheit konnte Stalin sich überzeugen, wie ergeben dieser war. Eine Anweisung Stalins war für Molotow mehr wert als ein Parteibeschluß. Nach dem Krieg, im November 1945, wird Molotow dem Generalissimus erzählen, wie Harriman ihn am 15. Oktober beinahe »gezüchtigt« hätte, aber er habe trotzdem Stalins Anweisungen ausgeführt. Fragend schaute Stalin seinen Volkskommissar an, und dieser berichtete von seinem Dialog mit Harriman. Stalin bereitete sich damals gerade auf seinen ersten Urlaub nach dem Krieg vor, als US-Botschafter Harriman dringlich um Audienz ersuchte. Stalin hatte seinem Volkskommissar gesagt: »Empfange du ihn, ich werde es nicht tun. Du erzählst mir später, was sie wollen.«
So erschienen also Harriman und der erste Sekretär der amerikanischen Botschaft Page bei Molotow. Nach Molotows Bericht an Stalin entspann sich folgendes Gespräch:

Harriman:»Ich habe vom Präsidenten ein Telegramm für den Generalissimus erhalten. Ich habe Anweisung, das Schreiben persönlich auszuhändigen und persönlich mit Stalin einige Fragen zu erörtern.«
Molotow: »Stalin ist für etwa eineinhalb Monate in Urlaub ge-

fahren. Ich werde ihn über die Bitte des Präsidenten in Kenntnis setzen.«

Harriman: »Der Präsident weiß, daß Stalin in Urlaub ist, aber er hofft, daß er mich dennoch empfängt. Die Rede ist von der Londoner Konferenz. Ich bin bereit, egal, wohin zu fahren.«

Molotow: »Generalissimus Stalin arbeitet zur Zeit nicht, denn er befindet sich im Urlaub weit weg von Moskau.«

Harriman: »Der Präsident hofft, daß Stalin mich doch empfangen könnte.«

Molotow: »Ich werde es Stalin mitteilen.«

Harriman: »Der Präsident nimmt an, daß der Generalissimus den Urlaub verdient hat.«

Molotow: »Wir alle nehmen an, daß Stalin Urlaub haben muß.«

Harriman: »Während der Sportparade hatte ich Gelegenheit zu sehen, wie kräftig Stalin aussah.«

Molotow: »Stalin ist wirklich ein kräftiger Mensch.«

Harriman: »Im Kinofilm über die Sportparade sah der Generalissimus Stalin sehr rüstig und lebensfroh aus.«

Molotow: »Alle sowjetischen Menschen sind froh, Stalin in einem guten Zustand zu sehen.«

Harriman: »Ich würde gerne diesen Film erhalten.«

Molotow: »Selbstverständlich, Sie erhalten ihn.«

Harriman: »Ich habe zu den Zielen meines Besuchs nichts mehr hinzuzufügen.«

Molotow: »Ich werde Stalin informieren, der sich jetzt im Urlaub befindet.«

Harriman: »Es ist nicht nötig, über die Wichtigkeit der Frage zu sprechen.«

Molotow: »Ja, selbstverständlich.«

Harriman: »Ich würde gerne als Freund zu Stalin kommen.«

Molotow: »Ich werde es Stalin weitergeben. Aber der Generalissimus ist im Urlaub.«

Nachdem Stalin den langen Bericht des Volkskommissars gehört hatte, sagte er: »Und möglicherweise wollte Harriman tatsächlich etwas Wichtiges von Truman übermitteln?«

Poskrebyschew brachte einige Mappen herein. Darin befanden sich Stalins Direktiven zu Maßnahmen in den befreiten Ländern. Als er nach einem Dokument suchte, stellte er fest, wie viele Papiere es waren. Er konnte sich in diesem Zusammenhang noch gut an die Manöver des finnischen Präsidenten Ryti erinnern. Von der sowjetischen Botschafterin in Stockholm Alexandra Kollontaj waren Informationen nach Moskau gekommen, daß die Finnen »reif« seien für den Austritt aus dem Krieg. Aber dann, am 26. Juni 1944, als Ribbentrop nach Helsinki kam, erklärte Ryti öffentlich:

»Ich erkläre als Präsident der Finnischen Republik, daß ich mit der Sowjetunion keinen Frieden schließen werde außer in Abstimmung mit dem Deutschen Reich, und ich erlaube keiner Regierung Finnlands, die von mir ernannt ist, und überhaupt niemandem, Waffenstillstands- oder Friedensverhandlungen oder Verhandlungen, die ein solches Ziel verfolgen, anders als in Abstimmung mit der Regierung des Deutschen Reichs zu führen.«

Stalin hatte schnell reagiert: Die Angriffe an der Karelischen Front mußten verstärkt werden. Ihm war seit langem klar: Starke Schläge machen einen Gegner nachgiebiger. So war es auch in diesem Fall, obwohl die Operation weniger erfolgreich verlief, als Stalin erwartet hatte. Die Finnen akzeptierten bereits am 4. September 1944 die sowjetischen Bedingungen zur Beendigung der Kriegshandlungen. Am 19. September 1944 wurde das Waffenstillstandsabkommen geschlossen.

Ein anderer Fall, mit dem Stalin sich auseinandersetzen mußte, war eine Direktive an den Vorsitzenden der Alliierten Kontrollkommission in Ungarn Woroschilow und an die Stellvertreter der Vorsitzenden der Alliierten Kontrollkommissionen in Rumänien Susaikow und in Warschau Schatilow. Darin heißt es:

»Besonders wichtig!

In der letzten Zeit haben sich Fälle von Landungen ausländischer, darunter englischer und amerikanischer Flugzeuge auf von unseren Truppen eingenommenen Territorien gehäuft. Falsche Gutherzigkeit, unnötige Vertrauensseligkeit und der Verlust der Wachsamkeit (...) fördern die Benutzung dieser Stützpunkte durch feindliche Elemente für das Hinüberbringen von Terroristen auf das Territorium Polens, von Diversanten und Agenten der polnischen Exilregierung in London.«

Noch ein Dokument, das der Oberste Befehlshaber unterschrieben hat:

»Besonders wichtig!
An den Kommandeur der 2. Ukrainischen Front
An den Kommandeur der 3. Ukrainischen Front
Durchschlag: an Genossen Marschall Timoschenko
Das Hauptquartier des Obersten Befehlshabers befiehlt:
1. Der Kommandeur der 2. Ukrainischen Front hat um 10 Uhr am 31. 8. die Truppen nach Bukarest zu führen. Die Truppen sollen in der Stadt nicht anhalten, und nach dem Durchmarsch durch die Stadt sollen sie zur Ausführung ihrer Aufgaben übergehen, die in der Direktive der Stawka Nr. 220191 festgehalten sind. Sie haben die Aufgabe, so bald als möglich das Gebiet Craiova einzunehmen. Bei dem Durchmarsch der Truppen durch Bukarest soll in der Luft über der Stadt eine möglichst große Anzahl von Flugzeugen vorhanden sein.
2. Der Kommandeur der 3. Ukrainischen Front (...), der in Bukarest eingetroffen ist, soll nach Dschurdscha marschieren mit der Aufgabe, die Donau zu überqueren. (...)
3. Auf Ordnung und Disziplin bei den Truppen, die durch Bukarest marschieren, ist zu achten. (...)
30. August 1944 J. Stalin
20 Uhr 15 Antonow«

Die Hoffnungen des rumänischen Diktators Antonescu, den Vormarsch der sowjetischen Truppen aufzuhalten, erfüllten sich nicht. Die patriotischen Kräfte nutzten das Herannahen der Roten Armee und machten der faschistischen Diktatur Antonescus am 23. August ein Ende.
Es waren ungeheure Mengen an Weisungen und Befehlen, die die Stawka im Verlauf des Kriegs erteilt hatte. Und das war noch lange nicht alles! Da gab es auch noch die Beschlüsse und Erlasse des Staatlichen Verteidigungskomitees, des Politbüros, des Volkskommissariats für Verteidigung. Stalin war klar: Er mußte einen zuverlässigen Menschen damit beauftragen, seinen gesamten Schriftverkehr, seine Befehle, Direktiven und Dokumente durchzusehen. Es durfte nichts übrigbleiben, was irgendeinen Schatten auf seine Tätigkeit

während der Kriegsjahre werfen konnte. Glücklicherweise hatte er die Mehrzahl seiner »zweifelhaften« Befehle mündlich gegeben. Aber da gab es ein Dokument, das Berija ihm kurz nach dem Tag des Sieges vorgelegt hatte:

»Besonders wichtig!
An die Kommandeure der 1., 2. Belorussischen, der 1., 2., 3., 4. Ukrainischen Front.
An die Genossen Berija, Merkulow, Abakumow, Golikow, Chrulew, Golubew.
Zum Zweck des organisierten Empfangs der durch die verbündeten Truppen auf dem Territorium Westdeutschlands befreiten sowjetischen Kriegsgefangenen und sowjetischen Bürger und ebenso zur Übergabe von durch die Rote Armee befreiten ehemaligen Kriegsgefangenen und Bürgern von mit uns verbündeten Ländern befiehlt das Hauptquartier des Obersten Befehlshabers: Durch die Kriegsräte sind in den Etappenregionen für die Niederlassung und für den Aufenthalt ehemaliger kriegsgefangener und heimkehrender sowjetischer Bürger Lager einzurichten. Ein Lager für je 10000 Menschen. Insgesamt sind zu bilden: bei der 2. Belorussischen Front – 15, bei der 1. Belorussischen Front – 30, bei der 1. Ukrainischen Front – 30, bei der 4. Ukrainischen Front – 5, bei der 2. Ukrainischen Front – 10, bei der 3. Ukrainischen Front – 10 Lager. Teilweise können die Lager auch auf dem Territorium Polens errichtet werden. In den errichteten Lagern ist die Überprüfung ehemaliger sowjetischer Kriegsgefangener und befreiter Bürger vorzunehmen: bei ehemaligen Militärangehörigen – durch die Organe der Spionageabwehr ›Smersch‹; bei zivilen Personen – durch die Überprüfungskommissionen von NKWD, NKGB (Volkskommissariat für Staatssicherheit; A. d. Ü.) und ›Smersch‹ unter der Leitung eines NKWD-Vertreters. Die Überprüfungsfristen sind nicht länger als ein bis zwei Monate.
Die Übergabe der von der Roten Armee befreiten ehemaligen Kriegsgefangenen und der Bürger von mit uns verbündeten Ländern an die Vertreter des Alliierten Oberkommandos sind nach Anordnung der Kriegsräte und des Bevollmächtigten des Rats der Volkskommissare der UdSSR durchzuführen. (...)
11. Mai 1945 J. Stalin
24 Uhr 00 Minuten Antonow«

Der Höhepunkt des Kultes

Am 9. Mai brachte man Stalin das Protokoll von der Zeremonie, bei der die Vertreter Deutschlands die bedingungslose Kapitulation unterschrieben hatten. Dem Text nach zu urteilen, war alles schnell gegangen. In Wirklichkeit aber hatte es eine Verzögerung gegeben. Serow hatte ihn deswegen aus Berlin angerufen, und später hatte ihm auch Berija darüber berichtet. Nach ihren Worten war es zu einer Verzögerung von zwei bis drei Stunden gekommen »aufgrund des nachlässigen Verhaltens des Mitarbeiters des Volkskommissariats für Äußeres, des Botschafters Smirnow, der im Text des Dokuments über die Kapitulation der Deutschen, der ihm aus Moskau übergeben worden war, vier Zeilen ausgelassen hatte, und die Verbündeten haben dies bemerkt und die Unterschrift verweigert. Nach einem Vergleich mit dem Originaltext wurde das Ausgelassene hinzugefügt, und der Text des Dokuments über die Kapitulation traf auf keinerlei Einspruch.« Stalin berührte diese Sorglosigkeit, die uns heute noch überall begleitet, unangenehm.

Stalins Autorität war vor dem Krieg lediglich innerhalb der Sowjetunion unangefochten gewesen, nun war er einer der bedeutendsten Männer der Welt. Die Führer westlicher Länder bekundeten dem höchsten Repräsentanten des Sowjetstaats ihre Hochachtung. Der neue Präsident der USA Harry S. Truman bemerkte in einem Schreiben an Stalin:

»Sie demonstrierten die Fähigkeit eines freiheitsliebenden und im höchsten Maße mutigen Volks, die bösen Kräfte der Barbarei zu zertrümmern, ganz gleich, wie stark sie seien. Aufgrund unseres gemeinsamen Siegs beglückwünschen wir das Volk und die Armee der Sowjetunion und ihre hervorragende Führung.«

Churchills Worte waren emotionaler. Sein Schreiben wurde am 9. Mai im Rundfunk verlesen:

»Ich sende Ihnen herzliche Glückwünsche zum glänzenden Sieg, den Sie errungen haben, indem Sie die Eroberer aus Ihrem Land vertrieben und die nazistische Tyrannei zerschlagen haben. Ich glaube fest daran, daß von der Freundschaft und vom gegenseitigen Verständnis zwischen dem britischen und dem russischen Volk die Zukunft der Menschheit abhängt. Hier, auf unserem Inselvaterland, denken wir sehr viel an Sie, und wir wünschen Ihnen aus der Tiefe unserer Herzen Glück und Wohlergehen. Wir möchten, daß nach allen Opfern und Leiden dieses finsteren Tals, durch welches wir zusammen gegangen sind, wir nun in loyaler Freundschaft und Sympathie unter der strahlenden Sonne der siegreichen Welt gehen können.«

Auch de Gaulle erkannte die besondere Rolle Stalins beim Sieg gegen das faschistische Deutschland an:

»Sie haben aus der UdSSR eines der Hauptelemente des Kampfs gegen die Unterdrückerstaaten geschaffen, und ebendeshalb konnte der Sieg errungen werden. Das große Rußland und Sie persönlich verdienen die Anerkennung des ganzen Europa, welches nur in Freiheit leben und erblühen kann.«

Stalin schob den großen Haufen von Telegrammen beiseite, die er aus der ganzen Welt erhalten hatte, und begann nach alter Gewohnheit mit der Pfeife in der Hand in seinem Arbeitszimmer auf und ab zu gehen.

In dieser aufgewühlten Welt war plötzlich alles in Bewegung – Völker, Armeen, politische Führer. Sogar der halbgelähmte Roosevelt machte lange Reisen auf Kreuzern und in Flugzeugen. Nur Stalin kam mit einem Minimum davon: ein geheimer Besuch an der Front im August 1943, ein Flug nach Teheran im selben Jahr, eine Fahrt auf die Krim zur Konferenz von Jalta mit Churchill und Roosevelt Anfang 1945. Der »Führer« des größten Staats der Welt liebte es nicht, die riesigen Weiten seines Landes zu durchqueren. Er wollte zwar alles wissen, aber in Moskau bleiben. Er hatte den Eindruck, daß es ihm gelungen war, aus dem Kreml heraus sehr weit zu blicken. Seine

Neigung zum Einsiedlertum verstärkte Stalins »Rätselhaftigkeit«. Ich weiß nicht, wie er sich verhalten hätte, wenn es damals das Fernsehen schon gegeben hätte. Hätte er, wie Breschnew, den Wunsch verspürt, unaufhörlich auf dem Bildschirm zu erscheinen?
Stalin schätzte den kleinen Kreis: die Mitglieder des Politbüros, manchmal einige Volkskommissare, Militärführer und selten ausländische Politiker. Nun stand dem 65jährigen, der das Alter schon spürte, die letzte Auslandsreise in seinem Leben bevor. Stalin hatte sich am 26. Juni mit Harry Hopkins, dem Berater und Vertrauten des amerikanischen Präsidenten, in Moskau getroffen und bei dieser Gelegenheit den Verbündeten vorgeschlagen, ein Gipfeltreffen in Berlin durchzuführen. Truman und Churchill waren mit dem Treffen in Berlin einverstanden, und man verständigte sich auf den 15. Juli 1945 als Eröffnungstag der Potsdamer Konferenz (es wurde dann aus noch zu schildernden Gründen etwas später). Stalin wußte nicht, daß der Präsident der USA, als er diesen Termin anregte, davon ausging, daß sein Land zu diesem Zeitpunkt bereit war, einen Atombombenversuch durchzuführen (in der Sowjetunion wurde die Arbeit auf diesem Gebiet unter Berijas Leitung ebenfalls vorangetrieben).
Als Truman dann in Potsdam Stalin berichtete, daß der erste erfolgreiche Atombombenversuch stattgefunden hatte, zeigte dieser äußerlich keinerlei Interesse. Der spätere sowjetische Außenminister Gromyko, der an der Potsdamer Konferenz teilgenommen hat, schreibt in seinen Memoiren:

»Churchill erwartete aufgeregt die Beendigung des Gesprächs zwischen Truman und Stalin. Und als das Gespräch zu Ende war, beeilte sich der Premier, den Präsidenten der USA zu fragen: ›Und wie war es?‹
Dieser antwortete: ›Stalin stellte mir nicht eine einzige präzisierende Frage und beschränkte sich lediglich darauf, mir für die Information zu danken.‹
Die Gesprächspartner mutmaßten, ob Stalin die Bedeutung dieser Mitteilung überhaupt verstanden hatte.«

Sie wußten nicht, daß noch am selben Abend ein chiffriertes Telegramm nach Moskau an Berija abging, in dem Stalin forderte, die Arbeit am Atomprogramm zu beschleunigen. Aber das wird erst am 24. Juli sein. Wir haben den Ereignissen vorgegriffen.

Den Plan, nach Berlin zu fliegen, lehnte der »Führer« sofort ab. Berija berief sich auf Experten und bemühte sich, Stalin zu beweisen, daß ein Flug risikolos sei. Aber der Diktator war unbeugsam. Er erinnerte sich noch immer mit Schrecken daran, als das Flugzeug, das ihn Ende 1943 nach Teheran gebracht hatte, in Luftlöcher geraten war. Deshalb beschloß Stalin, mit der Eisenbahn nach Berlin zu fahren. Berija arbeitete eine spezielle Route aus, und ein Sonderzug mit gepanzerten Waggons, mit Wachen und sonstiger Begleitung wurde vorbereitet. Die Operation zur Beförderung des Führers nach Berlin wurde sorgfältiger geplant als viele Kriegsoperationen.

Stalin forderte häufig Berichte an über den Verlauf der Vorbereitungen für die Konferenz, über die Organisierung seiner Reise, ihn interessierten Details, und er gab Anweisungen. In dieses Unternehmen waren Zehntausende von Menschen einbezogen. Zwei Wochen vor der Abreise lag auf dem Schreibtisch des Generalissimus ein Dokument, das treffend Stalins Verhältnis zur eigenen Person charakterisierte:

»An den Genossen Stalin J. W.
An den Genossen Molotow W. M.
Das NKWD der UdSSR berichtet über die Beendigung der Vorbereitung der Maßnahmen zur Vorbereitung des Empfangs und der Unterbringung der bevorstehenden Konferenz (so im Text; D. W.). Vorbereitet sind 62 Villen (10000 Quadratmeter) und ein Zwei-Etagen-Einzelhaus für den Genossen Stalin, 15 Zimmer, eine offene Veranda, Mansarde (400 Quadratmeter). Das alleinstehende Gebäude ist mit allem ausgestattet. Es gibt ein Post- und Telegraphenamt. Es ist für Vorräte an Wild, Geflügel, gastronomischen und Kolonialwaren sowie anderen Produkten und Getränken gesorgt. Es sind Nebenwirtschaften sieben Kilometer von Potsdam geschaffen worden, mit Tier- und Geflügelfarmen, Gemüseanbau; es arbeiten zwei Brotbäckereien. Das gesamte Personal ist aus Moskau. Zwei spezielle Flughäfen stehen bereit. Für die Bewachung stehen sieben Regimenter der NKWD-Truppen und 1500 Personen aus der operativen Mannschaft zur Verfügung. Die Bewachung ist in drei Ringen organisiert. Der Leiter der Leibwache des alleinstehenden Hauses ist Generalleutnant Wlassik. Die Bewachung des Konferenzorts übernimmt Kruglow.

Ein Sonderzug ist vorbereitet. Die Reiseroute beträgt 1923 Kilometer Länge (1095 durch die UdSSR, 594 durch Polen, 270 durch Deutschland). Für die Sicherheit des Weges sorgen 17000 Mann aus den Truppen des NKWD, 1515 Personen aus der operativen Mannschaft. An jedem Kilometer der Eisenbahnstrecke stehen 6 bis 15 Personen Wache. Auf der Geleitlinie werden 8 Panzerzüge der Truppen des NKWD fahren.
Für Molotow ist ein zweigeschossiges Gebäude vorbereitet worden (11 Zimmer). Für die Delegation 55 Villen, darunter 8 einzeln stehende Häuser.
2. Juli 1945 L. Berija«

Ich habe einige Kleinigkeiten ausgelassen. Wie weit hatte sich der »Führer« schon entfernt von seinem »Asketismus« der zwanziger Jahre! Je mehr Stalins Ruhm zunahm und je älter er wurde, desto mehr fürchtete er um sein Leben. Bis zur Abreise erkundigte sich Stalin, manchmal einige Male am Tag, bei Berija mal nach der Geheimhaltung des Abfahrtstermins, mal nach der Dicke des Panzerblechs der Waggons, mal nach der Strecke, die durch das Territorium Polens führte: Konnte er sich vorstellen, daß die sowjetischen Soldaten diesen Weg von Moskau nach Berlin zu Fuß und unter dem Feuer des Gegners marschiert waren? Kaum.
Als Stalin am 17. Juli um 12 Uhr in Potsdam Truman traf, sagte er, nachdem man Grußworte ausgetauscht hatte: »Ich bitte, meine Verspätung um einen Tag zu entschuldigen. Ich bin wegen Verhandlungen mit den Chinesen aufgehalten worden. Ich wollte fliegen, aber die Ärzte haben es verboten.«
»Ich verstehe vollkommen. Ich bin erfreut, den Generalissimus Stalin kennenzulernen«, antwortete Truman.
Stalin verspätete sich, um seine Wichtigkeit zu unterstreichen. Auf einen großen »Führer« kann man und muß man warten können. Ein Mitglied der englischen Delegation in Potsdam erinnerte sich später: »Stalin verspätete sich immer zu den Sitzungen, und wir mußten lange auf seine Ankunft warten.«
Am Abend begannen die »Großen Drei« die Früchte des Sieges in Europa zu teilen. Das erwies sich als leichter, als das Bündnis aufrechtzuerhalten. Sie wußten, daß die sonderbare Allianz möglicherweise ihre letzten Tage erlebte.

Die Früchte und der Preis des Sieges

Vom 17. Juli an, zwei Wochen lang, verhandelten die Staatsoberhäupter über die Resultate des Kriegs. Sie bestimmten die Zukunft Deutschlands, sie stritten über das Schicksal der Länder Osteuropas, suchten Lösungsmöglichkeiten für die »polnische Frage«, teilten die deutsche Flotte, legten die Höhe der Reparationen fest, trafen Übereinkünfte über die Aburteilung der Kriegsverbrecher, besprachen die Fristen für die Beendigung des Kriegs mit Japan und eine Menge anderer Dinge.

Woran mag Stalin gedacht haben, als er sich in dem Land aufhielt, das eine gigantische Kriegsmaschine aufgebaut hatte, gegen die er einen langen und furchtbaren Kampf führen mußte? Möglicherweise erinnerte er sich daran, daß in diesem Land die Ideologie geboren worden war, deren oberster Priester zu sein er nun schon viele Jahre beanspruchte.

Möglicherweise hätte eine Aktionseinheit der Kommunisten mit den Sozialdemokraten es nicht zugelassen, daß der Faschismus sein Haupt erhob. Ob Stalin, wenn er nach einem Konferenztag müde in seiner Potsdamer Residenz saß, an den deutschen Kommunistenführer Ernst Thälmann dachte, dem er nicht helfen konnte (oder nicht wollte)? Ende 1939 hatte Molotow von einem Telegramm eines Beraters des sowjetischen Botschafters in Berlin berichtet. Dieser hatte geschrieben, daß Thälmanns Frau zu ihm in die Vertretung gekommen sei. Sie habe auf den sowjetisch-deutschen Grenz- und Freundschaftsvertrag verwiesen und Moskau gebeten, ihren Mann aus dem faschistischen Gefängnis zu befreien. Sie habe gesagt, »sie hat keinerlei Ausweg, denn sie hat keine Existenzmittel, sie hungert buchstäblich«. Kobulow habe ihr mitgeteilt, daß die Sowjetunion ihr nicht helfen könne. Stalin hatte damals Molotow angeschaut und zu ihm gesagt, daß es vielleicht gut sei, Thälmanns Frau mit deutscher Währung zu helfen? Aber er tat nichts für Ernst Thälmann, dem es gelungen war, aus den faschistischen Folterkammern einige Briefe nach Moskau zu schicken mit der Bitte um Hilfe. Man nahm sie nicht einmal an. Stalin wollte sich nicht persönlich an Hitler mit einer Bitte wenden, er wollte nicht, daß ein »Schatten« auf den Nichtangriffsvertrag fiel. Als er dann eine Gruppe von Antifaschisten der Gestapo auslieferte, hätte er nicht nur Thälmann befreien können.

Gewiß hat Stalin sich bei dieser Gelegenheit an eine Meldung erinnert, die ihn kurz nach dem Sieg erreicht hatte:

»Staatliches Verteidigungskomitee, an den Genossen Stalin J. W.
Der Bevollmächtigte des NKWD der UdSSR der 2. Belorussischen Front Genosse Zanawa teilte mit, daß die Frau E. Thälmanns, Rosa Thälmann, von Operativgruppen des NKWD entdeckt worden ist, die aus dem Konzentrationslager geflohen war und sich in der Stadt Fürstenberg versteckt hatte, und Thälmanns Tochter Irma, die von den Abteilungen der Roten Armee aus dem Konzentrationslager in der Stadt Neubrandenburg befreit worden ist. (...)
Thälmann R. erzählte, daß sie Thälmann das letztemal am 27. Februar 1944 im Gefängnis der Stadt Bautzen in Anwesenheit eines Mitarbeiters der Gestapo gesehen habe. Er habe ihr erzählt, daß man ihn ständiger Folter aussetze und von ihm verlange, seinen Überzeugungen abzuschwören. (...)
11. Mai 1945 L. Berija«

Nachdem Stalin diesen Bericht gelesen hatte, sagte er zu Poskrebyschew, man solle den befreiten Verwandten Thälmanns die notwendige Hilfe erweisen.
Wie viele solcher Angelegenheiten landeten am Ende des Kriegs auf seinem Schreibtisch! Stalin beschloß, daß Berija und Molotow sich damit beschäftigen sollten. Vor ihm stand etwas anderes, etwas Größeres: der politische Abschluß des Krieges. Nachdem er einen militärischen Sieg errungen hatte, durfte er diesen nicht ungenutzt lassen auf der politischen Arena.
Er glaubte, daß der Krieg endgültig einen Militärführer aus ihm gemacht habe. Bis zum Ende seiner Tage konnte er sich nicht von seiner Marschallsuniform trennen. Einmal wurden ihm in Anwesenheit von Mitgliedern des Politbüros Uniformen vorgeführt, die zur Hälfte aus Gold bestanden, Gold, wo es nur möglich war. »Was ist das?« fragte Stalin und schaute auf die drei Männer, die die unbekannten Uniformen vorführten. »Das sind drei Varianten einer Uniform für den Generalissimus der Sowjetunion«, antwortete Chrulew, der Chef der Hauptverwaltung für das Hinterland der Roten Armee. Stalin blickte noch einmal böse auf die goldenen Requisiten und jagte die gesamte Gesellschaft mit üblen Flüchen aus dem Arbeits-

zimmer. Wie würde er in solch einer Uniform aussehen? Wie der Empfangschef eines Nobelrestaurants oder wie ein Clown? Dummköpfe!
Mit besagtem Chrulew hatte er schon einmal in einem ähnlichen Zusammenhang zu tun gehabt. Dieser hatte auf Stalins Anweisung den ersten Entwurf für den Orden »Pobeda« anfertigen lassen. Er wurde dem Obersten Befehlshaber am 25. Oktober 1943 vorgelegt. In der Mitte des Ordensentwurfs waren die Silhouetten Lenins und Stalins abgebildet. Diese Variante gefiel dem »Führer« nicht, denn man konnte ihn lediglich an seiner charakteristischen kaukasischen Nase und an seinem Schnurrbart erkennen. Der neue Entwurf sollte aus Platin angefertigt werden. Und auch Brillanten durften nicht fehlen.
Aber nun, in Potsdam, war Stalin nicht als militärischer, sondern als politischer Führer gefordert. Während er den Reden seiner Partner zuhörte, kritzelte er nach alter Gewohnheit auf Papier. In der Regel lagen vor ihm einige Buntstifte und ein Federhalter. Manchmal schrieb er immer wieder ein und dasselbe Wort: »Reparationen« – »Kontributionen«.
Zu den Früchten des Sieges zählte Stalin nicht nur die Zerschlagung des Faschismus, sondern auch die Verwandlung der Sowjetunion in einen der einflußreichsten Staaten der Erde. Der Generalissimus fühlte bereits die Erdstöße, die das Gebäude der Antihitlerkoalition erschütterten und sie bald zerstören sollten. Aber er konnte sich nicht vorstellen, daß dies so bald geschehen würde. Nur ein sehr aufmerksamer Beobachter hätte es vermocht, die erst feinen Risse im Bündnis zu entdecken. Stalin ließ sich nicht in die Irre führen durch Trumans Ausspruch bei ihrer ersten Begegnung, daß er ein Freund des Generalissimus sein wolle. Daß dem nicht ganz so war, zeigte sich schon bei der Erörterung über die Reparationen. Und die Amerikaner gingen bei der »polnischen Frage« von der Position ab, die sie in Jalta eingenommen hatten, und stellten sich auf die Seite der Engländer. Sie versuchten, eine für die Sowjetunion äußerst ungünstige Entscheidung herbeizuführen. In der Sowjetunion war ein riesiges Gebiet okkupiert gewesen, und sie hatte die höchsten menschlichen und materiellen Verluste gehabt. Die USA und Großbritannien hatten den Krieg in dieser Form nicht am eigenen Leib spüren müssen.

Stalin unterstrich, daß die Sowjetunion, wie auch Polen und Jugoslawien, nicht nur ein politisches, sondern auch ein moralisches Recht darauf habe, Ersatz für diese Verluste zur fordern. Aber Truman und Churchill stellten sich taub für Stalins Appelle. Am 13. und letzten Sitzungstag war Stalin schließlich genötigt, die für ihn ungünstigen Bedingungen zu akzeptieren. Aber der Generalissimus revanchierte sich bei der Lösung der »polnischen Frage«, indem er die Oder-Neiße-Linie als künftige deutsch-polnische Grenze und die Curzon-Linie als künftige sowjetisch-polnische Grenze durchsetzte. Stalin verschob Polen quasi nach Westen hin, auch weil er zwischen seinem Land und Deutschland einen starken slawischen Staat sehen wollte. Nicht ohne Grund beunruhigte Stalin die Tatsache, daß der amerikanische Präsident und der britische Premierminister gerne und ausführlich über Osteuropa sprachen, aber nicht über Westeuropa. Als Stalin auf der Konferenz die Frage des faschistischen Franco-Regimes aufwarf, traf er auf keinerlei Verständnis; gleichzeitig forderten Truman und Churchill Unterstützung für Titos Gegner in Jugoslawien. Die westlichen Partner äußerten sich zwar besorgt über die Lage in Bulgarien und Rumänien, aber sie wollten nicht sehen, daß in Griechenland ein Bürgerkrieg drohte, wenn die Alliierten nicht eingriffen. Manchmal schien es Stalin, als säßen am Tisch nicht Verbündete, sondern alte Feinde, die das größte Stück ergaunern wollten von dem Kuchen, den sie zusammen gebacken hatten. Und er irrte sich nicht: Die militärischen Fragen verloren sich in der Vergangenheit. An erster Stelle stand nun die Politik. Auf diesem Gebiet waren die Positionen der Partner zu verschieden, als daß es möglich gewesen wäre, solche Ergebnisse zu erzielen wie in Jalta. Der Krieg, die Gefahr, die gemeinsamen strategischen Ziele hatten die ungleichen Verbündeten geeint. Sobald der Krieg beendet, die Gefahr abgewendet und die gemeinsamen strategischen Ziele erreicht waren, trat, wie immer in solchen Fällen, der Klassenegoismus zutage. Auch den ausgezeichneten Dolmetschern gelang es nicht, die Führer der Antihitlerkoalition eine gemeinsame politische Sprache sprechen zu lassen.

Trotz aller Differenzen war Stalin mit den Resultaten der Konferenz zufrieden, wie auch die Engländer und Amerikaner. Im Sommer 1945 gelang, was ein oder zwei Jahre später unmöglich gewesen wäre. Es gelang den Alliierten, sich über die Entmilitarisierung Deutschlands zu einigen und für alle Seiten annehmbare Entscheidungen in

einigen anderen Fragen zu finden. Truman bestand besonders darauf, daß die UdSSR sich öffentlich verpflichtete, in den Krieg gegen Japan einzutreten. Stalin erklärte: »Die Sowjetunion wird Mitte August bereit sein, in Aktion zu treten, und sie wird ihr Wort halten.« Stalin wollte die Eröffnung seiner »zweiten Front« nicht hinausschieben, wie es England und die USA getan hatten. Außerdem wollte er seine Verbündeten nicht enttäuschen. Als Truman die Konferenz schloß, sagte er: »Ich erkläre die Berliner Konferenz für beendet. Bis zum nächsten Treffen, das, wie ich hoffe, bald sein wird.«
»Das gebe Gott«, erwiderte Stalin.
Der Generalissimus konnte nicht wissen, daß das Abkommen über Japans Kapitulation, das auf seine Anweisung für die Sowjetunion General Derewjanko unterschreiben sollte, für lange Jahre das letzte bedeutende Dokument sein würde, das die ehemaligen Verbündeten gemeinsam unterschrieben. Er konnte ebensowenig ahnen, daß im Pentagon bald Atomkriegspläne (»Dropshot« u. a.) gegen die Sowjetunion erarbeitet würden. Aber noch war es nicht soweit.
Ob es die Führer der verbündeten Staaten wollten oder nicht, in Potsdam war ein Schritt getan worden, der nicht nur die Hinterlassenschaft des Kriegs in Europa politisch ordnete, sondern auch einen Schritt hin zur Spaltung des Kontinents bedeutete. Die Antihitlerkoalition erlebte ihre letzten Stunden. Die westlichen Führer hatten es eilig. Weder Stalin noch Truman, noch Churchill ahnten, daß der Pfad des gegenseitigen Hasses, den sie bald betreten sollten, ihre Nachfolger in die historische Atomrüstungssackgasse führen würde. Erst Jahrzehnte später, als die Politiker entdeckten, daß die Vernichtung jeglichen Lebens auf unserem Planeten drohte, würden sie beginnen einzusehen, daß sie gezwungen sind, ihre Klassen- und ideologischen Interessen zurückzustellen zugunsten allgemeiner menschlicher Werte wie in den Jahren des vergangenen Kriegs.
Der große Sieg über den Faschismus brachte für die sowjetischen Menschen auch bittere Früchte. Der Sieg bestätigte Stalin in seinem Glauben an seine Unfehlbarkeit und an seine messianische Rolle für die Zukunft des sowjetischen Volks und des Sozialismus. Der große Sieg verwandelte Stalin endgültig in einen irdischen Gott.
Die sowjetischen Menschen erlangten die Freiheit von der Unterdrückung und Bedrohung durch den Faschismus. Aber bis zur Freiheit vom Stalinismus war es noch furchtbar weit. Die sowjetischen

Bürger kehrten an ihren heimischen Herd zurück und hofften auf positive Veränderungen. Die Menschen wollten besser leben. Ohne Angst. Stalin wurde geschätzt und gefeiert, und die Menschen glaubten nun, daß es keine Gewalt, keine Kampagnen, keine Entbehrungen mehr geben würde.

Stalin ließ jedoch bald erkennen, daß sich an der politischen und wirtschaftlichen Struktur des Landes nichts ändern würde. Nun mußten die Industrie und die Landwirtschaft wiederaufgebaut werden, und zwar nach den Anweisungen, die er, Stalin, geben würde. Im Aufruf des ZK an alle Wähler zu den Wahlen zum Obersten Sowjet der UdSSR am 10. Februar 1946 wurde nicht ein Wort über Demokratie und Volksmacht verloren. Dieser Aufruf war von Stalin persönlich genehmigt worden. Die Zahnräder des von Stalin geschaffenen Apparats drehten sich erbarmungslos weiter mit der Geschwindigkeit, die der »Führer« vorgegeben hatte. Und wieder gab es Direktiven wie vom Fließband: über das Studium des »Kurzen Lehrgangs« der Geschichte der Partei, über die schwache Arbeit der Zeitungen »Molot«, »Wolschskaja Kommuna« (Kujbyschew), »Kurskaja Prawda«, über die Beendigung der »Vergeudung von Kolchosländereien« (Verbot der Nebenwirtschaften und Privatgärten der Arbeiter und Angestellten), über die schwache Arbeit der OGIS (Vereinigung der Staatsverlage); über die Ernte und Aufbewahrung von staatlichem Getreide usw., usf.

Auf vielen Dokumenten findet sich Stalins Signum. Nach wie vor glaubte er an die magische Kraft der *Anweisungen, Direktiven, Verordnungen.* Das Stalinsche bürokratische Kommandosystem, das vor dem Krieg etabliert worden war, begann nach dem Sieg schnell zu wachsen. Der Kurs, den Stalin seit 1945 einschlug, ist ein Kurs der totalen Bürokratie. Es wurden immer neue Organisationen geschaffen, deren Hauptaufgabe es war, die Ausführung von Anweisungen und Beschlüssen zu kontrollieren. Um den Kolchosbauer endgültig unbeweglich zu machen, nahm man ihm seinen Paß. Umsiedlungen und Verbannungen fanden auch Ende der vierziger Jahre noch statt. Es waren zwar weniger als früher, aber Berijas Leute blieben nicht ohne Arbeit.

Die Gesellschaftswissenschaftler wurden endgültig zu hirnlosen Kommentatoren »großer« Dogmen gemacht. Von neuem setzten die ermüdenden und verdummenden Rituale der Lobpreisung des »Führers« ein. Von neuem wurde Offenheit zur Gefahr, sogar gegenüber nahestehenden Menschen. Die intellektuellen Aufseher töteten unter Schdanows Leitung in der Literatur und Kultur die Freiheit des Gedankens. Der Bürokratismus begann von neuem seine gefährlichen Früchte zu erzeugen: Gleichgültigkeit und mangelnde Bereitschaft zur Eigeninitiative. Die Menschen wurden moralisch degradiert und standen im Widerspruch zwischen Worten und Taten.

Die Partei wurde zum Schatten des Staats. Oder vice versa der Staat zum Schatten der Partei. Niemand konnte eine Meinung vertreten, die sich von der offiziellen unterschied. Der Sozialismus züchtete, im Gegensatz zu seinen Losungen, eine neue bürokratische Elite heran.

Stalin nutzte den Sieg umfassend zu eigenen Zwecken aus: Entschieden festigte er das System seiner Alleinherrschaft. Zu sozialer Kreativität war er ebenso unfähig wie in den zwanziger Jahren. Nach alter Gewohnheit löste Stalin mal einen Minister, mal einen Marschall ab und war dabei immer der »geniale Führer«. In den Augen der Menschen war Stalin der »gute Zar«, und das Versetzen und Ablösen hoher Amtsträger festigte seine Autorität noch. Bis heute gibt es Menschen, denen dieser Stil gefällt: Die Korruptionsaffären der Breschnew-Zeit wären unter Stalin nicht möglich gewesen, behaupten manche. Wenn man es aber genau betrachtet, so mag es paradox klingen, doch die Wurzeln der Entartungen der »nachstalinschen Zeit« wurden unter Stalins Herrschaft gelegt. Als sie in eine Gesellschaft gelangten, in der es keine Angst und keine »harte Hand« gab, begannen die Embryonen der Nomenklaturallmacht rasch zu wachsen.

Das System der ständigen Verbote, das ohne echte sozialistische ökonomische Hebel, ohne moralische Kultur, ohne die Möglichkeit zur freien Meinungsäußerung auskommen sollte, erwies sich als ineffektiv. Als Stalin physisch und dann in einem gewissen Maße auch politisch von der Bühne ging, wurde es klar: Die Fortexistenz des Systems vertiefte die krisenhaften Erscheinungen. Die Menschen werden nach Jahren sagen: *Absolute Macht verdirbt absolut.*

Der Sieg über den Faschismus festigte die Alleinherrschaft und die kultische Unterwerfung unter den Diktator bedeutend. Für das Volk wurde er zum Messias, zum Urheber des Großen Siegs, zum unübertroffenen Militärführer. Und dieser blinde Glaube blendete

das Volk, das für lange Zeit keine Wahrheit und keine Gerechtigkeit kannte. Stalin wäre niemals in der Lage gewesen, wie Lenin zu sagen: Wir brauchen Veränderungen in unseren politischen Strukturen.
Neben diesen negativen Prozessen pulsierten die Hoffnung, der Wille, die Energie des Volkes. Der Sieg über den Faschismus überzeugte die sowjetischen Menschen von der Richtigkeit des Sozialismus, von der Richtigkeit der historischen Wahl, die im Oktober 1917 getroffen worden war. Ungeachtet der vielen Hindernisse, Schwierigkeiten und Verbrechen bewahrte das Volk seinen Glauben an die bessere Zukunft. Innerhalb unfaßbar kurzer Zeit ist es ihm gelungen, die Ruinen zu beseitigen und das ökonomische Potential des Landes wiederherzustellen.
Als man Stalin Ende 1945 Angaben über den ökonomischen Schaden des Kriegs vorlegte, fragte er Wosnessenski: »Ist das nicht übertrieben?«
»Es kann lediglich untertrieben sein. Innerhalb kurzer Zeit das Ausmaß aller Verluste festzustellen ist unmöglich«, antwortete dieser.
Der Krieg mit Japan stand bevor, und die Berichte Wosnessenskis besagten, daß auch eine kolossale Wiederaufbauarbeit bevorstand. Wosnessenski begriff besser als die anderen in der Umgebung des »Führers« die ökonomischen Prozesse, die im Land vor sich gingen. Stalin betrachtete ihn schon seit langem aufmerksam und hatte gemischte Gefühle ihm gegenüber. Ja, das war wohl einer der klügsten Funktionäre in seiner Umgebung, aber Stalin mißfielen Wosnessenskis Unabhängigkeit und Urteilskraft. Doch ohne ihn, so glaubte Stalin, war der wirtschaftliche Wiederaufbau nicht zu bewerkstelligen. Im Februar 1947 schlug Stalin auf einem Plenum des ZK unerwartet für viele vor, Wosnessenski zum Politbüromitglied zu wählen.
Wosnessenski hatte für Stalin einen Bericht über das Ausmaß der Zerstörung durch die deutschen Eroberer anfertigen lassen: 1710 Städte und Siedlungen städtischen Typs vernichtet, mehr als 70000 Dörfer verbrannt (der »Führer« hatte zwischenzeitlich »vergessen«, daß viele davon auf sein Konto gingen), 32 000 Industriebetriebe zerstört, 65 000 Kilometer Eisenbahnlinien demoliert, rund 100000 Kolchosen und Sowchosen verwüstet, Tausende von Maschinen- und Traktorenstationen ...
Nach Wosnessenskis Bericht waren 25 Millionen Menschen im Land

obdachlos, sie lebten in Erdhütten, Schuppen oder Kellern. Die Viehzucht, die bereits seit Beginn der dreißiger Jahre stagniert hatte, hatte praktisch aufgehört zu existieren: Millionen von Rindern, Schafen und Schweinen waren umgekommen. Wosnessenskis erste Berechnungen des Schadens ergaben etwa 700 Milliarden Rubel (Vorkriegswährung). Anders gesagt, das Land hatte dreißig Prozent seines Nationalreichtums verloren. Der Lebensstandard des Volkes befand sich auf dem denkbar niedrigsten Niveau.

Diese furchtbaren Kriegsfolgen aber interessierten Stalin weniger: Er war schon immer der Meinung gewesen, daß der Sozialismus ohne große Opfer nicht errichtet werden könne. Erst hatte es gegolten, den Faschismus zu schlagen, und nun mußte das Land wiederaufgebaut werden. Ohne die Unterstützung durch das öffentliche Bewußtsein, ohne eine ständige Kraftanstrengung, ohne den Kampf gegen Schwierigkeiten und innere Feinde, so dachte Stalin, ließen sich solche bedeutenden Aufgaben nicht lösen.

Daß er recht haben mußte, bezeugte beispielhaft eine Aktennotiz Chruschtschows, die Poskrebyschew dem »Führer« in die Mappe gelegt hatte. Am 31. Dezember 1945 teilte Chruschtschow mit, daß es in Verbindung mit den kommenden Wahlen zum Obersten Sowjet zu Aktionen ukrainischer Nationalisten in den westlichen Regionen der ukrainischen SSR gekommen sei. Am Ende der Aktennotiz stand die Bitte, Verstärkung für die Militärbezirke der Karpaten und Lembergs zu schicken. Aber gab es nur hier »Feinde«? Wie viele hatten unter der Okkupation gelebt oder waren in Kriegsgefangenschaft gewesen? Stalin war überzeugt davon, daß von der Front nicht wenige »Dekabristen« zurückgekehrt waren.

Und dann gab es einen Bericht über die Schaffung von Vernichtungsbataillonen für den Kampf gegen das Bandenunwesen in Lettland. Auch dort Opfer. Der Krieg war zu Ende, aber die Zahl der Opfer war unüberschaubar. Außerdem wurde gemeldet, daß sich in Litauen im Vorfeld der Wahlen gleichfalls »die Aktivität antisowjetischer nationalistischer Untergrundbewegungen verstärkt« habe. Eine lange Liste: Am 15., 16., 17. und 20. Dezember 1945 waren Mitglieder und Leiter von Wahlkommissionen durch Banden ermordet worden.

Es sollte noch einige Jahre vergehen, bis das Blutvergießen im Baltikum endete. Wie hoch war der Preis für den Sieg? Wie viele

Menschen mußten ihr Leben lassen? Bald würde Stalin auf der Wahlversammlung dem Volk sagen müssen, was der Sieg gekostet hatte. Während des Kriegs hatte Stalin darüber kaum nachdenken müssen; die menschlichen Ressourcen des Landes schienen ihm unerschöpflich.

Aus dem Bericht, den Wosnessenski im Januar 1946 für Stalin vorbereitet hatte, geht hervor, daß man über die Verluste erst einige Monate später Genaueres sagen könne, denn diese blutige Statistik war, besonders zu Beginn des Kriegs, außerordentlich nachlässig geführt worden. Nach Wosnessenskis vorläufigen Berechnungen hatten mehr als 15 Millionen Menschen ihr Leben lassen müssen. Stalin antwortete nichts und schrieb in sein Redemanuskript, daß 7 Millionen auf dem Schlachtfeld gefallen seien.

Wie hoch war der Preis für unseren Sieg wirklich? 1946 erklärte Stalin: 7 Millionen Menschenopfer. 1956 machte Chruschtschow in einem Brief an Schwedens Ministerpräsident Erlander zum erstenmal die Angabe von mehr als 20 Millionen. Auf was beruht diese Zahl, die auch heute noch angeführt wird? Auf ungenauen Berechnungen. Meiner Meinung nach ist an Chruschtschows Zahl nur eines wahr, und zwar die Worte *mehr als.* Die Historiker arbeiten heute an der Fixierung einer mehr oder weniger genauen Ziffer: Das Volk muß wissen, wie viele seiner Söhne und Töchter es auf den Altar des Sieges gelegt hat.

Bei meinen Recherchen in Archiven und Statistiken bin ich schließlich zu der Meinung gekommen, daß die Zahl der Opfer im Großen Vaterländischen Krieg zwischen 26 und 28 Millionen Menschen beträgt, von denen nicht weniger als 10 Millionen auf dem Schlachtfeld oder in Kriegsgefangenschaft starben.

Wäre Stalin selbstkritisch gewesen, so hätte ein einfacher Vergleich der sowjetischen und der deutschen Verluste ihn zu der Schlußfolgerung führen müssen, daß der Glanz des »militärischen Genies des Führers« in nicht geringem Maß auf dem Unwissen der Menschen beruhte.

Der Krieg war zu Ende. Nun konnte Stalin wieder in den Süden fahren und Kaukasusluft atmen. Berija bemühte sich sehr um die Sicherheit des »Führers«, wobei die Reisen nach Sotschi weniger Anforderungen an sein Organisationstalent stellten als die »Berliner

Operation« in Vorbereitung der Potsdamer Konferenz. Der »Führer der Völker« fürchtete um sein Leben nicht nur in Deutschland, sondern auch in seiner Heimat. Einen Teil des Wegs legte er mit dem Auto zurück. Mit ihm reisten wie immer Wlassik, Poskrebyschew, Istomina, eine größere Anzahl von Mitarbeitern, Leibwachen und Bediensteten. Während er durch Orel, Kursk und andere Städte und Dörfer fuhr, verließ er einige Malc den Wagen und sprach mit den Menschen. Ihn erstaunte die Selbstlosigkeit der Frauen und Kinder, die während des Kriegs Furchtbares erlebt hatten. Die Städte lagen in Trümmern. Als Stalin im Süden angekommen war, teilte man ihm mit, daß bei Suchumi und in anderen Gebieten eifrig am Bau neuer »Staatsdatschen« für ihn gearbeitet werde.

Bald hatte Stalin genug von den Kontakten mit dem Volk, er war die untertänigen Zurufe leid: »Es geht aufwärts, Genosse Stalin!« Er hatte beschlossen, daß es für seine Popularität besser sei, der Masse von der Tribüne des Mausoleums zuzuwinken, in Kinowochenschauen zu lächeln und dem Volk täglich in Form von Porträts, Statuen und Büsten zugänglich zu sein. Stalin verstand etwas von Massenpsychologie: Er durfte nicht zu nah an das Volk herantreten, es könnte seine Unzulänglichkeiten sehen.

In den Augen der Menschen mußte er für immer der Mann bleiben, der den Sozialismus aufgebaut, der alle Feinde des Volkes vernichtet, der den Faschismus besiegt hatte und der bald die sowjetischen Menschen zum »Aufbau des Kommunismus« aufrufen würde. Er, und nur er war in der Lage, zu bestimmen, wann »die Zeit zum Töten, die Zeit zum Heilen, die Zeit zum Zerstören und die Zeit zum Aufbau« gekommen war. Stalin muß gefühlt haben, daß ihn nur ein solches System gebrauchen konnte, das er selbst geschaffen hatte. Und größere Veränderungen würde wohl niemand erwarten. Die Macht des Staats mußte verstärkt werden, es mußten alle beseitigt werden, die dies nicht wollten. Der große Sieg, den er errungen hatte, war ein schwerwiegendes Argument für die Richtigkeit seines Kurses. Es war zwar möglich, die Menschen zu verändern, aber das Wichtigste durfte man nicht in Frage stellen: die Ordnung, die Stalin an die Spitze der Macht befördert hatte. Stalin war überzeugt davon, daß die Ordnung, die er um jeden Preis bewahren wollte, dem nahe war, wovon die Begründer des wissenschaftlichen Sozialismus geträumt hatten.

Stalin glaubte nicht ohne Grund, daß es nach dem Krieg in der Welt eine Wende nach links geben würde. Der antifaschistische Kampf hatte die Massen zusammengefügt, er belebte die demokratischen Kräfte und bedrängte die Reaktion. Der Heroismus und die Selbstlosigkeit der sowjetischen Menschen hatten starke Sympathien für den Sowjetstaat hervorgerufen. Sogar viele Weißgardisten und emigrierte Intellektuelle zog es zurück in die Sowjetunion. Besonders interessierte sich Stalin für die Signale aus Paris, die von georgischen Menschewiki kamen. Viele von ihnen kannte er persönlich. Nach Beendigung des Krieges hatte er den Sekretär des ZK der Kommunistischen Partei Georgiens Scharija nach Paris geschickt. Dieser hatte ihm nach seiner Rückkehr berichtet, daß die georgischen Emigranten ihm alte Handschriften, Handarbeiten aus Gold und Silber, archäologische Stücke in die Heimat mitgegeben hätten. In Moskaus Auftrag hatte sich Scharija mit Noi Schordanija, Jewgeni Gegetschkori, Jossif Gobetschija und Spiridon Kedija getroffen. Zu Beginn des Treffens hatte Jordania erklärt, daß er seine Auffassung über das Fehlen von Demokratie, freier Meinungsäußerung, Pressefreiheit und Privatinitiative in der UdSSR bekräftige. Aber dann sagte er, und Stalin unterstrich diese Worte im Bericht: »Den Krieg hat Stalin gewonnen. Ich halte ihn für einen großen Menschen. Es wäre dumm, aufgrund politischer Meinungsverschiedenheiten seine Größe zu negieren. Die Geschichte wird noch mehr von seiner Größe erzählen. Sie wird jene Seiten seiner Arbeit aufdecken, die den Zeitgenossen noch nicht bekannt sind.« Hinsichtlich des letzten Punktes hatte Jordania in gewisser Weise vollkommen recht. Viele der ehemaligen politischen Gegner äußerten den Wunsch, in die Heimat zurückzukehren. Der Sieg über den Faschismus brachte der Sowjetunion viele neue Freunde und Anhänger in der Welt. Es entstanden zahlreiche neue internationale Beziehungen für Moskau.

Es begann der Verfall der Kolonialimperien, die Welt hörte immer mehr vom Kampf der nationalen Befreiungsbewegungen. In den osteuropäischen Ländern, und dann auch in China, spielten die Kommunisten eine entscheidende Rolle. Stalin verfolgte den Aufschwung der revolutionären Bewegungen aufmerksam. Nicht ohne Grund glaubte er, daß die kommunistische Bewegung einen »zweiten Atem« erhalten hatte.

Aber die Erfolge der Kommunisten wurden bald vom kalten Krieg beendet. Das Signal für diese neue Phase der internationalen Beziehungen gab eine Rede Churchills in Fulton am 5. März 1946. Es verschlechterte sich auch die Lage in der Sowjetunion. Im Jahr 1946 wurden große Gebiete des Landes von einer Dürre befallen. Und die westliche Ukraine und das Baltikum wurden zu einer Arena harter Zusammenstöße zwischen staatlichen Sicherheitskräften und nationalistischen Gruppen. Ungeachtet der Direktiven Stalins, »die Zerschlagung der Banden zu beschleunigen«, dauerte es lange, bis der Partisanenkrieg beendet werden konnte. In der westlichen Ukraine kam es noch im Jahr 1951 zu episodischen Auseinandersetzungen mit bewaffneten Banden.

Das Leichentuch der Stalinschen »Geheimnisse«

Der Leser weiß: Stalin liebte Geheimnisse. Große und kleine. Am meisten aber liebte er die Geheimnisse der Macht. Und es waren ihrer viele. Häufig ging es um Grausamkeiten. Erst jetzt beginnen wir wirklich darüber nachzudenken: Wie konnte es einem Menschen, der unmoralisch, der nicht einmal physisch anziehend und der in politischer Hinsicht geradezu abstoßend war, gelingen, ein ganzes großes Volk zu *zwingen*, ihn zu lieben? Warum glaubten ihm Millionen, und nicht nur in unserem Land? Stalin kannte die »Geheimnisse« dieses Phänomens, er schätzte und pflegte sie.
Heute, da soviel über Stalin geschrieben wird, bemühen sich viele aufrichtige Autoren, Stalin vom Sozialismus, vom Volk zu trennen. Das hatte auch Trotzki versucht, als er begann, sein Buch »Stalin« zu schreiben. In vielen Artikeln sowjetischer Autoren wird diese Absicht deutlich. Auch ich habe zuerst geglaubt, man könne den Sozialismus von Stalin lösen, aber dann kam ich zu dem Schluß, daß dies nicht möglich ist, ohne die historische Wahrheit zu verletzen. Ist es wirklich realistisch, das Volk und Stalin getrennt zu sehen bei der Beurteilung der dreißiger und vierziger Jahre? Hatten denn das Volk und die Partei nichts zu tun mit ihrem »Führer«? Haben sie ihn, der in dem riesigen Staat über allem stand, etwa nicht gefeiert? Hier verbirgt sich Stalins größtes »Geheimnis«. Es ist ihm gelungen, zum Symbol des Sozialismus zu werden.

In gewisser Hinsicht jedoch ist es möglich, Stalin vom Sozialismus zu trennen, denn zu seiner Zeit befand sich unser Land in einer Übergangsperiode. Der unreife Sozialismus ließ es zu, daß ihn ein Mensch ohne würdige Ideale regierte. Der Triumphator entfernte sich vom Volk in dem Maße, in dem der Sozialismus, den er geschaffen hatte, sich vom Leninschen Vorbild unterschied. Stalin läßt sich vom *Stalinschen* Sozialismus natürlich nicht trennen.
Stalins Vorstellung vom »neuen Menschen« unterschied sich grundlegend von Lenins Idee einer harmonischen Entwicklung der Persönlichkeit in der sozialistischen Gesellschaft. Wie ist es Stalin gelungen, das Bewußtsein des Volks zu manipulieren? Vor allem mit Hilfe seines großen Apparats. Bei Gesprächen mit dem ehemaligen ZK-Sekretär Dimitri Trofimowitsch Schepilow erfuhr ich folgendes: Stalin habe häufig mal den einen, mal den anderen Vertreter der künstlerischen Intelligenz zu sich eingeladen, auch Wissenschaftler und andere Persönlichkeiten des öffentlichen Lebens. Es konnte also geschehen, daß er plötzlich einen bedeutenden Schriftsteller, Schauspieler, Journalisten, Regisseur zu sich bat. Für den betreffenden Menschen war dies ein großes Ereignis: Der »Führer« hatte sich herabgelassen, ihn einzuladen! Häufig machte Stalin bei diesen Audienzen eine »ideologische Bestellung«. Einst, so erzählte Schepilow, habe man ihm abends eine Telefonnummer gegeben und gesagt, er solle sie wählen. Während er wählte, versuchte er zu erraten, um wessen Nummer es sich handeln könne. Am anderen Ende der Leitung meldete sich Stalin: »Genosse Schepilow! Haben Sie ein wenig Zeit? Könnten Sie jetzt zu mir kommen?«
»Ja, selbstverständlich.« Schepilow berichtete weiter:

»Ich erinnere mich nicht mehr, was ich noch gesagt habe, aber der Telefonhörer schwieg bereits. Ich wußte nicht einmal, wohin ich fahren sollte. Aber sogleich klingelte es noch einmal, und man teilte mir mit, daß man mich in ein paar Minuten abholen würde. Ohne zu verstehen, was vor sich ging, bewegte ich mich durch die Korridore des Kreml, begleitet von einem schweigenden Mitarbeiter aus Stalins Sekretariat. Überall standen Wachen.«

Das Gespräch mit dem »Führer« dauerte lange, erinnerte sich Schepilow.

»Stalin holte weit aus: Die neue Zeit brauche eine neue Ökonomie. Die ›Kommandeure der Produktion‹, wie er sagte, befänden sich in ökonomischer Hinsicht auf einem sehr niedrigen Niveau. Es sei notwendig, sehr schnell ein Lehrbuch der politischen Ökonomie des Sozialismus zu schreiben. Wie ich verstehen konnte, wurde dies mir und noch zwei großen Wissenschaftlern aufgetragen. Die Empfehlungen wurden so geäußert, als wären sie schon seit langem durchdacht: Erhöhung des Niveaus der Vergesellschaftung der Produktionsmittel, Vervollkommnung der Planung, einen Plan des ›eisernen Gesetzes‹ schaffen, die Arbeitsproduktivität steigern und noch etwas im Sinne der ›Kraftökonomie‹. (...)
Stalin hatte eine Bestellung aufgegeben. Innerhalb kürzester Frist. Uns drei ›versteckte man‹ in einer Moskauer Datscha. Am Ende jeder Woche rief Suslow an und fragte fordernd: Wie geht es voran? Wann kann man den Text lesen? Genosse Stalin wartet. Denken Sie daran!«

Auf diese Weise bestellte Stalin auch Theaterstücke, Filme, Bücher und Lehrbücher. Stalin beeinflußte damit persönlich die geistige Entwicklung der Gesellschaft.
Wie der Literaturwissenschaftler Schkerin schrieb, der wiederholt mit Scholochow zusammengetroffen war, habe Stalin diesen am 24. Mai 1942 unerwartet zu sich eingeladen. Der Dichter hatte an diesem Tag Geburtstag.
Nach einem langen Essen sagte Stalin schließlich, warum er Scholochow zu sich gebeten hatte:

»Es ist Krieg. Ein schwerer und schrecklicher Krieg. Wer wird nach dem Sieg über ihn schreiben? So würdig wie im ›Stillen Don‹. Mutige Menschen werden dort dargestellt – Melechow und Podtjolkow und noch viele andere Rote und Weiße. Aber solche wie Suworow und Kutusow gibt es darin nicht. Die Kriege jedoch, Genosse Schriftsteller, werden eben von solchen großen Heerführern gewonnen. Am Tag Ihres Geburtstags möchte ich Ihnen gute Gesundheit für viele Jahre und einen neuen talentierten, allumfassenden Roman wünschen, in dem richtig und glänzend wie im ›Stillen Don‹ Soldatenhelden und geniale Militärführer, Teilnehmer des jetzigen furchtbaren Kriegs dargestellt werden.«

Ein weiteres »Geheimnis« Stalins bestand in seinem Bestreben, die Gesellschaft ständig in der Hochspannung des Kampfs zu halten. In diesem Kampf fühlte er sich immer sicher. Vor der Revolution hatte er nichts anderes gekannt als den Kampf ums Überleben und gegen die alte Gesellschaft. Die zwanziger Jahre dienten ihm dazu, all jene politisch zu beseitigen, die nicht so dachten wie er und die möglicherweise eine führende Rolle in der Partei hätten beanspruchen können. Den Kampf um die Wege des sozialistischen Aufbaus verwandelte Stalin in einen Kampf für die Durchsetzung seiner persönlichen Macht. In den dreißiger Jahren bestand sein Kampf in der physischen Vernichtung aller realen und potentiellen Gegner. Er hat in diesem Kampf derart viel »erreicht«, daß die Erdenbewohner, falls sie überleben sollten, sich noch in Jahrhunderten nicht nur an die Barbarei Dschingis-Khans, Tamerlans und Hitlers, sondern auch an jene Stalins erinnern werden. Er hatte zwar kein Buch mit dem Titel »Mein Kampf« geschrieben. Aber sein ganzes Lebens und sein ganzes Schaffen war sein Kampf gegen eine Unzahl von »Feinden«.

Stalin bediente sich der Idee des Klassenkampfs als Rechtfertigung des ewigen Kampfes. Als die Großgrundbesitzer und Kapitalisten beseitigt worden waren, fand er noch eine »Klasse«, die liquidiert werden mußte – die Kulaken. Und als es schließlich keine offensichtlichen Klassenfeinde mehr gab, stellte Stalin die Formel auf, daß es sie immer geben würde.

Sogar als Stalin sich der Ergebenheit des ganzen Volks sicher sein konnte, wollte er sich nicht beruhigen. Im Januar 1948 rief er Innenminister Sergej Kruglow zu sich und gab ihm folgende Anweisung: Es sollten »konkrete Maßnahmen« zur Schaffung neuer Lager und Gefängnisse besonderer Art durchdacht werden. Fälle von Unzufriedenheit bei den Menschen würden häufiger, es gebe Versuche, die Grenze zu überqueren, einige Schriftsteller schwiegen, so, als würden sie gegen die Alleinherrschaft protestieren wollen. »Im Februar legen Sie mir den Entwurf für den Beschluß vor«, sagte Stalin. »Für die Trotzkisten, Menschewiki, Sozialrevolutionäre, Anarchisten, Weißemigranten müssen besondere Bedingungen geschaffen werden.«

»Wird ausgeführt, Genosse Stalin, wird ausgeführt«, sagte Berijas gehorsamer Schützling.

Der Leser soll nicht glauben, daß ich die Daten verwechselt hätte. Nein. Im Jahr 1948 sprach Stalin wieder von Trotzkisten, Mensche-

wiki, Sozialrevolutionären, Anarchisten. Ich glaube, er suchte »neue Feinde«, gewissermaßen Neotrotzkisten, Neomenschewiki, Neosozialrevolutionäre usw.
Kruglow ließ seinen »Führer« nicht lange warten. Mitte Februar legte er das von Stalin gewünschte Dokument vor. Stalins Vermerk »Einverstanden« ist nur eine weitere Facette zur Vervollständigung seines Porträts. Für ihn waren der Kampf, die Gewalt, die Unfreiheit Mittel seines »Aufbaus« – »Aufbau« auf Stalinsche Weise. Verabsolutierungen sind immer gefährlich. Die Verabsolutierung des Klassenkampfes führte Stalin zur Negierung vieler Werte des Sozialismus. Die wichtigsten sozialistischen Werte – soziale Gerechtigkeit, Humanismus, die Freiheit der Persönlichkeit – wurden mit Füßen getreten.
Nach dem Krieg, als in Europa und in der ganzen Welt ein Ruck nach links beobachtet werden konnte, schien es, als bestätigte die Geschichte Stalins kämpferisches Weltbild. Viele glaubten, daß der eiserne Pflug des Klassenkampfes von neuem die Erde aufwühlen würde.
Damals versuchte niemand in globalen Maßstäben zu denken; das Damoklesschwert der Atomapokalypse war noch schlecht zu erkennen. Als die eisigen Winde des kalten Kriegs die Aktivität der antiimperialistischen Kräfte noch nicht eingefroren hatten, schien es, als würde die Entwicklung nicht nur auf den Zusammenbruch des Kolonialsystems hinauslaufen.
Stalins Reden in der Nachkriegszeit widmeten sich vor allem der Wiederherstellung der Volkswirtschaft, der Entwicklung der Schwerindustrie, der Belebung der Landwirtschaft. Dort hatte sich eine äußerst gespannte Situation ergeben. Der Produktionsausstoß im ersten Nachkriegsjahr war gering. Die USA hatten ihre Getreidelieferungen eingestellt, und die Ernte im europäischen Teil der Sowjetunion war katastrophal. Aber das brachte Stalin nicht aus dem seelischen Gleichgewicht. Die Menschen mußten auf die Abschaffung der Lebensmittelkarten bis Herbst 1947 warten. Wieder kam der Hunger ins Land.
Im März 1945, kurz vor Kriegsende, hatte Berija einen Bericht über die Versorgungslage in verschiedenen Gebieten angefertigt. Stalin nahm das Papier in die Hand und blätterte eine Seite um. Aus der tadschikischen Republik wurde berichtet:

»In der Umgebung von Leninabad (...) sind 20 Personen verhungert, und 500 Personen haben in Ermangelung von Nahrungsmitteln angeschwollene Bäuche. In den Gebieten von Stalinabad, Ramit, Pachtaabad, Obi-Garm und anderen Regionen sind mehr als 70 Menschen an Hunger gestorben. Es gibt noch weitere Todesfälle. Solche Tatsachen konnten auch in der Umgebung von Kurgan-Tjubinsk, Kuljabsk, Garmsk konstatiert werden. Die Hilfe, die vor Ort in diesen Gebieten geleistet worden war, ist unbedeutend.«

Im Gebiet von Tschita wurden, nach einem anderen Bericht, verendete Tiere und Baumrinden gegessen. Ferner hieß es:

»Eine bis zum äußersten verzweifelte Mutter von sieben Kindern, deren Körper vom Hunger aufgequollen waren, tötete ihre jüngste, eineinhalb Jahre alte Tochter und benutzte sie als Nahrung, um die übrigen zu retten. Ihr Name ist A. W. Demidenko.«

Aber Stalin wollte die bitteren Einzelheiten nicht weiterlesen. Als Berija sah, daß sein »Führer« unzufrieden war, sagte der Volkskommissar beruhigend: »Wir haben eine bestimmte Menge an Mehl bis zur neuen Ernte zugeteilt. Man wird eben durchhalten müssen!« Molotow hatte zwar die Anweisung gegeben, Mehl dorthin zu liefern, aber gleichzeitig wurden von dort im Jahr 1945 1,3 Doppelzentner Getreide pro Hektar wegtransportiert.
Ich habe viele Dokumente mit Berichten über die Hungersnot gesehen, die auch nach dem Krieg nicht endete und über die weder die Presse noch der Rundfunk informierten. Berija berichtete auch später darüber, daß beispielsweise im Dorf Butorino, im Rayon von Belejsk, Kinder Schweinefutter stahlen. Die Zensoren beseitigten Briefe, in denen es hieß, daß im Rayon von Mogoituj verweste Hühner verzehrt würden. Im Dorf Skoworodino wurden verweste Pferde verzehrt und im Rayon Uletowsk sämtliche Brennesseln, Hopfen, Gräser und Wurzeln. Es fällt unglaublich schwer, diese Zeilen niederzuschreiben. So furchtbar war der Krieg für das Volk. Aber Stalin dachte: Große Ziele fordern große Opfer.
Stalin führte offenbar kein Tagebuch. Und viele Dokumente wurden auf seine Anweisung vernichtet. Ich konnte herausfinden, daß teilweise auch Berichte über die Ausführung von Stalins Anweisungen durch das NKWD vernichtet worden sind.

Stalin war einer der wenigen, die das Recht hatten, ausländische Publikationen zu lesen, in denen er kritisch dargestellt wurde, etwa in Satiren oder Karikaturen. So berichtete man Stalin im August 1937, daß einer der »Ehemaligen«, der Dichter Garin-Michajlowski, in der Emigrantenpresse das Poem »Puschkin und Stalin« veröffentlicht habe. Der Text, angefertigt als Dialog zwischen dem »Führer« und dem großen russischen Poeten, wurde ihm ebenfalls vorgelegt:

»Stalin (wacht auf, reibt sich die Augen, schaut um sich und blättert in Puschkins Werken. Allein.)
Nein, das war nicht Puschkin, das ist klar:
Ich suche vergeblich nach Zitaten . . .
Und der selbsternannte Betrüger
Erschien mir wohl im Nachmittagsdämmerschlaf,
Jedoch ›die Gottheit verspürte Hunger‹!
Im Traume erschien mir nicht vergebens
Schaschlik und roter Wein,
Ja, und ein neuer Name . . . (er schreit):
He, Diener! Meine Speise wie üblich
Und die gestrige Liste der GPU.
Ich vergaß, einen Namen hinzuzufügen,
Der verdammte Puschkin brachte mich aus dem Konzept . . .
(er reibt sich zufrieden die Hände).
Ich weiß vor Arbeit, Genossen, nicht ein noch aus
Und Staatssorgen noch zuhauf.
So fließt wie die Wolga mein Leben dahin . . .
Nur wisse, Puschkin – ›Rußland, das bist nicht du, sondern ich!‹«

Solche Dokumente bewahrte Stalin für einige Zeit bei sich auf und übergab sie später Poskrebyschew. Dieser vernichtete viele davon, aber einige blieben in den Archiven liegen.
Der ehemalige Stellvertreter des Ministers für Staatssicherheit Alexej Alexejewitsch Jepischew erzählte, daß Stalin ein dickleibiges schwarzes Heft besessen habe, in das er ständig etwas eingetragen habe. Möglicherweise bleibt der Inhalt dieses Hefts für immer ein Geheimnis. Ich kenne die Quelle nicht, auf die Jepischew sich bezieht. Er berichtete auch, daß Stalin eine Zeitlang persönliche Briefe von Sinowjew, Kamenew, Bucharin und sogar von Trotzki bei sich aufbewahrt habe.

Einen direkten Zugang zu Stalin hatten lediglich Berija, Poskrebyschew und Wlassik. Von einer eventuellen Existenz solcher Niederschriften konnten nur sie wissen. Aber Poskrebyschew und Wlassik, denen Stalin vertraute, wurden kurz vor dem Tod des »Führers« von Berija kompromittiert und aus Stalins Umgebung entfernt. In einem Wort, am Ende hielt sich von diesen dreien nur noch einer in Stalins Nähe auf: Berija. Als Berija und Chruschtschow die Ärzte zum sterbenden Stalin brachten, wußte das Monster, daß dies das Ende war. Berija ließ Chruschtschow, Malenkow und die anderen Politbüromitglieder beim »Führer« zurück und raste zum Kreml. Wer kann heute sagen, ob sich dieser neue Fouché nicht an Stalins Safe zu schaffen machte? Wenn ja, wohin kann er die persönlichen Aufzeichnungen des »Führers« gebracht haben?
Berija muß gemerkt haben, daß sich in den letzten eineinhalb Jahren Stalins Verhältnis zu ihm verschlechtert hatte. Stalin seinerseits muß Berijas Absichten erraten haben. Möglicherweise hatte der Generalissimus eine Anordnung oder sogar ein Testament hinterlassen? Die Kriecherei vor dem »Führer« war damals so ausgeprägt, daß dessen Wille auch nach seinem Tod ausgeführt worden wäre. Berija hatte Anlaß genug, sich zu beeilen. In Stalins Arbeitszimmer konnte nur er eindringen. Denn der »Führer« wurde von seinen Leuten bewacht. Wie auch immer, nach meinen Recherchen war Stalins Safe faktisch leer. Möglicherweise werden wir niemals mehr über dieses Stalinsche Geheimnis erfahren. Jepischew war davon überzeugt, daß Berija Stalins Safe »säuberte«, bevor dieser offiziell geöffnet wurde.
Es gibt noch ein Stalinsches Geheimnis. Wird es sich jemals lüften lassen? Es geht um den Tod von Stalins Frau. Darüber gibt es offizielle Erklärungen und verschiedene Versionen. Aber keine von ihnen ist zufriedenstellend. Es gibt ein interessantes Dokument: ein Begnadigungsgesuch, das an Kalinin gerichtet ist. Es stammt von Alexandra Gawrilowna Kortschagina, die im Solowetzki-Lager gefangengehalten wurde. Das Gesuch trägt das Datum des 22. Oktober 1935. Wie aus dem umfangreichen Brief hervorgeht, hat das Parteimitglied Kortschagina fünf Jahre als Hausangestellte bei Stalins Familie gearbeitet. Sie wurde verhaftet, als ein Gefangener, der früher im Kreml gearbeitet hatte, aussagte, daß Kortschagina behauptet habe, Stalin habe seine Frau erschossen. Wie Kortschagina in ihrem Brief schreibt, habe sich Stalin damals zur Kremlwohnung begeben, offenbar seiner

Frau folgend. Kortschagina schreibt an Kalinin, daß sie gefoltert und gezwungen worden sei, eine Aussage zu ihren Ungunsten zu machen. Daraufhin sei sie ohne Gerichtsverhandlung in ein Lager geschickt worden.
Große Führer, die im Blickpunkt der Weltöffentlichkeit stehen, können ihre persönlichen Geheimnisse nicht ohne weiteres bewahren. In einer demokratischen Gesellschaft ist das auch nicht erforderlich. Die Verschlossenheit einer Gesellschaft beginnt bei ihrer Führung. Stalin hat diesbezüglich viel erreicht. Er ließ das Volk nur das sehen, was es sehen sollte. Alles andere wurde mit einem unsichtbaren Leichentuch zugedeckt.

Der Paroxysmus der Gewalt

Schon weit vor Stalins siebzigstem Geburtstag wurden auf Malenkows Initiative im Politbüro Vorbereitungen für eine würdige Begehung dieses Jubiläums getroffen.
Im Jahr seines siebzigsten Geburtstags ist es Stalin gelungen, eine Aktion durchzuführen, die auch heute noch bei älteren Menschen populär ist. Unter den Bedingungen eines Verfalls der Landwirtschaft und des Tiefstands der Leichtindustrie senkte er die Preise für Waren des Massenbedarfs. Voller Zufriedenheit las Stalin in der »Prawda«:

»Vom 1. März 1949 an werden die staatlichen Einzelhandelspreise für Waren des Massenbedarfs im Durchschnitt in folgendem Umfang gesenkt:
Brot und Mehl – um 10 Prozent
Butter – um 10 Prozent
Fleisch, Wurstwaren und Konserven – um 10 Prozent
Wodka – um 28 Prozent
Parfümeriewaren – um 20 Prozent
Wollgewebe – um 10 Prozent
Fahrräder – um 20 Prozent
Fernseher – um 25 Prozent
Uhren – um 30 Prozent
Entsprechend sind die Preise in Restaurants, Kantinen, Teestuben und anderen öffentlichen Speisestätten zu senken.«

Das Volk lebte armselig. Die Organe des Innenministeriums (MWD) berichteten, daß in einer Reihe von Gebieten, besonders im Osten, die Menschen nach wie vor hungerten und keine ausreichende Kleidung besaßen. Stalin war fest überzeugt davon, daß die Menschen verderben würden, wenn sie mehr als ein Minimum besäßen. Ja, und außerdem konnte man ihnen nicht mehr geben. Schließlich war es notwendig, die Verteidigung zu stärken, die Schwerindustrie zu entwickeln.

Das Land mußte stark sein. Und dafür mußten auch künftig die Gürtel enger geschnallt werden. In jedem weiteren Jahr erwartete das Volk eine Preissenkung. Und es bekam sie. Stalins Autorität stieg weiter. Die Menschen wollten nicht begreifen, daß die Politik der Preissenkungen unter den Bedingungen eines extremen Warenmangels eine außerordentlich geringe Rolle beim Zuwachs des Wohlstands spielt.

Einer solchen Politik war auch soziale Demagogie nicht fremd. Aufgrund eigener Berechnungen behaupte ich, daß zu Beginn der fünfziger Jahre der Lebensstandard, der Reallohn kaum das Niveau das Jahres 1913 überschritten hatten. Möglicherweise sind meine Berechnungen nicht korrekt. Aber ich kann mich des Eindrucks nicht erwehren, daß die langen Experimente dem Volk wenig gebracht hatten hinsichtlich einer Verbesserung des Lebensstandards, wobei man natürlich nicht vergessen darf, die verheerenden Folgen des Kriegs mit einzurechnen.

Allerdings sollte man nicht außer acht lassen, daß das kulturelle Niveau der sowjetischen Menschen entscheidend gestiegen war und sich die Freundschaft zwischen den Völkern der Sowjetunion gefestigt hatte. Es wurden auch einige Maßnahmen ergriffen, um die soziale Versorgung der Bevölkerung zu verbessern. Es gab Kriegsrenten für die Familien derer, die im Krieg gefallen waren, Unterstützungen für kinderreiche Familien und einiges andere. Aber das alles war das soziale Minimum, das nur die allgemeine Armut widerspiegelte. Der Kurs auf den Ausbau der Schwerindustrie unter den Bedingungen einer stagnierenden Landwirtschaft stellte sich ganz und gar nicht in Regenbogenfarben dar.

Nicht selten wird in heißen Diskussionen über jene vergangenen Zeiten von »Ordnung«, »Disziplin«, »Respekt vor den Gesetzen« gesprochen. Wie tief seien wir inzwischen herabgesunken, sagen manche, nun gebe es Prostitution und Drogenabhängigkeit! Ich weiß nicht, wie es zu Stalins Zeiten um die Prostitution stand, aber alle anderen Geschwüre – Trunksucht, Betrug, Diebstahl und sogar Drogensucht – gab es in unserer Gesellschaft schon damals. Das jedoch fiel in die geheimzuhaltende Kriminalstatistik. Möglicherweise waren diese Erscheinungen zu jener Zeit weniger ausgeprägt als heute. Wie gesagt: Es gab sogar die Drogensucht. Im Januar 1948 berichtete Innenminister Kruglow Stalin:

»Im November 1947 wurden der Verwaltung des MWD im Gebiet von Frunse (Kirgisische SSR) Angaben darüber gemacht, daß in der Stadt Frunse eine Gruppe von Opiumhändlern – Nigmatschanow, Chabibulin, Chismutdinow, Gajnullina – arbeite. Konfisziert wurden 17 Kilogramm Opium.«

Und dann heißt es da noch:

»Im Jahre 1946 wurden von den Organen des MWD 10 563 Schüler festgehalten, die aus Betriebsschulen, aus Handwerker- und Eisenbahnschulen fortgelaufen waren. (...) Auf diesem Gebiet gibt es viele Gesetzesübertretungen: Diebstahl, Banditismus. Die Lage in den Schulen ist nicht zufriedenstellend: gesundheitsschädliche Zustände, Kälte, häufig kein Licht. (...)

S. Kruglow«

Kasernenordnung, Gewalt, administrative Methoden waren nicht in der Lage, die Kriminalität zu beseitigen oder sie auch nur einzudämmen. Stalin hätte der These wohl kaum zugestimmt, daß allein die Achtung vor dem Gesetz, eine hohe Kultur und demokratische Verhältnisse in der Lage sind, kriminelle Anomalien zu verringern.

Die Widersprüche, die durch die Alleinherrschaft und totale Bürokratie hervorgerufen worden waren, waren die Ursache der kommenden Krisen. Stalin wollte oder konnte dies nicht verstehen. Er beharrte auf ideologischen statt auf ökonomischen Hebeln, ohne zu sehen, daß der revolutionäre Enthusiasmus abnahm. Nach wie vor setzte Stalin die Hauptakzente auf den sozialistischen Wettbewerb, womit er die schöpferische Aktivität der Massen bremste; und immer

wieder griff er zu den bekannten Methoden: Drohungen, Direktiven, Befehle.
Nicht zufällig fiel der Höhepunkt des Stalin-Kults mit dem sogenannten »Leningrader Fall« zusammen. Die Stalinschen »Triumphe« sind alle untrennbar mit Gewalt verbunden. Das ist die Gesetzmäßigkeit einer Alleinherrschaft. Sogar wenn sozialökonomische Programme verwirklicht werden sollten, schuf er bürgerkriegsähnliche Zustände, zumindest in regionalem Maßstab. Nach dem Sieg über den Faschismus übertrug Stalin das Epizentrum dieses »inneren Kriegs« nach Leningrad. Stalin hatte bemerkt, daß nun, nach der Beendigung des Kriegs, besonders unter den Intellektuellen leise die Hoffnung geäußert wurde, daß sich in der sowjetischen Gesellschaft etwas ändere. Prompt folgte das Kommando des Führers an Schdanow:

»Es muß etwas gegen die Ideenlosigkeit unternommen werden. In der Literatur macht sich ein Abgehen von den klassischen Prinzipien bemerkbar. Überprüfen Sie ein bis zwei Zeitschriften. Am besten in Leningrad.«

Nachdem Schdanow den traurig-berühmten Beschluß des ZK »Über die Zeitschriften ›Swesda‹ und ›Leningrad‹« in Empfang genommen hatte, begab er sich in die Stadt an der Newa. Auf der Grundlage dieses Beschlusses wurden der Film des Regisseurs Lukow und des Drehbuchautors Nilin »Bolschaja Schisn« (»Das große Leben«) und Muradelis Oper »Die große Freundschaft« verboten. Auch in die Programme der Theater wurde hart eingegriffen. Stalin meinte, daß in der Literatur und in der Kunst manches aus dem Rahmen fiel, den die Partei vorgegeben hatte. Stalin sah darin eine Bedrohung für seine Alleinherrschaft.
In seiner geistigen Welt der unverrückbaren Postulate war kein Platz für solch ein »Freidenkertum«. Die Hetzjagd auf den Satiriker Soschtschenko und die Lyrikerin Achmatowa wurde zum Signal für eine ideologische Säuberung. Leningrad hatte sich noch nicht von seinen Kriegswunden erholt, da wurde es schon zum Opfer eines ideologischen Kreuzzugs.
Im Schdanow-Archiv gibt es einen langen Brief von Vera Soschtschenko, der Frau des Satirikers, an Stalin:

»Verehrter Genosse Poskrebyschew!
Ich bitte Sie sehr, diesen Brief dem Genossen Stalin zur Durchsicht zu geben oder, wenn es ihn ermüden sollte, ihm in Kürze den Inhalt des Briefs zu übermitteln. (...)

8. 9. 1947

Mit herzlichem Gruß
Vera Soschtschenko«

In dem besagten Brief steht unter anderem:

»Die allergrößte Freude in meinem Leben stellt der Gedanke dar, daß Sie auf der Welt existieren, und mein allergrößter Wunsch ist es, daß Sie so lange wie möglich existieren. (...)
Lieber Josef Wissarionowitsch! Ich war von dem Beschluß des ZK der KPdSU(B) über die Zeitschriften ›Swesda‹ und ›Leningrad‹ buchstäblich erschüttert. (...) Wie konnte das alles geschehen? Alle haben Soschtschenko doch geliebt. Man erkannte ihn an (Gorki, Tichonow, Schaginjan, A. A. Kusnetzow, Maiski). Von einer Flucht aus Leningrad konnte nicht die Rede sein. (...) Den ganzen Winter 1944 arbeitete er an seinem Buch über die Partisanen. (...) Von Verleumdung und Gehässigkeit kann in seinen Büchern nicht die Rede sein.«

Die mutige Frau bestritt auf diese Weise die Beschuldigungen, die gegen ihren Mann erhoben wurden. In ihrer Verzweiflung und Not machte sie eine Eröffnung:

»Er ist ein schwieriger Psychopath/Neurastheniker. (...) Sonderbare Manien. Er hat wahnsinnige Angst, verrückt zu werden wie Gogol. Er versuchte, sich mit einer Selbstanalyse zu heilen, und (...) irgendwie ist es gelungen. Seine Krankheit hat ihn mit dem Talent des Satirikers gesegnet, und das ist eben sein Pech. Er kann sich einem fremden Willen nicht unterordnen, er kann nicht auf Anweisung von anderen arbeiten.«

Stalin hat diesen Brief gelesen. Es gibt Randbemerkungen darauf, die mit Bleistift geschrieben sind; er notierte, daß das Schreiben an Schdanow weiterzuleiten sei. Er wird wohl gemerkt haben, daß hinter dem »Protest« nicht nur die Frau des Schriftstellers stand. Erstaunlicherweise beschränkte sich Stalin gegenüber Soschtschenko und seiner Familie auf den moralischen Terror.

Nachdem er Leningrad einen ideologischen Schlag versetzt hatte, ließ er zwei Jahre später einen politischen Strafakt folgen, der vielen wie eine Neuauflage der Massenrepressalien der dreißiger Jahre vorkam. Mitte Februar 1949 schickte Stalin Malenkow mit einem Auftrag nach Leningrad. Der Vorwand war die Übertretung der Parteinormen auf der Leningrader Konferenz der KPdSU. Die Leningrader Parteiführer Popkow, G. F. Badajew, Kapustin und Lasutin hatten bei den Wahlen zum Gebietskomitee einige Neinstimmen erhalten, aber der Vorsitzende der Wahlkommission Tichonow hatte erklärt, daß diese Genossen einstimmig gewählt worden seien. Sogleich schrieb ein Mitglied der Wahlkommission einen anonymen Brief an das ZK. Obwohl Stalin auf dem 17. Parteitag im Jahr 1934 selbst eine grobe Wahlfälschung begangen hatte, war seine Reaktion hart. Er behauptete, es habe sich eine solche Menge bedenklicher Hinweise im Zusammenhang mit der Arbeit der Leningrader Führung angesammelt, daß es dringend notwendig sei, sofort zu reagieren. »Fahren Sie hin, Genosse Malenkow, und schauen Sie einmal, daß Sie dort alles in Ordnung bringen. Der Genosse Berija hat auch noch einige Angaben.«

»Gut, Genosse Stalin, ich fahre heute mit dem Nachtzug.«

Die Qualität der »Hinweise« war folgender Art: Das Gebietskomitee der Partei habe sich mit Unterstützung von ZK-Sekretär Kusnetzow nicht mit den Führungsorganen der Partei abgesprochen und habe eigenmächtig gehandelt. Fakten? Die Organisation eines gesamtrussischen Großhandelsmarkts im Januar 1948 in Leningrad. Ohne speziellen Beschluß der Führungsorgane!

Als treuer Lehrling Stalins »fand« Malenkow immer neue »Fehler« der Leningrader Führung, als er im Sitzungsraum des Leningrader Gebiets- und Stadtkomitees der Partei auftrat. Der schweigende Saal hörte, wie Malenkow sich in die Sache hineinsteigerte. Der Fall des Jahrmarkts war in seinen Augen ein Akt des Widerstands gegen das Zentralkomitee. Aber das Wesentliche kam noch: Der ihm von Moskau vorgegebenen Linie folgend, benutzte Malenkow einige ungeschickte Formulierungen Popkows und konstruierte seine Hauptanschuldigung: Versuch zur Gründung einer neuen Kommunistischen Partei Rußlands mit weitgehenden Zielen. Alle verstanden: Malenkows Auftritt war der Vorbote großen Leids.

Die im Saal Sitzenden wußten noch nicht, daß ihr 1. Sekretär Alexej

Alexandrowitsch Kusnetzow, der erst kürzlich Sekretär des Zentralkomitees geworden war, schon eine Woche zuvor von seiner Funktion entbunden worden war. Und nach Malenkows Bericht wurde die gesamte Parteiführung des Gebiets und der Stadt abgelöst. Das war erst der Anfang. Für jeden, der verdächtigt wurde, wurde schnell ein Verfahren fabriziert. Dann folgten die Verhaftungen. Und schnell fanden sich »Spione« wie Kapustin und »Entartete« wie Popkow oder »Fürsprecher der parteifeindlichen Gruppierung« wie Kusnetzow.

Im März 1949 wurde der Leningrader Wosnessenski aus dem Politbüro ausgeschlossen. Der wahre Heerführer der Ökonomie in den Jahren des Großen Vaterländischen Kriegs, das Mitglied der Akademie der Wissenschaften, dieser offene und ehrliche Mensch erschien Stalin nun gefährlich. Kruglow, Abakumow und Goglidse, Berijas Befehlsempfänger, zauberten aus dem Nichts einen »großen Fall«.

Dann begannen die Verhöre, deren Ziel es war, um jeden Preis das Geständnis zu erhalten, daß der Verhaftete ein Staats- und Parteifeind war. Malenkow rieb sich zufrieden die Hände: Stalins Anweisungen waren erfüllt. Er hatte alles in Ordnung gebracht. Und außerdem hatte er, wie auch sein engster Freund Berija, Wosnessenski und Kusnetzow schon lange nicht gemocht. Im Land war wieder, wie im Jahr 1937, die »Hexenjagd« entbrannt.

Was verleitete Stalin zu dieser verbrecherischen Aktion? Warum gab er kurz vor seinem siebzigsten Geburtstag das Startzeichen dafür? Warum folgte zwei Jahre nach dem ideologischen Schlag gegen Leningrad im August 1946 dieser furchtbare Gewaltakt? Die wahren Motive dieses Verbrechens waren nur dem Diktator bekannt. Wir kennen immerhin einige Anhaltspunkte für eine Erklärung der neuen Verfolgungswelle. Stalin konnte niemandem Unabhängigkeit und »Freidenkertum« verzeihen. Und Wosnessenski und Kusnetzow hatten ihn weniger oft gepriesen als andere. Außerdem wußte Berija, daß Wosnessenski und Kusnetzow potentielle Nachfolger Stalins waren. Das paßte nicht zu seinen Plänen. In geheimen Berichten an Stalin wurde immer und immer wieder erklärt, daß Wosnessenski vor dem Krieg keine »Feinde« in der Staatlichen Plankommission (Gosplan) gefunden und daß er sie möglicherweise gedeckt habe. Und im übrigen hatte Berija sich nicht nur einmal darüber beschwert, daß Wosnessenski als Vorsitzender von Gosplan die Industriezweige, die er selbst leitete (Chemie- und Metallindustrie), mit weitaus mehr Aufgaben betraute als die Forstindustrie, für die Berija verantwortlich war. Aber das alles hatte Stalin überhört. Gestört hatte ihn dagegen Wosnessenskis Verhalten im Politbüro, wo der Ökonom eine Reihe überzeugender Argumente gegen zusätzliche Steuern für die Kolchosbauern vorgebracht hatte. Ebensowenig gefiel Stalin die Absicht des für die Kader des ZK zuständigen Kusnetzow, das Innenministerium und das Ministerium für Staatssicherheit stärker zu beaufsichtigen. In diesen »widerspenstigen Leningradern« sah er nicht nur Verdächtige, sondern auch potentielle Gegner. Nach Bucharin war Wosnessenski wahrscheinlich der zweite und womöglich bislang letzte große Ökonom in unserer Führungsspitze.

Obwohl Stalin vor den Verhaftungen ein Schreiben von Wosnessenski und einigen anderen Leningradern erhalten hatte, in dem diese die Anschuldigungen bestritten, schwankte der »Führer« nicht mehr. Er hatte zunächst die Absicht gehabt, Wosnessenski zum Direktor des Marx-Engels-Lenin-Instituts zu degradieren, aber dann überlegte er es sich anders: Sie sollten alle zusammen den bitteren Kelch bis zur Neige leeren. Die Verhandlung, die im September 1950 stattfand, wurde entsprechend seinen Anweisungen durchgeführt. Zum Tod durch Erschießen wurden verurteilt: N. A. Wosnessenski, A. A. Kusnetzow, P. S. Popkow, Ja. F. Kapustin, M. I. Rodionow. Etwas später erwartete das gleiche Schicksal viele andere Leningrader, unter ihnen G. F. Badajew, I. S. Charitonow, P. I. Kubatkin, P. I. Lewin, M. W. Basow, A. D. Werbitzki, N. W. Solowjew, A. I. Burlin, W. I. Iwanow, M. N. Nikitin, W. P. Galkin, M. I. Safonow, P. A. Tschursin, A. T. Bondarenko – insgesamt etwa 200 Menschen.

Die letzten Worte Kusnetzows während des Prozesses waren: »Ich war ein Bolschewik, und ich werde einer bleiben, gleich, welches Urteil gegen mich gesprochen wird. Die Geschichte rechtfertigt *uns*.«

In der Anklageschrift hatte es geheißen:

»Kusnetzow, Popkow, Wosnessenski, Kapustin, Lasutin, Rodionow, Turko, Sakrschewskaja, Michejew werden beschuldigt, im Jahr 1938 eine antisowjetische Gruppe gebildet zu haben. Sie versuchten, die Partei zu untergraben, mit dem Ziel, sich von der Leningrader Parteiorganisation und vom ZK abzulösen, und mit dem weiteren Ziel, einen Kampf gegen die Partei und ihr ZK zu führen. (...) Dafür versuchten sie, Unzufriedenheit unter den Kommunisten der Leningrader Organisation mit den Beschlüssen des ZK der KPdSU(B) zu schüren, wobei sie verleumderische Behauptungen verbreiteten und verräterische Absichten äußerten. (...) Ferner verschwendeten sie staatliche Mittel. Wie aus den Akten des Verfahrens hervorgeht, haben die Angeklagten während der Untersuchung und während der Gerichtsverhandlung ihre Schuld vollkommen gestanden.«

Wie diese Geständnisse zustande kamen, erklärte Turko am 29. Januar 1954 (er war noch inhaftiert):

»Ich habe keinerlei Verbrechen begangen und habe mich weder für schuldig gehalten, noch tue ich es jetzt. Die Aussagen habe ich gemacht infolge von systematischen Prügeln, da ich meine Schuld verneinte. Der Untersuchungsrichter Putinzew begann mich während der Verhöre systematisch durchzuprügeln. Er schlug mich auf den Kopf, ins Gesicht, er trat mich mit Füßen. Eines Tages hat er mich so geschlagen, daß Blut aus dem einen Ohr austrat. Nach solchen Verprügelungen schickte mich der Untersuchungsrichter in den Karzer. Er drohte, meine Frau und meine Kinder zu vernichten und mich zu zwanzig Jahren Lager zu verurteilen, wenn ich nicht gestände. (...) Daraufhin unterschrieb ich, was der Untersuchungsrichter vorschlug.«

Diesem neuerlichen Stalinschen Gewaltexzeß fielen außer Wosnessenski auch sein Bruder und seine Schwester zum Opfer. Wie lächerlich die Anschuldigungen gegen diese Menschen waren, bezeugt beispielhaft der Vorwurf gegen Wosnessenskis Schwester, sie habe in den zwanziger Jahren die Ansichten der »Arbeiteropposition« geteilt. Die Begründung für die spätere Rehabilitierung enthält übrigens ebenfalls lächerliche Argumente: »Es existieren keine Beweise dafür, daß Wosnessenskaja die Ansichten der ›Arbeiteropposition‹ geteilt hat.« Und wenn es welche gegeben hätte? So war damals die Rechtsprechung. Eine Stalinsche Rechtsprechung.

S. I. Semin hat berichtet, daß man Wosnessenski nach dem Urteilsspruch noch drei Monate im Gefängnis am Leben gelassen habe. (Ob der »Führer« zögerte? Während des ganzen Kriegs hatten sie zusammen im Staatlichen Verteidigungskomitee gearbeitet, und niemand hatte soviel für die Entwicklung der Ökonomie getan wie Wosnessenski.) Im Dezember habe man Wosnessenski nur leicht bekleidet in einem Lastwagen nach Moskau befördert. Entweder sei er unterwegs erfroren, oder man habe ihn erschossen.

Nach dem Leningrader Strafgericht rissen die Wellen der Gewalt noch viele Menschen ins Ungewisse. Nicht nur jene, die die Verurteilten gekannt hatten, sondern auch Mitarbeiter der »Organe«. Stalin hatte sich seit langem an die Gewalt gewöhnt. Und sogar auf dem Höhepunkt der »Säuberungen« waren schätzungsweise »nur« drei bis vier Prozent der Bevölkerung direkt betroffen. Das war in den Augen des »Führers« eine Lappalie! Aber dafür hatte er doch einiges gewonnen! Dieser Paroxysmus der Gewalt ist schwer erklärbar.

Die Wunden heilten schnell. Die innenpolitische Lage war stabil. Die Beziehungen zwischen den Völkern der UdSSR waren fest. Der ideologische Einfluß der Partei war ungemindert. Die Gewaltanfälle Stalins nahmen dennoch kein Ende, sie betrafen mal eine Region, mal eine soziale Gruppe, mal eine Institution.

Berija, Kruglow, Serow, Abakumow und andere berichteten Stalin regelmäßig über die Situation in den Arbeitslagern. Sie waren ein riesiges Reservoir kostenloser Arbeitskraft. Eines Tages veranlaßte Malenkow Stalin zu einem »humanitären Akt«. Er legte dem Generalissimus eine Bescheinigung vor, die vom Leiter der Hauptverwaltung für Lager des MWD (GULAG) Dobrynin ausgestellt worden war. Aus dieser Bescheinigung ging hervor, daß im Jahr des siebzigsten Geburtstags des »Führers« in den Lagern und Kolonien 503375 Frauen einsaßen. Malenkow erklärte: »Es sollte die Frage erörtert werden, ob die, die Kinder bis zu sieben Jahren bei sich haben, entlassen werden können.«

Stalin schaute lange auf die Bescheinigung, und schließlich erklärte er sich mit Malenkows Vorschlag einverstanden. Dessen Argumente waren überzeugend. Für die »Aufbewahrung« der Kinder in den Lagern wurden im Jahr 166 Millionen Rubel ausgegeben. Mit diesem Umstand läßt sich wohl auch Stalins »humanitärer Akt« ausreichend erklären. Nun mußten die Frauen mit Kindern bis zu sieben Jahre Zwangsarbeit an ihren Wohnorten verrichten! Nicht in den Genuß dieses Gnadenakts fielen jene Frauen, die wegen konterrevolutionärer Tätigkeit verurteilt waren.

Im September 1951 besuchte eine Delegation englischer Frauen die UdSSR. Sie baten den Gastgeber um die Erlaubnis, ein Frauenlager besuchen zu können. Die Gastgeber gerieten in Panik. Anruf bei der zuständigen Hauptverwaltung des MWD. Aber dort konnten sie natürlich nichts entscheiden. Die Sache ging weiter nach oben. Sie landete auf dem Schreibtisch des Stellvertretenden Ministers für Staatssicherheit. Dieser sah sich jedoch ebensowenig imstande, eine Entscheidung zu treffen. Daraufhin wandte man sich an den Minister. Das gleiche Ergebnis. Suslow? Auch er konnte nichts sagen. Statt dessen wandte er sich an Malenkow. Als dieser sich schließlich mit Stalin beraten hatte, setzte Malenkow seine Unterschrift unter die Erlaubnis. Das Lager wurde selbstverständlich vorbereitet, gesäubert, aufgeräumt, und alle Insassen wurden instruiert. Siebzig Prozent der Frauen (sie befanden sich in einer schlimmen Verfassung) wurden aus dem Lager geschafft. Die englischen Gäste trafen auf politisch »bewußte« Bürger, die sich nur vorübergehend hier aufhielten. Die Delegation hinterließ sogar eine Notiz im »Gästebuch«, das man rasch erfunden hatte: »Es hat einen großen Eindruck auf uns hinterlassen, mit welcher Direktheit die Menschen auf uns zukamen. Überall ist alles sauber. Wir glauben, daß dies ein wertvolles Experiment ist, das Erfolg haben wird.«

Malenkow ließ Stalin ab und zu auch solche Nachrichten zukommen, die man meist vor ihm verbarg, damit er sich nicht aufrege. Aber Stalin regte sich niemals auf. Im September 1949, als das »große Jubiläum« nahte, legte Malenkow Stalin ein Dokument vor:

»An das ZK der KPdSU(B), an den Genossen Malenkow G. M.

Am 12. August wurden auf dem Feld der Sowchose ›Sun Yat-sen‹ im Michajlowski-Rayon die Leichen der drei Kinder der Sowchosearbeiterin der Primorski-Region Dmitrienko gefunden: Michail 11 Jahre, Pawel 9 Jahre und Jelena 8 Jahre. Den Mord beging die Mutter Dmitrienko L. A., geboren 1917. Sie sagte aus, sie habe den Mord aufgrund äußerst schwieriger materieller Bedingungen begangen, in denen sie sich nach der Verurteilung ihres Mannes (nach dem Gesetz vom 7. August 1932) Dmitrienko D. D., geboren 1912, im Jahre 1946 befunden habe, insbesondere, nachdem man sie aus der Schule entlassen habe, wo sie als Lehrerin gearbeitet habe, und man sie aus der Wohnung ausgesiedelt habe. Seit April arbeitete sie in einer Kolchose. Die Verwaltung habe ihr keinerlei materielle Hilfe zukommen lassen.

S. Kruglow«

Es fällt außerordentlich schwer, diesen Bericht zu lesen. Wie Stalin und Malenkow auf diesen Wahnsinnsakt einer verzweifelten Mutter reagiert haben, ist schwer zu sagen. Auf dem Dokument gibt es keine Notiz. Das Leid der Menschen war ihnen gleichgültig.

Stalin hatte während der Kriegsjahre dem NKWD etwas weniger Aufmerksamkeit schenken können. In der übrigen Zeit standen die Organe der Staatssicherheit im Mittelpunkt seines Interesses. Davon zeugt besonders der NKWD-Fond »Schriftverkehr mit dem Genossen Stalin«. Der Großteil der Dokumente, die sich dort befinden, sind Berichte, Meldungen, Telegramme, Operativanweisungen, oder sie beziehen sich auf die Eröffnung neuer Lager. Viele Dokumente haben in seinem Namen Berija, Kruglow, Merkulow, Abakumow und andere unterschrieben. Der »Führer« schaute sie durch, aber die Unterschriften überließ er meist anderen. Lediglich auf einigen Dokumenten findet man sein »Einverstanden« oder »Über die Ausführung Bericht erstatten«. Für Stalin verkörperten die »Organe« im großen Maße seine Macht.

Wie hoch war der Preis der Stalinschen Alleinherrschaft? Wie hoch ist die Zahl seiner Opfer? Wie viele Menschen wurden schuldlos auf Geheiß des Tyrannen getötet? Wir werden es wohl niemals genau erfahren. Die Geheimnisse der Stalinschen Diktatur verwandelten sich in Geheimnisse der Geschichte. Es existieren einige Schätzungen von Wissenschaftlern über die Zahl der getöteten Sowjetbürger in den Jahren des Stalin-Kults. Meinen Untersuchungen zufolge kann ich folgende Angaben machen: Die »Revolution« im Dorf in den Jahren 1929 bis 1933 traf 8,5 bis 9 Millionen Bauern. 1937/38 waren 4,5 bis 5,5 Millionen sowjetischer Bürger von den Repressionen betroffen. Aber auch zwischen diesen beiden großen »Wellen« blieben die Organe von Jagoda und Jeschow nicht ohne Arbeit: Es wurden etwa eine Million Bürger verhaftet. Nach dem Krieg, besonders Ende der vierziger Jahre, nachdem 1947 die Todesstrafe abgeschafft worden war, wuchs die Zahl der Lager und der Verbannten merklich. Diese machten die sogenannte »dritte Welle« aus. Ihr fielen 5,5 bis 6,5 Millionen Menschen zum Opfer. Man könnte einwenden, es hätten nicht nur politische, sondern auch Straftäter eingesessen. Richtig. Aber bis zu Stalins Tod waren sogar nach Berijas Angaben in den Lagern 25 bis 30 Prozent der Verurteilten wegen »konterrevolutionärer Tätigkeit« verhaftet worden.

Wie auch immer. Von 1929 bis 1953 wurden 19,5 bis 22 Millionen sowjetischer Menschen zu Opfern der Stalinschen Unterdrückung (nicht berücksichtigt sind hier die Kriegsjahre). Nicht weniger als ein Drittel von ihnen wurde zum Tode verurteilt oder starb in den Lagern oder in der Verbannung. Möglicherweise sind meine Beurteilungen ziemlich zurückhaltend. Sie stützen sich auf die mir bekannten Dokumente. Ich räume ein, daß ich vieles nicht erfahren konnte.

Das ist vermutlich die schlimmste und bizarrste Welle der Gewalt, die jemals ein Diktator in der Geschichte der Menschheit ausgelöst hat. Stalin folgte immer seinem Credo, das er schon früh formuliert hatte:

»Wir werden jeden Feind vernichten, sei er auch ein alter Bolschewik. Wir werden sein gesamtes Geschlecht vernichten, seine Familie. Jeden, der mit seinen Handlungen und Gedanken, ja, auch Gedanken, einen Anschlag gegen die Einheit des sozialistischen Staats unternimmt, werden wir erbarmungslos vernichten.«

Man könnte glauben, daß dies die Worte eines mittelalterlichen Inquisitors seien. Aber diesen Worten wurde im 20. Jahrhundert gefolgt, sie waren ein ganzes Programm! Nach dem Krieg wurde die Gesellschaft nicht nur in sozialpolitischer Hinsicht konserviert, sondern sie erhielt auch weitere bürokratische und polizeistaatliche Elemente. Dennoch – die Menschen *glaubten* an Stalin.

Alle hielten es für selbstverständlich, daß der Hauptmotor beim Aufbau der »kommunistischen Gesellschaft« die Gewalt, die Kraft, die Erbarmungslosigkeit und der Glaube an einen einzigen Träger der Wahrheit waren. Vernunft, Menschlichkeit und Freiheit wurden auf unbestimmte Zeit in die Zukunft verschoben. Nicht in einem einzigen Schulbuch, Lehrbuch der Philosophie, in keiner einzigen Monographie konnte man Kapitel über Demokratie, Freiheit und die Rechte der Persönlichkeit finden. Alles war mit dem Schorf der Gewalt bedeckt, mit dem alles erfassenden Klassenkampf.

Der alternde »Führer«

Es nahte Stalins siebzigster Geburtstag. Er wußte, welche Vorbereitungen im Politbüro und auf anderen Etagen der Macht im Gange waren. Aber das beschäftigte ihn weniger. Er war bereits übersättigt vom Ruhm, aber er war noch hungrig nach Macht. Er ließ Malenkow zu sich kommen und warnte ihn: »Lassen Sie sich nur nicht in den Kopf kommen, mich dort wieder mit einem ›Stern‹ zu beglücken!«

»Aber, Genosse Stalin, solch ein Jubiläum. Das Volk wird nicht verstehen.«

»Berufen Sie sich nicht auf das Volk. Ich habe nicht die Absicht zu streiten. Keinerlei Eigeninitiativen! Haben Sie mich verstanden?«

»Selbstverständlich, Genosse Stalin, aber die Politbüromitglieder sind der Meinung ... «

Stalin unterbrach Malenkow und erklärte ihm, daß das Thema beendet sei. Er befahl Malenkow, ihm das »Drehbuch« seiner Ehrung vorzulegen, die im Bolschojtheater vonstatten gehen sollte. Und über den »Stern« hatte er nicht zufällig gesprochen.

Im Mai 1945, nach der Siegesparade, hatte sich eine Gruppe von Marschällen an Molotow und Malenkow gewandt mit dem Vorschlag, den »außerordentlichen Einsatz des Führers« mit der Auszeichnung »Held der Sowjetunion« zu honorieren. Aber Stalin hatte sich bereits zu solchen Höhen des Ruhms emporgeschwungen, daß ihn Auszeichnungen, die für gewöhnliche Sterbliche vorgesehen waren, wenig interessierten. Für ihn bedeuteten sie im Grunde nichts. Sie waren für die gewöhnlichen Menschen da. Und stellten sie ihn daher nicht auf eine Ebene mit den anderen? Er wollte nicht mehr »Held der Sowjetunion« werden.

Eines Abends bereitete Stalin sich wie jeden Tag vor, zu seiner Datscha zu fahren. Er gab Poskrebyschew letzte Anweisungen und erhob sich von seinem Stuhl, um sich anzukleiden. Plötzlich überfielen ihn Schwindelgefühle, und er wurde bewußtlos. Stalin kam schnell wieder zu sich. Poskrebyschew hielt ihn fest mit beiden Händen: »Genosse Stalin, erlauben Sie, ich werde die Ärzte rufen. Sie dürfen jetzt nicht fahren. Wir müssen die Ärzte rufen.«

»Laß das!«

Die Schwindelgefühle vergingen schnell. Stalin blieb einige Minuten sitzen, trank einen Tee und fühlte nur noch einen stumpfen

Schmerz im Nacken. Die Ärzte wollte er nicht holen lassen. Er glaubte ihnen bereits genausowenig, wie er Berija glaubte, der schon in der 4. Hauptverwaltung des Gesundheitsministeriums herumwirtschaftete. Weiß der Teufel, was er sich in den Kopf gesetzt hatte. Und Stalin wollte auch nicht, daß das Gerücht verbreitet wurde, er sei krank.

Im Politbüro hatte man beschlossen, Stalins Geburtstag groß zu feiern. Schwernik wurde zum Vorsitzenden des Komitees zur Organisierung und Durchführung des Jubiläums ernannt. Bald landete auf seinem Schreibtisch eine Notiz, die von Ponomarenko, Abakumow, Parfenow, Gromyko und Grigorjan unterschrieben worden war und in der die Kosten des Jubliäums auf zirka 5,6 Millionen Rubel geschätzt wurden. Schwernik setzte seine Unterschrift unter folgendes Dokument:

»Der Kostenvoranschlag für den Empfang und für die Betreuung der Delegationen, die in Verbindung mit dem siebzigsten Geburtstag des Genossen J. W. Stalin anreisen werden, und für die Organisierung der Geschenkeausstellung für den Genossen J. W. Stalin in einer Gesamtsumme von 5 623 255 Rubel ist entsprechend der Anlage zu bestätigen.«

Ferner wurde auch noch eine Überraschung für den Jubilar vorbereitet: Stalins Gefolgsleute hatten die Absicht, einen »Stalin-Orden« zu begründen. Ferner beschloß man eine Jubiläumsmedaille und die Internationale Stalin-Prämie »Für die Stärkung des Friedens unter den Völkern« ins Leben zu rufen.

Aber Stalin machte diese Pläne weitgehend zunichte. Nachdem er die Skizzen und Entwürfe für die verschiedenen Medaillen durchgesehen hatte, sagte er: »Ich bestätige lediglich den Beschluß über die Internationale Prämie.« Er schwieg eine Weile und fügte dann hinzu: »Und die anderen Orden werden nach meinem Tod geschaffen.« Lauthals begannen seine Mitstreiter durcheinanderzulärmen. Stalin erhob seine Hand und beruhigte seine Umgebung: »Alles zu seiner Zeit.«

An seinem Geburtstag stand Stalin wie an jedem anderen Tag um elf Uhr morgens auf. Er fühlte sich gut. Er wußte, heute würde es ein schwerer Tag werden. Nach der Ehrung im Politbüro stand ihm bevor, den gesamten Abend lang endlose Lobpreisungen zu hören. Alle werden sich gegenseitig übertrumpfen: Wer wird neue Beinamen finden, wer wird neue Verdienste des »großen Führers« entdecken? Den ganzen Dezember schon druckte die »Prawda« Artikel, Berichte, Reportagen über die Vorbereitungen auf das große Jubiläum im Land. Mit jedem Tag wuchs der Schwall der Lobpreisungen.

Nachdem Stalin im Kreml angekommen war, studierte er lange die Zeitungen, las er aufmerksam den Stoß von Produktionsberichten über die Erfüllung der Selbstverpflichtungen zu Ehren seines siebzigsten Geburtstags. Eine Stunde vor Eröffnung des Festakts im Bolschojtheater war der feierlich geschmückte Saal schon fast voll mit sorgfältig ausgesuchten Menschen. Eine halbe Stunde vor Beginn erschien auch Stalin. In einem Nebenraum für das Sitzungspräsidium begrüßte Stalin die internationalen Gäste: Palmiro Togliatti, Mao Tse-tung, Walter Ulbricht, Jumschagin Zedenbal, Johann Koplenig, Dolores Ibarruri, Gheorghe Gheorghiu-Dej, Wilko Tscherwenkow, W. Siroky, Mátyás Rákási, F. Juswjak, Kim Du Bon, Henri Martell, V. Pessi und sowjetische Genossen.

Als Stalin vor die Menge trat, konnte sich der Saal nicht beruhigen. Die Ovationen waren lang und stürmisch. Nach einer kurzen Eröffnungsrede Schwerniks begannen die Auftritte. Den ganzen Abend über klang es im Saal: »Genie«, »genialer Denker und Führer«, »genialer Lehrer«, »genialer Heeresführer«. Nur Mao Tse-tung nannte ihn »groß«. Die Redner wechselten sich auf der Tribüne ab. Gegen Ende der Sitzung waren zahlreiche Zuhörer vom vielen Aufstehen und Niedersetzen erschöpft. Auf den Fotografien und in den Kinowochenschauen jener Zeit kann man sehen, daß Berija, Woroschilow, Molotow und Mikojan bereits an etwas anderes dachten.

Der Generalissimus wurde lebhafter, als man ihn mit Gedichten lobte. Jakob Kolas, der aus Belorußland angereist war, rezitierte ein langes Gedicht, das die ganze Biographie Stalins umfaßte:

»Du bist die Fahne des Sieges.
Du bist das Symbol der Freiheit.
Du führst die Völker zum Glück.
Du sollst leben, unser Lehrer, lange Jahre.
Dich lobpreisen die Völker in Liedern, großer Vater und Führer.«

Stürmischen Applaus fanden auch die Verse Twardowskis. Die folgenden Worte des Poeten haben Stalin wahrscheinlich am besten gefallen:

»Viele Sommer sollen folgen,
Blätter den Blättern, Blumen den Blumen im Wechsel
Über Ihrem grauen Haar, über Ihrem Leben,
Dem teuersten auf der ganzen Welt!«

Ich glaube, daß Twardowski diese Worte aufrichtig meinte. In ihnen drückte sich unsere Verblendung aus, unser Glauben an Idole und nicht an Ideale. Alle befanden sich in einer Art religiöser Ekstase, wenn sie den Führer rühmten.

Am nächsten Tag las Stalin Dutzende von Telegrammen ausländischer Staatsführer. Poskrebyschew, der neben Stalin stand, beobachtete aufmerksam, wie sein »Herr« ein Blatt nach dem anderen beiseite legte. Nach der Lektüre stand Stalin auf und wollte gerade sein Arbeitszimmer verlassen, als er sich plötzlich zu seinem Helfer umdrehte und sagte: »Wer hat dich auf den Gedanken gebracht, über die Zitrusfrüchte zu schreiben?«

Poskrebyschew hatte diese Frage nicht erwartet, aber er antwortete schnell: »Suslow und Malenkow haben es mir empfohlen. Man hat es in der Propagandaabteilung durchgelesen. Michail Andrejewitsch hat es selbst durchgesehen.«

Stalin sagte nichts mehr und ging hinaus. Die Frage, die er Poskrebyschew gestellt hatte, bezog sich auf einen langen Artikel in der »Prawda«, den sein wichtigster Gehilfe geschrieben hatte unter dem Titel »Gelieber Vater und großer Lehrer«. In einem Abschnitt dieses Artikels hieß es, Stalin habe nicht nur den Mitschurin-Anhängern geholfen, den Weismannismus-Morganismus zu zerschlagen, sondern er habe auch gezeigt, wie man hervorragende wissenschaftliche Methoden in die Praxis einführt. »Genosse Stalin beschäftigte sich im Verlauf vieler Jahre mit der Entwicklung und dem Studium von Zitruskulturen im Gebiet der Schwarzmeerküste«, er habe sich gezeigt als »Wissenschaftler-Neuerer«. Ferner schrieb Poskrebyschew, daß es möglich sei, »auch andere Beispiele für die Neuerertätigkeit des Genossen Stalin auf dem Gebiet der Landwirtschaft anzuführen. Beispielsweise ist die entscheidende Rolle des Genossen Stalin bei der

Anpflanzung von Eukalyptusbäumen an der Schwarzmeerküste bekannt und auch bei der Entwicklung der Melonenkultur in der Umgebung von Moskau, ebenfalls bei der Entwicklung spezieller Weizensorten.«

Die Geschenkeausstellung, die Stalin sich noch tief in der Nacht anschaute, war beeindruckend. Stalin schritt langsam an einer ganzen Reihe von Flaggen der verschiedenen Republiken, der Gebiete und Betriebe vorbei. Außerdem lagen dort zirka dreißig Flaggen allein aus China und Korea. Hunderte von Gemälden. Zahllose Vasen, Alben, Schatullen, Statuetten, ein ganzes Arsenal an Waffen – Dutzende von Pistolen, Gewehren, Maschinenpistolen ...

Nach dem Jubiläum verschlechterte sich Stalins Gesundheitszustand merklich. Ständig litt er an hohem Blutdruck. Er wollte aber keine Ärzte konsultieren; er glaubte ihnen nicht. Bis zu einem gewissen Grad hörte er auf die Ratschläge des Akademiemitglieds Winogradow und nahm von ihm Rezepte an, aber Berija versuchte sehr bald, ihm einzuflüstern, daß Winigradow »verdächtig« sei. Berija versuchte, dem »Führer« neue Ärzte aufzudrängen. Aber Stalin wollte auch sie nicht. Als er erfuhr, daß man Winogradow verhaftet hatte, gab er einige schmutzige Flüche zum besten, aber er tat nichts für ihn. Nachdem Winogradow beseitigt war, gab Stalin das Rauchen auf. Aber sonst führte er weiterhin ein ungesundes Leben: Er stand spät auf und arbeitete nachts. Ungeachtet seines überhöhten Blutdrucks ging er weiterhin nach alter sibirischer Sitte ins Dampfbad.

Stalin hatte Angst vor dem Tod. Ebenso wie er sein ganzes Leben lang Angst vor Attentaten und Verschwörungen hatte. Er hatte Angst davor, daß nach seinem Tod all seine Übeltaten ans Tageslicht kommen würden. Wie sich Chruschtschow erinnerte, hat Stalin häufig zu seinen Mitkämpfern gesagt: »Was werdet ihr ohne mich tun? Ihr werdet wie Kätzchen verenden!« Hier hatte er sich nicht getäuscht: Seine Welt, seine Ordnung, sein Kult waren fest an seine Person gebunden.

Seine Tochter Swetlana schrieb in einem psychologischen Porträt über ihn:

»Er vergaß alle menschlichen Verbindungen, ihn begann die Angst zu quälen, die sich in den letzten Lebensjahren in einen wahren Verfolgungswahn verwandelte. Die starken Nerven versagten schließlich.

Jedoch seine Manie war keine krankhafte Phantasie: Er wußte und verstand, daß man ihn haßte, und er wußte, warum.«

Stalin kannte seine Kinder nach wie vor nicht. Der Gedanke an seinen ältesten Sohn bereitete ihm Unbehagen. Er wußte, daß sein jüngster Sohn, um dem Vater einen Gefallen zu erweisen, auf der militärischen Karriereleiter nach oben geschoben wurde. Und seine Tochter, sie schlug völlig über die Stränge. Nachdem sie ihren Mann verlassen hatte, gab Stalin Anweisung, man solle ihr eine Wohnung zuteilen. Ab und zu besuchte sie ihn in der Datscha: offenbar um seine Nörgeleien über sich ergehen zu lassen und um sich Geld zu verschaffen. Stalin steckte seiner Tochter häufig ein Geldscheinbündel von seinem Deputiertenlohn zu. Während der letzten 25 Jahre hatte er keinen einzigen Rubel ausgegeben. Er war in keinem einzigen Geschäft gewesen, und er wußte nicht, wie die Menschen von ihren bescheidenen Löhnen lebten.

Eiswinde

Stalin überlebte den großen Sieg um acht Jahre, die in vielem ungewöhnlich waren. Im Land wurden alle menschlichen Kräfte mobilisiert, um den Staat zu stärken. Auf internationalem Gebiet waren diese Jahre fast vollständig gleichbedeutend mit kaltem Krieg. »Wir sind aus diesem Krieg«, erklärte der amerikanische Präsident Truman, »als der stärkste Staat in der Welt und möglicherweise als der mächtigste in der Geschichte der Menschheit hervorgegangen.« Die USA besaßen für einige Zeit ein Atomwaffenmonopol, und sie konnten der Versuchung nicht widerstehen, aus diesem Umstand den für sie maximalen Nutzen zu ziehen. Stalins Rede auf der Wahlversammlung im Februar 1946 wurde vom Westen beinahe wie ein Appell aufgefaßt. Dieser »Appell« war angesichts der gespannten Lage notwendig. Die USA strebten weiterhin die »Weltführung« an, kritisierte der »Führer«. Es fielen auch starke Worte wie: »die Welt nach dem Bild der Vereinigten Staaten umgestalten«.
Am 6. März 1946 wollte Stalin gerade in seine Datscha fahren, als Poskrebyschew eintrat und ihm ein soeben eingetroffenes chiffriertes Telegramm vorlegte. Die sowjetische Botschaft in Washington teilte

mit, Churchill habe in Fulton eine ungewöhnliche Rede gehalten, in Trumans Anwesenheit. Die Rede des ehemaligen Premiers sei außerordentlich kriegerisch gewesen. Obgleich er sich zu Beginn seiner Rede positiv über Stalin geäußert habe: »Ich bin von ganzem Herzen begeistert und schätze das heldenhafte russische Volk und meinen Kampfgenossen Marschall Stalin.« Jedoch dann erklärte Churchill in seiner Rede, daß den westlichen Demokratien eine »rote Gefahr« drohe. Aber Gott sei Dank, die Vereinigten Staaten waren der stärkste Staat der Welt, was die Hoffnung erlaube, daß die Völker von ihnen geschützt werden könnten vor den »Absichten böswilliger Persönlichkeiten und dem aggressiven Geist starker Nationen«. Und Churchill sagte weiter, daß von Stettin an der Ostsee bis Triest an der Adria ein »Eiserner Vorhang« den europäischen Kontinent teile. Hier kam der ehemalige Premierminister der Wahrheit nahe. Direkt nach dem Krieg hatte Stalin eine Reihe energischer Schritte unternommen, um jegliche Kontakte mit dem Westen und auch mit der übrigen Welt einzuschränken. Lange Jahre durften die Menschen in der Sowjetunion über den Westen nur das wissen, was Leute wie Suslow für richtig hielten. Die Informationskluft zwischen den beiden Welten ließ die Weltkultur verarmen. Wir wurden ärmer an Geist.

Stalin legte das Telegramm beiseite, ging zum Telefonapparat und rief Molotow an. Die beiden »Architekten der Außenpolitik« des Landes berieten sich eine gute Stunde. Sie wußten noch nicht, daß vor Churchills Rede der amerikanische Botschafter in Moskau ein langes Telegramm an seine Regierung in Washington geschickt hatte. In diesem Telegramm hatte George F. Kennan Stalins Februarrede entstellt wiedergegeben und behauptet, daß die sowjetischen Führer den dritten Weltkrieg für »unumgänglich« hielten.

Stalin befand sich nun in einer schwierigen Lage. Zu jener Zeit verfügten die USA nicht nur als einziges Land über die Atombombe, sondern sie waren auch in jeder anderen Hinsicht unvergleichlich stärker als die Sowjetunion. Es genügt zu sagen, daß während der Kriegsjahre das Industriepotential der USA um 50 Prozent angewachsen war. Die Vereinigten Staaten produzierten viermal mehr technische Ausrüstungen, siebenmal mehr Transportmittel. Die Landwirtschaftsproduktion war um 36 Prozent gestiegen. Die Lage in der Sowjetunion stellte sich vollkommen anders dar. Tausende von Ort-

schaften bestanden nur aus Ruinen. In den westlichen Gebieten des Landes, vor allem im Baltikum und in der Ukraine, tobte der Partisanenkrieg. Und eine katastrophale Mißernte würde das Land in einigen Monaten heimsuchen.
Stalin hatte Berija schon einige Male befohlen, »den Banditismus in einem möglichst kurzem Zeitraum zu beenden«, aber das sollte erst in einigen Jahren gelingen. Im März, kurz nach Churchills Rede in Fulton, berichtete der sowjetische Innenminister Kruglow über den Stand dieses Kampfes. Ich werde dieses ausführliche Dokument verkürzt wiedergeben:

»An den Genossen Stalin J. W.
12. April 1946.
Im Monat März des Jahres 1946 wurden in den westlichen Regionen der Ukraine 8360 Banditen getötet, gefangengenommen, haben sich selbst ergeben. Konfisziert wurden 8 Granatwerfer, 20 Maschinengewehre, 712 Maschinenpistolen, 2002 Gewehre, 600 Pistolen, 1766 Granaten, 4 Druckpressen, 33 Schreibmaschinen. (...) Gefangengenommen wurden der regionale Führer der OUN (Vereinigung Ukrainischer Nationalisten; A. d. Ü.) Fedoruk F. I., der regionale Referent des Schützenbataillons Tschorny W. G., der regionale Referent Gorin I. G., der Stellvertreter des regionalen Führers Warwaritschew I. I., der Chef des Post- und Fernmeldewesens der OUN Krawtschuk L. I. Von dem Partei- und Staatsaktiv wurden 200 Personen, darunter Offiziere, Soldaten des MWD, des MGB (Ministerium für Staatssicherheit; A. d. Ü.) und der Roten Armee, getötet.
Litauische SSR: Vernichtet 145 Banditen, selbst ergeben haben sich 75, festgenommen 1500 Personen. Konfisziert: Maschinengewehre 44, Gewehre 289, Pistolen 122, Granaten 182, Vervielfältigungsapparate 12. Die Bandengruppen von Jodepukis A., Norejkis I. und eine Reihe anderer sind liquidiert worden. Innerhalb eines Monats wurden in der Republik 122 Banditenzwischenfälle registriert. Vom Aktiv, Soldaten des MWD, des MGB und der Roten Armee, wurden 215 Personen getötet.«

Stalin dachte nicht daran zu resignieren. Er würde das Land schon noch in eine Festung verwandeln. Die von Truman verkündete antikommunistische Doktrin machte in Stalins Augen auch den »Marshallplan« unannehmbar. Die UdSSR hätte zwar äußerst dringend wirtschaftliche Hilfe gebraucht, aber nach diesem Plan hätte sie diese nach Stalins Meinung nur erhalten können für den Preis einer faktischen Kontrolle der Westalliierten über die Sowjetwirtschaft. Deshalb ließ der »Führer« Molotow auf der Pariser Konferenz vom 27. Juni bis zum 2. Juli 1947 »Njet« sagen. Möglicherweise hatte Stalin tatsächlich die Ziele dieses Plans erraten. Später schrieb Truman in seinen Erinnerungen:

»Marshall hatte mit seiner Konzeption das Ziel, Europa von der Bedrohung durch eine Unterjochung zu befreien, die der russische Kommunismus vorbereitete.«

Stalin sah nur einen Ausweg aus der Lage, in die das Land zu Beginn des kalten Kriegs geraten war: die Liquidierung des Atomwaffenmonopols der USA. Und das Land mußte stärker werden. In einem kolossalen Kraftakt wurden die Stahl- und die Zementproduktion sowie der Kohleabbau bis zum Jahr 1952 beinahe verdoppelt, verglichen mit dem Vorkriegsniveau. Auch die Erdölförderung wurde entschieden gesteigert. Die Anstrengungen in der Schwerindustrie schufen die Voraussetzungen für einen Ruck in der Atomwaffenforschung. Die Leitung dieser Arbeiten übertrug Stalin, wie erwähnt, Berija.
Bereits vor dem Krieg hatten die Wissenschaftler A. F. Joffe, I. W. Kurtschatow, G. N. Flerow, L. D. Landau, I. J. Tamm die Grundlage geschaffen für den Bau des ersten Uranreaktors. Aber dann waren die Arbeiten unterbrochen worden. Erst 1942 wurden sie unter Kurtschatows Leitung wiederaufgenommen. Stalin drängte. Er befahl, keine Mittel zu scheuen, um die Industrie- und Forschungsprogramme realisieren zu können. Im Dezember 1946 setzten die sowjetischen Wissenschaftler die erste atomare Kettenreaktion in Gang, ein Jahr später nahm der erste Atomreaktor die Arbeit auf, was Molotow im November 1947 Anlaß gab zu erklären, daß das Geheimnis der Atombombe nicht mehr existiere. Im Sommer 1949 wurde die erste sowjetische Atombombe getestet; im Jahr 1953 die Wasserstoffbombe.
Ein bedeutender Teil des GULAG arbeitete für die Rüstungsindustrie. Ein Dokument dazu:

»An den Genossen Berija L. P.
In Anbetracht der dringenden Notwendigkeit, eine wissenschaftliche Forschungsbasis im Osten zu errichten, bitte ich um Ihre Anordnung an den Minister für Inneres Genossen Kruglow über die Eröffnung eines Lagers auf dem Gelände der Filiale des ZAGI (Zentrales Aero-hydrodynamisches Institut) aus der Anzahl der Insassen sibirischer Lager in der Quantität von 1000 Menschen.
23. Juli 1946 M. Chrunitschew«

Ein anderes Dokument von vergleichbarer Qualität:

»An den Genossen Berija L. P.
Für die weitere Entwicklung des Baus bitte ich, noch ein Lager von 5000 Menschen zu organisieren und 30000 Meter Plane zum Nähen der Zelte und 50 Tonnen Stacheldraht zur Verfügung zu stellen.
22. März 1947 A. Sademidko«

Vierzig Jahre später ist es mir gelungen, mit dem Verfasser des zuletzt angeführten Schreibens zu sprechen. Der ehemalige Minister für den Bau von Betrieben für die Brennstoffindustrie Alexander Nikolajewitsch Sademidko antwortete auf meine Frage, wie er heute über seine Notiz an Berija denke:

»So war nun einmal die Zeit. (...) Der Sozialismus wurde mit Hilfe einer riesigen Armee von Gefangenen aufgebaut. Heute scheint mir das alles selbstverständlich wahnwitzig. (...) Eines Tages rief man mich und meinen Stellvertreter um zwei Uhr nachts zu Berija. Dieser fragte uns: ›Warum berichten Sie nicht über die Übergabe des Objekts?‹ (In einem Kombinat wurde eine spezielle Zeche gebaut.)
›Wir haben die Montage noch nicht beendet.‹
›Wer hat sie noch nicht beendet? Rufen Sie den Direktor des Kombinats!‹ rief er seinem Helfer zu.
Drei bis vier Minuten später war am anderen Ende der Leitung im Donezkohlebecken die Stimme des Direktors zu vernehmen. Berija hörte nicht zu, sondern warf einige Sätze in den Telefonhörer: ›Ich grüße Sie. Hier spricht Berija. Warum wurde die Aufgabe nicht innerhalb der Frist erfüllt? Heute gegen 8 Uhr morgens ist die Montage zu beenden!‹

Man kann sich vorstellen, wie ruhig die Nacht des Direktors dieses Kombinats war! Berija befahl sogleich seinem Helfer: ›Verbinden Sie mich mit dem Verwaltungsleiter.‹
›Ich höre, Genosse Berija!‹
›Ich habe dem Kombinatsdirektor befohlen, gegen 8 Uhr morgens die Montage zu beenden. Wenn er das nicht zustande bringen sollte, dann wirf ihn in deinen Keller. Auf Wiedersehen!‹
Mein Vertreter und ich wußten von diesen Methoden Berijas, aber wenn wir auf seine ruhigen und kurzen Anweisungen schauten, liefen uns Schauer über den Rücken.«

Sademidko schwieg eine Weile und sagte dann noch einmal: »So war damals die Zeit.«
Stalin sah den Einsatz von Gefangenen in der Rüstungsindustrie auch als »Umerziehung« von Hunderttausenden von »Feinden« und »Verrätern«. Er hatte sich schon lange daran gewöhnt, sie als »ehemalige« Menschen anzusehen.
Aber gleichgültig, welches Verhältnis wir zu Stalin haben mögen, eines muß festgestellt werden: Mit seinem erbarmungslosen Willen und durch unglaubliche Anstrengungen der sowjetischen Menschen, um den Preis riesiger materieller und menschlicher Opfer erreichte er das, was unmöglich schien. Das Atomwaffenmonopol der USA wurde beseitigt. Das war der Anfang der strategischen Parität. Stalins Intellekt, und ebenso der seiner Opponenten jenseits des Ozeans, war zu einem neuen politischen Denken nicht fähig.

Nach langen Gesprächen und Erörterungen mit Molotow und Schdanow entschloß sich Stalin, einen Schritt zu tun, der, wie vorauszusehen war, im Westen als äußerst negativ empfunden werden sollte. Stalin hielt es angesichts der schlechten internationalen Lage für dringend notwendig, ein Organ zur Koordinierung der Arbeit der kommunistischen Parteien zu gründen. In den westeuropäischen Hauptstädten und jenseits des Atlantiks wurde diese Entscheidung betrachtet als die offizielle Annahme des Aufrufs zum kalten Krieg.
Als die Kommunistische Internationale geboren wurde, glaubten ihre Führer, besonders Lenin, Trotzki und Sinowjew, an die nahe Weltrevolution. Aber sie hatten die Lebenskraft der alten Welt unterschätzt. Es wurde klar, daß unter den Bedingungen der relativen

Stabilisierung des Kapitalismus die Internationale nur eine begrenzte Rolle spielen konnte. Und letztlich war sie zu einem Organ der sowjetischen Politik geworden. Die Führung der internationalen revolutionären Bewegung durch ein Zentrum diskreditierte die kommunistischen Parteien nachhaltig. Nicht ohne Grund sprachen Gegner und Kritiker von »Moskaus Hand«. Aber nun glaubte Stalin, daß der kalte Krieg und die Bildung zweier weltpolitischer Lager die Frage einer engen Zusammenarbeit der kommunistischen Parteien von neuem aufwarfen.
Auf Initiative der polnischen Kommunisten, die von Stalin unterstützt wurde, fand vom 22. bis zum 27. September 1947 in der Stadt Szklarska Poreba (bei Wroclaw) eine Beratung von Vertretern von neun europäischen kommunistischen Parteien statt. Stalin hatte Schdanow beauftragt, die KPdSU zu vertreten. Schdanow schickte dem »Führer« aus Polen ein chiffriertes Telegramm, in dem er ihm mitteilte:

»Die Arbeit der Beratung beginnt mit Informationsberichten aller kommunistischen Parteien, die an der Beratung teilnehmen. Daraufhin ist eine Tagesordnung auszuarbeiten. Wir werden folgende Punkte vorschlagen:
1) Über die internationale Lage – werden wir berichten;
2) Über die Koordinierung der Arbeit der Parteien. Wir werden den polnischen Genossen vorschlagen, diesen Bericht zu machen. Das Resultat soll die Schaffung eines Koordinationszentrums mit Sitz in Warschau sein. Ich glaube, daß eine besondere Betonung auf einen freiwilligen Beginn in dieser Sache gelegt werden muß.
Ich bitte um Anweisungen. A. Schdanow«

Stalin genehmigte das Konzept. Vier Jahre nach der Auflösung der Kommunistischen Internationale wurde das Informationsbüro der kommunistischen und Arbeiterparteien gegründet. Im Westen wurde es gleich »Kominform« genannt. Schdanow berichtete Stalin, daß die Jugoslawen sich am aktivsten und positivsten verhalten hätten. Sie konnten nicht ahnen, daß dieses neue Organ schon im November 1949 eine Resolution verabschieden wird unter der Überschrift »Die jugoslawische kommunistische Partei in den Händen von Mördern und Spionen«.

Zwei Berichte hatten Schdanow besonders beeindruckt: derjenige des Vertreters des Bundes der Kommunisten Jugoslawiens (BdKJ) Edvard Kardelj und derjenige des Sekretärs des ZK der Kommunistischen Partei der Tschechoslowakei Rudolf Slansky. Aber nicht einmal ein Jahr sollte vergehen, bis Schdanow es für angebracht hielt, Kardelj als »imperialistischen Spion« abzustempeln. Und Slansky sollte im November 1952 in einem schändlichen Prozeß nach Berijas Drehbuch zum Tod verurteilt werden.

In Schdanows Bericht »Über die internationale Lage« wurde eine These formuliert, die für lange Jahre eine zentrale Rolle in der sowjetischen Propaganda spielte: »die Teilung der Welt in zwei entgegengesetzte Lager«. Das war wohl eine Antwort auf die antikommunistische Doktrin Trumans, der den Sozialismus »zurückrollen« wollte. Schdanow kritisierte den »Marshallplan« als ein »Programm der Unterjochung Europas«. Auch die sozialdemokratischen Parteien griff er an, und er scheute dabei nicht zurück vor Beleidigungen an ihre Adresse.

Auf der Beratung in Szklarska Poreba wurde beschlossen, das nächste Treffen in Belgrad durchzuführen. Aber dazu kam es nicht mehr. Es begann Stalins Kampf gegen den »Titoismus«.

Die Völker Jugoslawiens hatten unter großen Opfern und Entbehrungen einen ununterbrochenen Kampf gegen den Faschismus geführt. Mit Jugoslawien, das sich für eine sozialistische Entwicklung entschieden hatte, schloß die Sowjetunion ihren ersten Freundschafts- und Beistandsvertrag nach dem Krieg. Genauer gesagt wurde das Abkommen sogar noch während des Kriegs unterzeichnet, und zwar im April 1945, als Tito Moskau besuchte. Stalin hat sich danach häufig mit Tito getroffen und mit ihm vertraute Gespräche geführt. Ein Ergebnis dieser Unterredungen war, daß die Sowjetunion der jugoslawischen Volksarmee Kampftechnik für 32 Schützen- und Luftwaffendivisionen zur Verfügung stellte. Es schien, als würden die freundschaftlichen Beziehungen weiter ausgebaut. In der jugoslawischen Volksarmee arbeitete eine große Gruppe sowjetischer Militärspezialisten, in der UdSSR studierten Tausende von jugoslawischen Militärangehörigen. Die Zusammenarbeit zwischen der KPdSU und dem BdKJ war eng. Und auf einmal – der Konflikt. Und was für einer!

In einigen Fragen, über die sich die jugoslawische und die bulgarische Führung nicht mit Moskau beraten hatten, fühlte Stalin sich

hintergangen. Dazu zählten die Vorbercitung des bulgarisch-jugoslawischen Freundschaftsvertrags, die Verlegung eines jugoslawischen Luftwaffenregiments nach Albanien und die Erklärung des Führers der bulgarischen Kommunisten Georgij Dimitroff, daß es prinzipiell möglich sei, eine Föderation oder Konföderation der europäischen volksdemokratischen Staaten zu bilden. Diese »Eigenmächtigkeit« der jugoslawischen und bulgarischen Kommunisten rief seinen Zorn hervor. Der Diktator ging davon aus, daß seine Verbündeten keinen Schritt unternehmen dürften ohne seine Anweisungen.
Stalin schlug vor, ein sowjetisch-bulgarisch-jugoslawisches Treffen durchzuführen. Es fand am 10. Februar 1948 in Moskau statt. Die Delegationen wurden von Stalin, Dimitroff und Kardelj geleitet. Auf sowjetischer Seite nahmen die Politbüromitglieder Molotow, Malenkow, Schdanow und außerdem Suslow teil. Zur bulgarischen Delegation gehörten Kostow und Kolarow. Die jugoslawische Delegation zählte Djilas und Bokarić zu ihren Mitgliedern. Stalin zeigte sich gleich zu Beginn erregt und unzufrieden wegen der Uneinigkeit hinsichtlich außenpolitischer Fragen. Er qualifizierte einige Schritte Bulgariens und Jugoslawiens als »besondere außenpolitische Linie« ab. Auf die Erwiderung der Bulgaren und Jugoslawen, daß diese Vorwürfe unbegründet und daß die Anschuldigungen persönlicher Natur seien, reagierte Stalin mit einem unerwarteten Vorschlag: Es sei dringend notwendig, Bulgarien und Jugoslawien in einer Föderation zu vereinigen. Stalin, der es gewohnt war, daß seine Wünsche als *endgültige Entscheidungen* angesehen wurden, stieß mit seinem Vorschlag auf Widerspruch. Sowohl Dimitroff als auch Kardelj antworteten, daß sie eine Föderation zwar nicht prinzipiell ausschließen wollten, daß dafür aber die Zeit noch nicht herangereift sei. Kardelj erklärte außerdem, daß er keine verbindliche Antwort auf diesen Vorschlag Stalins geben könne. Diese Frage müsse vielmehr von der politischen Führung seines Landes erörtert und entschieden werden. (Als Stalin später erfuhr, daß man in Belgrad beschlossen hatte, bei der Frage der Gründung einer Föderation nichts zu überstürzen, sondern sie lediglich als historische Perspektive anzusehen, wurde er rasend.) Stalin traf zum erstenmal seit vielen Jahren auf den Widerspruch von Kommunisten! Das war unerhört! Darauf war er nicht vorbereitet.
Milovan Djilas, der das Treffen der jugoslawischen und bulgarischen

Delegationen mit Stalin beschrieb, hat später darüber berichtet. Stalin habe Dimitroff, nachdem dieser seine Erklärungen abgegeben hatte, entgegengeschmettert: »Unsinn! Sie haben jedes Maß überschritten wie ein Komsomolze. Sie wollen die Welt sehen, als seien Sie immer noch Sekretär der Kommunistischen Internationale. Sie und die Jugoslawen teilen nichts über ihre Angelegenheiten mit, wir erfahren alles auf der Straße. Sie stellen uns vor vollendete Tatsachen!«

Als Kardelj seine Argumente vortragen wollte, wurde er von Stalin unterbrochen: »Unsinn! Die Meinungen gehen auseinander, und zwar tiefgründig! Was sagen Sie über Albanien? Sie haben uns überhaupt nicht über die Verlegung von Truppen nach Albanien informiert!«

Kardelj widersprach und sagte, daß die albanische Regierung dieser Maßnahme zugestimmt habe.

Stalin begann zu brüllen: »Das hätte zu ernsthaften internationalen Schwierigkeiten führen können: Sie beraten sich überhaupt nicht mit uns. Das ist bei Ihnen kein Fehler, sondern ein Prinzip – ja, ein Prinzip!«

Weiter schreibt Djilas: »Drei, vier Tage später machten wir uns auf den Heimweg. Frühmorgens fuhr man uns zum Flughafen Wnukowo, und ohne jede Ehrerweisung stopfte man uns ins Flugzeug.«

Diese Begegnung war einem Dialog nicht einmal ähnlich. Es folgten impulsive Sanktionen: Die sowjetischen Militärberater wurden aus Jugoslawien zurückgerufen, Stalin und Molotow schrieben einen scharfen Brief an die jugoslawische Führung.

Tito verfaßte eine ausgewogene Antwort, die vom ZK des BdKJ gebilligt wurde. Er wies die Anschuldigung feindlicher trotzkistischer Aktionen zurück. Und unter anderem steht da: »Sosehr auch jeder von uns das Land des Sozialismus, die UdSSR, liebt, er kann auf gar keinen Fall sein Land weniger lieben, das ebenfalls den Sozialismus aufbaut.«

Im Mai kam die Antwort aus Moskau, auf 25 Seiten. Berijas »Organe« sammelten schnell eine Menge von »Fakten«, die Titos »Verrat« beweisen sollten. Stalin begriff nicht, daß er seine erste empfindliche Nachkriegsniederlage erlitten hatte. Er beschloß, noch weiter zu gehen und die Kominform einzuschalten. Belgrad erreichten zwei Schreiben aus Moskau, in denen eine jugoslawische Delegation zu

einer Sitzung des Informationsbüros in Bukarest eingeladen wurde. Die Jugoslawen antworteten mit einem höflichen, aber deutlichen Nein und bewerteten diese Einladung als Einmischung in ihre inneren Angelegenheiten. Gleichzeitig erklärten sie ihre Bereitschaft, die Beziehungen wieder zu normalisieren.
Stalin beschloß, die Sitzung des Büros ohne die »Angeklagten« durchzuführen. Und das war der Bruch. Stalin schickte Malenkow, Suslow und Schdanow nach Bukarest. In seinem Bericht formulierte Schdanow folgendes:

»Die gesamte Verantwortung für die entstandene Situation tragen Tito, Kardelj, Djilas und Ranković. Ihre Methoden stammen aus dem Arsenal des Trotzkismus. Die Politik in der Stadt und auf dem Dorf ist nicht richtig. In einer kommunistischen Partei ist solch ein schändliches, rein türkisches terroristisches Regime nicht zu dulden. Diesem Regime muß *ein Ende gemacht werden.* Die kommunistische Partei Jugoslawiens wird diese ehrenhafte Aufgabe erfüllen können.« (Hervorhebung von mir; D. W.)

Wie Chruschtschow auf dem 20. Parteitag sagte, habe Stalin das Gefühl für die Realität verloren und sogar erklärt: »Ich werde meinen kleinen Finger bewegen, und es wird keinen Tito mehr geben. Er wird stürzen!«
Der Höhepunkt dieses Konflikts war die erwähnte Resolution des Informationsbüros vom November 1949: »Die jugoslawische kommunistische Partei in den Händen von Mördern und Spionen«. Den Text dieser Resolution hatte Suslow »gründlich« erarbeitet. Die jugoslawischen Führer wurden darin mit den Nazis verglichen, sie wurden der Spionage beschuldigt, eines Blocks mit dem Imperialismus, der kulakischen Entartung usw.

Die wenigen Jahre, die Stalin nach dem Krieg verblieben, waren nicht weniger stürmisch als sein gesamtes Leben zuvor. Seine Sorgen erstreckten sich nun über die Staatsgrenzen hinaus. In den sozialistischen Ländern gab es eine ganze Reihe von Problemen. Jedes dieser Länder erhielt die Möglichkeit, auf den Weg des sozialistischen Aufbaus zu treten auf der Grundlage von Prinzipien und von Besonderheiten, die den nationalen Traditionen, der historischen Erfahrung und der konkreten Situation entsprachen. Niemand kann die Erfolge der sozialistischen Länder verneinen. Unsere gemeinsame Erfahrung ist von dauerhafter Bedeutung.

Die »jugoslawische Niederlage« hat Stalin wohl gezwungen, einiges in seinem dogmatischen Arsenal neu zu durchdenken. Möglicherweise hatte er sich bei dieser Gelegenheit von der Ineffektivität eines »einheitlichen Zentrums« überzeugt. Davon zeugt jedenfalls die Tatsache, daß sein Interesse am Internationalen Informationsbüro allmählich abnahm. Nach dem Bruch mit Jugoslawien wurden noch ein oder zwei Beratungen einberufen, und dann beendete das Büro stillschweigend seine Existenz. Die Anwendung von Kommandomethoden in der internationalen kommunistischen Bewegung hatte sich als erfolglos erwiesen.

Neben der Schaffung des sozialistischen Lagers in diesen finsteren Jahren des kalten Kriegs konnte Stalin als wichtige positive Tatsachen lediglich zwei Ereignisse ansehen: die Gründung der Volksrepublik China und die Formierung einer starken Bewegung der Völker für die Erhaltung des Friedens. Ende der vierziger bis Anfang der fünfziger Jahre war eine schwierige Zeit. Manchmal konnte man den Eindruck gewinnen, als hätten die politischen Führer den gesunden Menschenverstand verloren. Sogar der römische Papst mischte sich in die internationalen Auseinandersetzungen ein. Er verkündete, daß jeder Katholik, der den Kommunisten Unterstützung gewähre, exkommuniziert würde. Überall wurde die »Hexenjagd« betrieben. Es war schwer zu glauben, daß die Siegerstaaten nur drei oder vier Jahre nach dem Ende des Zweiten Weltkriegs wieder vor einem Krieg standen, diesmal jedoch gegeneinander. Amerika, von seiner Macht geblendet, konnte sich nicht damit abfinden, daß noch ein Koloß heranwuchs. Unter diesen Umständen setzte Stalin seine vorsichtige Außenpolitik fort. Er steigerte die militärische Kraft seines Landes und versuchte dabei, die ehemaligen Verbündeten nicht zu provozieren. Er behauptete zwar nicht wie Mao, daß die Atombombe ein »Papiertiger« sei, aber er glaubte, daß in einem möglichen Krieg die entscheidende Rolle die Volksmassen spielen würden.

Es gab einen Moment, in dem es schien, als würden die eisigen Winde abflauen. Am 1. Februar 1949 schickte der europäische Direktor des »International News Service« aus Paris folgendes Telegramm an Stalin:

»Der offizielle Vertreter des Weißen Hauses Charles Ross teilte heute mit, daß Präsident Truman sich über die Möglichkeit einer Beratung mit Ihnen in Washington freuen würde. Würden Sie, Eure Exzellenz, bereit sein, zu diesem Zweck nach Washington zu reisen? Wenn nicht, wo wären Sie bereit, den Präsidenten zu treffen?«

Stalin antwortete am nächsten Tag:

»Ich danke Präsident Truman für die Einladung nach Washington. Eine Reise nach Washington ist ein langgehegter Wunsch von mir, wie ich seinerzeit Präsident Roosevelt in Jalta und Präsident Truman in Potsdam erzählt habe. Leider bin ich zur Zeit der Möglichkeit beraubt, mir diesen Wunsch zu erfüllen, denn meine Ärzte sprechen sich entschieden gegen eine längere Reise aus, insbesondere über Wasser oder in der Luft.«

Als mögliche Treffpunkte schlug Stalin Moskau, Leningrad, Kaliningrad, Odessa, Jalta, Polen, die Tschechoslowakei vor, aber er wußte, Truman würde absagen. Sie hatten nichts miteinander zu besprechen. Der Präsident setzte auf die Politik der Stärke und glaubte wohl, die Sowjetunion zum »Wohlverhalten« zwingen zu können. Ich glaube, Truman hat sich mit der Zeit jedoch davon überzeugt, daß diese Hoffnungen trügerisch waren. Stalin hatte nicht die Absicht, sich einem Diktat zu unterwerfen. Nicht zufällig erschien am 26. Juni 1949 in der »Prawda« ein Leitartikel mit der Überschrift »Truman maßlos prahlend«.

Und mit einemmal wurden in dieser unruhigen Zeit Stimmen laut, die zur Vernunft aufriefen. 1948 trafen sich in Wroclaw Pazifisten beider »Lager« zu einer Versammlung, auf der führende Vertreter der Weltkultur den Ton angaben. Dann folgte der Kongreß der Friedensfreunde in Paris. Stalin, der zunächst skeptisch auf diese »intellektuelle Bewegung« herabsah, spürte auf einmal, daß sich hier einige Möglichkeiten boten.

1951 unternahmen die Friedensanhänger eine grandiose Aktion. Sie organisierten eine Unterschriftensammlung zur Unterstützung des Stockholmer Friedensappells. Die Kampagne erreichte riesige Ausmaße. Die Mitglieder des Komitees, das die Aktion organisierte, teilten nach einem Jahr mit, daß 500 Millionen Menschen die Forderung unterschrieben hätten, keinen Krieg zuzulassen! Stalin und die offizielle sowjetische Propaganda unterstützten die Idee der friedlichen Koexistenz. Ich glaube, daß die Stockholmer Kampagne der Beginn zur Formierung eines globalen Bewußtseins der Menschheit war. Heute sind wir diesem Ziel näher als damals, aber wie wichtig war es, die ersten Schritte zu tun!

Als im April 1949 in Paris die Weltfriedenskonferenz stattfand, an der 2000 Delegierte aus der ganzen Welt teilnahmen, verfolgte Stalin ihren Verlauf als ein politisches Ereignis von erstrangiger Wichtigkeit. Die sowjetische Delegation war von ihm und Molotow zusammengestellt worden. Ihre Mitglieder waren: Alexander Fadejew, Ilja Ehrenburg, W. L. Wassiljewskaja, Alexander Kornejtschuk, Mirso Tursun-sade, Wjatscheslaw Petrowitsch Wolgin, Pjotr Nikolajewitsch Fedossejew, L. T. Kosmodemjanskaja, Alexej Petrowitsch Maresjew.

In diesem Widerstreit der Welten, als die eisigen Winde die Vernunft der Politiker und Generäle eingefroren hatten, erhielt Stalin eine gewaltige Unterstützung durch die chinesische Revolution. Der Sieg der Revolution in China veränderte merklich das Kräfteverhältnis und die Lage in der Welt. Der zwanzigjährige Kampf des chinesischen Volks für seine soziale und nationale Befreiung endete triumphal am 1. Oktober 1949 mit der Ausrufung der Volksrepublik China.

Als man Stalin mitteilte, daß der neue amerikanische Botschafter in Peking angekommen sei, wurde ihm einiges klar. Er wußte, wenn die Vereinigten Staaten Einfluß auf China gewinnen würden, dann würde die Situation der UdSSR schwieriger werden.

Stalin hatte seinerzeit einiges über China geschrieben. Einige dieser Arbeiten sind außerordentlich primitiv. Beispielsweise behauptete er, daß »die Revolutionierung des Ostens« einen entscheidenden Schub für die Verschärfung der revolutionären Krise im Westen bedeute. »Der von zwei Seiten attackierte Imperialismus muß sich als dem Tode geweiht ansehen.«

Nach der Beendigung des Zweiten Weltkriegs hatte Stalin einiges getan für die Unterstützung der Revolution in China: Die chinesische Volksbefreiungsarmee erhielt Waffen und Ausrüstungen, es wurde auch andere Hilfe geleistet. Da die USA ihm feindselig gegenüberstanden, entschloß sich Mao für die Sowjetunion. Nach dem Sieg der chinesischen Revolution entwickelten sich die Beziehungen schnell und auf breiter Grundlage. Ihren Höhepunkt erreichten sie mit der

Einladung Mao Tse-tungs nach Moskau zu Stalins siebzigstem Geburtstag.

Mit einiger Skepsis erwartete Stalin das Treffen mit dem Führer des chinesischen Volks. Obwohl er viel über China und über die chinesische Revolution geschrieben hatte, kannte er im Grunde weder die Geschichte noch die Kultur dieses Landes. Mao und Stalin führten Gespräche über die verschiedensten Themen. Am 14. Februar 1950 wurde der Vertrag über gegenseitige Hilfe unterzeichnet. Er stärkte die Position der Sowjetunion in der internationalen Auseinandersetzung.

Ich glaube, daß Stalins Nachfolger bei weitem nicht alles Mögliche getan haben, um diese guten Beziehungen der beiden großen Völker zu bewahren. Einer der Gründe des Bruchs ist dabei Maos negative Reaktion auf die Entlarvung des Personenkults auf dem 20. Parteitag der KPdSU. Der starke Händedruck zweier Giganten hielt sich historisch nicht lange. Gott sei Dank haben sich die Führer der beiden Länder von neuem die Hände gereicht.

Die eisigen Winde umwehten das Land nicht nur im Westen, sondern auch im Osten. Die Stationierung amerikanischer und sowjetischer Truppen in Korea unmittelbar nach dem Krieg führte dazu, daß unterschiedliche politische Strukturen im Norden und im Süden des Landes entstanden. Faktisch wurden zwei Staaten gegründet, die die Bevölkerung Koreas künstlich teilten. Nach dem Rückzug der sowjetischen Truppen aus Nordkorea folgte der Rückzug der Amerikaner aus Südkorea. Beide Seiten gingen davon aus, daß in beiden Teilen des Landes der Großteil der Bevölkerung ihre jeweilige Regierung unterstützte. Leider gibt es keine anderen sowjetischen, chinesischen und koreanischen Dokumente als jene, die damals in den Zeitungen publiziert wurden; zumindest sind bislang keine bekannt. Aber es ist klar, daß der Koreakrieg entstanden ist, weil jede der beiden Seiten ihre Herrschaft auf das ganze Territorium ausdehnen wollte.

Während des Koreakriegs wuchs das Vertrauen Stalins zu Mao und festigten sich die Beziehungen zwischen der UdSSR und China. Nachdem die chinesischen und nordkoreanischen Truppen das Territorium nördlich des 38. Breitengrads befreit hatten, bewegten sie sich noch 100 Kilometer südwärts. Der Kampfgeist der amerikanischen Truppen und das militärische Ansehen der USA waren Mitte des

Sommers 1951 merklich gesunken. Stalin spürte, daß ein gefährlicher Augenblick erreicht war. Die Amerikaner würden keine Niederlage hinnehmen und zum letzten Mittel greifen, zur Atombombe. Der amerikanische General MacArthur forderte, die Mandschurei zu bombardieren. Truman ließ verlauten, daß die Anwendung von Atomwaffen nicht ausgeschlossen sei. Weder Stalin noch Mao konnte eine Niederlage der Amerikaner zulassen. Es begannen zwei lange Jahre der Verhandlungen, während die Kämpfe in Korea weitergingen. Stalin verstand früh, daß beiden Seiten kein anderer Ausweg blieb, als auf einen Kompromiß einzugehen. Das entsprechende Abkommen wurde allerdings erst einige Monate nach seinem Tod, im Juli 1953, unterzeichnet.

Ich glaube, daß der Koreakrieg zum erstenmal gezeigt hat, daß in unserer modernen Welt, die immer noch in Blöcke geteilt ist, bei einem Zusammenstoß der beiden Lager eine Pattsituation unvermeidlich ist. Zum ersten Patt kam es in Korea, zum zweiten in der Karibikkrise. Aber hier, beim zweitenmal, setzte sich die Klugheit schneller durch.

Hat Stalin aus Korea Lehren gezogen? Es läßt sich schwer sagen. Eines jedoch ist klar, nämlich daß die Amerikaner ihre Lektion erst spät lernten. Napalm, die Atombombendrohungen, das Abenteuer in Vietnam, die langjährige Nichtanerkennung Chinas – all das waren Elemente einer Politik, die ihr Hauptaugenmerk auf die Gewalt legte. Die Sowjetunion machte ihre diesbezüglichen Erfahrungen später, im Ergebnis des Afghanistanabenteuers.

Im Koreakrieg konnte die Welt sehen, daß Amerika nicht allmächtig war. In diesem Fall war Stalin weitsichtiger als seine weltpolitischen Kontrahenten. Nach der kalten jugoslawischen Dusche war die alte Vorsicht zu ihm zurückgekehrt.

Relikte des Cäsarismus

Stalin, der manchmal irgendwelche rätselhaften Eintragungen in sein schwarzes Heft machte, kam nicht nur einmal auf den Gedanken, nach der »Kurzen Biographie« ein monumentales Werk über sich schreiben zu lassen. Davon zeugen seine Anweisung zur »Inventur« der Archive und vereinzelte Äußerungen zu Schdanow, Bulganin, Poskrebyschew über die Notwendigkeit, die »Rolle der Schüler Lenins« umfassend darzustellen.

Immer häufiger kehrte Stalin gedanklich in die Vergangenheit zurück. An die Vergangenheit erinnerten ihn auch Menschen – Verwandte seiner ehemaligen Mitkämpfer. Ab und zu legte Berija ihm Briefe vor von Verwandten bekannter Parteipolitiker, die als »Volksfeinde« erschossen oder ins Lager verbannt worden waren. Diese Menschen wandten sich persönlich an Stalin. Meist schaute sich der »Führer« die Schreiben oberflächlich an, sagte kein Wort und reichte sie Berija zurück. Dieser hatte Verständnis, sammelte die Briefe wieder ein, legte sie in seine Mappe und ging. »Sie sollen ihr Kreuz tragen«, dachte der Diktator. Die Perspektive, daß Hunderte, Tausende von Frauen, Kindern und Verwandten seiner ehemaligen Parteigenossen nach Moskau, Leningrad und in andere Städte zurückkehren sollten, behagte ihm nicht. Wieviel neue Arbeit hätte das für die »Organe« bedeutet! Nein, es sollte alles so bleiben, wie es war. Manchmal, wenn er so einen Brief erblickte, sagte er: »Was will sie denn? Bittet sie auch um die Entlassung?« und sah Berija dabei vorwurfsvoll an.

Beim letztenmal hatte Stalin den Brief einer Enkelin Felix Dserschinskis namens Jadwiga Josifowna gelesen. Die Bittstellerin, die in Moskau lebte, setzte sich für ihre Mutter ein, die bereits lange Jahre in den Lagern von Karaganda saß. Die Tochter schrieb: »Meine Mutter ist sehr krank, sie hat Lungentuberkulose, Skorbut. Sie befindet sich in einem sehr schlechten Zustand.« Aber auch in diesem Fall blieb Stalin hart und überließ alles Berija. Stalin wollte die Schatten der für immer verschwundenen Menschen nicht mehr sehen, der Menschen, die einst Seite an Seite mit ihm gekämpft hatten. Er wollte nur das sehen, was er geschaffen hatte.

In weniger als drei Jahrzehnten war unter seinen Händen ein mächtiger Staat gewachsen, der nun in der ganzen Welt Respekt genoß. War es nicht so? Aber warum gab es dann so viele Unzufriedene? Warum wurden die Feinde, die Verräter nicht weniger? Hier, beispielsweise, lag vor ihm das Gesuch des Innenministers: »Die Fassungskapazität der Sonderlager beläuft sich zur Zeit auf 180000 Personen. Das MWD bittet um Erlaubnis, das Fassungsvermögen der Sonderlager um 70000 Personen zu erhöhen, um es auf 250000 zu bringen.«

Ein Leben lang betete Stalin nur eines an: den Kampf und nur den Kampf. Mit Hilfe der Partei bewegte sich Stalin immer weiter von der Leninschen Konzeption fort. Das bürokratische System hat eine Besonderheit: Es formiert sich sehr schnell. Und es ist furchtbar langlebig.

Eines der Hauptleiden der sozialistischen Entwicklung begründet sich darin, daß wir viele Lehrsätze und Formeln des wissenschaftlichen Sozialismus verabsolutiert, aber die Dialektik in unserer gesellschaftlichen und politischen Praxis nicht angewendet haben. Genau davor hatten die Begründer des Marxismus gewarnt.

Vor der Oktoberrevolution, als Lenin sich vor den Spürhunden der Provisorischen Regierung versteckte, schrieb er bedeutende Zeilen über die Entwicklung des Kommunismus:

»Er geht aus dem Kapitalismus hervor, entwickelt sich historisch aus dem Kapitalismus, ist ein Resultat der Handlungen einer gesellschaftlichen Kraft, die der Kapitalismus geboren hat. Bei Marx gibt es keinen Schatten des Versuchs, eine Utopie zu schaffen, in die Leere zu mutmaßen, was man nicht wissen kann.«

Warum wiederhole ich diese berühmten Wahrheiten? Deshalb, weil man sie nach Lenins Tod rasch ignoriert hat. Der Marxismus wurde nur auszugsweise und vor allem auch nicht schöpferisch angewendet.

In den zwanziger Jahren sagten die politischen Führer häufig: »Die Arbeiterklasse kann sich nicht irren« oder »Die Partei kann sich nicht irren«. Aber sie irrten doch. Wir alle wissen, daß Stalin zur Theorie des wissenschaftlichen Sozialismus nichts Positives hinzugefügt hat. Er stützte sich lediglich auf Schemata, die häufig ein halbes Jahrhundert alt waren, ohne sie auch nur irgendwie fortzuentwickeln. Stalin biß sich förmlich an den Worten des Marxismus fest. So erklärte er etwa im April 1929 vor dem ZK, als er Bucharin attackierte:

»Der Leninismus ist unbedingt für ein festes Bündnis mit den Hauptmassen der Bauernschaft, für ein Bündnis mit den Mittelbauern, aber nicht für jedes beliebige Bündnis, sondern für ein solches Bündnis mit den Mittelbauern, das die führende Rolle der Arbeiterklasse gewährleistet, die Diktatur des Proletariats festigt und die Aufhebung der Klassen erleichtert. (...) Was bedeutet das – die Bauern führen? Das bedeutet erstens, eine Linie zur Vernichtung der Klassen führen und nicht zum Kleinproduzenten. Wenn wir von dieser Linie, die grundlegend ist, abweichen würden, so würden wir aufhören, Sozialisten zu sein.«

Während Stalin den Sozialismus »erklärte«, verwandelte er ihn in eine Ansammlung von Dogmen und Polemiken. Deshalb kann man sagen, daß der Stalinismus auf einer marxistischen Grundlage gewachsen ist und sich ideologisch von ihm nährte. Daraus folgt aber nicht, daß der Marxismus am Stalinismus schuld ist. Der Marxismus als Weltanschauung und als Methodologie, als Einheit philosophischer, ökonomischer und sozialer Sichtweisen trägt keine Verantwortung dafür, wie man ihn interpretiert. Der Marxismus ist keine Rezeptsammlung, kein Kochbuch. Der Marxismus ist auch kein Maßnahmenkatalog für politische Aktionen.

Die Prinzipienlosigkeit sowie das mechanische und primitive Verständnis der marxistischen Ideen waren die Vorreiter für künftiges Leid. Dieses Leid sah Stalin als Sieg an. Stalin kanonisierte die Vorstellungen des Marxismus vom Klassenkampf und schuf so die sozialen Verhältnisse, die wir heute entschieden verurteilen.

In vielen Publikationen der letzten Jahre werden alle Deformationen, alle Fehler und Verbrechen nur mit einem Menschen in Verbindung gebracht. Wenn dies alles so gewesen wäre, dann hätten wir uns

schon lange vom Stalinismus befreit. Stalin ist tot, aber der Stalinismus lebt immer noch. Der Stalinismus ist zu einer der historischen Möglichkeiten geworden, jene Ideen zu realisieren, die in der marxistischen Lehre dargelegt werden. Das ewige Streben der Menschen zur Freiheit, zum Glück, zur Gleichheit, zur Gerechtigkeit, so, wie der Marxismus es interpretiert, ist ein äußerst attraktives Weltbild. Viele konsequente Anhänger des Marxismus glaubten, daß selbst der Versuch eines schöpferischen Verständnisses der Postulate des Marxismus bereits Ketzerei, Revisionismus sei. Allmählich wurde jede Ansicht, die sich von der festgelegten marxistischen unterschied, als feindlich angesehen. Der Marxismus wurde zu einer Doktrin, die nicht so sehr versuchte, sich den wechselnden Bedingungen anzupassen, als vielmehr, die Bedingungen ihren Glaubenssätzen anzupassen. Solange Lenin lebte (und davon zeugen besonders seine letzten Arbeiten), wollte er das Denken und die Taten der Bolschewiki zur *Wirklichkeit* hinlenken, zur schwierigen Realität des Seins, zu den Widersprüchen, die im riesigen Bauernstaat wuchsen.
Stalin nutzte die Neigung der russischen Revolutionäre zum Radikalismus maximal, als er im Namen der Idee Opfer in der Geschichte, Kultur, Tradition und auch von Menschen für gerechtfertigt erklärte. Der russische Radikalismus trug die Toga der revolutionären Romantik, die den Wohlstand und die bürgerliche Kultur ablehnt. Stalin glaubte, daß im Namen der Idee alles erlaubt sei. Und nie hat jemand gesagt, daß dies ein unmenschlicher Gedanke ist, eine soziale Sünde gegenüber dem Volk!
Das wichtigste für ihn war »fortjagen«, »niederwerfen«, »zerschlagen«, »zerschmettern«, »zerbrechen«, »entlarven«, »festnageln«. Der revolutionäre Radikalismus, von dem Stalin parasitierte, schuf eine neue Pseudokultur. Und der erste Platz in dieser Pseudokultur wurde seinen Ideen zugeteilt.
Ich möchte noch einen weiteren Aspekt erwähnen, der die revolutionäre Entwicklung vor der Oktoberrevolution und später begleitete. Ich habe dabei nicht die Absicht, die Menschewiki »reinzuwaschen«, die sich für eine Arbeiterpartei hielten, aber doch in hohem Maße den Stempel eines kleinbürgerlichen Reformismus trugen. Doch man muß sehen, daß sie beharrlich gegen die dogmatischen und radikalen Doktrinen aufgetreten sind, die den Marxismus enthumanisierten und schwächten. Der Menschewismus erwies sich

schließlich als fruchtlos im politischen Sinne, und das hat Lenin glänzend gezeigt. Dennoch hilft die menschewistische Kritik an Stalin, einige Seiten des Stalinismus zu verstehen.
Die Führer der menschewistischen Emigration (Martow, Abramowitsch, Dan, Nikolajewski, Dolin, Schwarz, Jugow) versuchten lange Zeit, eine Art Kampf an zwei Fronten zu führen: die Ideale der Revolution zu verteidigen und gleichzeitig ihre Entartung zu kritisieren. Bis 1965 hatten die Menschewiki eine Zeitschrift mit dem Titel »Sozialistischer Bote«. Die einflußreichsten Politiker in der Führung (sie nannte sich »Auslandsdelegation«) waren Fjodor Dan, der 1947, und Raphael Abramowitsch, der 1963 starb. Dan fühlte sich während seiner letzten Jahre immer mehr zur UdSSR hingezogen, wohingegen Abramowitsch seine antisowjetischen Ansichten beibehielt.
Nach Lenins Tod kritisierten die Menschewiki hauptsächlich Stalins antidemokratische Methoden. Als die Menschewiki beispielsweise die NÖP unterstützten, äußerten sie einen interessanten Gedanken: Die neue Linie in der Ökonomie muß von einer ernsthaften Erneuerung in der Politik begleitet werden, dann könnten bonapartistische Tendenzen in der Sowjetunion sich nicht entwickeln.
Die Wurzel dieser Tendenzen sahen die Menschewiki darin, daß sich die Partei der Bolschewiki, die sich aus der Arbeiterklasse rekrutiere, immer mehr in die Waffe einer kleinen Gruppe von Menschen verwandle. Der Stärkung der Rolle einer Person folgte ihrer Meinung nach die Entartung. Nur eine Partei, die den Pluralismus zulasse, sagte Abramowitsch, könne ein Garant für die Entwicklung von Demokratie sein. Diesen Überlegungen muß man zustimmen.

Wie beurteilten die Menschewiki Stalin? Im Zusammenhang mit einer negativen Entwicklung in der UdSSR sahen die Emigranten zwei Möglichkeiten: entweder die Konterrevolution oder die »Pseudorevolution«. Stalin sei den zweiten Weg gegangen, ob bewußt oder nicht. Der Kern des Stalinismus war ihrer Meinung nach eine Absage an all jene Traditionen, die der Sozialdemokratie zugrunde lagen.
Nach der Revolution war der Menschewismus keine einheitliche politische und ideologische Kraft mehr. Dan, der lange Zeit sein unumstrittener Führer war, brach mit ihm und gründete die Zeitschrift »Nowy Mir«. Er hoffte, daß die Sowjetunion nach dem Sieg

über den Faschismus zum wahren Sozialismus finden würde. In seinem letzten Buch schrieb Dan, daß Stalin sich als unfähig erwiesen habe, den Sozialismus und die Demokratie zu vereinen.
Den Menschewiki ist es gelungen, nüchtern über den Stalinismus zu urteilen. Einige ihrer Ideen und Beurteilungen verdienen ernsthafte Aufmerksamkeit bei der historischen Analyse.
Die vielzähligen »Oppositionen«, »Fraktionen«, »Abweichungen«, die nach dem Sieg der Oktoberrevolution auftauchten, verkörperten soziale und politische Alternativen der Entwicklung, bei allem Zweifelhaften und bei allen Fehlern, die man ihnen zuschreiben muß. Möglicherweise werden meine Reflexionen orthodox denkenden Menschen als Ketzerei erscheinen. Es läßt sich vorstellen, daß die Liquidierung des revolutionären Pluralismus die Gesellschaft um einige Entwicklungsmöglichkeiten beraubt hat. Ich glaube zum Beispiel, daß die Menschewiki-Internationalisten mit ihren Führern Martow, Jermanski, Astrow und anderen keine Feinde der Revolution waren. Ebensowenig wie die Linken Sozialrevolutionäre, die sich im November 1917 zu einer Partei zusammengeschlossen hatten. Die Vernichtung des sozialistischen Pluralismus – das ist der Beginn des Abstiegs zum Monopol auf Wahrheit und politische Macht. Die Behandlung von Verbündeten oder konstruktiven Kritikern als Feinde führte dazu, daß aus der revolutionären Demokratie ein totaler Bürokratismus gemacht wurde.
Stalin pervertierte viele Prinzipien des wissenschaftlichen Sozialismus, was auf zahlreichen Gebieten soziale Entartungen zur Folge hatte. Wie gesagt: Stalinismus ist eine pervertierte Theorie und Praxis des Sozialismus, die die Gewalt als universelles Mittel für die Realisierung politischer und sozialer Ziele ansehen. Die Verzerrung der Theorie und Praxis äußerte sich am vollständigsten in der Entfremdung. Früher gingen wir davon aus, daß die Entfremdung nur in einer kapitalistischen Gesellschaft möglich sei. Ich glaube, dem ist nicht so. In den »Ökonomisch-philosophischen Manuskripten von 1844« stellt Marx jene Seiten dar, die die Entfremdung charakterisieren:

»Die Entäußerung des Arbeiters in seinem Produkt hat die Bedeutung nicht nur, daß seine Arbeit zu einem Gegenstand, zu einer äußeren Existenz wird, sondern daß sie außer ihm, unabhängig, fremd von ihm existiert und eine selbständige Macht ihm gegenüber

wird, daß das Leben, was er dem Gegenstand verliehen hat, ihm feindlich und fremd gegenübertritt.«
Verlust des Rechts, über die eigene Tätigkeit selbst zu bestimmen; Trennung des Produzenten vom Produkt seiner Arbeit; Entfremdung von menschenwürdigen Existenzbedingungen; Entfremdung zwischen den Menschen und den Klassen; »Entwirklichung des Arbeiters«. Im Grunde ist auch der Stalinismus eine Entfremdung des Menschen von der Macht, von seiner Teilhabe an der Leitung des Staats, der Produktion und anderer gesellschaftlicher Prozesse. Der Stalinismus ist vor allem eine diktatorische Form der Entfremdung der Menschen von der Arbeit, vom Recht auf Selbstbestimmung, von der Verwaltung des Staats. Die Entwicklung des Stalinismus durchlief einige Etappen. Es begann mit der Vernachlässigung von Lenins »Testament«. Damals hatte Stalin wohl zum erstenmal gefühlt, daß der Olymp der Macht für ihn keine Fata Morgana, sondern ein realistisches Ziel war. Die zweite Etappe vollzog sich in den Jahren 1925 bis 1929: Die Stabilisierung des Kapitalismus im Westen fiel mit der Entstehung bürokratischer Strukturen zusammen, und Stalin gelang es, Trotzki, seinen Hauptgegner, auszuschalten. Die dritte Stufe: Kollektivierung der Landwirtschaft und Liquidierung der letzten Opposition im ZK. Sie erreicht 1934 auf dem 17. Parteitag ihren abschließenden Höhepunkt.
Bei der Charakterisierung des Stalinismus kann man eine Reihe von typischen Merkmalen anführen. Eines von ihnen ist die *Alternativlosigkeit* der Entwicklung. Das breite Spektrum der revolutionären Konzepte nahm nach der Revolution drastisch ab. Die Wahl zwischen zwei oder mehr Alternativen trafen häufig weltfremde Schreibtischstrategen. Stalin war auf diesem Gebiet ein unübertroffener Spezialist. Er wußte immer, was gut und was schlecht war, wo Revolution und wo Konterrevolution waren.
Der Stalinismus ist nicht nur eine geistige oder soziale Krankheit. Er ist der Antipode zu allen menschlichen Werten. Er wurde zu einer eigenartigen *weltlichen Religion.* Man mußte nur glauben und zustimmen. Von den dreißiger Jahren an ist es mir nicht gelungen, auch nur die geringsten Spuren einer öffentlichen Äußerung gegen die Stalinschen Dogmen zu finden.
Es besteht kein Zweifel, ein Staat muß seine Interessen wahren. Wenn aber Andersdenken als antisowjetische »Propaganda oder Agi-

tation« angesehen und auf schlimmste Weise bestraft wurde, blieb nur noch die Anpassung, um zu überleben. Obwohl dies häufig auch nicht half. Die Manipulation des gesellschaftlichen Bewußtseins führte dazu, daß Millionen von Menschen alles glaubten, was der »Führer« sagte, oder daß sie gezwungen waren, sich so zu geben, als würden sie alles glauben. Und was er sagte, hatte oft sichtbar nichts mit der Wirklichkeit zu tun. Beispielsweise am 7. Januar 1933 auf dem Plenum von ZK und ZKK in seinem Bericht »Über die Ergebnisse des ersten Fünfjahresplans«. Während er davon sprach, daß der Plan auf dem Gebiet der Landwirtschaft innerhalb von vier Jahren erfüllt worden sei, sagte er nicht ein einziges Wort vom furchtbaren Hunger, der Millionen von Menschen das Leben gekostet hatte.

Von nun an wurde jede Aktivität organisiert: Welche Lobpreisungen gesprochen werden sollten, wer mit welcher Rede wo auftreten sollte, welche und wie viele Porträts bei Demonstrationen getragen werden sollten, wann und worüber zu berichten war – das und vieles andere wurde »oben« entschieden. Allmählich gewöhnten sich die Menschen daran, daß man für sie dachte. Ihnen wurde vorgeschrieben, zu »applaudieren« und zu »unterstützen«. Selbstverständlich werden viele Prozesse immer in einem gewissen Maß organisiert werden müssen, aber das muß Hand in Hand gehen mit eigenverantwortlicher Aktivität, mit Initiative, mit der Fähigkeit zu gemeinschaftlicher Kreativität. Die Organisatoren der Rapporte hielten es für selbstverständlich, daß auch die Insassen der Lager und Gefängnisse dem Führer über ihre »Erfolge« berichteten.

Stalin ging davon aus, daß die Macht nicht nur Ehrfurcht, sondern auch Angst einflößen müsse. Als allmächtiger Diktator führte er beispielsweise auch ungeschriebene »Gesetze des Verhaltens« für seine Mitkämpfer ein. Sie hatten nicht das Recht, sich ohne seine Genehmigung (zu zweit, zu dritt oder zu mehreren) zu versammeln, etwa bei einem von ihnen im Arbeitszimmer, in der Wohnung oder in der Datscha. Das galt als verdächtig und wurde nicht gebilligt. Ausnahmen wurden nur für Berija gemacht, der Malenkow nahestand und häufig mit ihm in einem Wagen zur Datscha oder von dort zum Kreml fuhr. Alle zusammen konnten sie sich lediglich bei Stalin treffen (wenn er sie einlud). Es klingt zwar sonderbar, aber der »Führer« liebte es nicht, während seiner Arbeitszeit viele Stunden allein zu verbringen. Häufig ließ er Molotow, Berija, Kaganowitsch,

Malenkow, Schdanow zu sich rufen, und sie waren nicht selten stundenlang bei ihm. Die Gesprächsthemen, oft waren es Monologe, bestimmte immer der »Hausherr«. Es war so, als würde er laut denken. Er erwartete keine Vorschläge, Einwände, mit Ausnahme vielleicht von Molotow oder Wosnessenski. Er erwartete einmütige Zustimmung, Begeisterung für die Ideen des »Genossen Stalin«. Für ihn war dies eine Art psychologisches Doping.
Der Stalinismus als Methode der Führung und Verwaltung stützte sich vor allem auf unzählige Berichte und Bescheinigungen, die von verschiedenen Personen und Organisationen auf Anweisung des »Führers« angefertigt wurden. Ein Großteil dieser Bescheinigungen und Berichte wurde im NKWD und im NKGB angefertigt. So interessierte sich Stalin nach dem Krieg beispielsweise für die Akademie der Wissenschaften. Berija berichtete ihm, daß der Präsident der Akademie häufig krank, daß die Effektivität seiner Forschungsarbeit nicht sehr hoch sei und daß es sich lohne, auch andere Akademiemitglieder unter die Lupe zu nehmen. Stalin forderte eine Auflistung mit kurzen Charakteristika der Wissenschaftler. Bald lag sie auf seinem Schreibtisch. Es ist interessant, daß sie nicht im Präsidium der Akademie erarbeitet wurde, sondern in einer der Verwaltungen des NKGB. Ich werde Auszüge aus den Charakteristika der Akademiemitglieder anführen und in einigen Fällen wohlbedacht die Namen weglassen:

»Akademitglied B. – großer Spezialist auf dem Gebiet der Schwarzmetallurgie, hat wenig Kontakte zu seinen Kollegen aufgrund der außerordentlichen Habsucht seiner Frau.
Akademiemitglied Wawilow S. I. – Physiker. In bester Verfassung. Sein Bruder Wawilow N. I., Genetiker, wegen Sabotage in der Landwirtschaft 1940 verhaftet, verurteilt zu 15 Jahren, starb im Gefängnis von Saratow.
Akademiemitglied W. – besitzt lediglich unter den Mathematikern Autorität. Junggeselle, gebraucht Alkohol in bedeutenden Dosen.
Akademiemitglied Wolgin W. P. – Vizepräsident. Über Wolgin gibt es mehr als zwanzig Aussagen (Stetzki und andere) als Trotzkisten. Hat bis zum jetzigen Zeitpunkt keine Auszeichnungen erhalten und ist kein Laureat der Stalin-Prämie.
Akademiemitglied N. – Direktor des Instituts für Brennstoffe; nach Angaben der Agentur leitet er das Institut schlecht, ist häufig krank.

Akademiemitglied S. – nach Aussagen von Volksfeinden ist er Mitglied einer antisowjetischen Organisation. Auf dem Gebiet der Bodenschatzsuche führte er Schädlingsarbeit durch. Widmet seinem persönlichen Wohlergehen viel Aufmerksamkeit.
Akademiemitglied Lyssenko T. D. – parteilos, Direktor des Instituts für Genetik. Präsident der Akademie für Landwirtschaftswissenschaften, zweimal Laureat der Stalin-Prämie. Das Akademiemitglied Lyssenko besitzt keine Autorität, alle nehmen an, daß Wawilow N. I. wegen ihm verhaftet worden ist.«

Die Liste ist lang. Auf der Grundlage solcher Bewertungen aus Berijas Abteilungen löste Stalin ernsthafte Fragen. Solche Dokumente waren entscheidend bei den vielfältigsten Problemen. Der Stalinismus teilte den Menschen die Rolle des Instruments, des Mittels zu und nicht die des Ziels. Die Aussprüche über den sowjetischen Menschen, für den es nun »leichter und fröhlicher zu leben geworden war«, konnten die Realität nicht verdecken: Die Individualität wurde unterdrückt, der Kollektivismus wurde zum Schaden der harmonischen Entwicklung der Persönlichkeit verabsolutisiert, es herrschte das Konzept der gewaltsamen Erziehung des »neuen Menschen«.
Der Stalinismus verwandelte die Volksmassen in einen gigantischen Mechanismus der Verwirklichung der Absichten des »Führers«. Der Stalinismus führte zu dem Anachronismus des Primats der Politik gegenüber der Ökonomie, des Staats gegenüber der Gesellschaft. Hier liegen die tiefen Wurzeln dessen, was wir kommandobürokratisches System nennen. Ein solches System braucht lebensnotwendig eine breite und mächtige Bürokratie auf allen Ebenen der Gesellschaft.
Es entstand ein »politischer Absolutismus«, wobei die eigenmächtigen und eigenwilligen Entscheidungen des »Führers« bei weitem nicht den herrschenden Bedingungen und den anzustrebenden Zielen entsprachen. Die Politik wurde zu einer allmächtigen Sphinx, die jeden aufzufressen drohte, der auch nur indirekt irgendwelche Zweifel an ihrer Berechtigung geäußert hätte. Stalinismus – das ist die absolute Diktatur der Politik über die Ökonomie, über das soziale und geistige Leben, über die Kultur. Stalinismus – das ist die Evolution der Diktatur des Proletariats zunächst zur Diktatur der Partei und schließlich zur Diktatur eines einzelnen.

Ein vorbeugendes Wort an jene Kritiker, die glauben, ich verstünde die Rolle der Politik im Leben der Gesellschaft nicht richtig. Nein, ich bin nicht gegen Politik, ich bin lediglich gegen ihre Verabsolutierung. Sie wird immer eine gewaltige Rolle spielen, denn nur mit ihrer Hilfe kann man die Beziehungen zwischen den Klassen, zwischen anderen sozialen Gruppen, zwischen den Nationen regeln, und nur durch sie kann man schließlich zur Volksmacht gelangen. Aber die Politik spielt nur dann ihre richtige Rolle, wenn ihr unüberwindliche demokratische Werte zugrunde gelegt werden, die geeignet sind, die Beziehungen nicht nur zwischen gesellschaftlichen Gruppen zu ordnen, sondern auch eine Wechselwirkung zwischen dem ökonomischen und geistigen Leben des Landes zu gewährleisten.
Stalin sprach über Menschenrechte und trat sie mit Füßen. Er war ein zynischer Pragmatiker. Auf dem 1. Gesamtrussischen Kongreß der Kolchos-Stoßarbeiter erklärte er am 19. Februar 1933, wie man »alle Kolchosbauern wohlhabend machen« könne. Das Rezept, das er vorschlug, war einfach:

»Wenn wir ehrlich arbeiten werden, für uns arbeiten werden, in unseren Kolchosen – so werden wir erreichen, daß wir in zwei bis drei Jahren alle Kolchosbauern hochbringen werden, ebenfalls die ehemaligen armen und Mittelbauern, und zwar auf ein Niveau der Wohlhabenden, auf ein Niveau der Menschen, die ein großes Maß an Produkten besitzen und umfassend ein kulturvolles Leben führen.«

Ein zynischer Pragmatismus: Die Wohlhabenden liquidieren und gleichzeitig dazu aufrufen, wohlhabend zu werden. Stalin schätzte es, das eine zu sagen und das andere zu tun. Er schätzte es, über ein kulturvolles und fröhliches Leben zu sprechen und gleichzeitig ganze Schichten der Gesellschaft einem barbarischen Terror zu unterwerfen.

Mumien des Dogmatismus

Über den Dogmatismus des Stalinschen Denkens habe ich bereits gesprochen. Mich interessiert der Dogmatismus als einer der Grundsätze des Stalinismus, als einer seiner wichtigsten Pfeiler. Er zog zunächst allmählich in die Gesellschaftswissenschaften ein und er-

griff schließlich die gesamte Gesellschaft, um sie in eine geistige Sackgasse zu führen. Stalin besaß die Fähigkeit, diese oder jene Erkenntnis des Marxismus abzutöten und sie in erstarrte Mumien zu verwandeln, die jeglicher Wahrheit entbehrten. Darin war er ein unübertroffener Meister.
Beispielsweise propagierte Stalin, wo er nur konnte, den »endgültigen Sieg des Sozialismus«. Die Grunddefinition lautete:

»Der endgültige Sieg des Sozialismus ist die volle Garantie vor Versuchen der Intervention, und das heißt auch der Restauration (des Kapitalismus; A. d. Ü.), denn gleichgültig, wie ernsthaft ein Versuch der Restauration sein sollte, er kann nur bei ernsthafter Unterstützung von außen gelingen, lediglich mit Unterstützung des internationalen Kapitals.«

Um die absolute Richtigkeit seiner Formel zu beweisen, mußte Stalin demonstrieren, wie falsch seine Gegner diese Frage verstanden. Zu diesem Zweck zitierte er Sinowjew:

»Unter dem endgültigen Sieg des Sozialismus muß man zumindest verstehen: (erstens) die Beseitigung der Klassen, und das heißt (zweitens) die Aufhebung der Diktatur einer Klasse, in diesem Fall der Diktatur des Proletariats. Um mich noch klarer auszudrücken, wie sich bei uns die Frage im Jahre 1925 stellt, müssen zwei Dinge unterschieden werden: 1) die Sicherstellung der Möglichkeit, den Sozialismus aufzubauen; solch eine Möglichkeit, den Sozialismus voll aufzubauen, versteht sich, ist auch im Rahmen eines Landes denkbar; und 2) der endgültige Aufbau und die Festigung des Sozialismus, das heißt die Verwirklichung einer sozialistischen Ordnung, einer sozialistischen Gesellschaft.«

Nicht einverstanden zu sein mit Stalins Auffassungen war bereits Mitte der zwanziger Jahre eine »feindliche Abweichung« vom Marxismus. Und später sollte auch nur die Andeutung eines Nichteinverständnisses mit dem Diktator tragisch enden. Nietzsche nannte solche Menschen »Tyrannen des Geistes«. Der Stalinsche Dogmatismus war kämpferisch und erbarmungslos. Darin halfen ihm seine ideologischen Waffenträger Schdanow, Suslow, Pospelow, Mitin und andere

Ritter des Dogmatismus. Besondere Fähigkeiten auf diesem Gebiet zeigte Suslow, ein wahrer ideologischer Inquisitor, dem es sogar nach Stalin noch lange Jahre gelungen ist, die Stagnation in der Theorie aufrechtzuerhalten. Überall fiel sein ideologischer Schlagbaum. Suslow war einer der Erzeuger des Dualismus, des Heuchlertums in der Theorie. Auf der Unionsberatung der Leiter der Institute für Gesellschaftswissenschaften 1962 sagte der ZK-Sekretär Suslow zum Beispiel:

»Dogmatismus – das ist die gefährlichste Form des Bruches zwischen Theorie und Praxis. Unter vermeintlicher persönlicher Treue gegenüber dem Marxismus-Leninismus bringt der Dogmatismus, der linke Opportunismus der revolutionären Theorie und Praxis, dem Sozialismus großen Schaden. Die Versuche, sich unter einem Haufen von Zitaten vom Leben abzuwenden, bedeuten ein Unvermögen oder ein Nichtwünschen, die neue historische Situation zu beurteilen, die großen Prinzipien des Marxismus-Leninismus innerhalb der neuen, wechselnden Bedingungen schöpferisch anzuwenden und zu entwikkeln.«

Solche Lehrlinge Stalins wie Suslow waren Meister der Mimikry. Indem der Stalinismus die Wahrheit in eine Mumie verwandelte, verstärkte er eine Form des Dogmatismus, die aus dem Zusammenhang gerissene Thesen des Marxismus für ihre Zwecke benutzte. Es ist unbestreitbar, daß auch die Theorie des wissenschaftlichen Sozialismus der Prüfung der Zeit unterworfen ist wie jede andere Theorie. Einige Thesen der Klassiker beziehen sich lediglich auf die Zeit, in der sie formuliert wurden. Das ist natürlich. Aber auch die Schlußfolgerungen, die veraltet oder überholt sind, sollten wir kennen und schätzen. Heute würde es niemandem in den Kopf kommen, etwa jene Arbeiten der Klassiker nicht mehr zu drucken, in denen beispielsweise über die Diktatur des Proletariats gesprochen wird.

Stalin bestimmte in seiner Zeit persönlich, was publiziert werden durfte und was nicht. Im Stalin-Archiv gibt es viele Notizen, in denen um die Erlaubnis gebeten wird, diesen oder jenen Brief Lenins, dieses oder jenes Fragment der Handschriften von Marx oder Engels zu veröffentlichen. Hier zwei Beispiele. Im Juni 1939 wandte sich der Direktor des Marx-Engels-Lenin-Instituts Mitin an Stalin:

»Ich bitte um Erlaubnis für die Publikation der zwei beiliegenden Briefe W. I. Lenins an Inessa Armand in der kommenden Ausgabe des ›Bolschewik‹.«

Der Vermerk ist lakonisch:

»Keine Einwände. St.«

Aber nicht immer wurde ein solches Gesuch vom »Führer« befürwortet. Schdanow, Mitin und Pospelow legten Stalin einen Artikel von Friedrich Engels vor: »Die auswärtige Politik des russischen Zarentums«. Sie waren sich nicht sicher, ob eine Publikation zweckmäßig sei. Stalin machte folgende Randbemerkungen: »Die Eroberungsabscheulichkeiten – das ist nicht das Monopol der russischen Zaren«; »Überschätzung der Rolle der Außenpolitik Rußlands«; Engels habe, »indem er die Außenpolitik des Zarismus attackierte, beabsichtigt, sie jeglichen Vertrauens in den Augen der öffentlichen Meinung Europas zu berauben«. Und schließlich zog Stalin seine Schlußfolgerung:

»Lohnt es sich, nach all dem Gesagten, Engels' Artikel in unserem Kampforgan, dem ›Bolschewik‹, als einen richtunggebenden oder jedenfalls höchst lehrreichen Artikel abzudrucken? Denn es ist doch klar, daß eine Veröffentlichung im ›Bolschewik‹ bedeuten würde, ihn stillschweigend gerade als solchen zu empfehlen. Ich denke, es lohnt sich nicht.
19. Juli 1934 J. Stalin«

Es ist angesichts dessen nicht verwunderlich, daß eine ganze Reihe Leninscher Dokumente nicht publiziert worden ist, und zwar über Jahrzehnte hinweg. Stalin hielt bis zum Ende seiner Tage viele Leninsche Gedanken und Ideen »in Gefangenschaft«. Der Dogmatismus erkennt nur das an, was seine Sichtweise unterstützt, und er lehnt all das ab, was ihm widerspricht. Eine echte Enzyklopädie des Dogmatismus, ein Sammelwerk von Mumien, von Halbwahrheiten und Unwahrheiten war in diesem Sinn das Lehrbuch »Geschichte der Kommunistischen Partei der Sowjetunion (Bolschewiki). Kurzer Lehrgang«. Es erlebte mehr als 300 Auflagen und wurde zirka in 43 Millionen Exemplaren verkauft! Dieses »Werk« wurde für die er-

wachsene Bevölkerung der Sowjetunion zu einer ebensolchen Pflichtlektüre wie der Koran für die islamischen Fundamentalisten.
Auf Beschluß des Politbüros vom 16. April 1937 konzentrierte sich eine Gruppe von Historikern – Knorin (konnte die Arbeit nicht beenden, weil er verhaftet wurde), Pospelow und Jaroslawski – auf das Schreiben dieses Buches. Zugrunde lag ihrer Arbeit ein von Stalin angefertigtes Schema zur Periodisierung der Geschichte der Partei und die von ihm vorgegebene Schwerpunktsetzung »Der Kampf der Bolschewiki gegen die antibolschewistischen Fraktionen«. Fast jeden Abschnitt der Geschichte stellte der »Führer« auf den Kopf. Für ihn war die Geschichte der Partei die Geschichte ihres innerparteilichen Kampfes. An ihrer Spitze stand der treue Mitstreiter und Nachfolger Lenins und Bewahrer seiner Sache – Stalin. Stalin verbrachte viel Zeit über dem »Kurzen Lehrgang«. Er wußte: Das Buch würde eines der wichtigsten Instrumente zur weiteren Beeinflussung des Bewußtseins von Millionen von Menschen werden.
Der Text des »Kurzen Lehrgangs« wurde mehrmals überarbeitet, bevor Stalin ihn so genehmigte, wie er im folgenden gedruckt wurde. Als er die endgültige Version gelesen hatte, muß er selbst bemerkt haben, daß die Geschichte der Partei anmutete wie die Beschreibung eines Schlachtfelds, auf dem die erbarmungslosen Kämpfe mit den Feinden kein Ende nehmen wollten. Er dachte eine Weile nach und beschloß, sein Konzept der Parteigeschichte vor einer möglichen Kritik in der Zukunft (in der Gegenwart war sie ausgeschlossen) zu schützen, und diktierte folgendes:

»Es könnte scheinen, daß die Bolschewiki dem Kampf gegen die opportunistischen Elemente in der Partei zuviel Zeit gewidmet, daß sie deren Bedeutung überschätzt hätten. Das ist jedoch völlig unrichtig. Man darf in seiner Mitte nicht den Opportunismus dulden, wie man in einem gesunden Organismus kein Geschwür dulden darf. Die Partei ist der führende Trupp der Arbeiterklasse, ihre vorgeschobene Festung, ihr Kampfstab. Man darf nicht zulassen, daß in dem führenden Stab der Arbeiterklasse Kleingläubige, Opportunisten, Kapitulanten, Verräter sitzen. Gegen die Bourgeoisie auf Leben und Tod kämpfen und Kapitulanten und Verräter in seinem eigenen Stabe, in seiner eigenen Festung haben – heißt in die Lage von Leuten geraten, die sowohl von der Front wie auch vom Hinterland her beschossen werden. Es ist nicht schwer zu begreifen, daß ein solcher Kampf nur mit einer Niederlage enden kann. Festungen werden am leichtesten von innen genommen.«

Der gesamte Inhalt dieses »Werks« zielte darauf ab, die Menschen so zu erziehen, daß sie die Welt mit Stalins Augen sahen, mit den Augen eines Mannes, der in jedem dritten Bürger des Vaterlands einen »Doppelzüngler«, ein »zweifelhaftes Subjekt« zu entdecken glaubte. Es ist kaum verwunderlich, daß noch heute derart viele Anhänger des »Führers« existieren! Der »Kurze Lehrgang« spielte in ihrer Sozialisation eine wesentliche Rolle.

Außer einem engen Kreis von Wissenschaftlern und Intellektuellen lernten die Generationen der dreißiger und vierziger Jahre den echten Lenin nicht kennen. Sie lasen nicht seine Schriften, aber den »Kurzen Lehrgang«. Stalin nannte ihn ein »Manifest – das Lied der Lieder des Marxismus«.

Eine solche dogmatische und unhistorische ideologische Nahrung führte zur geistigen Verarmung, zur theoretischen Vereinfachung und zur Primitivität. Stalin schaffte einen günstigen Boden für das Heranzüchten simpel denkender Menschen, aus deren Kreis pausenlos Karrieristen rekrutiert wurden, Denunzianten, hirnlose Befehlsempfänger. Ebendiese Schicht besetzte den bürokratischen Apparat, die Straforgane, stellte die Funktionäre für die verschiedenen Führungsebenen in Partei und Staat. Wie aus dem Malenkow-Archiv zu ersehen ist, hat dieser viele Tausende von Menschen »durch seine Hand« gehen lassen, die zur Arbeit in der Partei, in den »Organen« oder im Apparat der Ministerien bestimmt wurden.

Das geistige Potential des »Kurzen Lehrgangs« reichte für mehr als ein Jahrzehnt. Vor dem Krieg beherrschte das Stalinsche Zitatenwerk das gesellschaftliche Bewußtsein nicht nur deshalb, weil die Propagandisten es so wollten, sondern auch, weil Millionen von Menschen in einem Buch eine ganze Epoche zusammengefaßt und zugänglich sahen. Die Mehrheit dieser Menschen verstand nicht, daß dieses Porträt der Zeit bis zum äußersten entstellt war. Am auffälligsten setzten sich für die Stalinsche Politik der dogmatischen Durchdringung der Gesellschaft Schdanow und nach seinem Tod Suslow ein.

Schdanow war Stalin schon früh aufgefallen. 1929 lud Stalin den damaligen Sekretär des Regionalparteikomitees von Gorki zu einem Gespräch in den Kreml ein. Der kräftige Dreißigjährige machte einen guten Eindruck auf Stalin. Er fragte nach der Lage in Gorki, nach den Einstellungen der Menschen und danach, wie sich die Menschen in der Stadt zu Trotzkis Verbannung verhielten und zu seinem Ausschluß aus der Partei.

Ein Jahr später, auf dem 16. Parteitag, wurde Schdanow ZK-Mitglied. Dies war der Beginn eines steilen Aufstiegs. 1934, nach Kirows Ermordung, führte Schdanow bereits die Leningrader Parteiorganisation und wurde gleichzeitig Sekretär des ZK der KPdSU. Seit Februar 1935 war er Kandidat und seit 1939 Mitglied des Politbüros. Er stand Stalin sehr nah; und eine Zeitlang waren sie sogar verwandt, als Schdanows Sohn Jurij Stalins Tochter Swetlana heiratete. Die Ehe war jedoch nicht von Dauer. Stalin war zufrieden mit Schdanow. 1944 wurde Schdanow auf Initiative des Obersten Befehlshabers zum Generaloberst befördert. Damals erreichten diesen hohen Rang nur wenige Politkommissare.

Gegen Ende des Kriegs prüfte Stalin, wenn man so sagen kann, Schdanows »militärdiplomatische Fähigkeiten«. Er führte für die Sowjetunion die Verhandlungen mit Finnland, nachdem Helsinki aus dem Krieg ausgeschieden war. Im Schdanow-Archiv liegt eine Reihe von Telegrammen an Stalin. Hier eines davon.

»An den Genossen Stalin J. W.
An den Genossen Molotow W. M.
Eilt sehr!

Heute, am 18. Januar 1945, war ich bei Mannerheim. Die Begegnung fand unter vier Augen statt und dauerte zirka zwei Stunden. Mannerheim sagte, daß die Zeit gekommen sei, nach vielen Jahren der Feindschaft eine grundlegende Wende in den Beziehungen zwischen unseren Staaten zu vollziehen. Die militärischen Verteidigungslinien gegen die UdSSR, davon sei er überzeugt, seien zwecklos, wenn es keine guten Beziehungen gebe. Im Jahre '39 habe Mannerheim, wie er erklärte, keinen Krieg gewollt, wie auch nicht den Krieg von '41 bis '44, an dessen günstigen Ausgang er noch vor seinem Beginn gezweifelt habe. Er äußerte seine Zustimmung für die Zusammenarbeit bei der Küstenverteidigung, und auf dem Festland würde er selbst das Land verteidigen. Er fragte, ob es ähnliche Verträge bereits gebe? Ich behauptete, daß es beispielsweise einen mit der Tschechoslowakei gebe. Bitte um Anweisung.

A. Schdanow«

Es antwortete nicht Stalin, sondern Molotow. Und die Antwort war hart:

»Sie sind voreilig. Der Paktabschluß mit Mannerheim entspricht dem Paktabschluß mit der Tschechoslowakei: Das ist Zukunftsmusik. Zunächst müssen die diplomatischen Beziehungen wiederhergestellt werden. Erschrecken Sie Mannerheim nicht mit radikalen Vorschlägen. Machen Sie sich lediglich ein Bild von seiner Position.

Molotow«

Stalin überprüfte seine Leute, auf die er sich verlassen wollte, genau. Manche überprüfte er lange, manchmal das ganze Leben lang. Er verzieh keinem einen größeren Fehltritt. Schdanow rechtfertigte immer Stalins Vertrauen. Allerdings, wäre er nicht im August 1948, im Alter von 52 Jahren, gestorben, hätte ihn möglicherweise die Leningrader Strafaktion getroffen. Wer weiß? Schdanows Sohn Jurij Andrejewitsch glaubt, daß Stalin sich einige Zeit vor dem Tod seines Vaters ihm gegenüber ebenso kühl verhalten habe wie gegenüber Wosnessenski, A. A. Kusnetzow und etwas später Molotow.
Schdanow arbeitete seit 1944 im ZK und erwies sich als ein harter, erbarmungsloser Kurator der Ideologie und Kultur. Schdanow verstreute »Verbote« geschickt in allen Sphären der Gesellschaft, und damit gewann er Stalins Vertrauen.
In einem Sammelband historischer Erzählungen und Erinnerungen, der 1979 in Paris herausgegeben worden ist, schreibt unter den Initialen D. D. auch ein Augenzeuge, der im August 1946 Schdanows Auftritt im Smolny zur Frage der Zeitschriften »Swesda« und »Leningrad« erlebte. Ein Auszug:

»Der Berichterstatter trat von der rechten Seite ein, hinter dem Rücken des Publikums, begleitet von einer großen Gruppe von Menschen. In seiner Hand hielt er eine Mappe. Unter dem elektrischen Licht leuchtete sein Haar. Er sah aus wie ein Mensch, der gut ausgeschlafen hatte, der ein Bad genommen hatte. Alle standen auf. Man begann zu applaudieren. Der Berichterstatter ging auf die Tribüne. Es war fünf Uhr abends. Wie üblich wurde ein Präsidium aus angesehenen Literaturschaffenden vorgeschlagen. Man lachte sogar ein wenig, weil die Schriftsteller vergessen hatten, ihren Sekretär Prokofjew fürs Präsidium vorzuschlagen. Der Berichterstatter lächelte und machte mit halblauter Stimme einen Scherz. Im Saal kehrte schnell Ruhe ein. Der Berichterstatter schwieg eine Minute und setzte dann an zu sprechen. Einige Minuten später war eine unglaubliche Stille eingekehrt. Der Saal verstummte und versteinerte. Mehr und mehr gefror er, und innerhalb von drei Stunden verwandelte er sich in eine weiße Eisscholle. Der Bericht betäubte. Die Menschen gingen schweigend auseinander. Es war bereits nach Mitternacht.«

So war Schdanow, einer der höchsten intellektuellen Aufseher Stalins, der Wächter seiner ideologischen Mumien.
Suslow nannten viele in der Partei den »grauen Kardinal«. Er und Malenkow waren die Hohenpriester der Apparatsarbeit. Der hagere, kränklich aussehende Mensch, der immer in einem abgetragenen Anzug herumlief, schätzte die Annehmlichkeiten des Lebens mehr als andere. Suslow hatte ein stark betontes »Schlagbaumdenken«: nicht zulassen, nicht gestatten, keine Nachsicht üben. Ihn fürchteten nicht nur seine Untergebenen, sondern auch diejenigen, die mit ihm zusammenarbeiteten. 33 Jahre lang, seit 1947, gab er als Sekretär des Zentralkomitees ideologisch den Ton an. Dieser Mann tat viel für die Zementierung des Dogmatismus in den sowjetischen Gesellschaftswissenschaften, und das nicht nur zu Lebzeiten Stalins, sondern auch danach. Dieser Mann war der Bewahrer der Dogmen des Stalinismus, und auch, als er sich formal von Stalin distanziert hatte, hörte er nicht auf, die alten Mythen zu propagieren.

Auf dem Gebiet der Wissenschaften interessierte Stalin sich weniger für die Entwicklung als vielmehr für die unmittelbaren Resultate. Er unterband jegliche Verbindungen und jeglichen Austausch mit ausländischen Wissenschaftlern, und er lehnte Errungenschaften ab, die im Ausland gemacht wurden. Hunderte von talentierten Wissenschaftlern waren entweder dem Tod geweiht oder mußten lange, lange Jahre in Lagern verbringen. Aber auch dort sollte nach Stalins Willen Wissenschaft betrieben werden. Die Wissenschaftler, die man nicht hingerichtet hatte oder die nicht auf andere Weise umgekommen waren, arbeiteten in besonderen »Einrichtungen« der Lagerlaboratorien, die von einer Spezialabteilung des Innenministeriums bewacht wurden.

Berijas Leute berichteten Stalin systematisch über die Resultate, die die Arbeit der Wissenschaftler in den Lagern erbrachte. Hier einige Beispiele:

»An den Genossen Stalin J. W.

Eine Gruppe von inhaftierten Spezialisten der 4. Spezialabteilung der MWD, unter der Leitung der einsitzenden Spezialisten Professor Stachowitsch K. I. und Professor Winblat A. Ju. sowie des Ingenieurs Tejfel G. K., führt seit längerer Zeit eine Arbeit zur Schaffung eines vaterländischen Turbinenschraubenmotors durch. Auf der Grundlage der Resultate ihrer theoretischen Forschungen schlägt die Gruppe den Bau des Motors ›TRD-7B‹ vor. Ich bitte um die Durchsicht des Beschlußentwurfs des Ministerrats.

18. Mai 1946 S. Kruglow«

»An den Genossen Stalin J. W.

Der gefangene Spezialist A. S. Abramson (zu zehn Jahren verurteilt) schlug im Jahre 1947 ein neues, originelles Konzept eines wirtschaftlichen Vergasers für Automotoren vor. Die Versuche mit dem SIS-150 ergaben eine Brennstoffersparnis von 10,9 Prozent. (...)

Es wird vorgeschlagen, die Dauer der Strafe für A. S. Abramson um zwei Jahre zu verkürzen und ebenfalls für den Ingenieurmechaniker M. G. Ardschewanidse und den Ingenieurkonstrukteur G. N. Zwetkow.

Bitte um Ihre Entscheidung.

8. Februar 1951 S. Kruglow«

In diesem Fall stimmte Stalin ausnahmsweise zu.

Insgesamt waren die Wissenschaften genötigt, vor sich hin zu vegetieren. Das primitive Kommentatorentum tötete nicht nur die Seele der Wissenschaften, sondern beschränkte auch ihre Einflußmöglichkeiten drastisch. Man kann sich kaum vorstellen, wie viele Talente unterdrückt und vernichtet wurden. Man nahm ihnen jede Chance, neue Konzepte, Ideen, Bücher und Erfindungen vorzuschlagen! Wir kennen noch nicht den vollständigen Schaden, den der Stalinismus dem intellektuellen Potential der Gesellschaft zugefügt hat.

Hart traf es auch die Naturwissenschaften. Die Entwicklung der Genetik wurde um viele Jahre zurückgeworfen, und die Kybernetik war geächtet. Das lag daran, daß neue Erkenntisse und neue Ideen in den Natur- und technischen Wissenschaften von einer vulgärpolitischen Position aus betrachtet wurden – und häufig auch ohne jegliches Verständnis. Die Jagd auf die »Kosmopoliten« führte die Wissenschaft in die Isolation, in die dogmatische Erstarrung. Artikel wie »Der Kosmopolitismus im Dienst der imperialistischen Reaktion« (»Iswestija«, 18. April 1950) töteten jeden Wunsch nach Kontakten mit ausländischen Wissenschaftlern schon im Vorfeld ab. Die Erwähnung des Namens eines sowjetischen Wissenschaftlers in einer ausländischen Fachzeitschrift oder gar eine Einladung zu einem internationalen Kongreß war nicht ungefährlich für den Betreffenden.

Den Versuch, die Stalinschen Formeln der »Dialektik« auf die Fragen der Entwicklung der Biologie zu übertragen, hat Wladimir Dudinzew in seinem Roman »Die weißen Gewänder« ausgezeichnet dargestellt. Dieser Versuch bedeutete ein Attentat auf die Wissenschaft. Wenn es sich so noch fünf oder mehr Jahre fortgesetzt hätte, so wäre die Wissenschaft in der Sowjetunion unendlich weit zurückgefallen.

Unter solchen Bedingungen kamen Menschen vom Schlag eines Trofim Denissowitsch Lyssenko an die Oberfläche, Figuren, die Stalins Forderung verstanden hatten: »In der Wissenschaft ist ein sofortiges praktisches Resultat notwendig.« In der Presse erschienen damals Artikel, die die »katzbuckelnden« sowjetischen »Morganisten« anprangerten. Beispielsweise wurden in dem Artikel des Doktors der biologischen Wissenschaften Gluschtschenko »Der reaktionäre Kern des Weismannismus« sowjetische Genetiker wie Dubinin, Filiptschenko, Koltzow, Serebrowski geschmäht und geächtet, und das Akademiemitglied Lyssenko wurde in höchsten Tönen gelobt als derjenige, der »die armselige praktische Tätigkeit« der sowjetischen »Morganisten« in seinem Bericht »Über die Lage in der Biologie« aufgezeigt habe. Für Stalin blieben die Natur- und technischen Wissenschaften im Grunde Alchemie. Sie waren etwas Rätselhaftes, das mit dem Erringen von Neuem zu tun hatte. Er glaubte, daß in der Wissenschaft das wichtigste die Organisation sei. Häufig nahm er Meldungen über

wissenschaftliche Errungenschaften oder Erfindungen, wenn sie ihm überhaupt verständlich waren, mit Skepsis entgegen.
Das dogmatische Verhältnis zum Marxismus-Leninismus mußte sich auch auf die Rezeption der Leninschen Arbeiten, soweit sie veröffentlicht wurden, auswirken. Angeblich konnte man Lenin nicht richtig verstehen, ohne Stalins Kommentare zu Hilfe zu nehmen. An den Hochschulen wurde vor allem überprüft, ob die Studenten die Stalinschen »Werke« intensiv gelesen hatten. Ich erinnere mich an einen Vorfall, der sich in der Panzerschule, die ich besuchte, ereignete. Nach dem Seminar rief mich der Dozent zu sich. Er war ein älterer Unteroffizier. Die Kursteilnehmer mochten ihn wegen seiner Gutmütigkeit. Als wir allein waren, sagte der Unteroffizier väterlich zu mir:

»Dein Konspekt ist gut. Es ist sofort zu erkennen, du schreibst nicht ab, sondern denkst nach. Aber ich gebe dir einen Ratschlag: Konspektiere die Stalinschen Arbeiten vollständiger. Verstehst du – *vollständiger*! Und noch etwas. Vor dem Namen Josef Wissarionowitschs schreib nicht Abkürzungen wie zum Beispiel ›Gen.‹, schreib vollständig ›Genosse‹. Hast du mich verstanden?« Der Unteroffzier schaute mich eindringlich an.
»Ja, Genosse Unteroffizier, ich habe verstanden!«

Am Abend erzählte mir ein Stubenkamerad, daß mit ihm und mit einigen anderen Kursteilnehmern ähnliche Gespräche geführt worden seien.

Die totale Bürokratie

Nikolaj Berdjajew hat in seinem Buch »Das Schicksal Rußlands« folgendes geschrieben:

»Die Volksmacht kann die Persönlichkeit ebenso ihrer unanfechtbaren Rechte berauben wie auch die Alleinherrschaft. So ist die bürgerliche Demokratie mit ihrem formalen Absolutismus des Prinzips der Volksmacht. Aber die soziale Demokratie Marx' befreit die Persönlichkeit ebensowenig und ist ebensowenig auf ihr autonomes Sein abgestimmt. Auf einem Kongreß der Sozialdemokraten wurde die Meinung geäußert, daß das Proletariat die Persönlichkeit ihrer unangefochtenen Rechte berauben könne, beispielsweise des Rechts der Gedankenfreiheit, wenn es den wesentlichen Interessen des Proletariats entspreche. In diesem Fall mutet das Proletariat wie ein Absolutum an, welchem alles geopfert werden muß. Überall treffen wir auf Folgen des Absolutismus, sowohl eines staatlichen als auch eines gesellschaftlichen, er lebt nicht nur dann, wenn nur einer herrscht, sondern auch dann, wenn eine Mehrheit herrscht.«

Berdjajew sah die Gefahr der Tyrannei nicht nur in der Alleinherrschaft. Ich glaube, daß diese Überlegungen einen richtigen Kern haben: Angewendet auf den Sozialismus, wird diese Gefahr dann real, wenn die Mehrheit dem »Führer« hilft, innerhalb des Staates eine Schicht von Befehlsempfängern und Ausführern des Willens der Mehrheit zu schaffen, wenn ein kollektiver Bürokratismus ins Leben gerufen wird.

Kein Staat kann ohne Apparat auskommen. Die Bürokratie entsteht dort, wo der Apparat nicht direkt von der Entwicklung der Ökonomie abhängt und nicht mit ihr verbunden ist, und dort, wo er nicht demokratisch kontrolliert wird.

Kurz nach der Oktoberrevolution sagte Lenin: Der Apparat »muß im Interesse des Volkes frei von jedem Bürokratismus sein«. Aber bereits die ersten Jahre der Sowjetmacht zeigten, daß die Bürokratie eine bedeutend ernsthaftere Gefahr darstellte, als dies in der Theorie angenommen worden war. Wir wissen, daß Lenin sehr hart über die Bürokratie geurteilt hat, denn in ihr sah er eine Bedrohung für die neue Ordnung. Im Januar 1919 sagte er zum Beispiel angesichts eines konkreten Falls: »Für (...) ein bürokratisches Verhältnis zur Sache, für das Unvermögen, den hungernden Arbeitern zu helfen, werden die Repressalien hart sein, bis hin zur Erschießung.«

Der Kampf um die Stärkung der Sowjetmacht unter den Bedingungen des »Kriegskommunismus«, der damals überlebensnotwendig war, ließ den Apparat wachsen. Der »Kriegskommunismus« ging aus von einer totalen Kontrolle über die Produktion, die Verteilung und die Ausführung. Und damit beschäftigten sich viele, sehr viele Menschen. Es entstanden neue Elemente in der Struktur des Staats. Schon zu Lebzeiten Lenins hatte der Apparat ein geradezu bedrohliches Ausmaß angenommen, er absorbierte bereits einen bedeutenden Teil der Energie und der Ressourcen der Gesellschaft. Wenn Stalin in diesen Jahren in irgendeiner Hinsicht ein Spezialist war, dann war er es auf dem Gebiet des Apparats. Früher als andere entdeckte er die starken und die schwachen Seiten sowie die Möglichkeiten des Apparats von Staat und Partei.

Stalin war bereits Generalsekretär, als er anordnete, eine auf Dienstgraden beruhende Hierarchie in den Volkskommissariaten zu schaffen. Daraus entwickelte sich mit der Zeit die berüchtigte bürokratische Nomenklatura. Und auf Stalins Anweisung zum Beispiel erarbeitete der Geschäftsführer des Volkskommissariats für Nationalitätenfragen Bresanowski im Februar 1923 ein Dokument unter dem Titel »Aufschlüsselung der Dienste in der Struktur des Apparates des Volkskommissariats für Nationalitätenfragen in stufenartiger Gradation«. Die Dienstgrade wurden in vier Gruppen geteilt (Leiter für nationale Probleme, Leiter für administrative und wirtschaftliche Dienste, Leiter für die politische, wissenschaftliche und aufklärende Arbeit, Leiter für Literatur). Es gab im Volkskommissariat nun Parteiarbeiter höchster, hoher, mittlerer und niedriger Qualifikation; es wurde auch geregelt, welche Tätigkeiten (davon gab es nur zwei bis drei) Parteilose durchführen dürften. Nach Genehmigung der »Gradation« durch Stalin wurde der Apparat einer starren Hierarchie unterworfen. Darunter litten unter anderem die ohnehin schwachen Verbindungen des Volkskommissariats mit den realen Problemen der Nationen und Völkerschaften.

Leider war die Partei nicht in der Lage, sich zu schützen, und sie wurde selbst zum Opfer der totalen Bürokratie. Der Verlust der Leninschen demokratischen Anfänge in der Partei beschleunigte die Bürokratisierung der Gesellschaft. Bald verwandelte sich die Partei in eine Waffe des Alleinherrschers. Sie wäre in den zwanziger Jahren verpflichtet gewesen, Stalin den Weg in die Diktatur zu verstellen. Es ist schwer, das zu schreiben, aber es ist so. Wenn sie dieser Pflicht nachgekommen wäre, so müßten wir heute nicht von Perestrojka sprechen. Die Partei muß heute von neuem das Vertrauen der Massen gewinnen, neue demokratische Wege suchen, um verlorenen Einfluß in der Gesellschaft zurückzugewinnen und Bedingungen für einen umfassenden sozialistischen Pluralismus zu schaffen.

Stalin konzentrierte in seinen Händen die absolute Macht, er wurde zum großen Meister des Apparats. Und bald entstanden in der sowjetischen Bürokratie unzählige Berichte, Rechenschaftsberichte, Direktiven, Anweisungen, Kadernomenklaturen usw. Unüberschaubar viel auf den verschiedensten Gebieten wurde zum Geheimnis erklärt, und neuen Problemen rückte man mit Hilfe neuer Abteilungen und Kontrollorgane zu Leibe. Immer mehr geschah auf dem Weg des Drucks von oben.

1922 hatte das Zentralkomitee beschlossen, wann der Generalsekretär verpflichtet war, Besucher zu empfangen. Aber Stalin ignorierte diese Seite seiner Arbeit. Die Menschen, die mit ihren Anliegen kamen, interessierten ihn nicht. Hier ein Beispiel. Jenukidse hatte einen Brief von einer ehemaligen Mitarbeiterin des Zentralapparats namens Malinowskaja erhalten, die entlassen worden war. Sie schreibt:

»Awel Safronowitsch!
(...) Ich, ein Mensch, der von der Arbeit entlassen worden ist (...), werde von allen mißtrauisch angeschaut. Die, die mich kennen, sind zur Zeit nicht hier: Serebrjakow, Semaschko, Rykow. Zum Genossen Stalin ist es unmöglich durchzudringen. Helfen Sie mir, Awel Safronowitsch, aus dieser unerträglichen Lage herauszukommen, ich werde Ihnen keine Unannehmlichkeiten bereiten. (...)
Malinowskaja
19. 12. 1924
Meine Telefonnummer: 2-66-93«

Das ist nur eine Seite der Bürokratie und bei weitem nicht die wesentliche. Aber die Verschlossenheit, die Unzugänglichkeit, die göttliche Entfernung von den Menschen gab es bei Stalin schon in jenen weit zurückliegenden Jahren. Die Bürokratie brauchte einen Führer vom Typ Stalin, und er brauchte eine eiserne bürokratische Maschine.

Als Lenin erkrankt war, versuchte er, besonders in seinen letzten Briefen, die überhandnehmende Bürokratie zu bekämpfen. Er sah eine Gefahr nicht nur im quantitativen Wachstum der Bürokratie, der gegenüber er vor Ausdrücken wie »Dienstgradheuschrecke« oder »bürokratische Ratte« nicht zurückschreckte. Er erkannte auch, und dies war entscheidend, daß der Apparat die Volksmacht zu verdrän-

gen drohte. Wie konnte man nach Lenins Auffassung dieser Gefahr Herr werden?
Ich habe bereits erwähnt, daß Lenin verlangte, die Zahl der Mitglieder des Zentralkomitees zu erhöhen wie auch den Anteil der Arbeiter und Bauern darin. Heute wissen wir, daß das nur der Anfang sein konnte. Das ist kein Allheilmittel. Lenin setzte seine Hoffnungen auch auf eine Säuberung der Partei mit dem Ziel, sich von den Mitgliedern zu befreien, die »nicht nur nicht gegen Korruption und Amtsschimmel kämpfen können, sondern auch die, die dabei stören, gegen sie zu kämpfen«. Man kann sich vorstellen, welches Entsetzen Lenin erfaßt hätte, wenn man ihm gesagt hätte, zu welchen Exzessen auf diesem Gebiet es sechs oder sieben Jahrzehnte später in der Sowjetunion kommen würde.
Den Hauptakzent legte Lenin auf die Sicherstellung einer echten Volksmacht, auf die reale Teilhabe der arbeitenden Menschen an der Leitung des Staats, auf die Erweiterung der freien Meinungsäußerung und auf die Erhöhung der Kultur des ganzen Volks. Nicht das Volk sollte vom Apparat abhängen, sondern im Gegenteil der Apparat vom Volk. Verbittert schrieb Lenin: »Gesetze sind viele geschrieben. Warum hat dieser Kampf dennoch keinen Erfolg? Weil man sie nicht nur durch Propaganda erreichen kann, sondern man kann sie nur vervollkommnen, wenn die Volksmasse hilft.« Das ist alles richtig. Aber wir müssen zugeben, daß auch das nicht ausreicht.
In der zweiten Hälfte der zwanziger Jahre entstanden zwei alternative Konzeptionen. Die eine – sie wurde von Bucharin verkörpert – ging aus von einem maßvollen Tempo der Industrialisierung und der Kooperierung. Die zweite Konzeption – die Stalin repräsentierte – beharrte auf einer extremen Beschleunigung der industriellen und landwirtschaftlichen Entwicklung. Eine solche Beschleunigung konnte nicht allein mit ökonomischen Methoden verwirklicht werden. Hier waren administrative und gewalttätige Maßnahmen unumgänglich. Sie ließen eine breite bürokratische Schicht entstehen. Man kann davon ausgehen, daß gewisse administrative Maßnahmen zu einem bestimmten Zeitpunkt unumgänglich waren. Aber nicht die Repressalien. Stalin wußte, daß auch Lenin gesagt hatte: »Der größte Fehler ist es, zu denken, daß die NÖP dem Terror ein Ende gemacht hat. Wir werden noch zum Terror zurückkommen, auch zum ökonomischen Terror.«

Ich möchte es unterstreichen, ich untersuche die Möglichkeiten, ich äußere hiermit nicht mein Einverständnis mit solch einer Variante. Die Betonung der Gewalt schuf einen »Gesellschaftsstand«, der nicht direkt von der Qualität und Quantität der Produktion abhing, sondern in hohem Maße von politischen Richtlinien. Die Bürokratie sah die ideologischen und politischen Hebel ihrer Wirkung auf die Massen an erster Stelle und die ökonomischen irgendwo dahinter. Rasch gingen die erst schwachen Ansätze der Demokratie verloren. Viele Führer der Bolschewiki orientierten vom Beginn an auf eine Diktatur ohne Demokratie. Trotzki etwa schrieb im Jahr 1922:

»Wenn die russische Revolution, in Anbetracht der sumpfigen sozialen Verhältnisse innen, in Anbetracht der harten und immer gefährlichen Wechsel von außen, sich mit den Fesseln des bürgerlichen Demokratismus gebunden hätte, würde sie seit langem auf dem großen Weg mit durchgeschnittener Kehle liegen.«

Über die sozialistische Demokratie sprach er noch nicht, denn er ging davon aus, daß sie sich nur dann verwirklichen ließe, wenn das Feuer der Revolution auf andere Länder übergegriffen hätte. »Deshalb«, fuhr Trotzki fort, »wenn wir die Feinde erschießen, sagen wir nicht, daß das die Äolsharfen der Demokratie sängen. Eine ehrliche revolutionäre Politik schließt vor allem aus, daß den Massen Sand in die Augen gestreut wird.« Viele Bolschewiki hatten die Idee der Diktatur des Proletariats nicht vollständig begriffen, gewalttätige Lösungen erfreuten sich einer großen Popularität. Radikalismus war die Visitenkarte revolutionärer Gesinnung.
Bis in unsere Tage wird unter Bürokratie lediglich Amtsschimmel, Formalismus und Papierwut verstanden. Trotzki sagte auf der 3. Unionsberatung der Arbeiter- und Dorfkorrespondenten am 28. Mai 1926: »Einen Bürokratismus gibt es bei uns, und zwar einen gewaltigen. Er stammt aus der Unkultiviertheit, er stammt aus der Unfähigkeit, aus einer Reihe historischer und politischer Ursachen.« Später hat er den Bürokratismus allerdings enger verstanden: Diensteifrigkeit, Anpassung, Konservatismus der Traditionen usw. Das alles ist richtig, aber die eigentliche Wurzel des Bürokratismus ist das Verdrängen der Volksmacht durch den Apparat, der sich außerhalb der Kontrolle durch die Massen stellt.

Die hervorstechendste Besonderheit des Stalinschen Bürokratismus besteht in seiner Totalität. Alle Staats-, Partei- und Justizorgane funktionierten nach einheitlichen ungeschriebenen Gesetzen. Jedes Organ, jedes Element des Systems, der einzelne Mensch konnten lediglich das tun, was vorgeschrieben, erlaubt oder befohlen war. In diesem System herrschte die Macht der »Anweisungen«, der »Direktiven«, »Verordnungen«. Sie brachte mit sich Drohung, Bestrafung, Verurteilung. Sie erzeugte willenlose Befehlsempfänger und wachsame Karrieristen. All das wuchs zusammen und präsentierte sich als das Phänomen einer kollektiven Bürokratie. Die totale Bürokratie ist, wie gesagt, nicht von ökonomischen Zielsetzungen abhängig. Ihr Kult ist die Allmacht des Apparats.

So war es bei uns noch bis vor kurzer Zeit: Schlechte Versorgung mit Obst und Gemüse, und prompt wird ein Ministerium für Obst- und Gemüseprodukte gegründet. In der Presse erschienen kritische Bemerkungen über die schlechte Verpackung von Lebensmitteln und von Industriegütern, und prompt wurde das Wissenschaftliche Forschungsinstitut für Verpackung, Leergut und Packmaterial gegründet. Die Qualität der Industrieprodukte verschlechterte sich, und prompt wurde für die Abteilungen der Warenkontrolle ein ganzes System von Staatsabnahmekriterien geschaffen. Ein administratives System mit administrativen Methoden zu bekämpfen ist zwecklos. Ohne die Anwendung ökonomischer, sozialer und politischer Instrumente kann man sich nicht befreien von der Bürokratie.

Dies um so mehr, als sie außerordentlich viele Gesichter hat: zahllose Namen, Stufen, Bereiche, in denen sich jede konkrete Verantwortung verliert. Stalin und seine Umgebung schufen dieses System lange, sorgfältig, beharrlich und grausam. Das bürokratische System, das sich allmählich herausbildete, erzog die gesamte Gesellschaft in seinem Geist. Die Menschen wurden zu einem Teil von ihm. Und sie gewöhnten sich an das System, und viele sehen auch heute noch Vorteile in ihm. Es wäre in der Tat falsch, vieles, was wir im sozialen und kulturellen Leben erreicht haben, zu negieren. Vollbeschäftigung, eine garantierte soziale Grundversorgung, wenn auch auf sehr niedrigem Niveau, allgemeine Bildung, wenn auch nicht von sehr hoher Qualität, Zugang zur Kultur für die breiten Massen, eine kostenlose, wenn auch wenig zufriedenstellende medizinische Versorgung, niedrige Preise für Waren des alltäglichen Bedarfs, niedrige

Mieten für wenig bequeme staatliche Wohnungen, praktisch kostenloser Aufenthalt der Kinder in Pionierlagern, Kindergärten und Kinderkrippen und anderes. Großen Beifall beim Volk rief es, wie gesagt, hervor, wenn die Regierung die Preise für Landwirtschafts- und Industriewaren senkte. Auch wenn sich das alles auf niedrigstem Niveau, bei nahezu allgemeiner Armut abspielte, erkannten die Menschen darin doch, daß die Entwicklung des Landes langsam voranschritt. Aber das waren auf gar keinen Fall Erfolge der Stalinschen Führung, sondern das Ergebnis der Selbstlosigkeit und der schweren Arbeit der sowjetischen Menschen.

In der Gesellschaft gab es zur Stalin-Zeit noch keine breite, alles durchdringende Korruption, keine moralische Zersetzung bedeutender Gruppen in der Führung der Gesellschaft, diese sollten in vollem Umfang erst drei Jahrzehnte nach Stalins Tod auftauchen. Die allgemeine Atmosphäre war so, daß man den Eindruck gewinnen konnte, die Gesellschaft sei moralisch gesund und es herrsche sozialer Wohlstand. Die totale bürokratische »Ordnung« schien auch breite Massen der Bevölkerung zufriedenzustellen. Aus einigen Gründen. Die meisten Menschen kannten keinen anderen Sozialismus, und aufgrund der undurchsichtigen ideologischen Vorhänge wußten sie auch nicht, wie das Leben in der Welt »draußen« war. Die große Mehrheit der Menschen glaubte wirklich, daß die Arbeiter in der kapitalistischen Welt unter furchtbaren Bedingungen leben mußten. Diese Vorstellung hielt sich beharrlich und wurde vom gewaltigen Propagandaapparat unterstützt. Ich glaube, man kann sagen, daß der totale Bürokratismus irgendwie bequem ist für Menschen, die man im Geist der Unfreiheit und der Lüge erzogen hat. Ja, bequem: Im Leben ist alles vorgeschrieben, bestimmt, geplant. Die Arbeit ist geregelt, man weiß, wann man Sorge oder Freude äußern soll, wann was gesät werden soll, welcher Bericht erstattet werden muß usw. Das System sorgte sich um alles. Es bestimmte, was gut und was schlecht war. Der totale Bürokratismus ist bequem für die Befehlsempfänger, für die »Schräubchen«, wie für die Führung auf allen Ebenen. Niemand hatte die Möglichkeit, seinen Vorgesetzten zu korrigieren. Jeder Vorgesetzte wurde zu einem kleinen Stalin gegenüber seinen Untergebenen. Jeder verhielt sich schlecht dem gegenüber, der tiefer stand als er. Die auf gleicher Ebene standen, wurden schief angesehen, und jenen, die oben standen, wurde geschmeichelt.

Stalins Name wurde allmählich fast zum Mysterium. Er flößte gleichzeitig Entsetzen und Liebe ein, Angst und Ergebenheit, Unterwürfigkeit und Verehrung. Die bürokratische Maschine, die in solch einer Atmosphäre funktionierte, verwandelte den Menschen in ein unscheinbares »Schräubchen«.
Ich glaube, daß auch heute (das ist lediglich eine abstrakte Reflexion), wenn über den Menschen, über dem Leiter, über dem Betrieb das Damoklesschwert der Stalinschen Strafe hängen würde, der Plan bedingungslos erfüllt werden würde. Um jeden Preis. Genauer, um den furchtbaren Preis des Verlustes der menschlichen Würde, eines Lebens in Angst, des Schweigens, der blinden Anschuldigungen. Aber wer würde sich heute noch mit so etwas einverstanden erklären?
Der traurigste Umstand unserer Geschichte ist die erwähnte Tatsache, daß der revolutionäre Radikalismus der Bolschewiki häufig auf die Gewalt setzte, oft notgedrungen. Aber dies machte die Gewalt zur Norm, zu einer gewöhnlichen Erscheinung. Sogar Lenin war in einer Reihe von Fällen nicht frei vom Appell an den Terror. Ein Beispiel. Am 20. Juni 1918 wurde das Mitglied des Petrograder Komitees der RKP(B), der Volkskommissar für Pressewesen, Propaganda und Agitation Wolodarski von einem Sozialrevolutionär ermordet. Eine Woche später schrieb Lenin einen Brief nach Petrograd an Sinowjew, Laschewitsch und andere Mitglieder der ZK der RKP(B), in dem es unter anderem heißt:

»Genosse Sinowjew! Wir haben heute erst im ZK erfahren, daß die *Arbeiter* in Petrograd auf den Mord von Wolodarski mit Massenterror antworten wollten und daß Sie (nicht Sie persönlich, sondern die Petersburger Zekisten [Mitglieder des ZK; A. d. Ü.]) oder die Pekisten (Streikposten; A. d. Ü.) das verhindert haben.
Ich protestiere entschieden!
Wir kompromittieren uns selbst: Wir drohen sogar in den Resolutionen des Rats der Deputierten mit Massenterror, und wenn es notwendig ist, *bremsen* wir die revolutionäre Initiative der Massen, die *vollkommen* richtig ist.
Das ist un-mög-lich!
Die Terroristen werden uns für Waschlappen halten. Es ist eine außerordentlich kämpferische Zeit. Die Energie und die Massenhaf-

tigkeit des Terrors gegen die Konterrevolutionäre muß gefördert werden, und insbesondere in Petersburg, dessen Beispiel alles entscheidet.

Gruß! Lenin«

Das, was Lenin nur in einer »außerordentlich kämpferischen Zeit« zuließ, als alles an einem Haar hing, wurde später zur »revolutionären Norm«. Sogar dann, als es gelungen war, die revolutionären Errungenschaften zu erhalten, wurde der Terror nicht im Archiv abgegeben. Die Repressalien gegen das eigene Volk wurden vielmehr zu einer Alltagserscheinung.

In Rußland waren die demokratischen Traditionen nicht stark entwickelt, um die Tradition des Polizeiapparats dagegen stand es besser. Allerdings war das, was Stalin schuf, mit dem »Dilettantismus« der Autokratie nicht zu vergleichen. Das zaristische Polizeisystem war nicht besonders hart: Beispielsweise war eine Reise ins Ausland jederzeit möglich. Für eine solche Reise mußte man nur einen Antrag beim Gouverneur stellen und eine geringe Taxe bezahlen. Im Jahr 1900 beispielsweise zog es 200 000 Russen für einige Monate ins Ausland. Es ist nicht verwunderlich, daß die meisten Feinde des Zarismus sich im Ausland befanden. Viele von ihnen kannten die Schwächen der zaristischen Polizei, und sie nutzten ihre Erfahrungen bei der Formierung neuer Sicherheitsorgane nach der Revolution.

Die stalinistische Staatsbürokratie, die ständig einige Millionen Menschen hinter Stacheldraht hielt, verwandelte sie in eine »aufbauende Kraft« der neuen Gesellschaft. Stalin war, wie ich bereits sagte, der Initiator einer maximalen Ausnutzung der Arbeit von Strafgefangenen und Lagerinsassen. Das war für ihn eine prinzipielle Frage. Der »Führer« ordnete den Bau riesiger Industrieobjekte, Straßen und Eisenbahntrassen durch Gefangene an. Sogar der Bau von Atomwaffen wurde dem NKWD und später dem MWD übergeben. Die Fristen zur Ausführung der Arbeit wurden so gesetzt, daß sie heute phantastisch scheinen. Aber in der Regel wurden sie eingehalten. Diejenigen, die diese Arbeit machten, wußten, was ihnen im anderen Fall drohte.

Als Stalin beispielsweise im Juli 1945 anordnete, die Arbeit an der Atombombe zu beschleunigen, wurden außerordentliche Maßnahmen ergriffen. Hier eine davon:

»Magadan (Stadt im Fernen Osten; A. d. Ü.). An den Leiter des Fernöstlichen Bauwesens Genossen Nikischow
Auf Beschluß des Rats der Volkskommissare der UdSSR wurde Ihnen am 13. Oktober 1945 aufgetragen, die Arbeit zur Auskundschaftung von Uranerz durchzuführen.
Diese Angelegenheit ist von außerordentlicher Wichtigkeit.
Es ist unumgänglich, alle Maßnahmen dahin gehend zu treffen, um eine energische Auskundschaftung von Uranvorkommen bereits in diesem Jahr zu entwickeln und die Ausbeutung zu organisieren, ebenso die Abgabe der Urankonzentrate. (...)
Ich bitte Sie, mir alle zwei Wochen mitzuteilen, welche Maßnahmen Sie zur Ausführung dieser Aufgabe ergreifen. (...)

L. Berija«

Praktisch alle Ministerien überschütteten das Innenministerium mit Anforderungen für Tausende, Zehntausende von arbeitenden Händen. Die Häftlinge bauten Straßen, Brücken, sie arbeiteten im Bergbau, lieferten Holzbaustoffe, förderten Uran, sie bauten Atomreaktoren, Hochhäuser, riesige Wasserkraftwerke. Ich werde nie vergessen, was ich sah, als ich 1952 mit einer Gruppe von Komsomolzen beim Bau des Wasserkraftwerks in Kujbyschew half. Der Umfang der Baustelle war unglaublich. Von einem erhöhten Platz des Damms aus konnte man sehen, wie überall Menschen herumwimmelten, wie sie geschäftig hin und her eilten, Menschen, die in graue Kittel gekleidet waren. Als wir durch eine dieser Gruppen gingen, erhob sich ein hagerer, großer junger Mann, er wandte sich an uns, und leise, aber deutlich sagte er: »Erzählen Sie draußen, wie wir hier für die großen Werke der Stalinschen Epoche arbeiten!«
Wir schauten einander an, aber dann sahen wir, daß Posten in der Nähe standen, und uns wurde alles klar. Mich hatte allerdings die Ausdrucksweise des Häftlings erstaunt. Bald jedoch sollte ich verstehen, warum er sich so ausdrückte: als mir ein schmales Buch in die Hände fiel mit dem Titel »Die großen Werke der Stalinschen Epoche«. Dieses Buch hatten die Akademiemitglieder Toptschiew, Krschischanowski, Winter, Obrutschew, Nemtschinow, Scharow und andere herausgegeben, und wahrscheinlich stand es in der Lagerbibliothek. Aber was wahr ist, ist wahr: Sehr viele, wenn nicht die Mehrzahl der »großen Werke der Stalinschen Epoche« wurden von

Häftlingen erbaut. Ich glaube, daß diese Seite der totalitären Gesellschaft besonders zynisch ist.
Hier noch ein Dokument, wie Stalin es schätzte:

»An den Genossen Stalin J. W.
An den Genossen Molotow W. M.
An den Genossen Malenkow G. M.
An den Genossen Berija L. P.
An den Genossen Chruschtschow N. S.
2. Februar 1951
Auf Beschluß des Ministerrates vom 30. Juli 1949 wurde das Ministerium für Inneres der UdSSR mit der Projektierung und dem Bau des Kujbyschewer Wasserkraftwerks am Fluß Wolga mit Beendigung der Arbeit im Jahre 1955 beauftragt. Der Bau verläuft nach Plan. (...)
S. Kruglow«

Ich bin im Süden, in der Region von Krasnojarsk, aufgewachsen, im Rayon von Irbejsk im Dorf Agul. Weit und breit schneebedeckte Berge, die Gebirgszüge des Östlichen Sajan, die sich zum Jenisej, Kan, Agul hinüberziehen. Überall Taiga. Das Land der ursprünglichen Sibirier, die vor eineinhalb bis zwei Jahrhunderten aus den westlichen Gouvernements Rußlands gekommen sind. Im Jahr 1937 oder 1938 füllte sich unser entlegenes Agul mit Militär! Dann zogen Kolonnen von Sträflingen ein. Man begann die »Zonen« zu bauen. Innerhalb eines halben Jahres wuchsen nicht nur in Agul Lager, sondern auch in anderen Siedlungen. Stacheldraht, hohe Zäune, hinter denen die Baracken, die Wachtürme und Schäferhunde kaum zu sehen waren. Bald bemerkten die Bewohner: Immerfort kamen Kolonnen von erschöpften Menschen (von der Eisenbahn aus waren mehr als hundert Kilometer zu laufen), als sei das Fassungsvermögen der Lager unbegrenzt. Später hat man verstanden, was geschah. Hinter den Einfriedungen der Siedlungen verliefen lange Gräben, in die man nachts auf Fuhrwagen oder Schlitten die mit Planen bedeckten Leichen schaffte. Viele starben an den Lasten im Lager. Oder man erschoß Menschen in der Taiga. Der damals in Agul lebende Boris Franzewitsch Kreschtschuk, dessen Vater und ältester Bruder damals erschossen wurden, erzählte, er sei mit Nachbarjungen sibirische Zirbelnüsse sammeln gegangen, als sie plötzlich aus der Nähe Schüsse vernommen hätten, »als würde dickes Leinen zerrissen«. »Wir sind dann dorthin gerannt. Aus dem Gebüsch konnten wir sehen, wie Schüsse die getroffenen Sträflinge in den Graben fallen ließen, etwa zwanzig Menschen. Wir sind schnell weggerannt. Bis heute erinnere ich mich, wie einer, der nicht sofort tot war, sich an das vergilbte Gras klammerte.

Meine Mutter war Direktorin der örtlichen Schule. Zwei Gefangene halfen ihr, die Bibliothek in Ordnung zu bringen. Wir hatten es sehr schwer, vor allem nachdem man meinen Vater abgeholt und erschossen und uns hierhergeschickt hatte. In Agul gab es keine Lehrer. Daher erlaubte man meiner Mutter, die nach der Revolution einen Universitätsabschluß gemacht hatte, zu unterrichten. Mit einem der Gefangenen, dessen Namen ich mittlerweile vergessen habe (ich war damals zehn Jahre alt), sprach meine Mutter, wenn niemand in der Nähe war.

Erst viel später begriff ich, was ich gesehen hatte. Dieser Mann zog aus seiner alten Jacke ein kleines Bündel. Er entwirrte es und zeigte es meiner Mutter. Ich war nicht weit weg von ihnen und stellte mich auf die Zehenspitzen, um zu sehen, was der Gefangene in den Händen hielt. Es war eine kleine Fotografie auf fester Pappe, wie sie damals gemacht wurden, mit einem Namenszug und Worten in einer anderen Sprache am unteren Rand. Der Unglückliche sagte leise zu meiner Mutter: ›Wir waren damals in der Emigration. In der Schweiz. Hier sitzt Lenin neben meiner Frau, und das sind zwei deutsche Kommunisten.‹

Unwillkürlich schaute ich mißtrauisch auf den schmutzigen, hageren Menschen, dessen Augen mit Leid gefüllt waren: Dieser Mensch hatte Lenin persönlich gekannt?! Er erklärte meiner Mutter noch irgend etwas, dann packte er die Fotografie sorgfältig wieder weg. Er kam noch zweimal in die Schule, dann war er verschwunden. Entweder ist er gestorben (er war sehr schwach), oder man hat ihn, wie die anderen, im Wald umgebracht.

Diese Kindheitserinnerungen sind mir für immer geblieben. Wenn ich an das Schicksal meiner Familie denke, weiß ich, daß es nicht nur das Schicksal meiner Familie, sondern vieler, vieler anderer Menschen ist, die die verbrecherische Gesetzlosigkeit Stalins am eigenen Leib gespürt haben.

Meine Mutter starb ziemlich jung, bald nach dem Krieg; meinem

Bruder und meiner Schwester konnte sie nicht mehr viel erzählen. Wir setzten sie auf dem Friedhof bei, von dem nicht weit entfernt die Gefangenen begraben wurden. Deren Gräber allerdings machte man dem Erdboden gleich. Namenlose Orte zeugen von der furchtbaren Tragödie des Volks. Aber das Schweigen dieser Gräber ist für uns bis heute wie ein Schrei. Dort, in diesen Lagern, haben wohl nur wenige überlebt. Aus meiner Familie kehrten aus den Lagern zwei Onkel nicht zurück, einfache Bauern, die die Unvorsicht besessen hatten, manchmal das laut zu sagen, was andere nur dachten.

Möglicherweise wird es einige geben, die, nachdem sie die letzten Passagen gelesen haben, sagen werden: ›gekränktes Söhnchen‹, ›einer von den Repressierten‹, ›eindeutig Rache‹. Nein und nochmals nein. Ich war ein junger Panzerleutnant, als Stalin starb. Für mich brach der Himmel zusammen. Denn als man meine Verwandten fortholte, verstand ich nichts. Ja, und auch später verband ich diese Tragödie nicht mit Stalins Namen. Man sagte: ›Der Vater ist gestorben.‹ Meine Mutter weinte heimlich. Daß ich ›gebrandmarkt‹ war, merkte ich erst im Juli 1952. Nach einem feierlichen Abschiedsessen sammelten die frischgebackenen Leutnants ihr ärmliches Gepäck, um zu den verschiedensten Einheiten zu fliegen, so, wie es für uns vorbestimmt war. Vor dem Abschied mit den Freunden kam zu mir einer meiner Genossen, nahm mich zur Seite und sagte mir: ›Schwöre mir, daß du es niemandem erzählen wirst!‹

›Selbstverständlich.‹ Ich schaute ihn verwundert an und verstand nicht.

›Ich habe dich drei Jahre bespitzelt und berichtet, was du sagst, so im allgemeinen habe ich nach dir geschaut. Entschuldige, ich konnte es nicht ablehnen.‹

›Was hast du denn erzählt?‹ fragte ich verwundert.

›Nun, du hast doch die Schule beendet, und auch noch mit ausgezeichneten Noten, also habe ich nichts Schlechtes gesagt. Nun, ich wünsche dir … Behalte mich in gutem Andenken, und wisse, sie können dir immer noch …‹«

Ich werde seinen Namen nicht nennen, denn möglicherweise arbeitet er auch jetzt irgendwo, und ich habe es ihm schließlich versprochen.

Vielleicht habe ich mich von den Überlegungen über den Stalinschen Bürokratismus etwas zu weit entfernt. Dennoch möchte ich noch folgendes sagen: Sich an der Geschichte rächen zu wollen ist zwecklos. Ebenso zwecklos ist, sie zu verlachen. Was war, läßt sich nicht mehr ändern. Aber man muß die Geschichte kennen und sich an sie erinnern. Beispielsweise daran, daß mein Vater 37 Jahre alt war, als man ihn erschoß.

Wußte man im Kreml, was in Agul und in vielen, vielen anderen Orten geschah? Man wußte es. Im Berija-Archiv gibt es eine große Zahl von Briefen, von Aufschreien, von flehentlichen Bitten um Hilfe und mit Klagen über die Ungerechtigkeit. Hier einer von vielen Briefen, die an Stalin adressiert waren:

»Die Rede wird sein von der Lagerabteilung Nr. 14 des NKWD-Lagers Nr. 283 und dem Schacht Nr. 26. Die Lage der Sträflinge ist schwer. Mittelalterliche Inquisition wäre hier paradiesisch. Ehemalige Soldaten und Partisanen werden zusammen mit Kollaborateuren und deutschen Handlangern gehalten. Die Dauer der Haft kennt niemand, und das ist nicht leichter als Erschießung. Man schlägt uns regelmäßig. Wir sind verlaust, in durchlöcherte Lappen gekleidet. Die Ernährung ist widerlich, häufig finden sich im Essen Mäuse. Der Kohl wird mit einer pferdebetriebenen Dreschmaschine verarbeitet, dabei gerät Pferdemist dort hinein. Die Konvoire (Begleitsoldaten; A. d. Ü.) verprügeln die Gefangenen. Zu dem Zweck werden die grausamsten unter den Gefangenen ausgesucht. In diesem Brief ist kein Tropfen von Lüge. Aber ihn unterschreiben, das würde bedeuten: sofort Zwangsarbeit und Besserungslager.«

Die Bürokratie des Stalinschen Typus trägt den Mantel der Gesetzlosigkeit. Nein, Gesetze, Befehle, Verordnungen gab es viele. Aber viele Gesetze waren »gesetzlos«.

Beim Studium von Archivdokumenten konnte ich einige seltene Versuche schwachen Protests von Menschen entdecken, die sich auf hohen Stufen der Staatspyramide befanden. Das war sehr gefährlich. Im Molotow-Fond gibt es ein interessantes Schreiben, das der ehemalige Justizminister der UdSSR Rytschkow im Mai 1947 an Stalin und Molotow gerichtet hat:

»Entsprechend den Anweisungen der Regierung der UdSSR und dem Befehl des Volkskommissars für Justiz und des Staatsanwalts der

UdSSR (Nr. 058 vom 20. März 1940) werden freigesprochene Personen, die konterrevolutionärer Tätigkeit beschuldigt waren, nicht unmittelbar freigelassen, sondern sie werden wieder ins Lager oder Gefängnis zurückgebracht. Sie können nur befreit werden, wenn vom MWD eine Mitteilung vorliegt, daß seinerseits keine Einwände bestünden. Diese Ordnung führt dazu, daß die freigesprochenen Personen weitere Monate lang in den Gefängnissen bleiben.
So hat das Militärkollegium des Obersten Gerichts der UdSSR am 5. April 1946 nach einem Protest des Generalstaatsanwalts der UdSSR das Urteil des Kriegstribunals der »Taman«-Schützendivision, nach dem die Bürgerin Litwinenko des Verrats an der Heimat beschuldigt und zum Tod durch Erschießen verurteilt wurde, ersetzt (das Urteil wurde in 10 Jahre Lager umgewandelt). Das Militärkollegium des Obersten Gerichts der UdSSR stellte das Verfahren wegen Mangels an Beweisen ein. Am 6. Mai 1946 wurde diese Anweisung an das Siblag (Sibirische Lagerverwaltung; A. d. Ü.) des MWD geschickt, wo sich die Gefangene aufhielt. Dort schickte man das Dokument zur Absprache der Bestimmung in die erste Spezialabteilung des MWD; jene schickten es in den Taurischen Militärbezirk. Die Angelegenheit zieht sich seit Monaten hin. (...)
Solche Tatsachen gibt es nicht wenige. Das untergräbt die Autorität des Gerichts. Ich bitte um die Einlösung der Befehle des Volkskommissars für Justiz der UdSSR und des Staatsanwalts der UdSSR Nr. 058 vom 20. März 1940.

Justizminister der UdSSR N. Rytschkow«

Stalins Reaktion ist unbekannt. Molotow schrieb auf das Dokument die Bemerkung:

»Die Genossen Gorschenin, Kruglow, Abakumow fragen. W. Molotow. 17. 5. 1947«

Stalin und das System, das er sorgfältig aufbaute, lehrten die Menschen auszuharren, sich zu unterwerfen. Die Bürokratie kann ohne die Unterdrückung des Willens nicht leben. Der Wille des »Führers« war »eisern«, und alle anderen hatten zu gehorchen. Stalin und der Stalinismus vernichteten innerhalb von dreißig Jahren tausendmal mehr Menschen als alle russischen Zaren innerhalb von drei Jahrhunderten. Aber die Menschen zu jener Zeit dachten darüber nicht nach. Sehr viele verstanden nicht den Alptraum, der sich hinter dem Vorhang der totalen Bürokratie verbarg. Möglicherweise wußte auch Alexander Fadejew nichts, als er einige Tage nach Stalins Tod einen langen Artikel schrieb unter der Überschrift: »Stalins Humanismus«. Nur die Blindheit der Seele oder die Erschütterung eines Sklaven konnte solche Sätze entstehen lassen, wie sie aus Fadejews Feder geflossen sind. Der talentierte Schriftsteller, dessen Bewußtsein vom Stalinschen Dogmatismus getrübt war, schrieb, daß wir Stalin für einen »der größten Humanisten, den es jemals auf der Welt gegeben hat«, halten müßten. Fadejew behauptete, daß der »große und einfache Mensch von unerschütterlicher Seelenkraft, wie sein Name es ausdrückte, ein guter Lehrer der Menschheit und Vater der Völker, seinen Lebensweg beendet hat, aber seine Sache ist unbesiegbar und unsterblich«. Möglicherweise quälte Fadejew das Gewissen, möglicherweise drang die Reue zu ihm durch, als er sich im Mai 1956 das Leben nahm.

Der physische Tod kam zu Stalin früher, als er ihn erwartet hatte. Hier unterschied er sich wenig von den meisten Menschen. Aber sein politischer Tod kam spät. Relikte des Stalinismus existieren noch immer. Sein historischer Tod wird wahrscheinlich nie kommen. Die Menschen können das, was sich mit seinem Namen verbindet, nicht vergessen.

Irdische Götter sind sterblich

In seinen letzten Lebensjahren traute der »Führer« niemandem mehr. Generalleutnant Nikolaj Sidorowitsch Wlassik wurde am 16. Dezember 1952 verhaftet. Verhört hat ihn Berija selbst, zusammen mit Kobulow und Wlodsimirski. Wlassik wurde »Nachsicht mit den Vergifterärzten« vorgeworfen, Bekanntschaft mit dem »Spion« W. A. Stenberg und Mißbrauch des Dienstgrads (»Nutznießung von Staatseigentum«). Die wichtigste Anschuldigung allerdings wurde nicht angeführt. In einem Brief an den Vorsitzenden des Präsidiums des Obersten Sowjets der UdSSR Woroschilow vom Mai 1955 aus der Region von Krasnojarsk, wo sich Wlassik in Verbannung befand, schreibt er:

»Das Oberhaupt der Regierung (so nannte Wlassik Stalin in diesem Brief; D. W.) befand sich nach dem Krieg im Süden und äußerte in meiner Anwesenheit eine große Entrüstung gegen Berija, er sprach davon, daß die Organe des Ministeriums für Staatssicherheit ihre Arbeit nicht ausreichend durchgeführt hätten. (...) Er sagte, er habe Anweisung gegeben, Berija von der Leitung des MGB (Ministerium für Staatssicherheit; A. d. Ü.) zu entfernen. Er fragte mich, wie Merkulow, Kobulow und später auch wie Goglidse und Zanawa arbeiteten. Ich erzählte ihm, was ich wußte. (...) Und später konnte ich mich davon überzeugen, daß diese Unterhaltung zwischen mir und dem Oberhaupt der Regierung ihm (Berija; A. d. Ü.) zu Ohren gekommen war, und ich war davon erschüttert.«

Es ist nicht schwer, sich vorzustellen, daß Berija vor allem das schlechter werdende Verhältnis Stalins zu ihm beunruhigte. Wie er von Wlassiks Äußerungen, die dieser unter vier Augen gegenüber dem »Führer« getan hatte, erfahren konnte, ist unklar. Möglicherweise hat Stalin es seinem Fouché selbst erzählt? Oder vielleicht hatte Berija Stalin abhören lassen?
Weiter schreibt Wlassik in seinem Brief an Woroschilow:

»Ich hatte verstanden, daß ich nichts anderes als den Tod erwarten konnte, denn ich konnte mich noch einmal davon überzeugen, daß sie das Oberhaupt der Regierung belogen hatten. (...) Sie forderten von mir Aussagen gegen Poskrebyschew, und noch zweimal wurde ich zu Kobulow in Anwesenheit Wlodsimirskis geholt. Ich lehnte ab und erklärte, daß ich keinerlei Angaben und Kompromittierungen gegen Poskrebyschew hätte, ich sagte ihnen lediglich, daß das Oberhaupt der Regierung eine Zeitlang sehr unzufrieden mit der Arbeit unserer Organe und mit der Führung Berijas gewesen sei. Ich führte jene Fakten an, über die das Oberhaupt der Regierung zu mir gesprochen hatte – über die Versäumnisse in der Arbeit, wofür er Berija beschuldigte. (...) Für die Weigerung, gegen Poskrebyschew auszusagen, sagte man mir: ›Du wirst im Gefängnis krepieren.‹«

Ich möchte lediglich noch hinzufügen, daß Wlassiks ehemalige Mitstreiter alle »Maßnahmen« angewendet haben, die ihnen zur Verfügung standen, um eine Aussage von ihm zu erhalten. Wlassik schrieb, er sei »unzulässig verhöhnt« worden.

Bei »meiner Gesundheit und meinem fortgeschrittenen Alter konnte ich dies nicht aushalten. Ich bekam einen Nervenzusammenbruch, eine völlige Erschütterung, und verlor vollständig jegliche Selbstbeherrschung und jeglichen gesunden Menschenverstand: Ich war nicht einmal in der Lage, die von ihnen vorgefertigten Antworten durchzulesen; mit den Handschellen, die sich bis zu den Knochen durchgefressen hatten, war ich unter Bedrohung und Beschimpfung genötigt, diese für mich furchtbare Kompromittierung zu unterschreiben. Daraufhin wurden die Handschellen abgenommen, und es wurde versprochen, daß ich schlafen könne, was niemals geschah, weil in der finsteren Kammer die Selbstfolter begann.«

So war es. Man verfolgte alle. Niemand, aber auch niemand war absolut frei von Verdacht. Auch Berija fürchtete nun eine rasche Verschlechterung seiner Lage. Aber Stalin schien noch abzuwarten, möglicherweise wollte er noch eine Sache überdenken. Äußerlich ließ er sich nichts anmerken.
Auch Poskrebyschew hatte seinen Posten schon verloren. Ihn zu ersetzen war schwierig gewesen, und Stalin konnte drei Monate lang keine endgültige Entscheidung treffen – wer konnte solch ein Waffenträger werden wie der nun geächtete Helfer? Als Poskrebyschews Nachfolger Malin den Raum betrat, deutete Stalin, mit dem Kopf nickend, auf den Tisch und zeigte damit dem neuen Helfer, was er tun sollte. Stalin antwortete nicht auf die Begrüßung: »Malenkow soll mich anrufen.«
»Wird ausgeführt, Genosse Stalin!«
Zwei, drei Minuten später hatte Stalin die Stimme seines Favoriten im Telefonhörer: »Heute abend gehe ich ins Bolschoj. Schauen Sie alles durch. Schicken Sie mir keine Papiere mehr, und morgen abend kommen Sie, Chruschtschow und Berija zu mir.« Er schwieg eine Weile und fügte dann hinzu: »Und Bulganin.«
»Gut, Genosse Stalin! Ich werde alles durchlesen, werde die Dokumente durchsehen, werde Ihre Anweisungen den Genossen weitergeben. Alles wird gemacht!«
Stalin fühlte sich schwach, ein leichtes Schwindelgefühl wollte nicht vorübergehen. Sonst hatte er sich, wenn er aus dem Süden, aus Sotschi, zurückgekehrt war, immer erleichtert gefühlt. Aber diesmal war eine Erholung nicht zu spüren. Am Abend machte sich Stalin mit

einem Dutzend von Leibwächtern auf den Weg ins Bolschojtheater, zum Ballett »Schwanensee«.
Neben seiner Loge wartete der Intendant des Theaters Rybin auf ihn. Stalin schaute fasziniert auf die Bühne, er kannte jede Nuance der Choreographie und der Musik des Schauspiels. Er blieb nicht bis zum letzten Akt, er fuhr fort. Seine Schwäche machte ihm angst. Stalin spürte, daß eine Bedrohung in seiner Nähe war. Und offenbar war sie diesmal real.
Am 28. Februar 1953 stand Stalin später auf als gewöhnlich, seine Laune hatte sich gebessert. Er hörte sich verschiedene Berichte an, unter anderem auch den Berijas. Dieser bemühte sich in letzter Zeit besonders, denn der »Führer« war ein noch gerissenerer Mensch als er.
Stalins Mißtrauen gegenüber den Ärzten verschärfte sich noch, nachdem man Professor Winogradow verhaftet hatte. Stalin hatte ihm einst vertraut, und im Jahr 1952 hatte er eine merkliche Verschlechterung des Gesundheitszustands des »Führers« diagnostiziert. Stalins Unzufriedenheit mit den Ärzten wurde im MGB aktiv gefördert. Einer der Untersuchungsrichter namens Rjumin hatte beschlossen, sich dieser Sache anzunehmen und bald Karriere zu machen. Die Dinge entwickelten sich schnell. Die »Organe« registrierten Stalins Wunsch und bereiteten ein Verfahren vor gegen eine umfassende »Medizinerverschwörung«. Diese Verfolgungsaktion hatte eine starke antisemitische Prägung. Höchstwahrscheinlich hätte es einen Prozeß mit Opfern gegeben, und wer weiß, wie weit dieser blutige Wahn gegangen wäre? Lediglich der unerwartete Tod des Tyrannen setzte dieser Tragödie ein frühes Ende.
An seinem letzten Abend interessierte sich Stalin für den Verlauf der Untersuchung. Er fragte Berija: »Was ist mit Winogradow?«
»Dieser Professor hat außer seiner Unzuverlässigkeit auch noch eine lange Zunge. Bei sich in der Klinik hat er sich einem der Ärzte mitgeteilt und gesagt, daß der Genosse Stalin einige gefährliche hypertrophe Anfälle gehabt habe ... «
»Ist gut«, unterbrach Stalin ihn. »Was gedenken Sie weiterhin zu tun? Haben die Ärzte gestanden? Sagen Sie Ignatjew: Wenn er keine vollständigen Geständnisse der Ärzte bekommt, werden wir ihn einen Kopf kürzer machen.«
»Sie werden gestehen. Mit Hilfe von (Lidija; A. d. U.) Timaschuk und

anderen Patrioten führen wir die Untersuchung durch und werden Sie bitten, einen öffentlichen Prozeß zu erlauben.«
»Bereiten Sie alles vor«, sagte Stalin und wandte sich anderen Dingen zu.
Malenkow, Molotow, Chruschtschow, Berija und Bulganin waren pünktlich gekommen. Man saß bis vier Uhr am Morgen des 1. März zusammen. Am Ende der Unterredung war Stalin aufgebracht. Er verbarg nicht, daß er unzufrieden war mit Molotow, Malenkow und Berija. Auch Chruschtschow bekam sein Fett ab. Nur Bulganin wurde verschont. Alle warteten darauf, daß der »Führer« endlich aufstünde, damit man nach Hause fahren konnte. Aber Stalin sprach lange und warf seinen Mitstreitern vor, sie gingen offensichtlich davon aus, daß sie sich auf ihren Lorbeeren ausruhen könnten. Stalins Worte klangen unheilverkündend. Stalin ahnte, daß ihm nicht mehr viel Zeit blieb. Aber er wußte nicht, daß diese wütende Tirade die letzte in seinem Leben sein würde. Unvermittelt brach Stalin seine Rede ab, nickte trocken und ging in sein Zimmer. Schweigend gingen alle hinaus und fuhren nach Hause. Es war noch dunkel. Malenkow und Berija setzten sich in einen Wagen.
Wie mir Rybin erzählt hat, seien die Bediensteten am 1. März allmählich unruhig geworden. Stalin sei nicht erschienen, er habe niemanden zu sich gerufen. Ohne Aufforderung zu ihm zu gehen war verboten. Und auf einmal, so erzählte Rybin, sei im Arbeitszimmer das Licht angegangen. Alle hätten erleichtert aufgeatmet. Man wartete auf ein Klingelzeichen; Stalin hatte nicht zu Mittag gegessen, hatte seine Post nicht durchgesehen und auch nicht die Dokumente, die ihm täglich vorgelegt werden mußten. Das war ungewöhnlich, sonderbar. Aber die Zeit sei vergangen, sagte Rybin, der seine Sympathie für Stalin nicht verbarg, und nichts sei geschehen. Es wurde 20 Uhr, dann 21 Uhr, 22 Uhr – in Stalins Zimmern herrschte Stille. Die Beunruhigung erreichte ihren Höhepunkt. Die Helfer und Wachen begannen zu streiten. Man mußte zum Führer gehen, wirre Vorahnungen reiften heran. Die diensthabenden Mitarbeiter – M. Starostin, W. Tukow, die Serviererin M. Butusowa – begannen untereinander zu besprechen, wer hineingehen sollte. Um 23 Uhr schließlich tat Starostin es und nahm die Post als Vorwand mit, falls der Hausherr unzufrieden wegen der Verletzung seiner Vorschriften sein sollte.
Starostin ging durch einige Zimmer. Er schaltete überall das Licht

an. Im kleinen Eßzimmer schließlich fand er Stalin auf dem Boden liegend, in Pyjamahosen und Unterhemd. Er konnte kaum seine Hand heben und winkte Starostin zu sich. Aber er konnte nicht sprechen. In seinen Augen war Entsetzen, Angst und Flehen. Auf dem Boden lag die »Prawda«, auf dem Tisch stand eine offene Flasche »Borschomi« (georgisches Mineralwasser; A. d. Ü.). Hier lag Stalin offenbar schon lange, denn das Licht im Eßzimmer brannte. Starostin rief die Bedienstetenschar herbei. Sie legten Stalin auf den Diwan. Einige Male versuchte er, etwas zu sagen, aber er brachte nur undeutliche Laute heraus. Gehirnblutungen, Sprachparalyse, schließlich Bewußtseinsverlust.
Nach Rybins Bericht haben die Leibwachen versucht, im MGB Ignatjew zu erreichen. Dieser empfahl, Berija und Malenkow anzurufen. Aber Berija war unauffindbar. Und Malenkow konnte sich ohne Berija nicht entschließen, irgendwelche Maßnahmen zu ergreifen. Einer der mächtigsten Menschen auf dem Planeten war in seinen kritischsten Minuten bar jeder medizinischen Hilfe. Der Führer wurde zum Opfer seines Systems. Wie sich später herausstellte, durften ohne Berijas Erlaubnis keine Ärzte zu Stalin kommen. Schließlich, um drei Uhr nachts, fand man das Stalinsche Monster in einem der Regierungshäuser in Begleitung einer neuen Frau. Zusammen mit Malenkow eilte es zu Stalin. Berija hatte eine Weinfahne. Malenkow ging zum sterbenden Stalin, auf Socken, seine neuen Stiefel trug er aus irgendeinem Grund unter dem Arm (vielleicht, um keine Geräusche zu verursachen). Der Mensch, der auf dem Diwan lag, schien seine letzten Laute von sich zu geben. Berija rief keine Ärzte herbei, sondern stürzte sich auf die Bediensteten: »Was macht ihr für eine Panik! Seht ihr nicht, der Genosse Stalin schläft fest! Marsch, weg von hier, und stört nicht den Schlaf unseres Führers! Ich werde es euch noch zeigen!«
Malenkow unterstützte ihn nicht sehr entschlossen. Es entstand der Eindruck, sagte Rybin, daß Stalin, der nach dem Anfall bereits sechs bis acht Stunden ohne medizinische Hilfe dagelegen hatte, sie auch weiterhin nicht erhalten sollte. Es sei alles so gelaufen, wie Berija es geplant hatte. Berija jagte die Leibwachen und die Hausbediensteten fort, er verbot ihnen zu telefonieren, und dann fuhren auch er und Malenkow weg. Erst gegen neun Uhr morgens am darauffolgenden Tag kamen Berija und Malenkow zurück, begleitet

diesmal von Chruschtschow. Etwas später stießen weitere Politbüromitglieder und dann auch Ärzte hinzu. Berija trat zu den Ärzten und sagte, damit es alle hörten, ziemlich laut: »Garantieren Sie für das Leben des Genossen Stalin? Begreifen Sie Ihre Verantwortung für die Gesundheit des Genossen Stalin? Ich möchte Sie warnen.«
Die erschrockenen Professoren und Krankenschwestern wußten, daß nach dem Tod des »Führers« auch der eigene folgen konnte. Berija verbarg nicht sein triumphierendes Gesicht. Alle im Politbüro, eingeschlossen Malenkow, fürchteten ihn. Nachdem Berija sich sicher war, daß Stalin nicht mehr aufwachen würde, fuhr er, wie ich bereits geschildert habe, auf dem schnellsten Weg zum Kreml. Er wollte dort meiner Meinung nach die Dokumente aus Stalins Safe beseitigen, die irgend etwas über ihn besagten.
Einige Stunden später kam Berija zurück zu dem Sterbenden. Er drängte die niedergeschlagenen Mitkämpfer des »Führers« sogleich, eine Regierungsmitteilung über Stalins Erkrankung zu veröffentlichen. In dieser Mitteilung heißt es:

»In der Nacht zum 2. März kam es beim Genossen Stalin, als er sich in seiner Wohnung in Moskau befand (er war in seiner Datscha; D. W.), zu Gehirnblutungen, die lebenswichtige Teile des Gehirns erfaßten. Der Genosse Stalin verlor das Bewußtsein. Es kam zu einer Lähmung der rechten Hand und des rechten Beins. Er verlor die Sprechfähigkeit. Die Herz- und Atemfunktionen ließen merklich nach. (...) Die medizinische Versorgung des Genossen Stalin wird unter ständiger Beobachtung des Zentralkomitees der KPdSU und der sowjetischen Regierung durchgeführt. (...) Die schwere Krankheit des Genossen Stalin zieht eine mehr oder weniger lange Abwesenheit des Genossen Stalin von seiner Führungstätigkeit nach sich.«

Am Bett des Sterbenden endete die Tragödie des Volkes, auch wenn diese Tatsache erst spät erkannt werden sollte. Eine Tragödie, die untrennbar mit dem Leben dieses Menschen verbunden war. Damals schien es, als sei sein Tod die Tragödie des Volks, aber dann sollte das Volk verstehen, daß die Verbrechen seines Lebens die wahre Tragödie waren.
Einige Male erschien auch Wassili, Stalins Sohn, am Sterbebett und schrie mit betrunkener Stimme: »Ihr Schurken, ihr habt meinen

Vater getötet!« Stalins Tochter saß stumm im Sessel. Woroschilow, Kaganowitsch, Chruschtschow und einige andere weinten. Berija ging häufig zum Sterbenden und fragte laut: »Genosse Stalin, hier befinden sich alle Politbüromitglieder, sag uns etwas!«
Berija führte sich auf wie der Kronprinz eines gigantischen Imperiums, der nun über das Leben der anderen allein zu bestimmen hatte. Stalin interessierte ihn nicht mehr. Für ihn war er Vergangenheit. Es war 9 Uhr 50 am 5. März 1953. Die Anwesenden verspürten gleichzeitig Trauer und Erleichterung.
Dann hatten es auf einmal alle es sehr eilig, alle machten sich irgendwohin auf den Weg. Die meisten ins Politbüro. Nun mußte die Nachfolgerfrage gelöst werden. In einem demokratischen System ist dies eine gewöhnliche Prozedur: alles entsprechend den Verfassungsnormen. Die Sitzung des Politbüros leitete Malenkow. Die Beschlüsse waren in einem engen Kreis bereits vor der Sitzung abgesprochen worden.
Vorsitzender des Ministerrats wurde Malenkow, zu seinen Stellvertretern wurden Berija, Molotow, Bulganin und Kaganowitsch ernannt. Molotow, der dieses Amt 1949 abgegeben hatte, wurde wieder Außenminister, und Bulganin wurde Verteidigungsminister.
Gegen Ende seines Lebens hatte Stalin aller Wahrscheinlichkeit nach beabsichtigt, sich von seinen langjährigen Mitkämpfern zu »befreien« – von Berija, Woroschilow, Kaganowitsch, Mikojan, Molotow, Chruschtschow und möglicherweise von einigen weiteren. Er wollte sie auf eine besonders gerissene Weise beseitigen. Er hatte vorgeschlagen (und selbstverständlich waren alle damit einverstanden), das Politbüro auf 25 Mitglieder und 11 Kandidaten zu erweitern. Die Zahl der Sekretäre wurde auf 10 Personen erhöht. Auf diese Weise wurden seine alten Mitkämpfer zu einer Minderheit unter den neuen Spitzenfunktionären, auf die er nun seine Hoffnung setzte. Ich glaube, wenn Stalin nicht der Anfall ereilt hätte, dann hätte er einen Vorwand gefunden, Molotow, Mikojan, Berija und einige andere zu beschuldigen und sie aus der Führung auszustoßen. Es wäre nicht das erstemal gewesen, daß er die Schuld an eigenen Fehlern und Verbrechen auf andere abgeschoben hätte.
Seine alten Mitkämpfer praktizierten nach seinem Tod genau das Gegenteil. Sie verkleinerten das Präsidium, wie das Politbüro sich zeitweise nannte, auf zehn Mitglieder und vier Kandidaten. Zu der

alten »Stalinschen Garde« – Malenkow, Berija, Molotow, Woroschilow, Chruschtschow, Kaganowitsch, Mikojan – stießen Bulganin, Saburow und Perwuchin hinzu. Wenige Monate später mußten einige das ZK-Präsidium (1952–1966 hieß das Politbüro so) schon wieder verlassen und kamen nicht mehr hinein: Andrianow, Malyschew, Melnikow, Michajlow, Ponomarenko, Tschesnokow, Swerew, Kabanow, Pusanow, Tewosjan, Judin. Auch Breschnew konnte sich zunächst nicht halten und wurde zum Stellvertretenden Leiter der Politischen Hauptverwaltung der Sowjetischen Armee und der Kriegsmarine degradiert.

Seit 1934 war offiziell kein Generalsekretär des ZK mehr gewählt worden. Für alle war klar gewesen, daß Stalin nicht gewählt werden mußte und wohl auch nicht wollte. Schließlich entschied das Politbüro:

»Es ist als notwendig anzusehen, daß der Genosse Chruschtschow N. S. sich auf die Arbeit im Zentralkomitee der KPdSU konzentriert, und in Verbindung damit ist er von seinem Posten als 1. Sekretär des Moskauer Komitees der KPdSU zu befreien.«

Nach den Trauerzeremonien, die im ganzen Land stattfanden, brachte man den toten »Führer« ins Mausoleum. Acht Monate war das Mausoleum für Besucher geschlossen. Die Leiche wurde einbalsamiert. Sie sollte Jahrhunderte dort liegen. Neben Lenin lag nun der Mensch, der das Recht der Auslegung der Werke seines großen Vorgängers an sich gerissen hatte. Wer konnte damals wissen, daß Stalins Mumie bereits am Abend des 31. Oktober 1961 das Mausoleum wieder verlassen sollte?

Und die Menschen, die ihre Reden einst mit Lobeshymnen auf den »genialen Führer« begonnen und beendet hatten, änderten langsam ihre Sprache. Irgendwie schien es, als würde sich der Nebel vor den Augen und um die Seelen verziehen.

Das Stalinsche Erbe

Erlauben Sie mir einen letzten Rückblick. Im August und September 1952 berichtete Malenkow Stalin einige Male über die Vorbereitungen für den 19. Parteitag. Stalin blätterte die Entwürfe für die Reden der Politbüromitglieder durch, aber sie interessierten ihn wenig. Bedeutend mehr interessierte ihn der eigene Auftritt. Nach einem vom »Führer« erarbeiteten Konzept bereitete Suslow mit einer kleinen Brigade einige Varianten für die Rede vor. Den letzten Schliff gab Stalin ihr dann selbst.

Einige Tage vor Beginn des Parteitags wurde die Uhrzeit festgesetzt, an dem er eröffnet werden sollte: sieben Uhr abends. Das Präsidium des Parteitags war nicht groß. Es gab etwas Neues: Alle Präsidiumsmitglieder saßen auf der linken Flanke. Stalin setzte sich allein nach rechts. Niemand hinter ihm, niemand neben ihm. Der »Führer« wollte sich nicht einmal mehr zwischen die Mitglieder des Politbüros setzen. Die endlosen Erwähnungen seines Namens in den Reden der Delegierten wurden von Ovationen unterbrochen. Stalin schaute auf die Psychose scheinbar normaler Menschen, die voller Ergebenheit, voller Liebe und voller Kriecherei waren.

Mir scheint, Stalin war lediglich am Eröffnungstag und am Schlußtag ununterbrochen anwesend. Zwei, drei Tage erschien er überhaupt nicht. Ich glaube, es war nicht seine Gesundheit, die ihn daran hinderte zu kommen. Stalin fand diese Foren, auf denen es keinen Kampf, keine Rätsel, keine Unklarheiten gab, seit langem uninteressant.

Am letzten Tag, als alle sahen, daß Stalin sich erhob und langsam zum Rednerpult schritt, erwies ihm der Saal eine lange stehende Ovation. Seine Rede war kurz. Der Applaus, der seine Rede unterbrach, nahm bei weitem mehr Zeit ein. Stalin sagte *praktisch kein Wort* über die Lage im Land und in der Partei. Er bemerkte zu diesem Thema lediglich, daß es mit der Bildung von volksdemokratischen Ländern, von neuen »Stoßbrigaden«, wie er sagte, für die »Partei leichter geworden ist zu kämpfen, ja, die Arbeit geht fröhlicher voran«.

Sein Leben lang verteidigte Stalin die Einrichtungen, die er geschaffen hatte. Aber der Führer hatte die Stabilität der von ihm geschaffenen Gesellschaft überschätzt. Buchstäblich einige Stunden nach seinem Tod begannen seine Nachfolger sein Erbe zu mißachten.

Im März 1953 wurde ein Jahrzehnt der Reformen eingeläutet, die alle Sphären des Lebens erfaßten. Ihre Bedeutung darf man nicht unterschätzen. Besonders jene Aspekte nicht, die mit den Beschlüssen des 20. Parteitags zusammenhängen. Ein Charakteristikum aller Reformen dieser Periode waren allerdings die Unvollendetheit, die Halbheit, die »Unfähigkeit, alles bis zum Ende zu sagen«. Aber das wichtigste wurde getan: Der Terror wurde beendet. Die Freiheit hatte eine Chance erhalten, sich zu realisieren.
Stalin hat uns nichts Positives hinterlassen. Und eines sei noch einmal betont: Stalin – das ist nur die Spitze des Eisbergs. Da ich nur die Spitze dargestellt habe, erhebe ich keinen Anspruch darauf, den ganzen Eisberg beschrieben zu haben.
Die furchtbaren Gefahren, die unserem Land drohten, hatte Plechanow früh erkannt. Er protestierte gegen die außerordentliche Konzentration der Macht, wie sie bald nach der Revolution einsetzte, und schrieb:

»Das ZK ›kassiert‹ alle Elemente, die mit ihm unzufrieden sind, setzt überall seine Kreaturen hin, und nachdem es alle Komitees mit seinen Kreaturen aufgefüllt hat, sichert es sich eine untergebene Mehrheit auf den Parteitagen. (...) Auf diese Weise wird es bei uns in der Partei weder eine Mehrheit noch eine Minderheit geben, deshalb, weil sich bei uns das Ideal des persischen Schahs verwirklichen wird.«

Die historische Niederlage

Auf der Tribüne des 20. Parteitags der KPdSU stand Chruschtschow. Beinahe eineinhalbtausend Delegierte hörten seinem Bericht zu. Sie waren zuerst schockiert, um dann vollständig zu erstarren. Ab und zu ertönten Zwischenrufe und Proteste angesichts der Schrecken, die er beschrieb, aber sonst Schweigen. Der 1. Sekretär zeichnete in der ihm eigenen Sprechweise schnell ein neues Bild des »Führers der Völker«. Bald beherrschte nur noch eine Szene das Denken der Delegierten: Der neue Führer der Partei, einer der ehemaligen treuen Mitkämpfer des Verstorbenen, verwandelte das Antlitz des nun stummen »Führers«. Es erschien jetzt blutig, tyrannisch, furchtbar. Das waren seltene Stunden von wahrhaft historischer Bedeutung.

Wir wissen heute, daß gleich nach Stalins Tod in der Führung der Partei der Prozeß der Entstalinisierung eingeleitet wurde. Er war zunächst kaum zu erkennen. Er beschleunigte sich aber, nachdem Berija ausgeschaltet worden war. Bald nach dem 20. Parteitag schlug Chruschtschow auf einer Präsidiumssitzung vor, eine Kommission zu gründen, die die Übergriffe während der Stalin-Zeit untersuchen sollte. Er folgte dabei nicht dem Ruf seines Herzens, wie er uns später weismachen wollte. Vielmehr wurden das ZK und die Regierung überschwemmt von einer Welle von Protesten und Hoffnungen von Menschen, die sich hinter Stacheldraht befanden. Der Glaube an die Wiederherstellung der Gerechtigkeit war erwacht. Nun, nach Stalins und Berijas Tod, glaubte niemand mehr daran, daß jemand sich erdreisten könnte, weiterhin Menschen in Verbannung und Lager verfaulen zu lassen.
Chruschtschows Vorschlag, eine Untersuchungskommission zu gründen, stieß auf den wütenden Protest von Molotow, Kaganowitsch und Woroschilow. Aber Bulganin, Mikojan, Saburow und Perwuchin bildeten mit Chruschtschow die Mehrheit. Die Kommission wurde ins Leben gerufen. Sie wurde geleitet von Pospelow, der lange als Redakteur der »Prawda« gearbeitet hatte.
Kehren wir zum 20. Parteitag zurück. Chruschtschow begann ruhig:

»Das Ziel dieses Berichts ist nicht eine umfassende Wertbestimmung von Stalins Leben und Handeln. Was die Verdienste Stalins angeht, so ist eine völlig ausreichende Anzahl von Büchern, Broschüren und Studien bereits zu seinen Lebzeiten geschrieben worden. Die Rolle Stalins bei der Vorbereitung und Durchführung der Großen Sozialistischen Oktoberrevolution, im Bürgerkrieg und im Kampf um den Aufbau des Sozialismus in unserem Land ist in der ganzen Welt bekannt. Jeder weiß gut darüber Bescheid. In diesem Augenblick geht es uns um eine Frage, die jetzt und in Zukunft von gewaltiger Bedeutung für die Partei ist. Es geht uns darum festzustellen, wie der Kult um Stalin allmählich heranwuchs, dieser Kult, der von einem gewissen Augenblick an die Ursache für eine ganze Serie von außerordentlich ernsthaften und schweren Verfälschungen der Parteiprinzipien, Parteidemokratie und revolutionären Gesetzlichkeit wurde.«

Zum erstenmal wurde vor dem Plenum eines Parteitags über Lenins »Brief an den Parteitag« gesprochen, über Lenins Charakterisierung des Generalsekretärs aus den zwanziger Jahren.
Chruschtschow unterstrich, »daß Stalin hier in einer ganzen Serie von Fällen seine Intoleranz, seine Brutalität und seinen Mißbrauch der Macht bewies. Anstatt die Richtigkeit seines politischen Standpunkts zu beweisen und die Massen zu mobilisieren, wählte er oft den Weg der Unterdrückung, der physischen Beseitigung, und zwar nicht nur gegen tatsächliche Gegner, sondern auch gegen Menschen, die kein Verbrechen gegen die Partei oder die sowjetische Regierung begangen hatten.«
Der Saal erstarrte, als Chruschtschow im einzelnen beschrieb, wie die »Verfahren« fabriziert wurden und wer die sogenannten »Volksfeinde« in Wirklichkeit waren.
Chruschtschow ist im Verlauf von drei bis vier Stunden gelungen, was unmöglich schien. Vor allem ist es ihm gelungen, Stalin den Heiligenschein zu nehmen. Chruschtschow setzte seine Akzente besonders darauf, zu zeigen, daß Stalin ein inkompetenter Führer gewesen sei: »Er kannte das Land und die Landwirtschaft nur aus Filmen«, und während des Krieges »arbeitete er die Operationen auf dem Globus aus«, er zog überhaupt nicht die »Meinungen der Parteikommissare« in Betracht.
Weiterhin führte Chruschtschow Beweise dafür an, daß Stalin ein Scharfrichter war, ein Sadist, ein Mensch, dem jegliche moralische Qualitäten fehlten. Chruschtschow unterstrich, daß Stalin »selbst der Hauptstaatsanwalt in allen diesen Fällen war. Stalin befürwortete nicht nur all diese Verhaftungen, sondern er selbst gab nach eigener Initiative Anordnungen zum Arrest.«
Chruschtschow verurteilte entschieden die Alleinherrschaft des »Führers«, die die Ursache für viele Leiden der Partei und des Volkes war. Das war eine Explosion im gesellschaftlichen Bewußtsein, ein mutiger und unerwarteter Vormarsch gegen den Cäsarismus, gegen die Gesetzlosigkeit und den Totalitarismus.
Aber Chruschtschow war und blieb ein Sohn seiner Zeit. Sein persönlicher Einsatz bei der Entlarvung des Personenkults ist unbestritten. Aber sein Bericht, der von einem alten Stalinschen Hoftheoretiker vorbereitet worden war, ging nicht in die Tiefe; er schilderte oberflächlich die Erscheinungen und sagte beinahe nichts über die Gene-

sis des Stalinismus, über die Ursachen der Deformation des Sozialismus. Mehr noch, diese Entstellungen wurden nicht einmal eingestanden. Auch die Stalinschen »Verdienste« wurden genannt:

»Stalin hat jedoch in der Vergangenheit der Partei, der Arbeiterklasse und der internationalen Arbeiterbewegung große Dienste erwiesen. (...) Stalin war überzeugt, daß es notwendig war für die Verteidigung der Interessen der Arbeiterklasse gegen die Verschwörung der Feinde und gegen die Angriffe des imperialistischen Lagers.«

Chruschtschow hoffte, daß die Erörterungen über den Personenkult und seine Folgen im Kreis der Partei bleiben würden:

»Wir dürfen diese Sache nicht über die Partei hinausgreifen lassen, insbesondere darf es nicht an die Presse geraten. Aus diesem Grunde befassen wir uns hier auf einer geschlossenen Sitzung des Kongresses damit. Wir sollten die Grenzen kennen; wir sollten dem Feind keine Munition liefern; wir sollten unsere schmutzige Wäsche nicht vor seinen Augen waschen. Ich glaube, daß die Kongreßdelegierten alle diese Vorschläge verstehen und sie richtig einzuschätzen wissen.«

Das ZK und die offizielle Presse schwiegen in der Tat über Chruschtschows »Geheimbericht«, so, als wäre es ihr Ziel, das Volk vor der ideologischen Erschütterung zu bewahren. Erst im Frühjahr 1989 wurde der Bericht in der »Iswestija des ZK der KPdSU« veröffentlicht. Die Tatsache, daß dieses Dokument vor dem Volk so lange verborgen worden war, zeugt davon, daß der Stalinismus noch immer lebt. Er hat zwar seine äußere Form verändert, aber nach wie vor machen seine Überreste sich bemerkbar.
Zunächst schien es noch, daß die Partei mit der Entlarvung des Stalinismus nicht nur beginnen, sondern sie auch zu Ende führen würde. Aber Breschnew konnte sich nicht entscheiden, Stalin und den Stalinismus vollständig zu zerschlagen. Auf Anraten Suslows und anderer ging er einen anderen Weg: In der Geschichte wurden einfach Lücken gelassen. So, als hätte es Stalin nicht gegeben, als hätte es die Verbrechen des Stalinismus nicht gegeben, als hätte es den GULAG nicht gegeben.

Ja, das Böse des Stalinismus überwinden wir allmählich. Hier gibt es keine Frage. Aber man darf dabei den Sozialismus nicht negieren. Sogar nach einem großen historischen Mißerfolg ist es verfrüht, über die »Fruchtlosigkeit« des sozialistischen Weges der Entwicklung zu sprechen. Die Erneuerung, zu der wir übergegangen sind, hat noch keine überzeugende Antwort gegeben: Worin besteht dic historische Chance des Sozialismus? Einige Schritte und Beschlüsse der heutigen Tage sehen aus, als seien sie improvisiert und inkonsequent. Das ist auch darauf zurückzuführen, daß wir unsere historischen Erfahrungen wenig durchdacht haben, sowohl die Mißerfolge als auch die Errungenschaften. Wir haben bei anderen Völkern und Gesellschaften wenig gelernt. Möglicherweise lassen sich die sozialistischen Ideale mit Hilfe neuer Annäherungsweisen an die Bereiche der Ökonomie, der Gesellschaft und des Geistes verwirklichen. Es ist eine neue Konzeption des Sozialismus notwendig, wobei es naiv wäre, sie etwa von einem kommenden Plenum zu erwarten oder gar von einem Auftritt des einen oder anderen Führers. Die Demokratisierung der Gesellschaft mobilisiert allmählich die Kreativität der Völker; und nur auf diesem Weg kann es zu Entscheidungen kommen, die unseren Hoffnungen und Erwartungen würdig sind. Unser Volk ist zu groß, als daß es sich mit wenig zufriedengeben könnte. Nachdem es den Stalinismus abgeworfen hat, hat es ein Recht auf eine bessere Zukunft. Zur Freiheit gibt es keine Alternative. Heute glaube ich daran mehr als jemals zuvor.

Personenverzeichnis

Anissimow, Nikolaj Andrejewitsch (1892–1920), bolschewistischer Politiker. Delegierter auf dem 6. Parteitag der SDAPR(B) (1917). 59

Antipow, Nikolaj Kirillowitsch (1894–1941; erschossen), bolschewistischer Politiker. Im Oktober 1917 Mitglied des Präsidiums des Petrograder Zentralrats der Fabrik-und Werkkomitees. Nach der Oktoberrevolution Mitglied des Präsidiums des Obersten Volkswirtschaftsrats. Seit 1920 Mitglied des Präsidiums des Gesamtrussischen Zentralrats der Gewerkschaften. 1924–34 Mitglied des ZK. Mitglied des ZEK der UdSSR. 1928–31 Volkskommissar für Post- und Telegraphenwesen der UdSSR. Seit 1935 Stellvertretender Vorsitzender des Rats der Volkskommissare und des Rats für Arbeit und Verteidigung der UdSSR sowie Vorsitzender der Kommission für Sowjetkontrolle beim Rat der Volkskommissare. 383

Antonescu, Ion (1882–1946; hingerichtet), rumänischer Militärführer und Politiker. 1933 Generalstabschef des rumänischen Heeres. 1937/38 Verteidigungsminister. 1940 von König Carol II. zum Ministerpräsidenten mit uneingeschränkten Vollmachten ernannt. Seit 1941 Militärdiktator. Enge Anlehnung an Deutschland. 1941 Kriegseintritt an dessen Seite. 1944 durch eine nationale Opposition gestürzt. 1946 zum Tod verurteilt. 667

Antonow-Owsejenko, Wladimir Alexandrowitsch (1883–1939; erschossen), bolschewistischer Politiker. Seit 1901 Mitglied der SDAPR. 1902 Eintritt in die Offiziersakademie. Nach der Parteispaltung 1903 zunächst Bolschewik, später Menschewik. In der Revolution von 1905 Versuch, Truppen zum Aufstand zu bewegen. 1910 Flucht nach Paris. 1914–17 Redakteur der in Paris erscheinenden Zeitungen »Golos«, dann bei Trotzkis Zeitung »Nasche Slowo«. August 1917 Übertritt zu den Bolschewiki. Im Oktober einer der Führer des Aufstands. Danach führende Position in der Roten Armee. 1923–27 einer der Führer der Opposition. 1924 Ablösung vom Amt des Leiters der Politischen Hauptverwaltung der Roten Armee. 1925 Botschafter in der Tschechoslowakei. 1927 Botschafter in Litauen. 1930 Botschafter in Polen. 1934 Generalstaatsanwalt der russischen Sowjetrepublik. 1936, nach Ausbruch des Spanischen Bürgerkriegs, Generalkonsul in Barcelona. 1937 Volkskommissar für Justiz, Verhaftung. 1956 rehabilitiert. 55, 65, 80, 113, 141, 246

Aristow, Mina Lwowitsch (1887–1942), bolschewistischer Militärfunktionär. Seit 1905 Mitglied der SDAPR(B). Bis 1921 leitende Funktionen in der Roten Armee. Später in Wirtschaftsfunktionen tätig. 379

Armand, Inessa – Jelisaweta Fjodorowna (1874–1920), bolschewistische Politikerin. Seit 1904 Mitglied der SDAPR(B). Teilnehmerin der ersten russischen Revolution. 1909 Emigration. Teilnehmerin der Zimmerwalder und der Kienthaler Konferenz. Nach der Februarrevolution Rückkehr nach Rußland und Teilnahme am Oktoberaufstand. Seit 1918 Leiterin der Abteilung für Arbeiterinnen beim ZK der KPR(B). 742

Awanessow, Warlaam Alexandrowitsch – Suren Martirosjan (1884–1930), bolschewistischer Politiker. Teilnehmer am Oktoberaufstand. Auf dem Gesamtrussischen Sowjetkongreß ins Zentralexekutivkomitee (ZEK) gewählt. Sekretär des ZEK. Mitarbeit in der Zentralen Kontrollkommission/Arbeiter- und Bauern-Inspektion (ZKK/ABI). 90

Axelrod, Pawel Borissowitsch (1850?–1928), menschewistischer Politiker. Zunächst Mitglied der Narodniki. Mitbegründer der SDAPR und Gegenspieler Lenins. 1900 Mitbegründer der »Iskra«. Nach der Oktoberrevolution Emigration. 25, 107, 209, 508

Badajew, Alexej Jegorowitsch (1883–1951), bolschewistischer Politiker. Seit 1904 Mitglied der SDAPR(B). 1912 Abgeordneter in der 4. Duma. 1914 Kooption in das ZK der SDAPR(B). Nach der Oktoberrevolution Leiter der Petrograder Lebensmittelverwaltung. 1925–39 Mitglied des ZK. 1938–43 Vorsitzender des Präsidiums des Obersten Sowjets der RSFSR und Stellvertretender Vorsitzender des Präsidiums des Obersten Sowjets der UdSSR. 117

Bagdatjew, Sergej Jakowlewitsch – Bagdatjan (1887–1949), bolschewistischer Politiker. Seit 1915 führendes Mitglied der Petrograder Parteiorganisation. 56

Bagramjan, Iwan Christoforowitsch (1897–1982), sowjetischer Militärführer. Leitete verschiedene Operationen im 2. Weltkrieg. Seit 1955 Marschall der Sowjetunion. 19, 565, 591f.

Bakunin, Michail Alexandrowitsch (1814–76), russischer Anarchist. War Offizier und studierte Philosophie. 1848 Teilnehmer am Prager Slawenkongreß. 1849 Teilnahme am Dresdner Aufstand. Inhaftiert, zum Tod verurteilt und 1851 an Rußland ausgeliefert. 1861 Flucht aus sibirischer Verbannung nach London. Mitbegründer der I. Internationale. 1864 Bruch mit Marx. 1871–74 konspirative Arbeit in Italien. 237

Balaschow, Semjon Iwanowitsch (1874–1925), bolschewistischer Politiker. Seit 1898 Mitglied der SDAPR. Seit 1903 Mitglied der bolschewistischen Partei. Teilnehmer der ersten russischen Revolution. Nach der Februarrevolution Vorsitzender des Iwanowo-Wosnessensker Komitees der SDAPR(B). Teilnehmer der Oktoberrevolution. Danach in Partei- und Staatsfunktionen tätig. 140, 203, 259, 339

Barbusse, Henri (1873–1935), französischer Schriftsteller. Werke u.a.: »Das Feuer« (1916), »Stalin« (1936). 11

Beck, Josef (1894–1944), polnischer Diplomat. 1932–39 Außenminister. 463, 468

Bedny, Demjan – Pridworow, Jefim Alexejewitsch (1883–1945), sowjetischer Schriftsteller. Wurde als erster revolutionärer Dichter mit dem Rotbannerorden ausgezeichnet. 193, 195 f., 198, 200

Beloborodow, Alexander Gawrilowitsch (1891–1938; ermordet), bolschewistischer Politiker. 1919 Mitglied des ZK und Volkskommissar für Inneres. Bis 1929 Mitglied der Linken Opposition. 159, 408

Below, Iwan Panfilowitsch (1893–1938; erschossen), bolschewistischer Militärführer. Seit 1917 Mitglied der Partei der Linken Sozialrevolutionäre. Teilnehmer an der Oktoberrevolution. Seit 1919 Mitglied der KPR(B). Oberkommandierender der Truppen und Mitglied des Revolutionären Kriegsrats der Turkestanischen Republik. Armeekommandeur 1. Ranges. Später hohe Funktionen in der Roten Armee. 357, 419, 423, 425, 428

Berdjajew, Nikolaj Alexandrowitsch (1874–1948), Philosoph. Studierte an den Universitäten Kiew und Heidelberg und wurde in dieser Zeit Marxist. Später wendete er sich dem Christentum zu. Nach der Oktoberrevolution Philosophieprofessor in Moskau; 1922 aus der Sowjetunion ausgewiesen wegen seiner Kritik an Atheismus und Materialismus. Lebte seit 1924 in Paris. Werke: »Die Philosophie des freien Geistes« (1927); »Das Christentum und der Klassenkampf« (1931); »Selbsterkenntnis. Versuch einer philosophischen Autobiographie« (1949). 750 f.

Berija, Lawrenti Pawlowitsch (1899–1953; erschossen), bolschewistischer Politiker und Geheimdienstchef. 1921–31 leitender Polizeifunktionär in Georgien. 1931–36 1. Parteisekretär in Transkaukasien und Georgien. Seit 1934 Mitglied des ZK. Seit 1938 Volkskommissar für Inneres. 1941–45 Mitglied des Staatskomitees für Verteidigung und Oberbefehlshaber der NKWD-Truppen. Seit 1945 Marschall der Sowjetunion. Seit 1946 Stellvertretender Ministerpräsident und Mitglied des Politbüros. Juni 1953 Sturz nach Stalins Tod. 13, 35, 221 f., 233, 236 f., 282, 302, 316, 322 ff., 327, 342, 377, 379, 381, 400 f., 404 f., 409 f., 412 f., 430 f., 434–443, 452, 455, 463, 467, 482, 509, 514, 516, 520, 523, 529, 535, 537, 555, 562–566, 568, 572 f., 580, 594–597, 600, 602 f., 605 ff., 609, 633 ff., 638 f., 644 f., 647 ff., 660, 668, 671 ff., 675, 679, 683, 689 ff., 693, 699 ff., 703, 705, 708 f., 711, 714 ff., 721, 729 f., 736 ff., 748, 760 f., 764, 766–774, 777

Bernadotte, Folke Graf von Wisborg (1895–1948; ermordet). Neffe König Gustavs V. Adolf von Schweden. 1943 Vizepräsident, 1946 Präsident des Schwedischen Roten Kreuzes. 1948 in Palästina von jüdischen Extremisten ermordet. 587

Bersin, Jan Antonowitsch (1881–1938; erschossen), bolschewistischer Politiker. Seit 1902 Mitglied der SDAPR, seit 1903 Mitglied der bolschewistischen Partei. Angehöriger der Zimmerwalder Linken. Seit 1917 Mitglied des ZK. Seit 1919 Volkskommissar für Volksbildung in Sowjetlettland. 1919/20 Sekretär des EKKI. Seit 1921 im diplomatischen Dienst. Opfer der stalinistischen Säuberung der dreißiger Jahre. 89, 92

Besymenski, Alexander Iljitsch (1898–1973), russischer Schriftsteller. 193, 196

Bljumkin, Jakow Grigorjewitsch (1898–1929; ermordet), sowjetischer Linkspolitiker. 1917 Mitglied der Linken Sozialrevolutionäre. Gegner der Unterzeichnung des Friedensvertrags von Brest-Litowsk. Mörder des deutschen Botschafters Graf Mirbach. Nach Todesurteil begnadigt. 1918/19 Beteiligung an sozialrevolutionären Kampfgruppen in der Ukraine. 1919 Rückkehr nach Moskau und Anschluß an die sozialrevolutionäre Splittergruppe der »Maximalisten«, die 1920 in die bolschewistische Partei übertraten. Eintritt in die Rote Armee und Mitarbeiter des sowjetischen Geheimdienstes. Anhänger Trotzkis. 1929 nach einem Besuch bei Trotzki in Prinkipo aufgrund einer Denunziation verhaftet und auf Weisung Stalins zum Tod verurteilt. 363 f.

Blücher, Wassili Konstantinowitsch (1890–1938), bolschewistischer Militärführer. Seit 1916 Mitglied der SDAPR(B). Nach 1917 Beteiligung am Aufbau der Roten Armee. Erhielt 1918 als erster den »Rotbannerorden«. 1924–27 Militärberater der Kuomintang in China. Seit 1929 Militärkommandeur im Fernen Osten. 1934 Kandidat des ZK und 1935 Marschall. Gehörte 1937 dem Militärtribunal an. 1938 verhaftet und nach Folterungen gestorben. 1956 rehabilitiert. 113, 357, 419 f., 423, 425–431

Bogdanow, Alexander Alexandrowitsch – A. A. Malinowski (1873–1928), russischer Philosoph, Soziologe und Mediziner. Seit 1903 Anhänger der Bolschewiki. Theoretische Auseinandersetzungen mit Plechanow und Lenin. Forderte den Bruch des Wissensmonopols der herrschenden Klasse. Werke u.a.: »Die Wissenschaft und die Arbeiterklasse« (dt. 1920), »Allgemeine Organisationslehre: Tektologie« (dt. 1926–28). 34, 197, 437

Boki, Gleb Iwanowitsch (1879–1937), bolschewistischer Politiker. 1917 Mitglied des Büros des ZK. Teilnehmer am Oktoberaufstand in Petrograd. 1920 Mitglied der Turkestankommission des Gesamtrussischen Zentralexekutivkomitees und des Rats der Volkskommissare der Russischen Sowjetrepublik. 63

Breschko-Breschkowskaja, Jekaterina Konstantinowna (1844–1934), Mitglied der Partei der Sozialrevolutionäre. Vor der Februarrevolution mehrfach verhaftet und verbannt. Gegnerin der Oktoberrevolution. 1919 Emigration in die USA. 63

Breschnew, Leonid Iljitsch (1906–1982), sowjetischer Politiker. Seit 1937 Funktionär der KPdSU. Seit 1952 Mitglied des ZK. 1952/53 und 1956/57 Kandidat des Präsidiums (Politbüros) der KPdSU. Seit 1957 Mitglied des Politbüros der KPdSU. 1960–64 Vorsitzender des Präsidiums des Obersten

Chamberlain, Arthur Neville (1869–1940), britischer Politiker. Seit 1918 Abgeordneter der Konservativen Partei. 1923–29 Gesundheitsminister. 1931–37 Schatzkanzler. 1937–40 Premierminister. 1938 Unterzeichner des Münchener Abkommens. 1939 erkannte er die Fehler seiner Politik des Appeasements an und trat zurück. 478

Chatajewitsch, Mendel Markowitsch (1893–1937; erschossen), bolschewistischer Politiker. Seit 1913 Mitglied der SDAPR(B). Teilnehmer der Oktoberrevolution. Seit 1930 Mitglied des ZK der KPdSU(B). 1933–37 Sekretär des Dnepropetrowsker Gebietskomitees, danach 2. Sekretär des ZK der KP der Ukraine. 402, 458

Chodassewitsch, Wladimir Felizianowitsch (1886–1939), russischer Schriftsteller. 1922 Emigration nach Paris. Werke u.a.: »Jugend« (1908), »Das glückliche Häuschen« (1914), »Der Weg des Korns« (1920), »Die schwere Leier« (1922; Gedichtsammlung), »Abhandlungen über Puschkin« (1924, 1937). 200

Chruschtschow, Nikita Sergejewitsch (1894–1971), bolschewistischer Politiker. Seit 1918 Mitglied der bolschewistischen Partei. Seit 1934 Mitglied des ZK. 1938–49 1. Sekretär der ukrainischen Parteiorganisation (mit kurzer Unterbrechung 1947). Seit 1939 Mitglied des Politbüros. 1935–38 1. Sekretär der Moskauer Stadtparteiorganisation. 1941–45 Politkommissar in den Streitkräften. 1943 Generalleutnant. 1949–53 1. Sekretär des Moskauer Bezirks und Sekretär des ZK. Nach Stalins Tod 1953 1. Sekretär des ZK. 1957/58, nach Ausschaltung der Gruppe um Malenkow, Molotow und Kaganowitsch, Ministerpräsident. 1964 Sturz als Parteichef und Ministerpräsident. Ausschluß aus dem Politbüro. 1966 aus dem ZK ausgeschieden. 10, 17, 179, 231, 236, 285, 296, 302, 309, 323, 328, 358f., 381, 383, 402, 413, 416, 431, 433, 438, 481, 496, 508, 537, 568f., 586, 589f., 592, 599, 642, 682, 693, 711, 722, 761, 768, 770, 772ff., 777ff.

Churchill, Winston (1874–1965), britischer konservativer Politiker. Im 2. Weltkrieg und auch später Premierminister. Einer der Mitbegründer der Antihitlerkoalition. 15, 335, 345, 413, 538, 548, 651ff., 655, 657ff., 662ff., 670f., 677f., 686, 713f.

Cripps, Stafford (1889–1952), britischer Anwalt und Politiker. Seit 1929 Mitglied der Labour-Partei. 1931–50 Unterhausabgeordneter. 1932 Gründer der Socialist League. 1939 Ausschluß aus der Labour-Partei, als er die Einheitsfront mit den Kommunisten gegen den Faschismus forderte. 1940–42 Botschafter in Moskau. 1942–45 Minister für Flugzeugherstellung. 1945–47 Handelsminister. 1947–50 Schatzkanzler. 538, 654

Daladier, Edouard (1884–1970), französischer Politiker. 1919–58 mit Unterbrechungen Abgeordneter der französischen Nationalversammlung für die Radikale Partei. Seit 1924 mehrfach Minister. 1933/34 Ministerpräsident, gewährte Trotzki Asyl. 1934 Unterstützer der Volksfront mit Sozialisten und Kommunisten. 1938–40 Ministerpräsident. Unterzeichner des Münchener Abkommens. 1940 Verhaftung durch die Vichy-Regierung und Auslieferung an Deutschland. 1945 wieder politisch aktiv. 476, 479

Dan, Fjodor Iljitsch – Gurwitsch (1871–1947), menschewistischer Politiker und Theoretiker. Seit 1894 Mitglied der Sozialdemokratie. Seit 1903 Mitglied der menschewistischen Partei. Nach der Februarrevolution Mitglied des ZEK. Gegner der Oktoberrevolution. Danach Arbeit als Arzt in Einrichtungen des Volkskommissariats für Gesundheitswesen. 1922 des Landes verwiesen. 37, 733 f.

Danilow, Stepan Stepanowitsch (1877–1939), bolschewistischer Politiker und Wissenschaftler. Seit 1904 Mitglied der SDAPR(B). Während der Oktoberrevolution Vorsitzender des Sowjets und Mitglied des Parteikomitees in Kostroma. Danach politische Arbeit in der Roten Armee. Nach dem Bürgerkrieg Tätigkeit als Wissenschaftler. 159

Denikin, Anton Iwanowitsch (1872–1947), zaristischer Offizier. 1917 Oberbefehlshaber der Westfront. Im Bürgerkrieg einer der Führer der Weißen. 1919/20 Niederlage und Auflösung seiner Einheiten. Emigration. 78, 81

Deutscher, Isaac (1907–67), marxistischer Publizist und Historiker. Verfasser von Biographien über Stalin und Trotzki. 135, 362, 364

Dimitroff, Georgij (1882–1949), bulgarischer Kommunist. Seit 1902 Mitglied der Sozialdemokratie. Seit 1913 Abgeordneter des bulgarischen Parlaments. 1923, nach einem gescheiterten Aufstand, Flucht aus Bulgarien. Funktionär der Kommunistischen Internationale im Westeuropäischen Büro in Berlin. 1933 von den Nazis verhaftet und Angeklagter im Reichstagsbrandprozeß. Nach dem Freispruch Übersiedlung in die UdSSR. 1935–43 Generalsekretär des Exekutivkomitees der Kommunistischen Internationale. Mitbegründer der Einheits- und Volksfrontpolitik. Seit 1946 bulgarischer Ministerpräsident. Seit 1948 Generalsekretär der KP Bulgariens. 549, 720 f.

Dogadow, Alexander Iwanowitsch (1888–1937; erschossen), bolschewistischer Aktivist. Teilnehmer an der 6. Gesamtrussischen Parteikonferenz der SDAPR(B) (1912) in Prag. 1925–30 Mitglied des ZK der KPdSU. 1930–34 ZK-Kandidat. 159

Dschugaschwili, Jakob (»Jascha«) (1907–1943; erschossen), Stalins Sohn aus erster Ehe. Im 2. Weltkrieg Gefangennahme durch die Deutschen. Weigerte sich, mit der Wehrmacht zusammenzuarbeiten, und warf sich gegen den Stacheldraht im KZ Sachsenhausen, um Wachposten zum Schießen zu veranlassen. 225–229, 235, 587

Dschugaschwili, Jekaterina G. (1859–1936), Wäscherin. Stalins Mutter. 29

Proletarischer Schriftsteller (RAPP). Werke u.a.: »Der letzte Udehe«, »Die junge Garde«. 193, 725, 766

Fedossejew, Pjotr Nikolajewitsch (geb. 1908), sowjetischer Philosoph. 413, 725

Feldman, Boris Mironowitsch (1890–1937; erschossen), bolschewistischer Militärführer. 1918 Eintritt in die Rote Armee. Seit 1919 Mitglied der KPR(B). In den zwanziger Jahren Stabschef in verschiedenen Militärbezirken. Seit 1931 Chef der Hauptverwaltung der Roten Armee. Zusammenarbeit mit Tuchatschewski. 1937 verhaftet und zum Tod verurteilt. 1956 rehabilitiert. 358, 417, 419, 422, 725

Feuerbach, Ludwig, (1804–1872), deutscher Philosoph. Werke u.a.: »Das Wesen des Christentums« (1841), »Grundsätze der Philosophie der Zukunft« (1843), »Das Wesen der Religion« (1845). 332, 337, 510

Fotijewa, Lidija Alexandrowna – Kiska (1881–1975), bolschewistische Politikerin. 1904 Teilnehmerin an der »Beratung der 22 Bolschewiki« in Genf. Redaktionsmitglied des bolschewistischen Zentralorgans »Proletarij«. 1918–24 Sekretärin Lenins. 96, 123, 129, 133 f.

Franco, Francisco y Bahamonte (1892–1975), Generalissimus. Seit 1926 General. 1935 Generalstabschef. Ablösung nach dem Sieg der Volksfront. 1936–39 einer der Führer der Putschisten im Bürgerkrieg gegen die republikanische Regierung. Seit 1939 Diktator. 228, 396, 459, 677

Frunse, Michail Wassiljewitsch (1885–1925), bolschewistischer Politiker und Militärführer. Seit 1904 Mitglied der SDAPR(B). Mehrfach verhaftet. 1917 Teilnahme am Oktoberaufstand in Moskau als Führer der Roten Garden. Im Bürgerkrieg erfolgreicher Heerführer im Kampf gegen Koltschak und Wrangel. Organisator der Roten Armee und Begründer der sowjetischen Militärwissenschaft. 1924/25 Volkskommissar für Heer und Flotte. Starb unter ungeklärten Umständen in Folge einer Operation. 91, 111 f., 117, 151, 154, 172, 203, 354

Gamarnik, Jan Borissowitsch (1894–1937; Selbstmord), bolschewistischer Politiker. Seit 1916 Mitglied der SDAPR(B). Nach der Oktoberrevolution führender Funktionär in der Ukraine. 1923 Sympathisant der Linken Opposition. 1925 Kandidat des ZK. Seit 1927 Mitglied des ZK. Seit 1929 Leiter der Politischen Hauptverwaltung der Roten Armee. Seit 1930 Mitglied des Orgbüros. 157, 376, 381, 417, 419, 421

Gaulle, Charles de (1890–1970), französischer Offizier und Staatsmann. Nach dem 2. Weltkrieg zunächst Ministerpräsident, dann Staatspräsident der Französischen Republik. 10, 15, 659, 670

Gegetschkori, Jewgeni Petrowitsch (1881–1954), menschewistischer Politiker. 1907–12 Abgeordneter in der Reichsduma. Seit 1918 Außenminister der menschewistischen Regierung Georgiens. 1921 Emigration nach Frankreich. 685

Glasman, Michail S. (gest. 1924; Selbstmord), bolschewistischer Politiker. Seit 1918 Mitglied der Bolschewiki. Im Bürgerkrieg Sekretär Trotzkis in dessen Panzerzug. Befaßte sich mit der Herausgabe von Trotzkis Werken. 146

Goloschtschokin, Filipp Issajewitsch (1876–1941; erschossen), bolschewistischer Politiker. Auf der 6. Gesamtrussischen Parteikonferenz in Prag (1912) in das ZK gewählt. Seit 1918 Mitglied des Sibirischen Büros des ZK. 1919 einer der Vertreter der Militäropposition. Seit 1920 Mitglied der Turkestankommission des ZEK. 1929 Mitglied der Kommission des Politbüros. 33

Golowko, Arseni Grigorjewitsch (1906–62), sowjetischer Militärführer und Admiral. Im 2. Weltkrieg u. a. Befehlshaber der Nordmeerflotte. 19

Gorbatschow, Michail Sergejewitsch (geb. 1931), sowjetischer Politiker. Seit 1952 Mitglied der KPdSU. Seit 1970 Mitglied des Obersten Sowjets. Seit 1978 Sekretär des ZK der KPdSU. 1979/80 Kandidat des Politbüros. Seit 1980 Mitglied des Politbüros. 1984/85 Vorsitzender des Außenpolitischen Ausschusses des Obersten Sowjets. Seit 1985 Generalsekretär der KPdSU. 477

Gorbunow, Nikolaj Petrowitsch (1892–1944), bolschewistischer Politiker. Seit 1917 Mitglied der bolschewistischen Partei. Teilnehmer am Oktoberaufstand in Petrograd. Leiter des Informationsbüros des Gesamtrussischen ZEK. Sekretär des Rats der Volkskommissare und persönlicher Sekretär Lenins. 1919/20 Mitglied des Revolutionären Kriegsrats der 13. und 14. Armee. Seit 1920 Geschäftsführer des Rats der Volkskommissare. Seit 1935 Mitglied der Akademie der Wissenschaften der UdSSR. Starb im Gefängnis. 388

Gorki, Maxim – Alexej Maximowitsch Peschkow (1868–1936), sowjetischer Schriftsteller. 1905 Bekanntschaft mit Lenin. Bekannte sich zum Bolschewismus und zum sozialistischen Realismus. Werke u. a.: »Verlorene Leute« (1897), »Nachtasyl« (1902), »Die Mutter« (1907), »Meine Kindheit« (1913), »Unter fremden Menschen« (1914), »Meine Universitäten« (1923), »Erinnerungen an Lew Nikolajewitsch Tolstoj« (1919). 63, 142, 192f., 198, 240, 392, 510, 698

Göring, Hermann (1893–1946; Selbstmord), nationalsozialistischer Politiker. Seit 1922 Mitglied der NSDAP. 1923 Teilnahme am Hitler-Putsch und Flucht nach Österreich. Seit 1928 Reichstagsabgeordneter. Seit 1933 Reichsminister ohne Geschäftsbereich, Reichskommissar für Luftfahrt und für das preußische Innenministerium und preußischer Ministerpräsident. Seit 1939

Vorsitzender des Reichsverteidigungsrats und designierter Nachfolger Hitlers. In den Nürnberger Prozessen als Hauptkriegsverbrecher zum Tod verurteilt. Entzog sich der Hinrichtung durch Selbstmord. 501, 535

Gramsci, Antonio (1891–1937), italienischer marxistischer Theoretiker und Politiker. Mitglied der Sozialistischen Partei Italiens seit 1913 und 1921 Mitbegründer der Kommunistischen Partei Italiens. Unter Mussolini 1928 zu 20 Jahren Gefängnis verurteilt. 128

Grinko, Grigorij Fjodorowitsch (1890–1938; erschossen), bolschewistischer Politiker. 1919/20 Mitglied des Revolutionären Kriegskomitees der Ukraine. 1920–22 Volkskommissar für Erziehung der Ukraine. Seit 1926 Stellvertretender Leiter der Staatlichen Plankommission. 1930 Volkskommissar für Finanzen. 1937 verhaftet und 1938 bei den Moskauer Prozessen zum Tod verurteilt. 1956 rehabilitiert. 114, 392, 403, 428

Gromyko, Andrej Andrejewitsch (1909–1989), sowjetischer Politiker. Seit 1939 im diplomatischen Dienst. 1943–46 Botschafter in den USA. Seit 1946 Stellvertretender Außenminister. 1952/53 Botschafter in Großbritannien. Seit 1956 Mitglied des ZK. 1957–85 Außenminister. Seit 1973 Mitglied des Politbüros. Seit 1985 Vorsitzender des Präsidiums der Obersten Sowjets. 671, 708

Gutschkow, Alexander Iwanowitsch (1862–1936), bürgerlicher russischer Politiker. 1905 Mitbegründer der Oktobristen und seitdem ihr Vorsitzender. 1910/11 Präsident der Duma. Nahm 1917 zusammen mit W. Schulgin von Zar Nikolaj II. die Abdankungsurkunde entgegen. 1918 Emigration. 42

Harriman, William Averell (1891–1986), amerikanischer Industrieller und Politiker. 1942–46 Botschafter in Moskau. 1946–48 Handelsminister. 1948–50 Sonderbeauftragter für die Marshallplanhilfe. 658, 664f.

Hegel, Gottfried Wilhelm Friedrich (1770–1831), deutscher Philosoph. Werke u. a.: »Phänomenologie des Geistes« (1807), »Enzyklopädie der philosophischen Wissenschaften« (1817), »Grundlinien der Philosophie des Rechts oder Naturrecht und Rechtswissenschaft im Grundrisse« (1821). 332, 337

Heß, Rudolf (1894–1987), nationalsozialistischer Politiker. Seit 1920 Mitglied der NSDAP. 1923 Teilnahme am Hitler-Putsch. Danach Mitarbeit an Hitlers »Mein Kampf«. Seit 1925 Hitlers Privatsekretär. Seit 1933 »Stellvertreter des Führers« in der NSDAP. 1941 flog er unter ungeklärten Umständen nach Schottland. 1941–46 britische Kriegsgefangenschaft. 1946 Verurteilung zu lebenslanger Haft in den Nürnberger Kriegsverbrecherprozessen. 501

Himmler, Heinrich (1900–1945; Selbstmord), nationalsozialistischer Politiker. 1923 Teilnehmer am Hitler-Putsch, danach Mitarbeiter Strassers. Seit

1925 Mitglied der NSDAP und der SS. 1929 Ernennung zum Reichsführer SS. Seit 1930 Reichstagsabgeordneter. Nach 1933 einer der Verantwortlichen für den Aufbau des Systems der Konzentrations- und Vernichtungslager. Seit 1943 Reichsinnenminister und Generalbevollmächtigter für die Reichsverwaltung. 1945 Selbstmord in britischer Gefangenschaft. 535

Hodscha, Enver (1908–85), albanischer Kommunist. 1940 Gründung einer kommunistischen Zelle in Tirana. 1941 Mitgründer der albanischen KP. 1942 Mitbegründer der albanischen Befreiungsbewegung. Seit 1943 Generalsekretär der Partei. 1944–46 vorläufiger Ministerpräsident. 1946–54 Ministerpräsident und (bis 1953) Verteidigungs- und Außenminister. Seit 1954 1. Sekretär des ZK der Partei der Arbeit. 15

Hopkins, Harry Lloyd (1890–1946), amerikanischer Politiker. 1938–40 Handelsminister. Persönlicher Berater Roosevelts, unter anderem auf den Konferenzen von Casablanca (1943) und Jalta (1945). 654f., 671

Ibarruri Gomez, Dolores – »La Pasionaria« (1895), spanische Kommunistin. 1920 Mitbegründerin der Kommunistischen Partei Spaniens. Seit 1930 Mitglied des ZK, 1932 auch des Politbüros. Seit 1936 Parlamentsabgeordnete. 1939 Emigration in die Sowjetunion. 1942–60 Generalsekretärin der spanischen KP. 1977 Rückkehr nach Spanien. 228, 297, 709

Iremaschwili, I., georgischer Schriftsteller. Verfasser der in Deutschland erschienenen Broschüre »Stalin und die Tragödie Georgiens«. 29

Iwanow, Wsewolod Wjatscheslawowitsch (1895–1963), russischer Schriftsteller. Werke u. a.: »Panzerzug 14–69« (1921; dt. 1955), »Die Rückkehr des Buddha« (1923; dt. 1962), »Abenteuer eines Fakirs« (1935; dt. 1957), »Parchomenko« (1939, dt. 1955). 192, 201

Jagoda, Genrich Gregorijewitsch (1891–1938; erschossen), bolschewistischer Politiker. Wurde vor dem 1. Weltkrieg Mitglied der SDAPR(B). Im Bürgerkrieg schloß er sich der Tscheka an. Seit 1920 Mitglied des Tscheka-Präsidiums. Seit 1924 stellvertretender Vorsitzender des Geheimdienstes GPU. Seit 1929 verantwortlich für die Massendeportation der Kulaken und andere Repressalien im Zusammenhang mit der Zwangskollektivierung. 1934 Leiter des NKWD, des Volkskommissariats für Inneres. Spielte eine entscheidende Rolle bei der Ermordung Kirows 1934. 1936 leitete er die erste Säuberungswelle, die zum ersten Moskauer Schauprozeß führte. 1937 verhaftet. 1938 im dritten Moskauer Schauprozeß zum Tod verurteilt. 106f., 291, 309, 364, 373, 392, 396, 447, 705

Jakir, Jona Emanuilowitsch (1896–1937; erschossen), bolschewistischer Militärführer. Seit 1917 Mitglied der bolschewistischen Partei. 1920/21 Kommandeur einer Armeegruppe im Krieg gegen Polen. Seit 1925 Kommandeur des ukrainischen Militärbezirks. Seit 1930 Kandidat, seit 1934 Mitglied des ZK. 1937, nach Kritik an der Säuberung, Verhaftung. Im Geheimprozeß gegen die Militärführung zum Tode verurteilt. 1956 rehabilitiert. 304, 356, 358, 376, 381, 417, 419ff., 458f., 495

Jakowlew, Jakow Arkadjewitsch – Epstein (1896–1938; erschossen), bolschewistischer Politiker. Mitglied der SDAPR(B) seit 1913. Nach der Oktoberrevolution auf Stalins Seite gegen die Linke Opposition und ZK-Mitglied. 1929–34 Volkskommissar für Landwirtschaft. 1937 mit der Säuberung der belorussischen Parteiorganisation beauftragt. 379, 401, 403, 436, 447, 457

Jaroslawski, Jemeljan Michajlowitsch – Minej Israilewitsch Gubelman (1878–1943), bolschewistischer Politiker. Seit 1898 Mitglied der SDAPR. Seit 1903 Bolschewik. 1918 linker Kommunist und Opposition gegen Trotzkis Militärpolitik. Seit 1921 Mitglied und Sekretär des ZK. Seit 1925 Leiter der Liga der Gottlosen. Seit 1923 Mitarbeit in der Zentralen Kontrollkommission (ZKK). 1923–31 Ideologe der antitrotzkistischen Kampagne. 1927 Ankläger Trotzkis im Präsidium der ZKK. Seit 1928 Mitglied der »Prawda«-Redaktion. Seit 1939 Mitglied der Akademie der Wissenschaften. 116, 184, 214, 287, 328, 338, 381, 406, 743

Jaurès, Jean (1859–1914; ermordet), sozialdemokratischer französischer Politiker und Philosoph. 1883–85 Professur in Toulouse. 1885–89 einer der Führer der Linksrepublikaner. 1893–1914 einer der Führer der Sozialisten. 1902 zusammen mit Léon Blum Gründung der Sozialistischen Partei Frankreichs. 1904 Gründung der Zeitung »L'Humanité«. 1905 Zusammenschluß der Sozialistischen Partei mit anderen Parteien zur Section Française de l'Internationale Ouvrière (SFIO). 20

Jegorow, Alexander Iljitsch (1883–1939), bolschewistischer Militärführer. Vor der Oktoberrevolution Berufsoffizier in der zaristischen Armee. Im Bürgerkrieg Übertritt zur Roten Armee. Seit 1918 Mitglied der bolschewistischen Partei. 1920 Oberbefehlshaber der Westfront im polnisch-sowjetischen Krieg. Später Befehlshaber verschiedener Wehrkreise. 1931–37 Generalstabschef. 1934 Kandidat des ZK. 1935 Marschall der Sowjetunion. 1937 Stellvertretender Volkskommissar für Verteidigung. 1938 abgesetzt und verhaftet. Kam im Gefängnis um. 85, 90ff., 113, 376, 416, 427ff., 445

Jenukidse, Awel Safronowitsch (1877–1937; erschossen), bolschewistischer Politiker. Mitbegründer der SDAPR in Baku. Mehrfach verhaftet und verbannt. Seit 1903 Mitglied der Bolschewiki. Nach der Februarrevolution 1917 in das Zentralexekutivkomitee (ZEK) gewählt. 1918 Sekretär des ZEK. 1924–34 ZK-Mitglied. 1935 in den Kaukasus versetzt. Ausschluß aus dem ZK. 1937 verhaftet und in einem Geheimprozeß zum Tod verurteilt. 1956 rehabilitiert. 158, 220, 241, 299, 310, 316, 388, 451, 457, 753

Jeremenko, Andrej Iwanowitsch (1892–1970), sowjetischer Militärführer. 1942 Führer der Stalingrader Front. Seit 1955 Marschall der Sowjetunion. 19, 585, 620, 628, 635, 642f., 650

Jeschow, Nikolaj Iwanowitsch (1895–1940; erschossen), bolschewistischer Politiker. Seit 1917 Mitglied der Bolschewiki. Im Bürgerkrieg Kommissar der Roten Armee. Seit 1929 Stellvertretender Volkskommissar für Landwirtschaft. Seit 1930 Mitarbeiter des ZK-Apparats und Leiter der Abteilung für führende Parteiorgane. Auf dem 17. Parteitag (1934) Wahl ins ZK. Mitglied des Orgbüros. Stellvertretender Vorsitzender der Zentralen Kontrollkommission (ZKK). Chef der Industrieabteilung des ZK. Seit 1935 Mitglied des EKKI und einer der Organisatoren der Säuberungen. Seit 1936 Chef des NKWD und Leiter des Massenterrors (»Jeschowtschina«). 1938 Absetzung als NKWD-Chef. 1939 Verhaftung. 35, 274, 309, 312, 316, 351, 363, 373, 378–384, 389, 392f., 401f., 404f., 412, 414f., 418f., 423–428, 430, 433f., 437, 444, 446f., 449f., 452, 494, 705

Jessenin, Sergej Alexandrowitsch (1895–1925; Selbstmord), russischer Lyriker. Teilnahme an den Treffen der Symbolisten. Begrüßte die Oktoberrevolution als mystisch-religiöses Ereignis. Wurde bekannt als »Bauernschriftsteller«. Werke u.a.: »Liebstes Land, das Herz träumt leise« (dt. 1958), »Trauer der Felder« (dt. 1970). 191, 193, 200, 269

Jewdokimow, Grigorij Jeremejewitsch (1884–1936; erschossen), bolschewistischer Politiker. Seit 1903 Mitglied der SDAPR(B). Vor der Oktoberrevolution mehrfach in Haft und Verbannung. Nach der Revolution Vorsitzender der politischen Abteilung der 7. Armee. Teilnahme am Feldzug gegen Judenitsch. Seit 1922 Vorsitzender des Petrograder Gewerkschaftsrats und Stellvertretender Vorsitzender des Petrograder Sowjets. 1925 Sekretär des Leningrader Parteikomitees. Auf dem 8. (1919), 12. (1923), 13. (1924) und 14. Parteitag (1925) ins ZK gewählt. 1927 als Mitglied der Vereinigten Opposition aus der Partei ausgeschlossen. Nach Selbstkritik Wiederaufnahme. 1935 zu acht Jahren Haft verurteilt. 1936 im ersten Moskauer Schauprozeß erneut angeklagt und zum Tod verurteilt. 425, 436

Joffe, Adolf Abramowitsch (1883–1927; Selbstmord), bolschewistischer Politiker. Seit 1902 Mitglied der SDAPR. 1908 Mitarbeit an Trotzkis Zeitung »Prawda« in Wien. 1912 in Rußland verhaftet und nach Sibirien verbannt. Durch die Februarrevolution befreit, stieß er mit den von Trotzki geführten Meschrajonzy zu den Bolschewiki. Im Oktober 1917 einer der Führer des Revolutionären Militärkomitees des Petrograder Sowjets. Beteiligung an den Friedensverhandlungen von Brest-Litowsk und Gegner des ausgehandelten Friedensvertrags. 1918 Botschafter in Berlin. 1925 Unterstützung der Linken Opposition. 66, 71, 73, 86f., 213f.

Judenitsch, Nikolaj Nikolajewitsch (1862–1933), weißer General. 1918–20 Befehlshaber antibolschewistischer Truppen in Nordwestrußland. 1919 Leiter des mißglückten Angriffs gegen Petrograd. Emigration nach Großbritannien. 87, 102

Jurenew, Konstantin Konstantinowitsch – Krotowski (1888–1938; erschossen), bolschewistischer Politiker. Nach der Februarrevolution Mitglied des ZEK. Trat 1917 mit Trotzkis Gruppe – den Meschrayonzy – den Bolschewiki bei und wurde Mitglied des ZK. Seit 1935 Arbeit im diplomatischen Dienst. 61

Kaganowitsch, Lasar Moissejewitsch (geb. 1893), bolschewistischer Politiker. Seit 1911 Mitglied der SDAPR(B). 1924–57 Mitglied des ZK. 1924/25 und 1928–39 Sekretär des ZK. 1926–57 zunächst Kandidat, dann Mitglied des Politbüros. Einer der Organisatoren der Säuberungen in den dreißiger Jahren. 1935–53 Volkskommissar in verschiedenen Ressorts. 1953–57 Stellvertretender Vorsitzender des Rats der Volkskommissare. Unterlag im Machtkampf um Stalin-Nachfolge Chruschtschow. 1957 aller Ämter enthoben. 1961 Parteiausschluß. 13, 15, 37, 108, 110, 154, 236, 239, 267, 274, 285, 289, 293, 297f., 303f., 306, 322f., 344, 348, 353, 358, 369, 373, 378f., 381, 384, 405f., 433, 438, 486, 503, 537, 555, 560, 565, 568, 572f., 594, 736, 773f., 776

Kalinin, Michail Iwanowitsch (1875–1946), bolschewistischer Politiker. Seit 1903 Mitglied der SDAPR(B). Teilnahme an der Revolution von 1905. Seit 1912 Kandidat des ZK. Teilnehmer des Oktoberaufstands. Danach Stadtoberhaupt von Petrograd. 1919–46 Staatsoberhaupt der RSFSR und Vorsitzender des Zentralexekutivkomitees (ZEK) der UdSSR. 1919–46 Mitglied des ZK. 1926–46 Mitglied des Politbüros. 51, 68, 75, 99, 116, 118, 142, 147, 151, 184, 236, 239, 241, 256, 268, 310, 323, 344, 358, 381, 433, 525, 537, 555, 568, 644, 693f.

Kalnbersin, Jan Eduardowitsch (1893–1986), bolschewistischer Politiker. Seit 1917 Mitglied der SDAPR(B). 1919 Teilnehmer am Kampf um die Errichtung der Sowjetmacht in Lettland. Im Bürgerkrieg Angehöriger der Roten Armee. In den zwanziger und dreißiger Jahren illegale Parteiarbeit in Lettland. 1939 dort verhaftet. 1940 1. Sekretär des ZK der KP(B) Lettlands. 1952–71 Mitglied des ZK der KPdSU. 1957–61 Kandidat des Politbüros der KPdSU. 1959–70 Vorsitzender des Präsidiums der Obersten Sowjets der Lettischen SSR. 1960–70 Stellvertretender Vorsitzender des Präsidiums des Obersten Sowjets der UdSSR. 605

Kamenew, Lew Borissowitsch – L. B. Rosenfeld (1883–1936; erschossen), bolschewistischer Politiker. Seit 1901 Mitglied der SDAPR und Vertrauter Lenins. 1913/14 »Prawda«-Redakteur. 1917–27 Mitglied des ZK. 1917 zusammen mit Sinowjew Opposition gegen Lenins Aufstandsplan (»Oktoberepisode Kamenews und Sinowjews«). 1918–26 Vorsitzender des Moskauer Sowjets. Nach Lenins Tod 1924 Bildung der »Trojka« mit Stalin und Sinowjew gegen Trotzki. Später Teilnahme an der Vereinigten Opposition mit Sinowjew und Trotzki gegen Stalin. 1925/26 Verlust aller Partei- und Regierungsämter. 1936 im ersten Moskauer Schauprozeß zum Tod verurteilt. 15, 20, 31, 41–45, 48–52, 54ff., 58, 61, 63–71, 74, 93, 99, 101–108, 113, 116ff., 121, 124ff., 129, 138, 140, 142, 146ff., 151ff., 163f., 167ff., 172–174, 181, 184, 203–208, 211, 214f., 240, 243, 261, 266ff., 271ff., 276, 286, 294f., 300, 310f., 315, 325, 331f., 336, 360, 373, 375, 382f., 386f., 458, 692

Kamenew, Sergej Sergejewitsch (1881–1936), sowjetischer Militärführer. 1918 Eintritt als Militärspezialist in die Rote Armee. 1918/19 Befehlshaber der Ostfront. 1919–24 Oberster Befehlshaber der Streitkräfte der Republik. Armeekommandeur 1. Ranges. 1927–34 Stellvertretender Volkskommissar für Heer und Marine und Vorsitzender des Revolutionären Kriegsrats. Mitglied des ZEK. 76, 91f.

Kaminski, Grigorij Naumowitsch (1895–1938), bolschewistischer Politiker. Seit 1913 Mitglied der SDAPR(B). Seit 1917 Mitglied des Moskauer Gebietsbüros und Sekretär des Tulaer Komitees der SDAPR(B). 1918–20 Vorsitzender des Tulaer Gouvernementskomitees der KPR(B) und Mitglied des Revolutionären Kriegsrats der 2. Armee. 1932–34 Vorsitzender des Moskauer Exekutivkomitees. 1934–36 Volkskommissar für Gesundheitswesen der RSFSR, 1936/37 der UdSSR. 438, 458

Kamkow, Boris Dawidowitsch – Kaz (1885–1938), Linker Sozialrevolutionär. Nach der Oktoberrevolution Mitglied des ZEK. Gegner des Friedensvertrags von Brest-Litowsk. Wegen konterrevolutionärer Tätigkeit vom Militärtribunal zu drei Jahren Gefängnis verurteilt. Danach Arbeit als Statistiker. 65

Kaplan, Fanni – Fejga-Leja Mowschewna – Dora (1890–1918), Politikerin der Partei der Sozialrevolutionäre. Saß als Anarchistin lange Jahre in einem zaristischen Gefängnis. Danach Mitglied bei den Sozialrevolutionären. Schoß am 30. August 1918 auf Lenin. 76, 96

Karachan, Lew Michajlowitsch – Karachanjan (1889–1937; erschossen), bolschewistischer Politiker. 1917 Delegierter bei den Friedensverhandlungen in Brest-Litowsk. 1918–20 Stellvertretender Volkskommissar für Äußeres. Seit 1921 Botschafter in Polen, seit 1923 in China. 1927–34 Stellvertretender Volkskommissar für Äußeres. Danach Botschafter in der Türkei. Mitglied des ZEK. 114, 388

Karelin, Wladimir Alexandrowitsch (1891–1938; erschossen), Sozialrevolutionär. 1917 einer der Organisatoren und Mitglied des ZK der Linken Sozialrevolutionäre. Nach der Oktoberrevolution Volkskommissar für Staatsvermögen und Mitglied des Gesamtrussischen ZEK. Mitglied der sowjetischen Delegation bei den Friedensverhandlungen von Brest-Litowsk und Gegner einer Unterzeichnung des Vertrags. Verließ nach der Unterzeichnung den Rat der Volkskommissare. Organisator der »Meuterei« der Linken Sozialrevolutionäre. 1919 Verhaftung und Befreiung. Flucht ins Ausland. 65, 73

Kartwelischwili, Lawrenti Jossifowitsch (1890–1938; erschossen), bolschewistischer Politiker. Seit 1910 Mitglied der SDAPR(B). Seit 1918 Mitglied des Provisorischen Gesamtukrainischen Arbeiterkomitees und Mitglied des ZK der KP der Ukraine. Danach Partei- und Staatsfunktionen in der Ukraine, Georgien, Sibirien und im Fernen Osten. 435f.

Kautsky, Karl (1854–1938), führender Theoretiker der deutschen Sozialdemokratie. Chefredakteur der »Neuen Zeit«. 1917 Mitbegründer der USPD. Gegner der Oktoberrevolution. Werke u.a.: »Karl Marx' ökonomische Lehren« (1887), »Die soziale Revolution« (1902), »Der Weg zur Macht« (1909), »Terrorismus und Kommunismus« (1919), »Von der Demokratie zur Staatssklaverei« (1921), »Die materialistische Geschichtsauffassung« (1927). 331, 337

Keitel, Wilhelm (1882–1946; hingerichtet), deutscher Offizier. Seit 1935 Leiter des Wehrmachtsamts. Seit 1938 Chef des Oberkommandos der Wehrmacht. Seit 1940 Generalfeldmarschall. Leiter der deutsch-französischen Waffenstillstandsverhandlungen. 1945 Unterzeichner der Kapitulation der Wehrmacht. In den Nürnberger Prozessen zum Tod verurteilt. 535

Kerenski, Alexander Fjodorowitsch (1881–1970), führendes Mitglied der Partei der Sozialrevolutionäre. 1912 Fraktionsführer der Trudowiki in der 4. Duma. 1914 Verfechter der Vaterlandsverteidigung. Seit 1917 Mitglied der Partei der Sozialrevolutionäre und Stellvertretender Vorsitzender des Petrograder Sowjets. Justizminister in der ersten Provisorischen Regierung. Mai 1917 Kriegsminister. Juli 1917 Ministerpräsident und Einsatz für eine Offensive der russischen Armee gegen Deutschland und Österreich-Ungarn. 1918 Flucht ins Ausland. 1940 Emigration in die USA. 45ff., 62, 425

Kirow, Sergej Mironowitsch – Kostrikow (1886–1934; ermordet), bolschewistischer Politiker. Mitglied der SDAPR(B) seit 1904. 1905-07 Teilnehmer der ersten russischen Revolution. 1917 Teilnehmer des Oktoberaufstands in Petrograd. 1920 Leiter der sowjetischen Delegation für den Friedensschluß mit Polen. Seit 1923 Mitglied des ZK. Seit 1926 Sekretär der Leningrader Parteiorganisation. Seit 1930 Mitglied des Politbüros. 1934 Sekretär des ZK. Mitglied des Präsidiums des ZEK. 9, 175, 273, 275, 291, 296, 298f., 304–312, 314ff., 344, 392, 510, 515, 551, 745

Kisseljow, Alexej Semjonowitsch (1879–1937), bolschewistischer Politiker. Seit 1898 Mitglied der SDAPR. Seit 1903 Bolschewik. Auf dem 1. Gesamtrussischen Rätekongreß 1917 in das ZEK gewählt. Seit dem 6. Parteitag (1917) Kandidat des ZK. Seit 1924 Sekretär und Mitglied des Präsidiums des Gesamtrussischen Zentralexekutivkomitees. 117

Knorin, Wilhelm Georgijewitsch – Knorinsch (1890–1938), bolschewistischer Politiker, Historiker und Publizist. Seit 1910 Mitglied der SDAPR(B). Teilnehmer der Oktoberrevolution. Seit 1918 Arbeit in verschiedenen Funktionen im Partei- und Staatsapparat. 1928–35 Mitglied der EKKI. 297, 743

Kollontaj, Alexandra Michajlowna (1872–1952), bolschewistische Politikerin. Vor dem 1. Weltkrieg Menschewikin, dann Mitglied der SDAPR(B). 1920/21 Angehörige der »Arbeiteropposition«. Seit 1923 Botschafterin, von 1930–45 in Schweden. Veröffentlichte Beiträge zur Frauenbefreiung. 54, 61, 65, 666

Koltschak, Alexander Wassiljewitsch (1874–1920; erschossen), weißer Admiral. 1918 Führer der antirevolutionären Truppen in Sibirien. Ließ sich in Omsk zum »Reichsverweser« ausrufen. Nach seiner Niederlage gegen die Rote Armee von nichtbolschewistischen Gegnern seiner Diktatur erschossen. 82

Koltzow, Michail Jefimowitsch (Fridljand) (1898–1942), sowjetischer Journalist. Seit 1918 Mitglied der bolschewistischen Partei. 1921–23 im diplomatischen Dienst. Einer der bekanntesten Sowjetjournalisten und stalinistischen Propagandisten. Führender Teilnehmer der internationalen Schriftstellerkongresse von Paris (1935) und Madrid/Valencia (1937). 1936/37 »Prawda«-Korrespondent im Spanischen Bürgerkrieg. Beeinflußte die Politik der spanischen Regierung. 1938, nach Rückkehr aus Spanien, Verhaftung. Kam in einem Lager um. 412, 433

Konew, Iwan Stepanowitsch (1897–1973), sowjetischer Militärführer. 1943 Oberbefehlshaber der Ukrainischen Front. Seit 1944 Marschall der Sowjetunion. 1946–60 Stellvertretender Verteidigungsminister und bis 1950 Oberbefehlshaber der sowjetischen Landstreitkräfte. 1955–60 Oberbefehlshaber der Streitkräfte des Warschauer Pakts. Seit 1962 Generalinspekteur des sowjetischen Verteidigungsministeriums. 19, 565, 616, 634

Kork, Awgust Iwanowitsch (1887–1937; erschossen), bolschewistischer Militärfunktionär. 1918 Eintritt in die Rote Armee. Zunächst Stabsoffizier, dann Armeekommandeur. Seit 1927 Mitglied der KPR(B). 1929–35 Befehlshaber der Militärbezirke Weißrußland, Leningrad und Moskau. 1928/29 Militärattaché in Deutschland. 1935 Leiter der Kriegsakademie der Roten Armee. 1937 verhaftet und in einem Geheimprozeß zum Tod verurteilt. 1956 rehabilitiert. 91, 358, 417, 419 ff.

Kornilow, Lawr Georgijewitsch (1870–1918), zaristischer Offizier und einer der Führer der Weißen. Nach der Oktoberrevolution 1917 Putschversuch (Kornilow-Putsch), den Kerenski mit Hilfe der Bolschewiki unterdrücken konnte. Führer der weißen Truppen im Dongebiet. Im Kampf gefallen. 62

Korolenko, Wladimir Galaktinowitsch (1853–1921), russischer Schriftsteller. Zunächst von den revolutionären Demokraten beeinflußt. In den siebziger Jahren Anlehnung an die Narodniki. 1881 Deportation nach Sibirien. 1885 Rückkehr. Werke u.a.: »In schlecher Gesellschaft« (1885), »Der blinde Musiker« (1886), »Der Wald rauscht« (1886), »Die Geschichte meines Zeitgenossen« (1906–21). 197

Kossarew, Alexander Wassiljewitsch (1903–1939; ermordet), bolschewistischer Politiker. Seit 1919 Mitglied der bolschewistischen Partei. Seit 1929 Sekretär des Kommunistischen Jugendverbands Komsomol. 1937 Verhaftung wegen seines Protests gegen Säuberungen im Komsomol. 309, 381, 383, 388, 405f., 408, 445, 457

Kossior, Stanislaw Wikentjewitsch (1889–1939; erschossen). Seit 1907 Mitglied der SDAPR(B). Vor 1917 als Berufsrevolutionär mehrfach verhaftet und verbannt. Bis 1922 führender Parteifunktionär in der Ukraine. 1927 als Gefolgsmann Stalins Kandidat des Politbüros, seit 1930 dessen Mitglied. 1938 Sekretär der ukrainischen KP. Dort verantwortlich für Zwangskollektivierung und überstürzte Industrialisierung. 1938 verhaftet und gefoltert. 1939 in einem Geheimprozeß zum Tod verurteilt. 1956 rehabilitiert. 140, 323, 344, 381, 384, 394, 401, 405, 445, 457

Krasnow, Pjotr Nikolajewitsch (1869–1947; erschossen), russischer Dichter und General. 1918 Ataman der Donkosaken und Kampf gegen die Bolschewiki. 1919 Emigration nach Deutschland. Verfasser antibolschewistischer Romane. Arbeitete im 2. Weltkrieg bei der Organisation russischer Abteilungen mit dem NS-Regime zusammen. 1947 in der Sowjetunion zum Tod verurteilt. 81, 199, 426

Krestinski, Nikolaj Nikolajewitsch (1883–1938; erschossen), bolschewistischer Politiker. Schloß sich 1903 als Jurastudent den Bolschewiki an und wurde in der zaristischen Zeit mehrfach verhaftet. 1917 Volkskommissar für Finanzen. 1919–21 Mitglied des Politbüros und ZK-Sekretär. Gegner der Unterzeichnung des Friedensvertrags von Brest-Litowsk. Unterstützte 1920/21 Trotzki in der Gewerkschaftsdebatte. 1921–30 Botschafter in Deutschland. Seit 1930 Stellvertretender Volkskommissar für Äußeres. Zeitweise sympathisierte er mit der Linken Opposition. 1937 verhaftet. Während der Schauprozesse 1938 zum Tod verurteilt. 1956 rehabilitiert. 70, 114, 116, 142, 246, 387, 390ff., 512

Kriwoschlykow, Michail Wassiljewitsch (1894–1918; ermordet), bolschewistischer Militärführer. Vor dem 1. Weltkrieg einer der Organisatoren der revolutionären Kosaken. Nach der Oktoberrevolution Teilnehmer am Bürgerkrieg. Mitglied des Zentralexekutivkomitees und Volkskommissar der Don-Sowjetrepublik. Von Weißgardisten gehängt. 76

Kropotkin, Fürst Pjotr Alexejewitsch (1842–1921), bedeutender anarchistischer Theoretiker. 1874 verhaftet. 1876 Flucht und Emigration in Westeuropa. 1917 Rückkehr nach Rußland. Werke u.a.: »Memoiren eines Revolutionärs« (1899), »Gegenseitige Hilfe in der Entwicklung« (1902). 63, 75

Krschischanowski, Gleb Maximilianowitsch (1872–1959), bolschewistischer Politiker. Seit 1924 Mitglied des ZK. Vorsitzender der Staatlichen Plankommission (Gosplan). Während der Säuberungen von seinem Amt entfernt. In den fünfziger Jahren rehabilitiert. 760

Kruglow, Sergej Nikiforowitsch (1907–?), Generaloberst der Staatssicherheit. 1943–56 Innenminister. 35, 400, 434, 672, 689f., 696, 700, 703, 705, 714, 716, 748, 761, 765

Krupskaja, Nadeschda Konstantinowna (1869–1939), bolschewistische Politikerin und Lenins Frau. 1896 Verhaftung wegen Zugehörigkeit zum »Kampfbund für die Befreiung der Arbeiterklasse« und Verurteilung zu 3 Jahren Verbannung. 1898 Heirat Lenins in Sibirien. 1901 Emigration nach München, London und Genf. Sekretärin der »Iskra« und des Auslandsbüros des ZK der SDAPR(B). Nach der Oktoberrevolution Sekretär des ZK, später Arbeit im Kommissariat für Volksaufklärung. Im Dezember 1922 Zusammenstoß mit Stalin. 1924 Stellungnahme gegen die Trojka Stalin, Sinowjew, Kamenew, gegen Trotzki und gegen die »Erklärung der 46«. 1924 Scheitern ihres Versuchs, Lenins »Brief an den Parteitag« öffentlich verlesen zu lassen. Auf dem 15. Parteitag (1927) Wahl ins ZK. Seit 1929 Stellvertretende Volkskommissarin für das Volksbildungswesen. 40, 124, 138, 147ff., 176, 381, 384

Krylenko, Nikolaj Wassiljewitsch (1885–1938; ermordet), bolschewistischer Politiker. Seit 1904 Mitglied der SDAPR(B). 1917 Mitglied des Revolutionären Militärkomitees und einer der Führer des Oktoberaufstands. Einer der drei Volkskommissare für Heer und Flotte. 1918 Ablösung durch Trotzki und Mitarbeit am Aufbau des Justizapparats. 1922–31 zunächst Stellvertretender Generalstaatsanwalt, dann Generalstaatsanwalt der Russischen Sowjetrepublik. 1922 Ankläger im Prozeß gegen Mitglieder der Partei der Sozialrevolutionäre. 1930/31 Ankläger in den »Spezialisten«-Prozessen. 1931 Volkskommissar für Justiz der Russischen Sowjetrepublik. 1936 Volkskommissar für Justiz der UdSSR. 1938 verhaftet. 1956 rehabilitiert. 65, 376

Kujbyschew, Walerian Wladimirowitsch (1888–1935), bolschewistischer Politiker. Seit 1904 Mitglied der SDAPR(B). Im Bürgerkrieg Kommissar in der

Roten Armee. Seit 1920 Mitglied des Präsidiums des Obersten Volkswirtschaftsrats. 1921 Kandidat, seit 1922 Mitglied des ZK. 1923–26 Vorsitzender der Zentralen Kontrollkommission (ZKK). 1926–39 Vorsitzender des Obersten Volkswirtschaftsrats. Seit 1927 Mitglied des Politbüros der KPdSU. 1930–34 Vorsitzender der Staatlichen Plankommission. 1932 soll er sich zusammen mit Kirow gegen die harte Linie Stalins und für eine Entspannung in der Partei ausgesprochen haben. Die Ursachen seines Todes sind ungeklärt. 99, 116ff., 127, 239, 256, 268, 323, 344, 358, 392, 510, 515, 679

Kuklin, Alexander S. (1876–1936; verschwunden), bolschewistischer Politiker. Einer der ersten bolschewistischen Arbeiter in Petersburg. Auf dem 13. Parteitag (1924) in das ZK gewählt. Anhänger der »sinowjewistischen Opposition«. 1927 Parteiausschluß. 1928 Wiederaufnahme. 1935 zu zehn Jahren Haft verurteilt. Sein Name wurde in den Moskauer Prozessen genannt. 388

Kun, Bela (1886–1939), ungarischer kommunistischer Politiker. 1918 Leitung der Gruppen der kommunistischen Internationalisten, die sich zur Föderation ausländischer Gruppen in der KPR(B) beim ZK zusammenschlossen. Führer der ungarischen Kommunisten. 1920 Teilnahme am Bürgerkrieg und Mitglied des Revolutionären Kriegsrats der Front gegen Wrangel. 1935 Delegierter auf dem 7. Weltkongreß der Kommunistischen Internationale. 297, 461

Kusmin, Nikolaj Nikolajewitsch (1883–1939), bolschewistischer Politiker. Seit 1903 Mitglied der SDAPR(B). Teilnehmer am Oktoberaufstand in Petrograd. Seit 1918 Mitglied des Petrograder Parteikomitees und des Büros des Gouvernementskomitees. Beteiligung am Aufbau der Roten Armee. 385

Kusnetzow, Nikolaj Gerassimowitsch (1902–74), sowjetischer Militärführer und Admiral. Übernahm 1941 die Führung der sowjetischen Seestreitkräfte. 19, 491, 495, 563, 565, 578, 593, 654

Kusnetzow, Wassili Wassiljewitsch (geb. 1901), sowjetischer Politiker. 1944–53 Generalsekretär des sowjetischen Gewerkschaftsbundes. Seit 1952 Mitglied des ZK der KPdSU. 1955 1. Stellvertretender Außenminister. 1953–55 Botschafter in Peking. Nach dem Einmarsch der Warschauer-Pakt-Staaten in Prag 1968 verantwortlich für die Durchsetzung der sowjetischen Politik in der CSSR. 1977–86 1. Stellvertretender Vorsitzender des Präsidiums des Obersten Sowjets. 236, 410, 424, 468

Kutusow, Michail Illarionowitsch – Fürst von Smolensk (1745–1813), russischer Heerführer. Befehlshaber des russisch-österreichischen Heeres in der Schlacht bei Austerlitz (1805). Seit 1811 Oberbefehlshaber der russischen Truppen im russisch-türkischen Krieg. Seit 1812 Reorganisator und Führer der russischen Armee im Krieg gegen Napoleon. 630, 688

Kuusinen, Otto Wilgelmowitsch (1881–1964), finnischer Kommunist. Vor dem 1. Weltkrieg einer der Führer der finnischen Sozialdemokratie. 1918 Mitbegründer der finnischen KP. Nach der Niederlage im finnischen Bürgerkrieg Emigration nach Sowjetrußland. Seitdem Mitglied der Führung der Kommunistischen Internationale. 1939/40, während des finnisch-sowjetischen Kriegs, Präsident der von der Sowjetunion eingesetzten Gegenregierung. 1940 Vorsitzender des Präsidiums der Finno-Karelischen SSR. Seit 1941 Mitglied des ZK der KPdSU. 1952/53 und seit 1957 Mitglied des Politbüros der KPdSU. 489

Lafargue, Paul (1842–1911; Selbstmord), Arzt und französischer Sozialist. 1866 Mitglied der I. Internationale und ihr Korrespondierender Sekretär für Spanien. Mitbegründer von Sektionen der Internationale in Frankreich (1869/70), in Spanien und in Portugal (1871/72). Mitbegründer der französischen Arbeiterpartei. Verheiratet mit Marx' Tochter Laura. 331

Landau, Lew Dawidowitsch (1909–1968), sowjetischer Physiker. Professor in Charkow und Moskau. Seit 1946 Mitglied der Akademie der Wissenschaften. 1962 Nobelpreis für Physik. 437, 715

Larin, Juri – Michail Alexandrowitsch Lurje (1882–1932), bolschewistischer Politiker. Seit 1901 Mitglied der SDAPR. Bis Juli 1917 Menschewik, danach Übertritt zu den Bolschewiki. Nach der Oktoberrevolution Mitarbeit an der Verstaatlichung der Industrie sowie am Aufbau von Behörden der Wirtschaftsplanung. 206

Laschewitsch, Michail Michajlowitsch (1884–1928; Selbstmord), bolschewistischer Politiker. Er wurde auf dem 7. Parteitag (1918) in das ZK gewählt. 1919 militärpolitischer Funktionär der Roten Armee. Auf dem 15. Parteitag (1926) verlor er sämtliche Funktionen. 83, 175 f., 758

Lasimir, Pawel Jewgenjewitsch (1891–1920), Politiker der Linken Sozialrevolutionäre. 1917 Mitglied im Revolutionären Militärkomitee und Kommissar im Stab des Petrograder Militärbezirks. Mitglied im Rat der Volkskommissare. 68

Lebed, Dimitri Sacharowitsch (1893–1937; erschossen), bolschewistischer Politiker. In den zwanziger Jahren leitender Funktionär der Zentralen Kontrollkommission/Arbeiter- und Bauern-Inspektion (ZKK/ABI). 114, 117, 402

Leopold III. (1901–83), belgischer König. 1940 Kapitulation vor der Wehrmacht. 1950 Übertragung seiner Rechte auf seinen Sohn Baudouin. 1951 Abdankung. 479

Ley, Robert (1890–1945; Selbstmord), nationalsozialistischer Politiker. Seit 1924 Mitglied der NSDAP. Seit 1925 Gauleiter im Rheinland. Seit 1930 Reichstagsabgeordneter und Stabsleiter der Politischen Organisation der NSDAP. 1933 Organisator der Gleichschaltung der Gewerkschaften und seitdem Leiter der Deutschen Arbeitsfront. Seit 1934 Reichsorganisationsleiter. Selbstmord vor Eröffnung der Nürnberger Prozesse. 535

Lénski, Julian (1889–1937; erschossen), polnischer Linkspolitiker. Seit 1905 Mitglied der polnischen Sozialdemokratie. Seit 1917 Mitglied der SDAPR(B). Teilnehmer am Oktoberaufstand in Petrograd. Nach der Oktoberrevolution Kommissar für polnische Angelegenheiten. Mitglied des Gesamtrussischen ZEK. Seit 1919 Volkskommissar für Volksbildung der Litauisch-Belorussischen SSR und Mitglied des ZK der KP Litauens und Belorußlands. 1921–23 Mitglied des Polnischen Büros beim ZK der KPR(B). Seit 1925 Mitglied des ZK und des Politbüros der KP Polens. Seit 1929 Generalsekretär der KP Polens und Mitglied des Präsidiums des EKKI. 461

Liber, Michail Isaakowitsch – Goldman (1880–1937; erschossen), Mitglied des jüdischen »Bundes«. 1910 Delegation in das Auslandsbüro des ZK der SDAPR. 1917 auf dem 1. Gesamtrussischen Rätekongreß Unterstützung des Blocks der Menschewiki und Sozialrevolutionäre. 59

Liebknecht, Wilhelm (1826–1900), zusammen mit August Bebel Führer der deutschen Sozialdemokratie. Seit 1890 Chefredakteur des »Vorwärts«. 55

Lifschitz, Jakow Abramowitsch (1896–1937; erschossen), bolschewistischer Politiker. Nach der Oktoberrevolution Stellvertretender Volkskommissar für Eisenbahnwesen. Angeklagter im Pjatakow-Radek-Prozeß. »Gestand« Sabotage im Transportwesen. Zum Tod verurteilt. 114, 350

Litwinow, Maxim Maximowitsch – Max Wallach (1876–1951), sowjetischer Außenpolitiker. Seit 1898 Mitglied der SDAPR. Seit 1903 Bolschewik. Nach der Oktoberrevolution Arbeit unter Tschitscherin im Volkskommissariat für Äußeres. 1930–39 Volkskommissar. 1941–43 Botschafter in den USA. 384, 460, 463–467, 503, 524

Ljubimow, Isidor Jewstignejewitsch (1882–1937; erschossen), bolschewistischer Politiker. Seit 1902 Mitglied der SDAPR, seit 1903 Mitglied der bolschewistischen Partei. Nach der Februarrevolution Vorsitzender des Minsker Sowjets und nach der Oktoberrevolution Minsker Bürgermeister. 1919/20 Mitglied des Revolutionären Kriegsrats. Seit 1927 Mitglied des ZK der KPdSU(B). Seit 1932 Volkskommissar für Leichtindustrie. 457

Lominadse, Wissarion Wissarionowitsch (1897–1935; Selbstmord), bolschewistischer Politiker. In den dreißiger Jahren KPdSU-Sekretär in Transkaukasien. 165, 294

Lomow, Georgij Ippolitowitsch – Oppokow (1888–1938; erschossen), bolschewistischer Politiker. Seit 1903 Mitglied der SDAPR(B). Nach der Oktoberrevolution Mitglied des ZK und des Rats der Volkskommissare. Zuständig für die Justiz. 61, 63, 68, 72 f., 347

Losowski, Solomon Abramowitsch (1878–1952), bolschewistischer Gewerkschaftspolitiker. Seit 1903 Mitglied der SDAPR(B). 1909–17 Emigration. 1921–37 Sekretär der Roten Gewerkschaftsinternationale (RGI). Starb im Gefängnis. 165, 533

Ludwig, Emil (1881–1948), deutscher Schriftsteller. Verfasser zahlreicher Biographien. 30, 38, 282 f., 359

Lunatscharski, Anatoli Wassiljewitsch (1875–1933), bolschewistischer Politiker und Kunsttheoretiker. Seit 1895 Mitglied der SDAPR. 1898–1904 Verbannung. 1906–17 Emigration in Italien, Frankreich und der Schweiz. Enger Kontakt zu führenden Bolschewiki, vor allem zu Lenin. 1917–29 Volkskommissar für Volksbildung und Aufsicht über wissenschaftliche Institute. 1933 zum Botschafter in Madrid ernannt. Starb auf Reise nach Spanien. 21, 52, 61, 65, 112, 193, 197, 201, 220, 240, 364

Macharadse, Filipp Jessejewitsch (1868–1941), bolschewistischer Politiker und Publizist. Seit 1918 führender Parteifunktionär im Kaukasus. 126

Maiski, Iwan Michajlowitsch (1884–1975), sowjetischer Diplomat. Seit 1902 Mitglied der SDAPR, seit 1903 Mitglied der menschewistischen Partei. 1905–17 Emigration. Seit 1917 Mitglied des ZK der menschewistischen Partei. 1918 Parteiausschluß wegen Unterstützung konterrevolutionärer Bestrebungen. Seit 1921 Mitglied der KPR(B). 1922–46 im diplomatischen Dienst. Seit 1932 Botschafter in Großbritannien. 1946 Entfernung aus dem Volkskommissariat für Äußeres und Ernennung zum Mitglied der Akademie der Wissenschaften. 1953 Verhaftung. 1955 Begnadigung. 1966 Kritik an Stalins Rolle im 2. Weltkrieg, wofür er offiziell gerügt wurde. 654, 698

Majakowski, Wladimir Wladimirowitsch (1893–1930; Selbstmord), russischer Dichter. Mitbegründer und Hauptvertreter des russischen Futurismus. Werke u.a.: »Mysterium-Buffo« (1918; Schauspiel), »W. I. Lenin« und »Gut und schön« (1924 und 1927; Poeme), »Die Wanze« und »Das Schwitzbad« (1928 und 1929; Komödien). 37, 108, 316, 327, 358, 405 f., 408 ff., 438

Malenkow, Georgij Maximilianowitsch (1902–88), bolschewistischer Politiker. Seit 1920 Mitglied der KPR(B). Seit 1938 persönlicher Sekretär Stalins. Seit 1939 Mitglied und Sekretär des ZK. Leiter der Kaderverwaltung. Seit 1946 Mitglied des Politbüros und Stellvertretender Ministerpräsident. Nach Stalins Tod 1953 1. Sekretär des ZK und Ministerpräsident. Noch im selben Jahr von Chruschtschow von der Parteispitze verdrängt. 1955 als Regierungschef abgelöst. 1957 aller Ämter enthoben. 108, 458, 503, 537, 555 ff., 559 f., 562, 565, 568, 573, 589, 594, 620, 625 f., 645, 650, 660, 693 f., 699 f., 703 f., 707, 710, 720, 722, 736 f., 747, 761, 768, 770 ff.

Mannerheim, Carl Gustaf Emil Freiherr von (1867–1951), finnischer Militärführer und Politiker. 1917/18 Führer der weißen Truppen im finnischen Unabhängigkeits- und Bürgerkrieg. Im finnisch-sowjetischen Krieg (1939/40) und im 2. Weltkrieg Oberbefehlshaber der finnischen Streitkräfte. 1944 Staatspräsident und Unterzeichner des Waffenstillstands mit der Sowjetunion. 488 ff., 745 f.

Manuilski, Dimitri Sacharowitsch (1883–1959), bolschewistischer Politiker. Vor der Oktoberrevolution Menschewik. Trat 1917 gemeinsam mit Trotzki-Gruppe den Bolschewiki bei. Bis zur Auflösung 1943 führendes Mitglied der Komintern. Nach Bucharins Sturz 1929 Leiter der Komintern bis 1934. 1934/35 Stellvertreter Dimitroffs als Vorsitzender der Komintern. Vertrauensmann Schdanows. Nach dem 2. Weltkrieg ukrainischer Außenminister und UNO-Delegierter. 117, 165, 383

Mao Tse-tung (1893–1976), chinesischer kommunistischer Politiker. 1921 einer der 13 Delegierten des 1. Parteitags der Kommunistischen Partei Chinas. 1924 Kandidat des Zentralen Exekutivkomitees der Kuomintang. Gründung und Leitung einer Ausbildungsstätte für Bauernkader. 1926/27 Organisierung der Bauernvereinigung der Kuomintang. 1927, nach dem Bruch zwischen der Kuomintang und der KPCh, Anführer eines Bauernaufstands in Hunan. Seit 1928 Führer der kommunistischen Partisanen- und Rätebewegung in Südchina. 1935 Wahl in das Politbüro und Berufung in die Militärkommission des ZK. 1935/36 Vorsitzender der Regierung der »Chinesischen Volksrepublik« in Yenan. 1937–40 Durchsetzung seiner Führungsrolle in der Partei. 1945 offiziell zum Vorsitzenden des ZK und des Politbüros gewählt. 1949 Proklamation der Volksrepublik China nach Sieg im Bürgerkrieg. 10, 15, 709, 723, 725 ff.

Martow, L. – Juli Ossipowitsch Zederbaum (1873–1923), menschewistischer Politiker. 1895 Zusammenwirken mit Lenin in Petersburg. 1897–1900 Verbannung. 1900 Mitbegründer der Zeitschrift »Iskra«. 1905 Teilnehmer an der ersten russischen Revolution. Nach deren Niederlage Exil. 1917 Rückkehr nach Rußland. 1920 Emigration. 25, 37 f., 65, 107, 213, 733

Masaryk, Tomás, Garrigue (1850–1937), tschechoslowakischer Soziologe, Philosoph und Politiker. Seit 1882 Lehrtätigkeit an der Tschechischen Universität in Prag. 1891–93 Vertreter der Jungtschechen. 1907–14 Repräsentant der Realistenpartei. 1915 Gründer des tschechoslowakischen Nationalrats. 1917 Organisator der Tschechischen Legion in Rußland. 1918, 1920, 1927 und 1934 zum Staatspräsidenten gewählt. Werke u. a.: »Der Selbstmord als soziale Massenerscheinung der modernen Zivilisation« (1881), »Die philosophi-

»Prawda«. Nach der Februarrevolution Vorsitzender des ersten legalen Komitees der SDAPR(B). Danach Tätigkeit als Diplomat. 403

Mikojan, Anastas Iwanowitsch (1895–1978), bolschewistischer Politiker. Seit 1915 Mitglied der SDAPR(B). Er unterstützte in den zwanziger Jahren Stalin gegen die Opposition. 1923 Kandidat des ZK. 1926 Volkskommissar für Handel. 1935–66 Mitglied des Politbüros. 1949/50 Stellvertreter Stalins. 1955 1. Stellvertretender Ministerpräsident. Er eröffnete auf dem 20. Parteitag (1956) die Abrechnung mit dem Stalinismus. 1964/65 Staatsoberhaupt. 111, 157f., 239, 244, 256, 268, 297ff., 322, 344, 351, 355, 358, 381, 383f., 416, 438, 486, 515, 537, 555, 558, 560, 562, 568, 571, 594, 709, 773f., 776

Miljutin, Wladimir Pawlowitsch (1884–1937; erschossen), bolschewistischer Politiker. Seit 1917 Vorsitzender des Saratower Sowjets und Mitglied des ZK und des Zentralexekutivkomitees der Sowjets (ZEK). 1924–34 Mitglied der ZKK. 56, 66, 338

Minin, Sergej Konstantinowitsch (1882–1962), bolschewistischer Politiker. Seit 1905 Mitglied der SDAPR(B). Teilnehmer der Oktoberrevolution und des Bürgerkriegs. Seit 1923 Mitglied des ZK der KP der Ukraine. Wissenschaftliche Tätigkeit und Parteiarbeit. 1925 Sympathisant der trotzkistischen Opposition. 79

Mitin, Mark Borissowitsch (geb. 1901–87), sowjetischer Philosoph und Politiker. 1930–60 Mitglied verschiedener Redaktionen von Zeitungen und wissenschaftlichen Zeitschriften. Seit 1939 Mitglied der Akademie der Wissenschaften. 1943 Stalinpreisträger. Werke u.a.: »Für eine materialistische biologische Wissenschaft« (1949), »Die historische Rolle von G. W. Plechanow in der russischen und in der internationalen Arbeiterbewegung« (1957), »Philosophie und Gegenwart« (1960). 11, 180, 338, 446, 740ff.

Mjasnikow, Gawrül I. (1889–1946; ermordet), bolschewistischer Politiker. Seit 1906 Bolschewik und einer ihrer Führer während des Bürgerkriegs im Ural. Ließ 1918 den Großfürsten Michail Alexandrowitsch erschießen, als die Weißen auf Perm vorrückten. 1921 forderte er »Pressefreiheit von den Monarchisten bis zu den Anarchisten«. 1922 Ausschluß wegen Verletzung der Parteidisziplin. 1923 Mitbegründer der »Arbeitergruppe der KPR(B)«. 1927 Haft in Tomsk und 1928 Verbannung nach Jerewan. Flucht nach Persien, von dort in die Türkei ausgewiesen. 1929 Briefwechsel mit Trotzki. Lebte in Deutschland, Frankreich. 1946 Rückkehr in die UdSSR, dort verhaftet. 240

Molotow, Wjatscheslaw Michajlowitsch – Skrjabin (1890–1986), bolschewistischer Politiker. Seit 1906 Mitglied der SDAPR(B). 1921–57 Mitglied des ZK. 1921–30 Sekretär des ZK. 1926–57 Mitglied des Politbüros. 1930–41 Vorsitzender des Rats der Volkskommissare. 1939–49 und 1953–56 Außen-

Nietzsche, Friedrich (1844–1900), deutscher Philosoph. Werke u. a.: »Geburt der Tragödie aus dem Geiste der Musik« (1872), »Unzeitgemäße Betrachtungen« (1873–76), »Menschliches, Allzumenschliches« (1878/79), »Morgenröte« (1881), »Die fröhliche Wissenschaft« (1882), »Also sprach Zarathustra« (1883–85), »Jenseits von Gut und Böse« (1886), »Zur Genealogie der Moral« (1887), »Der Fall Wagner« (1888), »Der Antichrist« (1895), »Nietzsche contra Wagner« (1895). 28, 740

Nikolaj II. – Nikolaj Alexandrowitsch Romanow (1868–1918; erschossen), letzter Zar. Abdankung am 15. März 1917 nach Ausbruch der Februarrevolution. Im Juli 1918 zusammen mit seinen Familienangehörigen von Revolutionären erschossen. 41 f., 46, 62

Nikolajew, Leonid Wassiljewitsch (1904–34; erschossen), Kirows Mörder. Seit 1920 Mitglied der Leningrader Parteiorgansiation. 1934 Parteiausschluß und Wiederaufnahme. Am 1. Dezember Attentat auf den 1. Sekretär der Leningrader Parteiorganisation und Mitglied des Politbüros Kirow. Im Dezember 1934 direkt nach einem Schnellverfahren hingerichtet. 309 f., 314, 448

Nogin, Viktor Pawlowitsch – Makar, Samowarow, Jablotschkow (1878–1924), bolschewistischer Politiker. Seit 1898 Mitglied der SDAPR. Bis 1902 Vertrauensmann der »Iskra«. Seit 1907 Arbeit in der Gewerkschaftsbewegung. Delegierter des 5. Parteitags der SDAPR(B) in London. Seit 1917 Mitglied des Zentralexekutivkomitees und des ZK. 1921 Volkskommissar für Handel und Industrie. 59, 65 f., 68

Okulow, Alexej Iwanowitsch (1880–1939; erschossen), bolschewistischer Politiker. Seit 1903 Mitglied der SDAPR(B). Nach der Feburarrevolution Mitglied des Jenissejsker Gouvernementskomitees der bolschewistischen Partei. Mitglied des Gesamtrussischen ZEK. Teilnehmer am Bürgerkrieg. Mitglied des Revolutionären Kriegsrats und des Revolutionären Militärtribunals der Republik. 82

Olminski, Michail Stepanowitsch – Galjorka Alexandrow (1863–1933), Literaturwissenschaftler und bolschewistischer Politiker. Seit 1891 Mitglied der Narodowolzen. Seit 1904 Mitarbeiter im Verlag für sozialdemokratische Parteiliteratur zusammen mit Lenin und Bontsch-Brujewitsch. Redaktionsmitglied der Zeitung »Wperjod« und Mitarbeit am Zentralorgan der Bolschewiki »Proletarij«, bei »Nowaja Schisn«, »Swesda« und »Prawda«. 1916 Mitglied des Moskauer Gebietsbüros des ZK der SDAPR(B). 1917 Mitglied des Russischen Büros des ZK der bolschewistischen Partei. 51, 61, 240

Orachelaschwili, Iwan (Mamija) Dmitrijewitsch (1881–1937; erschossen), bolschewistischer Politiker. In den zwanziger Jahren führender Parteifunktionär in Georgien. 1927–34 Mitglied des ZK. 1932/33 stellvertretender Direktor des Marx-Engels-Lenin-Instituts. 316 f., 436

Ordschonikidse, Grigorij Konstantinowitsch (»Sergo«) (1886–1937; Selbstmord), bolschewistischer Politiker. Seit 1903 Mitglied der SDAPR(B). 1917 einer der Organisatoren des Oktoberaufstands in Petrograd. Seit Oktober Außerordentlicher Kommissar für die Ukraine und Südrußland. Von Lenin kritisiert wegen brutalem Vorgehen gegen Parteimitglieder. Seit 1926 Vorsitzender der Zentralen Kontrollkommission (ZKK). Seit 1930 Mitglied des Politbüros. Seit 1932 Volkskommissar für Schwerindustrie. 34, 46, 59, 82, 99, 116, 123, 126, 153, 158, 239, 274, 287, 305 f., 322, 341, 344, 378 f., 412, 435

Ossinski, N. – Fürst Walerian Walerianowitsch Obolenski (1887–1938; erschossen), bolschewistischer Politiker. Seit 1907 Mitglied der SDAPR(B). Nach der Oktoberrevolution Arbeit in der Wirtschaftsverwaltung. 1918 einer der Führer der Linken Opposition und Gegner der Unterzeichnung des Friedensvertrags von Brest-Litowsk. 1919/20 einer der »Dezisten« (Gruppe des Demokratischen Zentralismus). 1923 Unterzeichner der »Erklärung der 46«, einer Plattform der innerparteilichen Opposition. Arbeit als Wirtschaftsfachmann im Planungsapparat. 1933 der »Schädlingstätigkeit« bezichtigt wegen statistischer Angaben über die Folgen der Stalinschen Agrarpolitik. 1937 verhaftet. 1938 Zeuge im dritten Moskauer Schauprozeß gegen Bucharin. 72, 140, 164

Paulus, Friedrich (1890–1957), deutscher Offizier. 1942 Befehlshaber der in Stalingrad eingeschlossenen 6. Armee. Ging mit den Resten seiner Truppen in sowjetische Kriegsgefangenschaft (bis 1953). Rief zum Widerstand gegen Hitler auf. 629

Perschin, Alexander Jakowlewitsch (1874–1919; ermordet), bolschewistischer Politiker. Seit 1903 Mitglied der SDAPR(B). Nach der Februarrevolution Mitglied des Taschkenter Sowjets. Nach der Oktoberrevolution Kommissar für Lebensmittelbeschaffung der Turkestanischen ASSR. Von Weißgardisten ermordet. 76

Peters, Jakow Christoforowitsch (1886–1938; erschossen), bolschewistischer Politiker. 1918 Mitglied des Petrograder Revolutionären Militärkomitees. 1920 Arbeit im Verkehrswesen und Mitglied des Turkestanischen Büros des ZK der KPR(B). Seit 1923 Mitglied der ZKK. 88

Petrowski, Grigorij Iwanowitsch (1878–1958), bolschewistischer Politiker. Seit 1919 Leiter des Zentralexekutivkomitees der Ukraine. 1922 Mitglied der Kommission, die sich mit der Vereinigung der Sowjetrepubliken beschäftigte und Vorsitzender des Präsidiums des ZEK. 1930 Mitglied des Politbüros. 1934 Kandidat des Politbüros. 1939 verlor er seine Ämter in der Ukraine und in der Partei und wurde zum stellvertretenden Direktor des Revolutionsmuseums in Moskau ernannt. Nach dem 20. Parteitag (1956) war er ein wichtiger Kronzeuge gegen den Stalinismus. 99, 116, 267, 344, 384, 515

Pilnjak, Boris Andrejewitsch – B. A. Wogau (1894–1938; erschossen), bedeutender russisch-sowjetischer Schriftsteller. In seiner Erzählung »Die Geschichte vom nicht ausgelöschten Mond« hat er Frunses Tod dargestellt. Werke u. a.: »Das nackte Jahr« (1922), »Maschinen und Wölfe« (1925), »Die Wolga fällt ins Kaspische Meer« (1930). 201

Pilsudski, Josef Klemens (1867–1935), 1887 im Zusammenhang mit dem von Lenins Bruder Alexander mitvorbereiteten Attentat auf den Zaren Alexander III. verhaftet und verbannt. 1892 Rückkehr aus Sibirien und Anschluß an die Polnische Sozialistische Partei (PPS), die einen nationalistischen Kurs vertrat. 1905 gründete er die »Revolutionäre Fraktion der PPS« und verließ dann die Partei. Im 1. Weltkrieg befehligte er die 1. Brigade der Polnischen Legion auf österreichischer Seite. 1918–22 Staatschef nach Proklamation der Unabhängigkeit Polens von Rußland. 1921 vorübergehender Rückzug aus der Politik. 1926 putschte er und wurde Diktator eines Militärregimes. 222, 483

Pjatakow, Georgij (Juri) Leonidowitsch (1890–1937; erschossen), bolschewistischer Politiker. Seit 1910 Mitglied der SDAPR(B). Während der Februarrevolution Vorsitzender der Kiewer Parteiorganisation. Gemeinsam mit Bucharin Herausgeber der Zeitschrift »Kommunist«. Organisator der Oktoberrevolution in der Ukraine. 1918 Vorsitzender der ukrainischen Sowjetregierung. 1921 Stellvertretender Vorsitzender des Obersten Volkswirtschaftsrats. 1923–28 Angehöriger der Linken Opposition. Auf dem 15. Parteitag (1927) ausgeschlossen. Deportation nach Sibirien. 1937 in den Moskauer Schauprozessen zum Tod verurteilt. 56, 72, 99, 114, 117, 132f., 140, 164, 203, 246, 277, 323, 360f., 366, 279, 386f.

Pjatnitzki, Josef Aronowitsch – Tarschis (1882–1938; erschossen), bolschewistischer Politiker. Vertrauensmann der »Iskra«. Leitete den Transport illegaler bolschewistischer Literatur nach Rußland. Seit 1923 Sekretär des EKKI. Seit 1927 Mitglied des ZK. 1935 Delegierter der KPdSU(B) auf dem 7. Weltkongreß der Kommunistischen Internationale. 165, 402, 457

Platonow, Andrej Platonowitsch (1899–1951), sowjetischer Schriftsteller. Werke u. a.: »Die Kutschervorstadt« (1968), »In der schönen und grimmigen Welt« (1969), »Unterwegs nach Tschevengut« (1973). 193, 201

Platten, Fritz (1883–1942; erschossen), Schweizer Linkspolitiker. Seit 1904 Mitglied des Arbeiterbildungsvereins »Eintracht« und der Organisation der Internationalen Sozialisten. Teilnehmer der ersten russischen Revolution in Lettland. Seit 1911 Mitglied der Sozialdemokratischen Partei der Schweiz. 1912–18 Sekretär des Vorstands. 1915/16 Mitglied der Zimmerwalder Linken. Nach der Februarrevolution Organisator der Übersiedlung russischer Revolutionäre unter Lenins Führung aus dem Schweizer Exil nach Rußland. 1918 Präsidiumsmitglied des 1. Kongresses der Kommunistischen Internationale. 1919 Mitglied des Büros der Komintern. 1921 Mitbegründer der KP der Schweiz und bis 1923 deren Sekretär. 1923 Umsiedlung nach Sowjetrußland und Aufnahme einer Lehrtätigkeit. Opfer der Stalinschen Säuberung. 461

Plechanow, Georgij Walentinowitsch (1856–1918), marxistischer Theoretiker und Politiker. Zunächst Anhänger der Narodniki. 1880 Emigration in die Schweiz. 1883 Gründung der ersten russischen marxistischen Gruppe »Befreiung der Arbeit«. 1889–1904 Mitglied der Exekutive der II. Internationale. 1895 Bekanntschaft mit Lenin. 1900 Mitbegründer der Zeitschrift »Iskra«. 1903, nach Spaltung der SDAPR, Unterstützung der Menschewiki. 1917 Rückkehr nach Rußland. Kritik an Lenins Kurs einer revolutionären Machtergreifung. 21, 25, 34, 67f., 107, 331, 337, 339, 776

Podtjolkow, Fjodor Grigorjewitsch (1886–1918; ermordet), bolschewistischer Militärführer. Nach der Oktoberrevolution Führer der revolutionären Kosaken. 1918 Vorsitzender des Revolutionären Kriegskomitees der Kosaken des Dongebiets. Vorsitzender des Rats der Volkskommissare der Don-Sowjetrepublik. Von weißen Kosaken gefangengenommen und gehängt. 76, 688

Podwojski, Nikolaj Iljitsch (1880–1948), bolschewistischer Militärfunktionär. 1917 Mitglied des Revolutionären Militärkomitees und bis 1918 Volkskommissar für Militärangelegenheiten. Teilnehmer am Oktoberaufstand in Petrograd. Seit 1918 Mitglied im Rat der Volkskommissare. 58, 68, 82

Pokrowski, Michail Nikolajewitsch (1868–1932), marxistischer Historiker. Seit 1905 Mitglied der SDAPR(B). 1908–17 Emigration. Bis 1914 Mitglied des ZK. Nach der Oktoberrevolution Vorsitzender des Moskauer Sowjets. Seit 1918 Stellvertretender Volkskommissar für Volksbildung und Leiter des staatlichen Zentralarchivs. In den zwanziger Jahren Teilnehmer der antitrotzkistischen Kampagne. 73

Posern, Boris Pawlowitsch (1882–1989), bolschewistischer Politiker. Auf dem 8. Parteitag der KPR(B) (1919) in die Schiedskommission gewählt. Seit 1934 Kandidat des ZK. 88

Poskrebyschew, Alexander Nikolajewitsch (1891–1965?), Stalins erster Sekretär. Sohn eines Schuhmachers. Seit 1922 Mitarbeiter des ZK. Seit 1928 Gehilfe Stalins. ZK-Mitglied und Deputierter des Obersten Sowjets. Während des Kriegs Ernennung zum Generalmajor. 32, 40, 236f., 289, 300, 302ff., 368, 371, 389, 398, 413, 427, 433, 437f., 444, 447, 456, 458, 471, 479f., 555, 560, 573, 575, 577, 624, 641f., 665, 675, 682, 684, 692f., 707, 710, 712, 729, 767f.

Posnanski, I. M. (1898–1938; erschossen), bolschewistischer Politiker und Militärführer. Im Bürgerkrieg Organisator der Roten Kavallerie. 1917–27 Sekretär Trotzkis. 146

Pospelow, Pjotr Nikolajewitsch (1898–1979), sowjetischer Politiker. 1940–49 »Prawda«-Redakteur. 1949–52 und 1961–67 Direktor des Instituts für Marxismus-Leninismus. 1953–60 ZK-Kandidat. 1957–61 Kandidat des Politbüros. Er erhielt 1972 auf dem Gebiet der Gesellschaftswissenschaften die Goldene Karl-Marx-Medaille, die höchste Auszeichnung der Akademie der Wissenschaften. 11, 179, 446, 740, 742 f., 777

Postyschew, Pawel Petrowitsch (1887–1939; erschossen), bolschewistischer Politiker. Seit 1904 Mitglied der SDAPR(B). 1908 Verhaftung und mehrjährige Verbannung. Teilnehmer der Oktoberrevolution. 1917 Mitglied des Sowjets von Irkutsk und Führer der örtlichen Metallarbeitergewerkschaft. Organisator der Roten Garden im Bürgerkrieg. Seit 1923 im Auftrag der Stalin-Fraktion in der Ukraine. Seit 1925 Mitglied des ZK der ukrainischen Partei. 1926 Mitglied des dortigen Politbüros. Seit 1927 Mitglied des ZK der KPdSU und des ZEK der UdSSR. Seit 1930 Mitglied des Orgbüros und des ZK-Sekretariats. Seit 1933 Mitglied des Politbüros und Sekretär des ZK der ukrainischen KP. 1934–37 Kandidat des Politbüros. 1937 Äußerung von Zweifeln an einigen Verhaftungen. Daraufhin Anklage wegen »Ausrottung von Kadern« und Verurteilung zum Tod. 1956 rehabilitiert. 307, 344, 381, 383 f., 394, 401, 405 ff., 447, 457

Potemkin, Wladimir Petrowitsch (1874–1946), sowjetischer Diplomat. 1900–17 Gymnasiallehrer. 1917–19 Arbeit im Volkskommissariat für Volksbildung. Teilnahme am Bürgerkrieg. Seit 1919 Mitglied der KPR(B). Seit 1922 im diplomatischen Dienst. 1929–32 Botschafter in Griechenland, 1932–34 in Italien, 1934–37 in Frankreich. 1937–40 1. Stellvertreter des Volkskommissars für Äußeres. Seit 1939 Mitglied des ZK. 1940–43 Volkskommissar für Erziehung der RSFSR. 466

Preobraschenski, Jewgeni Alexejewitsch (1886–1937), bolschewistischer Politiker und Wirtschaftstheoretiker. Seit 1917 Mitglied des ZK. 1919–21 Mitglied des Politbüros und Sekretär des ZK. 1923–28 führender Ökonom der Linken Opposition. Auf dem 15. Parteitag (1927) ausgeschlossen. 1928 Deportation. 1929 Selbstkritik. Verschwand in den Lagern der GPU. 72, 116, 140, 142, 161 f., 246, 261, 264, 294 f., 365

Primakow, Witali Markowitsch (1897–1937; erschossen), bolschewistischer Militärführer. Seit 1914 Mitglied der SDAPR(B). Verhaftung und Verbannung. Nach der Oktoberrevolution Kommandeur der Roten Garden. In den zwanziger Jahren Leiter der Kavallerieschule der Roten Armee. 1925/26 Militärberater in China. 1927–30 Militärattaché in Afghanistan und Japan. 1934 in der Sowjetunion verhaftet und wieder freigelassen. 1935 Stellvertretender Kommandeur des Leningrader Militärbezirks. 1936 erneute Verhaftung. 1937 zum Tod verurteilt. 1956 rehabilitiert. 417, 419, 421 ff.

Prokofjew, Alexander Andrejewitsch (1900–71), sowjetischer Lyriker. 357, 747

Putna, Witowt Kasimirowitsch (1893–1937; erschossen), bolschewistischer Militärführer. 1913 wegen antizaristischer Aktivität verhaftet. Nach der Februarrevolution Mitglied der bolschewistischen Partei. 1918 Eintritt in die Rote Armee. Im Bürgerkrieg Kommandeur. 1923 Unterstützung der Linken Opposition, danach Militärattaché in Japan, Finnland und Deutschland (1927–31) sowie Großbritannien (1934–36). 1936 in die Sowjetunion zurückbeordert und verhaftet. 1937 zum Tod verurteilt. 1956 rehabilitiert. 417, 419, 421

Radek, Karl Barugardowitsch – Sobelson (1885–1939; erschlagen), revolutionärer Politiker. Gehörte seit 1910 zum linken Flügel der SPD. 1918 in Deutschland verhaftet. 1919–23 einer der wichtigsten Führer der Komintern. 1923–28 Mitglied der Linken Opposition. 1927 Parteiausschluß und Deportation nach Sibirien. 1929 Rückkehr und Wiederaufnahme in die Partei. »Prawda«-Redakteur. 1936 erneut ausgeschlossen und verhaftet. 1937 zu zehn Jahren Zwangsarbeit verurteilt. 12, 70, 99, 110f., 142, 144, 164, 181, 188f., 215, 246, 286, 294f., 331, 360f., 364f., 387, 395, 462

Rafail, R. B. – Farbman, 1921 einer der Führer der »Dezisten« (Gruppe des Demokratischen Zentralismus). 1923 Unterzeichner der »Erklärung der 46«, einer Plattform oppositioneller Gruppen in der Partei. 140

Rakowski, Christian Georgijewitsch (1873–1941; erschossen), bolschewistischer Politiker. Vor dem 1. Weltkrieg Führer der rumänischen Sozialdemokratie. Seit 1917 Mitglied der SDAPR(B). Seit 1918 Mitglied des ZK und Organisator der Revolution in der Ukraine. Vorsitzender des Rats der Volkskommissare der Ukraine. 1923–34 Freund Trotzkis und Führer der Linken Opposition. 1924–27 Botschafter in London und Paris. 1928–34 Deportation. 1938 in den Moskauer Prozessen zu 20 Jahren Zwangsarbeit verurteilt. 70, 114, 137, 365, 387

Raskolnikow, Fjodor Fjodorowitsch – Iljin (1892–1939), bolschewistischer Seeoffizier. Seit 1918 Volkskommissar für Marine. Später Botschafter. Blieb im Ausland und starb in Paris. 54, 81, 114

Remmele, Hermann (1880–1939), deutscher kommunistischer Politiker. Seit 1897 Mitglied der SPD. 1917 Mitbegründer der USPD. 1920 Übertritt zur KPD. 1920–33 Reichstagsabgeordneter und Mitglied des ZK der KPD, seit 1932 auch des Politbüros und des Sekretariats. 1924 Vorsitzender der KPD. Seit 1926 Mitglied des EKKI. Seit 1932 in Moskau. 1933 Verlust aller Funktionen. 1937 Verhaftung. Starb unter ungeklärten Umständen. 461

Rennenkampff, Paul Edler von (1854–1918; erschossen), russischer General. Teilnehmer am russisch-japanischen Krieg. Seit Oktober 1913 Oberbefehlshaber des Militärbezirks Wilna. Führte im 1. Weltkrieg Armeen an der russischen Nordwestfront. 1917 von der Sowjetregierung vor Gericht gestellt. 591

Ribbentrop, Joachim von (1893–1946; hingerichtet), nationalsozialistischer Außenpolitiker. Seit 1932 Mitglied der NSDAP. Bis 1941 wichtigster außenpolitischer Berater Hitlers. 1935 Abschluß des britisch-deutschen Flottenabkommens. 1936 Botschafter in London. Seit 1938 Reichsaußenminister. 1939 Abschluß des Nichtsangriffsvertrags und des Grenz- und Freundschaftsvertrags mit der Sowjetunion. In den Nürnberger Prozessen zum Tod verurteilt. 345, 464, 473–478, 484, 493, 501, 526ff., 535, 540, 524, 666

Rjasanow, David Borissowitsch – Goldendach (1870–1938; ermordet), schloß sich 1887 den Narodniki an und wurde später Menschewik. 1901 Emigration nach Berlin. 1905 Rückkehr nach Rußland. Nach Niederschlagung der Revolution erneute Emigration. Nahm während des 1. Weltkriegs eine internationalistische Position ein. 1915 Teilnahme an der Zimmerwalder Konferenz und Mitarbeit an Trotzkis Zeitung »Nasche Slowo«. 1917 gemeinsam mit Trotzkis Gruppe Übertritt zu den Bolschewiki. 1920/21 Eintritt für die Unabhängigkeit der Gewerkschaften. 1921–31 Gründer und Direktor des Marx-Engels-Instituts und Herausgabe der Werke von Marx und Engels. 1929 Wahl in die Akademie der Wissenschaften. 1931 im sogenannten Menschewikiprozeß angeklagt und verbannt. Während der Säuberung der dreißiger Jahre ermordet. 65, 115

Rjutin, Martemjan Nikititsch (1890–1938 od. 1939; erschossen), bolschewistischer Militärfunktionär. 1918 Kommandeur des Heeres im Irkutsker Militärbezirk. 1920 Sekretär des Irkutsker Bezirkskommissariats. Seit der zweiten Hälfte der zwanziger Jahre Sekretär des Regionalkomitees der Rotarmisten der Moskauer Parteiorganisation. Redaktionsmitglied der Armeezeitschrift »Roter Stern«. Kandidat des ZK. Ende der zwanziger Jahre Ausschluß aus der Partei. Mitte der dreißiger Jahre Verurteilung zu zehn Jahren Haft. 107, 306

Robertson, Brian Hubert (1896–1974), britischer Offizier. 1947–50 Oberbefehlshaber der britischen Truppen in Deutschland. 1949/50 Hoher Kommissar in Deutschland. 1950–53 Oberbefehlshaber der britischen Streitkräfte im Nahen Osten. 653

Rodsjanko, Michail Wladimirowitsch (1859–1924), Führer der Oktobristen. Duma-Abgeordneter. Seit 1911 Präsident der Duma. Zu Beginn der Februarrevolution Leiter des Provisorischen Komitees der Staatsduma. Im Bürgerkrieg Kampf unter Denikin. Danach Emigration nach Jugoslawien. 42

Rokossowski, Konstantin Konstantinowitsch (1896–1968), sowjetischer Militärführer. Seit 1919 Mitglied der KPR(B). 1937–41 inhaftiert. 1941 wichtige Rolle bei der Verteidigung Moskaus. 1942–45 Befehlshaber verschiedener Armeekorps. Seit 1944 Marschall der Sowjetunion. 1949 Ernennung zum polnischen Verteidigungsminister. Seit 1950 Mitglied des Politbüros der Polnischen Vereinigten Arbeiter-Partei (PVAP). Seit 1952 Stellvertretender Vorsitzender des Ministerrats. Verfechter eines stalinistischen Kurses, der 1956 den Posener Aufstand auslöste. In Folge aus dem Politbüro und Staatsämtern entlassen. Rückkehr in die Sowjetunion. Dort bis 1962 Stellvertretender Verteidigungsminister. 19, 236, 437, 635

Roosevelt, Franklin Delano (1882–1945), amerikanischer Politiker der Demokratischen Partei. 1933–45 Präsident der USA. Einer der Mitbegründer der Antihitlerkoalition. 15, 345, 479, 525 f., 651 f., 654, 657, 659, 662 ff., 670, 722

Rosengolz, Arkadi – Pawlowitsch (1889–1938; erschossen), militärischer Mitarbeiter Trotzkis. 1930–37 Außenhandelsminister. 387, 403, 458 f.

Rosmer, Alfred (1877–1964), französischer Linkspolitiker. Mit Trotzki befreundet seit 1914. Anfang der zwanziger Jahre Vertreter der Kommunistischen Partei Frankreichs im Exekutivkomitee der Kommunistischen Internationale (EKKI). 1929 wegen seiner Solidarität mit Trotzki ausgeschlossen. 518, 521

Rousseau, Jean-Jacques (1712–78), Moralphilosoph, Schriftsteller, Komponist und Musiktheoretiker schweizerischer Herkunft. Werke u.a.: »Du contrat social ou principes du droit politique« (1762), »Émile ou De l'éducation« (1762). 28, 332

Ruchimowitsch, Moissej Lwowitsch (1889–1938; erschossen), bolschewistischer Politiker. Seit 1913 Mitglied der SDAPR(B). Nach der Oktoberrevolution Vorsitzender der Militärsektion des Charkower Sowjets und Mitglied des Charkower Komitees der SDAPR(B). Teilnehmer der Oktoberrevolution in Charkow. 1919/20 Mitglied des Rats der Volkskommissare der Ukrainischen SSR. Seit 1924 Mitglied des ZK der KPdSU und des ZEK der UdSSR. 1925/26 Vorsitzender des Obersten Volkswirtschaftsrats der Ukraine. Seit 1926 Stellvertretender Vorsitzender des Obersten Volkswirtschaftsrats der UdSSR. Volkskommissar für Verkehr der UdSSR. Stellvertreter des Volkskommissars für Schwerindustrie und Volkskommissar für Rüstungsindustrie der UdSSR. 403, 457

Rudenko, Roman Andrejewitsch (1907–81), sowjetischer Jurist. Seit 1926 Mitglied der KPdSU(B). 1945/46 sowjetischer Hauptankläger in den Nürnberger Prozessen. Seit 1953 Generalstaatsanwalt der UdSSR. Seit 1961 Mitglied des ZK. 230, 565

Rudsutak, Janis Ernestowitsch (1887–1938; erschossen), bolschewistischer Politiker. Seit 1905 Mitglied der SDAPR(B). Vor der Februarrevolution Zwangsarbeit in zaristischen Lagern. Teilnehmer des Oktoberaufstands in Moskau. 1917–20 Vorsitzender des Moskauer Volkswirtschaftsrats. Seit 1920 Mitglied des ZK. Mitglied des Gesamtrussischen Zentralrats der Gewerkschaften. 1922–24 Sekretär der KPR(B). Seit 1923 Kandidat des Politbüros. 1924–30 Volkskommissar für Verkehrswesen. 1926–32 Mitglied des Politbüros. Seit 1934 Kandidat des Politbüros und Mitglied des ZEK der UdSSR. Opfer der Säuberungen. 46, 99, 113, 137, 142, 151, 256, 268, 344, 394, 401, 415 f., 447 ff., 457

Rumjanzew, Wladimir Wassiljetisch (1902–35), bolschewistischer Jugendfunktionär. Mitglied des ZK des Komsomol. 1926 weigerte er sich, die Opposition zu verurteilen. 1927 Ausschluß aus dem Kommunistischen Jugendverband. 458, 562, 650

Rykow, Alexej Iwanowitsch (1881–1938; erschossen), bolschewistischer Politiker. Seit 1905 einer der Führer der Bolschewiki. Seit 1917 Volkskommissar für Inneres. Seit 1922 Mitglied des Politbüros. 1924 Nachfolger Lenins als Vorsitzender des Rats der Volkskommissare. 1928 einer der Führer der Rechten Opposition gegen Stalin. 1930 Verlust aller Ämter, Parteiausschluß. März 1938 zum Tod verurteilt. 15, 56, 65, 68, 70, 93, 99, 107 ff., 113, 116, 118, 127, 142, 148, 151, 169, 181, 253, 256, 268, 271 f., 293, 315, 345 ff., 381–387, 392 ff., 403, 459, 515, 753

Sadowski, Andrej Dmitrijewitsch (1880–1927), bolschewistischer Militärfunktionär. 1917 Mitglied des Revolutionären Militärkomitees in Petrograd. Teilnehmer am Oktoberaufstand. Kommissar im Stab des Petrograder Militärbezirks. Seit 1919 Mitglied des Zentralrats der sowjetischen Gewerkschaften. Mitglied des ZEK der UdSSR. 68

Salutzki, Pjotr Antonowitsch (1887–1937; erschossen), bolschewistischer Politiker. Seit 1907 Mitglied der SDAPR(B). 1917 einer der Führer der Bolschewiki in Petrograd. 1926 Ausschluß aus dem Leningrader Parteikomitee. 1928 nach Selbstkritik Wiederaufnahme in die Partei. 1935 Verurteilung zu mehrjähriger Haft. 51

Samjatin, Jewgeni Iwanowitsch (1884–1937), russischer Schriftsteller. 1932 Emigration nach Paris. Einer der Führer der »Serapionsbrüder« und einer der bedeutendsten russischen Satiriker. Werke u. a.: »Wir« (dt. 1958), »Rußland ist groß« (dt. 1976). 197

Sapronow, Timofej Wladimirowitsch (1887–1939?), bolschewistischer Politiker. Seit 1912 Mitglied der SDAPR(B). 1917–19 Sekretär des Exekutivkomitees des Moskauer Gebietssowjets. 1919 Vorsitzender des Revolutionskomitees in Charkow. 1919/20 einer der Führer der »Dezisten« (Gruppe des Demokratischen Zentralismus). 1922 Sekretär des Zentralexekutivkomitees der Sowjets und Mitglied des ZK. 1923 einer der Führer der Opposition. 1927 Verlust sämtlicher Funktionen, Parteiausschluß und Verbannung. Nach Wiederaufnahme 1932 erneuter Ausschluß aus der Partei. 1935 verhaftet und verschwunden. 140, 164

Sassulitsch, Vera Iwanowna (1849–1919), Mitbegründerin der russischen Sozialdemokratie. Schoß 1878 als Anarchistin auf einen Polizeipräsidenten. Später enge Mitarbeiterin von Plechanow und Axelrod. Erste russische Marxistin. Mitbegründerin der »Iskra«. 1903, nach der Spaltung der russischen Sozialdemokratie, auf der Seite der Lenin-Gegner. 63

Satonski, Wladimir Petrowitsch (1888–1938; erschossen), bolschewistischer Politiker. Seit 1909 Mitglied der SDAPR, zunächst als Menschewik, dann als Bolschewik. 1917 Mitglied des Zentralexekutivkomitees der Sowjets in der Ukraine. Führender Funktionär der Kiewer Parteiorganisation. Seit 1918 Mitglied des ZK in der Ukraine. 297

Sawinkow, Boris Viktorowitsch (1879–1925), Sozialrevolutionär und Schriftsteller. Juli/August 1917 Stellvertretender Marineminister der 3. Koalition. August/September Generalgouverneur von Petrograd. Nach der Oktoberrevolution bei einer Geheimreise durch die Sowjetunion verhaftet und zu zehn Jahren Gefängnis verurteilt. Starb während der Haft. 57

Schapiro, Leonard (1908–83), englischer Historiker. Werke u. a.: »Die Kommunistische Partei der Sowjetunion« (1962). 233

Schaposchnikow, Boris Michajlowitsch (1882–1945), Offizier und Militärfunktionär der Roten Armee. Vor 1917 Stabsoffizier der zaristischen Armee. Er kämpfte im Bürgerkrieg auf seiten der Bolschewiki. 1928–31 Stabschef der Roten Armee. Seit 1931 Mitglied der Kommunistischen Partei. 1937 löste er Jegorow als Stabschef der Roten Armee ab und war Beisitzer im Schauprozeß gegen die Armeeführung. 1940 Marschall der Sowjetunion und Stellvertretender Volkskommissar für Verteidigung. 1941 Kandidat des ZK. Nach Kriegsbeginn erneut Stabschef. 1942 Rücktritt aus Gesundheitsgründen. 157, 236, 419, 423, 465, 468, 489 ff., 530, 546, 559 f., 569 f., 579, 582 ff., 586, 588, 603, 611, 617, 630 f., 638 f., 654

Schatow, Wladimir Sergejewitsch (1887–1943), bolschewistischer Militärfunktionär. 1918 Mitglied des Revolutionären Kriegsrats der 6. Armee. 88

Schaumjan, Stepan Georgijewitsch (1878–1918; erschossen), bolschewistischer Politiker. Redaktionsmitglied beim bolschewistischen Zentralorgan »Proletarij«. 1907 aktiv beim Zusammenschluß der bolschewistischen Parteiorganisation im Kaukasus. Aktive Gewerkschaftsarbeit. Seit 1910 Mitarbeit an der Zeitung »Rabotschaja Gaseta«. 1911 verhaftet. 1916 Mitglied des Kaukasischen Büros des ZK der SDAPR(B). 1917 in Abwesenheit zum Vorsitzenden des Präsidiums der Sowjets gewählt. Mitglied des Zentralexekutivkomitees und des ZK. Kommissar für Angelegenheiten des Kaukasus. In Baku zum Vorsitzenden der Sowjets gewählt. Mitglied des ZK. Im Bürgerkrieg von Weißgardisten gefangengenommen. 58, 69

Schdanow, Andrej Alexandrowitsch (1896–1948), bolschewistischer Politiker. Während des 1. Weltkriegs Eintritt in die SDAPR(B). 1934, nach der Ermordung Kirows, zum Parteichef Leningrads ernannt. Enger Vertrauter Stalins und Begründer des Konzepts des sozialistischen Realismus. 15, 269, 309, 322 f., 344, 358 f., 373, 378, 381, 385 f., 433, 471, 486, 490, 502 f., 505, 507, 537, 549, 559, 563, 568 f., 578, 587, 593, 632, 680, 697 f., 717–722, 729, 737, 740, 742, 744 ff.

Schkirjatow, Matwej Fjodorowitsch (1883–1954), bolschewistischer Politiker. Mitglied der Delegation der KPdSU(B) auf dem 7. Weltkongreß der Kommunistischen Internationale. 1952/53 Mitglied des Politbüros. 316, 381, 383

Schljapnikow, Alexander Gawrilowitsch (1885–1937; ermordet), bolschewistischer Politiker. Nach der Oktoberrevolution Volkskommissar für Arbeit. 1920 einer der Führer der »Arbeiteropposition«. Seit 1921 Mitglied des ZK. 1931 aus der Partei ausgeschlossen. 51, 54, 77, 81, 512

Schtscherbakow, Pjotr Petrowitsch (1887–1917), bolschewistischer Politiker. Seit 1911 Mitglied der SDAPR(B). Fiel in den Kämpfen des Oktoberaufstands. 327, 537, 555, 594 f.

Schukow, Georgij Konstantinowitsch (1896–1974), sowjetischer Militärführer. Im Dezember 1941 Oberbefehlshaber der Westfront in der Schlacht um Moskau. 1942 Teilnahme am Kampf um Stalingrad. 1. Stellvertreter des Obersten Befehlshabers. 1943 Marschall. Koordinierung der sowjetischen Einheiten in der Schlacht bei Kursk. 1955–57 Verteidigungsminister. 19, 341, 498 ff., 504, 526, 537, 540, 548, 550, 552 f., 555, 557, 560, 565, 569 f., 574, 578, 580 f., 583, 588 ff., 595, 661 ff., 617, 625–636, 638 f., 644 f.

Schulenburg, Friedrich Werner Graf von der (1875–1944; hingerichtet), deutscher Diplomat. Seit 1901 im diplomatischen Dienst. 1934–41 Botschafter in Moskau. Beteiligung an der Vorbereitung des deutsch-sowjetischen Nichtangriffsvertrags von 1939. 1944 vom Volksgerichtshof zum Tod verurteilt als Beteiligter am Widerstand des 20. Juli. 460, 467, 473 ff., 528, 530, 535

Schulgin, Wassili Witaljewitsch (1878–1945), Großgrundbesitzer und Publizist. Konservativer Abgeordneter der 2., 3. und 4. Duma. Nach der Februarrevolution Mitglied des Provisorischen Komitees der Staatsduma. Teilnahme am Bürgerkrieg auf der Seite der Weißen. Danach Emigration. 1926 illegaler Besuch der Sowjetunion. Verfaßte darüber das Buch »Drei Hauptstädte«. 42

Schwernik, Nikolaj Michajlowitsch (1888–1970), bolschewistischer Politiker. Seit 1905 Mitglied der SDAPR(B). 1923 leitender Funktionär der Zentralen Kontrollkommission/Arbeiter- und Bauern-Inspektion (ZKK/ABI). 1935 Delegierter auf dem 7. Weltkongreß der Komintern. Im 1941–45 Organisator der sowjetischen Kriegswirtschaft. 1946–53 Vorsitzender des Präsidiums des Obersten Sowjets. 1953–56 Vorsitzender des Zentralrats der Gewerkschaften. 1953–66 zunächst Kandidat, dann Mitglied des Politbüros. 110, 159, 322, 438, 537, 555, 571, 708f.

Sedowa, Natalja (1882–1962), Trotzkis Frau aus zweiter Ehe. 95, 214f.

Selenski, Isaak Abramowitsch (1890–1938), bolschewistischer Politiker. 1925 Mitglied im Ausschuß für Boden- und Wasserreform 114, 402, 458

Semaschko, Nikolaj Alexandrowitsch (1874–1949), Arzt und bolschewistischer Funktionär. Teilnehmer der Revolution von 1905. 1906-09 Mitarbeiter des bolschewistischen Zentralorgans »Proletarij«. 1910 Mitarbeit an der in Paris erscheinenden Zeitung »Rabotschaja Gaseta«. Im Oktober 1917 ernannt zum Oberbefehlshaber aller die Aufständischen unterstützenden Streitkräfte. 1918–23 Volkskommissar für Gesundheitswesen. 753

Serebrjakow, Leonid Petrowitsch (1890–1937; erschossen), bolschewistischer Politiker. Seit 1905 Mitglied der SDAPR(B). Wurde als Berufsrevolutionär vor 1917 mehrfach verhaftet und verbannt. Einer der Führer der Oktoberrevolution in Moskau und zeitweilig Leiter der Politischen Hauptverwaltung der Roten Armee. Seit 1921 Volkskommissar für Transportwesen. 1919–21 ZK-Mitglied. 1923–29 einer der Führer der Opposition. 1927 Parteiausschluß. 1937 Hauptangeklagter im Pjatakow-Radek-Prozeß und zum Tod verurteilt. 70, 114, 116, 350f., 366, 753

Sergejew, Fjodor Andrejewitsch – Artjom (1883–1921), bolschewistischer Politiker. Leitete 1905 die bolschewistische Gruppe »Wperjod«. Nahm an der Revolution von 1905 teil. Auf dem 6. Parteitag (1917) in das ZK gewählt. Bildete die erste Sowjetregierung der Ukraine. Auf dem 7. Parteitag der KPR(B) (1918) ins ZK gewählt. Auf dem 8. Parteitag (1919) zum Kandidaten des ZK gewählt. Kam bei einem Unfall um. 113, 147, 503

Serow, Iwan A., sowjetischer Politiker. Seit 1940 Mitglied des Politbüros der KP(B) und Volkskommissar für Inneres der Ukraine. Im Krieg Arbeit an leitender Stelle der Spionageabwehr »Smersch«. Nach dem Krieg Stellvertretender Innenminister der UdSSR. Seit 1953 Vorsitzender des KGB. Begleitete

Chruschtschow auf mehreren Auslandsreisen. 1958 Entlassung als Chef des KGB. 402, 669, 703

Simonow, Konstantin Michajlowitsch – M. S. Kirill (1915–79), sowjetischer Schriftsteller. Seit 1942 Mitglied der KPdSU. Im 2. Weltkrieg Kriegsberichterstatter. 1946–50 und 1954–58 Chefredakteur der Zeitschrift »Nowy Mir«. Werke u. a.: »Tage und Nächte« (1943/44), »Die Lebenden und die Toten« (3 Bände; 1959), »Man wird nicht als Soldat geboren« (1965), »Der letzte Sommer« (1972). 500, 550

Sinowjew, Grigorij Jewsejewitsch – Radomyslski (1883–1936; erschossen), bolschewistischer Politiker. Seit 1901 Mitglied der SDAPR. Seit 1903 Bolschewik und enger Mitarbeiter Lenins. Seit 1907 Mitglied des ZK. 1908 Verhaftung und Emigration. 1917 Vorsitzender des Petrograder Sowjets. Seit 1919 Mitglied des Politbüros. 1924 Zusammengehen mit Stalin und Kamenew zur »Trojka«. Seit 1925 Opposition gegen Stalin und Bildung der »Vereinigten Opposition« zusammen mit Kamenew und Trotzki. 1926/27 Verlust aller Parteifunktionen. 1935 Verurteilung zu 10 Jahren Gefängnis. 1936 im ersten Moskauer Schauprozeß zum Tod verurteilt. 15f., 20, 52, 54f., 60f., 63, 65–70, 93, 99, 101–106, 108, 113, 117f., 121, 125, 140, 142, 146f., 150ff., 163–169, 172–174, 181, 184, 188f., 203–215, 261, 264, 266, 272f., 286, 294ff., 300, 310f., 315, 324, 331f., 336, 345, 360, 373, 375, 382f., 386f., 458, 692, 717, 740, 758

Skljanski, Ephraim Markowitsch (1892–1925), bolschewistischer Funktionär. Seit 1918 Stellvertretender Volkskommissar für Armee und Flotte und Stellvertretender Vorsitzender des Revolutionären Kriegsrats der Republik. Mitglied des Rats für Arbeit und Verteidigung und des Gesamtrussischen ZEK. Ertrank während einer USA-Dienstreise. 65, 82

Skobelew, Matwej Iwanowitsch (1885–1938), zunächst Menschewik, später Bolschewik. Abgeordneter in der 4. Staatsduma. 1917 führendes Mitglied des Petrograder Sowjets. Mai 1917 Arbeitsminister in der Provisorischen Regierung. 45, 47, 57, 511

Slutzki, Anton Iossifowitsch (1884–1918; erschossen), bolschewistischer Funktionär. Seit 1903 Mitglied der SDAPR(B). 1917 Mitglied des Gesamtrussischen ZEK. Seit 1918 Vorsitzender des Rats der Volkskommissare der Taurischen SSR. Von Weißgardisten getötet. 181

Smidowitsch, Pjotr Germogenowitsch (1874–1935), bolschewistischer Politiker. Seit 1898 Mitglied der SDAPR und Vertrauensmann der »Iskra«. Leistete bolschewistische Gewerkschaftsarbeit. 1912 Mitglied der Petersburger Kommission des ZK. 1916 Mitglied des Moskauer Gebietsbüros des ZK. 1917 Wahl in das Präsidium des Zentralexekutivkomitees der Sowjets. Im März 1917 zum Vorsitzenden des Gesamtrussischen Sowjets gewählt. 56, 159

Smilga, Iwan Tenissowitsch (1892–1938; erschossen?), bolschewistischer Politiker. Seit 1907 Mitglied der SDAPR(B). Seit 1917 Mitglied des ZK. In der Oktoberrevolution Führer der Baltischen Flotte. Im Bürgerkrieg einer der wichtigsten Organisatoren und Kommissare der Roten Armee. Mitglied des Revolutionären Kriegsrats der Republik. Stellvertretender Vorsitzender der Staatlichen Plankommission. 1923 Kampf gegen die Linke Opposition. 1926 Zusammenschluß mit Sinowjew in einer neuen Linksopposition. 1927 nach Fernost »versetzt«. Parteiausschluß und Deportation. 1928/29 Kritik an Bucharin und Bruch mit der Opposition. 1932 Verurteilung zu fünf Jahren Haft. 1936 im ersten Moskauer Schauprozeß als »Terrorist« diskriminiert. 74, 99, 114

Smorodin, Pjotr Iwanowitsch (1897–1937; erschossen), bolschewistischer Politiker. 1917 Leiter einer revolutionären Jugendorganisation in Petrograd. 1921–24 Generalsekretär des ZK des Russischen Kommunistischen Jugendverbands. Danach Parteiarbeit in Leningrad. 148

Sof, Wjatscheslaw Iwanowitsch (1889–1937; erschossen), bolschewistischer Militärführer. Seit 1913 Mitglied der SDAPR(B). Nach der Februarrevolution Leiter des Parteikomitees von Sestroretzk und Deputierter des Petrograder Sowjets. Seit Juli 1917 einer der Verbindungsmänner zwischen dem untergetauchten Lenin und dem ZK. Im Bürgerkrieg Kommissar und Mitglied des Revolutionären Kriegsrats der Baltischen Flotte und des Komitees für die Verteidigung Petrograds. 1921–24 Kommissar beim Oberbefehlshaber der Seestreitkräfte. 1924–26 Oberbefehlshaber der Seestreitkräfte und Mitglied des Revolutionären Kriegsrats der UdSSR. Stellvertretender Volkskommissar für Verkehrswesen und Schiffsverkehr. 60

Sokolnikow, Grigorij Jakowlewitsch (1888–1939; ermordet), bolschewistischer Politiker. Mitglied der SDAPR seit 1905. 1910 Emigration. Im 1. Weltkrieg Mitarbeit an Trotzkis Zeitung »Nasche Slowo«. 1917 Rückkehr nach Moskau, Übertritt zu den Bolschewiki und Mitarbeit in der »Prawda«-Redaktion. Nach der Oktoberrevolution Volkskommissar für Finanzen, Stellvertretender Vorsitzender der Staatlichen Plankommission und Stellvertretender Volkskommissar für Äußeres. Bis 1926 Mitarbeit bei der Opposition. 1929–34 Botschafter in Großbritannien. 1937 Verurteilung zu 10 Jahren Gefängnis in den Moskauer Schauprozessen. 63, 66, 74, 113f., 117, 121, 151, 154, 174ff., 203, 360f., 366, 371, 382, 387

Soltz, Aron Alexandrowitsch (1872–1945), Jurist. In der zaristischen Zeit mehrfach verhaftet und verbannt. Schloß sich nach der Februarrevolution den Bolschewiki an. 1921–34 Präsidiumsmitglied der Zentralen Kontrollkommission/Arbeiter- und Bauern-Inspektion (ZKK/ABI). Seit 1921 am Obersten Gericht der Sowjetunion. 117, 169f., 388

Sorin, Wladimir Gordjewitsch (1893–1944; erschossen), zunächst linker Kommunist. Er bildete 1919 zusammen mit anderen die »Militäropposition«. 181, 219

Sosnowski, Lew Semjonowitsch (1886–1937; ermordet), sowjetischer Journalist. Seit 1904 Mitglied der SDAPR. Teilnehmer der Revolution von 1905. Seit 1912 Mitarbeiter der »Prawda«. 1913 Verhaftung und Verbannung. Nach der Oktoberrevolution einer der bekanntesten Journalisten. Leiter der Abteilung für Agitation und Propaganda des ZK. Seit 1923 Mitglied der Linken Opposition und Kritik an der NÖP und bürokratischen Entwicklungen. 1927 Parteiausschluß. Deportation und Redakteur der von Gefangenen herausgegebenen »Prawda hinter Gittern«. 1935 nach Selbstkritik Wiederaufnahme in die Partei. Mitarbeit an der »Iswestija«. 1936 erneuter Parteiausschluß und Verhaftung. 1937 zum Tod verurteilt. 365

Souvarine, Boris – B. Lifschitz (1895–1984), französischer Linkspolitiker und Publizist. 1913–15 Korrespondent der Zeitung »Nowaja Schisn«. Einer der Führer der Französischen Sozialistischen Partei (SFIO). 1920 Beitritt zur Kommunistischen Internationale. Seit 1921 Mitglied des EKKI. 1924 Ausschluß aus dem EKKI wegen seiner Solidarisierung mit Trotzki. 1925 Herausgabe des »Bulletin Communiste« in Frankreich. 1929 Bruch mit Trotzki. 1930 beginnt er die Arbeit an einer Stalin-Biographie. Während des 2. Weltkriegs Emigration in die USA. 1947 Rückkehr nach Frankreich. 37

Spandarian, Suren Spandarowitsch (1882–1916), bolschewistischer Politiker. Seit 1901 Berufsrevolutionär. 1906 Leiter des Arbeitslosenrats in Tiflis. 1907 Mitwirkung am Zusammenschluß der bolschewistischen Organisation im Kaukasus. Seit 1912 Mitglied des ZK. 1914 Verbannung nach Sibirien. 33, 36

Spiridonowa, Maria Alexandrowna (1889–1941; erschossen), sozialrevolutionäre Politikerin. 1917 Vorsitzende der Bauernsektion des Zentralexekutivkomitees (ZEK) der Sowjets. 1917–21 Führerin der Linken Sozialrevolutionäre. 65

Stachanow, Alexej Grigorjewitsch (1906–77), Bergarbeiter. 1935 übertraf er die Arbeitsnorm um das Sechzehnfache. Aufnahme in die Partei und Abgeordneter im Obersten Sowjet. Nach seinem Namen und Vorbild Gründung der Stachanow-Bewegung. 9, 184, 340, 350, 366

Stanislawski, Konstantin Sergejewitsch – Alexejew (1863–1938), Schauspieler, Regisseur, Pädagoge und Theaterwissenschaftler. Seit 1891 Arbeit als Regisseur. Mitbegründer des Moskauer Künstlertheaters und dessen Leiter bis zu seinem Tod. Bedeutende Inszenierungen von Stücken Tschechows, Gorkis und Ibsens. 333

Thälmann, Ernst (1886–1944, erschossen), deutscher kommunistischer Politiker. Seit 1903 Mitglied der SPD. Seit 1917 Mitglied der USPD und seit 1920 der KPD. 1919–33 Mitglied der Hamburger Bürgerschaft. 1921 Vorsitzender der Hamburger Bezirksorganisation. 1922/23 einer der Führer der Linken Opposition. Seit 1924 Mitglied der KPD-Führung und des EKKI. 1925 Kandidat der KPD bei der Reichspräsidentenwahl und Vorsitzender des Roten Frontkämpferbunds. Seit 1925 Vorsitzender der KPD. 1933 Verhaftung. 1944 Ermordung im KZ Buchenwald. 43, 674f.

Timoschenko, Semjon Konstantinowitsch (1895–1970), sowjetischer Militärführer. Seit 1940 Marschall der Sowjetunion. 1940/41 Volkskommissar für Verteidigung. Seit 1941 kurze Zeit Chef des Hauptquartiers des Obersten Befehlshabers (Stawka). 431, 481, 486, 490, 492, 496, 498, 500, 504f., 540, 548, 552f., 555f., 559f., 563, 569, 583f., 586–590, 592, 599, 612, 667

Tito, Josip – J. Broz (1892–1980), jugoslawischer Politiker und Militärführer. Seit 1910 Sozialdemokrat. Seit 1915 in russischer Kriegsgefangenschaft. Nach der Oktoberrevolution Eintritt in die Rote Armee. Seit 1920, nach Rückkehr nach Jugoslawien, Mitglied der Kommunistischen Partei Jugoslawiens. Seit 1927 Sekretär der Metallarbeitergewerkschaft. Seit 1934 Mitglied des Politbüros der KPJ. Emigration. 1936–38 Teilnehmer am Spanischen Bürgerkrieg. Seit 1937 Generalsekretär der KPJ. Seit 1941 Organisator des Partisanenkampfes gegen die deutschen und italienischen Besatzungstruppen. Seit 1945 Ministerpräsident und Verteidigungsminister, seit 1953 Staatspräsident (seit 1963 auf Lebenszeit). 1948 Abkehr vom Stalinismus. 677, 719, 721f.

Tolstoj, Alexej Nikolajewitsch (1883–1945), sowjetischer Schriftsteller. 1918–23 Emigration. Stellte in seiner Romantrilogie »Der Leidensweg« (1920–41) den Untergang der vorrevolutionären Oberschicht dar. Werke u.a.: »Peter der Große« (1929–45), »Geheimnisvolle Strahlen« (1925/26). 199, 201

Tomski, Michail Pawlowitsch – Jefremow (1880–1936; Selbstmord), bolschewistischer Politiker. Seit 1905 Mitglied der SDAPR(B). Seit 1917 Vorsitzender der sowjetischen Gewerkschaften und Mitglied des Politbüros. Zusammen mit Bucharin Mitglied der Rechten Opposition. Wurde von einem Angeklagten während des ersten Moskauer Schauprozesses beschuldigt und anschließend verhaftet. 15, 70, 93, 99, 107ff., 113, 116, 118, 127, 142, 253, 256, 268, 271, 273, 293f., 315, 515

Trotzki, Leo Davidowitsch – Bronstejn (1879–1940; erschlagen), zunächst menschewistischer, dann bolschewistischer Politiker. 1897 Gründung des Südrussischen Arbeiterbundes. 1898 Verhaftung. 1899 Verbannung nach

Tschitscherin, Georgij Wassiljewitsch (1872–1936), bolschewistischer Diplomat. 1905 zunächst Mitglied der Bolschewiki, dann Übertritt zu den Menschewiki. 1915 Mitarbeit an Trotzkis Zeitung »Nasche Slowo«. 1916 in England Sekretär des Komitees der Delegierten der russischen sozialistischen Gruppen. 1917 verhaftet wegen angeblicher prodeutscher Aktivität und 1918 nach Petrograd abgeschoben. Trotzkis Nachfolger als Volkskommissar für Äußeres. Auf dem 14. (1925) und 15. Parteitag (1927) der KPR(B) in das ZK gewählt. 1930 Übergabe des Volkskommissariats an Litwinow. 68, 86

Tschubar, Wlas Jakowlewitsch (1891–1939), bolschewistischer Politiker. Teilnehmer des Oktoberaufstands in Petrograd 1917. Seit 1918 Mitglied des Präsidiums des Obersten Volkswirtschaftsrats. Seit 1921 Leiter des Südbüros des Gesamtrussischen Zentralrats der Gewerkschaften. Auf dem 16. Parteitag (1930) ins Politbüro gewählt. Kam 1939 bei den Säuberungen ums Leben. 117, 274, 344, 352, 381, 394, 401, 446f.

Tuchatschewski, Michail Nikolajewitsch (1893–1937; erschossen), bolschewistischer Militärführer. 1918 Eintritt in die Rote Armee und in die bolschewistische Partei. Im Bürgerkrieg Oberbefehlshaber verschiedener Fronten. 1921 Beteiligung an der Niederschlagung der Kronstadter Aufstands. 1934 Stellvertretender Volkskommissar für Verteidigung und Kandidat des ZK. Seit 1935 Marschall der Sowjetunion. 1937 verhaftet und in einem Geheimprozeß wegen angeblicher Spionage zum Tod verurteilt. 1956 rehabilitiert. 91f., 113, 296, 346, 358, 376, 410, 412ff., 416–426, 431, 449, 458f., 495

Twardowski, Alexander Trifonowitsch (1910–1971), sowjetischer Schriftsteller und Journalist. 1950–54 und 1958–70 Chefredakteur der Literaturzeitschrift »Nowy Mir«. Werke u. a.: »Wunderland Murawia« (1934–36), »Wassili Tjorkin« (1944), »Tjorkin im Jenseits« (1954–63). 710

Uborewitsch, Jeronin Petrowitsch (1896–1937; erschossen), bolschewistischer Militärführer. Nach der Februarrevolution Mitglied der SDAPR(B). Organisator der Roten Garden. Im Bürgerkrieg Armeekommandeur. 1925–31 Befehlshaber verschiedener Wehrkreise. Seit 1930 Kandidat des ZK. 1937 verhaftet und in einem Geheimprozeß zum Tod verurteilt. 1956 rehabilitiert. 91, 113, 358, 376, 382, 417, 419ff., 495

Uglanow, Nikolaj Alexandrowitsch (1886–1940), bolschewistischer Politiker. Seit 1907 Mitglied der SDAPR(B). 1920/21 Sekretär des Petrograder Komitees. Seit 1924 Sekretär des Moskauer Komitees. Seit 1925 Kandidat des Politbüros. 1928 Ablösung als Moskauer Parteisekretär. 1929 Ausschluß aus dem Politbüro. 1932 Parteiausschluß. 1936 Verhaftung. Verweigerte ein »Geständnis« und kam im Lager um. 385

Ulrich, Wassili Wassiljewitsch (1889–1951), sowjetischer Militärjurist. Während des Bürgerkriegs Militärrichter in der Roten Armee. Seit 1920 Mitglied des Obersten Gerichts der Russischen Sowjetrepublik. Später Leiter von dessen Militärkollegium. Vorsitzender Richter in den Moskauer Schauprozessen, im Geheimprozeß gegen die Militärführer und in vielen weiteren Gerichtsverfahren während des Stalin-Terrors. 313f., 388f., 397, 404f., 419ff., 434, 444ff., 494f., 575ff.

Unschlicht, Josef Stanislawowitsch (1879–1938; erschossen), bolschewistischer Politiker. Seit 1900 Mitglied der SDAPR. 1907–11 Mitglied der Warschauer Gebietsorganisation der polnischen Sozialdemokratie. Verbannung nach Irkutsk. 1917 Mitarbeit in der Irkutsker Parteiorganisation der SDAPR(B). Seit April 1917 Mitglied des Petrograder Sowjets. Teilnehmer am Oktoberaufstand. Seit 1918 Mitglied des ZK der KP Litauens und Belorußlands, dort auch Volkskommissar für militärische Angelegenheiten. Teilnehmer am Bürgerkrieg. 1921–23 stellvertretender Vorsitzender der Tscheka. 1925–30 Vertreter des Volkskommissariats für Heer und Marine. 1930–35 Angehöriger des Obersten Volkswirtschaftsrats und der Staatlichen Plankommission der UdSSR. Mitglied des ZEK der UdSSR. 119

Uritzki, Moisej Solomonowitsch (1873–1918; ermordet), bolschewistischer Politiker. Mitglied des Revolutionären Militärzentrums und des Zentralexekutivkomitees (ZEK). 1917/18 Mitglied des ZK. 1918 Leiter der Petrograder Tscheka und Mitglied des Komitees der revolutionären Verteidigung. 63, 70, 74f., 82, 388, 411

Vandervelde, Emil (1866–1938), belgischer Sozialist. Seit 1894 Parlamentsabgeordneter. 1900–14 Präsident der II. Internationale. Seit 1914 Leiter verschiedener Ministerien. 1929–36 Präsident der Sozialistischen Arbeiter-Internationale. 16

Varga, Eugen – Jewgeni Samuilowitsch Warga (1879–1964), ungarischer Ökonom. Seit 1906 Mitglied der Sozialdemokratie. Volkskommissar für Finanzen in der ungarischen Räterepublik, dann Vorsitzender des Obersten Volkswirtschaftsrats. Nach Niederschlagung der Räterepublik Eintritt in die Kommunistische Partei. Übersiedlung nach Sowjetrußland. Einer der führenden Wirtschaftsexperten der Kommunistischen Internationale. Wurde Ende der vierziger Jahre kritisiert, da er einen ökonomischen Aufschwung in den kapitalistischen Ländern prognostizierte. 540

Walden, P. B., bolschewistischer Offizier. Im Bürgerkrieg Stabschef der Truppen zur Verteidigung Petrograds und Befehlshaber der Truppen bei Pulkowo und Zarskoje Selo. 68

Wassilewski, Alexander Michajlowitsch (geb. 1895), sowjetischer Militärführer. Seit 1938 Mitglied der KPdSU. Seit Mai 1942 Chef des Generalstabs.

Später Oberbefehlshaber verschiedener Heeresfronten. Seit 1943 Marschall der Sowjetunion. 1945 Oberkommandierender im Fernen Osten. 1949–53 Verteidigungsminister. 1952–61 Mitglied des ZK der KPdSU. 546, 569f., 574, 588, 590ff., 611ff., 617, 619ff., 624–628, 630, 636ff., 644

Wassiljew, Anton Jefimowitsch (1885–1970), bolschewistischer Politiker. Seit 1904 Mitglied der SDAPR(B). Parteiarbeit in den Petersburger Putilowwerken. Nach der Februarrevolution Vorsitzender des Betriebskomitees der Putilowwerke. Organisator von Abteilungen der Roten Garde. Nach der Oktoberrevolution erster Direktor der Putilowwerke. 350

Wawilow, Nikolaj Iwanowitsch (1987–1943), sowjetischer Biologe. Kam im Lager um. 737f.

Wazetis, Joachim Joachimowitsch – Jukumus Wazijetis (1873–1938), bolschewistischer Militärführer. 1918 Oberbefehlshaber. Armeekommandeur 2. Ranges. 76

Wells, Herbert George (1866–1946), englischer Schriftsteller und Journalist. 1903–1908 Mitglied der sozialistischen Fabian Society. Verbindungen zu Lenin, Roosevelt und Stalin. 1933–36 Präsident des Internationalen PEN-Clubs. Zunächst Marxist, später gemäßigter Sozialist und Pazifist. Werke u. a.: »Die Zeitmaschine« (1895), »Dr. Moreaus Insel« (1896), »Der Unsichtbare« (1897), »Der Krieg der Welten« (1898), »Die ersten Menschen im Mond« (1901), »Der Diktator« (1930). 315

Wladimirow, Miron Konstantinowitsch – Schejnfinkel (1879–1925), bolschewistischer Politiker. Seit 1903 Mitglied der SDAPR. Delegierter auf dem 3. Parteitag der SDAPR in London (1905). 1917 Übertritt zu den Bolschewiki. Teilnehmer der Oktoberrevolution. 1921 Volkskommissar für Ernährungswesen, danach für Landwirtschaft der Ukraine. 1922–24 Volkskommissar für Finanzen der RSFSR. Seit 1924 Stellvertretender Vorsitzender des Obersten Volkswirtschaftsrats der UdSSR. Mitglied des ZEK der UdSSR. 159

Wladimirski, Michail Fjodorowitsch (1874–1951), Arzt und bolschewistischer Politiker. Leitete im Komitee von Nischni Nowgorod 1903 die organisatorische und propagandistische Arbeit der SDAPR. 1905 zusammen mit Rykow Leiter des Moskauer Büros des ZK der SDAPR(B). 1912 Delegierter auf dem Internationalen Sozialistenkongreß in Basel. Teilnehmer an der Oktoberrevolution. Auf dem 7. Parteitag in das ZK gewählt. Auf dem 8. Parteitag zum Kandidaten des ZK gewählt. 1919–21 Stellvertretender Volkskommissar für Inneres der RSFSR. 1922–25 Sekretär des ZK der ukrainischen KP, Volkskommissar für Arbeiter- und Bauern-Inspektion und Stellvertretender Vorsitzender des Rats der Volkskommissare der Ukrainischen SSR. 1930–34 Volkskommissar für Gesundheitswesen der RSFSR. 1927–51 Vorsitzender der Zentralen Revisionskommission des ZK der KPdSU(B). 113

Wrangel, Pjotr Nikolajewitsch (1878–1928), zaristischer Offizier und einer der Führer der Weißen. 1920 Nachfolger Denikins als Oberbefehlshaber der weißen Verbände in Südrußland. 1925 Emigration nach Belgien.

Wyschinski, Andrej Januarjewitsch (1838–1954), Jurist. Seit 1902 Mitglied der SDAPR, seit 1903 Menschewik. Seit 1920 Mitglied der KP. Professor an der Moskauer Universität, galt als bolschewistischer Rechtstheoretiker. Seit 1933 Stellvertretender Generalstaatsanwalt. 1935–39 Staatsanwalt der UdSSR und Ankläger in der Moskauer Schauprozessen. 1940–1949 Stellvertretender Außenminister. 1953/54 sowjetischer UNO-Vertreter.

Zereteli, Irakli Georgijewitsch (1881–1959), menschewistischer Politiker. 1907 Führer der sozialdemokratischen Fraktion in der 2. Duma. Danach Haft und Verbannung nach Sibirien. Bedeutendster Vertreter der Menschewiki nach der Februarrevolution. Mai 1917 Minister im Koalitionskabinett des Fürsten G. E. Lwow. 1921 Emigration nach Frankreich. Delegierter der Menschewiki in der 2. Internationale. 1929 Rückzug aus der Politik.

Zetkin, Clara (1857–1933), deutsche Kommunistin. Seit 1878 Mitglied der deutschen Sozialdemokratie. Begründerin der sozialistischen Frauenbewegung. Im 1. Weltkrieg Mitbegründerin der Spartakusgruppe und der USPD. 1919 Mitbegründerin der KPD. Bis 1929 Mitglied des ZK. 1920–33 Mitglied des Reichstags. Vorsitzende des Internationalen Frauensekretariats der Komintern und der Roten Hilfe Deutschlands.

Zjurupa, Alexander Dmitrijewitsch (1870–1928), bolschewistischer Politiker. Vor der Oktoberrevolution Vertrauensmann der »Iskra«. Seit November 1917 Stellvertretender Volkskommissar und seit Februar 1918 Volkskommissar für Ernährung der RSFSR. Seit 1921 Stellvertretender Vorsitzender des Rats der Volkskommissare und des Rats für Arbeit und Verteidigung. Seit 1922 Mitglied des Präsidiums des Gesamtrussischen ZEK und des ZEK der UdSSR. Seit 1923 Mitglied des ZK.